D1722674

Shakespeare
Königsdramen

William Shakespeare

KÖNIGS-
DRAMEN

■■■■

Parkland Verlag Stuttgart

Aus dem Englischen übersetzt von August Wilhelm Schlegel und
Wolf Graf Baudissin

Den Texten unserer Ausgabe liegt die dritte Gesamtausgabe der
Shakespeare-Übersetzung von Schlegel und Tieck (erschienen
1843/44) zugrunde.

Die Anmerkungen folgen den Anmerkungstexten der Ausgabe
W. Shakespeare, Sämtliche Werke in vier Bänden, Aufbau-Verlag
Berlin und Weimar, 1964

Illustrationen von
John Gilbert

ISBN 3-88059-297-7
© Verlag Neues Leben, Berlin 1988
Lizenzausgabe des Parkland Verlages, Stuttgart
Schutzumschlag Klaus Pachnicke, Stuttgart

KÖNIG
JOHANN

PERSONEN

König Johann

Prinz Heinrich, *sein Sohn, nachmaliger* König Heinrich III.

Arthur, Herzog von Bretagne, *Sohn des verstorbenen Herzogs Gottfried von Bretagne, älteren Bruders vom König Johann*

William Mareshall, Graf von Pembroke

Geffrey Fitz-Peter, Graf von Essex, *Oberrichter von England*

William Longsword, Graf von Salisbury

Robert Bigot, Graf von Norfolk

Hubert de Burgh, *Kämmerer des Königs*

Robert Faulconbridge, *Sohn des Sir Robert Faulconbridge*

Philipp Faulconbridge, *sein Halbbruder, Bastard König Richard I.*

Jakob Gurney, *Diener der Lady Faulconbridge*

Peter von Pomfret, *ein Prophet*

Philipp, *König von Frankreich*

Louis, *der Dauphin*

Der Erzherzog von Österreich

Kardinal Pandulpho, *Legat des Papstes*

Melun, *ein französischer Edelmann*

Chatillon, *Gesandter von Frankreich an König Johann*

Eleonore, *die Witwe König Heinrich II. und Mutter König Johanns*

Constanze, *Arthurs Mutter*

Blanca, *Tochter Alfonsos, des Königs von Kastilien, und Nichte König Johanns*

Lady Faulconbridge, *Mutter des Bastards und Robert Faulconbridges*

Herren und Frauen, Bürger von Angers, ein Sheriff, Herolde, Beamte, Soldaten, Boten und andres Gefolge

Die Szene ist bald in England, bald in Frankreich

ERSTER AUFZUG

ERSTE SZENE

Northampton. Ein Staatszimmer im Palaste.

*König Johann, Königin Eleonore, Pembroke, Essex, Salisbury und andere,
nebst Chatillon, treten auf.*

KÖNIG JOHANN[1]: Nun, Chatillon, sag, was will Frankreich von uns?
CHATILLON: So redet Frankreichs König[2], nach dem Gruß,
    Durch meinen Vortrag zu der Majestät,
    Erborgten Majestät von England hier.
ELEONORE: Erborgten Majestät? – Seltsamer Anfang!
KÖNIG JOHANN: Still, gute Mutter! Hört die Botschaft an!
CHATILLON: Philipp von Frankreich, kraft und laut des Namens
    Von deines weiland Bruder Gottfried Sohn,
    Arthur Plantagenet, spricht rechtlich an
    Dies schöne Eiland samt den Ländereien,
    Als Irland, Poictiers, Anjou, Touraine, Maine;
    Begehrend, daß du legst beiseit das Schwert,
    Das dieses Erb' anmaßendlich beherrscht,
    Daß Arthur es aus deiner Hand empfange,
    Dein Neff' und königlicher Oberherr.
KÖNIG JOHANN: Und wenn wir dieses weigern, was erfolgt?
CHATILLON: Der stolze Zwang des wilden, blut'gen Kriegs,
    Zu dringen auf dies abgedrungne Recht.
KÖNIG JOHANN: Wir haben Krieg für Krieg und Blut für Blut,
    Zwang wider Zwang: antworte Frankreich das!
CHATILLON: So nehmt denn meines Königs Fehderuf
    Aus meinem Munde, meiner Botschaft Ziel!
KÖNIG JOHANN: Bring' meinen ihm, und scheid' in Frieden so!
    Sei du in Frankreichs Augen wie der Blitz:
    Denn eh' du melden kannst, ich komme hin,

Soll man schon donnern hören mein Geschütz.
Hinweg denn! Sei du unsers Grimms Trompete
Und ernste Vorbedeutung eures Falls! –
Gebt ehrliches Geleit ihm auf dem Weg:
Besorgt es, Pembroke! – Chatillon, lebt wohl!

Chatillon und Pembroke ab.

ELEONORE: Wie nun, mein Sohn? Hab' ich nicht stets gesagt,
Constanzens Ehrgeiz würde nimmer ruhn,
Bis sie für ihres Sohns Partei und Recht
Frankreich in Brand gesetzt und alle Welt?
Dies konnte man verhüten; es war leicht
Durch freundliche Vermittlung auszugleichen,
Was die Verwaltung zweier Reiche nun
Durch schrecklich blut'gen Ausgang muß entscheiden.

KÖNIG JOHANN: Uns schirmt Besitzes Macht und unser Recht.

ELEONORE: Besitzes Macht weit mehr als Euer Recht,
Sonst müßt' es übel gehn mit Euch und mir.
So flüstert in das Ohr Euch mein Gewissen,
Was nur der Himmel, Ihr und ich soll wissen.

Der Sheriff von Northamptonshire tritt auf und spricht heimlich mit Essex.

ESSEX:
Mein Fürst, hier ist der wunderlichste Streit,
Vom Land an Euren Richterstuhl gebracht,
Wovon ich je gehört. Bring' ich die Leute?

KÖNIG JOHANN: Ja, führt sie vor! –

Sheriff ab.

Die Klöster und Abteien sollen zahlen
Die Kosten dieses Zugs. –

Der Sheriff kommt zurück mit Robert Faulconbridge und Philipp, seinem
Bastard-Bruder.

Wer seid ihr beide?

BASTARD: Ich Euer treuer Knecht, ein Edelmann,
Hier aus Northamptonshire, und, wie ich glaube,
Der älteste Sohn des Robert Faulconbridge,
Den Löwenherzens[3] ruhmverleih'nde Hand
Für Kriegsdienst' im Feld zum Ritter schlug.

KÖNIG JOHANN: Wer bist du?

ROBERT: Der Erb' und Sohn desselben Faulconbridge.

KÖNIG JOHANN: Ist das der ältre, und der Erbe du?
So scheint's, ihr seid von e i n e r Mutter nicht.

BASTARD: Gewiß von e i n e r Mutter, mächt'ger König,
Das weiß man, und ich denk' auch, e i n e m Vater:
Doch die gewisse Kenntnis dieses Punktes

8

Macht mit dem Himmel aus und meiner Mutter:
Ich zweifle dran, wie jeder Sohn es darf.

ELEONORE:

Pfui, grober Mann! Du schändest deine Mutter
Und kränkest ihren Ruf mit dem Verdacht.

BASTARD: Ich, gnäd'ge Frau? Ich habe keinen Grund;
Das schützt mein Bruder vor, ich keineswegs:
Denn wenn er es beweist, so prellt er mich
Zum mind'sten um fünfhundert Pfund des Jahrs.
Gott schütz' mein Lehn und meiner Mutter Ehre!

KÖNIG JOHANN:

Ein wackrer, dreister Bursche! – Warum spricht er,
Als Jüngstgeborner, deine Erbschaft an?

BASTARD: Ich weiß nicht, außer um das Lehn zu kriegen;

Doch einmal schalt er einen Bastard mich.
Ob ich so echt erzeugt bin oder nicht.
Das leg' ich stets auf meiner Mutter Haupt;
Allein, daß ich so wohl erzeugt bin, Herr,
(Ruh' dem Gebein, das sich für mich bemüht!) –
Vergleicht nur die Gesichter, richtet selbst!
Wenn uns der alte Herr, Sir Robert, beide
Erzeugt', und dieser Sohn dem Vater gleicht, –
O alter Robert! Vater! siehe mich
Gott knieend danken, daß ich dir nicht glich!

KÖNIG JOHANN: Nun, welch ein Tollkopf ist uns hier beschert?

ELEONORE: Er hat etwas von Löwenherzens Zügen,
Und seiner Sprache Ton ist ihm verwandt.
Erkennt Ihr nicht Merkmale meines Sohnes
Im großen Gliederbaue dieses Manns?

KÖNIG JOHANN: Mein Auge prüfte seine Bildung wohl
Und fand sie sprechend ähnlich. – Ihr da, sprecht,
Was treibt Euch, Eures Bruders Lehn zu fordern?

BASTARD: Weil er ein Halbgesicht hat, wie mein Vater
Möcht' er mein Lehn ganz für das Halbgesicht.
Sein Groschen mit dem Halbgesicht-Gepräge
Brächt' ihm alsdann fünfhundert Pfund des Jahrs.

ROBERT: Mein gnäd'ger Lehnsherr, als mein Vater lebte,
Braucht' Euer Bruder meinen Vater oft, –

BASTARD: Ei, Herr, damit gewinnt Ihr nicht mein Lehn:
Erzählt uns, wie er meine Mutter brauchte!

ROBERT: Und sandt' ihn einst auf eine Botschaft aus,
Nach Deutschland, mit dem Kaiser dort zu handeln
In wichtigen Geschäften jener Zeit.
Der König nutzte die Entfernung nun
Und wohnt' indes in meines Vaters Haus.
Wie er's erlangte, schäm' ich mich zu sagen;
Doch wahr ist wahr: es trennten meinen Vater
Von meiner Mutter Strecken See und Land
(Wie ich von meinem Vater selbst gehört),
Als dieser muntre Herr da ward erzeugt.
Auf seinem Todbett ließ er mir sein Gut
Im Testament und starb getrost darauf,
Der, meiner Mutter Sohn sei seiner nicht;
Und wenn er's war, so kam er in die Welt
An vierzehn Wochen vor der rechten Zeit.
So gönnt mir denn, was mein ist, bester Fürst,
Des Vaters Gut nach meines Vaters Willen!

KÖNIG JOHANN: Still! Euer Bruder ist ein echtes Kind;
  Des Vaters Weib gebar ihn in der Eh',
  Und wenn sie ihn betrog, ist's ihre Schuld,
  Worauf es alle Männer wagen müssen,
  Die Weiber nehmen. Sagt mir, wenn mein Bruder,
  Der, wie Ihr sprecht, sich diesen Sohn geschafft,
  Von Eurem Vater ihn gefodert hätte:
  Traun, guter Freund, sein Kalb von seiner Kuh
  Konnt' er behaupten gegen alle Welt;
  Das konnt' er, traun! War er von meinem Bruder,
  So konnt' ihn der nicht fodern; Euer Vater
  Ihn nicht verleugnen, war er auch nicht sein.
  Kurz, meiner Mutter Sohn zeugt' Eures Vaters Erben,
  Dem Erben kommt das Gut des Vaters zu.
ROBERT: Hat meines Vaters Wille keine Kraft,
  Das Kind, das nicht das seine, zu enterben?
BASTARD: Nein, nicht mehr Kraft, mich zu enterben, Herr,
  Als, wie ich glaub', er mich zu zeugen hatte.
ELEONORE: Was willst du lieber sein? ein Faulconbridge,
  Der Lehn-Besitzer wie dein Bruder, oder
  Des Löwenherzens anerkannter Sohn,
  Herr deines Adels, und kein Lehn dazu?
BASTARD: Ja, Fürstin, säh' mein Bruder aus wie ich,
  Und ich wie er, Sir Roberts Ebenbild,
  Und hätt' ich Beine wie zwei Reitergerten
  Und Arme wie von ausgestopfter Aalhaut,
  Ein dünn Gesicht, daß ich mit keiner Rose,
  Ins Ohr gesteckt, mich dürfte lassen sehn,
  Daß man nicht schrie': „Seht da Drei-Heller gehn!"
  Und wär' ich dieses ganzen Landes Erbe:
  Ich will von hier nie weichen, gäb' ich nicht
  Den letzten Fußbreit hin für dies Gesicht.
  Um keinen Preis würd' ich ein solcher Wicht.
ELEONORE: Ich hab' dich gern: willst du dein Teil verlassen,
  Das Land ihm übermachen und mir folgen?
  Ich bin Soldat und geh' auf Frankreich los.
BASTARD: Bruder, nimm du mein Land, wie ich mein Los.
  Gilt Eu'r Gesicht fünfhundert Pfund auch heuer,
  Verkauft Ihr's für fünf Heller doch zu teuer. –
  Ich folge, gnäd'ge Frau, Euch in den Tod.
ELEONORE: Nein, lieber will ich Euch vorangehn lassen.
BASTARD: Des Landes Sitte gibt den Höhern Vortritt.
KÖNIG JOHANN: Wie ist dein Name?

BASTARD: Philipp, mein Fürst: mein Name so beginnt;
Des alten Roberts Eh'frau ältstes Kind.
KÖNIG JOHANN: Führ' künftig dessen Namen, dem du gleichst:
Knie' du als Philipp, doch steh auf erhöht:
Steh auf, Sir Richard und Plantagenet!
BASTARD: Gebt, mütterlicher Bruder, mir die Hand:
Mein Vater gab mir Adel, Eurer Land.
. Gesegnet schienen Sonne oder Sterne,
Als ich erzeugt ward in Sir Roberts Ferne.
ELEONORE: Das wahre Feuer der Plantagenet!
Nennt mich Großmutter, Richard, denn ich bin's.
BASTARD: Von ungefähr, nicht förmlich; doch was tut's?
Geht's nicht grad' aus, so sieht man, wie man's macht:
Herein zum Fenster, oder übern Graben.
Wer nicht bei Tage gehn darf, schleicht bei Nacht,
Und, wie man dran kömmt, haben ist doch haben.
Weit oder nah, gut Schießen bringt Gewinn,
Und ich bin ich, wie ich erzeugt auch bin.
KÖNIG JOHANN: Geh, Faulconbridge! Du hast, was du begehrt;
Ein armer Ritter hat dir Gut beschert. –
Kommt, Mutter! Richard, kommt! Wir müssen eilen
Nach Frankreich, Frankreich! Denn hier gilt kein Weilen.
BASTARD: Bruder, leb wohl! Das Glück sei dir geneigt!
Du wurdest ja in Ehrbarkeit gezeugt.
Alle ab außer der Bastard.
Um einen Schritt zur Ehre besser nun,
Doch schlimmer um viel tausend Schritte Lands.
Ich kann ein Gretchen nun zur Dame machen; –
„Habt guten Tag, Sir Richard!" – „Dank, Gesell!" –
Und wenn er Jürge heißt, nenn' ich ihn Peter:
Denn neugeschaffner Rang vergißt die Namen;
Es ist zu aufmerksam und zu vertraulich
Für unsern Hofton. – Dann mein Reisender,
An meiner Gnaden Tisch die Zähne stochernd,
Und ist mein ritterlicher Magen voll,
So saug' ich an den Zähnen und befrage
Den Schönbart aus der Fremde: „Bester Herr", –
So auf den Arm mich stützend, fang' ich an, –
„Ich möcht' Euch bitten", – das ist die Frage nun,
Und dann kommt Antwort wie ein Abc-Buch:
„O Herr", sagt Antwort, „gänzlich zu Befehl,
Wie's Euch beliebt, zu Euren Diensten, Herr." –
Sagt Frage: „Nein, ich, bester Herr, zu Euren."

Und so, eh' Antwort weiß, was Frage will, –
Bloß mit dem hin und her Komplimentieren
Und Schwatzen von den Alpen, Apenninen,
Den Pyrenäen und dem Flusse Po
Zieht es sich bis zur Abendmahlzeit hin.
Das ist hochadlige Gesellschaft nun,
Die strebenden Gemütern ziemt, gleich mir.
Wer nicht nach Wahrnehmung der Sitte schmeckt,
Der ist ja nur ein Bastard seiner Zeit;
(Das bleib' ich zwar, mit oder ohne Beigeschmack:)
Und dies nicht bloß in Tracht und Lebensart,
In äußerlichem Wesen und Manier,
Nein, auch aus innern Kräften, zu erzeugen
Süß, süßes Gift für des Zeitalters Gaum.
Will ich dies schon nicht üben zum Betrug,
So will ich's doch, Betrug zu meiden, lernen:
Mir soll's die Stufen der Erhöhung ebnen. –
Wer kommt in solcher Eil'? im Reithabit?
Welch eine Frau'n-Post? Hat sie keinen Mann,
Der sich bequemt, das Horn vor ihr zu blasen?

Lady Faulconbridge und Jakob Gurney treten auf.

O weh! 's ist meine Mutter. – Nun, gute Frau,
Was bringt Euch hier so eilig an den Hof?

LADY FAULCONBRIDGE:
Wo ist der Schalk, dein Bruder? sag mir, wo,
Der außer Atem meine Ehre hetzt?

BASTARD: Mein Bruder Robert? alten Roberts Sohn?
Colbrand der Riese[4], der gewalt'ge Mann?
Ist es Sir Roberts Sohn, den Ihr so sucht?

LADY FAULCONBRIDGE: Sir Roberts Sohn! Ja, du verwegner Bube,
Sir Roberts Sohn: was höhnest du Sir Robert?
Er ist Sir Roberts Sohn, du bist es auch.

BASTARD: Laß, Jakob, eine Weil' uns hier allein!

GURNEY: Empfehl' mich, guter Philipp.

BASTARD: Philipp? Possen! Jakob,
Hier ist was los, sogleich erfährst du mehr
                    Gurney ab.
Ich bin Sir Roberts Sohn, des alten, nicht:
Sir Robert konnte seinen Teil an mir
Karfreitags essen und doch Fasten halten.
Sir Robert konnte was; doch – grad' heraus:
Konnt' er mich zeugen? Nein, das konnt' er nicht:
Wir kennen ja sein Machwerk. – Gute Mutter,

Sagt also, wem verdank' ich diese Glieder?
Nie half Sir Robert, dieses Bein zu machen.

LADY FAULCONBRIDGE:
Verschworst auch du mit deinem Bruder dich,
Der meine Ehr' aus Klugheit schützen sollte?
Was soll dies Höhnen, ungeschliffner Knecht?

BASTARD: Kein Knecht, ein Ritter, meine gute Mutter;
Ich hab' den Ritterschlag, hier auf der Schulter.
Doch, Mutter, ich bin nicht Sir Roberts Sohn;
Sir Robert und mein Erbe gab ich auf,
Nam', ehrliche Geburt, und alles fort:
Drum, gute Mutter, nennt mir meinen Vater!
Ich hoff', ein feiner Mann; wer war es, Mutter?

LADY FAULCONBRIDGE:
Hast du dem Namen Faulconbridge entsagt?

BASTARD: Entsagt von Herzen, wie dem Teufel selbst.

LADY FAULCONBRIDGE: Dich zeugte König Richard Löwenherz.
Durch lange, heft'ge Zumutungen verführt,
Nahm ich ihn auf in meines Gatten Bett.
Der Himmel mag den Fehltritt mir verzeihn!
Du bist die Frucht vom sträflichen Vergehn,
Dem ich, bedrängt, nicht konnte widerstehn.

BASTARD: Beim Sonnenlicht! Sollt' ich zur Welt erst kommen,
So wünscht' ich keinen bessern Vater mir!
Es gibt auf Erden losgesprochne Sünden,
Und Eure ist's; Ihr fehltet nicht aus Torheit:
Ihr mußtet dem durchaus Eu'r Herz geben,
Als Huldigungstribut für mächt'ge Liebe,
Mit dessen Grimm und Stärke sondergleichen
Der unerschrockne Leu nicht kämpfen konnte,
Noch Richards Hand sein fürstlich Herz entziehn.
Wer mit Gewalt das Herz dem Löwen raubt,[5]
Gewinnt von einem Weib es leicht. Ach, Mutter!
Von Herzen dank' ich dir für meinen Vater.
Wer sagen darf, daß Übles sei geschehn,
Als ich erzeugt ward, soll zur Hölle gehn.
Komm, meine Anverwandten sollst du kennen;
Sie werden sprechen: hätt'st du Nein gesagt,
Als Richard warb, das wäre Sünd' zu nennen.
Ein Lügner, wer zu widersprechen wagt! *Ab.*

ZWEITER AUFZUG

ERSTE SZENE

Frankreich. Vor den Mauern von Angers.

Von der einen Seite kommt der Erzherzog von Österreich mit den Truppen, von der anderen Philipp, König von Frankreich, mit Truppen, Louis, Constanze, Arthur und Gefolge.

LOUIS: Gegrüßt vor Angers, tapfrer Österreich! –[6]
    Arthur! der große Vorfahr deines Bluts,
    Richard, der einst dem Leu'n sein Herz geraubt
    Und heil'ge Krieg' in Palästina focht,
    Kam früh ins Grab durch diesen tapfern Herzog.
    Und zur Entschädigung für sein Geschlecht
    Ist er auf unser Dringen hergekommen
    Und schwingt die Fahnen, Knabe, für dein Recht,
    Um deines unatürlich schnöden Oheims,
    Johanns von England, Anmaßung zu dämpfen.
    Umarm' ihn, lieb' ihn, heiß' ihn hier willkommen!
ARTHUR: Gott wird Euch Löwenherzens Tod verzeihn,
    Je mehr Ihr seiner Abkunft Leben gebt,
    Ihr Recht mit Euren Krieges-Flügeln schattend.
    Seid mir bewillkommt mit ohnmächt'ger Hand,
    Doch einem Herzen reiner Liebe voll:
    Willkommen vor den Toren Angers', Herzog!
LOUIS: Ein edles Kind! Wer stünde dir nicht bei?
ÖSTERREICH: Auf deine Wange nimm den heil'gen Kuß
    Als Siegel an dem Pfandbrief meiner Liebe,
    Daß ich zur Heimat nimmer kehren will,
    Bis Angers und dein sonstig Recht in Frankreich,
    Samt jenem Felsenufer, dessen Fuß
    Zurück des Weltmeers wilde Fluten stößt

Und trennt sein Inselvolk von andern Ländern,
Bis jenes England, von der See umzäunt,
Dies wellenfeste Bollwerk, sicher stets
Und unbesorgt vor fremdem Unternehmen, –
Ja! bis der westlich fernste Winkel dich
Als König grüßt; bis dahin, holder Knabe,
Denk' ich der Heimat nicht und bleib' im Feld.

CONSTANZE: O nehmt der Mutter, nehmt der Witwe Dank
Bis Eure starke Hand ihm Stärke leiht
Zu besserer Vergeltung Eurer Liebe!

ÖSTERREICH:
Den lohnt des Himmels Friede, der sein Schwert
In so gerechtem, frommem Kriege zieht.

KÖNIG PHILIPP: Nun gut, ans Werk! Wir richten das Geschütz
Ins Antlitz dieser widerspenst'gen Stadt. –
Ruft unsre Häupter in der Kriegskunst her,
Die vorteilhaft'sten Stellen zu ersehn! –
Wir wollen lieber hier vor dieser Stadt
Hinstrecken unser königlich Gebein,
Zum Marktplatz waten in Franzosen-Blut,
Als diesem Knaben nicht sie unterwerfen.

CONSTANZE: Erwartet erst Bescheid auf Eure Botschaft,
Daß Ihr zu rasch mit Blut das Schwert nicht färbt;
Vielleicht bringt Chatillon das Recht in Frieden
Von England, das wir hier mit Krieg erzwingen;
Dann wird uns jeder Tropfe Bluts gereun,
Den wilde Eil' so unbedacht vergoß.

Chatillon tritt auf.

KÖNIG PHILIPP:
Ein Wunder, Fürstin! – Sieh, auf deinen Wunsch
Kommt unser Bote Chatillon zurück. –
Was England sagt, sag's kürzlich, edler Freiherr!
Wir warten ruhig dein: Sprich, Chatillon!

CHATILLON: So kehrt von dieser winzigen Belag'rung
All Eure Macht auf einen größern Kampf!
England, nicht duldend Eu'r gerecht Begehren,
Hat sich gewaffnet; widerwärt'ge Winde,
Die mich verzögert, gaben ihm die Zeit,
Mit mir zugleich zu landen seine Scharen.
Er naht mit schnellen Märschen dieser Stadt,
Die Heersmacht stark, die Krieger voller Mut.
Mit ihm kommt seine Mutter Königin,
Als Ate,[7] die zu Kampf und Blut ihn treibt;

Dann ihre Nichte, Blanca von Kastilien,
Ein Bastard vom verstorbnen König auch;
Und aller ungestüme Mut im Land,
Verwegne, rasche, wilde Abenteurer
Mit Mädchenwangen und mit Drachengrimm;
Sie haben all' ihr Erb' daheim verkauft,
Stolz ihr Geburtsrecht auf dem Rücken tragend,
Es hier zu wagen auf ein neues Glück.
Kurz, eine beßre Auswahl kühner Herzen,
Als Englands Kiele jetzt herübertragen,
Hat nie gewogt auf der geschwollnen Flut,
Zu Harm und Schaden in der Christenheit.
                    Man hört Trommeln.
Die Unterbrechung ihrer frechen Trommeln
Kürzt jeden Umschweif ab; sie sind zur Hand,
Zu Unterhaltung oder Kampf: empfangt sie!

KÖNIG PHILIPP: Wie unversehn kommt dieser Heereszug!

ÖSTERREICH: Je mehr uns unerwartet, um so mehr
Muß es zum Widerstand den Eifer wecken;
Es steigt der Mut mit der Gelegenheit.
Sie sei'n willkommen denn, wir sind bereit.

König Johann, Eleonore, Blanca, der Bastard, Pembroke treten auf mit Truppen

KÖNIG JOHANN: Mit Frankreich Frieden, wenn es friedlich uns

Gönnt einzuziehn in unser Erb' und Recht!
Wo nicht: so blute Frankreich, und der Friede
Steig' auf zum Himmel, während wir, als Gottes
Grimmvolle Geißel, zücht'gen deren Trotz,
Die seinen Frieden so zum Himmel bannten.

KÖNIG PHILIPP:

Mit England Frieden, wenn der Krieg aus Frankreich
Nach England kehrt, in Frieden dort zu leben.
Wir lieben England, und um Englands willen
Bringt unsrer Rüstung Bürd' uns hier in Schweiß.
Dies unser Werk käm' deiner Sorge zu;
Doch, daß du England liebest, fehlt so viel,
Daß seinen echten König du verdrängt,
Zerstört die Reih' der Abstammung, gehöhnt
Des Staats Unmündigkeit, und an der Krone
Jungfräulich reiner Tugend Raub verübt.
Schau hier das Antlitz deines Bruders Gottfried!
Die Stirn, die Augen sind nach ihm geformt,
Der kleine Auszug hier enthält das Ganze,
Das starb mit Gottfried; und die Hand der Zeit
Wird ihn entfalten zu gleich großer Schrift.
Der Gottfried war der ältre Bruder dir,
Und dies sein Sohn; England war Gottfrieds Recht,
Und er ist Gottfrieds: in dem Namen Gottes,
Wie kommt es denn, daß du ein König heißest, –
Weil lebend Blut in diesen Schläfen wallt,
Der Krone wert, die du bewältigt hast?

KÖNIG JOHANN:

Von wem hast du die große Vollmacht, Frankreich,
Zur Rede mich zu stellen auf Artikel?

KÖNIG PHILIPP:

Vom höchsten Richter, der des Guten Trieb
In jeder Brust von hohem Ansehn weckt,
Des Rechtes Bruch und Fälschung zu durchschaun;
Der setzte mich zum Vormund diesem Knaben;
Aus seiner Vollmacht zeih' ich dich des Unrechts,
Mit seiner Hülfe hoff' ich es zu strafen.

KÖNIG JOHANN: Ach, maße dir kein fremdes Ansehn an!
KÖNIG PHILIPP: Verzeih', es ist, um Anmaßung zu dämpfen.
ELEONORE: Wen, Frankreich, zeihest du der Anmaßung?
CONSTANZE: Laßt mich die Antwort geben! – Deinen Sohn.
ELEONORE: Ha, Freche! König soll dein Bastard sein,
Damit du herrschen mögst als Königin.

CONSTANZE: Mein Bett war immer deinem Sohn so treu[8]
   Als deines deinem Gatten; dieser Knabe
   Gleicht mehr an Zügen seinem Vater Gottfried
   Als du und dein Johann an Sitten euch:
   Die ihr einander gleichet wie der Regen
   Dem Wasser, wie der Teufel seiner Mutter.
   Mein Sohn ein Bastard! Denk' ich doch beim Himmel,
   Sein Vater war so ehrlich nicht erzeugt.
   Wie könnt' er, da du seine Mutter warst?
ELEONORE: Eine gute Mutter, Kind! Schmäht deinen Vater!
CONSTANZE: Eine gute Großmama, die dich will schmähn!
ÖSTERREICH: Still!
BASTARD: Hört den Rufer!
ÖSTERREICH: Wer zum Teufel bist du?
BASTARD: Ein Mensch, der Teufelsspiel mit Euch will treiben,
   Ertappt er Euch und Euer Fell allein.
   Ihr seid der Hase, wie das Sprichwort geht,
   Der tote Löwen keck am Barte zupft.
   Pack' ich Euch recht, so schwefl' ich Euren Pelzrock:
   Ja, seht Euch vor! Ich tu's fürwahr, ich tu's!
BLANCA: O wie so wohl stand dem des Leu'n Gewand,
   Der dies Gewand dem Leuen hatt' entwandt!
BASTARD: Es liegt so stattlich auf dem Rücken ihm
   Wie Herkulus Löwenhaut[9] auf einem Esel.
   Bald, Esel, nehm' ich Euch die Last vom Nacken,
   Um andres drauf, was besser drückt, zu packen.
ÖSTERREICH: Wer packt hier solche Prahlereien aus,
   Die unser Ohr mit leerem Schall betäuben?
KÖNIG PHILIPP: Louis, entscheidet, was wir sollen tun!
LOUIS: Ihr Narr'n und Weiber, laßt vom Hadern ab! –
   König Johann, die kurze Summ' ist dies:
   England und Irland, Anjou, Touraine, Maine
   Sprech' ich von dir in Arthurs Namen an;
   Trittst du sie ab und legst die Waffen nieder?
KÖNIG JOHANN:
   Mein Leben eher, – Trotz sei, Frankreich, dir!
   Vertraue mir dich, Arthur von Bretagne;
   Aus treuer Liebe will ich mehr dir geben,
   Als Frankreichs feige Hand gewinnen kann.
   Ergib dich, Knabe!
LEONORE: Komm zur Großmutter, Kind!
CONSTANZE: Tu's, Kind! Geh' hin zur Großmama, mein Kind!
   Gib Königreich an Großmama! Sie gibt dir

'ne Kirsche, 'ne Rosine und 'ne Feige:
Die gute Großmama!

ARTHUR: Still, gute Mutter!
Ich wollt', ich läge tief in meinem Grab:
Ich bin's nicht wert, daß solch ein Lärm entsteht.

ELEONORE: Der arme Junge weint, weil seine Mutter
Ihn so beschämt.

CONSTANZE: Sie tu' es oder nicht,
Scham über Euch! Nein, der Großmutter Unrecht,
Nicht die Beschämung seiner Mutter lockt
Aus seinen armen Augen diese Perlen,
Die als ein Pfand der Himmel nehmen wird.
Ja, der krystallne Schmuck besticht den Himmel,
Zu schaffen ihm sein Recht und Rach' an Euch.

ELEONORE: O du Verleumderin von Erd' und Himmel!

CONSTANZE: O du Verbrecherin an Erd' und Himmel!
Nein, ich verleumde nicht. Du und die Deinen,
Ihr risset Landeshoheit, Würden, Rechte
Von dieses unterdrückten Knaben Haupt.
Er ist der Sohn von deinem ältsten Sohn,
In keinem Stück unglücklich als in dir;
Dein Frevel wird am armen Kind gestraft,
Der Ausspruch des Gebotes sucht ihn heim,
Weil er, im zweiten Gliede nur entfernt,
Aus deinem sündenschwangern Schoße stammt.

KÖNIG JOHANN: Wahnwitz, hör' endlich auf!

CONSTANZE: Nur dieses noch
Er wird nicht bloß geplagt um ihre Sünde,
Gott machte ihre Sünd' und sie zur Plage
Für diesen Nachkömmling, geplagt für sie;
Mit ihr plagt ihn ihr Sohn, ihr Unrecht ist
Sein Unrecht, er der Büttel ihrer Sünden.
Das alles wird in diesem Kind bestraft,
Und alles bloß um sie: Fluch über sie!

ELEONORE: Du töricht lästernd Weib! Ein letzter Wille
Schließt deinen Sohn von jedem Anspruch aus.

CONSTANZE:
Wer zweifelt dran? Ein Will', ein Weiber-Wille,
Ein böser, tückischer Großmutter-Wille!

KÖNIG PHILIPP: Still, Fürstin! oder mäßigt besser Euch!
Schlecht ziemt es diesem Kreise, Beifall rufen
Zum Mißlaut solcher Wiederholungen. –
Lad' ein Trompeter auf die Mauern hier

Die Bürger Angers'; hören wir, wes Recht
Bei ihnen gilt, ob Arthurs, ob Johanns.

Trompetenstoß. Bürger erscheinen auf den Mauern.

ERSTER BÜRGER: Wer ist es, der uns auf die Mauern ruft?

KÖNIG PHILIPP: Frankreich, für England.

KÖNIG JOHANN: England für sich selbst.
Ihr Männer Angers', mein getreues Volk, –

KÖNIG PHILIPP: Getreue Männer Angers', Arthurs Volk, –
Wir luden euch zu freundlichem Gespräch, –

KÖNIG JOHANN: In unsern Sachen; – darum hört uns erst!
Die Banner Frankreichs, die sich hier genaht
Bis vor das Aug' und Antlitz eurer Stadt,
Sind angerückt euch zur Beschädigung.
Mit Grimm gefüllt ist der Kanonen Bauch;
Sie sind gestellt schon, gegen eure Mauern
Die eiserne Entrüstung auszuspein.
Zum blut'gen Angriff alle Vorbereitung
Und der Franzosen feindlich Tun bedroht
Die Tore, eurer Stadt geschloss'ne Augen.
Und, wenn wir nicht genaht, so wären jetzt
Die ruh'nden Steine, die euch rings umgürten,
Durch des Geschützes stürmende Gewalt
Aus ihrem festen Bett von Leim gerissen,
Und die Verwüstung bahnte blut'ger Macht
Den Weg, auf euren Frieden einzubrechen.
Doch auf den Anblick eures echten Königs,

Der mühsamlich, mit manchem schnellen Marsch,
Vor eure Tor' ein Gegenheer gebracht,
Um unverletzt die Wangen eurer Stadt
Zu schützen, – siehe da! erstaunt bequemen
Zur Unterredung die Franzosen sich;
Und schießen nun, statt Kugeln, rings in Feuer,
Um eure Mauern fieberhaft zu schütteln,
Nur sanfte Worte, eingehüllt in Dampf,
Um eure Ohren treulos zu betören.
Traut ihnen dem zufolge, werte Bürger,
Und laßt uns, euren König, ein, des Kräfte,
Erschöpft durch dieses Zuges strenge Eil',
Herberge heischen im Bezirk der Stadt!

KÖNIG PHILIPP:
Wann ich gesprochen, gebt uns beiden Antwort!
Seht, hier an meiner Rechten, deren Schutz
Aufs heiligste gelobt ist dessen Recht,
Der sie gefaßt, steht Prinz Plantagenet,
Sohn von dem ältern Bruder dieses Manns,
Und König über ihn und all das Seine.
Für dies zertretne Recht nun treten wir
Im Kriegerzug den Plan vor eurer Stadt,
Wiewohl wir weiter euer Feind nicht sind,
Als Nötigung gastfreundschaftlichen Eifers
Zur Hülfe dieses unterdrückten Kinds
Uns im Gewissen treibt. Seid denn gewillt,
Die schuld'ge Pflicht dem, welchem sie gebührt,
Zu leisten, nämlich diesem jungen Prinzen:
Und unsre Waffen werden, wie ein Bär
Nach angelegtem Maulkorb, harmlos sein.
Der Stücke Grimm wird auf des Himmels Wolken,
Die unverwundbar sind, sich fruchtlos wenden;
Mit frohem, freiem Rückzug wollen wir,
Die Helm' und Schwerter ohne Beul' und Scharte,
Das frische Blut nach Hause wieder tragen,
Das wir an eure Stadt zu spritzen kamen,
Und euch mit Weib und Kind in Frieden lassen.
Doch schlagt ihr töricht dies Erbieten aus,
So soll nicht eurer grauen Mauern Ring
Vor unsern Kriegesboten euch verbergen,
Wär' all dies Volk von England und ihr Zeug
In ihren rauhen Umkreis auch gelegt.
Sagt denn, erkennt uns eure Stadt als Herrn

Zu Gunsten des, für den wir es geheischt?
Wie, oder geben wir der Wut Signal
Und ziehn durch Blut in unser Eigentum?
ERSTER BÜRGER: Wir sind dem König Englands untertan,
Die Stadt bleibt ihm und seinem Recht bewahrt.
KÖNIG JOHANN: Erkennt den König denn und laßt mich ein!
ERSTER BÜRGER:
Wir können's nicht; wer sich bewährt als König,
Der soll bewährt uns finden: bis dahin,
Verrammen wir die Tore aller Welt.
KÖNIG JOHANN: Bewährt die Krone Englands nicht den König?
Genügt das nicht, so bring' ich Zeugen mit,
Aus Englands Stamm an dreißigtausend Herzen, –
BASTARD: Bastarde und so weiter.
KÖNIG JOHANN: Die mit dem Leben stehn für unser Recht.
KÖNIG PHILIPP: Nicht weniger, noch minder edles Blut –
BASTARD: Auch einige Bastarde.
KÖNIG PHILIPP: Steht hier, der Foderung zu widersprechen.
ERSTER BÜRGER: Bis ausgemacht, wes Recht das würdigste,
Verweigern für den Würdigsten wir's beiden.
KÖNIG JOHANN: Vergebe Gott denn aller Seelen Sünden,
Die heut zu ihrem ew'gen Aufenthalt,
Bevor der Abend taut, entschweben werden,
Im grausen Kampf um unsers Reiches König!
KÖNIG PHILIPP: Amen! – Zu Pferd, ihr Ritter! zu den Waffen!
BASTARD: Sankt George,[10] der Drachenspießer, der seitdem
Auf jeder Schenke Schild zu Pferde sitzt,
Nun steh uns bei!
Zu Österreich.   Ihr da! Wär' ich daheim,
In Eurer Höhle, Herr, bei Eurer Löwin,
Ich setzt' ein Stierhaupt auf Eu'r Löwenfell
Und macht' Euch so zum Untier.
ÖSTERREICH: Still doch, still!
BASTARD: O zittert, denn Ihr hört des Leu'n Gebrüll.
KÖNIG JOHANN: Hinauf zur Ebne, wo in bester Ordnung
Wir alle unsre Truppen reihen wollen!
BASTARD: So eilt, der Stellung Vorteil zu gewinnen.
KÖNIG PHILIPP *zu Louis:* So sei's; und an den andern Hügeln heißt
Den Rest sich stellen! – Gott und unser Recht!
Alle ab.

*Getümmel und Schlacht. Dann ein Rückzug. Ein französischer Herold mit
Trompetern tritt an die Tore.*

FRANZÖSISCHER HEROLD:
Ihr Männer Angers', öffnet weit die Tore,
Laßt Arthur, Herzog von Bretagne, ein,
Der heut durch Frankreichs Hand viel Stoff zu Tränen
Den Müttern Englands schaffte, deren Söhne
Gesäet liegen auf dem blut'gen Grund.
Auch mancher Witwe Gatte liegt im Staub,
Nun kalt umarmend die verfärbte Erde;
Und Sieg, mit wenigem Verluste, spielt
Auf der Franzosen tanzenden Panieren,
Die triumphierend schon entfaltet stehn,
Um einzuziehn und Arthur von Bretagne
Aus Englands Herrn und euren auszurufen.
Ein englischer Herold mit Trompetern.
ENGLISCHER HEROLD:
Freut euch, ihr Männer Angers'! Läutet Glocken!
König Johann, Englands und eurer, naht,
Gebieter dieses heißen, schlimmen Tags.
Die ausgerückt in silberheller Rüstung,
Sie nahn, vergoldet mit Franzosen-Blut;
Kein Englisch Haupt trug Federn auf dem Helm,
Die eine Lanze Frankreichs weggerissen;
Die Fahnen kehren in denselben Händen,
Die erst beim Auszug sie entfaltet, heim.
Und wie ein muntrer Trupp von Jägern, kommen
Die Englischen, die Hände ganz bepurpurt,[11]
Gefärbt vom Morde, der die Feind' entfärbt.
Tut auf die Tor' und gebt den Siegern Raum!
ERSTER BÜRGER:
Herolde, von den Türmen sahn wir wohl
Den Angriff und den Rückzug beider Heere
Von Anfang bis zu Ende: ihre Gleichheit
Scheint ohne Tadel unserm schärfsten Blick.
Blut kaufte Blut, und Streiche galten Streiche,
Macht gegen Macht, und Stärke stand der Stärke.
Sie sind sich gleich, wir beiden gleichgesinnt.
Bis einer überwiegt, bewahren wir
Die Stadt für keinen und für beide doch.

Von der einen Seite treten auf König Johann mit Truppen, Eleonore,
Blanca und der Bastard, von der anderen König Philipp, Louis, Österreich
und Truppen.

KÖNIG JOHANN:

Frankreich, hast du mehr Blut noch zu vergeuden?
Hat freien Lauf nun unsers Rechtes Strom?
Er wird, gehemmt durch einen Widerstand,
Sein Bett verlassen und in wilder Bahn
Selbst dein beschränkend Ufer überschwellen,
Wo du sein silbernes Gewässer nicht
In Frieden gleiten läßt zum Ozean.

KÖNIG PHILIPP: England, du spartest keinen Tropfen Blut,
In dieser heißen Prüfung mehr als Frankreich;
Verlorst eh' mehr: und bei der Hand hier schwör' ich,
Die herrscht, so weit sich dieser Himmel streckt:
Wir wollen die gerecht getragnen Waffen
Nicht niederlegen, bis wir dich gestürzt,
Auf den sie zielen, sollten wir auch selbst
Mit königlicher Zahl die Toten mehren,
Daß dann die Liste von des Kriegs Verlust
Mit Mord beim Namen eines Königs prange.

BASTARD:

Ha, Majestät! wie hoch dein Ruhm sich schwingt,
Wenn köstlich Blut in Königen entglüht!
Ha! nun beschlägt der Tod mit Stahl die Kiefern,
Der Krieger Schwerter sind ihm Zähn' und Hauer;
So schmaust er nun, der Menschen Fleisch verschlingend,
In unentschiednem Zwist der Könige. –
Was stehn so starr die königlichen Heere?
Ruft Sturm! Zum blut'gen Schlachtfeld eilt zurück,
Ihr gleichen Mächte, wild entflammte Geister!
Laßt eines Teiles Fall des andern Frieden
Versichern; bis dahin: Kampf, Blut und Tod!

KÖNIG JOHANN: Auf wessen Seite treten nun die Städter?

KÖNIG PHILIPP: Für England, Bürger, sprecht: wer ist eu'r Herr?

ERSTER BÜRGER: Der König Englands, kennen wir ihn erst.

KÖNIG PHILIPP: Kennt ihn in uns, die wir sein Recht vertreten.

KÖNIG JOHANN: In uns, wie wir selbst eigne Vollmacht führen,
Und uns allhier behaupten in Person:
Herr unser selbst, von Angers und von euch.

ERSTER BÜRGER: Dies weigert eine höh're Macht als wir;
Bis es entschieden ist, verschließen wir
Den vor'gen Zweifel in gesperrten Toren,

Von unsrer Furcht beherrscht, bis diese Furcht
Uns ein gewisser Herrscher löst und bannt.

BASTARD:

Bei Gott! dies Pack von Angers höhnt euch, Fürsten:
Sie stehn auf ihren Zinnen sorglos da,
Wie im Theater gaffen sie und zeigen
Auf dies geschäft'ge Schauspiel voller Tod.
Folg' eure Fürstenhoheit meinem Rat!
Wie die Empörer von Jerusalem
Seid Freunde eine Weil' und kehrt vereint
Der Feindschaft ärgste Mittel auf die Stadt!
Von Ost und West laßt Frankreich so wie England
Die übervoll geladnen Stücke feuern,
Bis ihre Donnerstimme niederbrüllt
Die Kiesel-Rippen[12] dieser kecken Stadt.
Ich wollt' auf dies Gesindel rastlos zielen,
Bis wehrlos liegende Verheerung sie
So nackend ließ' wie die gemeine Luft.
Wenn das geschehn, teilt die vereinte Macht,
Trennt die vermischten Fahnen noch einmal:
Kehrt Stirn an Stirn und Spitze gegen Spitze!
Dann wird Fortuna sich im Augenblick
Auf e i n e r Seite ihren Liebling wählen:
Dem wird sie günstig den Gewinn des Tages,
Glorreichen Sieg mit ihrem Kuß verleihn.
Behagt der wilde Rat euch, mächt'ge Staaten?
Schmeckt er nicht etwa nach der Politik?

KÖNIG JOHANN:

Beim Himmel, der sich wölbt ob unsern Häuptern!
Mit steht er an. – Sag, Frankreich, sollen wir
Die Macht verbinden und dies Angers schleifen,
Dann fechten, wer davon soll König sein?

BASTARD: Ja, wenn dich stolzer Fürstenmut beseelt,
Da dich wie uns die lump'ge Stadt beleidigt,
So kehre deiner Stücke Mündungen
Mit unsern gegen diese trotz'gen Mauern;
Und wenn wir nun zu Boden sie gesprengt,
Dann fodert euch, und schafft euch auf der Stelle,
Wie's kommen mag, zu Himmel oder Hölle!

KÖNIG PHILIPP: So sei's! – Sagt, wo berennet Ihr die Stadt?

KÖNIG JOHANN: Von Westen wollen wir Zerstörung senden
In ihren Busen.

ÖSTERREICH: Ich von Norden her.

KÖNIG PHILIPP: Und unser Donner soll sein Kugelschauer
Aus Süden regnen über diese Stadt.

BASTARD *beiseit:*
Von Nord nach Süden – welch ein kluger Fund! –
Schießt Östreich sich und Frankreich in den Mund:
Ich will dazu sie hetzen. – Fort denn, fort!

ERSTER BÜRGER: Verweilt noch, große Fürsten, hört ein Wort,
Und Frieden zeig' ich euch und frohen Bund.
Gewinnt die Stadt doch ohne Wund' und Streich,
Bewahrt die Leben für den Tod im Bette,
Die hier als Opfer kommen in das Feld:
Beharrt nicht, sondern hört mich, mächt'ge Fürsten!

KÖNIG JOHANN: Sprecht! mit Genehmigung; wir hören an.

ERSTER BÜRGER: Die Tochter da von Spanien, Fräulein Blanca,
Ist England nah verwandt: schaut auf die Jahre
Des Dauphin Louis und der holden Magd!
Wenn muntre Liebe nach der Schönheit geht,
Wo fände sie sie holder als in Blanca?
Wenn fromme Liebe nach der Tugend strebt,
Wo fände sie sie reiner als in Blanca?
Fragt ehrbegier'ge Liebe nach Geburt:
Wes Blut strömt edler als der Fräulein Blanca?
Wie sie, an Tugend, Schönheit und Geburt,
Ist auch der Dauphin allerdings vollkommen.
Wo nicht vollkommen: sagt, er ist nicht sie;
Und ihr fehlt wieder nichts, wenn dies für Mangel
Nicht etwa gelten soll, sie sei nicht er.
Er ist die Hälfte eines sel'gen Manns,
Den eine solche Sie vollenden muß,
Und sie, geteilte holde Trefflichkeit,
Von der in ihm Vollendungsfülle liegt.
O so zwei Silberströme, wenn vereint,
Verherrlichen die Ufer, die sie fassen;
Und solche Ufer so vereinter Ströme,
Zwei Grenzgestade, Kön'ge, mögt ihr sein,
Wenn ihr ein fürstlich Paar wie dies vermählt.
Der Bund wird an den festverschloss'nen Toren
Mehr tun, als Stürmen: denn auf diese Heirat
Tut plötzlicher, als Pulver sprengen kann,
Der Tore Mündung angelweit sich auf,
Euch einzulassen! Aber ohne sie
Ist die empörte See nicht halb so taub,
Nicht Löwen unerschrockner, Berg' und Felsen

Nicht unbeweglicher, ja selbst der Tod
In grauser Wut sich halb so fest entschieden
Als wir, die Stadt zu halten.

BASTARD: Das ist ein Trumpf!
Der schüttelt euch des alten Tods Geripp'
Aus seinen Lumpen! Traun, ein großes Maul,
Das Tod ausspeit und Berge, Felsen, Seen,
Das so vertraut von grimmen Löwen schwatzt
Wie von dem Schoßhund dreizehnjähr'ge Mädchen.
Hat den Kumpan ein Kanonier erzeugt?
Er spricht Kanonen, Feuer, Dampf und Knall,
Er gibt mit seiner Zunge Bastonnaden,[13]
Das Ohr wird ausgeprügelt; jedes Wort
Pufft kräftiger als eine fränk'sche Faust.
Blitz! ich bin nie mit Worten so gewalkt,
Seit ich des Bruders Vater Tatte[14] nannte.

ELEONORE:
Sohn, horch auf diesen Vorschlag, schließ' die Heirat,
Gib unsrer Nichte würd'gen Brautschatz mit:
Denn dieses Band verspricht so sicher dir
Den widersprochnen Anspruch auf die Krone
Daß dort dem Kindlein Sonne fehlen wird,
Die Blüte bis zur mächt'gen Frucht zu reifen.
Ich sehe Willfahrung in Frankreichs Blicken;
Sieh, wie sie flüstern: dring' in sie, derweil
Die Seelen dieser Ehrsucht fähig sind,
Daß nicht der Eifer, durch den Hauch geschmelzt
Von sanften Bitten, Mitleid und Bereuen,
Zu seiner vor'gen Härt' aufs neu' erstarrt.

ERSTER BÜRGER: Warum erwidern nicht die Majestäten
Den Freundes-Vorschlag der bedrohten Stadt?

KÖNIG PHILIPP: Red' England erst, das erst sich hingewandt,
Zu dieser Stadt zu reden. – Was sagt Ihr?

KÖNIG JOHANN:
Kann dein erlauchter Sohn, der Dauphin dort,
„Ich lieb'" in diesem Buch der Schönheit lesen,
So wägt ihr Brautschatz Königinnen auf;
Denn Anjou soll, samt Poictiers, Touraine, Maine
Und allem, was wir nur diesseit des Meers,
Bis auf die jetzt von uns berennte Stadt,
An unsre Kron' und Herrschaft pflichtig finden,
Das Brautbett ihr vergülden und sie reich
An Titeln, Ehren und Gewalten machen,

Wie sie an Reiz, Erziehung und Geburt
Sich neben jegliche Prinzessin stellt.

KÖNIG PHILIPP:
Was sagst du, Sohn? Schau in des Fräuleins Antlitz!

LOUIS: Ich tu's, mein Fürst, und find' in ihrem Auge
Ein Wunder, das mich in Verwund'rung setzt,
Den Schatten von mir selbst in ihrem Auge,
Der da, wiewohl nur Schatten Eures Sohns,
Zur Sonne wird und macht den Sohn zum Schatten.
Ich schwör' es Euch, ich liebte niemals mich,
Bis ich mich selber eingefaßt hier sah,
In ihren Augen schmeichelnd abgespiegelt.
Er spricht heimlich mit Blanca.

BASTARD: In ihren Augen schmeichelnd abgespiegelt!
In finstern Runzeln ihrer Stirn gehängt!
Im Herzen ihr gefesselt und verriegelt!
So rühmt er sich, von Liebespein bedrängt.
Nur schade, daß, wo Huld und Schönheit thront,
Gehängt, gefesselt, solch ein Tölpel wohnt.

BLANCA: Des Oheims Will' in diesem Stück ist meiner.
Sieht er etwas in Euch, das ihm gefällt,
So kann ich leicht dies Etwas, das er sieht,
In meinen Willen übertragen; oder,
Um richtiger zu reden, wenn Ihr wollt,
Will ich es meiner Liebe gern empfehlen.
Nicht weiter schmeicheln will ich Euch, mein Prinz,
Der Liebe wert sei, was ich seh' an Euch,
Als so: daß ich an Euch nichts sehen kann
(Wenn selbst die Mißgunst Euer Richter wär'),
Was irgend Haß mir zu verdienen schiene.

KÖNIG JOHANN:
Was sagt das junge Paar? was sagt Ihr, Nichte?

BLANCA: Daß Ehre sie verpflichtet, stets zu tun,
Was Eure Weisheit ihr geruht zu sagen.

KÖNIG PHILIPP:
So sprecht denn, Prinz, könnt Ihr dies Fräulein lieben?

LOUIS: Nein, fragt, ob ich mich kann der Lieb' erwehren,
Denn unverstellten Herzens lieb' ich sie.

KÖNIG JOHANN:
Dann geb' ich dir Volquessen, Touraine, Maine,
Poictiers und Anjou, diese fünf Provinzen,
Mit ihr zugleich, und diese Zutat noch,
Bar dreißigtausend Mark engländisch Geld.

Philipp von Frankreich, wenn es dir gefällt,
Laß Sohn und Tochter nun die Hand sich geben!

KÖNIG PHILIPP: Es sei! Vereint die Hände,[15] junges Paar!

ÖSTERREICH: Die Lippen auch! So ist der Brauch belobt:
Ich macht' es so, als ich mich einst verlobt.

KÖNIG PHILIPP: Nun, Angers' Bürger, öffnet eure Tore
Und laßt die Freundschaft ein, die ihr gestiftet:
Denn in Marien Kapelle wollen wir
Sogleich die Bräuche der Vermählung feiern.
Ist Frau Constanze nicht in dieser Schar?
Gewißlich nicht; denn die geschloss'ne Heirat
Hätt' ihre Gegenwart sonst sehr gestört.
Wo ist sie und ihr Sohn? Sagt, wer es weiß!

LOUIS: Sie ist voll Gram in Eurer Hoheit Zelt.

KÖNIG PHILIPP:
Und, auf mein Wort, der Bund, den wir geschlossen,
Wird ihrem Grame wenig Lind'rung geben. –
Bruder von England, wie befried'gen wir
Die Fürstin Witwe? Ihrem Recht zu lieb
Sind wir gekommen, welches wir, Gott weiß,
Auf andern Weg gelenkt zu eignem Vorteil.

KÖNIG JOHANN: Wir machen alles gut: den jungen Arthur
Ernennen wir zum Herzog von Bretagne
Und Graf von Richmond, machen ihn zum Herrn
Von dieser reichen Stadt. – Ruft Frau Constanze,
Ein eil'ger Bote heiße sie erscheinen
Bei unsrer Fei'rlichkeit: – Wir werden, hoff' ich,
Wo nicht erfüllen ihres Willens Maß,
Doch in gewissem Maß ihr so genugtun,
Daß wir ihr Schrei'n dagegen hemmen werden.
Gehn wir, so gut die Eil' es uns erlaubt,
Zu diesem unverseh'nen Feierzug!

Alle außer dem Bastard ab. Die Bürger ziehen sich von den Mauern zurück.

BASTARD: O Welt! o tolle Fürsten! tolles Bündnis!
Johann, um Arthurs Anspruch an das Ganze
Zu hemmen, hat ein Teil davon erteilt;
Und Frankreich, den Gewissen selbst gepanzert,
Den Christenlieb' und Eifer trieb ins Feld
Als Gottes Streiter: da der schlaue Teufel
Der Vorsatz-Ändrer, ihm ins Ohr geraunt,
Der Mäkler, der die Treu' zur Makel macht,
Der Alltags-Meineid, der um alle wirbt, –

Um Kön'ge, Bettler, Alte, Junge, Mägde, –
Die er, wenn sie nichts zu verlieren haben
Als das Wort Magd, um dies die Armen trügt, –
Der glatte Herr, der Schmeichler Eigennutz, –
Ja Eigennutz, der schiefe Hang der Welt,
Der Welt, die gleich gewogen ist an sich,
Auf ebnem Boden gerade hin zu rollen;
Bis dieser Vorteil, dieser schnöde Hang,
Der Lenker der Bewegung, Eigennutz,
Sie abwärts neigt von allem Gleichgewicht,
Von aller Richtung, Vorsatz, Lauf und Ziel;
Und dieser Hang nun, dieser Eigennutz,
Dies allverwandelnde Vermittler-Wort,
Für Frankreichs leichten Sinn ein Augenpflaster,
Zieht ihn von seiner selbstverlieh'nen Hülfe,
Von einem wackern, ehrenvollen Krieg,
Zu einem schnöden, schlechtgeschloss'nen Frieden. –
Und warum schelt' ich auf den Eigennutz?
Doch nur, weil er bis jetzt nicht um mich warb.
Nicht, daß die Hand zu schwach wär', zuzugreifen,
Wenn seine schönen Engel sie begrüßten;
Nein, sondern weil die Hand, noch unversucht,
Dem armen Bettler gleich, den Reichen schilt.
Gut, weil ich noch ein Bettler, will ich schelten
Und sagen, Reichtum sei die einz'ge Sünde;
Und bin ich reich, spricht meine Tugend frei:
Kein Laster geb' es außer Bettelei.
Bricht Eigennutz in Königen die Treu',
So sei mein Gott, Gewinn, und steh mir bei! *Ab.*

DRITTER AUFZUG

Erste Szene

Das Zelt des Königs von Frankreich.

Constanze, Arthur und Salisbury treten auf.

CONSTANZE: So sich vermählt! Den Frieden so geschworen!
Falsch Blut vereint mit falschem! Freunde nun!
Soll Louis Blanca haben? Sie die Länder?
Es ist nicht so: du hast verredt', verhört;
Besinne dich, sag den Bericht noch 'mal:
Es kann nicht sein; du sagst nur, daß es ist:
Ich traue drauf, daß nicht zu traun dir steht;
Dein Wort ist eines Menschen eitler Odem.
Ja, glaube, daß ich dir nicht glaube, Mann;
Ich hab' dawider eines Königs Eid.
Man soll dich strafen, daß du mich erschreckt:
Denn ich bin krank, empfänglich für die Furcht,
Von Leid bedrängt und also voller Furcht,
Bin Witwe, gattenlos, ein Raub der Furcht,
Ein Weib, geboren von Natur zur Furcht;
Und ob du nun bekennst, du scherztest nur,
Kommt doch kein Fried' in die verstörten Geister,
Daß sie nicht bebten diesen ganzen Tag.
Was meinst du mit dem Schütteln deines Kopfes?
Was blickst du so betrübt auf meinen Sohn?
Was meint die Hand auf dieser deiner Brust?
Warum tritt diese Salzflut in dein Auge,
Gleich einem Strom, der stolz dem Bett entschwillt?
Sind diese Zeichen deines Worts Beteurer?
Sprich! Nicht ganz die vorige Erzählung,
Dies Wort nur: ob sie wahr sei oder nicht?

SALISBURY: So wahr, wie Ihr gewiß für falsch die haltet,
    Die schuld sind, daß Ihr wahr mein Wort erfindet.
CONSTANZE: Oh, lehrst du mich, zu glauben dieses Leid,
    So lehr' du dieses Leid, mich umzubringen!
    Laß Glauben sich und Leben so begegnen
    Wie zwei verzweiflungsvoller Menschen Wut,
    Wo jeder fällt und stirbt beim ersten Stoß.
    Louis vermählt mit Blanca! Kind, wo bleibst du?
    Frankreich mit England Freund? Was wird aus mir?
    Fort, Mensch! Dein Anblick ist mir unerträglich:
    Wie häßlich hat die Zeitung dich gemacht!
SALISBURY:
    Was tat ich denn für Harm Euch, gute Fürstin,
    Als daß ich sprach vom Harm, den andre tun?

33

CONSTANZE: Der Harm ist so gehässig in sich selbst,
  Daß, wer davon nur spricht, nicht harmlos bleibt.
ARTHUR: Beruhigt Euch, ich bitte, liebe Mutter!
CONSTANZE:
  Wärst du, der mich beruhigt wünscht, abscheulich,
  Häßlich und schändend für der Mutter Schoß!
  Voll widerwärt'ger Flecke, garst'ger Makeln,
  Lahm, albern, bucklicht, mißgeboren, schwarz,
  Mit ekelhaften Mälern ganz bedeckt:
  Dann fragt' ich nichts danach, dann wär' ich ruhig,
  Dann würd' ich dich nicht lieben, und du wärst
  Nicht wert der hohen Abkunft noch der Krone.
  Doch du bist schön, dich schmückten, lieber Knabe,
  Natur und Glück vereint bei der Geburt.
  Von Gaben der Natur prangst du mit Lilien
  Und jungen Rosen; doch Fortuna – oh!
  Sie ist verführt, verwandelt, dir entwandt.
  Sie buhlt mit deinem Oheim stündlich, hat
  Mit goldner Hand Frankreich herbeigerissen,
  Der Hoheit Anspruch in den Grund zu treten,
  Daß seine Majestät ihr Kuppler wird.
  Er ist Fortunas Kuppler und Johanns,
  Der Buhlerin mit ihm, dem Kronenräuber. –
  Sag mir, du Mann, ist Frankreich nicht meineidig?
  Vergift' ihn mir mit Worten, oder geh,
  Und laß allein dies Weh, das ich allein
  Zu tragen bin bestimmt.
SALISBURY: Verzeiht mir, Fürstin.
  Ich darf ohn' Euch nicht zu den Kön'gen gehn.
CONSTANZE:
  Du darfst, du sollst: ich will nicht mit dir gehn.
  Ich will mein Leiden lehren, stolz zu sein;
  Denn Gram ist stolz, er beugt den Eigner tief.
  Um mich und meines großen Grames Staat
  Laßt Kön'ge sich versammeln; denn so groß
  Ist er, daß nur die weite, feste Erde
  Ihn stützen kann; den Thron will ich besteigen,
  Ich und mein Leid; hier laßt sich Kön'ge neigen!
            Sie wirft sich auf den Boden.
König Johann, König Philipp, Louis, Blanca, Eleonore, der Bastard, Öster-
            reich und Gefolge treten auf.
KÖNIG PHILIPP: Ja, holde Tochter: diesen Segenstag
  Soll man in Frankreich festlich stets begehn.

Um ihn zu feiern, wird die hehre Sonne
Verweilen und den Alchymisten spielen,
Verwandelnd mit des kostbar'n Auges Glanz
Die magre Erdenscholl' in blinkend Gold.
Der Jahres-Umlauf, der ihn wiederbringt,
Soll ihn nicht anders denn als Festtag sehn. –
CONSTANZE *aufstehend:* Ein Sündentag und nicht ein Feiertag! –
Was hat der Tag verdient und was getan,
Daß er mit goldnen Lettern im Kalender
Als eins der hohen Feste sollte stehn?
Nein, stoßt ihn aus der Woche lieber aus,
Den Tag der Schande, der Gewalt, des Meineids,
Und bleibt er stehn, laßt schwangre Weiber beten,
Nicht auf den Tag der Bürde frei zu werden,
Daß keine Mißgeburt die Hoffnung täusche;
Der Seemann fürcht' an keinem sonst den Schiffbruch,
Kein Handel brech', als der an ihm geschlossen;
Was dieser Tag beginnt, schlag' übel aus,
Ja, Treue selbst verkehr' in Falschheit sich!
KÖNIG PHILIPP: Beim Himmel, Fürstin, Ihr habt keinen Grund,
Dem schönen Vorgang dieses Tags zu fluchen.
Setzt' ich Euch nicht die Majestät zum Pfand?
CONSTANZE: Ihr troget mich mit einem Afterbild,
Das glich der Majestät: allein berührt, geprüft,
Zeigt es sich ohne Wert; Ihr seid meineidig,
Ihr wolltet meiner Feinde Blut vergießen,
Und nun vermischt Ihr Eures mit dem ihren.
Die Ringer-Kraft, das wilde Drohn des Krieges
Kühlt sich in Freundschaft und geschmicktem Frieden,
Und unsre Unterdrückung schloß den Bund.
Straf', Himmel, straf' die eidvergess'nen Kön'ge!
Hör' eine Witwe, sei mir Gatte, Himmel!
Laß nicht die Stunden dieses sünd'gen Tags
In Frieden hingehn; eh' die Sonne sinkt,
Entzweie diese eidvergess'nen Kön'ge!
Hör' mich, o hör' mich!
ÖSTERREICH: Frau Constanze, Friede!
CONSTANZE:
Krieg! Krieg! Kein Friede! Fried' ist mir ein Krieg.
O Östreich! o Limoges![16] du entehrst
Die Siegstrophäe: du Knecht, du Schalk, du Memme!
Du klein an Taten, groß an Büberei!
Du immer stark nur auf der stärkern Seite!

Fortunas Ritter, der nie ficht, als wenn
Die launenhafte Dame bei ihm steht
Und für ihn sorgt! Auch du bist eidvergessen
Und dienst der Größe. Welch ein Narr bist du,
Gespreizter Narr, zu prahlen, stampfen, schwören
Für meine Sache! Du kaltblüt'ger Sklav',
Hast du für mich wie Donner nicht geredet?
Mir Schutz geschworen? mich vertrauen heißen
Auf dein Gestirn, dein Glück und deine Kraft?
Und fällst du nun zu meinen Feinden ab?
Du in der Haut des Löwen? Weg damit,
Und häng' ein Kalbsfell um die schnöden Glieder!

ÖSTERREICH: O daß ein Mann zu mir die Worte spräche!

BASTARD: Und häng' ein Kalbsfell um die schnöden Glieder!

ÖSTERREICH: Ja, untersteh dich das zu sagen, Schurke!

BASTARD: Und häng' ein Kalbsfell um die schnöden Glieder!

KÖNIG JOHANN: Wir mögen dies nicht, du vergißt dich selbst.

Pandulpho tritt auf.

KÖNIG PHILIPP: Hier kommt der heilige Legat[17] des Papstes.

PHANDULPHO: Heil euch, gesalbte Stellvertreter Gottes!
König Johann, dir gilt die heil'ge Botschaft.
Ich, Pandulph, Kardinal des schönen Mailand
Und von Papst Innocenz Legat allhier,
Frag' auf Gewissen dich in seinem Namen,
Warum du unsre heil'ge Mutter Kirche
So störrig niedertrittst und Stephan Langton,
Erwählten Erzbischof von Canterbury,
Gewaltsam abhältst von dem heil'gen Stuhl?
In des genannten heil'gen Vaters Namen,
Papst Innocenz[18], befrag' ich dich hierum!

KÖNIG JOHANN:
Welch ird'scher Name kann wohl zum Verhör
Geweihter Kön'ge freien Odem zwingen?
Kein Nam' ist zu ersinnen, Kardinal,
So leer, unwürdig und so lächerlich,
Mir Antwort abzufordern, als der Papst.
Sag den Bericht ihm, und aus Englands Mund
Füg' dies hinzu noch: daß kein welscher Priester
In unsern Landen zehnten soll und zinsen.
Wie nächst dem Himmel wir das höchste Haupt,
So wollen wir auch diese Oberhoheit
Nächst ihm allein verwalten, wo wir herrschen,
Ohn' allen Beistand einer ird'schen Hand.

Das sagt dem Papst, die Scheu bei Seit' gesetzt
Vor ihm und seinem angemaßten Ansehn.

KÖNIG PHILIPP: Bruder von England, damit lästert Ihr!

KÖNIG JOHANN: Ob alle Könige der Christenheit
Der schlaue Pfaff' so gröblich irre führt,
Daß Ihr den Fluch, den Geld kann lösen, scheut
Und um den Preis von schnödem Gold, Kot, Staub
Verfälschten Ablaß kauft von einem Mann,
Der mit dem Handel ihn für sich verscherzt;
Ob Ihr und alle, gröblich mißgeleitet,
Die heil'ge Gaunerei mit Pfründen hegt,
Will ich allein, allein, den Papst nicht kennen
Und seine Freunde meine Feinde nennen.

PANDULPHO: Dann durch die Macht, die mir das Recht erteilt,
Bist du verflucht und in den Bann getan:
Gesegnet soll der sein, der los sich sagt
Von seiner Treue gegen einen Ketzer;
Und jede Hand soll man verdienstlich heißen,
Kanonisieren[19] und gleich Heil'gen ehren,
Die durch geheime Mittel aus dem Weg
Dein feindlich Leben räumt.

CONSTANZE: O sei's erlaubt,
Daß ich mit Rom mag eine Weile fluchen!
Ruf' Amen, guter Vater Kardinal,
Zu meinem Fluch; denn ohne meine Kränkung
Hat keine Zunge Kraft, ihm recht zu fluchen.

PANDULPHO:
Mein Fluch gilt durch Gesetz und Vollmacht, Fürstin.

CONSTANZE: Und meiner auch: schafft das Gesetz kein Recht,
So sei's gesetzlich, nicht dem Unrecht wehren.
Mein Kind erlangt sein Reich nicht vom Gesetz,
Denn, der sein Reich hat, bindet das Gesetz.
Weil das Gesetz denn höchstes Unrecht ist,
Verbiet' es meiner Zunge nicht zu fluchen.

PHANDULPHO: Philipp von Frankreich, auf Gefahr des Fluchs,
Laß fahren dieses argen Ketzers Hand,
Und Frankreichs Macht entbiete wider ihn,
Wenn er nicht selber Rom sich unterwirft!

ELEONORE:
Wirst du blaß, Frankreich? Zieh' die Hand nicht weg!

CONSTANZE: Gib, Teufel, acht, daß Frankreich nicht bereut!
Der Hände Trennung raubt dir eine Seele.

ÖSTERREICH: Hört auf den Kardinal, erlauchter Philipp!

BASTARD: Hängt ihm ein Kalbsfell um die schnöden Glieder!

ÖSTERREICH: Gut, Schurk', ich muß dies in die Tasche stecken,
   Weil –

BASTARD: Eure Hosen weit genug dazu.

KÖNIG JOHANN: Philipp, was sprichst du zu dem Kardinal?

CONSTANZE: Wie spräch' er anders als der Kardinal?

LOUIS: Bedenkt Euch, Vater, denn der Unterschied
   Ist: hier Gewinn des schweren Fluchs von Rom,
   Dort nur Verlust von Englands leichter Freundschaft.
   Wagt das Geringre denn!

BLANCA: Das ist Roms Fluch.

CONSTANZE: O Louis, steh! Der Teufel lockt dich hier
   In einer jungen schmucken Braut Gestalt.

BLANCA: Constanze spricht nach Treu' und Glauben nicht,
   Sie spricht nach ihrer Not.

CONSTANZE: Gibst du die Not mir zu,
   Die einzig lebt, weil Treu' und Glauben starb,
   So muß die Not notwendig dies erweisen,
   Daß Treu' und Glauben auflebt, wenn sie stirbt.
   Tritt nieder meine Not, und Treue steigt;
   Halt' aufrecht sie, und Treue wird zertreten.

KÖNIG JOHANN:
   Der König steht bestürzt und gibt nicht Antwort.

CONSTANZE: O tritt zurück von ihm! Antworte gut!

ÖSTERREICH:
   Tu's, König Philipp, häng' nicht nach dem Zweifel!

BASTARD: Häng' um ein Kalbsfell, schönster, dummer Teufel!

KÖNIG PHILIPP:
   Ich bin verwirrt und weiß nicht, was zu sagen.

PANDULPHO: Was du auch sagst, es wird dich mehr verwirren,
   Wenn du verflucht wirst und in Bann getan.

KÖNIG PHILIPP:
   Setzt Euch an meine Stell', ehrwürd'ger Vater,
   Und sagt mir, wie Ihr Euch betragen würdet.
   Die königliche Hand und meine hier
   Sind neu verknüpft, die innersten Gemüter
   Vermählt zum Bund, verschlungen und umkettet
   Von aller frommen Kraft geweihter Schwüre.
   Der letzte Hauch, der Ton den Worten gab,
   War fest geschworne Treué, Fried' und Freundschaft
   Für unser beider Reich und hohes Selbst.
   Und eben vor dem Stillstand, kurz zuvor, –
   So lang', daß wir die Hände waschen konnten,

Um auf den Friedenshandel einzuschlagen, –
Der Himmel weiß es, waren sie betüncht
Von des Gemetzels Pinsel, wo die Rache
Den furchtbar'n Zwist erzürnter Kön'ge malte;
Und diese Hände, kaum von Blut gereinigt,
In Liebe neu vereint, in beidem stark,
Sie sollen lösen Druck und Freundes-Gruß?
Die Treu' verspielen? mit dem Himmel scherzen?
So wankelmüt'ge Kinder aus uns machen,
Nun wiederum zu reißen Hand aus Hand,
Uns loszuschwören von geschworner Treu'
Und auf des holden Friedens Ehebett
Mit blut'gem Heer zu treten, einen Aufruhr
Zu stiften auf der ebnen milden Stirn
Der graden Offenheit? O heil'ger Herr!
Ehrwürd'ger Vater! Laßt es so nicht sein!
In Eurer Huld ersinnt, beschließt, verhängt
Gelindre Anordnung: so wollen wir
Euch froh zu Willen sein und Freunde bleiben.

PANDULPHO: Unordentlich ist jede Anordnung,
Die gegen Englands Liebe nicht sich wendet.
Drum zu den Waffen! Sei der Kirche Streiter!
Sonst werfe ihren Fluch die Mutter Kirche,
Der Mutter Fluch, auf den empörten Sohn!
Frankreich, du kannst die Schlange bei der Zunge,
Den Leu'n im Käfig bei der furchtbar'n Tatze,
Beim Zahn den gier'gen Tiger sicherer halten,
Als diese Hand in Frieden, die du hältst.

KÖNIG PHILIPP: Ich kann die Hand, doch nicht die Treue lösen.

FANDULPHO:
So machst du Treu' zum Feinde deiner Treu'.
Du stellst, wie Bürgerkrieg, Eid gegen Eid
Und deine Zunge gegen deine Zunge.
O daß dein Schwur, dem Himmel erst getan,
Dem Himmel auch zuerst geleistet werde!
Er lautet: Streiter unsrer Kirche sein.
Was du seitdem beschworst, ist wider dich
Und kann nicht von dir selbst geleistet werden.
Wenn du verkehrt zu tun geschworen hast,
So ist es nicht verkehrt, das Rechte tun,
Und wo das Tun zum Übel zielt, da wird
Durch Nichttun Recht am besten ausgeübt.
Das beste Mittel bei verfehltem Vorsatz

Ist, ihn verfehlen: ist dies ungerade,
So wird dadurch doch Ungerades grade,
Und Falschheit heilet Falschheit, wie das Feuer
In den versengten Adern Feuer kühlt.
Religion ist's, was den Eid macht halten,
Doch du schworst gegen die Religion:
Wobei du schwörst, dawider schwörest du;
So machst du Eid zum Zeugen wider Eid
Für deine Treu', da Treue, die nicht sicher
Des Schwures ist, nur schwört, nicht falsch zu schwören.
Welch ein Gespötte wäre Schwören sonst?
Du aber schwörst, meineidig nur zu sein,
Meineidig, wenn du hältst, was du beschworst.
Die spätern Eide gegen deine frühern
Sind drum in dir Empörung wider dich;
Und keinen bessern Sieg kannst du erlangen,
Als wenn du dein standhaftes edles Teil
Bewaffnest wider diese lose Lockung;
Für welches Beßre wir Gebete tun,
Wenn du genehm sie hältst: wo nicht, so wisse,
Daß unsrer Flüche Drohn dich trifft, so schwer,
Daß du sie nie sollst von dir schütteln; nein,
Verzweifelnd sterben unter schwarzer Last.

ÖSTERREICH: Kein Zaudern! Offne Fehde!

BASTARD: Immer noch?
Wird denn kein Kalbsfell deinen Mund dir stopfen?

LOUIS: Auf, Vater! Krieg!

BLANCA: An deinem Hochzeittag,
Und gegen das mit dir vermählte Blut?
Wie? Sollen unser Fest Erschlagne feiern?
Soll schmetternde Trompet' und laute Trommel,
Der Hölle Lärm, begleiten unsern Zug?
O Gatte, hör' mich! – ach, wie neu ist Gatte
In meinem Munde! – um des Namens willen,
Den meine Zunge niemals sprach bis jetzt,
Bitt' ich auf meinen Knie'n, ergreif' die Waffen
Nicht gegen meinen Oheim!

CONSTANZE: Oh, auf meinen Knie'n,
Vom Knieen abgehärtet, bitt' ich dich,
Du tugendhafter Dauphin[20], ändre nicht
Den Ausspruch, den der Himmel hat verhängt.

BLANCA: Nun werd' ich deine Liebe sehn: was kann
Dich stärker rühren als der Name Weib?

CONSTANZE: Was deine Stütze stützet: seine Ehre.
O deine Ehre, Louis, deine Ehre!
LOUIS: Wie scheint doch Eure Majestät so kalt,
Da sie so hohe Rücksicht treibt zu handeln?
PANDULPHO: Ich will den Fluch verkünden auf sein Haupt.
KÖNIG PHILIPP: Du brauchst nicht. – England, ich verlasse dich.
CONSTANZE: O schöne Rückkehr echter Fürstlichkeit!
ELEONORE: O schnöder Abfall fränk'scher Flüchtigkeit!
KÖNIG JOHANN:
Frankreich, dich reut die Stund', eh' sie verstreicht.
BASTARD: Der alte Glöckner Zeit, der kahle Küster,
Beliebt es ihm? Gut denn, so reut es Frankreich.
BLANCA:
Die Sonn' ist blutig: schöner Tag, fahr' hin!
Mit welcher der Parteien soll ich gehen?
Mit beiden: jedes Heer hat eine Hand,
Und ihre Wut, da ich sie beide halte,
Reißt auseinander und zerstückelt mich.
Gemahl, ich kann nicht flehn, daß du gewinnst;
Oheim, ich muß wohl flehn, daß du verlierst;
Vater, ich kann nicht wünschen für dein Glück;
Großmutter, deine Wünsche wünsch' ich nicht;
Wer auch gewinnt, ich habe stets Verlust,
Er ist mir sicher, eh' das Spiel beginnt.
LOUIS: Bei mir, Prinzessin, ist dein Glück und Hort.
BLANCA: Wenn hier mein Glück lebt, stirbt mein Leben dort.
KÖNIG JOHANN: Geht, Vetter, zieht zusammen unsre Macht! –
Bastard ab.
Frankreich, mein Innres zehrt entbrannter Zorn;
Die Hitze meiner Wut ist so beschaffen,
Daß nichts sie löschen kann, nein, nichts als Blut,
Das Blut, das köstlichste, das Frankreich hegt.
KÖNIG PHILIPP:
Die Wut soll dich verzehren, und du wirst
Zu Asch', eh' unser Blut das Feuer löscht.
Sieh nun dich vor! Ich mache dir zu schaffen. –
KÖNIG JOHANN:
Und ich dem Droher auch. – Fort zu den Waffen!
Alle ab.

Ebene bei Angers.

Getümmel, Angriffe. Der Bastard tritt auf mit Österreichs Kopf.

BASTARD: Bei meinem Leben, dieser Tag wird heiß.
Ein böser Luftgeist schwebt am Firmament
Und schleudert Unheil. Österreichs Kopf, lieg' da,
Solange Philipp atmet!
       König Johann, Arthur und Hubert treten auf.
KÖNIG JOHANN:
Hubert, bewahr' den Knaben! – Philipp, auf!
Denn meine Mutter wird in unserm Zelt
Bestürmt und ist gefangen, wie ich fürchte.
BASTARD: Ich habe sie errettet, gnäd'ger Herr,
Sie ist in Sicherheit: befürchtet nichts!
Doch immer zu, mein Fürst! Denn kleine Müh'
Bringt dieses Werk nun zum beglückten Schluß.
       Alle ab.

DRITTE SZENE

Getümmel, Angriffe, ein Rückzug. König Johann, Eleonore, Arthur, der Bastard, Hubert und Edelleute.

KÖNIG JOHANN *zu Eleonore:*
So sei es: stark bewacht soll Eure Hoheit
Zurück hier bleiben. – Sieh nicht traurig, Vetter;
Großmutter liebt dich, und dein Oheim wird
So wert dich halten, als dein Vater tat.
ARTHUR: O dieser Gram wird meine Mutter töten!
KÖNIG JOHANNN *zum Bastard:*
Ihr, Vetter, fort nach England! Eilt voran,
Und eh' wir kommen, schüttle du die Säcke
Aufspeichernder Prälaten; setz' in Freiheit
Gefangne Engel[21]; denn die fetten Rippen
Des Friedens müssen jetzt den Hunger speisen.
Ich geb' hierzu dir unbeschränkte Vollmacht.
BASTARD:
Buch, Glock' und Kerze sollen mich nicht schrecken,
Wenn Gold und Silber mir zu kommen winkt.
Ich lasse Eure Hoheit; – ich will beten,

Großmutter, wenn mir's einfällt, fromm zu sein,
Für Euer Wohl: so küss' ich Euch die Hand.

ELEONORE: Lebt wohl, mein lieber Vetter!

KÖNIG JOHANN: Lebe wohl!

Bastard ab.

ELEONORE: Komm zu mir, kleiner Enkel! Hör' ein Wort!
Sie nimmt Arthur beiseit.

KÖNIG JOHANN:
Komm zu mir, Hubert! – O mein bester Hubert!
Wir schulden viel dir; eine Seele wohnt
In diesem Fleisch, die dich als Schuldner achtet
Und deine Liebe will mit Wucher zahlen.
Und dein freiwill'ger Eid, mein guter Freund,
Lebt sorgsamlich gepflegt in dieser Brust.
Gib mir die Hand! Ich hätte was zu sagen,
Allein ich spar's auf eine beßre Zeit.
Beim Himmel, Hubert, fast muß ich mich schämen,
Zu sagen, wie du lieb und wert mir bist.

HUBERT: Gar sehr verpflichtet Eurer Majestät.

KÖNIG JOHANN:
Noch, Freund, hast du nicht Ursach', das zu sagen,
Doch du bekömmst sie; wie die Zeit auch schleicht,
So kömmt sie doch für mich, dir wohlzutun.
Ich hatte was zu sagen, – doch es sei:
Die Sonn' ist droben, und der stolze Tag,
Umringt von den Ergötzungen der Welt,
Ist allzu üppig und zu bunt geputzt,
Um mir Gehör zu geben. – Wenn die Glocke
Der Mitternacht mit eh'rner Zunge Ruf
Die Nacht an ihre träge Laufbahn mahnte;
Wenn dies ein Kirchhof wäre, wo wir stehn,
Und du von tausend Kränkungen bedrückt;
Und hätte Schwermut, jener düstre Geist,
Dein Blut gedörrt, es schwer und dick gemacht,
Das sonst mit Kitzeln durch die Adern läuft
Und treibt den Geck, Gelächter, in die Augen,
Daß eitle Lustigkeit die Backen bläht, –
Ein Trieb, der meinem Tun verhaßt ist; – oder
Wenn du mich könntest ohne Augen sehn,
Mich hören ohne Ohren und erwidern
Ohn' eine Zunge, mit Gedanken bloß,
Ohn' Auge, Ohr und läst'gen Schall der Worte:
Dann wollt' ich, trotz dem lauernd wachen Tag,
In deinen Busen schütten, was ich denke.
Doch ach! ich will nicht. – Doch bin ich dir gut,
Und glaub' auch, meiner Treu! du bist mir gut.
HUBERT: So sehr, daß, was Ihr mich vollbringen heißt,
Wär' auch der Tod an meine Tat geknüpft,
Ich tät's beim Himmel doch.
KÖNIG JOHANN: Weiß ich das nicht?
Mein guter Hubert! Hubert! Wirf den Blick
Auf jenen jungen Knaben: hör', mein Freund,
Er ist 'ne rechte Schlang' in meinem Weg,
Und wo mein Fuß nur irgend niedertritt,
Da liegt er vor mir: du verstehst mich doch?
Du bist sein Hüter.
HUBERT: Und will so ihn hüten,
Daß Eure Majestät nichts fürchten darf.
KÖNIG JOHANN: Tod.
HUBERT: Mein Fürst?
KÖNIG JOHANN: Ein Grab.
HUBERT: Er soll nicht leben.

44

KÖNIG JOHANN: Genug!
  Nun könnt' ich lustig sein; Hubert, ich lieb' dich,
  Ich will nicht sagen, was ich dir bestimme.
  Gedenke dran! – Lebt wohl denn, gnäd'ge Frau.
  Ich sende Eurer Majestät die Truppen.
ELEONORE: Mein Segen sei mit dir.
KÖNIG JOHANN: Komm, Vetter, mit nach England!
  Hubert soll dein Gefährt' sein, dich bedienen
  Mit aller Treu' und Pflicht. – Fort, nach Calais!
                     Alle ab.

VIERTE SZENE

Zelt des Königs von Frankreich.

König Philipp, Louis, Pandulpho und Gefolge treten auf.

KÖNIG PHILIPP: So wird durch tobend Wetter auf der Flut
  Ein ganz Geschwader von verstörten Segeln
  Zerstreut und die Genossenschaft getrennt.
PANDULPHO: Habt Mut und Trost! Es geht noch alles gut.
KÖNIG PHILIPP:
  Was kann noch gut gehn nach so schlimmem Fall?
  Ist nicht das Heer geschlagen, Angers fort?
  Arthur gefangen? werte Freunde tot?
  Und England blutig heimgekehrt nach England,
  Frankreich zum Trotz durch alle Dämme brechend?
LOUIS: Wa er erobert, hat er auch befestigt.
  So rasche Eil', so mit Bedacht gelenkt,
  So weise Ordnung bei so kühnem Lauf
  Ist ohne Beispiel. – Wer vernahm und las
  Von irgendeiner Schlacht, die dieser glich?
KÖNIG PHILIPP:
  Ich könnte England diesen Ruhm wohl gönnen,
  Wüßt' ich für unsre Schmach ein Vorbild nur.
                 Constanze tritt auf.
  Seht, wer da kommt? Ein Grab für eine Seele,
  Das wider Willen hält den ew'gen Geist
  Im schnöden Kerker des bedrängten Odems. –
  Ich bitte, Fürstin, kommt hinweg mit mir!
CONSTANZE: Da seht nun, seht den Ausgang Eures Friedens!
KÖNIG PHILIPP: Geduld, Constanze! Mutig, werte Fürstin!
CONSTANZE: Nein, allen Trost verschmäh' ich, alle Hülfe,

Tod! Tod! – O liebenswürd'ger, holder Tod!
Balsamischer Gestank! Gesunde Fäulnis!
Steig' auf aus deinem Lager ew'ger Nacht,
Du Haß und Schrecken der Zufriedenheit,
So will ich küssen dein verhaßt Gebein.
In deiner Augen Höhlung meine stecken,
Um meine Finger deine Würmer ringeln,
Mit eklem Staub dies Tor des Odems stopfen
Und will ein grauser Leichnam sein, wie du.
Komm, grins' mich an! Ich denke dann, du lächelst,
Und herze dich als Weib. Des Elends Buhle,
O komm zu mir!

KÖNIG PHILIPP: O holde Trübsal, still!

CONSTANZE:
Nein, nein, ich will nicht, weil ich Odem habe.
O wäre meine Zung' im Mund des Donners!
Erschüttern wwollt' ich dann die Welt mit Weh
Und aus dem Schlafe rütteln das Geripp',
Das eines Weibes matten Laut nicht hört
Und eine schwache Anrufung verschmäht.

PANDULPHO: Fürstin, Ihr redet Tollheit und nicht Gram.

CONSTANZE: Du bist nicht fromm, daß du mich so belügst.
Ich bin nicht toll: dies Haar, das ich zerrauf', ist mein;
Constanze heiß' ich; ich war Gottfrieds Weib;
Mein Sohn ist Arthur, und er ist dahin.
Ich bin nicht toll, – o wollte Gott, ich wär's!
Denn ich vergäße dann vielleicht mich selbst,
Und könnt' ich's, welchen Gram vergäß' ich nicht! –
Ja, pred'ge Weisheit, um mich toll zu machen,
Und du sollst Heil'ger werden, Kardinal.
Da ich nicht toll bin, und für Gram empfindlich,
Gibt mein vernünftig Teil mir Mittel an,
Wie ich von diesem Leid mich kann befrein,
Und lehrt mich, mich ermorden oder hängen.
Ja, wär' ich toll, vergäß' ich meinen Sohn,
Säh' ihn wohl gar in einer Lumpenpuppe.
Ich bin nicht toll: zu wohl nur fühl' ich
Von jedem Unglück die verschiedne Qual.

KÖNIG PHILIPP: Bind't diese Flechten auf! – O welche Liebe
Seh' ich in ihres Haares schöner Fülle!
Wo nur etwa ein Silbertropfen fällt,
Da hängen tausend freundschaftliche Fäden
Sich an den Tropfen in gesell'gem Gram,

46

Wie treue, unzertrennliche Gemüter,
Die fest im Mißgeschick zusammenhalten.
CONSTANZE: Nach England, wenn Ihr wollt!
KÖNIG PHILIPP: Bind't Euer Haar auf!
CONSTANZE: Das will ich, ja: und warum will ich's tun?
Ich riß sie aus den Banden und rief laut:
„O lösten diese Hände meinen Sohn,
Wie sie in Freiheit dieses Haar gesetzt!"
Doch nun beneid' ich ihre Freiheit ihnen
Und will sie wieder in die Banden schlagen:
Mein armes Kind ist ein Gefangner ja. –
Ich hört' Euch sagen, Vater Kardinal,
Wir sehn und kennen unsre Freund' im Himmel;
Ist das, so seh' ich meinen Knaben wieder;
Denn seit des Erstgebornen Kain Zeit,
Bis auf das Kind, das erst seit gestern atmet,

47

Kam kein so liebliches Geschöpf zur Welt.
Nun aber nagt der Sorgen Wurm mein Knöspchen
Und scheucht den frischen Reiz von seinen Wangen,
Daß er so hohl wird aussehn wie ein Geist,
So bleich und mager wie ein Fieberschauer,
Und wird so sterben; und so auferstanden,
Wenn ich ihn treffe in des Himmels Saal,
Erkenn' ich ihn nicht mehr: drum werd' ich nie,
Nie meinen zarten Arthur wiedersehn.

PANDULPHO: Ihr übertreibt des Grames Bitterkeit.

CONSTANZE: Der spricht zu mir, der keinen Sohn je hatte.

KÖNIG PHILIPP: Ihr liebt den Gram so sehr als Euer Kind.

CONSTANZE: Gram füllt die Stelle des entfernten Kindes,
Legt in sein Bett sich, geht mit mir umher,
Nimmt seine allerliebsten Blicke an,
Spricht seine Worte nach, erinnert mich
An alle seine holden Gaben, füllt
Die leeren Kleider aus mit seiner Bildung;
Drum hab' ich Ursach', meinen Gram zu lieben.
Gehabt Euch wohl! Wär' Euch geschehn, was mir,
Ich wollt' Euch besser trösten als Ihr mich.

Sie reißt ihren Kopfputz ab.

Ich will die Zier nicht auf dem Haupt behalten,
Da mein Gemüt so wild zerrüttet ist.
O Gott, mein Kind! Mein holder Sohn! Mein Arthur!
Mein Leben! Meine Lust! Mein alles du!
Mein Witwentrost und meines Kummers Heil! *Ab.*

KÖNIG PHILIPP: Ich fürcht' ein Äußerstes und will ihr folgen. *Ab.*

LOUIS: Es gibt nichts in der Welt, was mich kann freun;
Das Leben ist so schal wie'n altes Märchen,
Dem Schläfrigen ins dumpfe Ohr geleiert;
Und Schmach verdarb des süßen Worts Geschmack,
Daß es nur Schmach und Bitterkeit gewährt.

PANDULPHO: Vor der Genesung einer heft'gen Krankheit,
Im Augenblick der Kraft und Bess'rung, ist
Am heftigsten der Anfall; jedes Übel,
Das Abschied nimmt, erscheint am übelsten.
Was büßt Ihr ein durch dieses Tags Verlust?

LOUIS: Des Ruhmes, Heils und Glücks gesamte Tage.

PANDULPHO: Gewißlich, wenn Ihr ihn gewonnen hättet.
Nein, wenn das Glück den Menschen wohltun will,
So blickt es sie mit droh'nden Augen an.
Unglaublich ist's, wie viel Johann verliert

Durch das, was er für rein gewonnen achtet.
Grämt dich's, daß Arthur sein Gefangner ist?
LOUIS: So herzlich, wie er froh ist, ihn zu haben.
PANDULPHO: Eu'r Sinn ist jugendlich wie Euer Blut.
Nun hört mich reden mit prophet'schem Geist;
Denn selbst der Hauch des, was ich sprechen will,
Wird jeden Staub und Halm, den kleinsten Anstoß
Wegblasen aus dem Pfad, der deinen Fuß
Zu Englands Thron soll führen: drum gib acht!
Johann hat Arthurn jetzt in der Gewalt,
Und, weil noch warmes Leben in den Adern
Des Kindes spielt, kann, seinem Platze fremd,
Johann unmöglich eine Stunde, ja
Nur einen Odemzug der Ruh' genießen.
Ein Szepter, mit verwegner Hand ergriffen,
Wird ungestüm behauptet wie erlangt;
Und wer auf einer glatten Stelle steht,
Verschmäht den schnöd'sten Halt zur Stütze nicht.
Auf daß Johann mag stehn, muß Arthur fallen:
So sei es, denn es kann nicht anders sein.
LOUIS: Doch was werd' ich durch Arthurs Fall gewinnen?
PANDULPHO: Ihr, kraft des Rechtes Eurer Gattin Blanca,
Habt jeden Anspruch dann, den Arthur machte.
LOUIS: Und büße alles ein, wie's Arthur machte.
PANDULPHO: Wie neu Ihr seid in dieser alten Welt!
Johann macht Bahn, die Zeit begünstigt Euch;
Denn wer sein Heil in echtes Blut getaucht,
Der findet nur ein blutig, unecht Heil.
Der Frevel wird die Herzen seines Volks
Erkälten und den Eifer frieren machen;
Daß, wenn sich nur der kleinste Vorteil regt,
Sein Reich zu stürzen, sie ihn gern ergreifen.
Am Himmel kein natürlich Dunstgebild,
Kein Spielwerk der Natur, kein trüber Tag,
Kein leichter Windstoß, kein gewohnter Vorfall,
Die sie nicht ihrem wahren Grund entreißen
Und nennen werden Meteore, Wunder,
Vorzeichen, Mißgeburten, Himmelsstimmen,
Die den Johann mit Rache laut bedrohn.
LOUIS: Vielleicht berührt er Arthurs Leben nicht
Und hält durch sein Gefängnis sich gesichert.
PANDULPHO: O Herr, wenn er von Eurer Ankunft hört,
Ist dann der junge Arthur noch nicht hin,

So stirbt er auf die Nachricht; und alsdann
Wird all sein Volk die Herzen von ihm wenden,
Des unbekannten Wechsels Lippen küssen
Und Antrieb aus den blut'gen Fingerspitzen
Johanns zur Wut und zur Empörung ziehn.
Mich dünkt, ich seh' den Wirrwarr schon im Gang,
Und oh, was brüten noch für beßre Dinge,
Als ich genannt! – Der Bastard Faulconbridge
Ist jetzt in England, plündert Kirchen aus
Und höhnt die Frömmigkeit: wär' nur ein Dutzend
Von Euren Landesleuten dort in Waffen,
Sie wären wie Lockvögel, die zehntausend
Engländer zu sich über würden ziehn;
Oder wie wenig Schnee, umhergewälzt,
Sogleich zum Berge wird. O edler Dauphin,
Kommt mit zum König! Es ist wundervoll,
Was sich aus ihrem Unmut schaffen läßt.
Nun da der Haß in ihren Seelen gärt,
Nach England auf! Ich will den König treiben.
LOUIS: Ja, starke Gründe machen seltsam wagen.
Kommt! Sagt Ihr Ja, er wird nicht Nein Euch sagen.
Beide ab.

VIERTER AUFZUG

Erste Szene

Northampton. Ein Zimmer in der Burg.

Hubert und zwei Aufwärter treten auf.

HUBERT: Glüh' mir die Eisen heiß, und stell' du dann
    Dich hinter die Tapete; wenn mein Fuß
    Der Erde Busen stampft, so stürzt hervor
    Und bind't den Knaben, den ihr bei mir trefft,
    Fest an den Stuhl! Seid achtsam! Fort und lauscht!
ERSTER AUFWÄRTER:
    Ich hoff', Ihr habt die Vollmacht zu der Tat.
HUBERT: Unsaubre Zweifel! Fürchtet nichts, paßt auf!
                 Aufwärter ab.
    Kommt, junger Bursch', ich hab' Euch was zu sagen.
                 Arthur tritt auf.
ARTHUR: Guten Morgen, Hubert!
HUBERT: Guten Morgen, kleiner Prinz!
ARTHUR: So kleiner Prinz mit solchem großen Anspruch,
    Mehr Prinz zu sein als möglich. Ihr seid traurig.
HUBERT: Fürwahr, ich war schon lust'ger.
ARTHUR: Liebe Zeit!
    Mich dünkt, kein Mensch kann traurig sein als ich:
    Doch weiß ich noch, als ich in Frankreich war,
    Gab's junge Herrn, so traurig wie die Nacht,
    Zum Spaße bloß. Bei meinem Christentum!
    Wär' ich nur frei und hütete die Schafe,
    So lang der Tag ist, wollt' ich lustig sein.
    Und das wollt' ich auch hier, besorgt' ich nicht,
    Daß mir mein Oheim noch mehr Leid will tun.
    Er fürchtet sich vor mir und ich vor ihm:

Ist, daß ich Gottfrieds Sohn war, meine Schuld?
Nein, wahrlich nicht: und, Hubert, wollte Gott,
Ich wär' Eu'r Sohn, wenn Ihr mich lieben wolltet.

HUBERT *beiseit:* Red' ich mit ihm, so wird sein schuldlos Plaudern
Mein Mitleid wecken, das erstorben liegt:
Drum will ich rasch sein und ein Ende machen.

ARTHUR: Seid Ihr krank, Hubert? Ihr seht heute blaß:
Im Ernst, ich wollt', Ihr wärt ein wenig krank,
Daß ich die Nacht aufbliebe, bei Euch wachte.
Gewiß, ich lieb' Euch mehr, als Ihr mich liebt. –

HUBERT: Sein Reden nimmt Besitz von meinem Busen.
Lies, junger Arthur! –
Zeigt ihm ein Papier. Beiseit. Nun, du töricht Wasser?
Du treibst die unbarmherz'ge Marter aus?
Ich muß nur kurz sein, daß Entschließung nicht
Dem Aug' entfall' in weichen Weibestränen. –
Könnt Ihr's nicht lesen? Ist's nicht gut geschrieben?

ARTHUR: Zu gut zu solcher schlimmen Absicht, Hubert.
Müßt Ihr mir ausglühn meine beiden Augen
Mit heißem Eisen?

HUBERT: Junger Knab', ich muß.

ARTHUR: Und wollt Ihr?

HUBERT: Und ich will.

ARTHUR: Habt Ihr das Herz? Als Euch der Kopf nur schmerzte,
So band ich Euch mein Schnupftuch um die Stirn,
Mein bestes, eine Fürstin stickt' es mir,
Und niemals fodert' ich's Euch wieder ab;
Hielt mit der Hand den Kopf Euch mitternachts,
Und wie die Stunde wachsame Minuten
Ermuntert' ich die träge Zeit beständig,
Frug bald: „Was fehlt Euch?" und: „Wo sitzt der Schmerz?"
Und bald: „Was kann ich Euch für Liebes tun?"
Manch armen Manns Sohn hätte still gelegen
Und nicht ein freundliches Wort zu Euch gesagt;
Doch Euer Krankenwärter war ein Prinz.
Ihr denkt vielleicht: das war nur schlaue Liebe,
Und nennt es List? Tut's, wenn Ihr wollt; gefällt es
Dem Himmel, daß Ihr mich mißhandeln müßt,
So müßt Ihr. – Wollt Ihr mir die Augen blenden?
Die Augen, die kein einzig Mal Euch scheel
Ansahn, noch ansehn werden?

HUBERT: Ich hab's geschworen,
Und ausglühn muß ich sie mit heißem Eisen.

ARTHUR: Ach! niemand tät' es, wär' die Zeit nicht eisern!
  Das Eisen selbst, obschon in roter Glut,
  Genaht den Augen, tränke meine Tränen,
  Und löschte seine feurige Entrüstung
  In dem Erzeugnis meiner Unschuld selbst;
  Ja, es verzehrte sich nachher in Rost,
  Bloß weil sein Feuer mir das Aug' verletzt.
  Seid Ihr denn härter als gehämmert Eisen?
  Und hätte mich ein Engel auch besucht
  Und mir gesagt, mich werde Hubert blenden,
  Ich hätt' im nicht geglaubt: niemand als Euch.
HUBERT *stampft:* Herbei!
        Aufwärter kommen mit Eisen, Stricken usw.
        Tut, wie ich euch befahl!
ARTHUR: O helft mir, Hubert! Helft mir! Meine Augen
  sind aus schon von der blut'gen Männer Blicken.
HUBERT: Gebt mir das Eisen, sag' ich, bindet ihn!
ARTHUR: Was braucht Ihr, ach! so stürmisch rauh zu sein?
  Ich will nicht sträuben, ich will stockstill halten.
  Ums Himmels willen, Hubert! Nur nicht binden!
  Nein, hört mich, Hubert, jagt die Männer weg,
  Und ich will ruhig sitzen, wie ein Lamm;
  Will mich nicht rühren, nicht ein Wörtchen sagen,
  Noch will ich zornig auf das Eisen sehn.

Treibt nur die Männer weg, und ich vergeb' Euch,
Was Ihr mir auch für Qualen antun mögt.

HUBERT: Geht! Tretet ab, laßt mich allein mit ihm!

ERSTER AUFWÄRTER: Ich bin am liebsten fern von solcher Tat.

Aufwärter ab.

ARTHUR: O weh: so schalt ich meinen Freund hinweg.
Sein Blick ist finster, doch sein Herz ist mild. –
Ruf ihn zurück, damit sein Mitleid Eures
Beleben mag!

HUBERT: Komm, Knabe, mach' dich fertig!

ARTHUR: So hilft denn nichts?

HUBERT: Nichts, als dich blenden lassen.

ARTHUR: O Himmel! Säß' Euch was im Auge nur,
Ein Korn, ein Stäubchen, eine Mück', ein Haar,
Was irgend nur den edeln Sinn verletzt!
Dann, fühltet Ihr, wie da das Kleinste tobt,
Müßt' Euch die schnöde Absicht greulich scheinen.

HUBERT:
Verspracht Ihr das? Still! Haltet Euren Mund!

ARTHUR: Hubert, die Rede zweier Zungen spräche
Noch nicht genugsam für ein Paar von Augen:
Laßt mich den Mund nicht halten, Hubert, nein!
Und wollt Ihr, schneidet mir die Zunge aus,
Wenn ich die Augen nur behalten darf:
O schonet meine Augen! sollt' ich auch
Sie nie gebrauchen, als Euch anzuschaun.
Seht, auf mein Wort! Das Werkzeug ist schon kalt
Und würde mir kein Leid tun.

HUBERT: Ich kann's glühen, Knabe.

ARTHUR: Nein, wahrlich nicht: das Feuer starb vor Gram,
Daß es, bestimmt zum Wohltun, dienen soll
Zu unverdienten Qualen. Seht nur selbst!
Kein Arges ist in dieser glüh'nden Kohle,
Des Himmels Odem blies den Geist ihr aus
Und streute Asche auf ihr reuig Haupt.

HUBERT: Mein Odem kann sie neu beleben, Knabe.

ARTHUR: Wenn Ihr das tut, macht Ihr sie nur erröten
Und über Eu'r Verfahren glühn vor Scham.
Ja, wie würd' Euch vielleicht ins Auge sprühn,
Und wie ein Hund, den man zum Kampfe zwingt,
Nach seinem Meister schnappen, der ihn hetzt.
Was Ihr gebrauchen wollt, mir weh zu tun,
Versagt den Dienst, nur Euch gebricht das Mitleid,

Das wildes Feu'r und Eisen hegt, Geschöpfe,
Zu unbarmherz'gen Zwecken ausersehn.
HUBERT: Gut, leb'! Ich will dein Auge nicht berühren
Für alle Schätze, die dein Oheim hat.
Doch schwur ich drauf und war entschlossen, Knabe,
Mit diesem Eisen hier sie auszubrennen.
ARTHUR: Nun seht Ihr aus wie Hubert! All die Zeit
Wart Ihr verkleidet.
HUBERT: Still! Nichts mehr! Lebt wohl!
Eu'r Oheim darf nicht wissen, daß Ihr lebt;
Ich will die Spürer mit Gerüchten speisen,
Und, holdes Kind, schlaf' sorglos und sicher,
Daß Hubert für den Reichtum aller Welt
Kein Leid dir tun will.
ARTHUR: O Himmel! Dank Euch, Hubert!
HUBERT: Nichts weiter! Still hinein begleite mich!
In viel Gefahr begeb' ich mich für dich.
                    Beide ab.

ZWEITE SZENE

Ebendaselbst. Ein Staatszimmer im Palaste.

*König Johann, gekrönt; Pembroke, Salisbury und andere Herren treten auf.
Der König setzt sich auf den Thron.*

KÖNIG JOHANN: Hier nochmals sitzen wir, nochmals gekrönt,
Und angeblickt, hoff' ich, mit freud'gen Augen.
PEMBROKE: Dies „Nochmals", hätt' es Eurer Hoheit nicht
Also beliebt, war e i n m a l überflüssig.
Ihr wart zuvor gekrönt, und niemals ward
Euch dieses hohe Königtum entrissen,
Der Menschen Treu' mit Aufruhr nicht befleckt;
Es irrte frische Hoffnung nicht das Land
Auf frohen Wechsel oder beßres Glück.
SALISBURY: Drum, sich umgeben mit zweifachem Prunk,
Den Rang verbrämen, der schon stattlich war,
Vergülden feines Gold, die Lilien malen,
Auf die Viole[22] Wohlgerüche streun,
Eis glätten, eine neue Farbe leihn
Dem Regenbogen, und mit Kerzenlicht
Des Himmels schönes Auge schmücken wollen,
Ist lächerlich und unnütz Übermaß.

PEMBROKE: Müßt' Euer hoher Wille nicht geschehn,
So wär's die Handlung wie ein altes Märchen,
Das, wiederholt, nur Überdruß erregt,
Weil man zu ungelegner Zeit es vorbringt.
SALISBURY: Hierdurch wird das bekannte, würd'ge Ansehn
Der schlichten alten Weise sehr entstellt;
Und, wie der umgesetzte Wind ein Segel,
So kehrt es der Gedanken Richtung um;
Daß die Erwägung scheu und stutzig wird,
Gesunde Meinung krank, Wahrheit verdächtig.
Weil sie erscheint in so neumod'ger Tracht.
PEMBROKE: Der Handwerksmann, der's allzugut will machen,
Verdirbt aus Ehrgeiz die Geschicklichkeit,
Und öfters, wenn man einen Fehl entschuldigt,
Macht ihn noch schlimmer die Entschuldigung;
Wie Flicken, die man setzt auf kleine Risse,
Da sie den Fehl verbergen, mehr entstellen
Als selbst der Fehl, eh' man ihn so geflickt.
SALUSBURY: Auf dieses Ziel, eh' neugekrönt Ihr wart,
Ging unser Rat: doch es gefiel Eu'r Hoheit,
Ihn nicht zu achten, und wir sind zufrieden,
Weil all und jedes Teil von unserm Wollen
In Eurer Hoheit Willen sich ergibt.
KÖNIG JOHANN: Verschiedne Gründe dieser zweiten Krönung
Trug ich euch vor, und halte sie für stark:
Und stärkre noch, wenn meine Furcht sich mindert,
Vertrau' ich euch: indessen fodert nur,
Was ihr verbessert wünscht, das übel steht,
Und merken sollt ihr bald, wie willig ich
Gesuche hören und gewähren will.
PEMBROKE: Ich dann, – bestellt als dieser Männer Zunge,
Um aller Herzen Wünsche kund zu tun, –
Sowohl für mich als sie, (allein vor allem
Für Eure Sicherheit, wofür sie sämtlich
Ihr best Bemühn verwenden) bitte herzlich
Um die Befreiung Arthurs, des Gefängnis
Des Mißvergnügens murr'nde Lippen reizt,
In diesen Schluß bedenklich auszubrechen:
Habt Ihr mit Recht, was Ihr in Ruh' besitzt,
Warum sollt' Eure Furcht, – die, wie man sagt,
Des Unrechts Schritt begleitet, – Euch bewegen,
So einzusperren Euren zarten Vetter,
In ungeschliffner Einfalt seine Tage

Zu dämpfen, seiner Jugend zu verweigern
Der ritterlichen Übung reiche Zier?
Damit der Zeiten Feinde dies zum Vorwand
Nicht brauchen können, laßt uns Euch ersuchen,
Daß Ihr uns seine Freiheit bitten heißt,
Wobei wir nichts zu unserm Besten bitten,
Als nur, weil unser Wohl, auf Euch beruhend,
Für Euer Wohl es hält; ihn frei zu geben.
KÖNIG JOHANN: So sei es; ich vertraue eurer Leitung
    Den Jüngling an.
                Hubert tritt auf.
            Hubert, was gibt es Neues?
PEMBROKE: Der ist's, der sollte tun die blut'ge Tat.
    Er wies die Vollmacht einem Freund von mir.

Es lebt das Bild von böser arger Schuld
In seinem Auge: dies verschloßne Ansehn
Zeigt Regung einer sehr beklommnen Brust;
Und fürchtend glaub' ich, schon geschah, wozu
Wir so gefürchtet, daß er Auftrag hatte.

SALISBURY: Des Königs Farbe kommt und geht: sein Anschlag
Und sein Gewissen schickt sie hin und her,
So wie Herolde zwischen furchtbar'n Heeren.
Die Leidenschaft ist reif, bald bricht sie auf.

PEMBROKE:
Und wenn sie aufbricht, fürcht' ich, kommt der Eiter
Von eines holden Kindes Tod heraus.

KÖNIG JOHANN: Wir halten nicht des Todes starken Arm.
Lebt schon mein Will' zu geben, edle Herrn,
So ist doch eu'r Gesuch dahin und tot:
Er sagt, daß Arthur diese Nacht verschied.

SALISBURY: Wir fürchteten, sein Übel sei unheilbar.

PEMBROKE: Wir hörten, wie so nah dem Tod er war,
Eh' noch das Kind sich selber krank gefühlt.
Dies fordert Rechenschaft hier oder sonst.

KÖNIG JOHANN: Was richtet ihr auf mich so ernste Stirnen?
Denkt ihr, daß ich des Schicksals Schere halte?
Hab' ich dem Lebenspulse zu gebieten?

SALISBURY: Ein offenbar betrüglich Spiel! und Schande,
Daß Hoheit es so gröblich treiben darf! –
Viel Glück zu Eurem Spiel, und so lebt wohl!

PEMBROKE: Noch bleib', Lord Salisbury; ich geh' mit dir
Und finde dieses armen Kindes Erbe,
Sein kleines Reich des aufgezwungnen Grabes.
Das Blut, dem all dies Eiland war bestellt,
Besitzt drei Fuß davon: o schlimme Welt!
Dies ist nicht so zu dulden; was uns kränkt,
Bricht alles los, und schleunig, eh' man's denkt.

Die Herren ab.

KÖNIG JOHANN: Sie brennen in Entrüstung; mich gereut's,
Es wird mit Blut kein fester Grund gelegt,
Kein sichres Leben schafft uns andrer Tod.

Ein Bote kommt.

Ein schreckend Aug' hast du: wo ist das Blut,
Das ich in diesen Wangen wohnen sah?
Solch trüben Himmel klärt ein Sturm nur auf.
Schütt' aus dein Wetter! – Wie geht in Frankreich alles?

BOTE: Von Frankreich her nach England. Niemals ward

Zu einer fremden Heerfahrt solche Macht
In eines Landes Umfang ausgehoben.
Sie lernten Eurer Eile Nachahmung;
Denn da Ihr hören solltet, daß sie rüsten,
Kommt Zeitung, daß sie alle angelangt.

KÖNIG JOHANN: Oh, wo war unsre Kundschaft denn berauscht?
Wo schlief sie? Wo ist meiner Mutter Sorge,
Daß Frankreich so ein Heer vereinen konnte
Und sie es nicht gehört?

BOTE: Mein Fürst, ihr Ohr
Verstopfte Staub: am Ersten des April
Starb Eure edle Mutter, und ich höre,
Daß Frau Constanz' in Raserei gestorben
Drei Tage früher; doch dies hört' ich flüchtig
Vom Mund des Rufs und weiß nicht, ob es wahr ist.

KÖNIG JOHANN: Halt' inne, furchtbare Gelegenheit!
Schließ' einen Bund mit mir, bis ich besänftigt
Die mißvergnügten Pairs[23]! – Wie? Mutter tot?
Wie wild gehn meine Sachen dann in Frankreich! –
Mit welcher Führung kam das Heer von Frankreich,
Das, wie du aussagst, hier gelandet ist?

BOTE: Unter dem Dauphin.

Der Bastard und Peter von Pomfret treten auf.

KÖNIG JOHANN: Schwindlig machst du mich
Mit deiner Botschaft. – Nun, was sagt die Welt
Zu Eurem Tun? Stopft nicht in meinen Kopf
Mehr üble Neuigkeiten; er ist voll.

BASTARD:
Doch scheut Ihr Euch, das Schlimmste anzuhören,
So laßt es ungehört aufs Haupt Euch fallen!

KÖNIG JOHANN: Ertragt mich, Vetter, denn ich war betäubt
Unter der Flut: allein nun atm' ich wieder
Hoch überm Strom und kann jedweder Zunge
Gehör verleihn, sie spreche, was sie will.

BASTARD: Wie mir's gelungen bei der Geistlichkeit,
Das werden die geschafften Summen zeigen.
Doch da ich reiste durch das Land hieher,
Fand ich die Leute wunderlich gelaunt,
Besessen vom Gerücht, voll eitler Träume,
Nicht wissend, was sie fürchten, doch voll Furcht.
Und hier ist ein Prophet, den ich mit mir
Aus Pomfrets Straßen brachte, den ich fand,
Wie Hunderte ihm auf der Ferse folgten,

Derweil er sáng in ungeschlachten Reimen,
Es werd' auf nächste Himmelfahrt vor Mittags
Eu'r Hoheit ihre Krone niederlegen.

KÖNIG JOHANN: Du eitler Träumer, warum sprachst du so?

PETER: Vorwissend, daß es also wird geschehn.

KÖNIG JOHANN: Fort mit ihm, Hubert, wirf ihn ins Gefängnis,
Und auf den Tag zu Mittag, wo er sagt,
Daß ich die Kron' abtrete, laß ihn hängen!
Bring' ihn in sichre Haft, und komm zurück:
Ich hab' dich nötig. –

Hubert mit Peter ab.

O mein bester Vetter,
Weißt du die Nachricht schon, wer angelangt?

BASTARD: Herr, die Franzosen; alles Volk bespricht es.
Dann traf ich auch Lord Bigot und Lord Salisbury,
Mit Augen, rot wie neugeschürtes Feuer,
Und andre mehr: sie suchten Arthurs Grab,
Der, sagten sie, die Nacht getötet sei
Auf Euren Antrieb.

KÖNIG JOHANN: Liebster Vetter, geh,
Misch' dich in ihren Kreis; ich hab' ein Mittel,
Mir ihre Liebe wieder zu gewinnen.
Bring' sie zu mir!

BASTARD: Ich geh', sie aufzusuchen.

KÖNIG JOHANN: Ja, aber eilt! Es jag' ein Fuß den andern!
Oh, keine feindlichen Vasallen nur,
Da fremde Gegner meine Städte schrecken
Mit eines kühnen Einbruchs furchtbar'm Pomp! –
Sei du Merkur[24], nimm Flügel an die Fersen,
Und fliege wie Gedanken wieder her!

BASTARD: Der Geist der Zeiten soll mich Eile lehren. *Ab.*

KÖNIG JOHANN: Gesprochen wie ein wackrer Edelmann!
Geh, folg' ihm, denn ihm ist vielleicht vonnöten
Ein Bote zwischen mir und jenen Pairs;
Und der sei du!

BOTE: Von Herzen gern, mein Fürst. *Ab.*

KÖNIG JOHANN: Und meine Mutter tot!

Hubert tritt auf.

HUBERT:
Mein Fürst, es heißt, man sah die Nacht fünf Monde,
Vier stehend, und der fünfte kreise rund
Um jene vier in wunderbarer Schwingung.

KÖNIG JOHANN: Fünf Monde?

HUBERT: In den Straßen prophezei'n:
Bedenklich alte Frau'n und Männer drüber.
Von Mund zu Munde geht Prinz Arthurs Tod,
Und wenn sie von ihm reden, schütteln sie
Die Köpfe, flüstern sich einander zu,
Und der, der spricht, ergreift des Hörers Hand,
Weil der, der hört, der Furcht Geberden macht,
Die Stirne runzelt, winkt und Augen rollt.
Ich sah 'nen Schmied mit seinem Hammer, so,
Indes sein Eisen auf dem Amboß kühlte,
Mit offnem Mund verschlingen den Bericht
Von einem Schneider, der, mit Scher' und Maß
In Händen, auf Pantoffeln, so die Eil'
Verkehrt geworfen an die falschen Füße,
Erzählte, daß ein großes Heer Franzosen
Schlagfertig schon gelagert steh' in Kent.
Ein andrer hagrer, schmutz'ger Handwerksmann
Fällt ihm ins Wort und spricht von Arthurs Tod.
KÖNIG JOHANN: Was versuchst du diese Furcht mir einzujagen
Und rügst so oft des jungen Arthurs Tod?
Dein Arm ermordet' ihn; ich hatte mächt'gen Grund,
Ihn tot zu wünschen, doch du hattest keinen,
Ihn umzubringen!

HUBERT: Keinen, gnäd'ger Herr?
Wie, habt Ihr nicht dazu mich aufgefodert?
KÖNIG JOHANN: Es ist der Kön'ge Fluch, bedient von Sklaven
  Zu sein, die Vollmacht sehn in ihren Launen,
  Zu brechen in des Lebens blut'ges Haus
  Und nach dem Wink des Ansehns ein Gesetz
  Zu deuten, zu erraten die Gesinnung
  Der droh'nden Majestät, wenn sie vielleicht
  Aus Laune mehr als Überlegung zürnt.
HUBERT: Hier Euer Brief und Siegel für die Tat.
KÖNIG JOHANN:
  Oh, wenn die Rechnung zwischen Erd' und Himmel
  Wird abgeschlossen, dann wird wieder uns
  Der Brief und Siegel zur Verdammnis zeugen!
  Wie oft bewirkt die Wahrnehmung der Mittel
  Zu böser Tat, daß man sie böslich tut!
  Wenn du nicht da gewesen wärst, ein Mensch,
  Gezeichnet von den Händen der Natur
  Und ausersehn zu einer Tat der Schmach,
  So kam mir dieser Mord nicht in den Sinn.
  Doch da ich acht gab auf dein scheußlich Ansehn,
  Geschickt zu blut'ger Schurkerei dich fand,
  Bequem zu brauchen für ein Wagestück,
  So deutet' ich von fern auf Arthurs Tod:
  Und du, um einem König wert zu sein,
  Trugst kein Bedenken, einen Prinz zu morden.
HUBERT: Mein Fürst, –
KÖNIG JOHANN: Hätt'st du den Kopf geschüttelt, nur gestutzt,
  Da ich von meinem Anschlag dunkel sprach,
  Ein Aug' des Zweifels auf mich hingewandt,
  Und mich in klaren Worten reden heißen:
  Ich wär' verstummt vor Scham, hätt' abgebrochen,
  Und deine Scheu bewirkte Scheu in mir.
  Doch du verstandst aus meinen Zeichen mich
  Und pflogst durch Zeichen mit der Sünde Rat,
  Ja ohne Anstand gab dein Herz sich drein
  Und dem zufolge deine rohe Hand,
  Die Tat zu tun, die wir nicht nennen durften. –
  Aus meinen Augen fort! Nie sieh mich wieder!
  Der Adel läßt mich; meinem Staate trotzen
  Vor meinen Toren fremder Mächte Reih'n;
  Ja selbst in diesem fleischlichen Gebiet,
  Dem Reich hier, dem Bezirk von Blut und Odem,

Herrscht Feindlichkeit und Bürgerzwist, erregt
Durch mein Gewissen und des Neffen Tod.
HUBERT: Bewehrt Euch gegen Eure andern Feinde,
Ich gebe Frieden Eurer Seel' und Euch.
Prinz Arthur lebt, und diese Hand hier ist
Noch eine jungfräuliche, reine Hand,
Gefärbt von keines Blutes Purpurflecken.
In diesen Busen drängte nie sich noch
Die grausame Regung mörd'rischer Gedanken.
Ihr schmähet die Natur in meiner Bildung,
Die, wie sie äußerlich auch roh erscheint,
Doch eine beßre Sinnesart verhüllt,
Als Henker eines armen Kinds zu werden.
KÖNIG JOHANN: Lebt Arthur noch? O eile zu den Pairs,
Gieß' den Bericht auf die entbrannte Wut
Und zähme zur Ergebenheit sie wieder!
Vergib, was meine Leidenschaft gedeutet
Aus deinen Zügen. meine Wut war blind;
Mein Aug', in blut'ger Einbildung verwildert,
Wies dich mir fürchterlicher, als du bist.
O sprich nicht! Eilends die erzürnten Großen
In mein Gemach zu bringen, mach' dich auf!
Langsam beschwör' ich, schneller sei dein Lauf!
Beide ab.

DRITTE SZENE

Ebendaselbst. Vor der Burg.

Arthur erscheint auf den Mauern.

ARTHUR: Die Mau'r ist hoch, ich springe doch hinab:
Sei milde, guter Boden, schone mich! –
Fast niemand kennt mich; täten sie es auch,
Die Schifferjungen-Tracht verstellt mich ganz.
Ich fürchte mich, und doch will ich es wagen.
Komm' ich hinab und breche nicht den Hals.
So weiß ich, wie ich Raum zur Flucht erwerbe:
So gut, ich sterb' und geh', als bleib' und sterbe.
Er springt hinunter.
Weh! Meines Oheims Geist ist in dem Stein, –
Nimm, Gott, die Seel', und England mein Gebein! *Er stirbt.*
Pembroke, Salisbury und Bigot treten auf.

SALISBURY: Ihr Herrn, ich treff' ihn zu Sankt Edmunds-Bury.
  Dies stellt uns sicher, und man muß ergreifen
  Dem Freundes-Antrag der bedrängten Zeit.
PEMBROKE: Wer brachte diesen Brief vom Kardinal?
SALISBURY: Der Graf Melun, ein edler Herr von Frankreich,
  Des mündlich Zeugnis von des Dauphins Liebe
  Viel weiter geht, als diese Zeilen sagen.
BIGOT: So laßt uns also morgen früh ihn treffen!
SALISBURY: Nein, auf den Weg uns machen; denn es sind
  Zwei starke Tagereisen bis zu ihm.

Der Bastard tritt auf.

BASTARD: Noch e i n mal heut gegrüßt, erzürnte Herrn!
  Der König läßt durch mich euch zu sich laden.
SALISBURY: Der König hat sich unser selbst beraubt.
  Wir wollen seinen dünnen, schmutz'gen Mantel
  Mit unsern reinen Ehren nicht verbrämen,
  Noch folgen seinem Fuß, der Stapfen Bluts,
  Wo er nur wandelt, nachläßt; kehrt zurück
  Und sagt ihm das: wir wissen schon das Schlimmste.
BASTARD: Wie schlimm ihr denkt, denkt doch auf gute Worte!
SALISBURY: Der Unmut, nicht die Sitte spricht aus uns.
BASTARD: Doch eurem Unmut fehlt es an Vernunft,
  Drum wär's vernünftig, daß ihr Sitte hättet.
PEMBROKE: Herr, Herr! hat Ungeduld ihr Vorrecht doch.
BASTARD: Ja, ihrem Herrn zu schaden, keinem sonst.
SALISBURY *indem er Arthur erblickt:*
  Dies ist der Kerker: wer ist's, der hier liegt?
PEMBROKE: O Tod! auf reine Fürstenschönheit stolz!
  Die Erde hat kein Loch, die Tat zu bergen.
SALISBURY: Der Mord, als haßt' er, was er selbst getan,
  Legt's offen dar, die Rache aufzufodern.
BIGOT: Oder, dem Grabe diese Schönheit weihend,
  Fand er zu fürstlich reich sie für ein Grab.
SALISBURY: Sir Richard, was denkt Ihr? Saht Ihr wohl je,
  Last oder hörtet oder konntet denken,
  Ja, denkt Ihr jetzt beinah', wiewohl Ihr's seht,
  Das, was Ihr seht? Wer könnte dies erdenken,
  Läg' es vor Augen nicht? Es ist der Gipfel,
  Der Helm, die Helmzimier[25] am Wappenschild
  Des Mordes; ist die blutigste Verruchtheit,
  Die wildste Barbarei, der schnödste Streich,
  Den je felsäugige, starrseh'nde Wut
  Des sanften Mitleids Tränen dargeboten.

PEMBROKE: Kein Mord geschah, den dieser nicht entschuldigt;
Und dieser hier, so einzig unerreichbar,
Wird eine Heiligkeit und Reinheit leihn
Der ungebornen Sünden künft'ger Zeiten;
Ein tödlich Blutvergießen wird zum Scherz,
Hat es zum Vorbild dies verhaßte Schauspiel.
BASTARD: Es ist ein blutig und verdammtes Werk,
Ein frech Beginnen einer schweren Hand,
Wenn irgend eine Hand das Werk vollbracht.
SALISBURY: Wenn irgend eine Hand das Werk vollbracht?
Wir hatten eine Spur, was folgen würde:
Es ist das schnöde Werk von Huberts Hand,
Der Anschlag und die Eingebung vom König, –
Aus dessen Pflicht ich meine Seel' entziehe,
Vor diesen Trümmern süßen Lebens kniend
Und atmend der entseelten Trefflichkeit
Den Weihrauch eines heiligen Gelübdes:
Niemals zu kosten Freuden dieser Welt,
Nie angesteckt zu werden vom Genuß,
Mich nie auf Muß' und Trägheit einzulassen,
Bis ich mit Ruhm verherrlicht diese Hand,
Indem ich ihr den Schmuck der Rache gebe.
PEMBROKE UND BIGOT: Inbrünstig stimmen unsre Seelen bei.

Hubert tritt auf.

HUBERT: Herrn, ich bin heiß vor Eil', euch aufzusuchen.
Prinz Arthur lebt, der König schickt nach euch.
SALISBURY: Oh, er ist frech, der Tod beschämt ihn nicht!
Fort, du verhaßter Schurke! Heb' dich weg!
HUBERT: Ich bin kein Schurke.
SALISBURY *den Degen ziehend:*
Muß ich die Beute den Gerichten rauben?
BASTARD: Eu'r Schwert ist blank, Herr, steck es wieder ein.
SALISBURY: Wenn ich's in eines Mörders Leib gestoßen.
HUBERT: Zurück, Lord Salisbury! zurück, sag' ich!
Mein Schwert, beim Himmel, ist so scharf als Eures:
Ich möchte nicht, daß Ihr Euch selbst vergäßt
Und meiner Gegenwehr Gefahr erprobtet;
Ich möchte sonst, auf Eure Wut nur merkend,
Vergessen Euren Wert und Rang und Adel.
BIGOT: Was, Kot, du trotzest einem Edelmann?
HUBERT: Nicht um mein Leben; doch verteid'gen darf ich
Mein schuldlos Leben gegen einen Kaiser.
SALISBURY: Du bist ein Mörder.

HUBERT: Macht mich nicht dazu,
Noch bin ich's nicht. Wes Zunge fälschlich spricht,
Der spricht nicht wahr, und wer nicht wahr spricht, lügt.
PEMBROKE: Haut ihn in Stücke!
BASTARD: Haltet Friede, sag' ich!
SALISBURY: Bei Seit'! Sonst werd' ich schlagen, Faulconbridge.
BASTARD: Schlag' du den Teufel lieber, Salisbury!
  Sieh mich nur finster an, rühr' deinen Fuß,
  Lehr' deinen raschen Zorn, mir Schmach zu tun,
  So bist du tot. Steck' ein das Schwert bei Zeiten,
  Sonst bläu' ich dich und deinen Bratspieß so,
  Daß Ihr den Teufel auf dem Hals Euch glaubt.
BIGOT: Was willst du tun, berühmter Faulconbridge?
  Beistehen einem Schelm und einem Mörder?
HUBERT: Lord Bigot, ich bin keiner.
BIGOT: Wer schlug diesen Prinzen?
HUBERT: Gesund verließ ich ihn vor einer Stunde,
  Ich ehrt' ihn, liebt' ihn, und verweinen werd' ich
  Mein Leben um des seinigen Verlust.
SALISBURY: Traut nicht den schlauen Wassern seiner Augen,
  Denn Bosheit ist nicht ohne solches Naß;
  Und der, der ausgelernt ist, läßt wie Bäche
  Des Mitleids und der Unschuld sie erscheinen.
  Hinweg mit mir, ihr alle, deren Seelen
  Den eklen Dunst von einem Schlachthaus fliehn!
  Denn mich erstickt hier der Geruch der Sünde.
BIGOT: Hinweg! Nach Bury, zu dem Dauphin dort!
PEMBROKE: Dort, sagt dem König, kann er uns erfragen.
                    Die Edelleute ab.
BASTARD:
  Nun, das geht schön! – Ihr wußtet um dies Stückchen?
  So endlos weit die Gnade reichen mag,
  D i e Tat des Todes, wenn du sie getan,
  Verdammt dich, Hubert.
HUBERT: Hört mich doch nur, Herr!
BASTARD: Ha, laß mich dir was sagen:
  Du bist verdammt, so schwarz, es gibt nichts Schwärzres;
  Verdammt noch tiefer als Fürst Lucifer,[26]
  So scheußlich gibt's noch keinen Geist der Hölle,
  Als du wirst sein, wenn du dies Kind erschlugst.
HUBERT: Bei meiner Seele, –
BASTARD: Stimmtest du nur ein
  Zu dieser Greueltat, o so verzweifle!

Fehlt dir ein Strick, so reicht der dünnste Faden,
Den ein Spinn' aus ihrem Leibe zog,
Dich zu erdrosseln hin; ein Strohhalm wird zum Balken,
Dich dran zu hängen; willst du dich ertränken,
Tu' etwas Wasser nur in einen Löffel,
Und es wird sein so wie der Ozean,
Genug, um solchen Schurken zu ersticken. –
Ich habe schweren Argwohn gegen dich.

HUBERT: Wenn ich durch Tat, durch Beifall, ja Gedanken
Am Raub des süßen Odems schuldig bin,
Den diese schöne Staubhüll' in sich hielt,
So sei für mich die Höll' an Qualen arm!
Gesund verließ ich ihn.

BASTARD: So geh und trag' ihn weg auf deinen Armen! –
Ich bin wie außer mir; mein Weg verliert sich
In Dornen und Gefahren dieser Welt. –
Wie leicht nimmst du das ganze England auf!
Aus diesem Stückchen toten Königtums
Floh dieses Reiches Leben, Recht und Treu'
Zum Himmel auf, und bleibt für England nichts,
Als Balgen, Zerren, mit den Zähnen packen
Das herrenlose Vorrecht stolzer Hoheit.
Nun sträubet um den abgenagten Knochen
Der Majestät der Krieg den zorn'gen Kamm
Und fletscht dem Frieden in die milden Augen.
Nun treffen fremde Macht und heim'scher Unmut
Auf einen Punkt, und die Verheerung wartet,
So wie der Rab' auf ein erkranktes Vieh,
Auf nahen Fall des abgerungnen Prunks.
Nun ist der glücklich, dessen Gurt und Mantel
Dies Wetter aushält. Trag' das Kind hinweg
Und folge mir mit Eil'; ich will zum König:
Denn viele tausend Sorgen sind zur Hand,
Der Himmel selbst blickt dräuend auf das Land. *Ab.*

FÜNFTER AUFZUG

Ebendaselbst. Ein Zimmer im Palaste.

König Johann, Pandulpho mit der Krone, und Gefolge treten auf.

KÖNIG JOHANN: So übergab ich denn in Eure Hand
Den Zirkel meiner Würde.
PANDULPHO *indem er dem Könige die Krone gibt:*
          Nehmt zurück
Aus dieser meiner Hand, als Lehn des Papstes,
Die königliche Hoheit und Gewalt!
KÖNIG JOHANN: Nun haltet Euer heil'ges Wort: begebt
Ins Lager der Franzosen Euch, und braucht
Von Seiner Heiligkeit all Eure Vollmacht,
Sie aufzuhalten, eh' in Brand wir stehn.
Die mißvergnügten Gauen fallen ab,
In Zwietracht ist das Volk mit seiner Pflicht,
Ergebenheit und Herzensliebe schwörend
Ausländ'schem Blut und fremdem Königtum.
Und diese Überschwemmung böser Säfte
Kann nur von Euch allein besänftigt werden.
Drum zögert nicht: die Zeiten sind so krank,
Daß, wenn man nicht sogleich Arznei verordnet,
Unheilbares Verderben folgen muß.
PANDULPHO: Mein Odem war's, der diesen Sturm erregt
Auf Euer starr Verfahren mit dem Papst.
Nun, da Ihr Euch zu mildem Sinn bekehrt,
So soll mein Mund den Sturm des Krieges stillen
Und dem durchtobten Land schön Wetter geben.
Auf diesen Himmelfahrtstag, merkt es wohl,

Nach Eurem Schwur, dem Papst zu dienen, schaff' ich,
Daß Frankreich seine Waffen niederlege. *Ab.*

KÖNIG JOHANN:

Ist Himmelfahrtstag? Sprach nicht der Prophet,
Auf Himmelfahrt um Mittag würd' ich mich
Der Kron' entäußern? Also tat ich auch:
Ich glaubte da, es sollt' aus Zwang geschehn,
Doch, Gott sei Dank, es ist freiwillig nur.

Der Bastard tritt auf.

BASTARD:

Ganz Kent ergab sich schon; nichts hält sich dort
Als Dover-Schloß; den Dauphin und sein Heer
Hat London wie ein güt'ger Wirt empfangen;
Eu'r Adel will nicht hören und ist fort,
Um Eurem Feinde Dienste anzubieten,

69

Und wildeste Bestürzung jagt umher
Die kleine Zahl der zweifelhaften Freunde.

KÖNIG JOHANN: Und wollten nicht zurück die Edlen kommen,
Als sie gehört, Prinz Arthur lebe noch?

BASTARD: Sie fanden tot ihn auf der Straße liegen,
Ein leeres Kästchen, wo des Lebens Kleinod
Von einer Frevlerhand gestohlen war.

KÖNIG JOHANN: Der Schurke Hubert sagte mir, er lebe.

BASTARD: Bei meiner Seel', er wußt' es auch nicht anders.
Doch was senkt Ihr das Haupt? Was seht Ihr traurig?
Seid groß in Taten, wie Ihr's wart im Sinn,
Laßt nicht die Welt von Furcht und trübem Mißtrau'n
Beherrscht ein königliches Auge sehn:
Seid rührig wie die Zeit, Feu'r gegen Feuer,
Bedroht den Droher, übertrotzt des Schreckens
Prahlhafte Stirn: so werden niedre Augen,
Die ihr Betragen von den Großen leihn,
Durch Euer Vorbild groß, und sie erfüllt
Der kühne Geist der Unerschrockenheit.
Hinweg! und glänzet wie der Gott des Kriegs,
Wenn er gesonnen ist, das Feld zu zieren:
Zeigt Kühnheit und erhebendes Vertrau'n!
Soll man den Leu'n in seiner Höhle suchen?
Und da ihn schrecken? da ihn zittern machen?
Oh, daß man das nicht sage! – Macht Euch auf,
Und trefft das Unheil weiter weg vom Haus,
Und packt es an, eh' es so nahe kommt!

KÖNIG JOHANN: Es war hier bei mir der Legat des Papstes,
Mit dem ich glücklich einen Frieden schloß;
Und er versprach, die Heersmacht wegzusenden,
Die mit dem Dauphin kommt.

BASTARD: O schmächlich Bündnis!
So sollen wir, auf eignem Grund und Boden,
Begrüßung senden und Vergleiche machen,
Verhandlungen, Vorschläge, feigen Stillstand
Auf solchen Angriff? Soll ein glatter Knabe,
Ein seidnes Bübchen, trotzen unsern Au'n
Und seinen Mut auf streitbar'm Boden weiden,
Die Luft mit eitel weh'nden Fahnen höhnend,
Und nichts ihn hemmen? König, zu den Waffen!
Dem Kardinal gelingt wohl nicht der Friede,
Und wenn auch, mind'stens sage man von uns,
Daß sie zur Gegenwehr bereit uns sahn!

KÖNIG JOHANN: Die Anordnung der jetz'gen Zeit sei dein!
BASTARD: Fort denn, mit gutem Mut! und Ihr sollt sehn,
  Wir könnten einen stolzern Feind bestehn. *Ab.*

ZWEITE SZENE

Eine Ebene bei Sankt Edmunds-Bury.

Louis, Salisbury, Melun, Pembroke, Bigot kommen in Waffen mit Soldaten.

LOUIS: Graf Melun, laßt dies hier in Abschrift nehmen,
  Und die bewahrt zum Angedenken uns;
  Die Urschrift gebt Ihr diesen Herrn zurück,
  Daß sie sowohl wie wir, die Schrift durchlesend,
  Die unsern Bund beglaubigt, wissen mögen,
  Worauf wir jetzt das Sakrament genommen
  Und fest und unverletzt die Treue halten.
SALISBURY: Wir werden unsrerseits sie nimmer brechen.
  Und, edler Dauphin, schwören wir Euch schon
  Willfähr'gen Eifer, ungezwungne Treu'
  Zu Eurem Fortschritt: dennoch glaubt mir, Prinz,
  Ich bin nicht froh, daß solch Geschwür der Zeit
  Ein Pflaster in verschmähtem Aufruhr sucht
  Und e i n e r Wunde eingefreßnen Schaden
  Durch viele heilet: oh! es quält mein Herz,
  Daß ich den Stahl muß von der Seite ziehn
  Und Witwen machen; – oh! und eben da,
  Wo ehrenvolle Gegenwehr und Rettung
  Lautmahnend ruft den Namen Salisbury.
  Allein, so groß ist der Verderb der Zeit,
  Daß wir zur Pfleg' und Heilung unsers Rechts
  Zu Werk nicht können gehn, als mit der Hand
  Des harten Unrechts und verwirrten Übels. –
  Und ist's nicht Jammer, o bedrängte Freunde!
  Daß wir, die Söhn' und Kinder dieses Eilands,
  Solch eine trübe Stund' erleben mußten,
  Wo wir auf ihren milden Busen treten
  Nach fremdem Marsch und ihrer Feinde Reih'n
  Ausfüllen (ich muß abgewandt beweinen
  Die Schande dieser notgedrungnen Wahl),
  Den Adel eines fernen Lands zu zieren,
  Zu folgen unbekannten Fahnen hier?

Wie, hier? – O Volk, daß du von hinnen könntest!
Daß dich Neptun[27], des Arme dich umfassen,
Wegtrüge von der Kenntnis deiner selbst
Und würfe dich auf einen Heidenstrand,
Wo diese Christenheere leiten könnten
Der Feindschaft Blut in eine Bundesader
Und nicht es so unnachbarlich vergießen!

LOUIS: Ein edles Wesen zeigest du hierin:
Aus großen Trieben, dir im Busen ringend,
Bricht ein Erdbeben aus von Edelmut.
O welchen edlen Zweikampf hast du nicht
Gefochten zwischen Not und biedrer Rücksicht!
Laß trocknen mich den ehrenvollen Tau,
Der silbern über deine Wangen schleicht:
Es schmolz mein Herz bei Frauentränen wohl,
Die doch gemeine Überschwemmung sind;
Doch dieser Tropfen männliche Ergießung,
Dies Schauer, von der Seele Sturm erregt,
Entsetzt mein Aug' und macht bestürzter mich,
Als säh' ich das gewölbte Dach des Himmels
Mit glüh'nden Meteoren ganz gestreift.
Erheb' die Stirn, berühmter Salisbury,
Und dräng' den Sturm mit großem Herzen weg:
Laß diese Wasser jenen Säuglings-Augen,
Die nie die Riesenwelt in Wut gesehn,
Noch anders als beim Fest das Glück getroffen,
Von Blut erhitzt, von Lust und Brüderschaft.
Komm, komm! denn du sollst deine Hand so tief
In des Erfolges reichen Beutel stecken
Als Louis selbst; – das, Edle, soll ein jeder,
Der seiner Sehnen Kraft an meine knüpft.

Pandulpho tritt auf mit Gefolge.

Und eben jetzt dünkt mich, ein Engel sprach.
Seht! dort erscheint der heilige Legat,
Uns Vollmacht von des Himmels Hand zu geben
Und unserm Tun zu leihn des Rechten Namen
Durch heil'ges Wort.

PANDULPHO: Heil, edler Prinz von Frankreich!
Dies folgt demnächst: versöhnt hat sich mit Rom
König Johann; sein Sinn hat sich gewandt,
Der so der heil'gen Kirche widerstrebte,
Der größten Hauptstadt und dem Stuhl von Rom.
Drum rolle nun die droh'nden Fahnen auf

Und zähm' den wüsten Geist des wilden Krieges,
Daß, wie ein Löwe nach der Hand gezogen,
Er ruhig liege zu des Friedens Fuß
Und nur dem Ansehn nach gefährlich sei.
LOUIS: Verzeiht, Hochwürden, ich will nicht zurück:
Ich bin zu hochgeboren, um mit mir
Zu lassen schalten, mich zu untergeben
Als ein bequemer Dienstmann, als ein Werkzeug,
An irgend eine Herrschaft in der Welt.
Eu'r Odem schürte erst die toten Kohlen
Des Krieges zwischen diesem Reich und mir;
Ihr schafftet Stoff herbei, die Glut zu nähren;
Nun ist sie viel zu stark, sie auszublasen
Mit jenem schwachen Wind, der sie entflammt.
Ihr lehrtet mich, des Rechtes Antlitz kennen,
Ihr zeigtet mir Ansprüche auf dies Land,
Ja, warft dies Unternehmen in mein Herz.
Und kommt Ihr nun und sagt mir, daß Johann
Mit Rom den Frieden schloß? Was kümmert's mich?
Ich, kraft der Würde meines Ehebetts,
Begehr' als mein dies Land nach Arthurs Abgang;
Und nun ich's halb erobert, muß ich weichen,
Bloß weil Johann mit Rom den Frieden schloß?

Bin ich Roms Sklav'? Wo schaffte Rom denn Gelder,
Wo warb es Truppen, sandte Kriegsgerät,
Dies Werk zu unterstützen? Bin ich's nicht,
Der diese Bürde trägt? Wer sonst als ich
Und die, so, meinem Anspruch pflichtig, schwitzen
In diesem Handel und bestehn den Krieg?
Rief nicht dies Inselvolk: „Vive le Roi!"[28]
Als ich vorbei an ihren Städten fuhr?
Hab' ich die besten Karten nicht zum Sieg
In diesem leichten Spiel um eine Krone?
Und gäb' ich nun den Satz auf, der schon mein ist?
Nein, nein! Auf Ehre, nie soll man das sagen.
PANDULPHO: Ihr seht die Sache nur von außen an.
LOUIS: Von außen oder innen, ich beharre,
Bis mein Versuch so weit verherrlicht ist,
Als meiner hohen Hoffnung ward versprochen,
Eh' ich dies wackre Kriegsheer aufgebracht
Und diese feur'gen Geister auserkoren,
Den Sieg zu überfliegen, Ruhm zu suchen
Im Rachen der Gefahr, des Todes selbst. –
Trompetenstoß.
Welch mutige Trompete mahnet uns?
Der Bastard mit Gefolge tritt auf.
BASTARD: Der Höflichkeits-Gebühr der Welt gemäß
Gebt mir Gehör: ich bin gesandt zu reden. –
Vom König komm' ich, heil'ger Herr von Mailand,
Zu hören, wie Ihr Euch für ihn verwandt;
Und wie Ihr Antwort gebt, weiß ich die Grenze
Und Vollmacht, meiner Zunge vorgezeichnet.
PANDULPHO: Der Dauphin ist zu widersetzlich starr
Und will sich nicht auf mein Gesuch bequemen.
Er sagt: er lege nicht die Waffen nieder.
BASTARD: Bei allem Blut, das je die Wut gehaucht,
Der junge Mann tut wohl. – Hört Englands König nun,
Denn so spricht seine Majestät durch mich:
Er ist gerüstet, und das ziemt sich auch;
Denn Eure äffisch dreiste Fahrt hieher,
Geharn'schte Mummerei und tolle Posse,
Unbärt'ge Keckheit, knabenhafte Truppen
Belacht der König, und ist wohl gerüstet,
Die Zwerges-Waffen, den Pygmäen-Krieg[29]
Aus seiner Länder Kreise wegzupeitschen.
Die Hand, die Kraft besaß, vor Euren Türen

Euch abzuprügeln, daß Ihr sprangt ins Haus,
Wie Eimer in verborgne Brunnen tauchtet,
In Eurer Stallverschläge Lager krocht,
Wie Pfänder Euch in Kisten schloßt und Kasten,
Bei Säuen stallet, süße Sicherheit
In Gruft und Kerker suchtet und erbebtet
Selbst vor dem Schrei'n von Eures Volkes Hahn,[30]
Als wär' die Stimm' ein englischer Soldat; –
Soll hier die Siegerhand entkräftet sein,
Die Euch gezüchtigt hat in Euren Kammern?
Nein! Wißt, der tapfre Fürst ist in den Waffen
Und schwebt als Adler über seiner Brut,
Herabzuschießen, wenn dem Nest was naht.
Und ihr abtrünn'ge, undankbare Art,
Blutdürst'ge Neros, die den Leib zerfleischen
Der Mutter England, werdet rot vor Scham!
Denn eure eignen Frau'n und blassen Mädchen,
Wie Amazonen,[31] trippeln nach der Trommel,
Aus Fingerhüten Waffenhandschuh' machend,
Aus Nadeln Lanzen, und das sanfte Herz
Zu blutiger und wilder Regung kehrend.

LOUIS:
Dein Pochen ende hier, und scheid' in Frieden!
Wir geben's zu, du kannst uns überschelten:
Leb wohl! Wir achten unsre Zeit zu hoch,
Um sie mit solchem Prahler zu verschwenden.

PANDULPHO: Erlaubt zu reden mir!

BASTARD: Nein, ich will reden.

LOUIS: Wir wollen keinen hören. Rührt die Trommel!
Des Krieges Zunge führe nun das Wort
Für unsern Anspruch und für unser Hiersein!

BASTARD:
Ja, schlagt die Trommeln, und sie werden schrein;
Ihr auch, wenn wir euch schlagen. Wecke nur
Ein Echo auf mit deiner Trommel Lärm,
Und eine Trommel ist bereit zur Hand,
Die laut, wie deine, widerschallen soll;
Rühr' eine andre, und die andre soll
So laut wie dein' ans Ohr des Himmels schmettern,
Des tiefen Donners spottend: denn schon naht,
Nicht trauend diesem hinkenden Legaten,
Den er aus Spaß viel mehr als Not gebraucht,
Der krieg'rische Johann; und auf der Stirn

Sitzt ihm ein Beingeripp',[32] des Amt es ist,
Zu Tausenden Franzosen aufzuschwelgen.
LOUIS: Rührt unsre Trommeln, sucht denn die Gefahr!
BASTARD: Du wirst sie finden, Dauphin, das bleibt wahr!
Alle ab.

DRITTE SZENE

Ebendaselbst. Ein Schlachtfeld.

Getümmel. König Johann und Hubert treten auf.

KÖNIG JOHANN: Wie geht der Tag für uns? O sag mir, Hubert!
HUBERT: Schlecht, fürcht' ich; was macht Eure Majestät?
KÖNIG JOHANN: Dies Fieber, das so lange mich geplagt,
Liegt schwer auf mir: oh, ich bin herzlich krank!
Ein Bote tritt auf.
BOTE: Herr, Euer tapfrer Vetter, Faulconbridge,
Mahnt Eure Majestät, das Feld zu räumen;
Geruht zu melden ihm, wohin Ihr geht!
KÖNIG JOHANN: Sagt ihm, nach Swinstead, dort in die Abtei.
BOTE: Seid gutes Mutes, denn die große Hülfsmacht,
Die hier erwartet ward vom Dauphin, ist
Vorgestern Nacht auf Goodwin-Strand[33] gescheitert.
Die Nachricht kam bei Richard eben an:
Schon fechten die Franzosen matt und weichen.
KÖNIG JOHANN: Weh mir! Dies Fieber brennt mich grausam auf
Und läßt mich nicht die Zeitung froh begrüßen.
Fort denn nach Swinstead! Gleich zu meiner Sänfte!
Schwachheit bewältigt mich, und ich bin matt.
Alle ab.

VIERTE SZENE

Ein andrer Teil des Schlachtfeldes.

Salisbury, Pembroke, Bigot und andere treten auf.

SALISBURY: Ich hielt den König nicht so reich an Freunden.
PEMBROKE: Noch einmal auf! Ermutigt die Franzosen!
Mißglückt es ihnen, so mißglückt es uns.
SALISBURY: Der mißgeborne Teufel, Faulconbridge,
Trotz allem Trotz, hält er die Schlacht allein.

PEMBROKE: Es heißt, der König räumte krank das Feld.
Melun kommt, verwundet und von Soldaten geführt.
MELUN: Führt mich zu den Rebellen Englands hier!
SALISBURY: In unserm Glück gab man uns andre Namen.
PEMBROKE: Es ist Graf Melun.
SALISBURY: Auf den Tod verwundet.
MELUN: Flieht, edle Englische, ihr seid verkauft;
    Entfädelt der Empörung rauhes Öhr
    Und neu bewillkommt die entlaßne Treu'!
    Sucht euren König auf, fallt ihm zu Füßen:
    Denn wird der Dauphin Herr des schwülen Tags,
    So denkt er euch genommne Müh' zu lohnen,
    Indem er euch enthauptet; er beschwor's,
    Und ich mit ihm, und viele mehr mit mir
    Auf dem Altar, wo teure Freundschaft
    Und ew'ge Liebe wir euch zugeschworen.
SALISBURY: O wär' das möglich! Sollt' es Wahrheit sein!
MELUN:
    Hab' ich nicht grausen Tod im Angesicht?
    Und heg' in mir nur etwas Leben noch,
    Das weg mir blutet, wie ein wächsern Bild,
    Am Feuer schmelzend, die Gestalt verliert?
    Was in der Welt kann mich zum Trug bewegen,
    Jetzt, da kein Trug Gewinn mir bringen kann?
    Warum denn sollt' ich falsch sein, da ich weiß,
    Daß ich hier sterb' und dort durch Wahrheit lebe?
    Ich sag' es noch: ist Louis Sieger heut,
    So schwur er falsch, wenn diese eure Augen
    Je einen andern Tag anbrechen sehn.
    Ja, diese Nacht noch, deren schwarzer Hauch
    Schon dampfet um den glüh'nden Federbusch
    Der alten, schwachen, tagemüden Sonne, –
    Noch diese böse Nacht sollt ihr verscheiden,
    Zur Buße für bedungenen Verrat,
    Verräterisch gebüßt um euer Leben,
    Wenn Louis unter eurem Beistand siegt.
    Grüßt einen Hubert, der beim König blieb:
    Die Freundschaft zwischen uns, und überdies
    Die Rücksicht, daß mein Ahn aus England stammte,
    Weckt mein Gewissen auf, dies zu bekennen.
    Dafür, ich bitt' euch, tragt von hinnen mich,
    Aus dem Getös' und Lärm des Feldes weg,
    Wo ich in Frieden der Gedanken Rest

Ausdenken kann und Leib und Seele trennen
In der Betrachtung und in frommen Wünschen.

SALISBURY:
Wir glauben dir, – und strafe mich der Himmel,
Gefällt mir nicht die Mien' und die Gestalt
Von dieser freundlichen Gelegenheit,
Den Weg verdammter Flucht zurückzumessen.
Wir wollen uns, gesunknen Fluten gleich,
Die Ausschweifung und irre Bahn verlassend,
Den Schranken neigen, die wir überströmt,
Und in Gehorsam ruhig gleiten hin
Zu unserm Meer, zu unserm großen König. –
Mein Arm soll helfen, dich hier wegzubringen,
Denn schon seh' ich die bittre Todesangst
In deinem Blick. – Fort, Freunde! Neue Flucht!
Neuheit ist Glück, wenn altes Recht die Frucht.

Alle ab. Melun wird weggeführt.

FÜNFTE SZENE

Das französische Lager.

Louis kommt mit seinem Zuge.

LOUIS: Des Himmels Sonne, schien's, ging ungern unter;
Sie weilt' und färbte rot das Firmament,
Als Englands Heer den eignen Grund zurückmaß
Mit mattem Zug; oh, brav beschlossen wir,
Als wir mit Salven ungebrauchter Schüsse
Nach blut'gem Tagwerk boten gute Nacht
Und rollten die zerrißnen Fahnen auf,
Zuletzt im Feld und Herrn beinah' davon. –

Ein Bote kommt.

BOTE: Wo ist mein Prinz, der Dauphin?

LOUIS: Hier; was gibt's?

BOTE: Graf Melun fiel, die englischen Barone
Sind auf sein Dringen wieder abgefallen;
Und die Verstärkung, die Ihr lang' gewünscht,
Auf Goodwin-Strand gescheitert und gesunken.

LOUIS: Verwünschte Zeitung! Sei verwünscht dafür!
Ich dachte nicht so traurig diesen Abend
Zu sein, als sie mich macht. – Wer war's, der sagte,

78

Der König sei geflohn, nur ein paar Stunden,
Eh' irre Dunkelheit die Heere schied?
BOTE: Wer es auch sagte, es ist wahr, mein Fürst.
LOUIS: Wohl, haltet gut Quartier zu Nacht, und Wache:
Der Tag soll nicht so bald auf sein wie ich,
Des Glückes Gunst auf morgen zu versuchen.

Alle ab.

SECHSTE SZENE

Ein offner Platz in der Nachbarschaft der Abtei Swinstead.

Der Bastard und Hubert begegnen einander.

HUBERT: Wer da? He, sprecht! und schnell! Ich schieße sonst.
BASTARD: Gut Freund! Wer bist du?
HUBERT: Englischer Partei.
BASTARD: Und wohin gehst du?
HUBERT: Was geht's dich an? Kann ich nach deinen Sachen
Dich nicht so gut wie du nach meinen fragen?
BASTARD: Ich denke, Hubert.
HUBERT: Dein Gedank' ist richtig.
Ich will auf jegliche Gefahr hin glauben,
Du seist mein Freund, der meinen Ton so kennt.
Wer bist du?
BASTARD: Wer du willst; beliebt es dir,
So kannst du mir die Liebe tun, zu denken,
Ich sei wohl den Plantagenets verwandt.
HUBERT: O kränkend Wort! – Du und die blinde Nacht
Habt mich beschämt: verzeih' mir, tapfrer Krieger,
Daß Laute, die von deiner Zunge kamen,
Entschlüpft sind der Bekanntschaft meines Ohrs.
BASTARD: Kommt, ohne Förmlichkeit: was gibt es Neues?
HUBERT:
Hier wandr' ich, in den schwarzen Brau'n der Nacht,
Nach Euch umher.
BASTARD: Kurz denn: was ist die Zeitung?
HUBERT: Oh, bester Herr! Zeitung, der Nacht gemäß,
Schwarz, trostlos, fürchterlich und grausenvoll.
BASTARD: Zeigt mir den wund'sten Fleck der Zeitung nur.
Ich bin kein Weib, ich falle nicht in Ohnmacht.
HUBERT: Den König, fürcht' ich, hat ein Mönch vergiftet.
Ich ließ ihn sprachlos fast, und stürzte fort,

Dies Übel Euch zu melden, daß Ihr besser
Euch waffnen möchtet auf den schnallen Fall,
Als wenn Ihr es bei Weil' erfahren hättet.

BASTARD: Wie nahm er es? Wer kostete vor ihm?

HUBERT: Ein Mönch, so sag' ich, ein entschloßner Schurke,
Des Eingeweide plötzlich barst; der König
Spricht noch und kann vielleicht davon genesen.

BASTARD: Wer blieb zur Pflege Seiner Majestät?

HUBERT: Ei, wißt Ihr's nicht? Die Herrn sind wieder da
Und haben den Prinz Heinrich [34] mitgebracht,
Auf des Gesuch der König sie begnadigt,
Und sie sind all' um Seine Majestät.

BASTARD: Besänft'ge die Entrüstung, großer Himmel,
Versuche nicht uns über unsre Kräfte! –
Hör' an, mein halbes Heer ist diese Nacht
In jener Nied'rung von der Flut ereilt:
Die Lachen Lincolns haben sie verschlungen,
Ich selbst bin wohlberitten kaum entwischt.
Fort! Mir voran! Führ' mich zum König hin;
Ich fürchte, er ist tot, noch eh' ich komme.

Beide ab.

SIEBENTE SZENE

Der Garten der Abtei Swinstead.

Prinz Heinrich, Salisbury, Bigot und andere treten auf.

PRINZ HEINRICH: Es ist zu spät, das Leben seines Bluts
Ist tödlich angesteckt, und sein Gehirn,
Der Seele zartes Wohnhaus, wie sie lehren,
Sagt uns durch seine eitlen Grübelei'n
Das Ende seiner Sterblichkeit vorher.

Pembroke tritt auf.

PEMBROKE: Der König spricht noch, und er hegt den Glauben,
Daß, wenn man an die freie Luft ihn brächte,
So lindert' es die brennende Gewalt
Des scharfen Giftes, welches ihn bestürmt.

PRINZ HEINRICH: So laßt ihn bringen in den Garten hier!

Bigot ab.

Rast er noch immer?

PEMBROKE: Er ist ruhiger,
Als da Ihr ihn verließt; jetzt eben sang er.

PRINZ HEINRICH:

O Wahn der Krankheit! Wildeste Zerrüttung,
Wenn sie beharret, fühlt sich selbst nicht mehr.
Der Tod, wenn er die äußern Teil' erbeutet,
Verläßt sie unsichtbar; sein Sitz ist nun
Nach dem Gemüt zu, das er sticht und quält
Mit Legionen seltner Phantaseien,
Die sich im Drang um diesen letzten Halt
Verwirren. Seltsam, daß der Tod noch singt! –
Ich bin das Schwänlein dieses bleichen Schwans,
Der Klage-Hymnen tönt dem eignen Tod
Und aus der Orgelpfeife seiner Schwäche
Zu ew'ger Ruhe Leib und Seele singt.

SALISBURY: Seid gutes Mutes, Prinz; Ihr seid geboren,
Um Bildung dem verworrnen Stoff[35] zu geben,
Den er so roh und so gestaltlos ließ.

*Bigot kommt zurück mit Begleitern, die den König Johann auf einem Stuhle
hereintragen.*

KÖNIG JOHANN:

Ah, nun schöpft meine Seele freie Luft!
Sie wollt' aus Tür noch Fenster nicht hinaus.
So heißer Sommer ist in meinem Busen,
Daß er mein Eingeweid' in Staub zermalmt.
Ich bin ein hingekritzelt Bild, gezeichnet

Auf einem Pergament; vor diesem Feuer
Verschrumpf' ich.

PRINZ HEINRICH: Was macht Eure Majestät?

KÖNIG JOHANN: Gift, – übel, – tot, verlassen, ausgestoßen;
Und keiner will den Winter kommen heißen,
Die eis'ge Hand mir in den Leib zu stecken,
Noch mir die Ströme meines Reiches leiten
In den verbrannten Busen, noch den Nord
Bewegen, daß er seine scharfen Winde
Mir küssen lasse die gesprungnen Lippen
Und mich mit Kälte labe; – wenig bitt' ich,
Nur kalten Trost; und doch seid ihr so karg
Und undankbar, daß ihr mir das versagt.

PRINZ HEINRICH: O wär' doch eine Kraft in meinen Tränen,
Die Euch erquickte!

KÖNIG JOHANN: Das Salz in ihnen brennt.
In mir ist eine Hölle, und das Gift
Ist eingesperrt da, wie ein böser Feind,
Um rettungslos verdammtes Blut zu quälen.

Der Bastard kommt.

BASTARD: Oh, ich bin siedend, von dem hast'gen Lauf
Und Eilen, Eure Majestät zu sehn!

KÖNIG JOHANN:
O Vetter, du kommst her, mein Aug' zu schließen!
Verbrannt ist meines Herzens Takelwerk,
Und alle Tau' an meines Lebens Segeln
Sind nur ein Faden, nur ein dünnes Haar;
Mein Herz hängt noch an einer armen Schnur,
Die kaum wird halten während deiner Zeitung;
Dann ist, was du hier siehst, nichts als ein Erdkloß
Und Abbild des zerstörten Königtums.

BASTARD: Der Dauphin rüstet sich zum Zug hieher,
Wo wir ihn, Gott weiß wie, empfangen werden.
Denn meiner Truppen beste Hälfte ward,
Als ich zurückzog, sichern Stand zu fassen,
In einer Nacht, ganz plötzlich, in den Lachen
Verschlungen von der unverseh'nen Flut.

Der König stirbt.

SALISBURY: Ihr sagt die tote Nachricht toten Ohren. –
Mein Fürst! Mein Herr! – Kaum König noch, – nun so!

PRINZ HEINRICH: So muß auch meine Bahn sein, so mein Ziel.
Wo ist denn auf der Welt Verlaß und Glaube,
Wenn, was ein König war, so wird zu Staube?

BASTARD: Bist du dahin? Ich bleibe nur zurück,
　　Für dich den Dienst der Rache zu verrichten,
　　Dann soll dir meine Seel' im Himmel folgen,
　　Wie sie auf Erden immer dir gedient. –
　　Nun, Sterne, die ihr rollt in eignen Sphären,
　　Wo ist eu'r Einfluß? Zeigt nun beßre Treu',
　　Und augenblicklich kehrt mit mir zurück,
　　Zerstörung und beständ'ge Schmach zu stoßen
　　Aus des erschlafften Landes schwachem Tor!
　　Stracks laßt uns suchen, daß man uns nicht sucht;
　　Der Dauphin wütet schon an unsern Fersen.
SALISBURY: So scheint es, Ihr wißt weniger als wir:
　　Der Kardinal Pandulpho rastet drinnen,
　　Er kam vom Dauphin vor der halben Stunde
　　Und bringt von ihm Vorschläge zu dem Frieden,
　　Die wir mit Ehr' und Anstand eingehn dürfen,
　　Mit Absicht, gleich von diesem Krieg zu lassen.
BASTARD: Er tut es um so eher, wenn er sieht,
　　Daß wir zur Gegenwehr uns wohl gestärkt.
SALISBURY: Ja, ein'germaßen ist es schon getan,
　　Denn viele Wagen hat er weggesandt
　　Zur Küste hin, und seinen Zwist und Handel
　　Dem Kardinal zu schlichten überlassen;
　　Mit welchem Ihr, ich und die andern Herrn,
　　Wenn es Euch gut dünkt, diesen Nachmittag
　　Zu des Geschäfts Vollendung reisen wollen.
BASTARD: So mag es sein, und Ihr, mein edler Prinz,
　　Mit andern Herrn, die dort entbehrlich sind,
　　Besorget das Begängnis Eures Vaters!
PRINZ HEINRICH: Zu Worcester muß sein Leib beerdigt werden,
　　Denn so verlangt' er's.
BASTARD: 　　　　　　　Dahin soll er denn!
　　Und glücklich lege Euer holdes Selbst
　　Des Lands ererbten Staat und Hoheit an,
　　Dem ich in aller Demut, auf den Knie'n,
　　Zu eigen gebe meinen treuen Dienst
　　Und Unterwürfigkeit für ew'ge Zeiten.
SALISBURY: Wir tun ein gleich Erbieten unsrer Liebe,
　　Daß immerdar sie ohne Flecken sei.
PRINZ HEINRICH:
　　Ich hab' ein freundlich Herz, das gern Euch dankte
　　Und es nicht weiß zu tun als nur mit Tränen.
BASTARD: Laßt uns der Zeit das nöt'ge Weh nur zahlen,

Weil sie vorausgeeilt ist unserm Gram. –
Dies England lag noch nie und wird auch nie
Zu eines Siegers stolzen Füßen liegen,
Als wenn es erst sich selbst verwunden half.
Nun seine Großen heimgekommen sind,
So rüste sich die Welt an dreien Enden,
Wir trotzen ihr: nichts bringt uns Not und Reu',
Bleibt England nur sich selber immer treu.

Alle ab.

KÖNIG
RICHARD II.

PERSONEN

König Richard II.
Edmund von Langley, Herzog von York } *Oheime*
Johann von Gaunt, Herzog von Lancaster } *des Königs*
Heinrich, *mit dem Zunamen* Bolingbroke, Herzog von Hereford,
    Sohn Johanns von Gaunt nachmaliger König Heinrich IV.
Herzog von Aumerle, *Sohn des Herzogs von York*
Mowbray, Herzog von Norfolk
Herzog von Surrey
Graf von Salisbury
Graf Berkley
Bushy, Bagot, Green, *Kreaturen König Richards*
Graf von Northumberland
Heinrich Percy, *sein Sohn*
Lord Ross
Lord Willoughby
Lord Fitzwater
Bischof von Carlisle
Abt von Westminster
Der Lord Marschall und ein andrer Lord
Sir Pierce von Exton
Sir Stephen Scroop
Der Hauptmann einer Schar von Wallisern

Die Königin, *Gemahlin König Richards*
Herzogin von Gloster
Herzogin von York
Ein Hoffräulein der Königin

Herren von Adel, Herolde, Offiziere, Soldaten, zwei Gärtner,
    Gefangenwärter, Bote, Stallknecht und andres Gefolge

Die Szene ist an verschiednen Orten in England und Wales

ERSTER AUFZUG

ERSTE SZENE

London. Ein Zimmer im Palaste.

König Richard tritt auf mit Gefolge: Johann von Gaunt und andere Edle mit ihm.

KÖNIG RICHARD[1]: Johann von Gaunt[2], ehrwürd'ger Lancaster
   Hast du nach Schwur und Pfand hierhergebracht
   Den Heinrich Hereford[3], deinen kühnen Sohn,
   Von jüngst die heft'ge Klage zu bewähren,
   Die gleich zu hören Muße uns gebrach,
   Wider den Herzog Norfolk[4], Thomas Mowbray?
GAUNT: Ja, gnäd'ger Herr.
KÖNIG RICHARD: So sag mir ferner, hast du ihn erforscht,
   Ob er aus altem Groll den Herzog anklagt,
   Ob würdiglich, als guter Untertan,
   Nach einer Kenntnis des Verrats in ihm?
GAUNT: So weit ich in dem Stück ihn prüfen konnte,
   Um augenscheinliche Gefahr, gerichtet
   Auf Eure Hoheit, nicht aus altem Groll.
KÖNIG RICHARD:
   So ruft sie vor: denn Antlitz gegen Antlitz
   Und droh'nde Stirn an Stirne, wollen wir
   Frei reden hören Kläger und Beklagten.
            Einige aus dem Gefolge ab.
   Hochfahrend sind sie beid' und in der Wut
   Taub wie die See, rasch wie des Feuers Glut.
    Die vom Gefolge kommen zurück mit Bolingbroke und Norfolk.
BOLINGBROKE: Manch Jahr beglückter Tage mög' erleben
   Mein gnäd'ger König, mein huldreicher Herr!
NORFOLK: Ein Tag erhöhe stets des andern Glück,

Bis einst der Himmel, neidisch auf die Erde,
Ein ew'ges Recht zu Eurer Krone fügt!
KÖNIG RICHARD: Habt beide Dank: doch einer schmeichelt nur,
Wie durch den Grund, warum ihr kommt, sich zeigt,
Einander nämlich Hochverrats zu zeihn.
Vetter von Hereford, sag, was wirfst du vor
Dem Herzog da von Norfolk, Thomas Mowbray?
BOLINGBROKE: Erst – sei der Himmel Zeuge meiner Rede! –
Aus eines Untertans ergebner Pflicht,
Für meines Fürsten teures Heil besorgt
Und frei von anderm, mißerzeugten Haß,
Komm' ich als Kläger vor dein fürstlich Haupt. –
Nun, Thomas Mowbray, wend' ich mich zu dir,
Und acht' auf meinen Gruß: denn was ich sage,
Das soll mein Leib auf Erden hier bewähren,
Wo nicht, die Seel' im Himmel Rede stehn.
Du bist ein Abgefallner und Verräter,
Zu gut, um es zu sein, zu schlecht, zu leben:
Denn je krystallner sonst der Himmel glüht,
Je trüber scheint Gewölk, das ihn durchzieht.
Noch einmal, um die Schmach mehr einzuprägen,
Werf' ich das Wort Verräter dir entgegen.
Beweisen möge, wenn's mein Fürst gewährt,
Was meine Zunge spricht, mein wackres Schwert!
NORFOLK: Laßt meiner Antwórt Kälte meinen Eifer
Herab nicht setzen! Denn kein Weiberkrieg,
Das bittre Schelten zwei erboster Zungen,
Kann diese Frage zwischen und entscheiden;
Das Blut ist heiß, das hierum kalt muß werden.
Doch rühm' ich mich so zahmer Duldung nicht,
Daß ich nichts sagen und verstummen sollte.
Erst hält mich Scheu vor Eurer Hoheit ab,
Zu spornen statt zu zügeln meine Rede,
Die sonst wohl liefe, bis sie den Verrat
Ihm doppelt in den Hals zurückgeschleudert.
Von seines Blutes Hoheit abgesehn,
Nehmt an, er sei nicht meines Lehnsherrn Vetter:
So fodr' ich ihn heraus und spei' ihn an,
Nenn' ihn verleumderische Memm' und Schurke.
Ungleichen Kampf bestünd' ich gern hierauf
Und träf' ihn, müßt' ich laufen auch zu Fuß
Bis auf der Alpen eingefrorne Zacken,
Ja jeden andern unbewohnbar'n Boden,

Wo je ein Englischer sich hingewagt.
Zum Schutze meiner Treu' indes genügt:
So wahr ich selig werden will! er lügt.
BOLINGBROKE: Da, bleiche Memme! werf' ich hin mein Pfand,
Entsagend der Verwandtschaft eines Königs;
Und achte nicht mein fürstliches Geblüt,
Das deine Furcht, nicht Ehrerbietung vorschützt.
Wenn schuld'ge Angst dir so viel Stärke läßt,
Mein Ehrenpfand zu nehmen, bücke dich;
Bei dem und jedem Brauch des Rittertums
Will ich, Arm gegen Arm, dir was ich sprach
Und was du Schlimmres denken kannst, bewähren.
NORFOLK: Ich nehm' es auf und schwöre bei dem Schwert,

Das sanft mein Rittertum mir aufgelegt:
Ich stehe dir nach jeglicher Gebühr,
Nach jeder Weise ritterlicher Prüfung;
Und sitz' ich auf, nie steig' ich lebend ab,
Wenn mein Verrat zur Klage Recht dir gab!

KÖNIG RICHARD: Was gibt dem Mowbray unser Vetter schuld?
Groß muß es sein, was nur mit dem Gedanken
Von Übel in ihm uns befreunden soll.

BOLINGBROKE: Seht, was ich spreche, dafür steht mein Leben: –
Daß er achttausend Nobel[5] hat empfangen,
Als Borg für Eurer Hoheit Kriegesvolk,
Die er behalten hat zu schlechten Zwecken,
Als ein Verräter und ein arger Schurke.
Dann sag' ich, und ich will's im Kampf beweisen,
Hier oder sonst wo, bis zur fernsten Grenze,
Die je ein englisch Auge hat erblickt,
Daß jeglicher Verrat, seit achtzehn Jahren
In diesem Land erdacht und angestiftet,
Vom falschen Mowbray ausgegangen ist.
Ich sage ferner und will ferner noch
Dies alles dartun auf sein schnödes Leben,
Daß er des Herzog Glosters[6] Tod betrieben,
Mißgeleitet seine allzugläub'gen Gegner
Und feig verrät'risch die schuldlose Seele
Dadurch ihm ausgeschwemmt in Strömen Bluts,
Das, wie das Blut des Opfer-weih'nden Adel,
Selbst aus der Erde stummen Höhlen schreit
Zu mir um Recht und strenge Züchtigung.
Und bei der Ahnen Ruhm, den ich ererbt,
Mein Arm vollbringt's, sonst sei mein Leib verderbt!

KÖNIG RICHARD:
Wie hohen Flugs sich sein Entschluß erschwingt!
Thomas von Norfolk, was sagt Ihr hierzu?

NORFOLK: Oh, wende mein Monarch sein Antlitz weg
Und heiße taub sein Ohr ein Weilchen sein,
Bis ich die Schmach von seinem Blut erzählt,
Wie Gott und Biedre solchen Lügner hassen!

KÖNIG RICHARD: Mowbray, mein Aug' und Ohr ist unparteilich;
Wär' er mein Bruder, ja des Reiches Erbe,
Statt meines Vaters Brudern Sohn zu sein,
Bei meines Szepters Würde schwör' ich doch,
Die Nachbarschaft mit unserm heil'gen Blut
Sollt' ihn nicht schützen, noch parteilich machen

Den Vorsatz meines redlichen Gemüts.
Er ist uns Untertan, Mowbray, wie du:
Furchtlose Red' erkenn' ich frei dir zu.
NORFOLK: Dann, Bolingbroke, durch deinen falschen Hals
Bis tief hinunter in dein Herz: du lügst!
Drei Viertel von dem Vorschuß für Calais
Zahlt' ich dem Kriegsvolk Seiner Hoheit richtig,
Den Rest behielt ich auf Verwilligung,
Weil mein Monarch in meiner Schuld noch war
Von wegen Rückstands einer großen Rechnung,
Seit ich aus Frankreich sein Gemahl geholt[7].
Nun schling' die Lüg' hinab! – Was Glosters Tod betrifft,
Ich schlug ihn nicht, allein, zu eigner Schmach,
Ließ von der Pflicht, die ich geschworen, nach. –
Was Euch gilt, edler Herr von Lancaster,
Der ehrenwerte Vater meines Feindes,
Einst stellt' ich heimlich Eurem Leben nach,
Ein Fehl, der meine bange Seele kränkt:
Doch eh' ich letzt das Sakrament empfing,
Bekannt' ich es und bat um Euer Gnaden
Verzeihung förmlich; und ich hoff', Ihr gabt sie.
So weit geht meine Schuld; der Rest der Klage
Kömmt her aus Tücken eines Bösewichts,
Abtrünn'gen und entarteten Verräters,
Was an mir selbst ich kühnlich will bestehn;
Und wechselseitig schleudr' ich hin mein Pfand
Auf dieses trotzigen Verräters Fuß,
Um mich als biedern Ritter zu bewähren
Im besten Blut, das ihm im Busen wohnt.
Dies zu beschleun'gen bitt' ich um die Gnade,
Daß Eu'r Gebot auf einen Tag uns lade.
KÖNIG RICHARD:
Ihr wutentflammten Herrn, folgt meinem Rat,
Vertreibt die Galle, ohne Blut zu lassen;
So sprechen wir, zwar nicht arzneigelehrt,
Weil tiefe Bosheit allzutief versehrt.
Vergebt, vergeßt, seid einig, ohne Haß!
Der Doktor sagt: Hier frommt kein Aderlaß. –
Mein Ohm, wo dies begann, da laßt es enden:
Ihr müßt den Sohn, ich will den Herzog wenden.
GAUNT: Das Friedestiften ziemt des Greisen Sinn.
Wirf, Sohn, das Pfand des Herzogs Norfolk hin!
KÖNIG RICHARD: Und, Norfolk, seines Ihr!

GAUNT: Nun, Heinrich? nun?
>Gehorsam will, du sollst es willig tun.

KÖNIG RICHARD: Norfolk, wirf hin! Wir wollen's, und es muß.

NORFOLK: Mich selbst, mein Herrscher, werf' ich dir zu Fuß.
>Gebeut mein Leben, nur nicht meine Scham:
>Das bin ich schuldig; doch mein reiner Nam',
>Der trotz dem Tode lebt auf meinem Grabe,
>Soll dein nicht sein, der finstern Schmach zur Habe.
>Entehrt, verklagt, steh' ich hier voll Beschwer;
>Durchbohrt hat mich der Läst'rung gift'ger Speer,
>Kein Balsam als sein Herzblut kann dies dämpfen,
>Aus dem das Gift kam.

KÖNIG RICHARD: Wut muß man bekämpfen,
>Gib her sein Pfand! Der Leu macht Pardel[8] zahm.

NORFOLK: Doch färbt er sie nicht um; nehmt meine Scham,
>Und willig geb' ich auch mein Pfand dann auf.
>Der reinste Schatz in diesem ird'schen Lauf,
>Mein teurer Fürst, ist unbefleckte Ehre,
>Ohn' die der Mensch bemalter Leim nur wäre.
>Ein kühner Geist im treuen Busen ist
>Ein Kleinod in zehnfach verschloßner Kist'.
>Ehr' ist des Lebens einziger Gewinn;
>Nehmt Ehre weg, so ist mein Leben hin.
>Drum, teurer Fürst, laßt mich um Ehre werben,
>Ich leb' in ihr und will für sie auch sterben.

KÖNIG RICHARD: Vetter, werft hin das Pfand! Beginnet Ihr!

BOLINGBROKE: Oh, solche Sünde wende Gott von mir!
>Soll ich entherzt vor meinem Vater stehn?
>Mit blasser Bettlerfurcht die Hoheit schmähn
>Vor dem verhöhnten Zagen? Eh' so schnöde
>Mit eigner Zung' ich meine Ehre töte
>Durch feigen Antrag: eh' zerreißt mein Zahn.
>Das Werkzeug bangen Widerrufs fortan,
>Und blutend spei' ich sie, zu höchstem Hohn,
>In Mowbrays Angesicht, der Schande Thron.

Gaunt ab.

KÖNIG RICHARD: Uns ziemet, statt zu bitten, zu befehlen.
>Da wir euch auszusöhnen nicht vermocht,
>So stellt euch ein, wofür eu'r Leben bürge,
>Zu Coventry, auf Sankt Lambertus' Tag!
>Da soll entscheiden euer Speer und Schwert
>Den Zwist des Hasses, den ihr steigend nährt.
>Weil wir euch nicht versöhnt, bewähr' das Recht

Die Ritterschaft des Siegers im Gefecht.
Lord Marschall, laßt das Heroldsamt der Waffen
Die Führung dieser innern Unruh' schaffen!
Alle ab.

ZWEITE SZENE

Ebendaselbst. Ein Zimmer im Palaste des Herzogs von Lancaster.

Gaunt und die Herzogin von Gloster treten auf.

GAUNT: Ach, mein so naher Teil an Glosters Blut
Treibt mehr mich an als Euer Schreien, mich
Zu rühren gegen seines Lebens Schlächter.
Doch weil Bestrafung in den Händen liegt,
Die das getan, was wir nicht strafen können,
Befehlen wir dem Himmel unsre Klage,
Der, wenn er reif die Stund' auf Erden sieht,
Aufs Haupt der Sünder heiße Rache regnet.
HERZOGIN VON GLOSTER:
So ist die Brüderschaft kein schärfrer Sporn?
Und schürt die Lieb' in deinem alten Blut
Kein lebend Feuer? Eduards sieben Söhne,[9]
Wovon du selber einer bist, sie waren
Wie sieben Flaschen seines heil'gen Bluts,
Wie sieben Zweig' aus e i n e r Wurzel sprossend.
Ein Teil ist nun natürlich eingetrocknet,
Ein Teil der Zweige vom Geschick gefällt;

Doch Thomas, mein Gemahl, mein Heil, mein Gloster,
Von Eduards heil'gem Blute eine Flasche,
Ein blüh'nder Zweig der königlichen Wurzel,
Ist eingeschlagen und der Trank verschüttet,
Ist umgehau'n und all sein Laub verwelkt,
Durch Neides Hand und Mordes blut'ge Axt.
Ach, Gaunt! sein Blut war deins; das Bett, der Schoß,
Der Lebensgeist, die Form, die dich gestaltet,
Macht' ihn zum Mann; und lebst du schon und atmest,
Du bist in ihm erschlagen: du stimmst ein
In vollem Maß zu deines Vaters Tod,
Da du den armen Bruder sterben siehst,
Der Abdruck war von deines Vaters Leben.
Nenn's nicht Geduld, es ist Verzweiflung, Gaunt;
Indem du so den Bruder läßt erschlagen,
Zeigst du den offnen Pfad zu deinem Leben
Und lehrst den finstern Mord, dich auch zu schlachten.
Was wir an Niedern rühmen als Geduld,
Ist blasse Feigheit in der edlen Brust.
Was red' ich viel? Du schirmst dein eignes Leben
Am besten, rächst du meines Glosters Tod.
GAUNT: Der Streit ist Gottes, denn sein Stellvertreter,
Sein Bot', in seinem Angesicht gesalbt,
Hat seinen Tod verursacht; wenn mit Unrecht,
Mag Gott es rächen: ich erhebe nie
Den Arm im Zorne gegen seinen Diener.
HERZOGIN VON GLOSTER:
Nun gut, das will ich. Alter Gaunt, leb wohl!
Du gehst nach Coventry, den grimmen Mowbray
Mit Vetter Hereford fechten da zu sehn.
Oh, Glosters Unrecht sitz' auf Herefords Speer,
Auf daß er dring' in Schlächter Mowbrays Brust!
Und schlägt dem Unglück fehl das erste Rennen,
So schwer sei Mowbrays Sünd' in seinem Busen,
Daß sie des schäum'gen Rosses Rücken bricht
Und wirft den Reiter häuptlings in die Schranken,
Auf Gnad' und Ungnad' meinem Vetter Hereford!
Leb wohl, Gaunt! Deines weiland Bruders Weib
Verzehrt in Grams Gesellschaft ihren Leib.
GAUNT: Schwester, leb wohl! Nach Coventry muß ich:
Heil bleibe bei dir und begleite mich!
HERZOGIN VON GLOSTER:
Ein Wort noch! – Gram springt, wo er fällt, zurück,

Durch sein Gewicht, nicht durch die hohle Leerheit.
Ich nehme Abschied, eh' ich noch begann;
Leid endet nicht, wann es scheint abgetan.
Empfiehl mich meinem Bruder, Edmund York.
Sieh, dies ist alles: – doch warum so eilen?
Ist dies schon alles, mußt du doch noch weilen;
Mir fällt wohl mehr noch ein. Heiß' ihn – o was?
Zu mir nach Plashy unverzüglich gehn.
Ach, und was wird der alte York da sehn
Als leere Wohnungen und nackte Mauern
Samt öden Hallen, unbetretnen Steinen?
Was zum Willkommen hören als mein Weinen?
Darum empfiehl mich: laß ihn dort das Leid
Nicht suchen, denn es wohnt ja weit und breit.
Trostlos will ich von hinnen und verscheiden.
Mein weinend Auge sagt das letzte Scheiden. *Ab.*

DRITTE SZENE

Gosford-Aue bei Coventry.

Der Lord Marschall und Aumerle treten auf.

LORD MARSCHALL:
  Mylord Aumerle[10], ist Heinrich Hereford rüstig?
AUMERLE: In voller Wehr, begehrend einzutreten.
LORD MARSCHALL: Der Herzog Norfolk, wohlgemut und kühn,
  Harrt nur auf die Trompete seines Klägers.
AUMERLE: So sind die Kämpfer denn bereit und warten
  Auf nichts als Seiner Majestät Erscheinung.
*Trompetenstoß. König Richard tritt auf und setzt sich auf seinen Thron;
Gaunt und verschiedne Edle nehmen gleichfalls ihre Plätze. Eine Trompete
wird geblasen und von einer andern Trompete draußen erwidert. Alsdann
  erscheint Norfolk in voller Rüstung, mit einem Herold vor ihm her.*
KÖNIG RICHARD: Marschall, erfraget von dem Kämpfer dort
  Die Ursach' seiner Ankunft hier in Waffen;
  Auch seinen Namen, und verfahrt mit Ordnung,
  Den Eid ihm abzunehmen auf sein Recht!
LORD MARSCHALL: In Gottes Namen und des Königs, sprich:
  Wer bist du, und weswegen kommst du her,
  So rittlich mit Waffen angetan?
  Und wider wen kommst du, und was dein Zwist?

Sprich wahrhaft, auf dein Rittertum und Eid,
So schütze dich der Himmel und dein Mut!

NORFOLK:

Mein Nam' ist Thomas Mowbray, Norfolks Herzog;
Ich komme her, durch einen Eid gebunden
(Verhüte Gott, daß den ein Ritter bräche!),
Um zu verfechten, daß ich Treu' und Pflicht
Gott und dem König halt' und meinen Erben,
Wider den Herzog Hereford, der mich anklagt;
Und will, durch Gottes Gnad' und meinen Arm
Mich wehrend, ihn erweisen als Verräter
An Gott, an meinem König und an mir.
So schütze Gott mich, wie ich wahrhaft fechte!

Er nimmt seinen Sitz ein.

Eine Trompete wird geblasen. Bolingbroke erscheint in voller Rüstung, mit einem Herold vor ihm her.

KÖNIG RICHARD: Marschall, befragt den Ritter dort in Waffen
Erst, wer er ist, und dann, warum er komme,
Mit kriegerischem Zeuge so gestählt;
Und förmlich, unserem Gesetz gemäß,
Vernehmt ihn auf das Recht in seiner Sache!

LORD MARSCHALL:

Wie ist dein Nam', und warum kommst du her
Vor König Richard in die hohen Schranken?
Und wider wen kommst du, und was dein Zwist?
So schütz' dich Gott, sprich als wahrhafter Ritter!

BOLINGBROKE: Heinrich von Hereford, Lancaster und Derby
Bin ich, der hier bereit in Waffen steht,
Durch Gottes Gnad' und meines Leibes Kraft
Hier in den Schranken gegen Thomas Mowbray,
Herzog von Norfolk, darzutun, er sei
Ein schnöder und gefährlicher Verräter
An Gott, an König Richard und an mir;
Und schütze Gott mich, wie ich wahrhaft fechte!

LORD MARSCHALL: Bei Todesstrafe sei kein Mensch so kühn,
Daß er die Schranken anzurühren wage,
Den Marschall ausgenommen und Beamten,
Die dies Geschäft gebührend ordnen sollen.

BOLINGBROKE:

Lord Marschall, laßt des Fürsten Hand mich küssen
Und niederknie'n vor Seiner Majestät:
Denn ich und Mowbray sind zwei Männer gleich,
Die lange, schwere Pilgerfahrt gelobt.

Laßt uns denn feierlichen Abschied nehmen
Und Lebewohl von beiderseit'gen Freunden!

LORD MARSCHALL: Der Kläger, grüßt Eu'r Hoheit ehrerbietigst
Und wünscht zum Abschied Eure Hand zu küssen.

KÖNIG RICHARD: Ihn zu umarmen steigen wir herab. –
Vetter von Hereford, wie dein Handel recht,
So sei dein Glück im fürstlichen Gefecht!
Leb wohl, mein Blut! Mußt du es heut verströmen,
Darf ich's beklagen, doch nicht Rache nehmen.

BOLINGBROKE: Kein edles Aug' müss' eine Trän' um mich
Entweihn, wenn ich von Mowbrays Speer erblich;
So zuversichtlich, wie des Falken Stoß
Den Vogel trifft, geh' ich auf Mowbray los.

Zum Lord Marschall

Mein güt'ger Herr, ich nehme von Euch Abschied, –
Von Euch, mein edler Vetter, Lord Aumerle: –
Nicht krank, hab' ich zu schaffen gleich mit Tod,
Nein, lustig Atem holend, frisch und rot. –
Seht, wie beim Mahl, das Ende zu versüßen,
Will ich zuletzt das Auserwählt'ste grüßen: –
Zu Gaunt. O du, der ird'sche Schöpfer meines Bluts,
Des jugendlicher Geist, in mir erneuert,
Mit doppelter Gewalt empor mich hebt,
Den Sieg zu greifen über meinem Haupt!
Mach' meine Rüstung fest durch dein Gebet,
Durch deinen Segen stähle meine Lanze,
Daß sie in Mowbrays Panzerhemde dringe,
Und glänze neu der Nam' Johann von Gaunt
Im mutigen Betragen seines Sohns!

GAUNT: Gott geb' dir Glück bei deiner guten Sache!
Schnell, wie der Blitz, sei in der Ausführung,
Und laß, zwiefach verdoppelt, deine Streiche
Betäubend, wie den Donner, auf den Helm
Des tödlichen, feindsel'gen Gegners fallen!
Reg' auf dein junges Blut, sei brav und lebe!

BOLINGBROKE: Mein Recht und Sankt Georg mir Beistand gebe!
Er nimmt seinen Sitz.

NORFOLK *aufstehend:*
Wie Himmel oder Glück mein Los auch wirft,
Hier lebt und stirbt, treu König Richards Throne,
Ein redlicher und biedrer Edelmann.
Nie warf mit froherm Herzen ein Gefangner
Der Knechtschaft Fesseln ab und hieß willkommen

Die goldne, ungebundne Loslassung,
Als wie mein tanzendes Gemüt dies Fest
Des Kampfes wider meinen Gegner feiert.
Großmächt'ger Fürst, und meiner Freunde Schar!
Es wünscht mein Mund euch manch beglücktes Jahr.
Denn Ruhe wohnt in einer treuen Brust.

KÖNIG RICHARD: Gehabt Euch wohl: ich kann genau erspähn,
Wie Mut und Tugend aus dem Aug' Euch sehn. –
Befehlt den Zweikampf, Marschall, und beginnt!

Der König und die Herren kehren zu ihren Sitzen zurück.

LORD MARSCHALL:
Heinrich von Hereford, Lancaster und Derby,
Empfang' die Lanz', und schütze Gott dein Recht!

BOLINGBROKE *aufstehend:*
Stark wie ein Turm in Hoffnung, ruf' ich Amen.

LORD MARSCHALL *zu einem Beamten:*
Bring' diese Lanz' an Thomas, Norfolks Herzog!

ERSTER HEROLD: Heinrich von Hereford, Lancaster und Derby
Steht hier für Gott, für seinen Herrn und sich,
Bei Strafe, falsch und ehrlos zu erscheinen,
Um darzutun dem Thomas Mowbray, Herzog
Von Norfolk, er sei schuldig des Verrats
An Gott, an seinem König und an ihm,
Und fodert ihn zu dem Gefecht heraus.

ZWEITER HEROLD:
Hier stehet Thomas Mowbray, Norfolks Herzog,
Bei Strafe, falsch und ehrlos zu erscheinen,
Sich zu verteidigen und darzutun
Heinrich von Hereford, Lancaster und Derby
Treulos an Gott, an seinem Herrn und ihm.
Mit williger Begehr und wohlgemut,
Erwartend nur das Zeichen zum Beginn.

LORD MARSCHALL:
Trompeten, blast! und Streiter, macht euch auf!

Es wird zum Angriff geblasen.

Doch halt! der König wirft den Stab herunter.

KÖNIG RICHARD: Laßt sie beiseit die Helm' und Speere legen
Und beide wiederkehren zu dem Sitz!

*Zu Gaunt und den übrigen Großen,
indem er sich gegen den Hintergrund der Bühne zurückzieht.*

Ihr, folget uns! – und laßt Trompeten schallen,
Bis wir den Gegnern kundtun unsern Schluß!

Trompeten, anhaltend.

Wieder vortretend zu den Streitern. Kommt her!
Vernehmt, was wir mit unserm Rat verfügt: –
Auf daß nicht unsers Reiches Boden werde
Befleckt mit teurem Blut, das er genährt;
Weil unser Aug' den grausen Anblick scheut
Von Wunden, aufgepflügt durch Nachbarschwerter;
Und weil uns dünkt, der stolze Adlerflug
Ehrsücht'ger, himmelstrebender Gedanken
Und Neid, der jeden Nebenbuhler haßt,
Hab' euch gereizt, zu wecken unsern Frieden[11],
Der, in der Wiege unsers Landes schlummernd,
Die Brust mit süßem Kindes-Odem schwellt;
Der, aufgerüttelt nun von lärm'gen Trommeln,
Samt heiserer Trompeten wildem Schmettern

Und dem Geklirr ergrimmter Eisenwehr,
Aus unsern stillen Grenzen schrecken möchte
Den holden Frieden, daß wir waten müßten
In unsrer Anverwandten Blut: – deswegen
Verbannen wir aus unsern Landen euch. –
Ihr, Vetter Hereford, sollt bei Todesstrafe,
Bis unsre Au'n zehn Sommer neu geschmückt,
Nicht wiedergrüßen unser schönes Reich
Und freemde Pfade der Verbannung treten.

BOLINGBROKE: Gescheh' Eu'r Wille! Dies muß Trost mir sein:
Die Sonne, die hier wärmt, gibt dort auch Schein;
Und dieser goldne Strahl, Euch hier geliehn,
Wird auch um meinen Bann vergüldend glühn.

KÖNIG RICHARD: Norfolk, dein wartet ein noch härtrer Spruch,
Den ich nicht ohne Widerwillen gebe:
Der Stunden leise Flucht soll nicht bestimmen
Den grenzenlosen Zeitraum deines Banns;
Das hoffnungslose Wort „Nie wiederkehren!"
Sprech' ich hier wider dich bei Todesstrafe.

NORFOLK: Ein harter Spruch, mein höchster Lehensherr,
Ganz unversehn aus Eurer Hoheit Mund!
Erwünschten Lohn, nicht solche tiefe Schmach,
Daß man mich ausstößt in die weite Welt,
Hab' ich verdient von seiten Eurer Hoheit.
Die Sprache, die ich vierzig Jahr gelernt,
Mein mütterliches Englisch, soll ich missen;
Und meine Zunge nützt mir nun nicht mehr
Als, ohne Saiten, Laute oder Harfe,
Ein künstlich Instrument im Kasten, oder
Das, aufgetan, in dessen Hände kömmt,
Der keinen Griff kennt, seinen Ton zu stimmen.
Ihr habt die Zung' in meinen Mund gekerkert,
Der Zähn' und Lippen doppelt Gatter vor;
Und dumpfe, dürftige Unwissenheit
Ist mir zum Kerkermeister nun bestellt.
Ich bin zu alt, der Amme liebzukosen,
Zu weit in Jahren, Zögling noch zu sein:
Was ist dein Urteil denn als stummer Tod,
Das eignen Hauch zu atmen mir verbot?

KÖNIG RICHARD: Es hilft dir nicht, in Wehmut zu verzagen:
Nach unserm Spruche kommt zu spät das Klagen.

NORFOLK: So wend' ich mich vom lichten Vaterland,
In ernste Schatten ew'ger Nacht gebannt. *Er entfernt sich.*

KÖNIG RICHARD:
Komm wieder, nimm noch einen Eid mit dir!
Legt die verbannten Händ' auf dies mein Schwert,
Schwört bei der Pflicht, die ihr dem Himmel schuldet
(Denn unser Teil dran ist mit euch verbannt),
Den Eid zu halten, den wir auferlegen: –
Nie sollt ihr, so euch Gott und Wahrheit helfe!
Mit Lieb' einander nahn in eurem Bann,
Noch jemals ins Gesicht einander schaun,
Noch jemals schreiben, grüßen, noch besänft'gen
Die Stürme des daheim erzeugten Hasses,
Noch euch mit überlegtem Anschlag treffen,
Um Übles auszusinnen gegen uns
Und unsre Untertanen, Staat und Land.
BOLINGBROKE: Ich schwöre.
NORFOLK: Und ich auch, all dies zu halten.
BOLINGBROKE: Norfolk, so weit sich's unter Feinden ziemt: –
Um diese Zeit, ließ es der König zu,
Irrt, in der Luft schon eine unsrer Seelen,
Verbannt aus unsers Fleisches morschem Grabe,
Wie jetzt dies Fleisch verbannt ist aus dem Lande:
Bekenne den Verrat, eh' du entweichst;
Weil du so weit zu gehn hast, nimm nicht mit
Die schwere Bürde einer schuld'gen Seele!
NORFOLK: Nein, Bolingbroke: war ich Verräter je,
So sei getilgt mein Nam' im Buch des Lebens
Und ich verbannt vom Himmel, wie von hier!
Doch was du bist, weiß Gott und du und ich.
Und nur zu bald wird es den König reu'n.
Lebt wohl, mein Fürst! – Nicht fehlgehn kann ich jetzt:
Die weite Welt ist mir zum Ziel gesetzt. *Ab.*
KÖNIG RICHARD: Oheim, ich seh' im Spiegel deiner Augen
Dein tiefbekümmert Herz; dein traur'ger Anblick
Hat vier aus seiner Zahl verbannter Jahre
Entrückt: – *Zu Bolingbroke.* sobald sechs frost'ge Winter aus,
Kehr' du willkommen aus dem Bann nach Haus!
BOLINGBROKE: Wie lange Zeit liegt in so kleinem Wort!
Vier träge Winter und vier lust'ge Maien
Beschließt ein Wort, wenn Kön'ge Kraft ihm leihen.
GAUNT: Dank meinem Fürsten, daß er mir zu lieb
Vier Jahre meines Sohns Verbannung kürzt!
Allein ich ernte wenig Frucht davon.
Eh' die sechs Jahre, die er säumen muß,

Die Monde wandeln und den Lauf vollenden,
Erlischt in ew'ger Nacht mein schwindend Licht,
Die Lampe, der vor Alter Öl gebricht;
Mit meinem Endchen Kerze ist's geschehn,
Und blinder Tod läßt mich den Sohn nicht sehn.

KÖNIG RICHARD: Ei, Oheim, du hast manches Jahr zu leben.

GAUNT: Nicht 'ne Minute, Herr, die du kannst geben.
Verkürzen kannst du meine Tag' in Sorgen,
Mir Nächte rauben, leihn nicht einen Morgen;
Du kannst der Zeit wohl helfen Furchen ziehn,
Doch nicht sie hemmen in dem raschen Fliehn:
Ihr gilt dein Wort für meinen Tod sogleich,
Doch, tot, schafft keinen Odem mir dein Reich.

KÖNIG RICHARD: Dein Sohn ist weisem Rat gemäß verbannt,
Wozu dein Mund ein Miturteil gegeben:
Nun scheinst du finster auf das Recht zu schaun?

GAUNT: Was süß schmeckt, wird oft bitter beim Verdau'n.
Ihr setztet mich als Richter zum Berater;
Oh, hießt Ihr doch mich reden wie ein Vater!
Wär' er mir fremd gewesen, nicht mein Kind,
So war ich milder seinem Fehl gesinnt.
Parteien-Leumund sucht' ich abzuwenden,
Und mußte so mein eignes Leben enden.
Ach! Ich schaut' um, ob keiner spräche nun,
Ich sei zu streng, was mein, so wegzutun;
Doch der unwill'gen Zung' habt ihr erlaubt,
Daß sie mich wider Willen so beraubt.

KÖNIG RICHARD: Vetter, lebt wohl! – Und, Oheim sorgt dafür:
Sechs Jahr' ist er verbannt und muß von hier.

Trompetenstoß. König Richard und Gefolge ab.

AUMERLE: Vetter, lebt wohl! Was Gegenwart verwehrt
Zu sagen, melde Schrift von da, wo Ihr verkehrt.

LORD MARSCHALL:
Kein Abschied, gnäd'ger Herr! denn ich will reiten,
So weit das Land verstattet, Euch zur Seiten.

GAUNT: Oh, zu was Ende sparst du deine Worte,
Daß du den Freunden keinen Gruß erwiderst?

BOLINGBROKE: Zu wen'ge hab' ich, um von Euch zu scheiden,
Da reichlich Dienst die Zunge leisten sollte,
Des Herzens vollen Jammer auszuatmen.

GAUNT: Dein Gram ist nur Entfernung für 'ne Zeit.

BOLINGBROKE: Lust fern, Gram gegenwärtig für die Zeit.

GAUNT: Was sind sechs Winter? Sie sind bald dahin.

BOLINGBROKE: Im Glück, doch Gram macht zehn aus einer Stunde.

GAUNT: Nenn's eine Reise, bloß zur Lust gemacht!

BOLINGBROKE:
Mein Herz wird seufzen, wenn ich's so mißnenne,
Und findet es gezwungne Pilgerschaft.

GAUNT: Den traur'gen Fortgang deiner müden Tritte
Acht' einer Folie gleich, um drein zu setzen
Das reiche Kleinod deiner Wiederkehr!

BOLINGBROKE: Nein, eher wird mich jeder träge Schritt
Erinnern, welch ein Stück der Welt ich wandre
Von den Kleinodien meiner Liebe weg.
Muß ich nicht eine lange Lehrlingschaft
Auf fremden Bahnen dienen, und am Ende,
Bin ich nun frei, mich doch nichts weiter rühmen,
Als daß ich ein Gesell des Grames war?

GAUNT: Ein jeder Platz, besucht vom Aug' des Himmels,
Ist Glückes-Hafen einem weisen Mann.
Lehr' deine Not die Dinge so betrachten;
Es kommt der Not ja keine Tugend bei.
Denk' nicht, daß dich der König hat verbannt,
Nein, du den König: Leid sitzt um so schwerer,
Wo es bemerkt, daß man nur schwach es trägt.
Geh, sag, daß ich dich ausgesandt nach Ehre,
Nicht, daß der Fürst dich bannte; oder glaube,
Verschlingend hänge Pest in unsrer Luft,
Und du entfliehst zu einem reinern Himmel.
Was deine Seele wert hält, stell' dir vor
Da, wo du hingehst, nicht, woher du kommst:
Die Singevögel halt' für Musikanten,
Das Gras für ein bestreutes Prunkgemach,
Für schöne Frau'n die Blumen, deine Tritte
Für nichts als einen angenehmen Tanz:
Denn knirschend Leid hat minder Macht, zu nagen
Den, der es höhnt und nichts danach will fragen.

BOLINGBROKE:
Oh, wer kann Feu'r dadurch in Händen halten,
Daß er den frost'gen Kaukasus sich denkt?
Und wer des Hungers gier'gen Stachel dämpfen
Durch bloße Einbildung von einem Mahl?
Wer nackend im Dezemberschnee sich wälzen,
Weil er phantast'sche Sommerglut sich denkt?
O nein! die Vorstellung des Guten gibt
Nur desto stärkeres Gefühl des Schlimmern;

Nie zeugt des Leides grimmer Zahn mehr Gift,
Als wenn er nagt, doch durch und durch nicht trifft.
GAUNT: Komm, komm, mein Sohn, daß ich den Weg dir weise;
So jung wie du, verschöb' ich nicht die Reise.
BOLINGBROKE: Leb wohl denn, Englands Boden! Süße Erde,
Du Mutter, Wärterin, die noch mich trägt!
Wo ich auch wandre, bleibt der Ruhm mein Lohn:
Obschon verbannt, doch Englands echter Sohn.
Alle ab.

ZWEITER AUFZUG

Erste Szene

Coventry. Ein Zimmer in des Königs Schloß.

König Richard, Bagot und Green treten auf. Aumerle nach ihnen.

KÖNIG RICHARD:
> Wir merkten's wohl. – Vetter Aumerle, wie weit
> Habt Ihr den hohen Hereford noch begleitet?

AUMERLE:
> Den hohen Hereford, wenn Ihr so ihn nennt,
> Bracht' ich zur nächsten Straß' und ließ ihn da.

KÖNIG RICHARD: Und wandtet Ihr viel Abschiedstränen auf?

AUMERLE:
> Ich keine, traun; wenn der Nordostwind nicht,
> Der eben schneidend ins Gesicht uns blies,
> Das salze Naß erregt' und so vielleicht
> Dem hohlen Abschied eine Träne schenkte.

KÖNIG RICHARD: Was sagte unser Vetter, als Ihr schiedet?

AUMERLE: „Leb wohl!" –
> Doch weil mein Herz verschmähte, daß die Zunge
> Dies Wort so sollt' entweihn, so lernt' ich schlau
> Von solchem Jammer mich belastet stellen,
> Daß meine Wort' in Leid begraben schienen.
> Hätt' ihm das Wort „Leb wohl" verlängt die Stunden
> Und Jahre zu dem kurzen Bann gefügt,
> So hätt' er wohl ein Buch voll haben sollen;
> Doch weil's dazu nicht halft, gab ich ihm kein's.

KÖNIG RICHARD:
> Er ist mein Vetter, Vetter; doch wir zweifeln,
> Wenn heim vom Bann die Zeit ihn rufen wird,
> Ob er die Freunde dann zu sehen kommt.

Wir selbst und Bushy, Bagot hier und Green
Sahn sein Bewerben beim geringen Volk,
Wie er sich wollt' in ihre Herzen tauchen
Mit traulicher, demüt'ger Höflichkeit;
Was für Verehrung er an Knechte wegwarf,
Handwerker mit des Lächelns Kunst gewinnend
Und ruhigem Ertragen seines Loses,
Als wollt' er ihre Neigung mit verbannen.
Vor einem Austerweib zieht er die Mütze;
Ein Paar Karrnzieher grüßten: „Gott geleit' Euch!"
Und ihnen ward des schmeid'gen Knies Tribut
Nebst: „Dank, Landsleute! meine güt'gen Freunde!"
Als hätt' er Anwartschaft auf unser England
Und wär' der Untertanen nächste Hoffnung.

GREEN: Gut, er ist fort, und mit ihm diese Plane.
Nun die Rebellen, die in Irland[12] stehn! –
Entschloßne Führung gilt es da, mein Fürst,
Eh' weitres Zögern weitre Mittel schafft
Zu ihrem Vorteil und Eu'r Hoheit Schaden.

KÖNIG RICHARD:
Wir wollen in Person zu diesem Krieg.
Und weil die Kisten, durch zu großen Hof
Und freies Spenden, etwas leicht geworden,
So sind wir unser königliches Reich[13]
Genötigt zu verpachten; der Ertrag
Soll unser jetziges Geschäft bestreiten.
Reicht das nicht hin, so sollen die Verwalter
Zu Hause leer gelass'ne Briefe haben[14],
Worein sie, wenn sie ausgespürt als reich,
Mit großen Summen Gold einschreiben sollen,
Für unsre Notdurft sie uns nachzusenden:
Denn unverzüglich wollen wir nach Irland.

Bushy kommt.

Bushy, was gibt's?

BUSHY:
Der alte Gaunt liegt schwer danieder, Herr,
Plötzlich erkrankt, und sendet eiligst her,
Daß Eure Majestät ihn doch besuche.

KÖNIG RICHARD: Wo liegt er?

BUSHY: In Ely-Haus.

KÖNIG RICHARD: Gib, Himmel, seinem Arzt nun in den Sinn,
Ihm augenblicklich in sein Grab zu helfen!
Die Fütt'rung seiner Koffer soll zu Röcken

Der Truppen dienen im irländ'schen Krieg. –
Ihr Herren, kommt! Gehn wir, ihn zu besuchen,
Und gebe Gott, wir eilen schon zu spät!
Alle ab.

ZWEITE SZENE

London. Ein Zimmer in Ely-Haus.

*Gaunt auf einem Ruh'bett; der Herzog von York[15] und andere um ihn her
stehend.*

GAUNT: Sagt, kommt der König, daß mein letzter Hauch
 Heilsamer Rat der flücht'gen Jugend sei?
YORK: Quält Euch nicht selbst, noch greift den Odem an,
 Denn ganz umsonst kommt Rat zu seinem Ohr.
GAUNT: Oh, sagt man doch, daß Zungen Sterbender
 Wie tiefe Harmonie Gehör erzwingen;
 Wo Worte selten, haben sie Gewicht:
 Denn Wahrheit atmet, wer schwer atmend spricht,
 Nicht der, aus welchem Lust und Jugend schwätzt.
 Der wird gehört, der bald nun schweigen muß;
 Beachtet wird das Leben mehr zuletzt:
 Der Sonne Scheiden und Musik am Schluß
 Bleibt, wie der letzte Schmack von Süßigkeiten,
 Mehr im Gedächtnis als die frühern Zeiten:
 Wenn Richard meines Lebens Rat verlor,
 Des Todes Warnung trifft vielleicht sein Ohr.

YORK: Nein, das verstopfen andre Schmeicheltöne:
Als Rühmen seines Hofstaats; dann Gesang
Verbuhlter Lieder, deren gift'gem Klang
Das offne Ohr der Jugend immer lauscht;
Bericht von Moden aus dem stolzen Welschland,
Dem unser blödes Volk, nach Art der Affen
Nachhinkend, strebt sich knechtisch umzuschaffen.
Wo treibt die Welt 'ne Eitelkeit ans Licht
(Sei sie nur neu, so fragt man nicht, wie schlecht),
Die ihm nicht schleunig würd' ins Ohr gesummt?
Zu spät kommt also Rat, daß man ihn höret,
Wo sich der Wille dem Verstand empöret.
Den leite nicht, der seinen Weg sich wählt:
Denn du verschwendest Odem, der dir fehlt.
GAUNT: Ich bin ein neu begeisterter Prophet,
Und so weissag' ich über ihn, verscheidend:
Sein wildes, wüstes Brausen kann nicht dauern,
Denn heft'ge Feuer brennen bald sich aus;
Ein sanfter Schau'r hält an, ein Wetter nicht,
Wer frühe spornt, ermüdet früh sein Pferd,
Und Speis' erstickt den, der zu hastig speist.
Die Eitelkeit, der nimmersatte Geier,
Fällt nach verzehrtem Vorrat selbst sich an.
Der Königsthron hier, dies gekrönte Eiland,
Dies Land der Majestät, der Sitz des Mars[16],
Dies zweite Eden, halbe Paradies,
Dies Bollwerk, das Natur für sich erbaut,
Der Ansteckung und Hand des Kriegs zu trotzen,
Dies Volk des Segens, diese kleine Welt,
Dies Kleinod, in die Silbersee gefaßt,
Die ihr den Dienst von einer Mauer leistet
Von einem Graben, der das Haus verteidigt
Vor weniger beglückter Länder Neid;
Der segensvolle Fleck, dies Reich, dies England,
Die Amm' und schwangre Schoß erhabner Fürsten,
An Söhnen stark und glorreich von Geburt;
So weit vom Haus berühmt für ihre Taten,
Für Christen-Dienst und echte Ritterschaft,
Als fern im starren Judentum das Grab
Des Weltheilandes liegt, der Jungfrau Sohn:
Dies teure, teure Land so teurer Seelen,
Durch seinen Ruf in aller Welt so teuer,
Ist nun in Pacht, – ich sterbe, da ich's sage, –

Gleich einem Landgut oder Meierhof.
Ja, England, eingefaßt vom stolzen Meer,
Des Felsgestade jeden Wellensturm
Des neidischen Neptunus wirft zurück,
Ist nun in Schmach gefaßt, mit Tintenflecken
Und Schriften auf verfaultem Pergament.
England, das andern obzusiegen pflegte,
Hat schmächlich über sich nun Sieg erlangt.
Oh, wich' das Ärgernis mit meinem Leben!
Wie glücklich wäre dann mein naher Tod!

> *König Richard, die Königin, Aumerle, Bushy, Green, Bagot,*
> *Roß und Willoughby kommen.*

YORK: Da kömmt der König; geht mit seiner Jugend
Nur glimpflich um; denn junge hitz'ge Füllen,
Tobt man mit ihnen, toben um so mehr.

KÖNIGIN: Was macht mein edler Oheim Lancaster?

KÖNIG RICHARD:
Nun, Freund, wohlauf? Was macht der alte Gaunt?

GAUNT: Oh, wie der Name meinem Zustand ziemt!
Wohl Gaunt: der Tod wird meinen Leib verganten[17];
Und alter Gaunt, der längst den Gant erwartet.
In Sorg' um England zehrt' ich mein Vermögen,
Mein Bestes nahmst du mit dem Sohn mir weg:
Nun machen böse Gläub'ger, Krankheit, Alter,
Am alten Gaunt ihr altes Gantrecht gültig,
Da wird er in sein Ganthaus Grab gebracht,
Wo nichts von ihm zurückbleibt als Gebein.

KÖNIG RICHARD: Und spielen Kranke so mit ihren Namen?

GAUNT: Nein, Elend liebt es, über sich zu spotten.
Weil du den Namen töten willst mit mir,
Schmeichl' ich, sein spottend, großer König, dir.

KÖNIG RICHARD:
So schmeichelt denn, wer stirbt, dem, der noch lebt?

GAUNT: Nein, der noch lebt, schmeichelt dem, der stirbt.

KÖNIG RICHARD:
Du, jetzt im Sterben, sagst, du schmeichelst mir.

GAUNT. O nein, du stirbst, bin ich schon kränker hier.

KÖNIG RICHARD:
Ich bin gesund, ich atm' und seh' dich schlimm.

GAUNT: Der dich erschaffen, weiß, ich seh' dich schlimm;
Schlimm, da ich selbst mich seh', und auch dich sehend,
Dein Totenbett ist nicht kleiner als dein Land,   [schlimm.
Worin du liegst, an übelm Rufe krank;

Und du, sorgloser Kranker, wie du bist,
Vertrauest den gesalbten Leib der Pflege
Derselben Ärzte, die dich erst verwundet.
In deiner Krone sitzen tausend Schmeichler,
Da ihr Bezirk nicht weiter als dein Haupt.
Und doch, genistet in so engem Raum,
Verpraßten sie nicht minder als dein Land.
Oh! daß dein Ahn prophetisch hätt' erkannt
Das Unheil seiner Söhn' im Sohnes-Sohn!
Er hätte dir die Schande weggeräumt,
Dich abgesetzt vor deiner Einsetzung,
Die nun dich selber abzusetzen dient.
Ei, Vetter, wärst du auch Regent der Welt,
So wär' es Schande, dieses Land verpachten;
Doch, um die Welt! da du dies Land nur hast,
Ist es nicht mehr als Schand', es so zu schänden?
Landwirt von England bist du nun, nicht König.
Gesetzes Macht dient knechtisch dem Gesetz,
Und –

KÖNIG RICHARD: Du, ein seichter und mondsücht'ger Narr,
Auf eines Fiebers Vorrecht dich verlassend,
Darfst uns mit deinen frost'gen Warnungen
Die Wangen bleichen, unser fürstlich Blut
Vor Zorn aus seinem Aufenthalt verjagen?
Bei meines Thrones hoher Majestät!
Wärst du des großen Eduard Sohnes Bruder nicht, –
Die Zunge, die so wild im Kopf dir wirbelt,
Trieb' dir den Kopf von den verwegnen Schultern.

GAUNT: O schone mein nicht, meines Bruders Eduard Sohn[18]
Weil seines Vaters Eduard Sohn ich war!
Du hast dies Blut ja, wie der Pelikan[19],
Schon abgezapft und trunken ausgezecht.
Mein Bruder Gloster, – schlichte biedre Seele,
Dem's wohl im Himmel geh' bei sel'gen Seelen! –
Kann uns ein Vorbild sein und guter Zeuge,
Daß ohne Scheu du Eduards Blut vergießest.
Mach' du mit meiner Krankheit einen Bund:
Dein Zorn sei wie der Alte mit der Hippe
Und mähe rasch die längst verwelkte Blume!
Leb' in der Schmach! Schmach sterbe nicht mit dir!
Einst sei dein Quäler dieses Wort von mir!
Bringt mich ins Bett, dann sollt ihr mich begraben:
Laßt leben die, so Lieb' und Ehre haben!

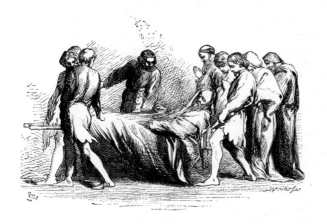

Er wird von den Bedienten weggetragen.

KÖNIG RICHARD: Laßt sterben die, so Laun' und Alter haben:
 Denn beides hast du, beides sei begraben!
YORK: Ich bitt Eu'r Majestät, schreibt seine Worte
 Der mürr'schen Krankheit und dem Alter zu:
 Er liebt und hält Euch wert, auf meine Ehre!
 Wie Heinrich Hereford, wenn er hier noch wäre.
KÖNIG RICHARD: Recht! Herefords Liebe kommt die seine bei,
 Der ihren mein', und alles sei, wie's sei!
              Northumberland[20] kommt.
NORTHUMBERLAND:
 Der alte Gaunt empfiehlt sich Eurer Majestät.
KÖNIG RICHARD: Was sagt er?
NORTHUMBERLAND: Gar nichts; alles ist gesagt:
 Die Zung' ist ein entsaitet Instrument,
 Welt, Leben, alles hat für ihn ein End'.
YORK: Sei York der nächste, dem es so ergeh'!
 Ist Tod schon arm, er endigt tödlich Weh.
KÖNIG RICHARD: Er fiel wie reife Früchte; seine Bahn
 Ist aus, doch unsre Wallfahrt hebt erst an.
 So viel hievon. – Nun von dem Krieg in Irland!
 Man muß die straub'gen Räuberbanden[21] tilgen,
 Die dort wie Gift gedeihn, wo sonst kein Gift[22],
 Als sie allein, das Vorrecht hat zu leben.
 Und weil dies große Werk nun Aufwand fodert,
 So ziehen wir zu unserm Beistand ein
 Das Silberzeug, Geld, Renten und Gerät,
 Was unser Oheim Gaunt besessen hat.

III

YORK: Wie lang' bin ich geduldig? Ach, wie lang'
Wird zarte Pflicht ertragen solchen Zwang?
Nicht Glosters Tod, noch Herefords Bann, noch Gaunts
Verunglimpfung, noch Englands Druck und Not,
Noch die Vermählung, die vereitelt ward[23]
Dem armen Bolingbroke, noch meine Schmach
Bewog mich je, die Miene zu verziehn
Und wider meinen Herrn die Stirn zu runzeln.
Ich bin der letzte Sohn des edlen Eduard:
Der erste war dein Vater, Prinz von Wales.
Im Krieg war kein ergrimmter Leu je kühner,
Im Frieden war kein sanftes Lamm je milder
Als dieser junge, prinzlich edle Herr.
Du hast sein Angesicht, so sah er aus,
Als er die Anzahl deiner Tag' erfüllt;
Doch wenn er zürnte, galt es die Franzosen,
Nicht seine Freunde; seine edle Hand
Gewann, was er hinweggab, gab nicht weg,
Was siegreich seines Vaters Hand gewonnen.
Er war nicht schuldig an Verwandten-Blut,
Nur blutig gegen Feinde seines Stamms.
O Richard! York ist allzutief im Kummer,
Sonst stellt' er nimmer die Vergleichung an.
KÖNIG RICHARD: Nun, Oheim! Was bedeutet's?
YORK: O mein Fürst,
Verzeiht mir, wenn es Euch gefällt; wo nicht,
Nun, so gefällt mir's, daß Ihr nicht verzeiht.
Wollt Ihr in Anspruch nehmen, an Euch reißen
Die Leh'n und Rechte des verbannten Hereford?
Ist Gaunt nicht tot, und lebt nicht Hereford noch?
War Gaunt nicht redlich? Ist nicht Heinrich treu?
Verdiente nicht der eine einen Erben?
Ist nicht sein Erb' ein wohlverdienter Sohn?
Nimm Herefords Rechte weg, und nimm der Zeit
Die Privilegien und gewohnten Rechte;
Laß Morgen denn auf Heute nicht mehr folgen;
Sei nicht du selbst, denn wie bist du ein König
Als duch gesetzte Folg' und Erblichkeit?
Nun denn, bei Gott! – wenn Ihr – was Gott verhüte! –
Gewaltsam Euch der Rechte Herefords anmaßt,
Die Gnadenbriefe einzieht[24], die er hat,
Um mittelst seiner Anwalt' anzuhalten,
Daß ihm das Leh'n von neuem werd' erteilt,

Und die erbotne Huldigung verweigert:
So zieht Ihr tausend Sorgen auf Eu'r Haupt,
Büßt tausend wohlgesinnte Herzen ein
Und reizt mein zärtlich Dulden zu Gedanken,
Die Ehr' und schuld'ge Treu' nicht denken darf.

KÖNIG RICHARD:
Denkt, was Ihr wollt: doch fällt in meine Hand
Sein Silberzeug, sein Geld, sein Gut und Land.

YORK:
Lebt wohl, mein Fürst! Ich will es nicht mit sehn:
Weiß niemand doch, was hieraus kann entstehn.
Doch zu begreifen ist's bei bösen Wegen,
Daß sie am Ende nie gedeihn zum Segen. *Ab.*

KÖNIG RICHARD:
Geh, Bushy, geh zum Lord von Wiltshire²⁵ gleich,
Heiß' ihn nach Ely-Haus sich her verfügen
Und dies Geschäft versehn! Auf nächsten Morgen
Gehn wir nach Irland, und fürwahr! 's ist Zeit;
Und wir ernennen unsern Oheim York
In unserm Absein zum Regenten Englands,
Denn er ist redlich und uns zugetan. –
Kommt, mein Gemahl! Wir müssen morgen scheiden:
Die Zeit ist kurz: genießt sie noch in Freuden!

Trompetenstoß.
König, Königin, Aumerle, Bushy, Green und Bagot ab.

NORTHUMBERLAND: Nun, Herrn! der Herzog Lancaster ist tot.

ROSS: Auch lebend: denn sein Sohn ist Herzog nun.

WILLOUGHBY: Doch bloß dem Titel, nicht den Renten nach.

NORTHUMBERLAND:
Nach beiden reichlich, hätte Recht das Seine.

ROSS: Mein Herz ist voll, doch muß es schweigend brechen,
Eh' es die freie Zung' entlasten darf.

NORTHUMBERLAND:
Ei, sprich dich aus, und spreche der nie wieder,
Der dir zum Schaden deine Worte nachspricht!

WILLOUGHBY: Gilt, was du sagen willst, den Herzog Hereford?
Wenn dem so ist, nur keck heraus damit!
Schnell ist mein Ohr, was gut für ihn, zu hören.

ROSS: Nichts Gutes, das ich könnte tun für ihn,
Wenn ihr nicht gut es nennet, ihn bedauern,
Der seines Erbes bar ist und beraubt.

NORTHUMBERLAND:
Beim Himmel! es ist Schmach, solch Unrecht dulden

An einem Prinzen und an andern mehr
Aus edlem Blut in dem gesunknen Land.
Der König ist nicht mehr er selbst, verführt
Von Schmeichlern; und was diese bloß aus Haß
Angeben wider einen von uns allen,
Das setzt der König strenge gegen uns
Und unser Leben, Kinder, Erben durch.

ROSS: Das Volk hat er geschatzt[26] mit schweren Steuern,
Und abgewandt ihr Herz; gebüßt die Edlen
Um alten Zwist, und abgewandt ihr Herz.

WILLOUGHBY: Und neue Pressungen ersinnt man täglich,
Als offne Briefe, Darlehn und ich weiß nicht was;
Und was, um Gottes Willen, wird daraus?

NORTHUMBERLAND:
Der Krieg verzehrt' es nicht, er führte keinen,
Er gab ja durch Verträge schmächlich auf,
Was seine Ahnen mit dem Schwert erworben.
Er braucht im Frieden mehr, als sie im Krieg.

ROSS: Der Graf von Wiltshire hat das Reich in Pacht.

WILLOUGHBY: Der König ist zum Bankrottierer worden.

NORTHUMBERLAND:
Verrufenheit und Abfall hänget über ihm.

ROSS: Er hat kein Geld für diese Krieg' in Irland,
Der drückenden Besteu'rung ungeachtet,
Wird der verbannte Herzog nicht beraubt.

NORTHUMBERLAND:
Sein edler Vetter: – o verworfner König!
Doch, Herrn, wir hören dieses Wetter pfeifen
Und suchen keinen Schutz, ihm zu entgehn;
Wir sehn den Wind hart in die Segel drängen
Und streichen doch sie nicht, gehn sorglos unter.

ROSS: Wir sehn den Schiffbruch, den wir leiden müssen,
Und unvermeidlich ist nun die Gefahr,
Weil wir die Ursach' unsers Schiffbruchs leiden.

NORTHUMBERLAND:
Nein, blickend aus des Todes hohlen Augen,
Erspäh' ich Leben, doch ich darf nicht sagen,
Wie nah die Zeitung unsers Trostes ist.

WILLOUGHBY:
Teil', was du denkst, mit uns, wie wir mit dir!

ROSS: Sprich unbedenklich doch, Northumberland:
Wir drei sind nur du selbst, und deine Worte
Sind hier nur wie Gedanken: drum sei kühn!

NORTHUMBERLAND: Dann lautet's so: es wird aus Port le Blanc,
  Dem Hafen in Bretagne, mir gemeldet,
  Daß Heinrich Hereford, Reginald Lord Cobham,
  Der Sohn des Grafen Richard Arundel,
  Der jüngst vom Herzog Exeter geflüchtet,
  Sein Bruder, Erzbischof sonst von Canterbury,
  Sir Thomas Erpingham, Sir John Ramston,
  Sir John Norbery, Sir Robert Waterton
  Und Francis Quoint, –
  Daß alle die, vom Herzog von Bretagne
  Wohl ausgerüstet mit acht großen Schiffen
  Und mit dreitausend Mann, in größter Eil'
  Hieher sind unterwegs und kürzlich hoffen
  Im Norden unsre Küste zu berühren;
  Sie hätten's schon getan, sie warten nur
  Des Königs Überfahrt nach Irland ab.
  Und wollen wir das Joch denn von uns schütteln,
  Des Lands zerbrochne Flügel neu befiedern,
  Die Kron' aus mäkelnder Verpfändung lösen[27],
  Den Staub abwischen von des Szepters Gold,
  Daß hohe Majestät sich selber gleiche:
  Dann mit mir fort, in Eil' nach Ravenspurg!
  Doch solltet ihr's zu tun zu furchtsam sein,
  Bleibt und verschweigt nur, und ich geh' allein.

ROSS: Zu Pferd! zu Pferd! Mit allen Zweifeln fort!
WILLOUGHBY:
  Hält nur mein Pferd, bin ich der erste dort.
                        Alle ab.

London. Ein Zimmer im Palaste.

Die Königin, Bushy und Bagot treten auf.

BUSHY: Allzu betrübt ist Eure Majestät.
  Verpracht Ihr nicht dem König, als er schied,
  Die härmende Betrübnis abzulegen
  Und einen frohen Mut Euch zu erhalten?
KÖNIGIN:
  Zu lieb dem König tat ich's; mir zu lieb
  Kann ich's nicht tun; doch hab' ich keinen Grund,
  Warum ich Gram als Gast willkommen hieße,
  Als daß ich einem süßen Gast, wie Richard,
  Das Lebewohl gesagt: dann denk' ich wieder,
  Ein ungebornes Leiden, reif im Schoß
  Fortunas, naht mir, und mein Innerstes
  Erbebt vor nichts, und grämt sich über was,
  Das mehr als Trennung ist von dem Gemahl.
BUSHY:
  Das Wesen jedes Leids hat zwanzig Schatten,
  Die aussehn wie das Leid, doch es nicht sind;
  Das Aug' des Kummers, überglast von Tränen,
  Zerteilt ein Ding in viele Gegenstände.
  Wie ein gefurchtes Bild, grad' angesehn,
  Nichts als Verwirrung zeigt, doch, schräg betrachtet,
  Gestalt läßt unterscheiden: so entdeckt
  Eu'r holde Majestät, da sie die Trennung
  Von dem Gemahl schräg ansieht, auch Gestalten
  Des Grams, mehr zu bejammern als er selbst,
  Die, grade angesehn, nichts sind als Schatten
  Des, was er nicht ist! Drum, Gebieterin!
  Beweint die Trennung, seht nichts mehr darin,
  Was nur des Grams verfälschtem Aug' erscheint,
  Das Eingebildetes als wahr beweint!
KÖNIGIN: Es mag so sein; doch überredet mich
  Mein Innres, daß es anders ist; wie dem auch sei,

Ich muß betrübt sein, und so schwer betrübt,
Daß ich, denk' ich schon nichts, wenn ich's bedenke,
Um banges Nichts verzage und mich kränke.
BUSHY: Es sind nur Grillen, teure gnäd'ge Frau.
KÖNIGIN: Nichts weniger; denn Grillen stammen immer
Von einem Vater Gram; nicht so bei mir:
Denn Nichts erzeugte meinen Gram mir, oder
Etwas das Nichts, worüber ich mich gräme.
Nur in der Anwartschaft gehört es mir;
Doch was es ist, kann ich nicht nennen, eh'
Als es erscheint: 's ist namenloses Weh.

Green kommt.

GREEN: Heil Eurer Majestät! – und wohlgetroffen, Herrn!
Der König, hoff' ich, ist nach Irland noch
Nicht eingeschifft?
KÖNIGIN: Weswegen hoffst du das?
Es ist ja beßre Hoffnung, daß er's ist;
Denn Eile heischt sein Werk, die Eile Hoffnung.
Wie hoffst du denn, er sei nicht eingeschifft?
GREEN: Damit er, unsre Hoffnung, seine Macht
Zurückzieh' und des Feindes Hoffnung schlage,
Der stark in diesem Lande Fuß gefaßt:
Zurück vom Bann ruft Bolingbroke sich selbst
Und ist mit droh'nden Waffen angelangt
Zu Ravenspurg.
KÖNIGIN: Verhüt' es Gott im Himmel!
GREEN: Oh, es ist allzuwahr! und, was noch schlimmer,
Der Lord Northumberland, Percy, sein junger Sohn,
Die Lords von Roß, Beaumond und Willoughby,
Samt mächt'gem Anhang, sind zu ihm geflohn.
BUSHY: Warum erklärtet ihr Northumberland
Und der empörten Rotte ganzen Rest
Nicht für Verräter?
GREEN: Wir taten es, worauf der Graf von Worcester
Den Stab gebrochen, sein Hofmeistertum
Hat aufgesagt und alles Hofgesinde
Mit ihm entwichen ist zum Bolingbroke.
KÖNIGIN: So, Green! Du bist Wehmutter meines Wehs,
Und Bolingbroke ist meines Kummers Sohn.
Nun ist der Seele Mißgeburt erschienen,
Mir keuchenden und kaum entbundnen Mutter
Ist Weh auf Weh und Leid auf Leid gehäuft.
BUSHY: Fürstin, verzweifelt nicht!

KÖNIGIN: Wer will mir's wehren?
Ich will verzweifeln und will Feindschaft halten
Mit falscher Hoffnung, dieser Schmeichlerin,
Schmarotzerin, Rückhalterin des Todes,
Der sanft des Lebens Bande lösen möchte,
Das Hoffnung hinhält in der höchsten Not.
                    York tritt auf.
GREEN: Da kommt der Herzog York.
KÖNIGIN: Mit Kriegeszeichen um den alten Nacken.
Oh, voll Geschäft' und Sorgen ist sein Blick! –
Oheim, um Gottes willen, sprecht Trostesworte!
YORK: Tät' ich es, so belög' ich die Gedanken.
Trost wohnt im Himmel, und wir sind auf Erden,
Wo nichts als Kreuz, als Sorg' und Kummer lebt.
Eu'r Gatt' ist fort, zu retten in der Ferne,
Da andre ihn zu Haus zu Grunde richten.
Das Land zu stützen, blieb ich hier zurück,
Der ich, vor Alter schwach, mich selbst kaum halte.
Nun kommt nach dem Gelag' die kranke Stunde,
Nun mag er seine falschen Freund' erproben.
                    Ein Bedienter kommt.
BEDIENTER: Herr, Euer Sohn war fort, schon eh' ich kam.
YORK: War er? – Nun ja! – Geh' alles, wie es will!
Die Edlen, die sind fort, die Bürger, die sich kalt
Und werden, fürcht' ich, sich zu Hereford schlagen. –
He, Bursch!
Nach Plashy auf, zu meiner Schwester Gloster!
Heiß' sie unverzüglich tausend Pfund mir schicken:
Da hier, nimm meinen Ring!
BEDIENTER: Herr, ich vergaß, Eu'r Gnaden es zu sagen:
Heut, als ich da vorbeikam, sprach ich vor, –
Allein ich kränk' Euch, wenn ich weiter melde.
YORK: Was ist es, Bube?
BEDIENTER: Die Herzogin war tot seit einer Stunde.
YORK: Gott sei uns gnädig! Welche Flut des Wehs
Bricht auf dies wehevolle Land herein!
Ich weiß nicht, was ich tun soll. – Wollte Gott
(Hätt' ich durch Untreu' nur ihn nicht gereizt),
Der König hätte mir, wie meinem Bruder,
Das Haupt abschlagen lassen! – Wie, sind noch
Eilboten nicht nach Irland abgeschickt? –
Wie schaffen wir zu diesen Kriegen Geld? –
Kommt, Schwester! – Nichte, mein ich, – o verzeiht!

Geh, Bursch! Mach' dich nach Haus, besorge Wagen
Und führ' die Waffen weg, die dort noch sind!
Bedienter ab.
Ihr Herrn, wollt ihr Leute mustern gehn? – Wenn ich weiß,
Wie, auf was Art ich diese Dinge ordne,
So wüst verwirrt in meine Hand geworfen,
So glaubt mir nie mehr! – Beide sind meine Vettern,
Der eine ist mein Fürst, den mich mein Eid
Und Pflicht verteid'gen heißt; der andere wieder
Mein Vetter, den der König hat gekränkt,
Den Freundschaft und Gewissen heißt vertreten.
Wohl! Etwas muß geschehn. – Kommt, Nichte! Ich
Will für Euch sorgen. – Ihr, Herrn, geht, mustert eure Leute
Und trefft mich dann sogleich auf Berkley-Schloß!
Nach Plashy sollt' ich auch: –
Die Zeit erlaubt es nicht; – an allem Mangel,
Und jedes Ding schwebt zwischen Tür und Angel.
York und die Königin ab.
BUSHY: Der Wind befördert Zeitungen nach Irland,
Doch keine kommt zurück. Hier Truppen werben,
Verhältnismäßig mit dem Feinde, ist
Für uns durchaus unmöglich.
GREEN: Außerdem
Ist unsre Nähe bei des Königs Liebe
Dem Hasse derer nah, die ihn nicht lieben.
BAGOT: Das ist das wandelbare Volk, des Liebe
In seinen Beuteln liegt; wer diese leert,
Erfüllt ihr Herz gleich sehr mit bitterm Haß.
BUSHY: Weshalb der König allgemein verdammt wird.
BAGOT: Und wenn sie Einsicht haben, wir mit ihm,
Weil wir dem König immer nahe waren.
GREEN: Gut, ich will gleich nach Bristol-Schloß mich flüchten,
Der Graf von Wiltshire ist ja dort bereits.
BUSHY: Dahin will ich mit Euch; denn wenig Dienst
Ist zu erwarten vom erbosten Volk,
Als daß sie uns, wie Hund', in Stücke reißen.
Wollt Ihr uns hin begleiten?
BAGOT: Nein, lebt wohl!
Ich will zu Seiner Majestät in Irland.
Wenn Ahndungen des Herzens nicht mich äffen,
So scheiden drei hier, nie sich mehr zu treffen.
BUSHY: Vielleicht, wenn York den Bolingbroke verjagt.

GREEN: Der arme Herzog, der es unternimmt,
  Den Sand zu zählen, trinken will die Meere!
  Wenn einer für ihn ficht, fliehn ganze Heere.
BUSHY: Lebt wohl mit eins! Für einmal und für immer!
GREEN: Wir sehn uns wieder wohl.
BAGOT: Ich fürchte, nimmer.
                    Alle ab.

VIERTE SZENE

Die Wildnis in Glostershire.

Bolingbroke und Northumberland treten auf mit Truppen.

BOLINGBROKE: Wie weit, Herr, haben wir bis Berkley noch?
NORTHUMBERLAND: Glaubt mir, mein edler Herr,
  Ich bin ein Fremdling hier in Glostershire.
  Die rauhen Weg' und hohen wilden Hügel
  Ziehn unsre Meilen mühsam in die Länge;
  Doch Euer schön Gespräch macht, wie ein Zucker,
  Den schweren Weg süß und vergnüglich mir.
  Doch ich bedenke, wie so lang der Weg
  Von Ravenspurg bis Cotswold dünken wird
  Dem Roß und Willoughby, die Euer Beisein missen,
  Das, ich beteur' es, die Verdrießlichkeit
  Und Dauer meiner Reise sehr getäuscht.
  Zwar ihre wird versüßet durch die Hoffnung
  Auf diesen Vorzug, des ich teilhaft bin;
  Und Hoffnung auf Genuß ist fast so viel
  Als schon genoßne Hoffnung: dadurch werden
  Die müden Herrn verkürzen ihren Weg,
  So wie ich meinen durch den Anblick dessen,
  Was mein ist, Eure edle Unterhaltung.
BOLINGBROKE: Viel minder wert ist meine Unterhaltung
  Als Eure guten Worte. Doch wer kommt?
                    Heinrich Percy[28] kommt.
NORTHUMBERLAND:
  Mein Sohn ist's, Heinrich Percy, abgeschickt,
  Woher es sei, von meinem Bruder Worcester. –
  Heinrich, was macht Eu'r Oheim?
PERCY: Ich dachte, Herr, von Euch es zu erfahren.
NORTHUMBERLAND: Ei, ist er denn nicht bei der Königin?
PERCY: Nein, bester Herr, er hat den Hof verlassen,

Des Amtes Stab zerbrochen und zerstreut
Des Königs Hausgesinde.

NORTHUMBERLAND: Was bewog ihn?
Das war nicht sein Entschluß, als wir zuletzt uns sprachen.

PERCY: Weil man Eu'r Gnaden als Verräter ausrief.
Er ist nach Ravenspurg gegangen, Herr,
Dem Herzog Hereford Dienste anzubieten,
Und sandte mich nach Berkley, zu entdecken,
Was Herzog York für Truppen aufgebracht,
Dann mit Befehl, nach Ravenspurg zu kommen.

NORTHUMBERLAND:
Vergaßest du den Herzog Hereford, Knabe?

PERCY: Nein, bester Herr, denn das wird nicht vergessen,
Was niemals im Gedächtnis war: ich sah,
So viel ich weiß, ihn nie in meinem Leben.

NORTHUMBERLAND:
So lern' ihn kennen jetzt: dies ist der Herzog.

PERCY: Mein gnäd'ger Herr, noch jung und unerfahren,
Biet' ich Euch meinen Dienst, so wie er ist,
Bis ältre Tage ihn zur Reife bringen
Und zu bewährterem Verdienst erhöhn.

BOLINGBROKE: Ich dank' dir, lieber Percy! Sei gewiß,
Ich achte mich in keinem Stück so glücklich,
Als daß mein Sinn der Freunde treu gedenkt.
Und wie mein Glück mit deiner Liebe reift,
Soll dieser Sinn der Liebe Lohn dir spenden.
Dies Bündnis schließt mein Herz, die Hand besiegelt's.

NORTHUMBERLAND: Wie weit ist Berkley, und wir rührt sich
Der gute alte York mit seinem Kriegesvolk?   [dort

PERCY: Dort steht die Burg bei jenem Haufen Bäume,
Bemannt, so hört' ich, mit dreihundert Mann.
Und drinnen sind die Lords von York, Berkley und Seymour,
Sonst keine von Geburt und hohem Rang.

Roß und Willoughby kommen.

NORTHUMBERLAND:
Da sind die Lords von Roß und Willboughby,
Vom Spornen blutig, feuerrot vor Eil'.

BOLINGBROKE: Willkommen, Herrn! Ich weiß es, eure Liebe
Folgt dem Verbannten und Verräter nach.
Mein ganzer Schatz besteht nur noch in Dank,
Der nicht gespürt wird, aber, mehr bereichert,
Euch eure Lieb' und Mühe lohnen soll.

ROSS: Eu'r Beisein macht uns reich, mein edler Herr.

WILLOUGHBY: Und übersteigt die Müh', es zu erreichen.

BOLINGBROKE: Nur immer Dank, des Armen Kasse, die,
Bis mein unmündig Glück zu Jahren kommt,
Für meine Güte bürgt. Doch wer kommt da?

Berkley tritt auf.

NORTHUMBERLAND:
Es ist der Lord von Berkley, wie mich dünkt.

BERKLEY: An Euch, Lord Hereford, lautet meine Botshaft.

BOLINGBROKE: Herr, meine Antwort ist: an Lancaster;
Und diesen Namen such' ich jetzt in England
Und muß in Eurem Mund den Titel finden,
Eh' ich, auf was Ihr sagt, erwidern kann.

BERKLEY: Herr, mißversteht mich nicht; ich meine gar nicht
Zu schmälern e i n e n Titel Eurer Ehre.
Zu Euch, Herr, komm' ich (Herr von was Ihr wollt)
Vom rühmlichen Regenten dieses Landes,
Dem Herzog York, zu wissen, was Euch treibt,
Von der verlaßnen Zeit Gewinn zu ziehn
Und unsern heim'schen Frieden wegzuschrecken
Mit selbstgetragnen Waffen?

York tritt auf mit Gefolge.

BOLINGBROKE: Ich bedarf,
Zum Überbringer meiner Wort' Euch nicht:
Hier kommt er in Person. – Mein edler Oheim!

Er kniet vor ihm.

YORK: Zeig' mir dein Herz demütig, nicht dein Knie,
Des Ehrbezeigung falsch und trüglich ist!

BOLINGBROKE: Mein gnäd'ger Oheim!

YORK: Pah! pah!
Nichts da von Gnade, und von Oheim nichts!
Ich bin's nicht dem Verräter; das Wort Gnade
In einem sünd'gen Mund ist nur Entweihung.
Warum hat dein verbannter Fuß gewagt,
Den Staub von Englands Erde zu berühren?
Noch mehr Warum: warum so viele Meilen
Gewagt zu ziehn auf ihrem milden Busen,
So kriegerisch mit schnöder Waffen Pomp
Die bleichen Dörfer schreckend? – Kommst du her,
Weil der gesalbte König fern verweilt?
Ei, junger Tor, der König blieb daheim:
In meiner treuen Brust liegt seine Macht.
Wär' ich nur jetzt so heißer Jugend voll,
Als da dein wackrer Vater Gaunt und ich

Den Schwarzen Prinzen[29], diesen jungen Mars,
Aus der Franzosen dichten Reih'n gerettet:
O dann, wie schleunig sollte dieser Arm,
Den jetzt die Lähmung fesselt, dich bestrafen
Und Büßung deinem Fehler auferlegen!

BOLINGBROKE: Mein gnäd'ger Oheim, lehrt mich meinen Fehler,
In welcher Übertretung er besteht?

YORK: In Übertretung von der schlimmsten Art:
In grobem Aufruhr, schändlichem Verrat.
Du bist verbannt, und bist hieher gekommen,
Eh' die gesetzte Zeit verstrichen ist,
In Waffen trotzend deinem Landesherrn.

BOLINGBROKE: Da ich verbannt ward, galt es mir als Hereford;
Nun, da ich komme, ist's um Lancaster.
Und, edler Oheim, ich ersuch' Eu'r Gnaden,
Seht unparteilich meine Kränkung an:
Ihr seid mein Vater, denn mich dünkt, in Euch
Lebt noch der alte Gaunt: O dann, mein Vater!
Wollt Ihr gestatten, daß ich sei verdammt
Als irrer Flüchtling, meine Recht' und Leh'n
Mir mit Gewalt entrissen, hingegeben
An niedre Prasser? – Was hilft mir die Geburt?
So gut mein Vetter König ist von England,
Gesteht mir, bin ich Herzog auch von Lancaster.
Euch ward ein Sohn, Aumerle, mein edler Vetter:
Starbt Ihr zuerst, und trat man ihn so nieder,
Sein Oheim Gaunt wär' Vater ihm geworden,
Der seine Kränkungen zu Paaren triebe.[30]
Man weigert mir die Mutung meiner Leh'n[31],
Die meine Gnadenbriefe mir gestatten;
Mein Erb' wird eingezogen und verkauft,
Und dies und alles übel angewandt.
Was soll ich tun? Ich bin ein Untertan
Und fordre Recht; Anwalte wehrt man mir,
Und darum nehm' ich in Person Besitz
Von meinem Erbteil, das mir heimgefallen.

NORTHUMBERLAND: Der edle Herzog ward zu sehr mißhandelt.

ROSS: Eu'r Gnaden kommt es zu, ihm Recht zu schaffen.

WILLOUGHBY: Mit seinen Lehen macht man Schurken groß.

YORK: Ihr Lords von England, laßt mich dies euch sagen:
Ich fühlte meines Vetters Kränkung wohl
Und strebte, was ich konnt', ihm Recht zu schaffen;
Doch so in droh'nden Waffen herzukommen,

Für sich zugreifen, seinen Weg zu haun,
Nach Recht mit Unrecht gehn, – es darf nicht sein;
Und ihr, die ihr ihn bei der Art bestärkt,
Hegt Rebellion und seid zumal Rebellen.

NORTHUMBERLAND: Der edle Herzog schwor, er komme bloß
Um das, was sein ist; bei dem Recht dazu
Ihn zu beschützen, schworen wir ihm teuer,
Und wer das bricht, dem geh' es nimmer wohl!

YORK: Gut! gut! ich sehe dieser Waffen Ziel,
Ich kann's nicht ändern, wie ich muß bekennen:
Denn meine Macht ist schwach, und nichts in Ordnung.
Doch könnt' ich es: bei dem, der mich erschaffen!
Ich nähm' euch alle fest und nötigt' euch,
Begnadigung vom König anzuflehn.
Doch da ich's nicht vermag, so sei euch kund:
Ich nehme nicht Partei. Somit lebt wohl, –
Wenn es euch nicht beliebt, ins Schloß zu kommen
Und da für diese Nacht euch auszuruhn!

BOLINGBROKE: Wir nehmen, Oheim, dies Erbieten an.
Wir müssen Euch gewinnen, mitzugehn
Nach Bristol-Schloß, das, wie man sagt, besetzt ist
Von Bushy, Bagot und von ihrem Troß,
Dem gift'gen Wurmfraß des gemeinen Wesens,
Den auszurotten ich geschworen habe.

YORK: s' ist möglich, daß ich mit Euch geh', – doch halt!
Denn ungern tu' ich dem Gesetz Gewalt.
Als Freund, als Feind seid ihr mir nicht willkommen.
Wo nichts mehr hilft, bin ich der Sorg' entnommen.

Alle ab.

DRITTER AUFZUG

ERSTE SZENE

Ein Lager in Wales.

Salisbury und ein Hauptmann treten auf.

HAUPTMANN: Lord Salisbury, wir warteten zehn Tage
Und hielten unser Volk mit Müh' beisammen,
Doch hören wir vom König keine Zeitung,
Drum wollen wir uns nun zerstreun. Lebt wohl!
SALISBURY: Bleib' einen Tag noch, redlicher Walliser!
Der König setzt sein ganz Vertrau'n auf dich.
HAUPTMANN:
Man glaubt den König tot, wir warten nicht.
Die Lorbeerbäum' im Lande sind verdorrt,
Und Meteore drohn den festen Sternen,
Der blasse Mond scheint blutig auf die Erde,
Hohläugig flüstern Seher furchtbar'n Wechsel;
Der Reiche bangt, Gesindel tanzt und springt:
Der, in der Furcht, was er genießt, zu missen,
Dies, zu genießen durch Gewalt und Krieg.
Tod oder Fall von Kön'gen deutet das.
Lebt wohl! Auf und davon sind unsre Scharen,
Weil für gewiß sie Richards Tod erfahren. *Ab.*
SALISBURY:
Ach, Richard! mit den Augen banges Muts
Seh' ich, wie einen Sternschuß, deinen Ruhm
Vom Firmament zur niedern Erde fallen.
Es senkt sich weinend deine Sonn' im West,
Die nichts als Sturm, Weh, Unruh' hinterläßt.
Zu deinen Feinden sind die Freund' entflohn,
Und widrig Glück spricht jeder Mühe Hohn. *Ab.*

Bolingbrokes Lager zu Bristol.

*Bolingbroke, York, Northumberland, Percy, Willoughby, Roß;
im Hintergrunde Gerichtsbediente mit Bushy und Green als Gefangenen.*

BOLINGBROKE: Führt diese Männer vor! –
  Bushy und Green, ich will nicht eure Seelen,
  Weil sie sogleich vom Leibe scheiden müssen,
  Durch Rügung eures Frevlerlebens plagen.
  Denn nicht barmherzig wär's; doch um von meiner Hand
  Eu'r Blut zu waschen, will ich öffentlich
  Hier ein'ge Gründe eures Tods enthüllen.
  Ihr habt mißleitet einen edlen Fürsten,
  An Blut und Zügen glücklich ausgestattet,
  Durch euch verunglückt und entstaltet ganz;
  Mit euren sünd'gen Stunden schiedet ihr
  Gewissermaßen ihn und sein Gemahl;
  Ihr bracht den Bund des königlichen Bettes
  Und trübtet einer holden Fürstin Wange
  Mit Tränen, die eu'r Unrecht ihr entlockte.
  Ich selbst, ein Prinz durch Rechte der Geburt,
  Dem König nah im Blut und nah in Liebe,
  Bis ihr bewirkt, daß er mich mißgedeutet,
  Mußt' eurem Unrecht meinen Nacken beugen,
  In fremde Wolken meinen Odem seufzen
  Und essen der Verbannung bittres Brot:
  Indessen ihr geschwelgt auf meinen Gütern,
  Mir die Geheg' enthegt, gefällt die Forste,
  Mein Wappen aus den Fenstern mir gerissen,
  Den Wahlspruch mir verlöscht, kein Zeichen lassend
  Als andrer Meinung und mein lebend Blut,
  Der Welt als Edelmann mich darzutun.
  Dies und viel mehr, viel mehr als zweimal dies
  Verdammt zum Tod euch: laßt sie überliefern
  Der Hand des Todes und der Hinrichtung!
BUSHY: Willkommner ist der Streich des Todes mir,
  Als Bolingbroke dem Reiche. – Lords, lebt wohl!
GREEN: Mein Trost ist, unsre Seelen gehn zum Himmel,
  Der mit der Hölle Pein das Unrecht straft.
BOLINGBROKE: Schafft sie zum Tode, Lord Northumberland!
    Northumberland und andere mit den Gefangenen ab.

Ihr sagtet, Oheim, daß die Königin
Nach Eurem Hause sich begeben hat.
Ums Himmels Willen, laßt ihr gut begegnen:
Sagt ihr, daß ich mich bestens ihr empfehle;
Tragt Sorge, meinen Gruß ihr zu bestellen!
YORK: Ich sandte einen meiner Edelleute
Mit Briefen, die ihr Eure Liebe schildern.
BOLINGBROKE:
Habt, Oheim, Dank! – Kommt, Herrn, zum letzten Schlag!
Noch eine Weil' ans Werk: dann Feiertag!
Alle ab.

DRITTE SZENE

Die Küste von Wales. Ein Schloß im Prospekt.

Trompetenstoß und Kriegsmusik. König Richard, der Bischof von Carlisle[32]
und Aumerle treten auf mit Truppen.

KÖNIG RICHARD:
Barkloughly-Schloß nennt Ihr das dort zur Hand?
AUMERLE: Ja, gnäd'ger Herr; wie dünket Euch die Luft
Nach Eurem Schwanken auf der hohlen See?
KÖNIG RICHARD:
Wohl muß sie gut mir dünken: vor Freude wein' ich,
Noch 'mal auf meinem Königreich zu stehn. –
Ich grüße mit der Hand dich, teure Erde,
Verwunden schon mit ihrer Rosse Hufen

127

Rebellen dich; wie eine Mutter, lange
Getrennt von ihrem Kinde, trifft sie's wieder,
Mit Tränen und mit Lächeln zärtlich spielt:
So weinend, lächelnd, grüß' ich dich, mein Land,
Und schmeichle dir mit königlichen Händen.
Nähr' deines Herren Feind nicht, liebe Erde,
Dein Süßes lab' ihm nicht den Räubersinn!
Nein, laß sich Spinnen, die dein Gift einsaugen,
Und träge Kröten in den Weg ihm legen,
Zu plagen die verräterischen Füße,
Die dich mit unrechtmäß'gen Tritten stampfen!
Beut scharfe Nesseln meinen Feinden dar,
Und pflücken sie von deinem Busen Blumen,
Laß, bitt' ich, Nattern lauernd sie bewahren,
Die mit der Doppelzunge gift'gem Stich
Den Tod auf deines Herren Feinde schießen! –
Lacht nicht der unempfundenen Beschwörung!
Die Erde fühlt, und diese Steine werden
Bewehrte Krieger, eh' ihr echter König
Des Aufruhrs schnöden Waffen unterliegt.
CARLISLE: Herr, fürchtet nicht! Der Euch zum König setzte,
Hat Macht, dabei trotz allem Euch zu schützen.
Des Himmels Beistand muß ergriffen werden
Und nicht versäumt; sonst, wenn der Himmel will
Und wir nicht wollen, so verweigern wir
Sein Anerbieten, Hülf' und Herstellung.
AUMERLE: Er meint, mein Fürst, daß wir zu lässig sind,
Da Bolingbroke durch unsre Sicherheit
Stark wird und groß an Mitteln und an Freunden.
KÖNIG RICHARD: Entmutigender Vetter! Weißt du nicht,
Wenn hinterm Erdball sich das späh'nde Auge
Des Himmels birgt, der untern Welt zu leuchten,
Dann schweifen Dieb' und Räuber, ungesehn,
In Mord und Freveln blutig hier umher:
Doch wenn er, um den ird'schen Ball hervor,
Im Ost der Fichten stolze Wipfel glüht
Und schießt sein Licht durch jeden schuld'gen Winkel:
Dann stehn Verrat, Mord, Greuel, weil der Mantel
Der Nacht gerissen ist von ihren Schultern,
Bloß da und nackt und zittern vor sich selbst.
So, wenn der Dieb, der Meuter Bolingbroke,
Der all die Zeit her nächtlich hat geschwärmt,
Indes wir bei den Antipoden weilten[33],

Uns auf sieht steigen in des Ostens Thron,
Wird sein Verrat im Antlitz ihm erröten,
Er wird des Tages Anblick nicht ertragen
Und selbsterschreckt vor seiner Sünde zittern.
Nicht alle Flut im wüsten Meere kann
Den Balsam vom gesalbten König waschen;
Der Odem ird'scher Männer kann des Herrn
Geweihten Stellvertreter nicht entsetzen.
Für jeden Mann, den Bolingbroke gepreßt,
Den Stahl zu richten auf die goldne Krone,
Hat Gott für seinen Richard einen Engel
In Himmelssold: mit Engeln im Gefecht
Besteht kein Mensch; der Himmel schützt das Recht.

Salisbury kommt.

Willkommen, Lord! Wie weit liegt Eure Macht?
SALISBURY: Noch nah, noch weiter weg, mein gnäd'ger Herr,
  Als dieser schwache Arm: Not lenkt die Zunge
  Und heißt von nichts sie reden als Verzweiflung.
  Ein Tag zu spät, fürcht' ich, mein edler Herr,
  Bewölkt all deine frohen Tag' auf Erden.
  Oh, rufe Gestern wieder, laß die Zeit
  Umkehren, und du hast zwölftausend Streiter!
  Dies Heute, dieser Unglückstag, zu spat
  Stürzt deine Freuden, Freunde, Glück und Staat,
  Denn all die Wäl'schen, tot dich wähnend schon,
  Sind hin zu Bolingbroke, zerstreut, entflohn.
AUMERLE: Getrost, mein Fürst: was seht Ihr doch so bleich?
KÖNIG RICHARD: Noch eben prangt' in meinem Angesicht
  Das Blut von zwanzigtausend; sie sind fort.
  Hab' ich denn Ursach' zu erbleichen nicht,
  Bis so viel Blut zurückgekehrt ist dort?
  Wer sicher sein will, flieh' von meiner Seit',
  Denn meinen Stolz gezeichnet hat die Zeit.
AUMERLE: Getrost, mein Fürst! Bedenket, wer Ihr seid!
KÖNIG RICHARD: Ja, ich vergaß mich selbst: bin ich nicht
  Erwache, feige Majestät! Du schläfst.   [König?
  Des Königs Nam' ist vierzigtausend Namen.
  Auf, auf, mein Nam'! Ein kleiner Untertan
  Droht deiner Herrlichkeit. – Senkt nicht den Blick,
  Ihr Königs-Günstlinge! Sind wir nicht hoch?
  Laßt hoch uns denken! – Oheim York, ich weiß,
  Hat Macht genug zu unserm Dienst. Doch wer
  Kommt da?

SCROOP: Mehr Heil und Glück begegne meinem Herrn,
Als meine Not-gestimmte Zung' ihm bringt!
KÖNIG RICHARD: Mein Ohr ist offen, und mein Herz bereit:
Du kannst nur weltlichen Verlust mir melden.
Sag, ist mein Reich hin? War's doch meine Sorge;
Welch ein Verlust denn, sorgenfrei zu sein?
Strebt Bolingbroke so groß zu sein als wir?
Er soll nicht größer sein; wenn er Gott dient,
Ich dien' ihm auch und werde so ihm gleich.
Empört mein Volk sich? Das kann ich nicht ändern,
Sie brechen Gott ihr Wort so gut wie mir.
Ruft Weh, Zerstörung, Fall! Der ärgste Schlag
Ist doch nur Tod, und Tod will seinen Tag.
SCROOP: Gern seh' ich Eure Hoheit so gerüstet,
Des Mißgeschickes Zeitung zu ertragen.
Gleichwie ein stürmisch ungestümer Tag
Die Silberbäch' aus ihren Ufern schwellt,
Als wär' die Welt in Tränen aufgelöst:
So über alle Schranken schwillt die Wut
Des Bolingbroke, Eu'r banges Land bedeckend
Mit hartem Stahl und mit noch härtern Herzen.
Graubärte decken ihre kahlen Schädel
Mit Helmen wider deine Majestät;
Und weiberstimm'ge Knaben mühn sich, rauh
Zu sprechen, stecken ihre zarten Glieder
In steife Panzer wider deinen Thron;
Selbst deine Pater lernen ihre Bogen
Von Eiben, doppelt tödlich, auf dich spannen.
Ja, Kunkelweiber führen rost'ge Piken
Zum Streit mit dir; empört ist Kind und Greis,
Und schlimmer geht's, als ich zu sagen weiß.
KÖNIG RICHARD: Zu gut, zu gut sagst du so schlimme Dinge!
Wo ist der Graf von Wiltshire? wo ist Bagot?
Was ist aus Bushy worden? wo ist Green?
Daß sie den Todfeind ungestörtes Trittes
Durchmessen ließen unsers Reichs Bezirk?
Gewinnen wir, so soll ihr Kopf es büßen.
Sie schlossen Frieden, traun, mit Bolingbroke?
SCROOP: Ja, Herr, sie machten wirklich mit ihm Frieden.
KÖNIG RICHARD: O Schelme, Vipern, rettungslos verdammt!
O Hunde, die vor jedem Fremden wedeln!
An meines Herzens Blut erwärmte Schlangen,

Die nun ins Herz mir stechen! Drei Judasse,
Und dreimal ärger jeglicher als Judas!
Sie schlossen Frieden? Dafür mag die Hölle
Mit Krieg bestürmen ihre schwarzen Seelen!
SCROOP: Ich seh', wenn süße Liebe läßt von Art,
Wird sie zum tödlichsten und herbsten Haß.
Nehmt Euren Fluch zurück: den Frieden schloß
Ihr Kopf, nicht ihre Hand; die Ihr verflucht,
Traf schon der grimme Streich der Todeswunde;
Sie liegen eingescharrt im hohlen Grunde.
AUMERLE: Ist Bushy, Green, der Graf von Wiltshire tot?
SCROOP: Ja, alle sind zu Bristol sie enthauptet.
AUMERLE: Wo ist mein Vater York mit seiner Macht?
KÖNIG RICHARD: Das ist gleichviel; von Troste rede niemand,
Von Gräbern sprecht, von Würmern, Leichensteinen!
Macht zum Papier den Staub, und auf den Busen
Der Erde schreib' ein regnicht Auge Jammer!
Vollzieher wählt und sprecht von Testamenten:
Nein, doch nicht: – denn was können wir vermachen,
Als unsern abgelegten Leib dem Boden?
Hat Bolingbroke doch unser Land und Leben,
Und nichts kann unser heißen als der Tod
Und jenes kleine Maß von dürrer Erde,
Die dem Gebein zur Rind' und Decke dient.
Ums Himmels willen, laßt uns niedersitzen
Zu Trauermären von der Kön'ge Tod: –
Wie die entsetzt sind, die im Krieg erschlagen,
Die von entthronten Geistern heimgesucht,
Im Schlaf erwürgt, von ihren Frau'n vergiftet,
Ermordet alle; denn im hohlen Zirkel[35],
Der eines Königs sterblich Haupt umgibt,
Hält seinen Hof der Tod: da sitzt der Schalksnarr,
Höhnt seinen Staat und grinst zu seinem Pomp;
Läßt ihn ein Weilchen, einen kleinen Auftritt
Den Herrscher spielen, drohn, mit Blicken töten;
Flößt einen eitlen Selbstbetrug ihm ein,
Als wär' dies Fleisch, das unser Leben einschanzt,
Unüberwindlich Erz; und, so gelaunt,
Kommt er zuletzt und bohrt mit kleiner Nadel
Die Burgmau'r an, und – König, gute Nacht!
Bedeckt die Häupter, höhnt nicht Fleisch und Blut
Mit Ehrbezeugung; werft die Achtung ab,
Gebräuche, Sitt' und äußerlichen Dienst!

Ihr irrtet euch die ganze Zeit in mir:
Wie ihr, leb' ich von Brot, ich fühle Mangel,
Ich schmecke Kummer und bedarf der Freunde.
So unterworfen nun,
Wie könnt ihr sagen, daß ich König bin?

CARLISLE: Herr, Weise jammern nie vorhandnes Weh,
Sie schneiden gleich des Jammers Wege ab.
Den Feind zu scheun, da Furcht die Stärke hemmt,
Das gibt dem Feinde Stärk' in Eurer Schwäche,
Und so ficht Eure Torheit wider Euch.
Furcht bringt uns um, nichts Schlimmres droht beim
Tod wider Tod ist Sterben im Gefecht,   [Fechten.
Doch fürchtend sterben ist des Todes Knecht.

AUMERLE: Erkundigt Euch nach meines Vaters Macht
Und lernt, wie man ein Glied zum Körper macht.

KÖNIG RICHARD:
Wohl schiltst du: – stolzer Bolingbroke, ich eile,
Daß Streich um Streich uns unser Los erteile.
Dies Fieberschau'r der Furcht flog schon von hinnen.
Wie leichte Müh', mein Eignes zu gewinnen!
Sag, Scroop, wo mit dem Heer mein Oheim blieb?
Sprich heiter, sind schon deine Blicke trüb!

SCROOP:
Man schließet aus des Himmels Farb' und Schein,
Zu welchem Stand sich neigen wird der Tag:
So kann mein trübes Aug' Euch Zeichen sein,
Daß ich nur trübe Dinge sagen mag.
Den Foltrer spiel' ich, daß ich in die Länge
Das Ärgste dehne, was gesagt muß werden.
Eu'r Oheim ist mit Bolingbroke vereint,
Im Norden Eure Burgen all' erobert,
Im Süden Euer Adel all in Waffen
Auf seiner Seite.

KÖNIG RICHARD: Schon genug gesagt! –
Verwünscht sei, Vetter, der mich abgelenkt
Von dem bequemen Wege zur Verzweiflung!
Was sagt Ihr nun? Was haben wir für Trost?
Bei Gott, den will ich hassen immerdar,
Der irgend Trost mich ferner hegen heißt.
Kommt, hin nach Flint-Burg! Dort will ich mich grämen,
Des hohen Knechts darf sich das Weh nicht schämen.
Dankt meine Scharen ab und heißt sie gehen,
Wo Hoffnung noch zum Wachstum, Land zu säen;

Bei mir ist keine, – rede keiner mehr,
Dies abzuändern: aller Rat ist leer.

AUMERLE: Mein Fürst, ein Wort!

KÖNIG RICHARD: Der kränkt mich doppelt jetzt,
Der mit der Zunge Schmeicheln mich verletzt.
Entlaßt mein Volk! Hinweg, wie ich euch sage,
Von Richards Nacht zu Herefords lichtem Tage!

Alle ab.

VIERTE SZENE

Wales. Vor Flint-Burg.

Truppen mit klingendem Spiel und fliegenden Fahnen. Bolingbroke, York,
Northumberland und andre treten auf.

BOLINGBROKE: Durch diese Kundschaft also lernen wir,
Die Wäl'schen sind zerstreut, und Salisbury,
Ist hin zum König, der an dieser Küste
Mit wenigen Vertrauten jüngst gelandet.

NORTHUMBERLAND:
Die Zeitung ist erwünscht und gut, mein Prinz:
Richard verbarg sein Haupt nicht weit von hier.

YORK: Es ziemte wohl dem Lord Northumberland,
Zu sagen „König Richard". – O der Zeiten,
Wo solch ein heil'ger Fürst sein Haupt muß bergen!

NORTHUMBERLAND: Ihr mißversteht mich; nur um kurz zu sein,
Ließ ich den Titel aus.

YORK: Es gab 'ne Zeit,
Wo er, wenn Ihr so kurz mit ihm verfuhrt,
So kurz mit Euch verfuhr, Euch abzukürzen
Um Euren Kopf, der so sich überhob.

BOLINGBROKE:
Mißnehmt nicht, Oheim, da, wo Ihr nicht solltet!

YORK: Nehmt nicht, mein Vetter, da, wo Ihr nicht solltet,
Damit Ihr nicht mißnehmt: der Himmel waltet.

BOLINGBROKE: Ich weiß es, Oheim, und ich setze mich
Nicht gegen seinen Willen. – Doch wer kommt da?

Percy tritt auf.

Willkommen, Heinrich! Wie, die Burg hält stand?

PERCY: Die Burg ist königlich bemannt, mein Prinz,
Und wehrt den Eintritt.

BOLINGBROKE: Königlich? Nun, sie faßt doch keinen König?

PERCY: Ja, bester Herr,
Wohl faßt sie einen: König Richard liegt
In dem Bezirk von jenem Leim und Steinen,
Und bei ihm sind der Lord Aumerle, Lord Salisbury,
Sir Stephen Scroop; dann noch ein Geistlicher
Von würd'gem Ansehn; wer, das weiß ich nicht.
NORTHUMBERLAND: Es ist vielleicht der Bischof von Carlisle.
BOLINGBROKE *zu Northumberland:* Edler Herr,
Geht zu den Rippen jener alten Burg,
Aus der Trompete sendet Hauch des Friedens
In ihr zerfallnes Ohr und meldet so:
Heinrich Bolingbroke
Küßt König Richards Hand auf beiden Knie'n
Und sendet Lehenspflicht und echte Treu'
Dem königlichen Herrn; hieher gekommen,
Zu seinen Füßen Wehr und Macht zu legen,
Vorausgesetzt, daß Widerruf des Banns
Und meine Güter mir bewilligt werden;
Wo nicht, so nütz' ich meine Übermacht
Und lösch' den Sommerstaub in Schauern Bluts
Aus Wunden der erschlagnen Engelländer.
Wie fern dies sei von Bolingbrokes Gemüt,
Daß solch ein Purpurwetter sollte tränken
Den grünen Schoß von König Richards Land,
Soll meine Ehrfurcht demutsvoll bezeugen.
Geht, deutet ihm das an, indes wir hier
Auf dieser Ebne Rasenteppich ziehn.
    Northumberland nähert sich der Burg mit einem Trompeter.
Laßt ohne droh'nder Trommeln Lärm uns ziehn,
Damit man auf der Burg verfallnen Zinnen
Den bill'gen Antrag wohl vernehmen möge!
Mich dünkt, ich und der König sollten uns
So schreckbar treffen wie die Elemente
Von Feu'r und Wasser, wenn ihr lauter Stoß
Des Himmels wolk'ge Wangen jäh zerreißt.
Sei er das Feu'r, ich das geschmeid'ge Wasser,
Sein sei die Wut, derweil ich meine Fluten
Zur Erde niederregne, nicht auf ihn.
Rückt vor und merkt auf König Richards Blick!
    Aufforderung mit der Trompete, die von innen beantwortet wird.
    Trompetenstoß. Auf den Mauern erscheinen König Richard, der Bischof
        von Carlisle, Aumerle, Scroop und Salisbury.
YORK: Seht, seht den König Richard selbst erscheinen,

So wie die Sonn', errötend, mißvergnügt,
Aus feurigem Portal des Ostens tritt,
Wenn sie bemerkt, daß neid'sche Wolken streben,
Zu trüben ihren Glanz, den lichten Pfad
Zum Okzident hinüber zu beflecken.
Doch sieht er wie ein König; seht, sein Auge,
So leuchtend wie des Adlers, schießt hervor
Gewalt'ge Majestät: ach, ach, der Pein,
Daß Harm verdunkeln soll so holden Schein!
KÖNIG RICHARD: Wir sind erstaunt: so lange standen wir,
Die scheue Beugung Eures Knies erwartend,
Weil wir für dein rechtmäßig Haupt uns hielten;
Und sind wir das, wie dürfen deine Glieder
Der ehrerbiet'gen Pflicht vor uns vergessen?
Sind wir es nicht, so zeig' uns Gottes Hand,
Die uns entlassen der Verwalterschaft,
Wir wissen, keine Hand von Fleisch und Blut
Kann unsers Szepters heil'gen Griff erfassen,
Als durch Entweihung, Raub und Anmaßung.
Und denkt Ihr schon, daß alle, so wie Ihr,
Den Sinn verkehrt, da sie von mir ihn kehrten,
Und daß wir bloß sind und der Freunde ledig,
So wißt doch, der allmächt'ge Gott, mein Herr,
Hält in den Wolken Musterung von Scharen
Der Pestilenz, uns beizustehn; die werden
Noch ungeborne Kinder derer treffen,
Die an mein Haupt Vasallenhänd' erheben
Und meiner Krone kostbar'n Schmuck bedrohn.
Sagt Bolingbroke (dort ist er, wie mich dünkt),
Gefährlicher Verrat sei jeder Schritt,
Auf meinem Land getan; er kommt, zu öffnen
Des blut'gen Krieges purpurn Testament:
Doch eh' die Kron', um die er wirbt, in Frieden
Die Schläf' ihm deckt, da werden blut'ge Schläfen
Von zehentausend Muttersöhnen übel
Dem blüh'nden Antlitz Englands stehn, verwandeln
Die Farbe ihres Mädchen-blassen Friedens
In scharlachne Entrüstung und betaun
Der Auen Gras mit Englands echtem Blut.
NORTHUMBERLAND: Des Himmels Herr verhüte, daß der König
So von unbürgerlichen Bürgerwaffen
Bestürmt soll sein! Dein dreifach edler Vetter,
Heinrich Bolingbroke, küßt deine Hand in Demut

Und schwöret bei dem ehrenwerten Grab,
Das die Gebeine deines königlichen
Großvaters deckt, und bei dem Fürstenadel
Von Euer beider Blut, verwandten Strömen,
Aus einem höchst erlauchten Quell entsprungen,
Bei des mannhaften Gaunt begrabner Hand
Und seinem eignen Wert und seiner Ehre,
Was alle Schwür' und Reden in sich faßt:
Daß er hieher kam, hat kein weitres Ziel
Als seiner Ahnen Rechte, und zu bitten
Befreiung ohne Zögern auf den Knie'n.
Hast du die königlicherseits gewährt,
So will er seine schimmerreichen Waffen
Dem Roste, die mit Stahl belegten Rosse
Den Ställen übergeben, und sein Herz
Dem treuen Dienste Eurer Majestät.
Er schwört, so wahr er Prinz ist, dies sei billig,
Und ich, so wahr ich adlig, stimm' ihm bei.
KÖNIG RICHARD: Northumberland, sag, also spricht der König:
Sein edler Vetter ist willkommen hier,
Und seiner bill'gen Foderungen Zahl
Soll ohne Widerspruch bewilligt werden.
Mit dem holdsel'gen Wesen, das du hast,
Bring' güt'ge Grüße an sein freundlich Ohr!
Zu Aumerle. Wir setzen uns herab, Vetter, nicht wahr,
Daß wir so ärmlich sehn, so milde sprechen?
Soll ich Northumberland noch wieder rufen,
Trotz bieten dem Verräter und so sterben?
AUMERLE: Nein, Herr! Laßt sanfte Wort' uns Waffen sein,
Bis Zeit uns Freunde, diese Schwerter leihn.
KÖNIG RICHARD: O Gott! o Gott! Daß jemals diese Zunge,
Die der Verbannung furchtbar'n Spruch gelegt
Auf jenen stolzen Mann, ihn weg muß nehmen
Mit mildem Glimpf! Oh, wär' ich meinem Gram
Gewachsen, oder kleiner als mein Name!
Daß ich vergessen könnte, was ich nun muß sein!
Schwillst, stolzes Herz? Zu schlagen steh' dir frei,
Weil Feinden frei steht, dich und mich zu schlagen.
AUMERLE: Da kommt Northumberland vom Bolingbroke.
KÖNIG RICHARD: Was muß der König nun? Sich unterwerfen?
Der König wird es tun. Muß er entsetzt sein?
Der König gibt sich drein. Den Namen König
Einbüßen? Nun, er geh' in Gottes Namen! –

Ich gebe mein Geschmeid' um Betkorallen,
Den prächtigen Palast für eine Klause,
Die bunte Tracht für eines Bettlers Mantel,
Mein reich Geschirr für einen hölzern Becher,
Mein Szepter für 'nes Pilgers Wanderstab,
Mein Volk für ein paar ausgeschnitzte Heil'ge,
Mein weites Reich für eine kleine Gruft,
Ganz kleine, kleine, unbekannte Gruft;
Oder auf des Königs Heerweg scharrt mich ein,
Wo viel Verkehr ist, wo des Volkes Füße
Das Haupt des Fürsten stündlich treten können.
Sie treten ja mein Herz, jetzt, da ich lebe:
Warum nicht auch des schon Begrabnen Haupt?
Aumerle, du weinst, mein weichgeherzter Vetter! –
Laßt schlechtes Wetter mit verschmähten Tränen
Uns machen, sie und unsre Seufzer sollen
Zu Boden legen alles Sommerkorn
Und im empörten Lande Teu'rung schaffen.
Wie, oder sollen wir mit unserm Leid
Mutwillen treiben, eine art'ge Wette
Anstellen mit Vergießung unsrer Tränen?
Zum Beispiel so: auf e i n e n Platz sie träufeln,
Bis sie ein Paar von Gräbern ausgehöhlt;
Zur Inschrift: „Vetter waren die Entseelten,
Die sich ihr Grab mit eignen Augen höhlten"?
Tät' nicht dies Übel gut? – Gut, ich seh' ein,
Ich rede töricht, und Ihr spottet mein. –
Erlauchter Prinz, Mylord Northumberland,
Vermeldet, was sagt König Bolingbroke?
Will Seine Majestät Erlaubnis geben,
Daß Richard lebe, bis sein Ende da?
Ihr scharrt den Fuß, und Bolingbroke sagt Ja.

NORTHUMBERLAND:
Herr, er erwartet Euch im niedern Hof;
Wär's Euch gefällig nicht, herabzukommen?

KÖNIG RICHARD: Herab, herab komm' ich, wie Phaeton[36]
Der Lenkung falscher Mähren nicht gewachsen.
>*Northumberland kehrt zum Bolingbroke zurück.*
Im niedern Hof? Wo Kön'ge niedrig werden,
Verrätern horchen und sich hold gebärden.
Im niedern Hof? Herab, Hof! König, nieder!
Denn Eulen schrein statt froher Lerchen Lieder.
>*Alle von oben ab.*

BOLINGBROKE: Was sagte Seine Majestät?

NORTHUMBERLAND: Das Herzeleid
Macht, daß er irre redet, wie Verrückte.
Jedoch ist er gekommen.

König Richard und seine Begleiter erscheinen unten.

BOLINGBROKE: Steht beiseit,
Zeigt Ehrerbietung Seiner Majestät!
Knieend. Mein gnäd'ger Herr, –

KÖNIG RICHARD: Mein Vetter, Ihr entehrt' Eu'r prinzlich Knie,
Da Ihr die Erde stolz macht, es zu küssen.
Ich möchte lieber Eure Lieb' empfinden,
Als unerfreut Eu'r höflich Werben sehn.
Auf, Vetter! auf! So hoch zum mind'sten steigt,
Indem er sein eignes Haupt berührt.
Weiß ich, Eu'r Herz, wie auch das Knie sich beugt.

BOLINGBROKE:
Mein gnäd'ger Herr, ich will nur, was mein eigen.

KÖNIG RICHARD: Eu'r Eigentum ist Eu'r, und ich und alles.

BOLINGBROKE: So weit seid mein, erhabner Fürst, als ich
Durch Dienste Eure Liebe kann verdienen.

KÖNIG RICHARD: Ja wohl verdient Ihr – der verdient zu haben,
Der kühn und sicher zu erlangen weiß. –
Oheim, gebt mir die Hand! Nein, keine Zähren,
Die Liebe zeigen, aber Trost entbehren. –
Vetter, ich bin zu jung zu Eurem Vater,
Doch Ihr seid alt genug zu meinem Erben.
Was Ihr verlangt, das geb' ich Euch, und willig;
Denn der Gewalt ergeben wir uns billig.
Nach London gehn wir: soll es nicht so sein?

BOLINGBROKE: Ja, bester Herr.

KÖNIG RICHARD: Ich darf nicht sagen, nein.
Trompetenstoß. Alle ab.

FÜNFTE SZENE

Langley. Garten des Herzogs von York.

Die Königin und zwei Fräulein treten auf.

KÖNIGIN: Welch Spiel ersinnen wir in diesem Garten,
Der Sorge trübes Sinnen zu verscheuchen?

ERSTES FRÄULEIN: Wir wollen Kugeln rollen, gnäd'ge Frau.

KÖNIGIN: Da werd' ich mir die Welt voll Anstoß denken,
Und daß mein Glück dem Hang entgegen rollt.
ERSTES FRÄULEIN: Wir wollen tanzen, gnäd'ge Frau.
KÖNIGIN:
Mein Fuß kann nicht zur Lust ein Zeitmaß halten,
Indes mein Herz kein Maß im Grame hält.
Drum, Mädchen, keinen Tanz, ein ander Spiel!
ERSTES FRÄULEIN: So wollen wir Geschichten Euch erzählen.
KÖNIGIN: Von Freude oder Leid?
ERSTES FRÄULEIN: Von beidem, gnäd'ge Frau.
KÖNIGIN: Von keinem, Mädchen.
Denn wär's von Freude, welche ganz mir fehlt,
So würd' es mich noch mehr an Sorg' erinnern:
Und wär's von Kummer, welcher ganz mich drückt,
Würd' ich noch mehr der Freude Mangel fühlen.
Ich darf nicht wiederholen, was ich habe,
Es hilft nicht zu beklagen, was mir fehlt.
ERSTES FRÄULEIN: So will ich singen.
KÖNIGIN: Gut, wenn du es magst;
Doch du gefällst mir besser, wenn du weinst.
ERSTES FRÄULEIN: Ich könnte weinen, wenn es Euch was hülfe.
KÖNIGIN: Ich könnte weinen, wenn es mir was hülfe,
Und dürfte keine Träne von dir leihn.
Doch still! Die Gärtner kommen dort:
Laßt uns in dieser Bäume Schatten treten!

Ein Gärtner kommt mit zwei Gesellen.

Mein Elend wett' ich um 'nen Nadelbrief,
Daß sie vom Staat sich unterhalten werden.
Vor einem Wechsel tat das jedermann,
Dem Unglück geht Bekümmernis voran.

Die Königin und ihre Fräulein treten zurück.

GÄRTNER: Du, bind' hinauf die schwanken Aprikosen,
Die, eigenwill'gen Kindern gleich, den Vater
Mit ihrer üpp'gen Bürde niederdrücken;
Gib eine Stütze den gebognen Zweigen!
Geh du, und hau' als Diener des Gerichtes
Zu schnell gewachsner Sprossen Häupter ab,
Die allzu hoch stehn im gemeinen Wesen:
In unserm Staat muß alles eben sein. –
Nehmt ihr das vor, ich geh' und jät' indes
Das Unkraut aus, das den gesunden Blumen
Die Kraft des Bodens unnütz saugt hinweg.
ERSTER GESELLE: Was sollen wir, im Umfang eines Zauns,

Gesetz und Form und recht Verständnis halten,
Als Vorbild zeigend unsern festen Staat?
Da unser Land, der See-umzäunte Garten,
Voll Unkraut ist; erstickt die schönsten Blumen,
Die Fruchtbäum' unbeschnitten, dürr die Hecken,
Verwühlt die Beet', und die gesunden Kräuter
Von Ungeziefer wimmelnd.

GÄRTNER: Schweige still!
Der diesen ausgelaßnen Frühling litt,
Hat selbst nunmehr der Blätter Fall erlebt.
Die Ranken, die sein breites Laub beschirmte,
Die, an ihm zehrend, ihn zu stützen schienen,
Sind ausgerauft, vertilgt vom Bolingbroke;
Der Graf von Wiltshire, mein' ich, Bushy, Green.

ERSTER GESELLE: Wie? Sind sie tot?

GÄRTNER: Ja wohl, und Bolingbroke
Hat unsers üpp'gen Königs sich bemeistert
Oh, welch ein Jammer ist es, daß er nicht
Sein Land so eingerichtet und gepflegt,
Wie wir den Garten! – Um die Jahreszeit
Verwunden wir des Fruchtbaums Haut, die Rinde,
Daß er nicht überstolz vor Saft und Blut
Mit seinem eignen Reichtum sich verzehre.
Hätt' er erhöhten Großen das getan,
So konnten sie des Dienstes Frucht noch bringen,
Und er sie kosten. Überflüss'ge Äste
Haun wir hinweg, damit der Fruchtzweig lebe.
Tat er's, so konnt' er selbst die Krone tragen,
Die eitler Zeitvertreib nun ganz zerschlagen.

ERSTER GESELLE:
Wie? Denkt Ihr denn, der König werd' entsetzt?

GÄRTNER: Besetzt hat man bereits ihn, und entsetzt
Wird er vermutlich. Briefe sind gekommen
Verwichne Nacht an einen nahen Freund
Des guten Herzogs York, voll schwarzer Zeitung.

KÖNIGIN: Oh, ich ersticke, mach' ich mir nicht gleich
Mit Reden Luft! – *Sie kommt hervor.*
                    Du, Adams Ebenbild,
Gesetzt zum Pfleger dieses Gartens, sprich:
Wie darf mir deine harte, rauhe Zunge
Die unwillkommne Neuigkeit verkünden?
Welch eine Schlang' und Eva lehrte dich
Den zweiten Fall des fluchbeladnen Menschen?

Was sagst du, König Richard sei entsetzt?
Darfst du, ein wenig beßres Ding als Erde,
Erraten seinen Sturz? Wo, wann und wie
Kam diese Nachricht dir? Elender, sprich!
GÄRTNER: Verzeiht mir, gnäd'ge Frau: es freut mich wenig,
Zu melden dies: doch was ich sag', ist wahr.
Der König Richard ist in Bolingbrokes
Gewalt'ger Hand; gewogen wird ihr Glück:
In Eures Gatten Schal' it nichts als er
Und Eitelkeiten, die ihn leichter machen;
Der große Bolingbroke, samt allen Pairs
Von England, macht die andre Schale voll.
Und mit dem Vorteil wiegt er Richard auf.
Reist nur nach London und erfahrt: so sei's;
Ich sage nichts, was nicht ein jeder weiß.
KÖNIGIN: Behendes Mißgeschick, so leicht von Füßen!
Geht deine Botschaft nicht mich an, und ich
Muß sie zuletzt erfahren? Oh, du willst
Zuletzt mir nahn, daß ich dein Leid am längsten
Im Busen trage. – Fräulein, kommt! Wir gehn,
Zu London Londons Fürst in Not zu sehn.
War ich dazu bestimmt, mit trüben Blicken
Des großen Bolingbroke Triumph zu schmücken?
Gärtner, weil du berichtet dieses Weh,
Gedeih' kein Baum dir, den du impfest, je!
            Königin und die Fräulein ab.
GÄRTNER: Ach, arme Fürstin! Geht's nur dir nicht schlimmer,
So treffe mein Gewerb' der Fluch nur immer!
Hier fielen Tränen; wo die hingetaut,
Da setz' ich Raute, bittres Weihekraut.
Reumütig wird die Raute[37] bald erscheinen
Und Tränen einer Königin beweinen. *Ab.*

VIERTER AUFZUG

ERSTE SZENE

Westminster-Halle.[38]

Die geistlichen Lords zur Rechten des Throns, die weltlichen Lords zur Lin-
ken, die Gemeinen unterhalb. Bolingbroke, Aumerle, Surrey, Northumber-
land, Percy, Fitzwater, ein anderer Lord, Bischof von Carlisle, Abt von
Westminster und Gefolge. Im Hintergrunde Gerichtsbediente mit Bagot.

BOLINGBROKE: Ruft Bagot vor! –
    Nun, Bagot, rede frei heraus,
    Was du vom Tod des edlen Gloster weißt:
    Wer trieb den König an, und wer vollbrachte
    Den blut'gen Dienst zu seinem frühen Ende?
BAGOT: So stellt mir vors Gesicht den Lord Aumerle!
BOLINGBROKE: Vetter, kommt vor und schaut auf diesen Mann!
BAGOT. Mylord Aumerle, ich weiß, Eu'r kühner Mund
    Verschmäht zu leugnen, was er einst erklärt.
    Zur stillen Zeit, da Glosters Tod im Werk war,
    Hört' ich Euch sagen: „Ist mein Arm nicht lang,
    Der bis Calais zu meines Oheims Haupt
    Von Englands sorgenfreiem Hofe reicht?"
    Zur selben Zeit, nebst vielen andern Reden,
    Hört' ich Euch sagen, daß Ihr nicht dafür
    An hunderttausend Kronen nehmen wolltet,
    Daß Bolingbroke nach England wiederkäme.
    Auch rühmtet Ihr, wie glücklich für dies Land
    Sein würde dieses Eures Vetters Tod.
AUMERLE: Prinzen und edle Herrn,
    Wie soll ich diesem schlechten Mann erwidern?
    Soll ich so sehr entehren mein Gestirn,
    Auf gleichen Fuß ihm Züchtigung zu geben?

Ich muß entweder, oder meine Ehre
Bleibt mir befleckt vom Leumund seiner Lippen. –
Da liegt mein Pfand, des Todes Handpetschier[39]
Das dich der Hölle weiht; ich sag', du lügst,
Und will bewähren, was du sagst, sei falsch,
In deinem Herzblut, ist es schon zu schlecht,
Der ritterlichen Klinge Stahl zu trüben.

BOLINGBROKE:
Bagot, halt' ein, du sollst das Pfand nicht nehmen!

AUMERLE: Auf einen nach, wollt' ich, der wär' der beste
In diesem Kreise, der mich so gereizt.

FITZWATER: Wenn du bestehst auf Ebenbürtigkeit,
Da liegt mein Pfand, Aumerle, zum Pfand für deins.
Beim Sonnenlicht, das deine Stirn bescheint!
Ich hört' dich sagen, und du sprachst es rühmend,
Du hab'st des edlen Glosters Tod bewirkt.
Wenn du es leugnest, lügst du zwanzigmal,
Und deine Falschheit kehr' ich in dein Herz,
Das sie ersann, mit meines Degens Spitze.

AUMERLE: Du wagst den Tag nicht zu erleben, zage!

FITZWATER:
Bei Gott, ich wollt', es wär' noch diese Stunde.

AUMERLE: Fitzwater, dies verdammt zur Hölle dich.

PERCY: Du lügst, Aumerle: so rein ist seine Ehre
In dieser Klage, wie du schuldig bist;
Und daß du's bist, werf' ich mein Pfand hier hin
Und will's bis zu des Lebens letztem Hauch
An dir beweisen; nimm es, wenn du darfst!

AUMERLE: Und tu' ich's nicht, so faule meine Hand
Und schwinge nie den rächerischen Stahl
Auf meines Feindes hellgeschliffnen Helm!

EIN LORD:
Zu gleichem Werk biet' ich den Boden auf,
Meineidiger Aumerle, und sporne dich
Mit so viel Lügen, als man nur von Sonne
Zu Sonn' in das verräterische Ohr
Dir donnern kann; hier ist mein Ehrenpfand,
Bewahr' es auf den Zweikampf, wenn du darfst!

AUMERLE: Wer fodert noch? Beim Himmel, allen trotz' ich!
In einem Busen hab' ich tausend Geister,
Um zwanzigtausenden, wie euch, zu stehn.

SURREY: Mylord Fitzwater, wohl erinnr' ich mich
Derselben Zeit, da mit Aumerle Ihr spracht.

FITZWATER: Ganz recht, Ihr waret damals gegenwärtig,
Und Ihr könnt mit mir zeugen, dies sei wahr.
SURREY: So falsch, bei Gott, als Gott die Wahrheit ist!
FITZWATER: Surrey, du lügst!
SURREY: Du ehrvergeßner Knabe!
Schwer soll die Lüg' auf meinem Schwerte liegen,
Daß es vergelte, räche, bis du selbst,
Der Lügenstrafer, samt der Lüge, still
Im Boden liegst, wie deines Vaters Schädel.
Des zum Beweis ist hier mein Ehrenpfand,
Bewahr' es auf den Zweikampf, wenn du darfst!
FITZWATER: Wie töricht spornst du doch ein rasches Pferd!
Darf ich nur essen, trinken, atmen, leben,
So darf ich Surrey in der Wüste treffen
Und auf ihn spei'n, indem ich sag', er lügt
Und lügt und lügt: hier ist mein Band der Treu',
An meine mächt'ge Strafe dich zu fesseln. –
So geh' mir's wohl in dieser neuen Welt,
Aumerle ist meiner wahren Klage schuldig.
Auch hört' ich den verbannten Norfolk sagen,
Daß du, Aumerle, zwei deiner Leute sandtest,
Den edlen Herzog zu Calais zu morden.
AUMERLE: Vertrau' ein wackrer Christ mir doch ein Pfand,
Daß Norfolk lügt: hier werf' ich nieder dies,
Wenn er heimkehren darf zur Ehrenprobe.
BOLINGBROKE: All diese Zwiste bleiben unterm Pfand,
Bis Norfolk heimberufen; denn das wird er,
Und wieder eingesetzt, wiewohl mein Feind,

In seine Leh'n und Herrlichkeiten; ist er da,
So geh' sein Zweikampf vor sich mit Aumerle.
CARLISLE: Nie werden wir den Tag der Ehre sehn.
Gar manches Mal focht der verbannte Norfolk
Für Jesus Christus, im glorreichen Feld
Des Kreuzes christliches Panier entrollend
Auf schwarze Heiden, Türken, Sarazenen.
Und matt von Kriegeswerken zog er sich
Zurück nach Welschland: gab da zu Venedig
Des schönen Landes Boden seinen Leib,
Die reine Seele seinem Hauptmann Christus,
Des Fahnen er so lang' im Kampf gefolgt.
BOLINGBROKE: Wie, Bischof? Ist Norfolk tot?
CARLISLE: So wahr ich lebe, Herr!
BOLINGBROKE: Geleite süßer Friede seine Seele
Zum Schoß des guten alten Abraham!
Ihr Herren Kläger, eure Zwiste sollen
All' unterm Pfande bleiben, bis wir euch
Auf euren Tag des Zweikampfs herbescheiden.
York tritt auf mit Gefolge.
YORK: Ich komme, großer Lancaster, zu dir
Vom schmuckberaubten Richard, der dich willig
Zum Erben nimmt und gibt das hohe Szepter
In deiner königlichen Hand Besitz.
Besteig' den Thron, der dir gebührt nach ihm:
Lang' lebe Heinrich, vierter dieses Namens!
BOLINGBROKE: In Gottes Namen, ich besteig' den Thron.
CARLISLE: Ei, das verhüte Gott!
Schlecht red' ich vor so hoher Gegenwart,
Doch ziemt es mir am besten, wahr zu reden.
O wollte Gott, in diesem edlen Kreis
Wär' einer edel g'nug, gerecht zu richten
Den edlen Richard: echter Adel würde
Von solchem Frevel ihn Enthaltung lehren.
Kann je ein Untertan den König richten?
Und wer ist hier nicht Richards Untertan?
Selbst Diebe richtet man abwesend nicht,
Sieht man gleich offenbare Schuld an ihnen;
Und soll das Bild von Gottes Majestät,
Sein Hauptmann, Stellvertreter, Abgesandter,
Gesalbt, gekrönt, gepflanzt seit so viel Jahren,
Durch Untertanen-Wort gerichtet werden,
Und er nicht gegenwärtig? Oh, verhüt' es Gott,

Daß feine Seelen in der Christenheit
So schwarze, schnöde Tat verüben sollten!
Ich red', ein Untertan, zu Untertanen,
Vom Himmel kühn erweckt für meinen König.
Der Herr von Hereford, den ihr König nennt,
Verrät des stolzen Herefords König schändlich,
Und krönt ihr ihn, so laßt mich prophezein: –
Das Blut der Bürger wird den Boden düngen,
Und ferne Zukunft stöhnen um den Greu'l.
Der Friede wird bei Türk' und Heiden schlummern,
Und hier im Sitz des Friedens wilder Krieg
Mit Blute Blut und Stamm mit Stamm verwirren.
Zerrüttung, Grausen, Furcht und Meuterei
Wird wohnen hier, und heißen wird dies Land
Das Feld von Golgatha und Schädelstätte.
Oh, wenn ihr Haus so gegen Haus erhebt,
Es wird die kläglichste Entzweiung sein,
Die je auf die verfluchte Erde fiel:
Verhütet, hemmt sie, laßt es nicht so sein,
Daß Kind und Kindeskind Weh über euch nicht schrein!
NORTHUMBERLAND: Ihr rechtet bündig, Herr, und für die Müh'
Verhaften wir Euch hier um Hochverrat. –
Herr Abt von Westminster, sorgt Ihr dafür,
Ihn zum Gerichtstag sicher zu verwahren! –
Gewährt ihr, Lords, der Bürgerschaft Gesuch?
BOLINGBROKE: Holt Richard her, daß er vor aller Augen
Sein Reich abtrete; so verfahren wir
Frei von Verdacht.
YORK: Ich will sein Führer sein. *Ab.*
BOLINGBROKE: Ihr Lords, die wir in unsre Haft genommen,
Stellt eure Bürgschaft auf den Tag des Urteils!
Zu Carlisle. Gar wenig sind wir Eurer Liebe schuldig,
Und wenig Gut's versahn wir uns zu Euch.
          York kommt zurück mit König Richard und Beamten,
                welche die Reichskleinodien tragen.
KÖNIG RICHARD: Ach, warum ruft man mich vor einen König,
Eh' ich des Fürstensinns mich abgetan,
Womit ich herrschte? Kaum hab' ich gelernt
Zu schmeicheln, mich zu schmiegen, Knie zu beugen;
Laßt Leid noch eine Weile mich erziehn
Zur Unterwerfung! Dieser Männer Züge
Sind wohl im Sinne mir: waren sie nicht mein?
Und riefen sie nicht manchmal „Heil!" mir zu?

Das tat auch Judas Christo: aber der
Fand in der Zahl von zwölfen alle treu,
Auf einen nach; ich von zwölftausend keinen.
Gott schütz' den König! – Sagt hier niemand Amen?
Bin ich so Pfaff' als Küster? Gut denn, Amen!
Gott schütz' den König! wenn ich's gleich nicht bin;
Und Amen! doch, bin ich's nach Gottes Sinn. –
Zu welchem Dienste bin ich hergeholt?

YORK: Zu einer Handlung eignen freien Willens,
So müde Majestät dich hieß erbieten:
Die Übergebung deiner Kron' und Macht
An Heinrich Bolingbroke.

KÖNIG RICHARD: Gebt mir die Krone: – Vetter, faßt die Krone;
Legt Eure Hand dort an, ich meine hier.
Nun ist die goldne Kron' ein tiefer Brunn
Mit zweien Eimern, die einander füllen;
Der leere immer tanzend in der Luft,
Der andre unten, ungesehn, voll Wasser;
Der Eimer unten, tränenvoll, bin ich;
Mein Leiden trink' ich und erhöhe dich.

BOLINGBROKE:
Ich glaubt', Ihr wär't gewillt, Euch zu entkleiden?

KÖNIG RICHARD: Der Krone, ja; doch mein sind meine Leiden.
Nehmt meine Herrlichkeit und Würde hin,
Die Leiden nicht, wovon ich König bin!

BOLINGBROKE:
Ihr gebt mir mit der Kron' ein Teil der Sorgen.

KÖNIG RICHARD: Durch Eure Sorg' ist meine nicht geborgen.
Die mein' ist, daß mir alte Sorg' entrinnt;
Die Eure, daß Ihr neue nun gewinnt.
Die Sorge, die ich gebe, hab' ich noch:
Sie folgt der Kron' und bleibet bei mir doch.

BOLINGBROKE: Seid Ihr gewillt, die Krone abzutreten?

KÖNIG RICHARD:
Ja, nein; – nein, ja; mein Will' ist nicht mehr mein,
So gilt mein Nein ja nicht, Ja muß es sein.
Merkt auf, wie ich mich nun vernichten will!
Die schwere Last geb' ich von meinem Haupt,
Das unbeholfne Szepter aus der Hand,
Den Stolz der Herrschaft aus dem Herzen weg.
Mit eignen Tränen wasch' ich ab den Balsam,
Mit eignen Händen geb' ich weg die Krone,
Mit eignem Mund leugn' ich mein heil'ges Recht,

Mit eignem Odem lös' ich Pflicht und Eid.
Ab schwör' ich alle Pracht und Majestät,
Ich gebe Güter, Zins und Renten auf,
Verordnungen und Schlüssen sag' ich ab.
Verzeih' Gott jeden Schwur, den man mir bricht!
Bewahr' Gott jeden Eid, den man dir spricht!
Mich, der nichts hat, mach' er um nichts betrübt;
Dich freue alles, dem er alles gibt!
Lang' lebe du, auf Richards Sitz zu thronen;
Und bald mag Richard in der Grube wohnen!
Gott schütze König Heinrich! – also spricht
Entfürstet Richard –, geb' ihm Heil und Licht! –
Was ist noch übrig?

NORTHUMBERLAND *überreicht ihm ein Papier:*
                Nichts, als daß Ihr hier
Die Anklagspunkte lest und die Verbrechen,
Die Ihr durch Eure Diener oder in Person
Begangen wider dieses Landes Wohl;
Daß, wenn Ihr sie bekennt, der Menschen Seelen
Ermessen, Ihr seid würdiglich entsetzt.

KÖNIG RICHARD: Muß ich das tun? entstricken das Gewebe
Verworrner Torheit? Lieber Northumberland,
Wenn deine Fehler aufgezeichnet ständen,
Würd' es dich nicht beschämen, so vor Leuten
Die Vorlesung zu halten? Wolltest du's,
Da fänd'st du einen häßlichen Artikel,
Enthaltend eines Königs Absetzung
Und Bruch der mächtigen Gewähr des Eides,
Schwarz angemerkt, verdammt im Buch des Himmels.
Ihr alle, die ihr steht und auf mich schaut,
Weil mich mein Elend hetzt, wiewohl zum Teil
Ihr wie Pilatus eure Hände wascht
Und äußres Mitleid zeigt: doch, ihr Pilate,
Habt ihr mich überliefert meinem Kreuz,
Und Wasser wäscht die Sünde nicht von euch.

NORTHUMBERLAND: Herr, macht ein Ende, leset die Artikel!

KÖNIG RICHARD:
Ich kann nicht sehn, die Augen sind voll Tränen.
Doch blendet salzes Wasser sie nicht so,
Daß sie nicht hier 'ne Schar Verräter säh'n.
Ja, wend' ich meine Augen auf mich selbst,
So find' ich mich Verräter wie die andern.
Denn meine Seele hat hier eingewilligt,

Den Schmuck von eines Königs Leib zu streifen,
Zur Schmach die Glorie, stolze Majestät
Zum Knecht zu machen und den Staat zum Bauern.

NORTHUMBERLAND: Herr, –

KÖNIG RICHARD:
Nein, nicht dein Herr, du Stolzer, der mich höhnt,
Noch jemands Herr; ich habe keinen Namen
Noch Titel, ja bis auf den Namen selbst,
Der an dem Taufstein mir gegeben ward,
Der recht mir zukäm'; oh, der schlimmen Zeit,
Daß ich so viele Winter durchgelebt
Und nun nicht weiß, wie ich mich nennen soll!
Wär' ich ein Possenkönig doch aus Schnee
Und stünde vor der Sonne Bolingbrokes,
Um mich in Wassertropfen wegzuschmelzen!
Du guter König! hoher König! – doch
Nicht höchlich gut, – gilt noch mein Wort in England,
So schaff' es gleich mir einen Spiegel her,
Daß er mir zeige, welch Gesicht ich habe,
Seit es der Majestät verlustig ist.

BOLINGBROKE: Geh' wer von euch und hole einen Spiegel!
Einer aus dem Gefolge ab.

NORTHUMBERLAND:
Lest dies Papier, derweil der Spiegel kömmt!

KÖNIG RICHARD:
Du plagst mich, böser Feind, noch vor der Hölle.

BOLINGBROKE:
Drängt ihn nicht weiter, Lord Northumberland!

NORTHUMBERLAND:
Die Bürgerschaft wird nicht befriedigt sonst.

KÖNIG RICHARD: Sie soll befriedigt werden: lesen will ich
Genug, wenn ich das rechte Buch erst sehe,
Wo meine Sünden stehn, und das – bin ich.
Der Bediente kommt zurück mit einem Spiegel.
Gib mir den Spiegel, darin will ich lesen. –
Noch keine tiefern Runzeln? Hat der Gram
So manchen Streich auf mein Gesicht geführt
Und tiefer nicht verwundet? Schmeichelnd Glas,
Wie die Genossen meines günst'gen Glücks
Betörst du mich! – War dieses das Gesicht,
Das täglich unter seines Hauses Dach
Zehntausend Menschen hielt? Dies das Gesicht,
Das, wie die Sonn', Anschauer blinzen machte?

Dies das Gesicht, das so viel Torheit sah,
Bis endlich Bolingbroke es übersehn?
Hinfäll'ger Glanz erleuchtet dies Gesicht,
Hinfällig wie der Glanz ist das Gesicht, –
      Er schmeißt den Spiegel gegen den Boden.
Da liegt's, zerschmettert in viel hundert Scherben!
Merk', schweigender Monarch, des Spieles Lehre,
Wie bald mein Kummer mein Gesicht zerstört!
BOLINGBROKE: Zerstört hat Eures Kummers Schatten nur
  Den Schatten des Gesichts.
KÖNIG RICHARD: Sag das noch 'mal!
  Der Schatten meines Kummers? Ha! laß sehn:
Es ist sehr wahr, mein Gram wohnt innen ganz,
Und diese äußern Weisen der Betrübnis
Sind Schatten bloß vom ungeseh'nen Gram,
Der schweigend in gequälter Seele schwillt.
Da liegt sein Wesen; und ich dank' dir, König,
Für deine große Güte, die nicht bloß
Mir Grund zum Klagen gibt, nein, auch mich lehrt,
Wie diesen Grund bejammern. Eins nur bitt' ich,
Dann will ich gehn und Euch nicht weiter stören.
Soll ich's erlangen?

BOLINGBROKE: Nennt es, wackrer Vetter!

KÖNIG RICHARD:
Wackrer Vetter? Ja, ich bin mehr als König,
Denn als ich König war, hatt' ich zu Schmeichlern
Nur Untertanen; jetzt, ein Untertan,
Hab' ich zum Schmeichler einen König hier.
Da ich so groß bin, brauch' ich nicht zu bitten.

BOLINGBROKE: So fodert doch!

KÖNIG RICHARD: Soll ich es haben?

BOLINGBROKE: Ja.

KÖNIG RICHARD: Erlaubt mir denn zu gehn!

BOLINGBROKE: Wohin?

KÖNIG RICHARD:
Gleichviel wohin, muß ich nur Euch nicht sehn.

BOLINGBROKE: Gehn eurer ein'ge, nehmt ihn mit zum Turm!

KÖNIG RICHARD: Mitnehmen? Gut! Mitnehmer seid ihr alle,
Die ihr so steigt bei eines Königs Falle.
König Richard, einige Lords und Wache ab.

BOLINGBROKE:
Auf nächsten Mittwoch setzen wir die Feier
Der Krönung an: ihr Lords, bereitet euch!
Alle ab, außer der Abt, der Bischof von Carlisle und Aumerle.

ABT: Ein kläglich Schauspiel haben wir gesehn.

CARLISLE: Die Klage kommt erst: die noch Ungebornen
Wird dieser Tag einst stechen, scharf wie Dornen.

AUMERLE:
Ehrwürd'ge Herren, wißt ihr keinen Plan,
Wie diese Schmach des Reichs wird abgetan?

ABT: Eh' ich hierüber rede frei heraus,
Sollt ihr das Sakrament darauf empfangen,
Nicht nur geheim zu halten meine Absicht,
Auch zu vollführen, was ich ausgedacht.
Ich seh' voll Mißvergnügen eure Stirn,
Eu'r Herz voll Gram, eu'r Auge voller Tränen:
Kommt mit zur Abendmahlzeit, und ich sage
Euch einen Plan, der schafft uns frohe Tage. *Ab.*

London. Eine Straße, die zum Turm führt.

Die Königin und ihre Fräulein treten auf.

KÖNIGIN: Hier kommt der König her: dies ist der Weg
Zu Julius Cäsars mißerbautem Turm[40],
In dessen Kieselbusen[41] mein Gemahl
Gekerkert wird vom stolzen Bolingbroke.
Hier laßt uns ruhn, wenn dies empörte Land
Ruh' hat für seines echten Königs Weib.
        König Richard tritt auf mit der Wache.
Doch still, doch seht, – nein, lieber sehet nicht
Verwelken meine Rose; doch schaut auf!
Seht hin, daß ihr vor Mitleid schmelzt in Tau,
Und frisch ihn wieder wascht mit Liebesтränen!
Ah du, das Denkmal, wo einst Troja stand!
Der Ehre Muster! König Richards Grab!
Nicht König Richard! Schönster Gasthof du,
Warum beherbergst du den finstern Gram,
Indes Triumph zum Bierhaus-Gast geworden?
KÖNIG RICHARD: Vereine nicht mit Gram dich, holdes Weib,
Zu meinem schnellen Ende: tu' es nicht!
Lern', gute Seele, unsern vor'gen Stand
Wie einen frohen Traum dir vorzustellen.
Davon erwacht, sehn wir, der Wahrheit nach,
Das, was wir sind: ich bin geschworner Bruder[42]
Der grimmen Not, Geliebte; sie und ich
Sind bis zum Tod verbündet. Eil' nach Frankreich,
Und da verschließ' dich in ein geistlich Haus:
Denn Heiligkeit gewinnt die Kron' im Himmel,
Die hier zerschlagen eitles Weltgetümmel.
KÖNIGIN: Wie, ist mein Richard an Gestalt und Sinn
Verwandelt und geschwächt? Hat Bolingbroke
Dir den Verstand entsetzt? ist dir ins Herz gedrungen?
Der Löwe streckt die Klaue sterbend aus,
Zerreißt noch, wenn sonst nichts, die Erd' aus Wut,
Daß er besiegt ist: und du willst, wie Kinder,
Die Strafe mild empfahn, die Rute küssen
Und kriechen vor der Wut mit schnöder Demut,
Da du ein Löwe bist, der Tiere Fürst?
KÖNIG RICHARD: Der Tiere Fürst, ja! Wären sie was Bessers,

So wär' ich noch ein froher Fürst der Menschen.
Doch gute weiland Königin, bereite
Nach Frankreich dich zu gehn: denk', ich sei tot,
Und daß du, wie an meinem Todbett, hier
Mein scheidend letztes Lebewohl empfängst.
In langen Winternächten sitz' am Feuer
Bei guten alten Leuten, laß sie dir
Betrübte Fäll' aus ferner Vorzeit sagen,
Und eh' du gute Nacht sagst, zur Erwid'rung
Erzähl' du meinen klagenswerten Fall
Und schick' die Hörer weinend in ihr Bett.
Ja, die fühllosen Brände werden stimmen
Zum dumpfen Tone der betrübten Zunge;
Sie weinen mitleidsvoll das Feuer aus
Und trauren, teils in Asche, teils kohlschwarz,
Um die Entsetzung eines echten Königs.

Northumberland und andere kommen.

NORTHUMBERLAND:
Herr, Bolingbroke hat seinen Sinn geändert,
Ihr müßt nach Pomfret nun, nicht in den Turm. –
Für Euch ist auch Befehl da, gnäd'ge Frau:
Ihr müßt in aller Eil' nach Frankreich fort.

KÖNIG RICHARD: Northumberland, du Leiter, mittelst deren
Der kühne Bolingbroke den Thron besteigt,
Die Zeit wird nicht viel Stunden älter sein,
Als sie nun ist, eh' arge Sünde, reifend,
Ausbrechen wird in Fäulnis; du wirst denken,
Wenn er das Reich auch teilt und halb dir gibt,
Zu wenig sei's, da du ihm alles schafftest
Und er wird denken, du, der Mittel weiß,
Ein unrechtmäßig Königtum zu stiften,
Du werdest, leicht gereizt, auch Mittel wissen,
Wie man ihn stürzt vom angemaßten Thron.
Die Liebe böser Freunde wird zur Furcht,
Die Furcht zum Haß, und einem oder beiden
Bringt Haß Gefahren und verdienten Tod.

NORTHUMBERLAND:
Die Schuld auf meinen Kopf, und damit aus!
Nehmt Abschied, trennt euch, denn das müßt ihr gleich.

KÖNIG RICHARD: Doppelt geschieden? – Frevler, ihr verletzt
Zwiefachen Eh'stand: zwischen meiner Krone
Und mir, und zwischen mir und meinem Weib. –
Laß mich den Eid entküssen zwischen uns:

Doch nein, es hat ein Kuß ihn ja bekräftigt. –
Trenn' uns, Northumberland: ich hin zum Norden,
Wo kalter Schau'r und Siechtum drückt die Luft;
Mein Weib nach Frankreich, von woher in Pomp
Sie ankam, wie der holde Mai geschmückt,
Gleich einem Wintertag nun heimgeschickt.

KÖNIGIN: So scheiden müssen wir? uns ewig missen?

KÖNIG RICHARD:
Ja, Hand von Hand und Herz von Herz gerissen.

KÖNIGIN:
Verbannt uns beid' und schickt mit mir den König!

NORTHUMBERLAND: Das wäre Liebe, doch von Klugheit wenig.

KÖNIGIN: Wohin er geht, erlaubt denn, daß ich geh'!

KÖNIG RICHARD: So zwei zusammen weinend, sind ein Weh.
Beweine dort mich, hier sei du beweint;
Besser weit weg, als nah, doch nie vereint.
Zähl' deinen Weg mit Seufzern, ich mit Stöhnen.

KÖNIGIN: So wird der längre Weg das Weh mehr dehnen.

KÖNIG RICHARD: Bei jedem Tritt will ich denn zweimal stöhnen,
Den kurzen Weg verlängre trübes Sehnen.
Komm, laß nur rasch uns werben um das Leid;
Vermählt mit uns, bleibt es uns lange Zeit.
Ein Kuß verschließe unsrer Lippen Schmerz:
So nehm' ich dein's und gebe so mein Herz. *Er küßt sie.*

KÖNIGIN *küßt ihn wieder:*
Gib meins zurück: es wär' ein arger Scherz,
Bewahrt' ich erst und tötete dein Herz.
Nun geh! Da du mir meins zurückgegeben,
Will ich mit Stöhnen es zu brechen streben.

KÖNIG RICHARD: Dies Zögern macht das Weh nur ausgelassen.
Leb wohl! Das andre mag dein Kummer fassen.
Alle ab.

FÜNFTER AUFZUG

ERSTE SZENE

London. Ein Zimmer im Palaste des Herzogs von York.

York und die Herzogin von York[43] *treten auf.*

HERZOGIN: Ihr wolltet, mein Gemahl, den Rest erzählen,
   Als Ihr vor Weinen die Geschichte abbracht
   Von unsrer Vetter Einzug hier in London.
YORK: Wo blieb ich stehn?
HERZOGIN: Bei der betrübten Stelle,
   Daß ungeratne Hände aus den Fenstern
   Auf König Richard Staub und Kehricht warfen.
YORK: Wie ich gesagt, der große Bolingbroke
   Auf einem feurigen und mut'gen Roß,
   Das seinen stolzen Reiter schien zu kennen,
   Ritt fort, in stattlichem, gemeßnem Schritt,
   Weil alles rief: „Gott schütz' dich, Bolingbroke!"
   Es war, als wenn die Fenster selber sprächen,
   So manches gier'ge Aug' von jung und alt
   Schoß durch die Flügel sehnsuchtsvolle Blicke
   Auf sein Gesicht; als hätten alle Wände,
   Behängt mit Schilderei'n, mit eins gesagt.
   „Christ segne dich! Willkommen, Bolingbroke!"
   Er aber, sich nach beiden Seiten wendend,
   Barhäuptig, tiefer als des Gaules Nacken,
   Sprach sie so an: „Ich dank' euch, Landesleute!"
   Und so stets tuend, zog er so entlang.
HERZOGIN: Ach, armer Richard! Wo ritt er indes?
YORK: Wie im Theater wohl der Menschen Augen,
   Wenn ein beliebter Spieler abgetreten,
   Auf den, der nach ihm kömmt, sich lässig wenden

Und sein Geschwätz langweilig ihnen dünkt:
Ganz so, und mit viel mehr Verachtung blickten
Sie scheel auf Richard; niemand rief: „Gott schütz' ihn!"
Kein froher Mund bewillkommt' ihn zu Haus.
Man warf ihm Staub auf sein geweihtes Haupt,
Den schüttelt' er so mild im Gram sich ab,
Im Antlitz rangen Tränen ihm und Lächeln,
Die Zeugen seiner Leiden und Geduld:
Daß, hätte Gott zu hohen Zwecken nicht
Der Menschen Herz gestählt, sie mußten schmelzen,
Und Mitleid fühlen selbst die Barbarei.
Doch diese Dinge lenkt die Hand des Herrn:
Und seinem Willen fügt sich unsrer gern.
Wir schwuren Bolingbroke uns untertan,
Sein Reich erkenn' ich nun für immer an.

Aumerle tritt auf.

HERZOGIN: Da kommt mein Sohn Aumerle.

YORK: Aumerle vordem,
Doch weil er Richards Freund war, ist das hin.
Ihr müßt nun, Herzogin, ihn Rutland nennen.
Ich bürg' im Parlament für seine Treu'
Und Lehnspflicht gegen unsern neuen König.

HERZOGIN: Willkommen, Sohn! Wer sind die Veilchen nun,
Gehegt im grünen Schoß des neuen Frühlings?

AUMERLE:
Ich weiß nicht, gnäd'ge Frau, mich kümmert's wenig.
Gott weiß, ich bin so gerne keins als eins.

YORK:
Wohl! Tut, wie's für den Lenz der Zeit sich schickt,
Damit man nicht Euch vor der Blüte pflückt.
Was gibt's in Oxford? Währt das Stechen noch
Und die Gepränge?

AUMERLE: Ja, soviel ich weiß.

YORK: Ich weiß, Ihr wollt dahin.

AUMERLE: Wenn Gott es nicht verwehrt, ich bin es willens.

YORK: Was für ein Siegel hängt dir aus dem Busen?
Ha, du erblassest? Laß die Schrift mich sehn!

AUMERLE: Herr, es ist nichts.

YORK: Dann darf es jeder sehn.
Ich will nicht ruhn: du mußt die Schrift mir zeigen.

AUMERLE: Ich bitte Euer Gnaden, zu verzeihn,
's ist eine Sache, die nicht viel bedeutet,
Die ich aus Gründen nicht gesehn will haben.

YORK: Und die ich, Herr, aus Gründen sehen will.
  Ich fürcht', ich fürchte, –
HERZOGIN: Was doch fürchtet Ihr?
's ist nichts als ein Vertrag, den er hat eingegangen,
  Zu bunter Tracht auf des Gepränges Tag.
YORK: Wie? Mit sich selbst? Was soll ihm ein Vertrag,
  Der ihn verpflichtet? Du bist närrisch, Weib.
  Sohn, laß die Schrift mich sehn!
AUMERLE:
  Ich bitt' Euch sehr, verzeiht; ich darf's nicht zeigen.
YORK: Ich will befriedigt sein: gib her, sag' ich!
                    Er reißt das Papier weg und liest.
  Verrat! Verbrechen! – Schelm! Verräter! Knecht!
HERZOGIN: Was ist es, mein Gemahl?
YORK: He! ist denn niemand drin?
                    Ein Bedienter kommt.
                              Sattelt mein Pferd!
  Erbarm' es Gott, was für Verräterei!
HERZOGIN: Nun, mein Gemahl, was ist's?
YORK: Die Stiefel her, sag' ich! Sattelt mein Pferd! –
  Nun auf mein Wort, auf Ehre und auf Leben,
  Ich geb' den Schurken an.
                    Bedienter ab.
HERZOGIN: Was ist die Sache?
YORK: Still, töricht Weib!
HERZOGIN: Ich will nicht still sein. – Sohn, was ist die Sache?
AUMERLE: Seid ruhig, gute Mutter; 's ist nur etwas,
  Wofür mein armes Leben einstehn muß.
HERZOGIN: Dein Leben einstehn?
                    Der Bediente kommt zurück mit Stiefeln.
YORK: Bringt mir die Stiefeln; ich will hin zum König.
HERZOGIN:
  Schlag' ihn, Aumerle! – Du starrst ganz, armer Junge. –
                    Zu dem Bedienten.
  Fort, Schurke! komm mir nie mehr vors Gesicht!
YORK: Die Stiefeln her, sag' ich!
HERZOGIN: Ei, York, was willst du tun?
  Willst du der Deinen Fehltritt nicht verbergen?
  Hast du mehr Söhne? oder mehr zu hoffen?
  Ist des Gebärens Zeit mir nicht versiegt?
  Und willst mir nun den holden Sohn entreißen?
  Mir einer Mutter frohen Namen rauben? –
  Gleicht er dir nicht? Ist er dein eigen nicht?

YORK: Du töricht, unklug Weib!
Willst diese nächtliche Verschwörung hehlen?
Ein Dutzend ihrer hat das Sakrament genommen
Und wechselseitig Handschrift ausgestellt,
Zu Oxford unsern König umzubringen.
HERZOGIN: Er soll nicht drunter sein; wir halten ihn
Bei uns zurück: was geht es ihn denn an?
YORK: Fort, töricht Weib! Und wär' er zwanzigmal
Mein Sohn, ich gäb' ihn an.
HERZOGIN: Hätt'st du um ihn geächzt,
Wie ich, du würdest mitleidvoller sein.
Nun weiß ich deinen Sinn: du hegst Verdacht,
Als wär' ich treulos deinem Bett gewesen,
Und dieser wär' ein Bastard, nicht dein Sohn.
Mein Gatte, süßer York, sei nicht des Sinns:
Er gleicht dir so, wie irgend jemand kann,
Mir gleicht er nicht, noch wem, der mir verwandt,
Und dennoch lieb' ich ihn.
YORK: Mach' Platz, unbändig Weib! *Ab.*
HERZOGIN: Aumerle, ihm nach! Besteige du sein Pferd,
Sporn', eile, komm vor ihm beim König an
Und bitt' um Gnade, eh' er dich verklagt hat!
Ich folg' in kurzem dir: bin ich schon alt,
So hoff' ich doch so schnell wie York zu reiten,
Und niemals steh' ich wieder auf vom Boden,
Bevor dir Bolingbroke verziehn. Hinweg!
Mach fort! *Ab.*

ZWEITE SZENE

Windsor. Ein Zimmer im Schlosse.

Bolingbroke als König, Percy und andere Lords treten auf.

BOLINGBROKE: Weiß wer von meinem ungeratnen Sohn?[44]
Drei volle Monat' sind's, seit ich ihn sah:
Wenn irgend eine Plag' uns droht, ist's er.
Ich wollte, Lords, zu Gott, man könnt' ihn finden;
Fragt nach in London, um die Schenken dort:
Da, sagt man, geht er täglich aus und ein
Mit ungebundnen lockern Spießgesellen,
Wie sie, so sagt man, stehn auf engen Wegen,
Die Wache schlagen, Reisende berauben;

Indes er, ein mutwillig weibisch Bübchen,
Es sich zur Ehre rechnet, zu beschützen
So ausgelaßnes Volk.
PERCY: Vor ein paar Tagen, Herr, sah ich den Prinzen
Und sagt' ihm von dem Schaugepräng' in Oxford.
BOLINGBROKE: Was sagte drauf der Wildfang?
PERCY: Die Antwort war, er woll' ins Badhaus gehn,
Der feilsten Dirne einen Handschuh nehmen,
Um ihn als Pfand zu tragen, und mit dem
Den bravsten Streiter aus dem Sattel heben.
BOLINGBROKE: So liederlich wie tollkühn! Doch durch beides
Seh' ich noch Funken einer bessern Hoffnung,
Die ältre Tage glücklich reifen können.
Doch wer kommt da?
     Aumerle tritt hastig ein.
AUMERLE: Wo ist der König?
BOLINGBROKE: Was ist unserm Vetter,
Daß er so starrt und blickt so wild umher?
AUMERLE: Gott schütz' Eu'r Gnaden! Ich ersuch' Eu'r Majestät
Um ein Gespräch, allein mit Euer Gnaden.
BOLINGBROKE: Entfernet euch, und laßt uns hier allein!
     Percy und die Lords ab.
Was gibt es denn mit unserm Vetter nun?
AUMERLE *knieend:* Für immer soll mein Knie am Boden wurzeln,
Die Zung' in meinem Mund am Gaumen kleben,
Wenn ich aufsteh' und red', eh' Ihr verzeiht!
BOLINGBROKE: War dies Vergehen Vorsatz oder Tat?
Wenn jenes nur, wie heillos dein Beginnen,
Verzeih' ich dir, dich künftig zu gewinnen.
AUMERLE: Erlaubt mir denn, den Schlüssel umzudrehn,
Daß niemand kommt, bis mein Bericht zu Ende.
BOLINGBROKE: Tu' dein Begehren!
     Aumerle schließt die Türe ab.
YORK *draußen:* Mein Fürst, gib Achtung! Sieh dich vor!
Du hast ja einen Hochverräter bei dir.
BOLINGBROKE: Ich will dich sichern, Schurk'.
AUMERLE: Halt' ein die Rächerhand,
Du hast nicht Grund zu fürchten!
YORK *draußen:* Mach' auf die Tür, tollkühner, sichrer König!
Muß ich aus Liebe dich ins Antlitz schmähn?
Die Tür auf, oder ich erbreche sie!
     Bolingbroke schließt die Tür auf. York tritt ein.
BOLINGBROKE: Was gibt es, Oheim? Sprecht!

Schöpft Odem, sagt, wie nah uns die Gefahr,
Daß wir uns waffnen können wider sie!
YORK: Lies diese Schrift, sei vom Verrat belehrt,
Den meine Eil' mir zu berichten wehrt!
AUMERLE: Bedenke, wenn du liest, was du versprachst!
Lies hier nicht meinen Namen, ich bereue:
Mein Herz ist nicht mit meiner Hand im Bund.
YORK: Das war es, Schelm, eh' deine Hand ihn schrieb.
Ich riß dies aus dem Busen des Verräters;
Furcht und nicht Liebe zeugt in ihm die Reu'.
Gönn' ihm kein Mitleid, daß dein Mitleid nicht
Zur Schlange werde, die ins Herz dir steche!
BOLINGBROKE: O arge, kühne, mächtige Verschwörung!
O biedrer Vater eines falschen Sohns!
Du klarer, unbefleckter Silberquell,
Aus welchem dieser Strom durch kot'ge Wege
Den Lauf genommen und sich selbst beschmutzt!
Dein überströmend Gutes wird zum Übel,
Doch deiner Güte Überfluß entschuldigt
Dies tödliche Vergehn des irren Sohns.
YORK: So wird die Tugend Kupplerin des Lasters,
Und seine Schmach verschwendet meine Ehre,
Wie Söhne, prassend, karger Väter Gold.
Meine Ehre lebt, wenn seine Schande stirbt,
In der mein Leben schnöde sonst verdirbt.
Sein Leben tötet mich: dem Frevler Leben,
Dem Biedern Tod wird deine Gnade geben.
HERZOGIN *draußen:* Mein Fürst! Um Gottes willen, laßt mich ein!
BOLINGBROKE: Wer mag so gellend seine Bitten schrein?
HERZOGIN: Ein Weib, und deine Muhme, großer König!
Sprich, habe Mitleid, tu' mir auf das Tor,
Der Bettlerin, die niemals bat zuvor!
BOLINGBROKE: Das Schauspiel ändert sich; sein Ernst ist hin:
Man spielt „den König und die Bettlerin"[45].
Mein schlimmer Vetter, laßt die Mutter ein:
Es wird für Eure Schuld zu bitten sein.
YORK: Wenn du verzeihest, wer auch bitten mag,
Verzeihung bringt mehr Sünden an den Tag.
Dies faule Glied weg, bleibt der Rest gesund;
Doch dies verschont, geht alles mit zu Grund'.
Herzogin tritt ein.
HERZOGIN: O Fürst, glaub' nicht dem hartgeherzten Mann,
Der sich nicht liebt, noch andre lieben kann!

YORK: Verrücktes Weib, was ist hier dein Begehren?
Soll deine Brust noch 'mal den Buben nähren?
HERZOGIN: Sei ruhig, lieber York! Mein König, höre! *Sie kniet.*
BOLINGBROKE: Auf, gute Muhme!
HERZOGIN: Noch nicht, ich beschwöre!
Denn immer will ich auf den Knieen flehn
Und nimmer Tage der Beglückten sehn,
Bis du mich wieder heißest Freude haben,
Rutland verzeihend, meinem schuld'gen Knaben.
AUMERLE: Ich werfe zu der Mutter Flehn mich nieder.
YORK: Und wider beide beug' ich treue Glieder.
Gewährst du Gnade, so gedeih' dir's schlecht!
HERZOGIN: Meint er's im Ernst? Sieh ins Gesicht ihm recht:
Sein Auge tränet nicht, sein Bitten ist nur Scherz,
Der Mund nur spricht bei ihm, bei uns das Herz.
Er bittet schwach und wünscht nichts zu gewinnen,
Wir bitten mit Gemüt und Herz und Sinnen.
Gern stünd' er auf, die matten Knie sind wund;
Wir knie'n, bis unsre wurzeln in dem Grund.
Sein Flehn ist Heucheln und voll Trüglichkeit,
Voll Eifer unsres, biedre Redlichkeit.
Es überbitten unsre Bitten seine;
Gnad' ist der Bitten Lohn: gewähr' uns deine!
BOLINGBROKE: Steht auf doch, Muhme!

HERZOGIN: Nein, sag nicht: „Steht auf!"
„Verzeihung!" erst, und hintennach: „Steht auf!"
Und sollt' ich dich als Amme lehren lallen,
„Verzeihung" wär' das erste Wort von allen.
So sehnt' ich mich, ein Wort zu hören, nie:
„Verzeihung" sprich; dich lehre Mitleid, wie;
Das Wort ist kurz, doch nicht so kurz als süß,
Kein Wort ziemt eines Königs Mund wie dies.
YORK: So sprich französisch; sag: pardonnez-moi[46]!
HERZOGIN: Lehrst du Verzeihung, wie sie nicht verzeih'?
Ach, herber, hartgeherzter Gatte du!
Du setztest mit dem Wort dem Worte zu.
„Verzeihung" sprich, wie man zu Land hier spricht:
Französisch Kauderwelsch verstehn wir nicht,
Dein Auge red't schon, laß es Zunge sein;
Dein Ohr nimm ins mitleid'ge Herz hinein,
Daß es, durchbohrt von Bitten und von Klagen,
Dich dringen mag, „Verzeihung" anzusagen.
BOLINGBROKE: Steht auf doch, Muhme!
HERZOGIN: Ich bitte nicht um Stehn,
Verzeihung ist allhier mein einzig Flehn.
BOLINGBROKE: Verzeihung ihm, wie Gott mir mag verzeihn!
HERZOGIN: O eines knie'nden Kniees schön Gedeihn!
Noch bin ich krank vor Furcht: oh, sag's zum zweiten!
Zweimal gesagt, soll's ja nicht mehr bedeuten,
Bekräftigt eines nur.
BOLINGBROKE: Verziehen werde
Von Herzen ihm!
HERZOGIN: Du bist ein Gott der Erde.
BOLINGBROKE: Was unsern biedern Schwager[47] angeht und den
Und all die andern der verbundnen Rotte,   [Abt[48]
Stracks sei Verderben ihnen auf der Ferse:
Schafft, guter Oheim, Truppen hin nach Oxford
Und überall, wo die Verräter stecken:
Ich schwör's, sie sollen schleunig aus der Welt;
Weiß ich erst wo, so sind sie bald gefällt.
Oheim, lebt wohl! und Vetter, bleibt mir treu!
Wohl bat für Euch die Mutter; hegt nun Scheu!
HERZOGIN: Komm, alter Sohn, und mache Gott dich neu!
Alle ab.

Exton[49] und ein Bedienter treten auf.

EXTON: Gabst du nicht Achtung, was der König sagte?
„Hab' ich denn keinen Freund, der mich erlöst
Von der lebend'gen Furcht?" – War es nicht so?
BEDIENTER: Das waren seine Worte.
EXTON: „Hab' ich denn keinen Freund?" so sagt' er zweimal
Und wiederholt' es dringend. Tat er's nicht?
BEDIENTER: Er tat's.
EXTON: Und wie er's sprach, sah er auf mich bedeutend,
Als wollt' er sagen: „Wärst du doch der Mann,
Der diese Angst von meinem Herzen schiede!"
Zu Pomfret nämlich den entsetzten König.
Komm, laß uns gehn: ich bin des Königs Freund
Und will erlösen ihn von seinem Feind. *Ab.*

VIERTE SZENE

Pomfret. Das Gefängnis in der Burg.

König Richard tritt auf.

KÖNIG RICHARD: Ich habe nachgedacht, wie ich der Welt
Den Kerker, wo ich lebe, mag vergleichen;
Und, sintemal die Welt so volkreich ist,
Und hier ist keine Kreatur als ich,
So kann ich's nicht, – doch grübl' ich es heraus.
Mein Hirn soll meines Geistes Weibchen sein,
Mein Geist der Vater; diese zwei erzeugen
Dann ein Geschlecht stets brütender Gedanken,
Und die bevölkern diese kleine Welt
Voll Launen, wie die Leute dieser Welt:
Denn keiner ist zufrieden. Die beßre Art,
Als geistliche Gedanken, sind vermengt
Mit Zweifeln, und sie setzen selbst die Schrift
Der Schrift entgegen.
Als: „Laßt die Kindlein kommen"; und dann wieder:
„In Gottes Reich zu kommen, ist so schwer,
Als ein Kamel geht durch ein Nadelöhr."
Die, so auf Ehrgeiz zielen, sinnen aus

Unglaubliches: mit diesen schwachen Nägeln
Sich Bahn zu brechen durch die Kieselrippen
Der harten Welt hier, dieser Kerkerwände;
Und weil's unmöglich, härmt ihr Stolz sie tot.
Die auf Gemütsruh' zielen, schmeicheln sich,
Daß sie des Glückes erste Sklaven nicht,
Noch auch die letzten sind; wie arme Toren,
Die, in den Stock gelegt, der Schmach entgehn,
Weil vielen das geschah und noch geschehn wird.
In dem Gedanken finden sie dann Trost,
Ihr eignes Unglück tragend auf dem Rücken
Von andern, die zuvor das Gleiche traf.
So spiel' ich viel Personen ganz allein,
Zufrieden keine: manchmal bin ich König,
Dann macht Verrat mich wünschen, ich wär' Bettler;
Dann werd' ich's, dann beredet Dürftigkeit
Mich drückend, daß mir besser war als König.
Dann werd' ich wieder König, aber bald
Denk' ich, daß Bolingbroke mich hat entthront,
Und bin stracks wieder nichts: doch wer ich sei,
So mir als jedem sonst, der Mensch nur ist,
Kann nichts genügen, bis er kommt zur Ruh',
Indem er nichts wird. – *Musik.*
                    Hör' ich da Musik?
Ha, haltet Zeitmaß! – Wie so sauer wird
Musik, so süß sonst, wenn die Zeit verletzt
Und das Verhältnis nicht geachtet wird!
So ist's mit der Musik des Menschenlebens.
Hier tadl' ich nun mit zärtlichem Gehör
Verletzte Zeit an einer irren Saite,
Doch für die Eintracht meiner Würd' und Zeit
Hatt' ich kein Ohr, verletztes Maß zu hören.
Die Zeit verdarb ich, nun verderbt sie mich,
Denn ihre Uhr hat sie aus mir gemacht;
Gedanken sind Minuten, und sie picken
Mit Seufzern ihre Zahlen an das Zifferblatt
Der Augen, wo mein Finger wie ein Zeiger
Stets hinweist, sie von Tränen reinigend.
Der Ton nun, der die Stunde melden soll,
Ist lautes Stöhnen, schlagend auf die Glocke,
Mein Herz; so zeigen Seufzer, Tränen, Stöhnen
Minute, Stund' und Zeit; – doch meine Zeit
Jagt zu im stolzen Jubel Bolingbrokes.

Und ich steh' faselnd hier, sein Glockenhans. –
Wenn die Musik doch schwieg', sie macht mich toll!
Denn hat sie Tollen schon zum Witz geholfen,
In mir, so scheint's, macht sie den Weisen toll.
Und doch, gesegnet sei, wer mir sie bringt!
Denn sie beweist ja Lieb', und die für Richard
Ist fremder Schmuck in dieser Hasser-Welt.

Ein Stallknecht tritt auf.

STALLKNECHT: Heil, königlicher Fürst!

KÖNIG RICHARD: Heil, edler Pair!
  Wer überteuert nun den andern mehr?
  Wer bist du? und wie bist hiehergekommen,
  Wo niemand hinkommt, als der finstre Hund,
  Der Speise bringt, das Mißgeschick zu fristen?

STALLKNECHT:
  Ich war ein armer Knecht vom Marstall, König,
  Als du noch König warst; nach York nun wandernd,
  Erlangt' ich's mit genauer Not, zu schaun
  Das Antlitz meines weiland gnäd'gen Herrn.
  Oh, wie das Herz mir weh tat, anzusehn
  In Londons Straßen jenen Krönungstag,
  Als Bolingbroke den Barberschimmel ritt!
  Das Pferd, das du so oft geritten hast!
  Das Pferd, das ich so sorgsamlich gepflegt!

KÖNIG RICHARD: Ritt er den Barber? Sag mir, lieber Freund,
  Wie ging er unter ihm?

STALLKNECHT: So stolz, als wär' die Erd' ihm zu gering.

KÖNIG RICHARD: So stolz, daß Bolingbroke sein Reiter war!
Die Mähr' aß Brot aus königlicher Hand,
Die Hand hier machte sie mit Klatschen stolz.
Und strauchelt' er denn nicht? Fiel er nicht nieder
(Stolz kommt ja vor dem Fall) und brach den Hals
Des stolzen Manns, der seinen Rücken einnahm?
Verzeihung, Perd! Was schelt' ich doch auf dich,
Da du, dem Menschen untertan, geboren
Zum Tragen bist? Ich, nicht als Pferd erschaffen,
Trag' eines Esels Bürde doch, gejagt
Und wund gespornt vom wilden Bolingbroke.

Gefangenwärter kommt mit einer Schüssel.

GEFANGENWÄRTER *zu dem Stallknechte:*
Mach' Platz, Gesell! Du darfst nicht länger weilen.

KÖNIG RICHARD:
Wenn du mich liebst, mußt du hinweg nun eilen.

STALLKNECHT:
Was nicht mein Mund sagt, soll mein Herz doch teilen. *Ab.*

GEFANGENWÄRTER: Herr, ist's gefällig, zuzugreifen?

KÖNIG RICHARD: So koste erst, wie du gewöhnlich tust!

GEFANGENWÄRTER:
Ich darf nicht, Herr: Sir Pierce von Exton, der
Kürzlich vom König kam, befiehlt das Gegenteil.

KÖNIG RICHARD: Der Teufel hole Heinrich Lancaster und dich!
Geduld ist schal, und ich hab's nun genug.

Er schlägt den Gefangenwärter.

GEFANGENWÄRTER: Hülfe! Hülfe! Hülfe!

Exton und Bediente kommen bewaffnet.

KÖNIG RICHARD: Ha!
Was will der Tod mit diesem Überfall?
Schelm, deine Hand beut deines Todes Werkzeug.

Er reißt einem das Gewehr weg und erlegt ihn.

Geh du, füll' einen Platz noch in der Hölle!

Er erlegt noch einen, dann stößt ihn Exton nieder.

Die Hand soll nie verlöschend Feuer foltern,
Die so mich stürzet. Deine freche Hand
Befleckt mit Königs Blut des Königs Land.
Auf, auf, mein Geist, den hohen Sitz zu erben,
Indes mein Fleisch hier niedersinkt, zu sterben. *Er stirbt.*

EXTON: Voll Mut so wie voll königlichem Blut:
Beides vergoß ich: wär' die Tat nur gut!
Nun flüstert mir der Teufel, der's geraten,

Sie steh' verzeichnet bei der Hölle Taten.
Den toten König bring' ich, König, dir;
Tragt fort die andern und begrabt sie hier! *Ab.*

Windsor. Ein Zimmer im Schlosse.

Trompetenstoß. Bolingbroke und York mit andern Lords und Gefolge treten auf.

BOLINGBROKE: Mein Oheim York, die letzte Nachricht war
Aus Glostershire, daß unsre Stadt Cicester
Von den Rebellen eingeäschert ist.
Ob sie gefangen, ob geschlagen worden,
Erfuhren wir noch nicht.
                    Northumberland tritt auf.
Willkommen, Herr! Was bringt Ihr Neues mit?
NORTHUMBERLAND: Erst wünsch' ich deinem heil'gen Regiment
Das glücklichste Gedeihn. – Nach London schon
Sandt' ich die Köpfe – sei dir ferner kund –
Des Sal'sbury, des Spencer, Kent und Blunt.
Wie sie gefangen worden, möge dir
Ausführlich hier berichten dies Papier.
                Er überreicht ihm eine Schrift.
BOLINGBROKE: Wir danken, lieber Percy, deinen Müh'n,
Und würdiglich soll deine Würde blühn.
                    Fitzwater tritt auf.
FITZWATER:
Mein Fürst, ich sandt' aus Oxford hin nach London
Den Kopf des Brokas und Sir Bennet Seely,
Zwei der gefährlichen verschwornen Rotte,
Die dir zu Oxford greulich nachgestellt.
BOLINGBROKE: Fitzwater, deine Müh' wird nie vergessen;
Wie hoch dein Wert sei, hab' ich längst ermessen.
            Percy tritt auf mit dem Bischof von Carlisle.
PERCY: Der Hauptverschwörer, Abt von Westminster,
Hat vor Gewissens-Druck und düstrer Schwermut
Dem Grabe hingegeben seinen Leib;
Doch hier steht Carlisle lebend vor dem Thron,
Den Spruch erwartend, seines Stolzes Lohn.
BOLINGBROKE: Carlisle, dies ist dein Urteil: wähl' dir aus

Zum stillen Aufenthalt ein geistlich Haus,
Mehr als du hast; da labe deinen Sinn,
Und lebst du friedlich, scheid' auch friedlich hin:
Denn hegtest du schon immer Feindesmut,
Ich sah in dir der Ehre reine Glut.

Exton tritt auf mit Dienern, die einen Sarg tragen.

EXTON: In diesem Sarg bring' ich dir, großer König,
Begraben deine Furcht: hier liegt entseelt
Der Feinde mächtigster, die du gezählt,
Richard von Bourdeaux, her durch mich gebracht.

BOLINGBROKE: Exton, ich dank' dir nicht; du hast vollbracht
Ein Werk der Schande, mit verruchter Hand,
Auf unser Haupt und dies berühmte Land.

EXTON: Aus Eurem Mund, Herr, tat ich diese Tat.

BOLINGBROKE: Der liebt das Gift nicht, der es nötig hat,
So ich dich: ob sein Tod erwünscht mir schien,
Den Mörder hass' ich, lieb' ermordet ihn.
Nimm für die Mühe des Gewissens Schuld,
Doch weder mein gut Wort noch hohe Huld:
Wie Kain wandre nun in nächt'gem Grau'n
Und laß dein Haupt bei Tage nimmer schaun!
Lords, ich beteur' es, meiner Seel' ist weh,
Daß ich mein Glück bespritzt mit Blute seh'.
Kommt und betrauert mit, was ich beklage;
Daß düster Schwarz sofort ein jeder trage!
Ich will die Fahrt tun in das Heil'ge Land,
Dies Blut zu waschen von der schuld'gen Hand.
Zieht ernst mir nach, und keine Tränen spare,
Wer meine Trauer ehrt, an dieser frühen Bahre!

Alle ab.

KÖNIG
HEINRICH IV.

ERSTER TEIL

PERSONEN

König Heinrich IV.
Heinrich, Prinz von Wales
Prinz Johann von Lancaster }   *Söhne des Königs*
Graf von Westmoreland
Sir Walter Blunt }   *Freunde des Königs*
Graf von Worcester
Graf von Northumberland
Heinrich Percy, *mit dem Beinamen* Heißsporn, *sein Sohn*
Edmund Mortimer, Graf von March
Scroop, Erzbischof von York
Archibald, Graf von Douglas
Owen Glendower
Sir Richard Vernon
Sir John Falstaff
Poins
Gadshill
Peto
Bardolph

Lady Percy, *Gemahlin des jungen Percy und Mortimers Schwester*
Lady Mortimer, *Glendowers Tochter und Mortimers Gemahlin*
Frau Hurtig, *Wirtin einer Schenke zu Eastcheap*

Herren von Adel, Beamte, Sheriff, Kellner, Hausknecht, Küfer,
zwei Kärrner, Reisende, Gefolge usw.

ERSTER AUFZUG

ERSTE SZENE

London. Ein Zimmer im Palast.

König Heinrich[1], Westmoreland[2], Sir Walter Blunt und andere treten auf.

KÖNIG HEINRICH: Erschüttert wie wir sind, vor Sorge bleich,
Ersehn wir doch für den gescheuchten Frieden
Zu atmen Zeit, und abgebrochne Laute
Von neuem Kampf zu stammeln, welcher nun
Beginnen soll an weit entlegnem Strand.
Nicht mehr soll dieses Bodens durst'ger Schlund
Mit eigner Kinder Blut die Lippen färben;
Nicht Krieg mehr ihre Felder schneidend furchen,
Noch ihre Blumen mit bewehrten Hufen
Des Feinds zermalmen; die entbrannten Augen,
Die, eines trüben Himmels Meteore,
Von einer Art, erzeugt aus einem Wesen,
Noch jüngst sich trafen in dem innern Sturm
Und wildem Drang der Bürger-Metzelei:
Sie werden nun, gepaart in schönen Reih'n,
Den gleichen Weg ziehn und nicht mehr entgegen
Bekannten stehn, Blutsfreunden, Bundsgenossen.
Der Krieg wird, wie ein Messer ohne Scheide,
Nicht seinen Herrn mehr schneiden. Darum, Freunde,
So weit hin bis zur Grabesstätte Christs,
Des Krieger nun, mit dessen heil'gem Kreuz
Wir sind gezeichnet und zum Streit verpflichtet,
Woll'n wir ein Heer von Englischen sofort
Ausheben, deren Arm im Mutterschoß
Geformt schon ward, zu jagen jene Heiden
Im Heil'gen Lande, über dessen Hufen

Die segensreichen Füße sind gewandert,
Die uns zum Heil vor vierzehnhundert Jahren
Genagelt wurden an das bittre Kreuz.
Doch dieser unser Plan ist jährig schon,
Es frommt zu sagen nicht: wir wollen gehn;
Deshalb sind wir nicht hier. – Drum laßt mich hören
Von Euch, mein teurer Vetter Westmoreland,
Was gestern abend unser Rat beschloß
Zu dieses teuren Werkes Förderung.

WESTMORELAND: Mein Fürst, mit Eifer ward die Eil' erwogen
Und mancher Kostenanschlag aufgesetzt
Noch gestern abend, als der Quere ganz[3]
Eine Post aus Wales voll schwerer Zeitung kam;
Die schlimmste, daß der edle Mortimer,
Das Volk von Herfordshire zum Kampfe führend
Wider den wilden, stürmischen Glendower[4],
Von dieses Wäl'schen roher Hand gefangen,
Und ein Tausend seiner Leute ward erwürgt,
An deren Leichen solche Mißhandlung,
So schamlos viehische Entstellung ward
Von wäl'schen Frau'n verübt, daß ohne Scham
Man es nicht sagen noch erzählen kann.

KÖNIG HEINRICH:
So scheint es denn, die Zeitung dieses Zwistes
Brach das Geschäft zum Heil'gen Lande ab.

WESTMORELAND: Ja, dies gepaart mit anderm, gnäd'ger Herr.
Denn stürmischer und unwillkommner kam
Bericht vom Norden, und er lautet so:
Am Kreuzerhöhungstag[5] stieß Heinrich Percy[6],
Der wackre Heißsporn, dort auf Archibald[7],
Den immer tapfern und gepriesnen Schotten,
Zu Holmedon[8],
Wo's eine harte, blut'ge Stunde gab,
Wie man nach ihrer Lösung des Geschützes
Und anderm Schein die Neuigkeit erzählt;
Denn, der sie brachte, stieg recht in der Hitze
Und höchsten Kraft des Handgemeng's zu Pferd,
Noch irgend eines Ausgangs nicht gewiß.

KÖNIG HEINRICH: Hier ist ein teurer, wahrhaft tät'ger Freund,
Sir Walter Blunt, vom Pferd erst abgestiegen,
Bespritzt mit jedes Bodens Unterschied,
So zwischen Holmedon liegt und unserm Sitz,
Und der bringt schöne und willkommne Zeitung:

Der Graf von Douglas ist aufs Haupt geschlagen;
Zehntausend Schotten, zweiundzwanzig Ritter,
In eignem Blut geschichtet, sah Sir Walter
Auf Homedons Plan: gefangen ward vom Heißsporn
Mordake, der Graf von Fife und ältester Sohn
Des überwundnen Douglas; dann die Grafen
Von Athol, Murray, Angus und Menteith.
Und ist dies ehrenvolle Beute nicht?
Ein hoher Preis? Sagt, Vetter, ist es nicht?
WESTMORELAND: Fürwahr, es ist ein Sieg, des wohl ein Prinz
Sich rühmen könnte.
KÖNIG HEINRICH:
Ja, da betrübst du mich und machst mich sünd'gen
Durch Neid, daß Lord Northumberland der Vater

Solch eines wohlgeratnen Sohnes ist:
Ein Sohn, den Ehre stets im Munde führt,
Der Stämme gradester im ganzen Wald,
Des holden Glückes Liebling und sein Stolz;
Indes ich, wenn ich seinen Ruhm betrachte,
Wüstheit und Schande meinem jungen Heinrich
Seh' auf die Stirn gedrückt. Oh, ließe sich's
Erweisen, daß ein Elfe, nächtlich spükend,
In Windeln unsre Kinder ausgetauscht,
Meins Percy, seins Plantagenet genannt,
Dann hätt' ich seinen Heinrich[9] und er meinen.
Doch weg aus meinem Sinn! – Was meint Ihr, Vetter,
Vom Stolz des jungen Percy? Die Gefangnen[10],
Die er bei diesem Treffen hat gemacht,
Behält er für sich selbst und gibt Bescheid,
Mordake, den Lord von Fife, nur sollt' ich haben.

WESTMORELAND:
Das lehret ihn sein Oheim, das ist Worcester,
Euch feindlich unter jeglichem Aspekt;
Dies macht, daß er sich brüstet und den Kamm
Der Jugend gegen Eure Würde sträubt.

KÖNIG HEINRICH: Auch hab' ich ihn zur Rechenschaft berufen,
Weshalb auf eine Weile nachstehn muß
Der heil'ge Vorsatz nach Jerusalem.
Vetter, auf nächsten Mittwoch woll'n wir Rat
Zu Windsor halten: meldet das den Lords!
Kommt aber selbst mit Eil' zu uns zurück,
Denn mehr noch ist zu sagen und zu tun,
Als ich vor Zorne vorzubringen weiß.

WESTMORELAND: Ich will's, mein Fürst.

Alle ab.

ZWEITE SZENE

Ein anderes Zimmer im Palast.

Prinz Heinrich von Wales und Falstaff treten auf.

FALSTAFF: Nu, Heinz! welche Zeit am Tage ist es, Junge?
PRINZ HEINRICH: Dein Witz ist so feist geworden, durch Sekttrin-
ken, Westenaufknöpfen nach Tisch und nachmittags auf Bänken
schlafen, daß du vergessen hast, das eigentlich zu fragen, was
du eigentlich wissen möchtest. Was Teufel hast du mit der Zeit

am Tage zu schaffen? Die Stunden müßten denn Gläser Sekt sein, und Minuten Kapaunen, und Glocken die Zungen der Kupplerinnen, und Zifferblätter die Schilder von liederlichen Häusern, und Gottes Sonne selbst eine schöne hitzige Dirne in feuerfarbnem Taft; sonst sehe ich nicht ein, warum du so vorwitzig sein solltest, nach der Zeit am Tage zu fragen.

FALSTAFF: Wahrlich! da triffst du es, Heinz. Denn wir, die wir Geldbeutel wegnehmen, gehn nach dem Mond und dem Siebengestirn umher, und nicht nach Phöbus[11], – „dem irrenden Ritter fein". Und ich bitte dich, Herzensjunge, wenn du König bist, – wie du, Gott erhalte deine Gnaden! – Majestät sollte ich sagen, denn Gnade wird dir nicht zu teil werden –

PRINZ HEINRICH: Was? keine Gnade?

FALSTAFF: Nein, meiner Treu! Nicht so viel, um dir ein geröstet Ei damit zu gesegnen.

PRINZ HEINRICH: Nun, was weiter? Rund heraus mit der Sprache!

FALSTAFF: Nun gut denn, Herzensjunge: wenn du König bist, so laß uns, die wir Ritter vom Orden der Nacht sind, nicht Diebe unter den Horden des Tages heißen: laß uns Dianens[12] Förster sein, Kavaliere vom Schatten, Schoßkinder des Mondes; und laß die Leute sagen, daß wir Leute von gutem Wandel sind, denn wir wandeln, wie die See, mit der Luna, unsrer edlen und keuschen Gebieterin, unter deren Begünstigung wir stehlen.

PRINZ HEINRICH: Gut gesprochen, und es paßt auch gut, denn unser Glück, die wir Leute des Mondes sind, hat seine Ebbe und Flut, wie die See, da es, wie die See, unter dem Monde steht. Als zum Beispiel: ein Beutel mit Gold, der Montag nachts auf das herzhafteste erschnappt ist, wird Dienstag morgens auf das scherzhafteste durchgebracht; gekriegt mit Fluchen: „leg' ab!" und verzehrt mit Schreien: „bring' her!" Jetzt so niedrige Ebbe, wie der Fuß der Leiter, und gleich darauf so hohe Flut, wie der Gipfel des Galgens.

FALSTAFF: Beim Himmel, du redest wahr, Junge. Und ist nicht unsre Frau Wirtin von der Schenke eine recht süße Kreatur?

PRINZ HEINRICH: Wie der Honig von Hybla[13], mein alter Eisenfresser. Und ist nicht ein Büffelwams ein recht süßes Stück zum Strapazieren?

FALSTAFF: Nu, nu, toller Junge! Hast du einmal wieder deine Faxen und Quinten[14] im Kopfe? Was zum Kuckuck habe ich mit einem Büffelwams zu schaffen?

PRINZ HEINRICH: Ei, was zum Henker habe ich mit unsrer Frau Wirtin von der Schenke zu schaffen?

FALSTAFF: Nun, du hast manches liebe Mal eine Rechnung mit ihr abgemacht.

PRINZ HEINRICH: Rief ich dich je dazu, dein Teil zu bezahlen?

FALSTAFF: Nein, ich lasse dir Gerechtigkeit widerfahren: du hast da immer alles bezahlt.

PRINZ HEINRICH: Ja, und anderswo auch, soweit mein bares Geld reichte, und wo es mir ausging, habe ich meinen Kredit gebraucht.

FALSTAFF: Ja, und ihn so verbraucht, daß, wenn du nicht vermutlicher Thronerbe wärst, so würde vermutlich – Aber sage mir, Herzensjunge, soll ein Galgen in England stehen bleiben, wenn du König bist? Soll die Tapferkeit von dem rostigen Gebiß des alten Schalksnarren Gesetz eingezwängt werden, wie jetzt? Häng' du keinen Dieb, wenn du König bist!

PRINZ HEINRICH: Nein, du sollst es tun.

FALSTAFF: Ich? O herrlich! Beim Himmel, ich werde ein wackrer Urteilsprecher sein.

PRINZ HEINRICH: Du sprichst schon ein falsches: ich meine, du sollst die Diebe zu hängen haben und ein trefflicher Henker werden.

FALSTAFF: Gut, Heinz, gut! Auf gewisse Weise paßt es auch zu meiner Gemütsart, so gut wie bei Hofe aufwarten, das sage ich dir.

PRINZ HEINRICH: Um befördert zu werden.

FALSTAFF: Ja, um befördert zu werden, was der Henker nicht nötig hat, weil er selbst befördert. Blitz, ich bin so melancholisch wie ein Brummkater, oder wie ein Zeiselbär.

PRINZ HEINRICH: Oder ein alter Löwe, oder die Laute eines Verliebten.

FALSTAFF: Ja, oder das Geschnarre eines Lincolner Dudelsacks.

PRINZ HEINRICH: Was meinst du zu einem Hasen? oder so melancholisch wie ein fauler Sumpf?

FALSTAFF: Du hast die abschmeckendsten Gleichnisse von der Welt und bist wahrhaftig der vergleichsamste, spitzbübischste, niedlichste junge Prinz. – Aber, Heinz, ich bitte dich, suche mich nicht mehr mit Eitelkeiten heim! Ich wollte, du und ich, wir wüßten, wo ein Vorrat von guten Namen zu kaufen wäre. Ein alter Herr vom Rate schalt mich neulich auf der Gasse Euretwegen aus, junger Herr, aber ich merkte nicht auf ihn; und doch redete er sehr weislich, aber ich achtete nicht auf ihn; und doch redete er weislich, und obendrein auf der Gasse.

PRINZ HEINRICH: Du tatest wohl daran: denn die Weisheit läßt sich hören in den Gassen, und niemand achtet ihrer.

FALSTAFF: Oh, du hast verruchte Nutzanwendungen im Kopf und bist wahrhaftig imstande, einen Heiligen zu verführen. Du hast viel an mir verschuldet, Heinz, Gott vergebe es dir! Eh' ich dich kannte, Heinz, wußte ich von gar nichts, und nun bin ich, die rechte Wahrheit zu sagen, nicht viel besser als einer von den Gottlosen. Ich muß dies Leben aufgeben, und ich will's auch aufgeben. Bei Gott, ich bin ein Schuft, wenn ich's nicht tue; ich will für keinen Königssohn in der Christenheit zur Hölle fahren.

PRINZ HEINRICH: Wo sollen wir morgen einen Beutel erschnappen, Hans?

FALSTAFF: Wo du willst, Junge, ich bin dabei; wo ich's nicht tue, so nennt mich einen Schuft und foppt mich nach Herzenslust!

PRINZ HEINRICH: Ich werde eine schöne Bekehrung an dir gewahr; vom Beten fällst du aufs Beutelschneiden.

FALSTAFF: Je, Heinz! 's ist mein Beruf, Heinz; 's ist einem Menschen nicht zu verargen, daß er in seinem Berufe arbeitet.

Poins tritt auf.

Poins! – Nun werden wir hören, ob Gadshill was ausgespürt hat. Oh, wenn die Menschen durch Verdienst selig würden, welcher Winkel in der Hölle wäre heiß genug für ihn? Dies ist der überschwenglichste Spitzbube, der je einem ehrlichen Manne „Halt!" zurief.

PRINZ HEINRICH: Guten Morgen, Eduard.

POINS: Guten Morgen, lieber Heinz. – Was sagt Monsieur Gewissensbiß? Was sagt Sir John Zuckersekt? Sag, Hans, wie verträgt sich der Teufel und du um deine Seele, die du ihm am letzten Karfreitag um ein Glas Madera und eine Kapaunenkeule verkauft hast?

PRINZ HEINRICH: Sir John hält sein Wort, der Teufel soll seines Handels froh werden; er hat noch nie ein Sprichwort gebrochen; er gibt dem Teufel, was des Teufels ist.

POINS: Also bist du verdammt, weil du dem Teufel dein Wort hältst.

PRINZ HEINRICH: Sonst würde er verdammt, weil er den Teufel hinters Licht geführt hätte.

POINS: Aber, Jungen! Jungen! morgen früh um vier Uhr nach Gadshill. Es gehen Pilgrime nach Canterbury mit reichen Gaben, es reiten Kaufleute nach London mit gespickten Beuteln; ich habe Masken für euch alle, ihr habt selbst Pferde; Gadshill liegt heute nacht zu Rochester, ich habe auf morgen abend in Eastcheap Essen bestellt, wir können es so sicher tun wie schlafen. Wollt ihr mitgehn, so will ich eure Geldbeutel voll Kronen stopfen; wollt ihr nicht, so bleibt zu Haus und laßt euch hängen!

FALSTAFF: Hör' an, Eduard: wenn ich zu Hause bleibe und nicht mitgehe, so lass' ich euch hängen, weil ihr mitgeht.

POINS: So, Maulaffe!

FALSTAFF: Willst du dabei sein, Heinz?

PRINZ HEINRICH: Wer? ich ein Räuber? ich ein Dieb? Ich nicht, meiner Treu!

FALSTAFF: Es ist keine Redlichkeit in dir, keine Mannhaftigkeit, keine echte Brüderschaft; du stammst auch nicht aus königlichem Blut, wenn du nicht das Herz hast, nach ein paar Kronen zuzugreifen.

PRINZ HEINRICH: Nun gut, einmal in meinem Leben will ich einen tollen Streich machen.

FALSTAFF: Nun, das ist brav!

PRINZ HEINRICH: Ei, es mag daraus werden, was will, ich bleibe zu Haus.

FALSTAFF: Bei Gott, so werde ich ein Hochverräter, wenn du König bist.

PRINZ HEINRICH: Meinetwegen.

POINS: Sir John, ich bitte dich, laß den Prinzen und mich allein, ich will ihm solche Gründe für dies Unternehmen vorlegen, daß er mitgehen soll.

FALSTAFF: Gut, mögest du den Geist der Überredung und er die Ohren der Lehrbegierde haben, damit das, was du sagst, fruchten und das, was er hört, Glauben finden möge, auf daß der wahrhafte Prinz, der Erlustigung wegen, ein falscher Dieb werde; denn die armseligen Mißbräuche der Zeit haben Aufmunterung nötig. Lebt wohl, ihr findet mich in Eastcheap.

PRINZ HEINRICH: Leb wohl, du Spätfrühling! du alter Jungfern-Sommer!

Falstaff ab.

POINS: Nun, mein bester Zuckerprinz, reitet morgen mit uns: ich habe einen Spaß vor, den ich nicht allein ausführen kann. Falstaff, Bardolph, Peto und Gadshill sollen diese Leute berauben, denen wir schon aufpassen lassen; Ihr und ich, wir wollen nicht dabei sein; und haben sie nun die Beute, Ihr sollt mir den Kopf von den Schultern schlagen, wenn wir beide sie ihnen nicht abjagen.

PRINZ HEINRICH: Aber wie sollen wir uns beim Aufbruch von ihnen losmachen?

POINS: Wir wollen früher oder später aufbrechen und ihnen einen Platz der Zusammenkunft bestimmen, wo es bei uns steht, nicht einzutreffen; dann werden sie sich ohne uns in das Abenteuer wagen, und sobald sie es vollbracht, machen wir uns an sie.

PRINZ HEINRICH: Ja, doch es ist zu vermuten, daß sie uns an unsern Pferden, an unsern Kleidern und hundert andern Dingen erkennen werden.

POINS: Pah! unsre Pferde sollen sie nicht sehen, die will ich im Walde festbinden; die Masken wollen wir wechseln, wenn wir sie verlassen haben, und hör' du! ich habe Überzüge von Steifleinen bei der Hand, um unsre gewohnte äußre Tracht zu verlarven.

PRINZ HEINRICH: Aber ich fürchte, sie werden uns zu stark sein.

POINS: Ei, zwei von ihnen kenne ich als die ausgemachtesten Memmen, die je Fersengeld bezahlt haben; und was den dritten betrifft, wenn der länger ficht, als ratsam ist, so will ich die Waffen abschwören. Der Hauptspaß dabei werden die unbegreiflichen Lügen sein, die uns dieser feiste Schlingel erzählen wird, wenn wir zum Abendessen zusammenkommen: wie er zum wenigsten mit dreißig gefochten, was er für Ausfälle, für Stöße, für Lebensgefahren bestanden; und daß er damit zu schanden wird, ist eben der Spaß.

PRINZ HEINRICH: Gut, ich will mit dir gehen: sorge für alles Nötige und triff mich morgen abend in Eastcheap; da will ich zu Nacht essen. Leb wohl!

POINS: Lebt wohl, mein Prinz! *Ab.*

PRINZ HEINRICH:
Ich kenn' euch all' und unterstütz' ein Weilchen
Das wilde Wesen eures Müßiggangs.
Doch darin tu' ich es der Sonne nach,
Die niederm, schädlichem Gewölk erlaubt,
Zu dämpfen ihre Schönheit vor der Welt,
Damit, wenn's ihr beliebt, sie selbst zu sein,
Weil sie vermißt ward, man sie mehr bewundre,
Wenn sie durch böse, garst'ge Nebel bricht
Von Dünsten, die sie zu ersticken schienen.
Wenn alle Tag' im Jahr gefeiert würden,
So würde Spiel so lästig sein wie Arbeit:
Doch seltne Feiertage sind erwünscht,
Und nichts erfreut wie unverseh'ne Dinge.
So, wenn ich ab dies lose Wesen werfe
Und Schulden zahle, die ich nie versprach,
Täusch' ich der Welt Erwartung um so mehr,
Um wie viel besser als mein Wort ich bin;

Und wie ein hell Metall auf dunkelm Grund
Wird meine Beßrung, Fehler überglänzend,
Sich schöner zeigen und mehr Augen anziehn,
Als was durch keine Folie wird erhöht.
Ich will mit Kunst die Ausschweifungen lenken,
Die Zeit einbringen, eh' die Leut' es denken. *Ab.*

DRITTE SZENE

Ein andres Zimmer im Palast.

*König Heinrich, Northumberland, Worcester, Percy, Sir Walter Blunt und
andere.*

KÖNIG HEINRICH: Zu kalt und zu gemäßigt war mein Blut,
  Unfähig, bei den Freveln aufzuwallen,
  Und ihr habt mich erkannt: deswegen tretet
  Ihr meine Duldung nieder; aber glaubt,
  Ich will hinfüro mehr ich.selber sein,
  Mächtig und furchtbar mehr als meine Art,
  Die glatt wie Öl gewesen, weich wie Flaum,
  Und der Verehrung Anspruch drum verloren,
  Die Stolzen nur die stolze Seele zahlt.
WORCESTER: Mein Lehnsherr, unser Haus verdient gar wenig,
  Daß sich darauf der Hoheit Geißel kehre,
  Und jener Hoheit zwar, die unsre Hände
  So stattlich machen halfen.
NORTHUMBERLAND: Gnäd'ger Herr, –
KÖNIG HEINRICH: Worcester, mach' dich fort, ich sehe dir
  Gefahr und Ungehorsam in den Augen.
  Wißt, Ihr benehmt Euch allzu dreist und herrisch,
  Und niemals noch ertrug die Majestät
  Das finstre Trotzen einer Dienerstirn.
  Ihr seid entlassen: wenn wir Euren Rat
  Und Hülfe brauchen, woll'n wir nach Euch senden.
          Worcester ab.
Zu Northumberland. Ihr wolltet eben reden.
NORTHUMBERLAND: Ja, mein Fürst.
  Die Kriegsgefangnen, in Eu'r Hoheit Namen
  Begehrt, die Heinrich Percy hier, mein Sohn,
  Zu Holmedon machte, wurden, wie er sagt,
  Auf so entschiedne Weise nicht verweigert,

Als Eurer Majestät berichtet ward.
Neid also oder üble Deutung ist
An diesem Fehler schuld, und nicht mein Sohn.
PERCY: Mein Fürst, ich schlug nicht die Gefangnen ab.
Doch ich erinnre mich, nach dem Gefecht,
Als ich, von Wut und Anstrengung erhitzt,
Matt, atemlos, mich lehnte auf mein Schwert,
Kam ein gewisser Herr, nett, schon geputzt,
Frisch wie ein Bräut'gam; sein gestutztes Kinn
Sah Stoppelfeldern nach der Ernte gleich.
Er war bebalsamt wie ein Modekrämer,
Und zwischen seinem Daum und Finger hielt er
Ein Bisam-Büchschen[15], das er ein ums andre
Der Nase reichte und hinweg dann zog,
Die, zornig drüber, wenn sich's wieder nahte,
Ins Schnauben kam; stets lächelt' er und schwatzte,
Und wie das Kriegsvolk Tote trug vorbei,
Nannt' er sie ungezogne, grobe Buben,
Daß sie 'ne liederliche, garst'ge Leiche
Zwischen den Wind und seinen Adel trügen.
Mit vielen Feiertags- und Fräuleins-Worten
Befragt' er mich und fodert' unter anderm
Für Eure Majestät die Kriegsgefangnen.
Ich, den die kalt gewordnen Wunden schmerzten,
Nun so geneckt von einem Papagei,
In dem Verdruß und in der Ungeduld
Antwortete so hin, ich weiß nicht was:
Er sollte oder nicht, – mich macht' es toll,
Daß er so blank aussah und roch so süß,
Und wie ein Kammerfräulein von Kanonen,
Von Trommeln schwatzt' und Wunden (beßr' es Gott!),
Und sagte mir, für innre Schäden komme
Nichts auf der Welt dem Spermaceti bei[16];
Und großer Jammer sei es, ja fürwahr,
Daß man den bübischen Salpeter grabe
Aus unsrer guten Mutter Erde Schoß,
Der manchen wackern, wohlgewachsnen Kerl
Auf solche feige Art schon umgebracht.
Und wären nicht die häßlichen Kanonen,
So wär' er selber ein Soldat geworden.
Auf dies sein kahles, loses Schwatzen, Herr,
Antwortet' ich nur lässig, wie gesagt.
Und ich ersuch' Euch, daß nicht sein Bericht

Als gült'ge Klage zwischen meine Liebe
Und Eure hohe Majestät sich dränge.
BLUNT: Erwägen wir die Lage, bester Herr,
So kann, was Heinrich Percy auch gesagt
Zu solcherlei Person, an solchem Ort,
Zu solcher Zeit, samt allem sonst Erzählten
Gar füglich sterben und nie auferstehn,
Um ihn zu drücken oder zu verklagen,
Wenn er nun widerruft, was er gesagt.
KÖNIG HEINRICH: Er gibt ja die Gefangnen noch nicht her,
Als nur mit Klauseln und bedingungsweise,
Daß wir auf eigne Kosten seinen Schwager,
Den albern Mortimer, auslösen sollen;
Der doch, bei meiner Seel', mit Fleiß verriet
Das Leben derer, die zum Kampf er führte
Mit dem verruchten Zauberer Glendower,
Des Tochter, sagt man uns, der Graf von March
Seitdem zur Ehe nahm. Soll unser Schatz
Geleert sein, um Verräter einzulösen?
Soll'n wir Verrat erkaufen? unterhandeln
Für Feigheit, die sich selbst verloren gab?
Nein, auf den kahlen Höh'n laßt ihn verschmachten,
Denn niemals halt' ich den für meinen Freund,
Des Mund mich nur um einen Pfennig anspricht
Zur Lösung des abtrünn'gen Mortimer[17].
PERCY: Abtrünn'gen Mortimer!
Nie fiel er ab von Euch, mein Oberherr,
Als durch des Krieges Glück. – Dies zu beweisen,
G'nügt e i n e Zunge für den offnen Mund
So vieler Wunden, die er kühn emfing,
Als an des schönen Severn bins'gem Ufer,
Im einzelnen Gefechte handgemein,
Er eine volle Stunde fast verlor,
Dem mächtigen Glendower stand zu halten.
Dreimal verschnauften sie und tranken dreimal
Nach Übereinkunft aus des Severn Flut,
Der, bang vor ihren blutbegier'gen Blicken,
Sein bebend Schilf entlang erschrocken lief
Und barg sein krauses Haupt im hohlen Ufer,
Befleckt mit dieser tapfern Streiter Blut.
Nie färbte nackte, faule Politik
Das, was sie schaffte, mit so herben Wunden;
Auch hätte nie der edle Mortimer

So viel' empfangen und so willig alle.
So werd' er denn mit Abfall nicht verleumdet!
KÖNIG HEINRICH: Oh, du belügst ihn, Percy, du belügst ihn!
Er hat im Kampf Glendower nie bestanden.
Ich sage dir,
Er träf' so gern sich mit dem Teufel allein,
Als Owen Glendower feindlich zu begegnen.
Schämst du dich nicht? – Ich rat' Euch, daß ich nie
Von Mortimer Euch ferner reden höre.
Schickt die Gefangnen mir aufs schleunigste,
Sonst sollt Ihr solchermaßen von mir hören,
Daß es Euch nicht behagt. – Mylord Northumberland,
Ihr seid von uns samt Eurem Sohn beurlaubt. –
Schickt die Gefangnen, sonst sollt Ihr's noch hören!
König Heinrich, Blunt und Gefolge ab.
PERCY: Und wenn der Teufel kommt und brüllt nach ihnen,
Schick' ich sie nicht; – ich will gleich hinterdrein
Und ihm das sagen, so mein Herz erleichtern,
Und wär's auch mit Gefahr für meinen Kopf.
NORTHUMBERLAND:
Wie? was? Berauscht von Galle? Wart' ein Weilchen:
Da kommt dein Oheim.
Worcester kommt zurück.
PERCY: Nicht von Mortimer?
Blitz! ich will von ihm reden, und ich will
Nicht selig werden, halt' ich's nicht mit ihm;
Ja, alle diese Adern will ich leeren,

183

Mein Herzblut tropfenweis' in Staub verschütten,
Um den zertretnen Mortimer zu heben
So hoch, wie diesen undankbaren König,
Den undankbaren, gift'gen Bolingbroke.

NORTHUMBERLAND: Der König machte Euren Neffen toll.

WORCESTER: Wer schlug dies Feuer auf, nachdem ich ging?

PERCY: Er will, ei denkt doch! alle die Gefangnen.
Und als ich wieder auf die Lösung drang
Von meines Weibes Bruder, wurd' er blaß
Und wandt' auf mein Gesicht ein Aug' des Todes,
Beim bloßen Namen Mortimer schon zitternd.

WORCESTER: Ich tadl' ihn nicht; hat der verstorbne Richard
Ihn für den nächsten Erben nicht erklärt?

NORTHUMBERLAND: Das hat er; die Erklärung hört' ich selbst,
Und zwar geschah sie, als der arme König –
An dem uns unser Unrecht Gott verzeih'! –
Sich zu dem Zug nach Irland wegbegab,
Wovon er, abgerufen, wiederkam,
Entthront und drauf ermordet bald zu werden.

WORCESTER: Um dessen Tod im Mund der weiten Welt
Man uns entehrt und unsern Namen schmäht.

PERCY: Ich bitt' Euch, still! Erklärte König Richard
Denn meinen Bruder Edmund Mortimer
Zum Erben seines Throns?

NORTHUMBERLAND: Er tat's, ich hört' es selbst.

PERCY: Dann tadl' ich nicht den König, seinen Vetter,
Der ihn auf kahlen Höh'n verschmachtet wünschte.
Doch soll es sein, daß ihr, die ihr die Krone
Auf des vergeßnen Mannes Haupt gesetzt
Und seinethalb den bösen Schandfleck tragt
Von Anstiftung zum Morde, – soll es sein,
Daß ihr euch zuzieht eine Welt von Flüchen,
Als Helfershelfer, schnödes Werkzeug nur,
Die Stricke, Leitern oder gar der Henker?
Verzeiht, daß ich so tief hinab muß gehn,
Das Fach zu zeigen und die Rangordnung,
Worin ihr steht bei diesem schlauen König. –
Soll man – o Schmach! – in diesen Zeiten sagen
Und Chroniken damit in Zukunft füllen,
Daß Männer sich von eurer Macht und Adel
Verpflichtet einer ungerechten Sache
(Wie beide ihr – verzeih' es Gott! – getan),
Richard, die süße Rose, auszureißen

Und diesen Dornstrauch, Bolingbroke, zu pflanzen?
Und soll zu größrer Schmach man ferner sagen,
Ihr seid gehöhnt, entlassen, abgeschüttelt
Von ihm, für den ihr diese Schmach ertrugt?
Nein, es ist Zeit noch, die verbannte Ehre
Zurückzulösen und euch vor der Welt
In ihrer guten Meinung herzustellen;
Das stolze, höhnische Verschmähn zu rächen
An diesem König, welcher Tag und Nacht
Drauf sinnt, die ganze Schuld bei euch zu tilgen,
Wär's auch mit eures Todes blut'ger Zahlung.
Drum sag' ich –

WORCESTER: Stille, Vetter! sagt nichts mehr,
Und nun will ich ein heimlich Buch Euch öffnen
Und Eurem schnell begreifenden Verdruß
Gefährliche und tiefe Dinge lesen,
So voll Gefahr und Unternehmungsgeist,
Als über einen Strom, der tobend brüllt,
Auf eines Speeres schwankem Halte schreiten.

PERCY: Fällt er hinein, gut' Nacht! – schwimm' oder sink'!
Schickt nur Gefahr von Osten bis zum West,
Wenn Ehre sie von Nord nach Süden kreuzt,
Und laßt sie ringen: oh, das Blut wallt mehr
Beim Löwenhetzen als beim Hasenjagen!

NORTHUMBERLAND: Die Einbildung von großen Taten reißt
Jenseit der Schranken der Geduld ihn hin.

PERCY:
Bei Gott! mich dünkt, es wär' ein leichter Sprung,
Vom blassen Mond die lichte Ehre reißen
Oder sich tauchen in der Tiefe Grund,
Wo nie das Senkblei bis zum Boden reichte,
Und die ertränkte Ehre bei den Locken
Heraufziehn, dürf' ihr Retter ihre Würden
Dann alle tragen, ohne Nebenbuhler.
Doch pfui der ärmlichen Genossenschaft!

WORCESTER: Er stellt sich eine Welt von Bildern vor,
Doch nicht die Form des, was er merken sollte.
Gebt, Vetter, auf ein Weilchen mir Gehör!

PERCY: Habt Nachsicht mit mir!

WORCESTER: Jene edlen Schotten,
Die Ihr gefangen, –

PERCY: Die behalt' ich alle.
Bei Gott! er soll nicht e i n e n Schotten haben.

Ja, hülf' ein Schott' ihm in den Himmel, doch nicht:
Bei dieser Rechten! ich behalte sie.
WORCESTER: Ihr fahrt so auf und leiht kein Ohr dem Vorschlag;
Ihr sollt ja die Gefangnen auch behalten.
PERCY: Ich will's auch, kurz und gut.
Er sprach, nicht lösen woll' er Mortimer,
Verbot zu reden mir von Mortimer,
Allein ich find' ihn, wo er schlafend liegt,
Und ruf' ihm in die Ohren: „Mortimer!"
Ja, einen Star schaff' ich, der nichts soll lernen
Zu schrein, als „Mortimer", und geb' ihm den,
Um seinen Zorn stets rege zu erhalten.
WORCESTER: Hört, Vetter, nur ein Wort!
PERCY: Hier sag' ich förmlich jedem Streben ab,
Als diesen Bolingbroke .recht wund zu kneifen,
Und jenen Schwadronierer, Prinz von Wales:
Dächt' ich nicht, daß sein Vater ihn nicht liebt
Und gerne säh', wenn er ein Unglück nähme,
Ich wollt' ihn mit 'nem Kruge Bier vergiften!
WORCESTER:
Lebt wohl denn, Vetter! Ich will mit Euch sprechen,
Wenn Ihr zum Hören aufgelegter seid.
NORTHUMBERLAND: Ei, welch ein bremsgetochner, jäher Tor
Bist du, in diese Weiberwut zu fallen,
Dein Ohr nur deiner eignen Zunge fesselnd?
PERCY:
Ja seht, mich peitscht's mit Ruten, brennt wie Nesseln
Und sticht wie Ameishaufen, hör' ich nur
Von dem Politiker, dem schnöden Bolingbroke.
Zu Richards Zeit, – wie nennt Ihr doch den Ort?
Der Teufel hol's! – er liegt in Glostershire,
Wo der verrückte Herzog lag, sein Oheim,
Sein Oheim York; wo ich zuerst mein Knie
Dem Fürst des Lächelns bog, dem Bolingbroke,
Als Ihr und er von Ravenspurg zurückkamt.
NORTHUMBERAND: Zu Berkley-Schloß.
PERCY: Ja, Ihr habt recht.
Ei, welchen Haufen Zucker-Artigkeit
Bot mir der schmeichlerische Windhund da!
„Wenn sein unmündig Glück zu Jahren käme", –
Und „lieber Heinrich Percy", und „bester Vetter", –
Oh, zum Teufel solche Betrüger! – Gott verzeih' mir! –
Sagt, Oheim, was Ihr wollt, denn ich bin fertig.

WORCESTER: Nein, wenn Ihr's noch nicht seid, fangt wieder an;
　　Wir warten Euer.
PERCY:　　　　　Ich bin wahrlich fertig.
WORCESTER: Dann wieder zu den schottischen Gefangnen
　　Gebt ohne Lösegeld sie gleich zurück
　　Und macht des Douglas Sohn zu Eurem Mittel,
　　In Schottland Volk zu werben, was aus Gründen,
　　Die ich Euch schriftlich geben will, gewiß
　　Euch leicht bewilligt wird. – Ihr, Mylord, sollt,
　　Indes Eu'r Sohn in Schottland tätig ist,
　　Euch insgeheim dem würdigen Prälaten,
　　Der so beliebt ist, in den Busen schleichen,
　　Dem Erzbischof[18].
PERCY:　　　　Von York, nicht wahr?
WORCESTER:　　　　　　　　　Ja, der empfindet hart
　　Des Bruders Tod zu Bristol, des Lord Scroop.
　　Ich rede nicht vermutungsweis', es könnte
　　Vielleicht so sein; nein, sondern wie ich weiß,
　　Daß es erwogen und beschlossen ist
　　Und wartet nur auf der Gelegenheit
　　Gewognen Wink, um an das Licht zu treten.
PERCY: Ich wittre schon: es geht, bei meinem Leben!
NORTHUMBERLAND:
　　Du läßt den Hund los, eh' das Wild sich rührt.
PERCY: Der Anschlag kann nicht anders sein als schön.
　　Und dann die Macht von Schottland und von York, –
　　Mit Mortimer vereint. Ha!
WORCESTER:　　　　　Das soll geschehn.
PERCY: Fürwahr, das ist vortrefflich ausgedacht.
WORCESTER: Und was uns eilen heißt, ist nichts Geringes:
　　Durch einen Hauptstreich unser Haupt zu retten.
　　Denn, mögen wir uns noch so still betragen,
　　Der König glaubt sich stets in unsrer Schuld,
　　Und glaubt, daß wir uns nicht befriedigt glauben,
　　Bis er es uns zu seiner Zeit vergilt.
　　Ihr seht ja: wie er schon den Anfang macht,
　　Und seiner Liebe Blicken zu entfremden.
PERCY: Das tut er, ja: man muß sich an ihm rächen.
WORCESTER: Vetter, lebt wohl! Nicht weiter geht hierin,
　　Als ich durch Briefe Euch den Weg will zeigen:
　　Wenn reif die Zeit ist, und das wird sie bald,
　　Schleich' ich zu Glendower und Lord Mortimer,
　　Wo Ihr und Douglas und die ganze Macht

Durch mein Bemühn sich glücklich treffen sollen,
Um unser Glück in eignem starkem Arm
Zu fassen, das wir jetzt so schwankend halten.

NORTHUMBERLAND:

Lebt wohl, mein Bruder! Es gelingt, so hoff' ich.

PERCY: Oheim, adieu! Könnt' ich die Stunden kürzen,
Bis Feld und Streich und Weh das Spiel uns würzen!

Alle ab.

ZWEITER AUFZUG

Erste Szene

Rochester. Ein Hof in der Herberge.

Ein Kärrner kommt gähnend mit einer Laterne in der Hand.

KÄRRNER: Ohe! Wenn's nicht schon um viere ist, will ich mich hängen lassen. Der Wagen da droben steht schon über dem neuen Schornstein, und unser Pferd ist noch nicht bepackt. He, Stallknecht!

STALLKNECHT *drinnen:* Gleich! Gleich!

KÄRRNER: Hörst du, Thoms, schlag' mir Hansens Sattel zurecht, steck' ein bißchen Werg unter den Knopf! Das arme Vieh hat sich am Widerrist gedruckt wie nichts Gutes.

Ein anderer Kärrner kommt.

ZWEITER KÄRRNER: Erbsen und Bohnen sind so mulstrig wie die Schwerenot, und das ist das rechte Mittel, daß so'n armes Luder die Würmer kriegt. Das Haus ist um und um gekehrt, seit der alte Fürst tot ist.

ERSTER KÄRRNER: Der arme Kerl! Er kam nicht wieder zurechte, seit der Hafer aufschlug: es war sein Tod.

ZWEITER KÄRRNER: Ich glaube, es gibt kein so niederträchtig Haus auf der ganzen Londner Straße mit Flöhen. Ich bin so bunt gestochen wie 'ne Schleie.

ERSTER KÄRRNER: Wie 'ne Schleie? Sapperment, kein König in der Christenheit kann's besser verlangen, als ich gebissen bin, seit der Hahn zum erstenmal gekräht hat.

ZWEITER KÄRRNER: Ja, sie wollen uns niemals einen Nachttopf geben, und da schlagen wir's in den Kamin ab, und die Kammerlauge, die heckt euch Flöhe wie ein Froschlaich.

ERSTER KÄRRNER: He, Stallknecht, komm heraus und geh an den Galgen! komm heraus!

ZWEITER KÄRRNER: Ich habe eine Speckseite und zwei Packen Ingwer, die soll ich bis Charing-Croß mitnehmen.

ERSTER KÄRRNER: Gotts Blitz! die Truthähne in meinem Korb sind ganz ausgehungert. – He, Stallknecht! – Daß dich die Schwerenot! Hast keine Augen im Kopfe? kannst nicht hören? Wenn es nicht eben so gut wäre, wie einmal zu trinken, dir den Kopf einzuschmeißen, so will ich ein Hundsfott sein. – Komm an den Galgen! Bist ganz des Teufels?

Gadshill kommt.

GADSHILL: Guten Morgen, Schwager! Was ist die Glocke?

ERSTER KÄRRNER: Ich denke, es ist zwei.

GADSHILL: Sei so gut und leih' mir deine Laterne, daß ich nach meinem Wallach im Stalle sehen kann.

ERSTER KÄRRNER: Ei, sieh da! schönen Dank! Ich weiß Euch Pfiffe, die noch 'mal so gut sind, mein' Seel'!

GADSHILL: Sei so gut und leih' mir deine!

ZWEITER KÄRRNER: Ja, wann geschieht's? Rat' einmal! – „Leih mir deine Laterne"; so? – Ei ja doch, ich will dich erst am Galgen sehen.

GADSHILL: He, Kärrner! um welche Zeit denkt Ihr in London zu sein?

ZWEITER KÄRRNER: Zeit genug, um bei Licht zu Bette zu gehn, dafür stehe ich dir. – Kommt, Nachbar, wir wollen die Herren wecken; sie wollen mit Gesellschaft fort, denn sie haben groß Gepäck bei sich.

Kärrner ab.

GADSHILL: Heda, Hausknecht!

HAUSKNECHT *drinnen:* Ja, ja! „Bei der Hand", sagt der Beutelschneider.

GADSHILL: Das paßt so gut, als: „bei der Hand", sagt der Hausknecht. Du bist vom Beutelschneider nicht mehr verschieden, als Anweisung geben vom Arbeiten. Du machst die Anschläge.

Der Hausknecht kommt.

HAUSKNECHT: Guten Morgen, Meister Gadshill! Es bleibt dabei, was ich Euch gestern abend sagte: es ist hier ein Gutsherr aus der Kentschen Wildnis, der führt dreihundert Mark in Golde bei sich. Ich hört's ihn gestern abend zu einem aus der Gesellschaft sagen, einer Art von Kammerrevisor, einem, der auch eine Last Gepäck bei sich hat, Gott weiß was. Sie sind schon auf und verlangen geröstete Eier, sie wollen gleich fort.

GADSHILL: Hör' du, wenn sie nicht Sankt Niklas seine Gesellen antreffen, so lass' ich dir meinen Hals.

HAUSKNECHT: Ne, ich mag ihn nicht, der gehört für den Schinder;

denn ich weiß, du bedienst Sankt Niklas so ehrlich, als ein falscher Kerl nur immer kann.

GADSHILL:

Was sprichst du mir vom Schinder? Wenn ich hänge, so mache ich ein paar Galgen fett, denn wenn ich hänge, so muß der alte Sir John mithängen, und du weißt, der ist kein Hungerleider. Pah! es gibt noch andre Trojaner, wovon du dir nichts träumen läßt, die Spaßes halber sich gefallen lassen, dem Gewerbe eine Ehre anzutun, die, wenn man uns ein bißchen auf die Finger guckte, ihres eignen Kredits wegen alles würden ins Gleiche bringen. Ich halte es mit keinen Fuß-Landstreichern, keinen Langstäben und Buschkleppern; nicht mit solchen tollen, schnurrbärtigen, kupferfarbigen Bierlümmeln: sondern mit Herrschaften und Barschaften; mit Bürgermeistern und großen Kapitalmännern; Leuten, die es an sich kommen lassen; Leute, die lieber schlagen als sprechen, lieber sprechen als trinken, und lieber trinken als beten. Doch das ist gelogen; denn sie beten beständig zu ihrem Heiligen, dem gemeinen Wesen, oder vielmehr, sie nehmen es ins Gebet: denn sie gerben ihm das Leder und machen sich Stiefeln draus.

HAUSKNECHT: Was? Stiefeln aus dem gemeinen Wesen? Sind sie wasserdicht in schlimmen Wegen?

GADSHILL: Ja wohl, ja wohl, die Gerichte haben sie selbst geschmiert. Wir stehlen, wie in einer Festung, schußfrei; wir ha-

ben das Rezept vom Farrnsamen[19], wir gehen unsichtbar umher.

HAUSKNECHT: Nu, meiner Treu, ich denke, ihr habt es mehr der
Nacht als dem Farrnsamen zu danken, wenn ihr unsichtbar her-
umgeht.

GADSHILL: Topp! schlag' ein! Du sollst dein Teil an dem Erwerb
haben, so gewiß ich ein ehrlicher Mann bin.

HAUSKNECHT: Versprich mir's lieber, so gewiß du ein falscher Dieb
bist!

GADSHILL: Laß gut sein! Homo[20] ist ein Name, der allen Menschen
gemein ist. – Sag dem Pferdeknecht, daß er meinen Wallach aus
dem Stalle bringt! – Leb wohl, du Drecklümmel!
Beide ab.

ZWEITE SZENE

Die Straße bei Gadshill.

*Prinz Heinrich und Poins treten auf; Bardolph und Peto
in der Entfernung.*

POINS: Komm, tritt unter! tritt unter! Ich habe Falstaffs Pferd bei
Seite geschafft, und er knarrt, wie gesteifter Samt.

PRINZ HEINRICH: Versteck' dich!
Falstaff tritt auf.

FALSTAFF: Poins! Poins und die Schwerenot! Poins!

PRINZ HEINRICH: Still, du gemästeter Schuft! Was verführst du für
ein Geschrei?

FALSTAFF: Heinz, wo ist Poins?

PRINZ HEINRICH: Er ist oben auf den Hügel hinaufgegangen, ich
will ihn suchen. *Stellt sich, als wenn er Poins suchte.*

FALSTAFF: Ich bin behext, daß ich in Gesellschaft mit dem Diebe
rauben muß: der Schurke hat mein Pferd weggeschafft und fest-
gebunden, ich weiß nicht wo. Wenn ich nur vier gemeßne Fuß
weiter zu Fuße gehe, so muß ich platzen. Nun, ich hoffe bei
alle dem noch eines ordentlichen Todes zu sterben, wenn ich
nicht gehängt werde, weil ich den Schuft umbringe. Ich habe
seine Gesellschaft diese zweiundzwanzig Jahre her stündlich
verschworen, und doch bin ich mit des Schuftes seiner Gesellschaft behext. Wenn der Schurke mir nicht Tränke gegeben hat,
daß ich ihn lieb haben muß, so will ich gehängt sein; es kann
nicht anders sein, ich habe einen Trank gekriegt. – Poins! –
Heinz! Daß euch die Pest! – Bardolph! Peto! – Ich will ver-

hungern, eh' ich einen Schreit weiter raube! Wenn es nicht
eine so gute Tat wäre, wie zu trinken, ein ehrlicher Kerl zu
werden und diese Schufte zu verlassen, so bin ich der ärgste
Lumpenhund, der je mit Zähnen gekaut hat. Acht Ellen uneb-
ner Boden sind für mich zu Fuß so gut wie ein Dutzend Meilen, und das wissen die hartherzigen Bösewichter recht gut.
Hol's der Henker, wenn Diebe nicht ehrlich gegen einander
sein können!

Sie pfeifen.

Pfüt! Hol' euch alle der Henker! Gebt mir mein Pferd, ihr
Schelme! Gebt mir mein Pferd und geht an den Galgen!

PRINZ HEINRICH: Still, du Dickwanst! Leg' dich nieder, leg' dein
Ohr dicht an die Erde und horch, ob du keine Tritte von Reisenden hörst!

FALSTAFF: Habt ihr Hebebäume, mich wieder aufzurichten, wenn
ich einmal liege? Blitz, ich will mein Fleisch nicht wieder so
weit zu Fuß schleppen, für alles Geld, was in deines Vaters
Schatzkammer ist. Was zum Henker fällt euch ein, daß ihr mich
so pferdemäßig arbeiten laßt?

PRINZ HEINRICH: Du lügst: nicht pferdemäßig, sondern pferdelos.

FALSTAFF: Ich bitte dich, lieber Prinz Heinz! Hilf mir an mein
Pferd, guter Königssohn!

PRINZ HEINRICH: Schäme dich, du Schuft! Soll ich dein Stallknecht
sein?

FALSTAFF: Geh, hänge dich in deinem kronprinzlichen Hosen-
bande[21] auf! Wenn sie mich kriegen, so will ich euch dafür anklagen. Wo ich euch nicht alle in Gassenlieder bringe und lasse
sie auf niederträchtige Melodien absingen, so will ich an einem
Glase Sekt umkommen. Wenn ein Spaß so weit geht, und obendrein zu Fuß, – das hasse ich in den Tod.

Gadshill kommt.

GADSHILL: Steh!

FALSTAFF: Ich muß wohl, ich mag wollen oder nicht.

POINS: Oh, das ist unser Spürhund, ich kenn' ihn an der Stimme.

BARDOLPH: Was gibt es Neues?

GADSHILL: Die Gesichter zu! Die Masken heraus! Es kommt Geld
für den König den Hügel herunter, es geht in des Königs
Schatzkammer.

FALSTAFF: Du lügst, Schuft, es geht in des Königs Schenke.

GADSHILL: Es ist genug, uns allen zu helfen.

FALSTAFF: An den Galgen.

PRINZ HEINRICH: Leute, ihr viere sollt euch in dem engen Hohl-
wege an sie machen; Poins und ich, wir wollen weiter hinunter-

gehen: wenn sie eurem Anfall entwischen, so fallen sie uns in die Hände.

PETO: Wie viel sind ihrer denn?

GADSHILL: Ein Stücker acht bis zehn.

FALSTAFF: Wetter! werden sie uns nicht ausplündern?

PRINZ HEINRICH: Was? eine Memme, Sir John Wanst?

FALSTAFF: Fürwahr, ich bin nicht Euer Großvater Johann von Gaunt, aber doch keine Memme, Heinz.

PRINZ HEINRICH: Gut, das soll auf die Probe ankommen.

POINS: Hör' du, Hans, dein Pferd steht hinter der Hecke; wenn du es nötig hast, da kannst du es finden. Leb wohl und halte dich gut!

FALSTAFF: Nun kann ich ihn doch nicht prügeln, und wenn's mir ans Leben ginge.

PRINZ HEINRICH: Eduard, wo sind unsre Verkleidungen?

POINS: Hier, dicht bei an; versteckt Euch!

Prinz Heinrich und Poins ab.

FALSTAFF: Nun, meine Freunde! Wer das Glück hat, führt die Braut heim; – jeder tue das Seinige!

Reisende kommen.

ERSTER REISENDER: Kommt, Nachbar, der Junge soll unsre Pferde den Berg hinunter führen: wir wollen ein Weilchen gehn und uns die Füße vertreten.

DIE RÄUBER: Halt!

DIE REISENDEN: Ach, Herr Jesus!

FALSTAFF: Schlagt zu! Macht sie nieder! Brecht den Buben die Hälse! Ei, das unnütze Schmarotzer-Pack! Die Speckfresser! Sie hassen uns junges Volk. Nieder mit ihnen! Rupft sie!

ERSTER REISENDER: Oh, wir sind ruinierte Leute! Ruiniert mit Kind und Kindeskind!

FALSTAFF: An den Galgen, iht dickbäuchigen Schufte! Seid ihr ruiniert? Nein, ihr fetten Schnauzen! Hättet ihr nur das Eurige bei euch! Fort, ihr Schweinebraten, fort! Was, Hundsfötter? Junge Leute müssen auch leben. Ihr seid Obergeschworne[22], nicht wahr? Wir wollen euch unterschwören, meiner Treu!

Falstaff und die übrigen ab, indem sie die Reisenden vor sich hertreiben.
Prinz Heinrich und Poins kommen verkleidet zurück.

PRINZ HEINRICH: Die Diebe haben die ehrlichen Leute gebunden: wenn wir beiden nun die Diebe berauben könnten und uns lustig nach London aufmachen, es wäre eine Komödie auf eine Woche, was zu lachen auf einen Monat, und ein guter Spaß auf immer.

POINS: Tretet beiseit', ich höre sie kommen!

Die Räuber kommen zurück.

FALSTAFF: Nun, meine Freunde, laßt uns teilen, und dann zu Pferde, ehe es Tag wird! Und wenn der Prinz und Poins nicht zwei ausgemachte Memmen sind, so ist keine Gerechtigkeit auf Erden mehr. Der Poins hat nicht mehr Herz im Leibe als eine wilde Ente.

PRINZ HEINRICH *hervorstürzend:* Euer Geld!

POINS: Spitzbuben!

Während sie im Teilen begriffen sind, fallen der Prinz und Poins über sie her. Nach eingen Stößen laufen Falstaff und die übrigen davon und lassen ihre Beute zurück.

PRINZ HEINRICH:

Mit leichter Müh' erobert! Nun zu Pferd!
Die Diebe sind zerstreut und so besessen
Von Furcht, daß sie sich nicht zu treffen wagen:
Ein jeder hält den Freund für einen Häscher.
Fort, lieber Eduard! Falstaff schwitzt sich tot
Und spickt die magre Erde, wo er geht;
Wär's nicht zum Lachen, ich bedauert' ihn.

POINS: Wie der Schuft brüllte! *Ab.*

Warkworth. Ein Zimmer in der Burg.

Percy kommt mit einem Brief in der Hand.

PERCY: — „Allein was mich selbst betrifft, ich könnte es wohl zufrieden sein, mich dabei zu finden, in Betracht der Liebe, die ich zu Eurem Hause trage." Er könnte es zufrieden sein; warum ist er es denn nicht? In Betracht der Liebe, die er zu unserm Hause trägt, — er zeigt dadurch, daß er seine eigne Scheure[23] lieber hat als unser Haus. Laßt mich weiter sehn: „Das Unternehmen, das Ihr vorhabt, ist gefährlich." — Ja, das ist gewiß: 's ist gefährlich, den Schnupfen zu kriegen, zu schlafen, zu trinken; aber ich sage Euch, Mylord Narr, aus der Nessel Gefahr pflükken wir die Blume Sicherheit. „Das Unternehmen, das Ihr vorhabt, ist gefährlich; die Freunde, die Ihr genannt, ungewiß; die Zeit selbst unpäßlich; und Euer ganzer Anschlag zu leicht für das Gegengewicht eines so großen Widerstandes." Meint Ihr? meint Ihr? So meine ich wiederum, Ihr seid ein einfältiger feiger Knecht, und Ihr lügt. Welch ein Einfaltspinsel! Bei Gott, unser Anschlag ist so gut, als je einer gemacht ward; unsre Freunde treu und standhaft; ein guter Anschlag, gute Freunde und die beste Erwartung; ein trefflicher Anschlag, sehr gute Freunde! Was ist das für ein frostig gesinnter Bursch? Lobt doch Seine Hochwürden von York unsern Anschlag und die ganze Anordnung des Unternehmens. Blitz! wenn ich jetzt bei dem Schurken wäre, so könnte ich ihm mit seiner Frauen Fächer den Kopf einschlagen. Ist nicht mein Vater, mein Oheim und ich selbst dabei? Lord Edmund Mortimer, der Erzbischof von York und Owen Glendower? Ist nicht endlich der Douglas dabei? Habe ich nicht Briefe von allen, daß sie mich am Neunten des nächsten Monats bewaffnet treffen wollen? Und sind nicht einige von ihnen schon ausgerückt? Was ist das für ein ungläubiger Schurke? Ein Heide! Ha, ihr sollt nun sehen, aus wahrer, aufrichtiger Furcht und Engherzigkeit wird er zum Könige gehn und ihm alle unsre Anstalten vorlegen. Oh, ich könnte mich zerteilen und mir Maulschellen geben, daß ich einen solchen Milchbrei zu einer so ehrenvollen Unternehmung habe bewegen wollen. Zum Henker mit ihm! Er mag's dem Könige sagen: wir sind gerüstet. Ich will noch diese Nacht aufbrechen.

Lady Percy tritt auf.

Nun, Käthchen? Ich muß Euch in zwei Stunden verlassen.

LADY PERCY: O mein Gemahl, was seid Ihr so allein?
Für welchen Fehl war ich seit vierzehn Tagen
Ein Weib, verbannt aus meines Heinrichs Bett?
Sag, süßer Gatte, was beraubt dich so
Der Eßlust, Freude und des goldnen Schlafs?
Was heftest du die Augen auf die Erde
Und fährst so oft, wenn du allein bist, auf?
Warum verlorst du deiner Wangen Frische?
Gabst meine Schätze und mein Recht an dich
Starrseh'ndem Grübeln und verhaßter Schwermut?
Ich habe dich bewacht in leichtem Schlummer
Und dich vom eh'rnen Kriege murmeln hören,
Dein bäumend Roß mit Reiterworten lenken
Und rufen: „Frisch ins Feld!" Dann sprachest du
Von Ausfall und von Rückzug, von Gezelten,
Laufgräben, Pallisaden, Parapetten[24],
Feldschlangen[25], Basilisken[26] und Kanonen,
Gefangner Lösung und erschlagnen Kriegern
Und jedem Vorfall einer heißen Schlacht.
Dein Geist in dir ist so im Krieg gewesen
Und hat im Schlafe so dich aufgeregt,
Daß Perlen Schweißes auf der Stirn dir standen,
Wie Blasen in dem erst getrübten Strom:
Und im Gesicht erschien gewalt'ge Regung,
Wie wenn ein Mensch den Odem an sich hält
In großer, schneller Eil'. Oh, was sind dies für Zeichen?
Ein schwer Geschäft hat mein Gemahl in Händen,
Und wissen muß ich's, wenn er noch mich liebt.
PERCY: Heda! Ist Wilhelm fort mit dem Paket?

Ein Bedienter kommt.

BEDIENTER: Ja, gnäd'ger Herr, vor einer Stunde.
PERCY: Ist Butler mit den Pferden da vom Sheriff?
BEDIENTER: Ein Pferd, Herr, hat er eben jetzt gebracht.
PERCY: Was für ein Pferd? Ein Rapp', ein Stutzohr, nicht?
BEDIENTER: Ja, gnäd'ger Herr.
PERCY: Der Rappe rafft mich weg.
Gut, ich besteig' ihn gleich. – O Espérance! –[27]
Laßt Butler in den Park hinaus ihn führen!
LADY PERCY: So hört doch, mein Gemahl!
PERCY: Was sagst du, meine Gemahlin?
LADY PERCY: Was reißt dich so von mir hinweg?
PERCY: Ei, mein Pferd,
Mein Kind, mein Pferd!

LADY PERCY: O du tollköpf'ger Affe!
  Ein Wiesel hat so viele Grillen nicht,
  Als die dich plagen. Traun,
  Ich will's erfahren, Heinrich, ja durchaus.
  Ich fürchte, daß mein Bruder Mortimer
  Sein Recht betreibt und hat zu Euch gesandt
  Um Vorschub für sein Werk; doch gehet Ihr –
PERCY: So weit zu Fuß, so werd' ich müde, Kind.
LADY PERCY:
  Komm, komm, du Papagei! Antworte mir
  Geradezu auf das, was ich dich frage:
  Ich breche dir den kleinen Finger, Heinrich,
  Wenn du mir nicht die ganze Wahrheit sagst.
PERCY: Fort, fort,
  Du Tändlerin! – Lieben? – Ich lieb' dich nicht.
  Ich frage nicht nach dir. Ist dies 'ne Welt
  Zum Puppenspielen und mit Lippen fechten?
  Nein, jetzo muß es blut'ge Nasen geben,
  Zerbrochne Kronen, die wir doch im Handel
  Für voll anbringen. – Alle Welt, mein Pferd! –
  Was sagst du, Käthchen? Wolltest du mir was?
LADY PERCY:
  Ihr liebt mich nicht? Ihr liebt mich wirklich nicht?
  Gut, laßt es nur; denn, weil Ihr mich nicht liebt,
  Lieb' ich mich selbst nicht mehr. Ihr liebt mich nicht?
  Nein, sagt mir, ob das Scherz ist oder Ernst?
PERCY: Komm, willst mich reiten sehn?
  Wenn ich zu Pferde bin, so will ich schwören,
  Ich liebe dich unendlich. Doch höre, Käthchen:
  Du mußt mich ferner nicht mit Fragen quälen,
  Wohin ich geh', noch raten, was es soll.
  Wohin ich muß, muß ich: und kurz zu sein,
  Heut abend muß ich von dir, liebes Käthchen.
  Ich kenne dich als weise, doch nicht weiser
  Als Heinrich Percys Eh'frau; standhaft bist du,
  Jedoch ein Weib, und an Verschwiegenheit
  Ist keine besser: denn ich glaube sicher,
  Du wirst nicht sagen was du selbst nicht weißt,
  Und so weit, liebes Käthchen, trau' ich dir.
LADY PERCY: Wie? So weit?
PERCY:
  Nicht einen Zollbreit weiter. Doch höre, Käthchen:
  Wohin ich gehe, dahin sollst du auch;

Ich reise heute, du sollst morgen reisen. –
Bist du zufrieden nun?
LADY PERCY: Ich muß ja wohl. *Ab.*

VIERTE SZENE

Eastcheap. Eine Stube in der Schenke zum wilden Schweinskopf.

Prinz Heinrich und Poins treten auf.

PRINZ HEINRICH: Ich bitte dich, Poins, komm aus der fettigen
Stube und steh mir ein bißchen mit Lachen bei!
POINS: Wo bist du gewesen, Heinz?
PRINZ HEINRICH: Mit drei bis vier Ochsenköpfen zwischen drei bis
vier Dutzend Oxhöften[28]. Ich habe den allertiefsten Ton der
Leutseligkeit angegeben. Ja, Mensch, ich habe mit einer Rotte
von Küfern Brüderschaft gemacht und kann sie alle bei ihren
Taufnamen nennen, als: Thomas, Fritz und Franz. Sie setzen
schon ihre Seligkeit daran, daß ich, obschon nur Prinz von Wales, der König der Höflichkeit bin, und sagen mir gerade heraus, ich sei kein stolzer Hans, wie Falstaff, sondern ein Korinthier[29], ein lustiger Bursch, ein guter Junge, – wahrhaftig, so
nennen sie mich, und wenn ich König von England bin, so sol-

len alle wackre Bursche in Eastcheap mir zu Befehl stehn. Tüchtig trinken heißt bei ihnen sich rot schminken, und wenn Ihr beim Schlucken Atem holt, so rufen sie: „frisch!" und ermahnen Euch, keine Umstände zu machen. Kurz, ich habe es in einer Viertelstunde so weit gebracht, daß ich lebenslang mit jedem Kesselflicker in seiner eignen Sprache trinken kann. Ich sage dir, Eduard, du hast viel Ehre eingebüßt, daß du nicht mit mir in dieser Aktion gewesen bist. Aber, süßer Eduard, – und um diesen Namen zu versüßen, geb' ich dir dies Pfennigstütchen voll Zucker[30], das mir eben ein Unterkellner in die Hand drückte; einer, der in seinem Leben kein andres Englisch gesprochen hat als: „acht Schilling und sechs Pfennige"; und: „Ihr seid willkommen", mit dem gellenden Zusatze: „Gleich, Herr! gleich! Eine Flasche Muskat im Halben Monde angekreidet!" oder dergleichen. – Aber, Eduard, um die Zeit hinzubringen, bis Falstaff kommt, geh, bitt' ich dich, in eine Nebenstube, während ich meinen kleinen Küfer befrage, zu welchem Ende er mir den Zucker gegeben hat, und laß die ganze Zeit nicht ab, „Franz" zu rufen, damit er nichts als „Gleich!" vorbringen kann. Tritt beiseit, und ich will dir den Hergang zeigen.

POINS: Franz!

PRINZ HEINRICH: Meisterhaft!

POINS: Franz! *Ab.*

Franz kommt.

FRANZ: Gleich, Herr! gleich! Sieh zu, was sie im „Granatapfel" wollen, Ralf!

PRINZ HEINRCH: Komm her, Franz!

FRANZ: Gnädiger Herr?

PRINZ HEINRICH: Wie lange mußt du noch dienen, Franz?

FRANZ: Meiner Treu, fünf Jahre, und so lange, bis –

POINS *drinnen:* Franz!

FRANZ: Gleich, Herr! gleich!

PRINZ HEINRICH: Fünf Jahre? Wahrhaftig, eine lange Mietszeit, um mit zinnernen Kannen zu klimpern. Aber, Franz, hättest du wohl das Herz, gegen deinen Kontrakt die Memme zu spielen, die Beine auf die Schultern zu nehmen und ihm durchzugehen?

FRANZ: Du meine Zeit, Herr! Ich will auf alle Bücher in England schwören, ich könnte es übers Herz bringen –

POINS *drinnen:* Franz!

FRANZ: Gleich, Herr! gleich!

PRINZ HEINRICH: Wie alt bist du, Franz?

FRANZ: Laßt mich sehen: Auf nächsten Michaelis werde ich –

POINS *drinnen:* Franz!

FRANZ: Gleich, Herr! – Ich bitte Euch, wartet ein bißchen, gnädiger Herr!

PRINZ HEINRICH: Aber höre nur, Franz: der Zucker, den du mir gabst – es war für einen Pfennig, nicht wahr?

FRANZ: Lieber Herr, ich wollte, es wäre für zweie gewesen.

PRINZ HEINRICH: Ich will dir tausend Pfund dafür geben, fodre, wann du willst, und du sollst sie haben.

POINS *drinnen:* Franz!

FRANZ: Gleich! Gleich!

PRINZ HEINRICH: Gleich, Franz? Nein, Franz; aber morgen, Franz; oder auf den Donnerstag, Franz, oder wahrhaftig, Franz, wann du willst. Aber, Franz –

FRANZ: Gnädiger Herr? –

PRINZ HEINRICH: Bestöhlest du mir wohl den mit dem ledernen Wams, krystallnen Knöpfen, gestutztem Kopf, agatnen Ringen[31], schwarzen Stümpfen, zwirnenen Kniegürteln, spanischem Tabaksbeutel –

FRANZ: Lieber Gott, Herr, wen meint Ihr?

PRINZ HEINRICH: Nun, so geht Euch kein Getränk über den braunen Muskat; denn seht, Franz, Euer weißes leinenes Kamisol wird schmutzig werden: in der Barbarei, mein Freund, kann es nicht so weit kommen.

FRANZ: Wie, Herr?

POINS *drinnen:* Franz!

PRINZ HEINRICH: Fort, du Schurke! Hörst du sie nicht rufen?

Hier rufen ihn beide, der Küfer steht verwirrt und weiß nicht, wohin er gehen soll. Der Kellner kommt.

KELLNER: Was? Stehst du still und hörst solch ein Rufen? Sieh nach den Gästen drinnen! *Franz ab.* Gnädiger Herr, der alte Sir John und noch ein halb Dutzend andre sind vor der Tür: soll ich sie hereinlassen?

PRINZ HEINRICH: Laß sie ein Weilchen stehn, und dann mach' die Tür auf! – Poins!

POINS: Gleich, Herr! gleich!

PRINZ HEINRICH: Höre: Falstaff und die übrigen Diebe sind vor der Tür. Sollen wir uns lustig machen?

POINS: So lustig wie Heimchen, mein Junge. Aber wie geschickt habt Ihr die Partie Spaß mit dem Küfer gespielt! Aber was soll nun geschehn?

PRINZ HEINRICH: Ich bin jetzt zu allen Humoren aufgelegt, die sich seit den alten Tagen des Biedermanns Adam bis zu dem unmündigen Alter der gegenwärtigen Mitternacht als Humore gezeigt haben. *Franz kommt zurück mit Wein.* Was ist die Uhr, Franz?

FRANZ: Gleich, Herr! gleich!

PRINZ HEINRICH: Wie nur der Geselle weniger Worte haben kann als ein Papagei, und doch ist er eines Weibes Sohn! Seine Geschäftigkeit ist trepp-auf und -ab, seine Beredsamkeit ein Stück Rechnung. – Ich bin noch nicht so gesinnt wie Percy, der Heißsporn des Nordens, der Euch sechs bis sieben Dutzend Schotten zum Frühstück umbringt, sich die Hände wäscht und zu seiner Frau sagt: „Pfui über dies stille Leben! Ich muß zu tun haben." – „O mein Herzens-Heinrich", sagt sie, „wie viele hast du heute umgebracht?" – „Gebt meinem Rappen zu saufen", sagt er, und eine Stunde drauf antwortet er: „Ein Stücker vierzehn; Bagatell! Bagatell!" – Ruf' doch Falstaff herein, ich will den Percy spielen, und das dicke Vieh soll Dame Mortimer, sein Weib, vorstellen. „Rivo![32]" schreit der Trunkenbold. Ruft mir das Rippenstück, ruft mir den Talgklumpen!

Falstaff, Gadshill, Bardolph und Peto kommen.

POINS: Willkommen, Hans! Wo bist du gewesen?

FALSTAFF: Hol' die Pest alle feigen Memmen, und das Wetter obendrein! Ja und Amen! – Gib mir ein Glas Sekt, Junge! – Lieber als dies Leben lange führen, will ich Strümpfe stricken und sie stopfen und sie neu versohlen. Hol' die Pest alle feigen Memmen! – Gib mir ein Glas Sekt, Schurke! – Ist keine Tugend mehr auf Erden? *Er trinkt.*

PRINZ HEINRICH: Sahst du niemals den Titan[33] einen Teller voll Butter küssen? Den weichherzigen Titan, der bei einer süßen Erzählung seines Sohnes schmolz? Wenn du es tatest, so betrachte diese Masse!

FALSTAFF: Du Schurke, in dem Glase Sekt ist auch Kalk; nichts als Schurkerei ist unter dem sündhaften Menschenvolk zu finden. Aber eine Memme ist doch noch ärger als ein Glas Sekt mit Kalk drin; o 'ne schändliche Memme! – Geh deiner Wege, alter Hans! Stirb, wann du willst! Wenn Mannhaftigkeit, edle Mannhaftigkeit nicht vom Angesicht der Erde verschwunden ist, so bin ich ein ausgenommener Hering. Nicht drei wackre Leute leben ungehangen in England, und der eine von ihnen ist fett und wird alt. Gott helf' uns! Eine schlechte Welt, sag' ich! Ich wollte, ich wär' ein Weber: ich könnte Psalmen singen, oder was es sonst wäre. Hol' die Pest alle feigen Memmen! sag' ich nochmals.

PRINZ HEINRICH: Nun, du Wollsack, was murmelst du?

FALSTAFF: Ein Königssohn! Wenn ich dich nicht mit einer hölzernen Pritsche aus deinem Königreich hinausschlage und alle deine Untertanen wie eine Herde wilder Gänse vor dir hertreibe, so will ich mein Lebenlang kein Haar mehr im Gesichte tragen. Ihr ein Prinz von Wales!

PRINZ HEINRICH: Nun, du gemästeter Schlingel, was soll's?

FALSTAFF: Seid Ihr nicht eine Memme? Darauf antwortet mir; und der Poins da?

POINS: Sapperment, du fetter Wanst, wenn du mich eine Memme nennst, so erstech' ich dich.

FALSTAFF: Ich dich eine Memme nennen? Ich will dich verdammt sehen, ehe ich das tue; aber ich wollte tausend Pfund drum geben, daß ich so gut laufen könnte wie du. Ihr seid ziemlich gerade erwachsen, ihr fragt nicht darnach, ob jemand euren Rükken sieht: nennt ihr das ein Rückenhalt seiner Freunde sein? Hol' die Pest solchen Rückenhalt! Schafft mir Leute, die mir ins Gesicht sehn! – Ein Glas Sekt! Ich bin ein Schelm, wenn ich heute was getrunken habe.

PRINZ HEINRICH: O Spitzbube: du hast dir kaum die Lippen vom Trinken abgewischt.

FALSTAFF: Es kommt alles auf eins heraus. Hol' die Pest alle Memmen! sage ich nochmals. *Er trinkt.*

PRINZ HEINRICH: Was soll's?

FALSTAFF: Was soll's? Viere unter uns, die wir hier sind, haben heute morgen tausend Pfund erbeutet.

PRINZ HEINRICH: Wo sind sie, Hans? Wo sind sie?

FALSTAFF: Wo sind sie? Uns abgenommen sind sie. An die hundert gegen uns armselige viere!

PRINZ HEINRICH: Was sagst du, Freund? An die hundert?

FALSTAFF: Ich will ein Schuft sein, wenn ich nicht ein paar Stunden lang mit einem Dutzend von ihnen handgemein gewesen bin. Ich bin durch ein Wunder davon gekommen. Ich habe acht Stöße durch das Wams gekriegt, viere durch die Beinkleider, mein Schild ist durch und durch gehauen, mein Degen zerhackt wie eine Handsäge: ecce signum[34]! Zeit meines Lebens habe ich mich nicht besser gehalten, es half alles nichts. Hol' die Pest alle Memmen! – Laßt die da reden: wenn sie mehr oder weniger als die Wahrheit sagen, so sind sie Spitzbuben und Kinder der Finsternis.

PRINZ HEINRICH: Redet, Leute! Wie war's?

GADSHILL: Wir viere fielen ein Dutzend an, –

FALSTAFF: Sechzehn wenigstens.

GADSHILL: Und banden sie.

PETO: Nein, nein, gebunden wurden sie nicht.

FALSTAFF: Ja, du Schelm, sie wurden gebunden, alle, bis auf den letzten Mann, sonst will ich ein Jude sein, ein rechter Erzjude.

GADSHILL: Wie wir dabei waren zu teilen, fielen uns sechs bis sieben frische Leute an –

FALSTAFF: Und banden die andern los, und dann kamen die übrigen.

PRINZ HEINRICH: Was? Fochtet Ihr mit allen?

FALSTAFF: Alle? Ich weiß nicht, was Ihr alle nennt, aber wenn ich nicht mit ein funfzigen gefochten habe, so will ich ein Bündel Radiese sein. Wenn ihrer nicht zwei- bis dreiundfunfzig über den armen alten Hans her waren, so bin ich keine zweibeinige Kreatur.

POINS: Gott gebe, daß Ihr keinen davon ermordet habt!

FALSTAFF: Ja, da hilft nun kein Beten mehr. Ich habe zweien die Freude versalzen; zweien, das weiß ich, habe ich ihr Teil gegeben; zwei Schelmen in steifleinenen Kleidern. Ich will dir was sagen, Heinz, – wenn ich dir eine Lüge sage, so spei' mir ins Gesicht, nenne mich ein Pferd! Du kennst meine alte Parade: so lag ich, und so führte ich meine Klinge. Nun dringen vier Schelme in Steifleinen auf mich ein, –

PRINZ HEINRICH: Was, viere? Eben jetzt sagtest du ja nur zwei.

FALSTAFF: Viere, Heinz, ich sagte viere.

POINS: Ja, ja, er hat viere gesagt.

FALSTAFF: Diese viere kamen alle in einer Reihe und taten zusammen einen Ausfall auf mich. Ich machte nicht viel Umstände, sondern fing ihre sieben Spitzen mit meiner Tartsche[35] auf, – so.

PRINZ HEINRICH: Sieben? Soeben waren ihrer ja nur vier.

FALSTAFF: In Steifleinen.

POINS: Ja, viere in steifleinenen Kleidern.

FALSTAFF: Sieben, bei diesem Degengriff, oder ich will ein Schelm sein.

PRINZ HEINRICH: Ich bitte dich, laß ihn nur, wir werden ihrer gleich noch mehr kriegen.

FALSTAFF: Hörst du auch, Heinz?

PRINZ HEINRICH: Ja, ich merke mir's auch, Hans.

FALSTAFF: Das tu' nur; es ist des Aufhorchens schon wert. Diese neun in Steifleinen, wovon ich dir sagte, –

PRINZ HEINRICH: Also wieder zwei mehr.

FALSTAFF: Da ich sie in der Mitte aus einander gesprengt hatte –

POINS: So fielen ihnen die Hosen herunter.

FALSTAFF: So fingen sie an zu weichen. Ich war aber dicht hinter ihnen drein, mit Hand und Fuß, und wie der Wind gab ich sieben von den eilfen ihr Teil.

PRINZ HEINRICH: O entsetzlich! Eilf steifleinene Kerle aus zweien!

FALSTAFF: Wie ich dabei war, führte der Teufel drei abscheuliche Spitzbuben in hellgrünen Röcken her, die mich von hinten anfielen; – denn es war so dunkel, daß man nicht die Hand vor Augen sehen konnte.

PRINZ HEINRICH: Diese Lügen sind wie der Vater, der sie erzeugt, groß und breit, wie Berge, offenbar, handgreiflich. Ei, du grützköpfiger Wanst! du vernagelter Tropf! du verwetterter, schmutziger, fettiger Talgklumpen, –

FALSTAFF: Nun, bist du toll? Bist du toll? Was wahr ist, ist doch wahr.

PRINZ HEINRICH: Ei, wie konntest du die Kerle in hellgrünen Röcken erkennen, wenn es so dunkel war, daß man die Hand nicht vor Augen sehen konnte? Komm, gib uns deine Gründe an: wie erklärst du das?

POINS: Eure Gründe, Hans, Eure Gründe!

FALSTAFF: Was? Mit Gewalt? Wär' ich auch auf der Wippe oder allen Foltern in der Welt, so ließe ich mir's nicht mit Gewalt abnötigen. Mit Gewalt Gründe angeben! Wenn Gründe so gemein wären wie Brombeeren, so sollte mir doch keiner mit Gewalt einen Grund abnötigen, nein!

PRINZ HEINRICH: Ich will dieser Sünde nicht länger schuldig sein. Diese vollblütige Memme, dieser Bettdrücker, dieser Pferderückenbrecher, dieser ‹riesenmäßige› Fleischberg, –

FALSTAFF: Fort mit dir, du Hungerbild[36], du Aalhaut, du getrocknete Rinderzunge, du Ochsenziemer, du Stockfisch, – o hätt' ich nur Odem, zu nennen, was dir gleicht! – du Schneiderelle, du Degen‹scheide, du Bogen›futteral, du erbärmliches Rapier, –

PRINZ HEINRICH: Gut, hol' ein Weilchen Odem, und dann geh wieder ran, und wenn du dich in schlechten Vergleichungen erschöpft hast, so höre nur dies!

POINS: Merk' auf, Hans!

PRINZ HEINRICH: Wir zweie sahen euch viere über viere herfallen; ihr bandet sie und machtet euch ihres Gutes Meister. – Nun merkt auf, wie eine ganz simple Geschichte euch zu nichte macht! – Wir zweie fielen hierauf euch viere an und trotzten euch, mit einem Worte, die Beute ab, und haben sie, ja, und können sie euch hier im Hause zeigen; und Ihr, Falstaff, schlepptet Euren Wanst so hurtig davon, mit so behender Geschicklichkeit, und brülltet um Gnade, und lieft und brülltet in einem fort, wie ich je ein Bullenkalb habe brüllen hören. Was bist du für ein Sünder, deinen Degen zu zerhacken, wie du getan hast, und dann zu sagen, es sei im Gefecht geschehen? Welchen Kniff, welchen Vorwand, welchen Schlupfwinkel kannst du nun aussinnen, um dich vor dieser offenbaren Schande zu verbergen?

POINS: Komm, laß uns hören, Hans: was hast du nun für einen Kniff?

FALSTAFF: Beim Himmel, ich kannte euch so gut wie der, der euch gemacht hat. Laßt euch sagen, meine Freunde: kam es mir zu, den Thronerben umzubringen? Sollte ich mich gegen den echten Prinzen auflehnen? Du weißt wohl, ich bin so tapfer wie Herkules[37]: aber denke an den Instinkt: Der Löwe rührt den echten Prinzen nicht an. Instinkt ist eine große Sache, ich war eine Memme aus Instinkt. Ich werde Lebenslang von dir und mir desto besser denken: von mir als einem tapfern Löwen, von dir als einem echten Prinzen. Aber beim Himmel, Bursche, ich bin froh, daß ihr das Geld habt. – Wirtin, die Türen zu! Heute nacht gewacht, morgen gebetet! – Brave, Jungen, Goldherzen! alle Titel guter Kameradschaft sei'n euch gegönnt! He, sollen wir lustig sein? Sollen wir eine Komödie extemporieren[38]?

PRINZ HEINRICH: Zugestanden! Und sie soll von deinem Davonlaufen handeln.

FALSTAFF: Ach, davon nichts weiter, Heinz, wenn du mich lieb hast!

Die Wirtin kommt.

WIRTIN: Gnädiger Herr Prinz, –

PRINZ HEINRICH: Sieh da, Frau Wirtin! Was hast du mir zu sagen?

WIRTIN: Ei, Herr, da ist ein angesehener Herr vom Hofe vor der Tür, der Euch sprechen will: er sagt, er kommt von Eurem Vater.

PRINZ HEINRICH: Mach' ihn zum ungesehenen Herrn und schicke ihn wieder zu meiner Mutter!

FALSTAFF: Was für eine Art von Mann ist es?

WIRTIN: Ein alter Mann.

FALSTAFF: Was hat die Gravität[39] um Mitternacht außer dem Bett zu suchen? – Soll ich ihm seinen Bescheid geben?

PRINZ HEINRICH: Ja, tu' das, Hans!

FALSTAFF: Mein' Treu', ich will ihn schon heimleuchten. *Ab.*

PRINZ HEINRICH: Nun, ihr Herren! Beim Himmel, ihr habt schön gefochten, – Ihr, Peto, und Ihr, Bardolph, – ihr seid auch Löwen, ihr lieft aus Instinkt weg; ihr wolltet den echten Prinzen nicht anrühren, bei Leibe nicht. O pfui!

BARDOLPH: Meiner Treu, ich lief, wie ich die andern laufen sah.

PRINZ HEINRICH: Sagt mir nur im Ernst, wie wurde Falstaffs Degen so schartig?

PETO: Nun, er zerhackte ihn mit seinem Dolch und sagte: er wolle Stein und Bein schwören, um Euch glauben zu machen, es wäre im Gefecht geschehen, und er überredete uns, das Gleiche zu tun.

BARDOLPH: Ja, und unsre Nasen mit scharfem Grase zu kitzeln, um sie blutig zu machen, und dann unsre Kleider damit zu beschmieren und zu schwören, es sei das Blut von ehrlichen Leuten. Ich habe so was seit sieben Jahren nicht getan; ich wurde rot über seine abscheulichen Einfälle.

PRINZ HEINRICH: O Spitzbube, du stahlst vor achtzehn Jahren ein Glas Sekt und wurdest auf der Tat ertappt, und seitdem wirst du immerfort ex tempore rot. Du hattest Feuer und Schwert an deiner Seite, und doch liefst du davon; welch ein Instinkt bewog dich dazu?

BARDOLPH: Gnädiger Herr, seht Ihr hier diese Meteore? Bemerkt Ihr diese Feuerdünste?

PRINZ HEINRICH: Ja.

BARDOLPH: Was denkt Ihr, daß sie bedeuten?

PRINZ HEINRICH: Heiße Lebern und kalte Beutel.

BARDOLPH: Galle, Herr, wenn man's recht nimmt.

PRINZ HEINRICH: Nein, wenn man's recht nimmt, Galgen!

Falstaff kommt zurück.

Da kommt der magre Hans, da kommt das Beingerippe. Nun, meine allerliebste Wulstpuppe? Wie lange ist es her, Hans, daß du dein eignes Knie nicht gesehn hast?

FALSTAFF: Mein eignes Knie? Als ich in deinen Jahren war, Heinz, war ich um den Leib nicht so dick als eine Adlersklaue, ich hätte durch eines Aldermans[40] Daumenring kriechen können. Hol' die Pest Kummer und Seufzen! Es bläst einen Menschen auf wie einen Schlauch. – Da sind hundsföttische Neuigkeiten los: Sir John Bracy war hier von Eures Vaters wegen, Ihr müßt morgen früh an den Hof. Der bewußte tolle Kerl aus dem Norden, Percy, und der aus Wales, der den Amaimon[41] ausprügelte und Luzifer zum Hahnrei machte und den Teufel auf das Kreuz eines wäl'schen Hakenspießes[42] den Vasalleneid leisten ließ, – wie zum Henker heißt er doch?

POINS: Oh, Glendower.

FALSTAFF: Owen, Owen, eben der; und sein Schwiegersohn Mortimer, und der alte Northumberland, und der mutige Schott' der Schotten, Douglas, der zu Pferde einen Berg steilrecht hinanrennt.

PRINZ HEINRICH: Der in vollem Galopp reitet und dabei mit der Pistole einen Sperling im Fluge schießt.

FALSTAFF: Ihr habt es getroffen.

PRINZ HEINRICH: Er aber niemals den Sperling.

FALSTAFF: Nun, der Schuft hat Herz im Leibe, der läuft nicht.

PRINZ HEINRICH: Ei, was bist du denn für ein Schuft, das du ihn um sein Laufen rühmst?

FALSTAFF: Zu Pferde, du Finke! Zu Fuß weicht er keinen Fuß breit.

PRINZ HEINRICH: Doch, Hans, aus Instinkt.

FALSTAFF: Das gebe ich zu, aus Instinkt. Gut, der ist auch da; und ein gewisser Mordake, und sonst noch an die tausend Blaumützen [43]. Worcester hat sich bei Nacht weggestohlen; deines Vaters Bart ist vor Schrecken über die Nachricht weiß geworden. Land ist nun so wohlfeil zu kaufen wie stinkende Makrelen.

PRINZ HEINRICH: Nun, wenn ein heißer Junius kommt und diese einheimische Balgerei fortdauert, so sieht es darnach aus, daß man Jungferschaften schockweise kaufen wird, wie Hufnägel.

FALSTAFF: Potz Element! Junge, du hast recht: es kann sein, daß wir in dem Punkte guten Handel haben werden. – Aber sage mir, Heinz, fürchtest du dich nicht entsetzlich? Da du Thronerbe bist, könnte die Welt dir wohl noch drei solche Gegner auslesen, als den Erzfeind Douglas, den Kobold Percy und den Teufel Glendower? Fürchtest du dich nicht entsetzlich? Rieselt's dir nicht in den Adern?

PRINZ HEINRICH: Nicht im geringsten, meiner Treu; ich brauche etwas von deinem Instinkt.

FALSTAFF: Nun, du wirst morgen entsetzlich ausgeschmält werden, wenn du zu deinem Vater kommst; wenn du mich lieb hast, so sinne eine Antwort aus!

PRINZ HEINRICH: Stelle du meinen Vater vor und befrage mich über meinen Lebenswandel!

FALSTAFF: Soll ich? topp! – Dieser Armstuhl soll mein Thron sein, dieser Dolch mein Szepter, und dies Kissen meine Krone.

PRINZ HEINRICH: Dein majestätischer Thron wird nur für einen Schemel geachtet, dein goldnes Szepter für einen bleiernen Dolch, und deine kostbare reiche Krone für eine armselige kahle Krone.

FALSTAFF: Gut, wenn das Feuer der Gnade nicht ganz in dir erloschen ist, so sollst du nun gerührt werden. – Gebt mir ein Glas Sekt, damit meine Augen rot aussehen; man muß denken, daß ich geweint habe, denn ich muß es mit bewegtem Gemüt sprechen, und ich will es in des Königs Kambyses Weise tun[44].

PRINZ HEINRICH: Gut! So mache ich meine Reverenz.

FALSTAFF: Und so halte ich meine Rede. – Tretet beiseit, ihr Großen!

WIRTIN: Das ist ein prächtiger Spaß, mein' Seel'!

FALSTAFF: Weint, holde Fürstin, nicht! Vergeblich träufeln Tränen.

WIRTIN: O Jemine, was er sich für ein Ansehen gibt!

FALSTAFF: O Gott, Herrn! bringt mein bang Gemahl hinaus, Denn Tränen stopfen ihrer Augen Schleusen.

WIRTIN: O prächtig! Er macht es den Lumpen-Komödianten so natürlich nach, wie man was sehen kann.

FALSTAFF: Still, gute Bierkanne! still, Frau Schnaps! – Heinrich, ich wundre mich nicht bloß darüber, wie du deine Zeit hinbringest, sondern auch, in welcher Gesellschaft du lebest; denn wiewohl die Kamille, je mehr sie getreten wird, um so schneller wächst, so wird doch die Jugend, je mehr man sie verschwendet, um so schneller abgenutzt. Daß du mein Sohn bist, dafür habe ich teils deiner Mutter Wort, teils meine eigne Meinung; hauptsächlich aber einen verwünschten Zug in deinem Auge und ein albernes Hängen deiner Unterlippe, das mir Gewähr dafür leistet. Wofern du denn mein Sohn bist – dahin zielt dies eigentlich – warum, da du mein Sohn bist, wirst du das Ziel des Gespöttes? Soll die glorreiche Sonne des Himmels ein Schulschwänzer werden und Brombeeren naschen? Eine nicht aufzuwerfende Frage. Soll der Sohn Englands ein Dieb werden und Beutel schneiden? Eine wohl aufzuwerfende Frage. Es gibt ein Ding, Heinrich, wovon du oftmals gehört hast, und das vielen in unserm Lande unter dem Namen Pech bekannt ist; dieses Pech, wie alte Schriftsteller aussagen, pflegt zu besudeln: so auch die Gesellschaft, die du hältst. Denn, Heinrich, jetzt rede ich nicht im Trunke zu dir, sondern in Tränen; nicht im Scherz, sondern von Herzen; nicht bloß in Worten, sondern auch in Sorgen. – Und doch gibt es einen tugendhaften Mann, den ich oft in deiner Gesellschaft bemerkt habe, aber ich weiß seinen Namen nicht.

PRINZ HEINRICH: Was für eine Art von Mann, wenn es Euer Majestät gefällig ist?

FALSTAFF: Ein wackrer, stattlicher Mann, in der Tat, und wohlbeleibt; er hat einen heitern Blick, einnehmende Augen und ein sehr edles Wesen, und ich denke, er ist so in den Funfzigen, oder wenn's hoch kommt, gegen sechzig; und jetzt fällt es mir ein: sein Name ist Falstaff. Sollte der Mann ausschweifend sein, so hintergeht er mich; denn, Heinrich, ich sehe Tugend in seinen Blicken. Wenn denn der Baum an den Früchten erkannt wird, wie die Frucht an dem Baume, so muß – das behaupte ich zuversichtlich – Tugend in diesem Falstaff sein. Zu ihm halte dich, die andern verbanne! Und nun sage mir, du ungezogner Schlingel, sage, wo hast du diesen Monat gesteckt?

PRINZ HEINRICH: Sprichst du wie ein König? Nimm du meinen Platz ein, und ich will meinen Vater vorstellen.

FALSTAFF: Mich absetzen? Wenn du es halb so gravitätisch und majestätisch machst, in Worte und Werken, so sollst du mich bei den Beinen aufhängen wie ein Kaninchen oder einen Hasen beim Wildhändler.

PRINZ HEINRICH: Gut, hier sitz' ich.

FALSTAFF: Und hier steh' ich: nun urteilt, meine Herren!

PRINZ HEINRICH: Nun, Heinrich? Von woher kommt Ihr?

FALSTAFF: Von Eastcheap, mein gnädiger Herr.

PRINZ HEINRICH: Es werden arge Beschwerden über dich geführt.

FALSTAFF: Alle Wetter, Herr, sie sind falsch! – Ja, ich will Euch den jungen Prinzen schon eintränken, meiner Treu.

PRINZ HEINRICH: Fluchest du, ruchloser Knabe? Hinfort komm mir nicht mehr vor die Augen! Du wirst der Gnade gewaltsam abwendig gemacht; ein Teufel sucht dich heim in Gestalt eines fetten alten Mannes; eine Tonne von einem Mann ist deine Gesellschaft. Warum verkehrst du mit dem Kasten voll wüster Einfälle, dem Beuteltrog der Bestialität, dem aufgedunsenen Ballen Wassersucht, dem ungeheuren Fasse Sekt, dem vollgestopften Kaldaunensack, dem gebratnen Krönungs-Ochsen mit dem Pudding im Bauche, dem ehrwürdigen Laster, der grauen Ruchlosigkeit, dem Vater Kuppler, der Eitelkeit bei Jahren? Worin ist er gut, als im Sekt kosten und trinken? Worin sauber und reinlich, als im Kapaunen zerlegen und essen? Worin geschickt, als in Schlauigkeit? Worin schlau, als in Spitzbüberei? Worin spitzbübisch, als in allen Dingen? Worin löblich, als in gar nichts?

FALSTAFF: Ich wollte, Euer Gnaden machten sich verständlich. Wen meinen Euer Gnaden?

PRINZ HEINRICH: Den spitzbübischen abscheulichen Verführer der Jugend, Falstaff, den alten weißbärtigen Satan.

FALSTAFF: Gnädiger Herr, den Mann kenne ich.

PRINZ HEINRICH: Ich weiß, daß du ihn kennst.

FALSTAFF: Aber wenn ich sagte, ich wüßte mehr Schlimmes von ihm als von mir selbst, das hieße mehr sagen, als ich weiß. Daß er leider Gottes alt ist, das bezeugen seine weißen Haare; aber daß er, mit Respekt zu vermelden, ein Hurenweibel ist, das leugne ich ganz und gar. Wenn Sekt und Zucker ein Fehler ist, so helfe Gott den Lasterhaften! Wenn alt und lustig sein eine Sünde ist, so muß mancher alte Schenkwirt, den ich kenne, verdammt werden. Wenn es Haß verdient, daß man fett ist, so müssen Pharaos magre Kühe[45] geliebt werden. Nein, teuerster Herr Vater, verbannt Peto, verbannt Bardolph, verbannt Poins; aber den lieben Hans Falstaff, den guten Hans Falstaff, den biedern Hans Falstaff, den tapfern Hans Falstaff, um so tapfrer, da er der alte Hans Falstaff ist: den verbanne nicht aus deines Heinrichs Gesellschaft – den verbanne nicht aus deines Heinrichs Gesellschaft: den dicken Hans verbannen, heißt alle Welt verbannen.

PRINZ HEINRICH: Das tu' ich, das will ich.

Man hört klopfen.
Die Wirtin, Franz und Bardolph ab.
Bardolph kommt zurückgelaufen.

BARDOLPH: O gnädiger Herr! gnädiger Herr! Der Sheriff ist mit einer entsetzlichen Wache vor der Tür.

FALSTAFF: Fort, du Schuft! Das Stück zu Ende gespielt! Ich habe viel zu Gunsten des Falstaff zu sagen.

Die Wirtin kommt eilig zurück.

WIRTIN: O Jesus! gnädiger Herr! – gnädiger Herr!

FALSTAFF: Holla! he! Der Teufel reitet auf einem Fiedelbogen. Was gibt's?

WIRTIN: Der Sheriff und die ganze Wache sind vor der Tür, sie kommen, um Haussuchung zu halten: soll ich sie herein lassen?

FALSTAFF: Hörst du, Heinz? Nenne mir ein echtes Goldstück niemals eine falsche Münze; du bist in Wahrheit falsch, ohne es zu sein.

PRINZ HEINRICH: Und du eine natürliche Memme, ohne Instinkt.

FALSTAFF: Ich leugne dir den Maior ab; willst du mich dem Sheriff ableugnen, gut; wo nicht, so laß ihn herein! Wenn ich mich auf einem Karrn nicht eben so gut ausnehme als ein andrer, so hol' der Teufel meine Erziehung! Ich hoffe, daß ich eben so geschwind als ein andrer mit einem Strick zu erdrosseln bin.

PRINZ HEINRICH: Geh, versteck' dich hinter die Tapete, – die übrigen müssen hinaufgehn. Nun, meine Herrn ein redlich Gesicht und ein gut Gewissen!

FALSTAFF: Beides habe ich gehabt, aber damit ist es aus, und darum verstecke ich mich.

PRINZ HEINRICH: Ruft den Sheriff herein!

Alle ab, außer dem Prinzen und Poins. Der Sheriff und ein Kärrner kommen.

Nun, Meister Sheriff, was ist Eu'r Begehren?

SHERIFF: Zuerst Verzeihung, Herr! Ein Auflauf hat
Gewisse Leut' in dieses Haus verfolgt.

PRINZ HEINRICH: Was sind's für Leute?

SHERIFF: Der ein' ist wohl bekannt, mein gnäd'ger Herr,
Ein starker fetter Mann.

KÄRRNER: So fett wie Butter.

PRINZ HEINRICH:
Der Mann, Ihr könnt mir glauben, ist nicht hier,
Ich brauche selbst ihn eben in Geschäften.
Und, Sheriff, ich verpfände dir mein Wort,
Daß ich ihn morgen mittag schicken will,
Dir Rechenschaft zu geben oder jedem
Für alles, was man ihm zur Last gelegt;
Und wenn ich bitten darf, verlaßt das Haus!

SHERIFF:
Das will ich, gnäd'ger Herr. Zwei Herrn verloren
Bei dieser Räuberei dreihundert Mark.

PRINZ HEINRICH: Es kann wohl sein; hat er die zwei beraubt,
So soll er Rede stehn; und so, lebt wohl!

SHERIFF: Gute Nacht, mein gnäd'ger Herr!

PRINZ HEINRICH: Ich denk', es ist schon guten Morgen: nicht?

SHERIFF: Ja, gnäd'ger Herr; ich glaub', es ist zwei Uhr. *Ab.*

PRINZ HEINRICH: Der ölichte[46] Schlingel ist so bekannt wie die
Paulskirche. – Geh, ruf' ihn heraus!

POINS: Falstaff! – Fest eingeschlafen hinter der Tapete, und
schnarcht wie ein Pferd.

PRINZ HEINRICH: Hör' nur, wie schwer er Atem holt. Suche seine
Taschen durch!

Poins sucht.

Was hast du gefunden?

POINS: Nichts als Papiere, gnädiger Herr.

PRINZ HEINRICH: Laßt uns sehen, was es ist: lies sie!

POINS: „Item, ein Kapaun 2 Schilling 2 Pfennig
      „Item, Brühe – – –   4 Pf.
      „Item, Sekt, zwei Maß 5 Sch.   8 Pf.
      „Item, Sardellen und Sekt
nach dem Abendessen 2 Sch. 6 Pf.
      „Item, Brot – – – $^1/_2$ Pf.

PRINZ HEINRICH: Oh, ungeheuer! Nur für einen halben Pfennig
Brot zu dieser unbilligen Menge Sekt! – Was du sonst noch gefunden hast, bewahre auf, wir wollen es bei beßrer Weile lesen.
Laß ihn da schlafen, bis es Tag wird. Ich will früh morgens an
den Hof; wir müssen alle in den Krieg, und du sollst einen eh-

renvollen Platz haben. Diesem fetten Schlingel schaffe ich eine
Stelle zu Fuß, und ich weiß, ein Marsch von ein hundert Fuß
wird sein Tod sein. Das Geld soll reichlich wieder erstattet werden. Triff mich morgen bei Zeiten; und somit guten Morgen,
Poins!

POINS: Guten Morgen, bester Herr!

Alle ab.

DRITTER AUFZUG

ERSTE SZENE

Zimmer zu Bangor.

Percy, Worcester, Mortimer und Glendower treten auf.

MORTIMER: Die Freunde sind gewiß, schön die Versprechen,
Und unser Anfang günst'ger Hoffnung voll.
PERCY: Lord Mortimer und Vetter Glendower,
Wollt ihr euch setzen?
Und Oheim Worcester, – Hol's die Pest! Die Karte
Vergaß ich mitzubringen.
GLENDOWER: Nein, hier ist sie.
Sitzt, Vetter Percy, – sitzt, lieber Vetter Heißsporn;
Denn jedesmal, daß Lancaster Euch nennt
Bei diesem Namen, wird er bleich, und mit
Verhaltnem Seufzer wünscht er Euch im Himmel.
PERCY: Und in der Hölle Euch, so oft er hört
Von Owen Glendower sprechen.
GLENDOWER: Ich tadl' ihn nicht: als ich zur Welt kam, war
Des Himmels Stirn voll feuriger Gestalten
Und Fackelbrand; zur Stunde der Geburt
Erzitterte der Erde Bau und Gründung
Wie eine Memme.
PERCY: Ei, sie hätt's auch getan
Zur selben Zeit, hätt' Eurer Mutter Katze nur
Gekitzt, wenn Ihr auch nie geboren wär't.
GLENDOWER:
Die Erde, sag' ich, bebt', als ich zur Welt kam.
PERCY: Und ich sag', die Erde dachte nicht wie ich,
Wofern Ihr denkt, sie bebt' aus Furcht vor Euch.
GLENDOWER: Der Himmel stand in Feu'r, die Erde wankte.

PERCY: Oh, dann hat sie geschwankt, weil sie den Himmel
In Feuer sah, nicht bang vor der Geburt.
Die krankende Natur bricht oftmal aus
In fremde Gärungen; die schwangre Erde
Ist mit 'ner Art von Kolik oft geplagt,
Durch Einschließung des ungestümen Windes
In ihrem Schoß, der, nach Befreiung strebend,
Altmutter Erde ruckt, und niederwirft
Kirchtürm' und moos'ge Burgen. Zu der Zeit
Hat unsre Mutter Erde, davon leidend,
Krankhaft gebebt.

GLENDOWER: Vetter, nicht viele dürften
So durch den Sinn mir fahren. Laßt mich Euch
Noch einmal sagen: als ich zur Welt kam, war
Des Himmels Stirn voll feuriger Gestalten.
Die Geißen rannten vom Gebirg', die Herden
Schrien seltsam ins erschrockne Feld hinein.
Dies tat als außerordentlich mich kund;
Und meines Lebens ganzer Hergang zeigt,
Ich sei nicht von der Zahl gemeiner Menschen.
Wo lebt der Mensch wohl, von der See umfaßt,
Die zürnend tobt um England, Schottland, Wales,
Der mich belehrt und mich darf Schüler nennen?
Und bringt mir einen, den ein Weib gebar,

Der in der Kunst mühsamer Bahn mir folgt
Und Schritt mir hält in tiefer Nachforschung.

PERCY: Ich denke, niemand spricht wohl besser Wäl'sch.
Ich will zur Mahlzeit.

MORTIMER: Still, Vetter Percy, denn Ihr macht ihn toll.

GLENDOWER: Ich rufe Geister aus der wüsten Tiefe.

PERCY: Ei ja, das kann ich auch, das kann ein jeder.
Doch kommen sie, wenn Ihr nach ihnen ruft?

GLENDOWER: Ich kann Euch lehren, Vetter, selbst den Teufel
Zu meistern.

PERCY:
Und ich, Freund, kann Euch lehren, sein zu spotten
Durch Wahrheit: redet wahr und lacht des Teufels!
Habt Ihr ihn Macht zu rufen, bringt ihn her,
Ich schwör', ich habe Macht, ihn wegzuspotten.
Oh, lebenslang sprecht wahr und lacht des Teufels!

MORTIMER: Kommt! kommt!
Nicht mehr dies unersprießliche Geschwätz!

GLENDOWER: Dreimal maß Heinrich Bolingbroke sich schon
Mit meiner Macht; dreimal vom Rand des Wye
Und kies'gen Severn sandt' ich so ihn heim,
Daß unbemäntelt seine Niederlage.

PERCY: Was? ohne Mantel lag er auf der Erde?
Ins Teufels Namen, und er kriegt kein Fieber?

GLENDOWER: Seht hier die Karte: soll'n wir unser Recht
Nun dreifach teilen, unserm Bund gemäß?

MORTIMER: Der Erzdechant hat schon es eingeteilt
In drei Quatiere, völlig gleich gemessen:
England, vom Trent und Severn bis hierher
Im Süd und Ost, ist mir zum Teil bestimmt.
Was westlich, Wales jenseit des Severn Ufer
Und all das reiche Land in dem Bezirk,
Für Owen Glendower; Euch, mein lieber Vetter,
Der Überrest, was nordwärts liegt vom Trent.
Auch der Vertrag ist dreifach aufgesetzt,
Und wenn wir wechselseitig ihn besiegelt,
Was diese Nacht sich noch verrichten läßt,
So ziehn wir, Vetter Percy, Ihr und ich
Und Euer Oheim Worcester, morgen aus,
Um Euren Vater und die schott'sche Macht,
Wie abgered't, zu Shrewsbury zu treffen.
Mein Vater Glendower ist noch nicht bereit,
Auch haben wir die nächsten vierzehn Tage

Nicht seine Hülfe nötig; – *Zu Glendower* – in der Zeit
Könnt Ihr zusammen schon berufen haben
Vasallen, Freund' und Herrn der Nachbarschaft.

GLENDOWER:
Ein kürzrer Zeitraum bringt mich zu euch, Herrn,
Und dann geleit' ich eure Frau'n zu euch.
Jetzt müßt ihr ohne Abschied fort euch schleichen,
Denn eine Sündflut gibt's von Tränen sonst,
Wenn ihr und eure Weiber scheiden sollt.

PERCY: Mich dünkt, mein Anteil nördlich hier von Burton
Ist euren beiden nicht an Größe gleich.
Seht, wie der Fluß mir da herein sich schlängelt
Und schneidet mir von meinem besten Lande
Ein Stück aus, einen großen halben Mond.
Ich will sein Bett an diesem Platz verdämmen,
Und hier soll dann der silberklare Trent
Im neuen Bette schön und ruhig fließen.
Er soll sich da so scharfgezackt nicht winden
Und eines reichen Landstrichs mich berauben.

GLENDOWER: Nicht winden? Doch, er soll; Ihr seht, er tut's.

MORTIMER: Ja, doch bemerkt,
Wie er den Lauf nimmt und sich hier hinauf
Mit gleichem Vorteil kehrt zur andern Seite,
Das Land da drüben um so viel beschneidend,
Als er Euch an der andern Seite nimmt.

WORCESTER: Mit wenig Kosten gräbt man hier ihn durch
Und schlägt die Spitze Land dem Norden zu:
Dann läuft er grad' und eben.

PERCY: Ich will's, mit wenig Kosten ist's geschehn.

GLENDOWER: Ich will es nicht verändert wissen.

PERCY: Nicht?

GLENDOWER: Nein, und Ihr sollt nicht.

PERCY: Wer will Nein mir sagen?

GLENDOWER: Ei, das will ich!

PERCY: So macht, daß ich Euch nicht versteh':
Sagt es auf Wäl'sch!

GLENDOWER: Ich spreche Englisch, Herr, so gut wie Ihr,
Ich wurde ja an Englands Hof erzogen,
Wo ich in meiner Jugend zu der Harfe
Manch englisch Liedlein lieblich fein gesetzt
Und so der Zunge reiche Zier geliehn;
Und solche Gabe sah man nie an Euch.

PERCY: Traun, und ich bin des froh von ganzem Herzen.

Ich wär' ein Kitzlein lieber und schrie' Miau,
Als einer von den Vers-Balladen-Krämern.
Ich hör' 'nen eh'rnen Leuchter lieber drehn,
Oder ein trocknes Rad die Achse kratzen;
Das würde mir die Zähne gar nicht stumpfen,
So sehr nicht, als gezierte Poesie.
's ist wie der Paßgang eines steifen Gauls.
GLENDOWER: Nun gut, wir leiten Euch den Trent zur Seite.
PERCY: Es gilt mir gleich: wohl dreimal so viel Land
    Gäb' ich dem wohlverdienten Freund;
    Doch, wo's auf Handel ankommt, merkt Ihr wohl,
    Da zank' ich um ein Neuntel eines Haars.
    Sind die Verträge fertig? Soll'n wir gehn?
GLENDOWER:
    Der Mond scheint hell, ihr könnt zu Nacht noch fort.
    Ich will den Schreiber mahnen und zugleich
    Auf eure Abfahrt eure Frau'n bereiten.
    Ich fürchte, meine Tochter kommt von Sinnen,
    So zärtlich liebt sie ihren Mortimer. *Ab.*
MORTIMER: Pfui, Vetter, wie Ihr durch den Sinn ihm fahrt!
PERCY: Ich kann's nicht lassen; oft erzürnt er mich,
    Wenn er erzählt von Ameis'[47] und von Maulwurf',
    Vom Träumer Merlin[48], was der prophezeit,
    Vom Drachen und vom Fische ohne Flossen,
    Berupftem Greif und Raben in der Mause[49],
    Vom ruh'nden Löwen und der Katz' im Sprung,
    Und solch 'nen Haufen kunterbuntes Zeug,
    Daß mich's zum Heiden macht. Denkt, gestern abend
    Hielt er mich wenigstens neun Stunden auf
    Mit Aufzählung von all der Teufel Namen
    In seinem Sold; ich rief: „Hum! gut! nur weiter!"
    Doch hört' ich nicht ein Wort. Oh, er ist lästig,
    Mehr als ein lahmes Pferd, ein scheltend Weib;
    Noch ärger als ein rauchicht Haus. Viel lieber
    Lebt' ich bei Käs' und Knoblauch in der Mühle,
    Als daß ich schmaust' und hört' ihn mit mir reden
    Im besten Lustschloß in der Christenheit.
MORTIMER: Bei meiner Treu', er ist ein würd'ger Herr,
    Ganz ungemein belesen und vertraut
    Mit Wunderkünsten; tapfer wie ein Löwe,
    Leutselig ohne Maß, und frei im Geben
    Wie Minen Indiens[50]. Darf ich sagen, Vetter?
    Er hält in hohen Ehren Eu'r Gemüt

Und tut sich über die Natur Gewalt,
Wenn Ihr ihm durch den Sinn fahrt: ja, fürwahr,
Ich schwör' es Euch, der Mann lebt nicht auf Erden,
Der so, wie Ihr getan, ihn reizen dürfte
Und nicht Gefahr erproben und Verweis.
Doch tut es nicht zu oft, laßt mich Euch bitten!
WORCESTER: Fürwahr, Mylord, Ihr seid zu tadelsüchtig,
Und seit Ihr hier seid, tatet Ihr genug,
Um völlig aus der Fassung ihn zu bringen.
Ihr müßt durchaus den Fehl verbessern lernen:
Zeigt es schon manchmal Größe, Mut und Blut
(Was doch die höchste Zier, die es gewährt),
So offenbart es oftmals rauhen Zorn,
An Sitten Mangel und an Mäßigung,
Stolz, Hochmut, Meinung von sich selbst und Hohn,
Wovon, an einem Edelmanne haftend,
Das kleinste ihm der Menschen Herz verliert,
An aller Gaben Schönheit einen Fleck
Zurückläßt und sie um ihr Lob betrügt.
PERCY: Gut, meistert mich: Gott segn' Euch feine Sitten!
Hier kommen unsre Frau'n, nun laßt uns scheiden.
    Glendower kommt zurück mit Lady Percy und Lady Mortimer.
MORTIMER: Das ist für mich der tödlichste Verdruß,
Mein Weib versteht kein Englisch, ich kein Wäl'sch.
GLENDOWER:
Die Tochter weint, sie will nicht von Euch scheiden:
Sie will Soldat sein, will mit in den Krieg.
MORTIMER: Mein Vater, sagt ihr, daß sie und Tante Percy
In Eurer Leitung schleunig folgen sollen.
    Glendower spricht auf Wäl'sch zu seiner Tochter, und sie
    antwortet ihm in derselben Sprache.
GLENDOWER: Sie ist außer sich, die störr'ge, eigenwill'ge Dirne,
An der die Überredung nichts vermag.
    Lady Mortimer spricht auf Wäl'sch zu Mortimer.
MORTIMER: Ja, ich versteh' den Blick; das holde Wäl'sch,
Das du von diesen schwell'nden Himmeln gießest,
Kenn' ich zu gut; und müßt' ich nicht mich schämen,
Ich pflöge gern ein solch Gespräch mit dir.
    Lady Mortimer spricht.
Versteh' ich deinen Kuß doch und du meinen,
Und das ist ein gefühltes Unterreden.
Doch bis ich, Liebe, deine Sprach' erlernt,
Will ich nie müßig gehn; denn deine Zunge

Macht Wäl'sch so süß wie hoher Lieder Weisen,
Die eine schöne Königin entzückend
Zu ihrer Laut' in Sommerlauben singt.

GLENDOWER: Ja, wenn Ihr hinschmelzt, wird sie gar verrückt.

Lady Mortimer spricht wieder.

MORTIMER: Oh, hierin bin ich ganz Unwissenheit!

GLENDOWER: Sie will, Ihr sollt
Euch niederlegen auf die leichten Binsen
Und sanft Eu'r Haupt an ihrem Schoße ruhn.
So singt sie Euch das Lied, das Euch gefällt,
Und krönt den Schlummergott auf Euren Wimpern,
Eu'r Blut mit süßer Müdigkeit bezaubernd,
Den Schlaf vom Wachen so gelinde scheidend,
Als zwischen Tag und Nacht die Scheidung ist,
Die Stunde, eh' das himmlische Gespann
Im Osten seinen goldnen Zug beginnt.

MORTIMER: Von Herzen gern will ich sie singen hören;
Indes wird unsre Schrift wohl fertig sein.

GLENDOWER: Tut das!
Die Musikanten, die Euch spielen sollen,
Sind tausend Meilen weit von hier in Lüften
Und sollen flugs doch hier sein. Sitzt und horcht!

PERCY: Komm, Käthchen, du verstehst dich aufs stille liegen;
komm, geschwind! geschwind! daß ich meinen Kopf in deinen
Schoß lege.

LADY PERCY: Geh mir, du wilde Gans!

Glendower spricht einige wäl'sche Worte, und dann spielt die Musik.

PERCY: Nun merk' ich, daß der Teufel Wäl'sch versteht,
Und 's ist kein Wunder, daß er launisch ist.
Mein' Seel', er ist ein guter Musikant.

LADY PERCY: Dann solltet Ihr ganz und gar musikalisch sein, denn
Ihr werdet ganz von Launen regiert. Lieg' stille, du Schelm und
höre die Dame Wäl'sch singen!

PERCY: Ich möchte lieber Dame, meine Dogge, Irländisch heulen
hören.

LADY PERCY: Möchtest du gern ein Loch im Kopf haben?

PERCY: Nein.

LADY PERCY: So liege still!

PERCY: Auch nicht, das ist ein Weiberfehler.

LADY PERCY: Nun, Gott helfe dir!

PERCY: Zu der wäl'schen Dame Bett.

LADY PERCY: Was soll das?

PERCY: Still! Sie singt.

Ein wäl'sches Lied von Lady Mortimer gesungen.

Kommt, Käthchen, Ihr müßt mir auch ein Lied singen.

LADY PERCY: Ich nicht, gewiß und wahrhaftig.

PRCY: Ihr nicht, gewiß und wahrhaftig! Herzchen, Ihr schwört ja
  wie eine Konditors-Frau. Ihr nicht, „gewiß und wahrhaftig!"
  und: „so wahr ich lebe!" und: „wo mir Gott gnädig sei!" und: „so
  gewiß der Tag scheint!"
  Und gibst so taftne[51] Bürgschaft deiner Schwüre,
  Als wärst du weiter nie als Finsbury spaziert.
  Nimm als 'ne Dame, Käthchen, deinen Mund
  Mit derben Schwüren voll; und laß „fürwahr"
  Und solche Pfeffernuß-Beteu'rungen
  Den Sammet-Borten[52] und den Sonntagsbürgern!
  Komm, sing'!

LADY PERCY: Ich will nicht singen.

PERCY: Es führt auch gerade Weges dazu, Schneider zu werden
  oder Rotkehlchen abzurichten. Wenn die Kontrakte aufgesetzt
  sind, so will ich in den nächsten zwei Stunden fort; also kommt
  mir nach, wenn Ihr wollt! *Ab.*

GLENDOWER: Kommt, kommt, Lord Mortimer! Ihr seid so träge,
  Als glühend heiß Lord Percy ist zu gehn.
  Die Schrift wird fertig sein: wir woll'n nur siegeln,
  Und dann sogleich zu Pferd!

MORTIMER: Von ganzem Herzen!
                    Alle ab.

ZWEITE SZENE

London. Ein Zimmer im Palast.

König Heinrich, Prinz von Wales und Lords treten auf.

KÖNIG HEINRICH:
  Laßt uns, ihr Lords! Der Prinz von Wales und ich,
  Wir müssen uns geheim besprechen; doch
  Seid nah zur Hand, wir werden euch bedürfen.
                    Lords ab.
  Ich weiß nicht, ob es Gott so haben will
  Für mißgefäll'ge Dienste, die ich tat,
  Daß sein verborgner Rat aus meinem Blut
  Mir Züchtigung und eine Geißel zeugt.
  Doch du, in deinen Lebensbahnen, machst
  Mich glauben, daß du nur gezeichnet bist

Zur heißen Rach' und zu des Himmels Rute
Für meine Übertretung. Sag mir sonst,
Wie könnten solche wilde, niedre Lüste,
Solch armes, nacktes, liederliches Tun,
So seichte Freuden, ein so roher Kreis
Als der, womit du dich verbrüdert hast,
Sich zu der Hoheit deines Bluts gesellen
Und sich erheben an dein fürstlich Herz?

PRINZ HEINRICH:

Geruh' Eu'r Majestät: ich wollt', ich könnte
Von jedem Fehl so völlig los mich sagen,
Als ich mich ohne Zweifel rein'gen kann
Von vielen, die mir schuld gegeben werden.
Doch so viel Milderung laßt mich erbitten,
Daß, nach erlogner Märchen Widerlegung,
Die oft das Ohr der Hoheit hören muß
Von Liebedienern und gemeinen Klätschern,
Mir etwas Wahres, wo mich meine Jugend
Verkehrt geleitet und unregelmäßig,
Auf wahre Unterwerfung sei verziehn.

KÖNIG HEINRICH:

Verzeih' dir Gott! – Doch muß mich's wundern, Heinrich,
Daß deine Neigung so die Schwingen richtet,
Ganz abgelenkt von deiner Ahnen Flug.
Dein Platz im Rat ward gröblich eingebüßt,
Den nun dein jüngrer Bruder[53] eingenommen;
Du bist beinah' ein Fremdling in den Herzen
Des ganzen Hofs, der Prinzen vom Geblüt.
Die Hoffnung und Erwartung deiner Zeit
Ist ganz dahin, und jedes Menschen Seele
Sagt sich prophetisch deinen Fall voraus.
Hätt' ich so meine Gegenwart vergeudet,
So mich den Augen aller ausgeboten,
So dem gemeinen Umgang gäng und feil:
So wär' die Meinung, die zum Thron mir half,
Stets dem Besitze untertan geblieben
Und hätte mich in dunkelm Bann gelassen
Als einen, der nichts gilt und nichts verspricht.
Doch, selten nur gesehn, ging ich nun aus,
So ward ich angestaunt, wie ein Komet,
Daß sie den Kindern sagten: „Das ist er";
Und andre: „Welcher? Wo ist Bolingbroke?"
Dann stahl ich alle Freundlichkeit vom Himmel

Und kleidete in solche Demut mich,
Daß ich Ergebenheit aus aller Herzen,
Aus ihrem Munde Gruß und Jauchzen zog,
Selbst in dem Beisein des gekrönten Königs.
So hielt ich die Person mir frisch und neu;
Mein Beisein, wie ein Hohepriesterkleid,
Ward staunend nur gesehn, und so erschien
Selten, doch kostbar, wie ein Fest, mein Aufzug;
Das Ungewohnte gab ihm Fei'rlichkeit.
Der flinke König hüpfte auf und ab
Mit seichten Spaßern und mit stroh'rnen Köpfen,
Leicht lodernd, leicht verbrannt; vertat die Würde,
Vermengte seinen Hof mit Possenreißern,
Ließ ihren Spott entweihen seinen Namen
Und lieh sein Ansehn, wider seinen Ruf,
Schalksbuben zu belachen, jedem Ausfall
Unbärt'ger, eitler Necken bloß zu stehn;
Ward ein Gesell der öffentlichen Gassen,
Gab der Gemeinheit selber sich zu Lehn;
Daß, da die Augen täglich in ihm schwelgten,
Von Honig übersättigt, sie zu ekeln
Der süße Schmack begann, wovon ein wenig
Mehr als ein wenig viel zu viel schon ist.
Wenn dann der Anlaß kam, gesehn zu werden,
War er so wie der Kuckuck nur im Juni,
Gehört, doch nicht bemerkt; gesehn mit Augen,
Die, matt und stumpf von der Gewöhnlichkeit,
Kein außerordentlich Betrachten kennen,
Wie's sonnengleiche Majestät umgibt,
Strahlt sie nur selten den erstaunten Augen;
Sie schläferten, die Augenlider hängend,
Ihm ins Gesicht vielmehr und gaben Blicke,
Wie ein verdroßner Mann dem Gegner pflegt,
Von seinem Beisein überfüllt und satt.
Und in demselben Rang, Heinrich, stehst du,
Da du dein fürstlich Vorrecht eingebüßt
Durch niedrigen Verkehr: kein Auge gibt's,
Dem nicht dein Anblick Überdruß erregt,
Als meins, das mehr begehrt hat, dich zu sehn,
Das nun tut, was ich gern ihm wehren möchte,
Und blind sich macht aus tör'ger Zärtlichkeit.
PRINZ HEINRICH: Ich werd' hinfort, mein gnädigster Gebieter,
Mehr sein, was mir geziemt.

KÖNIG HEINRICH: Um alle Welt!
Was du zu dieser Zeit, war Richard damals,
Als ich aus Frankreich kam nach Ravenspurg,
Und grade, was ich war, ist Percy jetzt.
Bei meinem Szepter nun und meiner Seele!
Er hat viel höhern Anspruch an den Staat
Als du, der Schatten nur der Erblichkeit.
Denn, ohne Recht noch Anschein eines Rechtes,
Füllt er mit Kriegszeug in dem Reich das Feld,
Beut Trotz dem Rachen des ergrimmten Löwen
Und führt, nicht mehr als du dem Alter schuldig,
Bejahrte Lords und würd'ge Bischöf' an
Zu blut'gen Schlachten und Geklirr der Waffen.
Welch nie verblüh'nden Ruhm erwarb er nicht
An dem gepriesnen Douglas, dessen Taten,
Des rasche Züge, großer Nam' in Waffen
Die Oberstelle sämtlichen Soldaten
Und höchste kriegerische Würd' entzieht
In jedem Königreich der Christenheit.
Dreimal schlug Heißsporn, dieser Mars in Windeln,
Dies Heldenkind, in seinen Unternehmen
Den großen Douglas; nahm e i n m a l ihn gefangen,
Gab dann ihn los und macht' ihn sich zum Freund,
Um so der alten Fehde Kluft zu füllen
Und unsers Throns Grundfesten zu erschüttern.
Was sagt Ihr nun hiezu? Percy, Northumberland,
Der Erzbischof von York, Douglas, Mortimer
Sind wider uns verbündet und in Wehr.
Doch warum sag' ich diese Zeitung dir?
Was sag' ich Heinrich, dir von unsern Feinden,
Da du mein nächst- und schlimmster Gegner bist,
Der, allem Anschein nach, aus knecht'scher Furcht,
Aus einem schnöden Hang und jähen Launen
In Percys Solde wider mich wird fechten,
Ihm nachziehn und vor seinen Runzeln kriechen,
Zu zeigen, wie d u ausgeartet bist!
PRINZ HEINRICH:
Nein, denkt das nicht, Ihm sollt es nicht so finden:
Verzeih' Gott denen, die mir so entwandt
Die gute Meinung Eurer Majestät!
Ich will auf Percys Haupt dies alles lösen
Und einst, an des glorreichsten Tages Schluß,
Euch kühnlich sagen, ich sei Euer Sohn,

Wann ich ein Kleid, von Blut ganz, tragen werde
Und mein Gesicht mit blut'ger Larve färben,
Die, weggewaschen, mit sich nimmt die Scham.
Das soll der Tag sein, wann er auch mag scheinen,
Daß dieses Kind der Ehren und des Ruhms,
Der wackre Heißsporn, der gepriesne Ritter,
Und Eu'r vergeßner Heinrich sich begegnen.
Daß jede Ehr', auf seinem Helme prangend,
Doch Legion wär', und auf meinem Haupt
Die Schmach verdoppelt! Denn es kommt die Zeit,
Da dieser nord'sche Jüngling seinen Ruhm
Mir tauschen muß für meine Schmählichkeiten.
Percy ist mein Verwalter, bester Herr,
Der glorreich handelt zum Erwerb für mich:
Ich will so streng zur Rechenschaft ihn ziehn,
Daß er mir jeden Ruhm heraus soll geben,
Selbst den geringsten Vorrang seiner Jahre[54],
Sonst reiß' ich ihm die Rechnung aus dem Herzen.
Dies sag ich hier im Namen Gottes zu,
Was, wenn es ihm beliebt, daß ich's vollbringe,
Bitt' ich Eu'r Majestät, den alten Schaden
Von meinen Ausschweifungen heilen mag;
Wo nicht, so tilget alle Schuld der Tod,
Und hunderttausend Tode will ich sterben,
Eh' ich von diesem Schwur das kleinste breche.

KÖNIG HEINRICH:

Dies tötet Hunderttausende Rebellen;
Du sollst hiebei Befehl und Vollmacht haben.

Blunt tritt auf.

Nun, guter Blunt? Dein Blick ist voller Eil'.

BLUNT: So das Geschäft, wovon ich reden muß.

Lord Mortimer von Schottland meldet uns,
Daß Douglas und die englischen Rebellen
Am eilften dieses Monats sich vereint
Zu Shrewsbury: ein so gewaltig Heer,
Wenn allerseits man die Versprechen hält,
Als je in einem Staat Verwirrung schaffte.

KÖNIG HEINRICH:

Der Graf von Westmoreland zog heute aus.
Mit ihm mein Sohn, Johann von Lancaster,
Denn diese Botschaft ist fünf Tage alt.
Auf nächsten Mittwoch, Heinrich, brecht Ihr auf,
Wir setzen selbst uns Donnerstags in Marsch.

Bridgnorth ist unser Ziel; und Heinrich, Ihr
Marschiert auf Glostershire: auf diese Art
Wird, wie ich rechne, etwa in zwölf Tagen
Zu Bridgnorth unser Heer versammelt sein.
Es gibt vollauf zu tun: so laßt uns eilen,
Denn Feindes Übermacht nährt sich durch Weilen. *Ab.*

DRITTE SZENE

Eastcheap. Ein Zimmer in der Schenke zum wilden Schweinskopf.

Falstaff und Bardolph kommen.

FALSTAFF: Bardolph, bin ich seit der letzten Affaire nicht schmählich abgefallen? verzehr' ich mich nicht? schrumpfe ich nicht
ein? Wahrhaftig, meine Haut hängt um mich herum, wie das
lose Kleid einer alten Dame; ich bin so welk, wie ein gebratner
Apfel. Gut, ich will mich bekehren, und das geschwind, solange
ich noch einigermaßen bei Fleische bin; bald werde ich ganz
mattherzig sein, und dann habe ich keine Kräfte mehr zur Bekehrung. Wo ich nicht vergessen habe, wie eine Kirche von innen beschaffen ist, so bin ich ein Pfefferkorn, ein Brauerpferd.
– Gesellschaft, abscheuliche Gesellschaft hat mich zu Grunde
gerichtet.
BARDOLPH: Sir John, Ihr seid so ingrimmig, Ihr könnt nicht lange
leben.
FALSTAFF: Ja, da haben wir's: – komm, sing' mir ein Zotenlied, mache mich lustig! Ich war so tugendhaft gewöhnt, als ein Mann
von Stande zu sein braucht – tugendhaft genug; ich fluchte we-
nig, würfelte nicht über siebenmal in der Woche, in schlechte
Häuser ging ich nicht über einmal in einem Viertel – einer
Stunde; Geld, das ich geborgt, bezahlt' ich wieder, drei- bis
viermal; ich lebte gut und in gehörigen Schranken: und nun
lebe ich außer aller Ordnung, außer allen Schranken.
BARDOLPH: Ei, Ihr seid so fett, Sir John, daß Ihr wohl außer allen
Schranken sein müßt, außer allen erdenklichen Schranken, Sir
John.
FALSTAFF: Beßre du dein Gesicht, so will ich mein Leben bessern.
Du bist unser Admiral-Schiff: du trägst die Laterne am Steuer-
verdeck[55]; aber sie steckt dir in der Nase, du bist der Ritter von
der brennenden Lampe.
BARDOLPH: Ei, Sir John, mein Gesicht tut Euch nichts zu Leide.

FALSTAFF: Nein, darauf will ich schwören. Ich mache so guten Gebrauch davon, als mancher von einem Totenkopf oder einem memento mori[56]. Ich sehe dein Gesicht niemals, ohne an das höllische Feuer zu denken und an den reichen Mann[57], der in Purpurkleidern lebt; denn da sitzt er in seiner Tracht und brennt und brennt. Wärst du einigermaßen der Tugend ergeben, so wollt' ich bei deinem Gesicht schwören; mein Schwur sollte sein: „bei diesem flammenden Cherub-Schwerte!"[58] Aber du liegst ganz im Argen, und wenn's nicht das Licht in deinem Gesichte täte, wärst du gänzlich ein Kind der Finsternis. Als du in der Nacht Gadshill hinaufliefest, um mein Pferd zu fangen, – wenn ich nicht dachte, du wärst ein ignis fatuus[59] oder ein Klumpen wildes Feuer gewesen, so ist für Geld nichts mehr zu haben. Oh, du bist ein beständiger Fackelzug, ein unauslöschliches Freudenfeuer! Du hast mir an die tausend Mark für Kerzen und Fackeln erspart, wenn ich mit dir nachts von Schenke zu Schenke wanderte; aber für den Sekt, den du mir getrunken hast, hätte ich bei dem teuersten Lichtzieher in Europa eben so wohlfeil Lichter haben können. Seit zweiunddreißig Jahren nunmehr habe ich diesen Euren Salamander mit Feuer unterhalten; der Himmel lohne es mir!

BARDOLPH: Blitz! ich wollte, mein Gesicht säße Euch im Bauche!

FALSTAFF: Gott steh' mir bei! Da müßte ich sicher vor Sodbrennen umkommen.

Die Wirtin kommt.

Nun, Frau Kratzefuß die Henne! Habt Ihr's noch nicht heraus, wer meine Taschen ausgeleert hat?

WIRTIN: Ei, Sir John! Was denkt Ihr, Sir John? Denkt Ihr, ich halte Diebe in meinem Hause? Ich habe gesucht, ich habe gefragt, mein Mann hat es auch, Mann für Mann, Jungen für Jungen. Bedienten für Bedienten. Es ist sonst niemals eine Haarspitze in meinem Hause weggekommen.

FALSTAFF: Ihr lügt, Wirtin; Bardolph ist hier rasiert und hat gar manches Haar einbüßt, und ich will drauf schwören, mir ist die Tasche ausgeleert. Geht mir, Ihr seid ein Weibsbild, geht!

WIRTIN: Wer? Ich? Das untersteh' dich! So hat mich noch niemand in meinem eignen Hause geheißen.

FALSTAFF: Geht mir, ich kenne Euch wohl.

WIRTIN: Nein, Sir John! Ihr kennt mich nicht, Sir John; ich kenne Euch, Sir John: Ihr seid mir Geld schuldig, Sir John, und nun zettelt ihr einen Zank an, um mich darum zu betrügen; ich habe Euch ein Dutzend Hemden auf den Leib gekauft.

FALSTAFF: Sackleinewand! Garstige Sackleinewand! Ich habe sie an

Bäckerfrauen weggegeben, die haben Siebbeutel daraus gemacht.

WIRTIN: Nun, so wahr ich eine ehrliche Frau bin, holländische Leinewand für acht Schilling die Elle! Ihr seid hier auch noch Geld für Eure Zehrung schuldig, Sir John, für Getränk und vorgeschoßnes Geld, an vierundzwanzig Pfund.

FALSTAFF: Der hat auch sein Teil daran gehabt, laßt ihn bezahlen!

WIRTIN: Der? Ach Gott, der ist arm, der hat nichts.

FALSTAFF: Was? Arm? Seht nur sein Gesicht an! Was nennt Ihr reich? Laßt ihn seine Nase ausmünzen, seine Backen ausmünzen, ich zahle keinen Heller. Was, wollt Ihr mich als einen Neuling zum besten haben? Soll ich keine Ruhe in meiner Herberge genießen können, ohne daß mir die Taschen ausgeleert werden? Ich bin um einen Siegelring von meinem Großvater gekommen, der vierzig Mark wert war.

WIRTIN: O Jemine, ich weiß nicht, wie oft ich den Prinzen habe sagen hören, der Ring wäre von Kupfer.

FALSTAFF: Ei was, der Prinz ist ein Hanswurst, ein Schlucker; und wenn er hier wäre, so wollte ich ihn hundemäßig prügeln, wenn er das sagte.

Der Prinz und Poins kommen herein marschiert;
Falstaff geht dem Prinzen entgegen, der auf seinem Kommandostabe,
wie auf einer Querpfeife, spielt.

FALSTAFF: Was gibt's, Bursch? Bläst der Wind aus der Ecke, wahrhaftig? Müssen wir alle marschieren?

BARDOLPH: Ja, zwei je zwei, wie die Gefangnen nach Newgate.

WIRTIN: Gnädiger Herr, ich bitte Euch, hört mich!

PRINZ HEINRICH: Was sagst du, Frau Hurtig? Was macht dein Mann? Ich mag ihn wohl leiden, es ist ein ehrlicher Mann.

WIRTIN: Bester Herr, hört mich!

FALSTAFF: Bitte, laß sie gehn und höre auf mich!

PRINZ HEINRICH: Was sagst du, Hans?

FALSTAFF: Neulich Abend fiel ich hier hinter der Tapete in Schlaf, und da sind mir die Taschen ausgeleert. Dies ist ein schlechtes Haus geworden, sie leeren die Taschen aus.

PRINZ HEINRICH: Was hast du verloren, Hans?

FALSTAFF: Wirst du mir's glauben, Heinz? Drei bis vier Assignationen[60], jede von vierzig Pfund, und einen Siegelring von meinem Großvater.

PRINZ HEINRICH: Ein Bagatell, für acht Pfennige Ware.

WIRTIN: Das sagte ich ihm auch, gnädiger Herr, und ich sagte, ich hätte es Euer Gnaden sagen hören; und er spricht recht niederträchtig von Euch, so ein lästerlicher Mensch wie er ist; und er sagte, er wollte Euch prügeln.

PRINZ HEINRICH: Was? Ich will nicht hoffen?

WIRTIN: Wenn's nicht wahr ist, so ist keine Treu, keine Redlichkeit, keine Frauenschaft in mir zu finden.

FALSTAFF: Du hast nicht mehr Treue, als gekochte Pflaumen[61]; nicht mehr Redlichkeit, als ein abgehetzter Fuchs; und was Frauenschaft betrifft, so könnte Jungfer Mariane[62], die Mohrentänzerin, gegen dich die Frau des Aufsehers vom Quartiere sein. Geh, du Ding, du!

WIRTIN: Sag, was für ein Ding? was für ein Ding?

FALSTAFF: Was für ein Ding? Ei nun, ein Ding, wofür man Gotteslohn sagt.

WIRTIN: Ich bin kein Ding, wofür man Gottes Lohn sagt, das sollst du wissen. Ich bin eines ehrlichen Mannes Frau, und deine Ritterschaft aus dem Spiel, du bist ein Schuft, daß du mich so nennst.

FALSTAFF: Und deine Frauenschaft aus dem Spiel, du bist eine Bestie, daß du es anders sagst.

WIRTIN: Was für eine Bestie? Sag, du Schuft, du!

FALSTAFF: Was für eine Bestie? Nun, ein Otter.

PRINZ HEINRICH: Eine Otter, Sir John! Warum eine Otter?

FALSTAFF: Warum? Sie ist weder Fisch noch Fleisch, man weiß nicht, wo sie zu haben ist.

WIRTIN: Du bist ein unbilliger Mensch, daß du das sagst; du und jedermann weiß, wo ich zu haben bin, du Schelm, du.

PRINZ HEINRICH: Du sagst die Wahrheit, Wirtin, und er verleumdet dich aufs gröblichste.

WIRTIN: Ja, Euch auch, gnädiger Herr, und er sagte neulich, Ihr wärt ihm tausend Pfund schuldig.

PRINZ HEINRICH: Was? Bin ich Euch tausend Pfund schuldig?

FALSTAFF: Tausend Pfund, Heinz? Eine Million! Deine Liebe ist eine Million wert, du bist mir deine Liebe schuldig.

WIRTIN: Ja, gnädiger Herr, er nannte Euch Hanswurst und sagte, er wollte Euch prügeln.

FALSTAFF: Sagt' ich das, Bardolph?

BARDOLPH: In der Tat, Sir John, Ihr habt es gesagt.

FALSTAFF: Ja, wenn er sagte, mein Ring wäre von Kupfer.

PRINZ HEINRICH: Ich sage, er ist von Kupfer; unterstehst du dich nun, dein Wort zu halten?

FALSTAFF: Je, Heinz, du weißt, sofern du nur ein Mann bist, untersteh' ich mich's; aber sofern du ein Prinz bist, fürchte ich dich wie das Brüllen der jungen Löwenbrut.

PRINZ HEINRICH: Warum nicht wie den Löwen?

FALSTAFF: Den König selbst muß man wie den Löwen fürchten. Denkst du, ich will dich fürchten wie deinen Vater? Wenn ich das tue, so soll mir der Gürtel platzen.

PRINZ HEINRICH: Oh, wenn das geschähe, wie würde dir der Wanst um die Kniee schlottern! Aber zum Henker, es ist kein Platz für Glauben, Treu' und Redlichkeit in dem Leibe da; er ist ganz mit Därmen und Netzhaut ausgestopft. Ein ehrliches Weib zu beschuldigen, sie habe dir die Taschen ausgeleert! Ei, du liederlicher, unverschämter, aufgetriebner Schuft! Wenn irgend was in deiner Tasche war als Schenkenrechnungen, Tagebücher aus schlechten Häusern und für einen armseligen Pfennig Zuckerkandi, dir die Kehle geschmeidig zu machen; wenn deine Tasche mit andrer Ungebühr als dieser ausgestattet war, so will ich ein Schurke sein. Und doch prahlst du; doch willst du nichts einstecken. Schämst du dich nicht?

FALSTAFF: Hörst du, Heinz? Im Stande der Unschuld, weißt du, ist Adam gefallen; und was soll der arme Hans Falstaff in den Tagen der Verderbnis tun? Du siehst, ich habe mehr Fleisch als andre Menschen, und also auch mehr Schwachheit. – Ihr bekennt also, daß Ihr mir die Taschen ausgeleert habt?

PRINZ HEINRICH: Die Geschichte kommt so heraus.

FALSTAFF: Wirtin, ich vergebe dir. Geh, mach' das Frühstück fertig, liebe deinen Mann, achte auf dein Gesinde, pflege deine Gäste: du sollst mich bei allen vernünftigen Foderungen billig finden; du siehst, ich bin besänftigt. – Noch was? Nein, geh nur, ich bitte dich! *Wirtin ab.* Nun, Heinz, zu den Neuigkeiten vom Hofe: Wegen der Räuberei, Junge, wie ist das ins Gleiche gebracht?

PRINZ HEINRICH: Oh, mein schönster Rinderbraten, ich muß immer dein guter Engel sein. Das Geld ist zurückgezahlt.

FALSTAFF: Ich mag das Zurückzahlen nicht, es ist doppelt Arbeit.

PRINZ HEINRICH: Ich bin gut Freund mit meinem Vater und kann alles tun.

FALSTAFF: So plündre mir vor allen Dingen die Schatzkammer, und das zwar mit ungewaschnen Händen!

BARDOLPH: Tut das, gnädiger Herr!

PRINZ HEINRICH: Ich habe dir eine Stelle zu Fuß geschafft, Hans.

FALSTAFF: Ich wollte, es wäre eine zu Pferde. Wo werde ich einen finden, der gut stehlen kann? Oh, einen hübschen Dieb von zweiundzwanzigen[63] oder so ungefähr! Ich bin entsetzlich auf dem Trocknen. Nun, Gott sei gedankt für diese Rebellen! Sie tun niemanden was, als ehrlichen Leuten: ich lobe sie, ich preise sie.

PRINZ HEINRICH: Bardolph!

BARDOLPH: Gnädiger Herr?

PRINZ HEINRICH:

Bring' diesen Brief an Lord Johann von Lancaster,
An meinen Bruder; den an Mylord Westmoreland!
Geh, Poins! zu Pferd! zu Pferd! Denn du und ich,
Wir reiten dreißig Meilen noch vor Tisch. –
Hans, triff mich morgen in dem Tempelsaal
Um zwei Uhr nachmittags;
Da wirst du angestellt, und da empfängst du
Geld und Befehl zur Ausrüstung des Volks.
Es brennt das Land, Percy ist hoch gestiegen:
Wir müssen, oder sie nun unterliegen.

Der Prinz, Poins und Bardolph ab.

FALSTAFF:

Schön Reden! Wackre Welt! Wirtin, mein Frühstück her!
Oh, daß die Schenke meine Trommel wär'! *Ab.*

VIERTER AUFZUG

Erste Szene

Das Lager der Rebellen bei Shrewsbury.

Percy, Worcester und Douglas treten auf.

PERCY: Ganz recht, mein edler Schotte! Wenn nicht Wahrheit
In dieser feinen Welt für Schmeicheln gölte,
Dem Douglas käme solches Zeugnis zu,
Daß vom Gepräge dieser Zeit kein Krieger
So gangbar sollte sein in aller Welt.
Bei Gott, ich kann nicht schmeicheln; glatte Zungen
Verschmäh' ich: aber einen bessern Platz
In meiner Liebe hat kein Mensch als Ihr.
Ja, haltet mich bei Wort, erprüft mich, Herr!
DOUGLAS: Du bist der Ehre König.
Auf Erden lebt kein so gewalt'ger Mann,
Dem ich nicht trotzte.
PERCY: Tut das, und 's ist gut.
Ein Bote kommt mit Briefen.
Was bringst du da? – Nur danken kann ich Euch.
BOTE: Von Eurem Vater kommen diese Briefe.
PERCY: Briefe von ihm? Warum kommt er nicht selbst?
BOTE: Er kann nicht, gnäd'ger Herr, er ist schwer krank.
PERCY: Blitz! wie hat er die Muße, krank zu sein
In so bewegter Zeit? Wer führt sein Volk?
In wessen Leitung rücken sie heran?
BOTE: Sein Brief, nicht ich, kann Euch das sagen, Herr.
WORCESTER: Ich bitt' dich, sag mir, hütet er das Bett?
BOTE: Ja, gnäd'ger Herr, vier Tage, eh' ich reiste,
Und zu der Zeit, als ich dort Abschied nahm,
Ward von den Ärzten sehr um ihn gesorgt.

WORCESTER: Ich wollte nur, die Zeit wär' schon genesen,
    Eh' ihn die Krankheit hätte heimgesucht.
    Nie galt sein Wohlbefinden mehr als jetzt.
PERCY: Nun krank! Nun matt! Oh, diese Krankheit greift
    Das Herzblut unsers Unternehmens an!
    Die Ansteckung reicht bis hieher ins Lager.
    Er schreibt mir da, – daß innerliche Krankheit, –
    Daß er durch Boten nicht so schnell die Freunde
    Versammeln konnt' und auch Bedenken trug,
    Ein Werk von so gefährlichem Belang
    Wem anders als sich selber zu vertraun.
    Er gibt uns dennoch kühne Anmahnung,
    Mit unserm schwachen Bunde vorzudringen,
    Zu sehn, ob uns das Glück gewogen ist.
    Denn, wie er schreibt, so gilt kein Zagen jetzt,
    Weil sicherlich der König Kenntnis hat
    Von allen unsern Planen. – Was bedünkt Euch?
WORCESTER: Für uns ist seine Krankheit eine Lähmung.
PERCY: Ein blut'ger Streich, ein abgehau'nes Glied.

233

Und doch: fürwahr nicht! Daß wir jetzt ihn missen,
Ist nicht so übel, als es scheint. – Wär's gut,
Die volle Summe des, was wir vermögen,
Auf einen Wurf zu setzen? solchen Schatz
Auf einer zweifelhaften Stunde Glück?
Es wär' nicht gut: denn darin läsen wir
Die ganze Tief' und Seele unsrer Hoffnung,
Die Grenzen und das wahrhaft Äußerste
Von unser aller Glück.

DOUGLAS: Das täten wir,
Da nun noch schöne Anwartschaft uns bleibt.
Wir dürfen kühn vertun, in Hoffnung dessen,
Was einkommt;
Dies hält den Trost auf einen Rückzug rege.

PERCY: Auf eine Zuflucht, einen Sammelplatz,
Sollt' etwas Mißgeschick und Teufel finster
Auf unsrer Sachen Erstlingsprobe schaun.

WORCESTER:
Doch wollt' ich, Euer Vater wäre hier.
Denn unsers Anschlags Eigenschaft und Farbe
Gestattet keine Teilung: man wird denken,
Wo man nicht weiß, weswegen er nicht kömmt,
Daß weiser Sinn, Vasallentreu', Mißfallen
An unserm Tun zurück den Grafen hält.
Bedenkt, wie eine solche Vorstellung
Die Flut der schüchternen Parteiung wenden
Und unser Recht in Frage stellen kann.
Ihr wißt, wir auf der rüst'gen Seite müssen
Uns fern von scharfer Untersuchung halten
Und jede Öffnung, jeden Spalt verstopfen,
Wodurch das Auge der Vernunft kann spähn.
Dies Zögern Eures Vaters hebt den Vorhang
Und zeigt Unkund'gen eine Art von Furcht,
Wovon man nicht geträumt.

PERCY: Ihr geht zu weit;
Mir scheint vielmehr sein Zögern vorteilhaft.
Es leihet Glanz und eine höh're Meinung,
Ein kühnres Wagen unserm Unternehmen,
Als wenn der Graf hier wäre: man muß denken,
Wenn ohne seine Hülfe wir dem Reich
Die Spitze bieten können, stürzen wir
Mit seiner Hülf' es über Kopf und Hals. –
Noch geht's ja wohl, noch sind die Sehnen fest.

DOUGLAS:
Wie sich's das Herze wünscht. Kein solches Wort
Hört man in Schottland als den Namen Furcht.

Sir Richard Vernon tritt auf.

PERCY: Mein Vetter Vernon! Traun, Ihr seid willkommen!
VERNON: Gott gebe, meine Zeitung sei es wert!
Lord Westmoreland, an siebentausend stark,
Marschiert hieherwärts, mit ihm Prinz Johann.
PERCY: Kein Arg: was mehr?
VERNON: Und ferner ward mir kund,
Daß in Person der König ausgezogen
Und sich hieherwärts schleunig hat gewandt
Mit mächtiger und starker Zurüstung.
PERCY: Er soll willkommen sein. Wo ist sein Sohn,
Der schnellgefüßte tolle Prinz[64] von Wales,
Und seine Kameraden, die die Welt
Bei Seite schoben und sie laufen ließen?
VERNON: Ganz rüstig, ganz in Waffen, ganz befiedert
Wie Strauße, die dem Winde Flügel leihn;
Gespreizt wie Adler, die vom Baden kommen;
Mit Goldstoff angetan wie Heil'genbilder;
So voller Leben wie der Monat Mai,
Und herrlich wie die Sonn' in Sommers Mitte;
Wie Geißen munter, wild wie junge Stiere.
Ich sah den jungen Heinrich, Sturmhut auf,
Die Schienen an den Schenkeln, stolz gewaffnet,
Wie der beflügelte Merkur vom Boden
So leicht gewandt sich in den Sattel schwingen,
Als schwebt' ein Engel[65] nieder aus den Wolken,
Den Pegasus[66] zu tummeln und die Welt
Mit edlen Reiterkünsten zu bezaubern.
PERCY: Genug, genug! Mehr, wie die Sonn' im März,
Wirkt fieberhaft dies Preisen. Laßt sie kommen!
Wie Opfer kommen sie in ihrem Putz:
Wir wollen sie der glutgeaugten Jungfrau
Des dampf'gen Krieges[67] heiß und blutend bringen;
Der eh'rne Mars soll auf dem Altar sitzen
Bis an den Hals in Blut. Ich bin entbrannt,
Zu hören, daß so nah die reiche Beute
Und noch nicht unser. – Kommt, gebt mir mein Pferd,
Das wie ein Donnerkeil mich hin soll tragen,
Wo mir der Prinz von Wales den Panzer beut:
Heinrich auf Heinrich, Roß auf Roß gestellt,

Soll kämpfen, bis der ein' als Leiche fällt.
Oh, wär' doch Glendower da!
VERNON: Es gibt mehr Neues:
Ich hört' in Worcester unterwegs, er kann
In vierzehn Tagen seine Macht nicht sammeln.
DOUGLAS: Das ist die schlimmste Zeitung noch von allen.
WORCESTER: Ja, meiner Treu, das hat 'nen frost'gen Klang.
PERCY: Wie hoch mag sich des Königs Macht belaufen?
VERNON: Auf dreißigtausend.
PERCY: Laßt es vierzig sein:
Ist schon mein Vater und Glendower fern,
G'nügt unsre Macht so großem Tage gern.
Kommt, stellen wir die Must'rung schleunig an:
Der Jüngste Tag ist nah; sterbt lustig, Mann für Mann!
DOUGLAS: Sprecht nicht von Sterben: für dies halbe Jahr
Kenn' ich nicht Furcht vor Tod und Todsgefahr.

Alle ab.

ZWEITE SZENE

Eine Heerstraße bei Coventry.

Falstaff und Bardolph kommen.

FALSTAFF: Bardolph, mach' dich voraus nach Coventry, fülle mir
eine Flasche mit Sekt! Unsre Soldaten sollen durchmarschieren,
wir wollen heute abend nach Sutton-Colfield.
BARDOLPH: Wollt Ihr mir Geld geben, Kapitän?
FALSTAFF: Leg' aus, leg' aus!
BARDOLPH: Diese Flasche macht einen Engel.
FALSTAFF: Nun, wenn sie das tut, nimm ihn für deine Mühe; und
wenn sie zwanzig macht, nimm sie alle, ich stehe für das Gepräge. Sage meinem Lieutenant Peto, er soll mich am Ende der
Stadt treffen!
BARDOLPH: Das will ich, Kapitän; lebt wohl! *Ab.*
FALSTAFF: Wenn ich mich nicht meiner Soldaten schäme, so bin
ich ein Stockfisch. Ich habe den königlichen Aushebungsbefehl
schändlich gemißbraucht. Anstatt hundertundfunfzig Soldaten
habe ich dreihundert und etliche Pfund zusammengebracht. Ich
hebe keine aus, als gute Landwirte, Pächterssöhne, erfrage mir
versprochne Junggesellen, die schon zweimal aufgeboten sind;
solche Ware von Ofenhockern, die eben so gern den Teufel hören, als eine Trommel; die den Knall einer Büchse ärger fürch-

ten, als ein einmal getroffnes Feldhuhn oder eine angeschossene wilde Ente. Ich hob keine aus, als solche Butterbemmen, mit Herzen im Leibe, nicht dicker als Stecknadelköpfe: die haben sich vom Dienste losgekauft, und nun besteht meine ganze Truppe aus Fähndrichen, Korporalen, Lieutenants, Dienstgefreiten, Kerlen, die so zerlumpt sind, wie Lazarus auf gemalten Tapeten, wo die Hunde des reichen Mannes ihm die Schwären lecken, und die in ihrem Leben nicht Soldaten gewesen sind, sondern abgedankte, nichtsnutzige Bediente, jüngere Söhne von jüngeren Brüdern, rebellische Küfer und bankerotte Schenkwirte: das Ungeziefer einer ruhigen Welt und eines langen Friedens, zehnmal schmählicher zerlumpt als eine alte geflickte Standarte. Und solche Kerle hab' ich nun an der Stelle derer, die sich vom Dienste losgekauft haben, daß man denken sollte, ich hätte hundertundfünfzig abgelumpte verlorne Söhne, die eben vom Schweinehüten und Trebernfressen kämen. Ein toller Kerl begegnete mir unterwegs und sagte mir, ich hätte alle Galgen abgeladen und die toten Leichname geworben. Kein menschlich Auge hat solche Vogelscheuchen gesehn. Ich will nicht mit ihnen durch Coventry marschieren, das ist klar, – je, und die Schurken marschieren auch so mit gesperrten Beinen, als wenn sie Fußeisen anhätten; denn freilich kriegt' ich die meisten darunter aus dem Gefängnis. Nur anderthalb Hemden gibt es in meiner ganzen Kompanie; und das halbe besteht aus zwei zusammengenähten Servietten, die über die Schultern geworfen sind, wie ein Heroldsmantel ohne Ärmel; und das Hemde ist, die Wahrheit zu sagen, dem Wirte zu St. Albans gestohlen, oder dem rotnasigen Bierschenken zu Daintry. Doch das macht nichts; Linnen werden sie genug auf allen Zäunen finden.

Prinz Heinrich und Westmoreland treten auf.

PRINZ HEINRICH: Wie geht's, dicker Hans? wie geht's, Wulst?

FALSTAFF: Sieh da, Heinz? Wie geht's, du toller Junge? Was Teufel machst du hier in Warwickshire? – Mein bester Lord Westmoreland, ich bitte um Verzeihung! Ich glaubte, Euer Gnaden wären schon zu Shrewsbury.

WESTMORELAND: Wahrlich, Sir John, 's ist höchste Zeit, daß ich da wäre, und Ihr auch; aber meine Truppen sind schon dort. Der König, das kann ich Euch sagen, sieht nach uns allen aus; wir müssen die ganze Nacht durch marschieren.

FALSTAFF: Pah! Seid um mich nicht bange: ich stehe auf dem Sprunge, wie eine Katze, wo es Rahm zu mausen gibt.

PRINZ HEINRICH: Freilich wohl, Rahm zu mausen; denn vor lauter

Stehlen bist du schon ganz zu Butter geworden. Aber sage mir, Hans, wessen Leute sind das, die hinter uns drein kommen?

FALSTAFF: Meine, Heinz, meine.

PRINZ HEINRICH: Zeitlebens sah ich keine so erbärmlichen Schufte.

FALSTAFF: Pah! pah! Gut genug zum Aufspießen; Futter für Pulver, Futter für Pulver; sie füllen eine Grube so gut wie bessere; hm, Freund! sterbliche Menschen! sterbliche Menschen!

WESTMORELAND: Aber mich dünkt doch, Sir John, sie sind ungemein armselig und ausgehungert, gar zu bettelhaft.

FALSTAFF: Mein' Treu', was ihre Armut betrifft, ich weiß nicht, woher sie die haben; und das Hungern, – ich bin gewiß, das haben sie nicht von mir gelernt.

PRINZ HEINRICH: Nein, das will ich beschwören; man müßte denn drei Finger dick auf den Rippen ausgehungert nennen. Aber beim Wetter, eilt Euch: Percy ist schon im Felde.

FALSTAFF: Wie? Steht der König im Lager?

WESTMORELAND: Ja wohl, Sir John; ich fürchte, wir halten uns zu lange auf.

FALSTAFF: Gut!

Beim Gefecht gegen's Ende, und zum Anfang beim Feste,
Ziemt träge Streiter und hungrige Gäste.

Alle ab.

DRITTE SZENE

Das Lager der Rebellen bei Shrewsbury.

Percy, Worcester, Douglas und Vernon treten auf.

PERCY: Wir greifen nachts ihn an.

WORCESTER: Es darf nicht sein.

DOUGLAS: Ihr gebt ihm Vorteil dann.

VERNON: Im mind'sten nicht.

PERCY: Wie sprecht Ihr so? Hofft er nicht auf Verstärkung?

VERNON: Wir auch.

PERCY: Die sein' ist sicher, unsre zweifelhaft.

WORCESTER: Nehmt Rat an, Vetter; rührt Euch nicht zu Nacht.

VERNON: Herr, tut es nicht!

DOUGLAS: Ihr gebt nicht guten Rat,
Ihr redet so aus Furcht und mattem Herzen.

VERNON: Douglas, verleumdet nicht! Bei meinem Leben!
Mein Leben soll dafür zu Pfande stehn,
Wenn wohlverstandne Ehre fort mich zieht,

Pfleg' ich so wenig Rat mit schwacher Furcht
Als Ihr, Herr, oder irgend wer in Schottland.
Wir wollen morgen sehn, wer von uns beiden
Im Treffen zagt.

DOUGLAS: Ja, noch zu Nacht!

VERNON: Es gilt!

PERCY: Zu Nacht, sag' ich!

VERNON: Geht! Geht! es darf nicht sein.
Ich wundre mich, daß solche große Führer
Nicht einsehn, welche Hindernisse rückwärts
Die Unternehmung ziehn. Eine Anzahl Pferde
Von meinem Vetter Vernon kam noch nicht;
Die meines Oheims Worcester heute erst:
Und nun ist all ihr Feuer eingeschlafen,
Ihr Mut von harter Arbeit träg' und zahm,
Daß keins nur halb die Hälfte von sich gilt.

PERCY: So sind des Feindes Pferd' im ganzen auch,
Vom Reisen abgemattet und herunter;
Der unsern beßres Teil hat ausgeruht.

WORCESTER: Des Königs Anzahl übertrifft die unsre:
Um Gottes willen, Vetter! Wartet doch,
Bis alle da sind!

        Trompeten, die eine Unterhandlung ankündigen.
        Sir Walter Blunt tritt auf.

BLUNT: Vom König bring' ich gnäd'ge Anerbieten,
Wenn ihr Gehör und Achtung mir gewährt.

PERCY: Sir Walter Blunt, willkommen! Wollte Gott,
Daß Ihr desselben Sinnes wärt mit uns!
Hier will Euch mancher wohl, und diese selbst
Beneiden Eu'r Verdienst und guten Namen,
Weil Ihr von unserer Partei nicht seid
Und wider uns vielmehr als Gegner steht.

BLUNT: Verhüte Gott, daß ich je anders stünde,
Solang' ihr, außer Schranken und Gesetz,
Steht wider die gesalbte Majestät!
Doch, mein Geschäft! – Der König sandte mich,
Zu hören, was ihr für Beschwerden führt;
Warum ihr aus des Bürgerfriedens Brust
So kühne Feindlichkeit herauf beschwört
Und seine treu ergebnen Untertanen
Verwegne Greuel lehrt? Wofern der König
Jemals vergessen eure guten Dienste,
Die mannigfaltig sind, wie er bekennt:

So nennt nur die Beschwerden, und ihr sollt,
Was ihr verlangt, mit Zinsen schleunigst haben,
Auch gänzliche Verzeihung für euch selbst
Und die, so eure Eingebung mißleitet.
PERCY: Der König ist gar gütig, und wir wissen,
Er weiß, wann zu versprechen, wann zu zahlen.
Mein Vater und mein Oheim und ich selbst,
Wir gaben ihm das Szepter, das er führt,
Und als er keine dreißig stark noch war,
Krank in der Menschen Achtung, klein und elend,
Ein unbemerkt heimschleichender Verbannter,
Bewillkommt' ihn mein Vater an dem Strand;
Und als er ihn bei Gott geloben hörte,
Er komm' als Herzog nur von Lancaster
Zur Mutung seiner Leh'n[68] und Friede suchend,
Mit Eifers Worten und der Unschuld Tränen:
So schwor mein Vater ihm aus gutem Herzen
Und Mitleid Beistand zu und hielt es auch.
Nun, als die Lords und Reichsbarone merkten,
Daß sich Northumberland zu ihm geneigt,
Da kamen groß und klein mit Reverenz,
Begrüßten ihn in Flecken, Städten, Dörfern,
Erwarteten an Brücken ihn und Pässen,
Erboten Schwür' und Gaben; brachten ihm
Als Pagen ihre Erben; folgten dann
Ihm an den Fersen nach in goldner Schar.
Er alsobald, wie Größe selbst sich kennt,
Schritt auch ein wenig höher als sein Schwur,
Den er, noch blöden Mutes, meinem Vater
Am nackten Strand zu Ravenspurg getan.
Und nun, man denke! nimmt er sich heraus,
Verordnungen und Lasten abzuschaffen,
Die das gemeine Wesen hart gedrückt;
Schreit über Mißbrauch, scheinet zu beweinen
Die Schmach des Landes, und mit dem Gesicht,
Der scheinbar'n Stirn der Billigkeit, gewann
Er jedes Herz, wonach er angelte;
Ging weiter, schlug die Häupter sämtlich ab
Der Günstlinge, die der entfernte König
Zur Stellvertretung hier zurückgelassen,
Als er persönlich war im ir'schen Krieg.
BLUNT: Ich kam nicht, dies zu hören.
PERCY: Dann zur Sache:

In kurzer Zeit setzt' er den König ab,
Und bald darauf beraubt' er ihn des Lebens;
Dann, Schlag auf Schlag, schatzt' er das ganze Reich;
Noch schlimmer nun: ließ seinen Vetter March
(Der doch, wenn jeder stünd' an seinem Platz,
Sein echter König ist) in Wales verstrickt,
Dort hülflos ohne Lösegeld zu liegen;
Beschimpfte mich in meinem Siegesglück
Und war bemüht, durch Kundschaft mich zu fangen;
Schalt meinen Oheim weg vom Sitz im Rat,
Entließ im Zorn vom Hofe meinen Vater;
Brach Eid auf Eid, tat Unrecht über Unrecht
Und trieb uns schließlich, unsre Sicherheit
In diesem Bund zu suchen und zugleich
Zu spähn nach seinem Anspruch, welchen wir
Nicht gültig g'nug für lange Dauer finden.

BLUNT: Soll ich dem König diese Antwort bringen?

PERCY: Nicht doch, Sir Walter: erst beraten wir's.
Geht hin zum König, laßt uns eine Bürgschaft
Verpfändet sein zu sichrer Wiederkehr,
Und früh am Morgen soll mein Oheim ihm
Vorschläge von uns bringen; so lebt wohl!

BLUNT: Ich wollt', ihr nähmet Lieb' und Gnade an.

PERCY: 's ist möglich, daß wir's tun.

BLUNT: Das gebe Gott!

Alle ab.

VIERTE SZENE

York. Ein Zimmer im Hause des Erzbischofs.

Der Erzbischof von York und ein Edelmann treten auf.

ERZBISCHOF: Hurtig, Sir Michael! Mit beschwingter Eil'
Bringt den petschierten[69] Brief hier zum Lord Marschall,
Den meinem Vetter Scroop, und all die andern,
An wen sie sich gerichtet; wüßtet Ihr,
Wie viel an ihnen liegt, Ihr würdet eilen.

EDELMANN: Mein gnäd'ger Herr,
Ich rate ihren Inhalt.

ERZBISCHOF: Das mag sein.
Guter Sir Michael, morgen ist ein Tag,
An dem das Glück von zehentausend Mann

Die Probe stehn muß: denn zu Shrewsbury,
Wie ich gewiß vernehme, trifft der König
Mit mächtigem und schnell erhobnem Heer
Lord Heinrich; und, Sir Michael, ich fürchte, –
Teils wegen Krankheit des Northumberland,
Auf dessen Macht so stark gerechnet ward,
Teils wegen Owen Glendowers Entfernung,
Der ihnen auch als sichre Stütze galt
Und nun nicht kommt, beherrscht von Weissagungen, –
Ich fürchte, Percys Macht ist allzu schwach,
Gleich mit dem König den Versuch zu wagen.

EDELMANN: Ei, gnäd'ger Herr, seid unbesorgt:
Douglas ist dort ja und Lord Mortimer.

ERZBISCHOF: Nein, Mortimer ist nicht da.

EDELMANN: Doch dort ist Mordake, Vernon, Lord Heinrich Percy,
Dort auch Mylord von Worcester, und ein Heer
Von tapfern Kriegern, wackern Edelleuten.

ERZBISCHOF: So ist's; allein der König zog zusammen
Des Landes ganze Stärke: bei ihm sind
Der Prinz von Wales, Johann von Lancaster,
Der edle Westmoreland, der tapfre Blunt
Und sonst viel Mitgenossen und von Ruf
Und Führung in den Waffen teure Männer.

EDELMANN: Herr, zweifelt nicht, man wird schon widerstehn.

ERZBISCHOF: Ich hoff' es auch, doch nötig ist's zu fürchten,
Und um dem Schlimmsten vorzubeugen, eilt!
Denn, siegt Lord Percy nicht, so denkt der König,
Eh' er sein Heer entläßt, uns heimzusuchen:
Er hat gehört von unserm Einverständnis,
Und 's ist nur Klugheit, wider ihn sich rüsten.
Deswegen eilt! Ich muß an andre Freunde
Noch schreiben gehn, und so lebt wohl, Sir Michael!

Von verschiedenen Seiten ab.

FÜNFTER AUFZUG

ERSTE SZENE

Des Königs Lager bei Shrewsbury.

König Heinrich, Prinz Heinrich, Prinz Johann, Sir Walter Blunt und Falstaff treten auf.

KÖNIG HEINRICH: Wie blutig über jenen busch'gen Hügel
 Die Sonne blickt hervor! Der Tag sieht bleich
 Ob ihrem kranken Schein.
PRINZ HEINRICH: Der Wind aus Süden
 Tut, was sie vorhat, als Trompeter kund
 Und sagt, durch hohles Pfeifen in den Blättern,
 Uns Sturm vorher und einen rauhen Tag.
KÖNIG HEINRICH: So stimm' er dann in der Verlierer Sinn,
 Denn nichts scheint denen trübe, die gewinnen.
    Trompete. Worcester und Vernon kommen.
 Wie nun, Mylord von Worcester? 's ist nicht gut,
 Daß Ihr und ich auf solchem Fuß uns treffen,
 Als jetzt geschieht: Ihr täuschtet unser Zutraun
 Und zwangt mir, statt der weichen Friedenskleider,
 Die alten Glieder in unglimpflich Erz.
 Das ist nicht gut, Mylord, das ist nicht gut.
 Was sagt Ihr? Wollt Ihr wiederum entschürzen
 Den Knoten dieses allverhaßten Kriegs?
 Und Euch im unterwürf'gen Kreis bewegen,
 Wo Ihr ein schön natürlich Licht verlieht,
 Und ferner nicht ein dunstig Meteor,
 Ein Schreckenszeichen sein, das lauter Unheil
 Noch ungebornen Zeiten prophezeit?
WORCESTER: Hört mich, mein Fürst!
 Was mich betrifft, mir wär' es ganz genehm,

Den Überrest von meinen Lebenstagen
Der Ruh' zu pflegen; denn ich kann beteuern,
Nie hab' ich dieses Tages Bruch gesucht.

KÖNIG HEINRICH:
Ihr habt ihn nicht gesucht? Woher denn kam er?

FALSTAFF: Die Rebellion lag ihm vor den Füßen, und da nahm er
sie auf.

PRINZ HEINRICH: Still, Frikassee! Still!

WORCESTER: Eu'r Majestät beliebt' es, Eure Blicke
Der Gunst von uns und unserm Haus zu wenden;
Und dennoch muß ich Euch erinnern, Herr,
Wir waren Euch die ersten, nächsten Freunde;
Um Euch zerbrach ich meines Amtes Stab
Zu Richards Zeit und reiste Tag und Nacht,
Euch zu begegnen, Eure Hand zu küssen,
Als Ihr an Rang und Würdigkeit noch längst
So stark und so beglückt nicht wart als ich.
Ich war es und mein Bruder und sein Sohn,
Die heim Euch brachten und der Zeit Gefahren
Mit kühnem Mut getrotzt. Ihr schworet uns, –
Und diesen Eid schwort Ihr zu Doncaster, –
Ihr hättet keinen Anschlag auf den Staat,
Noch Anspruch, als Eu'r heimgefallnes Recht,
Gaunts Sitz, das Herzogtum von Lancaster,
Wozu wir Hülf' Euch schworen. Doch in kurzem,
Da regnete das Glück auf Euer Haupt,
Und solche Flut von Hoheit fiel auf Euch, –
Durch unsern Beistand teils, des Königs Ferne,
Das Unrecht einer ausgelaßnen Zeit,
Die scheinbar'n Leiden, so Ihr ausgestanden,
Und widerwärt'ge Winde, die den König
So lang' in seinen ir'schen Kriegen hielten,
Daß ihn in England alle tot geglaubt; –
Von diesem Schwarme günst'ger Dinge nahmt Ihr
Die schnell zu werbende Gelegenheit,
In Eure Hand das Regiment zu fassen;
Vergaßt, was Ihr zu Doncaster geschworen,
Und tatet, da wir Euch gepflegt, an uns,
Wie die unedle Brut, des Kuckucks Junges,
Dem Sperling tut: bedrücktet unser Nest,
Wuchst so gewaltig an durch unsre Pflege,
Daß unsre Lieb' Euch nimmer durfte nahn
Aus Furcht, erwürgt zu werden; ja, wir mußten

Uns sicher stellen mit behendem Flug
Von Eurem Blick und diese Kriegsmacht werben,
Womit wir Gegner Euch durch Mittel sind,
Wie Ihr sie selbst geschmiedet wider Euch
Durch kränkendes Verfahren, droh'nde Mienen
Und aller Treu' Verletzung, die Ihr uns
In Eures Unternehmens Jugend schwort.
KÖNIG HEINRICH: Dies habt Ihr freilich stückweis hergezählt,
Auf Märkten ausgerufen, in den Kirchen
Verlesen, um das Kleid der Rebellion
Mit einer schönen Farbe zu verbrämen,
Die Wankelmüt'gen in die Augen sticht
Und armen Mißvergnügten, welche gaffen
Und die Ellbogen reiben, auf die Nachricht
Von Neuerung, die drauf und drunter geht;
Und niemals fehlten solche Wasserfarben
Dem Aufruhr, seine Sache zu bemalen,
Noch solche finstre Bettler, die nach Zeiten
Des blinden Mords und der Verwirrung schmachten.
PRINZ HEINRICH: In beiden Heeren gibt es manche Seele,
Die teuer diesen Zwist bezahlen wird,
Wenn's zur Entscheidung kommt. Sagt Eurem Neffen,
Der Prinz von Wales stimm' ein mit aller Welt

In Heinrich Percys Lob; bei meiner Hoffnung!
Das jetz'ge Unternehmen abgerechnet,
Glaub' ich nicht, daß solch wackrer Edelmann,
So rüstig tapfer, tapfer jugendlich,
So kühn und mutig, außer ihm noch lebt,
Mit edlen Taten unsre Zeit zu schmücken.
Was mich betrifft, ich sag's zu meiner Scham,
Ich war im Rittertum ein Müßiggänger,
Und dafür, hör' ich, sieht er auch mich an.
Doch dies vor meines Vaters Majestät:
Ich bin's zufrieden, daß er mir voraus
Den großen Ruf und Namen haben mag,
Und will, auf beiden Seiten Blut zu sparen,
Mein Glük im einzlen Kampf mit ihm versuchen.

KÖNIG HEINRICH: Und, Prinz von Wales, so wagen wir dich dran,
Obschon unendlich viel Erwägungen
Dawider sind. – Nein, guter Worcester, nein,
Wir lieben unser Volk; wir lieben selbst
Die, so mißgeleitet Eurem Vetter folgen;
Und wenn sie unsrer Gnad' Erbieten nehmen,
Soll er und sie und Ihr und jederman
Mein Freund von neuem sein, und ich der seine:
Sagt Eurem Vetter das und meldet mir,
Was er beschließt! – Doch will er uns nicht weichen,
So steht Gewalt und Züchtigung uns bei,
Die sollen ihren Dienst tun. – Somit geht,
Behelligt jetzt uns mit Erwidern nicht:
Nehmt weislich auf, was unsre Milde spricht!

Worcester und Vernon ab.

PRINZ HEINRICH: Sie nehmen es nicht an, bei meinem Leben!
Der Douglas und der Heißsporn mit einander,
Sie bieten einer Welt in Waffen Trotz.

KÖNIG HEINRICH: Drum fort, zu seiner Schar ein jeder Führer!
Auf ihre Antwort greifen wir sie an,
Und Gott beschirme die gerechte Sache!

König Heinrich, Blunt und Prinz Johann ab.

FALSTAFF: Heinz, wenn du mich in der Schlacht am Boden siehst,
so komm und stelle dich schrittlings über mich, so: – es ist eine
Freundespflicht.

PRINZ HEINRICH: Niemand als ein Kolossus[70] kann dir diese
Freundschaft erweisen. Sag dein Gebet her und leb wohl!

FALSTAFF: Ich wollte, es wäre Schlafenszeit, Heinz, und alles gut.

PRINZ HEINRICH: Ei, du bist Gott einen Tod schuldig. *Ab.*

246

FALSTAFF: Er ist noch nicht verfallen, ich möchte ihn nicht gern vor seinem Termin bezahlen. Was brauche ich so bei der Hand zu sein, wenn er mich nicht ruft? Gut, es mag sein: Ehre beseelt mich vorzudringen. Wenn aber Ehre mich beim Vordringen entseelt? Wie dann? Kann Ehre ein Bein ansetzen? Nein. Oder einen Arm? Nein. Oder den Schmerz einer Wunde stillen? Nein. Ehre versteht sich also nicht auf die Chirurgie? Nein. Was ist Ehre? Ein Wort. Was steckt in dem Wort Ehre? Was ist diese Ehre? Luft. Eine feine Rechnung! – Wer hat sie? Er, der vergangene Mittwoch starb. Fühlt er sie? Nein. Hört er sie? Nein. Ist sie also nicht fühlbar? Für die Toten nicht. Aber lebt sie nicht etwa mit den Lebenden? Nein. Warum nicht? Die Verleumdung gibt es nicht zu. Ich mag sie also nicht. – Ehre ist nichts als ein gemalter Schild beim Leichenzuge, und so endigt mein Katechismus. *Ab.*

ZWEITE SZENE

Das Lager der Rebellen.

Worcester und Vernon treten auf.

WORCESTER: O nein, Sir Richard! Ja nicht darf mein Neffe
  Des Königs gütiges Erbieten wissen.
VERNON: Er sollt' es doch.
WORCESTER: Dann ist's um uns geschehn.
  Es ist durchaus unmöglich, kann nicht sein,
  Daß uns der König Wort im Lieben hielte;
  Er wird uns mißtraun und die Zeit ersehn,
  In andern Fehlern dies Vergehn zu strafen.
  Stets wird der Argwohn voller Augen stecken;
  Denn dem Verrat traut man nur wie dem Fuchs,
  Der, noch so zahm, gehegt und eingesperrt,
  Nicht abläßt von den Tücken seines Stamms.
  Seht, wie Ihr wollt, ernst oder lustig, aus,
  Die Auslegung wird Euren Blick mißdeuten,
  Und leben werden wir, wie Vieh im Stall,
  Je mehr gepflegt, je näher stets dem Tode.
  Des Neffen Fehltritt kann vergessen werden,
  Denn hitzig Blut entschuldigt ihn und Jugend
  Und ein als Vorrecht beigelegter Name:
  Ein schwindelköpf'ger Heißsporn, jähen Muts.

All seine Sünden fallen auf mein Haupt
Und seines Vaters; wir erzogen ihn,
Und da von uns ihm die Verderbnis kam,
So büßen wir, als Quell von allem, alles.
Drum, lieber Vetter, Heinrich wisse nie,
In keinem Fall, des Königs Anerbieten!

VERNON: Bestellt dann, was Ihr wollt, ich will's bejahn;
Da kommt der Vetter.

Percy und Douglas kommen, Offiziere und Soldaten hinter ihnen.

PERCY: Mein Oheim ist zurück, – nun liefert aus
Den Lord von Westmoreland! – Oheim, was bringt Ihr?

WORCESTER: Der König wird sogleich die Schlacht Euch bieten.

DOUGLAS: So fodert ihn durch Lord von Westmoreland!

PERCY: Lord Douglas, gehet Ihr und sagt ihm das!

DOUGLAS: Fürwahr, das will ich, und von Herzen gern. *Ab.*

WORCESTER: Der König zeigt von Gnade keinen Schein.

PERCY: Und batet Ihr ihn drum? – Verhüt' es Gott!

WORCESTER: Ich sagt' ihm sanft von unseren Beschwerden
Und seinem Meineid; – dies beschönigt' er,
Indem er abschwur, daß er falsch geschworen.
Rebellen, Meuter schilt er uns und droht,
Dies Tun zu geißeln mit der Waffen Zwang.

Douglas kommt zurück.

DOUGLAS: Auf, Ritter! Zu den Waffen! Kecken Trotz
Hab' ich in König Heinrichs Hals geschleudert,
Und Westmoreland, der Geisel war, bestellt ihn;
Unfehlbar treibt es schleunig ihn heran.

WORCESTER: Der Prinz von Wales trat bei dem König auf
Und, Neffe, fodert' Euch zum einzlen Kampf.

PERCY: Oh, läg' der Zwist auf unsern Häuptern doch,
Und niemand sonst käm' heute außer Atem
Als ich und Heinrich Monmouth! Sagt mir, sagt mir,
Wie klang sein Antrag? Schien er voll Verachtung?

VERNON: Nein, auf mein Wort! Zeitlebens hört' ich nicht
Bescheidner einen Feind herausgefodert,
Es müßt' ein Bruder denn den Bruder mahnen
Zur Waffenprob' und friedlichem Gefecht.
Er gab Euch alle Pflichten eines Manns,
Staffiert' Eu'r Lob mit fürstlich reicher Zunge,
Zählt' Eu'r Verdienst wie eine Chronik auf,
Euch immer höher stellend als sein Lob,
Das er zu schwach fand gegen Euren Wert;
Und, was ihm ganz wie einem Prinzen stand,

Er tat errötende Erwähnung seiner
Und schalt mit Anmut seine träge Jugend,
Als wär' er da zwiefachen Geistes Herr,
Zu lehren und zu lernen auf einmal.
Da hielt er inn': doch laßt der Welt mich sagen,
Wenn er dem Neide dieses Tags entgeht,
Besaß noch England nie so süße Hoffnung,
So sehr in ihrem Leichtsinn mißgedeutet.

PERCY: Es scheint ja, Vetter, du bist ganz verliebt
In seine Torheit: niemals hört' ich noch
Von einem Prinzen solche wilde Freiheit.
Doch sei es, wie es will, einmal vor nachts
Will ich ihn mit Soldatenarm umfassen,
Daß er erliegen soll vor meinem Gruß. –
Auf! Waffnet euch! – Und, Krieger, Freunde, Brüder,
Erwäget besser, was ihr habt zu tun,
Als ich, der nicht der Zunge Gabe hat,
Eu'r Blut durch Überredung kann erhitzen.

Ein Bote kommt.

BOTE: Herr, da sind Briefe für Euch.
PERCY: Ich kann sie jetzt nicht lesen. –
Oh, edle Herrn, des Lebens Zeit ist kurz.
Die Kürze schlecht verbringen, wär' zu lang',
Hing' Leben auch am Weiser einer Uhr
Und endigte, wie eine Stunde kömmt.
Wir treten Kön'ge nieder, wenn wir leben;
Wenn sterben: wackrer Tod, mit Fürsten sterben!
Nun, was Gewissen gilt: – gut sind die Waffen,
Ist nur die Absicht, die sie führt, gerecht.

Ein andrer Bote kommt.

BOTE: Herr, rüstet Euch, der König naht in Eil'.
PERCY: Ich dank' es ihm, daß er mich unterbricht,
Denn Reden ist mein Fach nicht. – Nur noch dies:
Tu' jeder, was er kann; und hier zieh' ich
Ein Schwert, des Stahl ich mit dem besten Blut
Beflecken will, dem ich begegnen kann
Im Abenteuer dieses furchtbar'n Tags.
Nun: Espérance! Percy! und hinan!
Tönt all die hohen Krieges-Instrumente
Und laßt umarmen uns bei der Musik:
Denn, Himmel gegen Erde! mancher wird
Nie mehr erweisen solche Freundlichkeit.

Trompeten. Sie umarmen sich und gehen ab.

Ebene bei Shrewsbury.

Angriffe und fechtende Parteien. Feldgeschrei. Dann kommen Douglas und Blunt von verschiedenen Seiten.

BLUNT: Wie ist dein Name, daß du in der Schlacht
  Mich so mußt kreuzen? Welche Ehre suchst du
  Auf meinem Haupt?
DOUGLAS: Mein Nam' ist Douglas, wisse,
  Und ich verfolge so dich in der Schlacht,
  Weil man mir sagt, daß du ein König bist.
BLUNT: Man sagt dir wahr.
DOUGLAS: Dem Lord von Stafford kam die Ähnlichkeit
  Schon hoch zu stehn; statt deiner, König Heinrich,
  Hat ihn dies Schwert erlegt; das soll's auch dich,
  Wenn du dich nicht gefangen mir ergibst.
BLUNT: Das ist nicht meine Art, du stolzer Schotte!
  Hier find'st du einen König, der den Tod
  Lord Staffords rächt.
        Sie fechten, und Blunt fällt. Percy kommt.
PERCY: O Douglas, wenn du so zu Holmedon fochtest,
  Nie triumphiert' ich über einen Schotten.
DOUGLAS: Gewonnen! Sieg! Hier liegt entseelt der König.
PERCY: Wo?
DOUGLAS: Hier!
PERCY: D e r, Douglas? Nein, ich kenne dies Gesicht:
  Ein wackrer Ritter war's, sein Name Blunt,
  In gleicher Rüstung wie der König selbst.
DOUGLAS: Ein Narr mit deiner Seel', wohin sie geht!
  Zu hoch erkauft ist dein erborgter Titel.
  Weswegen sagtest du, du seist ein König?
PERCY: Viel Ritter fechten in des Königs Röcken.
DOUGLAS: Bei diesem Schwert, ich töt' all seine Röcke,
  Ich mord' ihm die Gard'robe, Stück für Stück,
  Bis ich den König treffe.
PERCY: Auf, und hin!
  Es steht aufs beste für des Tags Gewinn.
        Beide ab. Neues Getümmel. Falstaff kommt.
FALSTAFF: Zu London kriegt' ich nicht leicht einen Hieb, aber hier
  fürchte ich mich davor. Hier kreiden sie die Zeche nicht anders
  an, als gleich auf den Kopf. – Sacht! wer bist du da? Sir Walter

Blunt. – Ihr habt Euer Teil Ehre weg; das ist nun keine Eitelkeit. – Ich bin so heiß, wie geschmolznes Blei, und so schwer
ebenfalls; Gott halte mir Blei aus dem Leibe! Ich brauche nicht
mehr Last, als meine eignen Eingeweide. – Ich habe mein Lumpenpack hingeführt, wo sie eingepökelt sind: nur drei von meinen hundertundfunfzigen sind noch am Leben; und die sind
gut für die Stadttore, ihr Lebenlang zu betteln. Aber wer
kommt da?

Prinz Heinrich kommt.

PRINZ HEINRICH:
Was stehst du müßig hier? Leih' mir dein Schwert!
Schon mancher Edelmann liegt starr und steif
Unter den Hufen prahlerischer Feinde
In ungerochnem Tod. Dein Schwert, ich bitte!

FALSTAFF: O Heinz, ich bitte dich, laß mich ein Weilchen Atem
schöpfen! Der Türke Gregor[71] hat nie solche Kriegstaten vollbracht, als ich an diesem Tage. Dem Percy habe ich sein Teil gegeben, der ist in Sicherheit.

PRINZ HEINRICH: Das ist er auch, und lebt, dich umzubringen. Ich
bitte dich, leih' mir dein Schwert!

FALSTAFF: Nein, bei Gott, Heinz, wenn Percy noch am Leben ist,
so kriegst du mein Schwert nicht; aber nimm mein Pistol, wenn
du willst!

PRINZ HEINRICH: Gib es mir! Wie? Steckt es im Futteral?

FALSTAFF: Ja, Heinz, 's ist heiß! 's ist heiß! Das wird den aufrühri-
schen Sektengeist zu Paaren treiben.

Der Prinz zieht eine Flasche Sekt heraus.

PRINZ HEINRICH: Was? Ist dies eine Zeit zu Späßen und Possen?
Wirft ihm die Flasche zu und geht ab.

FALSTAFF: Gut, wenn Percy noch nicht erstochen ist, so will ich
ihn anstechen. *Er zieht den Kork von der Flasche und trinkt.* –
Kommt er mir in den Weg, je nun; tut er's nicht, und ich
komme ihm freiwillig in den seinen, so soll er eine Karbonade[72]
aus mir machen. Ich mag nicht solche grinsende Ehre, als Sir
Walter hat. Laßt mir das Leben! Kann ich's davon bringen, gut;
wo nicht, so kommt die Ehre ungebeten, und damit aus. *Ab.*

VIERTE SZENE

*Getümmel, Angriffe. Hierauf kommen der König, Prinz Heinrich, Prinz
Johann und Westmoreland.*

KÖNIG HEINRICH. Ich bitte dich,
Heinrich, geh in dein Zelt: du blutest stark.
Geht mit ihm, Lord Johann von Lancaster!
PRINZ JOHANN:
Ich nicht, mein Fürst, ich müßte selbst denn bluten.
PRINZ HEINRICH: Ich bitte Eure Majestät, brecht auf.
Es schreckt die Unsern, wenn man Euch vermißt.
KÖNIG HEINRICH: Das will ich auch.
Mylord von Westmoreland, führt ihn in sein Zelt!
WESTMORELAND:
Kommt, Prinz, ich will in Euer Zelt Euch führen.
PRINZ HEINRICH: Mich führen, Herr? Ich brauche keine Hülfe.
Verhüte Gott, daß einer Schramme wegen
Der Prinz von Wales verlassen sollt' ein Feld,
Wo blutbefleckt der Adel liegt im Staub
Und Aufruhr im Gemetzel triumphiert!
PRINZ JOHANN:
Wir ruhn zu lang: – kommt, Vetter Westmoreland!
Dort ruft uns Pflicht; um Gottes willen, kommt!
Prinz Johann und Westmoreland ab.
PRINZ HEINRICH: Beim Himmel, Lancaster, du täuschtest mich;
Ich glaubte nicht dich Meister solches Muts:
Zuvor liebt' ich als Bruder dich, Johann,
Doch nun verehr' ich dich wie meine Seele.
KÖNIG HEINRICH: Ich sah ihn Percy von der Brust sich wehren
Und rüst'ger stand ihm halten, als sich ließ
Erwarten von so unerwachsnem Krieger.
PRINZ HEINRICH: Oh, dieser Knabe leiht uns allen Feuer. *Ab.*
Getümmel. Douglas tritt auf.
DOUGLAS: Ein andrer König noch!
Sie wachsen wie der Hydra[73] Köpfe nach.
Ich bin der Douglas, allen denen tödlich,
Die diese Farben tragen. – Wer bist du,
Der du als König dich verkleidet hast?
KÖNIG HEINRICH:
Der König selbst, dem's herzlich leid ist, Douglas,
Daß du so viele seiner Schatten trafst
Und nicht den König selbst. Zwei Söhne hab' ich,

Die suchen dich und Percy rings im Feld;
Doch da du dich so glücklich dargeboten,
Nehm' ich es auf mit dir. Verteid'ge dich!

DOUGLAS: Ich fürcht', auch du bist nur ein Afterbild,
Und doch, mein' Treu, gehabst du dich als König.
Doch mein bist du gewiß, wer du auch seist,
Und so besieg' ich dich.

> *Sie fechten: da der König in Gefahr ist,*
> *kommt Prinz Heinrich dazu.*

PRINZ HEINRICH: Das Haupt auf, schnöder Schotte, oder nie
Hältst du es wiederum empor! Die Geister
Des Shirley, Stafford, Blunt sind all' in mir.
Es ist der Prinz von Wales, der dich bedroht,
Der nie verheißt, wo er nicht zahlen will.

> *Sie fechten. Douglas flieht.*

Getrost, mein Fürst! Wie steht's mit Euer Hoheit?
Sir Nicholas Gawsey hat gesandt um Hülfe,
Und Clifton auch; ich will zum Clifton gleich.

KÖNIG HEINRICH: Halt! Atm' ein Weilchen auf!
Du hast gelöset die verlorne Meinung
Und dargetan, mein Leben sei dir teuer,
Da du so edle Rettung mir gebracht.

PRINZ HEINRICH: O Himmel, wie mir die zu nahe traten,
Die stets gesagt, ich laur' auf Euren Tod!
Wär' das, so konnt' ich ja gewähren lassen
Die freche Hand des Douglas über Euch,
Die Euch so schleunig hätte weggerafft,
Als alle gift'gen Tränke in der Welt,
Und Eurem Sohn Verräter-Müh' erspart.

KÖNIG HEINRICH:
Brich auf zum Clifton: ich zu Nicholas Gawsey.

> *König Heinrich ab. Percy tritt auf.*

PERCY: Irr' ich mich nicht, so bist du Heinrich Monmouth.

PRINZ HEINRICH:
Du sprichst, als wollt' ich meinen Namen leugnen.

PERCY: Mein Nam' ist Heinrich Percy.

PRINZ HEINRICH: Gut, so seh' ich
Den tapfersten Rebellen dieses Namens.
Ich bin der Prinz von Wales, und denk' nicht, Percy,
An Herrlichkeit mir ferner gleich zu stehn:
Zwei Sterne kreisen nicht in e i n e r Sphäre;
In e i n e m England können zwei nicht herrschen,
Du, Heinrich Percy, und der Prinz von Wales.

PERCY: Gewiß nicht, Heinrich! Denn die Stunde kam,
Wo einer von uns endet; wollte Gott,
Dein Nam' in Waffen wär' so groß als meiner!
PRINZ HEINRICH:
Ich mach' ihn größer, eh' ich von dir scheide.
Und alle Ehren, auf dem Helm dir sprießend,
Will ich zum Kranze pflücken für mein Haupt.
PERCY: Nicht länger duld' ich deine Prahlerei'n.
Sie fechten. Falstaff tritt auf.
FALSTAFF: Recht so, Heinz! Dran, Heinz! –
Nein, hier gibt's kein Kinderspiel, das könnt ihr glauben.
Douglas kommt und ficht mit Falstaff, der niederfällt, als wenn er tot wäre.
Hierauf Douglas ab. Percy wird verwundet und fällt.
PERCY: O Heinrich, du beraubst mich meiner Jugend!
Mich kränkt nicht der Verlust des flücht'gen Lebens
Wie dein an mir ersiegter stolzer Ruhm:
Der trifft den Sinn, mehr als dein Schwert mein Fleisch.
Doch ist der Sinn des Lebens Sklav', das Leben
Der Narr der Zeit; und Zeit, des Weltlaufs Zeugin,
Muß enden. Oh, ich könnt prophezein,
Nur daß die erd'ge, kalte Hand des Todes
Den Mund mir schließt. – Nein, Percy, du bist Staub
Und Speise für – *Stirbt.*
PRINZ HEINRICH:
Für Würmer, wackrer Percy! Großes Herz, leb wohl!
Wie eingeschwunden, schlecht gewebter Ehrgeiz!
Als dieser Körper einen Geist enthielt,
War ihm ein Königreich zu enge Schranke;
Nun sind zwei Schritte der gemeinsten Erde
Ihm Raum genug. – Kein beßrer Krieger lebt
In diesem Lande, wo du leblos liegst.
Wenn du gefühlig wärst für Freundlichkeit,
So würd' ich nicht so warmen Eifer zeigen.
Doch laß mich dein entstellt Gesicht verhüllen
Mit meinem Schmuck; und selbst in deinem Namen
Dank' ich mir diese holden Liebesdienste.
Leb wohl, und nimm dein Lob mit dir zum Himmel!
Es schlaf' im Grabe deine Schmach mit dir
Und sei in deiner Grabschrift nicht erwähnt!
Er sieht Falstaff am Boden liegen.
Wie, alter Freund? Konnt' all dies Fleisch denn nicht
Ein bißchen Leben halten? Armer Hans, leb wohl!
Ich könnte besser einen Bessern missen.

Oh, bitter würde dein Verlust mich schmerzen,
Wenn mir die Eitelkeit noch läg' im Herzen!
Heut hat der Tod manch edles Wild umstellt,
Doch kein so feistes Wild als dies gefällt.
So lange, bis ich eingesargt dich sehe,
Lieg' hier im Blut, in edlen Percys Nähe! *Ab.*

FALSTAFF *langsam aufstehend:* Eingesargt! Wenn du mich heute ein-
sargst, so gebe ich dir Erlaubnis, mich morgen einzupökeln,
und zu essen obendrein. Blitz, es war Zeit, eine Maske anzu-
nehmen, sonst hätte mich der hitzige Brausekopf von Schotten
gar zum Schatten gemacht. Eine Maske? Ich lüge, ich bin keine
Maske; sterben heißt eine Maske sein, denn der ist nur die
Maske eines Menschen, der nicht das Leben eines Menschen
hat; aber die Maske des Todes annehmen, wenn man dadurch
sein Leben erhält, heißt das wahre und vollkommne Bild des
Lebens sein. Das bessere Teil der Tapferkeit ist Vorsicht, und
mittelst dieses besseren Teils habe ich mein Leben gerettet.
Wetter, ich fürchte mich vor dem Schießpulver Percy, ob er
schon tot ist; wenn er auch eine Maske angenommen hätte und
stünde auf? Ich fürchte, er würde seine Maske besser spielen.
Darum will ich ihn in Sicherheit bringen, ja, und will schwören,
daß ich ihn umgebracht habe. Warum könnte er nicht eben so
gut aufstehen wie ich? Nichts kann mich widerlegen als Augen,
und hier sieht mich niemand. *Er sticht nach ihm.* Also kommt,
Bursch! Mit einer neuen Wunde im Schenkel müßt Ihr mit mir
fort. *Nimmt Percy auf den Rücken.*
Prinz Heinrich kommt mit Prinz Johann.

PRINZ HEINRICH: Komm, Bruder! Mannhaft hast du eingeweiht
Dein junges Schwert.

PRINZ JOHANN: Doch still! Was gibt es hier?
Spracht Ihr nicht, dieser feiste Mann sei tot?

PRINZ HEINRICH: Ich tat's; ich sah tot, atemlos und blutend
Ihn auf dem Boden –
Sag, lebst du, oder ist es Phantasie,
Die das Gesicht uns blendet? Bitte, sprich!
Wir traun nicht unserm Aug' ohn' unser Ohr:
Du bist nicht, was du scheinst.

FALSTAFF: Ja, das ist gewiß, denn ich bin kein doppelter Mensch,
aber wenn ich nicht Hans Falstaff bin, so bin ich ein Hanswurst.
Da habt Ihr den Percy: *Wirft den Leichnam nieder.* Will Euer Vater
mir etwas Ehre erzeigen, gut: wo nicht, so laßt ihn den nächsten Percy selbst umbringen! Ich erwarte, Graf oder Herzog zu
werden, das kann ich Euch versichern.

PRINZ HEINRICH: Ei, den Percy bracht ich selbst um und sah dich
tot.

FALSTAFF: So, wirklich? – Ach, großer Gott, wie die Welt dem Lügen ergeben ist! – Ich gebe Euch zu, ich war am Boden und
außer Atem; das war er auch; aber wir standen beide in e i n e m
Augenblicke auf und fochten eine gute Stunde nach der Glocke
von Shrewsbury. Will man mir glauben, gut; wo nicht, so fällt
die Sünde auf deren Haupt, die die Tapferkeit belohnen sollten.
Ich sterbe darauf, daß ich ihm diese Schenkelwunde versetzt
habe; lebte der Mann noch und wollte es leugnen, so sollte er
ein Stück von meinem Degen aufessen.

PRINZ JOHANN: Nie hört' ich solche seltsame Geschichte.

PRINZ HEINRICH: Dies ist ein seltsamer Gesell, mein Bruder. –
Komm, trag die Bürde stattlich auf dem Rücken.
Für mein Teil, schafft dir eine Lüge Gunst,
Vergold' ich sie mit meinen schönsten Worten.

Trompeten.

Man bläst zum Rückzug, unser ist der Tag.
Kommt, Bruder, gehn wir auf der Walstatt Höhe,
Zu sehn, wer lebt, wer tot ist von den Freunden!

Beide ab.

FALSTAFF: Ich will hinterdrein, nach Lohn gehn. Wer mich belohnt, dem lohne es Gott! Wenn ich zunehme, so will ich abnehmen, denn ich will purgieren[74], und den Sekt lassen, und
säuberlich leben, wie sich's für einen Edelmann schickt.

Geht ab mit der Leiche.

Trompeten, König Heinrich, Prinz Heinrich, Prinz Johann, Westmoreland
und andere, mit Worcester und Vernon als Gefangenen.

KÖNIG HEINRICH: So fand Rebellion stets ihre Strafe. –
Argmüt'ger Worcester! Sandten wir nicht Gnade,
Verzeihung, freundlichen Vergleich euch allen?
Und dies Erbieten durftest du verleugnen?
Mißbrauchen deines Neffen ganz Vertraun?
Drei Ritter, heute unsrerseits geblieben,
Ein edler Graf und manche Kreatur
Wär' noch zur Stund' am Leben,
Hättest du treulich als ein Christ bestellt
Wahrhafte Botschaft zwischen unsern Heeren.
WORCESTER: Was ich getan, hieß Sicherheit mich tun!
Und ich empfange dieses Los geduldig,
Weil es so unvermeidlich auf mich fällt.
KÖNIG HEINRICH:
Führt Worcester hin zum Tod, und Vernon auch:
Mit andern Schuld'gen wollen wir's erwägen.
      Worcester und Vernon werden mit Wache abgeführt.
Wie geht's im Felde?
PRINZ HEINRICH: Der edle Schott', Lord Douglas, als er sah,
Daß sich des Tages Glück ganz abgewandt,
Der edle Percy tot und seine Leute
Auf flücht'gen Füßen, floh er mit dem Rest
Und fiel, am Abhang stürzend, sich so wund,
Daß man ihn eingeholt. In meinem Zelt
Ist nun der Douglas, und ich bitt Eu'r Gnaden,
Gebt ihn in meine Macht!
KÖNIG HEINRICH: Von Herzen gern!
PRINZ HEINRICH:
Dann, Prinz Johann von Lancaster, mein Bruder,
Sei Euch dies ehrenvolle Werk erteilt:
Geht zu dem Douglas, setzt in Freiheit ihn,
Wohin er gehn will, ohne Lösegeld:
Sein Mut, an unsern Helmen heut bewiesen,
Hat uns gelehrt, wie man hohe Taten
Selbst in der Gegner Busen ehren muß.
KÖNIG HEINRICH:
Dann bleibt noch dies, daß unsre Macht wir teilen.
Ihr, Sohn Johann und Vetter Westmoreland,

Zieht eiligst hin nach York und trefft mir dort
Northumberland und den Prälaten Scroop,
Die, heißt es, eifrig in den Waffen sind!
Wir, mein Sohn Heinrich, wollen hin nach Wales,
Mit Glendower und dem Grafen March zu streiten.
Rebellion wird hier im Land gedämpft,
Wenn solch ein zweiter Tag sie niederkämpft;
Und weil so glücklich das Geschäft begonnen,
Laßt uns nicht ruhn, bis alles ist gewonnen!

Alle ab.

KÖNIG
HEINRICH IV.

ZWEITER TEIL

Personen

König Heinrich IV.
Prinz Heinrich von Wales
Thomas, Herzog von Clarence
Prinz Johann von Lancaster   } *Söhne des Königs*
Prinz Humphrey von Gloster
Graf von Warwick
Graf von Westmoreland
Gower   } *von des Königs Partei*
Harcourt
Der Oberrichter von der königlichen Bank
Ein Unterbeamter im Gefolge des Oberrichters
Graf von Northumberland
Scroop, Erzbischof von York
Lord Mowbray   } *Feinde des Königs*
Lord Hastings
Lord Bardolph
Sir John Colevile
Travers und Morton, *Bediente Northumberlands*
Falstaff
Bardolph
Fistol
Ein Page
Poins und Peto, *Begleiter Prinz Heinrichs*
Schaal und Stille, *Friedensrichter auf dem Lande*
David, *Schaals Bedienter*
Schimmelig, Schatte, Warze, Schwächlich und Bullenkalb,
   Rekruten
Klaue und Schlinge, *Gerichtsdiener*
Ein Pförtner

■■■■■■■■■■■■■■■■■■■■■■■■■■■■

Lady Northumberland
Lady Percy
Frau Hurtig, *Wirtin*
Dortchen Lakenreißer

Lords und andres Gefolge, Offiziere, Soldaten, Bote, Küfer,
Büttel, Kammerdiener usw.

PROLOG

Warkworth. Vor Northumberlands Burg.

Gerücht, ganz mit Zungen bemalt, tritt ein.

GERÜCHT: Die Ohren auf! Denn wer von euch verstopft
Des Hörens Tor, wenn laut Gerüchte spricht?
Ich, von dem Osten bis zum müden West
Rasch auf dem Winde reitend, mache kund,
Was auf dem Erdenball begonnen wird.
Beständ'ger Leumund schwebt auf meinen Zungen,
Den ich in jeder Sprache bringe vor,
Der Menschen Ohr mit falscher Zeitung stopfend.
Von Frieden red' ich, während unterm Lächeln
Der Ruh' versteckter Groll die Welt verwundet;
Und wer, als nur Gerücht, als ich allein,
Schafft drohn'de Musterung, wache Gegenwehr,
Indes das Jahr, geschwellt von anderm Leid,
Für schwanger gilt von dem Tyrannen Krieg,
Was doch nicht ist? Gerücht ist eine Pfeife,
Die Argwohn, Eifersucht, Vermutung bläst,
Und von so leichtem Griffe, daß sogar
Das Ungeheuer mit zahllosen Köpfen,
Die immer streit'ge, wandelbare Menge,
Drauf spielen kann. Allein wozu zergliedre
Ich meinen wohlbekannten Körper so
Vor meinem Hausstand? Was will hier Gerücht?
Vor König Heinrichs Siege lauf' ich her,
Der in dem blut'gen Feld bei Shrewsbury[75]
Den jungen Heißsporn und sein Heer geschlagen,
Löschend die Flamme kühner Rebellion
In der Rebellen Blut. – Was fällt mir ein,
Sogleich so wahr zu reden? Auszusprengen

Ist mein Geschäft, daß Heinrich Monmouth[76] fiel
Unter des edlen Heißsporn grimm'gem Schwert,
Und daß der König vor des Douglas Wut
Zum Tode sein gesalbtes Haupt gebeugt.
Dies' hab ich durch die Landstädt' ausgebreitet,
Vom königlichen Feld zu Shrewsbury
Bis hier zu dieser wurmbenagten Feste
Von rauhem Stein, wo Heißsporns alter Vater
Northumberland schwer krank danieder liegt.
Die Boten kommen nun ermüdet an,
Und keiner meldet, als was ich gelehrt.
Schlimmer als wahres Übel ist erklungen
Falsch süße Tröstung von Gerüchtes Zungen. *Ab.*

ERSTER AUFZUG

ERSTE SZENE

Ebendaselbst.

Der Pförtner am Tor. Lord Bardolph tritt auf.

LORD BARDOLPH: Wer wacht am Tor da? He! – Wo ist der Graf?

PFÖRTNER: Wer, sag' ich, daß Ihr seid?

LORD BARDOLPH: Sag du dem Grafen,
Es warte der Lord Bardolph hier auf ihn.

PFÖRTNER: Der gnäd'ge Herr ist draußen in dem Garten:
Beliebt's Eu'r Edlen, klopft nur an dem Tor,
So gibt er selbst Euch Antwort.

LORD BARDOLPH: Da kommt der Graf.
Northumberland tritt auf.

NORTHUMBERLAND: Was gibt's, Lord Bardolph? Jegliche Minute
Muß jetzt die Mutter einer Kriegstat sein.
Wild sind die Zeiten: Hader, wie ein Pferd
Voll mut'ger Nahrung, das sich losgerissen,
Rennt alles vor sich nieder.

LORD BARDOLPH: Edler Graf,
Von Shrewsbury bring' ich gewisse Zeitung.

NORTHUMBERLAND: So Gott will, gute.

LORD BARDOLPH: Gut nach Herzenswunsch.
Der König ist zum Tode fast verwundet,
Durch Eures Sohnes Glück ist auf der Stelle
Prinz Heinrich umgebracht, und beide Blunts
Von Douglas' Hand getötet; Prinz Johann
Und Westmoreland und Stafford sind geflüchtet,
Und Heinrich Monmouths feistes Schwein, Sir John,
Gefangner Eures Sohns; o solch ein Tag,
So schön erfochten, durchgesetzt, gewonnen,

Erschien nicht zur Verherrlichung der Zeiten
Seit Cäsars Glück!

NORTHUMBERLAND: Doch woher schreibt sich dies?
Saht Ihr das Feld? Kamt Ihr von Shrewsbury?

LORD BARDOLPH: Ich sprach mit einem, Herr, der dorther kam,
Mit einem Mann von Stand und gutem Namen,
Der diese Nachricht dreist als wahr mir gab.

NORTHUMBERLAND:
Da kommt mein Diener Travers, den ich Dienstags,
Um Neuigkeiten auszuhorchen, sandte.

LORD BARDOLPH: Herr, unterwegs ritt ich an ihm vorbei;
Er ist mit mehr Gewißheit nicht versehn,
Als was er etwa mir kann nacherzählen.

Travers kommt.

NORTHUMBERLAND:
Nun, Travers, was für gute Nachricht bringst du?

TRAVERS: Mylord, Sir John Umfrevile sandte mich
Mit froher Zeitung heim und kam mir, besser
Beritten, vor. Nach ihm kam hastig spornend
Ein Edelmann, von Eile fast erschöpft,
Der bei mir hielt, und ließ sein Pferd verschnaufen.
Er frug den Weg nach Chester, und von ihm
Erfuhr ich, was es gab zu Shrewsbury.
Er sagte, Rebellion hab' übles Glück,
Des jungen Heinrich Percy Sporn sei kalt;

265

Damit ließ er dem raschen Pferd die Zügel
Und stieß, vorlehnend, die bewehrten Fersen
In seiner armen Mähr' erhitzte Weichen
Bis an des Rädleins Knopf: so schoß er fort
Und schien den Weg im Laufe zu verschlingen,
Nicht weiter Frage stehend.

NORTHUMBERLAND: Ha! noch 'mal!
Sagt' er, des jungen Percys Sporn sei kalt?
Aus Heißsporn Kaltsporn? Und Rebellion
Hab' übles Glück?

LORD BARDOLPH: Mylord, hört mich nur an:
Wenn Euer Sohn nicht Herr des Tages ist,
So geb' ich meine Baronie, auf Ehre,
Für eine seidne Schnur; sprecht nicht davon!

NORTHUMBERLAND: Weswegen hätte denn der Edelmann,
Der hinter Travers herkam, den Verlust
Mit solchen Punkten angegeben?

LORD BARDOLPH: Der?
Das war ein Vagabunde, der sein Pferd
Gestohlen hatte, und, bei meinem Leben!
Sprach aufs Geratewohl. Sieh da, mehr Zeitung!

Morton kommt.

NORTHUMBERLAND: Ja, dieses Manns Stirn, wie ein Titelblatt[77],
Verkündigt eines trag'schen Buches Art.
So sieht der Strand aus, wo die stolze Flut
Ein Zeugnis angemaßter Herrschaft ließ. –
Sag, Morton, kommst du her von Shrewsbury?

MORTON: Ich lief von Shrewsbury, mein edler Herr,
Wo grauser Tod die ärgste Larve nahm,
Die Unsrigen zu schrecken.

NORTHUMBERLAND: Was macht mein Sohn und Bruder?
Du zitterst, und die Blässe deiner Wange
Sagt deine Botschaft besser als dein Mund.
Ganz solch ein Mann, so matt, so atemlos,
So trüb, so tot im Blick, so hin vor Weh,
Zog Priams[78] Vorhang auf in tiefster Nacht
Und wollt' ihm sagen, halb sein Troja brenne;
Doch Priam fand das Feu'r, eh' er die Zunge:
Ich meines Percys Tod, eh' du ihn meldest.
Du wolltest sagen: „Eu'r Sohn tat das und das;
Eu'r Bruder das; so focht der edle Douglas",
Mein gierig Ohr mit ihren Taten stopfend:
Allein am Ende, recht mein Ohr zu stopfen,

Wehst du dies Lob einem Seufzer weg
Und endest: „Bruder, Sohn und alle tot."
MORTON: Der Douglas lebt und Euer Bruder noch,
Doch Euer edler Sohn –
NORTHUMBERLAND: Ja, der ist tot!
Seht, welche fert'ge Zunge Argwohn hat!
Der, welcher fürchtet, was er wissen will,
Hat durch Instinkt aus andrer Augen Kenntnis,
Geschehn sei, was er fürchtet. Spricht nur, Morton.
Sag deinem Grafen, seine Ahnung lügt,
Ich will für einen süßen Schimpf es halten
Und reich dich machen, weil du so mich kränkst.
MORTON: Ihr seid zu groß für meinen Widerspruch,
Eu'r Sinn ist wahrhaft, Eure Furcht gewiß.
NORTHUMBERLAND: Trotz allem dem, sag nicht, daß Percy tot!
Ein wunderlich Bekenntnis nehm' ich wahr
In deinem Aug': du schüttelst deinen Kopf
Und achtest für Gefahr es oder Sünde,
Die Wahrheit reden. Sag's, wenn er erschlagen;
Die Zung' ist schuldlos, die ihn tot berichtet,
Und Sünde ist's, die Toten zu belügen,
Nicht, wenn man sagt, der Tote lebe nicht.
Allein der Bringer unwillkommner Zeitung
Hat ein nachteilig Amt, und seine Zunge
Klingt stets nachher wie eine dumpfe Glocke,
Die einst dem abgeschiednen Freund geläutet.
LORD BARDOLPH: Ich kann's nicht denken, Euer Sohn sei tot.
MORTON: Mich schmerzt, daß ich Euch nöt'gen soll zu glauben,
Was, wollte Gott, ich hätt' es nie gesehn.
Doch diese meine Augen sahen ihn,
In blut'gem Stande, matt und atemlos,
Ohnmächtige Vergeltung nur erwidernd
Dem Heinrich Monmouth, dessen rascher Grimm
Den nie verzagten Percy schlug zu Boden,
Von wo er nie lebendig sprang empor.
Und kurz, sein Tod (des Seele Feuer lieh
Dem trägsten Knechte selbst in seinem Lager),
Sobald er ruchbar, raubte Feu'r und Hitze
Dem bestbewährten Mut in seinem Heer.
Denn sein Metall nur stählte die Partei:
Da es in ihm erweicht war, kehrten alle
In sich zurück wie stumpfes, schweres Blei,
Und wie ein Ding, das schwer ist an sich selbst,

Auf Nötigung mit schnellster Eile fliegt:
So liehen unsre Leute, schwer gedrückt
Von dem Verluste Heißsporns, dem Gewicht
Durch ihre Furcht solch eine Leichtigkeit,
Daß Pfeile nie zum Ziele schneller flogen,
Als unsre Krieger, zielend auf ihr Heil,
Vom Felde flohn; da ward der edle Worcester
Zu bald gefangen, und der wilde Schotte,
Der blut'ge Douglas, dessen eifernd Schwert
Dreimal den Anschein eines Königs schlug,
Fing an, entherzt zu werden, und beschönte
Die Schande derer, die den Rücken wandten;
Und da er in dem Fliehn aus Furcht gestrauchelt,
Ward er gefaßt. Die Summ' von allem ist:
Der König hat gewonnen, und er sendet
Ein schleunig Heer, Euch zu begegnen, Herr,
Unter des jungen Lancaster Befehl
Und Westmorelands; da habt Ihr den Bericht!
NORTHUMBERLAND: Ich werde Zeit genug zum Trauern haben.
Im Gift ist Arzenei, und diese Zeitung,
Die, wär' ich wohl, mich hätte krank gemacht,
Macht, da ich krank bin, mich beinah' gesund.
Und wie der Arme, fieberschwach von Gliedern,
Die wie gelähmte Angeln von der Last
Des Lebens niederhängen, ungeduldig
Des Anfalls, wie ein Feuer aus den Armen
Der Wächter bricht: so sind auch meine Glieder,
Geschwächt vom Leid und wütend nun vor Leid,
Dreimal sie selbst; drum fort, du zarte Krücke!
Ein schupp'ger Handschuh muß mit Stahlgelenken
Mir decken diese Hand; fort, kranke Binde!
Du bist ein allzu üpp'ger Schutz dem Haupt,
Wonach, gereizt von Siegen, Fürsten zielen.
Bind't meine Stirn mit Eisen! Und nun nahe
Die rauhste Stund', die Zeit und Trotz kann bringen,
Dem wütenden Northumberland zu dräun!
Küss' Erde sich und Himmel, ihren Schranken
Entweiche wild die Flut! Die Ordnung sterbe!
Und diese Welt sei länger keine Bühne,
Die Hader nährt in zögernder Verwicklung;
Es herrsch' ein Geist des erstgebornen Kain
In allen Busen, daß, wenn jedes Herz
Auf Blut gestellt, die rohe Szene schließe

Und Finsternis die Toten senk' ins Grab!
TRAVERS: Die Heftigkeit tut Euch zu nah, Mylord.
LORD BARDOLPH: Trennt Weisheit nicht von Ehre, bester Graf!
MORTON: Das Leben Eurer liebenden Genossen
Hängt an dem Euern, das, ergebt Ihr Euch
Der stürm'schen Leidenschaft, notwendig leidet.
Ihr habt den Krieg berechnet, edler Herr,
Des Zufalls Summ' gezogen, eh' Ihr spracht:
„Laßt uns entgegen stehn!" Ihr habt vermutet,
Im Drang der Streiche könnt' Eu'r Sohn auch fallen.
Ihr wußtet, daß er auf Gefahren wandle,
Am Abgrund, wo es minder glaublich war,
Er komm' hinüber, als er fall' hinein.
Euch war bekannt, es sei sein Fleisch empfänglich
Für Wund' und Narben, und sein kühner Geist
Werd' ins Gewühle der Gefahr ihn reißen;
Doch sagtet Ihr: „Zieh' aus!", und nichts hievon,
Auch noch so stark befürchtet, konnte hemmen
Den starren Schluß: was ist denn nun geschehn,
Was brachte dieses kühne Unternehmen,
Als, daß nun ist, was zu vermuten war?
LORD BARDOLPH: Wir alle, die in den Verlust verstrickt,
Wir kannten diese See als so gefährlich,
Daß unsre Rettung Zehn wär' gegen Eins;
Doch wagten wir's um den gehofften Lohn,
Nicht achtend allen Anschein von Gefahr:
Und, umgestürzt nun, wagen wir's noch 'mal.
Kommt! Alles dran gesetzt: Leib, Gut und Blut!
MORTON: Es ist die höchste Zeit; und edler Herr,
Ich hör' als sicher, und ich rede wahr, –
Der wackre Erzbischof von York ist rege
Mit wohlverseh'ner Macht; er ist ein Mann,
Der seine Leute bind't mit doppelter Gewähr.
Es hatt' Eu'r edler Sohn die Körper bloß,
Schein und Gestalt von Männern nur, zum Kampf:
Denn dieses Wort, Rebellion, schied ganz
Die Handlung ihrer Leiber von den Seelen.
So fochten sie mit Ekel und gezungen,
Wie man Arznei nimmt; nur die Waffen schienen
Auf unsrer Seite; die Gemüter hatte
Dieses Wort, Rebellion, so eingefroren
Wie Fisch' in einem Teich. Doch nun verwandelt
Der Bischof Aufruhr in Religion,

Man achtet ihn aufricht'gen, heil'gen Sinns,
Drum folgen sie mit Leib ihm und Gemüt.
Er nährt den Aufstand mit des teuren Richard
Von Pomfrets Steinen abgekratztem Blut,
Sagt ihnen, er beschreit' ein blutend Land,
Das unter Bolingbroke nach Leben ächzt,
Und groß und klein drängt sich, ihm nachzufolgen.
NORTHUMBERLAND: Ich wußte dies zuvor: doch, wahr zu reden,
Das jetz'ge Leid verwischt' es meinem Sinn.
Kommt mit herein, und jedermann berate
Den besten Weg zur Sicherheit und Rache.
Werbt Freunde, sendet schnelles Aufgebot:
Nie waren sie so selten, nie so not. *Ab.*

ZWEITE SZENE

London, eine Straße.

Falstaff tritt auf mit einem Pagen, der seinen Degen und Schild trägt.

FALSTAFF: He, du Riese! Was sagt der Doktor zu meinem Wasser?
PAGE: Er sagte, Herr, das Wasser an sich selbst wäre ein gutes, ge-
    sundes Wasser, aber die Person, der es zugehörte, möchte mehr
    Krankheiten haben, als sie wüßte.
FALSTAFF: Menschen von aller Art bilden sich was darauf ein, mich
    zu necken. Das Gehirn dieses närrisch zusammengekneteten
    Tones, der Mensch heißt, ist nicht im Stande, mehr zu erfinden,
    das zum Lachen dient, als was ich erfinde, oder was über mich
    erfunden wird. Ich bin nicht bloß selbst witzig, sondern auch
    Ursache, daß andre Witze haben. Ich gehe hier vor dir her wie
    eine Sau, die ihren ganzen Wurf aufgefressen hat, bis auf eins.
    Wenn der Prinz dich aus irgend einer andern Ursache bei mir
    in Dienst gegeben hat, als um gegen mich abzustechen, so habe
    ich keinen Menschenverstand. Du verwünschtes Alräunchen[79];
    ich sollte dich eher auf meine Mütze stecken, als daß du mei-
    nen Fersen folgst. Noch niemals bis jetzt hat mir ein Achat[80]
    aufgewartet: aber ich will Euch weder in Gold noch Silber fas-
    sen, sondern in schlechte Kleider, und Euch wieder zu Euerm
    Herrn zurücksenden, als ein Juwel, zu dem Juvenil[81], dem Prin-
    zen, Eurem Herrn, dessen Kinn noch nicht flügge ist. Mir wird
    eher ein Bart in der flachen Hand wachsen, als er einen auf der
    Backe kriegt, und doch trägt er kein Bedenken, zu sagen, sein

Gesicht sei ein Kronengesicht. Gott kann es fertig machen, wenn er will, noch ist kein Haar daran verdorben; er kann es beständig als ein Kronengesicht behalten, denn kein Barbier wird ein paar Batzen daran verdienen; und doch macht er sich mausig, als wenn er für einen Mann gegolten hätte, seit sein Vater ein Junggeselle war. Er mag seine Gnade für sich behalten, er ist beinah' aus der meinigen gefallen, das kann ich ihm versichern. – Was sagte Meister Dumbleton wegen des Atlasses zu meinem kurzen Mantel und Pluderhosen?

PAGE: Er sagte, Herr, Ihr solltet ihm beßre Bürgschaft stellen als Bardolph seine; er wollte seine Handschrift und die Eure nicht annehmen, die Sicherheit gefiele ihm nicht!

FALSTAFF: Daß er verdammt wäre wie der reiche Mann! Daß ihm die Zunge noch ärger am Gaumen klebte! – So 'n verwetterter Ahitophel[82]! ein schuftischer Mit-Verlaub-Hans! Hat einen Edelmann unter Händen und besteht noch auf Sicherheit! – Die verwetterten Glattköpfe gehen jetzt nicht anders als mit hohen Schuhen und einem Bund Schlüssel am Gürtel, und wenn sich nun einer auf redliches Borgen mit ihnen einläßt, da bestehen sie noch gar auf Sicherheit. Ich ließe mir eben so gern Rattenpulver ins Maul stecken, als daß sie mir's wollen stopfen mit Sicherheit. Ich dachte, er sollte mir zweiundzwanzig Ellen Atlas schicken, so wahr ich ein Ritter bin, und er schickt mir Sicherheit. Gut, er mag in Sicherheit schlafen, er hat das Horn des Überflusses, und seiner Frauen Leichtfertigkeit leuchtet hindurch; und doch kann er nicht sehen, ob er schon seine eigne Laterne hat, ihm zu leuchten. – Wo ist Bardolph?

PAGE: Er ist nach Smithfield gegangen, um Euer Edlen ein Pferd zu kaufen.

FALSTAFF: Ich kaufte ihn in der Paulskirche[83], und er will mir ein Pferd zu Smithfield[84] kaufen. Könnte ich nur ein Weib im Bordell kriegen, so wäre ich bedient, beritten und beweibt.

Der Oberrichter kommt mit einem Unterbeamten.

PAGE: Herr, da kommt der Lord, der den Prinzen verhaftete, weil er ihn Bardolphs wegen schlug.

FALSTAFF: Halt' dich still, ich will ihn nicht sehen.

OBERRICHTER: Wer ist das, der dort geht?

UNTERBEAMTER: Falstaff, zu Euer Gnaden Befehl.

OBERRICHTER: Der wegen des Straßenraubs in Untersuchung war?

UNTERBEAMTER: Derselbe, gnädiger Herr, aber er hat seitdem zu Shrewsbury gute Dienste geleistet und geht nun, wie ich höre, mit einem Auftrage zum Prinzen Johann von Lancaster.

OBERRICHTER: Wie, nach York? Ruft ihn zurück!

UNTERBEAMTER: Sir John Falstaff!

FALSTAFF: Junge, sag ihm, daß ich taub bin!

PAGE: Ihr müßt lauter sprechen, mein Herr ist taub.

OBERRICHTER: Ja, das glaub' ich, wenn er irgend etwas Gutes hören soll. – Geht, zupft ihn am Ellbogen, ich muß mit ihm sprechen.

UNTERBEAMTER: Sir John, –

FALSTAFF: Was? Ein so junger Bursch und betteln? Gibt's keine Kriege? Gibt es keinen Dienst? Braucht der König keine Untertanen? Haben die Rebellen keine Soldaten nötig? Ob es wohl eine Schande ist, anderswo als auf der einen Seite zu sein, so ist es doch noch ärgere Schande, zu betteln, als auf der ärgsten Seite zu sein, wäre sie auch noch ärger, als der Name Rebellion es ausdrücken kann.

UNTERBEAMTER: Ihr irrt Euch in mir, Herr.

FALSTAFF: Ei, Herr, sagte ich, Ihr wärt ein ehrlicher Mann? Mein Rittertum und meine Soldatenschaft bei Seite gesetzt, hätte ich in meinen Hals hinein gelogen, wenn ich das gesagt hätte.

UNTERBEAMTER: Dann bitte ich Euch, Herr, setzt Euer Rittertum und Eure Soldatenschaft bei Seite, und gebt mir Verlaub, Euch zu sagen, daß Ihr es in Euern Hals hinein lügt, wenn Ihr sagt, ich sei was anders als ein ehrlicher Mann.

FALSTAFF: Ich dir Verlaub geben, mir das zu sagen? Ich bei Seite setzen, was mir anhängt? Wenn du von mir Verlaub bekommst, so häng' mich auf; wenn du dir Verlaub nimmst, so sollest du gehängt werden. Du Mäusefänger, fort! Heb' dich weg!

UNTERBEAMTER: Der Lord will mit Euch sprechen.

OBERRICHTER: Sir John Falstaff, auf ein Wort!

FALSTAFF: Mein bester Herr! – Gott erhalte Euer Gnaden in gutem Wohlsein! Es freut mich, Euer Gnaden außer Hause zu sehn, ich hörte, Euer Gnaden wären krank, ich hoffe, Euer Gnaden gehen nicht ohne Erlaubnis aus. Euer Gnaden sind zwar noch nicht ganz über die Jugend weg, aber Sie haben doch schon einen kleinen Beigeschmack vom Alter, eine Würzung vom Salze der Zeit, und ich ersuche Euer Gnaden untertänig, mit aller Sorgfalt über Dero Gesundheit zu wachen.

OBERRICHTER: Sir John, ich habe vor Eurem Abmarsch nach Shrewsbury nach Euch geschickt.

FALSTAFF: Mit Euer Gnaden Erlaubnis, ich höre, daß Seine Majestät mit einigem Ungemach von Wales zurückgekommen ist.

OBERRICHTER: Ich rede nicht von Seiner Majestät. – Ihr wolltet nicht kommen, da ich nach Euch schickte.

FALSTAFF: Und ich höre außerdem, daß Seine Hoheit von der alten verwünschten Apoplexie[85] befallen ist.

OBERRICHTER: Nun, der Himmel lasse ihn genesen! Ich bitte, laßt mich mit Euch sprechen!

FALSTAFF: Diese Apoplexie ist meines Bedünkens eine Art von Lethargie[86], wenn Euer Gnaden erlauben; eine Art von Schlafen im Blut, ein verwettertes[87] Kitzeln.

OBERRICHTER: Wie gehört das hieher? Es sei, was es wolle, –

FALSTAFF: Es hat seinen Ursprung von vielem Kummer; von Studieren und Zerrüttungen des Gehirns. Ich habe die Ursache seiner Wirkungen beim Galenus[88] gelesen: es ist eine Art von Taubheit.

OBERRICHTER: So scheint's, Ihr seid von dem Übel befallen, denn Ihr hört nicht, was ich Euch sage.

FALSTAFF: Oh, sehr gut, gnädiger Herr, sehr gut! Es ist vielmehr, wenn's Euch beliebt, das Übel des Nicht-Aufhorchens, die Krankheit des Nicht-Achtgebens, womit ich behaftet bin.

OBERRICHTER: Euch an den Füßen zu strafen, würde die Aufmerksamkeit Eurer Ohren verbessern, und es kommt mir nicht darauf an, einmal Euer Arzt zu sein.

FALSTAFF: Ich bin so arm wie Hiob[89], gnädiger Herr, aber nicht so geduldig. Euer Gnaden können mir den Trank der Verhaftung anbefehlen, in Betracht meiner Armut; ob ich aber geduldig sein würde, Eure Vorschriften zu befolgen, daran kann der Weise einen Gran von einem Skrupel, ja wohl gar einen ganzen Skrupel hegen.

OBERRICHTER: Ich schickte nach Euch, als Dinge wider Euch auf Leib und Leben vorgebracht wurden, um mit mir darüber zu sprechen.

FALSTAFF: Wie mir damals mein in den Gesetzen des Landdienstes erfahrner Sachwalter riet, kam ich nicht.

OBERRICHTER: Nun, die Wahrheit ist, Sir John, Ihr lebt in großer Schande.

FALSTAFF: Wer meinen Gürtel umschnallt, kann nicht in geringerer leben.

OBERRICHTER: Eure Mittel sind schmal, und Ihr lebt auf einem großen Fuß.

FALSTAFF: Umgekehrt, um die Mitte bin ich breit, die Füße sind zu schwach, sie zu tragen.

OBERRICHTER: Ihr habt den jungen Prinzen mißleitet.

FALSTAFF: Der junge Prinz hat mich mißleitet; ich bin der Mann mit dem dicken Bauche[90], und er ist mein Hund.

OBERRICHTER: Nun, ich will nicht gern eine neu geheilte Wunde aufreißen; Eure Dienste am Tage bei Shrewsbury haben Eure Heldentaten bei Nacht zu Gadshill ein wenig übergüldet: Ihr habt den unruhigen Zeiten zu danken, daß Ihr über diese Klage so ruhig hinüber gekommen seid.

FALSTAFF: Gnädiger Herr?

OBERRICHTER: Doch, da nun alles gut ist, so erhaltet es dabei; weckt den schlafenden Wolf nicht auf!

FALSTAFF: Einen Wolf aufwecken ist eben so schlimm, als einen Fuchs riechen.

OBERRICHTER: Ei, Ihr seid wie ein Licht, das beste Teil herunter gebrannt.

FALSTAFF: Leider, gnädiger Herr, bestehe ich ganz aus Talg; ich kann mich auch mit einem Wachslicht vergleichen, weil ich immer noch in die Breite wachse.

OBERRICHTER: Jedes weiße Haar auf Euerm Gesicht sollte Zeugnis ablegen für Eure Würde.

FALSTAFF: Bürde, Bürde, Bürde!

OBERRICHTER: Ihr geht mit dem jungen Prinzen aus und ein, wie sein böser Engel.

FALSTAFF: Nicht doch, gnädiger Herr: so ein böser Engel ist allzu leicht, aber ich hoffe, wer mich ansieht, wird mich ohne Goldwaage für voll annehmen; und doch, das muß ich gestehn, auf gewisse Weise bin ich auch nicht in Umlauf zu bringen. Ich weiß nicht, aber die Tugend wird in diesen Apfelkrämer-Zeiten[91] so wenig geachtet, daß echte Tapferkeit zum Bärenführer geworden ist; Scharfsinn ist zum Bierschenken gemacht und verschwendet seinen behenden Witz in Rechnungen; alle andern Gaben, die zum Menschen gehören, sind keine Johannisbeere wert, wie die Tücke des Zeitalters sie ummodelt. Ihr, die ihr alt seid, bedenkt nicht, was uns, die wir jung sind, möglich ist; und wir, die wir noch im Vortrab der Jugend stehen, sind freilich auch durchtriebene Schelme.

OBERRICHTER: Setzt Ihr Euern Namen auf die Liste der Jugend, da Ihr mit allen Merkzeichen des Alters eingeschrieben seid? Habt Ihr nicht ein feuchtes Auge, eine trockne Hand, eine gelbe Wange, einen weißen Bart, ein abnehmendes Bein, einen zunehmenden Bauch? Ist nicht Eure Stimme schwach? Euer Atem kurz? Euer Kinn doppelt? Euer Witz einfach? Und alles um und an Euch vom Alter verderbt? Und doch wollt Ihr Euch noch jung nennen? Pfui, pfui, pfui, Sir John!

FALSTAFF: Gnädiger Herr, ich wurde um drei Uhr nachmittags geboren, mit einem weißen Kopf und einem gleichsam runden Bauch. Was meine Stimme betrifft, die habe ich mit lautem Chorsingen verdorben. Meine Jugend ferner dartun, das will ich nicht; die Wahrheit ist, daß ich bloß alt an Urteil und Verstande bin, und wer mit mir für tausend Mark um die Wette Kapriolen schneiden will, der mag mir das Geld leihen und sich vorsehen. Was die Ohrfeige betrifft, die Euch der Prinz gab, so gab er sie wie ein roher Prinz, und Ihr nahmt sie wie ein feinsinniger Lord. Ich habe es ihm verwiesen, und der junge Löwe tut Buße, freilich nicht im Sack und in der Asche, sondern in altem Sekt und neuer Seide.

OBERRICHTER: Nun, der Himmel sende dem Prinzen einen bessern Gesellschafter!

FALSTAFF: Der Himmel sende dem Gesellschafter einen besseren Prinzen! Ich kann ihn nicht los werden.

OBERRICHTER: Nun, der König hat Euch und Prinz Heinrich getrennt; ich höre, Ihr zieht mit Prinz Johann von Lancaster gegen den Erzbischof und den Grafen Northumberland.

FALSTAFF: Ja, das habe ich Eurem allerliebsten feinen Witze zu danken. Aber betet nur ja, ihr alle, die ihr Madame Ruhe[92] zu Hause küßt, daß unsre Armeen sich nicht an einem heißen Tage treffen; denn bei Gott, ich nehme nur zwei Hemden mit, und ich denke nicht außerordentlich zu schwitzen; wenn es ein heißer Tag ist, und ich schwinge etwas anderes als meine Flasche, so will ich niemals wieder weiß ausspucken. Es kann keine gefährliche Affaire aufrucken[93], so werde ich gleich daran gesetzt. Nun, ich kann nicht immer vorhalten, aber es ist beständig der Tick unsrer englischen Nation gewesen, wenn sie was Gutes haben, es zu gemein zu machen. Wenn Ihr denn durchaus behauptet, ich sei ein alter Mann, so solltet Ihr mir Ruhe gönnen. Wollte Gott, mein Name wäre dem Feind nicht so schrecklich, als er ist. Es wäre besser, daß mich der Rost verzehrte, als daß ich durch beständige Bewegung zu Tode gescheuert werde.

OBERRICHTER: Nun, seid redlich! Seid redlich! Und Gott segne Eure Unternehmung!

FALSTAFF: Wollen Euer Gnaden mir zu meiner Ausrüstung tausend Pfund leihen?

OBERRICHTER: Nicht einen Pfennig, nicht einen Pfennig; Ihr seid nicht geduldig genug, um Kreuzer zu tragen. Lebt wohl und empfehlt mich meinem Vetter Westmoreland!

Oberrichter und Unterbeamter ab.

FALSTAFF: Wenn ich das tue, so gebt mir mit einer Ramme Nasenstüber. – Ein Mensch kann eben so wenig Alter und Filzigkeit, als junge Gliedmaßen und Lüderlichkeit trennen; aber das Podagra plagt jenes, und die Franzosen zwicken diese, und so kommen beide Lebensstufen meinen Flüchen zuvor. – Bursch!

PAGE: Herr?

FALSTAFF: Wie viel Geld ist in meinem Beutel?

PAGE: Sieben Batzen und zwei Pfennige.

FALSTAFF: Ich weiß kein Mittel gegen diese Auszehrung des Geld-
beutels; Borgen zieht es bloß in die Länge, aber die Krankheit
ist unheilbar. – Geh, bring' diesen Brief an Mylord von Lancaster, diesen dem Prinzen, diesen dem Grafen von Westmoreland, und diesen der alten Frau Ursula, der ich wöchentlich geschworen habe, sie zu heiraten, seit ich das erste weiße Haar an
meinem Kinn merkte. Frisch zu! Ihr wißt, wo Ihr mich findet.

Der Page ab.

Daß die Franzosen in dies Podagra führen! Oder das Podagra in
diese Franzosen! Denn eins von beiden macht sich mit meinem
großen Zehen lustig. Es macht nichts aus, ob ich hinke; ich
habe den Krieg zum Vorwande, und meine Pension wird um so
billiger scheinen. Ein guter Kopf weiß alles zu benutzen: ich
will Krankheiten zum Vorteil kehren. *Ab.*

DRITTE SZENE

York. Ein Zimmer im Palast des Erzbischofs.

*Der Erzbischof von York, die Lords Hastings, Mowbray und
Bardolph treten auf.*

ERZBISCHOF: Ihr kennt nun unsre Sach' und unsre Mittel,
Und, edle Freund', ich bitt' euch allesamt,
Sagt frei von unsern Hoffnungen die Meinung.
Zuerst, Lord Marschall, was sagt Ihr dazu?

MOWBRAY: Den Anlaß unsrer Fehde geb' ich zu,
Allein ich wäre besser gern befriedigt,
Wie wir's, bei unsern Mitteln, machen sollen,
Mit einer Stirne, keck und stark genug,
Der Macht des Königs ins Gesicht zu sehn.

HASTINGS: Die jetz'gen Musterrollen steigen schon
Auf auserlesne zwanzigtausend Mann;
Und reichlich lebt die Hoffnung auf Verstärkung
Im mächtigen Northumberland, des Busen
Vom ungestümen Feu'r der Kränkung brennt.

LORD BARDOLPH: Demnach, Lord Hastings, steht die Frage so:
Ob mit den jetz'gen fünfundzwanzigtausend
Wir ohne ihn die Spitze bieten können?

HASTINGS: Mit ihm gewiß.

LORD BARDOLPH: Nun ja, da liegt es eben.
Doch finden wir uns ohne ihn zu schwach,
So denk' ich, sollten wir zu weit nicht gehn,
Bis wir zur Hand erst seinen Beistand haben.
Denn bei Entwürfen von so blut'gem Antlitz,
Da darf Erwartung, Anschein, Mutmaßung
Unsichrer Hülfe nicht in Anschlag kommen.

ERZBISCHOF: Sehr wahr, Lord Bardolph! Denn gewiß, dies war
Des jungen Heißsporn Fall zu Shrewsbury.

LORD BARDOLPH:
Ja, gnäd'ger Herr; er speiste sich mit Hoffnung,
Verschlang die Luft auf zugesagten Beistand,
Sich schmeichelnd mit der Aussicht einer Macht,
Die kleiner ausfiel als sein kleinster Traum.
So führt' er, voll von großen Einbildungen,
Dem Wahnwitz eigen, seine Macht zum Tod
Und stürzte blindlings sich in das Verderben.

HASTINGS: Allein verzeiht, es hat noch nie geschadet,
Wahrscheinlichkeit und Hoffnung zu erwägen.

LORD BARDOLPH: Ja, wenn die jetz'ge Eigenschaft des Kriegs
Sogleich zu handeln trieb'; ein Werk im Gang
Lebt so auf Hoffnung, wie im frühen Lenz
Wir Knospen sehn erscheinen, denen Hoffnung
So viel Gewähr nicht gibt, einst Frucht zu werden,
Als gänzliche Verzagung, daß sie Fröste
Ertöten werden. Wenn wir bauen wollen,
Beschaun wir erst den Platz, ziehn einen Riß[94];
Und sehn wir die Gestalt des Hauses nun,
Dann müssen wir des Baues Aufwand schätzen.
Ergibt sich's, daß er über unsre Kräfte,
Was tun wir, als den Riß von neuem ziehn,
Mit weniger Gemächern, oder ganz
Abstehn vom Bau? Vielmehr noch sollten wir
Bei diesem großen Werk, das fast ein Reich
Danieder reißen heißt und eins errichten,
Des Platzes Lage und den Riß beschaun,
Zu einer sichern Gründung einig werden,
Baumeister fragen, unsre Mittel kennen,
Wie fähig, sich dem Werk zu unterziehn,
Den Gegner aufzuwiegen; sonst verstärken
Wir uns auf dem Papier und in Figuren
Und setzen statt der Menschen Namen bloß;

Wie, wer den Riß von einem Hause macht,
Das über sein Vermögen; der, halb fertig,
Es aufgibt und sein halberschaffnes Gut
Als nackten Knecht den trüben Wolken läßt
Und Raub für schnöden Winters Tyrannei.

HASTINGS: Gesetzt, die Hoffnung, die so viel verspricht,
Käm' tot zur Welt, und wir besäßen schon
Den letzten Mann, der zu erwarten ist:
Doch denk' ich, unser Heer ist stark genug,
Es, wie wir sind, dem König gleich zu tun.

LORD BARDOLPH:
Wie? Hat er denn nur fünfundzwanzigtausend?

HASTINGS:
Für uns nicht mehr, nein, nicht so viel, Lord Bardolph.
Denn seine Teilung, wie die Zeiten toben,
Ist dreifach: Ein Heer wider die Franzosen,[95]
Eins wider den Glendower, und ein drittes
Muß uns bestehn: so ist der schwache König
In drei zerteilt, und seine Koffer klingen
Vor Leerheit und vor hohler Dürftigkeit.

ERZBISCHOF: Daß er zusammen seine Truppen zöge
Und rückte gegen uns mit ganzer Macht,
Braucht man nicht zu befürchten.

HASTINGS: Tut er das,
So läßt er seinen Rücken unbewehrt.
Die Wäl'schen und Franzosen bellen dann
Ihm an den Fersen; das besorgt nur nicht!

LORD BARDOLPH:
Wer, glaubt Ihr, wird sein Heer hieher wohl führen?

HASTINGS: Der Prinz von Lancaster und Westmoreland;
Er selbst und Heinrich Monmouth wider Wales;
Wer wider die Franzosen ihn vertritt,
Bin ich nicht unterrichtet.

ERZBISCHOF: Laßt uns fort!
Und tun wir unsrer Fehde Anlaß kund!
Es krankt der Staat an seiner eignen Wahl,
Die gier'ge Liebe hat sich überfüllt.
Ein schwindlicht und unzuverlässig Haus
Hat der, so auf das Herz des Volkes baut.
O blöde Menge! Mit wie lautem Jubel
Drang nicht dein Segnen Bolingbrokes zum Himmel,
Eh' du, wozu du wolltest, ihn gemacht!
Und da er nun nach deiner Lust bereitet,

Bist du so satt ihn, viehischer Verschlinger,
Daß du ihn auszuspein dich selber reizest.
So, du gemeiner Hund, entludest du
Die Schlemmer-Brust vom königlichen Richard;
Nun möchtest du dein Weggebrochnes fressen
Und heulst darnach. Worauf ist jetzt Verlaß?
Die Richards Tod begehrten, als er lebte,
Sind nun verliebt geworden in sein Grab:
Du, die ihm Staub warfst auf sein nacktes Haupt,
Als durch das stolze London seufzend er
An Bolingbrokes gefei'rten Fersen kam,
Rufst nun: „O Erde, gib uns jenen König
Zurück, nimm diesen hier!" Verkehrtes Trachten,
Vergangnes, Künft'ges hoch, nie Jetz'ges achten!
MOWBRAY: So mustern wir das Volk und rücken an?
HASTINGS: Die Zeit befiehlt's, ihr sind wir untertan.
Alle ab.

ZWEITER AUFZUG

ERSTE SZENE

London. Eine Straße.

Die Wirtin mit Klaue, Schlinge hinter ihnen.

WIRTIN: Meister Klaue, habt Ihr die Klage eingeschrieben?

KLAUE: Sie ist eingeschrieben.

WIRTIN: Wo ist Euer Diener? Ist es ein tüchtiger Diener? Steht er seinen Mann?

KLAUE: Heda, wo ist Schlinge?

WIRTIN: O Jemine! Der gute Meister Schlinge!

SCHLINGE: Hier, hier!

KLAUE: Schlinge, wir müssen Sir John Falstaff verhaften.

WIRTIN: Ja, lieber Meister Schlinge, ich habe ihn verklagt, und alles mit einander.

SCHLINGE: Das könnte leicht ein paaren von uns das Leben kosten, er wird nach uns stechen.

WIRTIN: Ach du meine Zeit! Seht Euch ja vor! Er hat nach mir in meinem eignen Hause gestochen, und das wahrhaftig recht viehischer Weise. Er fragt gar nicht darnach, was er für Unheil anrichtet, wenn er einmal blank gezogen hat: er stößt wie der Teufel und schont weder Mann, Weib noch Kind.

KLAUE: Kann ich handgemein mit ihm werden, so frage ich nichts nach seinen Stößen.

WIRTIN: Ich auch nicht! Ich will Euch zur Hand sein.

KLAUE: Wenn ich ihn nur einmal packen kann, wenn er mir nur vor die Faust kommt, –

WIRTIN: Ich bin ruiniert, wenn er weggeht; ich versichre Euch, er steht innorm hoch in meinem Buch. Lieber Meister Klaue, packt ihn fest! Lieber Meister Schlinge, laßt ihn nicht entwischen! Er kommt kontinuierlich an die Pasteten-Ecke, mit Euer

Mannhaften Verlaub, um einen Sattel zu kaufen; und er ist im
Leoparden-Kopf in der Lombard-Straße bei Meister Glatt, dem
Seidenhändler, ‹zum Essen› irritiert. Ich bitte Euch, da mein
Prozeß eingeleitet und meine Geschichte so offenbar vor aller
Welt bekannt ist, so bringt ihn zur Verantwortung! Hundert
Mark borgen, wenn man sich selbst kaum zu bergen weiß, das
ist viel für eine arme, verlassene Frau; ich habe ausgehalten, und
ausgehalten, und ausgehalten, und bin gefoppt, und gefoppt,
und gefoppt, von einem Tage zum andern Tage, daß es eine
Schande ist, wenn man daran denkt. Das ist kein ehrlicher Handel, wenn eine Frau nicht gar ein Esel sein soll und ein Vieh, jeden Schelmes sein Unrecht zu tragen. –

Falstaff, der Page und Bardolph kommen.

Da kommt er, und mit ihm der Erzschelm mit der Burgunder-
Nase, Bardolph. Tut eure Dienste, tut eure Dienste, Meister
Klaue und Meister Schlinge: ihr müßt mich ‹, und ihr müßt,›
und ihr müßt mich bedienen!

FALSTAFF: Nun, wessen Gaul ist tot? Was gibt's?

KLAUE: Sir John, ich verhafte Euch auf die Klage der Frau Hurtig.

FALSTAFF: Fort, ihr Schlingel! – Zieh', Bardolph! Hau' mir des
Schurken seinen Kopf herunter, wirf das Mensch in die Gosse!

WIRTIN: Mich in die Gosse werfen? Wart', ich will dich in die
Gosse werfen! Das willst du? Das willst du, unehrlicher
Schelm? – Mord! Mord! O du bandhüterischer Spitzbube!

Willst du Gottes und des Königs seine Beamten umbringen? O du Schelm von Bandhüter[96]! Du bist ein Bandhüter, ein Totschläger und ein Frauenschläger!

FALSTAFF: Halt' sie ab, Bardolph!

KLAUE: Hülfe! Hülfe!

WIRTIN: Lieben Leute, schafft doch eine Hülfe her, oder ein Paar! – Sieh! Sieh doch! Das willst du? Ich will dich! Nur zu, du Schelm! Nur zu, du Bandhüter!

PAGE: Fort, du Wischhader! Du Bagage! Du Schlampalie! Ich will dir das Oberstübchen fegen!

Der Oberrichter kommt mit Gefolge.

OBERRICHTER: Was gibt's? Haltet Frieden hier! He!

WIRTIN: Bester Herr, sorgt für mein Bestes! Ich flehe Euch an, steht mir bei!

OBERRICHTER: Ei, ei, Sir John? Was? So hier im Gezänk?
Ziemt Eurer Stelle, Zeit, Geschäften das?
Ihr solltet auf dem Weg nach York schon sein. –
Weg da, Gesell! Was hängst du so an ihm?

WIRTIN: O mein hochwürdigster Lord, mit Euer Gnaden Erlaubnis, ich bin eine arme Witwe aus Eastcheap, und er wird auf meine Klage verhaftet.

OBERRICHTER: Für was für eine Summe?

WIRTIN: Nichts von Summen, es ist alles zusammen, alles, was ich habe. Er hat mich mit Haus und Hof aufgefressen und mein ganzes Vermögen in seinen fetten Bauch da gesteckt, – aber ich will was davon wieder heraus haben, oder ich will dich des Nachts drücken wie der Alp.

FALSTAFF: Ich denke, ich könnte eben so gut den Alp drücken, wenn des Orts Gelegenheit es gibt, daß ich aufkommen kann.

OBERRICHTER: Wie kommt das, Sir John? Pfui, welcher rechtliche Mann möchte einen solchen Sturm von Ausrufungen über sich ergehen lassen? Schämt Ihr Euch nicht, daß Ihr eine arme Witwe zu so harten Mitteln zwingt, an das Ihrige zu kommen?

FALSTAFF: Was ist denn die große Summe, die ich dir schuldig bin?

WIRTIN: Mein' Seel', wenn du ein ehrlicher Kerl wärst, dich selbst und das Geld dazu. Du schwurst mir auf einen vergoldeten Becher, in meiner Delphinkammer, an dem runden Tisch, bei einem Steinkohlenfeuer, am Mittwoch in der Pfingstwoche, als dir der Prinz ein Loch in den Kopf schlug, weil du seinen Vater mit einem Kantor von Windsor verglichst: da schwurst du mir, wie ich dir die Wunde auswusch, du wolltest mich heiraten und mich zu deiner Frau Gemahlin machen. Kannst du es leugnen? Kam nicht eben Mutter Unschlitt, des Schlächters Frau, herein und nannte mich Gevatterin Hurtig? Und kam sie nicht, um einen Napf Essig zu borgen, und sagte uns, sie hätte eine gute Schüssel Krabben? Worauf du Appetit kriegtest, welche zu essen, worauf ich dir sagte, sie wären nicht gut bei einer frischen Wunde? Und befahlst du mir nicht an, wie sie die Treppe hinunter war, ich sollte mit so geringen Leuten nicht mehr so familiär tun? Und sagtest, in kurzem sollten sie mich Madam nennen? Und küßtest du mich nicht und hießest mich, die dreißig Schillinge holen? Ich schiebe dir nun den Eid in dein Gewissen: leug'n es, wenn du kannst!

FALSTAFF: Gnädiger Herr, sie ist eine arme, unkluge Seele, und sie sagt aller Orten in der Stadt, ihr ältester Sohn sehe Euch ähnlich; sie ist im Wohlstande gewesen, und die Wahrheit ist, Armut hat sie verrückt gemacht. Was diese albernen Gerichtsdiener betrifft, so bitte ich Euch, verschafft mir Genugtuung gegen sie!

OBERRICHTER: Sir John, Sir John! Ich bin wohl bekannt mit Eurer Weise, eine gerechte Sache zu verdrehen. Keine zuversichtliche Miene noch ein Haufen Worte, die Ihr mit mehr als unverschämter Frechheit herausstoßt, können mich von einer billigen Erwägung wegtreiben. Ihr habt, wie es mir klar ist, dem nachgiebigen Gemüt dieser Frau zugesetzt und sie dahin gebracht, Euch sowohl mit ihrem Beutel als mit ihrer Person zu dienen.

WIRTIN: Ja fürwahr, Mylord! –

OBERRICHTER: ‹Still doch! –› Zahlt ihr die Schuld aus, die sie an Euch zu fodern hat, und nehmt die Schande zurück, die Ihr mit ihr verübt habt: das eine könnt Ihr mit barem Gelde, das andre mit echter Reue.

FALSTAFF: Gnädiger Herr, ich will diesen Ausputzer nicht ohne Antwort hinnehmen. Ihr nennt edle Kühnheit unverschämte Frechheit; wenn jemand Bücklinge macht und gar nichts sagt, denn ist er tugendhaft. Nein, gnädiger Herr, bei allem untertänigen Respekt vor Euch, will ich Euch nicht den Hof machen. Ich sage Euch, ich verlange Befreiung von diesen Gerichtsdienern, da ich in eiligen Geschäften für den König bin.

OBERRICHTER: Ihr redet wie einer, der Macht hat, Übles zu tun: aber entsprecht Eurem Rufe durch die Tat und befriedigt die arme Frau!

FALSTAFF: Komm her, Wirtin! *Er zieht sie beiseit.*
Gower kommt.

OBERRICHTER: Nun, Herr Gower, was gibt's?

GOWER: Mylord, der König und der Prinz von Wales
Sind nah zur Hand: das Weitere sagt dies Blatt.

FALSTAFF: So wahr ich ein Edelmann bin, –

WIRTIN: Ja, das habt Ihr sonst auch schon gesagt.

FALSTAFF: So wahr ich ein Edelmann bin, – kommt, kein Wort weiter!

WIRTIN: Bei diesem himmlischen Boden, worauf ich trete, ich muß gern mein Silbergeschirr und die Tapten in meinen Eßzimmern versetzen.

FALSTAFF: Du hast ja Gläser; es geht nichts über Gläser zum Trinken? Und was deine Wände betrifft, da ist irgend eine artige kleine Schnurre, die Geschichte vom verlornen Sohn oder eine deutsche Jagd in Wasserfarben[97], mehr wert als tausend solche Bettvorhänge und mottenzerfressne Tapeten. Sieh zu, daß es zehn Pfund ausmacht, wenn du kannst. Komm, komm, wenn nicht deine Launen wären, so gäbe es kein besseres Weib in England. ‹Geh,› wasch' dein Gesicht und nimm deine Klage zurück! Komm, du mußt keine solche Launen gegen mich annehmen! Kennst du mich denn nicht? Komm, komm, ich weiß, daß du hiezu aufgehetzt bist.

WIRTIN: Bitte, Sir John, können es nicht zwanzig Nobel tun? Wahrhaftig, ich tue es nicht gerne, daß ich mein Silberzeug versetze, in allem Ernst.

FALSTAFF: Laßt es bleiben, ich will es schon sonst kriegen. Ihr werdet doch immer eine Närrin bleiben.

WIRTIN: Gut, Ihr sollt es haben, müßt' ich auch meinen Rock versetzen. Ich hoffe, Ihr kommt zum Abendessen. Wollt Ihr mir alles zusammen bezahlen?

FALSTAFF: Will ich das Leben behalten? – *Zu Bardolph.* Geh mit ihr, geh mit ihr! Häng' dich an! Häng' dich an!

WIRTIN: Soll ich Euch Dortchen Lakenreißer zum Abendessen bitten?

FALSTAFF: Keine Worte weiter! Laß sie kommen!

Wirtin, Bardolph und Gerichtsdiener ab.

OBERRICHTER: Ich habe beßre Neuigkeit gehört.

FALSTAFF: Wie lauten die Neuigkeiten, bester gnädiger Herr?

OBERRICHTER: Wo lag der König letzte Nacht?

GOWER: Zu Basingstoke.

OBERRICHTER: Kommt seine ganze Macht zurück?

GOWER: Nein, funfzehnhundert Mann, fünfhundert Pferde
Sind ausgerückt zum Prinz von Lancaster,
Northumberland entgegen und dem Erzbischof.

FALSTAFF: Kommt der König von Wales zurück, mein edler Herr?

OBERRICHTER: Ich will Euch unverzüglich Briefe geben.
Kommt, seid so gut und geht mit mir, Herr Gower!

FALSTAFF: Gnädiger Herr!

OBERRICHTER: Was gibt's?

FALSTAFF: Herr Gower, darf ich Euch auf den Mittag zum Essen bitten?

GOWER: Ich muß meinem gnädigen Herrn hier aufwarten, ich dank' Euch, lieber Sir John.

OBERRICHTER: Sir John, Ihr zaudert hier zu lange, da Ihr in den Grafschaften, wie Ihr durchkommt, Soldaten ausheben sollt.

FALSTAFF: Wollt Ihr mit mir zum Abend essen, Herr Gower?

OBERRICHTER: Welcher alberne Lehrmeister hat Euch diese Sitten gelehrt?

FALSTAFF: Herr Gower, wenn sie mir nicht gut stehen, so war der ein Narr, der sie mir gelehrt hat. Dies ist der wahre Fechter-Anstand, gnädiger Herr: Tick für Tack, und somit friedlich auseinander!

OBERRICHTER: Nun, der Herr erleuchte dich! Du bist ein großer Narr.

Alle ab.

ZWEITE SZENE

Eine andre Straße in London.

Prinz Heinrich und Poins treten auf.

PRINZ HEINRICH: Glaube mir, ich bin ungemein müde.

POINS: Ist es dahin gekommen? Ich hätte nicht gedacht, daß Müdigkeit sich an einen von so hohem Blut machen dürfte.

PRINZ HEINRICH: Mein' Treu', sie macht sich an mich, ob meine Hoheit gleich erröten muß, es anzuerkennen. Nimmt es sich nicht gemein an mir aus, Verlangen nach Dünnbier zu haben?

POINS: Ein Prinz sollte nicht so obenhin studiert haben, daß ihm eine so matte Komposition nur in den Sinn käme.

PRINZ HEINRICH: Vielleicht war dann mein Appetit nicht prinzlich erzeugt, denn fürwahr, jetzt kommt mir nur die arme Kreatur Dünnbier in den Sinn. Aber gewiß, diese demütigen Rücksichten machen mir meine Größe ganz zuwider. Welche Schmach ist es mir, mich deines Namens zu erinnern? Oder dein Gesicht morgen zu kennen? Oder mir zu merken, wie viel Paar seidne Strümpfe du hast, nämlich diese da und die weiland pfirsichblütfarbenen? Oder das Register deiner Hemden zu führen, als: eins zum Überfluß und eins zum Gebrauch? – – Aber das weiß der Wirt im Ballhause besser als ich, denn es ist niedrige Ebbe in deiner Wäsche, wenn du dort nicht das Rakett[98] führst. Du hast es nun eine lange Zeit her nicht getan, weil der Rest deiner Niederlande deine holländischen Besitzungen zu verschlingen gesucht hat; und Gott weiß, ob die, welche aus den Trümmern deiner Leinwand herausquäken, sein Reich erben werden. Aber die Hebammen sagen, die Kinder können nicht dafür; die Welt wird dadurch bevölkert, und die Verwandtschaften gewaltig verstärkt.

POINS: Wie schlecht paßt sich's, daß Ihr so müßige Reden führt, nachdem Ihr so schwer gearbeitet habt! Sagt mir, wie viel junge Prinzen würden das wohl tun, deren Väter so krank wären, als Eurer gegenwärtig ist?

PRINZ HEINRICH: Soll ich dir etwas sagen, Poins?

POINS: Ja, und daß es nur etwas Vortreffliches ist.

PRINZ HEINRICH: Es reicht hin für witzige Köpfe, die nicht vornehmer sind als du.

POINS: Nur zu, ich bin schon auf das Etwas gerüstet, das Ihr sagen wollt.

PRINZ HEINRICH: Gut, ich sage dir also, es schickt sich nicht für mich, traurig zu sein, da mein Vater krank ist; wiewohl ich dir sagen kann: – als einem, den es mir in Ermangelung eines Besseren beliebt Freund zu nennen, – ich könnte traurig sein, und recht im Ernst traurig.

POINS: Schwerlich bei einer solchen Veranlassung.

PRINZ HEINRICH: Bei dieser Rechten, du denkst, ich stünde eben so stark in des Teufels Buch als du und Falstaff, wegen Halsstarrigkeit und Verstocktheit. Das Ende wird's ausweisen. Ich sage dir aber, mein Herz blutet innerlich, daß mein Vater so krank ist; und daß ich so schlechten Umgang halte, wie du bist, hat mich mit gutem Grunde aller äußern Bezeugung des Kummers verlustig gemacht.

POINS: Aus welchem Grunde?

PRINZ HEINRICH: Was würdest du von mir denken, wenn ich weinte?

POINS: Ich würde denken, du seiest der fürstlichste Heuchler.

PRINZ HEINRICH: Das würde jedermanns Gedanke sein, und du bist ein gesegneter Bursch, daß du denkst, wie jedermann denkt: keines Menschen Gedanken auf der Welt halten sich mehr auf der Heerstraße als deine. Wirklich würde jedermann denken, ich sei ein Heuchler. Und was bewegt Eure hochgeehrtesten Gedanken, so zu denken?

POINS: Nun, weil Ihr so lüderlich und so sehr mit Falstaff verstrickt gewesen seid.

PRINZ HEINRICH: Und mit dir.

POINS: Beim Sonnenlicht, von mir spricht man gut, ich kann es mit meinen eignen Ohren hören. Das Schlimmste, was sie von mir sagen können, ist, daß ich ein jüngerer Bruder bin und ein tüchtiger Geselle auf meine eigne Hand, und ich gestehe, diese beiden Dinge kann ich nicht ändern. Ei der Tausend, da kommt Bardolph!

PRINZ HEINRICH: Und der Junge, den ich dem Falstaff gab. Er hat ihn von mir als einen Christen bekommen, und sieh nur, ob der fette Schlingel nicht einen Affen aus ihm gemacht hat.

Bardolph und der Page kommen.

BARDOLPH: Gott erhalte Euer Gnaden!

PRINZ HEINRICH: Und Eure auch, mein sehr edler Bardolph!

BARDOLPH *zum Pagen:* Komm, du tugendhafter Esel, du verschämter Narr! Mußt du rot werden? Warum wirst du rot? Welch ein jungfräulicher Soldat bist du geworden! Ist es so eine große Sache, die Jungferschaft eines Vier-Nößel-Krugs zu erobern?

PAGE: Jetzt eben, gnädiger Herr, rief er mich durch ein rotes Gitterfenster, und ich konnte gar nichts von seinem Gesicht vom Fenster unterscheiden; zuletzt wurde ich seine Augen gewahr, und ich dachte, er hätte zwei Löcher in der Bierschenkin ihren neuen Rock gemacht und guckte da durch.

PRINZ HEINRICH: Hat der Junge nicht zugelernt?

BARDOLPH: Fort, du Blitzkaninchen auf zwei Beinen, fort!

PAGE: Fort, du Schelm von Altheas Traum[99], fort!

PRINZ HEINRICH: Erkläre uns das, Junge: was für ein Traum?

PAGE: Ei, gnädiger Herr, Althea träumte, sie käme mit einem Feuerbrande nieder, und darum nenne ich ihn ihren Traum.

PRINZ HEINRICH: Eines Talers wert, gute Auslegung, und da hast du ihn, Junge! *Gibt ihm Geld.*

PAGE: Oh, daß ich diese schöne Blüte vor dem Wurm bewahren könnte! – Nun, ist da ein Batzen, um dich zu hüten.

BARDOLPH: Wenn ihr nicht sorgt, daß ihr ihn unter euch aufhängt, so geschieht dem Galgen zu nah.

PRINZ HEINRICH: Nun, wie geht's deinem Herrn, Bardolph?

BARDOLPH: Gut, gnädiger Herr. Er hörte, daß Euer Gnaden nach London käme: da ist ein Brief an Euch.

POINS: Mit gutem Anstande bestellt. – Und was macht der Martinstag[100], Euer Herr?

BARDOLPH: Gesunden Leibes, Herr.

POINS: Freilich, sein unsterbliches Teil braucht einen Arzt, aber das kümmert ihn nicht; ist das schon krank, so stirbt es doch nicht.

PRINZ HEINRICH: Ich erlaube dem Kopf, so vertraut mit mir zu tun wie mein Hund, und er behauptet seinen Platz: denn seht nur, wie er schreibt!

POINS *liest:* „John Falstaff, Ritter" – jedermanm muß das wissen, so oft er Gelegenheit hat, sich zu nennen. Gerade wie die Leute, die mit dem König verwandt sind, denn die stechen sich niemals in den Finger, ohne zu sagen. „Da wird etwas von des Königs Blut vergossen." – „Wie geht das zu?" sagt einer, der sich heraus nimmt, nicht zu begreifen, und die Antwort ist so geschwind bei der Hand wie eine geborgte Mütze: „Ich bin des Königs armer Vetter, mein Herr."

PRINZ HEINRICH: Ja, sie wollen mit uns verwandt sein, und wenn sie es von Japhet[101] ableiten. Aber den Brief!

POINS: „Sir John Falstaff, Ritter, dem Sohne des Königs, der seinem Vater am nächsten, Heinrich, Prinzen von Wales, Gruß." – Ei, das ist ein Attestat.

PRINZ HEINRICH: Still!

POINS: „Ich will den ruhmwürdigen Römer in der Kürze nachahmen": – er meint gewiß, in der Kürze des Atems, – „ich empfehle mich dir, ich empfehle dich, und ich verlasse dich. Sei nicht zu vertraulich mit Poins; er mißbraucht deine Gunst so sehr, daß er schwört, du müssest seine Schwester Lene heiraten. Tu' Buße in müßigen Stunden, wie du kannst, und somit gehab' dich wohl!
Der Deinige bei Ja und Nein (das will sagen, je nachdem du ihm begegnest), H a n s   F a l s t a f f   für meine vertrauten Freunde, J o h n   für meine Brüder und Schwestern, und S i r J o h n   für ganz Europa."
Mein Prinz, ich will diesen Brief in Sekt tauchen und ihn zwingen, ihn zu essen.

PRINZ HEINRICH: Das hieße ihn zwingen, seine eignen Worte hinunter zu schlucken. Aber geht Ihr so mit mir um, Eduard? Muß ich Eure Schwester heiraten?

POINS: Wäre der Dirne nur nichts Geringeres beschert! Aber gesagt habe ich es nie.

PRINZ HEINRICH: So treiben wir Possen mit der Zeit, und die Geister der Weisen sitzen in den Wolken und spotten unser. – Ist Euer Herr hier in London?

BARDOLPH: Ja, gnädiger Herr.

PRINZ HEINRICH: Wo ißt er zu Abend? – Mästet sich der alte Eber noch auf dem alten Koben?

BARDOLPH: An dem alten Platze, gnädiger Herr: zu Eastcheap.

PRINZ HEINRICH: Was hat er für Gesellschaft?

BARDOLPH: Ephesier[102], gnädiger Herr: von der alten Kirche.

PRINZ HEINRICH: Essen Weiber mit ihm?

PAGE: Keine, gnädiger Herr, als die alte Frau Hurtig und Jungfer Dortchen Lakenreißer.

PRINZ HEINRICH: Was mag das für eine Heidin sein?

PAGE: Eine artige Mamsell, Herr, und eine Verwandte meines Herrn.

PRINZ HEINRICH: Grade so verwandt wie die Gemeinde-Kühe dem Stadtbullen. – Sollen wir sie beim Abendessen beschleichen, Eduard?

POINS: Ich bin Euer Schatten, gnädiger Herr, ich folge Euch.

PRINZ HEINRICH: He! Du Bursch, – und Ihr, Bardolph! – sagt eurem Herrn kein Wort, daß ich schon in die Stadt gekommen bin! Da habt ihr was für euer Schweigen!

BARDOLPH: Ich habe keine Zunge, Herr.

PAGE: Und was meine betrifft, Herr, ich will sie regieren.

PRINZ HEINRICH: Lebt denn wohl, geht!

Bardolph und Page ab.

Diese Dortchen Lakenreißer muß irgend eine Heerstraße sein.

POINS: Das versichre ich Euch, so gemein wie der Weg von London nach St. Albans.

PRINZ HEINRICH: Wie könnten wir den Falstaff heute aband in seinen wahren Farben sehen, ohne selbst gesehen zu werden?

POINS: Stecken wir uns in zwei lederne Wämser und Schürzen und warten ihm bei Tische auf wie Küfer!

PRINZ HEINRICH: Von einem Gott zu einem Stier? Eine schwere Herabsetzung! Sie war Jupiters Fall[103]. Aus einem Prinzen in einen Kellerjungen? Eine niedrige Verwandlung! Sie soll die meinige sein, denn in jedem Ding muß die Absicht mit der Torheit auf die Waagschale gelegt werden. Folge mir, Eduard! *Ab.*

DRITTE SZENE

Warkworth. Vor der Burg.

Northumberland, Lady Northumberland und Lady Percy treten auf.

NORTHUMBERLAND:
Ich bitt' euch, liebend Weib und werte Tochter,
Gebt meinen rauhen Händeln ebnen Weg:
Legt ihr nicht auch der Zeiten Miene an
Und seid wie sie dem Percy zur Beschwer!

LADY NORTHUMBERLAND:

Ich geb' es auf, ich will nicht weiter reden;
Tut, was Ihr wollt, es leit' Euch Eure Weisheit!

NORTHUMBERLAND:

Ach, liebes Weib! Die Ehre steht zum Pfand,
Und außer meinem Gehn kann nichts sie lösen.

LADY PERCY: Um Gottes willen, nicht in diesen Krieg!

Einst habt Ihr, Vater, Euer Wort gebrochen,
Da Ihr ihm mehr verbunden wart als jetzt:
Als Euer Percy, mein herzlieber Percy,
Den Blick oft nordwärts wandt', ob nicht sein Vater
Zu Hülfe zöge, doch er harrt' umsonst.
Wer überredt' Euch da, zu Haus zu bleiben?
Zwei Ehren fielen da, des Sohns und Eure.
Die Eure möge Himmelsglanz erleuchten!
Die seine stand ihm schön, so wie die Sonne
Am blauen Firmament, und durch ihr Licht
Bewog sie alle Ritterschaft von England
Zu wackern Taten; ja, er war der Spiegel,
Wovor die edle Jugend sich geschmückt.
Wer seinen Gang nicht annahm, war gelähmt.
Und Stottern, was ein Fehler der Natur
Bei ihm, ward der Akzent der Tapfern nun.
Denn die, so leis' und ruhig sprechen konnten,
Verkehrten ihren Vorzug in Gebrechen,
Ihm gleich zu sein: so daß in Sprach', in Gang,
In Lebensart, in Neigungen der Lust,
In Kriegskunst und in Launen des Geblüts
Er Ziel und Spiegel, Buch und Vorschrift war,
Der andre formte. Und ihn! – den Herrlichen!
Dies Wunderwerk von Mann! – verließet Ihr:
Der keinem wich, von dem wicht Ihr zurück,
Daß er den grausen Gott des Krieges mußte
Im Nachteil schauen und ein Feld behaupten,
Wo nichts als nur der Klang von Heißsporns Namen
Noch wehrbar schien: so ganz verließt Ihr ihn.
Drum nie, o nie! tut seinem Geist die Schmach,
Daß Ihr auf Eure Ehre strenger haltet
Mit andern als mit ihm; laßt sie für sich!
Der Marschall und der Erzbischof sind stark:
Wenn mein Geliebter halb die Zahl nur hatte,
So könnt' ich heut, an Heißsporns Nacken hängend,
Von Monmouths Grabe reden.

NORTHUMBERLAND: Holde Tochter,
  Verzeih' Euch Gott! Ihr raubt mir allen Mut,
  Indem ihr alte Fehler neu bejammert.
  Doch ich muß gehn und die Gefahr da treffen,
  Sonst sucht sie andrer Orten mich und findet
  Mich schlechter noch gerüstet.
LADY NORTHUMBERLAND: O flieht nach Schottland,
  Bis erst die Edlen und das Volk in Waffen
  Mit ihrer Macht ein wenig sich versucht.
LADY PERCY:
  Wenn sie dem König Boden abgewinnen,
  So schließt Euch an, wie eine Ribb' aus Stahl,
  Die Stärke mehr zu stärken; aber erst,
  Um unser aller Liebe willen, laßt
  Sie sich versuchen! Das tat Euer Sohn,
  Das gab man zu bei ihm: so ward ich Witwe,
  Und nie wird lang' genug mein Leben dauern,
  Erinn'rung mit den Augen zu betaun,
  Daß sie erwachs' und sprosse bis zum Himmel,
  Zum Angedenken meines edlen Gatten.
NORTHUMBERLAND:
  Kommt, geht hinein mit mir, denn mein Gemüt
  Ist wie die Flut zu ihrer Höh' geschwellt,
  Die Stillstand macht, nach keiner Seite fließend.

Gern möcht' ich gehn, zum Erzbischof zu stoßen,
Doch tausend Gründe halten mich zurück.
Ich wende mich nach Schottland, dort zu weilen,
Bis Zeit und Vorteil andern Rat erteilen.
Alle ab.

VIERTE SZENE

London. Eine Stube in der Schenke zum wilden Schweinskopf in Eastcheap.

Zwei Küfer kommen.

ERSTER KÜFER: Was Teufel hast du da gebracht? Arme Ritter?
Du weißt, Sir John kann keine armen Ritter leiden.
ZWEITER KÜFER: Wetter, du hast recht. Der Prinz setzte ihm einmal
eine Schüssel mit armen Rittern vor und sagte ihm, da wären
noch fünf andre Sir Johns, hierauf nahm er seinen Hut ab und
sagte: „Ich empfehle mich diesen sechs altbacknen, kraftlosen,
aufgequollnen armen Rittern." Es ärgerte ihn von ganzer Seele,
‹aber› das hat er nun vergessen.
ERSTER KÜFER: Nun, so decke und setz' sie hin; und sieh, ob du
Schleichers Bande[104] antreffen kannst: Jungfer Lakenreißer
möchte gern ein bißchen Musik haben. Mach' fort! Die Stube,
wo sie gegessen haben, ist zu heiß, sie werden gleich kommen.
ZWEITER KÜFER: Hör' du, der Prinz wird bald hier sein und Herr
Poins, und sie wollen zwei Wämser und Schürzen von uns antun, und Sir John darf nichts davon wissen; Bardolph hat es bestellt.
ERSTER KÜFER: Potz Wetter, hier wird der Teufel los sein. Das wird
einen herrlichen Spaß geben.
ZWEITER KÜFER: Ich will sehen, ob ich Schleicher finden kann. *Ab.*
Wirtin und Dortchen Lakenreißer kommen.
WIRTIN: Wahrhaftig, Herzchen, mich dünkt, jetzt seid Ihr in einer
vortrefflichen Tempramentur; er Pülschen schlägt so ungemein,
wie man sich's nur wünschen kann, und von Farbe, Ihr könnt
mir's glauben, seht Ihr so frisch aus wie eine Rose. Aber wahrhaftig, Ihr habt zu viel Kanariensekt getrunken, und das ist ein
verzweifelt durchschlagender Wein: der würzt Euch das Blut,
ehe man eine Hand umdreht. – Wie geht's Euch nun?
DORTCHEN: Besser als vorhin, Hem.
WIRTIN: Nun, das macht Ihr schön, wenn das Herz nur gut ist.
Seht, da kommt Sir John!
Falstaff kommt singend.

FALSTAFF: „Als Arthur erst am Hof" –
Bringt den Nachttopf aus!
„Und war ein würd'ger Herr."
Küfer ab.
Was macht Ihr nun, Jungfer Dortchen?
WIRTIN: Ihr ist übel, es fehlt ihr an Beängstigungen; ja, meiner
Seel'.
FALSTAFF: So sind alle Weibsbilder; wenn man sie nicht immer be-
ängstigt, so wird ihnen übel.
DORTCHEN: Ihr schmutziger Balg! Ist das aller Trost, den ich von
Euch habe?
FALSTAFF: Ihr macht aufgedunsne Bälge, Jungfer Dortchen.
DORTCHEN: Ich mache sie? Fresserei und Krankheiten machen sie,
ich nicht.
FALSTAFF: Wenn der Koch die Fresserei machen hilft, so helft Ihr
die Krankheiten machen, Dortchen. Wir kriegen von Euch ab,
Dortchen, wir kriegen von Euch ab: gib das zu, liebe Seele, gib
das zu!
DORTCHEN: Ja wohl, unsre Ketten und Juwelen.
FALSTAFF: „Rubinen, Perlen und Karfunkeln," –
Denn Ihr wißt, wer tapfer dient kommt hinkend aus dem Felde;
der kommt aus der Bresche, seine Pike tapfer eingelegt, und
tapfer zum Chirurgus; der geht tapfer auf geladne Feldkatzen
los.
DORTCHEN: Laßt Euch hängen, garstiger Schweinigel, laßt Euch
hängen!
WIRTIN: Meiner Treu, das ist die alte Weise, ihr beiden kommt niemals zusammen, ohne daß ihr in Zank geratet. Gewiß und
wahrhaftig, ihr seid so widerhaarig wie zwei geröstete Semmel-
scheiben ohne Butter, ihr könnt einer des andern Kommoditä-
ten nicht tragen. Du meine Zeit! Einer muß tragen, und das
müßt Ihr sein. *Zu Dortchen.* Ihr seid das schwächere Gefäß, wie
man zu sagen pflegt, das ledige Gefäß.
DORTCHEN: Kann ein schwaches, lediges Gefäß solch ein ungeheu-
res, volles Oxhoft tragen? Er hat eine ganze Ladung von Bour-
deauxschem Zeuge im Leibe, ich habe niemals einen Schiffs-
raum besser ausgestopft gesehen. – Komm, ich will gut Freund
mit dir sein, Hans; du gehst jetzt in den Krieg, und ob ich dich
jemals wieder sehen soll oder nicht, da fragt kein Mensch darnach.
Ein Küfer kommt.
KÜFER: Herr, unten ist Fähndrich Pistol und will mit Euch sprechen.

DORTCHEN: An den Galgen mit dem Schelm von Renommisten! laßt ihn nicht hereinkommen: es gibt kein loseres Maul in ganz England.

WIRTIN: Wenn er renommiert, so laßt ihn nicht hereinkommen: nein, meiner Seele, ich muß mit meinen Nachbarn leben, ich will keine Renommisten, ich bin in guter Renommee bei den allerbesten Leuten. – Schließt die Tür zu, wir lassen hier keine Renommisten herein, ich habe es nicht so weit in der Welt gebracht, um nun hier renommieren zu lassen; schließt die Tür zu, ich bitte Euch!

FALSTAFF: Hörst du, Wirtin?

WIRTIN: Ich bitte, beruhigt Euch, Sir John, wir lassen hier keine Renommisten herein.

FALSTAFF: Hörst du? Es ist mein Fähndrich.

WIRTIN: Wischewasche, Sir John, sagt mir da nicht von, Euer Renommisten-Fähndrich soll nicht in meine vier Wände kommen. Ich wurde letzthin bei Herrn Zehrung, dem Kommissär, vorgefodert, und wie er mir sagte, – es ist nicht länger her als letzten Mittwoch, – „Nachbarin Hurtig", sagte er, – Meister Stumm, unser Pfarrer, war auch dabei, – „Nachbarin Hurtig", sagte er, „nehmt bloß ordentliche Leute auf; denn", sagte er, „Ihr seid in üblem Rufe" – und ich weiß auch, warum er das sagte, „denn", sagte er, „Ihr seid eine ehrliche Frau, und man denkt gut von Euch: darum seht Euch vor, was für Gäste Ihr aufnehmt; nehmt keine renommierenden Gesellen auf", sagte er. – Ich lasse keine herein: Ihr würdet Euch kreuzigen und segnen, wenn Ihr gehört hättet, was er sagte. Nein, ich will keine Renommisten!

FALSTAFF: Er ist kein Renommist, Wirtin, ein zahmer Locker ist er; er läßt sich so geduldig von Euch streicheln wie ein Windspiel, er renommiert nicht gegen eine Truthenne, wenn sich ihre Federn irgend sträuben, um Widerstand zu drohen. – Ruf' ihn herauf, Küfer!

WIRTIN: Locker nennt Ihr ihn? Nun, ich will keinem ehrlichen Mann das Haus verschließen, und keinem lockern auch nicht. Aber das Renommieren mag ich nicht leiden; meiner Treu, mir wird schlimm, wenn einer sagt: Renommist. Fühlt nur an, liebe Herrn, wie ich zittre; seht, ihr könnt mir's glauben!

DORTCHEN: Das tut Ihr auch, Wirtin.

WIRTIN: Tu' ich's nicht? Ja, wahrhaftig tu' ich's, wie ein Espenlaub: ich kann die Renommisten nicht ausstehn.

Pistol, Bardolph und Page kommen.

PISTOL: Gott grüß' Euch, Sir John!

FALSTAFF: Willkommen, Fähndrich Pistol! Hier, Pistol, ich lade dich mit einem Glase Sekt, gib du dann der Frau Wirtin die Ladung!

PISTOL: Ich will ihr die Ladung geben, Sir John, mit zwei Kugeln.

FALSTAFF: Sie ist pistolenfest, Ihr werdet ihr schwerlich ein Leid zufügen.

WIRTIN: Geht, ich habe nichts mit Euren Pistolen und Kugeln zu schaffen: ich trinke nicht mehr, als mir gut bekömmt, keinem Menschen zu lieb.

PISTOL: Dann zu Euch, Jungfer Dorothee, ich will Euch die Ladung geben.

DORTCHEN: Mir die Ladung geben? Ja, kommt mir, Lausekerl! Was, so'n armer Schelm von Betrüger, der kein heiles Hemd auf dem Leibe hat! Packt Euch, Ihr abgestandener Schuft! fort! Ich bin ein Bissen für Euren Herrn.

PISTOL: Ich kenne Euch, Jungfer Dorothee.

DORTCHEN: Packt Euch, Ihr Schurke von Beutelschneider! Ihr garstiger Taschendieb, fort! Bei dem Wein hier, ich fahre Euch mit meinem Messer zwischen die schimmlichten Kinnbacken, wenn Ihr Euch bei mir mausig machen wollt. Packt Euch, Ihr Bierschlingel! Ihr lahmer Fechtboden-Springer Ihr! – Seit wann, Herr, ich bitte Euch? Ei, zwei Schnüre auf der Schulter! der Tausend!

PISTOL: Dafür will ich Euren Kragen ermorden.

FALSTAFF: Nicht weiter, Pistol, ich möchte nicht, daß du hier losgingest. Drücke dich aus unsrer Gesellschaft ab, Pistol!

WIRTIN: Nein, bester Hauptmann Pistol! Nicht hier, schönster Hauptmann!

DORTCHEN: Hauptmann! Du abscheulicher, verdammter Betrüger, schämst du dich nicht, Hauptmann zu heißen? Wenn Hauptleute so gesinnt wären wie ich, so prügelten sie dich hinaus, weil du ihre Namen annimmst, eh' du sie verdient hast. Ihr ein Hauptmann, Ihr Lump? Wofür? Weil Ihr einer armen Hure in einm Bordell den Kragen zerrissen habt? Er ein Hauptmann? An den Galgen mit ihm! Er lebt von verschimmelten, gesottnen Pflaumen und altbacknem Kuchen. Ein Hauptmann! Solche Spitzbuben werden das Wort Hauptmann noch ganz verhaßt machen, drum sollten Hauptleute ein Einsehn tun.

BARDOLPH: Ich bitte dich, geh hinunter, bester Fähndrich!

FALSTAFF: Pst! Auf ein Wort, Jungfer Dortchen!

PISTOL: Ich nicht. Ich will dir was sagen, Korporal Bardolph: – ich könnte sie zerreißen, – ich will gerochen sein.

PAGE: Ich bitte dich, geh hinunter!

PISTOL: Sie sei verdammt erst, – zu Plutos[105] grausem See, zur

höll'schen Tiefe, mit Erebus[106] und schnöden Qualen auch.
Halt' Lein' und Angel, sag' ich. Fort, Hunde! Fort, Gesindel! Ist
nicht Irene hier?

WIRTIN: Lieber Hauptmann Pesel, seid ruhig! Es ist wahrhaftig
schon sehr spät: ich bitte Euch, forciert Euren Zorn!

PISTOL: Das wären mir Humore! Soll'n Packpferde
Und hohl gestopfte Mähren Asiens[107],
Die dreißig Meilen nur des Tages laufen,
Mit Cäsarn sich und Kannibalen messen
Und griech'schen Troern? Eh' verdammt sie mit
Fürst Cerberus[108], und brüll' das Firmament!
Entzwei'n wir uns um Tand?

WIRTIN: Meiner Seel', Hauptmann, das sind recht harte Reden.

BARDOLPH: Geht, guter Fähndrich, sonst wird noch eine Prügelei
daraus.

PISTOL: Wie Hunde sterben Menschen; Kronen gebt
Wie Nadeln weg: ist nicht Irene hier?

WIRTIN: Auf mein Wort, Hauptmann, so eine ist gar nicht hier.
Ei du liebe Zeit! Denkt Ihr, ich wollte sie Euch verleugnen?
Um Gottes willen, seid ruhig!

PISTOL: So iß und sei fett, schöne Calipolis!
Kommt, gebt uns Sekt!
Si fortuna me tormenta, sperato me contenta[109];
Scheu'n Salven wir? Nein, feur' der böse Feind!
Gebt mir was Sekt, und, Herzchen, lieg' du da!
            Indem er den Degen ablegt.
Sind wir am Schlußpunkt schon, und kein et cetera gibt's?

FALSTAFF: Pistol, ich wäre gern in Ruhe.

PISTOL: Ich küsse deine Pfote, holder Ritter. Was? Sahn wir nicht
das Siebengestirn?

DORTCHEN: Werft ihn die Treppe hinunter, ich kann so einen auf-
gestelzten Schuft nicht ausstehn.

PISTOL: „Werft ihn die Treppe hinunter?" Wir kennen Klepper ja?

FALSTAFF: Schleudre ihn hinunter, Bardolph, wie einen Peilkenstein[110]! Wenn er nichts tut, als Nichts sprechen, so soll er hier
auch nichts vorstellen.

BARDOLPH: Kommt, macht Euch die Treppe hinunter!

PISTOL: So muß man Einschnitt machen? muß besudeln?
            Greift seinen Degen auf.
Dann wieg' mich, Tod, in Schlaf! Verkürz' die Jammertage!
Dann sei'n durch schwere, grause, offne Wunden
Die Schwestern drei gelöst! Komm, sag' ich, Atropos[111]!

WIRTIN: Das sind mir herrliche Streiche!

FALSTAFF: Gib mir meinen Degen, Bursch!

DORTCHEN: Ich bitte dich, Hans, ich bitte dich, zieh' nicht!

FALSTAFF: Packt Euch die Treppe hinunter! *Er zieht und jagt Pistol hinaus.*

WIRTIN: Das ist mir ein herrlicher Lärm! Ich will das Wirtschafthalten abschwören, lieber als daß ich so einen Schreck und Terrör haben will. Nu, das gibt Mord, glaubt mir's! Ach je! Ach je! Steckt eure bloßen Gewehre ein! Steckt eure bloßen Gewehre ein!

Pistol und Bardolph ab.

DORTCHEN: Ich bitte dich, Hans, sei ruhig! Der Schuft ist fort. Ach du kleiner tapfrer Blitzhelm du!

WIRTIN: Seid Ihr nicht in der Weiche verwundet? Mich dünkt, er tat einen gefährlichen Stoß nach Eurem Bauche.

Bardolph kommt zurück.

FALSTAFF: Habt Ihr ihn zur Tür hinaus geworfen?

BARDOLPH: Ja, Herr. Der Schuft ist besoffen, Ihr habt ihn in die Schulter verwundet.

FALSTAFF: So ein Schurke! Mir zu trotzen!

DORTCHEN: Ach, du allerliebster kleiner Schelm du! Ach, armer Affe, wie du schwitzest! Komm, laß mich dein Gesicht abwischen, – komm doch her, du närrische Schnauze! – Ach, Schelm! Mein' Seel', ich liebe dich. Du bist so tapfer wie der trojanische Hektor[112], fünf Agamemnons[113] wert, und zehn Mal besser als die neun Helden[114]. – Ein Spitzbube!

FALSTAFF: Ein niederträchtiger Schurke! Ich will den Schelm auf einer Bettdecke prellen.

DORTCHEN: Ja, tu's, wenn du das Herz hast: wenn du's tust, so will ich dich zwischen zwei Laken vorkriegen.

Musikanten kommen.

PAGE: Die Musikanten sind da, Herr.

FALSTAFF: Laß sie spielen! – Spielt, Leute! – Dortchen, setz' dich auf meinen Schoß! Ein elender Großprahler! Der Schurke lief vor mir davon wie Quecksilber.

DORTCHEN: Wahrhaftig, und du warst wie ein Kirchturm hinter ihm drein. Du verwettertes, kleines, zuckergebacknes Weihnachts-Schweinchen, wenn wirst du das Fechten bei Tage und das Raufen bei Nacht lassen und anfangen, deinen alten Leib für den Himmel zurecht zu flicken?

*Im Hintergrunde erscheinen Prinz Heinrich und Poins,
in Küfer verkleidet.*

FALSTAFF: Still, liebes Dortchen! Sprich nicht wie ein Totenkopf, erinnre mich nicht an mein Ende!

DORTCHEN: Hör' doch, von was für einem Humor ist denn der Prinz?

FALSTAFF: Ein guter, einfältiger junger Mensch. Er hätte einen guten Brotmeister abgegeben, er würde das Brot gut vorschneiden.

DORTCHEN: Aber Poins soll einen feinen Witz haben.

FALSTAFF: Der einen feinen Witz? Zum Henker mit dem Maulaffen! Sein Witz ist so dick wie Senf von Tewksbury, er hat nicht mehr Verstand als ein Hammer.

DORTCHEN: Weswegen hat ihn denn der Prinz so gern?

FALSTAFF: Weil der eine so dünne Beine hat wie der andre, und weil er gut Peilke spielt, und ißt Meeraal und Fenchel, und schluckt brennende Kerzen-Endchen im Wein hinunter, und trägt sich Huckepack mit den Jungen, und springt über Schemel, und flucht mit gutem Anstande, und trägt seine Stiefeln glatt an, wie an einem ausgehängten Bein auf einem Schilde, und stiftet keinen Zank durch Ausplaudern von feinen Geschichten, und mehr dergleichen Springergaben hat er, die einen schwachen Geist und einen geschickten Körper beweisen, weswegen ihn der Prinz um sich leidet; denn der Prinz ist selbst eben so ein Gesell: das Gewicht eines Haars wird zwischen ihnen der einen Schale den Ausschlag geben.

PRINZ HEINRICH: Sollte man dieser Nabe von einem Rade nicht die Ohren abschneiden?

POINS: Laßt uns ihn vor den Augen seiner Hure prügeln!

PRINZ HEINRICH: Seht doch, läßt sich der welke Alte nicht den Kopf krauen wie ein Papagei?

POINS: Ist es nicht wunderbar, daß die Begierde das Vermögen um so viele Jahre überlebt?

FALSTAFF: Küß mich, Dortchen!

PRINZ HEINRICH: Saturn und Venus heuer in Konjunktion[115]! Was sagt der Kalender dazu?

POINS: Seht nur, flüstert nicht auch sein Kerl, der feurige Triangel[116], mit dem alten Register seines Herrn, seiner Schreibtafel, seinem Denkbuche?

FALSTAFF: Du gibst mir angenehme Schmätzchen.

DORTCHEN: Ja wahrhaftig, ich küsse dich mit einem recht beständigen Herzen.

FALSTAFF: Ich bin alt, ich bin alt.

DORTCHEN: Ich habe dich lieber, als alle die jungen Gelbschnabel miteinander.

FALSTAFF: Aus was für Zeug willst du eine Schürze haben? Auf den Donnerstag kriege ich Geld, du sollst morgen eine Mütze haben. Komm, ein lustiges Lied! Es wird spät, wir wollen zu Bett. Wenn ich weg bin, wirst du mich vergessen.

DORTCHEN: Meiner Treu, du wirst mich zum Weinen bringen, wenn du das sagst; sieh zu, ob ich mich jemals hübsch kleide, bis du wieder zurück bist. Nun warte das Ende ab!

FALSTAFF: Was Sekt, Franz!

PRINZ HEINRICH UND POINS *hervortretend:*
Gleich, Herr! gleich!

FALSTAFF: Ha! ein Bastard-Sohn des Königs. Und bist du nicht Poins sein Bruder?

PRINZ HEINRICH: Ei, du Erdball von sündlichen Ländern, was für ein Leben führst du?

FALSTAFF: Ein besseres als du: Ich bin ein Mann von Stande, du ziehst Bier ab.

PRINZ HEINRICH: Ganz richtig, Herr, und darum komme ich, Euch das Fell abzuziehn.

WIRTIN: Oh, der Herr erhalte Eure wackre Gnade! Meiner Treu, willkommen in London! – Nun, der Herr segne dies dein holdes Angesicht! O Jesus, seid Ihr aus Wales zurückgekommen?

FALSTAFF *indem er die Hand auf Dortchen legt:* Du verwettertes, tolles Stück Majestät, bei diesem leichtfertigen Fleisch und verderbten Blut, du bist willkommen!

DORTCHEN: Was, Ihr gemästeter Narr? Ich frage nichts nach Euch.

POINS: Gnädiger Herr, er wird Euch aus Eurer Rache heraustreiben und alles in einen Spaß verwandeln, wenn Ihr ihm nicht in der ersten Hitze zusetzt.

PRINZ HEINRICH: Du verfluchte Talggrube, wie niederträchtig sprachst du nicht jetzt eben von mir vor diesem ehrbaren, tugendhaften, artigen Frauenzimmer?

WIRTIN: Gott segne Euer gutes Herz, das ist sie auch, gewiß und wahrhaftig.

FALSTAFF: Hast du es angehört?

PRINZ HEINRICH: Ja, und Ihr kanntet mich wie damals, da Ihr bei Gadshill davonlieft; Ihr wußtet, daß ich hinter Euch stand und tatet es mit Fleiß, um meine Geduld auf die Probe zu stellen.

FALSTAFF: Nein, nein, nein, das nicht; ich glaubte nicht, daß du mich hören könntest.

PRINZ HEINRICH: So müßt Ihr mir die vorsätzliche Beschimpfung eingestehn, und dann weiß ich, wie ich Euch handhaben soll.

FALSTAFF: Keine Beschimpfung, Heinz, auf meine Ehre, keine Beschimpfung!

PRINZ HEINRICH: Nicht? Mich herunter zu machen und mich Brotmeister und Brotschneider und ich weiß nicht was zu nennen!

FALSTAFF: Keine Beschimpfung, Heinz!

POINS: Keine Beschimpfung?

FALSTAFF: Nein, Eduard, keine Beschimpfung auf der Welt; nicht die geringste, mein ehrlicher Eduard! Ich machte ihn herunter vor den Gottlosen, damit die Gottlosen sich nicht in ihn verlieben möchten; darin habe ich die Pflicht eines besorgten Freundes und jenes redlichen Untertans ausgeübt, und dein Vater hat mir dafür zu danken. Keine Beschimpfung, Heinz! nicht die geringste, Eduard! – Nein, Kinder, nicht die geringste!

PRINZ HEINRICH: Nun sieh einmal, bringt dich nicht bloße Furcht und ausgemachte Feigheit dahin, diesem tugendhaften Frauenzimmer zu nahe zu tun, um dich mit uns auszusöhnen? Ist sie von den Gottlosen? Ist unsre Frau Wirtin da von den Gottlosen? Oder ist der Bursch von den Gottlosen? Oder der ehrliche Bardolph, dessen Andacht in seiner Nase brennt, von den Gottlosen?

POINS: Antworte, du abgestorbene Rüster! Antworte!

FALSTAFF: Den Bardolph hat der böse Feind ohne Rettung gezeichnet, und sein Gesicht ist Luzifers Leibküche, wo er nichts tut als Malzwürmer[117] rösten. Was den Knaben betrifft, so ist ein guter Engel um ihn, aber der Teufel überbietet ihn auch.

PRINZ HEINRICH: Was die Weiber betrifft, –

FALSTAFF: Die eine von ihnen, – die ist schon in der Hölle und brennt, die arme Seele! Was die andre betrifft, – ich bin ihr Geld schuldig, und ob sie dafür verdammt ist, weiß ich nicht.

WIRTIN: Nein, das will ich Euch versichern.

FALSTAFF: Ja, ich denke es auch nicht; ich denke, dessen bist du quitt. ‹Ey,› es gibt aber noch eine andre Klage wider dich, daß du gegen die Verordnung in deinem Hause Fleisch essen lässest; dafür wirst du, denke ich, noch einmal heulen.

WIRTIN: Das tun alle Speisewirte. Was will eine Schöpskeule oder ein Paar in der ganzen Fastenzeit sagen?

PRINZ HEINRICH: Ihr, Frauenzimmer —

DORTCHEN: Was sagen Euer Gnaden?

FALSTAFF: Seine Gnaden sagt etwas, wogegen sich sein Fleisch auflehnt.

WIRTIN: Wer klopft so laut an die Türe? Si nach der Türe, Franz!

Peto kommt.

PRINZ HEINRICH: Peto, was gibt's? Was bringst du Neues?

PETO: Der König, Euer Vater, ist zu Westminster,
Und zwanzig müde und erschöpfte Boten
Sind aus dem Norden da; und wie ich herkam,
Traf ich und holt' ein Dutzend Hauptleut' ein,
Barköpfig, schwitzend, an die Schenken klopfend,
Und alle frugen sie nach Sir John Falstaff.

PRINZ HEINRICH:
Beim Himmel, Poins, ich fühl' mich tadelnswert,
So müßig zu entweihn die edle Zeit,
Wenn Wetter der Empörung wie der Süd,
Von schwarzem Dunst getragen, schmelzen will
Und träuft auf unser unbewehrtes Haupt.
Gib Degen mir und Mantel – Falstaff, gute Nacht!

Prinz Heinrich, Poins, Peto und Bardolph ab.

FALSTAFF: Nun kommt der leckerste Bissen der Nacht, und wir müssen fort und ihn ungenossen lassen.

Man hört es klopfen.

Wieder an der Tür geklopft?

Bardolph kommt zurück.

Nun? Was gibt's?

BARDOLPH: Ihr müßt gleich fort an den Hof, ein Dutzend Hauptleute warten an der Tür auf Euch.

FALSTAFF *zum Pagen:* Bezahl' die Musikanten, Bursch! – Leb wohl, Wirtin, – leb wohl, Dortchen! – Ihr seht, meine guten Weibsbilder, wie Männer von Verdienst gesucht werden: der Unverdiente kann schlafen, während der tüchtige Mann aufgerufen wird. Lebt wohl, meine guten Weibsbilder! Wenn ich nicht schleunig weggesandt werde, so will ich Euch noch wieder besuchen, eh' ich gehe.

DORTCHEN: Ich kann nicht sprechen, – wenn mir das Herz nicht brechen will. – Nun, herzliebster Hans, trage Sorge für dich selbst!

FALSTAFF: Lebt wohl, lebt wohl!

Falstaff und Bardolph ab.

WIRTIN: Nun, so lebe wohl! Neunundzwanzig Jahre sind's nun, daß ich dich gekannt habe, wenn die grünen Erbsen wieder kommen; aber einen ehrlicheren Mann und ein treueres Gemüt, – Nun, so lebe wohl!

BARDOLPH *draußen:* Jungfer Lakenreißer!

WIRTIN: Was gibt's?

BARDOLPH *draußen:* Heißt Jungfer Lakenreißer zu meinem Herrn kommen!

WIRTIN: O lauf, Dortchen, lauf! Lauf, liebes Dortchen!

Beide ab.

DRITTER AUFZUG

Erste Szene

Ein Zimmer im Palast.

König Heinrich kommt im Nachtkleide mit einem Pagen.

KÖNIG HEINRICH:
Geh', ruf' die Grafen Surrey[118] her und Warwick[119],
Doch heiß' zuvor sie diese Briefe lesen
Und reiflich sie erwägen: tu's mit Eil'!
                    Page ab.
Wie viel der ärmsten Untertanen sind
Um diese Stund' im Schlaf! – O Schlaf! O holder Schlaf!
Du Pfleger der Natur, wie schreckt' ich dich,
Daß du nicht mehr zudrücken willst die Augen
Und meine Sinne tauchen in Vergessen?
Was liegst du lieber, Schlaf, in rauch'gen Hütten,
Auf unbequemer Streue hingestreckt,
Von summenden Nachtfliegen eingewiegt,
Als in der Großen duftenden Palästen,
Unter den Baldachinen reicher Pracht
Und eingelullt von süßen Melodien?
O blöder Gott, was liegst du bei den Niedern
Auf eklem Bett und läßt des Königs Lager
Ein Schilderhaus und Sturmesglocke sein?
Versiegelst du auf schwindelnd hohem Mast
Des Schifferjungen Aug' und wiegst sein Hirn
In rauher, ungestümer Wellen Wiege
Und in der Winde Andrang, die beim Gipfel
Die tollen Wogen packen, krausen ihnen
Das ungeheure Haupt und hängen sie
Mit tobendem Geschrei ins glatte Tauwerk,

Daß vom Getümmel selbst der Tod erwacht?
Gibst du, o Schlaf, parteiisch deine Ruh'
Dem Schifferjungen in so rauher Stunde,
Und weigerst in der ruhig stillsten Nacht
Bei jeder Foderung sie einem König?
So legt, ihr Niedern, nieder euch, beglückt;
Schwer ruht das Haupt, das eine Krone drückt.

Warwick und Surrey treten auf.

WARWICK: Den schönsten Morgen Eurer Majestät!

KÖNIG HEINRICH: Ist es schon Morgen, Lords?

WARWICK: Es ist ein Uhr und drüber.

KÖNIG HEINRICH: So habt denn guten Morgen! Liebe Lords,
Last ihr die Briefe, die ich euch gesandt?

WARWICK: Ja, gnäd'ger Herr.

KÖNIG HEINRICH: So kennt ihr nun den Körper unsers Reichs,
Wie angesteckt er ist, wie schlimme Übel,
Dem Herzen nah, gefährlich in ihm gären.

WARWICK: Noch ist es nur wie Unordnung im Körper,
Den guter Rat und wen'ge Arzenei
Zu seiner vor'gen Stärke bringen kann. –
Mylord Northumberland ist bald gekühlt.

KÖNIG HEINRICH: O Himmel könnte man im Buch des Schicksals
Doch lesen, und der Zeiten Umwälzung
Die Berge ebnen und das feste Land,
Der Dichte überdrüssig, in die See
Wegschmelzen sehn! und sehn des Ozeans
Umgürtend Ufer für Neptunus' Hüften
Ein ander Mal zu weit! Wie Zufall spielt
Und Wechsel der Veränd'rung Schale füllt
Mit mancherlei Getränk! Oh, säh' man das,
Der frohste Jüngling, diesen Fortgang schauend,
Wie hier Gefahr gedroht, dort Leiden nahn:
Er schlöss' das Buch und setzte sich und stürbe.
Es sind noch nicht zehn Jahre,
Seit Richard und Northumberland als Freunde
Zusammen schmausten, und zwei Jahr nachher
Gab's zwischen ihnen Krieg; acht Jahr nur, seit
Der Percy meinem Herzen war der nächste,
Der wie ein Bruder sich erschöpft für mich
Und Lieb' und Leben mir zu Füßen legte,
Ja, meinetwillen, selbst in Richards Antlitz
Ihm Trotz bot. Doch, wer war dabei von euch
(*Zu Warwick.* Ihr Vetter Nevil, wie ich mich erinnre),

Als Richard, ganz von Tränen überfließend,
Damals gescholten vom Northumberland,
Die Worte sprach, die Prophezeiung wurden?
„Northumberland, du Leiter, mittelst deren
Mein Vetter Bolingbroke den Thron besteigt"; –
Was da, Gott weiß, nicht in den Sinn mir kam,
Wenn nicht Notwendigkeit den Staat so bog,
Daß ich und Größ' einander küssen mußten; –
„Es mmt die Zeit", dies setzt' er dann hinzu,
„Es kommt die Zeit, daß arge Sünde, reifend,
Ausbrechen wird in Fäulnis", fuhr so fort
Und sagte dieser Zeiten ganze Lage
Und unsrer Freundschaft Trennung uns vorher.
WARWICK: Ein Hergang ist in aller Menschen Leben,

Abbildend der verstorbnen Zeiten Art:
Wer den beachtet, kann, zum Ziele treffend,
Der Dinge Lauf im ganzen prophezein,
Die, ungeboren noch, in ihrem Samen
Und schwachem Anfang eingeschachtelt liegen.
Dergeichen wird der Zeiten Brut und Zucht;
Auf die notwend'ge Form hievon vermochte
Richard die sichre Mutmaßung zu baun,
Der mächtige Northumberland, ihm falsch,
Werd' aus der Saat zu größrer Falschheit wachsen,
Die keinen Boden, drein zu wurzeln, fände,
Als nur an Euch.

KÖNIG HEINRICH:
Sind diese Dinge denn Notwendigkeiten?
Bestehn wir auch sie wie Notwendigkeiten!
Dies selbe Wort ruft eben jetzt uns auf. –
Man sagt, der Bischof und Northumberland
Sind funfzigtausend stark.

WARWICK: Es kann nicht sein, mein Fürst.
Gerücht verdoppelt, so wie Stimm' und Echo,
Die Zahl Gefürchteter. – Beliebt Eu'r Hoheit,
Zu Bett zu gehn; bei meinem Leben, Herr,
Die Macht, die Ihr schon ausgesendet habt,
Wird leichtlich diese Beute bringen heim.
Euch mehr zu trösten, so empfing ich jetzt
Gewisse Nachricht von Glendowers Tod.
Eu'r Majestät war krank seit vierzehn Tagen,
Und diese unbequemen Stunden müssen
Das Übel mehren.

KÖNIG HEINICH: Ich folge Eurem Rat.
Und läßt der innre Krieg uns freie Hand,
So ziehn wir, werte Lords, ins Heil'ge Land. *Ab.*

Hof vor dem Hause des Friedensrichters Schaal in Glocestershire.

Schaal und Stille kommen von verschiedenen Seiten;
Schimmelig, Schatte, Warze, Schwächlich, Bullenkalb und Bediente im Hin-
tergrunde.

SCHAAL: Sieh da, sieh da, sieh da! Gebt mir die Hand, Herr!
Gebt mir die Hand, Herr! Früh bei Wege, meiner Six!
Nun, was macht denn mein guter Vetter Stille?

STILLE: Guten Morgen, guter Vetter Schaal!

SCHAAL: Und was macht meine Muhme, Eure Ehehälfte?
Und unser allerliebstes Töchterchen, mein Patchen Lene?

STILLE: Ach, das ist eine schwarze Amsel, Vetter Schaal.

SCHAAL: Bei Ja und Nein, Herr, ich will drauf wetten, mein Vetter
Wilhelm ist ein guter Lateiner geworden. Er ist noch zu Oxford[120], nicht wahr?

STILLE: Ja freilich, es kostet mir Geld.

SCHAAL: Da muß er bald in die Rechtshöfe[121]. Ich war auch einmal
in Clemens-Hof, wo sie, denke ich, noch von dem tollen Schaal
sprechen werden.

STILLE: Ihr hießt damals der muntre Schaal, Vetter.

SCHAAL: Beim Element, ich hieß, wie man wollte, und ich hätte
auch getan, was man wollte, ja, wahrhaftig, und das frisch weg.
Da war ich, und der kleine Johann Deut aus Staffordshire, und
der schwarze Georg Kahl, und Franz Nagebein, und Wilhelm
Quaake, einer aus Cotswold, – es gab seitdem keine vier solche
Haudegen in allen den Rechtshöfen zusammen, und ich kann's
Euch wohl sagen, wir wußten, wo lose Ware zu haben war, und
hatten immer die beste zu unserm Befehl. Damals war Hans
Falstaff, jetzt Sir John, ein junger Bursch und Page bei Thomas
Mowbray, Herzog von Norfolk.

STILLE: Derselbe Sir John, Vetter, der jetzt eben der Soldaten wegen herkommt?

SCHAAL: Derselbe Sir John, eben derselbe. Ich habe ihn am Tor des
Kollegiums dem Skogan[122] ein Loch in den Kopf schlagen sehn,
da er ein Knirps, nicht so hoch, war; gerade denselben Tag
schlug ich mich mit einem gewissen Simson Stockfisch, einem
Obsthändler, hinter Grays Hof. O die tollen Tage, die ich hingebracht habe! Und wenn ich nun sehe, daß so viele von meinen alten Bekannten tot sind!

STILLE: Wir werden alle nachfolgen, Vetter.

SCHAAL: Gewiß, ja, das ist gewiß. Sehr sicher! Sehr sicher! Der Tod, wie der Psalmist[123] sagt, ist allen gewiß, alle müssen sterben. Was gilt ein gutes Paar Ochsen auf dem Markt zu Stamford?

STILLE: Wahrhaftig, Vetter, ich bin nicht da gewesen.

SCHAAL: Der Tod ist gewiß. – Ist der alte Doppel, Euer Landsmann, noch am Leben?

STILLE: Tot, Herr.

SCHAAL: Tot? – Sieh! Sieh! – Er führte seinen guten Bogen – und ist tot! – Er schoß seinen tüchtigen Schuß; Johann von Gaunt hatte ihn gern und wettete viel Geld auf seinen Kopf. Tot! – Auf zweihundertundvierzig Schritt traf er ins Weiße und trieb Euch einen leichten Bolzen auf zweihundertundachtzig, auch neunzig Schritt, daß einem das Herz im Leibe lachen mußte. – Wieviel gilt die Mandel Schafe jetzt?

STILLE: Es ist, nachdem sie sind: eine Mandel guter Schafe kann wohl zehn Pfund wert sein.

SCHAAL: Und ist der alte Doppel tot?

Bardolph kommt und einer mit ihm.

STILLE: Hier kommen, denk' ich, zwei von Sir John Falstaffs Leuten.

BARDOLPH: Guten Morgen, wackre Herren! Ich bitte euch, wer von euch ist der Friedensrichter Schaal?

SCHAAL: Ich bin Robert Schaal, Herr: ein armer Gutsbesitzer aus der Grafschaft und einer von des Königs Friedensrichtern. Was steht zu Eurem Befehl!

BARDOLPH: Mein Hauptmann, Herr, empfiehlt sich Euch; mein Hauptmann, Sir John Falstaff: ein tüchtiger Kavalier, beim Himmel, und ein sehr beherzter Anführer.

SCHAAL: Ich danke für seinen Gruß. Ich habe ihn als einen sehr guten Fechter gekannt. Was macht der gute Ritter? Darf ich fragen, was seine Frau Gemahlin macht?

BARDOLPH: Um Verzeihung, Herr, ein Soldat ist besser akkommodiert ohne Frau.

SCHAAL: Es ist gut gesagt, meiner Treu, Herr; in der Tat, recht gut gesagt. Besser akkommodiert[124]! Es ist gut, ja, in allem Ernst: gute Phrasen sind und waren von jeher sehr zu rekommandieren. Akkommodiert! – Es kommt von accommodo her, sehr gut! eine gute Phrase!

BARDOLPH: Verzeiht mir, Herr, ich habe das Wort so gehört. Phrase nennt Ihr es? Beim Element, die Phrase kenne ich nicht, aber das Wort will ich mit meinem Degen behaupten: daß es ein soldatenmäßiges Wort ist, und womit man erstaunlich viel ausrichten kann. Akkommodiert: das heißt, wenn ein Mensch, wie sie sagen, abkommodiert ist; oder wenn ein Mensch das ist – was maßen, – wodurch man ihn für akkommodiert halten kann, was eine herrliche Sache ist.

Falstaff kommt.

SCHAAL: Sehr gut! – Seht, da kommt der gute Sir John – gebt mir Eure liebe Hand, gebt mir Euer Edeln liebe Hand! Auf mein Wort, Ihr seht wohl aus und tragt Eure Jahre sehr wohl. Willkommen, bester Sir John!

FALSTAFF: Ich bin erfreut, Euch wohl zu sehen, guter Herr Robert Schaal; – Herr Gutspiel, wo mir recht ist?

SCHAAL: Nein, Sir John; es ist mein Vetter Stille, und mein Kollege im Amte.

FALSTAFF: Guter Herr Stille, es schickt sich gut für Euch, daß Ihr zum Friedensamte gehört.

STILLE: Euer Edlen sind willkommen!

FALSTAFF: Daß dich, das ist heiße Witterung. – Meine Herren, habt ihr mir ein halb Dutzend tüchtige Leute geschafft?

SCHAAL: Freilich haben wir das, Herr. Wollt Ihr Euch nicht setzen?

FALSTAFF: Laßt mich sie sehn, ich bitte Euch!

SCHAAL: Wo ist die Liste? Wo ist die Liste? Wo ist die Liste? – Laßt sehn! Laßt sehn! Laßt sehn! So, so, so, so, – ja, was wollt' ich sagen, Herr: – Rolf Schimmelig, – daß sie vortreten, wie ich sie aufrufe; daß sie mir's ja tun, daß sie mir's ja tun! – Laßt sehn! Wo ist Schimmelig?

SCHIMMELIG: Hier, mit Verlaub.

SCHAAL: Was meint Ihr, Sir John? Ein wohlgewachsner Kerl, jung, stark, und aus einer guten Familie.

FALSTAFF: Dein Name ist Schimmelig?

SCHIMMELIG: Ja, mit Verlaub.

FALSTAFF: Desto mehr ist es Zeit, daß du gebraucht wirst.

SCHAAL: Ha ha ha! Ganz vortrefflich, wahrhaftig! Dinge, die schimmelig sind, müssen gebraucht werden. Ganz ungemein gut! – Wahrhaftig, gut gesagt, Sir John, sehr gut!

FALSTAFF *zu Schaal:* Streicht ihn an!

SCHIMMELIG: Damit macht Ihr mir einen Strich durch die Rechnung, Ihr hättet mich können gehen lassen. Meine alte Hausfrau hat nun niemand in der Gotteswelt, der ihre Wirtschaft und ihre Plackerei verrichtet. Ihr hättet mich nicht anzustreichen brauchen; es gibt andre, die geschickter sind zu marschieren als ich.

FALSTAFF: Seht mir! Ruhig, Schimmelig, Ihr müßt mit! Schimmelig, es ist Zeit, daß Ihr verbraucht werdet.

SCHIMMELIG: Verbraucht?

SCHAAL: Ruhig, Kerl, ruhig! Tretet beiseit! Wißt Ihr auch, wo Ihr seid? – Nun zu den andern, Sir John! Laßt sehn: Simon Schatte.

FALSTAFF: Ei ja, den gebt mir, um darunter zu sitzen: er wird vermutlich ein kühler Soldat sein.

SCHAAL: Wo ist Schatte?

SCHATTE: Hier, Herr.

FALSTAFF: Schatte, wessen Sohn bist du?

SCHATTE: Meiner Mutter Sohn, Herr.

FALSTAFF: Deiner Mutter Sohn! Das mag wohl sein: und deines Vaters Schatte; auf die Art ist der Sohn des Weibes der Schatte des Mannes; es ist so oft so, in der Tat, aber nicht viel von des Vaters Kraft.

SCHAAL: Gefällt er Euch, Sir John?

FALSTAFF: Schatte ist gut auf den Sommer, – streicht ihn an, denn wir haben eine Menge von Schatten, um die Musterrolle anzufüllen.

SCHAAL: Thomas Warze!

FALSTAFF: Wo ist er?

WARZE: Hier, Herr.

FALSTAFF: Ist dein Name Warze?

WARZE: Ja, Herr.

FALSTAFF: Du bis eine sehr ruppige Warze.

SCHAAL: Soll ich ihn anstreichen, Sir John?

FALSTAFF: Es wäre überflüssig: sein Bündel ist ihm auf den Rücken gebaut, und die Beine, worauf die ganze Figur steht, sind selbst nur ein Paar Striche; also keinen Strich weiter!

SCHAAL: Ha ha ha! Ihr versteht es, Herr, Ihr versteht es. Das muß man rühmen. – Franz Schwächlich?

SCHWÄCHLICH: Hier, Herr.

FALSTAFF: Was für ein Gewerbe treibst du, Schwächlich?

SCHWÄCHLICH: Ich bin ein Frauenschneider, Herr.

SCHAAL: Soll ich ihm einen Strich anfügen?

FALSTAFF: Das tut nur; wenn er aber ein Mannsschneider wäre, so könnte er Euch einen Strich anfügen. – Willst du so viel Löcher in die feindliche Schlachtordnung bohren, als du in einen Weiberrock gemacht hast?

SCHWÄCHLICH: Ich will nach besten Kräften tun, Herr, Ihr könnt nicht mehr verlangen.

FALSTAFF: Wohlgesprochen, guter Frauenschneider! Wohlgesprochen, beherzter Schwächlich! Du wirst so tapfer sein wie die ergrimmte Taube oder allergroßmütigste Maus. Gebt dem Frauenschneider einen guten Strich, Herr Schaal; tüchtig, Herr Schaal!

SCHWÄCHLICH: Ich wollte, Warze wäre mitgegangen, Herr.

FALSTAFF: Ich wollte, du wärst ein Mannsschneider, damit du ihn könntest flicken und geschickt machen, mitzugehn. Ich kann den nicht zum gemeinen Soldaten machen, der der Anführer von so vielen Tausenden ist. Laß dir das genügen, allergewaltigster Schwächlich!

SCHWÄCHLICH: Ich lasse es mir genügen, Herr.

FALSTAFF: Ich bin dir sehr verbunden, ehrwürdiger Schwächlich. – Wer kommt zunächst?

SCHAAL: Peter Bullenkalb von der Wiese.

FALSTAFF: Ei ja, laßt uns Bullenkalb sehen!

BULLENKALB: Hier, Herr.

FALSTAFF: Weiß Gott, ein ansehnlicher Kerl! – Kommt, streicht mir Bullenkalb, bis er noch einmal brüllt!

BULLENKALB: O Jesus! Bester Herr Kapitän, –

FALSTAFF: Was? Brüllst du, eh' du gestrichen wirst?

BULLENKALB: O Jesus, Herr, ich bin ein kranker Mensch.

FALSTAFF: Was für eine Krankheit hast du?

BULLENKALB: Einen verfluchten Schnupfen, Herr; einen Husten, Herr; ich habe ihn vom Glockenläuten in des Königs Geschäften gekriegt, an seinem Krönungstage, Herr.

FALSTAFF: Komm nur, du sollst in einem Schlafrock zu Felde ziehn, wir wollen deinen Schnupfen vertreiben, und ich will es so einrichten, daß deine Freunde für dich läuten sollen. – Sind das alle?

SCHAAL: Es sind schon zwei über die Zahl aufgerufen, Ihr bekommt hier nur viere, Herr; und somit bitte ich Euch, bleibt bei mir zum Essen!

FALSTAFF: Wohlan, ich will mit Euch eins trinken, aber die Mahlzeit kann ich nicht abwarten. Ich bin erfreut, Euch zu sehn, auf mein Wort, Herr Schaal.

SCHAAL: O Sir John, erinnert Ihr Euch noch, wie wir die ganze Nacht in der Windmühle auf St. Georgenfeld zubrachten?

FALSTAFF: Nichts weiter davon, lieber Herr Schaal, nichts weiter davon!

SCHAAL: Ha, das war eine lustige Nacht. Und lebt Hanne Nachtrüstig noch?

FALSTAF: Ja, sie lebt, Herr Schaal.

SCHAAL: Sie konnte niemals mit mir auskommen.

FALSTAFF: Niemals, niemals; sie pflegte immer zu sagen, sie könnte Herrn Schaal nicht ausstehn.

SCHAAL: Weiß der Himmel, ich konnte sie bis aufs Blut ärgern. Sie war damals lose Ware. Hält sie sich noch gut?

FALSTAFF: Alt, alt, Herr Schaal.

SCHAAL: Freilich, sie muß alt sein, sie kann nicht anders als alt sein; alt ist sie ganz gewiß: sie hatte schon den Ruprecht Nachtrüstig vom alten Nachtrüstig, eher ich nach Clemens Hof kam.

STILLE: Das ist fünfundfunfzig Jahre her.

SCHAAL: Ach, Vetter Stille, wenn du das gesehen hättest, was dieser Ritter und ich gesehen haben! He, Sir John, hab' ich recht?

FALSTAFF: Wir haben die Glocken um Mitternacht spielen hören, Herr Schaal.

SCHAAL: Ja, das haben wir, das haben wir, das haben wir; meiner Treu, Sir John, das haben wir! Unsre Parole war: „He, Bursche!" Kommt, laßt uns zu Tisch gehn, laßt uns zu Tisch gehn! O über die Tage, die wir gesehn haben! Kommt, kommt!

Falstaff, Schaal und Stille ab.

BULLENKALB: Lieber Herr Korperad Bardolph, legt ein gut Wort für mich ein, und hier sind auch vier Zehnschillingsstücke in französischen Kronen für Euch. In rechtem Ernst, Herr, ich ließe mich eben so gern hängen, als daß ich mitgehe; zwar für meine Person frag' ich nichts darnach, sondern vielmehr, weil ich keine Lust habe, und für meine Person ein Verlangen trage, bei meinen Freunden zu bleiben; sonst, Herr, wollte ich für meine Person nicht so viel darnach fragen.

BARDOLPH: Gut, tretet beiseit!

SCHIMMELIG: Und lieber Herr Korporal Kapitän, meiner alten Hausfrauen wegen, legt ein gut Wort für mich ein! Sie hat niemanden, der ihr was verrichten kann, wenn ich weg bin, denn sie ist alt und kann sich selbst nicht helfen; Ihr sollt auch vierzig Schillinge haben, Herr.

BARDOLPH: Gut, tretet beiseit!

SCHWÄCHLICH: Meiner Treu, ich frage nichts darnach: ein Mensch kann nur einmal sterben, wir sind Gott einen Tod schuldig, ich will mich nicht schlecht halten, – ist es mein Schicksal, gut; wo nicht, auch gut; kein Mensch ist zu gut, seinem Fürsten zu dienen, und es mag sein, wie es will, wer dies Jahr stirbt, ist für das nächste quitt.

BARDOLPH: Wohlgesprochen, du bist ein braver Kerl.

SCHWÄCHLICH: Mein' Seel', ich will mich nicht schlecht halten.

Falstaff kommt zurück mit Schaal und Stille.

FALSTAFF: Kommt, Herr, was soll ich für Leute haben?

SCHAAL: Viere, was für welche Ihr wollt.

BARDOLPH: Herr, auf ein Wort! Ich habe drei Pfund von Schimmelig und Bullenkalb, um sie frei zu lassen.

FALSTAFF: Schon gut.

SCHAAL: Wohlan, Sir John, welche viere wollt Ihr?

FALSTAFF: Wählt Ihr für mich!

SCHAAL: Nun dann: Schimmelig, Bullenkalb, Schwächlich und Schatte.

FALSTAFF: Schimmelig und Bullenkalb! Ihr, Schimmelig, bleibt zu Hause, bis Ihr nicht mehr zum Dienste taugt; – und was Euch betrifft, Bullenkalb, wachst heran, bis Ihr tüchtig seid: ich mag euch nicht.

SCHAAL: Sir John, Sir John, Ihr tut Euch selber Schaden: es sind Eure ansehnlichsten Leute, und ich möchte Euch mit den besten aufwarten.

FALSTAFF: Wollt Ihr mich meine Leute auswählen lehren, Herr Schaal? Frage ich nach den Gliedmaßen, dem Fleisch, der Statur, dem großen und starken Ansehn eines Menschen? Auf den Geist kommt es an, Herr Schaal. Da habt Ihr Warze, – Ihr seht, was es für eine ruppige Figur ist: der ladet und schießt Euch so flink, wie ein Zinngießer hämmert: läuft auf und ab, geschwinder wie einer, der des Brauers Eimer am Schwengel trägt. Und der Gesell da mit dem Halbgesicht, Schatte, – gebt mir den Menschen! Er gibt dem Feinde keine Fläche zum Treffen; der Feind kann eben so gut auf die Schneide eines Federmessers zielen; und geht's zum Rückzuge: – wie geschwind wird dieser Schwächlich, der Frauenschneider, davon laufen! O gebt mir die unansehnlichen Leute, so will ich die großen gar nicht ansehn. –

Gib dem Warze eine Muskete in die Hand, Bardolph!

BARDOLPH: Da, Warze, marschiere: so, so, so!

FALSTAFF: Komm her, handhabe mir einmal deine Muskete! So – recht gut! – Nur zu! – Sehr gut, außerordentlich gut! Oh, ich lobe mir so einen kleinen, magern, alten, gestutzten, kahlen Schützen! – Brav, Warze, meiner Treu! Du bist ein guter Schelm; nimm, da hast du einen Sechser.

SCHAAL: Er ist noch nicht Meister im Handwerk, er versteht es nicht recht. Ich erinnre mich, als ich in Clemens-Hof war auf der Mile-end-Wiese[125], – ich war damals Sir Dagonet[126] in dem Spiel vom Arthur –, da war ein kleiner finkler Kerl, der regierte auch sein Gewehr so; und dann drehte er sich um und um, und dann kam er da, und dann kam er da; „piff! paff!" sagte er; „bautz!" sagte er; und dann ging er wieder weg, und dann kam er wieder her, – in meinem Leben sah ich so 'nen Kerl nicht wieder.

FALSTAFF: Diese Leute sind schon zu gebrauchen, Herr Schaal. Gott erhalte Euch, Herr Stille! Ich will nicht viel Worte mit

Euch machen. – Lebt beide wohl, ihr Herren! ich danke euch, ich muß heute abend noch zwölf Meilen machen. – Bardolph, gib den Soldaten Röcke!

SCHAAL: Sir John, der Himmel segne Euch und gebe Euren Sachen guten Fortgang und sende uns Frieden! Wenn Ihr zurück kommt, besucht mein Haus, laßt uns die alte Bekanntschaft erneuern: vielleicht gehe ich mit Euch an den Hof.

FALSTAFF: Ich wollte, Ihr tätet's, Herr Schaal.

SCHAAL: Laßt mich machen! Ich habe es gesagt: ein Wort, ein Mann! Lebt wohl!

Schaal und Stille ab.

FALSTAFF: Lebt wohl, ihr herrlichen Herrn! Weiter, Bardolph, führe die Leute weg!

Bardolph mit den Rekruten ab.

Wenn ich zurück komme, will ich diese Friedensrichter herumholen; den Friedensrichter Schaal habe ich schon ausgekostet. Lieber Gott, was wir alten Leute dem Laster des Lügens ergeben sind! Dieser schmächtige Friedensrichter hat mir in einem fort von der Wildheit seiner Jugend vorgeschwatzt und von den Taten, die er in Turnbullstraße[127] ausgeführt hat; und ums dritte Wort eine Lüge, dem Zuhörer richtiger ausgezahlt als der Tribut dem Großtürken. Ich erinnere mich seiner in Clemens-Hof, da war er wie ein Männchen, nach dem Essen aus einer Käserinde verfertigt; wenn er nackt war, sah er natürlich aus wie ein gespaltner Rettich, an dem man ein lächerliches Gesicht mit einem Messer geschnitzt hat; er war so schmächtig, daß ein stumpfes Gesicht gar keine Breite und Dicke an ihm wahrnehmen konnte. Der wahre Genius des Hungers, dabei so geil wie ein Affe, und die Huren nannten ihn Alräunchen; er war immer im Nachtrabe der Mode und sang schmierigen Weibsbildern die Melodien vor, die er von Fuhrleuten hatte pfeifen hören, und schwor darauf: es wären seine eigne Einfälle oder Ständchen. Und nun ist diese Narrenpritsche ein Gutsbesitzer geworden und spricht so vertraulich von Johann von Gaunt, als wenn er sein Duzbruder gewesen wäre, und ich will darauf schwören, er hat ihn nur ein einziges Mal gesehen, im Turnierplatz: und da schlug er ihm ein Loch in den Kopf, weil er sich zwischen des Marschalls Leute drängte. Ich sah es und sagte zu Johann von Gaunt: sein Stock prügelte einen andern. Denn man hätte ihn und seine ganze Bescherung in eine Aalhaut packen können; ein Hoboen-Futeral war eine Behausung für ihn, ein Hof! Und nun hat er Vieh und Ländereien. Gut, ich will mich mit ihm bekannt machen, wenn ich zurück komme, und es müßte schlimm zugehen, wenn ich nicht einen doppelten Stein der Weisen aus ihm mache. Wenn der junge Gründling ein Köder für den alten Hecht ist, so sehe ich nach dem Naturrecht keinen Grund, warum ich nicht nach ihm schnappen sollte. Kommt Zeit, kommt Rat, und damit gut.

Alle ab.

VIERTER AUFZUG

ERSTE SZENE

Ein Wald in Yorkshire.
Der Erzbischof von York, Mowbray, Hastings und andere treten auf.

ERZBISCHOF: Wie heißt hier dieser Wald?
HASTINGS: 's ist Gualtree-Wald, mit Eurer Gnaden Gunst.
ERZBISCHOF: Hier haltet, Lords, und sendet Späher aus.
   Die Anzahl unsrer Feinde zu erfahren!
HASTING: Wir sandten schon sie aus.
ERZBISCHOF: 's ist wohl getan.
   Ihr Freund' und Brüder bei dem großen Werk,
   Ich muß Euch melden, daß ich frische Briefe
   Empfangen habe von Northumberland;
   Ihr kalter Sinn und Inhalt lautet so:
   Er wünschet sich, hier in Person zu sein
   Mit einer Macht, die seinem Rang gemäß;
   Die konnt' er nicht versammeln, zog hierauf,
   Sein wachsend Glück zu reifen, sich zurück
   Nach Schottland; und er schließt, Gott herzlich bittend,
   Daß euer Anschlag die Gefahr bestehe
   Und furchtbar Stoßen auf den Gegenteil.
MOWBRAY: So fällt, was wir von ihm gehofft, zu Boden
   Und schmettert sich in Stücke.
            Ein Bote kommt.
HASTINGS: Nun, was gib's?
BOTE: Westlich vom Wald, kaum eine Meile weit,
   Rückt in geschloßnem Zug der Feind heran,
   Und nach dem Boden, den er einnimmt, schätz' ich
   Ihn dreißigtausend oder nah daran.
MOWBRAY: Genau die Anzahl, wie wir sie vermutet:
   Ziehn wir denn fort und treffen sie im Feld!

Westmoreland tritt auf.

ERZBISCHOF: Welch wohlbewehrter Führer naht sich da?

MOWBRAY: Ich denk', es ist der Lord von Westmoreland.

WESTMORELAND:
Habt Heil und Gruß von unserm General,
Dem Prinz Johann, Herzog von Lancaster!

ERZBISCHOF: Sprecht friedlich weiter, Lord von Westmoreland,
Worauf zielt Euer Kommen?

WESTMORELAND: Wohl, Mylord,
So wend' ich ganz den Inhalt meiner Rede
An Euer Gnaden. Käme Rebellion
Sich selber gleich, in niedern, schnöden Haufen,
Mit Wut verbrämt, geführt von blut'ger Jugend,
Von Bettelei und Buben unterstützt:
Ich sag', erschien verdammter Aufruhr so
In angeborner, eigenster Gestalt,

So wäret Ihr nicht hier, ehrwürd'ger Vater,
Noch diese edlen Lords, die ekle Bildung
Der blutigen Empörung zu bekleiden
Mit Euren Ehren. Ihr, Herr Erzbischof,
Des Stuhl durch Bürgerfrieden wird beschützt,
Des Bart des Friedens Silberhand berührt,
Des Wissen und Gelahrtheit Fried' erzogen,
Des weiße Kleidungen auf Unschuld deuten,
Des Friedens Taub' und echten Segensgeist:
Was übersetzt Ihr selber Euch o übel
Aus dieser Friedenssprache voller Huld
In die geräusch'ge, rauhe Zung' des Kriegs?
Verkehrt in Beinharnische Eure Bücher,
Die Tint' in Blut, in Lanzen Eure Federn,
Und Eurer Zunge geistliche Belehrung
In schmetternde Trompet' und Kriegsgetön?
ERZBISCHOF: Weswegen ich dies tu'? – So steht die Frage.
Zu diesem Ende: – wir sind alle krank,
Und unser schwelgendes und wüstes Leben
Hat in ein hitzig Fieber uns gebracht,
Wofür wir bluten müssen; an dem Übel
Starb unser König Richard, angesteckt.
Allein, mein edler Lord von Westmoreland,
Ich gebe hier für keinen Arzt mich aus,
Noch schar' ich wie ein Feind des Friedens mich
In das Gedränge kriegerischer Männer:
Vielmehr erschein' ich wie der droh'nde Krieg
Auf eine Zeitlang, üppige Gemüter
Zu heilen, die an eignem Glücke kranken,
Zu rein'gen die Verstopfung, welche schon
Die Lebensadern hemmt. Hört mich bestimmter:
Ich hab' in gleicher Waage recht gewogen,
Was unser Krieg für Übel stiften kann,
Was wir für Übel dulden: und ich finde
Die Klagen schwerer als die Übertretung.
Wir sehn, wohin der Lauf der Zeiten geht,
Und werden aus der stillen Ruh' gerissen
Von der Gelegenheit gewalt'gem Strom;
Auch setzten wir all unsre Klagen auf,
Zu rechter Zeit Artikel vorzuweisen,
Die wir schon längst dem König dargeboten,
Allein durch kein Gesuch Gehör erlangt;
Geschieht zu nah uns, und wir wollen klagen,

So weigern die den Zutritt uns zu ihm,
Die selbst am meisten uns zu nah getan.
Teils die Gefahren erst vergangner Tage,
Die ihr Gedächtnis mit noch sichtbar'm Blut
Der Erde eingeschrieben, – dann die Fälle,
Die jegliche Minute jetzt noch liefert:
Sie haben diese übelsteh'nden Waffen
Uns angelegt, nicht zu des Friedens Bruch
Noch des Geringsten, was dazu gehört, –
Nein, einen Frieden wirklich hier zu stiften,
Der es der Art nach wie dem Namen sei.

WESTMORELAND:
Wann ward Euch jemals schon Gehör versagt?
Worin seid Ihr vom König wohl gekränkt?
Was für ein Pair ward wider Euch verhetzt,
Daß Ihr auf dies gesetzlos blut'ge Buch
Der Rebellion ein göttlich Siegel drückt
Und heiliget des Aufruhrs scharfe Schneide?

ERZBISCHOF: Den allgemeinen Bruder, unsern Staat,
Macht häuslich Unrecht am gebornen Bruder
Zu meinem Zwist noch insbesondre mir.

WESTMORELAND: Es braucht hier keiner solchen Herstellung,
Und wär' es auch, so kommt sie Euch nicht zu.

MOWBRAY:
Warum nicht ihm zum Teil, und sämtlich uns,
Die wir die Schäden vor'ger Tage fühlen
Und leiden, daß der Zustand dieser Zeiten
Mit einer schweren und ungleichen Hand
Auf unsre Ehre drückt?

WESTMORELAND: O mein Lord Mowbray,
Nach ihrer Notdurft legt die Zeiten aus,
Und sagen werdet Ihr, es sei die Zeit
Und nicht der König, der Euch Unrecht tut.
Allein, was Euch betrifft, so scheint mir's nicht,
Daß Ihr ein Zoll breit eines Grundes hättet,
Um Klagen drauf zu baun: seid Ihr nicht hergestellt
In alle Herrlichkeiten Eures Vaters,
Herzogs von Norfolk edlen Angedenkens?

MOWBRAY: Was büßt' an Ehre dann mein Vater ein,
Das neu in mir belebt zu werden brauchte?
Der König liebt' ihn, doch so stand der Staat,
Daß er gezwungen ward, ihn zu verbannen;
Und da, als Heinrich Bolingbroke und er –

Im Sattel beide festgezwungen nun,
Ihr wiehernd Streitroß reizend mit dem Sporn,
Die Stangen eingelegt, Visiere nieder,
Die Augen sprühend durch des Stahles Gitter,
Und die Trompete sie zusammen blasend; –
Da, da, als nichts vermochte, meinen Vater
Vom Busen Bolingbrokes zurück zu halten,
Oh, als der König seinen Stab herabwarf,
Da hing sein eignes Leben an dem Stab;
Da warf er sich herab und aller Leben,
Die durch Verklagung und Gewalt des Schwerts
Seitdem verunglückt unter Bolingbroke.

WESTMORELAND.

Ihr sprecht, Lord Mowbray, nun, Ihr wißt nicht was;
Der Graf von Hereford galt zu jener Zeit
In England für den bravsten Edelmann:
Wer weiß, wem da das Glück gelächelt hätte?
Doch wär' Eu'r Vater Sieger dort gewesen,
Nie hätt' er's fortgebracht aus Coventry.
Denn wie mit einer Stimme schrie das Land
Haß wider ihn; all ihr Gebet und Liebe
Wandt' auf den Hereford sich: der ward vergöttert,
Gesegnet und geehrt mehr als der König.
Doch dies ist Abschweifung von meinem Zweck. –
Ich komme hier vom Prinzen, unserm Feldherrn,
Zu hören, was Ihr klagt, und Euch zu melden,
Daß er Gehör Euch leihn will, und worin
Sich Eure Foderungen billig zeigen,
Sollt Ihr Euch ihrer freuen; ganz beseitigt,
Was irgend nur als Feind' Euch achten läßt!

MOWBRAY: Er zwang uns, dies Erbieten abzudringen[128],
Und Politik, nicht Liebe gab es ein.

WESTMORELAND:

Mowbray, Ihr blendet Euch, wenn Ihr's so nehmt,
Von Gnade, nicht von Furcht kommt dies Erbieten;
Denn seht! Im Angesicht liegt unser Heer,
Auf meine Ehre, zu voll Zuversicht,
Von Furcht nur den Gedanken zuzulassen.
Mehr Namen sind in unsrer Schlachtordnung,
Geübter unsre Männer in den Waffen,
Gleich stark die Rüstung, unsre Sache besser:
Drum heißt Vernunft auch gleich beherzt uns sein.
Nennt das Erbieten denn nicht abgedrungen!

MOWBRAY:
Gut, geht's nach mir, so gilt kein Unterhandeln.

WESTMORELAND:
Damit beweist Ihr nur des Fehltritts Schande:
Ein fauler Schade leidet kein Betasten.

HASTINGS: Hat denn der Prinz Johann vollständ'gen Auftrag
Aus seines Vaters Machtvollkommenheit,
Um anzuhören, schließlich zu entscheiden,
Was für Bedingungen man uns verspricht?

WESTMORELAND: Das liegt ja in des Feldherrn Namen schon:
Ich wundre mich, daß Ihr so eitel fragt.

ERZBISCHOF:
Dann, Lord von Westmoreland, nehmt diesen Zettel,
Denn er enthält die sämtlichen Beschwerden.
Wenn jeder Punkt hierin verbessert ist,
All unsre Mitgenossen, hier und sonst,
Die dieser Handlung Sehnen angespannt,
Nach echter, gült'ger Weise losgesprochen
Und schnelle Ausführung von unserm Willen
Uns zugesichert ist und unserm Zweck,
So treten wir in unsrer Demut Schranken
Und fesseln unsre Macht im Arm des Friedens.

WESTMORELAND:
Ich will's dem Feldherrn zeigen. Laßt uns, Lords,
Im Angesicht der beiden Heer' uns treffen,
Daß wir's in Frieden enden, wie Gott gebe!
Wo nicht, zum Ort des Streits die Schwerter rufen,
Die es entscheiden müssen.

ERZBISCHOF: Ja, Mylord.
                    Westmoreland ab.

MOWBRAY: In meiner Brust lebt etwas, was mir sagt,
Daß kein Vertrag des Friedens kann bestehn.

HASTINGS:
Das fürchtet nicht: wenn wir ihn schließen können
Auf so entschieden ausgedehnte Rechte,
Wie unsern Foderungen es gemäß,
So wird der Friede stehn wie Felsenberge.

MOWBRAY: Ja, doch wir werden so geachtet werden,
Daß jede leichte, falsch gewandte Ursach',
Ja, jeder eitle und spitzfind'ge Grund
Dem König schmecken wird nach dieser Tat;
Daß, würd' auch unsre Treu' zur Märterin,
Man wird uns worfeln mit so rauhem Wind,

Daß unser Korn so leicht wie Spreu erscheint
Und Gut und Böses keine Scheidung findet.

ERZBISCHOF:

Nein, nein, Mylord: bedenkt, der König ist
So ekler, läppischer Beschwerden satt.
Er fand, durch Tod den einen Zweifel enden,
Das weckt zwei größre in des Lebens Erben.
Und darum wird er rein die Tafel wischen
Und keinen Klätscher dem Gedächtnis halten,
Der den Verlust zu stetiger Erinn'rung
Ihm wiederhole: denn er weiß gar wohl,
Daß er sein Land nicht so genau kann gäten[129],
Als ihm sein Argwohn immer Anlaß gibt.
So eng verwachsen sind ihm Freund und Feind,
Daß, wenn er reißt, den Gegner zu entwurzeln,
Er einen Freund auch los' und wankend macht;
So daß dies Land ganz wie ein trotzend Weib,
Das ihn erzürnt, mit Streichen ihr zu drohn,
Wie er nun schlägt, sein Kind entgegen hält
Und schweben macht entschloßne Züchtigung
Im Arm, der schon zur Ausführung erhoben.

HASTINGS: Auch hat der König alle seine Ruten
An vor'gen Übertretern aufgebraucht,
Ihm fehlen nun Werkzeuge selbst zum Strafen,
Daß seine Macht, ein klauenloser Löwe,
Drohn, doch nicht fassen kann.

ERZBISCHOF: Das ist sehr wahr,
Und darum glaubt nur, wertester Lord Marschall,
Wird jetzt die Aussöhnung zu stand gebracht,
So wird, wie ein geheiltes Bein, der Friede
Nur stärker durch den Bruch.

MOWBRAY: Es mag dann sein.
Da kommt der Lord von Westmoreland zurück.

Westmoreland kommt zurück.

WESTMORELAND:

Der Prinz ist in der Näh'; gefällt's Eu'r Edlen,
In gleichem Abstand zwischen unsern Heeren
Den gnäd'gen Herrn zu treffen?

MOWBRAY: Eu'r Hochwürden
Von York, so brecht in Gottes Namen auf!

ERZBISCHOF:

Bringt unsern Gruß zuvor: Mylord, wir kommen.

Alle ab.

ZWEITE SZENE

Ein anderer Teil des Waldes.

Von einer Seite treten auf Mowbray, der Erzbischof, Hastings und andere;
von der andern Prinz Johann von Lancaer, Westmoreland, Offiziere und
Gefolge.

PRINZ JOHANN:
   Ihr seid willkommn hier, mein Vetter Mowbray; –
   Habt guten Tag, lieber Herr Erzbischof, –
   Und Ihr, Lord Hastings, alle insgesamt!
   Mylord von York, es stand Euch besser an,

Wie Eure Herd', auf Eurer Glocke Ruf,
Euch rings umgab, mit Ehrfurcht anzuhören
Vom heil'gen Texte Eure Auslegung,
Als daß Ihr hier erscheint, ein eh'rner Mann,
Mit Eurer Trommel Meutervolk ermunternd,
Die Lehr' in Wehr, in Tod das Leben wandelnd.
Der Mann, der dem Monarchen thront im Herzen
Und reift im Sonnenscheine seiner Gunst,
Wenn er des Königs Schutz mißbrauchen wollte,
Ach, welches Unheil stiften könnt' er nicht
Im Schatten solcher Hoheit! Mit Euch, Herr Bischof,
Ist's eben so: wer hat nicht sagen hören,
Wie tief Ihr in den Büchern Gottes seid?
Uns seid Ihr Sprecher seines Parlaments,
Uns die geglaubte Stimme Gottes selbst,
Der wahre Offenbarer und Vermittler
Zwischen der Gnad' und Heiligkeit des Himmels
Und unserm blöden Tun. Wer wird nicht glauben,
Daß Ihr die Würde des Berufs mißbraucht,
Des Himmels Schutz und Gnade so verwendet,
Wie falsche Günstlinge der Fürsten Namen,
Zu ehrenlosen Taten? Ihr verhetzt,
Durch einen vorgegebnen Eifer Gottes,
Das Volk dem König, seinem Stellvertreter,
Treibt, seinem und des Himmels Frieden trotzend,
Sie hier zusammen.

ERZBISCHOF: Werter Prinz von Lancaster,
Nicht wider Eures Vaters Frieden komm' ich,
Wie ich dem Lord von Westmoreland gesagt.
Der Zeit Verwirrung, nach gemeinem Sinn,
Zwängt uns in diese mißgeschaffne Form,
Zu unsrer Sicherheit. Ich sandt' Eu'r Gnaden
Die Teile und Artikel unsrer Klage,
Die man mit Hohn vom Hofe weggeschoben,
Was diesen Hydra-Sohn, den Krieg, erzeugt,
Des drohend Aug' in Schlaf sich zaubern läßt
Durch die Gewährung so gerechter Wünsche:
So daß Gehorsam, dieses Wahnsinns frei,
Der Majestät sich zahm zu Füßen legt.

MOWBRAY: Wo nicht, so wagen wir's mit unserm Glük
Bis auf den letzten Mann.

HASTINGS: Und fallen wir schon hier,
Wir haben Hülfsmacht, uns zu unterstützen;

Schlägt's dieser fehl, so stützt die ihre sie:
So wird von Unheil eine Reih' geboren,
Und Erb' auf Erb' erhält den Zwist im Gang,
Solang' als England noch Geschlechter hat.

PRINZ JOHANN:
Ihr seid zu seicht, Lord Hastings, viel zu seicht,
Der Folgezeiten Boden zu ergründen.

WESTMORELAND: Beliebt's Eu'r Gnaden, ihnen zu erklären,
Wie weit Ihr die Artikel billiget?

PRINZ JOHANN: Ich bill'ge alle und genehm'ge sie
Und schwöre hier bei meines Blutes Ehre,
Der Wille meines Vaters ist mißdeutet,
Und ein'ge um ihn haben allzu frei
Mit seiner Meinung und Gewalt geschaltet; –
Mylord, die Klagen werden abgestellt,
Sie werden's, auf mein Wort. Genügt Euch das,
Entlaßt Eu'r Volk, zu seiner Grafschaft jedes,
Wie unsres wir; hier zwischen beiden Heeren
Laßt einen Trunk uns tun und uns umarmen,
Daß aller Augen heim die Zeichen tragen
Von hergestellter Lieb' und Einigkeit.

ERZBISCHOF:
Ich nehm' Eu'r prinzlich Wort der Abstellung.

PRINZ JOHANN:
Ich geb' es Euch und will mein Wort behaupten,
Und hierauf trink' ich Euer Gnaden zu.

HASTINGS *zu einem Offizier:*
Geht, Hauptmann, überbringt dem Heer die Zeitung
Des Friedens, laßt sie Sold und Abschied haben;
Ich weiß, sie werden froh sein: eil' dich, Hauptmann!
                    Der Offizier ab.

ERZBISCHOF:
Eu'r Wohlsein, edler Lord von Westmoreland!

WESTMORELAND:
Ich tu' Bescheid Eu'r Gnaden; wüßtet Ihr,
Mit welcher Müh' ich diesen Frieden schaffte,
So tränkt Ihr frei: doch meine Lieb' zu Euch
Soll offenbarer sich hernach beweisen.

ERZBISCHOF: Ich zweifle nicht an Euch.

WESTMORELAND: Das freut mich sehr.
Gesundheit meinem edlen Vetter Mowbray!

MOWBRAY: Ihr wünscht Gesundheit zu gelegner Zeit,
Denn plötzlich fühl' ich mich ein wenig schlimm.

ERZBISCHOF: Vor einem Unfall ist man immer froh,
  Doch Schwermut meldet glücklichen Erfolg.
WESTMORELAND: Seid, Vetter, also froh, weil plötzlich Sorgen
  Nur sagen will: es kömmt was Gutes morgen.
ERZBISCHOF: Glaubt mir, ich bin erstaunlich leichten Muts.
MOWBRAY: Wenn Eure Regel wahr ist, um so schlimmer!
              Jubelgeschrei hinter der Szene.
PRINZ JOHANN:
  Des Friedens Wort hallt wider: hört sie jauchzen!
MOWBRAY: Dies wär' erfreulich nach dem Sieg gewesen.
ERZBISCHOF:
  Ein Fried' ist seiner Art nach wie Erob'rung.
  Wo beide Teile rühmlich sind besiegt
  Und keiner etwas einbüßt.
PRINZ JOHANN: Geht, Mylord,
  Und laßt auch unser Heer den Abschied haben: –
              Westmoreland ab.
  Und, werter Herr, laßt unsre Truppen doch
  Vorbeiziehn, daß wir so die kennen lernen,
  Womit uns Kampf bevorstand.
ERZBISCHOF: Geht, Lord Hastings,
  Und eh' man sie entläßt, laßt sie vorbeiziehn!
              Hastings ab.
PRINZ JOHANN:
  Ich hoffe, Lords, wir sind heut nacht beisammen.
              Westmoreland kommt zurück.
  Nun, Vetter, warum steht denn unser Heer?
WESTMORELAND:
  Die Führer, weil Ihr sie zu stehn befehligt,
  Gehn nicht, bevor sie Euer Wort gehört.
PRINZ JOHANN: Sie kennen ihre Pflicht.
              Hastings kommt zurück.
HASTINGS: Herr, unser Heer ist allbereits zerstreut,
  Wie junge losgejochte Stiere nehmen
  Sie ihren Lauf nach Ost, West, Süd und Nord,
  Oder wie eine aufgehobne Schule
  Stürzt jeder sich zum Spielplatz und nach Haus.
WESTMORELAND: Lord Hastings, gute Zeitung! – Und zum Lohn
  Verhaft' ich dich um Hochverrat, Verräter; –
  Und Euch, Herr Erzbischof, – und Euch, Lord Mowbray,
  Um peinlichen Verrat greif' ich euch beide.
MOWBRAY: Ist dies Verfahren ehrlich und gerecht?
WESTMORELAND: Ist's euer Bund etwa?

ERZBISCHOF: So brecht Ihr Euer Wort?

PRINZ JOHANN: Ich gab euch keins,
Versprach nur der Beschwerden Abstellung,
Worüber ihr geklagt: was ich, auf Ehre,
Mit christlichem Gewissen will vollziehn.
Doch ihr, Rebellen, hofft den Sold zu kosten,
Den Rebellion und solches Tun verdient.
Einfältig wart ihr, als ihr Krieg begannt,
Dumm hergelockt und töricht fortgesandt.
Rührt unsre Trommel, folgt der Flücht'gen Tritten!
Nicht wir, der Himmel hat für uns gestritten.
Bewahrt dem Blocke der Verräter Haupt,
Dem würd'gen Bett, das schnell den Odem raubt!
Alle ab.

DRITTE SZENE

Ein andrer Teil des Waldes.

*Getümmel. Angriffe. Falstaff und Colevile kommen von
verschiedenen Seiten.*

FALSTAFF: Wie ist Euer Name, Herr? Von welchem Stande seid Ihr
und von welchem Orte, wenn's Euch beliebt?

COLEVILE: Ich bin ein Ritter, Herr, und mein Name ist Colevile
vom Tal.

FALSTAFF: Nun gut, Colevile ist Euer Name, ein Ritter ist Euer
Rang, und Euer Ort das Tal; Colevile soll auch ferner Euer
Name sein, ein Verräter Euer Rang, und der Kerker Euer
Wohnort, – ein Ort, der tief genug liegt: so werdet Ihr immer
noch Colevile vom Tal sein.

COLEVILE: Seid Ihr nicht Sir John Falstaff?

FALSTAFF: Ein eben so wackrer Herr als er, Herr, wer ich auch sein
mag. Ergebt Ihr Euch, Herr, oder muß ich Euretwegen schwitzen? Wenn ich schwitze, so werden es die Tropfen deiner
Freunde sein, die um deinen Tod weinen: deswegen erwecke
Furcht und Zittern in dir und huldige meiner Gnade!

COLEVILE: Ich glaube, Ihr seid Sir John Falstaff, und in diesem
Glauben ergebe ich mich.

FALSTAFF: Ich habe eine ganze Schule von Zungen in diesem meinem Bauch, und keine einzige von allen spricht ein ander Wort
als meinen Namen. Hätte ich nur einen einigermaßen leidli-
chen Bauch, so wäre ich schlechtweg der rüstigste Kerl in Eu-

ropa: mein Wanst, mein Wanst, mein Wanst ruiniert mich! –
Da kommt unser General.

Prinz Johann von Lancaster, Westmoreland und andere treten auf.

PRINZ JOHANN: Die Hitze ist vorbei, verfolgt nicht weiter: Ruft,
Vetter Westmoreland, das Volk zurück!

Westmoreland ab.

Nun, Falstaff, wo wart Ihr die ganze Zeit?
Wenn alles schon vorbei, dann kommt Ihr an?
Die trägen Streiche brechen noch einmal,
Bei meinem Leben, eines Galgens Rücken.

FALSTAFF: Es sollte mir leid tun, gnädiger Herr, wenn das nicht geschähe: ich wußte es nie anders, als daß Tadel und Vorwürfe
der Lohn der Tapferkeit waren. Haltet Ihr mich für eine
Schwalbe, einen Pfeil oder eine Kanonenkugel? Habe ich bei
meinem kümmerlichen und alten Fortkommen die Schnelligkeit des Gedankens? Mit dem alleräußersten Zollbreit der Möglichkeit bin ich hieher geeilt, ich habe hundertundachtzig und
etliche Postpferde zu schanden geritten, und hier, erschöpft
vom Reisen, wie ich bin, habe ich in meiner reinen und unbefleckten Tapferkeit Sir John Colevile vom Tal zum Gefangenen
gemacht, einen wütenden Ritter und tapferen Feind. Doch was
will das sagen? Er sah mich und ergab sich, so daß ich mit Recht
wie der krummnasige Kerl von Rom sagen kann: ich kam, sah
und siegte[130].

PRINZ JOHANN: Es war mehr Höflichkeit von ihm als Euer Verdienst.

FALSTAFF: Ich weiß nicht: hier ist er, und hier überliefere ich ihn;
und ich ersuche Euer Gnaden, laßt es mit den übrigen Taten
des heutigen Tages aufzeichne, oder bei Gott, ich will mir sonst
eine besondere Ballade darauf schaffen, mit meinem eignen
Bildnis oben darüber, dem Colevile die Füße küssen soll. Wenn
ich zu dieser Maßregel genötigt werde, und ihr nehmt euch
nicht alle wie vergoldete Zweihellerstücke gegen mich aus, und
ich überscheine euch nicht am lichten Himmel des Ruhms, so
sehr wie der Vollmond die glimmernden Funken des Firma-
ments, die sich wie Nadelknöpfe gegen ihn ausnehmen, so
glaubt keinem Edelmann mehr auf sein Wort! Darum gebt mir
mein Recht, und das Verdienst steige!

PRINZ JOHANN: Deins ist zu schwer zum Steigen.

FALSTAFF: So laßt es leuchten!

PRINZ JOHANN: Deines ist zu dick, um zu leuchten.

FALSTAFF: So laßt es irgend was tun, gnädigster Herr, was zu meinem Besten gereicht, und nennt es wie Ihr wollt!

328

PRINZ JOHANN: Dein Nam' ist Colevile?

COLEVILE: Ja, gnäd'ger Herr.

PRINZ JOHANN: Ein künd'ger Meuter[131] bist du, Colevile.

FALSTAFF:
Und ein künd'ger treuer Untertan nahm ihn gefangen.

COLEVILE: Ich bin nur, Herr, was meine Obern sind,
Die mich hieher geführt: wenn sie mir folgten,
So hättet Ihr viel teurer sie gewonnen.

FALSTAFF: Ich weiß nicht, um welchen Preis sie sich verkauft haben, aber du hast dich wie ein guter Mensch umsonst weggegeben, und ich danke dir für dich.

Westmoreland kommt zurück.

PRINZ JOHANN: Nun, habt Ihr nachzusetzen aufgehört?

WESTMORELAND: Der Rückzug ist geschehn, und Halt gemacht.

PRINZ JOHANN: Schickt Colevile samt seinen Mitverschwornen
Nach York, zu ihrer schleun'gen Hinrichtung!
Blunt, führt ihn weg, bewahrt mir sicher ihn!

Einige mit Colevile ab.

Nun laßt zum Hof uns eilen, werte Lords:
Mein Vater, wie ich höre, ist schwer krank:
Die Zeitung geh' voraus zu Seiner Majestät,
Ihr, Vetter, sollt sie bringen, ihn zu trösten;
Wir folgen Euch in mäß'ger Eile nach.

FALSTAFF: Gnädiger Herr, erlaubt mir, durch Glostershire zu gehen, und wenn Ihr an den Hof kommt, so seid doch mein gewogner Herr mit einem günstigen Bericht!

PRINZ JOHANN: Lebt wohl denn, Falstaff: ich an meiner Stelle
Will besser von Euch reden, als Ihr's wert seid.

Prinz Johann mit Gefolge ab.

FALSTAFF: Ich wollte, Ihr hättet nur den Witz dazu, das wäre besser als Euer Herzogtum. – Meiner Treu, dieser junge Knabe von nüchternem Geblüt liebt mich nicht, auch kann ihn kein Mensch zum Lachen bringen, aber das ist kein Wunder, er trinkt keinen Wein. Es wird niemals aus diesen bedächtigen Burschen etwas Rechtes, denn das dünne Getränk und die vielen Fisch-Mahlzeiten kühlen ihr Blut so übermäßig, daß sie in eine Art von männlicher Bleichsucht verfallen, und wenn sie dann heiraten, zeugen sie nichts wie Dirnen; sie sind gemeiniglich Narren und feige Memmen, – was einige von uns auch sein würden, wenn's nicht die Erhitzung täte. Ein guter spanischer Sekt hat eine zwiefache Wirkung an sich. Er steigt euch in das Gehirn, zerteilt da alle die albern ‹,dummen› und rohen Dünste, die es umgeben, macht es sinnig, schnell und erfinderisch, voll von behenden, feurigen und ergötzlichen Bildern; wenn diese dann der Stimme, der Zunge überliefert werden, was ihre Geburt ist, so wird vortrefflicher Witz daraus. Die zweite Eigenschaft unsers vortrefflichen Sekts ist die Erwärmung des Bluts, welches, zuvor kalt und ohne Bewegung, die Leber weiß und bleich läßt, was das Kennzeichen der Kleinmütigkeit und Feigheit ist: aber der Sekt erwärmt es und bringt es von den innern bis zu den äußersten Teilen in Umlauf. Er erleuchtet das Antlitz, welches wie ein Wachfeuer das ganze kleine Königreich, Mensch genannt, zu den Waffen ruft, und dann stellen sich alle die Insassen des Leibes und die kleinen Lebensgeister aus den Provinzen ihrem Hauptmann, dem Herzen, welches, durch dies Gefolge groß und aufgeschwellt, jegliche Tat des Mutes verrichtet. Und diese Tapferkeit kommt vom Sekt, so daß Geschicklichkeit in den Waffen nichts ist ohne Sekt: denn der setzt sie in Tätigkeit; und Gelahrtheit ist ein bloßer Haufen Goldes, von einem Teufel verwahrt, bis Sekt sie promoviert und in Gang und Gebrauch setzt. Daher kommt es, daß Prinz Heinrich tapfer ist; denn das kalte Blut, das er natürlicher Weise von seinem Vater erben mußte, hat er wie magres, unfruchtbares und dürres Land gedüngt, gepflügt und beackert, mit ungemeiner Bemühung wackren Trinkens und gutem Vorrat von fruchtbarem Sekt, so daß er sehr hitzig und tapfer geworden ist. Wenn ich tausend Söhne hätte, der erste menschliche Grundsatz, den ich ihnen lehren wollte, sollte sein, dünnes Getränk abzuschwören und sich dem Sekt zu ergeben.

Bardolph kommt.

Wie steht's, Bardolph?

BARDOLPH: Die ganze Armee ist entlassen und aus einander gegangen.

FALSTAFF: Laß sie gehn! Ich will durch Glostershire, und da will ich Herrn Robert Schaal, Esquire, besuchen; er wird mir schon weich zwischen dem Finger und Daumen, und bald will ich mit ihm siegeln. Komm mit!

Beide ab.

Westminster. Ein Zimmer im Palast.

König Heinrich, Clarence[132], Prinz Humphrey[133], Warwick und andere treten auf.

KÖNIG HEINRICH:
Nun, Lords, beendigt nur der Himmel glücklich
Den Zwist, der jetzt an unsern Toren blutet,
So führen wir in höh'res Feld die Jugend
Und ziehn nur Schwerter, die geheiligt sind.
Die Flotte ist bereit, die Macht versammelt,
Bestallt im Absein unsre Stellvertreter,
Und jedes Ding bequemt sich unserm Wunsch.
Nur fehlt uns etwas körperliche Kraft
Und Muße, bis die jetzigen Rebellen
Dem Joch des Regiments sich unterziehn.
WARWICK: Gewiß wird beides Eure Majestät
Gar bald erfreun.
KÖNIG HEINRICH: Humphrey, mein Sohn von Gloster,
Wo ist der Prinz, Eu'r Bruder?
PRINZ HUMPHREY:
Ich denk', er ging zur Jagd, mein Fürst, nach Windsor.
KÖNIG HEINRICH: Und wer begleitet' ihn?
PRINZ HUMPHREY: Das weiß ich nicht, mein Fürst.
KÖNIG HEINRICH:
Ist nicht sein Bruder, Thomas von Clarence, bei ihm?
PRINZ HUMPHREY:
Nein, gnäd'ger Herr, der ist hier gegenwärtig.
CLARENCE: Was will mein Herr und Vater?
KÖNIG HEINRICH:
Nichts will ich als dein Wohl, Thomas von Clarence.
Wie kommt's, daß du nicht bei dem Prinzen bist?
Er liebt dich, aber du versäumst ihn, Thomas;
Du hast den besten Platz in seinem Herzen
Vor allen deinen Brüdern: heg' ihn, Kind,
So mögen edle Dienste der Vermittlung,
Nachdem ich tot bin, zwischen Seiner Hoheit
Und deinen andern Brüdern dir gelingen.
Darum versäum' ihn nicht, stoß' ihn nicht ab,
Verliere nicht den Vorteil seiner Gunst,
Indem du kalt und achtlos um ihn scheinst:

Denn er ist hold, bemüht man sich um ihn;
Er hat des Mitleids Trän' und eine Hand,
So offen wie der Tag der weichen Milde;
Jedoch, wenn er gereizt, ist er von Stein,
So launisch wie der Winter, und so plötzlich
Wie eis'ge Winde beim Beginn des Tags.
‹Deshalb ist sein Gemüt wohl zu beachten:›
Schilt ihn um Fehler, tu' es ehrerbietig,
Siehst du sein Blut zur Fröhlichkeit geneigt;
Doch, wenn er finster, laß ihn frei gewähren,
Bis seine Leidenschaften selber sich,
So wie ein Walfisch auf dem festen Boden,
Zernichten durch ihr Treiben. Lern' das, Thomas,
Und deinen Freunden wirst du dann ein Schirm,
Ein goldner Reif, der deine Brüder bindet,
Daß eures Bluts gemeinsames Gefäß,
Vermischt mit Gifte fremder Eingebung,
Was doch durchaus die Zeit hinein wird gießen,
Nie leck mag werden, wirkt es auch so stark
Als Aconitum[134] oder rasches Pulver.
CLARENCE: Mit Sorg' und Liebe will ich auf ihn achten.
KÖNIG HEINRICH:
    Warum bist du nicht mit in Windsor, Thomas?
CLARENCE: Er ist nicht dorten heut, er speist in London.
KÖNIG HEINRICH: Und in was für Begleitung? Weißt du das?
CLARENCE: Mit Poins und andern, die ihm immer folgen.
KÖNIG HEINRICH:
    Am meisten Unkraut trägt der fettste Boden,
    Und er, das edle Bildnis meiner Jugend,
    Ist überdeckt damit: darum erstreckt
    Mein Gram sich jenseit meiner Todesstunde,
    Mir weint das Blut vom Herzen, denk' ich mir
    In Einbildungen die verwirrten Tage,
    Die faulen Zeiten, die ihr werdet sehn,
    Wenn ich entschlafen bin bei meinen Ahnen,
    Wenn nichts mehr die unbänd'ge Wüstheit zügelt,
    Wenn Gier und heißes Blut ihm Räte sind,
    Wenn Mittel sich und üpp'ge Sitten treffen:
    Mit welchen Schwingen wird sein Hang dann fliegen
    In trotzende Gefahr und droh'nde Fäll'!
WARWICK: Mein gnäd'ger König, Ihr verkennt ihn ganz:
    Der Prinz studiert nur seine Spießgesellen
    Wie eine fremde Sprache, der zu lieb

Notwendig man das unehrbarste Wort
Ansehn und lernen muß; einmal erlangt,
Weiß Eure Hoheit, braucht man es nicht weiter,
Als daß man's kennt und haßt. So wird der Prinz
Bei reifrer Zeit wie grober Redensarten
Sich der Gefährten abtun; ihr Gedächtnis
Wir nur als Muster leben oder Maß,
Womit er andrer Leben messen kann,
Vormal'ges Übel kehrend zum Gewinn.

KÖNIG HEINRICH: Nicht leicht verläßt die Biene ihren Waben
Im toten Aas. – Wer kommt da? Westmoreland?

Westmoreland tritt auf.

WESTMORELAND: Heil meinem Oberherrn! Und neues Glück,
Zu dem gefügt, das ich berichten soll!
Der Prinz Johann küßt Euer Hoheit Hand:
Mowbray, der Bischof Scroop, Hastings und alle
Sind unter des Gesetzes Zucht gebracht;
Und kein Rebellen-Schwert ist mehr entblößt,
Es sproßt des Friedens Ölzweig überall.
Die Art, wie dies Geschäft vollführt ist worden,
Kann Euer Hoheit hier bei Muße lesen,
Des weitern angezeigt nach dem Verlauf.

KÖNIG HEINRICH:
O Westmoreland, du bist ein Sommervogel,
Der an des Winters Fersen immerdar
Des Tages Aufgang singt. Seht, noch mehr Neues!

Harcourt tritt auf.

HARCOURT: Der Himmel schütz' Eu'r Majestät vor Feinden,
Und wer da aufsteht wider Euch, der falle
Wie die, wovon ich Euch zu melden komme!
Der Graf Northumberland und der Lord Bardolph
Mit großer Macht von Englischen und Schotten
Sind durch den Sheriff von Yorkshire besiegt.
Die Weis' und wahre Ordnung des Gefechts
Berichtet dies Paket, wenn's Euch beliebt.

KÖNIG HEINRICH: Und muß so gute Zeitung krank mich machen?
Kommt nie das Glück mit beiden Händen voll?
Schreibt seine schönsten Wort' in garst'gen Zügen?
Es gibt entweder Eßlust ohne Speise,
Wie oft dem Armen; oder einen Schmaus
Und nimmt die Eßlust weg: so ist der Reiche,
Der Fülle hat und ihrer nicht genießt.
Ich sollte mich der guten Zeitung freun,

Und nun vergeht mir das Gesicht und schwindelt's.
O weh! Kommt um mich, denn mir wird so schlimm.
Er fällt in Ohnmacht.
PRINZ HUMPHREY: Der Himmel tröste Eure Majestät!
CLARENCE: O mein königlicher Vater!
WESTMORELAND:
  Mein hoher Herr, ermuntert Euch! Blickt auf!
WARWICK: Seid ruhig, Prinzen, solch ein Anfall ist
  Bei Seiner Hoheit, wißt ihr, sehr gewöhnlich.
  Entfernt euch, gebt ihm Luft; gleich wird ihm besser.
CLARENCE: Nein, nein, er hält nicht lang' die Qualen aus;
  Die ew'ge Sorg' und Arbeit des Gemüts
  Hat so die Mau'r, die es umschließt, vernutzt,
  Das Leben blickt schon durch und will heraus.
PRINZ HUMPHREY:
  Die Leute schrecken mich: denn sie bemerken
  Verhaßte Ausgeburten der Natur
  Und vaterlose Erben; es verändern
  Die Zeiten ihre Sitt', als ob das Jahr
  Monate schlafend fand und übersprang.
CLARENCE: Dreimal ohn' Ebbe[135] hat der Strom geflutet,
  Und alte Leute, kind'sche Zeitregister,
  Versichern, dies sei kurz zuvor geschehn
  Eh' unser Ältervater[136], Eduard, krankt' und starb.
WARWICK: Sprecht leiser, Prinzen, er erholt sich wieder.
PRINZ HUMPHREY: Gewiß wird dieser Schlag sein Ende sein.   ·
KÖNIG HEINRICH:
  Ich bitt' euch, nehmt mich auf und tragt mich fort
  In eine andre Kammer: sanft, ich bitte!
    *Sie tragen den König in einen innern Teil des Zimmers
    und legen ihn auf ein Bett.*
  Laßt keinen Lärm hier machen, liebe Freunde,
  Wenn eine dumpfe günst'ge Hand nicht etwa
  Musik will flüstern meinem müde Geist.
WARWICK: Ruft die Musik her in das andre Zimmer!
KÖNIG HEINRICH: Legt mir die Krone auf mein Kissen hier!
CLARENCE: O still doch! Still!
    Prinz Heinrich tritt auf.
PRINZ HEINRICH: Wer sah den Herzog Clarence?
CLARENCE: Hier bin ich, Bruder, voller Traurigkeit.
PRINZ HEINRICH:
  Wie nun? Im Hause regnet's und nicht draußen?
  Was macht der König?

PRINZ HUMPHREY: Er ist äußerst schlecht.

PRINZ HEINRICH: Hat er die gute Zeitung schon gehört?
 Sagt sie ihm!

PRINZ HUMPHREY: Wie er sie hörte, hat er sich verwandelt.

PRINZ HEINRICH: Ist er vor Freuden krank,
 So wird er ohn' Arznei schon besser werden.

WARWICK:
 Nicht so viel Lärm, Mylords! Sprecht leide, lieber Prinz!
 Der König, euer Vater, wünscht zu schlafen.

CLARENCE: Ziehn wir ins andre Zimmer uns zurück!

WARWICK: Beliebt es Euer Gnaden mitzugehn?

PRINZ HEINRICH:
 Ich will hier sitzen und beim König wachen.
                    Alle ab, außer Prinz Heinrich.
 Weswegen liegt die Kron' auf seinem Kissen,
 Die ein so unruhvoller Bettgenoß?
 O glänzende Zerrüttung! goldne Sorge!
 Die weit des Schlummers Pforten offen hält
 In mancher wachen Nacht! – Nun damit schlafen!
 Doch so gesund nicht, noch so lieblich tief
 Als der, des Stirn, mit grobem Tuch umwunden,
 Die nächt'ge Zeit verschnarcht. O Majestät!
 Wenn du den Träger drückst, so sitzest du
 Wie reiche Waffen in des Tages Hitze,
 Die schützend sengen. Bei des Odems Toren
 Liegt ihm ein Federchen, das sich nicht rührt;
 Und atmet' er, der leichte, lose Flaum
 Bewegt sich. – Mein gnäd'ger Herr! Mein Vater!
 Der Schlaf ist wohl gesund: dies ist ein Schlaf,
 Der manchen König Englands hat geschieden
 Von diesem goldnen Zirkel. Dein Recht an mich
 Sind Tränen, tiefe Trauer deines Bluts,
 Was dir Natur und Lieb' und Kindessinn,
 O teurer Vater, reichlich zahlen soll.
 Mein Recht an dich ist diese Herrscherkrone,
 Die, als dem Nächsten deines Rangs und Bluts,
 Mir sich vererben muß. Hier sitzt sie seht!
                    Er setzt sie auf sein Haupt.
 Der Himmel schütze sie: – nun legt die Stärke
 Der ganzen Welt in e i n e n Riesenarm,
 Er soll mir diese angestammte Ehre
 Nicht mit Gewalt entreißen: dies von dir
 Lass' ich den Meinen, wie du's ließest mir. *Ab.*

KÖNIG HEINRICH: Warwick! Gloster! Clarence!
Warwick kommt mit den übrigen zurück.
CLARENCE: Ruft der König?
WARWICK: Was wollt' Eu'r Majestät? Wie ist Eu'r Gnaden?
KÖNIG HEINRICH: Weswegen ließt ihr so allein mich, Lords?
CLARENCE: Wir ließen hier den Prinzen, meinen Bruder,
Der's übernommen, bei Euch aufzusitzen.
KÖNIG HEINRICH:
Der Prinz von Wales? Wo ist er? Laßt mich sehn:
Er ist nicht hier.
WARWICK: Die Tür ist offen, dort ist er hinaus.
CLARENCE: Er kam nicht durch das Zimmer, wo wir waren.
KÖNIG HEINRICH:
Wo ist die Krone? Wer nahm sie mir vom Kissen?
WARWICK: Mein Fürst, beim Weggehn ließen wir sie hier.
KÖNIG HEINRICH:
Der Prinz nahm sie mit weg: – geht, sucht ihn auf!
Ist er so eilig, daß er glaubt, es sei
Mein Schlaf mein Tod? –
Lord Warwick, findet ihn, schmält[137] ihn hieher!
Warwick ab.
Dies Tun von ihm vereint sich mit dem Übel
Und hilft mich enden. – Seht, Söhne, was ihr seid!
Wie schleunig die Natur in Aufruhr fällt,
Wird Gold ihr Gegenstand!
Und dafür brechen töricht bange Väter
Mit Denken ihren Schlaf, den Kopf mit Sorge,
Mit Arbeit ihr Gebein;
Dafür vermehrten sie und türmten auf
Die falschen Haufen fremd erworbnen Goldes,
Dafür bedachten sie, die Söhn' in Künsten
Und kriegerischer Übung einzuweihn:
Denn, wie die Biene, jede Blume schatzend
Um ihre süße Kraft,
Die Schenkel voller Wachs, den Mund voll Honig,
So bringen wir's zum Korb; und wie die Bienen
Erwürgt man uns zum Lohn. Der bittre Schmack
Beut seine Last dem Vater, welcher scheidet.
Warwick kommt zurück.
Nun, wo ist der, der nicht so lang' will warten,
Bis sein Freund Krankheit mir ein Ende macht?
WARWICK: Ich fand den Prinzen, Herr, im nächsten Zimmer,
Mit Tränen mild die holden Wangen waschend,

In solchem tiefen Anschein großer Trauer,
Daß Tyrannei, die immer Blut nur zecht,
Bei diesem Anblick waschen würd' ihr Messer
Mit milden Augentropfen. Er kommt her.
KÖNIG HEINRICH: Allein warum nahm er die Krone weg?
Prinz Heinrich kommt zurück.
Da kommt er, seht! – Hieher komm zu mir, Heinrich! –
Räumt ihr das Zimmer, laßt uns hier allein!
Clarence, Prinz Humphrey, Lords und übrige ab.
PRINZ HEINRICH: Ich dachte nicht, Euch noch ein Mal zu hören.
KÖNIG HEINRICH:
Dein Wunsch war des Gedankens Vater, Heinrich.
Ich zögre dir zu lang', ermüde dich.
So hungerst du nach meinem led'gen Stuhl,
Daß du dich mußt in meine Ehren kleiden,
Eh' noch die Stunde reif? O blöder Jüngling!
Die Größe, die du suchst, wird dich erdrücken.
Wart' nur ein wenig: denn die Wolke meiner Würde
Hält ein so schwacher Wind vom Fallen ab,
Daß sie bald sinken muß; mein Tag ist trübe.
Du stahlst mir das, was nur nach wenig Stunden
Dein ohne Schuld war, und bei meinem Tod
Hast du mir die Erwartung noch besiegelt:
Dein Leben zeigte, daß du mich nicht liebtest,
Und du willst, daß ich des versichert sterbe.
In deinem Sinne birgst du tausend Dolche,
Die du am Felsenherzen dir gewetzt,
Ein Stündchen meines Lebens zu ermorden.
Wie? Kannst du nicht ein Stündchen auf mich warten?
So mach' dich fort und grabe selbst mein Grab,
Heiß' deinem Ohr die frohen Glocken tönen,
Daß du gekrönt wirst, nicht daß ich gestorben!
Die Tränen, die den Sarg betaun mir sollten,
Laß Balsamtropfen sein, dein Haupt zu weihen;
Mich mische nur mit dem vergeßnen Staub,
Gib das den Würmern, was dir Leben gab!
Setz' meine Diener ab, brich meine Schlüsse,
Nun ist die Zeit da, aller Form zu spotten:
Heinrich der Fünfte ist gekrönt! – Wohlauf,
Ihr Eitelkeiten! Nieder, Königswürde!
Ihr weisen Räte, macht euch alle fort!
Und nun versammelt euch an Englands Hof
Von jeder Gegend, Affen eitlen Tands!

Nun, Grenznachbarn, schafft euren Abschaum weg!
Habt ihr 'nen Wüstling, welcher flucht, zecht, tanzt,
Die Nächte schwärmt, raubt, mordet und verübt
Die ältsten Sünden auf die neuste Art:
Seid glücklich, er belästigt euch nicht mehr,
England wird zwiefach seine Schuld vergolden,
England wird Amt ihm geben, Ehre, Macht:
Der fünfte Heinrich nimmt gezähmter Frechheit
Des Zwanges Maulkorb, und das wilde Tier
Wird seinen Zahn an jeder Unschuld weiden.
O armes Reich du, krank von Bürgerstreichen!
Wenn deinen Unfug nicht mein Sorgen hemmte,
Was wirst du tun, wenn Unfug für sich sorgt!
Oh, du wirst wieder eine Wildnis werden,
Besetzt von Wölfen, deinen alten Bürgern!

PRINZ HEINRICH *knieend:*

Mein Fürst, verzeiht mir! Wären nicht die Tränen
Die feuchten Hindernisse meiner Rede,
So hätt' ich vorgebaut der harten Rüge,
Eh' Ihr mit Gram gered't und ich so weit
Den Lauf davon gehört. Hier ist die Krone,
Und er, der seine Kron' unsterblich trägt,
Erhalte lang' sie Euch! Wünsch' ich sie mehr
Als Eure Ehre und als Euren Ruhm,
So mög' ich nie von dem Gehorsam aufstehn,
Den treuster, innerlich ergebner Sinn
Mich lehrt, der unterwürf'gen äußern Biegung!
Der Himmel sei mein Zeuge, wie ich kam
Und keinen Odem fand in Eurer Majestät,
Wie es mein Herz betroffen! Wenn ich heuchle,
O mög' ich in der jetz'gen Wildheit sterben
Und der ungläub'gen Welt den edlen Tausch,
Den ich mir vorgesetzt, nie dartun können!
Zu Euch hier kommend, denkend, Ihr seid tot,
Und tot beinah', zu denken, daß Ihr's wart,
Sprach ich zur Kron', als hätte sie Gefühl,
Und schalt sie so: „Die Sorge, so dir anhängt,
Hat meines Vaters Körper aufgezehrt;
Drum bist du, bestes Gold, von Gold das schlechtste.
Andres, das wen'ger fein, ist köstlicher,
Bewahrt in trinkbarer Arznei[138] das Leben;
Doch du, das feinste, ruhm- und ehrenreichste,
Verzehrtest deinen Herrn." So, mein Gebieter,

Verklagt' ich sie und setzte sie aufs Haupt,
Mit ihr als einem Feind, der meinen Vater
Vor meinem Angesicht ermordet hätte,
Den Streit des echten Erben auszumachen.
Doch wenn sie mir das Blut mit Lust erhitzt,
Geschwellt zu stolzer Hoffart die Gedanken,
Wenn irgend ein rebell'scher eitler Geist
In mir, mit des Willkommens kleinster Regung,
Der Macht derselben gern entgegenkam:
So halte Gott sie stets vom Haupt mir fern
Und mache mich zum niedrigsten Vasallen,
Der voller Schreck und Ehrfurcht vor ihr kniet!
KÖNIG HEINRICH: O mein Sohn!
Der Himmel gab dir ein, sie wegzunehmen,
Daß du des Vaters Liebe mehr gewönnest,
Da du so weise deine Sache führst.
Komm her denn, Heinrich, setz' dich an mein Bett
Und hör' den letzten Ratschlag, wie ich glaube,
Den ich je atmen mag: Gott weiß, mein Sohn,
Durch welche Nebenschlich' und krumme Wege
Ich diese Kron' erlangt; ich selbst weiß wohl,
Wie lästig sie auf meinem Haupte saß.
Dir fällt sie heim nunmehr mit beßrer Ruh',
Mit beßrer Meinung, besserer Bestät'gung,
Denn jeder Flecken der Erlangung geht
Mit mir ins Grab. An mir erschien sie nur
Wie eine Ehr', erhascht mit heft'ger Hand;
Und viele lebten noch, mir vorzurücken,
Daß ich durch ihren Beistand sie gewonnen.
Was täglich Zwist und Blutvergießen schuf,
Dem vorgegebnen Frieden Wunden schlagend.
All diese dreisten Schrecken, wie du siehst,
Hab' ich bestanden mit Gefahr des Lebens:
Denn all mein Regiment war nur ein Auftritt,
Der diesen Inhalt spielte; nun verändert
Mein Tod die Weise: denn was ich erjagt,
Das fällt dir nun mit schönerm Anspruch heim,
Da du durch Erblichkeit die Krone trägst.
Und, stehst du sicher schon, als ich es konnte,
Du bist nicht fest genug, solang' die Klagen
So frisch noch sind; und allen meinen Freunden,
Die du zu deinen Freunden machen mußt,
Sind Zähn' und Stachel kürzlich nur entnommen,

Die durch gewaltsam Tun mich erst befördert,
Und deren Macht wohl Furcht erregen konnte,
Vor neuer Absetzung: was zu vermeiden
Ich sie verdarb und nun des Sinnes war,
Zum Heil'gen Lande viele fortzuführen,
Daß Ruh' und Stilleliegen nicht zu nah
Mein Reich sie prüfen ließ. Darum, mein Heinrich,
Beschäft'ge stets die schwindlichten Gemüter
Mit fremdem Zwist, daß Wirken in der Fern'
Das Angedenken vor'ger Tage banne.
Mehr wollt' ich, doch die Lung' ist so erschöpft,
Daß kräft'ge Rede gänzlich mir versagt ist.
Wie ich zur Krone kam, o Gott! vergebe,
Daß sie bei dir in wahrem Frieden lebe!
PRINZ HEINRICH: Mein gnäd'ger Fürst,
Ihr trugt, erwarbt, bewahrtet, gabt sie mir:
Klar ist daher auch mein Besitz an ihr,
Den wider alle Welt nach vollen Rechten
Mit nicht gemeiner Müh' ich will verfechten.
Prinz Johann von Lancaster, Warwick, Lords und andere treten auf.
KÖNIG HEINRICH:
Seht, hier kommt mein Johann von Lancaster.
PRINZ JOHANN: Gesundheit, Friede, Glück mit meinem Vater!
KÖNIG HEINRICH:
Du bringst mir Glück und Frieden, Sohn Johann;
Gesundheit, ach! die floh mit jungen Schwingen
Den kahlen, welken Stamm: bei deinem Anblick
Stehn meine weltlichen Geschäfte still. –
Wo ist Mylord von Warwick?
PRINZ HEINRICH: Mylord von Warwick?
KÖNIG HEINRICH: Kommt irgend ein besondrer Name zu
Dem Zimmer, wo ich erst in Ohnmacht fiel?
WARWICK: Es heißt Jerusalem, mein edler Herr.
KÖNIG HEINRICH:
Gelobt sei Gott! – Hier muß mein Leben enden.
Vor vielen Jahren ward mir's prophezeit,
Ich würde sterben in Jerusalem,
Was fälschlich ich vom Heil'gen Lande nahm.
Doch bringt mich zu der Kammer, dort zu ruhn:
In dem Jerusalem stirbt Heinrich nun.
                    Alle ab.

FÜNFTER AUFZUG

ERSTE SZENE

Glostershire. Ein Zimmer in Schaals Hause.

Schal, Falstaff, Bardolph und Page treten auf.

SCHAAL: Der Tausend noch einmal! Herr, Ihr sollt heute nacht nicht weg! – He, David, sag' ich!

FALSTAFF: Ihr müßt mich entschuldigen, Herr Robert Schaal.

SCHAAL: Ich will Euch nicht entschuldigen; Ihr sollt nicht entschuldigt sein; Entschuldigungen sollen nicht zugelassen werden; keine Entschuldigung soll was gelten; Ihr sollt nicht entschuldigt sein. – Nun, David!

David kommt.

DAVID: Hier, Herr.

SCHAAL: David, David, David, – laß mich sehn, David, laß mich sehn, – ja, wahrhaftig: Wilhelm der Koch, den heiß' mir herkommen! – Sir John, Ihr sollt nicht entschuldigt sein.

DAVID: Ja, Herr, das war's: Die Verhaftsbefehle hier sind nicht anzubringen; und dann, Herr: – sollen wir das Querland mit Weizen besäen?

SCHAAL: Mit rotem Weizen, David. Aber wegen Wilhelm dem Koch, – sind keine jungen Tauben da?

DAVID: Ja, Herr. – Hier ist nun des Schmieds Rechnung fürs Beschlagen und die Pflugeisen.

SCHAAL: Zieh' die Summe und bezahl' es! – Sir John, Ihr sollt nicht entschuldigt sein.

DAVID: Ferner, Herr, wir müssen durchaus eine neue Kette an dem Eimer haben; – und, Herr, denkt Ihr dem Wilhelm was von seinem Lohne zurückzuhalten wegen des Sacks, den er letzthin auf dem Markte zu Hinkley verloren hat?

SCHAAL: Er muß ihn ersetzen. – Einige Tauben, David, ein paar kurzbeinige Hennen, eine Schöpskeule und sonst ein allerliebstes kleines Allerlei: sag das Wilhelm dem Koch!

DAVID: Bleibt der Kriegsmann den ganzen Abend hier, Herr?

SCHAAL: Ja, David, ich will ihm gut begegnen: ein Freund am Hofe ist besser als ein Pfennig im Beutel. Begegne seinen Leuten gut, David, denn es sind ausgemachte Schelme und schwärzen einen hinter dem Rücken an.

DAVID: Nicht ärger, als sie selbst hinter dem Rücken angeschwärzt sind, Herr, denn sie haben erschrecklich schmutzige Wäsche an.

SCHAAL: Ein schöner Einfall, David! An deine Arbeit, David!

DAVID: Ich bitte Euch, Herr, Wilhelm Visor von Woncot gegen Clemens Perkes vom Berge zu unterstützen.

SCHAAL: Gegen den Visor kommen viele Klagen ein, David; der Visor ist ein ausgemachter Schelm, soviel ich weiß.

DAVID: Ich gestehe Euer Edlen zu, daß er ein Schelm ist, Herr; aber da sei Gott vor, Herr, daß ein Schelm nicht auf die Fürsprache eines Freundes einige Unterstützung finden sollte. Ein ehrlicher Mann, Herr, kann für sich selbst sprechen, wenn ein Schelm es nicht kann. Ich habe Euer Edlen treulich seit acht Jahren gedient, Herr; und wenn ich nicht ein oder ein paar Mal in einem Vierteljahr einem Schelm gegen einen ehrlichen Mann durchhelfen kann, so habe ich auch gar zu wenig Kredit bei Euer Edlen. Der Schelm ist mein ehrlichster Freund, Herr, darum bitte ich Euer Edlen, laßt ihm Unterstützung angedeihen!

SCHAAL: Gib dich zufrieden, ich sage, ihm soll nichts geschehen. Sieh nach allem!

David ab.

Wo seid Ihr, Sir John? Kommt, die Stiefeln abgelegt! Gebt mir die Hand, Meister Bardolph!

BARDOLPH: Ich freue mich, Euer Edlen zu seh.

SCHAAL: Ich danke dir von ganzem Herzen, mein lieber Meister Bardolph; – *zu dem Pagen* und willkommen, mein starker Mann! Kommt, Sir John! *Schaal ab.*

FALSTAFF: Ich komme nach, lieber Herr Robert Schaal. Bardolph, sieh nach unsern Pferden!

Bardolph und Page ab.

Wenn ich in Portionen gesägt würde, so könnte man vier Dutzend solcher bärtigen Klausnerstöcke aus mir machen, wie Meister Schaal. Es ist ein wunderliches Ding, den gegenseitigen Zusammenhang zwischen dem Geist seiner Leute und dem seinigen zu sehn: sie, indem sie ihn beobachten, betragen sich wie

alberne Friedensrichter; er wird durch den Umgang mit ihnen
in einen friedensrichterlichen Bedienten verwandelt; ihr Wesen
ist durch den geselligen Verkehr so miteinander vermählt, daß
sie sich immer einträchtig zusammenhalten wie ein Haufen wilder Gänse. Hätte ich ein Gesuch bei Meister Schaal, so wollte
ich seine Leute damit guter Laune machen, daß ich ihnen Ähnlichkeit mit ihrem Herrn zuschriebe; bei seinen Leuten, so
wollte ich Meister Schaal damit kitzeln, daß niemand seinen Bedienten besser zu befehlen wisse. Es ist gewiß, sowohl weises
Betragen als einfältige Aufführung nimmt einer vom andern an,
wie Krankheiten anstecken: deswegen mag sich jeder mit seiner
Gesellschaft vorsehen. Ich will aus diesem Schaal Stoff genug
ziehn, um Prinz Heinrich in beständigem Gelächter zu erhalten, sechs neue Moden hindurch, was so lange dauert als vier
Gerichtstermine, oder zwei Schuldklagen, und er soll ohne In-
tervallum lachen. Oh, es ist viel, daß eine Lüge mit einem leichten Schwur und ein Spaß mit einer gerunzelten Stirn bei einem
Burschen, der niemals Schulternweh gefühlt hat, ihrer Sachen
gewiß sind! Oh, ihr sollt ihn lachen sehn, bis sein Gesicht aussieht wie ein nasser, schlecht zusammengefalteter Mantel.

SCHAAL *draußen:* Sir John!
FALSTAFF: Ich komme, Herr Schaal! Ich komme, Herr Schaal!

Ab.

343

Westminster. Ein Zimmer im Palast.

Warwick und der Oberrichter treten auf.

WARWICK: Wie nun, Herr Oberrichter? Wo hinaus?
OBERRICHTER: Wie geht's dem König?
WARWICK: Ausnehmend gut, sein Sorgen hat ein Ende.
OBERRICHTER: Nicht tot, hoff' ich.
WARWICK: Er ging des Fleisches Weg,
  Und unsrer Weise nach lebt er nicht mehr.
OBERRICHTER: Daß Seine Majestät mich mitgenommen hätte!
  Der Dienst, den ich ihm treulich tat im Leben,
  Läßt jeder Kränkung nun mich bloßgestellt.
WARWICK: Der junge König, denk' ich, liebt Euch nicht.
OBERRICHTER:
  Ich weiß, daß er's nicht tut, und waffne mich,
  Der neuen Zeit Bewandtnis zu begrüßen,
  Die scheußlicher auf mich nicht blicken kann,
  Als meine Phantasei sie vorgestellt.
  Prinz Johann, Prinz Humphrey, Clarence, Westmoreland und andere.
WARWICK:
  Da kommt des toten Heinrichs trauriges Geschlecht.
  O hätte doch der Heinrich, welcher lebt,
  Die Sinnesart des schlechtesten der drei Herren!
  Wie manchem Edlen bliebe dann sein Platz,
  Der niedern Geistern muß die Segel streichen!
OBERRICHTER: Ach! Alles, fürcht' ich, wird zu Grunde gehn.
PRINZ JOHANN: Guten Morgen, Vetter Warwick!
PRINZ HUMPHREY UND CLARENCE: Guten Morgen, Vetter!
PRINZ JOHANN:
  Wir haben, scheint's, die Sprache ganz vergessen.
WARWICK: Sie ist uns noch im Sinn, doch unser Vorwurf
  Ist zu betrübt, viel Reden zu gestatten.
PRINZ JOHANN: Wohl, Frieden ihm, der uns betrübt gemacht!
OBERRICHTER: Uns Frieden, daß wir nicht betrübter werden!
PRINZ HUMPHREY:
  O bester Lord, Euch starb ein Freund, fürwahr;
  Ich schwöre drauf, Ihr borgt nicht diese Miene
  Scheinbaren Leids: sie ist gewiß Eu'r eigen.
PRINZ JOHANN:
  Weiß keiner gleich, wie er in Gunst wird stehn,

Euch bleibt die kälteste Erwartung doch.
Es tut mir led, ich wollt', es wäre anders.

CLARENCE:
Ja wohl, nun müßt Ihr Sir John Falstaff schmeicheln,
Und das schwimmt gegen Eurer Würde Strom.

OBERRICHTER: In Ehren tat ich alles, werte Prinzen,
Gelenkt von unparteiischem Gemüt;
Und niemals sollt ihr sehen, daß ich bettle
Um eitle, schimpfliche Begnadigung. –
Hilft Redlichkeit mir nicht und offne Unschuld,
So will ich meinem Herrn, dem König, nach
Und will ihm melden, wer mich nachgesandt.

WARWICK: Da kommt der Prinz.
                    König Heinrich V. tritt auf.

OBERRICHTER: Guten Morgen! Gott erhalt' Euer Majestät!

KÖNIG: Dies neue prächt'ge Staatskleid, Majestät,
Sitzt mir nicht so gemächlich, wie Ihr denkt.
Brüder, ihr mischt mit ein'ger Furcht die Trauer:
Dies ist der englische, nicht türk'sche Hof,
Hier folgt nicht Amurath[139] auf Amurath,
Auf Heinrich Heinrich. Doch trauert, lieben Brüder;
Die Wahrheit zu gestehn, es ziemt euch wohl.
Das Leid erscheint in euch so königlich,
Daß ich der Sitte ganz mich will ergeben
Und sie im Herzen tragen. Wohl denn, trauert,
Doch zieht's nicht mehr euch an, geliebte Brüder,
Als eine Last, uns allen auferlegt.
Was mich betrifft, beim Himmel, seid versichert,
Ich will euch Vater und auch Bruder sein.
Gebt eure Lieb', ich nehme eure Sorgen;
Doch weint, daß Heinrich tot ist; ich will's auch.
Doch Heinrich lebt, der alle diese Tränen
In so viel Stunden Glücks verwandeln wird.

PRINZ JOHANN UND DIE ÜBRIGEN:
So hoffen wir's von Eurer Majestät.

KÖNIG: Ihr blickt auf mich befremdet;
Zum Oberrichter.   Ihr am meisten.
Ich denk', Ihr seid gewiß, ich lieb' Euch nicht.

OBERRICHTER:
Ich bin gewiß, wenn man gerecht mich mißt,
Hat Eure Majestät zum Haß nicht Ursach'.

KÖNIG:
Nicht? Wie konnt' ein Prinz von meiner Anwartschaft

So großen zugefügten Schimpf vergessen?
Was? Schelten, schmäh'n und hart gefangen setzen
Den nächsten Erben Englands! War das nichts?
Läßt sich's im Lethe[140] waschen und vergessen?

OBERRICHTER:
Da üb' ich die Person von Eurem Vater,
Ich trug an mir das Abbild seiner Macht,
Und da ich bei Verwaltung des Gesetzes
Geschäftig war für das gemeine Wesen,
Gefiel's Eu'r Hoheit, gänzlich zu vergessen
Mein Amt und des Gesetzes Majestät,
Das Bild des Königs, welchen ich vertrat,
Und schlugt mich, recht auf meinem Richtersitz:
Worauf, als den Beleid'ger Eures Vaters,
Ich, kühnlich meines Ansehns mich bedienend,
Euch in Verhaft nahm. War die Handlung schlecht,
So wünscht Euch, da Ihr nun die Krone tragt,
Auch einen Sohn, der Eurer Schlüsse spottet,
Gerechtigkeit vom ernsten Sitze reißt,
Den Lauf des Rechtes stürzt und stumpft das Schwert,
Das Eure Sicherheit und Frieden schirmt;
Noch mehr, Eu'r hohes Bild mit Füßen tritt
Und höhnt Eu'r Werk in einem Stellvertreter.
Fragt Euren hohen Sinn, setzt Euch den Fall:
Seid nun ein Vater, denkt Euch einen Sohn,
Hört Eure eigne Würde so entweiht,
Die furchtbarsten Gesetze keck verachtet,
Seht so Euch selbst von einem Sohn entwürdigt;
Dann stellt Euch vor, ich führe Eure Sache
Und bring' aus Eurer Vollmacht Euren Sohn
Gelind zum Schweigen: meinen Spruch erteilt
Mir nun nach dieser kühlen Überlegung!
So wahr Ihr König, sprecht nach Eurer Würde.
Was tat ich wohl, das meinem Amt, Person
Und Dienstpflicht gegen meinen Herrn mißziemte?

KÖNIG:
Ihr habt recht, Richter, und erwägt dies wohl.
Führt denn hinfort die Waagschal' und das Schwert;
Und mögen Eure Ehren immer wachsen,
Bis Ihr's erlebt, daß Euch ein Sohn von mir
Beleidigt und gehorchet, wie ich tat.
Dann werd' ich meines Vaters Worte sprechen:
„Beglückt bin ich, solch kühnen Mann zu haben,

Der Recht an meinem Sohn zu üben wußt.
Beglückt nicht minder, daß ein Sohn mir ward,
Der seiner Größe zu des Rechtes Handen
Sich so entäußert." – Ihr habt mich gepfändet,
Darum verpfänd' ich nun in Eure Hand
Dies reine Schwert, das Ihr zu führen pflegtet,
Mit dieser Mahnung: daß Ihr selbes braucht,
So kühn, gerecht und unpartei'schen Sinns,
Wie damals wider mich. Hier meine Hand:
Ihr sollt ein Vater meiner Jugend sein,
Was Ihr mir einhaucht, soll mein Mund verkünden,
Und meinen Willen unterwerf' ich gern
So wohlerfahr'nen, weisen Anleitungen.
Und, all ihr Prinzen, glaubt es mir, ich bitt' euch:
Wild ist mein Vater in sein Grab gegangen,
In seiner Gruft ruhn meine Leidenschaften,
Und in mir überlebt sein ernster Geist,
Um die Erwartung aller Welt zu täuschen,
Propheten zu beschämen, auszulöschen
Die faule Meinung, die mich niederschrieb
Nach meinem Anschein. Der Strom des Bluts in mir
Hat stolz bis jetzt in Eitelkeit geflutet:
Nun kehrt er um und ebbt zurück zur See,
Wo er sich mit der Fluten Haupt soll mischen,
In ernster Majestät forthin zu fließen.
Berufen wir nun unsern hohen Hof
Des Parlaments und wählen solche Glieder
Des edlen Rates, daß der große Körper
Von unserm Staat in gleichem Range steh'
Selbst mit der bestregierten Nation;
Daß Krieg und Frieden, oder beides auch
Zugleich, bekannt uns und geläufig sei;
Zum Oberrichter. Wobei Ihr, Vater, sollt den Vorsitz führen.
Nach unsrer Krönung rufen wir zusammen,
Wie wir zuvor erwähnt, den ganzen Staat;
Und stimmt der Himmel meinem Willen bei,
So soll noch Prinz, noch Pair mit Grunde sagen:
„Gott kürze was an Heinrichs frohen Tagen!"
Alle ab.

Glostershire. Der Garten bei Schaals Hause.

Falstaff, Schaal, Stille, Bardolph, der Page und David kommen.

SCHAAL: Nein, Ihr müßt meinen Baumgarten sehn, da wollen wir uns in eine Laube setzen und einen Pippin[141] vom vorigen Jahr essen, den ich selbst gepfropft habe, nebst einem Teller Konfekt und so weiter; – nun kommt, Vetter Stille, und dann zu Bett!

FALSTAFF: Weiß Gott, Ihr habt hier einen trefflichen, reichen Wohnsitz.

SCHAAL: Mager, mager, mager! Allesamt Bettler, allesamt Bettler, Sir John! – Ei nun, die Luft ist gut. – Decke, David; decke, David; das machst du gut, David.

FALSTAFF: Der David leistet Euch gute Dienste: er ist Euer Aufwärter und Euer Wirtschafter.

SCHAAL: Ein guter Bursch, ein guter Bursch, ein sehr guter Bursch, Sir John. – Beim Sakrament, ich habe beim Essen zu viel getrunken; – ein guter Bursch! Nun setzt Euch nieder, setzt Euch nieder! Kommt, Vetter!

STILLE: Ei der Tausend, das mein' ich; wir wollen
er singt „Nichts tun als essen, und keiner was spar',
    Und preisen den Himmel fürs lustige Jahr,
    Wo wohlfeil das Fleisch und die Mädel rar
    Und munteres Völklein hier schwärmet und dar,
    So freudiglich,
    Und immerzu so freudiglich."

FALSTAFF: Das ist mir ein fröhliches Herz! – Lieber Herr Stille, dafür will ich sogleich Eure Gesundheit trinken.

SCHAAL: Gib dem Herrn Bardolph Wein, David!

DAVID: Schönster Herr, setzt Euch; *er setzt Bardolph und dem Pagen Stühle an einen anderen Tisch* ich bin gleich wieder bei Euch, – schönster Herr, setzt Euch! – Herr Page, lieber Herr Page, setzt Euch; prosit! Was Euch an Essen abgeht, wollen wir mit Trinken ersetzen. Aber Ihr müßt vorlieb nehmen: der gute Wille ist die Hauptsache. *Ab.*

SCHAAL: Seid lustig, Meister Bardolph, – und Ihr da, mein kleiner Soldat, seid lustig!

STILLE *singt:*

    „Seid lustig, seid lustig, die Frau mag auch schrein:
    Denn Weiber sind Hexen, so große wie klein'.

> Wo Männer allein, geht's drauf und drein,
> Und lustige Fastnacht willkommen!
> Seid lustig, seid lustig, usw."

FALSTAFF: Ich hätte nicht gedacht, daß Herr Stille ein Mann von dem Feuer wäre.

STILLE: Wer? Ich? Ich bin wohl schon ein oder ein paar Mal in meinem Leben lustig gewesen.

DAVID *kommt zurück:* Da ist ein Teller voll Pelzäpfel für Euch.
Setzt sie vor Bardolph hin.

SCHAAL: David!

DAVID: Euer Edlen? *Zu Bardolph.* Ich will gleich bei Euch sein. – Ein Gläschen Wein, Herr?

STILLE *singt:* „Ein Gläschen Wein, der stark und rein,
> Und trink' es zu der Liebsten mein,
> Und ein fröhliches Herz lebt am längsten."

FALSTAFF: Wohlgesprochen, Herr Stille!

STILLE: Und wir wollen fröhlich sein, das Beste von der Nacht geht nun erst an.

FALSTAFF: Eure Gesundheit und langes Leben, Herr Stille!

STILLE *singt:* „Füllt das Glas, ich trink' es leer,
> Und wär's eine Meil' auf den Boden."

SCHAAL: Ehrlicher Bardolph, willkommen! Wenn dir irgend was fehlt und du foderst nicht, so mach' es mit dir selber aus! – *Zu dem Pagen.* Willkommen, mein allerliebster kleiner Schelm! Ja wahrhaftig, recht sehr willkommen! – Ich will zu Ehren Meister Bardolphs trinken und aller Kavaliere in London.

DAVID: Ich hoffe, London noch einmal vor meinem Tode zu sehen.

BARDOLPH: Wenn ich Euch da sehen könnte, David, –

SCHAAL: Beim Sakrament, ihr stächet gewiß ein Quart miteinander aus! Ha! nicht wahr, Meister Bardolph?

BARDOLPH: Ja, Herr, in einer Vier-Nößel-Kanne.

SCHAAL: Ich danke dir. Der Schelm wird sich an dich halten, das kann ich dir versichern; der wankt und weicht nicht, es ist ein treues Blut.

BARDOLPH: Ich will mich auch an ihn halten, Herr.

SCHAAL: Das heißt wie ein König gesprochen. Laßt Euch nichts abgehn, seid lustig!
Es wird draußen geklopft.
Seht, wer da an der Tür ist! He, wer klopft?
David ab.

FALSTAFF *zu Stille, der ein gestrichnes Glas austrinkt:* So, nun habt Ihr mir Bescheid getan.

STILLE *singt:* „Bescheid mir tu',
Schlag' mich Ritter dazu;
Samingo.
Ist es nicht so?
FALSTAFF: Ja, so ist's.
STILLE: Ist es so? Nun, so sagt, daß ein alter Mann auch was kann.
David kommt zurück.
DAVID: Wenn's Euer Edlen beliebt, da ist ein Pistol mit Neuigkeiten vom Hofe.
FALSTAFF: Vom Hofe? Laßt ihn hereinkommen!
Pistol tritt auf.
Wie steht's, Pistol?
PISTOL: Gott erhalte Euch, Sir John!
FALSTAFF: Welch ein Wind hat dich hergeblasen, Pistol?
PISTOL: Der schlimme nicht, der keinem bläst zum Heil. – Herzens-Ritter, du bist nun einer der größten Leute im Königreich.
STILLE: Sapperment, das denke ich auch, außer Gevatter Puff von Barson.
PISTOL: Puff?
Puff in die Zähne dir, höchst schnöde Memme!
Sir John, ich bin dein Freund und dein Pistol,
Und holterpolter ritt ich her zu dir,
Und Zeitung bring' ich und beglückte Lust,
Und goldne Zeit, und Neuigkeit von Wert.
FALSTAFF: Ich bitte dich, melde sie nun wie ein Mensch von dieser Welt!
PISTOL: Ein Pfifferling für Welt und Weltling schnöde!
Von Afrika red' ich und goldner Lust.
FALSTAFF: O du assyr'scher Wicht, was bringst du Neues? König Cophetua will die Wahrheit wissen.
STILLE *singt:* „Und Robin Hood, Scharlach und Hans" –
PISTOL: Soll Hundebrut den Helikonen[142] trotzen?
Und höhnt man gute Zeitung?
So leg' dein Haupt, Pistol, in Furien-Schoß!
SCHAAL: Mein ehrlicher Herr, ich kenne Eure Lebensart nicht.
PISTOL: Nun, so wehklage drum!
SCHAAL: Verzeiht mir, Herr, wenn Ihr mit Neuigkeiten vom Hofe kommt, so gibt es meines Bedünkens nur zwei Wege: entweder Ihr bringt sie vor, oder Ihr behaltet sie bei Euch. Ich stehe unter dem Könige, Herr, in einiger Autorität.
PISTOL: Doch unter welchem König, du Halunk'?
Sprich oder stirb!
SCHAAL: Unter König Heinrich.

PISTOL: Heinrich dem Vierten oder Fünften?

SCHAAL: Heinrich dem Vierten.

PISTOL: Ein Pfifferling dann für dein ganzes Amt!
Sir John, dein zartes Lamm ist König nun;
Heinrich der Fünfte heißt's! Ich rede wahr:
Tut dies mir, lügt Pistol: gebt mir die Feigen,
So wie der stolze Spanier!

FALSTAFF: Was? Ist der alte König tot?

PISTOL: Wie Maus im Loch; das, was ich sag', ist richtig.

FALSTAFF: Fort, Bardolph, sattle mein Pferd! – Herr Robert Schaal,
wähle dir, welches Amt im Lande du willst, es ist dein. – Pistol,
ich will dich doppelt mit Würden laden.

BARDOLPH: O freudiger Tag! Ich tausche mein Glück mit keinem
Ritter.

PISTOL: Was? Bring' ich gute Zeitung?

FALSTAFF: Bringt Herrn Stille zu Bett! – Herr Schaal, Mylord
Schaal, sei, was du willst, ich bin des Glückes Haushofmeister.
Zieh' deine Stiefeln an, wir wollen die Nacht durch reiten. – O
allerliebster Pistol! – Fort, Bardolph!

Bardolph ab.

Komm, Pistol, erzähl' mir noch mehr und denke zugleich auf
etwas, das du gern hättest! – Stiefeln, Stiefeln, Herr Schaal! Ich
weiß, der junge König ist krank vor Sehnsucht nach mir. Laßt
uns Pferde nehmen, wessen sie auch sind: die Gesetze Englands stehen mir zu Gebote. Glücklich sind die, welche meine
Freunde waren, und wehe dem Herrn Oberrichter!

PISTOL: Laßt schnöde Gei'r die Lung' ihm fressen ab!
„Wo ist mein vorig' Leben?" sagen sie.
Hier ist's; willkommen diese frohen Tage!

Alle ab.

VIERTE SZENE

London. Eine Straße.

*Büttel, welche die Wirtin Hurtig und Dortchen Lakenreißer herbeischlep-
pen.*

WIRTIN: Nein, du Erzschelm! Ich wollte, ich stürbe, damit du gehängt würdest. Du hast mir die Schulter ganz aus dem Gelenk
gerissen.

ERSTER BÜTTEL: Die Gerichtsdiener haben sie mir überliefert, und
sie soll genug mit Peitschen bewillkommnet werden, dafür

stehe ich ihr: es sind ihretwegen seit kurzem ein oder ein paar Menschen totgeschlagen.

DORTCHEN: Äpfelstange, Äpfelstange, du lügst! Komm nur, ich will dir was sagen, du verdammter Schuft mit dem Kaldaunengesicht. Wenn das Kind, womit ich schwanger gehe, zu Schaden kommt, so wäre dir besser, du hättest deine Mutter geschlagen, du Spitzbube von Papiergesicht!

WIRTIN: O Jemine, daß Sir John doch zurück wäre! Ich weiß wohl, wem er einen blutigen Tag machen würde. Aber ich bitte Gott, daß die Frucht ihres Leibes zu Schaden kommen mag.

ERSTER BÜTTEL: Wenn das geschieht, so sollt Ihr ein Dutzend Kissen wieder haben; Ihr habt jetzt nur noch elfe. Kommt, ihr müßt beide mit mir gehn: der Mann ist tot, den ihr und Pistol beide unter euch geprügelt habt.

DORTCHEN: Ich will dir was sagen, du ausgedörrter Knecht Ruprecht, dafür sollt Ihr mir tüchtig ausgewalkt werden, Ihr Schuft von Blaurock! Ihr garstiger, hungriger Zuchtmeister! Wenn Ihr nicht geprügelt werdet, so will ich keine kurzen Schürzen wieder tragen.

ERSTER BÜTTEL:
Kommt, kommt, Ihr irrende Ritterin! Kommt!

WIRTIN: O daß Recht die Gewalt so unterdrücken muß!
Nun, aus Leiden kommen Freuden.

DORTCHEN: Kommt, Ihr Schelm! Kommt, bringt mich vor einen Friedensrichter!

WIRTIN: Ja, kommt, Ihr ausgehungerter Bluthund!

DORTCHEN: Gevatter Tod! Gevatter Beingerippe!

WIRTIN: Du Skelett du!

DORTCHEN: Kommt, Ihr magres Ding! Kommt, Ihr spitziger Bube!

ERSTER BÜTTEL: Es ist schon gut.

Alle ab.

FÜNFTE SZENE

Ein öffentlicher Platz bei der Westminsterabtei.

Zwei Kammerdiener, die Binsen streuen.

ERSTER KAMMERDIENER: Mehr Binsen! Mehr Binsen!

ZWEITER KAMMERDIENER: Die Trompeten haben schon zweimal geblasen.

ERSTER KAMMERDIENER: Es wird zwei Uhr, ehe sie von der Krönung kommen. Mach' zu! Mach' zu!

Beide ab.
Falstaff, Schaal, Pistol, Bardolph und der Page kommen.

FALSTAFF: Steht hier neben mir, Herr Robert Schaal, ich will machen, daß Euch der König Gnade zeigt. Ich will ihn anblinzeln, wie er vorbeigeht, und merkt nur auf die Mienen, die er mir machen wird!

PISTOL: Gott segne deine Lunge, guter Ritter!

FALSTAFF: Komm her, Pistol, stell' dich hinter mich! *Zu Schaal.* O hätte ich nur die Zeit gehabt, neue Livreien machen zu lassen, ich hätte die von Euch geliehnen tausend Pfund daran gewandt. Aber es tut nichts: dieser armselige Aufzug ist besser: es beweist den Eifer, den ich hatte, ihn zu sehn.

SCHAAL: Das tut's.

FALSTAFF: Es zeigt die Herzlichkeit meiner Zuneigung.

SCHAAL: Das tut's.

FALSTAFF: Meine Ergebenheit.

SCHAAL: Das tut's, das tut's, das tut's.

FALSTAFF: So Tag und Nacht zu reiten, nicht zu überlegen, nicht zu denken, nicht die Geduld zu haben, mich anders anzuziehn.

SCHAAL: Das ist sehr gewiß.

FALSTAFF: Schmutzig von der Reise dazustehn, schwitzend vor Begierde, ihn zu sehen, an nichts anders gedacht, alles andre der Vergessenheit übergeben, als ob gar nichts anders zu tun wäre als ihn sehen.

PISTOL: 's ist semper idem[143], denn absque hoc nihil est [144]: 's ist alles überall.

SCHAAL: Es ist so, in der Tat.

PISTOL: Ich will dein' edle Brust entflammen, Ritter,

Dich wüten machen.
Dein Dortchen, deines edlen Sinnes Helena[145],
Ist in Verhaftung schnöd' und gift'gem Kerker,
Hieher geschleppt
Von allerniedrigster und schmutz'ger Hand.
Weck' auf die Rach' aus schwarzer Kluft mit Schlang'
Alektos[146] Grimm,
Denn Dortchen sitzt: Pistol spricht Wahrheit nur.

FALSTAFF: Ich will sie befreien.

Trompeten.

PISTOL: Da brüllt' die See und scholl Trompetenklang.

Der König kommt mit seinem Zuge, darunter der Oberrichter.

FALSTAFF: Heil, König Heinz! Mein königlicher Heinz!

PISTOL: Der Himmel hüte dich, erhabner Ruhmessproß!

FALSTAFF: Gott schütz' dich, Herzensjunge!

KÖNIG: Sprecht mit dem eitlen Mann, Herr Oberrichter!

OBERRICHTER: Seid Ihr bei Sinnen? Wißt Ihr, was Ihr sagt?

FALSTAFF:
Mein Fürst! Mein Zeus[147]! Dich red' ich an, mein Herz!

KÖNIG: Ich kenn' dich, Alter, nicht; an dein Gebet!
Wie schlecht steht einem Schalksnarrn weißes Haar!
Ich träumte lang' von einem solchen Mann,
So aufgeschwellt vom Schlemmen, alt und ruchlos:
Doch, nun erwacht, veracht' ich meinen Traum.
Den Leib vermindre, mehre deine Gnade,
Laß ab vom Schwelgen: wisse, daß das Grab
Dir dreimal weiter gähnt als andern Menschen!
Erwidre nicht mit einem Narrenspaß,
Denk' nicht, ich sei das Ding noch, das ich war.
Der Himmel weiß, und merken soll's die Welt,
Daß ich mein vor'ges Selbst hinweggetan,
Wie nun auch die, so mir Gesellschaft hielten.
Vernimmst du, daß ich sei, wie ich gewesen,
Dann komm, und du sollst sein, was du mir warst,
Der Lehrer und der Pfleger meiner Lüste.
Bis dahin bann' ich dich bei Todesstrafe,
Und all die andern auch, die mich mißleitet,
Zehn Meilen weit von unserer Person.
Was Unterhalt betrifft, den sollt ihr haben,
Daß Dürftigkeit euch nicht zum Bösen zwinge,
Und wie wir hören, daß ihr euch bekehrt,
So wollen wir, nach eurer Kraft und Fähigkeit,
Beförd'rung euch erteilen. Sorgt, Mylord,

Daß unsers Wortes Inhalt werd' erfüllt!
‹Zieht weiter!›
Der König und sein Zug ab.

FALSTAFF: Herr Schaal, ich bin Euch tausend Pfund schuldig.

SCHAAL: Ja, wahrhaftig, Sir John, und ich bitte Euch, sie mir mit nach Hause zu geben.

FALSTAFF: Das kann schwerlich geschehen, Herr Schaal. Bekümmert Euch hierüber nicht, man wird mich insgeheim zu ihm rufen: seht, er muß sich vor der Welt dies Ansehn geben. Fürchtet nichts wegen Eurer Beförderung, ich bin immer noch der Mann, der Euch groß machen kann.

SCHAAL: Ich kann nicht begreifen, wie; Ihr müßtet mir denn Euer Wams geben und mich mit Stroh ausstopfen. Ich bitte Euch, guter Sir John, gebt mir nur fünfhundert von meinen tausend!

FALSTAFF: Herr, ich will Euch mein Wort noch halten: was Ihr eben gehört habt, war nur eine angenommene Maske.

SCHAAL: Aber eine Maske, fürchte ich, worin Ihr bis an Euren Tod stecken werdet, Sir John.

FALSTAFF: Macht Euch nichts aus so einer Maske, kommt mit mir zum Essen! Komm, Lieutenant Pistol! Komm, Bardolph! Ich werde heute abend bald gerufen werden.
Prinz Johann, der Oberrichter, Offiziere usw. kommen zurück.

OBERRICHTER: Geht, bringt den Sir John Falstaff ins Gefängnis,
Nehmt seine ganze Brüderschaft mit fort!

FALSTAFF: Mylord, Mylord, –

OBERRICHTER: Ich kann nicht jetzo, bald will ich Euch hören.
Nehmt sie mit weg!

PISTOL: Si fortuna me tormenta, spero me contenta.
Falstaff, Schaal, Pistol, Bardolph, Page und Offiziere ab.

PRINZ JOHANN: Mir steht dies edle Tun des Königs an:
Er will, daß seine vorigen Begleiter
Versorgt zum besten alle sollen sein;
Doch alle sind verbannt, bis sich ihr Umgang
Bescheidner zeigt und weiser vor der Welt.

OBERRICHTER: Das sind sie auch.

PRINZ JOHANN: Der König hat sein Parlament berufen.

OBERRICHTER: Das hat er.

PRINZ JOHANN: Was wettet Ihr? Wir tragen nun noch heuer
Das Bürgerschwert und angeborne Feuer
Bis Frankreich hin: es sang ein Vogel so,
Des Ton, so schien's, den König machte froh.
Kommt, wollt Ihr mit?
Beide ab.

Zuerst meine Furcht, dann meine Verbeugung, zuletzt meine Rede. Meine Furcht ist euer Mißfallen, meine Verbeugung meine Schuldigkeit, und meine Rede, euch um Verzeihung zu bitten. Wenn ihr eine gute Rede erwartet, so bin ich verloren. Denn was ich zu sagen habe, ist von mir erdacht, und was ich in der Tat sagen sollte, wird gewiß von mir verdorben werden. Aber zur Sache, und sei es gewagt! – Wißt denn – wie ihr es schon wißt –, ich stand neulich am Schluß eines durchgefallenen Stückes hier, euch um Nachsicht dafür zu ersuchen und ein besseres zu versprechen. Nun hatte ich im Sinne, euch mit diesem hier zu bezahlen; wenn es aber nun in eine verunglückte Spekulation fehlschlägt, so bin ich bankerott, und ihr, meine edlen Gläubiger, habt den Verlust. Hier, so versprach ich euch, würde ich wieder sein, und hier übergebe ich mich selbst eurer Gnade; laßt mir etwas nach, etwas bezahle ich euch und verspreche euch, wie die meisten Schuldner tun, unendlich viel.

Wenn meine Zunge euch nicht bewegen kann, mich loszusprechen, befehlt ihr mir dann vielleicht, meine Beine zu brauchen? Und doch wäre es nur eine leichte Zahlung, mich aus meiner Schuld herauszutanzen. Ein gutes Gewissen aber wird jede mögliche Genugtuung geben, und das will ich auch. Alle Damen hier haben mir verziehen; tun es die Herren nicht, so harmonieren die Herren nicht mit den Damen, was bis jetzt in einer solchen Versammlung noch nie gesehen wurde.

Noch ein Wort, mit Erlaubnis! Seid ihr nicht zu sehr mit fetter Speise übersättigt, so wird unser demütiger Verfasser die Geschichte fortsetzen, mit Sir John drinnen, und euch durch die schöne Katharine von Frankreich[148] belustigen, wo dann, soviel ich weiß, Falstaff an einer Schwitzkur sterben wird, wenn er nicht schon durch euren Unwillen getötet ist; denn Oldcastle[149] starb als ein Märtyrer, und dieser hier ist nicht jener Mann. Meine Zunge ist müde; wenn meine Beine es auch sind, werde ich euch gute Nacht sagen und vor euch knien, in der Tat aber, um für die Königin zu beten.[150]]

KÖNIG
HEINRICH V.

■■■■■■■■■■■■■■■■■■■■■■■■■■■■■■■■■■■■

PERSONEN

König Heinrich V.
Herzog von Gloster
Herzog von Bedford } *Brüder des Königs*
Herzog von Exeter, *Oheim des Königs*
Herzog von York, *Vetter des Königs*
Graf von Salisbury
Graf von Westmoreland
Graf von Warwick
Erzbischof von Canterbury
Bischof von Ely
Graf von Cambridge
Lord Scroop } *Verschworene gegen den König*
Sir Thomas Grey
Sir Thomas Erpingham
Gower
Fluellen } *Offiziere in Heinrichs Armee*
Macmorris
Jamy
Bates, Court, Williams, *Soldaten in derselben*
Nym, Bardolph, Pistol, *ehemals Bediente Falstaffs, jetzt ebenfalls
Soldaten in derselben*
Ein Bursch, *der sie bedient*

Karl VI., *König von Frankreich*
Louis, *der Dauphin*
Herzog von Burgund
Herzog von Orleans
Herzog von Bourbon
Der Connetable von Frankreich
Rambures und Grandpré, *französische Edelleute*

Befehlshaber von Harfleur
Montjoye, *ein französischer Herold*
Gesandte an den König von England

Isabelle, *Königin von Frankreich*
Katharina, *Tochter Karls und Isabellens*
Alice, *ein Fräulein im Gefolge der Prinzessin Katharina*
Wirtin Hurtig, *Pistols Frau*

Herren und Frauen vom Adel, Offiziere, französische und englische Soldaten, Boten und Gefolge
Die Szene ist anfangs in England, nachher ununterbrochen in Frankreich

CHORUS *tritt ein.*

Oh! eine Feuermuse, die hinan
Den hellsten Himmel der Erfindung stiege!
Ein Reich zur Bühne, Prinzen drauf zu spielen,
Monarchen, um der Szene Pomp zu schaun!
Dann käm', sich selber gleich, der tapfre Heinrich[1]
In Mars' Gestalt; wie Hund' an seinen Fersen
Gekoppelt, würde Hunger, Feu'r und Schwert
Um Dienst sich schmiegen. Doch verzeiht, ihr Teuren,
Dem schwunglos seichten Geiste, der's gewagt,
Auf dies unwürdige Gerüst zu bringen
Solch großen Vorwurf. Diese Hahnengrube[2],
Faßt sie die Ebnen Frankreichs? Stopft man wohl
In dieses O von Holz die Helme nur,
Wovor bei Agincourt[3] die Luft erbebt?
O so verzeiht, weil ja in engem Raum
Ein krummer Zug für Millionen zeugt;
Und laßt uns, Nullen dieser großen Summe,
Auf eure einbildsamen Kräfte wirken!
Denkt euch im Gürtel dieser Mauern nun
Zwei mächt'ge Monarchieen eingeschlossen,
Die, mit den hocherhobnen Stirnen, dräuend,
Der furchtbar enge Ozean nur trennt.
Ergänzt mit den Gedanken unsre Mängel,
Zerlegt in tausend Teile e i n e n Mann
Und schaffet eingebild'te Heereskraft.
Denkt, wenn wir Pferde nennen, daß ihr sie
Den stolzen Huf seht in die Erde prägen.
Denn euer Sinn muß unsre Kön'ge schmücken:
Bringt hin und her sie, überspringt die Zeiten,
Verkürzt das Ereignis manches Jahrs
Zum Stundenglase. Daß ich dies verrichte,
Nehmt mich zum Chorus an für die Geschichte,
Der als Prolog euch bittet um Geduld:
Hört denn und richtet unser Stück mit Huld.

ERSTER AUFZUG

ERSTE SZENE

London. Ein Vorzimmer im Palast des Königs.

Der Erzbischof von Canterbury[4] und Bischof von Ely treten auf.

CANTERBURY: Mylord, ich sag' Euch, eben die Verordnung[5]
  Wird jetzt betrieben, die im eilften Jahr
  Von der Regierung des verstorbnen Königs
  Beinahe wider uns wär' durchgegangen,
  Wenn die verworrne, unruhvolle Zeit
  Aus weitrer Frage nicht verdrängt sie hätte.
ELY: Doch sagt, Mylord, wie wehrt man jetzt sie ab?
CANTERBURY:
  Man muß drauf denken. Geht sie durch, so büßen
  Wir unsrer Güter beßre Hälfte ein.
  Denn all das weltlich Land, das fromme Menschen
  Im Testament der Kirche zugeteilt,
  Will man uns nehmen; nämlich so geschätzt:
  So viel, um für des Königs Staat zu halten
  An funfzehn Grafen, funfzehnhundert Ritter,
  Sechstausendundzweihundert gute Knappen;
  Zum Trost für Sieche dann und schwaches Alter,
  Für dürft'ge Seelen, leiblich unvermögend,
  Einhundert wohlbegabte Armenhäuser;
  Und sonst noch in des Königs Schatz des Jahrs
  Eintausend Pfund: so lautet die Verordnung.
ELY: Das wär' ein starker Zug.
CANTERBURY: Der schlänge Kelch und alles mit hinab.
ELY: Allein wie vorzubeugen?
CANTERBURY:
  Der König ist voll Huld und milder Rücksicht.

ELY: Und ein wahrhafter Freund der heil'gen Kirche.
CANTERBURY: Sein Jugendwandel zwar verhieß es nicht:
  Doch kaum lag seines Vaters Leib entseelt,
  Als seine Wildheit auch, in ihm ertötet,
  Zu sterben schien: ja in dem Augenblick
  Kam beßre Überlegung wie ein Engel
  Und peischt' aus ihm den sünd'gen Adam weg,
  Daß wie ein Paradies sein Leib nun blieb,
  Das Himmelsgeister aufnimmt und umfaßt.
  Nie ward so schnell ein Zögling noch gebildet;
  Nie hat noch Besserung mit einer Flut
  So raschen Stromes Fehler weggeschwemmt,
  Und nie hat hydraköpf'ger Eigensinn[6]
  So bald den Sitz verloren, und mit eins,
  Als jetzt bei diesem König.
ELY: Die Umwandlung ist segensvoll für uns.
CANTERBURY:
  Hört ihn nur über Gottsgelahrtheit reden,
  Und, ganz Bewund'rung, werdet Ihr den Wunsch
  Im Innern tun, der König wär' Prälat.
  Hört ihn verhandeln über Staatsgeschäfte,
  So glaubt Ihr, daß er einzig das studiert;
  Horcht auf sein Kriegsgespräch, und grause Schlachten
  Vernehmt Ihr vorgetragen in Musik.
  Bringt ihn auf einen Fall der Politik,
  Er wird desselben gord'schen Knoten lösen[7],
  Vertraulich wie sein Knieband; daß, wenn er spricht,
  Die Luft, der ungebundne Wüstling, schweigt
  Und stumm Erstaunen lauscht in aller Ohren,
  Die honigsüßen Sprüche zu erhaschen,
  So daß des Lebens Kunst und praktisch Teil
  Der Meister dieser Theorie muß sein.
  Ein Wunder, wie sie Seine Hoheit auflas,
  Da doch sein Hang nach eitlem Wandel war,
  Sein Umgang ungelehrt und roh und seicht,
  Die Stunden hingebracht in Saus und Braus,
  Und man nie ernsten Fleiß an ihm bemerkt,
  Auch kein Zurückziehn, keine Sonderung
  Von freiem Zulauf und von Volksgewühl.
ELY: Es wächst die Erdbeer' unter Nesseln auf,
  Gesunde Beeren reifen und gedeihn
  Am besten neben Früchten schlechtrer Art;
  Und so verbarg der Prinz auch die Betrachtung

Im Schleier seiner Wildheit; ohne Zweifel
Wuchs sie, wie Sommergras, bei Nacht am schnellsten,
Das, ungesehn, doch kräft'gen Wachstum hat.

CANTERBURY:
Es muß so sein, denn Wunder gibt's nicht mehr;
Deshalb muß man die Mittel eingestehn,
Wie was zu stande kommt.

ELY: Doch, bester Lord,
Was nun zu tun zur Mild'rung dieses Vorschlags,
Den die Gemeinen tun? Ist Seine Majestät
Für oder wider?

CANTERBURY: Er scheint unbestimmt,
Doch neigt er mehr auf unsre Seite sich,

Als daß er wider uns den Antrag fördert.
Denn ein Erbieten tat ich Seiner Majestät,
Auf unsre geistliche Zusammenrufung
Und in Betracht von jetzt vorhandnen Gründen,
Die Seiner Hoheit näher ich eröffnet,
Anlangend Frankreich: eine größre Summe
Zu geben, als die Geistlichkeit noch je
Auf einmal seinen Vorfahr'n ausgezahlt.

ELY: Wie nahm man dies Erbieten auf, Mylord?
CANTERBURY: Es ward von Seiner Majestät genehmigt,
Nur war nicht Zeit genug, um anzuhören
(Was Seine Hoheit, merkt' ich, gern getan)
Das Näh're und die klare Ableitung
Von seinem Recht an ein'ge Herzogtümer
Und überhaupt an Frankreichs Kron' und Land
Von Eduard[8], seinem Ältervater, her.

ELY: Was war die Hind'rung, die dies unterbrach?
CANTERBURY: Den Augenblick bat Frankreichs Abgesandter
Gehör sich aus; die Stund' ist, denk' ich, da,
Ihn vorzulassen. Ist es nicht vier Uhr?

ELY: Ja.
CANTERBURY: Gehn wir hinein, die Botschaft zu erfahren,
Die ich jedoch gar leichthin raten wollte,
Eh' der Franzose noch ein Wort gesagt.

ELY: Ich folg' Euch; mich verlangt, sie anzuhören. *Ab.*

ZWEITE SZENE

Ein Audienzsaal im Palast.

*König Heinrich, Gloster[9], Bedford[10], Exeter[11], Warwick[12], Westmoreland[13]
und Gefolge.*

KÖNIG HEINRICH: Wo ist der würd'ge Herr von Canterbury?
EXETER: Nicht gegenwärtig.
KÖNIG HEINRICH: Sendet nach ihm, Oheim.
WESTMORELAND: Mein König, soll man den Gesandten rufen?
KÖNIG HEINRICH:
Noch nicht, mein Vetter; Dinge von Gewicht,
Betreffend uns und Frankreich, liegen uns
Im Sinne, über die wir Auskunft wünschen,
Eh' wir ihn sprechen.

Der Erzbischof von Canterbury und Bischof von Ely treten auf.

CANTERBURY: Gott samt seinen Engeln
Beschirme Euren heil'gen Thron und gebe,
Daß Ihr ihn lage ziert!

KÖNIG HEINRICH: Wir danken Euch.
Fahrt fort, wir bitten, mein gelehrter Herr,
Erklärt rechtmäßig und gewissenhaft,
Ob uns das Salische Gesetz[14] in Frankreich
Von unserm Anspruch ausschließt oder nicht.
Und Gott verhüte, mein getreuer Herr,
Daß Ihr die Einsicht drehn und modeln solltet
Und schlau Eu'r wissendes Gemüt beschweren
Durch Vortrag eines mißerzeugten Anspruchs,
Des eigne Farbe nicht zur Wahrheit stimmt.
Denn Gott weiß, wie so mancher, jetzt gesund,
Sein Blut zu des Bewährung noch vergießt,
Wozu uns Eu'r Hochwürden treiben wird.
Darum gebt acht, wie Ihr Euch selbst verpfändet,
Wie Ihr des Krieges schlummernd Schwert erweckt,
In Gottes Namen mahn' ich Euch: gebt acht!
Denn niemals stritten noch zwei solche Reiche,
Daß nicht viel Blut floß; des unschuld'ge Tropfen
Ein jeglicher ein Weh und bittre Klage
Sind über den, der schuldig Schwerter wetzte,
Die so die kurze Sterblichkeit verheeren.
Nach der Beschwörung sprecht, mein würd'ger Herr.
Wir wollen's merken und im Herzen glauben,
Das, was Ihr sagt, sei im Gewissen Euch
So rein wie Sünde bei der Tauf' gewaschen.

CANTERBURY.
So hört mich, gnädiger Monarch, und Pairs,
Die diesem Herrscherthron eu'r Leben, Treue
Und Dienste schuldig seid: – nichts einzuwenden
Ist wider Seiner Hoheit Recht an Frankreich,
Als dies, was sie vom Pharamund[15] ableiten:
„In terram Salicam mulieres ne succedant.[16]"
Auf Weiber soll nicht erben Salisch Land.
Dies Sal'sche Land nun deuten die Franzosen
Als Frankreich fälschlich aus, und Pharamund
Als Stifter dieser Ausschließung der Frauen.
Doch treu bezeugen ihre eignen Schreiber,
Daß dieses Sal'sche Land in Deutschland liegt,
Zwischen der Sala und der Elbe Strömen,

Wo Karl der Große[17], nach der Unterjochung
Der Sachsen, Franken angesiedelt ließ,
Die, aus Geringschätzung der deutschen Frau'n,
Als die in unehrbaren Sitten lebten,
Dort dies Gesetz gestiftet, daß kein Weib
Je Erbin sollte sein im Sal'schen Land,
Das, wie ich sagte, zwischen Elb' und Sala
In Deutschland heutzutage Meißen heißt.
So zeigt sich's klar, das Salische Gesetz
Ward nicht ersonnen für der Franken Reich;
Noch auch besaßen sie das Sal'sche Land,
Als bis vierhunderteinundzwanzig Jahre
Nach dem Hinscheiden König Pharamunds,
Den man den Stifter des Gesetzes wähnt.
Er starb im Jahr nach unsers Heiland Kunft
Vierhundertsechsundzwanzig, und Karl der Große
Bezwang die Sachsen, setzte Franken ein
Jenseit des Flusses Sala, in dem Jahr
Achthundertfünf. Dann sagen ihre Schreiber,
König Pippin[18], der Childrich abgesetzt,
Gab Recht und Anspruch vor an Frankreichs Krone
Als allgemeiner Erbe, von Blithilden,
Der Tochter stammend Königes Chlotar[19].
Auch Hugo Capet[20], der die Kron' entriß
Herzogen Karl von Lothring, einz'gem Erben
Vom echten Haus und Mannsstamm Karls des Großen,
Mit ein'gem Schein den Anspruch zu beschönen,
Der doch in Wahrheit schlecht und nichtig war,
Gab sich als Erben aus von Frau Lingaren,
Der Tochter Karlmanns[21], der von Kaiser Ludwig
Der Sohn war, so wie Ludewig der Sohn
Von Karl dem Großen. Auch Ludwig der Zehnte[22],
Des Usurpators Capet einz'ger Erbe,
Konnt im Gewissen keine Ruhe haben
Bei Frankreichs Krone, bis man ihm erwies,
Daß Isabell[23], die schöne Königin,
Von der er Enkel war in grader Reih',
Abstamme von Frau Irmengard, der Tochter
Des vorerwähnten Herzogs Karl von Lothring;
Durch welche Eh' die Linie Karls des Großen
Mit Frankreichs Krone neu vereinigt ward,
So daß so klar wie Sonnenlicht erscheint:
Das Recht Pippins und Hugo Capets Vorwand

Und Ludewigs Beruhigung, sie gründen
Sich auf der Frauen Recht und Anspruch alle;
Wie Frankreichs Kön'ge tun bis diesen Tag,
Wiewohl sie gern das Salische Gesetz
Behaupten möchten, Euer Hoheit Anspruch
Von Frauen Seite damit auszuschließen,
Und lieber sich verstricken in ein Netz,
Als die verdrehten Rechte bloß zu legen,
Von Euch und Euren Vordern angemaßt.

KÖNIG HEINRICH:
Kann ich nach Pflicht und Recht die Fod'rung tun?

CANTERBURY: Die Sünde auf mein Haupt, gestrenger Fürst!
Denn in dem Buch der Numeri[24] steht geschrieben:
„Der Tochter sei das Erbe zugewandt,
Wenn der Sohn stirbt." Behauptet, gnäd'ger Herr,
Was Euch gebührt; entrollt Eu'r Blutpanier,
Schaut Euch nach Euren mächt'gen Ahnen um,
Geht, Herr, zu Eures Ältervaters Gruft,
Auf den Ihr Euch mit Eurer Fod'rung stützt;
Ruft seinen tapfern Geist und Eduards[25] an,
Des Schwarzen Prinzen, Eures Großoheims,
Der dort auf fränk'schem Grund ein Trauerspiel,
Die Macht von Frankreich schlagend, aufgeführt,
Indes sein großer Vater lächelnd stand
Auf einer Höh' und seinen jungen Löwen
Sich weiden sah im Blut des fränk'schen Adels.
O edle Englische, die trotzen konnten
Mit halbem Heere Frankreichs ganzem Stolz,
Und lachend stand dabei die andre Hälfte,
Ganz unbeschäftigt und um Kampf verlegen.

ELY: Weckt die Erinn'rung dieser tapfern Toten,
Mit mächt'gem Arm erneuet ihre Taten!
Ihr seid ihr Erb', Ihr sitzt auf ihrem Thron,
Das Blut, der Mut rinnt in den Adern Euch,
Der sie erhob; mein dreimal mächt'ger Fürst
Ist in dem Maienmorgen seiner Jugend,
Zu Tat und großer Unternehmung reif.

CANTERBURY: Die Herrn der Erde, Eure Mitmonarchen,
Erwarten alle, daß Ihr Euch ermannt,
So wie die vor'gen Löwen Eures Bluts.

WESTMORELAND:
Sie wissen, Ihr habt Grund und Macht und Mittel;
Die hat Eu'r Hoheit auch: kein König Englands

Hat einen reichern Adel je gehabt
Noch treu're Untertanen, deren Herzen
Die Leiber hier in England heim gelassen
Und sich in Frankreichs Feldern schon gelagert.

CANTERBURY: O laßt die Leiber folgen, bester Fürst,
Gewinnt Eu'r Recht mit Blut und Feu'r und Schwert,
Wozu wir von der Geistlichkeit Eu'r Hoheit
Solch eine starke Summ' erheben wollen,
Als nie die Klerisei mit e i n e m Mal
Noch einem Eurer Ahnen zugebracht.

KÖNIG HEINRICH:
Man muß nicht bloß sich wider die Franzosen
Zum Angriff rüsten, auch zum Widerstand
Die Vorkehrungen gegen Schottland treffen,
Das einen Zug sonst wider uns wird tun
Mit allem Vorteil.

CANTERBURY: Die an den Marken dort, mein gnäd'ger Fürst,
Sind stark genug zur Mau'r, das innre Land
Vor Plünderern der Grenzen zu beschützen.

KÖNIG HEINRICH: Wir meinen nicht die leichten Streifer bloß,
Die Hauptgewalt des Schotten fürchten wir,
Der stets für uns ein wilder Nachbar war.
Denn Ihr könnt lesen, daß mein Ältervater
Mit seinen Truppen nie nach Frankreich zog,
Daß nicht der Schott' ins unbewehrte Reich
Hereinbrach, wie die Flut in einen Riß,
Mit reicher Überfülle seiner Kraft,
Das leere Land mit heißem Angriff plagend,
Die Städt' und Burgen mit Belag'rung gürtend,
Daß unsre Landschaft, aller Wehr entblößt,
Gebebt vor solcher üblen Nachbarschaft.

CANTERBURY:
Sie hatten dann mehr Schreck als Schaden, Herr,
Denn hört sie nur bewähret durch sich selbst:
Als ihre Ritterschaft in Frankreich war
Und sie betrübte Witwe ihrer Edlen,
Hat sie nicht bloß sich selber gut verteidigt;
Sie fing der Schotten König[26], sperrt' ihn ein,
Sandt' ihn nach Frankreich dann, um Eduards Ruhm
Zu füllen mit gefangner Kön'ge Zahl
Und Eure Chronik reich an Preis zu machen,
Wie Meeres Schlamm und Boden ist an Trümmern
Gesunkner Schiff' und Schätzen ohne Maß.

WESTMORELAND:
  Doch gibt es einen Spruch, sehr alt und wahr:
    „So du Frankreich willst gewinnen,
    Mußt mit Schottland erst beginnen."
  Denn ist der Adler England erst auf Raub,
  So kommt das Wiesel Schottland angeschlichen
  Zu seinem unbewachten Nest und saugt
  Ihm so die königlichen Eier aus;
  Es spielt die Maus, die, wenn die Katze fort,
  Besudelt und verdirbt, was sie nicht frißt.
EXETER: Die Katze muß demnach zu Hause bleiben,
  Allein verwünscht sei diese Nötigung!
  Gibt's Schlösser doch, den Vorrat zu verwahren,
  Und feine Fallen für die kleinen Diebe.

Indes die Hand, bewaffnet, auswärts ficht,
Wehrt sich zu Hause das beratne Haupt;
Denn Regiment, zwar hoch und tief und tiefer
Verteilt an Glieder, hält den Einklang doch
Und stimmt zu einem vollen reinen Schluß,
So wie Musik.

CANTERBURY: Sehr wahr: drum teilt der Himmel
Des Menschen Stand in mancherlei Beruf
Und setzt Bestrebung in beständ'gen Gang,
Dem, als zum Ziel, Gehorsam ist gestellt.
So tun die Honigbienen, Kreaturen,
Die durch die Regel der Natur uns lehren,
Zur Ordnung fügen ein bevölkert Reich.
Sie haben einen König und Beamten
Von unterschiednem Rang, wovon die einen,
Wie Obrigkeiten, Zucht zu Hause halten,
Wie Kaufleut' andre auswärts Handel treiben,
Noch andre wie Soldaten, mit den Stacheln
Bewehrt, die samtnen Sommerknospen plündern
Und dann den Raub mit lust'gem Marsch nach Haus
Zum Hauptgezelte ihres Kaisers bringen;
Der, emsig in der Majestät, beachtet,
Wie Maurer singend goldne Däher baun;
Die stillen Bürger ihren Honig kneten;
Wie sich die armen Tagelöhner drängen
Mit schweren Bürden an dem engen Tor;
Wie, mürrisch summend, der gestrenge Richter
Die gähnende und faule Drohne liefert
In bleicher Henker Hand. Ich folgre dies:
Daß viele Dinge, die zusammenstimmen
Zur Harmonie, verschieden wirken können,
Wie viele Pfeile da und dorther fliegen
Zu einem Ziel;
Wie viel verschiedne Weg' in eine Stadt,
Wie viele frische Ström' in einen See,
Wie viele Linien in den Mittelpunkt
An einer Sonnenuhr zusammenlaufen:
So, erst im Gang, kann tausendfaches Wirken
Zu einem Zweck gedeihn, wohl durchgeführt
Und ohne Mangel. Drum nach Frankreich, Herr!
Teilt Euer glücklich England in vier Teile:
Ein Viertel nehmt davon nach Frankreich hin,
Ihr könnt damit ganz Gallien zittern machen.

Wenn wir mit dreimal so viel Macht zu Haus
Die eigne Tür dem Hund nicht wehren können,
So laßt uns zausen, und dies Volk verliere
Den Ruhm der Tapferkeit und Politik.
KÖNIG HEINRICH: Ruft die vom Dauphin hergesandten Boten!
   Einer vom Gefolge ab. Der König besteigt den Thron.
Wir sind entschlossen, und, mit Gottes Hülfe
Und Eurer (unsrer Stärke edlen Sehnen),
Da Frankreich unser, wollen wir vor uns
Es beugen oder ganz in Stücke brechen;
Wir wollen dort entweder waltend sitzen
In weiter hoher Herrschaft über Frankreich
Und die fast königlichen Herzogtümer;
Sonst ruhe dies Gebein in schlechter Urne,
Grablos und ohne Denkmal über ihm.
Wenn die Geschichte nicht mit vollem Mund
Kühn meine Taten spricht, so sei mein Grab
Gleich einem türk'schen Stummen ohne Zunge,
Nicht mit papiernem Epitaph[27] geehrt.
   Die französischen Gesandten treten auf.
Wir sind bereit, was unserm Vetter Dauphin
Beliebt, nun zu vernehmen; denn wir hören,
Von ihm ist euer Gruß, vom König nicht.
GESANDTER: Geruhn Eu'r Majestät, uns zu erlauben,
Frei zu bestellen, was der Auftrag ist;
Wie, oder sollen schonend wir von fern
Des Dauphins Meinung, unsre Botschaft, zeigen?
KÖNIG HEINRICH: Nicht ein Tyrann, ein christlicher Monarch
Sind wir, und unsre Leidenschaft der Gnade
So unterworfen, wie in unsern Kerkern
Verbrecher angefesselt; darum sagt
Mit freier, ungehemmter Offenheit
Des Dauphins Meinung aus.
GESANDTER: Dann kürzlich so:
Eu'r Hoheit, neulich hin nach Frankreich sendend,
Sprach dort gewisse Herzogtümer an,
Kraft Eures großen Vorfahr'n Eduard des Dritten:
Zur Antwort nun sagt unser Herr, der Prinz,
Daß Ihr zu sehr nach Eurer Jugend schmeckt,
Und heißt Euch wohl bedenken, daß in Frankreich
Mit muntern Tänzen nichts gewonnen wird;
Ihr könnt Euch nicht in Herzogtümer schwärmen.
Drum schickt er, angemeßner Eurem Geist,

Euch dieser Tonne Schatz, begehrt dafür,
Ihr wollet fernerhin die Herzogtümer
Nicht von Euch hören lassen. So der Dauphin.

KÖNIG HEINRICH: Der Schatz, mein Oheim?

EXETER: Federbälle, Herr.

KÖNIG HEINRICH:
Wir freun uns, daß der Dauphin mit uns scherzt,
Habt Dank für Eure Müh' und sein Geschenk.
Wenn wir zu diesen Bällen die Raketten
Erst ausgesucht, so wollen wir in Frankreich
Mit Gottes Gnad' in einer Spielpartie
Des Vaters Kron' ihm in die Schanze schlagen;
Sagt ihm, er ließ sich ein mit solchem Streiter,
Daß alle Höfe Frankreichs ängsten wird
Der Bälle Sprung. Und wir verstehn ihn wohl,
Wie er uns vorhält unsre wildern Tage
Und nicht ermißt, wozu wir sie benutzt.
Wir schätzten niemals diesen armen Sitz
Von England hoch: drum in der Ferne lebend,
Ergaben wir uns wilder Ausschweifung,
Wie Menschen immer es zu halten pflegen,
Daß sie am lustigsten vom Hause sind.
Doch sagt dem Dauphin, daß ich meinen Rang
Behaupten will, gleich einem König sein
Und meiner Größe Segel will entfalten,
Erheb' ich mich auf meinem fränk'schen Thron.
Ich legte meine Majestät bei Seit'
Und plagte mich gleich einem Werktags-Mann;
Doch dort steh' ich in voller Glorie auf,
Die alle Augen Frankreichs blenden soll,
Ja auch den Dauphin selbst mit Blindheit schlagen.
Und sagt dem muntern Prinzen, dies Gespött
Verwandle seine Bäll' in Büchsensteine,
Und seine Seele lade schwer auf sich
Die Schuld verheerungsvoller Rache, die
Mit ihnen ausfliegt: denn viele tausend Witwen
Wird dies Gespött um werte Gatten spotten,
Um Söhne Mütter, Burgen niederspotten,
Und mancher jetzt noch ungeborne Sohn
Wird künftig fluchen auf des Dauphins Hohn.
Doch dies beruht in Gottes Willen alles,
Auf den ich mich beruf', und in des Namen
Sagt ihr dem Dauphin, daß ich komme, mich

Zu rächen, wie ich kann, und auszustrecken
In heil'ger Sache den gerechten Arm.
So zieht in Frieden hin und sagt dem Dauphin,
Sein Spaß wird nur wie schaler Witz erscheinen,
Wenn tausend mehr, als lachten, drüber weinen. –
Gebt ihnen sicheres Geleit! – Lebt wohl!
Gesandte ab.
EXETER: Gar eine lust'ge Botschaft.
KÖNIG HEINRICH: Wir hoffen ihren Sender rot zu machen.
Er steigt vom Thron.
Drum, Lords, versäumet keine günst'ge Stunde,
Die unser Unternehmen fördern mag.
Denn mein Gedank' ist einzig Frankreich nun,
Nur der an Gott geht dem Geschäfte vor.
Laßt denn zu diesem Krieg bald unsre Mittel
Versammelt sein und alles wohl bedacht,
Was Federn unsern Schwingen leihen kann
Zu weiser Schnelligkeit: denn, Gott voraus,
Straf' ich den Dauphin in des Vaters Haus.
Drum strenge jeder seinen Geist nun an,
Dem edlen Werk zu schaffen freie Bahn.
Alle ab.

ZWEITER AUFZUG

Nun ist die Jugend Englands ganz in Glut,
Und seidne Buhlschaft liegt im Kleiderschrank;
Die Waffenschmiede nun gedeihn, der Ehre
Gedanke herrscht allein in aller Brust.
Sie geben um das Pferd die Weide feil,
Dem Spiegel aller Christen-Kön'ge folgend,
Beschwingten Tritts, wie englische Merkure.
Denn jetzo sitzt Erwartung in der Luft
Und birgt ein Schwert, vom Griff bis an die Spitze
Mit Kaiserkronen, Herrn- und Grafen-Kronen,
Heinrich und seinen Treuen zugesagt.
Die Franken, welche gute Kundschaft warnt
Vor dieser Schreckens-Rüstung, schütteln sich
In ihrer Furcht, und bleiche Politik
Bemüht sich, Englands Zwecke abzulenken.
O England! Vorbild deiner innern Größe,
Gleich einem kleinen Leib mit mächt'gem Herzen,
Was könntest du nicht tun, was Ehre will,
Wär' jedes deiner Kinder gut und echt!
Doch sieh nur! Frankreich fand in dir ein Nest
Von hohlen Busen, und das füllt es an
mit falschen Kronen. Drei verderbte Männer:
Der eine, Richard Graf von Cambridge[28], dann
Heinrich, Lord Scroop von Masham[29], und der dritte,
Sir Thomas Grey, Northumberlandscher Ritter,
Sie sind um fränk'schen Sold (o Schuld, nicht Sold!)
Eidlich verschworen mit dem bangen Frankreich.
Und dieser Ausbund aller Kön'ge muß
Von ihren Händen sterben (wenn ihr Wort
Verrat und Hölle halten), eh' er sich

Nach Frankreich eingeschifft, und in Southampton.
Verlängt noch die Geduld, so ordnen wir
Der Ferne Mißbrauch nach des Spieles Zwang.
Die Summe ist bezahlt; die Frevler einig;
Der König fort von London, und die Szene
Ist nun verlegt, ihr Teuren, nach Southampton.
Da ist das Schauspielhaus, da müßt ihr sitzen,
Von da geleiten wir nach Frankreich euch
Und bringen sicher euch zurück, beschwörend
Die schmale See, daß sanfte Überfahrt
Sie euch gewährt, denn gehn nach uns die Sachen,
So soll dies Spiel nicht e i n e n seekrank machen.
Doch wenn der König kommt, und nicht zuvor,
Rückt unsre Szene nach Southampton vor. *Ab.*

ERSTE SZENE

London. Straße in Eastcheap.

Nym und Bardolph begegnen einander.

BARDOLPH: Willkommen Korporal Nym.

NYM: Guten Morgen, Lieutenant Bardolph.

BARDOLPH: Sagt, seid Ihr und Fähndrich Pistol wieder gute
Freunde?

NYM: Ich für mein Teil frage nicht darnach, ich sage wenig, aber
wenn die Zeit kommt, kann es freundlich zugehen; doch da
mag sein, wie es will. Fechten mag ich nicht, aber ich kann die
Augen zutun und meinen Spieß vorhalten. Er ist nur ganz einfältig, aber was tut's? Man kann Käse daran rösten, und er hält
die Kälte aus, so gut wie andrer Menschen Degen auch, und das
ist der Humor davon.

BARDOLPH: Ich will ein Frühstück daran wenden, euch zu guten
Freunden zu machen, und dann wollen wir alle als geschworne
Brüder nach Frankreich ziehn. Bietet dazu die Hand, guter Kor-
poral Nym.

NYM: Mein' Treu, ich will so lange leben, als es geht, das ist ausgemacht, und wenn ich nicht länger leben kann, so will ich sehen,
wie ich's mache. Das ist mein Schluß, das ist das laus deo[30] dabei.

BARDOLPH: Es ist gewiß, Korporal, daß er mit Lene Hurtig verheiratet ist, und gewißlich, er tat Euch Unrecht, denn Ihr wart mit
ihr versprochen.

NYM: Ich weiß es nicht: die Sachen müssen gehn, wie sie können; es kann kommen, daß Leute schlafen, und daß sie zu der Zeit ihre Gurgel bei sich haben, und etliche behaupten, Messer haben Schneiden. Es muß gehen, wie es kann. Ist Geduld schon eine abgetriebne Mähre, so schleppt sie sich doch fort. Es muß eine Endschaft werden. Nun, ich weiß es nicht.

Pistol und Frau Hurtig kommen.

BARDOLPH: Da kommt Fähndrich Pistol und seine Frau. – Guter Korporal, nun haltet Euch ruhig. – Nun, wie steht's, Herr Wirt?

PISTOL: Du Zecke, nennst mich Wirt?
Bei dieser Hand, das ist für mich kein Name,
Noch herbergt meine Lene.

FRAU HURTIG: Wenigstens nicht lange, meiner Treu, denn wir können nicht ein Dutzend Frauenzimmer oder was drüber in Wohnung und Kost haben, die sich ehrbar vom Stich ihrer Nadeln ernähren, ohne daß man gleich denkt, wir hielten ein liederliches Haus.

Nym zieht den Degen.

O Herr! Da ist Korporal Nym seiner – nun haben wir hier vorsätzlichen Ehebruch und Mord. Guter Korporal Nym, zeige dich als einen tüchtigen Mann und steck' den Degen ein. – Guter Lieutenant – guter Korporal, nehmt nichts vor!

NYM. Pah!

PISTOL:
Pah dir, isländ'scher Hund! Du kecker Spitz von Island!

NYM: Willst du abziehn? Ich möchte dich solus[31] haben.

Steckt den Degen in die Scheide.

PISTOL: Solus, du ungemeiner Hund? O Viper!
Das solus in dein seltsamlich Gesicht,
Das solus in die Zähn' und Kehle dir,
In deine schnöde Lunge, ja in deinen Magen,
Und was noch schlimmer, in den garst'gen Mund!
Dein solus schleudr' ich dir ins Eingeweide:
Denn reden kann ich, und der Hahn Pistols
Ist schon gespannt, und blitzend Feuer folgt.

NYM: Ich bin nicht Barbason[32], Ihr könnt mich nicht beschwören. Ich bin im Humor, Euch leidlich derb auszupochen; wenn Ihr mir Schimpf antut, so will ich Euch mit meinem Rapier fegen, wie ich in allen Ehren tun darf; wollt Ihr davon gehn, so möchte ich Euch ein bißchen in die Gedärme prickeln, wie ich nach guter Sitte tun darf, und das ist der Humor davon.

PISTOL: O Prahler feig, verdammter grimm'ger Wicht!

Es gähnt das Grab, und Tod ist ächzend nah;
Drum hol' heraus!

Pistol und Nym ziehen.

BARDOLPH *zieht:* Hört mich an, hört an, was ich sage: wer den ersten Streich tut, dem renn' ich den Degen bis ans Gefäß in den
Leib, so wahr ich ein Soldat bin.

PISTOL: Ein Schwur von sondrer Kraft, und legen soll sich Wut.
Gib deine Faust, den Vorderfuß mir gib:
Dein Mut ist kernhaft stark.

NYM: Ich will dir die Kehle abschneiden, über kurz oder lang, in
allen Ehren, das ist der Humor davon.

PISTOL: So heißt es, coupe la gorge[33]? – Ich trotze dir aufs neu'.
O Hund von Kreta, hoffst du auf mein Weib?
Nein; geh in das Spital
Und hol' vom Pökelfaß der Schande dir
Den eklen Gei'r von Cressidas Gezücht[34],
Genannt mit Namen Dortchen Lakenreißer;
Die nimm zur Eh': ich hab' und will behaupten
Die quondam[35] Hurtig als die einz'ge Sie;
Und pauca[36], damit gut!

Der Bursch kommt.

BURSCH: Herr Wirt Pistol, Ihr müßt zu meinem Herrn kommen, –
Ihr auch, Wirtin; – er ist sehr krank und will zu Bett. – Guter

377

Bardolph, steck' die Nase zwischen seine Bettlaken und verrichte den Dienst eines Bettwärmers; wahrhaftig, ihm ist sehr schlimm.

BARDOLPH: Fort, du Schelm!

FRAU HURTIG: Meiner Treu, er wird nächster Tage den Krähen eine fette Mahlzeit geben; der König hat ihm das Herz gebrochen. – Lieber Mann, komm gleich nach Hause.

Frau Hurtig und der Bursch ab.

BARDOLPH: Kommt, soll ich euch beide zu Freunden machen? Wir müssen zusammen nach Frankreich: was Teufel sollen wir Messer führen, einander die Gurgeln abzuschneiden?

PISTOL: Die Flut schwell' an, die Hölle heul' um Raub!

NYM: Wollt Ihr mir die acht Schilling bezahlen, die ich Euch in einer Wette abgewann?

PISTOL: Ein schnöder Knecht bezahlt.

NYM: Die will ich jetzo haben, das ist der Humor davon.

PISTOL: Wie Mannheit Ausspruch tut. Stoß' zu!

BARDOLPH: Bei diesem Schwert! Wer den ersten Stoß tut, den bring' ich um; bei diesem Schwert! Das tu' ich.

PISTOL: Schwert ist ein Schwur, und Recht der Schwüre gilt.

BARDOLPH: Korporal Nym, willst du gut Freund sein, so sei gut Freund; willst du nicht, nun, so mußt du auch mit mir Feind sein. Bitte, steck' ein!

NYM: Soll ich meine acht Schillinge haben, die ich Euch in einer Wette abgewann?

PISTOL: Sollst einen Nobel haben, und das bar,
Und will Getränk dir gleichermaßen geben,
Und Freundschaft sei vereint und Brüderschaft;
Ich lebe nun bei Nym, und Nym bei mir.
Ist's so nicht recht? – Denn ich will Marketender
Dem Lager sein, und Vorteil fließt mir zu.
Gib mir die Hand!

NYM: Ich soll meinen Nobel[37] haben?

PISTOL: In Barschaft wohl bezahlt.

NYM: Gut denn, das ist der Humor davon.

Frau Hurtig kommt zurück.

FRAU HURTIG: So wahr ihr von Weibern hergekommen seid, kommt hurtig zu Sir John[38] herein. Ach, die arme Seele! Ein brennendes Quotidian-Tertian-Fieber[39] rüttelt ihn so zusammen, daß es höchst kläglich anzusehen ist. Herzensmänner, kommt zu ihm!

NYM: Der König hat üble Humore mit ihm gespielt, das ist das Wahre von der Sache.

PISTOL: Nym, du hast wahr gered't,
Gebrochen ist sein Herz und restauriert.
NYM: Der König ist ein guter König, aber man muß es nehmen,
wie es kommt. Er nimmt allerlei Humore und Sprünge vor.
PISTOL: Klagt um den Ritter weh; wir leben nun als Lämmer.
Alle ab.

ZWEITE SZENE

Southampton. Ein Rats-Saal.

Exeter, Bedford und Westmoreland treten auf.

BEDFORD: Wie traut nur Seine Hoheit den Verrätern!
EXETER: In kurzem werden sie verhaftet sein.
WESTMORELAND:
Wie gleisnerisch und glatt sie sich gebärden,
Als säß' Ergebenheit in ihrem Busen,
Mit Treu' gekrönt und fester Biederkeit.
BEDFORD: Der König weiß von ihrem ganzen Anschlag
Durch Kundschaft, die sie sich nicht träumen lassen.
EXTER: Nein, aber daß sein Bettgenoß[40], der Mann,
Den er mit Fürstengunst hat überhäuft,
Um fremdes Gold das Leben seines Herrn
So dem Verrat und Tod verkaufen konnte!
Trompeten. König Heinrich, Scroop, Cambridge, Grey,
Lords und Gefolge.
KÖNIG HEINRICH: Der Wind ist günstig, laßt uns nun an Bord!
Mylord von Cambridge, und bester Lord von Masham,
Und Ihr, mein werter Ritter, gebt uns Rat:
Denkt Ihr nicht, daß die Truppen, so wir führen,
Durch Frankreichs Macht den Weg sich bahnen werden,
Der Tat und der Vollführung G'nüge leistend,
Wozu wir sie in Heereskraft vereint?
SCROOP: Kein Zweifel, Herr, tut nur das Seine jeder.
KÖNIG HEINRICH:
Das zweifl' ich nicht; denn wir sind überzeugt.
Wir nehmen nicht ein Herz mit uns von hinnen,
Das nicht in Einstimmung mit unserm lebt,
Und lassen keins dahinten, das nicht wünscht,
Daß uns Erfolg und Sieg begleiten mag.
CAMBRIDGE: Kein Fürst ward mehr gefürchtet und geliebt
Als Eure Majestät; kein einz'ger Untertan,

So denk' ich, sitzt in Unruh' und Verdruß
Im süßen Schatten Eures Regiments.

GREY: Selbst die, so Eures Vaters Feinde waren,
Die Gall' in Honig tauchend, dienen Euch
Mit Herzen, ganz aus Treu' und Pflicht gebaut.

KÖNIG HEINRICH: So haben wir viel Grund zur Dankbarkeit
Und werden eh' die Dienste unsrer Hand
Vergessen, als Vergeltung des Verdienstes
Zufolge seiner Größ' und Würdigkeit.

SCROOP: So wird der Dienst gestählte Sehnen spannen,
Und Mühe wird mit Hoffnung sich erfrischen,
Eu'r Gnaden unablässig Dienst zu tun.

KÖNIG HEINRICH: Man hofft nicht minder. – Oheim Exeter,
Laßt frei den Mann, der gestern ward gesetzt,
Der wider uns geschmäht hat; wir erwägen,
Daß Übermaß von Wein ihn angereizt,
Und da er sich besinnt, verzeihn wir ihm.

SCROOP: Das ist zwar gnädig, doch zu sorgenlos.
Laßt ihn bestrafen, Herr: daß nicht das Beispiel
Durch seine Duldung mehr dergleichen zeugt.

KÖNIG HEINRICH: O laßt uns dennoch gnädig sein!

CAMBRIDGE: Das kann Eu'r Hoheit und doch strafen auch.

GREY: Ihr zeigt viel Gnade, schenkt Ihr ihm das Leben,
Nachdem er starke Züchtigung erprobt.

KÖNIG HEINRICH: Ach, Eure große Lieb' und Sorg' um mich
Sind schwere Bitten wider diesen Armen.
Darf man ein klein Versehn aus Trunkenheit
Nicht übersehn, wie muß der Blick es rügen,
Erscheint vor uns, gekäut, verschluckt, verdaut,
Ein Hauptverbrechen? – Wir lassen doch ihn frei;
Ob Cambridge, Scroop und Grey, aus teurer Sorge
Und wacher Hütung unserer Person,
Gestraft ihn wünschen. Nun zu der fränk'schen Sache:
Wem wurde letzthin Vollmacht zugeteilt?

CAMBRIDGE: Mir eine, gnäd'ger Herr,
Ihr hießt mich, heute sie von Euch begehren.

SCROOP: Mich auch, mein Fürst.

GREY: Mich auch, mein königlicher Herr.

KÖNIG HEINRICH:
Da, Richard Graf von Cambridge, habt Ihr Eure; –
Da Ihr, Lord Scroop von Masham; – und, Herr Ritter
Grey von Northumberland, das hier ist Eure: –
Lest und erkennt, ich kenne euren Wert.

Mylord von Westmoreland und Oheim Exeter,
Wir gehn zu Nacht an Bord. – Wie nun, ihr Herrn?
Was steht in den Papieren, daß ihr euch
Sogar entfärbt? – Seht, wie sie sich verwandeln!
Die Wangen sind Papier. – Was lest ihr nur,
Das euer feiges Blut so hat verjagt
Aus eurem Antlitz?

CAMBRIDGE: Ich gesteh' die Schuld
Und beuge mich vor Eurer Hoheit Gnade.

GREY UND SCROOP: An die wir all' uns wenden.

KÖNIG HEINRICH: Die Gnade, die noch eben in uns lebte,
Hat euer Rat erdrückt und umgebracht.
Schämt euch und wagt von Gnade nicht zu sprechen:
Es fallen eure Gründ' auf euch zurück,
Wie Hunde, die den eignen Herrn zerfleischen. –
Seht, meine Prinzen und ihr edlen Pairs,
Den Abschaum Englands! Mylord von Cambridge, –
Ihr wißt, wie willig unsre Liebe war,
Mit allem Zubehör ihn zu versehn,
Das seiner Ehre zukam; und der Mann
Hat, leichtgesinnt, um wenig leichte Kronen
Mit Frankreichs Ränken sich verschworen, uns
In Hampton hier zu morden! Was mit ihm
Der Ritter dort, nicht wen'ger meiner Güte
Als jener schuldig, auch beschwor. – Doch, oh!
Was sag' ich erst von dir, Lord Scroop? Du wilde,
Grausame, undankbare Kreatur!
Du, der die Schlüssel meines Rates trug,
Der meiner Seele sah bis auf den Grund,
Der mich beinah' in Gold ausprägen mochte,
Hätt'st du um Vorteil dich bei mir bemüht:
Ist's möglich, daß aus dir die fremde Löhnung
Nur einen Funken Übels konnte ziehn,
Den Finger mir zu kränken? 's ist so seltsam,
Daß, sticht die Wahrheit gleich so derb hervor,
Wie schwarz auf weiß, mein Aug' sie kaum will sehn.
Verrat und Mord, sie hielten stets zusammen,
Wie ein Gespann von einverstandnen Teufeln,
So plump auf ein natürlich Ziel gerichtet,
Daß die Verwund'rung über sie nicht schrie;
Du aber, wider alles Ebenmaß,
Läßt dem Verrat und Mord Erstaunen folgen.
Und was es für ein schlauer Feind auch war,

Der so verkehrt auf dich hat eingewirkt,
Die Hölle hat den Preis ihm zugesprochen;
Denn andre Teufel, die Verrat eingeben,
Staffieren, stutzen die Verdammnis auf
Mit Flicken, falschen Farben, Schaugepränge,
Vom Gleisnerschein der Frömmigkeit entlehnt;
Doch er, der dich gemodelt, hieß dich aufstehn,
Gab keinen Grund dir, den Verrat zu tun,
Als weil er nur dich zum Verräter schlug.
Wenn dieser Dämon, der dich so berückt,
Mit seinem Löwenschritt die Welt umginge,
Zum öden grausen Tartarus[41] zurück
Würd' er sich wenden, um den Legionen
Zu sagen. „Keine Seele werd' ich je
So leicht als dieses Englischen gewinnen."
Oh, wie hast du vergällt mit Eifersucht
Die Süßigkeit des Zutrauns! Zeigt sich jemand treu?
Nun wohl, du auch. Scheint er gelehrt und ernst?
Nun wohl, du auch. Stammt er aus edlem Blut?
Nun wohl, du auch. Scheint er voll Andacht?
Nun wohl, du auch. Ist er im Leben mäßig,
Von wildem Ausbruch frei in Lust und Zorn,
Von Geiste fest, nicht schwärmend mit dem Blut,
Geziert, bekleidet mit bescheidnen Gaben,
Dem Aug' nicht folgend ohne das Gehör,
Und ohne reifes Urteil keinem trauend?
So, und so fein gesichtet, schienest du:
So ließ dein Fall auch einen Fleck zurück,
Den völl'gen bestbegabten Mann zu zeichnen
Mit ein'gem Argwohn. Ich will um dich weinen,
Denn dieses dein Empören dünket mich
Ein zweiter Sündenfall. – Die Schuld ist klar:
Verhaftet sie zum Stehen vor Gericht,
Und spreche Gott sie ihrer Ränke los!
EXETER:
Ich verhafte dich um Hochverrat, bei dem Namen
Richard Graf von Cambridge.
Ich verhafte dich um Hochverrat, bei dem Namen
Heinrich Lord Scroop von Masham.
Ich verhafte dich um Hochverrat, bei dem Namen
Thomas Grey, Ritter von Northumberland.
SCROOP: Gerecht hat unsern Anschlag Gott entdeckt,
Es reut mein Fehler mehr mich als mein Tod;

Ich bitt' Eu'r Hoheit, mir ihn zu verzeihn,
Obschon mein Leib den Lohn dafür bezahlt.

CAMBRIDGE:

Mich hat das Gold von Frankreich nicht verführt,
Wiewohl als Antrieb ich es gelten ließ,
Was ich entworfen, schneller auszuführen.
Doch Gott sei Dank für die Zuvorkommung,
Der ich mich herzlich will im Leiden freun,
Anflehend Gott und Euch, mir zu vergeben.

GREY:

Nie freut ein treuer Untertan sich mehr,
Weil man gefährlichen Verrat entdeckt,
Als ich in dieser Stunde über mich,
Gehindert am verruchten Unternehmen.
Verzeiht, Herr, meiner Schuld, nicht meinem Leib.

KÖNIG HEINRICH:

Gott sprech' euch gnädig los! Hört euren Spruch.
Ihr habt auf unsre fürstliche Person
Verschwörung angestiftet, euch verbündet
Mit dem erklärten Feind und habt aus seinen Kisten
Das goldne Handgeld unsers Tods empfangen.
Ihr wolltet euren Herrn dem Mord verkaufen,
Der Knechtschaft seine Prinzen, seine Pairs
Der Schmach, dem Drucke seiner Untertanen
Und der Verheerung sein ganz Königreich.
Wir suchen keine Rache für uns selbst,
Doch liegt uns so das Heil des Reiches ob,
Des Fall ihr suchtet, daß wir dem Gesetz
Euch überliefern müssen. Drum macht euch fort,
Elende arme Sünder, in den Tod,
Wovon den Schmack euch Gott aus seiner Gnade
Geduld zu kosten geb', und wahre Reu'
Für eure Missetaten! – Schafft sie fort!

Die Verschwornen werden mit Wache abgeführt.

Nun, Lords, nach Frankreich, welches Unternehmen
Für euch wie uns wird eben glorreich sein.
Wir zweifeln nicht an einem günst'gen Krieg;
Da Gott so gnädig an das Licht gebracht
Den Hochverrat, an unserm Wege lauernd,
Um den Beginn zu stören, zweifl' ich nicht,
Daß jeder Anstoß nicht geschlichtet sei.
Wohlauf denn, liebe Landgenossen! Laßt
In Gottes Hand uns geben unsre Macht,

Indem wir gleich sie zur Vollstreckung führen.
Fröhlich zur See! Die Fahnen fliegen schon;
Kein König Englands ohne Frankreichs Thron!

Alle ab.

DRITTE SZENE

London. Vor dem Hause der Frau Hurtig in Eastcheap.

Pistol, Frau Hurtig, Nym, Bardolph und der Bursch kommen.

FRAU HURTIG: Ich bitte dich, mein honigsüßer Mann, laß mich dich
bis Staines begleiten.

PISTOL: Nein, denn mein männlich Herz klopft weh.
Bardolph, getrost! Nym, weck' die Prahler-Ader!
Bursch, krause deinen Mut! Denn Falstaff, der ist tot,
Und uns muß weh drum sein.

BARDOLPH: Ich wollte, ich wäre bei ihm, wo er auch sein mag, im
Himmel oder in der Hölle.

FRAU HURTIG: Nein, gewiß, er ist nicht in der Hölle; er ist in Arthurs Schoß, wenn jemals einer in Arthurs Schoß[42] gekommen
ist. Er nahm ein so schönes Ende und schied von hinnen, als
wenn er ein Kind im Westerhemdchen[43] gewesen wäre. Just
zwischen zwölf und eins fuhr er ab, grade wie es zwischen Flut
und Ebbe stand; denn wie ich ihn die Bettlaken zerknüllen sah
und mit Blumen spielen und seine Fingerspitzen anlächeln, da
wußte ich, daß ihm der Weg gewiesen wäre; denn seine Nase
war so spitz wie eine Schreibfeder, und er faselte von grünen
Feldern. „Nun, Sir John?" sagte ich; „ei Mann, seid gutes Muts!"
Damit rief er aus. „Gott! Gott! Gott!" ein Stücker drei- oder
viermal. Ich sagte, um ihn zu trösten, er möchte nicht an Gott
denken, ich hoffte, es täte ihm noch nicht not, sich mit solchen
Gedanken zu plagen. Damit bat er mich, ihm mehr Decken auf
die Füße zu legen. Ich steckte meine Hand in das Bett und befühlte sie, und sie waren so kalt wie ein Stein; darauf befühlte
ich seine Knie, und so immer weiter und weiter hinauf, und alles war so kalt wie ein Stein.

NYM: Sie sagen, er hätte über den Sekt einen Ausruf getan.

FRAU HURTIG: Ja, das tat er auch.

BARDOLPH: Und über die Weibsbilder.

FRAU HURTIG: Ne, das tat er nicht.

BURSCH: Ja, das tat er wohl, und sagte, sie wären eingefleischte
Teufel.

FRAU HURTIG: Ja, was ins Fleisch fiel, das konnte er nicht leiden; die Fleischfarbe war ihm immer zuwider.

BURSCH: Er sagte einmal, der Teufel würde seiner noch wegen der Weibsbilder habhaft werden.

FRAU HURTIG: Auf gewisse Weise hantierte er freilich mit Weibsbildern: aber da war er rheumatisch und sprach von der Hure von Babylon[44].

BURSCH: Erinnert Ihr Euch nicht, wie er einen Floh auf Bardolphs Nase sitzen sah, daß er sagte: es wäre ein schwarze Seele, die im höllischen Feuer brennte?

BARDOLPH: Nun, das Brennholz ist zu Ende, das dies Feuer unterhielt: das ist der ganze Reichtum, den ich in seinem Dienst erworben habe.

NYM: Sollen wir abziehn? Der König wird von Southampton schon weg sein.

PISTOL:
Kommt, laßt uns fort! – Mein Herz, gib mir die Lippen!
Acht' auf den Hausrat und mein fahrend Gut.
Laß Sinne walten; „zecht und zahlt!" so heißt's.
Trau' keinem:
Ein Eid ist Spreu, und Treu' und Glaube Waffeln,
Pack' an, das ist der wahre Hund, mein Täubchen;
Drum laß caveto[45] dir Ratgeber sein.
Geh, trockne deine Perlen. – Waffenbrüder,
Laßt uns nach Frankreich! wie Blutigel, Kinder,
Zu saugen, saugen, recht das Blut zu saugen!

BURSCH: Und das ist eine ungesunde Nahrung, wie sie sagen.

PISTOL: Rührt ihren sanften Mund noch und marschiert.

BARDOLPH: Leb wohl, Wirtin. *Küßt sie.*

NYM: Ich kann nicht küssen, und das ist der Humor davon, aber lebt wohl.

PISTOL: Laß walten Hauswirtschaft! Halt' fest, gebiet' ich dir!

FRAU HURTIG: Leb wohl! Adieu! *Ab.*

Frankreich. Ein Saal im Palast des Königs.

König Karl[46] mit Gefolge, der Dauphin, Herzog von Burgund, der Conne-table[47] und andre.

KÖNIG KARL: So nahn die Englischen mit Heereskraft,
Und über alle Sorgen liegt uns ob,
Zu unsrer Wehr uns königlich zu stellen.
Drum soll Herzog von Berry, von Bretagne,
Von Orleans und Brabant ziehn ins Feld,
Und Ihr, Prinz Dauphin, mit der schnellsten Eil',
Um unsre Kriegesplätze neu zu rüsten
Mit tapfern Männern und mit wehrbar'm Zeug.
Denn England ist in seinem Andrang rasch,
Wie Wasser, das ein Wirbel in sich saugt.
Es ziemt uns denn, die Vorsicht so zu üben,
Wie Furcht uns lehrt an manchem frischen Beispiel,
Das Englands heillos und versäumtes Volk
Auf unsern Feldern ließ.

DAUPHIN: Großmächt'ger Vater,
Es ist gar recht, uns auf den Feind zu rüsten;
Denn Friede selbst muß nicht ein Königreich
So schläfrig machen (wenn auch nicht die Rede
Von Kriege wär' und ausgemachtem Streit),
Daß Landwehr, Musterung und Rüstung nicht
Verstärkt, gehalten und betrieben würde,
Als wäre die Erwartung eines Kriegs.
Drum heiß' ich's billig, daß wir alle ziehn,
Die schwachen Teile Frankreichs zu besehn;
Das laßt uns tun mit keinem Schein von Furcht,
Ja, mit nicht mehr, als hörten wir, daß England
Sich schick' auf einen Mohrentanz zu Pfingsten.
Denn, bester Herr, so eitel prangt sein Thron,
Und seinen Szepter führet so phantastisch
Ein wilder, seichter, launenhafter Jüngling,
Daß ihm kein Schrecken folgt.

CONNETABLE: O still, Prinz Dauphin!
Ihr irrt Euch allzusehr in diesem König.
Frag' Eure Hoheit die Gesandten nur,
Mit welcher Würd' er ihre Botschaft hörte,
Wie wohl mit edlen Räten ausgestattet,

Wie ruhig im Erwidern, und zugleich
Wie schrecklich in entschloßner Festigkeit.
Ihr werdet sehn, sein vorig eitles Wesen
War nur des röm'schen Brutus[48] Außenseite,
Vernunft in einen Torenmantel hüllend,
Wie oft mit Kot der Gärtner Wurzeln deckt,
Die früh und zart vor allen treiben sollen.
DAUPHIN:
Herr Connetable, ei, dem ist nicht so,
Doch nehmen wir's so an, es schadet nicht.
Im Fall der Gegenwehr ist es am besten,
Den Feind für mächt'ger halten, als er scheint;
So füllet sich das Maß der Gegenwehr,
Die sonst, bei schwachem, kärglichem Entwurf,
Gleich einem Filz, ein wenig Tuch zu sparen,
Den Rock verdirbt.
KÖNIG KARL:
Gut! Halten wir den König Heinrich stark,
Und Prinzen, rüstet stark euch wider ihn.
Denn sein Geschlecht hat unser Fleisch gekostet,
Und er stammt ab von dieser blut'gen Reih',
Die auf den heim'schen Pfaden uns verfolgt.
Des zeugt der zu gedächtniswürd'ge Tag,
Als Cressys Schlacht verderblich ward geschlagen
Und unsre Prinzen alle in die Hände
Dem schwarzen Namen Eduard fielen,
Dem Schwarzen Prinz von Wales, indes sein Vater,
Des Berges Fürst, auf einem Berge stehend,
Hoch in der Luft, gekrönt von goldner Sonne,
Den Heldensprößling sah, und ihn mit Lächeln
Die Werke der Natur verstümmeln sah
Und Bildnisse verlöschen, welche Gott
Und fränk'sche Väter zwanzig Jahr hindurch
Geschaffen hatten. Dieser ist ein Zweig
Von jenem Siegerstamm: und laßt uns fürchten
Die angeborne Kraft und sein Geschick!
                    Ein Bote tritt auf.
BOTE: Gesandte Heinrichs, Königes von England,
Begehren Zutritt zu Eu'r Majestät.
KÖNIG KARL: Wir geben ihnen gleich Gehör. – Geht, holt sie.
                    Bote und einige Herren vom Hofe ab.
Ihr seht, die Jagd wird heiß betrieben, Freunde.
DAUPHIN: Macht Halt und bietet Stirn! Denn feige Hunde

Sind mit dem Maul am freisten, wenn ihr Wild
Schon weit vorausläuft. Bester Fürst, seid kurz
Mit diesen Englischen und laßt sie wissen,
Von welcher Monarchie das Haupt Ihr seid.
Selbstliebe, Herr, ist nicht so schnöde Sünde
Als Selbstversäumnis.

     Die Herren kommen mit Exeter und Gefolge zurück.

KÖNIG KARL: Von unserm Bruder England?
EXETER: Von ihm; so grüßt er Eure Majestät.
 Er heischt in des Allmächt'gen Gottes Namen,
 Daß Ihr Euch abtun und entkleiden sollt
 Erborgter Hoheit, die durch Gunst des Himmels,
 Durch der Natur und Völker Recht ihm zusteht
 Und seinen Erben; namentlich die Krone
 Und aller Ehren weiten Kreis, den Sitte
 Und Anordnung der Zeiten zugeteilt
 Der Krone Frankreichs. Daß Ihr wissen mögt,
 Dies sei kein loser ungereimter Anspruch,
 Entdeckt im Wurmfraß längst verschwundner Tage,
 Vom Staube der Vergessenheit gescharrt,
 Schickt er Euch dies höchst denkwürd'ge Reih',

     überreicht ein Papier

 In jedem Zweige wahrhaft überzeugend,
 Und heißt Euch diesen Stammbaum überschaun.
 Und wenn Ihr grade abgestammt ihn findet
 Vom rühmlichsten der hochberühmten Ahnen,
 Eduard dem Dritten, heißt er Euch Verzicht
 Auf Kron' und Reich tun, die Ihr unrechtmäßig
 Ihm als gebornen Eigner vorenthaltet.
KÖNIG KARL: Sonst, was erfolgt?
EXETER: Der blut'ge Zwang; denn wenn ihr selbst die Krone
 In euren Herzen bürg't[49], er stört nach ihr[50].
 Deswegen kommt er an in wildem Sturm,
 In Donner und Erdbeben, wie ein Zeus,
 Auf daß er nöt'ge, wenn kein Mahnen hilft;
 Und heißt Euch, beim Erbarmen Gott des Herrn,
 Die Krone abstehn[51] und der armen Seelen,
 Für welche dieser gier'ge Krieg den Rachen
 Schon öffnet, schonen; und auf Euer Haupt
 Wälzt er der Waisen Schrei, der Witwen Tränen,
 Der Toten Blut, verlaßner Mädchen Ächzen
 Um Gatten, Väter und um Anverlobte,
 Die diese Zwistigkeit verschlingen wird.

Dies ist sein Ruf, sein Drohn und meine Botschaft,
Wo nicht der Dauphin gegenwärtig ist,
Den ich ausdrücklich zu begrüßen habe.

KÖNIG KARL: Was uns betrifft, wir wollen dies erwägen;
Wir geben morgen den Bescheid Euch mit
An unsern Bruder England.

DAUPHIN: Was den Dauphin,
So steh' ich hier für ihn: was schickt ihm England?

EXETER: Des Trotzes, der Verachtung und des Hohns
Und alles des, was nicht mißziemen[52] mag
Dem großen Sender, schätzet er Euch wert.
So spricht mein Fürst; wenn Eures Vaters Hoheit
Nicht durch Gewährung aller Foderungen
Den bittern Spott versüßt, den Ihr an ihn gesandt,
Wird er zu heißer Rechenschaft Euch ziehn,
Daß Frankreichs bauchige Gewölb' und Höhlen
Euch schelten sollen und den Spott zurück
In seiner Stücke zweitem Hall Euch geben.

DAUPHIN: Sagt, wenn mein Vater freundlich Antwort gibt,
Sei's wider meinen Willen; denn mir liegt
An nichts als Zwist mit England: zu dem Ende,
Als seiner eitlen Jugend angemessen,
Sandt' ich ihm die Pariser Bälle[53] zu.

EXETER: Dafür wird Eu'r Pariser Louvre[54] zittern,
Wär's auch Europas hoher Oberhof.
Und glaubt, Ihr werdet einen Abstand finden
(Wie wir, sein Volk, erstaunt gefunden haben)
Von der Verheißung seiner jüngern Tage
Und denen, die er jetzt zu meistern weiß.
Er wägt die Zeit jetzt auf ein Körnchen ab,
Was Ihr in Euren eignen Niederlagen
Erfahren sollt, wenn er in Frankreich bleibt.

KÖNIG KARL: Auf morgen sollt Ihr unsre Meinung wissen.

EXETER: Entlaßt uns eilig, daß nicht unser König
Nach dem Verzug zu fragen selber komme,
Denn Fuß hat er im Lande schon gefaßt.

KÖNIG KARL: Ihr sollt entlassen werden alsobald
Mit einem bill'gen Antrag; eine Nacht
Ist nur ein Odemzug und kurze Frist,
Um auf so wicht'ge Dinge zu erwidern.

Alle ab.

DRITTER AUFZUG

CHORUS *tritt auf.*

So fliegt auf eingebild'ten Fittigen
Die rasche Szene mit nicht mider Eil'
Als der Gedanke. Stellt euch vor, ihr saht
Am Hampton-Damm den wohlverseh'nen König
Sein Königtum einschiffen, sein Geschwader
Den jungen Tag mit seidnen Wimpeln fächeln[55].
Spielt mit der Phantasie, und seht in ihr
Am hänfnen Tauwerk Schifferjungen klettern;
Die helle Pfeife hört, die Ordnung schafft
Verwirrten Lauten; seht die Leinensegel,
Die unsichtbare Winde schleichend heben,
Durch die gefurchte See die großen Kiele,
Den Fluten trotzend, ziehn. Oh, denket nur,
Ihr steht am Strand und sehet eine Stadt
Hintanzen auf den unbeständ'gen Wogen;
Denn so erscheint die majestät'sche Flotte,
Den Lauf nach Harfleur wendend. Folgt ihr! Folgt ihr!
Hakt euch im Geist an dieser Flotte Steuer,
Verlaßt eu'r England, still wie Mitternacht,
Bewacht von Greisen, Kindern, alten Frau'n,
Wo Mark und Kraft noch fehlt und schon verging;
Denn wer, dem nur ein einzig keimend Haar
Das Kinn begabt, ist nicht bereit, nach Frankreich
Der auserlesnen Ritterschaft zu folgen?
Auf, auf, im Geist! Seht einer Stadt Belag'rung,
Seht das Geschütz auf den Lafetten stehn,
Auf Harfleur mit den Mündern tödlich gähnend.
Denkt, der Gesandt' aus Frankreich sei zurück
Und meld' an Heinrich, daß der König ihm
Antrage seine Tochter Katharina[56],

Mit ihr zum Brautschatz ein paar Herzogtümer,
So klein und unersprießlich. Das Erbieten
Gefällt nicht, und der schnelle Kanonier
Rührt mit der Lunte nun die höll'schen Stücke,
Getümmel. Es werden Kanonen abgefeuert.
Die alles niederschmettern. Bleibt geneigt!
Eu'r Sinn ergänze, was die Bühne zeigt. *Ab.*

ERSTE SZENE

Frankreich. Vor Harfleur.

*Getümmel. König Heinrich, Exeter, Bedford, Gloster und
Soldaten mit Sturmleitern.*

KÖNIG HEINRICH:
Noch einmal stürmt, noch einmal, lieben Freunde!
Sonst füllt mit toten Englischen die Mauer!
Im Frieden kann so wohl nichts einem Mann
Als Demut und bescheidne Stille kleiden;
Doch bläst des Krieges Wetter euch ins Ohr,
Dann ahmt den Tiger nach in seinem Tun;
Spannt eure Sehnen, ruft das Blut herbei,
Entstellt die liebliche Natur mit Wut,
Dann leiht dem Auge einen Schreckensblick
Und laßt es durch des Hauptes Bollwerk spähn
Wie ehernes Geschütz; die Braue schatt' es
So furchtbarlich, wie ein zerfreßner Fels
Weit vorhängt über seinen schwachen Fuß,
Vom wilden, wüsten Ozean umwühlt.
Nun knirscht die Zähne, schwellt die Nüstern auf,
Den Atem hemmt, spannt alle Lebensgeister
Zur vollen Höh'! – Auf, Englische von Adel!
Das Blut von kriegbewährten Vätern hegend,
Von Vätern, die, wie so viel' Alexander[57],
Von früh bis Nacht in diesen Landen fochten,
Und, nur weil Stoff gebrach, die Schwerter bargen!
Entehrt nicht eure Mütter; nun bewährt,
Daß, die ihr Väter nanntet, euch erzeugt.
Seid nun ein Vorbild Menschen gröbern Bluts
Und lehrt sie kriegen! – Ihr auch, wackres Landvolk,
In England groß gewachsen, zeigt uns hier

Die Kraft genoßner Nahrung; laßt uns schwören,
Ihr seid der Pflege wert, was ich nicht zweifle:
Denn so gering und schlecht ist euer keiner,
Daß er nicht edlen Glanz im Auge trüg'.
Ich seh' euch stehn, wie Jagdhund' an der Leine,
Gerichtet auf den Sprung; das Wild ist auf,
Folgt eurem Mute, und bei diesem Sturm
Ruft: „Gott mit Heinrich! England! Sankt Georg![58]"
Alle ab. Getümmel und Kanonenschüsse.

ZWEITE SZENE

Ebendaselbst.

Truppen marschieren über die Bühne; dann kommen Nym, Bardolph,
Pistol und Bursch.

BARDOLPH: Zu, zu, zu, zu! In die Bresche! In die Bresche!

NYM: Ich bitte dich, Korporal, halt! Die Püffe sind zu hitzig, und
ich für mein Teil habe nicht ein paar Leben; der Humor davon
ist zu hitzig, das ist die wahre Litanei davon.

PISTOL: Die Litanei ist recht: Humore sind im Schwang,
Gehn Püff' und kommen, Gottes Knechte sterben,
    Und Schwert und Schild
    Im Blutgefild
        Erwirbt sich ew'gen Ruhm.

BARDOLPH: Ich wollte, ich wäre in einer Bierschenke in London!
Ich wollte meinen ganzen Ruhm für einen Krug Bier und Sicherheit geben.

PISTOL: Ich auch:
    Wenn Wünsche könnten helfen mir,
    An Eifer sollt's nicht fehlen mir,
        Ich eilte stracks dahin.

BURSCH: So klar, doch nicht so wahr, wie Vöglein auf dem Zweige
singt.

Fluellen kommt.

FLUELLEN: Gotts Plitz! – Hinauf in die Presche, ihr Schufte!
Wollt ihr nicht hinauf in die Presche? *Treibt sie vorwärts.*

PISTOL: Sei Erdensöhnen gnädig, großer Herzog!
Laß nach mit Wüten! Laß dein männlich Wüten!
Laß, großer Herzog, nach!
Mein Männchen, keine Wut! Mit Milde, liebstes Kind!

NYM: Das sind gute Humore! So 'ne Ehre bringt schlechte Humore ein.

Nym, Pistol und Bardolph ab. Fluellen ihnen nach.

BURSCH: So jung ich bin, habe ich diese Schwadronierer doch schon beobachtet. Ich bin Bursch bei allen dreien, aber alle drei, wenn sie mir aufwarten wollten, könnten doch nicht mein Kerl sein: denn wahrhaftig, drei solche Fratzen machen zusammen keinen Kerl aus. Was Bardolph betrifft, der ist weiß von Leber[59] und rot von Gesicht, vermöge dessen er verwegen drein sieht, aber nicht ficht. Pistol, der hat eine wilde Zunge und einen stillen Degen, vermöge deren er Worten den Hals bricht und seine Waffen heil erhält. Nym, der hat gehört, daß Männer von wenig Worten die besten sind, und deswegen schämt er sich, sein Gebet herzusagen, damit man ihn nicht für eine feige Memme halte. Aber seine wenigen schlechten Worte sind mit eben so wenigen guten Taten gepaart, denn er schlug nie eines Menschen Kopf entzwei als seinen eignen, und das geschah gegen einen Pfosten, als er betrunken war. Sie stehlen, was ihnen vorkommt, und das nennen sie Handel und Wandel. Bardolph stahl einen Lautenkasten, trug ihn zwölf Stunden weit und verkaufte ihn für drei Kreuzer. Nym und Bardolph sind geschworne Brüder im Mausen, und in Calais stahlen sie eine Feuerschaufel: ich sah wohl an diesem Probestücke, daß die Kerle Herumstörer wären. Sie wollen mich so vertraut mit andrer Leute Taschen haben als ihre Handschuhe oder Schnupftücher, was meiner Mannheit sehr entgegen ist; wenn ich aus der Tasche eines andern nehmen sollte, um es in meine zu stecken: das hieße geradezu Unrecht einstecken. Ich muß sie verlassen und mir einen bessern Dienst suchen: ihre Schelmerei ist meinem schwachen Magen zuwider, ich muß sie von mir geben. *Bursch ab.*

Fluellen kommt zurück, und Gower nach ihm.

GOWER: Kapitän Fluellen, Ihr müßt unverzüglich zu den Minen kommen; der Herzog von Gloster will mit Euch sprechen.

FLUELLEN: Zu den Minen? Sagt Ihr dem Herzog, daß es nicht gar zu gut ist, zu den Minen zu kommen; denn, seht Ihr, die Minen sein nicht der Kriegsdisziplin gemäß, die Konkavität[60] derselben sein nicht hinreichend; denn, seht Ihr, der Feind, wie Ihr dem Herzoge erläutern könnt, seht Ihr, ist vier Ellen tief unter die Konterminen eingegraben. Bei Jessus, ich denke, er werden alles in die Luft sprengen, wenn da keine bessere Direktionen sein.

GOWER: Der Herzog von Gloster, der den Befehl bei der Belagerung führt, wird ganz von einem Irländer geleitet, einem sehr braven Manne, wahrhaftig.

FLUELLEN: Es ist der Kapitän Macmorris, nicht wahr?

GOWER: Ich denke, der ist's.

FLUELLEN: Bei Jessus, er sein ein Esel, wie einer in der Welt, das will ich ihm in seinen Bart hinein bezeugen. Er hat nicht mehr Ordonnanz[61] in der wahren Kriegsdisziplin, seht Ihr, was römische Disziplin sein, als ein Gelbschnabel haben tut.

Macmorris und Jamy treten in der Entfernung auf.

GOWER: Da kommt er, und der schottische Kapitän, Kapitän Jamy, mit ihm.

FLUELLEN: Kapitän Jamy ist ein erstauendlich prafer Mann, das ist gewiß, und von großer Fertigkeit und Wissenschaft in den alten Kriegen, nach meiner absonderlichen Wissenschaft seiner Ordonnanzen; bei Jessus, er behauptet sein Argument so gut als irgendein Kriegesmann, was Disziplinen aus den vormaligen Kriegen der Römer sein.

JAMY: Ich sage guoten Tag, Kapitän Fluellen.

FLUELLEN: Gott grüße Euer Edlen, Kapitän Jamy.

GOWER: Wie steht's, Kapitän Macmorris? Habt Ihr die Minen verlassen? Haben es die Schanzgräber aufgegeben?

MACMORRIS: Bei Chrischtus, 's ischt übel getan: die Arbeit ischt aufgegeben, die Trompeten blasen zum Rückzuge. Bei meiner Hand schwöre ich, und bei meines Vaters Seele, die Arbeit ischt übel getan, sie ischt aufgegeben: ich hätte die Stadt in die Luft gesprengt, so mir Chrischtus helfe, binnen einer Stunde. Oh, 's ischt übel getan, 's ischt übel getan, bei meiner Hand, 's ischt übel getan.

FLUELLEN: Kapitän 'Macmorris, ich ersuche Euch nun, wollt Ihr
mir, seht Ihr, einige wenige Disputationen mit Euch erlauben,
als zum Teil betreffend oder angehend die Disziplin des Krieges, was römische Kriege sein; auf dem Wege des Argumentie-
rens, seht Ihr, und freundlichen Kommunizierens: teils um
meine Meinung zu rechtfertigen, und teils, seht Ihr, zur Rechtfertigung meiner Gesinnung, was die Ordonnanz der Kriegesdisziplin anlangt; das ist der wahre Punkt.

JAMY: Das wird sehr guot sein, ihr guoten Kapitäns beide, und ich
will auch_mainen Verlaub nehmen, wenn's die Gelegenheit
gibt, das will ich, mainer Treu.

MACMORRIS: Es ischt keine Zeit zum Reden, so mir Chrischtus
helfe, der Tag ist heiß, und das Wetter, und der Krieg, und der
König, und die Herzoge; es ischt keine Zeit zum Reden. Die
Stadt wird berannt, und die Trompete ruft uns zur Bresche, und
wir sprechen, und tun, bei Chrischtus, gar nichts; 's ischt
Schande für uns alle, so mir Gott helfe, 's ischt Schande, still zu
stehen, 's ischt Schande, bei meiner Hand: und da hat sich's
Kehlen abzuschneiden, und Arbeiten zu tun, und es wird
nischt getan, so mir Chrischtus helfe.

JAMY: Beim Sakrament, eher diese maine Augen in Schlaf fallen,
will ich guoten Dienst verrichten, oder ich will davor im Ärdbo-
den liegen, ja, oder zum Tode gehen; und ich will es so tapfer
bezahlen, wie ich kann, (das werde ich sicherlich tun,) das ist
das Kurze und das Lange davon. Main Treu, ich hätte gern ein
Gespräch zwischen euch baiden angehört.

FLUELLEN: Kapitän Macmorris, ich denke, seht Ihr, unter Eurer
Genehmhaltung, es sein nicht viele von Eurer Nation –

MACMORRIS: Meiner Nation? Was ischt meine Nation? Ischt's ein
Hundsfott, und ein Bastard, und ein Schelm, und ein Schurke?
Was ischt meine Nation? Wer spricht von meiner Nation?

FLUELLEN: Seht Ihr, wenn Ihr die Sache anders nehmt, als sie gemeint war, Kapitän Macmorris, so werde ich unmaßgeblich denken, daß Ihr mir nicht mit der Leutseligkeit begegnet, als Ihr
mir vernünftigerweise begegnen solltet, seht Ihr, da ich ein
ebenso guter Mann als Ihr bin, sowohl was die Kriegesdisziplin,
als die Abkunft meiner Geburt und andre Absonderlichkeiten
betrifft.

MACMORRIS: Ich weiß nicht, daß Ihr ein so guter Mann seid als ich;
so mir Chrischtus helfe, ich will Euch den Kopf abhauen.

GOWER: Ihr Herren beide, ihr werdet einander mißverstehen.

JAMY: Ay, das ist ein garstiger Fehler.

Es wird zur Unterhandlung geblasen.

FLUELLEN: Kapitän Macmorris, wenn einmal besser gelegnere Zeit verlangt wird, seht Ihr, so werde ich so dreist sein, Euch zu sagen, daß ich die Kriegesdisziplin verstehe, und damit gut.
Alle ab.

DRITTE SZENE

Ebendaselbst.

Der Befehlshaber und einige Bürger auf den Mauern; die englischen Truppen unten. König Heinrich und sein Zug treten auf.

KÖNIG HEINRICH:
Was hat der Hauptmann dieser Stadt beschlossen?
Wir lassen kein Gespräch nach diesem zu:
Darum ergebt euch unsrer besten Gnade,
Sonst ruft, wie Menschen, auf Vernichtung stolz,
Uns auf zum Ärgsten; denn, so wahr ich ein Soldat
(Ein Nam', der, denk' ich, mir am besten ziemt),
Fang' ich noch einmal das Beschießen an,
So lass' ich nicht das halb zerstörte Harfleur,
Bis es in seiner Asche liegt begraben.
Der Gnade Pforten will ich alle schließen,
Der eingefleischte Krieger rauhes Herzens
Soll schwärmen, sein Gewissen höllenweit,
In Freiheit blut'ger Hand und mähn wie Gras
Die holden Jungfrau'n und die blüh'nden Kinder.
Was ist es mir denn, wenn ruchloser Krieg,
Im Flammenschmucke, wie der Bösen Fürst,
Beschmiert im Antlitz, alle grausen Taten
Der Plünderung und der Verheerung übt?
Was ist es mir, wenn ihr es selbst verschuldet,
Daß eure reinen Jungfrau'n in die Hand
Der zwingenden und glüh'nden Notzucht fallen?
Was für ein Zügel hält die freche Bosheit,
Wenn sie bergab in wildem Laufe stürmt?
So fruchtlos wendet unser eitles Wort
Beim Plündern sich an die ergrimmten Krieger,
Als man dem Leviathan[62] anbeföhle,
Ans Land zu kommen. Darum, ihr von Harfleur,
Habt Mitleid mit der Stadt und eurem Volk,
Weil noch mein Heer mir zu Gebote steht,
Weil noch der kühle, sanfte Wind der Gnade

Das ekle, giftige Gewölk verweht
Von starrem Morde, Raub und Büberei.
Wo nicht, erwartet augenblicks besudelt
Zu sehn vom blinden blutigen Soldaten
Die Locken eurer gellend schrei'nden Töchter;
Am Silberbart ergriffen eure Väter,
Ihr würdig Haupt geschmettert an die Wand;
Gespießt auf Piken eure nackten Kinder,
Indes der Mütter rasendes Geheul
Die Wolken teilt, wie dort der jüd'schen Weiber
Bei der Herodes-Knechte blut'ger Jagd[63].
Was sagt ihr? Gebt ihr nach und wollt dies meiden?
Wo nicht, durch Widerstand das Ärgste leiden?

BEFEHLSHABER:
An diesem Tage endet unsre Hoffnung.
Der Dauphin, den um Hülfe wir ersucht,
Erwidert, zu so wichtigem Ersatz
Sei er noch nicht bereit. Drum, großer König,
Ergeben wir die Stadt und unser Leben
In deine milde Gnade; zieh herein,
Schalt' über uns und was nur unser ist,
Denn wir sind nun nicht länger haltbar mehr.

KÖNIG HEINRICH: Öffnet die Tore! – Oheim Exeter,
Geht und besetzt Harfleur; bleibt daselbst,
Befestigt stark es gegen die Franzosen,
Seid allen gnädig. – Wir, mein teurer Oheim,
Da sich der Winter naht und Krankheit zunimmt
In unserm Heer, ziehn nach Calais zurück.
Heut nacht sind wir in Harfleur Euer Gast,
Auf morgen schon sind wir zum Marsch gefaßt.

Trompetenstoß. Der König, sein Gefolge und Truppen
ziehn in die Stadt.

VIERTE SZENE

Rouen. Ein Zimmer im Palast.

Katharina und Alice treten auf.

KATHARINA[64]: Alice, tu as été en Angleterre, et tu parles bien la
langue du pays.
ALICE: Un peu, madame.

KATHARINA: Je te prie, enseigne-la-moi; il faut que j'apprenne à parler. Comment appelez-vous la main en Anglais?

ALICE: La main? Elle est appelée de hand.

KATHARINA: De hand. Et les doigts?

ALICE: Les doigts? Ma foi, j'ai oublié les doigts, mais je m'en souviendrai. Les doigts? Je pense qu'ils sont appelés de fingres; oui, de fingres.

KATHARINA: La main, de hand, les doigts, de fingres. Je pense que je suis bonne écolière: j'ai gagné deux mots d'Anglais assez vite. Comment appelez-vous les ongles?

ALICE: Les ongles? On les appelle de nails.

KATHARINA: De nails. Ecoutez! dites-moi, si je parle bien: de hand, de fingres, de nails.

ALICE: C'est bien dit, madame, c'est du fort bon Anglais.

KATHARINA: Dites-moi en Anglais, le bras.

ALICE: De arm, madame.

KATHARINA: Et le coude?

ALICE: De elbow.

KATHARINA: De elbow. Je me fais la répétition de tous les mots que vous m'avez appris dès à present.

ALICE: C'est trop difficile, madame, comme je pense.

KATHARINA: Excusez-moi, Alice; écoutez: de hand, de fingres, de nails, de arm, de bilbow.

ALICE: De elbow, madame.

KATHARINA: O seigneur Dieu, je l'oublie: de elbow. Comment appelez-vous le cou?

ALICE: De neck, madame.

KATHARINA: De neck, et le menton?

ALICE: De chin.

KATHARINA: De sin. Le cou, de neck; le menton, de sin.

ALICE: Oui. Sauf votre honneur, en vérité, vous prononcez les mots aussi juste que les natifs d' Angleterre.

KATHARINA: Je ne doute point que je n'apprendrai par la grace de Dieu, et en peu de temps.

ALICE: N'avez-vous pas déjà oublié ce que je vous ai enseigné?

KATHARINA: Non, je le vous réciterai promptement. De hand, de fingres, de mails, –

ALICE: De nails, madame.

KATHARINA: De nails, de arme, de ilbow, –

ALICE: Sauf votre honneur, de elbow.

KATHARINA: C'est ce que je dis: de elbow, de neck et de sin. Comment appelez-vous le pied et la robe?

ALICE: De foot, madame, et de con.

KATHARINA: De foot et de con? O seigneur Dieu! Ce sont des
mots d'un son mauvais, corrompu, grossier et impudique, et dont
les dames d'honneur ne sauraient se servir; je ne voudrais prononcer ces mots devant les seigneurs de France pour tout le monde. Il
faut de foot et de con néanmoins. Je réciterai encore une fois
ma leçon ensemble: de hand, de fingres, de nails, de arm,
de elbow, de neck, de sin, de foot, de con.

ALICE: Excellent, madame!

KATHARINA: C'est assez pour une fois: allons-nous-en à dîner.

Ab.

FÜNFTE SZENE

Ein andres Zimmer im Palast.

*König Karl, der Dauphin, Herzog von Bourbon, der Connetable von
Frankreich und andere treten auf.*

KÖNIG KARL: Man weiß, er ist die Somme schon herüber.

CONNETABLE:
 Und ficht man nicht mit ihm, Herr, laßt uns nicht
 In Frankreich leben; stehn wir ab von allem
 Und geben unser Weinland den Barbaren!

399

DAUPHIN: O Dieu vivant![65] Daß ein paar unsrer Sprossen,
Der Auswurf von den Lüsten unsrer Väter,
Pfropfreiser, in den wilden Stamm gesetzt,
So plötzlich in die Wolken konnten schießen,
Um ihre Impfer nun zu übersehn!
BOURBON: Normannen[66] nur! Bastarde von Normannen!
Mort de ma vie![67] Wenn sie unbestritten
Einherziehn, biet' ich feil mein Herzogtum
Und kaufe einen kleinen Meierhof
In der gezackten Insel Albions[68].
CONNETABLE: Dieu des batailles![69] Woher käm' ihr Feuer?
Ist nicht ihr Klima neblicht, rauh und dumpf,
Worauf die Sonne bleich sieht, wie zum Hohn,
Mit finstern Blicken ihre Früchte tötend?
Kann ihre Gerstenbrüh', gesottnes Wasser,
Ein Trank für überrittne Mähren nur,
Ihr kaltes Blut zu tapfrer Hitze kochen?
Und unser reges Blut, vom Wein begeistert,
Scheint frostig? Oh, zu unsers Landes Ehre,
Laßt uns nicht hängen, zäh wie Eises Zacken,
An unsrer Häuser Dach, indes ein frost'ger Volk
Die Tropfen aufgeweckter Jugend schwitzt
In unsern reichen Feldern, arm allein
Ihn ihren angebornen Herrn zu nennen.
DAUPHIN: Bei Treu' und Glauben! Unsre Damen haben
Zum besten uns und sagen grad' heraus,
Dahin sei unser Feuer, und sie wollen
Der Jugend Englands ihre Leiber bieten,
Mit Bastard-Kriegern Frankreich zu bevölkern.
BOURBON:
Sie weisen uns auf die Tanzböden Englands,
Dort hurt'ge Volten und Couranten lehren[70];
Sie sagen, unser Ruhm sei in den Fersen,
Und wir sei'n Läufer von der ersten Größe.
KÖNIG KARL:
Wo ist Montjoye, der Herold? Schickt ihn fort!
Mit unserm scharfen Trotze grüß' er England.
Auf, Prinzen, und ins Feld, mit einem Geist,
Den Ehre schärfer wetzt als eure Degen!
Karl De la Bret, Groß-Connetable Frankreichs,
Ihr Herrn von Orleans, Bourbon und Berry,
Alençon, Brabant, Bar und von Burgund,
Jacques Chatillon, Rambures, Vaudemont,

Beaumont, Grandpré, Roussi und Fauconberg,
Foix, Lestrale, Bouciqualt und Charolois,
Herzöge, große Prinzen und Barone,
Und Herrn und Ritter! Für die großen Leh'n
Befreit euch nun von solcher großen Schmach!
Hemmt Heinrich England, der durch unser Land
Mit Fähnlein zieht, mit Harfleurs Blut bemalt;
Stürzt auf sein Heer, wie der geschmolzne Schnee
Ins Tal, auf dessen niedern Dienersitz
Die Alpen ihre Feuchtigkeiten spein.
Zieht – ihr habt Macht genug – zu ihm hinab
Und bringt auf einem Wagen ihn gebunden
Gefangen nach Rouen.
CONNETABLE: So ziemt es Großen.
Mir tut's nur leid, daß seine Zahl so klein,
Sein Volk vom Marsch verhungert ist und krank.
Denn ich bin sicher, sieht er unser Heer,
So sinkt sein Herz in bodenlose Furcht,
Statt Taten wird er seine Lösung bieten.
KÖNIG KARL:
Drum eilet den Montjoye, Herr Connetable,
Laßt ihn an England sagen, daß wir senden,
Zu sehn, was er für will'ge Lösung gibt. –
Prinz Dauphin, Ihr bleibt bei uns in Rouen.
DAUPHIN: Nicht so, ich bitt' Eur' Majestät darum.
KÖNIG KARL:
Seid ruhig, denn Ihr bleibt zurück mit uns. –
Auf, Connetable, und ihr Prinzen all!
Und bringt uns Nachricht bald von Englands Fall!
                    Alle ab.

SECHSTE SZENE

Das englische Lager in der Pikardie.

Gower und Fluellen treten auf.

GOWER: Wie steht's, Kapitän Fluellen? Kommt Ihr von der
Brücke?
FLUELLEN: Ich versichre Euch, es wird bei der Prücke gar fürtreffli-
cher Dienst ausgerichtet.
GOWER: Ist der Herzog von Exeter in Sicherheit?
FLUELLEN: Der Herzog von Exeter ist so heldenmütig wie Aga-

memnon[71], und ein Mann, den ich liebe und verehre mit meiner Seele, und meinem Herzen, und meinem Eifer, und meinem Leben, und meinen Lebtagen, und meinem äußersten Vermögen; er ist, Gott sei Lob und Dank, nicht im geringsten in der Welt verwundet, sondern behauptet die Prücke gar tapfer mit fürtrefflicher Disziplin. Es ist da ein Fähndrich bei der Prücke, ich denke in meinem besten Gewissen, er ist ein so tapfrer Mann wie Mark Anton[72]: und er ist ein Mann von keiner Achtbarkeit in der Welt, aber ich sah ihn wackern Dienst verrichten.

GOWER: Wie nennt Ihr ihn?

FLUELLEN: Er heißt Fähndrich Pistol.

GOWER: Ich kenne ihn nicht.

Pistol kommt.

FLUELLEN: Kennt Ihr ihn nicht? Da kommt unser Mann.

PISTOL: Hauptmann, ich bitte dich, mir Gunst zu tun:
Der Herzog Exeter ist dir geneigt.

FLUELLEN: Ja, Gott sei gelobt, und ich habe auch einige Liebe seinerseits verdient.

PISTOL:

Bardolph, ein Krieger, fest und stark von Herzen,
Von munterm Mute, hat durch grausam Schicksal
Und tollen Glückes grimmig wechselnd Rad
Der blinden Göttin,
Die auf dem rastlos roll'nden Steine steht, –

FLUELLEN: Mit Eurem Verlaub, Fähndrich Pistol. Fortuna wird plind gemalt, mit einer Binde vor ihren Augen, um Euch anzudeuten, daß das Glück plind ist. Ferner wird sie auch mit einem Rade gemalt, um Euch anzudeuten, was die Moral daraus ist, daß sie wechselnd und unbeständig ist, und Veränderung, und Wankelmütigkeiten; und ihr Fuß, seht Ihr, ist auf einen kugelförmigen Stein gestellt, der rollt und rollt und rollt. In wahrem Ernste, von den Poeten sein gar fürtreffliche Beschreibung der Fortuna gemacht, Fortuna seht Ihr, ist eine fürtreffliche Moral.

PISTOL:

Fortun' ist Bardolphs Feind und zürnt mit ihm:
Er stahl nur ein' Monstranz[73] und muß gehangen sein.
Verdammter Tod!
Der Mensch sei frei, der Galgen gähne Hunden,
Und Hanf ersticke nicht die Luftröhr' ihm!
Doch Exeter hat Todesspruch erteilt
Um nichtige Monstranz;
Drum geh und sprich, der Herzog hört dein Wort,

Laß Bardolphs Lebensfaden nicht zerschneiden
Mit scharfem Pfennigsstrick und niederm Schimpf.
Sprich, Hauptmann, für sein Heil, und ich vergelt' es dir.

FLUELLEN: Fähndrich Pistol, ich verstehe gewissermaßen Eure
Meinung.

PISTOL: Nun denn, so freu' dich des!

FLUELLEN: Gewißlich, Fähndrich, es ist keine Sache, um sich darüber zu freun; denn, seht Ihr, wenn er mein Pruder wäre, so
wollte ich den Herzog bitten, nach bestem Belieben mit ihm zu
verfahren und die Exekution an ihm auszuüben, denn Disziplin muß gehandhabt werden.

PISTOL: So stirb und sei verdammt, und figo[74] dir
Für deine Freundschaft!

FLUELLEN: Es ist gut.

PISTOL: Die span'sche Feige. *Pistol ab.*

FLUELLEN: Sehr wohl.

GOWER: Ei, das ist ein erzbetrügerischer Schelm, jetzt erinnre ich
mich seiner; ein Kuppler, ein Beutelschneider.

FLUELLEN: Ich versichre Euch, er gab bei der Prücke so prafe
Worte zu vernehmen, wie man sie nur an einem Festtage sehen
kann. Aber es ist sehr gut, ich stehe Euch dafür, wenn die Zeit
dienlich kommt.

GOWER: Ei, er ist ein Gimpel, ein Narr, ein Schelm, der dann und
wann in den Krieg geht, um bei seiner Zurückkunft in London
in der Gestalt eines Soldaten zu prangen. Und dergleichen Gesellen sind fertig mit den Namen großer Feldherrn, und sie lernen auswendig, wo Dienste geleistet worden sind: bei der oder
der Feldschanze, bei dieser Bresche, bei jener Bedeckung; wer
rühmlich davon kam, wer erschossen ward, wer sich beschimpfte, welche Lage der Feind behauptet. Und dies lernen
sie vollkommen in der Soldatensprache, die sie mit Flüchen auf-
stutzen; und was ein Bart nach dem Schnitte des Generals und
ein rauher Feldanzug, unter schäumenden Flaschen und witzi-
gen Köpfen in Bier getaucht, vermögen, das ist erstaunlich zu
denken. Aber Ihr müßt solche Mißzierden des Zeitalters kennen lernen, sonst könnt Ihr Euch außerordentlich betrügen.

FLUELLEN: Ich will Euch was sagen, Kapitän Gower: ich merke
schon, er ist nicht der Mann, als den er sich gern bei der Welt
möchte gelten lassen. Wenn ich ein Loch in seinem Rocke
finde, so will ich ihm meine Meinung sagen.

Man hört Trommeln.

Hört Ihr, der König kommt, und ich muß mit ihm von wegen
der Prücke reden.

König Heinrich, Gloster und Soldaten treten auf.

FLUELLEN: Gott segne Eure Majestät!

KÖNIG HEINRICH: Nun, Fluellen, kommst du von der Brücke?

FLUELLEN: Ja, zu Euer Majestät Befehl. Der Herzog von Exeter hat die Prücke sehr tapfer behauptet, die Franzosen sein davon gegangen, und es gibt daselbst prafe und gar tapfere Vorfälle. Meiner Treu, der Feind tat die Brücke in Besitz nehmen, aber er ist genötigt, sich zurück zu ziehn, und der Herzog von Exeter ist Meister von der Prücke; ich kann Euer Majestät sagen, der Herzog ist ein prafer Mann.

KÖNIG HEINRICH: Was habt Ihr für Leute verloren, Fluellen?

FLUELLEN: Die Schadhaftigkeit des Feindes ist gar groß gewesen, gar ansehnlich groß; aber ich denke für mein Teil, der Herzog hat keinen einzigen Mann verloren, außer einen, der vermutlich hingerichtet wird, weil er eine Kirche beraubt hat, ein gewisser Bardolph, wenn Eure Majestät den Mann kennt: sein Gesicht ist nichts wie Pusteln, Finnen, Knöpfe und Feuerflammen, und seine Lippen plasen ihm an die Nase, und sie sein wie feurige Kohlen, manchmal plau und manchmal rot; aber seine Nase ist hingerichtet, und sein Feuer ist aus.

KÖNIG HEINRICH: Wir wollen alle solche Verbrecher ausgerottet wissen, und wir erteilen ausdrücklichen Befehl, daß auf unsern Märschen durch das Land nichts von den Dörfern erzwungen werde, nichts genommen, ohne zu bezahlen, daß kein Franzose geschmäht oder mit verächtlichen Reden mißhandelt werde: denn wenn Milde und Grausamkeit um ein Königreich spielen, so wird der gelindste Spieler am ersten gewinnen.

Trompeten. Montjoye tritt auf.

MONTJOYE: Ihr wißt an meiner Tracht, wer ich bin.

KÖNIG HEINRICH: Nun gut, ich weiß es: was soll ich von dir wissen?

MONTJOYE: Meines Herrn Willen.

KÖNIG HEINRICH: Erkläre ihn.

MONTJOYE: So sagt mein König: „Sage du an Heinrich von England, ob wir schon tot schienen, schliefen wir doch nur; Vorteil ist ein besserer Soldat als Übereilung. Sagt ihm, wir hätten ihn bei Harfleur zurückweisen können, aber wir fanden nicht für gut, eine Beleidigung aufzustoßen, bis sie völlig reif wäre; jetzt reden wir auf unser Stichwort, und unsre Stimme ist gebietend: England soll seine Torheit bereun, seine Schwäche sehn und unsre Geduld bewundern. Heiß' ihn also sein Lösegeld bedenken, welches nach dem Verlust, den wir ertragen haben, nach den Untertanen, die wir eingebüßt, nach der Erniedrigung, die wir uns gefallen lassen, abgemessen werden muß: was nach vollem Gewicht zu vergüten, seine Kleinheit erdrücken würde. Für unsern Verlust ist seine Schatzkammer zu arm, für die Vergießung unsers Bluts das Aufgebot seines Königreichs eine zu schwache Zahl, und für unsre Erniedrigung würde seine eigne Person, zu unsern Füßen knieend, nur eine schwache und unwürdige Genugtuung sein. Hierauf laß Herausfoderung folgen, und sag ihm zum Schlusse, er habe seine Leute verraten, deren Verdammnis ausgesprochen ist." So weit mein Herr und Meister, so viel umfaßt mein Auftrag.

KÖNIG HEINRICH:
Wie ist dein Nam'? Ich kenne schon dein Amt.

MONTJOYE: Montjoye.

KÖNIG HEINRICH:
Du führst den Auftrag wacker aus. Zieh heim,
Sag deinem Herrn, ich such' ihn jetzo nicht
Und möchte lieber ohne Hindernis
Zurückziehn nach Calais; denn, wahr zu reden
(Wiewohl es keine Weisheit ist, so viel
Dem schlauen Feind im Vorteil zu bekennen),
Durch Krankheit abgemattet ist mein Volk,
Die Zahl verringert, und der kleine Rest
Beinah' nicht besser als so viel Franzosen;
Da in gesundem Stand, ich sag' dir's, Herold,
Ein englisch Paar von Beinen drei Franzosen
Mir schien zu tragen. – Doch verzeih' mir Gott,
Daß ich so prahle: eure fränk'sche Luft
Weht mir dies Laster an, das ich bereue.
Drum geh, sag deinem Meister, ich sei hier,
Mein Lös'geld dieser schwache, nicht'ge Leib,
Mein Heer nur eine matte, kranke Wacht,
Doch, Gott voran, sag ihm, wir wollen kommen,
Ob Frankreich selbst und noch ein solcher Nachbar
Im Weg uns stände. Hier für deine Müh':
Geh, heiße deinen Herrn sich wohl bedenken.
Kann ich vorbeiziehn, gut; werd' ich gehindert,
So soll eu'r rotes Blut den braunen Grund
Verfärben; und somit, Montjoye, leb wohl!
Der Inhalt unsrer Antwort ist nur dies:
Wir suchen, wie wir sind, ein Treffen nicht,
Noch wollen wir es meiden, wie wir sind.
Sagt Eurem Herrn das.

MONTJOYE: Ich will's bestellen. Dank sei Euer Hoheit!

Montjoye ab.

GLOSTER: Sie werden, hoff' ich, jetzt nicht auf uns fallen.

KÖNIG HEINRICH:
Wir sind in Gottes Händen, Bruder, nicht in ihren.
Marschiert zur Brücke; jetzo naht die Nacht,
Jenseits der Brücke wollen wir uns lagern
Und morgen weiter fort sie heißen ziehn.
Alle ab.

SIEBENTE SZENE

Das französische Lager bei Agincourt.

Der Connetable, Rambures, Herzog von Orleans[75], der Dauphin und andre treten auf.

CONNETABLE: Pah! Ich habe die beste Rüstung von der Welt.
Wollte, es wär' Tag!

ORLEANS: Ihr habt eine vortreffliche Rüstung, aber laßt auch meinem Pferde Gerechtigkeit widerfahren.

CONNETABLE: Es ist das erste Pferd von Europa.

ORLEANS: Will es denn niemals Morgen werden?

DAUPHIN: Mein Prinz von Orleans und Herr Connetable, ihr redet von Pferden und Rüstung, –

ORLEANS: Ihr seid mit beiden so wohl versehen, als irgendein Prinz von der Welt.

DAUPHIN: Was das für eine lange Nacht ist! – Ich tausche mein Pferd gegen keines, das nur auf vier Pfoten geht. Ah ça![76] Er springt von der Erde, als ob er mit Haaren ausgestopft wäre[77], le cheval volant[78], der Pegasus, qui a les narines de feu[79]. Wenn ich ihn reite, so schwebe ich in Lüften, ich bin ein Falke, er trabt auf der Luft, die Erde singt, wenn er sie berührt; das schlechteste Horn seines Hufes ist musikalischer als die Pfeife des Hermes[80].

ORLEANS: Er ist von der Farbe der Muskatennuß.

DAUPHIN: Und von der Hitze des Ingwers. Er ist ein Tier für den Perseus[81]: nichts wie Feuer und Luft, und die trägen Elemente der Erde und des Wassers zeigen sich niemals in ihm, außer in seiner geduldigen Stille, während sein Reiter ihn besteigt. Er ist in der Tat ein Pferd, und alle andern Mähren kann man Vieh nennen.

CONNETABLE: In der Tat, gnädiger Herr, es ist ein ganz vollkommnes und vortreffliches Pferd.

DAUPHIN: Es ist der Fürst der Gäule; sein Wiehern ist wie das Gebot eines Monarchen, und sein Anstand nötigt Huldigung ab.

ORLEANS: Nicht weiter, Vetter.

DAUPHIN: Ei, der Mensch hat keinen Witz, der nicht vom Aufsteigen der Lerche bis zum Einpferchen des Lammes mit verdientem Lobe auf meinen Gaul abwechseln kann. Es ist ein Thema, überfließend wie die See, verwandelt den Sand in beredte Zungen, und mein Pferd gibt ihnen allen zu tun. Er ist würdig, daß ein Souverän darüber rede, und daß der Souverän eines Souveräns darauf reite; und daß die Welt, sowohl die uns bekannte als unbekannte, ihre besondern Geschäfte bei Seite lege und ihn bewundre. Ich schrieb einmal ein Sonett zu seinem Ruhm und fing so an: „O Wunder der Natur," –

ORLEANS: Ich habe ein Sonett an eine Geliebte so anfangen hören.

DAUPHIN: Dann hat man das nachgeahmt, was ich auf meinen Renner dichtete: denn mein Pferd ist meine Geliebte.

ORLEANS: Eure Gliebte weiß gut zu tragen.

DAUPHIN: Mich wohl, was das ausgemachte Lob und die Vollkommenheit einer guten und ausschließlich eignen Geliebten ist.

CONNETABLE: Ma foi![82] Mich dünkt, neulich schüttelte Eure Geliebte Euch tüchtig den Rücken zusammen.

DAUPHIN: Das tat Eure vielleicht auch.

CONNETABLE: Meine war nicht gezäumt.

DAUPHIN: Oh, so war sie vielleicht alt und sanftmütig, und Ihr rittet wie ein irländischer Kerne[83], ohne Eure französischen Pluderhosen, bloß in Euren knappen Beinkleidern.

CONNETABLE: Ihr versteht Euch gut auf Reiterei.

DAUPHIN: So laßt Euch von mir warnen. Die so reiten und nicht vorsichtig reiten, fallen in garstige Sümpfe: ich will lieber mein Pferd zur Geliebten haben.

CONNETABLE: Ich möchte eben so gern, daß meine Geliebte eine Mähre wäre.

DAUPHIN: Ich sage dir, Connetable, meine Geliebte trägt ihr eignes Haar.

CONNETABLE: Das könnte ich ebenso wahrhaft rühmen, wenn ich eine Sau zur Geliebten hätte.

DAUPHIN: Le chien est retourné à son propre vomissement, et la truie lavée au bourbier;[84] du brauchst alles, was es auch sei.

CONNETABLE: Doch nicht mein Pferd zur Geliebten, noch irgend so ein Sprichwort, das so wenig zur Sache paßt.

RAMBURES: Herr Connetable, die Rüstung, die ich heute nacht in Eurem Zelte sah: sind das Sonnen oder Sterne, was Ihr darauf habt?

CONNETABLE: Sterne.

DAUPHIN: Einige davon werden morgen fallen, hoffe ich.

CONNETABLE: Und doch wird mein Himmel voll sein.

DAUPHIN: Das mag sein, denn Ihr tragt ihrer viel überflüssige, und es würde Euch mehr Ehre bringen, wenn einige weg wären.

CONNETABLE: Gerade so, wie Euer Pferd Eure Lobpreisungen trägt; es würde eben so gut traben, wenn einige Eurer Prahlereien aus dem Sattel geworfen wären.

DAUPHIN: Ich wollte, ich wär' fähig, ihm sein Verdienst aufzuladen. – Will es denn niemals Tag werden? Ich will morgen eine Meile traben, und mein Weg soll mit englischen Gesichtern gepflastert sein.

CONNETABLE: Das will ich nicht sagen, aus Furcht, der Weg möchte mir Gesichter schneiden. Aber ich wollte, es wäre Morgen, denn ich möchte die Engländer gern bei den Ohren haben.

RAMBURES: Wer will sich mit mir an einen Wurf um zwanzig englische Gefangne wagen?

CONNETABLE: Ihr müßt Euch selbst daran wagen, ehe Ihr sie habt.

DAUPHIN: Es ist Mitternacht, ich will gehn und meine Waffen anlegen. *Ab.*

ORLEANS: Der Dauphin verlangt nach dem Morgen.

RAMBURES: Er verlangt die Englischen aufzuessen.

CONNETABLE: Ich denke, er wird alle aufessen, die er umbringt.

ORLEANS: Bei der weißen Hand meiner Dame, er ist ein braver Prinz.

CONNETABLE: Schwört bei ihrem Fuße, damit sie den Schwur austreten kann.

ORLEANS: Er ist ohne Frage der geschäftigste Herr in Frankreich.

CONNETABLE: Vordrängen ist Geschäftigkeit, und er drängt sich immer vor.

ORLEANS: Ich habe nicht gehört, daß er jemals einem was zu Leide tat.

CONNETABLE: Er wird es auch morgen nicht, er wird diesen guten Namen behaupten.

ORLEANS: Ich weiß, daß er tapfer ist.

CONNETABLE: Mir hat es jemand gesagt, der ihn besser kennt als Ihr.

ORLEANS: Wer war das?

CONNETABLE: Ei, er sagte es mir selbst; und er sagte, er kümmerte sich nicht darum, wer es erführe.

ORLEANS: Das braucht er auch nicht, es ist keine versteckte Tugend an ihm.

CONNETABLE: Ja, meiner Treu, das ist sie: niemand hat sie je gesehn, außer sein Lakai. Es ist eine verkappte Tapferkeit, und wenn sie ans Tageslicht kömmt, wird sie die Augen zudrücken.

ORLEANS: Übler Wille führt keine gute Nachrede.

CONNETABLE: Auf dies Sprichwort setze ich ein andres: Freundschaft ist eine Schmeichlerin.

ORLEANS: Und das nehme ich auf, mit: Auch dem Teufel kein Unrecht tun.

CONNETABLE: Gut angebracht: Euer Freund steht da für den Teufel, und um Eurem Sprichworte recht zu Leibe zu gehn, sage ich: Ich frage den Teufel darnach.

ORLEANS: Ihr seid stärker in Sprichwörtern, aber: eines Narren Bolzen sind bald verschossen.

CONNETABLE: Ihr habt über das Ziel hinausgeschossen.

ORLEANS: Es ist nicht das erstemal, daß über Euch hinausgeschossen wird.

Ein Bote tritt auf.

BOTE: Herr Connetable, die Englischen liegen nur funfzehnhundert Schritte weit von Eurem Zelte.

CONNETABLE: Wer hat das Feld gemessen?

BOTE: Der gnädige Herr Grandpré.

CONNETABLE: Ein wackrer und erfahrner Herr. – Ich wollte, es wäre Tag! – Ach, der arme Heinrich von England! Er verlangt nicht nach der Morgendämmerung wie wir.

ORLEANS: Was für ein armseliger und einfältiger Geselle ist dieser König von England, daß er mit seinen grützköpfigen Leuten so ganz durchhinkömmt[85]!

CONNETABLE: Wenn die Engländer nur die geringste Besinnung hätten, so würden sie davonlaufen.

ORLEANS: Daran fehlt's ihnen: denn hätten ihre Köpfe irgendeine geistige Rüstung, so könnten sie nicht so schwere Sturmhauben tragen.

RAMBURES: Dies Inselland erzeugt sehr tapfre Kreaturen: ihre Bullenbeißer sind von unvergleichlichem Mute.

ORLEANS: Einfältige Hunde, die blindlings einem russischen Bären in den Rachen laufen und sich die Köpfe wie faule Äpfel zerquetschen lassen! Ihr könntet ebenso gut sagen, es sei ein tapfrer Floh, der sein Frühstück auf der Lippe eines Löwen verzehrt.

CONNETABLE: Ganz recht, und die Menschen sympathisieren mit den Bullenbeißern im kräftigen und rauhen Angreifen, sie lassen ihren Witz bei ihren Frauen zurück, und dann gebt ihnen große Mahlzeiten von Rindfleisch, und Eisen und Stahl, so werden sie fressen wie Wölfe und fechten wie Teufel.

ORLEANS: Ja, aber diesen Englischen ist das Rindfleisch verzweifelt ausgegangen.

CONNETABLE: Dann werden wir morgen finden, daß sie bloß Appetit zum Essen, aber nicht zum Fechten haben. Jetzt ist es Zeit, die Waffen anzulegen: kommt, sollen wir daran gehn?

ORLEANS: Jetzt ist es zwei; eh' noch zehn Uhr vergangen,
Hat jeder hundert Englische gefangen.

Alle ab.

VIERTER AUFZUG

CHORUS *tritt auf.*

Nun lasset euch gemahnen eine Zeit,
Wo schleichend Murmeln und das späh'nde Dunkel
Des Weltgebäudes weite Wölbung füllt.
Von Lager hallt zu Lager, durch der Nacht
Unsaubern Schoß, der Heere Summen leise,
Daß die gestellten Posten fast vernehmen
Der gegenseit'gen Wacht geheimes Flüstern.
Die Feu'r entsprechen Feuern, und es sieht
Durch ihre bleichen Flammen ein Geschwader
Des andern bräunlich überfärbt Gesicht.
Roß droht dem Roß, ihr stolzes Wiehern dringt
Ins dumpfe Ohr der Nacht; und von den Zelten,
Den Rittern helfend, geben Waffenschmiede,
Die Rüstung nietend mit geschäft'gem Hammer,
Der Vorbereitung grauenvollen Ton.
Des Dorfes Hähne krähn, die Glocken schlagen
Des schlafbetäubten Morgens dritte Stunde.
Stolz auf die Zahl und sichern Muts verspielen
Die muntern, selbstvertrauenden Franzosen
Die nichtsgeacht'ten Englischen in Würfeln
Und schmähn den krüppelhaften Gang der Nacht,
Die, einer schnöden, garst'gen Hexe gleich,
Hinweg so zögernd hinkt. Die armen Englischen,
Wie Opfer sitzen sie bei wachen Feuern
Geduldig und erwägen innerlich
Die morgende Gefahr; die trübe Miene
Auf hohlen Wangen und, vom Krieg vernutzt,
Die Röcke stellen sie dem schau'nden Mond
Wie grause Geister dar. Oh, wer nun sehen mag
Den hohen Feldherrn der verlornen Schar

Von Wacht zu Wacht, von Zelt zu Zelt wandeln,
Der rufe: „Preis und Ruhm sei seinem Haupt!"
Denn er geht aus, besucht sein ganzes Heer,
Beut mit bescheidnem Lächeln guten Morgen
Und nennt sie Brüder, Freunde, Landesleute.
Auf seinem königlichen Antlitz ist
Kein Merkmal, welch ein furchtbar Heer ihn drängt,
Noch widmet er ein Tüttelchen von Farbe
Der schläfrigen und ganz durchwachten Nacht;
Nein, er sieht frisch und übermannt die Schwäche
Mit frohem Schein und holder Majestät,
Daß jeder Arme, bleich gehärmt zuvor,
Ihn sehend, Trost aus seinen Blicken schöpft:
Und allgemeine Gaben, wie die Sonne,
Erteilet jedem sein freigebig Auge,
Auftauend kalte Furcht. Drum, Hoh' und Niedre,
Seht, wie Unwürdigkeit ihn zeichnen mag,
Den leichten Abriß Heinrichs in der Nacht.
So muß zum Treffen unsre Szene fliegen,
Wo wir (o Schmach!) gar sehr entstellen werden
Mit vier bis fünf zerfetzten schnöden Klingen,
Zu lächerlichem Balgen schlecht geordnet,
Den Namen Agincourt. Doch sitzt und seht,
Das Wahre denkend, wo sein Scheinbild steht. *Ab.*

ERSTE SZENE

Das englische Lager zu Agincourt.

König Heinrich, Bedford und Gloster.

KÖNIG HEINRICH:
Wahr ist es, Gloster, die Gefahr ist groß,
Um desto größer sei denn unser Mut. –
Guten Morgen, Bruder Bedford. – Großer Gott!
Es ist ein Geist des Guten in dem Übel,
Zög' ihn der Mensch nur achtsam da heraus.
Früh aufstehn lehren uns die schlimmen Nachbarn,
Was teils gesund und gute Wirtschaft ist;
Dann sind sie unser äußerlich Gewissen
Und Prediger uns allen, die uns warnen,
Daß wir zu unserm End' uns wohl bereiten.

So können wir vom Unkraut Honig lesen
Und machen selbst den Teufel zur Moral.
Erpingham tritt auf.
Guten Morgen, guter Thomas Erpingham!
Ein sanftes Kissen für das weiße Haupt
Wär' besser als der harte Rasen Frankreichs.

ERPINGHAM:
Nicht so, mein Fürst; dies Lager dünkt mir besser:
Ich liege wie ein König, sag' ich nun.

KÖNIG HEINRICH: 's ist gut, daß Beispiel gegenwärt'ge Plagen
Uns lieben lehrt; so wird der Geist erleichtert:
Und lebt erst das Gemüt auf, so erstehn
Auch die zuvor erstorbenen Organe
Aus dumpfem Grab und regen sich aufs neu'
Mit abgestreifter Hüll' und frischem Schwung.
Sir Thomas, leih' mir deinen Mantel. – Brüder,
Empfehlt den Prinzen unsers Lagers mich;
Bringt meinen guten Morgen, und sogleich
Bescheidet alle hin zu meinem Zelt.

GLOSTER: Das wollen wir, mein Fürst.
Gloster und Bedford ab.

ERPINGHAM: Begleit' ich Eure Hoheit?

KÖNIG HEINRICH: Nein, mein wackrer Ritter,
Mit meinen Brüdern geh zu Englands Herrn.
Ich und mein Busen müssen uns beraten,
Da wünsch' ich andere Gesellschaft nicht.

ERPINGHAM: Dich segne Gott im Himmel, edler Heinrich!
Erpingham ab.

KÖNIG HEINRICH:
Gott dank' dir's, edles Herz! Du sprichst erfreulich.
Pistol tritt auf.

PISTOL: Qui va là?[86]

KÖNIG HEINRICH: Gut Freund.

PISTOL: Erläutre mir: bist du ein Offizier?
Wie? Oder schlecht, gering und aus dem Volk?

KÖNIG HEINRICH: Ich bin der Führer einer Kompagnie.

PISTOL: Schleppst du den mächt'gen Speer?

KÖNIG HEINRICH: Ja wohl: was seid Ihr?

PISTOL: Ein Edelmann, so gut als wie der Kaiser.

KÖNIG HEINRICH: So seid Ihr ja vornehmer als der König.

PISTOL: Der König ist ein Goldherz und ein Schatz,
Ein Wonnejung' und Ruhmessproß,
Von guten Eltern und höchst tapfrer Faust.

Ich küsse seinen schmutz'gen Schuh und liebe
Den lieben Eisenfresser ganz und gar
Von meines Herzens Grund. Wie ist dein Name?

KÖNIG HEINRICH: Heinrich le Roi[87].

PISTOL:
Le Roi? Ein Corn'scher Nam': stammst du aus Cornwalls Brut?

KÖNIG HEINRICH: Nein, ich bin ein Wäl'scher.

PISTOL: Kennst du Fluellen?

KÖNIG HEINRICH: Ja.

PISTOL: Sag ihm, ich will sein Lauch ihm um den Kopf
Am Davids-Tage schlagen[88].

KÖNIG HEINRICH: So tragt nur Euren Dolch nicht an der Mütze, damit er den nicht um den Eurigen schlägt.

PISTOL: Bist du sein Freund?

KÖNIG HEINRICH: Auch sein Verwandter.

PISTOL: So biet' ich figo dir.

KÖNIG HEINRICH: Ich dank' Euch: Gott geleit' Euch!

PISTOL: Mein Name heißt Pistol. *Ab.*

KÖNIG HEINRICH: Er paßt gut zu Eurem Trotz.
Fluellen und Gower kommen von verschiedenen Seiten.

GOWER: Kapitän Fluellen.

FLUELLEN: Nun, im Namen Jessu Christi, sprecht doch leiser! Es
ist das Allerverwunderlichste in der sämtlichen Welt, wenn die
wahren und uralten Prifilegien und Gesetze des Krieges nicht
beobachtet sein. Wenn Ihr Euch nur die Mühe nehmen wolltet,
die Kriege von Pompejus[89] dem Großen zu untersuchen, so
werdet Ihr finden, dafür stehe ich Euch, daß im Lager des Pompejus kein Schnickschnack und Wischewasche ist; ich stehe
Euch dafür, Ihr werdet finden, daß die Cärimonien des Krieges,
und die Sorgfalt in selbigem, und die Sitten in selbigem, und
die Nüchternheit in selbigem, und die Bescheidenheit in selbigem ganz anders sein.

GOWER: Ei, der Feind ist laut, man hat ihn die ganze Nacht hören
können.

FLUELLEN: Wenn der Feind ein Esel ist, und ein Narr, und ein
plappernder Hasenfuß, denkt Ihr, es sei schicklich, daß wir
auch, seht Ihr, ein Esel und ein Narr und ein plappernder Hasenfuß sein? Ich frage Euch auf Euer Gewissen.

GOWER: Ich will leiser sprechen.

FLUELLEN: Ich bitte Euch und ersuche Euch, daß Ihr's tut.
Gower und Fluellen ab.

KÖNIG HEINRICH: Erscheint es gleich ein wenig aus der Mode,
Der Wäl'sche hat viel Sorgsamkeit und Mut.

Bates, Court und Williams kommen.

COURT: Bruder Johann Bates, ist das nicht der Morgen, was da anbricht?

BATES: Ich denke, er ist's, aber wir haben nicht viel Grund, die Annäherung des Tages zu verlangen.

WILLIAMS: Wir sehen dort den Anbruch des Tages, aber ich denke, wir werden niemals sein Ende sehn. – Wer geht da?

KÖNIG HEINRICH: Gut Freund.

WILLIAMS: Unter welchem Hauptmann dient Ihr?

KÖNIG HEINRICH: Unter Sir Thomas Erpingham.

WILLIAMS: Ein guter alter Anführer, und ein sehr lieber Herr. Ich bitte Euch, wie denkt er von unserm Zustande?

KÖNIG HEINRICH: Grade wie Menschen, die auf einer Sandbank gescheitert sind und erwarten, von der nächsten Flut weggewaschen zu werden.

BATES: Hat er seinen Gedanken dem Könige nicht gesagt?

KÖNIG HEINRICH: Nein, und er muß es auch nicht tun. Denn, ob ich es Euch schon sage, ich denke, der König ist nur ein Mensch, wie ich bin. Die Viole riecht ihm, wie sie mir tut, das Firmament erscheint ihm wie mir, alle seine Sinne stehen unter menschlichen Bedingungen; seine Zeremonien bei Seite gesetzt, erscheint er in seiner Nacktheit nur als ein Mensch, und wiewohl seine Neigungen einen höheren Schwung nehmen als unsre, so senken sie sich doch mit demselben Fittig, wenn sie sich senken. Daher wenn er Ursache zur Furcht sieht, wie wir tun, so ist seine Furcht ohne Zweifel von derselben Beschaffenheit wie unsre; doch sollte vernünftigerweise kein Mensch ihn mit einem Schein von Furcht einnehmen, damit er nicht, indem er sie verrät, seine Armee mutlos macht.

BATES: Er mag äußerlich so viel Mut zeigen, als er will, aber ich glaube, so eine kalte Nacht, wie es ist, könnte er sich doch bis an den Hals in die Themse wünschen, und ich wollte auch, daß er drin säße und ich bei ihm, auf alle Gefahr, wenn wir nur hier los wären.

KÖNIG HEINRICH: Bei meiner Treu', ich will nach meinem Gewissen von dem Könige reden: ich denke, er wünscht sich nirgend anderswo hin, als wo er ist.

BATES: Dann wollte ich, er wäre allein hier, so wäre er gewiß, ausgelöst zu werden, und manches armen Menschen Leben würde gerettet.

KÖNIG HEINRICH: Ich darf sagen, Ihr wollt ihm nicht so übel, daß Ihr ihn hier allein wünschen solltet, wiewohl Ihr so sprechen mögt, um andrer Menschen Gesinnungen zu prüfen. Mich

415

dünkt, ich könnte nirgends so zufrieden sterben, als in des Königs Gesellschaft, da seine Sache gerecht und sein Zwist ehrenvoll ist.

WILLIAMS: Das ist mehr, als wir wissen.

BATES: Ja, oder mehr, als wonach wir fragen dürfen, denn wir wissen genug, wenn wir wissen, daß wir des Königs Untertanen sind: wenn seine Sache schlecht ist, so reinigt unser Gehorsam gegen den König uns von aller Schuld dabei.

WILLIAMS: Aber wenn seine Sache nicht gut ist, so hat der König selbst eine schwere Rechenschaft abzulegen; wenn alle die Beine und Arme und Köpfe, die in einer Schlacht abgehauen sind, sich am Jüngsten Tage zusammenfügen, und schreien alle: „Wir starben da und da"; einige fluchend, einige um einen Feldscher schreiend, einige über ihre Frauen, die sie arm zurückgelassen, einige über ihre unbezahlten Schulden, einige über ihre unerzognen Kinder. Ich fürchte, es sterben nur wenige Gut, die in einer Schlacht umkommen: denn wie können sie irgend was christlich anordnen, wenn sie bloß auf Blut gerichtet sind? Wenn nun diese Menschen nicht gut sterben, so wird es ein böser Handel für den König sein, der sie dahin geführt, da, ihm nicht zu gehorchen, gegen alle Ordnung der Unterwürfigkeit laufen würde.

KÖNIG HEINRICH: Also, wenn ein Sohn, der von seinem Vater zum Handel ausgesandt wird, sündlich auf der See verunglückt, so müßte man die Schuld seiner Ruchlosigkeit nach Eurer Regel auf den Vater wälzen, der ihn aussandte. Oder wenn ein Bedienter, der unter den Befehlen seines Herrn eine Summe Geldes wohin bringt, von Räubern angefallen wird und in vielen unversöhnten Ungerechtigkeiten stirbt, so könnt Ihr das Geschäft des Herrn den Urheber von der Verdammnis des Bedienten nennen. – Aber dem ist nicht so: der König ist nicht gehalten, für das besondre Ende seiner Soldaten einzustehn, der Vater für das seines Sohnes, und der Herr für das seines Bedienten, denn sie wollen ja nicht ihren Tod, wenn sie ihre Dienste wollen. Außerdem gibt es keinen König, sei seine Sache auch noch so fleckenlos, der, wenn es zur Entscheidung des Schwertes kommt, sie mit ganz unbefleckten Soldaten ausmachen kann. Einige haben vielleicht die Schuld überlegten und vorsätzlichen Mordes auf sich geladen; einige, daß sie Jungfrauen durch die gebrochnen Siegel des Meineides hintergangen; einige machen den Krieg zu ihrem Bollwerk, die zuvor den sanften Busen des Friedens mit Plündern und Räuberei wund gerissen. Wenn nun diese Menschen das Gesetz vereitelt haben und der natürlichen Strafe entronnen sind: können sie schon den Menschen entlaufen, so haben sie doch keine Flügel, um Gott zu entfliehen. Krieg ist seine Geißel, Krieg ist sein Werkzeug der Rache, so daß hier die Menschen für den vorherigen Bruch der Gesetze des Königs im gegenwärtigen Streit des Königs gestraft werden; wo sie den Tod fürchten, haben sie das Leben davon gebracht, und wo sie sich zu sichern dachten, kommen sie um. Wenn sie daher unvorbereitet sterben, so ist der König nicht mehr an ihrer Verdammnis schuldig, als er es vorher an den Ruchlosigkeiten war, derentwegen sie nun heimgesucht werden. Jedes Untertanen Pflicht gehört dem König, jedes Untertanen Seele ist sein eigen. Darum sollte jeder Soldat im Kriege es wie jeder kranke Mann in seinem Bette machen, jedes Stäubchen aus seinem Gewissen waschen, und wenn er so stirbt, ist der Tod für ihn ein Gewinn; oder wenn er nicht stirbt, so war die Zeit segensvoll verloren, worin eine solche Vorbereitung gewonnen ward; und bei dem, welcher davon kömmt, wäre es keine Sünde zu denken, daß, da er Gott ein so freies Anerbieten macht, dieser ihn den Tag überleben läßt, um seine Größe einzusehen und andern zu lehren, wie sie sich vorbereiten sollen.

WILLIAMS: Es ist gewiß, wenn jemand übel stirbt, so fällt das Übel auf sein eignes Haupt; der König hat nicht dafür einzustehen.

BATES: Ich verlange nicht, daß er für mich einstehen soll, und doch bin ich entschlossen, wacker für ihn zu fechten.

KÖNIG HEINRICH: Ich hörte den König selbst sagen, er wolle sich nicht auslösen lassen.

WILLIAMS: Ja, das sagte er, damit wir gutes Muts fechten möchten; aber wenn uns die Kehlen abgeschnitten sind, so kann er ausgelöst werden, und wir sind dann um nichts klüger.

KÖNIG HEINRICH: Wenn ich das erlebe, so will ich seinem Worte niemals wieder trauen.

WILLIAMS: Teufel, da spielt Ihr ihm einen rechten Streich! Das ist ein gefährlicher Schuß aus einer alten Büchse, den die Unzufriedenheit eines armen Einzelnen gegen einen Monarchen tun kann. Ihr könntet eben so gut damit umgehn, die Sonne dadurch in Eis zu verwandeln, daß Ihr mit einer Pfauenfeder ihr ins Gesicht fächelt. Ihr wollt ihm niemals wieder trauen! Geht, es ist eine alberne Rede.

KÖNIG HEINRICH: Ihr verweist es mir ein wenig zu rund heraus: ich würde böse auf Euch sein, wenn sich die Zeit dazu schickte.

WILLIAMS: Laßt uns den Streit miteinander ausmachen, wenn Ihr am Leben bleibt.

KÖNIG HEINRICH: Ich gehe es ein.

WILLIAMS: Wie soll ich dich wieder kennen?

KÖNIG HEINRICH: Gib mir irgendein Pfand, und ich will es an meiner Mütze tragen: wenn du es je anzuerkennen wagst, so will ich den Streit ausfechten.

WILLIAMS: Hier ist mein Handschuh, gib mir einen von deinen.

KÖNIG HEINRICH: Da.

WILLIAMS: Den will ich auch an meiner Mütze tragen. Wenn du jemals nach dem morgenden Tage zu mir kommst und sagst: „Dies ist mein Handschuh", – bei dieser Hand, ich gebe dir eine Ohrfeige.

KÖNIG HEINRICH: Wenn ich es erlebe, so will ich ihn gewiß zurückfodern.

WILLIAMS: Du läßt dich ebenso gern hängen.

KÖNIG HEINRICH: Schon gut, ich tu' es, und wenn ich dich in des Königs Gesellschaft fände.

WILLIAMS: Halt' dein Wort, leb wohl!

BATES: Seid Freunde, ihr englischen Narren, seid Freunde: wir haben französische Händel genug, wenn ihr nur zu rechnen wüßtet.

KÖNIG HEINRICH: In der Tat, die Franzosen können zwanzig französische Kronen gegen eine setzen, daß sie uns schlagen werden, denn sie tragen sie auf ihren eignen Schultern. Aber es ist für einen Engländer keine Verräterei, französische Kronen zu beschneiden, und morgen wird der König selbst ein Kipper und Wipper sein[90].

Die Soldaten ab.

Nur auf den König! Legen wir dem König
Leib, Seele, Schulden, bange Weiber, Kinder
Und Sünden auf, – w i r müssen alles tragen.
O harter Stand! der Größe Zwillingsbruder,
Dem Odem jedes Narren untertan,
Des Sinn nichts weiter fühlt als eigne Pein!
Wie viel Behagen muß ein König missen,
Des sich der Einzle freut?
Was hat ein König, das dem Einzlen fehlt,
Als allgemeine Zeremonie nur?
Und was bist du, du Götze Zeremonie?
Was bist du für ein Gott, der mehr erleidet
Von ird'scher Not, als deine Diener tun?
Was ist dein Jahrsertrag? Was deine Renten?
O Zeremonie, zeig' mir deinen Wert!
Was ist die Seele deiner Anbetung?

Bist du was sonst als Stufe, Rang und Form,
Die Scheu und Furcht in andern Menschen schafft?
Wo du, gefürchtet, minder glücklich bist,
Als sie im Fürchten.
Was trinkst du oft statt süßer Huldigung
Als gift'ge Schmeichelei? O Größe, sieche,
Und heiß' dich deine Zeremonie heilen!
Denkst du, das glüh'nde Fieber werde gehn
Vor Titeln, zugeweht von Schmeichelei?
Wird es vielleicht dem tiefen Bücken weichen?
Steht mit des Bettlers Knie auch seine Stärke
Dir zu Gebote? Nein, du stolzer Traum,
Der listig spielt mit eines Königs Ruh'!
Ich, der ich's bin, durchschau' dich, und ich weiß,
Es ist der Balsam nicht, der Ball und Szepter,
Das Schwert, der Stab, die hohe Herrscherkrone,
Das eingewirkte Kleid mit Gold und Perlen,
Der Titel, strotzend vor dem König her,
Der Thron, auf dem er sitzt, des Pompes Flut,
Die anschlägt an den hohen Strand der Welt:
[Nein, nicht all dies, du Prunk der Zeremonie,]
Nicht alles dies, auf majestät'schem Bett,
Was so gesund schläft als der arme Sklav',
Der mit gefülltem Leib und led'gem Mut
Zur Ruh' sich fügt, gestopft mit saurem Brot,
Die grause Nacht, der Hölle Kind, nie sieht,
Weil er wie ein Trabant von früh bis spät
Vor Phöbus'[91] Augen schwitzt, die ganze Nacht
Dann in Elysium schläft; am nächsten Tag
Von neuem aufsteht mit der Dämmerung
Und hilft Hyperion[92] zu seinen Pferden.
So folgt er dem beständ'gen Lauf des Jahrs
Mit vorteilhafter Müh' bis in sein Grab:
Und wäre Zeremonie nicht, so hätte
Ein solcher Armer, der mit Plackerei
Die Tage abrollt und mit Schlaf die Nächte,
Vor einem König Vorrang und Gewinn.
Der Sklav', ein Glied vom Frieden seines Lands,
Genießt ihn, doch sein rohes Hirn weiß wenig,
Wie wach der König ist zum Schirm des Friedens,
Des Tag' am besten doch dem Bauer frommen.

Erpingham tritt auf.

ERPINGHAM: Herr, Eure Edlen, voller Sorglichkeit

Um Euer Absein, suchen Euch im Lager.

KÖNIG HEINRICH: Mein guter alter Ritter, rufe sie
Bei meinem Zelt zusammen: ich will dort
Noch vor dir sein.

ERPINGHAM: Ich werd' es tun, mein Fürst. *Ab.*

KÖNIG HEINRICH:

O Gott der Schlachten! Stähle meine Krieger,
Erfüll' sie nicht mit Furcht, nimm ihnen nun
Den Sinn des Rechnens, wenn der Gegner Zahl
Sie um ihr Herz bringt. – Heute nicht, o Herr,
O heute nicht, gedenke meines Vaters
Vergehn mir nicht, als er die Kron' ergriff!
Ich habe Richards Leiche neu beerdigt
Und mehr zerknirschte Tränen ihr geweiht,
Als Tropfen Bluts gewaltsam ihr entflossen.
Fünfhundert Armen geb' ich Jahresgeld,
Die zweimal Tags die welken Händ' erheben
Zum Himmel, um die Blutschuld zu verzeihn;
Auch zwei Kapellen hab' ich auferbaut,
Wo ernste, feierliche Priester singen
Für Richards Seelenruh'. Mehr will ich tun,
Doch alles, was ich tun kann, ist nichts wert,
Weil meine Reue noch nach allem kommt,
Verzeihung flehend.

                Gloster tritt auf.

GLOSTER: Mein Fürst?

KÖNIG HEINRICH: Die Stimme meines Bruders Gloster? – Ja.
Ich weiß die Botschaft, ich begleite dich,
Der Tag, die Freund' und alles harrt auf mich.

                Beide ab.

ZWEITE SZENE

Das französische Lager.

Der Dauphin, Orleans, Rambures und andre treten auf.

ORLEANS: Der Sonnenschein vergoldet unsre Waffen;
Wohlauf, ihr Herrn!

DAUPHIN: Montez à cheval![93] Mein Pferd! Valet! laquais![94] Ha!

ORLEANS: O wackrer Mut!

DAUPHIN: Via! – les eaux et la terre –

ORLEANS: Et puis? L'air et le feu –[95]

420

DAUPHIN: Ciel! Vetter Orleans!

Der Connetable tritt auf.

Nun, Herr Connetable?

CONNETABLE: Horcht, wie die Rosse wiehern auf den Sprung!

DAUPHIN: Besteigt sie und zerschneidet ihre Haut,
Daß ihr heiß Blut in Feindes Augen spritze
Und lösche sie mit überflüss'gem Mut.

RAMBURES: Wie? Soll er Blut von unsern Pferden weinen?
Wie säh' man seine eignen Tränen denn?

Ein Bote tritt auf.

BOTE: Die Feinde stehn in Reih'n, ihr fränk'schen Pairs.

CONNETABLE: Zu Pferd, ihr wackern Prinzen! Flugs zu Pferd!
Seht nur die hungrige und arme Schar,
Eu'r schöner Schein saugt ihre Seelen weg
Und läßt von Männern ihnen nur die Hülsen.
Für unsre Händ' ist nicht genug zu tun,
Kaum Blut genug in ihren kranken Adern,
Um jeden nackten Säbel zu beflecken,
Die unsre fränk'schen Braven heute ziehn
Und, weil's an Beute fehlt, einstecken werden.
Laßt uns nur auf sie hauchen, und es stürzt
Der Dunst von unsrer Tapferkeit sie um.
's ist ausgemacht ohn' alle Frage, Herrn,
Daß unser überflüss'ger Troß und Bauern,

421

Die, unnütz tätig, unsre Schlachtgeschwader
Umschwärmen, g'nügen würden, dieses Feld
Von solchem jämmerlichen Feind zu säubern,
Wenn wir auch auf des Berges Grund bei an
Zu müß'gem Zuschaun Posten fassen wollten,
Was Ehre nicht erlaubt. Was soll ich sagen?
Ein kleines, kleines Wenig laßt uns tun,
Und alles ist getan. Laßt die Trompeten,
Daß aufgesessen werde, lustig blasen:
Denn unser Nahn soll so das Feld erschrecken,
Daß England sich in Furcht soll niederstrecken.

Grandpré tritt auf.

GRANDPRÉ: Was wartet ihr so lang', ihr fränk'schen Edlen?
Die Insel-Äser[96] dort, an ihrer Haut
Verzweifelnd, stehn dem Felde scheußlich an;
Die lump'gen Fahnen hängen ärmlich los,
Und höhnend schüttelt unsre Luft sie durch.
Mars scheint bankrott in ihrem Bettelheer
Und blickt nur matt durch rostige Visiere.
Die Reiter scheinen aufgesteckte Leuchter
Mit Kerzen in der Hand; es hängt der Kopf,
Und schlottert Hüft' und Haut den armen Mähren,
Aus den erstorbnen Augen tränt der Schleim,
Und in den bleichen, schlaffen Mäulern liegt
Das Kettgebiß, von dem zerkäuten Grase
Beschmutzet, ruhig und bewegungslos.
Und ihre Henker fliegen über ihnen,
Die frechen Kräh'n, die Stunde kaum erwartend.
Beschreibung kann sich nicht in Worte fügen,
Das Leben solcher Schlachtordnung zu schildern,
Im Leben leblos, wie sie selbst sich zeigt.

CONNETABLE: Sie haben ihr Gebet schon hergesagt
Und sind zum Tod bereit.

DAUPHIN:
Sagt, soll'n wir ihnen Kost und frische Kleider
Und Fütt'rung für die magern Pferde senden,
Und dann mit ihnen fechten?

CONNETABLE:
Ich wart' auf meine Wacht nur; fort, ins Feld!
Ich nehme 'ner Trompet' ihr Fähnlein ab
Und brauch's in meiner Eil'. Kommt, macht euch auf!
Die Sonn' ist hoch, versäumt nicht ihren Lauf.

Alle ab.

Das englische Lager.

*Englische Truppen, Gloster, Bedford, Exeter, Salisbury[97] und Westmore-
land.*

GLOSTER: Wo ist der König?
BEDFORD: Er ritt hinaus, die Schlachtordnung zu sehn.
WESTMORELAND: Sie haben volle sechzigtausend Streiter.
EXETER: Fünf gegen einen, auch sind alle frisch.
SALISBURY: Gott sei mit uns! Die Übermacht ist schrecklich.
 Lebt, Prinzen, wohl! Ich will an meinen Posten.
 Wenn wir im Himmel erst uns wieder treffen,
 Dann freudevoll, – mein edler Herr von Bedford,
 Ihr teuren Herrn von Gloster und von Exeter,
 Und liebster Vetter, – lebt, ihr Krieger, wohl!
BEDFORD: Fahr' wohl, mein guter Salisbury! Und Heil
 Begleite dich!
EXETER: Leb wohl, du biedrer Lord, ficht heute tapfer:
 Doch tu' ich Schmach dir, dich daran zu mahnen;
 Du hegst den echten Kern der Tapferkeit.
     Salisbury ab.
BEDFORD: Er ist so voll von Tapferkeit als Güte,
 In beiden fürstlich.
    König Heinrich tritt auf.
WESTMORELAND: O hätten wir nun hier
 Nur e i n Zehntausend von dem Volk in England,
 Das heut ohn' Arbeit ist!
KÖNIG HEINRICH: Wer wünschte so?
 Mein Vetter Westmoreland? – Nein, bester Vetter:
 Zum Tode ausersehn, sind wir genug
 Zu unsers Lands Verlust; und wenn wir leben,
 Je klein're Zahl, je größres Ehrenteil.
 Wie Gott will! Wünsche nur nicht e i n e n mehr!
 Beim Zeus, ich habe keine Gier nach Gold,
 Noch frag' ich, wer auf meine Kosten lebt,
 Mich kränkt's nicht, wenn sie meine Kleider tragen;
 Mein Sinn steht nicht auf solche äußre Dinge:
 Doch wenn es Sünde ist, nach Ehre geizen,
 Bin ich das schuldigste Gemüt, das lebt.
 Nein, Vetter, wünsche keinen Mann von England:
 Bei Gott! Ich geb' um meine beste Hoffnung

Nicht so viel Ehre weg, als ein Mann mehr
Mir würd' entziehn. O wünsch' nicht einen mehr!
Ruf' lieber aus im Heere, Westmoreland,
Daß jeder, der nicht Lust zu fechten hat,
Nur hinziehn mag; man stell' ihm seinen Paß
Und stecke Reisegeld in seinen Beutel.
Wir wollen nicht in des Gesellschaft sterben,
Der die Gemeinschaft scheut mit unserm Tod.
Der heut'ge Tag heißt Crispianus'[98] Fest.
Der, so ihn überlebt und heim gelangt,
Wird auf dem Sprung stehn, nennt man diesen Tag,
Und sich beim Namen Crispianus rühren.
Wer heut am Leben bleibt und kommt zu Jahren,
Der gibt ein Fest am heil'gen Abend jährlich
Und sagt: „Auf Morgen ist Sankt Crispian!",
Streift dann die Ärmel auf, zeigt seine Narben
Und sagt: „An Crispins Tag empfing ich die."
Die Alten sind vergeßlich; doch wenn alles
Vergessen ist, wird er sich noch erinnern
Mit manchem Zusatz, was er an dem Tag
Für Stücke tat: dann werden unsre Namen,
Geläufig seinem Mund wie Alltagsworte,
Heinrich der König, Bedford, Exeter,
Warwick und Talbot, Salisbury und Gloster,
Bei ihren vollen Schalen frisch bedacht!
Der wackre Mann lehrt seinem Sohn die Märe,
Und nie von heute bis zum Schluß der Welt
Wird Crispin Crispian vorübergehn,
Daß man nicht uns dabei erwähnen sollte,
Uns wen'ge, uns beglücktes Häuflein Brüder:
Denn welcher heut sein Blut mit mir vergießt,
Der wird mein Bruder; sei er noch so niedrig,
Der heut'ge Tag wird adeln seinen Stand.
Und Edelleut' in England, jetzt im Bett',
Verfluchen einst, daß sie nicht hier gewesen,
Und werden kleinlaut, wenn nur jemand spricht,
Der mit uns focht am Sankt Crispinus-Tag.

Salisbury tritt auf.

SALISBURY: Mein gnäd'ger Fürst, bereitet Euch in Eil',
Schon stehn die Franken stattlich in den Reihen
Und werden schleunigst ihren Angriff tun.

KÖNIG HEINRICH: Ist unser Mut bereit, so ist es alles.

WESTMORELAND: Verderbe der, des Mut dahinten bleibt!

KÖNIG HEINRICH:
Ihr wünscht von England nicht mehr Hülfe, Vetter?
WESTMORELAND: Herr, wollte Gott, daß Ihr und ich allein
Ohn' andre Hülfe föchten diese Schlacht!
KÖNIG HEINRICH: Du hast fünftausend nun herabgewünscht,
Was besser mir gefällt, als einen wünschen. –
Gott mit euch allen! Eure Posten kennt ihr.
Trompeten. Montjoye tritt auf.
MONTJOYE: Noch einmal soll ich hören, König Heinrich,
Ob du dich willst vergleichen um die Lösung
Vor deinem höchst unzweifelbaren Fall.
Denn sicherlich, du bist dem Schlund so nah,
Du mußt verschlungen werden. Überdies
Ersucht aus Mitleid dich der Connetable,
Dein Volk an Reu' zu mahnen, daß die Seelen
In Frieden mögen scheiden und zum Heil
Von diesen Feldern, wo die armen Leiber
Verwesen müssen.
KÖNIG HEINRICH: Wer sendet dich?
MONTJOYE: Der Connetable Frankreichs.
KÖNIG HEINRICH:
Ich bitt' dich, nimm den vorigen Bescheid
Mit dir zurück: heiß' sie mich erst bezwingen,
Dann mein Gebein verhandeln. Guter Gott!
Warum sie arme Leute doch so höhnen?
Der Mann, der einst des Löwen Haut verkauft,
Da er noch lebte, kam beim Jagen um.
Es finden sicher unsrer Leiber viel
Hier ein natürlich Grab, worauf, so hoff' ich,
In Erz ein Zeugnis dieses Tags wird leben.
Denn, die ihr stark Gebein in Frankreich lassen,
Wie Männer sterbend, werden doch berühmt,
Obschon in euren Haufen Kot begraben.
Denn grüßen wird die Sonne nun sie dort
Und ihre Ehren dampfend ziehn zum Himmel,
Indes ihr irdisch Teil die Luft erstickt
Und sein Geruch in Frankreich Pest erzeugt.
Merkt denn das Übermaß der Tapferkeit
An unsern Englischen, daß sie, schon tot,
So wie das Streifen der Kanonenkugel,
Ausbrechen zu des Unheils zweitem Lauf,
Im Rücksprung ihrer Sterblichkeit noch tötend.
Laßt stolz mich reden: Sagt dem Connetable,

Wir sind nur Krieger für den Werkeltag,
All unsre Festlichkeit und Zier beschmitzt
Mit nassen Märschen im mühsel'gen Feld.
Kein Stückchen Feder ist in unserm Heer
(Beweis genug, daß wir euch nicht entfliegen),
Die Zeit hat unsre Sauberkeit vernutzt,
Doch unsre Herzen sind, beim Himmel, schmuck,
Und meine armen Leute sagen mir,
Sie sei'n vor nachts gewiß in frischen Kleidern,
Sonst wollen sie den fränkischen Soldaten
Kopfüber ziehn die neuen bunten Röcke
Und aus dem Dienst sie jagen. Tun sie das
(Ich hoff's zu Gott), so ist auch meine Lösung
Bald aufgebracht. Herold, spar' deine Müh';
Komm du nicht mehr um Lösung, lieber Herold;
Ich gebe, schwör' ich, keine andre nicht
Als diese meine Glieder, die ich ihnen
Erst so zu lassen denke, daß sie wenig
Dran haben: sag dem Connetable das.
MONTJOYE: Das werd' ich, König Heinrich. So leb wohl,
Du hörest nimmer nun den Herold mehr. *Ab.*
KÖNIG HEINRICH:
Du kommst, besorg' ich, noch um Lösung wieder.
Herzog von York tritt auf.
YORK: Herr, untertänig bitt' ich auf den Knie'n
Um Anführung des Vortrabs.
KÖNIG HEINRICH:
Wohl, braver York! Soldaten, auf, ins Feld!
Und ordne, Gott, den Tag, wie dir's gefällt!
Alle ab.

VIERTE SZENE

Das Schlachtfeld.

*Getümmel. Angriffe. Ein französischer Soldat, Pistol und der
Bursch kommen.*

PISTOL: Ergib dich, Hund!
FRANZÖSISCHER SOLDAT: Je pense que vous êtes un gentilhomme
de bonne qualité.[99]
PISTOL: Qualität nennst du mich? Erläutre mir: bist du ein Edelmann? Was ist dein Nam'? Erkläre!

FRANZÖSISCHER SOLDAT: O seigneur Dieu!

PISTOL: Oh, Signor Djö muß wohl von Adel sein.
Erwäg' mein Wort, o Signor Djö, und merk':
O Signor Djö, du mußt die Klinge springen,
Wofern du, o Signor, nicht große Lösung
Mir geben willst.

FRANZÖSISCHER SOLDAT: Miséricorde! Prenez pitié de moi! Ne me tuez point![100]

PISTOL: Ein Pfund? Ich will der Pfunde vierzig haben.
Das Zwerchfell hol' ich dir zur Kehl' heraus
In Tropfen roten Bluts.

FRANZÖSISCHER SOLDAT: Est-il impossible d'échapper à la force de votre bras? Ah, dégagez-le de ma gorge! N'allez pas me la couper![101]

PISTOL: Was? Kupfer, Hund?
Verdammte geile Gemse, bietest du
Mir Kupfer an?

FRANZÖSISCHER SOLDAT: Point de pardon?[102]

PISTOL: Das lass' ich gelten: ein Paar Tonnen Pfunde.
Hieher komm, Bursch, befrag' den Sklaven da
Mir auf Französisch, wie sein Name heißt.

BURSCH: Écoutez: comment vous appelez-vous?[103]

FRANZÖSISCHER SOLDAT: Monsieur le Fer.

BURSCH: Er sagt, sein Name sei Herr Fer.

PISTOL: Herr Fer! Ich will ihn beferren und pferchen und ferkeln: erklär' ihm selbiges auf Französisch.

BURSCH: Ich weiß das Französische nicht für beferren und pferchen und ferkeln.

PISTOL: Heiß' ihn bereit sein, weil ich ihm die Kehle
Abschneiden will.

FRANZÖSISCHER SOLDAT: Que dit-il, Monsieur?[104]

BURSCH: Il m'ordonne de vous dire que vous teniez prêt, car se soldat ici est disposé tout à l'heure à vous couper la gorge.[105]

PISTOL: Oui, couper gorge, par ma foi, du Knecht:
Wo du nicht Kronen, brave Kronen gibst,
So soll mein Schwert dich in die Pfanne hau'n.

FRANZÖSISCHER SOLDAT: O, je vous supplie pour l'amour de dieu, pardonnez-moi! Je suis gentilhomme d'une bonne maison: épargnez ma vie, et je vous donnerai deux cents écus.[106]

PISTOL: Was ist sein Wort?

BURSCH: Er bittet Euch, ihm das Leben zu schenken; er sei ein Edelmann von gutem Hause und wolle Euch als sein Lösegeld zweihundert Kronen geben.

PISTOL: Sag ihm, daß nachläßt meine Wut und ich
Die Kronen nehmen will.

FRANZÖSISCHER SOLDAT: Petit monsieur, que dit-il?

BURSCH: Quoique ce soit contre son serment de donner quartier à
aucun prisonnier, néanmoins, pour les écus que vous lui avez
promis, il est content de vous mettre en liberté.[107]

FRANZÖSISCHER SOLDAT: Sur mes genoux je vous rends mille re-
merciments, et je m'estime heureux d'être tombé entre les
mains d'un chevalier, qui est, je pense, le seigneur de l'Angleterre le plus distingué pour sa valeur.[108]

PISTOL: Erklär' mir, Bursch.

BURSCH: Er dankt Euch tausendmal auf seinen Knieen und schätzt
sich glücklich, in die Hände eines Kavaliers gefallen zu sein,
der, wie er denkt, der ausgezeichnetste Herr in England von
Seiten der Tapferkeit ist.

PISTOL: Bei meinem Blut, ich will barmherzig sein.
Folg' mir, du Hund! *Ab.*

BURSCH: Suivez le grand capitaine.[109]
Französischer Soldat ab.
Noch nie habe ich gesehen, daß eine so volle Stimme aus einem
so leeren Herzen gekommen wäre; aber der Spruch ist wahr:
hohle Töpfe haben den lautesten Klang. Bardolph und Nym
hatten zehnmal mehr Herz als dieser brüllende Teufel aus der
alten Komödie, dem jedermann die Nägel mit einer hölzernen
Pritsche verschneiden könnte, und doch sind sie beide aufgehängt: und das widerführe ihm auch, wenn er irgend was dreist
zu stehlen wagte. Ich muß bei den Troßbuben, beim Gepäck
unsers Lagers bleiben: der Franzose könnte eine gute Beute haben, wenn er es wüßte; es sind nichts wie Jungen da, um es zu
bewachen. *Ab.*

FÜNFTE SZENE

Ein andrer Teil des Schlachtfeldes.

*Getümmel. Der Dauphin, Orleans, Bourbon, der Connetable, Rambures
und andre treten auf.*

CONNETABLE: O diable!

ORLEANS: O seigneur! La journée est perdue, tout est perdu![110]

DAUPHIN: Mort de ma vie! Dahin ist alles, alles!
Verachtung sitzt und ew'ge Schande höhnend
In unsern Federbüschen. – O méchante fortune![111]

Ein kurzes Getümmel.

Lauft nicht davon!

CONNETABLE: Ja, alle unsre Reihen sind gebrochen.

DAUPHIN: O stete Schmach! – Entleiben wir uns selbst!
Sind dies die Elenden, die wir verwürfelt?

ORLEANS: Der König, dem wir Lösung abgefodert?

BOURBON: O Schand' und ew'ge Schande, nichts als Schande!
Laßt uns nicht sterben drin! Noch 'mal zurück!
Und wer jetzt nicht dem Bourbon folgen will,
Der geh' von hier, und, in der Hand die Mütze,
Halt' er die Kammertür, ein schnöder Kuppler,
Indes ein Sklav', nicht edler als mein Hund,
Die schönste Tochter ihm entehrend schwächt.

CONNETABLE: Nun helf' uns Unordnung, die uns verdarb
Laßt diesen Englischen in Haufen uns
Das Leben bieten oder rühmlich sterben!

ORLEANS: Es leben unser noch genug im Feld,
Um im Gedräng' die Feinde zu ersticken,
Wenn irgend nur sich Ordnung halten ließ'.

BOURBON: Zum Teufel nun die Ordnung! Ins Gedränge,
Und kürzt die Schande mit des Lebens Länge!
Alle ab.

SECHSTE SZENE

Ein andrer Teil des Schlachtfeldes.

Getümmel. König Heinrich mit Truppen, Exeter und andre treten auf.

KÖNIG HEINRICH: Wir taten brav, mein dreimal tapfres Volk,
Doch alles nicht: der Feind hält noch das Feld.

EXETER: Der Herzog York empfiehlt sich Euer Majestät.

KÖNIG HEINRICH:
Lebt er, mein Oheim? Dreimal, diese Stunde,
Sah ich ihn fallen; dreimal auf, und fechten.
Vom Helm zum Sporne war er nichts als Blut.

EXETER:
In diesem Schmuck verbrämt der wackre Krieger
Den Plan nun, und an seiner blut'gen Seite,
Der ehrenreichen Wunden Mitgenoß,
Liegt da der edle Graf von Suffolk auch.
Suffolk starb erst, und York, zerstümmelt ganz,
Kommt zu ihm, wo er lag in Blut getaucht,

Und faßt ihn bei dem Barte, küßt die Schrammen,
Die blutig gähnten in sein Angesicht,
Und rufet laut: „Wart', lieber Vetter Suffolk!
Mein Geist begleite deinen Geist zum Himmel!
Wart', holde Seel', auf meine, daß wir dann
Gepaarten Flugs entfliehn, wie wir uns hier
Auf rühmlichem und wohl erstrittnem Feld
In unsrer Ritterschaft zusammenhielten."
Bei diesen Worten kam ich, frischt' ihn auf,
Er lächelte mir zu, bot mir die Hand,
Und matt sie drückend, sagt' er: „Teurer Lord
Empfehlet meine Dienste meinem Herrn."
So wandt' er sich, und über Suffolks Nacken
Warf er den wunden Arm, küßt' ihm die Lippen,
Und siegelte, dem Tod vermählt, mit Blut
Ein Testament der schön beschloßnen Liebe.
Die süße und holdsel'ge Weis' erzwang
Von mir dies Wasser, das ich hemmen wollte,
Doch hatt' ich nicht so viel vom Mann in mir,
Daß meine ganze Mutter nicht ins Auge
Mir kam und mich den Tränen übergab.

KÖNIG HEINRICH:
Ich tadl' Euch nicht, denn da ich dieses höre,
Muß ich mit trüben Augen ab mich finden,
Sonst fließen sie auch mir. –
Doch horcht! Was ist das für ein neu Getümmel?
Der Feind hat sein zerstreutes Volk verstärkt;
So töte jeder seinen Kriegsgefangnen.
Gebt weiter den Befehl!

Alle ab.

SIEBENTE SZENE

Ein andrer Teil des Schlachtfeldes.

Getümmel. Fluellen und Gower treten auf.

FLUELLEN: Die Puben und den Troß umbringen! 's ist ausdrücklich
gegen das Kriegsrecht, 's ist ein so ausgemachtes Stück Schelmerei, versteht Ihr mich, als in der Welt nur vorkommen kann.
Ist es nicht so, auf Euer Gewissen?
GOWER: Es ist gewiß, sie haben keinen Buben am Leben gelassen,
und eben die feigen Hunde, die aus der Schlacht wegliefen, ha-

430

ben diese Metzelei angerichtet; außerdem haben sie alles verbrannt und weggeschleppt, was in des Königs Zelt war, weswegen der König verdienter Maßen jeden Soldaten seinem Gefangnen die Kehle hat abschneiden lassen. Oh, er ist ein wackrer König!

FLUELLEN: Ja, er ist zu Monmouth gepohren. Wie benennt Ihr den Namen der Stadt, wo Alexander der Preite gepohren ist?

GOWER: Alexander der Große.

FLUELLEN: Ei, ich bitte Euch, ist preit nicht groß? Der preite, oder der große, oder der starke, oder der gewaltige, oder der heldenmütige, tun alle auf eins hinauslaufen, außer das die Redensart ein wenig verändert sein.

GOWER: Ich denke, Alexander der Große ist in Mazedonien geboren; sein Vater ward Philipp von Mazedonien genannt, wo mir recht ist.

FLUELLEN: Ja, ich denke, es ist in Mazedonien, wo Alexander gepohren ist. Ich sage Euch, Kapitän, wenn Ihr in die Karten der Welt hineinseht, so stehe ich dafür, Ihr werdet bei den Vergleichungen zwischen Mazedonien und Monmouth finden, daß die Lagen, versteht Ihr, von beiden gleich sein. Es befindet sich ein Fluß in Mazedonien, und es befindet sich gleichfalls außerdem ein Fluß zu Monmouth. Zu Monmouth heißt er Wye; aber es will mir nicht in den Kopf fallen, wie der Name des andern Flusses ist; aber es kommt auf eins heraus, es ist sich so gleich wie diese meine Finger meinen Fingern, und es geben Lachse in beiden. Wenn Ihr Alexanders Leben wohl beachtet, so tat das Leben Heinrichs von Monmouth ziemlich gut hinter drein kommen: denn in allen Dingen sein Figuren. Alexander hat (wie Gott weiß und Ihr wißt) in seinem Zorn, und seiner Wut, und seinem Grimm, und seiner Galle, und seinen Launen, und seinen Unwilligkeiten und Entrüstungen, und auch weil er ein wenig im Kopfe benebelt war, in seinen Biergelagen und seinem Ärger, seht Ihr, seinen pesten Freund Clytus[112] umgebracht.

GOWER: Darin ist ihm unser König nicht ähnlich, er hat noch nie einen von seinen Freunden umgebracht.

FLUELLEN: Es ist nicht wohl getan, versteht Ihr mich, einem die Geschichten aus dem Munde zu nehmen, ehe sie zu Ende gebracht und vollkommen sein. Ich rede nur in den Figuren und Vergleichungen desselbigen; wie Alexander seinen Freund Clytus umbrachte, während er bei seinen Biergelagen und seinen Krügen war: so ebenfalls Heinrich Monmouth, während er bei gutem Verstande und gesunden Sinnen war, tat er den fetten

Ritter mit dem großen Bauchwamse abschaffen; er war voller
Späße und Pfiffe und Kniffe und Possen; sein Name ist mir vergessen.

GOWER: Sir John Falstaff.

FLUELLEN: Das ist er. Ich kann Euch sagen, es werden prafe Leute
zu Monmouth gepohren.

GOWER: Da kommt Seine Majestät.

*Getümmel. König Heinrich mit einem Teil der englischen Truppen,
Warwick, Gloster, Exeter und andre treten auf.*

KÖNIG HEINRICH:
Seit ich nach Frankreich kam, war ich nicht zornig
Bis eben jetzt. – Nimm die Trompete, Herold,
Jag' zu den Reitern auf dem Hügel dort!
Wofern sie mit uns fechten wollen, heiß'
Herab sie ziehn, wo nicht, das Schlachtfeld räumen;
Sie sind mit ihrem Anblick uns zur Last.
Tun sie von beiden keins, so kommen wir
Und stäuben sie da weg, so rasch wie Steine,
Geschnellt aus den assyr'schen alten Schleudern.
Auch wollen wir erwürgen, die wir haben,
Und nicht ein Mann, der in die Händ' uns fällt,
Soll Gnad' erfahren. – Geht, sagt ihnen das.
                    Montjoye tritt auf.

EXETER: Hier kommt der Herold der Franzosen, Herr.

GLOSTER: Sein Blick ist demutsvoller, als er pflegte.

KÖNIG HEINRICH: Nun, was will dieser Herold? Weißt du nicht,
Daß ich dies mein Gebein zur Lösung bot?
Kommst du um Lösung noch?

MONTJOYE: Nein, großer König:
Ich komm' zu dir um milde Zulassung,
Daß wir dies blut'ge Feld durchwandern dürfen,
Die Toten zu verzeichnen und begraben,
Die Edlen vom gemeinen Volk zu sondern.
Denn (o des Wehs!) viel unsrer Prinzen liegen
Ersäuft und eingeweicht in Söldner-Blut;
So taucht auch unser Pöbel rohe Glieder
In Prinzenblut, und ihre wunden Rosse,
Bis an die Fersenbüschel watend, toben
Und schmeißen wütend mit bewehrten Hufen
Auf ihre toten Herrn, zum zweitenmal
Sie tötend. O vergönnt uns, großer König,
Daß wir das Feld in Ruh' beschaun und ordnen
Die Leichen an.

KÖNIG HEINRICH: Ich weiß in Wahrheit, Herold,
Nicht recht, ob unser oder nicht der Sieg,
Denn Eurer Reiter zeigen sich noch viel
Und sprengen durch das Feld.
MONTJOYE: Der Sieg ist Euer.
KÖNIG HEINRICH: Gelobt sei Gott, nicht unsre Kraft dafür!
Wie heißt die Burg, die dicht hier neben steht?
MONTJOYE: Man nennt sie Agincourt.
KÖNIG HEINRICH: So heiße dies die Schlacht bei Agincourt,
Am Tag Crispinus Crispians gefochten.
FLUELLEN: Euer Großvater berühmten Andenkens, mit Euer Maje-
stät Erlaubnis, und Euer Groß-Oheim Eduard, der Schwarze
Prinz von Wales, wie ich in den Chroniken gelesen habe, foch-
ten hier in Frankreich eine sehr prafe Schlacht.
KÖNIG HEINRICH: Das taten sie, Fluellen.
FLUELLEN: Eure Majestät sagt sehr wahr: wenn Eure Majestäten
dessen erinnerlich sein, die Wäl'schen taten guten Dienst in
einem Garten, wo Lauch wuchs, und trugen Lauch auf ihren
Monmouther Mützen, welches, wie Eure Majestät weiß, bis auf
diese Stunde ein ehrenvolles Feldzeichen ist, und ich glaube,
Eure Majestät verschmähn es nicht, das Lauch auf Sankt Da-
vids-Tag zu tragen.
KÖNIG HEINRICH: Ich trag' es als denkwürd'ges Ehrenzeichen;
Denn ich bin wäl'sch, Ihr wißt es, guter Landsmann.
FLUELLEN: Alles Wasser im Flusse Wye kann Euer Majestät
wäl'sches Blut nicht aus Eurem Leibe waschen, das kann ich
Euch sagen, Gott segne es und erhalte es, solange als es Seiner
Gnaden beliebt und Seiner Majestät obendrein.
KÖNIG HEINRICH: Hab' Dank, mein guter Landsmann.
FLUELLEN: Bei Jessus, ich bin Euer Majestät Landsmann, ich frage
nicht darnach, ob es jemand weiß: ich will es der sämtlichen
Welt bekennen, ich brauche mich Euer Majestät nicht zu schä-
men, Gott sei gepriesen, solange Eure Majestät ein ehrlicher
Mann sein.
KÖNIG HEINRICH: Erhalte Gott mich so! – Zurück begleiten
Laßt unsre Herold' ihn, und bringt mir dann
Genaue Nachricht von der Toten Zahl
Auf beiden Seiten. – Ruft den Kerl dort her!
Er zeigt auf Williams. Montjoye und andre ab.
EXETER: Soldat, du mußt zum König kommen.
Williams tritt vor.
KÖNIG HEINRICH: Soldat, warum trägst du den Handschuh an der
Mütze?

WILLIAMS: Mit Euer Majestät Erlaubnis, 's ist das Pfand von einem, mit dem ich mich schlagen sollte, wenn er noch am Leben ist.

KÖNIG HEINRICH: Ein Engländer?

WILLIAMS: Mit Euer Majestät Erlaubnis, ein Schelm, der mir letzte Nacht was vorschwadronierte; dem ich, wenn er noch lebt und jemals das Herz hat, seinen Handschuh zu fodern, geschworen habe, ich wollte ihm eine Ohrfeige geben; oder wenn ich meinen Handschuh an seiner Mütze zu sehen kriege (und er schwur, so wahr er ein Soldat wäre, er wollte ihn tragen, wenn er am Leben bliebe), so will ich ihn ihm tüchtig herunter schlagen.

KÖNIG HEINRICH: Was denkt Ihr, Kapitän Fluellen: schickt's sich, daß ein Soldat seinen Schwur hält?

FLUELLEN: Nach meinem Gewissen ist er sonst eine Memme und ein Hundsfott, mit Euer Majestät Erlaubnis.

KÖNIG HEINRICH: Es könnte aber sein, daß sein Feind ein vornehmer Edelmann wäre, ganz darüber hinaus, sich mit einem seines Standes einzulassen.

FLUELLEN: Wenn er auch so ein guter Edelmann, wie der Teifel ist, wie Luzifer und Beelzebub selbst, so ist es doch notwendig, schauen Euer Gnaden, daß er seinen Schwur und seinen Eid hält. Wenn er wortbrüchig ist, seht nur an, so ist seine Reputation ein so ausgemachter Hundsfott und Hanswurst, als jemals mit seinen schwarzen Schuhen auf Gottes Grund und Boden getreten hat, nach meinem Gewissen, seht Ihr.

KÖNIG HEINRICH: So halte deinen Schwur, Bursche, wenn du den Kerl antriffst.

WILLIAMS: Das will ich, gnädigster Herr, wo ich das Leben behalte.

KÖNIG HEINRICH: Unter wem dienst du?

WILLIAMS: Unter Kapitän Gower, gnädigster Herr.

FLUELLEN: Gower sein ein guter Kapitän, und von guter Wissenschaft und Literatur in dem Kriegswesen.

KÖNIG HEINRICH: Ruf' ihn her zu mir, Soldat!

WILLIAMS: Das will ich, gnädigster Herr. *Ab.*

KÖNIG HEINRICH: Hier, Fluellen, trage du dies Ehrenzeichen von mir und steck' es an deine Mütze. Als Alençon und ich zusammen am Boden lagen, riß ich diesen Handschuh von seinem Helm: wenn irgend jemand ihn zurückfodert, so ist er ein Freund Alençons und ein Feind unserer Person; wenn du so einem begegnest, so greife ihn, wo du mich liebst.

FLUELLEN: Eure Gnaden tun mir so große Ehre an, als in dem Herzen seiner Untertanen begehrt werden kann. Ich möchte gern den Menschen sehn, der nur zwei Beine hat, der sich durch diesen Handschuh beleidigt finden wird, das ist alles; aber ich möchte es gern einmal sehen, und es gefalle Gott in seiner Gnade, daß ich es doch sehen möchte.

KÖNIG HEINRICH: Kennst du Gower?

FLUELLEN: Zu Eurem Befehl, er ist mein werter Freund.

KÖNIG HEINRICH: Ich bitte dich, geh ihn suchen und bring' ihn zu meinem Zelte.

FLUELLEN: Ich will ihn holen. *Ab.*

KÖNIG HEINRICH:
Mylord von Warwick und mein Bruder Gloster,
Folgt dem Fluellen auf den Fersen nach.
Der Handschuh, den ich ihm als Ehrenzeichen
Gegeben, trägt vielleicht ihm eine Maulschell' ein;
Er ist von dem Soldaten; nach dem Handel
Sollt' ich ihn selber tragen. Folgt ihm, Vetter:
Wenn der Soldat ihn schlägt, – und wie ich schließe
Nach seinem plumpen Wesen, hält er Wort, –
So könnt' ein plötzlich Unheil draus entstehn;
Denn den Fluellen kenn' ich als beherzt,
Wenn man die Gall' ihm reizt, wie Pulver hitzig,
Und schnell, Beleidigungen zu erwidern.
Folgt ihm und seht, daß sie kein Leid sich tun. –
Ihr geht mit mir, mein Oheim Exeter.
                    Alle ab.

ACHTE SZENE

Vor König Heinrichs Zelte.

Gower und Williams treten auf.

WILLIAMS: Glaubt mir, es geschieht, um Euch zum Ritter zu schlagen, Kapitän.
                    Fluellen kommt.

FLUELLEN: Gottes Willen und Wohlgefallen, Kapitän! Ich ersuche Euch nun, kommt schleunig zum Könige: es steht Euch vielleicht mehr Gutes bevor, als in Eurer Wissenschaft ist, Euch träumen zu lassen.

WILLIAMS: Herr, kennt Ihr diesen Handschuh?

FLUELLEN: Ob ich ihn kenne? Ich weiß, daß der Handschuh ein Handschuh ist.

WILLIAMS: Den da kenne ich, und so fodre ich ihn zurück. *Schlägt ihn.*

FLUELLEN: Plitz! ein Erzverräter, wie irgend einer in der sämtlichen Welt, oder in Frankreich, oder in England!

GOWER: Nun, was soll das, du Schurke?

WILLIAMS: Denkt Ihr, daß ich meinen Eid brechen will?

FLUELLEN: Tretet zurück, Kapitän Gower, ich will der Verräterei seinen Lohn in Schlägen erteilen, das versichre ich Euch.

WILLIAMS: Ich bin kein Verräter.

FLUELLEN: Das lügst du in deinen Hals hinein. – Ich mahne Euch im Namen Seiner Majestät, greift ihn, er ist ein Freund des Herzogs von Alençon.

Warwick und Gloster treten auf.

WARWICK: Nun, nun! Was geht hier vor?

FLUELLEN: Mylord von Warwick, hier ist, Gott sei Lob und Dank, eine höchst giftige Verräterei ans Licht gekommen, seht Ihr, wie man sie nur an hohen Festtagen verlangen kann. Da kommt Seine Majestät.

König Heinrich und Exeter treten auf.

KÖNIG HEINRICH: Nun, was gibt's hier?

⟨FLUELLEN: Gnädigster Herr, hier ist ein Schelm und ein Verräter, der, sehen Euer Gnaden, nach dem Handschuh geschlagen hat, den Eure Majestät vom Helme des Alençon nehmen tat.⟩

WILLIAMS: Gnädigster Herr, es war mein Handschuh, hier ist der andre dazu, und der, mit dem ich ihn eingetauscht hatte, versprach, ihn an seiner Mütze zu tragen; ich versprach, ihn zu schlagen, wenn er es täte: ich traf diesen Mann mit meinem Handschuh an seiner Mütze, und ich habe mein Wort gehalten.

FLUELLEN: Euer Majestät hören nun, mit allem Respekt vor Dero Mannhaftigkeit, was für ein erzschuftiger, lumpiger, lausiger Spitzbube es ist. Ich hoffe, Eure Majestät werden mir bezeugen, als auch verbürgen und beurkunden, daß dies der Handschuh vom Alençon ist, den Eure Majestät mir geben tat, nach Eurem besten Gewissen.

KÖNIG HEINRICH: Gib mir deinen Handschuh, Soldat: sieh, hier ist der andre dazu. Ich war es eigentlich, den du zu schlagen versprachest, und du hast mir sehr schnöde Reden gegeben.

FLUELLEN: Eure Majestät beliebe, ihn mit seinem Halse dafür einstehen zu lassen, wo es irgendein militärisches Gesetz in der Welt gibt.

KÖNIG HEINRICH: Wie kannst du mir Genugtuung schaffen?

WILLIAMS: Alle Beleidigungen, gnädigster Herr, kommen vom Herzen; aus dem meinigen kam nie etwas, das Eure Majestät hätte beleidigen können.

KÖNIG HEINRICH: Wir waren es, dem du übel begegnetest.

WILLIAMS: Eure Majestät kam nicht in eigner Gestalt, Ihr erschient mir nur wie ein gemeiner Mensch; die Nacht, Eure Kleidung, Euer schlichtes Betragen kann es bezeugen; und was Eure Hoheit unter der Gestalt erlitten, das ersuche ich Euch, Eurer eignen Schuld, nicht der meinigen zuzuschreiben; denn wäret Ihr das gewesen, wofür ich Euch nahm, so hätte ich keinen Fehler begangen; darum bitt' ich Eure Hoheit, verzeiht mir!

KÖNIG HEINRICH:
Hier, Oheim, füllt den Handschuh mir mit Kronen
Und gebt dem Burschen ihn. – Behalt' ihn, Bursch,
Trag' ihn als Ehrenzeichen an der Mütze,
Bis ich ihn fodre. – Gebt die Kronen ihm.
Und, Hauptmann, Ihr müßt Euch mit ihm versöhnen.

FLUELLEN: Bei diesem Tageslicht, der Kerl hat Herz genug in seinem Bauche. – Hier, da habt Ihr einen Schilling, und ich bitte Euch, seid gottesfürchtig, und hütet Euch vor Lärm und Gezänk und Palgereien und Zwistigkeiten, und ich versichre Euch, es wird um desto besser für Euch sein.

WILLIAMS: Ich will Euer Geld nicht.

FLUELLEN: Es geschieht mit gutem Willen; ich sage Euch, Ihr könnt Eure Schuh' damit flicken lassen. Geht, weshalb wollt Ihr so plöde sein? Eure Schuh' sein nicht gar zu gut; es ist ein guter Schilling, ich versichre Euch, sonst will ich ihn Euch wechseln.

Ein englischer Herold tritt auf.

KÖNIG HEINRICH: Nun, Herold, sind die Toten gezählt?

HEROLD: Hier ist die Anzahl der erschlagnen Franken.

Übergibt ein Papier.

KÖNIG HEINRICH: Was für Gefangne hohen Ranges, Oheim?

EXETER: Des Königs Neffe Karl von Orleans,
Johann von Bourbon, Herr von Bouciqualt,
Von andern Herrn, Baronen, Rittern, Knappen
An funfzehnhundert, außer die Gemeinen.

KÖNIG HEINRICH:
Der Zettel sagt mir von zehntausend Franken,
Erschlagen auf dem Platz; in dieser Zahl von Prinzen
Und Herrn, die Fahnen führen, liegen tot
An hundertsechsundzwanzig; außer diesen
Von Rittern, Knappen, wackern Edelleuten
Achttausendundvierhundert, und davon
Schlug man fünfhundert gestern erst zu Rittern;
So daß von den zehntausend Umgekommnen
Nur sechzehnhundert Söldner sind; der Rest
Sind Prinzen, Herrn, Barone, Ritter, Knappen

Und Edelleute von Geburt und Rang.
Die Namen der gebliebnen Großen sind:
Karl de la Bret, Groß-Connetable Frankreichs,
Jacques Chatillon, des Reiches Admiral,
Der Schützen Oberhauptmann, Herr Rambures,
Großmeister Frankreichs, Ritter Guichard Dauphin,
Die Herzög' Alençon und von Brabant,
Der Bruder von dem Herzog von Burgund
Und Eduard von Bar; von tapfern Grafen
Grandpré und Roussi, Fauconberg und Foix,
Beaumont und Marle, Vaudemont und Lestrale –
O fürstliche Genossenschaft des Todes!
Wo ist von unsern Toten das Verzeichnis?
                    Der Herold überreicht einen andern Zettel.
Eduard Herzog von York, der Graf von Suffolk,
Sir Richard Ketly, David Gam Esquire;
Von Namen keine sonst, und von den andern
Nur fünfundzwanzig. O Gott, dein Arm war hier,
Und nicht uns selbst, nur deinem Arme schreiben
Wir alles zu. – Wann sah man, ohne Kriegslist,
Im offnen Stoß und gleichem Spiel der Schlacht
Wohl je so wenig und so viel Verlust
Auf ein' und andrer Seite? – Nimm es, Gott,
Denn dein ist's einzig.

EXETER: Es ist wundervoll.

KÖNIG HEINRICH: Kommt, ziehen wir in Prozession zum Dorf,
Und Tod sei ausgerufen durch das Heer,
Wenn jemand prahlt und Gott die Ehre nimmt,
Die einzig sein ist.

FLUELLEN: Ist es nicht rechtmäßig, mit Euer Majestät Erlaubnis, zu
sagen, wie viele geblieben sein?

KÖNIG HEINRICH: Ja, Hauptmann, doch mit dieser Anerkennung,
Daß Gott für uns gefochten.

FLUELLEN: Ja, auf mein Gewissen, er hat uns gut geholfen.

KÖNIG HEINRICH: Begehn wir alle heiligen Gebräuche,
Man singe da Non nobis und Te deum[113].
Und sind die Toten christlich eingescharrt,
Fort nach Calais, und dann in unser Land,
Wo Frankreich nie Beglückt're heimgesandt!
                    Alle ab.

FÜNFTER AUFZUG

CHORUS *tritt auf.*

Vergönnt, daß denen, welche die Geschichte
Nicht lasen, ich sie deute; wer sie kennt,
Den bitt' ich ziemlichst um Entschuldigung
Für Zeit und Zahl und rechten Lauf der Dinge,
Die hier in ihrem großen wahren Leben
Nicht darzustellen sind. Den König bringen
Wir nach Calais; dort sei er, dort gesehn,
Hebt ihn auf den beflügelten Gedanken
Die See hinüber. Englands Küste, seht,
Umpfählt die Flut mit Männern, Weibern, Kindern;
Sie überjauchzen das tiefstimm'ge Meer,
Das, wie ein mächt'ger Marschall, vor dem König
Den Weg zu bahnen scheint: so laßt ihn landen,
Und feierlich seht ihn nach London ziehn.
So rasch ist des Gedankens Gang, daß ihr
Alsbald ihn auf Black-Heath euch denken könnt,
Wo seine Lords begehren, daß er lasse
Sein umgebognes Schwert, den Helm voll Beulen
Sich durch die Stadt vortragen. Er verbietet's,
Frei von ruhmred'gem Stolz und Eitelkeit,
Und gibt Trophäen, Siegeszeichen, Pomp
Ganz von sich weg an Gott. Nun aber seht
In reger Schmied' und Werkstatt der Gedanken,
Wie London seine Bürgerschaft ergießt.
Der Schulz[114], samt seinen Brüdern, all' im Staat,
So wie im alten Rom die Senatoren,
An ihren Fersen der Plebejer Schwarm,
Gehn, ihren Sieger Cäsar einzuholen:
Wie (sei's ein kleines, doch ein liebend Gleichnis),
Wenn jetzt der Feldherr unsrer gnäd'gen Kaiserin,

Wie er es leichtlich mag, aus Irland käme
Und brächt' Empörung auf dem Schwert gespießt:
Wie viele würden diese Friedensstadt
Verlassen, um willkommen ihn zu heißen?
Viel mehre taten, und mit viel mehr Grund
Dies unserm Heinrich. Setzt ihn nun in London,
(Da noch das Weheklagen der Franzosen
Den König Englands heim zu weilen mahnt,
Wie auch des Kaisers Zwischenkunft für Frankreich[115],
Um Frieden zu vermitteln;) übergeht
All die Ereignisse, die vorgefallen,
Bis Heinrich wieder rückgekehrt nach Frankreich.
Dort müssen wir ihn haben, und ich spielte
Die Zwischenzeit, indem ich euch erinnert,
Sie sei vorbei. Drum duldet Abkürzung,
Und wendet euren Blick nach den Gedanken
Flugs wiederum zurück ins Land der Franken! *Ab.*

ERSTE SZENE

Frankreich. Ein englischer Wachtplatz.

Fluellen und Gower treten auf.

GOWER: Ja, das ist recht; aber warum tragt Ihr heute Euer Lauch?
Sankt Davids-Tag ist vorbei.

FLUELLEN: Bei allen Dingen sein Veranlassungen und Gründe,
warum und weshalb. Ich will Euch als meinem Freunde sagen,
Kapitän Gower: der schuftige, grindige, lumpige, lausige, prah-
lerische Hundsfott Pistol, den Ihr samt Euch selbst und der ganzen Welt für nichts Besseres kennt als einen Menschen, versteht Ihr mich, von gar keinen Verdiensten, der ist zu mir gekommen, und pringt mir gestern Prot und Salz, seht Ihr, und
heißt mich mein Lauch essen; es war an einem Orte, wo ich
keine Zwistigkeiten mit ihm nicht anfangen konnte; aber ich
werde so dreist sein, es an meiner Mütze zu tragen, bis ich ihn
einmal wieder sehe, und dann will ich ihm ein kleines Stück
von meinen Wünschen sagen.

Pistol tritt auf.

GOWER: Ei, da kommt er, aufgeblasen wie ein kalekutischer
Hahn[116].

FLUELLEN: Es tut nichts mit seinem Aufblasen und seinen kaleku-

tischen Hähnen. – Gott grüß' Euch, Fähndrich Pistol! Ihr schäbiger, lausiger Schelm, Gott grüß' Euch.

PISTOL: Ha, bist du Bedlam[117]? Dürstest, schnöder Trojer,
Daß ich der Parca Todsgewebe falte?
Fort! Denn mir widert der Geruch des Lauchs.

FLUELLEN: Ich ersuche Euch von Herzen, schäbiger, lausiger
Schelm, auf meine Bitten, meine Begehren und meine Ansu-
chungen, dies Lauch, seht Ihr, zu essen; weil Ihr es nicht mögt,
seht Ihr, und Eure Neigungen und Eure Appetite und Eure
Verdauungen damit nicht übereinstimmen tun, so wollte ich
Euch bitten, davon zu essen.

PISTOL: Nicht um Cadwallader[118] und seine Gemsen.

FLUELLEN: Da habt Ihr eine Gemse. *Schlägt ihn.* Wollt Ihr von der
Güte sein, grindiger Schuft, und es aufessen?

PISTOL: Müßt sterben, schnöder Trojer.

FLUELLEN: Ihr sagt die Wahrheit, grindiger Schuft, wann es Gottes
Wille ist. Ich will Euch bitten, unterdessen zu leben und Eure
Kost zu verzehren. Kommt, da habt Ihr Prühe dazu! *Schlägt ihn
wieder.* Ihr nanntet mich gestern Bergjunker, aber ich will Euch
heute zum „Junker niedern Rangs" machen. Ich bitte Euch,
frisch dran; könnt Ihr Lauch verspotten, so könnt Ihr auch
Lauch essen.

GOWER: Genug, Kapitän! Ihr habt ihn ganz betäubt.

441

FLUELLEN: Ich sage, er soll mir ein Stück von meinem Lauch essen, oder ich will ihm den Kopf vier Tage lang priegeln. – Peißt an, ich bitte Euch: es ist gut für Eure frische Wunde und für Eure plutige Krone.

PISTOL: So muß ich beißen?

FLUELLEN: Ja, sicherlich und ohne Zweifel und dazu ohne Frage und ohne Zweideutigkeiten.

PISTOL: Bei diesem Lauch! Ich will mich gräßlich rächen.
Ich ess' und ess' und schwöre.

FLUELLEN: Eßt, ich bitte Euch. Wollt Ihr noch mehr Prühe zu Eurem Lauch haben? Es ist nicht Lauch genug, um dabei zu schwören.

PISTOL: Halt' deinen Prügel ein: du siehst, ich esse.

FLUELLEN: Gut bekomme es Euch, grindiger Schuft, von ganzem Herzen! Nein, ich bitte Euch, werft nichts weg: die Schale ist gut für Eure zerschlagene Krone. Wenn Ihr Gelegenheit nehmt, in der Folge Lauch zu sehen, so bitte ich Euch, spottet darüber; weiter sage ich nichts.

PISTOL: Gut.

FLUELLEN: Ja, Lauche sein gut. Da hier ist ein Groschen, um Euren Kopf zu heilen.

PISTOL: Mir einen Groschen?

FLUELLEN: Ja, gewißlich und in Wahrheit, Ihr sollt ihn nehmen, oder ich habe noch ein Lauch in der Tasche, das Ihr aufessen sollt.

PISTOL: Ich nehm' ihn an als Handgeld meiner Rache.

FLUELLEN: Wenn ich Euch irgend was schuldig bin, so will ich es in Priegeln bezahlen: Ihr sollt ein Holzhändler werden und nichts als Priegel von mir kaufen. Gott geleit' Euch, und erhalte Euch, und heile Euren Kopf! *Ab.*

PISTOL: Dafür soll sich die ganze Höll' empören!

GOWER: Geht, geht! Ihr seid ein verstellter feiger Schelm. Wollt Ihr einen alten Gebrauch verspotten, der sich auf einen ehrenvollen Anlaß gründet und als eine denkwürdige Trophäe ehemaliger Tapferkeit getragen wird, und habt nicht das Herz, Eure Worte im geringsten durch Eure Taten zu bekräftigen? Ich habe Euch schon zwei- oder dreimal diesen wackern Mann necken und besticheln sehn. Ihr dachtet, weil er das Englische nicht nach seinem eigentümlichen Schnitte sprechen kann, so könne er auch keinen englischen Prügel handhaben. Ihr findet es anders: lernt daher für die Zukunft von einer wäl'schen Züchtigung eine gute englische Gesinnung. Gehabt Euch wohl! *Ab.*

PISTOL: Wie? Spielt Fortuna nun mit mir das Nickel[119]?
Kund ward mir, daß mein Dortchen im Spital
Am fränk'schen Übel starb;
Und da ist ganz mein Wiedersehn zerstört.
Alt werd' ich, und den müden Gliedern prügelt man
Die Ehre aus. Gut, Kuppler will ich werden,
Zum Beutelschneider hurt'ger Hand mich neigend.
Nach England stehl' ich mich und stehle dort
Und schwör', wenn ich bepflastert diese Narben,
Daß Galliens Kriege rühmlich sie erwarben. *Ab.*

Troyes in Champagne.

Von der einen Seite kommen König Heinrich, Bedford, Gloster, Exeter, Warwick, Westmoreland und andre Lords; von der andern König Karl, Königin Isabelle[120], die Prinzessin Katharina, Herren und Frauen, Herzog von Burgund und sein Gefolge.

KÖNIG HEINRICH:
Sei Fried' in diesem Kreis, den Friede schließt!
Euch, unserm Bruder Frankreich, unsrer Schwester
Erwünschtes Wohlergehn! und Freud' und Lust
Mit unsrer schönsten Muhme Katharina!
Als einen Zweig und Mitglied dieses Königtums,
Der die Zusammenkunft hat angeordnet,
Begrüßen wir Euch, Herzog von Burgund;
Und fränk'schen Prinzen, Pairs, euch allen Heil!
KÖNIG KARL: Eu'r Antlitz sind wir hoch erfreut zu sehn,
Sehr würd'ger Bruder England; seid willkommen:
Ihr alle, Prinzen englischen Geblüts!
ISABELLE: So glücklich ende dieser gute Tag,
Die freundliche Versammlung, Bruder England,
Wie wir uns jetzo Eurer Augen freun,
Der Augen, die sonst wider die Franzosen,
Die ihre Richtung traf, nur in sich trugen
Die Bälle mörderischer Basilisken.
Wir hoffen günstig, solcher Blicke Gift
Verliere seine Kraft, und dieser Tag
Werd' alle Klag' und Zwist in Liebe wandeln.
KÖNIG HEINRICH: Um Amen drauf zu sagen, sind wir hier.
ISABELLE: Ihr Prinzen Englands alle, seid gegrüßt!
BURGUND:
Euch beiden meine Pflicht bei gleicher Liebe,
Ihr großen Kön'ge! Daß ich dahin getrachtet
Mit allem Witz und Müh' und starkem Streben,
Zu bringen Eure höchsten Majestäten
Zu dieser Schrank' und Reichszusammenkunft,
Zeugt Eure Herrlichkeit mir beiderseits.
Weil denn mein Dienst so weit gelungen ist,
Daß Angesichts und fürstlich Aug' in Auge
Ihr euch begrüßt, so laßt mich's nicht beschämen,
Vor diesem königlichen Kreis zu fragen,

Was für ein Anstoß oder Hindernis
Dem nackten, armen und zerstückten Frieden,
Dem Pfleger aller Künst' und Überflusses
Und freudiger Geburten, nicht erlaubt,
In diesem schönsten Garten auf der Welt,
Dem fruchtbar'n Frankreich, hold die Stirn zu heben.
Ach, allzulang' war er daraus verjagt,
In Haufen liegt all seine Landwirtschaft,
Verderbend in der eignen Fruchtbarkeit.
Sein Weinstock, der Erfreuer aller Herzen,
Stirbt ungeschneitelt[121]; die geflochtne Hecke
Streckt, wie Gefangne wild mit Haar bewachsen,
Verworrne Zweige vor; im brachen Feld
Hat Lolch[122] und Schierling und das geile Erdrauch[123]
Sich eingenistet, weil die Pflugschar rostet,
Die solches Wucherkraut entwurzeln sollte.
Die ebne Wiese, lieblich sonst bedeckt
Mit bunten Primeln, Pimpernell und Klee,
Die Sichel missend, üppig, ohne Zucht,
Wird müßig schwanger und gebieret nichts
Als schlechten Ampfer, rauhe Disteln, Kletten,
Um Schönheit wie um Nutzbarkeit gebracht.
Wie unser Wein nun, Brachland, Wiesen, Hecken
Durch fehlerhaften Trieb zur Wildnis arten,
So haben wir samt unserm Haus und Kindern
Verlernt und lernen nicht, weil Muße fehlt,
Die Wissenschaften, unser Land zu zieren.
Wir wachsen auf gleich Wilden; wie Soldaten,
Die einzig nur auf Blut gerichtet sind,
Zum Fluchen, finstern Blicken, loser Tracht
Und jedem Ding, das unnatürlich scheint.
Um dies zur vorigen Gestalt zu bringen,
Seid ihr vereint: und meine Rede bittet,
Zu wissen, was den holden Frieden hemmt,
Daß er dies Ungemach nicht bannen könnte
Und uns mit seinen vor'gen Kräften segnen.

KÖNIG HEINRICH:
Wünscht Ihr den Frieden, Herzog von Burgund,
Des Mangel den Gebrechen Wachstum gibt,
Die Ihr benannt, so müßt Ihr ihn erkaufen
Durch Leistung aller unsrer Foderungen,
Wovon die Summa und besondern Punkte
Ihr, kürzlich abgefaßt, in Händen habt.

BURGUND: Der König hörte sie, worauf er noch
Die Antwort nicht erteilte.

KÖNIG HEINRICH: Nun wohl, der Friede,
Auf den Ihr eben drangt, liegt in der Antwort.

KÖNIG KARL: Ich habe die Artikel nur durchlaufen
Mit flücht'gem Blick; beliebt es Euer Gnaden,
Von Eurem Rate ein'ge zu ernennen
Zu einer Sitzung, um mit beßrer Acht
Sie wieder durchzugehn, so soll sogleich
Mein Beitritt und entschiedne Antwort folgen.

KÖNIG HEINRICH: Bruder, so sei's. – Geht, Oheim Exeter,
Und Bruder Clarence, und Ihr, Bruder Gloster,
Warwick und Huntington, geht mit dem König:
Und nehmt mit euch die Vollmacht, zu bekräft'gen,
Zu mehren, ändern, wie es eure Weisheit
Für unsre Würd' am vorteilhaft'sten sieht,
An unsern Foderungen, was es sei;
Wir wollen dem uns fügen. – Teure Schwester,
Geht Ihr mit ihnen, oder bleibt bei uns?

ISABELLE: Ich will mit ihnen gehn, mein gnäd'ger Bruder:
Vielleicht wirkt eines Weibes Stimme Gutes,
Wenn man auf Punkten zu genau besteht.

KÖNIG HEINRICH: Doch laßt hier unsre Muhme Katharina,
Denn sie ist unsre erste Foderung,
In der Artikel Vorderrang begriffen.

ISABELLE: Es ist ihr' gern erlaubt.

Alle ab, außer König Heinrich, Katharina und ihr Fräulein.

KÖNIG HEINRICH: Nun, schöne Katharina! Allerschönste!
Geruht Ihr, einen Krieger zu belehren,
Was Eingang findet in der Frauen Ohr
Und seiner Lieb' ihr sanftes Herz gewinnt?

KATHARINA: Eure Majestät wird über mich spotten: ich kann Euer
Englisch nicht sprechen.

KÖNIG HEINRICH: O schöne Katharina, wenn Ihr mich kräftig mit
Eurem französischen Herzen lieben wollt, so werde ich froh
sein, es Euch mit Eurer englischen Zunge gebrochen bekennen
zu hören. Bist du mir gut, Käthchen?

KATHARINA: Pardonnez-moi, ich nicht verstehen, was ist „mir gut".

KÖNIG HEINRICH: Die Engel sind dir gut, Käthchen, denn du bist
so gut und schön wie ein Engel.

KATHARINA: Que dit-il? Que les anges me veulent du bien, parce
que je suis bonne et belle comme un ange?[124]

ALICE: Oui, vraiment, sauf votre grace, c'est ce qu'il dit.[125]

446

KÖNIG HEINRICH: Ja, das sagte ich, schöne Katharina, und ich darf nicht erröten, es zu wiederholen.

KATHARINA: O bon dieu! Les langues des hommes sont pleines de tromperies.[126]

KÖNIG HEINRICH: Was sagt sie, mein Kind? Daß die Zungen der Männer voller Betrug sind?

ALICE: Oui, daß die Zungen von die Mann voll der Betrug sein; das is die Prinzeß.

KÖNIG HEINRICH: Die Prinzessin ist die vollkommenste Engländerin von beiden. Meiner Treu, Käthchen, meine Bewerbung ist für dein Verstehen schon gemacht. Ich bin froh, daß du nicht besser Englisch sprechen kannst; denn wenn du es könntest, so würdest du mich einen so schlichten König finden, daß du gewiß dächtest, ich hätte meinen Meierhof verkauft, um meine Krone zu kaufen. Ich verstehe mich nicht auf verblümte Winke bei der Liebe, sondern sage gerade heraus: „Ich liebe Euch"; wenn Ihr mich dann weiter drängt, als daß Ihr fragt: „Tut Ihr das im Ernste?", so ist mein Werben am Ende. Gebt mir Eure Antwort; im Ernste, tut's: und somit eingeschlagen und ein gemachter Handel. Was sagt Ihr, Fräulein?

KATHARINA: Sauf votre honneur,[127] ich verstehen gut.

KÖNIG HEINRICH: Wahrhaftig, wenn Ihr mich Euretwegen zum Versemachen oder Tanzen bringen wolltet, Käthchen, so wäre ich verloren. Könnte ich eine Dame durch Luftsprünge gewinnen, oder durch einen Schwung in den Sattel mit voller Rüstung, so wollte ich, mit Entschuldigung für mein Prahlen sei es gesagt, mich geschwind in eine Heirat hineinspringen. Oder könnte ich für meine Liebste einen Faustkampf halten oder mein Pferd für ihre Gunst tummeln, so wollte ich dran gehn wie ein Metzger und fest sitzen wie ein Affe, niemals herunter. Aber, bei Gott, ich kann nicht bleich aussehen, noch meine Beredsamkeit auskeichen[128], und habe kein Geschick in Beteu'rungen: bloße Schwüre oder Umschweif, die ich nur gedrungen tue und um kein Dringen in der Welt breche. Kannst du einen Mann von dieser Gemütsart lieben, Käthchen, dessen Gesicht nicht wert ist, von der Sonne verbrannt zu werden, der niemals in seinen Spiegel sieht aus Liebe zu irgend was, das er da entdeckt, so laß dein Auge ihn dir zubereiten. Ich spreche mit dir auf gut soldatisch: kannst du mich darum lieben, so nimm mich; wo nicht, und ich sage dir, daß ich sterben werde, so ist es wahr; aber aus Liebe zu dir – beim Himmel, nein! Und doch liebe ich dich wirklich. All dein Leben lang, Käthchen, zieh einen Mann von schlichter und ungeschnitzter Beständigkeit vor, denn der muß dir notwendig dein Recht widerfahren lassen, weil er nicht die Gabe hat, andrer Orten zu freien; denn diese Gesellen von endloser Zunge, die sich in die Gunst der Frauen hineinreimen können, wissen sich auch immer herauszuvernünfteln. Ei was! Ein Redner ist nur ein Schwätzer, ein Reim ist nur eine Singweise. Ein gutes Bein fällt ein, ein gerader Rücken wird krumm, ein schwarzer Bart wird weiß, ein krauser Kopf wird kahl, ein schönes Gesicht runzelt sich, ein volles Auge wird hohl: aber ein gutes Herz, Käthchen, ist die Sonne und der Mond, oder vielmehr die Sonne und nicht der Mond, denn es scheint hell und wechselt nie, sondern bleibt treulich in seiner Bahn. Willst du so eins, so nimm mich; nimm mich, nimm einen Soldaten; nimm einen Soldaten, nimm einen König. Und was sagst du denn zu meiner Liebe? Sprich, meine Holde, und hold, ich bitte dich.

KATHARINA: Ist es möglich, daß ich sollte lieben die Feind von Frankreich?

KÖNIG HEINRICH: Nein, es ist nicht möglich, Käthchen, daß Ihr den Feind Frankreichs lieben solltet: aber indem Ihr mich liebt, würdet Ihr den Freund Frankreichs lieben, denn ich habe Frankreich so lieb, daß ich kein Dorf davon will fahren lassen, es soll ganz mein sein. Und Käthchen, wenn Frankreich mein ist und ich Euer bin, so ist Frankreich Euer, und Ihr seid mein.

KATHARINA: Ich weiß nicht, was das will sagen.

KÖNIG HEINRICH: Nicht, Käthchen? Ich will es dir auf französisch sagen, was gewiß an meiner Zunge hängen wird, wie eine neuverheiratete Frau am Halse ihres Mannes, kaum abzuschütteln. Quand j'ai la possession de France, et quand vous avez la possession de moi (laß sehen, wie nun weiter? Sankt Dionys[130] stehe mir bei!), donc votre est France, et vous êtes mienne.[129] Es wird mir eben so leicht, Käthchen, das Königreich zu erobern, als noch einmal so viel Französisch zu sprechen: auf französisch werde ich dich nie zu etwas bewegen, außer über mich zu lachen.

KATHARINA: Sauf votre honneur, le Français que vous parlez est meilleur que l'Anglais que je parle.[131]

KÖNIG HEINRICH: Nein, wahrlich nicht, Käthchen; sondern man muß eingestehen, daß unser beiden höchst wahrhaft falsches Reden der Sprache des andern ziemlich auf eins hinausläuft. Aber, Käthchen, verstehst du so viel von meiner Sprache: Kannst du mich lieben?

KATHARINA: Ich weiß nicht zu sagen.

KÖNIG HEINRICH: Weiß es wer von Euren Nachbarn zu sagen, Käthchen? Ich will sie fragen. Geh nur, ich weiß, du liebst mich; und zu Nacht, wenn Ihr in Euer Schlafzimmer kommt, werdet Ihr dies Fräulein über mich befragen, und ich weiß, Käthchen, Ihr werdet gegen sie die Gaben an mir herabsetzen, die Ihr von Herzen liebt. Aber, gutes Käthchen, spotte barmherzig über mich, um so mehr, holde Prinzessin, da ich dich grausam liebe. Wenn du jemals mein wirst, Käthchen, – und ich habe einen seligmachenden Glauben in mir, der mir sagt, daß du es werden wirst, – so gewinne ich dich durch Zugreifen in der Rappuse[132], und du mußt daher notwendig gute Soldaten zur Welt bringen. Werden nicht du und ich, so zwischen Sankt Dionys und Sankt Georg, einen Jungen, halb französisch und halb englisch, zu stande bringen, der nach Konstantinopel gehen und den Türken am Barte zupfen wird? Nicht wahr? Was sagst du, meine schöne goldne Lilie?

KATHARINA: Ich nicht das weiß.

KÖNIG HEINRICH: Ja, wissen kann man es erst in Zukunft, aber versprochen werden muß es jetzt, Käthchen, daß Ihr Euch um Euren französischen Teil eines solchen Jungen bemühen wollt; und für meine englische Hälfte nehmt das Wort eines Königs und eines Junggesellen. Was antwortet Ihr, la plus belle Catharine du monde, mon très chère et divine déesse[133]?

KATHARINA: Eure Majesté aben fausse Französisch genug um zu betrügen la plus sage demoiselle, die sein en France.[134]

KÖNIG HEINRICH: Nein, pfui über mein falsches Französisch! Bei meiner Ehre, auf echt Englisch, ich liebe dich, Käthchen! Ich wage es nicht, bei dieser Ehre zu schwören, daß du mich liebst, jedoch fängt mein Blut an, mir zu schmeicheln, daß du es tust, wiewohl mein Gesicht einen so herben und uneinnehmenden Eindruck macht. Verwünscht sei der Ehrgeiz meines Vaters! Er dachte auf bürgerliche Kriege, als er mich erzeugte: deswegen kam ich mit einer starren Außenseite auf die Welt, mit einer eisernen Gestalt, so daß ich die Frauen erschrecke, wenn ich komme, um sie zu werben. Aber auf Glauben, Käthchen, je älter ich werde, je besser werde ich mich ausnehmen; mein Trost ist, daß das Alter, dieser schlechte Verwahrer der Schönheit, meinem Gesichte keinen Schaden mehr tun kann: wenn du mich nimmst, so nimmst du mich in meinem schlechtesten Zustande, und wenn du mich trägst, werde ich durchs Tragen immer besser und besser werden. Und also sagt mir, schönste Katharina, wollt Ihr mich? Legt Euer jungfräuliches Erröten ab und offenbart die Gesinnungen Eures Herzens mit den Blicken einer Kaiserin, nehmt mich bei der Hand und sagt: „Heinrich von England, ich bin dein"; und sobald du mein Ohr mit diesem Worte gesegnet hast, werde ich laut zu dir sagen: „England ist dein, Irland ist dein, Frankreich ist dein, und Heinrich Plantagenet ist dein, der (ob ich es schon in seiner Gegenwart sage) wo nicht der erste der Könige, doch ein König wackrer Leute ist." Wohlan, gebt mir Eure Antwort in gebrochner Musik: denn Eure Stimme ist Musik, und Euer Englisch gebrochen. Also, Königin der Welt, Katharina, brich dein Stillschweigen in gebrochnem Englisch: willst du mich haben?

KATHARINA: Das ist zu sagen, wie es gefallen wird die roi mon père.

KÖNIG HEINRICH: Ei, es wird ihm wohl gefallen, Käthchen; es wird ihm gefallen, Käthchen.

KATHARINA: Denn bin ich es auch zufrieden.

KÖNIG HEINRICH: Somit küsse ich Eure Hand und nenne Euch meine Königin.

KATHARINA: Laissez, monseigneur, laissez, laissez! Ma foi, je ne veux point que vous abaissiez votre grandeur en baisant la main de votre indigne servante; excusez-moi, je vous supplie, mon très puissant seigneur.[135]

KÖNIG HEINRICH: So will ich Eure Lippen küssen, Käthchen.

KATHARINA: Ce n'est pas la coutume de France, de baiser les dames et demoiselles avant leurs noces.[136]

KÖNIG HEINRICH: Frau Dolmetscherin, was sagt sie?

ALICE: Daß es nicht sein die Sitte pour les Damen in Frankreich – ich weiß nicht zu sagen, was is baiser auf Englisch.

KÖNIG HEINRICH: Küssen.

ALICE: Eure Majestät entendre besser que moi.

KÖNIG HEINRICH: Es ist nicht die Sitte in Frankreich, die Mädchen vor der Heirat zu küssen, wollte sie sagen?

ALICE: Oui, vraiment.

KÖNIG HEINRICH: O Käthchen, strenge Gewohnheiten schmiegen sich vor großen Königen. Liebes Käthchen, wir beiden können uns nicht von den schwachen Schranken der Sitten eines Landes einengen lassen. Wir sind die Urheber von Gebräuchen, Käthchen, und die Freiheit, die unsern Rang begleitet, stopft allen Splitterrichtern[137] den Mund, wie ich es jetzt Eurem tun will, weil er die strenge Sitte Eures Landes aufrecht erhalten wollte, indem er mir einen Kuß weigerte. Also geduldig und nachgiebig! *Küßt sie.* Ihr habt Zauberkraft in Euren Lippen, Käthchen; es ist mehr Beredsamkeit in einer süßen Berührung von ihnen, als in den Zungen des ganzen französischen Rates, und sie würden Heinrich von England eher bereden als eine allgemeine Bittschrift der Monarchen. Da kommt Euer Vater.

König Karl und Isabelle, Burgund, Bedford, Gloster, Exeter, Westmoreland und andre französische und englische Herren treten auf.

BURGUND: Gott erhalte Eure Majestät! Mein königlicher Vetter, lehrt Ihr unsre Prinzessin Englisch?

KÖNIG HEINRICH: Ich wünschte, mein werter Vetter, sie möchte lernen, wie vollkommen ich sie liebe, und das ist gut Englisch.

BURGUND: Ist sie nicht gelehrig?

KÖNIG HEINRICH: Unsre Sprache ist rauh, Vetter, und meine Gemütsart nicht sanft, so daß ich, weder mit der Stimme noch dem Herzen der Schmeichelei umgeben, den Geist der Liebe nicht so in ihr herauf beschwören kann, daß er in seiner wahren Gestalt erschiene.

BURGUND: Verzeiht die Freiheit meines Scherzes, wenn ich darauf diene. Wenn Ihr in ihr beschwören wollt, müßt Ihr einen Zirkel machen; wollt Ihr den Liebesgott in ihr in seiner wahren Gestalt herauf beschwören, so muß er nackt und blind erscheinen. Könnt Ihr sie also tadeln, da sie noch ein Mädchen mit den jungfräulichen Rosen der Bescheidenheit überpurpurt ist, wenn sie die Erscheinung eines nackten blinden Knaben in ihrem nackten sehenden Selbst nicht leiden will? Es ist für ein Mädchen in der Tat eine harte Bedingung einzugehn.

KÖNIG HEINRICH: Doch drücken sie ein Auge zu und geben nach, so wie die Liebe blind ist und in sie dringt.

BURGUND: Dann sind sie entschuldigt, mein Fürst, wenn sie nicht sehen, was sie tun.

KÖNIG HEINRICH: Lehrt also Eure Muhme, ein Auge zudrücken, bester Herr.

BURGUND: Ich will ein Auge zudrücken, um es ihr zu verstehen zu geben, wenn Ihr sie nur lehren wollt, meine Meinung zu verstehen. Denn Mädchen, wohl durchgesommert und warm gehalten, sind wie Fliegen um Bartholomäi: blind, ob sie schon ihre Augen haben, und dann lassen sie sich handhaben, da sie zuvor kaum das Ansehen ertrugen.

KÖNIG HEINRICH: Dies Gleichnis vertröstet mich auf die Zeit und einen heißen Sommer; und so werde ich die Fliege, Eure Muhme, am Ende fangen, und sie muß obendrein blind sein.

BURGUND: Wie die Liebe ist, mein Fürst, ehe sie liebt.

KÖNIG HEINRICH: Ja das ist sie, und einige unter Euch können der Liebe für meine Blindheit danken, daß ich so manche französische Stadt über ein schönes französisches Mädchen, das mir im Wege steht, nicht sehen kann.

KÖNIG KARL: Ja, mein Fürst, Ihr seht sie perspektivisch, die Städte
in ein Mädchen verwandelt; denn sie sind alle mit jungfräulichen Mauern umgeben, in welche der Krieg nie hineindrang.

KÖNIG HEINRICH: Soll Käthchen mein Weib sein?

KÖNIG KARL: So es Euch beliebt.

KÖNIG HEINRICH: Ich bin es zufrieden; wenn nur die jungfräulichen Städte, wovon Ihr sprecht, ihr Gefolge ausmachen dürfen,
so wird das Mädchen, das meinem Wunsch im Wege stand, mir
den Weg zu meinem Willen weisen.

KÖNIG KARL: Wir geben zu, was irgend billig ist.

KÖNIG HEINRICH: Ist's so, ihr Lords von England?

WESTMORELAND: Der König hat uns jeden Punkt gewährt,
Erst seine Tochter und demnächst das andre,
Nach unsers Vorschlags festgesetzter Weise.

EXETER: Nur dieses hat er noch nicht unterzeichnet:
Wo Eure Majestät begehrt, daß der König von Frankreich,
wenn er Veranlassung hat, schriftlich um etwas anzusuchen,
Eure Hoheit folgendermaßen und mit diesem Zusatz auf Französisch benennen soll: Notre très cher fils Henry, roi d'Angleterre, héritier de France[138]; und so auf Lateinisch: Praeclarissimus filius noster Henricus, rex Angliae et heres Franciae[139].

KÖNIG KARL: Auch dies hab' ich nicht so geweigert, Bruder,
Daß ich mich Eurem Wunsch nicht fügen sollte.

KÖNIG HEINRICH: So bitt' ich Euch, nach unserm Liebesbund,
Laßt den Artikel mit den andern gehn,
Und somit gebt mir Eure Tochter.

KÖNIG KARL:
Nimm sie, mein Sohn: erweck' aus ihrem Blut
Mir ein Geschlecht, auf daß die zwist'gen Staaten,
Frankreich und England, deren Küsten selbst
Vor Neid erblassen bei des andern Glück,
Den Haß beenden, und dieses Hure Bündnis
In ihre holden Busen Nachbarschaft
Und christlich Einverständnis pflanzen mag;
Auf daß der Krieg nie führe blut'ge Streiche
Inmitten England und dem Fränk'schen Reiche!

ALLE: Amen!

KÖNIG HEINRICH:
Willkommen, Käthchen, nun! Und zeugt mir alle,
Daß ich sie küss' als meine Königin.

Trompetenstoß.

ISABELLE: Gott, aller Ehen bester Stifter, mache
Eins eure Herzen, eure Länder eins!

Wie Mann und Weib, die zwei, doch eins in Liebe,
So sei Vermählung zwischen euren Reichen,
Daß niemals üble Dienste, arge Eifersucht,
Die oft das Bett der heil'gen Ehe stört,
Sich dränge zwischen dieser Reiche Bund,
Um, was einander einverleibt, zu scheiden;
Daß Englische und Franken nur die Namen
Von Brüdern sei'n: Gott sage hiezu Amen!
ALLE: Amen!
KÖNIG HEINRICH: Bereiten wir die Hochzeit; auf den Tag
    Empfang' ich, Herzog von Burgund, von Euch
    Und allen Pairs den Eid zu des Vertrags Gewähr.
    Dann schwör' ich, Käthchen, dir, du mir dagegen;
    Und, treu bewahrt, gedeih' es uns zum Segen!
                    Alle ab.

                CHORUS *tritt auf.*

So weit, mit rauhem, ungelenkem Kiel,
    Kam unser Dichter, der Geschicht' sich bückend.
Beschränkend große Leut' in engem Spiel,
    Ruckweise ihres Ruhmes Bahn zerstückend.
Nur kleine Zeit, doch groß in seiner Kraft
    Schien Englands Stern; das Glück gab ihm sein Schwert,
Das ihm der Erde schönsten Garten schafft
    Und seinem Erben Reich und Herrschaft mehrt.
Heinrich der Sechst'[140], in Windeln schon ernennt
    Zu Frankreichs Herrn und Englands, folgt' ihm nach,
Durch dessen vierberatnes Regiment
    Frankreich verloren ward und England schwach;
Was oft auf unsrer Bühne vorgegangen,
Und wollet drum auch dies geneigt empfangen.

KÖNIG
HEINRICH VI.

ERSTER TEIL

PERSONEN

König Heinrich VI.
Herzog von Gloster, *Oheim des Königs und Protektor*
Herzog von Bedford, *Oheim des Königs und Regent von Frankreich*
Thomas Beaufort, Herzog von Exeter, *Großoheim des Königs*
Heinrich Beaufort, *Großoheim des Königs,* Bischof von Winchester
    und nachmals Kardinal
Johann Beaufort, Graf von Somerset, *nachmals Herzog*
Richard Plantagenet, *ältester Sohn des hingerichteten Grafen von Cam-*
    bridge, nachmals Herzog von York
Graf von Warwick
Graf von Salisbury
Graf von Suffolk
Lord Talbot, *nachmals* Graf von Shrewsbury
Johann Talbot, *sein Sohn*
Edmund Mortimer, Graf von March
Mortimers Gefangenwärter
Ein Rechtsgelehrter
Sir John Fastolfe
Sir William Lucy
Sir William Glansdale
Sir Thomas Gargrave
Schultheiß von London
Woodville, *Kommandant des Turmes*
Vernon
Basset

Karl, *Dauphin, nachmaliger König von Frankreich*
Reignier, *Herzog von Anjou und Titular-König von Neapel*
Herzog von Burgund
Herzog von Alençon
Der Statthalter von Paris
Bastard von Orleans

Der Büchsenmeister von Orleans und sein Sohn
Der General der französischen Truppen in Bordeaux
Ein französischer Sergeant
Ein Torwärter
Ein alter Schäfer, *Vater der Pucelle*

Margareta, *Reigniers Tochter*
Gräfin von Auvergne
Jeanne d'Arc, *genannt* La Pucelle

Böse Geister, die der Pucelle erscheinen, Herren von Adel, Wächter des Turmes, Herolde, Offiziere, Soldaten, Boten und Gefolge sowohl der englischen als französischen Herrschaften

Die Szene ist teils in England, teils in Frankreich

ERSTER AUFZUG

ERSTE SZENE

Westminster-Abtei.

Totenmarsch. Man sieht die Leiche Heinrichs V. auf einem Paradebette liegend, umgeben von den Herzögen von Bedford[1], Gloster[2] und Exeter[3], dem Grafen von Warwick[4], dem Bischof von Winchester[5], Herolden u.s.w.

BEDFORD: Beflort den Himmel, weiche Tag der Nacht!
  Kometen[6], Zeit- und Staatenwechsel kündend,
  Schwingt die krystall'nen Zöpf'[7] am Firmament
  Und geißelt die empörten bösen Sterne,
  Die eingestimmt zu Königs Heinrichs Tod,
  Heinrich des Fünften, zu groß, lang' zu leben!
  England verlor so würd'gen König nie.
GLOSTER: Vor ihm hatt' England keinen König noch.
  Tugend besaß er, ausersehn zum Herrschen;
  Blind machend strahlte sein gezücktes Schwert,
  Die Arme spannt' er weit wie Drachenflügel,
  Sein funkelnd Auge, grimm'gen Feuers voll,
  Betäubte mehr und trieb zurück die Feinde
  Als Mittagssonn', auf ihre Stirn gewandt.
  Was red' ich? Ihn erreichen Worte nicht,
  Er hob die Hand nie auf, daß er nicht siegte.
EXETER: Wir trauern schwarz: warum doch nicht in Blut?
  Heinrich ist tot und lebet nimmer auf,
  Und wir begleiten einen Sarg aus Holz,
  Verherrlichen des Tods unedlen Sieg
  Mit unsrer feierlichen Gegenwart,
  Gefangnen gleich am Wagen des Triumphs.
  Wie? Sollen wir Unglücks-Planeten fluchen,
  Die so gestiftet unsers Ruhmes Sturz?

Oder die schlauen Franken für Beschwörer
Und Zaubrer achten, welche, bang vor ihm,
Durch mag'sche Verse seinen Tod erzielt?

WINCHESTER:
Es war ein Fürst, vom Herrn der Herrn gesegnet.
Der Tag des furchtbaren Gerichts wird nicht
Den Franken furchtbar wie sein Anblick sein.
Er focht die Schlachten für den Herrn der Scharen,
Durch das Gebet der Kirche glückt' es ihm.

GLOSTER: Der Kirche? Hätten Pfaffen nicht gebetet,
So riß sein Lebensfaden nicht so bald:
Ihr mögt nur einzig einen weib'schen Prinzen,
Den ihr wie einen Schüler meistern könnt.

WINCHESTER: Gloster, was ich auch mag, du bist Protektor[8]
Und kannst dem Prinzen und dem Reich gebieten.
Dein Weib ist stolz, sie hält dich in der Scheu,
Mehr als Gott oder heil'ge Priester können.

GLOSTER: Nenn' Heiligkeit nicht, denn du liebst das Fleisch
Und gehst zur Kirche nie im ganzen Jahr,
Als wider deine Feinde nur zu beten.

BEDFORD: Laßt, laßt dies Hadern! Stillet die Gemüter!
Hin zum Altar! – Herolde, geht mit uns; –
Statt Goldes wollen wir die Waffen bieten;
Nun Heinrich tot ist, helfen Waffen nicht.
Nachkommenschaft, erwart' elende Jahre,
Wo an der Mutter feuchtem Aug' das Kindlein saugt,
Dies Eiland Lache salzer Tränen wird
Und Weiber nur zur Totenklage bleiben. –
Heinrich der Fünfte, deinen Geist ruf' ich:
Beglück' dies Reich, schirm' es vor Bürgerzwist,
Bekämpf' im Himmel feindliche Planeten!
Ein lichter Stern wird deine Seele werden
Als Julius Cäsar oder Berenice[9].

Ein Bote tritt auf.

BOTE: Euch allen Heil, ihr ehrenwerten Lords!
Aus Frankreich bring' ich böse Zeitung euch
Von Niederlage, Blutbad und Verlust.
Guienne, Champagne, Reims, Orleans,
Paris, Guisors, Poitiers sind ganz dahin.

BEDFORD:
Was sagst du, Mann, vor Heinrichs Leiche hier?
Sprich leise: beim Verlust so großer Städte
Sprengt er sein Blei sonst und ersteht vom Tod.

GLOSTER: Paris ist hin? Rouen ist übergeben?
Wenn man zurück ins Leben Heinrich rief',
Er gäb' aufs neu' den Geist auf bei der Zeitung.
EXETER: Was hat uns drum gebracht? Welch ein Verrat?
BOTE: Nein, kein Verrat, nur Geld- und Menschen-Mangel.
Man murmelt unter den Soldaten dort,
Ihr haltet hier verschiedene Partei'n,
Und statt ins Feld zu rücken und zu fechten,
Entzweiet ihr um eure Feldherrn euch.
Der will langwier'gen Krieg mit wenig Kosten,
Der flöge hurtig gern, doch fehlt's an Schwingen;
Ein dritter denkt, ohn' allen Aufwand sei
Mit glatten Worten Friede zu erlangen.
Erwach', erwache, Englands Adelstand!
Laß Trägheit nicht die neuen Ehren dämpfen.
Die Lilien[10] sind gepflückt in eurem Wappen,
Von Englands Schild die Hälfte weggehaun.
EXETER: Wenn unsre Tränen dieser Leiche fehlten,
Die Zeitung riefe ihre Flut hervor.
BEDFORD: Mich geht es an, ich bin Regent von Frankreich.
Gebt mir den Panzerrock: ich fecht' um Frankreich.
Fort mit dem schmählichen Gewand des Wehs!
Ich will den Franken Wunden leihn, statt Augen,
Ihr unterbrochnes Elend zu beweinen.
                Ein andrer Bote tritt auf.
ZWEITER BOTE: Seht diese Briefe, Lords, von Unheil durch:
Frankreich empört den Englischen sich ganz,
Bis auf ein paar geringe Städte noch.
Der Dauphin Karl[11] ist schon gekrönt in Reims,
Von Orleans der Bastard ist mit ihm,
Reignier, Herzog von Anjou[12], tritt ihm bei,
Der Herzog Alençon[13] flieht zu ihm über.
EXETER: Gekrönt der Dauphin? Alle fliehn zu ihm?
Oh, wohin fliehen wir vor dieser Schmach?
GLOSTER: Wir woll'n nicht fliehn, als in der Feinde Rachen.
Bedford, wenn du erschlaffst, fecht' ich es auch.
BEDFORD: Gloster, was zweifelst du an meinem Eifer?
Ich hab' ein Heer gemustert in Gedanken,
Womit schon Frankreich überzogen ist.
                Ein dritter Bote tritt auf.
DRITTER BOTE:
Ihr gnäd'gen Lords, den Jammer zu vermehren,
Womit ihr Heinrichs Bahre jetzt betaut,

Muß ich ein schreckliches Gefecht berichten
Zwischen dem rüst'gen Talbot[14] und den Franken.
WINCHESTER: Was? Worin Talbot Sieger blieb? nicht wahr?
DRITTER BOTE: O nein, worin Lord Talbot ward besiegt;
Den Hergang will ich Euch genauer melden.
Am zehnten des Augusts, da dieser Held
Von der Belag'rung Orleans' zurückzog
Mit kaum sechstausend Mann in seiner Schar,
Ward er von dreiundzwanzigtausend Franken
Umzingelt überall und angegriffen.
Er hatte keine Zeit, sein Volk zu reihn,
Noch Piken, vor die Schützen hinzustellen,
Statt deren sie aus Zäunen scharfe Pfähle
Nur in den Boden steckten, wie es kam,
Die Reiterei vom Einbruch abzuhalten.
Mehr als drei Stunden währte das Gefecht,
Wo Talbot, tapfer über Menschen Denken,
Mit seinem Schwert und Lanze Wunder tat.
Zur Hölle sandt' er hundert, keiner stand ihm,
Da, dort und überall schlug er ergrimmt;
Die Franken schrien, der Teufel sei in Waffen,
Das ganze Heer entsatzte sich ob ihm[15].
Da seine Krieger so beherzt ihn sahn,
Schrien „Talbot! Talbot hoch!" sie insgemein
Und stürzten recht sich in das Herz der Schlacht.
Nun hätte völlig sie der Sieg besiegelt,
Wo Sir John Fastolfe nicht die Memme spielte:
Der, in dem Vortrab hinterwärts gestellt,
Um ihnen beizustehn und nachzufolgen,
Floh memmenhaft und tat nicht e i n e n Streich.
Drauf ward Ruin und Blutbad allgemein,
Umzingelt waren von den Feinden sie;
Ein schändlicher Wallon' warf um die Gunst
Des Dauphins einen Speer in Talbots Rücken,
Des, dem ganz Frankreich, mit vereinter Stärke
Nicht einmal wagte ins Gesicht zu sehn.
BEDFORD: Ist Talbot tot? So bring' ich selbst mich um,
Weil ich hier müßig lebt' in Pomp und Ruh',
Indes ein würd'ger Feldherr, hülfsbedürftig,
Verzagten Feinden so verraten ward.
DRITTER BOTE: O nein, er lebt, allein er ist gefangen,
Mit ihm Lord Scales und Lord Hungerford;
Der Rest auch meist erschlagen und gefangen.

BEDFORD: Ich zahle seine Lösung, niemand sonst.
Ich will vom Thron den Dauphin häuptlings reißen,
Mit seiner Krone lös' ich meinen Freund;
Für einen Lord tausch' ich von ihren vier.
Lebt wohl, ihr Herrn! Ich will an mein Geschäft,
Lustfeuer muß ich gleich in Frankreich machen,
Zu feiern unser groß Sankt Georgen-Fest[16].
Zehntausend nehm' ich mit mir der Soldaten,
Europa zittre ihren blut'gen Taten.
DRITTER BOTE: Tut das, denn man belagert Orleans,
Das Heer der Englischen ward matt und schwach,
Der Graf von Salisbury[17] begehrt Verstärkung
Und hält sein Volk von Meuterei kaum ab,
Das solche Überzahl bewachen muß.
EXETER: Lords, denkt der Eide, die ihr Heinrich[18] schwurt:
Entweder ganz den Dauphin zu vernichten,
Oder ihn unter euer Joch zu beugen.
BEDFORD: Wohl denk' ich ihrer, und hier nehm' ich Abschied,
Um gleich an meine Zurüstung zu gehn. *Ab.*
GLOSTER: Ich will zum Turm in möglichst großer Eil',
Geschütz und Kriegszeug zu beschaun, und dann
Ruf' ich den jungen Heinrich aus zum König. *Ab.*
EXETER: Nach Eltham, wo der junge König ist,
Will ich, zur nächsten Aufsicht angestellt,
Und bestens seine Sicherheit beraten. *Ab.*
WINCHESTER: Ein jeder hat sein Amt und seinen Platz,
Mich ließ man aus, für mich ist nichts geblieben;
Doch lang' will ich Hans außer Dienst nicht sein.
Den König send' ich bald von Eltham weg
Und sitz' am Steuer des gemeinen Wesens. *Ab.*
              Ein innerer Vorhang fällt.

ZWEITE SZENE

Frankreich. Vor Orleans.

Karl mit seinen Truppen, Alençon, Reignier und andre.

KARL: Mars'[19] wahrer Lauf ist, grade wie im Himmel,
Bis diesen Tag auf Erden nicht bekannt:
Jüngst schien er noch der englischen Partei,
Nun sind wir Sieger, und er lächelt uns.

Was fehlen uns für Städte von Gewicht?
Wir liegen hier zur Lust bei Orleans,
Die Englischen, verhungert, blaß wie Geister,
Belagern matt uns eine Stund' im Monat.
ALENÇON: Sie missen ihre Brüh'n und fettes Rindfleisch;
Entweder muß man sie wie Maultier' halten,
Ihr Futter ihnen binden an das Maul,
Sonst sehn sie kläglich wie ersoffne Mäuse.
REIGNIER: Entsetzt die Stadt: was sind wir müßig hier?
Talbot, den wir gefürchtet, ist gefangen;
Bleibt keiner als der tolle Salisbury,
Der wohl die Gall' im Ärger mag verzehren:
Er hat zum Kriege weder Volk noch Geld.
KARL: Schlagt Lärm! Schlagt Lärm! Wir stürzen auf sie ein.
Nun für die Ehre der verlornen Franken!
Dem, der mich tötet, sei mein Tod verziehn,
Sieht er mich fußbreit weichen oder fliehn.
          Alle ab. – Getümmel, Angriffe, hierauf ein Rückzug.
          Karl, Alençon, Reignier und andre kommen zurück.
KARL: Sah man je so was? Was für Volk hab' ich?
Die Hunde! Memmen! Ich wär' nie geflohn,
Wenn sie mich nicht vom Feind umringt verließen.

REIGNIER: Salisbury mordet ganz verzweiflungsvoll,
Er ficht wie einer, der des Lebens müde.
Die andern Lords, wie Löwen voller Gier,
Bestürmen uns als ihres Hungers Raub.

ALENÇON: Froissard[20], ein Landesmann von uns, bezeugt,
England trug lauter Olivers und Rolands[21]
Zur Zeit, als Eduard der Dritte[22] herrschte.
Wahrhafter läßt sich dies behaupten jetzt:
Denn Simsons[23] bloß und Goliasse sendet
Es aus zum Fechten. Einer gegen zehn!
Und Schufte nur von Haut und Bein! Wer traute
Wohl solchen Mut und Kühnheit ihnen zu?

KARL: Verlassen wir die Stadt: Tollköpfe sind's,
Und Hunger treibt sie nur zu größerm Eifer.
Von Alters kenn' ich sie: sie werden eher
Die Mauern mit den Zähnen niederreißen,
Als daß sie die Belag'rung gäben auf.

REIGNIER:
Ein seltsam Räderwerk stellt ihr Gewehr,[24]
Glaub' ich, wie Glocken, immer anzuschlagen:
Sie hielten sonst nicht aus, so wie sie tun.
Nach meiner Meinung lassen wir sie gehn.

ALENÇON: So sei es.
                Der Bastard von Orleans tritt auf.

BASTARD: Wo ist Prinz Dauphin? Neues bring' ich ihm.

KARL: Bastard von Orleans, dreimal willkommen!

BASTARD:
Mich dünkt, Eu'r Blick ist trüb, und bang die Miene:
Hat Euer letzter Unfall daran Schuld?
Verzaget nicht, denn Beistand ist zur Hand;
Ich bringe eine heil'ge Jungfrau[25] her,
Die ein Gesicht, vom Himmel ihr gesandt,
Ersehn hat, die Belag'rung aufzuheben
Und aus dem Land die Englischen zu jagen.
Sie hat der tiefen Prophezeiung Geist,
Roms alten neun Sibyllen[26] überlegen;
Was war, was kommen wird, kann sie erspähn.
Sagt, ruf' ich sie herbei? Glaubt meinen Worten,
Denn sie sind ganz untrüglich und gewiß.

KARL: Geht, ruft sie vor.
                Bastard ab.
                Doch ihre Kunst zu prüfen,
Reignier, nimm du als Dauphin meinen Platz,

Befrag' sie stolz, laß streng die Blicke sein:
So spähn wir aus, was sie für Kunst besitzt. *Er tritt zurück.*
Die Pucelle²⁷, der Bastard und andre kommen.
REIGNIER: Bist du's, die Wunder tun will, schönes Mädchen?
PUCELLE: Reignier, bist du's, der mich zu täuschen denkt?
Wo ist der Dauphin? – Komm hervor von hinten:
Ich kenne dich, wiewohl ich nie dich sah.
Erstaune nicht, vor mir ist nichts verborgen,
Ich will allein dich sprechen im Vertraun.
Bei Seit', ihr Herrn! Laßt uns auf eine Weil'!
REIGNIER: Sie nimmt sich brav genug im ersten Sturm.
PUCELLE: Dauphin, ich bin die Tochter eines Schäfers,
Mein Witz in keiner Art von Kunst geübt.
Doch Gott gefiel's und unsrer lieben Frau,
Auf meinen niedern Stand ihr Licht zu strahlen.
Sieh, da ich meine zarten Lämmer hüte
Und biete dürrem Sonnenbrand die Wangen,
Geruht mir Gottes Mutter zu erscheinen
Und heißt durch ein Gesicht voll Majestät
Mich meinen knechtischen Beruf verlassen,
Mein Vaterland vom Drangsal zu befrein.
Sie sagte Beistand und Erfolg mir zu,
In voller Glorie tat sie mir sich kund
Und, da ich schwarz war und versengt zuvor,
Goß sie auf mich mit jenen klaren Strahlen
Der Schönheit Segen, die ihr an mir seht.
Frag' mich, um was du nur ersinnen kannst,
Unvorbereitet will ich Antwort geben;
Prüf' meinen Mut im Kampfe, wenn du darfst,
Und über mein Geschlecht wirst du mich finden,
Entschließe dich: soll alles Glück dir sprossen,
So nimm mich an zu deinem Kriegsgenossen.
KARL: Ich bin erstaunt ob deinen hohen Reden.
Nur so will ich erproben deinen Mut:
Du sollst mit mir im einzlen Kampf dich messen,
Und wenn du siegst, sind deine Worte wahr;
Wo nicht, so sag' ich allem Zutraun ab.
PUCELLE: Ich bin bereit: hier ist mein schneidend Schwert,
Fünf Lilien zieren es an jeder Seite,
Das zu Touraine im Sankt Kathrinen-Kirchhof
Ich mir aus vielem alten Eisen aussersah.
KARL: In Gottes Namen, komm, mich schreckt kein Weib.
PUCELLE: Und lebenslang flieh' ich vor keinem Mann.

Sie fechten.

KARL: Halt' ein die Hand! Du bist ein' Amazone[28],
Und mit dem Schwert Deborahs[29] fechtest du.

PUCELLE: Christs Mutter hilft mir, sonst wär' ich zu schwach.

KARL: Wer dir auch hilft, du, du mußt mir nun helfen.
Ich brenne vor Verlangen ungestüm,
Du hast mir Herz und Hand zugleich besiegt.
Hohe Pucelle, wenn du so dich nennst,
Laß deinen Knecht, nicht deinen Herrn mich sein!
Der Dauphin Frankreichs bittet dich hierum.

PUCELLE: Ich darf der Liebe Bräuche nicht erproben,
Weil mein Beruf geheiligt ist von droben.
Wenn ich erst alle Feinde dir verjagt,
Dann werde die Belohnung zugesagt.

KARL: Indes sieh gnädig deinen Sklaven an!

REIGNIER: Mich dünkt, der Prinz ist lange im Gespräch.

ALENÇON: Er hört gewiß dem Weiberrock die Beichte,
Sonst dehnt' er so die Unterredung nicht.

REIGNIER: Er kennt kein Maß: sagt, sollen wir ihn stören?

ALENÇON: Wohl mehr ermißt er, als wir Armen wissen,
Der Weiber Zungen können schlau verführen.

REIGNIER: Mein Prinz, wo seid Ihr? Was erwägt Ihr da?
Wird Orleans verlassen oder nicht?

PUCELLE: Ich sage nein, kleingläubig Heidenvolk!
Kämpft bis zum letzten Hauch, ich will euch schirmen.

KARL: Wie sie sagt, stimm' ich bei: wir fechten's aus.

PUCELLE: Ich bin zu Englands Geißel ausersehn.
Heut nacht will ich gewiß die Stadt entsetzen:
Erwartet Martins Sommer[30], Halcyon-Tage[31],
Nun ich in diese Kriege mich begeben.
Ein Zirkel nur im Wasser ist der Ruhm,
Der niemals aufhört, selbst sich zu erweitern,
Bis die Verbreitung ihn in nichts zerstreut.
Mit Heinrichs Tode endet Englands Zirkel,
Zerstreuet ist der Ruhm, den er umschloß.
Nun bin ich gleich dem stolzen, frechen Schiff,
Das Cäsarn[32] trug zugleich mit seinem Glück.

KARL: Ward Mahomet beseelt von einer Taube,[33]
So hast du eines Adlers Eingebung.
Nicht Helena[34], die Mutter Konstantins,
Noch auch Sankt Philipps Töchter[35] glichen dir.
Lichtstern der Venus[36], der zur Erde fiel,
Wie bet'· ich ehrerbietig dich genugsam an?

466

ALENÇON: Laßt alles Zögern und entsetzt die Stadt!
REIGNIER: Weib, tu' das Dein' in Rettung unsrer Ehre,
Treib' sie von Orleans, du sollst unsterblich sein.
KARL: Sogleich versuchen wir's. Kommt, gehn wir dran!
Zeigt sie sich falsch, so trau' ich nie Propheten.
Alle ab.

DRITTE SZENE

London, vor dem Turm[37].

Der Herzog von Gloster mit seinen Bedienten in blauen Röcken tritt auf.

GLOSTER: Heut komm' ich zur Besichtigung des Turms.
Seit Heinrichs Tode, fürcht' ich, wird veruntreut.
Wo sind die Wächter, daß sie hier nicht stehn?
Öffnet die Tore! Gloster ist's, der ruft.
Bediente klopfen an.
ERSTER WÄCHTER *drinnen:*
Wer ist denn da, der so gebiet'risch ruft?
BEDIENTER: Es ist der edle Herzog Gloster.
ZWEITER WÄCHTER *drinnen:*
Wer er auch sei, wir lassen euch nicht ein.
BEDIENTER: Schelm', ihr antwortet so dem Herrn Protektor?
ERSTER WÄCHTER: Der Herr beschütz' ihn! Wir antworten so;
Wir tun nicht anders, als man uns geheißen.
GLOSTER: Wer hieß euch? Wes Geheiß gilt hier, als meins?
Niemand ist Reichs-Protektor als nur ich. –
Brecht auf das Tor, ich will Gewähr euch leisten.
Werd' ich von kot'gen Buben so genärrt?
Die Bedienten stürmen die Tore. Innerhalb nähert sich den Toren
der Kommandant Woodville.
WOODVILLE *drinnen:*
Was für ein Lärm? Was gibt's hier für Verräter?
GLOSTER: Seid Ihr es, Kommandant, des Stimm' ich höre?
Öffnet die Tore! Gloster will hinein.
WOODVILLE *drinnen:*
Geduld! Ich darf nicht öffnen, edler Herzog,
Der Kardinal von Winchester verbot's.
Von ihm hab' ich ausdrücklichen Befehl,
Dich und der Deinen keinen einzulassen.
GLOSTER: Schwachherz'ger Woodville, achtest ihn vor mir?
Der stolze Winchester! Der trotzige Prälat,

Bei weiland König Heinrich nie gelitten?
Du bist noch Gottes noch des Königs Freund;
Öffne das Tor, sonst schließ' ich dich bald aus.

BEDIENTER: Öffnet die Tore vor dem Lord Protektor,
Oder wir sprengen sie, wenn ihr nicht schleunig kommt.

Winchester tritt auf mit einem Gefolge von Bedienten in braunen Röcken.

WINCHESTER:
Wie nun, ehrsücht'ger Humphrey? sag, was soll's?

GLOSTER:
Glatzköpf'ger Priester, heißt du aus mich schließen?

WINCHESTER: Ja, du verräterischer Usurpator,
Protektor nicht des Königs oder Reichs!

GLOSTER: Zurück, du offenbarer Staatsverschworner!
Der unsern toten Herrn zu morden sinnt;
Der Huren Indulgenzen[38] gibt zur Sünde;
Ich will in deinem breiten Kardinalshut
Dich sichten[39], wo du fortfährst in dem Trotz.

WINCHESTER:
Tritt du zurück, ich weich' und wanke nicht.
Sei dies Damaskus[40], du, verflucht wie Kain,
Erschlag' den Bruder Abel, wenn du willst.

GLOSTER: Ich will dich nicht erschlagen, nur vertreiben.
Mir dient als Kindertuch dein Purpurmantel,
Dich wegzuschaffen aus der Freistatt Schutz.

WINCHESTER: Tu', was du darfst; ich biete keck dir Trutz.

GLOSTER: Was? Bietest du ins Angesicht mir Trutz?
Zieht, Leute! Achtet nicht der Freistatt Schutz!
Blaurock auf Braunrock! – Hüte, Pfaff', den Bart,

Gloster und seine Leute greifen den Bischof an.

Ich will ihn zausen und dich tüchtig packen,
Mit Füßen tret' ich deinen Kardinals-Hut;
Dem Papst zum Trotze und der Kirche Würden,
Schleif' ich am Halse hier dich auf und ab.

WINCHESTER: Gloster, dafür gibt dir der Papst dein Teil.

GLOSTER: Winchester Gans[41]! Ich ruf': ein Seil! ein Seil!
So schlagt sie fort! Was laßt ihr hier sie bleiben?
Dich will ich fort, du Wolf im Schafskleid, treiben.
Braunröcke, fort! Fort, purpurfarbner Heuchler!

*Es entsteht ein großer Tumult; während desselben tritt der Schultheiß
von London mit seinen Beamten auf.*

SCHULTHEISS:
Pfui, Lords! Daß ihr, als höchste Obrigkeiten,
So schmählich doch den Frieden brechen könnt!

GLOSTER: Still, Schultheiß! Meine Kränkung weißt du nicht:
Sieh, Beaufort, der noch Gott noch König achtet,
Hat hier den Turm allein an sich gerissen.
WINCHESTER: Sieh Gloster da, den Feind der Bürgerschaft,
Der immer dringt auf Krieg und nie auf Frieden,
Mit Steuern eure freien Beutel lastend;
Der die Religion zu stürzen sucht,
Weil er Protektor dieses Reiches ist:
Und Waffen haben will hier aus dem Turm,
Den Prinzen zu erdrücken, sich zu krönen.
GLOSTER: Nicht Worte, Streiche geb' ich dir zur Antwort.
Sie werden wieder handgemein.
SCHULTHEISS: Nichts bleibt mir in dem stürmischen Gezänk,
Als öffentlichen Ausruf tun zu lassen.
Gerichtsbeamter, komm! So laut du kannst!
GERICHTSBEAMTER: „Alle und jede, so gegenwärtig hier wider Got-
tes und des Königs Frieden in Waffen versammelt sind, werden
in Seiner Hoheit Namen ermahnt und befehligt, sich männig-
lich nach ihrer Behausung zu verfügen und forthin keinen De-
gen, Gewehr oder Dolch zu tragen, zu handhaben und zu füh-
ren; alles bei Todesstrafe."
GLOSTER: Ich breche das Gesetz nicht, Kardinal,
Doch treff' ich dich und will den Trotz dir brechen.
WINCHESTER:
Gloster, wir treffen uns; auf deine Kosten:
Dein Herzblut will ich für dies Tagewerk.
SCHULTHEISS:
Wenn ihr nicht fort wollt, ruf' ich noch nach Stangen.
Der Kardinal ist frecher als der Teufel.
WINCHESTER:
Verhaßter Gloster! Hüte deinen Kopf,
Denn ich gedenk' in kurzem ihn zu haben.
Sie gehen ab.
SCHULTHEISS:
Den Platz gesäubert erst! Dann ziehn wir ab.
O Gott! Daß Edle so ergrimmt verfahren!
Nicht einmal fecht' ich selbst in vierzig Jahren. *Ab.*

Frankreich. Vor Orleans.

Der Büchsenmeister und sein Sohn treten auf den Mauern auf.

BÜCHSENMEISTER: Du weißt, Bursch, wie man Orleans belagert,
Und wie die Englischen die Vorstadt haben.
SOHN: Ich weiß es, Vater, und schoß oft nach ihnen,
Unglücklich nur verfehlt' ich stets mein Ziel.
BÜCHSENMEISTER:
Nun sollst du's nicht: laß du von mir dich lenken!
Haupt-Büchsenmeister bin ich dieser Stadt!
Ich muß was tun, um Gunst mir zu erwerben.
Kundschafter von dem Prinzen melden mir,
Wie, in der Vorstadt fest verschanzt, der Feind
Durch ein geheimes Eisengitter pflegt
Auf jenem Turm die Stadt zu überschaun
Und dort erspäht, wie mit dem meisten Vorteil
Sie uns mit Sturm und Schießen drängen können.
Um abzustellen nun dies Ungemach,
Hab' ich ein Stück Geschütz darauf gerichtet,
Und seit drei Tagen hab' ich aufgepaßt,
Ob ich sie könnte sehn.
Nun paß du auf, ich kann nicht länger bleiben;
Erspähst du wen, so lauf' und meld' es mir,
Du wirst mich bei dem Festungshauptmann finden. *Ab.*
SOHN: Vater, ich steh' dafür, habt keine Sorge;
Ich will Euch nicht bemühn, späh' ich sie aus.
Auf dem obern Stock eines Turmes erscheinen Salisbury und Talbot,
Sir William Glansdale, Sir Thomas Gargrave und andre.
SALISBURY: Talbot, mein Heil, mein Leben wieder da?
Wie hat man dich behandelt als Gefangnen?
Und wie erlangtest du die Auslösung?
Laß uns auf dieses Turmes Zinne reden.
TALBOT: Der Herzog Bedford hatte wen gefangen,
Der hieß der tapfre Ponton von Santrailles:
Für den bin ich getauscht und ausgelöst.
Doch wollten sie mich einst zum Hohn verhandeln
Um einen Mann, weit schlechter in den Waffen;
Ich, stolz, verschmähte das und heischte Tod,
Eh' ich so spottgering mich schätzen ließ.
Zuletzt ward ich gelöst, wie ich begehrte.

Doch oh! Der falsche Fastolfe kränkt mein Herz.
Mit bloßen Fäusten könnt' ich ihn ermorden,
Wenn ich in meine Macht ihn jetzt bekäm'.
SALISBURY: Noch sagst du nicht, wie du gehalten wurdest.
TALBOT:
Mit Spott und Schimpf und schmächlichem Verhöhnen.
Auf offnen Märkten führten sie mich vor,
Zum allgemeinen Schauspiel für die Menge.
Dies, sagten sie, ist der Franzosen Schrecken,
Die Vogelscheu[42], wovor den Kindern graut.
Dann riß ich mich von meinen Wächtern los,
Grub mit den Nägeln Steine aus dem Boden,
Auf meiner Schmach Zuschauer sie zu werfen.
Mein gräßlich Aussehn machte andre fliehn,
Des schleun'gen Todes Furcht ließ keinen nahn.
In Eisenmauern hielt man mich nicht sicher;
So sehr war meines Namens Furcht verbreitet,
Daß sie geglaubt, ich bräche Stangen Stahl
Und sprengt' in Stücke diamantne Pfosten.
Drum hatt' ich eine Wacht, die, scharf geladen,
In jeglicher Minute mich umging,
Und wenn ich nur aus meinem Bett mich rührte,
Was sie bereit, mir in das Herz zu schießen.
SALISBURY: Mit Schmerz hör' ich, was du erlitten hast,
Doch uns genugsam rächen wollen wir.
Jetzt ist in Orleans Abendessens-Zeit:
Hier, durch dies Gitter zähl' ich jeden Mann
Und seh', wie die Franzosen sich verschanzen.
Sieh mit herein, es wird dich sehr ergötzen.
Sir Thomas Gargrave und Sir William Glansdale,
Laßt eure Meinung mich ausdrücklich hören:
Wo nun am besten zu beschießen wär'?
GARGRAVE: Ich denk', am Nordertor, da steht der Adel.
GLANSDALE: Und ich hier an dem Bollwerk bei der Brücke.
TALBOT: So viel ich sehn kann, muß man diese Stadt
Aushungern und mit leichten Treffen schwächen.
Ein Schuß von der Stadt. Salisbury und Gargrave fallen.
SALISBURY: O Herr! Sei gnädig uns elenden Sündern!
GARGRAVE: O Herr! Sei gnädig mir bedrängtem Mann!
TALBOT: Was kreuzt uns für ein Zufall plötzlich hier?
Sprich, Salisbury, wofern du reden kannst:
Wie geht's dir, Spiegel aller wackern Krieger?
Ein Aug' und halb die Wange weggeschmettert!

Verfluchter Turm! Verfluchte Unglücks-Hand,
Die dieses leid'ge Trauerspiel vollführt!
In dreizehn Schlachten siegte Salisbury,
Heinrich den Fünften zog er auf zum Krieg,
Solang' Trompete blies und Trommel schlug,
Ließ nie sein Schwert im Feld zu schlagen ab. –
Du lebst noch, Salisbury? Fehlt dir schon die Rede,
Du hast ein Aug', um Gnad' emporzublicken,
Die Sonne schaut mit einem Aug' die Welt. –
Himmel, sei keinem gnädig, der da lebt,
Wenn Salisbury bei dir Erbarmen mißt! –
Tragt fort die Leiche, ich will helfen sie begraben. –
Sir Thomas Gargrave, hast du irgend Leben?
Sprich mit dem Talbot, schau doch auf zu ihm,
Erfrisch' dich, Salisbury, mit diesem Trost:
Du stirbst mir nicht, derweil –
Er winkt mit seiner Hand und lächelt mir,
Als sagt' er: „Wenn ich tot bin und dahin,
Gedenke mich zu rächen an den Franken."
Plantagenet, ich will's; und gleich dir, Nero[43],
Die Laute spielend, Städte brennen sehn.

     Man hört es donnern, hierauf ein Getümmel.

Was rührt sich? Was für ein Tumult im Himmel?
Woher kommt dies Getümmel und der Lärm?

     Ein Bote tritt auf.

BOTE: Herr, Herr, die Franken bieten uns die Stirn;
Vereint mit einer Jeanne la Pucelle,
Der neu erstandnen heiligen Prophetin,
Führt große Macht der Dauphin zum Entsatz.

     Salisbury ächzt.

TALBOT: Hört, hört, wie Salisbury noch sterbend ächzt!
Es nagt sein Herz, daß Rach' ihm ist versagt. –
Ich werd' ein Salisbury für euch, Franzosen! –
Pucelle oder Buhle, Delphin oder Meerhund,
Die Herzen stampf' ich mit des Pferdes Hufen
Euch aus und eu'r vermischtes Hirn zu Kot. –
Schafft mir den Salisbury in sein Gezelt,
Dann sehn wir, was die feigen Franken wagen.

     Sie gehen ab und tragen die Leichen mit fort.

FÜNFTE SZENE

Vor einem der Tore.

Getümmel. Scharmützel. Talbot verfolgt den Dauphin und treibt ihn zurück; dann kommt die Pucelle, Engländer vor sich herjagend. Hierauf kommt Talbot.

TALBOT: Wo ist mein Mut und meine Stärk' und Kraft?
  Die Scharen weichen, ich kann nicht sie halten;
  Sie jagt ein Weib, mit Rüstung angetan.
      Die Pucelle kommt zurück.
  Hier kommt sie, hier: – Ich messe mich mit dir,
  Beschwör' dich, Teufel oder Teufelsmutter!
  Ich lasse Blut dir, du bist eine Hexe[44],
  Und stracks gib deine Seel' dem, so du dienst.
PUCELLE: Komm, komm! Ich bin's, die dich erniedern muß.
      Sie fechten.
TALBOT: Ihr Himmel, laßt ihr so die Hölle siegen?
  Eh' soll gespannter Mut die Brust mir sprengen,
  Die Arme sollen von den Schultern reißen,
  Als daß ich nicht die freche Metze strafte.
PUCELLE:
  Talbot, leb wohl! Dein Stündlein kommt noch nicht;
  Ich muß mit Nahrung Orleans versehn.
  Hol' mich nur ein, ich spotte deiner Stärke,
  Geh, geh, ermuntre dein verschmachtet Volk;
  Hilf Salisbury, sein Testament zu machen:
  Der Tag ist unser, wie noch mancher mehr.
      Die Pucelle zieht mit ihren Soldaten in die Stadt.
TALBOT: Mein Kopf geht um, wie eines Töpfers Rad,
  Ich weiß nicht, wo ich bin, noch was ich tue.
  Durch Furcht, nicht durch Gewalt, wie Hannibal[45],
  Treibt eine Hexe unser Heer zurück
  Und siegt, wie's ihr beliebt. So treibt man wohl
  Mit Dampf die Bienen, Tauben mit Gestank
  Von ihren Stöcken und vom Schlage weg.
  Man hieß der Wildheit halb uns englische Hunde,
  Nun laufen wir wie Hündlein schreiend fort.
      Ein kurzes Getümmel.
  Hört, Landesleut'! Erneuert das Gefecht,
  Sonst reißt die Löwen weg aus Englands Wappen,
  Sagt eurem Land ab, setzt für Löwen Schafe;

Nicht halb so bang fliehn Schafe vor dem Wolf,
Noch Pferd' und Ochsen vor dem Leoparden,
Als ihr vor euren oft bezwungnen Knechten. –

Getümmel. Ein neues Scharmützel.

Es soll nicht sein: – Zurück, zieht in die Schanzen;
Ihr stimmtet alle ein in Salisburys Tod,
Weil keiner einen Streich tat, ihn zu rächen. –
In Orleans ist die Pucelle hinein
Trotz uns und allem, was wir konnten tun.
O möcht' ich sterben doch mit Salisbury!
Ich muß mein Haupt vor Scham hierüber bergen.

Getümmel. Rückzug. Talbot mit seinen Truppen ab.

SECHSTE SZENE

Ebendaselbst.

*Auf den Mauern erscheinen die Pucelle, Karl, Reignier, Alençon
und Soldaten.*

PUCELLE: Pflanzt unsre weh'nden Fahnen auf die Mauern:
Den Englischen ist Orleans entrissen,
So hielt euch Jeanne la Pucelle Wort.
KARL: Du göttlichstes Geschöpf! Asträas[46] Tochter!
Wie soll ich ehren dich für den Erfolg?
Adonis' Gärten[47] gleichet dein Verheißen,
Die heute blühn und morgen Früchte tragen.
Siegprang' in deiner herrlichen Prophetin,
O Frankreich! Orleans ist wieder dein:
Nie widerfuhr dem Lande größres Heil.
REIGNIER: Warum durchtönt nicht Glockenklang die Stadt?
Dauphin, laß Freudenfeu'r die Bürger machen
Und jubeln, schmausen in den offnen Straßen,
Das Glück zu feiern, das uns Gott verliehn.
ALENÇON: Ganz Frankreich wird erfüllt mit Freud' und Lust,
Wenn sie erfahren, wie wir uns gehalten.
KARL: Nicht wir, 's ist Jeanne, die den Tag gewann,
Wofür ich mit ihr teilen will die Krone,
Und alle Mönch' und Priester meines Reichs
In Prozession ihr stets lobsingen sollen.
Ich bau' ihr eine stolze Pyramide
Als die zu Memphis oder Rhodopes[48];

Und wenn sie tot ist, soll, ihr zum Gedächtnis,
Die Asch' in einer köstlicheren Urne
Als das Kleinoden-Kästchen des Darius[49]
Bei hohen Festen umgetragen werden,
Vor Frankreichs Königen und Königinnen.
Nicht länger rufen wir Sankt Dionys[50],
Patronin ist nun Jeanne la Pucelle.
Kommt, halten wir ein königlich Gelag
Auf diesen siegesreichen goldnen Tag!

                Trompetenstoß. Alle ab.

ZWEITER AUFZUG

Erste Szene

Ebendaselbst.

*Ein französischer Sergeant und zwei Schildwachen
kommen durch das Tor.*

SERGEANT: Nehmt eure Plätze und seid wachsam, Leute;
   Bemerkt ihr Lärm, und daß Soldaten nah
   Den Mauern sind, an irgendeinem Zeichen,
   So gebt im Wachthaus Nachricht uns davon.
ERSTE SCHILDWACHE: Schon gut, Sergeant.
                            Sergeant ab.
                               So müssen arme Diener,
   Wenn andre schlafen auf bequemem Bett,
   In Finsternis, in Kält' und Regen wachen.
      *Talbot, Bedford, Burgund und ihre Truppen mit Sturmleitern,
         die Trommeln schlagen einen Totenmarsch.*
TALBOT: Mein Herr Regent, und mächtiger Burgund[51],
   Durch deren Ankunft das Gebiet von Artois,
   Wallon und Pikardie uns sind befreundet:
   In dieser Glücksnacht sind die Franken sorglos,
   Da sie den ganzen Tag geschmaust, gezecht.
   Ergreifen wir denn die Gelegenheit,
   Sie schickt sich zur Vergeltung ihres Trugs,
   Den Kunst ersann und arge Zauberei.
BEDFORD: Memme von Frankreich! Wie er sich entehrt,
   An seines Armes Tapferkeit verzweifelnd,
   Mit Hexen und der Höll' in Bund zu treten!
BURGUND: Verräter sind in der Gesellschaft stets.
   Doch die Pucelle, für so rein gepriesen,
   Wer ist sie?

TALBOT: Ein Mädchen, sagt man.
BEDFORD: Ein Mädchen, und so kriegerisch!
BURGUND:
  Geb' Gott, daß sie nicht männlich bald erscheint.
  Wenn unter dem Panier der Franken sie
  Die Rüstung führt, wie sie begonnen hat.
TALBOT: Wohl, laßt sie'klügeln und mit Geistern handeln.
  Gott unsre Burg! In seinem Siegernamen
  Laßt uns ihr Felsen-Bollwerk kühn erklimmen.
BEDFORD: Stürm', braver Talbot, und wir folgen dir.
TALBOT: Nicht alle hier mit eins: weit besser dünkt mir's,
  Hineinzudringen auf verschiednen Wegen,
  Daß wenn es einem unter uns mißlingt,
  Der andre wider ihre Macht kann stehn.
BEDFORD: So sei's; ich will zu jener Ecke hin.
BURGUND: Und ich zu dieser.
TALBOT: Und hier stürmt Talbot oder schafft sein Grab.
  Nun, Salisbury, für dich und für das Recht
  Heinrichs von England soll die Nacht sich zeigen,
  Wie meine Pflicht euch beiden ist geweiht.
    Die Englischen ersteigen die Mauern mit Sturmleitern, indem sie:
    „Sankt Georg!" und: „Talbot hoch!" rufen, und dringen alle in die
    Stadt.
SCHILDWACHE *drinnen:*
  Auf, zu den Waffen, auf! Die Feinde stürmen!
  Die Franzosen springen im Hemde über die Mauern. Hierauf kommen
  von verschiednen Seiten der Bastard, Alençon, Reignier, halb angekleidet,
  halb nicht.
ALENÇON: Wie nun, ihr Herrn? Was? So unangekleidet?
BASTARD: Unangekleidet? Ja und froh dazu,
  Daß wir so gut davongekommen sind.
REIGNIER: Traun, es war Zeit, sich aus dem Bett zu machen,
  Der Lärm war schon an unsrer Kammertür.
ALENÇON: Seit ich die Waffen übte, hört' ich nie
  Von einem kriegerischen Unternehmen,
  Das tollkühn und verzweifelt war wie dies.
BASTARD: Der Talbot, denk' ich, ist ein Geist der Hölle.
REIGNIER: Wo nicht die Höll', ist ihm der Himmel günstig.
ALENÇON: Da kommt der Prinz, mich wundert, wie's ihm ging.
    Karl und die Pucelle treten auf.
BASTARD: Pah! War Sankt Jeanne doch sein Schirm und Schutz.
KARL: Ist dieses deine List, du falsche Schöne?
  Du ließest uns zuerst, um uns zu schmeicheln,

Teilnehmer sein an wenigem Gewinn,
Daß der Verlust nun zehnmal größer wär'?

PUCELLE:

Warum schilt Karl die Freundin ungeduldig?
Muß allzeit meine Macht die gleiche sein?
Schlafend und wachend, muß ich stets gewinnen,
Wenn ihr nicht schmähn und Schuld mir geben sollt?
Bei guter Wache, unvorsicht'ge Krieger,
Wär' dieser schnelle Unfall nie begegnet.

KARL: Herzog von Alençon. Eu'r Fehler war's.
Daß, als der Wache Hauptmann, diese Nacht
Ihr besser nicht den wicht'gen Dienst versehn.

ALENÇON:

War jegliches Quartier so wohl bewahrt
Als das, worin ich den Befehl gehabt,
Wir wären nicht so schmächlich überfallen.

BASTARD: Meins war in Sicherheit.

REIGNIER: Auch meines, Herr.

KARL:

Was mich betrifft, den größten Teil der Nacht
Hab' ich zum Auf- und Abgehn angewandt
In ihrem Viertel und durch mein Revier,
Um immerfort die Wachen abzulösen.
Wie oder wo sind sie denn eingebrochen?

PUCELLE:

Fragt, Herrn, nicht weiter über diesen Fall,
Wie oder wo; genug, sie fanden Stellen,
Nur schwach besetzt, wo sie den Einbruch taten,
Und übrig bleibt uns nun kein andrer Rat,
Als die umher versprengten Leute sammeln
Und neue Schanzen bau'n zu ihrem Schaden.

Getümmel. Ein englischer Soldat kommt und ruft: „Talbot hoch!
Talbot hoch!" Sie fliehen, indem sie ihre Kleider zurücklassen.

SOLDAT:

Ich will nur dreist, was sie verlassen, nehmen.
Der Ausruf Talbot dient mir statt des Degens,
Denn ich belud mit vieler Beute mich
Und braucht' als Waffe seinen Namen bloß. *Ab.*

Orleans. Innerhalb der Stadt.

Talbot, Bedford, Burgund, ein Hauptmann und andre.

BEDFORD: Der Tag bricht an, und es entflieht die Nacht,
Die um die Erde warf den Rabenmantel.
Blast nun zum Rückzug, hemmt die heiße Jagd!
Man bläst zum Rückzug.
TALBOT: Die Leiche bringt vom alten Salisbury
Und stellet auf dem Marktplatz hier sie aus,
Dem Mittelpunkte der verfluchten Stadt. –
Nun zahlt' ich mein Gelübde seiner Seele:
Fünf Franken starben mind'stens diese Nacht
Für jeden ihm entwandten Tropfen Bluts.
Und, daß hinfort die Zeiten mögen sehn,
Was für Verheerung ihm zur Rach' erfolgt,
Bau' ich in ihrer Hauptkirch' eine Gruft,
Worin sein Körper soll bestattet werden;
Darauf soll, daß es jeder lesen kann,
Die Plünd'rung Orleans' gegraben sein,
Die falsche Weise seines traur'gen Todes,
Und welch ein Schrecken er für Frankreich war.
Doch, Herrn, bei all dem Blutbad wundert's mich,
Daß wir des Dauphins Hoheit nicht begegnet,
Der tugendsamen Heldin Jeanne d'Arc,
Noch irgendwem der falschen Bundsgenossen.
BEDFORD: Man sagt, Lord Talbot, als der Kampf begann,
Sei'n, plötzlich aufgeschreckt vom faulen Bett,
Sie unter Haufen des Soldatenvolks
Die Mau'r hinüber in das Feld entsprungen.
BURGUND: Ich selbst, soviel ich unterscheiden konnte
Im Rauch und Nebeldunst der Nacht, verscheuchte
Den Dauphin sicherlich und seine Trulle,
Als Arm in Arm sie hurtig laufend kamen,
So wie ein Paar verliebter Turteltauben,
Die sich nicht trennen konnten Tag und Nacht.
Wenn erst die Dinge hier in Ordnung sind,
So woll'n wir sie mit aller Macht verfolgen.
Ein Bote tritt auf.
BOTE: Heil euch, ihr hohen Lords! Was nennet ihr
Von dieser fürstlichen Genossenschaft

Den kriegerischen Talbot, dessen Taten
Im Frankenreich so hoch gepriesen werden?

TALBOT: Ich bin der Talbot: wer will mit ihm reden?

BOTE: Die tugendsame Gräfin von Auvergne,
Bescheidentlich bewundernd deinen Ruhm,
Ersucht dich, großer Lord, du woll'st geruhn,
Zur armen Burg, worauf sie sitzt, zu kommen,
Damit sie rühmen mag, sie sah den Mann,
Von dessen Herrlichkeit die Welt erschallt.

BURGUND: Im Ernst? Ei ja, dann seh' ich, unsre Kriege
Verwandeln sich in friedlich Possenspiel,
Wenn Frau'n begehren, daß wir sie bestehn. –
Ihr dürft die art'ge Bitte nicht verschmähn.

TALBOT:
Nein, glaubt mir; denn, wenn eine Welt von Männern
Mit aller Rednerkunst nichts ausgerichtet,
Hat eines Weibes Güte übermeistert. –
Und darum sagt ihr, daß ich herzlich danke
Und untertänig sie besuchen will. –
Gehn Eure Edlen zur Gesellschaft mit?

BEDFORD:
Nein, wahrlich; das ist mehr, als Sitt' erlaubt.
Ich hörte sagen, ungeladne Gäste
Sind nicht willkommner meist, als wenn sie gehn.

TALBOT:
Nun wohl, allein, weil denn kein andrer Rat,
Versuch' ich dieser Dame Höflichkeit.
Hierher kommt, Hauptmann. *Er spricht leise mit ihm.*
                              Ihr versteht die Meinung?

HAUPTMANN: Ja, gnäd'ger Herr, und meine dem gemäß.
                              Alle ab.

Dritte Szene

Auvergne. Schloßhof. Die Gräfin und ihre Torwärter treten auf.

GRÄFIN: Torwärter, merkt Euch, was ich aufgetragen,
Und wenn Ihr es getan, bringt mir die Schlüssel.

TORWÄRTER: Das will ich, gnäd'ge Frau. *Ab.*

GRÄFIN: Der Anschlag ist gemacht: geht alles gut,
So macht dies Abenteu'r mich so berühmt,
Als Cyrus' Tod die Scythin Tomyris[52].
Groß ist der Ruf von diesem furchtbar'n Ritter,

Und seine Taten von nicht minderm Wert.
Gern wär' mein Auge Zeuge mit dem Ohr,
Zum Ausspruch über diese Wunderdinge.
Der Bote kommt mit Talbot.

BOTE: Gräfin! Wie Eure Gnaden es begehrt,
Auf meine Botschaft kommt Lord Talbot hier.

GRÄFIN: Er ist willkommen. Wie? Ist dies der Mann?

BOTE: Ja, gnäd'ge Frau.

GRÄFIN: Ist dies die Geißel Frankreichs?
Ist dies der Talbot, auswärts so gefürchtet,
Daß man die Kinder stillt mit seinem Namen?
Ich seh', der Ruf ist fabelhaft und falsch.
Ich dacht', es würd' ein Herkules[53] erscheinen,
Ein zweiter Hektor[54], nach dem grimmen Ansehn
Und der gedrungnen Glieder großem Maß.
Ach, dies ist ja ein Kind, ein blöder Zwerg;
Es kann der schwache eingezog'ne Knirps
Unmöglich so die Feind' in Schrecken jagen.

TALBOT:
Ich war so dreist, zur Last zu fallen, Gräfin;
Doch da Eu'r Gnaden nicht bei Muße sind,
So find' ich andre Zeit wohl zum Besuch.

GRÄFIN: Was hat er vor? Geh, frag', wohin er geht.

BOTE: Lord Talbot, haltet: meine gnäd'ge Frau
Wünscht Eures raschen Abschieds Grund zu wissen.

TALBOT: Ei nun, weil sie in falschem Glauben ist,
Geh' ich, ihr zu beweisen, Talbot sei's.
Der Torwärter kommt zurück mit Schlüsseln.

GRÄFIN:
Wenn du es bist, so bist du ein Gefangner.

TALBOT: Gefangner? Wes?

GRÄFIN: Blutdürst'ger Lord, der meine,
Und aus dem Grund zog ich dich in mein Haus.
Dein Schatte war schon längst in meinen Banden;
Dein Bildnis hängt in meiner Galerie.
Doch nun soll auch dein Wesen Gleiches dulden,
Und diese Arm' und Beine feßl' ich dir,
Der du mit Tyrannei seit so viel Jahren
Das Land verheertest, unsre Bürger schlugst
Und Söhn' und Gatten zu Gefangnen machtest.

TALBOT: Ha ha ha!

GRÄFIN: Du lachst, Elender? Jammern wirst du bald.

TALBOT: Ich lache über Euer Gnaden Einbildung,

Als hättet Ihr was mehr als Talbots Schatten,
Woran Ihr Eure Strenge üben mögt.

GRÄFIN: Wie, bist du es nicht selbst?

TALBOT: Ich bin es wirklich.

GRÄFIN: So hab' ich auch sein Wesen.

TALBOT: Nein, nein, ich bin mein eigner Schatte nur,
Ihr seid getäuscht, mein Wesen ist nicht hier;
Denn, was Ihr seht, ist der geringste Teil
Von meiner Menschheit und das kleinste Maß.
Ich sag' Euch, wär' mein ganz Gebilde hier,
Es ist von so gewalt'gem hohen Wuchs,
Eu'r Dach genügte nicht, es zu umfassen.

GRÄFIN: Das ist ein Rätselkrämer, wie sich's ziemt:
Hier will er sein, und ist denn doch nicht hier;
Wie können diese Widersprüche passen?

TALBOT: Sogleich will ich's Euch zeigen.

Er stößt in ein Hifthorn. Man hört Trommeln, hierauf eine Salve von grobem Geschütz. Die Tore werden gesprengt, und Soldaten kommen.

Was sagt Ihr, Gräfin, seid Ihr überzeugt,
Daß Talbot nur sein eigner Schatten ist?
Die sind sein Wesen, Sehnen, Arm' und Stärke,
Womit er Euch empörte Nacken beugt,
Die Städte schleift und Eure Festen stürzt
Und wüst in einem Augenblick sie macht.

GRÄFIN: Verzeih', siegreicher Talbot, mein Vergehn!
Ich seh', du bist nicht kleiner als dein Ruf,
Und mehr, als die Gestalt erraten läßt.
Laß meine Kühnheit deinen Zorn nicht reizen,
Es ist mir leid, daß ich mit Ehrerbietung
Dich nicht so aufgenommen, wie du bist.

TALBOT: Nicht bange, schöne Frau! Mißdeutet nicht
Den Sinn des Talbot, wie Ihr Euch geirrt
In seines Körpers äußerlichem Bau.
Was Ihr getan, das hat mich nicht beleidigt,
Auch fodr' ich zur Genugtuung nichts weiter,
Als daß, mit Eurer Gunst, wir kosten dürfen
Von Eurem Wein und sehn, wie man hier kocht;
Denn immer rüstig sind Soldatenmagen.

GRÄFIN: Von ganzem Herzen; und es ehrt mich sehr,
Bei mir solch großen Krieger zu bewirten.

Alle ab.

London. Der Garten des Tempels.

Die Grafen von Somerset[55], Suffolk[56] und Warwick[57]; Richard Plantage-net[58], Vernon und ein andrer Rechtsgelehrter treten auf.

PLANTAGENET:
  Ihr großen Lords und Herrn, was soll dies Schweigen?
  Will niemand reden in der Wahrheit Sache?
SUFFOLK: Wir waren allzulaut im Tempel-Saal,
  Der Garten hier ist schicklicher dazu.
PLANTAGENET:
  So sagt mir eins, ob Wahrheit ich behauptet,
  Ob nicht der Zänker Somerset geirrt?
SUFFOLK: Traun, ich war Müßiggänger in den Rechten:
  Ich konnte nie darnach den Willen fügen
  Und füge drum das Recht nach meinem Willen.
SOMERSET: So richtet Ihr, Lord Warwick, zwischen uns.
WARWICK: Von zweien Falken, welcher höher steigt,
  Von zweien Hunden, welcher tiefer bellt,
  Von zweien Klingen, welche beßrer Stahl,
  Von zweien Pferden, wessen Haltung besser,
  Von zweien Mädchen, welche muntrer äugelt,
  Hab' ich wohl einen flachen Sinn des Urteils:
  Doch von des Rechts Praktik und spitzen Kniffen
  Hat wahrlich eine Dohle mehr begriffen.
PLANTAGENET: Pah, welche höfliche Zurückhaltung!
  Die Wahrheit steht so nackt auf meiner Seite,
  Daß selbst das blödste Aug' sie finden kann.
SOMERSET:
  Auf meiner Seit' ist sie so wohl gekleidet,
  So klar, so strahlend und so offenbar,
  Daß sie durch eines Blinden Auge schimmert.
PLANTAGENET:
  Weil Redescheu die Zungen denn euch bindet,
  Erklärt in stummen Zeichen die Gedanken.
  Es pflücke, wer ein echter Edelmann
  Und auf der Ehre seines Bluts besteht,
  Wenn er vermeint, ich bringe Wahrheit vor,
  Mit mir von diesem Strauch 'ne weiße Rose.
SOMERSET:
  So pflücke, wer kein Feiger ist noch Schmeichler

Und die Partei der Wahrheit halten darf,
Mit mir von diesem Dorn 'ne rote Rose.

WARWICK: Ich liebe Schminke nicht; ohn' alle Schminke
Der kriechenden gewandten Schmeichelei
Pflück' ich die weiße Rose mit Plantagenet.

SUFFOLK: Mit Somerset pflück' ich die rote Rose
Und sag', ich halte recht, was er behauptet.

VERNON:
Noch haltet, Lords und Herrn, und pflückt nicht mehr,
Bis ihr beschließt, daß der, auf dessen Seite
Vom Baume wen'ger Rosen sind gepflückt,
Des andern rechte Meinung soll erkennen.

SOMERSET: Mein guter Meister Vernon, wohl bemerkt!
Still geb' ich nach, hab' ich die mindre Zahl.

PLANTAGENET: Ich auch.

VERNON: Dann, für der Sache Recht und Wahrheit pflücke
Ich die jungfräulich blasse Blüte hier,
Den Ausspruch gebend für die weiße Rose.

SOMERSET:
Stecht nicht den Finger, wie Ihr-ab sie pflückt,
Sonst färbt Ihr, blutend, rot die weiße Rose
Und fallt auf meine Seite wider Willen.

VERNON: Mylord, wenn ich für meine Meinung blute,
So wird die Meinung auch den Schaden heilen
Und mich bewahren auf der jetz'gen Seite.

SOMERSET: Gut, gut: nur zu! Wer sonst?

RECHTSGELEHRTER *zu Somerset:*
Wofern nicht meine Kunst und Bücher lügen,
So habt Ihr unrecht Euren Satz geführt:
Zum Zeichen des pflück' ich die weiße Rose.

PLANTAGENET: Nun, Somerset, wo ist nun Euer Satz?

SOMERSET: Hier in der Scheide; dies erwägen, wird
Die weiße Rose blutig rot Euch färben.

PLANTAGENET: Indes äfft Eure Wange unsre Rosen,
Denn sie ist blaß vor Furcht, als zeugte sie
Für unsre Wahrheit.

SOMERSET: Nein, Plantagenet,
's ist nicht aus Furcht, – aus Zorn, daß deine Wangen,
Vor Scham errötend, unsre Rosen äffen
Und deine Zunge doch dein Irren leugnet.

PLANTAGENET: Stach dir kein Wurm die Rose, Somerset?

SOMERSET: Hat deine keinen Dorn, Plantagenet!

PLANTAGENET: Ja, einen scharfen, wahr sich zu behaupten,

Indes dein Wurm an seiner Falschheit nagt.

SOMERSET: Wohl, Freunde find' ich für mein Rosenblut,
Die da behaupten, daß ich wahr gesagt,
Wo sich Plantagenet nicht sehn darf lassen.

PLANTAGENET: Bei dieser reinen Blüt' in meiner Hand,
Ich spotte, Knabe, dein und deiner Tracht.

SUFFOLK: Kehr' sonst wohin den Spott, Plantagenet.

PLANTAGENET: Nein, stolzer Poole[59], ich spotte sein und dein.

SUFFOLK: Mein Teil davon werf' ich in deinen Hals.

SOMERSET: Fort, guter William de la Poole! Wir tun
Dem Bauern zu viel Ehr', mit ihm zu reden.

WARWICK: Bei Gott, du tust ihm Unrecht, Somerset.
Sein Urgroßvater war ja Lionel,
Herzog von Clarence, und der dritte Sohn
Des dritten Eduard, Königes von England.
Treibt solche Wurzel wappenlose Bauern?

PLANTAGENET: Er macht des Platzes Vorrecht sich zu Nutz,
Sein zaghaft Herz ließ' ihn das sonst nicht sagen.

SOMERSET: Bei dem, der mich erschuf, ich will mein Wort
Auf jedem Fleck der Christenheit behaupten.
Ward nicht dein Vater, Richard Graf von Cambridge[60],
Zur Zeit des vor'gen Königs um Verrat gerichtet?
Und hat nicht sein Verrat dich angesteckt,
Geschändet und entsetzt vom alten Adel?
In deinem Blut lebt seine Missetat,
Und, bis zur Herstellung, bist du ein Bauer.

PLANTAGENET: Mein Vater war beklagt, nicht überwiesen;
Starb, um Verrat verdammt, doch kein Verräter:
Und das beweis' ich Höhern noch als Somerset,
Reift meinem Willen erst die Zeit heran.
Was Euren Helfer Poole und Euch betrifft,
So zeichn' ich Euch in mein Gedächtnis-Buch,
Um Euch zu züchtigen für diese Rüge.
Seht Euch denn vor und sagt, daß ich Euch warnte.

SOMERSET: Nun wohl, du sollst bereit uns immer finden
Und uns an dieser Farb' als Feind' erkennen,
Die meine Freunde tragen dir zum Trotz.

PLANTAGENET: Und diese bleiche und erzürnte Rose,
Als Sinnbild meines blutbedürft'gen Hasses,
Will ich, bei meiner Seele! künftig tragen,
Ich selber und mein Anhang immerdar,
Bis sie mit mir zu meinem Grabe welkt
Oder zur Höhe meines Rangs erblüht.

SUFFOLK: Geh vorwärts, und ersticke dich dein Ehrgeiz!
Und so leb wohl, bis ich dich wieder treffe. *Ab.*

SOMERSET: Ich folge, Poole. Leb wohl, ehrgeiz'ger Richard! *Ab.*

PLANTAGENET:
Wie man mir trotzt, und doch muß ich es dulden.

WARWICK: Der Fleck, den sie an Eurem Hause rügen,
Wird ausgelöscht im nächsten Parlament,
Das Winchester und Gloster soll vergleichen;
Und wenn man dann dich nicht zum York ernennt,
So will ich länger nicht für Warwick gelten.
Indes, zum Pfand, daß ich dich vorgezogen
Dem stolzen Somerset und William Poole,
Trag' ich auf deiner Seite diese Rose
Und prophezeie hier: der heut'ge Zank,
Der zur Parteiung ward im Tempel-Garten,
Wird zwischen roter Rose und der weißen
In Tod und Todsnacht tausend Seelen reißen.

PLANTAGENET: Euch, guter Meister Vernon, sag' ich Dank,
Daß Ihr die Blume mir zu Lieb gepflückt.

VERNON: Beständig will ich, Euch zu Lieb, sie tragen.

RECHTSGELEHRTER: Das will ich ebenfalls.

PLANTAGENET:
Kommt, gehn wir vier zur Mahlzeit; ich darf sagen:
Blut trinkt noch dieser Streit in andern Tagen.
                    Alle ab.

FÜNFTE SZENE

Ebendaselbst. Ein Zimmer im Turm.

Mortimer[61] *wird von zwei Gefangenwärtern in einem Armstuhl hineinge-
tragen.*

MORTIMER: Sorgsame Wärter meines schwachen Alters,
Laßt sterbend ausruhn hier den Mortimer.
So wie ein Mann, der Folter erst entrissen,
Fühl' ich die Länge der Gefangenschaft
In meinen Gliedern; diese grauen Locken,
Des Todes Boten, Nestor-gleich[62] bejahrt
In Jahren voller Sorgen, zeigen an,
Es ende nun mit Edmund Mortimer.
Die Augen, Lampen, die ihr Öl verspendet,
Verdunkeln sich, zum Ausgang schon gewendet.

Die Schultern schwach, erdrückt von Grames Last,
Die Arme marklos, wie verdorrte Reben,
Saftlose Ranken auf den Boden senkend. –
Doch diese Füße von kraftlosem Stand,
Unfähig, diesen Erdenkloß zu stützen,
Sind leicht beschwingt vom Wunsch nach einem Grabe,
Wohl wissend, daß ich andern Trost nicht habe. –
Doch sagt mir, Wärter, will mein Neffe kommen?

ERSTER GEFANGENWÄRTER:
Richard Plantagenet will kommen, Herr;
Zu seinem Zimmer sandten wir im Tempel,
Und Antwort ward erteilt, er wolle kommen.

MORTIMER: Genug! So wird noch mein Gemüt befriedigt.
Der arme Mann! Er ist gekränkt wie ich.
Seit Heinrich Monmouth erst begann zu herrschen,
Vor dessen Ruhm ich groß in Waffen war,
Lebt' ich in ekler Eingeschlossenheit;
Und auch seitdem ward Richard weggedrängt,
Beraubt der Ehr' und Erbschaft; aber nun,
Da mich, der jegliche Verzweiflung schlichtet,
Der Tod, der milde Schiedsmann alles Elends,
Mit süßer Freilassung von hinnen läßt,
Wollt' ich, auch seine Drangsal wär' vorbei,
Und das Verlorne würd' ihm hergestellt.

>   *Richard Plantagenet tritt auf.*

ERSTER GEFANGENWÄRTER:
Herr, Euer lieber Neff' ist nun gekommen.

MORTIMER: Richard Plantagenet, mein Freund? Ist er da?

PLANTAGENET: Ja, edler Oheim, schmählich so behandelt,
Eu'r Neffe kommt, der jüngst entehrte Richard.

MORTIMER: Führt meine Arme, daß ich ihn umhalse,
Den letzten Hauch in seinen Busen keiche[63];
O sagt mir, wann mein Mund die Wang' ihm rührt,
Daß ich ihn grüße mit ohnmächt'gem Kuß.
Nun, süßer Sprößling von Yorks großem Stamm,
Erklär', warum du „jüngst entehrt" dich nanntest.

PLANTAGENET: Erst lehn' auf meinen Arm den alten Rücken,
Und, so erleichtert, höre die Beschwer.
Heut, bei dem Streiten über einen Fall,
Kam's zwischen mir und Somerset zu Worten,
Wobei er ohne Maß die Zunge brauchte
Und rückte meines Vaters Tod mir vor.
Der Vorwurf stieß mir Riegel vor die Zunge,

Sonst hätt' ich's ihm auf gleiche Art vergolten.
Drum, bester Ohm, um meines Vaters willen,
Bei deiner Ehr' als ein Plantagenet
Und Bundes halb erklär' den Grund, warum
Mein Vater, Graf von Cambridge, ward enthauptet.

MORTIMER: Der Grund, der mich verhaftet, holder Neffe,
Und all die blüh'nde Jugend fest mich hielt
In einem eklen Kerker, da zu schmachten,
War das verfluchte Werkzeug seines Todes.

PLANTAGENET: Entdecke näher, welch ein Grund das war,
Denn ich bin unbelehrt und rat' es nicht.

MORTIMER:
Das will ich, wenn der Odem mir nicht schwindet
Und mich der Tod läßt enden den Bericht.
Heinrich der Vierte[64], Großvater dieses Königs,
Entsetzte seinen Neffen Richard, Eduards Sohn,
Des Erstgebornen und rechtmäß'gen Erben
Von König Eduard, drittem jener Reih'.
Zu seiner Herrschaft Zeit bestrebten sich
Die Percys[65] aus dem Norden, als sie fanden,
Höchst ungerecht sei seine Anmaßung,
Statt seiner mich zu fördern auf den Thron.
Was diese kriegerischen Lords bewog,
War, daß nach Wegräumung des jungen Richard
[Der keinen Erben ließ, von ihm erzeugt]
Ich von Geburt und Sippschaft war der nächste,
Denn mütterlicher Seite stamm' ich ab
Von Lionel von Clarence, drittem Sohn
König Eduard des Dritten; mittlerweil'
Er von Johann von Gaunt den Stammbaum leitet,
Dem vierten nur in jenem Heldenhaus.
Doch merkt: als sie mit hochgemutem Anschlag
Den rechten Erben einzusetzen rangen,
Verlor die Freiheit ich, und sie das Leben.
Viel später, als Heinrich der Fünfte herrschte
Nach seinem Vater Bolingbroke, geschah's,
Daß, mitleidsvoll mit meiner harten Trübsal,
Dein Vater, Graf von Cambridge, abgestammt
Vom großen Edmund Langley[66], Herzog York,
Vermählt mit meiner Schwester, deiner Mutter,
Nochmals ein Heer warb, wähnend, mich zu lösen
Und zu bekleiden mit dem Diadem;
Doch wie die andern fiel der edle Graf

488

Und ward enthauptet. So sind die Mortimers,
Worauf der Anspruch ruhte, unterdrückt.
PLANTAGENET: Und deren letzter, edler Lord, seid Ihr.
MORTIMER: Ja, und du siehst, ich habe kein Geschlecht,
Und meine matten Worte melden Tod.
Du bist mein Erbe; rate selbst das andre,
Doch übe Vorsicht bei der fleiß'gen Sorge.
PLANTAGENET: Die erste Warnung präget sich mir ein;
Doch dünkt mich meines Vaters Hinrichtung
Geringres nicht als blut'ge Tyrannei.
MORTIMER: Mit Schweigen, Neffe, treibe Politik:
Das Haus der Lancaster ist fest gegründet
Und, einem Felsen gleich, nicht wegzurücken.
Nun aber rückt dein Oheim weg von hier,
Wie Prinzen ihren Hof verlegen, müde
Des langen Weilens am bestimmten Platz.
PLANTAGENET: Oh, kauft' ein Teil von meinen jungen Jahren
Die Laufbahn Eures Alters doch zurück!
MORTIMER: Du tätest mir zu nah, dem Mörder gleich,
Der viele Wunden gibt, wo eine tötet;
Wo nicht mein Wohl dir leid ist, traure nicht,
Nur ordne du mir die Bestattung an.
Und so fahr' wohl: dir lache jede Hoffnung,
Dein Leben sei beglückt in Fried' und Krieg! *Stirbt.*
PLANTAGENET:
Fried' und nicht Krieg mit deiner flieh'nden Seele!
Im Kerker schlossest du die Pilgerschaft,
Als Klausner überlebend deine Tage. –
Wohl, seinen Rat verschließ' ich in der Brust,
Und was ich sinne, sei nur mir bewußt. –
Wärter, tragt ihn hinweg! Ich sorge selbst,
Ihn besser zu bestatten, als er lebte.
Die Gefangenwärter tragen Mortimer hinaus.
Hier lischt die trübe Fackel Mortimers,
Gedämpft vom Ehrgeiz derer unter ihm;
Und für das Unrecht, für die bittre Kränkung,
Die meinem Hause Somerset getan,
Bau' ich auf ehrenvolle Herstellung.
Und deshalb eil' ich zu dem Parlament:
Man soll zurück mich geben meinem Blut,
Sonst mach' ich bald mein Übel mir zum Gut. *Ab.*

DRITTER AUFZUG

ERSTE SZENE

London. Das Parlament-Haus.

Trompetenstoß. König Heinrich, Exeter, Gloster, Warwick, Somerset und Suffolk, der Bischof von Winchester, Richard Plantagenet und andre treten auf. Gloster will ein Memorial[67] *überreichen, Winchester reißt es ihm weg und zerreißt es.*

WINCHESTER: Kommst du mit tief voraus bedachten Zeilen,
    Geschriebnen Blättern künstlich ausgesonnen,
    Humphrey von Gloster? Wenn du klagen kannst
    Und denkst, mir irgend was zur Last zu legen,
    So tu' es ohne Vorbereitung schnell,
    Wie ich mit schneller Red' und aus dem Kopf
    Dem, was du rügen magst, antworten will.
GLOSTER: Hochmüt'ger Pfaff'! Der Ort mahnt zur Geduld,
    Sonst sollt'st du sehen, daß du mich beschimpft.
    Denk' nicht, wiewohl ich schriftlich abgefaßt
    Die Weise deiner schnöden Missetaten,
    Daß ich deshalb verfälscht und nicht im stande wär',
    Der Feder Vortrag mündlich abzuhalten.
    Nein, Bischof! So verwegne Bosheit übst du
    Und Ränke, frech, verpestend und entzweiend,
    Daß Kinder schwatzen selbst von deinem Stolz.
    Du bist ein räuberischer Wucherer,
    Halsstarrig von Natur, des Friedens Feind,
    Wollüstig, üppig, mehr als wohl sich ziemt
    Für einen Mann von deinem Amt und Rang.
    Und was liegt mehr am Tag als dein Verrat,
    Da auf mein Leben Schlingen du gelegt
    Sowohl beim Turm als bei der London-Brücke?

Ja, würden die Gedanken dir gesichtet,
Dein Herr, der König, fürcht' ich, ist nicht frei
Von neid'scher Tücke deines schwell'nden Herzens.
WINCHESTER: Gloster, ich biete Trotz dir. – Lords, geruht
Gehör zu leihn dem, was ich will erwidern.
Wär' ich ehrsüchtig, geizig und verkehrt,
Wie er mich macht: wie bin ich denn so arm?
Wie kommt es, daß ich nicht mich zu erhöhn,
Zu fördern suche, dem Berufe treu?
Was das Entzwein betrifft: wer hegt den Frieden
Mehr, als ich tu', wofern man nicht mich reizt?
Nein, beste Lords, das ist nicht mein Vergehn;
Das ist's nicht, was den Herzog hat entflammt.
Es ist, daß niemand herrschen soll als er,
Niemand als er soll um den König sein,
Und das gebiert ihm Donner in der Brust
Und treibt ihn, diese Klag' heraus zu brüllen.
Doch er soll sehn, ich sei so gut. –

GLOSTER: So gut?
Du Bastard meines Großvaters[68]!

WINCHESTER: Ja, großer Herr; denn was seid Ihr, ich bitte,
Als einer, herrisch auf des andern Thron?

GLOSTER: Sag, bin ich nicht Protektor, kecker Pfaff'?

WINCHESTER: Und bin ich ein Prälat der Kirche nicht?

GLOSTER: Ja, wie ein Vagabund ein Schloß besetzt
Und es zum Schutze seines Diebstahls braucht.

WINCHESTER: Unwürd'ger Spötter Gloster!

GLOSTER: Du bist würdig
Nur durch dein geistlich Amt, nicht durch dein Leben.

WINCHESTER: Rom soll dem steuern.

WARWICK: So räum' dich weg nach Rom.

SOMERSET: Mylord, Ihr solltet billig Euch enthalten.

WARWICK: Ei, laßt den Bischof ja nicht übermeistern[69].

SOMERSET: Mich dünkt, Mylord sollt' etwas frömmer sein
Und solcher Männer hohe Würde kennen.

WARWICK: Mich dünkt, sie sollten demutsvoller sein,
Es ziemt sich nicht, daß ein Prälat so rechte.

SOMERSET: Ja, wenn sein heil'ger Stand wird angetastet.

WARWICK: Unheilig oder heilig, was verschlägt's?
Ist seine Hoheit nicht des Reichs Protektor?

PLANTAGENET *beiseit:* Plantagenet, seh' ich, muß still sich halten,
Daß man nicht sagt: „Sprecht, Ihr da, wo Ihr dürft;
Mischt Euer kühner Spruch bei Lords sich ein?"
Sonst hätt' ich einen Strauß mit Winchester.

KÖNIG HEINRICH: Oheime Gloster und von Winchester,
Besondre Wächter über Englands Wohl!
Ich möchte gern, wenn Bitten was vermögen,
In Lieb' und Freundschaft eure Herzen binden.
Oh, welch ein Ärgernis für unsre Krone,
Daß zwei so edle Pairs[70], wie ihr, sich zanken!
Glaubt mir, schon wissen's meine zarten Jahre,
Ein gift'ger Wurm ist innerlicher Zwist,
Der nagt am Innern des gemeinen Wesens. –
Man hört draußen einen Lärm: „Nieder mit den Braunröcken!"
Welch ein Tumult?

WARWICK: Ein Auflauf, will ich wetten,
Erregt aus Tücke von des Bischofs Leuten.
Wiederum Lärm: „Steine! Steine!"
Der Schultheiß von London tritt auf mit Gefolge.

SCHULTHEISS: Oh, lieben Lords und tugendhafter Heinrich!
Erbarmt euch der Stadt London und des Volks!

Des Bischofs Leut' und Herzogs Gloster haben,
Da Wehr zu tragen jüngst verboten ward,
Die Taschen angefüllt mit Kieselsteinen,
Und, in Partei'n gerottet, schmeißen sie
So heftig einer an des andern Kopf,
Daß manchem wird sein wirblicht[71] Hirn zerschmettert;
In allen Gassen schlägt man Fenster ein,
Und unsre Laden zwingt uns Furcht zu schließen.

> *Die Anhänger Glosters und Winchesters kommen unter*
> *beständigem Handgemenge mit blutigen Köpfen.*

KÖNIG HEINRICH: Wir mahnen euch bei Untertanen-Pflicht,
Daß ihr vom Totschlag laßt und Frieden haltet.
Ich bitt' Euch, Oheim Gloster, stillt den Streit.

ERSTER BEDIENTER: Ja, wenn man uns die Steine
Verwehrt, so fallen wir uns mit Zähnen an.

ZWEITER BEDIENTER:
Tut, wie ihr Herz habt, wir sind auch entschlossen.

> *Von neuem Handgemenge.*

GLOSTER: Ihr, mein Gesinde, laßt dies zänk'sche Lärmen
Und stellt den ungewohnten Kampf beiseit.

DRITTER BEDIENTER: Wir kennen Eure Hoheit als gerecht
Und redlich und an fürstlicher Geburt
Niemandem weichend, als nur Seiner Majestät;
Und eh' wir dulden, daß ein solcher Prinz,
So güt'ger Vater des gemeinen Wesens,
Von einem Tintenklecker wird beschimpft,
Eh' wollen wir mit Weib und Kindern fechten
Und uns von deinen Feinden morden lassen.

ERSTER BEDIENTER: Ja, und der Abfall unsrer Nägel schlägt
Nach unserm Tode noch ein Lager auf.

> *Von neuem Handgemenge.*

GLOSTER: Halt, halt, sagt' ich!
Und wenn ihr so mich liebt, wie ihr beteuert,
Laßt mich zur Ruh' ein Weilchen euch bereden.

KÖNIG HEINRICH: Oh, wie die Zwietracht mein Gemüt betrübt!
Könnt Ihr, Mylord von Winchester, mich seufzen
Und weinen sehn und werdet nie erweicht?
Wer soll mitleidig sein, wenn Ihr's nicht seid?
Wer soll bemüht sein, Frieden zu befördern,
Wenn Kirchendiener sich des Haders freun?

WARWICK: Gebt nach, Protektor! Winchester, gebt nach!
Wofern ihr durch hartnäck'ge Weig'rung nicht
Wollt morden euern Herrn, das Reich zerstören.

Ihr sehet, was für Unheil, was für Mord
Verübt durch eure Feindschaft worden ist.
Seid still dann, wenn ihr nicht nach Blute°dürstet.

WINCHESTER: Er unterwerfe sich, sonst weich' ich nie.

GLOSTER: Aus Mitleid für den König beug' ich mich,
Sonst riss' ich eh' sein Herz aus, eh' der Pfaff'
Dies Vorrecht über mich erlangen sollte.

WARWICK: Seht an, Mylord von Winchester, der Herzog
Hat finstre, mißvergnügte Wut verbannt,
Wie seine Brau'n geschlichtet es beweisen:
Was blickt Ihr denn so starr und tragisch noch?

GLOSTER: Hier, Winchester, ich biete dir die Hand.

KÖNIG HEINRICH:
Pfui, Oheim Beaufort! Hört' ich Euch doch pred'gen,
Daß Bosheit große, schwere Sünde sei;
Und wollt Ihr nicht das, was Ihr lehrt, vollbringen
Und selbst darin am ärgsten Euch vergehn?

WARWICK: Holdsel'ger König! Eine milde Weisung! –
Schämt Euch, Mylord von Winchester, und weicht!
Wie! Soll ein Kind Euch lehren, was sich ziemt?

WINCHESTER: Herzog von Gloster, wohl, ich gebe nach;
Ich biete Lieb' um Lieb' und Hand für Hand.

GLOSTER: Ja, doch ich fürchte, nur mit hohlem Herzen. –
Seht, meine Freund' und lieben Landsgenossen!
Als Friedensfahne dienet zwischen uns
Und unserm ganzen Anhang dieses Zeichen.
So helfe Gott mir, wie ich's redlich meine!

WINCHESTER *beiseit:*
So helfe Gott mir, wie ich's nicht so meine!

KÖNIG HEINRICH: O lieber Oheim, werter Herzog Gloster!
Wie freudig hat mich der Vergleich gemacht!
Nun fort, ihr Leute! Stört uns weiter nicht,
Vereint in Freundschaft euch, wie eure Herrn.

ERSTER BEDIENTER: Sei's drum! Ich will zum Feldscher.

ZWEITER BEDIENTER: Das will ich auch.

DRITTER BEDIENTER:
Ich will Arznei mir in der Schenke suchen.

Die Bedienten, der Schultheiß u. s. w. ab.

WARWICK: Empfangt dies Blatt hier, gnädigster Monarch,
Das für das Recht Richards Plantagenet
Wir überreichen Euer Majestät.

GLOSTER: Wohl angebracht, Lord Warwick! Denn, mein Prinz,
Wenn Eure Hoheit jeden Umstand merkt,

494

Habt Ihr viel Grund, sein Recht ihm zu erweisen;
Besonders auf den Anlaß, welchen ich
Zu Eltham Euer Majestät gesagt.

KÖNIG HEINRICH: Und dieser Anlaß, Ohm, war von Gewicht;
Drum, lieben Lords, ist unser Wohlgefallen,
Daß Richard seinem Blut sei hergestellt.

WARWICK: Sei Richard seinem Blute hergestellt,
So wird des Vaters Unrecht ihm vergütet.

WINCHESTER: Wie alle wollen, will auch Winchester.

KÖNIG HEINRICH:
Wenn Richard treu will sein, nicht dies allein,
Das ganze Erbteil geb' ich ihm zugleich,
Das zugehörig ist dem Hause York,
Von wannen Ihr in grader Reihe stammt.

PLANTAGENET: Dein untertän'ger Knecht gelobt Gehorsam
Und untertän'gen Dienst bis in den Tod.

KÖNIG HEINRICH: So bück' dich, setz' dein Knie an meinen Fuß,
Und zur Vergeltung dieser Huldigung
Gürt' ich dich mit dem tapfern Schwert von York.
Steh, Richard, auf als ein Plantagenet,
Steh auf, ernannt zum hohen Herzog York!

PLANTAGENET: Wie deiner Feinde Fall sei Richards Heil,
Und wie mein Dienst gedeiht, verderbe jeder,
Der wider Eure Majestät was denkt!

ALLE: Heil, hoher Prinz, der mächt'ge Herzog York!

SOMERSET *beiseit:* Stirb, schnöder Prinz, unedler Herzog York!

GLOSTER: Nun dient es Euer Majestät am besten,
Daß Ihr die See hinübersetzt, zur Krönung
In Frankreich; eines Königs Gegenwart
Erzeuget Liebe bei den Untertanen
Und echten Freunden und entherzt die Feinde.

KÖNIG HEINRICH:
Wenn's Gloster sagt, geht König Heinrich schon,
Denn Freundes Rat vernichtet Feindes Drohn.

GLOSTER: Es liegen Eure Schiffe schon bereit.

Alle ab außer Exeter.

EXETER: Ja, ziehn wir nur in England oder Frankreich,
Nicht sehend, was hieraus erfolgen muß:
Die jüngst erwachsne Zwietracht dieser Pairs
Brennt unter Aschen der verstellten Liebe
Und wird zuletzt in Flammen brechen aus.
Wie erst ein eiternd Glied allmählich fault,
Bis Bein und Fleisch und Sehnen fallen ab,

So wird die tück'sche Zwietracht um sich fressen,
Und nun fürcht' ich die schlimme Weissagung,
Die in dem Munde jedes Säuglings war
In Heinrichs Tagen, zubenamt der Fünfte:
„Heinrich aus Monmouth[72] bauet alles auf,
Heinrich aus Windsor büßet alles ein."
Dies ist so klar, daß Exeter nur wünscht,
Sein Leben ende vor der Unglückszeit[73]. *Ab.*

ZWEITE SZENE

Frankreich. Vor Rouen.

Die Pucelle tritt verkleidet auf, mit Soldaten, wie Landleute gekleidet, mit Säcken auf den Rücken.

PUCELLE: Dies ist das Stadttor, von Rouen das Tor,
Das unsre Schlauigkeit[74] erbrechen muß.
Gebt Achtung, wie ihr eure Worte stellt,
Sprecht wie Marktleute von gemeinem Schlag,
Die Geld zu lösen kommen für ihr Korn.
Wenn man uns einläßt, wie ich sicher hoffe,
Und wir nur schwach die träge Wache finden,
So meld' ich's durch ein Zeichen unsern Freunden,
Daß Karl, der Dauphin, einen Angriff wage.
ERSTER SOLDAT:
Der Plunder soll die Stadt uns plündern helfen,
Uns Herrn und Meister machen in Rouen.
Drum laßt uns klopfen. *Er klopft an.*
WACHE *drinnen:* Qui est là?[75]
PUCELLE: Paysans, pauvres gens de France;[76]
Marktleute, die ihr Korn verkaufen wollen.
WACHE: Geht nur hinein, die Markt-Glock' hat geläutet.
Er öffnet das Tor.
PUCELLE: Wohlauf, Rouen, nun stürz' ich deine Feste.
Die Pucelle und ihre Leute gehen in die Stadt.
Karl, Bastard von Orleans, Alençon und Truppen.
KARL: Sankt Dionys, gesegne diese Kriegslist!
Wir schlafen nochmals sicher in Rouen.
BASTARD: Hier ging Pucelle hinein mit ihren Helfern;
Doch, nun sie dort ist, wie bezeichnet sie
Den sichersten und besten Weg hinein?

ALENÇON: Vom Turm dort steckt sie eine Fackel auf,
Die, wahrgenommen, ihre Meinung zeigt,
Der Weg, wo sie hinein kam, sei der schwächste.

*Die Pucelle erscheint auf einer Zinne und hält eine
brennende Fackel empor.*

PUCELLE:
Schaut auf, dies ist die frohe Hochzeitsfackel,
Die ihrem Landesvolk Rouen vermählt,
Doch tödlich brennend für die Talbotisten.

BASTARD: Sieh, edler Karl! Die Fackel, das Signal
Von unsrer Freundin, steht auf jenem Turm.

KARL: Nun strahle sie wie ein Komet der Rache,
Wie ein Prophet von unsrer Feinde Fall!

ALENÇON: Kein Zeitverlust! denn Zögern bringt Gefahr!
Hinein und schreit: der Dauphin! alsobald
Und räumet dann die Wachen aus dem Weg.

Sie dringen ein.

Getümmel. Talbot kommt mit einigen Englischen.

TALBOT: Frankreich, mit Tränen sollst du mir dies büßen,
Wenn Talbot den Verrat nur überlebt.
Die Hexe, die verfluchte Zauberin,
Stellt unversehns dies Höllen-Unheil an,
Daß wir dem Stolze Frankreichs kaum entrinnen.

Sie gehen ab in die Stadt.

*Getümmel, Ausfälle. Aus der Stadt kommen Bedford, der krank in einem
Stuhle hereingetragen wird, mit Talbot, Burgund und den englischen Truppen. Dann erscheinen auf den Mauern die Pucelle, Karl, der Bastard, Alençon und andre.*

PUCELLE: Guten Morgen, Brave! Braucht ihr Korn zum Brot?
Der Herzog von Burgund wird fasten, denk' ich,
Eh' er zu solchem Preise wieder kauft.
Es war voll Trespe[77]: liebt Ihr den Geschmack?

BURGUND: Ja, höhne, böser Feind! Schamlose Buhle!
Bald hoff' ich dich im eignen zu ersticken,
Daß du die Ernte dieses Korns verfluchst.

KARL: Eu'r Hoheit könnte wohl zuvor verhungern.

BEDFORD: Oh, nicht mit Worten, nehmt mit Taten Rache!

PUCELLE: Was wollt Ihr, alter Graubart? Mit dem Tod
Im Lehnstuhl auf ein Lanzenbrechen rennen?

TALBOT: Dämon von Frankreich, aller Greuel Hexe,
Von deinen üpp'gen Buhlern eingefaßt!
Steht es dir an, sein tapfres Alter höhnen
Und den halbtoten Mann mit Feigheit zwacken?

Ich muß noch einmal, Dirnchen, mit Euch dran,
Sonst komme Talbot um in seiner Schmach!
PUCELLE: Seid Ihr so hitzig, Herr? Doch still, Pucelle!
Denn donnert Talbot nur, so folgt auch Regen.
Talbot und die andern beratschlagen sich.
Gott helf' dem Parlament! Wer soll der Sprecher sein?
TALBOT: Wagt ihr euch wider uns ins Feld hinaus?
PUCELLE: Es scheint, der gnäd'ge Lord hält uns für Narr'n,
Daß wir uns noch bequemten auszumachen,
Ob unser Eignes unser ist, ob nicht.
TALBOT: Ich sag' es nicht der schmäh'nden Hekate[78],
Da sag' ich's und den andern, Alençon:
Kommt ihr und fechtet's wie Soldaten aus?
ALENÇON: Nein, Signor.
TALBOT: So hängt, Signor! Ihr Maultiertreiber Frankreichs!
Wie Bauerknechte hüten sie die Mauern
Und dürfen nicht wie Edelleute fechten.
PUCELLE: Hauptleute, fort! Verlassen wir die Mauern,
Denn Talbot meint nichts Gut's nach seinen Blicken.
Gott grüß' Euch, Lord, wir wollten Euch nur sagen,
Wir wären hier.
Die Pucelle mit den übrigen von den Mauern ab.
TALBOT: Wir wollen auch dort sein in kurzer Zeit,
Sonst werde Schande Talbots größter Ruhm.
Schwör' mir, Burgund, bei deines Hauses Ehre,
Gereizt durch Unrecht, so dir Frankreich tat,
Du woll'st die Stadt erobern oder sterben;
Und ich, so wahr als Englands Heinrich lebt
Und als sein Vater hier Erob'rer war,
So wahr in dieser jüngst verratnen Stadt
Held Löwenherzens[79] Herz begraben ward,
Will ich die Stadt erobern oder sterben.
BURGUND: Mein Schwur ist deines Schwures Mitgenoß.
TALBOT: Doch eh' wir gehn, sorgt für ein sterbend Haupt,
Den tapfern Herzog Bedford. – Kommt, Mylord,
Wir wollen einen bessern Platz Euch schaffen,
Für Krankheit schicklicher und mürbes Alter.
BEDFORD: Lord Talbot, nein, entehret mich nicht so;
Hier will ich sitzen vor den Mauern von Rouen,
Teilnehmer Eures Wohles oder Wehs.
BURGUND: Beherzter Bedford, laßt uns Euch bereden.
BEDFORD: Nur nicht von hier zu gehn; ich las einmal:
Der starke Pendragon[80] kam in der Sänfte

Krank in das Feld und überwand den Feind.
So möcht' ich der Soldaten Herz beleben,
Denn immer fand ich sie so wie mich selbst.

TALBOT: Entschloßner Geist in der erstorbnen Brust!
So sei's denn; schütze Gott den alten Bedford!
Nun ohne weitres, wackerer Burgund,
Ziehn wir sogleich zusammen unsre Macht
Und fallen auf den prahlerischen Feind.

Burgund, Talbot und ihre Truppen ab, indem sie Bedford und andre zu-
rücklassen.

Getümmel, Angriffe. Sir John Fastolfe und ein Hauptmann kommen.

HAUPTMANN: So eilig, Sir John Fastolfe! Wo hinaus?

FASTOLFE:
Nun, wo hinaus? Mich durch die Flucht zu retten,
Wir werden wiederum geworfen werden.

HAUPTMANN: Was? Flieht Ihr und verlaßt Lord Talbot?

FASTOLFE: Ja,
Alle Talbots in der Welt, um mich zu retten. *Ab.*

HAUPTMANN: Verzagter Ritter! Unglück folge dir! *Ab.*

Rückzug. Angriffe. Aus der Stadt kommen die Pucelle, Alençon, Karl
u. s. w. und gehen fliehend ab.

BEDFORD: Nun, stille Seele, scheide, wann Gott will.
Denn unsre Feinde sah ich hingestürzt.
Wo ist des Menschen Zuversicht und Kraft?
Sie, die sich jüngst erdreistet mit Gespött,
Sind gerne froh, sich durch die Flucht zu retten.

Er stirbt und wird in seinem Lehnstuhl weggetragen.

Getümmel. Talbot, Burgund und andere treten auf.

TALBOT: In einem Tag verloren und gewonnen!
Gedoppelt ist die Ehre nun, Burgund;
Doch sei dem Himmel Preis für diesen Sieg!

BURGUND: Sieghafter Krieger Talbot! Dein Burgund
Weiht dir sein Herz zum Schrein und baut ein Denkmal
Des Heldenmuts aus deinen Taten da.

TALBOT: Dank, edler Herzog, Doch, wo ist Pucelle?
Ich denk', ihr alter Hausgeist[81] fiel in Schlaf.
Wo ist des Bastards Prahlen? Karls Gespött?
Wie? Alle tot? Es hängt Rouen den Kopf
Vor Gram, daß solche tapfre Schar geflohn.
Nun laßt uns Ordnung schaffen in der Stadt
Und setzen drein erfahrne Offiziere;
Dann nach Paris, zum König; denn es liegt
Der junge Heinrich da mit seinen Großen.

BURGUND: Was Talbot will, das hält Burgund genehm.

TALBOT:
Jedoch laßt, eh' wir gehn, uns nicht vergessen
Den jüngst verschiednen edlen Herzog Bedford,
Und sehn wir sein Begräbnis hier vollbracht.
Kein braverer Soldat schwang je die Lanze,
Kein mildres Herz regierte je am Hof.
Doch sterben müssen Kön'ge, noch so groß;
So endet sich elender Menschen Los.
                    Alle ab.

DRITTE SZENE

Die benachbarten Ebnen bei Rouen.

Karl, der Bastard, Alençon, die Pucelle treten auf mit Truppen.

PUCELLE: Verzagt nicht, Prinzen, über diesen Zufall
Und grämt euch nicht, daß sie Rouen genommen;
Denn Sorge wehrt nicht, sie versehrt und zehrt
Um Dinge, die nicht abzustellen sind.
Der tolle Talbot siegprang'[82] eine Weil'
Und spreize wie ein Pfau sich mit dem Schweif:
Wir rupfen ihn und kürzen ihm die Schleppe,
Läßt Dauphin samt den andern nur sich raten.
KARL: Wir folgten deiner Leitung bis hieher
Und hegten Mißtraun nicht in deine Kunst;
· Ein schneller Unfall soll nie Argwohn zeugen.
BASTARD: Such' deinen Witz durch nach geheimen Listen,
Und ruhmvoll machen wir dich aller Welt.
ALENÇON: Wir stell'n dein Bildnis an geweihte Plätze
Und beten dich wie eine Heil'ge an.
Bemüh' dich, holde Jungfrau, denn für uns!
PUCELLE: So sei es also, dies ist Jeannes Plan:
Durch Überredungen mit Honigworten
Verstricken wir den Herzog von Burgund,
Den Talbot zu verlassen, uns zu folgen.
KARL: Ei ja, mein Herz! Wenn wir das könnten, wäre
Frankreich kein Platz für Heinrichs Krieger mehr,
Noch sollte die Nation so mit uns prahlen,
Vielmehr vertilgt aus unsern Landen sein.
ALENÇON: Für immer wären sie verbannt aus Frankreich
Und führten keiner Grafschaft Titel hier.

PUCELLE: Ihr sollt schon sehn, wie ich es machen will,
Die Sache zum gewünschten Schluß zu bringen.
Man hört Trommeln.
Horcht! An dem Trommelschlag ist abzunehmen,
Daß ihre Truppen sich Paris-wärts ziehn.
*Ein englischer Marsch. In der Entfernung zieht Talbot mit
seinen Truppen vorüber.*
Da geht der Talbot, fliegend seine Fahnen,
Und alle Scharen Englischer nach ihm.
*Ein französischer Marsch. Der Herzog von Burgund mit
seinen Truppen.*
Nun kommt Burgund im Nachtrab und sein Volk,
Das Glück ließ günstig ihn dahinten weilen.
Man lad' ihn ein: wir wollen mit ihm reden.

Eine Trompete bläst die Einladung zur Unterredung.

KARL: Auf ein Gespräch mit Herzog von Burgund!

BURGUND: Wer fodert ein Gespräch mit dem Burgund?

PUCELLE: Dein Landsmann, Frankreichs königlicher Karl.

BURGUND: Was sagst du, Karl? Denn ich muß weiterziehn.

KARL: Pucelle, sprich! Bezaubre ihn mit Worten!

PUCELLE: Du Frankreichs Hoffnung, wackerer Burgund!
    Laß deine Magd in Demut mit dir reden.

BURGUND: So sprich, doch mach's nicht übermäßig lang.

PUCELLE:
    Blick' auf dein fruchtbar Vaterland, dein Frankreich,
    Und sieh die Städt' und Wohnungen entstellt
    Durch die Verheerung eines wilden Feinds.
    So wie die Mutter auf ihr Kindlein blickt,
    Wenn Tod die zart gebrochnen Augen schließt,
    So sieh, sieh Frankreichs schmachtendes Erkranken;
    Die Wunden schau, die Wunden, unnatürlich,
    Die ihrer bangen Brust du selbst verletzt!
    O kehr' dein schneidend Schwert wo anders hin,
    Triff, wer verletzt verletz' nicht den, der hilft!
    Ein Tropfe Blut aus deines Landes Busen
    Muß mehr dich reun als Ströme fremden Bluts;
    Drum kehr' zurück mit einer Flut von Tränen
    Und wasche deines Landes Flecken weg.

BURGUND:
    Entweder hat sie mich behext mit Worten,
    Oder mit eins erweicht mich die Natur.

PUCELLE: Auch schreien alle Franken über dich,
    Geburt und echte Herkunft dir bezweifelnd.
    An wen gerietst du als ein herrisch Volk,
    Daß dir nicht traun mag, als Gewinnes halb?
    Wenn Talbot einmal Fuß gefaßt in Frankreich
    Und zu des Übels Werkzeug dich gemodelt[83],
    Wer außer Englands Heinrich wird dann Herr,
    Und du hinausgestoßen als ein Flüchtling?
    Ruf' dir zurück und merk' nur dies zur Probe:
    War nicht der Herzog Orleans dein Feind?
    Und war er nicht in England Kriegsgefangner?
    Allein, als sie gehört, er sei dein Feind,
    So gaben sie ihn ohne Lösung frei,
    Burgund zum Trotz und allen seinen Freunden.
    So sieh dann! Wider deine Landsgenossen
    Kämpfst du mit denen, die dich morden werden.

Komm, kehre heim! Kehr' heim, verirrter Fürst!
Karl und die andern werden dich umarmen.
BURGUND: Ich bin besiegt; dies' ihre hohen Worte
Zermalmen mich wie brüllendes Geschütz,
Daß ich auf meinen Knie'n mich fast ergebe. –
Verzeiht mir, Vaterland und Landsgenossen!
Und, Herrn, empfangt die herzliche Umarmung.
All meine Macht und Scharen Volks sind euer;
Talbot, leb wohl! Ich trau' dir länger nicht.
PUCELLE: Wie ein Franzos: gewandt und umgewandt!
KARL: Heil, braver Herzog! Uns belebt dein Bund.
BASTARD: Und zeuget neuen Mut in unsrer Brust.
ALENÇON: Pucelle hat ihre Rolle brav gespielt
Und eine goldne Krone dran verdient.
KARL: Nun weiter, Lords; vereinen wir die Truppen
Und sehn, wie wir dem Feinde Schaden tun!
Alle ab.

VIERTE SZENE

Paris. Ein Saal im Palast.

König Heinrich, Gloster und andre Lords; Vernon, Basset u. s. w.
Zu ihnen Talbot und einige von seinen Offizieren.

TALBOT: Mein gnäd'ger Fürst und ehrenwerte Pairs,
Von eurer Ankunft hier im Reiche hörend,
Ließ ich ein Weilchen meine Waffen ruhn,
Um meinem Oberherrn die Pflicht zu leisten.
Zum Zeichen des senkt dieser Arm (der Euch
An funfzig Festen zum Gehorsam rief,
Zwölf Städte, sieben Mau'r-umgebne Flecken,
Benebst fünfhundert achtbaren Gefangnen)
Sein Schwert vor Euer Hoheit Füßen nieder;
Und, mit des Herzens untertän'ger Treu',
Schreib' ich den Ruhm gelungener Erob'rung
Erst meinem Gott, dann Euer Hoheit zu.
KÖNIG HEINRICH: Ist dieses der Lord Talbot, Oheim Gloster,
Der sich so lang' in Frankreich aufgehalten?
GLOSTER: Zu Euer Majestät Befehl, mein Fürst.
KÖNIG HEINRICH:
Willkommen, braver Kriegshauptmann und Held!
Als ich noch jung war (zwar auch jetzt nicht alt),

Erinnr' ich mich, wie mir mein Vater sagte,
Kein beßrer Streiter führte je das Schwert.
Seit lange war uns Eure Treu' bekannt,
Eu'r redlich Dienen, Eure Kriegsbeschwer;
Doch habt Ihr nimmer unsern Lohn geschmeckt,
Noch selber Dank ist Euch erboten worden,
Weil wir bis jetzt nie Euer Antlitz sahn.
Deshalb steht auf, und für so viel Verdienst
Seid hier ernannt zum Fragen Shrewsbury
Und nehmt bei unsrer Krönung Euern Platz.

König Heinrich, Gloster, Talbot und Lords ab.

VERNON: Nun, Herr, der Ihr so hitzig wart zur See,
Beschimpfend diese Farben, die ich trage
Zu Ehren meinem edlen Lord von York:
Darfst du die vor'gen Worte noch behaupten?

BASSET: Ja, Herr; so wohl als Ihr verteid'gen dürft
· Der unverschämten Zunge boshaft Bellen
Auf meinen Lord, den Herzog Somerset.

VERNON: Ha, deinen Lord ehr' ich so, wie er ist.

BASSET: Nun, und wie ist er denn? So gut wie York.

VERNON: Hört Ihr, nicht so! Zum Zeichen nehmt Ihr das!

Schlägt ihn.

BASSET: Du weißt es, Schurk', das Waffenrecht ist so,
Daß, wer den Degen zieht[84], des Todes stirbt;
Sonst zapfte dieser Schlag dein Herzblut an.
Allein ich will zu Seiner Majestät
Und bitt' um Freiheit, diese Schmach zu rächen;
Sieh zu, dann treff' ich dich zu deinem Schaden.

VERNON: Verworfner, ich bin dort so bald wie Ihr
Und treffe dann Euch bälder, als Ihr wünscht.

Beide ab.

VIERTER AUFZUG

Erste Szene

Paris. Ein Audienz-Saal.

König Heinrich, Gloster, Exeter, York, Suffolk, Somerset, Winchester, War-
wick, Talbot, der Statthalter von Paris und andre.

GLOSTER: Herr Bischof, setzt die Kron' ihm auf sein Haupt.
WINCHESTER: Heil König Heinrich, sechstem dieses Namens!
GLOSTER: Nun tut den Eid, Statthalter von Paris:
    Der Statthalter kniet.
Ihr wollet keinen andern König kiesen[85],
Nur seine Freunde für die Euern achten,
Für Feinde nur, die auf sein Regiment
Es mit boshaften Ränken angelegt;
Dies sollt Ihr tun, so Gott Euch helfen möge!
    Der Statthalter und sein Gefolge ab.
    Sir John Fastolfe tritt auf.
FASTOLFE: Mein gnädigster Monarch, als von Calais
Ich eilends her zu Eurer Krönung ritt,
Ward mir ein Brief zu Handen übergeben,
Vom Herzog von Burgund an Euch gerichtet.
TALBOT: Schand' über Herzog von Burgund und dich!
Ich habe, schnöder Ritter, längst gelobt,
Wann ich dich wieder träf', das Hosenband[86]
Von deinem Memmen-Bein herab zu reißen. *Reißt es ab.*
Und tu' es nun, weil du unwürdiglich
Bekleidet wurdest mit dem hohen Rang. –
Verzeiht mir, hoher Heinrich, und die andern!
Der Feigling da, beim Treffen von Patai,
Da ich sechstausend stark in allem war
Und zehn beinah' die Franken gegen einen:

Eh' man sich traf, eh' noch ein Streich geschah,
Lief er davon, wie ein getreuer Knappe.
Dabei verloren wir zwölfhundert Mann;
Ich selbst und andre Edelleute wurden
Dort überfallen und zu Kriegsgefangnen.
Nun urteilt, hohe Herrn, ob ich gefehlt,
Ob solche Memmen jemals tragen sollten
Den Schmuck der Ritterschaft; ja oder nein?

GLOSTER: Die Wahrheit zu gestehn, die Tat war schändlich
Und übel ziemend dem Gemeinsten selbst,
Vielmehr denn einem Ritter, Hauptmann, Führer.

TALBOT: Als man den Orden erst verordnet, waren
Des Hosenbandes Ritter hochgeboren,
Tapfer und tugendhaft, voll stolzen Muts,
Die durch den Krieg zum Ansehn sich erhoben,
Den Tod nicht scheuend, noch vor Nöten zagend,
Vielmehr im Äußersten entschlossen stets.
Wer denn nicht also ausgestattet ist,
Maßt sich nur an den heil'gen Namen Ritter,
Entweihend diesen ehrenvollen Orden;
Und sollte (wär' ich würdig, da zu richten)
Durchaus verworfen werden, wie ein Bettler,
Am Zaun geboren, welcher sich erfrecht,
Mit seinem adeligen Blut zu prahlen.

KÖNIG HEINRICH:
Schimpf deines Lands! Da hörst du deinen Spruch!
Drum pack' dich weg, du, der ein Ritter war:
Wir bannen dich hinfort bei Todesstrafe. –

Fastolfe ab.

Und nun, Mylord Protektor, lest den Brief
Von unserm Oheim, Herzog von Burgund.

GLOSTER *die Überschrift betrachtend:*
Was meint er, so die Schreibart zu verändern?
Nur „an den König" schlicht und gerade zu?
Hat er vergessen, wer sein Lehnsherr ist?
Wie? Oder tut die grobe Überschrift
Veränderung des guten Willens kund?
Was gibt es hier? *Liest.*
                „Ich bin aus eignen Gründen,
Aus Mitleid über meines Lands Ruin
Samt aller derer kläglichen Beschwerden,
Die Eure Unterdrückung ausgezehrt,
Von Eurer höchst verderblichen Partei

Zu Frankreichs echtem König Karl getreten."
O scheußlicher Verrat! Kann es denn sein,
Daß unter Freundschaft, Bündnissen und Schwüren
So falsch verstellter Trug erfunden wird?

KÖNIG HEINRICH:
Was? Fällt mein Oheim von Burgund mir ab?

GLOSTER: Ja, gnäd'ger Herr, und ward nun Euer Feind.

KÖNIG HEINRICH:
Ist das das Schlimmste, was sein Brief enthält?

GLOSTER: Es ist das Schlimmste, weiter schreibt er nichts.

KÖNIG HEINRICH:
Ei nun, so soll Lord Talbot mit ihm sprechen
Und Züchtigung für sein Vergehn ihm geben.
Was sagt Ihr, Mylord? Seid Ihr es zufrieden?

TALBOT: Zufrieden, Herr? Ihr kamt mir nur zuvor,
Sonst hätt' ich um den Auftrag Euch gebeten.

KÖNIG HEINRICH:
So sammelt Macht und zieht gleich wider ihn.
Er fühle, wie uns sein Verrat entrüstet,
Und wie gefehlt es ist, der Freunde spotten.

TALBOT: Ich gehe, Herr, im Herzen stets begehrend,
Daß Ihr die Feinde mögt vernichtet sehn. *Ab.*
Vernon und Basset treten auf.

VERNON: Gewährt den Zweikampf mir, mein gnäd'ger Herr!

BASSET: Und mir, mein Fürst, gewährt den Zweikampf auch!

YORK: Dies ist mein Diener: hört ihn, edler Prinz!

SOMERSET:
Dies meiner; liebster Heinrich, sei ihm hold!

KÖNIG HEINRICH:
Seid ruhig, Lords, laßt sie zu Worte kommen;
Sagt, Leute: was bewegt euch, so zu rufen?
Und warum wollt ihr Zweikampf? Und mit wem?

VERNON: Mit ihm, mein Fürst, denn er hat mich gekränkt.

BASSET: Und ich mit ihm, denn er hat mich gekränkt.

KÖNIG HEINRICH: Was ist die Kränkung, über die ihr klagt?
Laßt hören, und dann geb' ich euch Bescheid.

BASSET: Als ich von England überfuhr nach Frankreich,
So schmähte mich mit boshaft scharfer Zunge
Der Mensch hier um die Rose, die ich trage,
Und sagte, ihrer Blätter blut'ge Farbe
Bedeute das Erröten meines Herrn,
Als er der Wahrheit starr sich widersetzt
Bei einer zwist'gen Frage in den Rechten,
Worüber Herzog York und jener stritt,
Nebst andern schimpflichen und schnöden Worten;
Zu Widerlegung welcher groben Rüge,
Und meines Herrn Verdienste zu verfechten,
Des Waffenrechtes Wohltat ich begehre.

VERNON: Das ist auch mein Gesuch, mein edler Fürst;
Denn mag er gleich durch schlauen, feinen Vortrag
Der dreisten Absicht einen Firnis leihn:
Wißt dennoch, Herr, ich ward gereizt von ihm,
Und er nahm Anstoß erst an diesem Zeichen,
Mit solchem Ausspruch: dieser Blume Blässe
Verrate Schwäch' im Herzen meines Herrn.

YORK: Läßt diese Bosheit, Somerset, nicht nach?

SOMERSET: Und Euer Groll, Mylord von York, bricht aus,
Ob Ihr ihn noch so schlau zu dämpfen sucht.

KÖNIG HEINRICH: O Gott, wie rast der Menschen krankes Hirn,
Wenn aus so läppischem, geringem Grund
So eifrige Parteiung kann entstehn!
Ihr lieben Vettern, York und Somerset,
Beruhigt euch, ich bitt', und haltet Frieden!

YORK: Laßt ein Gefecht erst diesen Zwist entscheiden,
Und dann gebiete Eure Hoheit Frieden.

SOMERSET: Der Zank geht niemand an als uns allein,
So werd' er zwischen uns denn ausgemacht.

YORK: Da ist mein Pfand; nimm, Somerset, es an.

VERNON: Nein, laßt es da beruhn, wo es begann.

BASSET: Bestätigt das, mein hochgeehrter Fürst!

GLOSTER: Bestätigt das? Verflucht sei euer Streit!

Mögt ihr und euer frech Geschwätz verderben!
Schämt ihr euch nicht, anmaßende Vasallen,
Mit unbescheidnem, lautem Ungestüm
Den König und uns alle zu verstören?
Und ihr, Mylords, mich dünkt, ihr tut nicht wohl,
Wenn ihr so duldet ihr verkehrtes Trotzen,
Viel minder, wenn ihr selbst aus ihrem Mund
Zu Händeln zwischen euch den Anlaß nehmt.
Laßt mich zu beßrer Weise euch bereden!
EXETER: Es kränkt den König: lieben Lords, seid Freunde!
KÖNIG HEINRICH:
Kommt her, ihr, die ihr Kämpfer wolltet sein.
Hinfort befehl' ich euch bei meiner Gunst,
Den Streit und seinen Grund ganz zu vergessen;
Und ihr, Mylords! Bedenket, wo ihr seid:
In Frankreich, unter wankelmüt'gem Volk.
Wenn sie in unsern Blicken Zwietracht sehn,
Und daß wir unter uns nicht einig sind,
Wie wird ihr grollendes Gemüt erregt
Zu starrem Ungehorsam und Empörung?
Was wird es überdies für Schande bringen,
Wenn fremde Prinzen unterrichtet sind,
Daß um ein Nichts, ein Ding von keinem Wert,
Des König Heinrichs Pairs und hoher Adel
Sich selbst zerstört und Frankreich eingebüßt?
O denkt an die Erob'rung meines Vaters,
An meine zarten Jahre; laßt uns nicht
Um Possen das, was Blut erkauft, verschleudern!
Laßt mich der streit'gen Sache Schiedsmann sein.
Ich seh' nicht, wenn ich diese Rose trage,
            indem er eine rote Rose ansteckt
Weswegen irgendwer argwöhnen sollte,
Ich sei geneigter Somerset als York.
Sie sind verwandt mir, und ich liebe beide;
Man kann so gut an mir die Krone rügen,
Weil ja der Schotten König eine trägt.
Doch eure Weisheit kann euch mehr bereden,
Als ich zur Lehr' und Mahnung fähig bin:
Und drum, wie wir in Frieden hergekommen,
So laßt uns stets in Fried' und Freundschaft bleiben.
Mein Vetter York, in diesem Teil von Frankreich
Bestallen wir für uns Euch zum Regenten;
Und, lieber Herzog Somerset, vereint

Mit seinem Heer zu Fuß die Reiterscharen.
Wie echte Untertanen, Söhne eurer Ahnherrn,
Geht freudiglich zusammen und ergießt
Die zorn'ge Galle wider eure Feinde.
Wir selbst, Mylord Protektor, und die andern
Gehn nach Calais zurück nach ein'ger Rast;
Von da nach England, wo ich hoff', in kurzem
Durch eure Siege vorgeführt zu sehn
Karl, Alençon und die Verräterbande.

Trompetenstoß.
König Heinrich, Gloster, Somerset, Winchester, Suffolk und Basset ab.

WARWICK: Mylord von York, der König, auf mein Wort,
Hat artig seine Rednerkunst gezeigt.
YORK: Das tat er auch; jedoch gefällt's mir nicht,
Daß er von Somerset das Zeichen trägt.
WARWICK:
Pah! Das war nur ein Einfall, scheltet's nicht:
Der holde Prinz, ich wett', er meint kein Arges.
YORK: Und wenn ich's wüßte, – doch das mag beruhn,
Zu führen gibt's nun andere Geschäfte.

York, Warwick und Vernon ab.

EXETER:
Gut, Richard, daß du deine Stimm' erstickt!
Denn, bräch' die Leidenschaft des Herzens aus,
So fürcht' ich, sähen wir daselbst entziffert
Mehr bittern Groll, mehr tobend wilde Wut,
Als noch sich denken und vermuten läßt.
Doch, wie es sei, der schlichteste Verstand,
Der die Mißhelligkeit des Adels sieht,
Wie einer stets den andern drängt am Hof,
Und ihrer Diener heftige Parteiung,
Muß einen übeln Ausgang prophezein.
Schlimm ist's, wenn Kindeshand den Szepter führt;
Doch mehr, wenn Neid erzeugt gehäss'ge Irrung:
Da kommt der Umsturz, da beginnt Verwirrung. *Ab.*

Vor Bourdeaux.

Talbot tritt auf mit seinen Truppen.

TALBOT: Geh zu den Toren von Bourdeaux, Trompeter,
Lad' auf die Mauer ihren Feldhauptmann.
Eine Trompete bläst die Einladung zur Unterredung.
Auf den Mauern erscheint der Befehlshaber der französischen
Truppen und andre.
Der Englische John Talbot ruft euch her,
Heinrichs von England Diener in den Waffen;
Und dieses will er: Öffnet eure Tore,
Demütigt euch, nennt meinen König euren,
Und huldigt ihm wie treue Untertanen.
So zieh' ich fort mit meiner blut'gen Macht.
Doch seht ihr sauer dem erbotnen Frieden,
So reizt zur Wut ihr meine drei Begleiter,
Vierteilend Schwert, wild Feuer, hohlen Hunger,
Die eure Türme, so den Lüften trotzen,
Im Augenblick dem Boden machen gleich,
Wenn ihr den Antrag ihrer Huld versäumt.
BEFEHLSHABER: Du ahndungsvoller, grauser Todesvogel,
Schreck unsrer Nation und blut'ge Geißel!
Es naht das Ende deiner Tyrannei.
Du dringst zu uns nicht ein, als durch den Tod:
Denn, ich beteu'r es, wir sind wohl verschanzt
Und stark genug, zu Kämpfen auszufallen;
Ziehst du zurück, so steht bereit der Dauphin,
Dich mit des Krieges Schlingen zu verstricken.
Gelagert sind Geschwader rechts und links,
Dir zu der Flucht die Freiheit zu vermauern;
Du kannst dich nirgends hin um Hülfe wenden,
Wo nicht der Tod mit Untergang dir droht
Und bleich Verderben dir die Stirne bietet.
Zehntausend Franken woll'n, und nahmen drauf
Das Sakrament, ihr tödliches Geschütz
Auf keine Christenseel' als Talbot sprengen.
Sieh! Dort noch stehst und atmest du, ein Mann
Von unbesiegbar'm, unbezwungnem Geist:
Dies ist die letzte Glorie deines Preises,
Mit welcher ich, dein Feind, doch noch begabe;

Denn eh' das Glas, das jetzt beginnt zu rinnen,
Den Fortgang seiner sand'gen Stunde schließt,
Wird dieses Aug', das wohlgefärbt dich sieht,
Dich welk erblicken, blutig, bleich und tot.
Man hört Trommeln in der Ferne.
Horch! Horch!
Des Dauphins Trommel, eine Warnungsglocke,
Spielt deiner bangen Seele Trau'rmusik,
Und meine läute dir zum grausen Abschied.
Der Befehlshaber und Gefolge ab von der Mauer.
TALBOT: Er fabelt nicht, ich höre schon den Feind. –
Auf, leichte Reiter! Späht um unsre Flanken. –
O lässige, saumsel'ge Kriegeszucht!
Wie sind wir eingehegt und rings umzäunt,
Ein kleiner Rudel scheues Wild aus England,
Von Kuppeln fränk'scher Hunde angeklafft!
Sind wir denn englisch Wild, so seid voll Muts,
Fallt nicht auf einen Biß, Schmaltieren gleich,
Kehrt wie verzweifelnde tollkühne Hirsche
Gestählte Stirnen auf die blut'gen Hunde,
Daß aus der Fern' die Feigen bellend stehn.
Verkauft sein Leben jeglicher wie ich,
So finden sie ein teures Wild an uns.
Gott und Sankt George! Talbot und Englands Recht
Bring' unsern Fahnen Glück in dem Gefecht! *Ab.*

DRITTE SZENE

Ebne in Gascogne.

York tritt auf mit Truppen, zu ihm ein Bote.

YORK: Sind nicht die hurt'gen Späher wieder da,
Die nachgespürt dem mächt'gen Heer des Dauphin?
BOTE: Sie sind zurück, Mylord, und geben an,
Er sei gezogen nach Bourdeaux mit Macht,
Zum Kampf mit Talbot; wie er zog entlang,
Entdeckten Eure Späher zwei Geschwader,
Noch mächtiger als die der Dauphin führte,
Die nach Bourdeaux, vereint mit ihm, sich wandten.
YORK: Verflucht sei doch der Schurke Somerset,
Der mein versprochnes Hülfswerk so verzögert

Von Reiterei, geworben zur Belag'rung.
Der große Talbot wartet meiner Hülfe,
Und mich betölpelt ein Verräterbube,
Daß ich nicht beistehn kann dem edlen Ritter.
Gott helf' ihm in den Nöten! Geht er unter,
Dann alle Krieg' in Frankreich, fahret wohl!

Sir William Lucy tritt auf.

LUCY:
Du fürstlich Haupt der englischen Gewalt,
Der nie so nötig war auf Frankreichs Boden,
Hin sporne zu des edlen Talbots Rettung,
Den Eisenbande jetzt umgürtet haben
Und grimmiges Verderben eingeengt.
Auf, mut'ger Herzog, nach Bourdeaux! Auf, York!
Leb wohl sonst, Talbot, Frankreich, Englands Ehre!

YORK: O Gott! Wär' Somerset, der, stolzen Herzens,
Mir die Schwadronen hält, an Talbots Stelle:
So würd' ein tapfrer Edelmann gerettet,
Ein Feigling und Verräter dran gewagt.
Daß wir so sterben, zwingt mich Wut zu weinen,
Indes Verräter träg zu schlafen scheinen.

LUCY: O sendet Hülfe dem bedrängten Lord!

YORK:
Er stirbt, wir fall'n; ich brach mein krieg'risch Wort:
Wir trauern, Frankreich lacht; wir fall'n, sie steigen
Durch Somersets verrät'risches Bezeigen.

LUCY: Erbarm' sich Gott dann Talbots wackrer Seele
Und seines Sohnes John, den vor zwei Stunden
Ich auf der Reise traf zu seinem Vater!
Die sich in sieben Jahren nicht gesehn,
Sie treffen sich: da ist's um sie geschehn.

YORK: Ach, was für Lust denkt Ihr, daß Talbot habe,
Da er den Sohn willkommen heißt zum Grabe?
Fort! Jammer würgt mich, daß die Todesstund'
Erneuern muß getrennter Freunde Bund.
Lucy, leb wohl! Ich weiß nun keinen Rat,
Als den verfluchen, der den Schaden tat.
Maine, Blois, Poitiers und Tours sind alle hin:
Des Falschen Zögern schaffte den Gewinn. *Ab.*

LUCY: So, weil der Geier der Empörung nagt
Am Busen solcher mächtigen Gebieter,
Beut schlafende Versäumnis dem Verlust
Des kaum erkalteten Erob'rers Werk,

Des Manns von ewig lebendem Gedächtnis,
Heinrich des Fünften: weil sie sich zuwider,
Stürzt Leben, Ehre, Land und alles nieder. *Ab.*

VIERTE SZENE

Eine andre Gegend in Gascogne.

*Somerset mit seinen Truppen tritt auf, mit ihm ein Offizier von
Talbots Heer.*

SOMERSET: Es ist zu spät, ich kann sie nun nicht senden.
  Dies Unternehmen legten York und Talbot
  Zu vorschnell an; mit unsrer ganzen Macht
  Nahm's wohl ein Ausfall aus der Stadt allein
  Genugsam auf: der zu vermeßne Talbot
  Hat allen vor'gen Ruhmesglanz befleckt
  Durch dies verzweifelt wilde Abenteuer.
  York trieb ihn an, im Kampf mit Schmach zu sterben,
  Weil er nach Talbots Tod den Ruhm will erben.
OFFIZIER: Hier ist Sir William Lucy, der mit mir
  Um Hülfe das bedrängte Heer verlassen.
        Sir William Lucy tritt auf.
SOMERSET: Wie steht's, Sir William? Wer hat Euch gesandt?
LUCY: Wer? Der verratne und verkaufte Talbot,
  Der, rings bedrängt vom kühnen Mißgeschick,
  Anruft den edlen York und Somerset,
  Von seinen schwachen Legionen ihm
  Den Tod, der sie bestürmt, zurückzuschlagen.
  Und weil der ehrenwerte Feldherr dort
  Aus kampferschöpften Gliedern blutig schwitzt
  Und, klug sich haltend, aus nach Rettung sieht,
  So steht ihr beide, seine falsche Hoffnung,
  Die Zuversicht von Englands Ehre, fern,
  Bloß aus unwürd'ger Nebenbuhlerei.
  Laßt euren Zwist die schon geworbne Macht
  Nicht vorenthalten, die ihm helfen sollte,
  Weil der berühmte edle Lord sein Leben
  Dahingibt einer Welt von Übermacht:
  Von Orleans der Bastard, Karl, Burgund,
  Alençon, Reignier schließen rings ihn ein,
  Und Talbot geht zu Grund durch eure Schuld.

SOMERSET: York trieb ihn an, York mußt' ihm Hülfe senden.
LUCY:
    York schreit nicht minder wider Euer Gnaden
    Und schwört, Ihr haltet sein geworbnes Heer,
    Zu diesem Zug versammelt, ihm zurück.
SOMERSET:
    York lügt; er konnte schicken und die Reiter haben.
    Ich bin ihm wenig Dienst und Liebe schuldig
    Und acht' es Schimpf, sie kriechend selbst zu senden.
LUCY: Der englische Betrug, nicht Frankreichs Macht
    Bestrickt den edelmüt'gen Talbot jetzt.
    Er kehrt nach England lebend nie zurück,
    Er stirbt: eu'r Zwist verriet ihn bösem Glück.
SOMERSET: So kommt, ich sende stracks die Reiter ab,
    Und in sechs Stunden sind sie ihm zu Dienst.
LUCY: Zu spät! Er ward gefangen oder fiel,
    Denn fliehen konnt' er nicht, auch wenn er wollte,
    Und, konnt' er's gleich, nie wollte Talbot fliehn.
SOMERSET: Und ist er tot, fahr' wohl denn, wackrer Held!
LUCY: Euch bleibt die Schmach, sein Ruhm lebt in der Welt.
                                        Alle ab.

                    FÜNFTE SZENE

            Das englische Lager bei Bourdeaux.

        Talbot und sein Sohn John treten auf.

TALBOT: O John, mein Sohn! Ich sandte nach dir aus,
    Dich in des Krieges Künsten zu belehren,
    Daß Talbots Name leben möcht' in dir,
    Wenn kraftlos Alter, unbeholfne Glieder
    Im Armstuhl deinen Vater hielten fest.
    Doch, – o mißgünst'ge, unglücksschwangre Sterne! –
    Zu einem Fest des Todes kommst du nun,
    Zu schrecklich unvermeidlicher Gefahr.
    Drum, liebes Kind, besteig' mein schnellstes Roß,
    Ich will dir zeigen, wie du kannst entkommen
    Durch rasche Flucht: komm, zaudre nicht, und fort!
JOHN: Heiß' ich denn Talbot? Bin ich Euer Sohn?
    Und soll ich fliehn? Oh, liebt Ihr meine Mutter,
    So schmäht nicht ihren ehrenwerten Namen,
    Indem Ihr mich zum Knecht und Bastard macht.

Von niemand wird für Talbots Blut erkannt,
Der schnöde floh, wo Talbot wacker stand.

TALBOT: Flieh', wenn ich falle, meinen Tod zu rächen.

JOHN: Wer so entflieht, hält nimmer sein Versprechen.

TALBOT: Wenn beide bleiben, sterben beide hier.

JOHN: So laßt mich bleiben; Vater, fliehet Ihr,
An Euch hängt viel, so solltet Ihr Euch schätzen;
Mein Wert ist unbekannt, leicht zu ersetzen.
Mit meinem Tod kann nicht der Franke prahlen,
Nach Eurem wird uns keine Hoffnung strahlen.
Euch raubt erworbne Ehre nicht die Flucht,
Die meine wohl, der ich noch nichts versucht.
In Eurem Fliehn wird jeder Klugheit sehn;
Weich' ich, so heißt's, es sei aus Furcht geschehn.
Wer hofft wohl, daß ich jemals halte stand,
Wenn ich die erste Stunde fortgerannt?
Hier auf den Knie'n bitt' ich um Sterblichkeit
Statt Leben, das durch Schande nur gedeiht.

TALBOT: Ein Grab soll fassen deiner Mutter Los?

JOHN: Ja, eh' ich schände meiner Mutter Schoß.

TALBOT: Bei meinem Segen heiß' ich fort dich ziehn.

JOHN: Zum Fechten will ich's, nicht den Feind zu fliehn.

TALBOT: Du schonst vom Vater einen Teil in dir.

JOHN: Kein Teil, der nicht zur Schande würd' in mir.

TALBOT: Ruhm war nie dein: du kannst ihn nicht verlieren.

JOHN: Ja, Euer Name: soll ihn Flucht mißzieren?

TALBOT: Des Vaters Wort macht von dem Fleck dich rein.

JOHN: Erschlagen, könnt Ihr nicht mein Zeuge sein;
Fliehn beide wir, wenn Tod so sicher droht!

TALBOT: Und lassen hier mein Volk zu Kampf und Tod?
Nie konnte Schmach mein Alter so beflecken.

JOHN: Und meine Jugend soll in Schuld sich stecken?
Ich kann nicht mehr von Eurer Seite scheiden,
Als Ihr in Euch Zerteilung könnt erleiden.
Bleibt, geht, tut, was Ihr wollt, ich tu' es eben;
Denn, wenn mein Vater stirbt, will ich nicht leben.

TALBOT: So nehm' ich hier den Abschied, holder Sohn,
Geboren, diesen Tag zu sterben schon.
Komm! Miteinander laß uns stehn und fallen,
Und Seel' mit Seele soll gen Himmel wallen.

Beide ab.

Ein Schlachtfeld.

Getümmel. Angriffe, worin Talbots Sohn umzingelt und von Talbot gerettet wird.

TALBOT: Sankt George und Sieg! Kämpft, ihr Soldaten, kämpft!
Es brach dem Talbot der Regent sein Wort,
Uns liefernd an des Frankenschwertes Mord.
Wo ist John Talbot? Ruh' und schöpfe Odem!
Ich gab dir Leben, riß dich von den Toten.
JOHN: Zweimal mein Vater! zweimal ich dein Sohn!
Das erst verlieh'ne Leben war entflohn,
Als, dem Geschick zum Trotz, dein tapfres Schwert
Ein neues Zeitmaß meiner Bahn gewährt.
TALBOT:
Als du vom Helm des Dauphin Feu'r geschlagen,
Ward deines Vaters Herz emporgetragen
Von stolzer Siegsbegier. Mein träges Blut
Belebte Jugendhitz' und Kämpferwut;
Alençon, Orleans, Burgund schlug ich
Und rettete von Galliens Stolze dich.
Den grimm'gen Bastard Orleans, der dir
Blut abließ und die jüngferliche Zier
Gewann von deinen Waffen, traf ich bald,
Und, Streiche wechselnd, ich es ihm vergalt
An seinem Bastard-Blut; und solche Rede
Gab ich ihm höhnend: „Dies verworfne, schnöde
Und mißerzeugte Blut sei hier vergossen,
Für mein so reines Blut, das erst geflossen,
Das meinem wackern Jungen du geraubt."
Hier, als ich zu vernichten ihn geglaubt,
Kam Rettung an. Des Vaters Sorge! Sprich!
Bist du nicht müde, John? Wie fühlst du dich?
Kind, willst du noch dem Treffen nicht entweichen,
Besiegelt nun mit ritterlichen Zeichen?
Flieh', meinen Tod zu rächen, wann ich tot:
Jetzt tut mir e i n e s Hülfe wenig not.
O allzu töricht ist es, muß ich sagen,
Uns all' in einen kleinen Kahn zu wagen!
Wenn ich mich heut vor Frankenwut bewahre,
So töten morgen mich die hohen Jahre.

An mir gewinnt der Feind nicht; bleib' ich hier,
Das kürzt nur e i n e n Tag mein Leben mir.
In dir stirbt deine Mutter, unser Same,
Die Rache, deine Jugend, Englands Name.
All dies und mehr gefährdet dein Verweilen;
Dies rettest du, willst du von hinnen eilen.

JOHN: Das Schwert des Orleans machte nicht mir Schmerz,
Von Euren Worten blutet mir das Herz.
Um d e n Gewinn, erkauft um s o l c h Erröten,
Den Leib zu retten und den Ruhm zu töten,
Eh' Talbots Sohn entflieht von Talbots Seite,
Eh' fall' das feige Roß, auf dem ich reite,
Und wie ein Bauer Frankreichs mög' ich liegen,
Der Schande Ziel, des Mißgeschicks Vergnügen!
Gewiß, bei allem Preis, den Ihr gewonnen,
Ich bin nicht Talbots Sohn, wenn ich entronnen.
Drum sagt von Flucht nicht: wozu soll es taugen?
Wenn Talbots Sohn, sterb' ich vor Talbots Augen.

TALBOT: So folg' dem Vater, den verzweifelt Streben
Aus Kreta trieb, mein Ikarus[87], mein Leben!
Wenn du willst fechten, ficht an Vaters Seite,
Und dich mit mir zu stolzem Tod bereite!

Beide ab.

SIEBENTE SZENE

Ein andrer Teil des Schlachtfeldes.

Getümmel, Angriffe. Talbot wird, verwundet, von einem Diener geführt.

TALBOT: Wo ist mein andres Leben? Meines floh. –
Oh, wo ist John, mein tapfrer Talbot, wo?
Dich, Tod, stolzierend mit Gefangenschaft,
Mußt' ich belächeln bei des Sohnes Kraft.
Als er mich sah, wie knieend ich erlegen,
Schwang über mir er seinen blut'gen Degen,
Und, wie ein Löw' im Hunger, hub er an,
Was wilde Wut und Ingrimm je getan.
Doch als allein mein zorn'ger Wächter stand
Und niemand nahte, der ihn angerannt,
Riß hoher Grimm und augenroll'nde Wut
Von meiner Seit' ihn plötzlich in die Flut
Gedrängter Franken, wo er sich versenkte,

Wo in dem See von Blut mein Sohn ertränkte
Den allzukühn geflognen Geist und starb,
Mein Ikarus, so blühend rosenfarb.

Soldaten kommen mit der Leiche John Talbots.

DIENER: O bester Herr, da bringt man Euren Sohn!

TALBOT:

Du Schalksnarr, Tod, belachst uns hier zum Hohn;
Doch bald, vereint in ew'gen Banden, frei
Von deiner übermüt'gen Tyrannei,
Entschwingen sich durch Himmelsräume weit
Zwei Talbots, dir zum Trotz, der Sterblichkeit. –
O du, des Wunden lieblich stehn bei Toten,
Sprich mit dem Vater vor dem letzten Odem!
Beut sprechend Trotz dem Tod, wie er's auch meint,
Acht' ihn als einen Franken, deinen Feind.
Der arme Knab' scheint lächelnd noch zu sagen:
Wär' Tod ein Frank', ich hätt' ihn heut erschlagen.
Kommt, kommt und legt ihn in des Vaters Arm,
Mein Geist erträgt nicht länger diesen Harm.
Lebt, Krieger, wohl! Ich habe meine Habe:
Mein alter Arm wird zu John Talbots Grabe. *Stirbt.*

Getümmel.
Die Soldaten ab, indem sie die beiden Leichen zurücklassen.
Hierauf kommen Karl, Alençon, Burgund, der Bastard,
die Pucelle und Truppen.

KARL: Wär' York und Somerset zu Hülf' geeilt,
Dies wär' ein blut'ger Tag für uns geworden.

BASTARD: Wie Talbots junger Leu in wilder Wut
Sein winzig Schwert getränkt mit Frankenblut!

PUCELLE: Ich hab' ihn einst getroffen und gesagt.
„Du Jüngling, sei besiegt von einer Magd!"
Allein mit stolzem majestät'schen Hohn
Erwidert' er: „Des großen Talbots Sohn
Soll nicht die Beute frecher Dirnen sein."
Und, stürzend in der Franken dichte Reih'n,
Verließ er mich, als keines Kampfes wert.

BURGUND: Er hätt' als Ritter sich gewiß bewährt:
Seht, wie er daliegt, eingesargt im Arm
Des blut'gen Pflegers von all seinem Harm!

BASTARD: Haut sie in Stücken, reißt entzwei dies Paar,
Das Englands Stolz und Galliens Wunder war!

KARL: Nein, haltet ein! Was lebend Fluch gebot,
Daß laßt uns nun nicht schänden, da es tot.

Sir William Lucy tritt auf mit Gefolge, ein französischer Herold geht vor ihm her.

LUCY: Herold,

Führ' mich zum Zelt des Dauphin, um zu wissen,
Wer dieses Tages Preis davon getragen.

KARL: Mit welcher unterwürf'gen Botschaft kommst du?

LUCY: Was? Unterwerfung ist ein fränkisch Wort,
Die englischen Soldaten kennen's nicht.
Ich will nur wissen, wen du nahmst gefangen,
Und dann die Zahl der Toten überschaun.

KARL: Gefangne willst du? Sie bewahrt die Hölle.
Doch sag mir, wen du suchst?

LUCY: Wo ist des Feldes mächtiger Alcides[88],
Der tapfre Talbot, Graf von Shrewsbury?
Ernannt für seine seltnen Waffentaten
Zum Graf von Wexford, Waterford und Valence,
Lord Talbot von Goodrig und Urchinfield,
Lord Strange von Blackmere, Lord Verdun von Alton,
Lord Cromwell von Wingfield, Lord Furnival von Sheffield,
Der höchst sieghafte Lord von Falconbridge,
Ritter vom edlen Orden Sankt Georgs,
Des Goldnen Vlieses und Sankt Michaels wert;
Heinrich des Sechsten Oberfeldhauptmann
Für alle seine Krieg' im Frankenreich?

PUCELLE:

Das ist ein albern prächt'ger Stil, fürwahr!
Der Türk', der zweiundfunfzig Reiche hat,
Schreibt keinen so verdrießlich langen Stil.
Er, den du ausstaffierst mit all den Titeln,
Liegt stinkend und verwesend dir zu Füßen.

LUCY: Ist Talbot tot, der Franken einz'ge Geißel,
Schreck eures Lands und schwarze Nemesis[89]?
O würden meine Augen Büchsenkugeln,
Daß ich sie wütend euch ins Antlitz schösse!
O könnt' ich nur erwecken diese Toten,
Es wär' genug, der Franken Reich zu schrecken;
Blieb' unter euch sein Bildnis übrig nur,
Den Stolzesten von euch würd' es verwirren.
Gebt mir die Leichen, daß ich hinweg sie trage
Und sie bestatte, wie ihr Wert es heischt.

PUCELLE: Der aufgeschoßne Fremdling, denk' ich, ist
Des alten Talbots Geist; wie spräch' er sonst
Mit so gebieterischem stolzen Sinn?

Um Gottes willen, gebt sie! Hier behalten,
Vergiften sie die Luft nur mit Gestank.
KARL: Geht, bringt die Leichen fort!
LUCY: Fort trag' ich sie;
Allein aus ihrer Asche wird erweckt
Ein Phönix[90], welcher einst ganz Frankreich schreckt.
KARL: Sind wir nur ihrer los, macht, was Ihr wollt, damit.
Nun nach Paris, von Siegeslust getragen:
Nichts widersteht, da Talbot ist erschlagen.
                        Alle ab.

FÜNFTER AUFZUG

Erste Szene

London. Ein Zimmer im Palast.

König Heinrich, Gloster und Exeter treten auf.

KÖNIG HEINRICH: Habt Ihr die Briefe durchgesehn vom Papst[91],
 Vom Kaiser und dem Grafen von Armagnac?
GLOSTER: Ja, gnäd'ger Fürst, und dieses ist ihr Inhalt:
 Sie bitten Eure Herrlichkeit ergebenst,
 Daß zwischen England und der Franken Reich
 Ein frommer Frieden mag geschlossen werden.
KÖNIG HEINRICH:
 Und wie bedünkt der Vorschlag Euer Gnaden?
GLOSTER: Gut, bester Herr, und als der einz'ge Weg,
 Vergießung unsers Christenbluts zu hemmen
 Und Ruh' auf allen Seiten fest zu gründen.
KÖNIG HEINRICH: Ja freilich, Oheim; denn ich dachte stets,
 Es sei so frevelhaft wie unnatürlich,
 Daß solche Gräßlichkeit und blut'ger Zwist
 Bei den Bekennern e i n e s Glaubens herrscht.
GLOSTER: Um diesen Bund so eher zu bewirken
 Und fester ihn zu schürzen, bietet auch
 Der Graf von Armagnac, Karls naher Vetter,
 Ein Mann, des Ansehn viel in Frankreich gilt,
 Die einz'ge Tochter Euer Hoheit an
 Zur Eh', mit großer, reicher Morgengabe.
KÖNIG HEINRICH:
 Zur Eh'? Ach, Oheim, jung sind meine Jahre,
 Und angemeßner sind mir Fleiß und Bücher,
 Als üppig tändelnd Spiel mit einer Trauten.
 Jedoch, ruft die Gesandten und erteilt

Die Antwort jedem, wie es Euch beliebt.
Ich bin die Wahl zufrieden, zielt sie nur
Auf Gottes Ehr' und meines Landes Wohl.
Ein Legat[92] und zwei Gesandte treten auf, nebst Winchester
in Kardinalstracht.

EXETER: Wie? Ist Mylord von Winchester erhöht
Zum Rang des Kardinals und eingekleidet?
Dann merk' ich wohl, bestät'gen wird sich das,
Was oft der fünfte Heinrich prophezeit:
„Wenn er einmal zum Kardinal gelangt,
So macht er seinen Hut der Krone gleich."

KÖNIG HEINRICH: Ihr Herrn Gesandten, euer aller Wünsche
Sind wohl erwogen und besprochen worden.
Gut und vernünftig scheint uns euer Zweck,
Und darum sind wir sicherlich entschlossen,
Bedingungen des Friedens aufzusetzen,
Die durch Mylord von Winchester wir gleich
Nach Frankreich wollen überbringen lassen.

GLOSTER: Und anbelangend eures Herrn Erbieten,
Berichtet' ich an Seine Hoheit so,
Daß, um das Fräuleins tugendsame Gaben,
Um ihre Schönheit und der Mitgift Wert,
Er sie zu Englands Königin will machen.

KÖNIG HEINRICH *zu den Gesandten:*
Zum Zeichen und Beweise des Vertrags
Bringt dies Juwel ihr, meiner Neigung Pfand. –
Und so, Mylord Protektor, mit Geleit
Besorgt nach Dover sie; dort eingeschifft,
Vertrauet sie dem Glück des Meeres an.
König Heinrich mit Gefolge, Gloster, Exeter und Gesandten ab.

WINCHESTER: Bleibt, Herr Legat! Ihr müßt empfangen erst
Die Summe Geldes, welche ich gelobt
An Seine Heiligkeit zu überreichen
Für die Bekleidung mit dem würd'gen Schmuck.

LEGAT: Ich richte mich nach Euer Hoheit Muße.

WINCHESTER: Nun wird sich Winchester nicht beugen, traun!
Noch nachstehn selbst dem stolzesten der Pairs.
Humphrey von Gloster, merken sollst du wohl,
Daß weder an Geburt noch Ansehn dich
Der Bischof will erkennen über sich.
Ich will dich zwingen, nieder mir zu knien,
Wo nicht, dies Land mit Aufstand überziehn.
Beide ab.

Frankreich. Ebne in Anjou.

Karl, Burgund, Alençon und die Pucelle treten auf, mit Truppen im Marsch.

KARL: Die Zeitung, Herrn, erfrischt die matten Geister.
Man sagt, daß die Pariser sich empören
Und wieder zu den tapfern Franken wenden.
ALENÇON: Zieht nach Paris denn, königlicher Karl,
Vertändelt nicht die Zeit mit Eurer Macht!
PUCELLE: Wenn sie sich wenden, sei mit ihnen Friede,
Sonst brech' in ihre Schlösser der Ruin!
Ein Bote tritt auf.
BOTE: Mit unserm tapfern Feldherrn alles Heil,
Und gutes Glück mit seinen Mitgenossen!
KARL: Was melden unsre Späher? Bitte, sprich!
BOTE: Die englische Armee, die erst getrennt
In zwei Parteien war, ist nun vereint
Und denkt alsbald Euch eine Schlacht zu liefern.
KARL: Etwas zu plötzlich kommt die Warnung, Herrn,
Doch wollen wir alsbald uns auf sie rüsten.
BURGUND:
Des Talbot Geist, vertrau' ich, ist nicht dort;
Ihr dürft nicht fürchten, Herr, denn er ist fort.
PUCELLE: Verflucht ist Furcht vor allen schnöden Trieben,
Gebeut den Sieg nur, Karl, und er ist dein,
Laß Heinrich zürnen, alle Welt es reun.
KARL: Auf dann, ihr Lords! Und Frankreich sei beglückt!
Alle ab.

DRITTE SZENE

Vor Angers.

Getümmel. Angriffe. Die Pucelle tritt auf.

PUCELLE: Die Franken fliehn, und der Regent ist Sieger.
Nun helft, ihr Zaubersprüch' und Amulette,
Und ihr, die ihr mich warnt, erles'ne Geister,
Und Zeichen mir von künft'gen Dingen gebt!
Es donnert.

Ihr schleun'gen Helfer, die ihr zugeordnet
Des Nordens herrischem Monarchen[93] seid.
Erscheint und helft mir bei dem Unternehmen!
Böse Geister erscheinen.
Dies schleunige Erscheinen gibt Gewähr
Von eurem sonst gewohnten Fleiß für mich.
Nun, ihr vertrauten Geister, ausgesucht
Aus mächt'gen unterird'schen Regionen,
Helft mir dies e i n e Mal, daß Frankreich siege!
Sie gehen umher und reden nicht.
O haltet mich nicht überlang' mit Schweigen!
Wie ich mit meinem Blut euch pflag zu nähren,
Hau' ich ein Glied mir ab und geb' es euch
Zum Handgeld einer ferneren Vergeltung,
Wenn ihr euch jetzt herablaßt, mir zu helfen.
Sie hängen die Köpfe.
Ist keine Hülfe mehr? Mein Leib soll euch
Belohnung zahlen, wenn ihr's mir gewährt.
Sie schütteln die Köpfe.
Kann nicht mein Leib, noch Blutes-Opferung
Zu der gewohnten Leistung euch bewegen?
Nehmt meine Seele; Leib' und Seel' und alles,
Eh' England Frankreich unter sich soll bringen!
Sie verschwinden.
Seht, sie verlassen mich! Nun kommt die Zeit,
Daß Frankreich muß den stolzen Helmbusch senken
Und niederlegt sein Haupt in Englands Schoß.
Zu schwach sind meine alten Zauberei'n,
Die Hölle mir zu stark, mit ihr zu ringen.
In Saub sinkt, Frankreich, deine Herrlichkeit. *Ab.*
Getümmel. Franzosen und Engländer kommen fechtend, die
Pucelle und York werden handgemein. Die Pucelle wird gefangen.
Die Franzosen fliehn.
YORK: Nun, Dirne Frankreichs, denk' ich, hab' ich Euch:
Entfesselt Eure Geister nun mit Sprüchen
Und seht, ob Ihr die Freiheit könnt gewinnen!
Ein schöner Fang, der Huld des Teufels wert!
Seht, wie die garst'ge Hexe Runzeln zieht,
Als wollte sie, wie Circe[94], mich verwandeln.
PUCELLE: Dich kann Verwandlung häßlicher nicht machen.
YORK: Oh, Karl, der Dauphin, ist ein hübscher Mann,
Den zarten Augen kann nur er gefallen.
PUCELLE: Ein folternd Unheil treffe Karl und dich!

Und werdet beide plötzlich überrascht
Von blut'ger Hand, in euren Betten schlafend!
YORK: Still, schwarze Bannerin! Du Zaub'rin, schweig!
PUCELLE: Ich bitt' dich, laß mich eine Weile fluchen.
YORK: Verdammte, fluch', wenn du zum Richtplatz kömmst.

Alle ab.

Getümmel. Suffolk tritt auf, die Prinzessin Margareta
an der Hand führend.

SUFFOLK: Sei, wer du willst, du bist bei mir Gefangne.

Er betrachtet sie.

O holde Schönheit! Fürcht' und fliehe nicht;
Ich will mit ehrerbiet'ger Hand dich rühren,
Sie sanft dir auf die zarte Seite legen;
Zu ew'gem Frieden küss' ich diese Finger;

Küßt ihre Hand.

Wer bist du? Sag's, daß ich dich ehren möge.
MARGARETA: Margareta[95] heiß' ich, eines Königs Tochter,
Königs von Neapel; sei du, wer du seist.
SUFFOLK: Ein Graf bin ich, und Suffolk ist mein Name;
Sei nicht beleidigt, Wunder der Natur!
Von mir gefangen werden ist dein Los.
So schützt der Schwan die flaumbedeckten Schwänlein,
Mit seinen Flügeln sie gefangen haltend;
Allein sobald dich kränkt die Sklaverei,
So geh und sei als Suffolks Freundin frei!

Sie wendet sich weg, als wollte sie gehen.

O bleib'! Mir fehlt die Kraft, sie zu entlassen,
Befrein will sie die Hand, das Herz sagt nein.
Wie auf krystallnem Strom die Sonne spielt
Und blinkt mir zweitem nachgeahmten Strahl,
So scheint die lichte Schönheit meinen Augen.
Ich würbe gern, doch wag' ich nicht zu reden;
Ich fodre Tint' und Feder, ihr zu schreiben.
Pfui, de la Poole! Entherze dich nicht selbst.
Hast keine Zung'? Ist sie nicht da?
Verzagst du vor dem Anblick eines Weibs?
Ach ja! Der Schönheit hohe Majestät
Verwirrt die Zung' und macht die Sinne wüst.
MARGARETA: Sag, Graf von Suffolk (wenn du so dich nennst),
Was gilt's zur Lösung, eh' du mich entlässest?
Denn wie ich seh', bin ich bei dir Gefangne.
SUFFOLK *beiseit:* Wie weißt du, ob sie deine Bitte weigert,
Eh' du um ihre Liebe dich versucht?

MARGARETA:
Du sprichst nicht: was für Lösung muß ich zahlen?

SUFFOLK *beiseit:*
Ja, sie ist schön: drum muß man um sie werben;
Sie ist ein Weib: drum kann man sie gewinnen.

MARGARETA: Nun, nimmst du Lösung an, ja oder nein?

SUFFOLK *beiseit:* O Tor! Erinn're dich, du hast ein Weib;
Wie kann denn diese deine Traute sein?

MARGARETA: Er hört nicht, ihn verlassen wär' das beste.

SUFFOLK: Das ist die Karte, die mein Spiel verdirbt.

MARGARETA: Er spricht ins Wilde, sicher ist er toll.

SUFFOLK: Und doch ist Dispensation[96] zu haben.

MARGARETA: Und doch wollt' ich, Ihr wolltet Antwort geben.

SUFFOLK: Ich will dies Fräulein hier gewinnen. Wem?
Ei, meinem König. Pah! Das wäre hölzern.

MARGARETA: Er spricht von Holz; 's ist wohl ein Zimmermann.

SUFFOLK *beiseit:* Doch kann ich meiner Neigung so genügen
Und Friede stiften zwischen diesen Reichen.
Allein auch dabei bleibt ein Zweifel noch:
Denn, ist ihr Vater gleich von Napel König,
Herzog von Maine und Anjou, er ist arm,
Und unser Adel wird die Heirat schelten.

MARGARETA: Hört Ihr, Hauptmann? Habt Ihr itzt keine Zeit?

SUFFOLK: So soll es sein, wie sie es auch verachten;
Heinrich ist jung und gibt sich bald darein. –
Ich hab' Euch etwas zu entdecken, Fräulein.

MARGARETA *beiseit:*
Bin ich in Banden gleich, er scheint ein Ritter
Und wird auf keine Weise mich entehren.

SUFFOLK: Geruhet, Fräulein, mir Gehör zu leihn.

MARGARETA *beiseit:* Vielleicht erretten mich die Franken noch,
Dann brauch' ich seine Gunst nicht zu begehren.

SUFFOLK: Mein Fräulein, hört mich an in einer Sache –

MARGARETA *beiseit:* Ei, Frauen sind wohl mehr gefangen worden.

SUFFOLK: Fräulein, weswegen sprecht Ihr so?

MARGARETA: Verzeiht mir, es ist nur ein Quidproquo.

SUFFOLK: Prinzessin, sagt: pries't Ihr die Banden nicht
Für glücklich, die zur Königin Euch machten?

MARGARETA: In Banden Königin zu sein, ist schnöder,
Als Knecht zu sein in niedrer Dienstbarkeit;
Denn Fürsten sollten frei sein.

SUFFOLK: Und das sollt Ihr,
Ist nur des reichen Englands König frei.

MARGARETA: Nun, was geht seine Freiheit mich wohl an?

SUFFOLK: Ich mache dich zu Heinrichs Eh'gemahl,
Geb' in die Hand ein goldnes Szepter dir
Und setz' aufs Haupt dir eine reiche Krone,
Wenn du herab dich läßt zu meiner –

MARGARETA: Was?

SUFFOLK: Zu seiner Trauten.

MARGARETA: Ich bin unwürdig, Heinrichs Weib zu sein.

SUFFOLK: Nein, edles Fräulein; ich bin nur nicht würdig,
Für ihn zu frein um solche holde Schöne –
Und selbst nicht Anteil an der Wahl zu haben.
Was sagt Ihr, Fräulein? Seid Ihr es zufrieden?

MARGARETA: Ich bin's zufrieden, wenn mein Vater will.

SUFFOLK: Ruft unsre Führer dann und Fahnen vor;
Und, gnäd'ge Frau, vor Eures Vaters Burg
Werd' er von uns geladen zum Gespräch.

Truppen kommen vorwärts.
Eine Einladung zur Unterredung wird geblasen.
Reignier erscheint auf den Mauern.

SUFFOLK: Sieh, Reignier, sieh gefangen deine Tochter.

REIGNIER: Bei wem?

SUFFOLK: Bei mir.

REIGNIER: Suffolk, wie steht zu helfen?
Ich bin ein Krieger, nicht geneigt zum Weinen,
Noch über Wankelmut des Glücks zu schrein.

SUFFOLK: Ja, Herr, zu helfen steht dabei genug.
Gewähre (tu's um deiner Ehre willen)
Zu meines Herrn Gemahlin deine Tochter,
Den ich mit Müh' dazu gewonnen habe;
Und diese flüchtige Gefangenschaft
Hat königliche Freiheit ihr erworben.

REIGNIER: Spricht Suffolk, wie er denkt?

SUFFOLK: Die schöne Margareta weiß, daß Suffolk
Zu schmeicheln und zu heucheln nicht versteht.

REIGNIER: Ich steige auf dein fürstlich Wort hinab,
Zur Antwort auf dein billiges Begehren.

Oben von der Mauer ab.

SUFFOLK: Und hier erwart' ich deine Ankunft.

Trompeten. Reignier tritt unten ein.

REIGNIER: Willkommen, wackrer Graf, in unsern Landen!
Befehlt in Anjou, was Euch nur beliebt.

SUFFOLK:
Dank, Reignier, den solch süßes Kind beglückt,

Geschaffen zur Genossin eines Königs.
Was für Bescheid gibt Eure Hoheit mir?
REIGNIER: Weil ihren kleinen Wert du würdig achtest
    Um sie zu frein, als Braut für solchen Herrn:
    Wofern ich nur mich ruhig meines Eignen,
    Der Grafschaft Maine und Anjou, mag erfreun,
    Von Unterdrückung frei und Kriegsgewalt,
    Vermähl' ich sie mit Heinrich, wenn er will.
SUFFOLK: Das ist ihr Lösegeld; nehmt sie zurück!
    Auch nehm' ich es auf mich, daß Eure Hoheit
    Die beiden Länder ruhig soll genießen.
REIGNIER: Und ich hinwieder geb', in Heinrichs Namen,
    Dir, als Vertreter dieses hohen Herrn,
    Der Tochter Hand, zum Pfand gelobter Treu'.

SUFFOLK: Reignier, empfange königlichen Dank,
Weil dies der Handel eines Königs ist.
Beiseit. Und dennoch, dünkt mich, möcht' ich lieber noch
Mein eigner Anwalt sein in diesem Fall. –
Ich will nach England mit der Neuigkeit
Und der Vermählung Feier dort betreiben.
Reignier, leb wohl! Faß diesen Diamant
In goldene Paläste, wie sich's ziemt.

REIGNIER: Laß dich umarmen, wie ich König Heinrich,
Dein christlich Haupt, umarmte, wär' er hier.

MARGARETA: Lebt wohl, Herr! Gute Wünsche, Lob, Gebete
Wird Margareta stets für Suffolk haben. *Will gehen.*

SUFFOLK:
Lebt wohl, mein Fräulein! Doch, Margareta, hört:
Kein fürstlicher Empfehl an meinen Herrn?

MARGARETA: Sagt ihm Empfehle, wie sie einer Magd
Und Jungfrau, seiner Dienerin, geziemen.

SUFFOLK: Bescheidne Wort', und anmutsvoll gestellt!
Doch, Fräulein, nochmals muß ich Euch beschweren:
Kein Liebespfand für Seine Majestät?

MARGARETA: Ja, bester Herr: ein unbeflecktes Herz,
Von Liebe nie gerührt, send' ich dem König.

SUFFOLK: Und dies zugleich. *Küßt sie.*

MARGARETA:
Das für dich selbst; ich will mich nicht erdreisten,
Solch kindisch Pfand zu senden einem König.
Reignier und Margareta ab.

SUFFOLK: Oh, wärst du für mich selbst! – Doch, Suffolk, halt!
Du darfst nicht irren in dem Labyrinth,
Da lauern Minotaur'[97] und arge Ränke.
Nimm Heinrich ein mit ihrem Wunderlob,
Denk' ihren unerreichten Gaben nach,
Den wilden Reizen, so die Kunst verdunkeln;
Erneu' ihr Bildnis oft dir auf der See,
Damit, wenn du zu Heinrichs Füßen kniest,
Du seiner Sinne ihn beraubst vor Staunen. *Ab.*

Lager des Herzogs von York in Anjou.

York, Warwick und andre treten auf.

YORK: Führt vor die Zauberin, verdammt zum Feuer!
  Die Pucelle kommt, von Wache umgeben, mit ihr ein Schäfer.
SCHÄFER: Ach, Jeanne! Dies bricht deines Vaters Herz,
  Hab' ich die Lande nah und fern durchsucht,
  Und, nun sich's trifft, daß ich dich ausgefunden,
  Komm' ich zu deinem frühen bittern Tode?
  Ach, liebste Tochter, ich will mit dir sterben!
PUCELLE: Elender Bettler! Abgelebter Knecht!
  Von edlerm Blute bin ich abgestammt:
  Du bist mein Vater noch mein Blutsfreund nicht.
SCHÄFER: Pfui, pfui! – Ihr Herrn, erlaubt, dem ist nicht so;
  Das ganze Kirchenspiel weiß, ich zeugte sie;
  Die Mutter, noch am Leben, kann's bezeugen,
  Daß sie der Erstling meines Eh'stands war.
WARWICK: Ruchlose! Willst du deine Sippschaft leugnen?
YORK: Dies zeigt, was für ein Leben sie geführt,
  Verderbt und bös, und so beschließt sie's auch.
SCHÄFER: O pfui doch, Jeanne, so verstockt zu sein!
  Gott weiß, du bist von meinem Fleisch und Blut,
  Und deinethalb vergoß ich manche Träne;
  Verleugne doch mich nicht, mein liebstes Kind!
PUCELLE: Pack' dich, du Bauer! Ihr habt den Mann bestellt,
  Um meines Adels Krone zu verdunkeln.
SCHÄFER: 's ist wahr, ich gab dem Priester eine Krone,
  Den Morgen, als ich ihre Mutter freite. –
  Knie' hin und laß dich segnen, gutes Mädchen!
  Du weigerst dich? Verflucht sei denn die Zeit,
  Wo du zur Welt kamst! Wollt' ich doch, die Milch,
  Die du an deiner Mutter Brüsten sogst,
  Wär' deinetwillen Rattengift gewesen!
  Und, wenn du meine Lämmer triebst zur Weide,
  Wollt' ich, dich hätt' ein gier'ger Wolf verzehrt!
  Verleugnest du den Vater, garst'ge Dirne?
  Verbrennt, verbrennt sie! Hängen ist zu gut. *Ab.*
YORK: Schafft sie hinweg! Sie hat zu lang' gelebt,
  Die Welt mit ihren Lastern zu erfüllen.
PUCELLE: Laßt mich euch sagen erst, wen ihr verdammt.

Nicht mich, erzeugt von Hirten auf der Flur,
Nein, aus der Könige Geschlecht entsprossen;
Heilig und tugendsam; erwählt von droben,
⟨Durch himmlische Begeist'rung reich begnadigt,⟩
Auf Erden hohe Wunder zu bewirken.
Mit bösen Geistern hatt' ich nie zu tun;
Doch ihr, befleckt von euren eignen Lüsten,
Besudelt mit der Unschuld reinem Blut,
Verderbt und angesteckt von tausend Lastern:
Weil euch die Gnade fehlt, die andre haben,
So achtet ihr's für ein unmöglich Ding,
Ein Wunder wirken, ohne Macht der Teufel.
Nein, Mißbelehrte! Wißt, daß Jeanne d'Arc
Seit ihrer zarten Kindheit Jungfrau blieb,
Selbst in Gedanken keusch und unbefleckt;
Daß ihr jungfräulich Blut, so streng vergossen,
Um Rache schrein wird an des Himmels Toren.
YORK: Ja, ja, nur fort mit ihr zu Hinrichtung!
WARWICK: Und, Leute, hört: weil sie ein Mädchen ist,
So spart das Reisig nicht, gebt ihr genug,
Stellt Tonnen Pech noch um den Todespfahl,
Damit ihr so die Marter ihr verkürzt.
PUCELLE: Kann eure starren Herzen nichts erweitern?
So gib denn, Jeanne, deine Schwachheit kund,
Die, dem Gesetz gemäß, ein Vorrecht dir gewährt. –
[Hört, schwanger bin ich, blut'ge Schlächter ihr!]
Drum mordet nicht die Frucht in meinem Schoß,
Schleppt ihr auch mich zum Tod gewaltsam hin.
YORK: Verhüt' es Gott! Die heil'ge Jungfrau schwanger?
WARWICK: Das größte Wunder, das Ihr je vollbracht!
Kam's dahin mit der strengen Züchtigkeit?
YORK: Sie und der Dauphin hielten's mit einander;
Ich dacht' es, was die Ausflucht würde sein.
WARWICK: Schon gut! Wir lassen keinen Bastard leben,
Wenn Karl der Vater sein muß, noch dazu.
PUCELLE: Ihr irret Euch, mein Kind ist nicht von ihm;
Alençon war's, der meine Lieb' genoß.
YORK: Alençon, der verrufne Machiavell[98]!
Es stirbt, und wenn es tausend Leben hätte!
PUCELLE: Nicht doch, verzeiht! Ich täuscht' Euch: weder Karl,
Noch der genannte Herzog, sondern Reignier,
König von Napel, war's, der mich gewann.
WARWICK: Ein Mann im Eh'stand! Das ist noch das Ärgste.

YORK: Ei, das ist mir ein Mädchen! die nicht weiß –
So viele waren's –, wen sie soll verklagen.
WARWICK: Ein Zeichen, daß sie frei und willig war.
YORK: Und doch, wahrhaftig, eine reine Jungfrau! –
Dein Wort verdammt dich, Metze, samt der Brut:
Versuch' kein Bitten, denn es ist umsonst.
PUCELLE: So führt mich fort. – Euch lass' ich meinen Fluch.
Die lichte Sonne werfe ihre Strahlen
Nie auf das Land, das euch zum Sitze dient!
Umgeb' euch Nacht und düstrer Todesschatten,
Bis Unheil und Verzweiflung euch drängt,
Den Hals zu brechen oder euch zu hängen!
Sie wird von der Wache abgeführt.
YORK: Brich du in Stücke und zerfall' in Asche,
Verfluchte schwarze Dienerin der Hölle!
Kardinal Beaufort tritt auf mit Gefolge.
KARDINAL: Mit einem Brief der Vollmacht, Lord Regent,
Begrüß' ich Eure Herrlichkeit vom König.
Denn wißt, Mylord, es haben sich die Staaten
Der Christenheit, bewogen von Erbarmen
Um diesen wüsten Streit, mit Ernst verwandt
Zum allgemeinen Frieden zwischen uns
Und der Franzosen hochgemutem Volk;
Und seht, schon naht der Dauphin und sein Zug,
Um über diese Sache zu verhandeln.
YORK: Ist dieses unsrer Arbeit ganze Frucht?
Nachdem so mancher Pair erschlagen worden,
So mancher Hauptmann, Edelmann, Soldat,
Die überwunden sind in diesem Streit
Und ihren Leib zum Wohl des Lands verkauft:
Soll man zuletzt so weibisch Frieden schließen?
Verloren wir den größten Teil der Städte
Durch Ränke nicht, durch Falschheit und Verrat,
Die unsre großen Ahnherrn all' erobert? –
O Warwick! Warwick! Trauernd seh' ich schon
Den gänzlichen Verlust des Frankenreichs.
WARWICK: Sei ruhig, York: wenn wir den Frieden schließen,
Wird's mit so strengen Foderungen sein,
Daß die Franzosen wenig dran gewinnen.
*Karl mit Gefolge, Alençon, der Bastard, Reignier und
andre treten auf.*
KARL: Ihr Herrn von England, da genehmigt ist,
Daß Fried' im Land soll ausgerufen werden,

So kommen wir, um von euch selbst zu hören,
Was für Bedingungen der Bund erheischt.

YORK: Sprich, Winchester; denn Gall' erstickt mir kochend
Den hohlen Ausweg meiner gift'gen Stimme
Beim Anblick der gehäss'gen Feinde da.

KARDINAL: Karl und ihr andern, so ist's vorgeschrieben:
Daß ihr, inmaßen König Heinrich drein
Aus bloßem Mitleid und aus Milde willigt,
Eu'r Land vom harten Kriege zu befrein
Und süßen Frieden atmen euch zu lassen,
Lehnsleute seiner Krone werden sollt:
Und, Karl, auf die Bedingung, daß du schwörst,
Tribut zu zahlen, dich zu unterwerfen,
Sollst du als Vizekönig unter ihm
Die königliche Würde fortgenießen.

ALENÇON: So muß er denn sein eigner Schatte sein?
Mit einer Krone seine Schläfe zieren
Und doch, dem Ansehn und dem Wesen nach,
Die Rechte des Privatmanns nur behalten?
Verkehrt und ungereimt ist dies Erbieten.

KARL: Es ist bekannt, daß ich bereits besitze
Mehr als das halbe gallische Gebiet
Und werde drin geehrt als echter König.
Um den Gewinn des unbezwungnen Rests
Soll ich dies Vorrecht mir um so viel schmälern,
Des Ganzen Vizekönig nur zu heißen?
Nein, Herr Gesandter, ich behalte lieber
Das, was ich hab', als daß ich, mehr begehrend,
Mich um die Möglichkeit von allem bringe.

YORK:
Hochmüt'ger Karl! Hast du dir insgeheim
Vermittlung ausgewirkt zu einem Bund,
Und, nun die Sache zum Vertrag soll kommen,
Hältst du dich mit Vergleichungen entfernt?
Entweder nimm den angemaßten Titel
Als nur von unserm König kommend an
Und nicht von einem Anspruch des Verdienstes,
Sonst plagen wir mit Krieg ohn' Ende dich.

REIGNIER:
Mein Prinz, Ihr tut nicht wohl, aus Eigenwillen
Zu mäkeln bei dem Fortgang des Vergleichs;
Versäumen wir ihn jetzt, zehn gegen eins,
Wir finden die Gelegenheit nicht wieder.

ALENÇON *leise:*
　Es ist, in Wahrheit, Politik für Euch,
　Eu'r Volk von solchem Blutbad zu erretten
　Und grimmigem Gemetzel, als man täglich
　Bei fortgesetzten Feindlichkeiten sieht:
　Geht also den Vertrag des Friedens ein,
　Brecht Ihr ihn schon, sobald es Euch beliebt.
WARWICK: Was sagst du, Karl? Soll die Bedingung gelten?
KARL: Sie soll's;
　Nur vorbehalten, daß ihr keinen Teil
　An der Besatzung unsrer Städte fodert.
YORK: So schwöre Lehnspflicht Seiner Majestät,
　So wahr du Ritter bist, stets zu gehorchen
　Der Krone Englands, nie dich aufzulehnen
　Der Krone Englands, du samt deinem Adel!
　　Karl und die übrigen machen die Zeichen des Huldigungseides.
　So, nun entlaßt Eu'r Heer, wann's Euch beliebt,
　Hängt auf die Fahnen, laßt die Trommeln schweigen,
　Denn feierlicher Fried' ist hier geschlossen.
　　　　　Alle ab.

FÜNFTE SZENE

London. Ein Zimmer im Palast.

*König Heinrich kommt, im Gespräch mit Suffolk begriffen;
Gloster und Exeter folgen.*

KÖNIG HEINRICH:
　Ich bin erstaunt bei Eurer seltnen Schild'rung
　Der schönen Margareta, edler Graf;
　Die Tugenden, geziert mit äußern Gaben,
　Erregen mir der Liebe Trieb im Herzen;
　Und wie die Strenge tobender Orkane
　Den stärksten Kiel der Flut entgegen drängt,
　So treibt auch mich der Hauch von ihrem Ruf,
　Schiffbruch zu leiden oder anzulanden,
　Wo ich mich ihrer Liebe mag erfreun.
SUFFOLK: Still, bester Fürst! Der flüchtige Bericht
　Ist nur der Eingang ihres würd'gen Lobs.
　All die Vollkommenheit des holden Fräuleins,
　Hätt' ich Geschick genug, sie auszusprechen,
　Ein Buch wär's, voll verführerischer Zeilen,

Das auch den dumpfsten Sinn entzücken könnte.
Und, was noch mehr, sie ist so göttlich nicht,
Noch so erfüllt mit aller Freuden Wahl,
Daß sie, mit gleicher Demut des Gemüts,
Nicht willig wär', Euch zu Befehl zu sein, –
Befehl, mein' ich, von tugendsamer Art, –
Euch als Gemahl zu lieben und zu ehren.

KÖNIG HEINRICH:
Auch wird es Heinrich anders nie verlangen.
Darum, Mylord Protektor, willigt ein,
Daß Margareta Englands Fürstin werde.

GLOSTER:
So willigt' ich darein, der Sünd' zu schmeicheln.
Ihr wißt, mein Fürst, daß Ihr versprochen seid
Mit einem andern angeseh'nen Fräulein:
Wie können wir uns dem Vertrag entziehn,
Ohn' Eure Ehre Rügen bloßzustellen?

SUFFOLK: Wie Herrscher tun bei unrechtmäß'gen Schwüren,
Wie einer, der gelobt hat, beim Turnier
Sich zu versuchen, doch verläßt die Schranken,
Weil unter ihm zu tief sein Gegner steht.
Zu tief steht eines armen Grafen Tochter:
Drum, wenn man mit ihr bricht, ist nichts versehn.

GLOSTER: Ich bitt' Euch, was ist Margareta mehr?
Ihr Vater ist nichts besser als ein Graf,
Hat er erhabne Titel schon voraus.

SUFFOLK: Ja, bester Herr, ihr Vater ist ein König,
König von Napel und Jerusalem;
Und ist in Frankreich von so großem Ansehn,
Daß seine Freundschaft unsern Frieden sichern
Und in der Treu' die Franken halten wird.

GLOSTER: Das kann der Graf von Armagnac nicht minder,
Weil er des Dauphins naher Vetter ist.

EXETER: Auch läßt sein Reichtum großen Brautschatz hoffen,
Da Reignier eher nehmen wird als geben.

SUFFOLK:
Ein Brautschatz, Lords! Entehrt nicht so den König,
Daß er so arm und niedrig sollte sein,
Nach Geld zu gehn, nicht nach vollkommner Liebe.
Heinrich kann seine Königin bereichern
Und sucht nicht eine, die ihn reich soll machen.
So feilschen niedre Bauern ihre Weiber,
Wie auf dem Markt die Ochsen, Schafe, Pferde.

Die Eh' ist eine Sache von mehr Wert,
Als daß man sie durch Anwaltschaft betriebe;
Nicht die ihr wollt, – die Seiner Hoheit lieb,
Muß die Genossin seines Eh'betts sein.
Und da sie, Lords, ihm nun die Liebste ist,
So bindet dies vor allen Gründen uns,
In unsrer Meinung auch sie vorzuziehn.
Was ist gezwungne Eh', als eine Hölle,
Ein Leben voll von Zwist und stetem Hader?
Indes das Gegenteil nur Segen bringt
Und Vorbild von des Himmels Frieden ist.
Wen nähme Heinrich zum Gemahl, als König,
Als Margareten, Tochter eines Königs?
Nebst der Geburt, die Bildung ohnegleichen
Bestimmt für niemand sie als einen König;
Ihr tapfrer Mut und unerschrockner Geist,
Mehr als gewöhnlich man an Weibern sieht,
Entspricht der Hoffnung des Geschlechts vom König:
Denn Heinrich, da sein Vater ein Erob'rer,
Hat Aussicht, mehr Erob'rer zu erzeugen,
Gesellt er sich in Liebe einer Frau,
Gemutet wie die schöne Margareta.
Gebt nach denn, Lords, und seid von meinem Sinn.
Nur Margareta werde Königin.
KÖNIG HEINRICH: Ob es die Macht von Eurer Schild'rung ist,
Mein edler Lord von Suffolk, oder daß
Noch meine zarte Jugend nie gerührt
Von einem Trieb entflammter Liebe war,
Kann ich nicht sagen; doch ich weiß gewiß,
So heft'ge Spaltung fühl' ich in der Brust,
Von Furcht und Hoffnung ein so wild Getümmel,
Daß der Gedanken Drängen krank mich macht.
Drum geht zu Schiff, Mylord; nach Frankreich eilt;
Stimmt ein in jeglichen Vertrag und sorgt,
Daß Fräulein Margareta bald geruhe,
Die Überfahrt nach England vorzunehmen,
Und hier sich krönen lass' als König Heinrichs
Getreue und gesalbte Königin;
Für Euren Aufwand und Betrag der Kosten
Nehmt einen Zehnten auf von unserm Volk.
Geht, sag' ich Euch; denn bis Ihr wiederkehrt,
Bleib' ich zurück, verstrickt in tausend Sorgen. –
Ihr, guter Oheim, bannet allen Unmut:

Wenn Ihr nach dem mich richtet, was Ihr wart,
Nicht, was Ihr seid, so weiß ich, Ihr entschuldigt
Die rasche Ausführung von meinem Willen.
Und so geleitet mich, wo einsam ich
Nachhängen kann und sinnen meinem Kummer.

Ab mit Exeter.

GLOSTER: Ja, Kummer, fürcht' ich, jetzt und immerfort. *Ab.*
SUFFOLK: So siegte Suffolk, und so geht er hin,
Wie einst nach Griechenland der junge Paris[99],
Mit Hoffnung ähnlichen Erfolgs im Lieben,
Doch bessern Ausgangs, als der Trojer hatte.
Margareta soll den König nun beherrschen,
Ich aber sie, den König und das Reich. *Ab.*

KÖNIG HEINRICH VI.

ZWEITER TEIL

PERSONEN

König Heinrich VI.
Humphrey, Herzog von Gloster, *sein Oheim*
Kardinal Beaufort, Bischof von Winchester, *Großoheim des Königs*
Richard Plantagenet, Herzog von York
Eduard und Richard, *seine Söhne*
Herzog von Somerset
Herzog von Suffolk
Herzog von Buckingham　} *von der königlichen Partei*
Lord Clifford,
Der junge Clifford, *sein Sohn*
Graf von Salisbury
Graf von Warwick　} *von der Yorkschen Partei*
Lord Scales, *Befehlshaber des Turmes*
Lord Say
Sir Humphrey Stafford und sein Bruder
Sir John Stanley
Ein Schiffshauptmann, der Patron und sein Gehülfe, und Seyfart
　Wittmer
Zwei Edelleute, *nebst Suffolk gefangen*
Ein Herold
Vaux
Hume und Southwell, *zwei Pfaffen*
Bolingbroke, *ein Beschwörer. Ein von ihm aufgerufner* Geist
Thomas Horner, *ein Waffenschmied*
Peter, *sein Geselle*
Der Schreiber von Chatham
Der Schulz von Sankt-Albans
Simpcox, *ein Betrüger*
Zwei Mörder
Hans Cade, *ein Rebell*
Georg Bevis, Johann Holland, Märten der Metzger, Smith der
　Leinweber, Michel u. a., *seine Anhänger*

■■■■■■■■■■■■■■■■■■■■■■■■■■■■■■■■

Alexander Iden, *ein kentischer Edelmann*
Margareta, *König Heinrichs Gemahlin*
Leonora, Herzogin von Gloster
Grete Jordan, *eine Hexe*
Simpcoxens Frau

Herren und Frauen von Adel und sonstiges Gefolge; Supplikanten, Aldermänner, ein Büttel, Sheriff und Beamte; Bürger, Lehrbursche, Falkeniere, Wachen, Soldaten, Boten usw.

Die Szene ist abwechselnd in verschiednen Gegenden Englands

ERSTER AUFZUG

ERSTE SZENE

London. Ein Staatszimmer im Palast.

Trompetenstoß, hierauf Hoboen. Von der einen Seite kommen König Heinrich, Herzog von Gloster, Salisbury[100], Warwick und Kardinal Beaufort; von der andern wird Königin Margareta von Suffolk hereingeführt; York, Somerset[101], Buckingham[102] und andre folgen.

SUFFOLK: Wie mir von Eurer höchsten Majestät,
   Da ich nach Frankreich ging, der Auftrag ward,
   Als Stellvertreter Eurer Herrlichkeit
   Zu eh'lichen Prinzessin Margareta:
   So, in der alten Reichsstadt Tours, im Beisein
   Der Könige von Frankreich und Sizilien,
   Der Herzöge von Orleans, Kalabrien,
   Bretagne und Alençon, nebst zwölf Baronen,
   Sieben Grafen, zwanzig würdigen Prälaten,
   Vollbracht' ich mein Geschäft und ward vermählt.
   Und untertänig nun auf meinen Knie'n,
   In Englands Angesicht und seiner Pairs,
   Liefr' ich mein Anrecht an die Königin
   In Eure gnäd'ge Hand, als die das Wesen ist
   Des großen Schattens, den ich vorgestellt;
   Das reichste Pfand, das je ein Markgraf bot,
   Die schönste Braut, die je ein Fürst empfing.
KÖNIG HEINRICH:
Suffolk, steh auf. – Willkommen, Königin!
   Ich weiß kein inn'ger Zeichen meiner Liebe
   Als diesen inn'gen Kuß. Herr meines Lebens,
   Leih' mir ein Herz, von Dankbarkeit erfüllt!
   Denn in dem schönen Antlitz gabst du mir

Eine Welt von ird'schem Heil für meine Seele,
Wenn Liebes-Eintracht unsern Sinn verknüpft.
MARGARETA: Mein gnäd'ger Gatte, großer König Englands!
Der trauliche Verkehr, den mein Gemüt
Bei Tag und Nacht, im Wachen und in Träumen,
Im Hofkreis und bei meinen Betkorallen[103]
Mit Euch gehabt, mein allerliebster Herr,
Macht um so dreister mich, Euch zu begrüßen
Mit schlichten Worten, wie mein Witz sie lehrt
Und Übermaß der Freude bieten kann.
KÖNIG HEINRICH: Ihr Anblick schon entzückte; doch nun bringt
Die Anmut ihrer Reden, ihre Worte,
Mit Majestät der Weisheit angetan,
Vom Staunen mich zur Freude, welche weint:

So ist die Fülle meiner Herzenswonne. –
Lords, heißt mit e i n e r Stimme sie willkommen!
ALLE: Lang' lebe Margareta, Englands Heil!
Trompetenstoß.
MARGARETA: Euch allen danken wir.
SUFFOLK: Mylord Protektor, wenn es Euch beliebt,
Hier sind die Punkte des verglichnen Friedens,
Den unser Herr und König Karl von Frankreich
Auf achtzehn Monat eingegangen sind.
GLOSTER *liest:*
„Zum ersten sind der König von Frankreich, Karl, und William
de la Poole, Markgraf von Suffolk, Abgesandter König Hein-
richs von England, übereingekommen: daß besagter Heinrich
Fräulein Margareten, leibliche Tochter Reigniers, Königs von
Neapel, Sizilien und Jerusalem, eh'lichen, und selbige vor dem
dreißigsten nächsten Maimonats als Königin von England krö-
nen soll. Ferner, daß das Herzogtum Anjou und die Grafschaft
Maine frei gelassen und dem Könige, ihrem Vater, übergeben
werden sollen" –
KÖNIG HEINRICH: Was habt Ihr, Oheim?
GLOSTER: Gnäd'ger Herr, verzeiht!
Ein plötzlich Übelsein fällt mir aufs Herz
Und trübt die Augen mir zum Weiterlesen.
KÖNIG HEINRICH:
Ich bitt' Euch, Ohm von Winchester, lest weiter!
KARDINAL *liest:* „Ferner sind selbige übereingekommen, daß die
Herzogtümer Anjou und Maine frei gelassen und dem Könige,
ihrem Vater, übergeben werden sollen: auch daß sie auf des Kö-
nigs eigne Kosten hinübergeschafft werden soll, ohne Mitgift
zu erhalten."
KÖNIG HEINRICH:
Sie stehn uns an. – Lord Markgraf, kniee nieder,
Sei hier ernannt zum ersten Herzog Suffolk
Und mit dem Schwert umgürtet! –
Vetter von York, Ihr seid hiemit entlassen
Von der Regentschaft in den fränk'schen Landen,
Bis achtzehn Monden Zeit verstrichen sind. –
Dank, Oheim Winchester, Gloster, York und Buckingham,
Somerset, Salisbury und Warwick:
Wir danken sämtlich euch für eure Gunst
Bei meines fürstlichen Gemahls Empfang.
Kommt! Machen wir uns auf und sorgen schleunig,
Daß ihre Krönung werde wohl vollbracht.

König, Königin und Suffolk ab.

GLOSTER: Des Staates Pfeiler, wackre Pairs von England!
Euch schüttet Herzog Humphrey aus sein Leid
Und eures und des Lands gemeines Leid.
Wie! Gab mein Bruder Heinrich[104] seine Jugend
Und Mut und Geld und Volk dem Kriege hin?
Behalf er sich so oft in offnem Feld,
In Winterkält' und dürrer Sommerhitze,
Sein wahres Erbteil, Frankreich, zu erobern?
Und mühte Bruder Bedford seinen Witz,
Heinrichs Erwerb mit Staatskunst zu behaupten?
Empfingt ihr selbst, Somerset, Buckingham,
York, Salisbury und der sieghafte Warwick,
In Normandie und Frankreich tiefe Narben?
Oder hat mein Oheim Beaufort und ich selbst,
Samt dem gelehrten Rate dieses Reichs,
So lang' studiert, im Rathaus aufgesessen
Von früh bis nachts, erwägend hin und her,
Wie man in Ehrfurcht die Franzosen hielte?
Und wurde Seine Hoheit zu Paris
Als Kind gekrönt, den Feinden zum Verdruß?
Und sollen diese Müh'n und Ehren sterben?
Heinrichs Erob'rung, Bedfords Wachsamkeit,
Eu'r Waffenglück und unser aller Rat?
O Pairs von England! Schmählich ist dies Bündnis,
Die Eh' verderblich; euren Ruhm vertilgt sie,
Streicht eure Namen im Gedenkbuch aus,
Verlöscht die Züge eures Preises, stürzt
Des überwundnen Frankreichs Monumente,
Vernichtet alles, als wär's nie gewesen.
KARDINAL: Neffe, was soll die ungestüme Rede?
Das Wortgepränge dieser Vorstellung?
Frankreich ist unser, wir behaupten's ferner.
GLOSTER: Ja, Oheim, wir behaupten's, wenn wir können,
Doch ist's unmöglich nun, daß es geschehe.
Suffolk, der neue Herzog, der da schaltet,
Hat weggeschenkt die Leh'n Anjou und Maine
Dem armen König Reignier, dessen Titel
Mit seinem magern Beutel übel stimmt.
SALISBURY: Nun, bei des Tode, der für alle starb!
Zur Normandie die Schlüssel waren sie.
Doch warum weint Warwick, mein tapfrer Sohn?
WARWICK: Vor Gram, daß sie dahin sind ohne Rettung:

Denn, wenn noch Hoffnung wäre, so vergösse
Mein Schwert heiß Blut, mein Auge keine Tränen.
Anjou und Maine! Ich selbst gewann sie beide,
Erobert' sie mit diesem meinem Arm;
Und gibt man nun die Städte, die mit Wunden
Ich erst erwarb, zurück mit Friedensworten?
Mort Dieu![105]

YORK: Suffolk stick' an seinem Herzogtum,
Der dieses Helden-Eilands Ehre schwächt!
Frankreich hätt' eh' mein Herz mir ausgerissen,
Als ich zu diesem Bündnis mich bequemt.
Nie las ich anders, als daß Englands Kön'ge
Mit ihren Weibern Summen Golds erhielten:
Und unser Heinrich gibt sein eignes weg,
Um die zu frein, die keinen Vorteil bringt.

GLOSTER: Ein schöner Spaß, und nie erhört zuvor,
Daß Suffolk wen'ger nicht als den Funfzehnten
Für Kosten ihrer Überfahrt begehrt.
Sie mocht' in Frankreich bleiben und verhungern,
Bevor –

KARDINAL: Mylord von Gloster, Ihr seid allzu hitzig:
Dem König, unserm Herrn, gefiel es so.

GLOSTER: Mylord von Winchester, ich kenn' Euch wohl;
Nicht meine Reden sind's, die Euch mißfallen,
Nur meine Gegenwart steht Euch im Weg.
Groll muß heraus: hochmütiger Prälat,
Ich seh' die Wut dir an; verweil' ich länger,
So fängt das alte Raufen wieder an. –
Lebt wohl, ihr Lords, und sagt nach meinem Scheiden,
Daß ich geweissagt, bald sei Frankreich hin. *Ab.*

KARDINAL: Da geht im Grimme der Protektor fort.
Es ist euch wohl bekannt, er ist mein Feind,
Ja, was noch mehr, uns allen feindgesinnt,
Und, fürcht' ich, nicht des Königs großer Freund.
Denkt, Lords, er ist der Nächste von Geblüt,
An den vermutlich Englands Krone fällt;
Wenn Heinrichs Eh' ein Kaisertum ihm brächte
Und all die reichen Königreich' im West,
Er hätte Grund zum Mißvergnügen dran.
Lords, seht euch vor, daß nicht sein glattes Reden
Eu'r Herz betört; seid weise und behutsam.
Begünstigt schon ihn das gemeine Volk,
Nennt „Humphrey" ihn, „den guten Herzog Gloster",

Klatscht in die Händ' und ruft mit lauter Stimme:
„Jesus erhalt' Eu'r königliche Gnaden!"
Nebst: „Gott beschirm' den guten Herzog Humphrey!"
Doch fürcht' ich, Lords, bei all dem Schmeichelglanz,
Er wird uns ein gefährlicher Protektor.

BUCKINGHAM: Und warum muß er's sein bei unserm Herrn,
Der selbst das Alter zum Regieren hat?
Vetter von Somerset, eint Euch mit mir,
Ihr all' zusammen mit dem Herzog Suffolk:
Wir heben bald den Herzog aus dem Sitz.

KARDINAL: Es leidet keinen Aufschub dies Geschäft,
Ich will zum Herzog Suffolk alsobald. *Ab.*

SOMERSET: Vetter von Buckingham, ob Humphreys Stolz
Und Größ' im Amte schon uns kränkend ist,
Laßt uns den trotz'gen Kardinal bewachen.
Sein Übermut ist unerträglicher
Als aller Prinzen in dem Lande sonst;
Setzt man den Gloster ab, wird er Protektor.

BUCKINGHAM: Ich oder du, Somerset, wird Protektor,
Zum Trotz dem Herzog und dem Kardinal.
                    Buckingham und Somerset ab.

SALISBURY: Stolz ging voran, der Ehrgeiz folgt ihn nach.
Weil diese streben, um sich selbst zu fördern,
Geziemt es uns, zu streben für das Reich.
Nie sah ich anders, als daß Herzog Humphrey
Sich wie ein echter Edelmann betrug.
Oft sah ich's, daß der trotz'ge Kardinal
Wie ein Soldat mehr als ein Mann der Kirche,
So keck und stolz, als wär' er Herr von allem,
Geflucht wie ein Bandit und sich gebärdet
Unähnlich dem Regenten eines Staats. –
Warwick, mein Sohn, du meines Alters Trost!
Dein Ruhm, dein schlichtes Wesen, deine Wirtschaft
Gewann die größte Gunst bei den Gemeinen,
Den guten Herzog Humphrey ausgenommen. –
Und Bruder York, in Irland deine Taten[106],
Da du zur Bürgerzucht sie hast gebracht,
Auch deine Kriegeszüg' in Frankreichs Herzen,
Als du Regent für unsern Fürsten warst:
Sie machten dich beim Volk geehrt, gefürchtet.
Verbinden wir uns fürs gemeine Wohl,
Mit aller Macht zu zügeln und zu hemmen
Den Hochmut Suffolks und des Kardinals,

Samt Buckinghams und Somersets Ehrbegier;
Und unterstützen bestens Glosters Taten,
Solang' sie zielen auf des Lands Gewinn.
WARWICK: Gott helf' dem Warwick, wie sein Volk er liebt
Und seines Vaterlands gemeines Wohl!
YORK: Das sagt auch York, er hat am meisten Grund.
SALISBURY:
Nun zeig' den Eifer, Sohn, wie ich dich mahne.
WARWICK: Ja, mahne, Vater, mahne! Hin ist Maine,
Das Maine, welches Warwicks Arm errang,
Der stets des Frankenreiches flüchtig Roß
An dieser Mähne festzuhalten hoffte.
Ihr mahnt mich, Vater; mich gemahnt nur Maine,
Das, fall' ich nicht, bald mein zu sehn ich wähne.
Warwick und Salisbury ab.
YORK: Anjou und Maine gab man den Franzosen;
Paris ist fort; der Strand der Normandie,
Da jene hin sind, hängt an einem Haar.
Suffolk schloß die Artikel des Vergleichs,
Die Pairs genehmigten, und Heinrich war
Es gern zufrieden, für zwei Herzogtümer
Zu tauschen eines Herzogs schöne Tochter.
Nicht tadeln kann ich sie: was gilt es ihnen?
Dein Gut, und nicht ihr eignes, geben sie.
Seeräuber können leicht spottwohlfeil handeln
Und Freund' erkaufen und an Dirnen schenken,
Hoch lebend so wie Herrn, bis alles fort:
Indes des Gutes blöder Eigentümer
Darüber weint, die bangen Hände ringt
Und schüttelt seinen Kopf und steht von fern,
Weil alles ausgeteilt wird und verstreut,
Und darf verhungernd nicht, was sein, berühren.
So sitzt nun York und knirscht und beißt die Zunge,
Weil um sein eignes Land gefeilschet wird.
Mich dünkt, die Reiche England, Frankreich, Irland
Sind so verwebt mit meinem Fleisch und Blut,
Als der verhängnisvolle Brand Altheens[107]
Mit jenes Prinzen Herz von Kalydon.
Anjou und Maine an Frankreich abgegeben!
Ein Schlag für mich, der ich auf Frankreich Hoffnung
So wie auf Englands fruchtbar'n Boden hatte.
Es kommt ein Tag, wo York das Seine heischt;
Drum will ich die Partei der Nevils nehmen

Und Liebes tun dem stolzen Herzog Humphrey
Und, wenn ich Zeit erseh', die Krone fodern,
Denn nach der goldnen Scheibe ziel' ich nur.
Mein Recht soll Lancaster mir nicht entreißen,
Nicht in der kind'schen Faust das Szepter halten,
Das Diadem nicht tragen um sein Haupt,
Des Pfaffenlaunen nicht zur Krone passen.
Drum, York, sei still, bis dich die Zeit begünstigt,
Paß auf und wache du, wenn andre schlafen,
Geheimnisse des Staates zu erspähn;
Bis Heinrich, schwelgend in der Liebe Freuden,
Mit Englands teu'r erkauften Königin
Und Humphrey mit den Pairs in Zwist geraten.
Dann heb' ich die milchweiße Rose hoch,
Sie soll mit süßem Duft die Luft durchdringen;
Dann führ' ich im Panier das Wappen Yorks,
Um mit dem Hause Lancaster zu ringen,
Und nehme dem durchaus die Krone wieder,
Des Bücherherrschaft England riß danieder. *Ab.*

Ebendaselbst. Ein Zimmer im Hause des Herzogs von Gloster.

Gloster und die Herzogin treten auf.

HERZOGIN: Warum senkt mein Gemahl das Haupt, wie Korn,
Beschwert von Ceres'[108] überreifer Last?
Was zieht die Brau'n der große Herzog Humphrey,
Als säh' er finster auf der Welt Gesichter?
Was haftet nur dein Aug' am dumpfen Boden
Und starrt das an, was dein Gesicht bewölkt?
Was siehst du? König Heinrichs Diadem,
Verbrämt mit allen Ehren dieser Welt?
Ist das, so starr' und kriech' auf deinem Antlitz,
Bis dir das Haupt davon umzirkelt ist.
Streck' aus den Arm nach dem glorreichen Gold!
Ist er zu kurz? Verlängern soll ihn meiner;
Und wenn wir zwei zusammen es gefaßt,
So heben wir das Haupt vereint zum Himmel
Und wollen unser Aug' nie so erniedern,
Noch eines Blicks den Boden wert zu halten.

GLOSTER: Oh, Herzens-Lene, liebst du deinen Gatten,
So bann' ehrgeiziger Gedanken Wurm!
Sei der Gedanke, wann ich meinem König,
Dem tugendhaften Heinrich, Arges sinne,
Mein letzter Hauch in dieser ird'schen Welt!
Mich macht mein ängst'ger Traum von nachts betrübt.
HERZOGIN:
Was träumte mein Gemahl? Sagt mir, ich lohn' es
Mit süßer Meldung meines Morgentraums.
GLOSTER:
Mir schien's, der Stab hier, meines Amtes Zeichen,
Ward mir zerbrochen; ich vergaß, durch wen,
Doch, wie ich denke, war's der Kardinal;
Und auf den Stücken ward dann aufgesteckt
Der Kopf von Edmund, Herzog Somerset,
Und de la Poole, dem ersten Herzog Suffolk.
Dies war mein Traum: Gott weiß, was er bedeutet.
HERZOGIN: Ei, das war nichts als ein Beweis, daß der,
Der nur ein Reis in Glosters Lustwald bricht,
Den Kopf für seine Kühnheit soll verlieren.
Doch horch auf mich, mein Humphrey, liebster Herzog!
Mir war, ich säß' auf majestät'schem Sitz,
Im Dom zu Westminster, und auf dem Stuhl,
Wo Kön'ge man und Königinnen krönt,
Wo Heinrich und Margareta vor mir knieten
Und setzten auf mein Haupt das Diadem.
GLOSTER: O nein, dann muß ich gradezu dich schelten,
Hochmüt'ge Frau, verzogne Leonore!
Bist du die zweite Frau im Reiche nicht
Und des Protektors Weib, geliebt von ihm?
Steht weltliches Vergnügen dir nicht frei,
Mehr als dein Sinn erreichet und ermißt?
Und mußt du immer schmieden am Verrat,
Um deinen Gatten und dich selbst zu stürzen
Vom Ehrengipfel bis zum Fuß der Schmach?
Hinweg von mir, und laß mich nichts mehr hören!
HERZOGIN: Wie, mein Gemahl? Seid Ihr mit Leonoren
So heftig, weil sie ihren Traum erzählt?
Ich will für mich die Träume schon behalten
Und nicht gescholten sein.
GLOSTER: Nun, sei nicht zornig, ich bin wieder gut.

Ein Bote tritt auf.

BOTE: Mylord Protektor, Seine Hoheit wünscht,

Daß Ihr zum Ritt Euch anschickt nach Sankt-Albans,
Zur Falkenjagd mit Ihro Majestäten.

GLOSTER:
Ich geh'. – Komm, Lene, willst du mit uns reiten?

HERZOGIN: Ja, bester Herr, ich folge gleich Euch nach.

Gloster und der Bote ab.

Vorangehn kann ich nicht, ich muß wohl folgen,
Solange Gloster klein und niedrig denkt.
Wär' ich ein Mann, ein Herzog, von Geblüt
Der Nächste: diese läst'gen Strauchelblöcke
Räumt' ich hinweg und ebnete mir bald
Auf den kopflosen Nacken meinen Weg;
Und selbst als Weib will ich nicht lässig sein,
Auch meine Roll' im Zug des Glücks zu spielen.
Wo seid Ihr denn, Sir John? Nicht bange, Freund!
Wir sind allein, nur du und ich sind hier.

Hume kommt hervor.

HUME: Jesus erhalte Eure Majestät!

HERZOGIN:
Was sagst du, Majestät? Ich bin nur Gnaden.

HUME: Allein mit Gottes Gnad' und Humes Rat
Vervielfacht Euer Gnaden Titel sich.

HERZOGIN:
Was bringst du, Mann? Hast du dich schon besprochen
Mit Grete Jordan, der verschlagnen Hexe,
Und dem Beschwörer, Roger Bolingbroke?
Und unternehmen sie's, mir Dienst zu leisten?

HUME: Dies haben sie gelobt, Euch einen Geist
Heraufzuholen aus der Tiefe drunten,
Der Antwort geben soll auf alle Fragen,
Die Euer Gnaden vorzulegen wünscht.

HERZOGIN: Genug; ich will auf Fragen mich bedenken.
Sobald wir von Sankt-Albans heimgekehrt,
Soll alles dieses in Erfüllung gehn.
Nimm diesen Lohn hier; mach' dich lustig, Mann,
Mit den Genossen bei der wicht'gen Sache. *Ab.*

HUME: Hume soll sich lustig machen mit dem Gold
Der Herzogin, ei ja, und wird es auch.
Doch wie nun, Sir John Hume? Versiegelt nur
Den Mund und gebt kein Wort von Euch, als: mum!
Die Sache heischt die stillste Heimlichkeit.
Frau Leonore gibt mir Gold dafür,
Daß ich die Hexe zu ihr bringen soll;

Wär' sie ein Teufel, Gold kömmt immer recht.
Doch hab' ich Gold, das fliegt noch sonst wo her:
Ich darf nicht sagen, von dem reichen Kardinal
Und von dem großen neuen Herzog Suffolk,
Doch find' ich's so; denn, grad' heraus, die zwei,
Frau Leonorens hohes Trachten kennend,
Erkauften mich, um sie zu untergraben
Und die Beschwörungen ihr einzublasen.
Man sagt, ein schlauer Schelm braucht keinen Mäkler,
Doch mäkl' ich Suffolk und dem Kardinal.
Hume, wenn du dich nicht hütest, fehlt nicht viel,
Du nenntest sie ein Paar von schlauen Schelmen.
Nun wohl, so steht's: und so, befürcht' ich, stürzt
Humes Schelmerei zuletzt die Herzogin;
Und überweist man sie, muß Humphrey fallen:
Sei's, wie es sei, ich ziehe Gold von allen. *Ab.*

DRITTE SZENE

Ein Zimmer im Palast.

Peter und andre Supplikanten[109] *kommen mit Bittschriften.*

ERSTER SUPPLIKANT: Meisters, tretet dich heran; Mylord Protektor wird hier gleich vorbeikommen, und dann können wir unsre Gesuche schriftlich überreichen.

ZWEITER SUPPLIKANT: Ei, Gott beschütz' ihn, denn er ist ein guter Mann. Der Herr Christus segne ihn!

Suffolk und Königin Margareta treten auf.

PETER: Da kommt er, denk' ich, und die Königin mit ihm: ich will gewiß der erste sein.

ZWEITER SUPPLIKANT: Zurück, du Narr! Das ist ja der Herzog von Suffolk und nicht Mylord Protektor.

SUFFOLK: Nun, Geselle? Wolltest du etwas von mir?

ERSTER SUPPLIKANT: Ich bitte, Mylord, verzeiht mir; ich hielt Euch für den Lord Protektor.

KÖNIGIN *liest die Überschriften:*

„An Mylord Protektor." Sind eure Bittschriften an Seine Herrlichkeit gerichtet? Laßt mich sie sehen! Was betrifft deine?

ERSTER SUPPLIKANT: Meine, mit Euer Gnaden Erlaubnis, ist gegen John Goodman, des Mylord Kardinal seinen Diener, weil er mir mein Haus und Ländereien und Frau und alles vorenthält.

SUFFOLK: Deine Frau auch? Da geschieht dir in der Tat zu nahe. –
Was habt Ihr für eine? – Sieh da! *Liest.* „Wider den Herzog von
Suffolk, wegen Einhegung der gemeinen Hut und Weide[110] von
Melford." – Was soll das, Herr Schurke?

ZWEITER SUPPLIKANT: Ach, Herr, ich bin nur ein armer Supplikant
für unsre ganze Bürgerschaft.

PETER *überreicht seine Bittschrift:* Gegen meinen Meister, Thomas
Horner, weil er gesagt hat, daß der Herzog von York rechtmäßi-
ger Erbe der Krone wäre.

KÖNIGIN: Was sagst du? Sagte der Herzog von York, er wäre recht-
mäßiger Erbe der Krone?

PETER: Mein Meister wäre es? Nein, wahrhaftig; mein Meister
sagte, er wäre es, und der König wäre ein Usurpator.

SUFFOLK: Ist jemand da?

Bediente kommen.

Nehmt den Burschen mit herein und schickt sogleich mit
einem Gerichtsboten nach seinem Meister. – Wir wollen von
Eurer Sache mehr vor dem Könige hören.

Bedienter mit Peter ab.

KÖNIGIN: Was euch betrifft, die ihr Protektion
Von des Protektors Gnadenflügeln liebt,
Erneuert die Gesuche! Geht an ihn! *Sie zerreißt die Bittschriften.*
Fort, ihr Halunken! – Suffolk, laßt sie gehn.

ALLE: Kommt! Laßt uns gehn!

Supplikanten ab.

KÖNIGIN: Mylord von Suffolk, sagt, ist das die Art,
Ist das die Sitte so an Englands Hof?
Ist dies das Regiment der Briten-Insel
Und dies das Königtum von Albions Herrn?
Wie? Soll denn König Heinrich immer Mündel
Unter des mürr'schen Glosters Aufsicht sein?
Bin ich im Rang und Titel Königin,
Um einem Herzog untertan zu werden?
Ich sag' dir, Poole, als du in der Stadt Tours
Zu Ehren meiner Lieb' ein Rennen hieltest
Und stahlst die Herzen weg den fränk'schen Frauen:
Da dacht' ich, König Heinrich gliche dir
An Mut, an feiner Sitt' und Leibsgestalt.
Doch all sein Sinn steht nur auf Frömmigkeit,
Ave Marie am Rosenkranz zu zählen;
Ihm sind Propheten und Apostel Kämpfer,
Und seine Waffen heil'ge Bibelsprüche,
Sein Zimmer seine Rennbahn, seine Liebsten

Kanonisierter Heil'gen eh'rne Bilder.
Daß doch das Kardinal-Kollegium
Zum Papst ihn wählt' und brächte ihn nach Rom
Und setzt' ihm die dreifache Kron' aufs Haupt:
Das wär' ein Stand für seine Frömmigkeit.

SUFFOLK: Seid ruhig, gnäd'ge Frau: wie ich gemacht,
Daß Eure Hoheit kam nach England, will ich
In England völlig Euch zufriedenstellen.

KÖNIGIN:
Nächst dem Protektor haben wir noch Beaufort,
Den herrischen Pfaffen; Somerset, Buckingham,
Den murr'nden York: und der geringste dieser
Kann mehr in England als der König tun.

SUFFOLK: Und der darunter, der am meisten kann,
Kann nicht mehr tun in England als die Nevils:
Salisbury und Warwick sind nicht bloße Pairs.

KÖNIGIN:
Mich kränken halb so sehr nicht all die Lords
Als des Protektors Weib, die stolze Dame.
Sie fährt herum am Hof mit Scharen Frau'n,
Wie eines Kaisers mehr als Herzogs Weib.
Ein Fremder hält sie für die Königin,
Sie trägt am Leib die Einkünft' eines Herzogs,
Und unsrer Armut spottet sie im Herzen.
Soll ich nicht Rache noch an ihr erleben?
Ein schlechtgebornes Nickel[111], wie sie ist,
Hat sie bei ihrem Schätzchen jüngst geprahlt,
Der Schlepp von ihrem schlechtsten Rocke sei
Mehr wert als meines Vaters Land, eh' Suffolk
Zwei Herzogtümer gab für seine Tochter.

SUFFOLK: Ich hab' ihr eine Schlinge selbst gelegt
Und eine Schar Lockvögel ausgestellt,
Daß sie sich niederläßt, dem Lied zu horchen,
Und nie mehr aufsteigt und Euch Unruh' macht.
Drum laßt sie ruhn und hört mich, gnäd'ge Frau,
Ich bin so dreist, Euch hierin Rat zu geben:
Ist schon der Kardinal uns nicht gemütlich,
Verbinden wir mit ihm uns und den Lords,
Bis Herzog Humphrey wir in Schmach gebracht.
Was Herzog York betrifft, die neue Klage
Wird nicht gar viel zu seinem Vorteil tun,
So reuten wir sie nach einander aus,
Und Ihr sollt das beglückte Steuer führen.

König Heinrich, York und Somerset im Gespräch mit ihm;
Herzog und Herzogin von Gloster, Kardinal Beaufort, Buckingham,
Salisbury und Warwick treten auf.

KÖNIG HEINRICH:
  Für mein Teil, edle Lords, ich weigr' es keinem.
  Sei's Somerset, sei's York, mir gilt es gleich.
YORK: Wenn York in Frankreich übel sich benommen,
  So schlagt ihm immer die Regentschaft ab.
SOMERSET: Wenn Somerset der Stell' unwürdig ist,
  Mag York Regent sein, und ich geb' ihm nach.
WARWICK: Ob Euer Gnaden würdig ist, ob nicht,
  Wird nicht gefragt: York ist der würdigste.
KARDINAL: Ehrgeiz'ger Warwick, laß die Obern reden.
WARWICK: Der Kardinal ist nicht im Feld mein Obrer.
BUCKINGHAM: Hier sind sie alle deine Obern, Warwick.
WARWICK: Warwick kann Oberster von allen werden.
SALISBURY:
  Still, Sohn! – Und gib uns Gründe, Buckingham,
  Daß Somerset hiebei sei vorzuziehn.
KÖNIGIN: Ei, weil der König es so haben will.
GLOSTER: Der König, gnäd'ge Frau, ist alt genug,
  Um selbst zu stimmen; dies sind nicht Fraun-Geschäfte.
KÖNIGIN: Ist er schon alt genug, was braucht Eu'r Gnaden
  Protektor Seiner Herrlichkeit zu sein?
GLOSTER: Ich bin des Reichs Protektor, gnäd'ge Frau;
  Wenn's ihm beliebt, entsag' ich meinem Platz.
SUFFOLK: Entsag' ihm denn und laß den Übermut!
  Seitdem du König warst (wer ist's, als du?),
  Ging täglich das gemeine Wesen unter;
  Jenseit des Meers gewann der Dauphin Feld,
  Und alle Pairs im Reich und Edle sind
  Wie Sklaven deiner Herrschaft hier gewesen.
KARDINAL: Das Volk hast du geplagt; der Klerisei
  Hast du die Säckel leicht und leer gepreßt.
SOMERSET:
  Dein prächtig Bau'n und deiner Frauen Schmuck
  Hat große Haufen aus dem Schatz gekostet.
BUCKINGHAM: Dein grausames Gericht, an Missetätern
  Geübt, ging über das Gesetz hinaus
  Und gibt dich in die Willkür des Gesetzes.
KÖNIGIN: Dein Ämter-Handel, und mit Städten Frankreichs,
  Wär' er bekannt, wie er verdächtig ist,
  Du sprängest bald wohl ohne Kopf herum.

Gloster ab. Die Königin läßt ihren Fächer fallen.
Hebt meinen Fächer auf. Ei, Schätzchen, könnt Ihr nicht?
Sie gibt der Herzogin eine Ohrfeige.
Wart Ihr es? Ja, da bitt' ich um Verzeihung.
HERZOGIN: War ich's? Ja wohl, hochmütige Französin.
Könnt' ich an Euer schön Gesicht nur kommen,
Ich setzte meine zehn Gebote drein[112].
KÖNIG HEINRICH: Still, liebste Tante; es geschah nicht gern.
HERZOGIN:
Nicht gern? Tu' bald ein Einsehn, guter König,
Sie närrt dich sonst und tänzelt dich wie ein Kind.
Man soll, gibt's hier gleich Männer ohne Hosen,
Nicht ungerächt Frau Leonoren schlagen. *Herzogin ab.*
BUCKINGHAM: Lord Kardinal, ich folge Leonoren
Und geb' auf Humphrey acht, wie er sich nimmt.
Sie ist gereizt, ihr Mut braucht keinen Sporn,
Sie rennt schon wild genug in ihr Verderben. *Buckingham ab.*
Gloster kommt zurück.
GLOSTER: Nun, Lords, da meine Galle sich gekühlt
Durch einen Gang um dieses Viereck her,
Komm' ich, von Staatsgeschäften hier zu reden.
Anlangend eure häm'schen falschen Rügen,
Beweist sie, und ich stehe dem Gesetz.
Doch Gott soll meiner Seele gnädig sein,
Wie ich mein Land und meinen König liebe!
Jedoch zur Sache, welche vor uns liegt.
Mein Fürst, ich sage, York schickt sich am besten,
Regent für Euch im Frankenreich zu sein.
SUFFOLK: Erlaubt mir, eh' zur Wahl geschritten wird,
Mit Gründen von nicht kleiner Kraft zu zeigen,
Daß York am schlechtsten sich von allen schickt.
YORK: Hör', Suffolk, denn, warum ich schlecht mich schicke:
Erst, weil ich deinem Stolz nicht schmeicheln kann;
Dann, wenn ich zu der Stelle werd' ernannt,
Wird hier Mylord von Somerset mich halten
Ohn' Abschluß, ohne Geld und Ausrüstung,
Bis Frankreich in des Dauphins Hand gefallen.
Mußt' ich doch letzthin ihm zu Willen tanzen,
Bis man Paris berannt und ausgehungert.
WARWICK: Das zeug' ich mit, und einen schnödern Streich
Beging im Lande kein Verräter je.
SUFFOLK: Unbänd'ger Warwick, still!
WARWICK: Du Bild des Stolzes, warum sollt' ich schweigen?

Bediente Suffolks führen Horner und Peter vor.

SUFFOLK:
Weil hier ein Mann ist, des Verrats beklagt.
Gott gebe, daß sich Herzog York entschuldigt!

YORK: Klagt irgendwer York als Verräter an?

KÖNIG HEINRICH:
Was meinst du, Suffolk? Sag mir: wer sind diese?

SUFFOLK: Beliebt's Eu'r Majestät, dies ist der Mann,
Der seinen Meister Hochverrats beklagt.
Er hat gesagt, daß Richard Herzog York
Rechtmäß'ger Erbe sei von Englands Krone
Und Eure Majestät ein Usurpator.

KÖNIG HEINRICH: Sag, Mann, waren das deine Worte?

HORNER: Mit Euer Majestät Erlaubnis, ich habe niemals etwas dergleichen gesagt oder gedacht. Gott ist mein Zeuge, daß ich von
dem Bösewicht fälschlich angeklagt werde.

PETER *hält die Finger in die Höhe:* Bei diesen zehn Gebeinen, gnädige Herren, er sagte es mir eines Abends auf der Dachkammer,
als wir Mylords von York Rüstung abputzten.

YORK: Gemeiner kot'ger Schurk' und Tagelöhner,
Mir zahlt dein Kopf für die Verräter-Rede.
Ich bitt' Eu'r königliche Majestät,
Laßt ihn die Strenge des Gesetzes fühlen.

HORNER: Ach, ich will gehängt sein, Mylord, wenn ich die Worte
jemals gesagt habe. Mein Ankläger ist mein Lehrbursche, und
da ich ihn letzthin für ein Vergehen züchtigte, gelobte er auf
seinen Knieen, er wollte es mir vergelten: dafür habe ich gute
Zeugnisse. Ich bitte Eure Majestät also, werft einen ehrlichen
Mann nicht weg auf die Anklage eines Bösewichts.

KÖNIG HEINRICH: Oheim, was sagen wir hiezu nach Rechten?

GLOSTER: Dies Urteil, wenn ich sprechen darf, mein Fürst:
Laßt Somerset Regent in Frankreich sein,
Weil dieses Argwohn wider York erzeugt;
Und diesen da beraumet einen Tag
Zum Zweikampf an, auf angemeßnem Platz:
Denn er hat Zeugen für des Knechtes Bosheit.
Dies ist das Recht und Herzogs Humphreys Spruch.

KÖNIG HEINRICH: So sei es denn, Mylord von Somerset,
Wir machen zum Regenten Euch in Frankreich.

SOMERSET: Ich dank' ergebenst Eurer Majestät.

HORNER: Und ich bin zu dem Zweikampf gern bereit.

PETER: Ach, gnädiger Herr, ich kann nicht fechten; um Gottes willen, habt Erbarmen! Die Bosheit der Menschen ist mächtig wi-

der mich. O Herr, sei mir gnädig! Ich bin nicht im stande, einen
einzigen Streich zu tun. Ach Gott, mein Herz!

GLOSTER: Ei, Bursch, du mußt nun fechten oder hängen.

KÖNIG HEINRICH: Fort, schafft sie ins Gefängnis, und der Tag
Zum Zweikampf sei der letzte nächsten Monats. –
Komm, Somerset, damit wir weg dich senden.

Alle ab.

VIERTE SZENE

Garten des Herzogs von Gloster.

Grete Jordan, Hume, Southwell und Bolingbroke kommen.

HUME: Kommt, Leute: die Herzogin, sag' ich euch, erwartet die Erfüllung eurer Versprechungen.

BOLINGBROKE: Meister Hume, wir sind darauf geschickt. Will Ihro
Gnaden unsre Beschwörungen ansehen und hören?

HUME: Ja wohl; was weiter? Seid wegen ihres Mutes nicht besorgt.

BOLINGBROKE: Ich habe sagen hören, sei sie eine Frau von unüber-
windlichem Geist. Aber es wird dienlich sein, Meister Hume,
daß Ihr droben bei ihr seid, derweil wir unten beschäftigt sind,
und so bitte ich Euch, geht in Gottes Namen und verlaßt uns.

Hume ab.

Mutter Jordan, streckt Euch nieder und kriecht an der Erde; –
Johann Southwell, lest Ihr; und laßt uns an unsre Arbeit gehn.

Die Herzogin erscheint auf einem Balkon.

HERZOGIN: Das macht ihr gut, Leute, und seid alle willkommen.
Ans Werk! Je eher, je lieber.

BOLINGBROKE: Geduld nur, Zaubrer wissen ihre Zeit.
Die tiefe, finstre Nacht, das Grau'n der Nacht;
Die Zeit, da Troja ward in Brand gesteckt;
Die Zeit, wo Eulen schrein und Hunde heulen,
Wo Geister gehn, ihr Grab Gespenster sprengen:
Die ziemt sich für das Werk, womit wir umgehn.
Sitzt, gnäd'ge Frau, und bangt nicht: wen wir rufen,
Den binden wir in dem geweihten Kreis.

Hier verrichten sie die gehörigen Zeremonien und machen den Kreis;
Bolingbroke oder Southwell liest: Conjuro te etc.[113] Es donnert und blitzt
entsetzlich, dann steigt der Geist auf.

GEIST: Adsum.[114]

GRETE JORDAN: Asmath,[115]
Beim ew'gen Gott, des Namen und Gewalt

Du zitternd hörst, antworte, wie ich frage!
Denn bis du sprichst, sollst du von hinnen nicht.
GEIST:
Frag', wie du willst. – Hätt' ich doch erst gesprochen!
BOLINGBROKE *liest von einem Zettel ab:*
„Zuerst vom König. Was geschieht mit ihm?"
GEIST: Der Herzog lebt, so Heinrich einst entsetzt,
Jedoch ihn überlebt und stirbt gewaltsam.
So wie der Geist spricht, schreibt Southwell die Antwort auf.
BOLINGBROKE: „Welch ein Geschick erwartet Herzog Suffolk?"
GEIST: Durch Seefahrt kommt er um und nimmt sein Ende.
BOLINGBROKE: „Was wird dem Herzog Somerset begegnen?"
GEIST: Er meide Burgen;
Viel sichrer wird er sein auf sand'ger Ebne,
Als wo Burgen stehn getürmt.
Mach' nun ein Ende: mehr ertrag' ich kaum.
BOLINGBROKE: Steig' nieder in die Nacht zum feur'gen Sumpf:
Verworfner, heb' dich weg!
Donner und Blitz. Der Geist versinkt.
York und Buckingham treten eilig mit Wachen und andern auf.
YORK: Packt die Verräter fest und ihren Plunder!
Altmutter, Euch belau'rten wir aufs Haar! –
Wie, gnäd'ge Frau? Ihr dort? Der König und das Land
Sind Euch für dies Teil Mühe höchst verpflichtet.
Mylord Protektor wird, ich zweifle nicht,
Euch wohl belohnen für so gute Dienste.
HERZOGIN: Nicht halb so schlimm wie deine für den König,
Verwegner Herzog, der ohn' Ursach' droht.
BUCKINGHAM:
Recht, gnäd'ge Frau, ohn' Ursach'. Kennt Ihr dies?
Er zeigt ihr die Papiere.
Fort mit dem Volk! Sperrt eng sie ein und haltet
Sie auseinander. – Ihr, gnäd'ge Frau, mit uns;
Stafford, nimm sie zu dir! –
Die Herzogin von oben ab.
Eu'r Spielzeug soll nun alles an den Tag. –
Mit allen fort!
Wachen ab mit Southwell, Bolingbroke u. s. w.
YORK: Lord Buckingham, Ihr habt sie gut belauert.
Ein hübscher Anschlag, um darauf zu baun!
Nun, bitte, laßt des Teufels Handschrift sehn.
Was gibt es hier? *Liest.*
„Der Herzog lebt, so Heinrich einst entsetzt,

Jedoch ihn überlebt und stirbt gewaltsam."
Ja, das ist richtig:
Aio te, Aeacida, Romanos vincere posse.[116]
Gut, weiter nun!
„Sag, welch Geschick erwartet Herzog Suffolk?
Durch Seefahrt kommt er um und nimmt sein Ende.
Was wird dem Herzog Somerset begegnen?
Er meide Burgen.
Viel sichrer wird er sein auf sand'ger Ebne,
Als wo Burgen stehn getürmt."
Kommt, kommt, ihr Herrn!
Zu den Orakeln kommt man mit Beschwer,
Und schwer versteht man sie.
Der König ist im Zug nun nach Sankt-Albans,
Mit ihm der Gatte dieser werten Dame.
Dahin geht dies nun, so schnell ein Pferd es tragen kann;
Ein traurig Frühstück für Mylord Protektor.
BUCKINGHAM: Mylord von York, erlaubet mir, daß ich
Der Bote sei, in Hoffnung seines Lohns.
YORK: Nach Eurem Belieben, bester Lord. – He, ist niemand da?
Ein Bedienter kommt.
Die Lords von Salisbury und Warwick ladet
Mit mir zu speisen morgen abend. – Fort! *Ab.*

ZWEITER AUFZUG

Erste Szene

Sankt-Albans.

König Heinrich, Königin Margareta, Gloster, der Kardinal und Suffolk treten auf, mit Falkenieren, die ein Jagdgeschrei machen.

KÖNIGIN: Ja, glaubt mir, Lords, zu einem Wasserflug
  Gab's keine beßre Jagd seit langen Jahren.
  Allein, verzeiht, der Wind war ziemlich stark,
  Und zehn war's gegen eins, ob Hans nur stiege.
KÖNIG HEINRICH:
  Doch welchen Schuß, Mylord, Eu'r Falke tat,
  Und wie er über alle flog hinaus!
  Wie Gott doch wirkt in seinen Kreaturen!
  Ja, Mensch und Vogel schwingen gern sich hoch.
SUFFOLK: Kein Wunder, mit Eu'r Majestät Erlaubnis,
  Daß des Protektors Falken trefflich steigen:
  Sie wissen wohl, Ihr Herr ist gern hoch oben
  Und denkt hinaus weit über ihren Flug.
GLOSTER: Mylord, ein niedrig schlecht Gemüt nur strebt
  Nicht höher an, als sich ein Vogel schwingt.
KARDINAL: Ich dacht' es wohl, er will bis in die Wolken.
GLOSTER:
  Ja, Mylord Kardinal! Was meint Ihr? Wär's nicht gut,
  Eu'r Gnaden könnte in den Himmel fliegen?
KÖNIG HEINRICH:
  Den reichen Schoß der ew'gen Herrlichkeit!
KARDINAL: Dein Himmel ist auf Erden; Aug' und Sinn
  Gehn auf die Krone, deines Herzens Schatz.
  Gefährlicher Protektor! Schlimmer Pair,
  Der Land und König gleisnerisch berückt!

GLOSTER: Wie, Kardinal? Vermißt sich Euer Priestertum?
Tantaene animis caelestibus irae?[117]
Ein Pfaff' so hitzig? Bergt den Groll, mein Ohm!
Bei der Frömmigkeit, wie könnt Ihr?
SUFFOLK:
Kein Groll da, Herr; nicht mehr, als wohl sich ziemt
Für solchen guten Streit und schlechten Pair.
GLOSTER: Als wer, Mylord?
SUFFOLK: Nun, als Ihr, Mylord;
Mit Euer Lord-Protektorschaft Erlaubnis.
GLOSTER: Ja, Suffolk, England kennt schon deinen Trotz.
KÖNIGIN: Und deinen Ehrgeiz, Gloster.
KÖNIG HEINRICH: Bitte, Liebste,
Sei still und reiz' nicht diese heft'gen Pairs;
Gesegnet, die auf Erden Frieden stiften[118].
KARDINAL: Mein sei der Segen, wenn ich Frieden stifte
Mit meinem Schwert hier wider den Protektor!
GLOSTER *beiseit zum Kardinal:*
Traun, frommer Ohm, ich wollt', es käm' dahin!
KARDINAL *beiseit:* Hast du das Herz, nun gut!
GLOSTER *beiseit:* Versammle keine Rotten für die Sache,
Dein eigner Leib steh' für den Unglimpf ein.
KARDINAL *beiseit:*
Ja, wo du dich nicht blicken läßt; und wagst du's,
Heut abend, an des Wäldchens Morgenseite.
KÖNIG HEINRICH: Was gibt's, ihr Herrn?
KARDINAL: Glaubt mir, mein Vetter Gloster,
Barg Euer Knecht den Vogel nicht so schnell,
So gab's mehr Jagd noch. – *Beiseit.*
Du bringst dein doppelt Schwert?
GLOSTER: Gut, Oheim.
KARDINAL *beiseit:*
Ihr wißt Bescheid? Des Wäldchens Morgenseite?
GLOSTER *beiseit:* Kardinal, ich treff' Euch an.
KÖNIG HEINRICH: Nun, Oheim Gloster?
GLOSTER: Vom Beizen ein Gespräch; sonst nichts, mein Fürst. –
Beiseit. Bei der Mutter Gottes, Pfaff', ich schere dir die Platte,
Sonst gilt mein Fechten nichts.
KARDINAL *beiseit:* Medice, te ipsum![119]
Protektor, sieh dich vor! Beschütz' dich selbst!
KÖNIG HEINRICH:
Der Wind wird stürmisch, Lords, wie euer Mut.
Wie widert meinem Herzen die Musik!

Wie wäre Harmonie zu hoffen da,
Wo solche Saiten einen Mißlaut machen?
Ich bitte, Lords, laßt diesen Zwist mich schlichten.

Ein Einwohner von Sankt-Albans kommt und schreit: „Ein Wunder!"

GLOSTER: Was soll der Lärm?
Gesell, was für ein Wunder rufst du aus?

EINWOHNER: Ein Wunder! Ein Wunder!

SUFFOLK: Komm vor den König und erzähl' das Wunder.

EINWOHNER: Ein Blinder, denkt, hat vor Sankt-Albans Schrein
In dieser Stunde sein Gesicht erlangt;
Ein Mann, der lebenslang nicht konnte sehn.

KÖNIG HEINRICH: Gott sei gelobt, der gläub'gen Seelen Licht
Im Finstern gibt und in Verzweiflung Trost!

Der Schulz von Sankt-Albans und seine Brüder kommen;
Simpcox wird von zwei Personen auf einem Sessel getragen, seine
Frau und ein großer Haufe Volks folgt ihnen nach.

KARDINAL: Da kommt die Bürgerschaft in Prozession,
Den Mann bei Eurer Hoheit vorzustellen.

KÖNIG HEINRICH: Groß ist sein Trost in diesem Erdental,
Vervielfacht sein Gesicht schon seine Sünden.

GLOSTER: Zurück, ihr Leute! Bringt ihn vor den König,
Seine Majestät geruht mit ihm zu reden.

KÖNIG HEINRICH: Erzähl' uns hier den Hergang, guter Mensch,
Daß Gott für dich von uns verherrlicht werde.
Sag, warst du lange blind und bist geheilt?

SIMPCOX: Blind geboren, verzeihn Euer Gnaden.

FRAU: Ja, fürwahr, das ist er.

SUFFOLK: Was ist dies für ein Weib?

FRAU: Seine Frau, mit Euer Hochedlen Erlaubnis.

GLOSTER: Wärst du seine Mutter, du könntest besser zeugen.

KÖNIG HEINRICH: Was ist denn dein Geburtsort?

SIMPCOX: Berwick im Norden, Herr, mit Eurer Gunst.

KÖNIG HEINRICH: Viel Güt' erwies dir Gott, du arme Seele!
Laß Tag und Nacht fortan geheiligt sein,
Und stets bedenke, was der Herr getan.

KÖNIGIN: Sag, guter Mensch, kamst du durch Zufall her
Oder aus Andacht zu dem heil'gen Schrein?

SIMPCOX: Gott weiß, aus bloßer Andacht; denn mich rief
Der gute Sankt Albanus hundertmal
Im Schlaf und öfter; „Simpcox", sagt' er, „komm!
Komm, bet' an meinem Schrein! Ich will dir helfen."

FRAU: Wahrhaftig wahr, und manches liebe Mal
Hört' ich von solcher Stimme selbst ihn rufen.

KARDINAL: Wie, bist du lahm?

SIMPCOX: Ja, helf' mir der allmächt'ge Gott!

SUFFOLK: Wie wurdest du's?

SIMPCOX: Ein Fall von einem Baum.

FRAU: Ein Pflaumenbaum war's, Herr.

GLOSTER: Wie lange bist du blind?

SIMPCOX: Oh, so geboren, Herr.

GLOSTER: Was, und du klettertest auf einen Baum?

SIMPCOX: Mein Lebtag' nur auf den, als ein junger Mensch.

FRAU: Ja wohl, und mußte schwer sein Klettern zahlen.

GLOSTER: Traun, mochtest Pflaumen gern, dich so zu wagen.

SIMPCOX: Ach, Herr, mein Weib verlangte ein paar Zwetschen
    Und ließ mich klettern mit Gefahr des Lebens.

GLOSTER: Ein feiner Schelm! Doch soll es ihm nichts helfen.
    Laß mich deine Augen sehn: drück' zu, – mach' auf, –
    Nach meiner Meinung siehst du noch nicht recht.

SIMPCOX:
    Ja, Herr, klar wie der Tag; ich dank's Gott und Sankt Alban!

GLOSTER: Ei so! Von welcher Farb' ist dieser Mantel?

SIMPCOX: Rot, Herre, rot wie Blut.

GLOSTER: Ganz recht. Von welcher Farbe ist mein Rock?

SIMPCOX: Schwarz, mein' Treu; kohlschwarz wie Ebenholz.

KÖNIG HEINRICH: Du weißt also, wie Ebenholz gefärbt ist?

SUFFOLK: Doch, denk' ich, sah er nie kein Ebenholz.

GLOSTER: Doch Röck' und Mäntel schon vor heut in Menge.

FRAU: Niemals vor heute, all sein Lebenlang.

GLOSTER: Sag mir, Kerl, wie ist mein Name?
SIMPCOX: Ach, Herr, ich weiß nicht.
GLOSTER: Wie ist sein Name?
SIMPCOX: Ich weiß nicht.
GLOSTER: Auch seinen nicht?
SIMPCOX: Nein, fürwahr, Herr.
GLOSTER: Wie ist dein eigner Name?
SIMPCOX: Sander Simpcox, zu Eurem Befehle, Herr.
GLOSTER:
So sitz' da, Sander, der verlogenste Schelm
Der Christenheit. Denn wärst du blind geboren,
Du hätt'st all unsre Namen wissen können
So gut, als so die Farben nennen, die
Wir tragen. Das Gesicht kann Farben unterscheiden,
Doch alle zu benennen auf einmal,
Das ist unmöglich.
Mylords, Sankt Alban hat ein Wunder hier getan;
Und hieltet ihr's nicht für eine große Kunst,
Die diesem Krüppel wieder auf die Beine hülf'?
SIMPCOX: O Herr, wenn Ihr das könntet!
GLOSTER: Ihr Leute von Sankt Albans, habt ihr nicht Büttel in eu-
rer Stadt und Dinger, die man Peitschen heißt?
SCHULZ: Ja, Mylord, zu Euer Gnaden Befehl.
GLOSTER: So laßt unverzüglich einen holen.
SCHULZ: He, Bursch! Geh, hol' sogleich den Büttel her!
           Einer aus dem Gefolge ab.
GLOSTER: Nun holt mir geschwind einen Schemel hieher.
           Es wird ein Schemel gebracht.
Nun, Kerl, wenn Ihr ohne Peitschen davonkommen wollt, so
springt mir über den Schemel und lauft davon.
SIMPCOX: Ach, Herr, ich bin nicht imstande, allein zu stehen: Ihr
geht damit um, mich vergeblich zu plagen.
           Der Abgeschickte kommt zurück mit dem Büttel.
GLOSTER: Nun, wir müssen Euch an Eure Beine helfen. He, Büttel,
peitsch' ihn, bis er über den Schemel springt.
BÜTTEL: Das will ich, gnädiger Herr. – Komm, Kerl, geschwind
mit deinem Wams herunter!
SIMPCOX: Ach, Herr, was soll ich tun? Ich bin nicht imstande zu
stehn. *Nachdem ihn der Büttel einmal geschlagen hat, springt er über
den Schemel und läuft davon; und das Volk läuft nach und schreit: „Ein
Wunder!"*
KÖNIG HEINRICH: O Gott, du siehst dies und erträgst so lange?
KÖNIGIN: Ich mußte lachen, wie der Bube lief.

GLOSTER: Dem Schelm setzt nach und nehmt die Metze fort!

FRAU: Ach, Herr, wir taten's aus bloßer Not.

GLOSTER: Laßt sie durch alle Marktplätze peitschen, bis sie nach
Berwick kommen, wo sie her sind.

Der Schulz, Büttel, Frau usw. ab.

KARDINAL: Ein Wunder ist Herzog Humphrey heut gelungen.

SUFFOLK: Ja wohl, der Lahme läuft und ist entsprungen.

GLOSTER: Wohl größre Wunder tatet Ihr als dies,
Der ganze Städt' auf einmal springen ließ.

Buckingham tritt auf.

KÖNIG HEINRICH: Was bringt uns Neues Vetter Buckingham?

BUCKINGHAM: Was Euch mein Herz zu offenbaren bebt.
Ein Haufe Menschen von verworfnem Wandel
Hat unterm Schutze und im Einverständnis
Frau Leonorens, des Protektors Gattin,
Der Rädelsführerin der ganzen Rotte,
Gefährlich wider Euch es angelegt,
Zu Hexen und zu Zauberern sich haltend.
Wir haben sie ergriffen auf der Tat,
Da sie von drunten böse Geister riefen,
Nach König Heinrichs Tod und Leben fragend,
So wie nach andern vom geheimen Rat,
Wie Eure Hoheit soll des weitern wissen.

KARDINAL *beiseit zu Gloster:*
Und auf die Art, Mylord Protektor, muß
Sich die Gemahlin jetzt in London stellen.
Dies, denk' ich, wendet Eures Degens Spitze;
Vermutlich haltet Ihr die Stunde nicht.

GLOSTER:
Ehrgeiz'ger Pfaff'! Laß ab, mein Herz zu kränken:
All meine Kraft hat Gram und Leid bewältigt;
Und wie ich bin bewältigt, weich' ich dir
Und dem geringsten Knecht.

KÖNIG HEINRICH: O Gott, welch Unheil stiften doch die Bösen
Und häufen so Verwirrung auf ihr eignes Haupt!

KÖNIGIN: Gloster, da schau den Flecken deines Nestes;
Sieh, ob du rein bist, sorge für dein Bestes.

GLOSTER: Ich weiß, daß mir der Himmel Zeugnis gibt,
Wie ich den König und den Staat geliebt.
Mit meinem Weib, ich weiß nicht, wie's da steht;
Es tut mir leid zu hören, was ich hörte:
Sie ist von edlem Sinn, doch wenn sie Ehre
Vergaß und Tugend und mit Volk verkehrte,

Das, so wie Pech, befleckt ein adlig Haus,
So stoß' ich sie von Bett und Umgang aus,
Und sei sie dem Gesetz, der Schmach verpfändet,
Die Glosters reinen Namen so geschändet.

KÖNIG HEINRICH:
Nun gut, wir wollen diese Nacht hier ruhn,
Nach London morgen wiederum zurück,
Um dieser Sache auf den Grund zu sehn
Und Rechenschaft den Frevlern abzufodern;
Daß Recht den Fall in gleichen Schalen wäge,
So nimmer wankt und sieget allewege.

Trompetenstoß. Alle ab.

ZWEITE SZENE

London. Garten des Herzogs von York.

York, Salisbury und Warwick treten auf.

YORK: Nun, werte Lords von Salisbury und Warwick,
Nach unserm schlichten Mahl erlaubet mir,
In diesem Laubengang mir g'nugzutun,
Euch fragend, was ihr meint von meinem Anspruch
An Englands Krone, der untrüglich ist.

SALISBURY: Mylord, ich wünsch' ausführlich es zu hören.

WARWICK: Sprich, lieber York; und ist dein Anspruch gut,
So kannst du schalten mit der Nevils Dienst.

YORK: Dann so:
Eduard der Dritte hatte sieben Söhne[120];
Erst Eduard Prinz von Wales, der Schwarze Prinz;
Der zweite, William Hatfield; und der dritte,
Lionel, Herzog Clarence; dem zunächst
Kam John von Gaunt, der Herzog Lancaster;
Der fünfte, Edmund Langley, Herzog York;
Der sechste, Thomas von Woodstock, Herzog Gloster;
William von Windsor war der siebt' und letzte.
Eduard, der Schwarze Prinz, starb vor dem Vater
Und ließ als einz'gen Sohn den Richard nach,
Der nach Eduard des Dritten Tod regierte;
Bis Heinrich Bolingbroke, Herzog Lancaster,
Der älteste Sohn und Erbe Johns von Gaunt,
Der als der vierte Heinrich ward gekrönt,

Das Reich bewältigt, den rechtmäß'gen König
Entsetzt und seine arme Königin
Nach Frankreich fortgesandt, woher sie kam,
Und ihn nach Pomfret: wo der gute Richard,
Wie jeder weiß, verrät'risch ward ermordet.
WARWICK: Vater, der Herzog redet wahr;
  So kam das Haus von Lancaster zur Krone.
YORK: Die nun sie durch Gewalt, nicht Recht, behaupten:
  Nach Richards Tod, des ersten Sohnes Erben,
  War an der Reih' des nächsten Sohns Geschlecht.
SALISBURY: Doch William Hatfield starb ohn' einen Erben.
YORK: Der dritte, Herzog Clarence, von des Stamm
  Entsprossen ich die Krone heische, hatte
  Nachkommenschaft: Philippa, eine Tochter,
  Vermählt mit Edmund Mortimer, Graf von March.
  Edmund erzeugte Roger, Graf von March,
  Roger erzeugte Edmund, Anna und Lenore.
SALISBURY: Der Edmund machte, unter Bolingbroke,
  Wie ich gelesen, Anspruch an die Krone;
  Und wo's nicht Owen Glendower getan[121],
  So wär' er König worden: denn der hielt
  Ihn in Gefangenschaft bis an den Tod.
  Doch weiter!
YORK: Seine älteste Schwester Anna
  Und meine Mutter, als der Krone Erbin,
  Heiratete Richard, Graf von Cambridge, Sohn
  Von Edmund Langley, fünftem Sohn Eduard des Dritten.
  Auf sie bau' ich den Anspruch: sie war Erbin
  Von Roger, Graf von March; der war der Sohn
  Von Edmund Mortimer, der Philippen hatte,
  Die einz'ge Tochter Lionels von Clarence.
  So, wenn des ältern Sohns Nachkommenschaft
  Vor der des jüngern vorgeht, bin ich König.
WARWICK:
Das Klarste kann nicht klarer sein als dies.
Heinrich besitzt den Thron von John von Gaunt,
Dem vierten Sohn; York heischt ihn von dem dritten.
Bis Lionels Geschlecht erloschen, sollte
Seins nicht regieren; es erlosch noch nicht,
Es blüht vielmehr in dir und deinen Söhnen,
Den schönen Sprößlingen von solchem Stamm.
Drum, Vater Salisbury, laß beid' uns knien
Und hier am stillen Ort die ersten sein,

Die unsern echten Oberherrn begrüßen
Mit Ehren des Geburtsrechts an den Thron.
BEIDE: Lang' lebe König Richard, unser Herr!
YORK: Wir danken euch. Doch, Lords, ich bin nicht König,
  Bis ich gekrönt bin und mein Schwert sich färbte
  Mit Herzblut von dem Hause Lancaster;
  Und das ist übereilt nicht auszuführen,
  Mit Klugheit nur und stiller Heimlichkeit.
  Tut ihr wie ich in diesen schlimmen Tagen:
  Seid blind für Herzog Suffolks Übermut,
  Für Beauforts Stolz, die Ehrsucht Somersets,
  Für Buckingham und ihre ganze Schar;
  Bis sie der Herde Schäfer ist verstrickt,
  Den tugendhaften Prinzen, Herzog Humphrey.
  Das suchen sie und finden, dieses suchend,
  Den eignen Tod, weiß York zu prophezein.
SALISBURY: Mylord, genug! Wir sind nun unterrichtet.
WARWICK: Mein Herz beteuert mir, der Graf von Warwick
  Macht Herzog York zum König eines Tags.
YORK: Und, Nevil, dies beteur' ich selber mir:
  Richard erlebt's und macht den Graf von Warwick
  Zum größten Mann in England, nach dem König.
          Alle ab.

DRITTE SZENE

Ebendaselbst. Ein Gerichtssaal.

*Trompeten. König Heinrich, Königin Margareta, Gloster, York, Suffolk
und Salisbury treten auf; die Herzogin von Gloster, Grete Jordan, Southwell, Hume und Bolingbroke werden von der Wache herein geführt.*

KÖNIG HEINRICH:
  Kommt vor, Frau Leonore Cobham, Glosters Weib.
  Vor Gott und uns ist Eu'r Vergehen groß:
  Empfanget des Gesetzes Spruch für Sünden,
  Die Gottes Schrift zum Tod verurteilt hat. –
  Ihr vier von hier zurück in das Gefängnis,
  Von dannen an den Platz der Hinrichtung.
  Die Hexe brenn' in Smithfield man zu Asche,
  Und ihr drei sollt erwürgt am Galgen werden. –
  Ihr, Herzogin, als edler von Geburt,
  Sollt, Eurer Ehre lebenslang beraubt,

Nach dreien Tagen öffentlicher Buße
Im Banne hier in Eurem Lande leben,
Mir Sir John Stanley in der Insel Man.

HERZOGIN: Willkommen Bann, willkommen wäre Tod.

GLOSTER: Das Recht hat, Leonore, dich gerichtet;
Rechtfert'gen kann ich nicht, wen es verdammt.

Die Herzogin und die übrigen Gefangnen werden mit Wache abgeführt.

Mein Auge schwimmt, mein Herz ist voller Gram.
Ach, Humphrey, diese Schand' in deinem Alter
Bringt noch dein Haupt mit Jammer in die Grube! –
Ich bitt' Eu'r Majestät, weggehn zu dürfen:
Das Leid will Tröstung, und mein Alter Ruh'.

KÖNIG HEINRICH:
Halt, Humphrey, Herzog Gloster! Eh' du gehst,
Gib deinen Stab mir: Heinrich will sich selbst
Protektor sein; und Gott sei meine Hoffnung,
Mein Schutz, mein Hort und meiner Füße Leuchte!
Und geh in Frieden, Humphrey: noch so wert,
Als da du warst Protektor deinem König.

KÖNIGIN: Ich sehe nicht, warum ein münd'ger König
Beschützt zu werden brauchte wie ein Kind.
Mit Gott soll Heinrich Englands Steuer führen:
Herr, gebt den Stab und laßt ihn selbst regieren.

GLOSTER: Den Stab? Hier, edler Heinrich, ist mein Stab.
So willig mag ich selbigem entsagen,
Als mich dein Vater Heinrich hieß ihn tragen;
So willig lass' ich ihn zu deinen Füßen,
Als andre dran den Ehrgeiz würden büßen.
Leb wohl, mein König! Wenn ich hingeschieden,
Umgebe deinen Thron ruhmvoller Frieden! *Ab.*

KÖNIGIN: Ja, nun ist Heinrich Herr, Margreta Königin,
Und Humphrey, Herzog Gloster, kaum er selbst;
So arg verstümmelt, auf einmal zwei Stöße,
Sein Weib verbannt, und abgehaun ein Glied,
Der überreichte Stab: – hier sei sein Stand,
Wo er sich hingeziemt, in Heinrichs Hand.

SUFFOLK: So hängt der hohe Fichtenbaum die Zweige,
So geht Lenorens Stolz, noch jung, zur Neige.

YORK: Lords, laßt ihn ziehn. – Beliebt's Eu'r Majestät,
Dies ist der Tag, zum Zweikampf anberaumt,
Und Kläger und Beklagter stehn bereit,
Der Waffenschmied und sein Lehrbursch' an den Schranken,
Geruht Eu'r Hoheit das Gefecht zu sehn.

KÖNIGIN: Ja, mein Gemahl; denn dazu eben kam ich
Vom Hof, um ausgemacht den Streit zu sehn.

KÖNIG HEINRICH: In Gottes Namen, richtet alles ein:
Hier laßt sie's enden, und schütze Gott das Recht!

YORK: Nie sah ich schlechter einen Kerl gemutet,
Noch mehr in Angst zu fechten, als den Kläger,
Den Burschen dieses Waffenschmieds, Mylords.

Von der einen Seite kommt Horner mit seinen Nachbarn, die ihm so viel
zutrinken, daß er betrunken ist; er trägt eine Stange[122] mit einem daran be-
festigten Sandbeutel, und eine Trommel geht vor ihm her; von der andern
Seite Peter mit einer Trommel und eben solcher Stange, begleitet von Lehr-
burschen, die ihm zutrinken.

ERSTER NACHBAR: Hier, Nachbar Horner, trinke ich Euch zu mit
einem Glase Sekt; und seid nicht bange, Nachbar, es wird schon
gut gehen.

ZWEITER NACHBAR: Und hier, Nachbar, habt Ihr ein Glas Scharneco[123].

DRITTER NACHBAR: Und hier ist eine Kanne gutes Doppelbier,
Nachbar: trinkt, und fürchtet Euch nicht vor Eurem Burschen.

HORNER: Nur her damit, meiner Treu, und ich will euch allen Bescheid tun, und ich frage den Kuckuck nach Peter.

ERSTER LEHRBURSCHE: Hier, Peter, ich trinke dir zu, und sei nicht
bange.

ZWEITER LEHRBURSCHE: Lustig, Peter, und fürchte dich nicht vor
deinem Meister; schlage dich für die Reputation von uns Lehr-
burschen.

PETER: Ich danke euch allen; trinkt und betet für mich, ich bitte
euch: denn ich denke, ich habe meinen letzten Trunk in dieser
Welt zu mir genommen. – Da, Ruprecht, wenn ich sterbe, so
gebe ich dir mein Schurzfell, und Fritz, du sollst meinen Hammer haben; und da, Thoms, nimm alles Geld, das ich habe. – O
Herr, sei mir gnädig und barmherzig! Ich kann es nimmermehr
mit meinem Meister aufnehmen, er hat schon so viel Fechten
gelernt.

SALISBURY: Kommt, laßt das Trinken sein und kommt zu den Streichen. Wie ist dein Name, Bursch?

PETER: Je nun, Peter.

SALISBURY: Peter! Wie weiter?

PETER: Puff.

SALISBURY: Puff! Nun, so sieh zu, daß du deinen Meister tüchtig
puffst.

HORNER: Leute, ich bin so zu sagen auf Verlangen meines Gesellen hergekommen, um zu beweisen, daß er ein Hundsfott ist

und ich ein ehrlicher Mann; und was den Herzog von York an-
betrifft, so will ich darauf sterben, daß ich niemals was wider
ihn im Sinne gehabt habe, und gegen den König und die Königin auch nicht. Und also sieh dich vor, Peter, ich will tüchtig
ausholen.

YORK: Macht fort, schon lallt die Zunge diesem Schelm.
Trompeten blast, den Kämpfern zum Signal!

Signal von Trompeten. Sie fechten, und Peter schlägt seinen Meister
zu Boden.

HORNER: Halt, Peter, halt! Ich bekenne, ich bekenne meine Verräterei. *Stirbt.*

YORK: Nehmt seine Waffe weg. – Danke Gott, Gesell, und dem
guten Wein in deines Meisters Kopf.

PETER: O Gott! Habe ich meinen Feinden in dieser hohen Versammlung obgesiegt? O Peter, du hast deine gute Sache behauptet!

KÖNIG HEINRICH: Schafft den Verräter weg aus unsern Augen,
Denn seine Schuld beweiset uns sein Tod,
Und offenbart hat der gerechte Gott
Die Treu' und Unschuld dieses armen Menschen,
Den widerrechtlich er zu morden dachte. –
Komm mit, Gesell, empfange deinen Lohn!

Alle ab.

VIERTE SZENE

Ebendaselbst. Eine Straße.

Gloster tritt auf, von Bedienten begleitet; sämtlich in Trauermänteln.

GLOSTER: So hat der hellste Tag manchmal Gewölk,
Dem Sommer folgt der kahle Winter stets
Mit seinem grimm'gen, bitterlichen Frost:
So strömet Freud' und Leid, wie Zeiten wandeln. –
Was ist die Glocke, Leute?

BEDIENTER: Zehn, Mylord.

GLOSTER: Zehn ist die Stunde, die man mir bestimmt,
Zu warten auf mein büßendes Gemahl.
Fast schwer mag sie die stein'gen Straßen dulden,
Mit zartgefühl'gem Fuß sie zu betreten.
Herz-Lene! Schlecht erträgt dein edler Mut
Verworfnes Volk, das ins Gesicht dir gafft,
Mit häm'schen Blicken lachend deiner Schmach,

Das sonst den stolzen Wagenrädern folgte,
Wenn im Triumph du durch die Straßen fuhrst.
Doch still! Da kommt sie, denk' ich, und nun soll
Mein tränbeschwemmtes Aug' ihr Elend sehn.

Die Herzogin von Gloster kommt in einem weißen Hemde, Papiere auf
dem Rücken geheftet, barfuß, und mit einer brennenden Kerze in der
Hand; Sir John Stanley, ein Sheriff und Beamte.

BEDIENTER: Geruhn Eu'r Gnaden, und wir machen sie
Von Sheriffs Händen los.

GLOSTER: Nein, rührt euch nicht,
Bei Leib und Leben, laßt vorbei sie ziehn.

HERZOGIN: Kommt Ihr, Gemahl, um meine Schmach zu sehn?
Nun tust du Buße mit. Sieh, wie sie gaffen!
Sieh, wie die trunkne Schar mit Fingern weist,
Mit Köpfen nickt und Augen auf dich wirft!
Ach, Gloster, birg dich den gehäss'gen Blicken,
Klag', eingesperrt im Zimmer, meine Schmach
Und fluch' auf deine Feinde, mein' und deine!

GLOSTER: Geduldig, liebe Lene! Vergiß dies Leid!

HERZOGIN: Ah, Gloster, lehre mir, mich selbst vergessen!
Denn, weil ich denk', ich bin dein eh'lich Weib
Und du ein Prinz, Protektor dieses Lands,
Dünkt mich, ich sollte so geführt nicht werden,
In Schmach gesteckt, mit Zetteln auf dem Rücken,
Ein Pöbel hinter mir, der meiner Tränen
Und tief geholten Seufzer sich erfreut.
Der grimm'ge Kiesel ritzt die zarten Füße,
Und fahr' ich auf, so lacht das häm'sche Volk
Und heißt mich Achtung geben, wie ich trete.
Ah, Humphrey, kann ich's tragen, dieses Joch?
Meinst du, ich werde je die Welt anschaun
Und glücklich achten, wem die Sonne scheint?
Nein, Dunkel sei mein Licht, und Nacht mein Tag,
Und Denken meines Pomps sei meine Hölle.
Dann sag' ich: Ich bin Herzog Humphreys Weib,
Und er ein Prinz und ein Regent des Lands;
Doch so regiert' er und war solch ein Prinz,
Daß er dabei stand, während ich Hülflose
Zum Wunder ward gemacht und zum Gespött
Von jedem müß'gen Buben aus dem Troß.
Sei du nur mild, erröte nicht für mich,
Kehr' dich an nichts, bis über dir das Beil
Des Todes hängt, wie sicher bald geschieht.

Denn Suffolk, er, der alles ist in allem
Bei ihr, die dich haßt und uns alle haßt,
Und York, und Beaufort, der ruchlose Pfaff',
Sie alle stellten Vogelruten dir;
Und flieg' du, wie du kannst, sie fangen dich.
Doch fürchte nichts, bis sich dein Fuß verstrickt,
Und such' nie deinen Feinden vorzukommen!
GLOSTER: Ach, Lene, halt! Du zielest gänzlich fehl.
Eh' muß ich schuldig sein als überwiesen;
Und hätt' ich zwanzigmal so viele Feinde,
Und jeder hätte zwanzigmal mehr Macht,
Die alle könnten keine Not mir schaffen,
Solang' ich redlich bin, getreu und schuldlos.
Wollt'st du, ich sollte von dem Schimpf dich retten?
Die Schande wär' ja dennoch nicht verwischt,
Doch ich gefährdet durch Gesetzes Bruch.
Die beste Hülf' ist Ruhe, liebe Lene;
Ich bitt' dich, füge zur Geduld dein Herz.
Das Aufsehn wen'ger Tage legt sich bald.
Ein Herold tritt auf.
HEROLD: Ich lade Euer Gnaden zu Seiner Majestät Parlament,
das zu Bury am Ersten nächstkommenden Monats gehalten
werden soll.
GLOSTER: Und nicht erst meine Beistimmung gefragt!
Das nenn' ich heimlich. – Gut, ich komme hin.
Herold ab.
Ich scheide, liebe Lene, – und, Meister Sheriff,
Laßt nach des Königs Auftrag nur sie büßen.
SHERIFF: Mein Auftrag ist hier aus, beliebt's Eu'r Gnaden;
Und Sir John Stanley ist nunmehr bestallt,
Sie mitzunehmen nach der Insel Man.
GLOSTER: Habt Ihr, Sir John, in Aufsicht mein Gemahl?
STANLEY: Ja, gnäd'ger Herr, dies Amt ist mir erteilt.
GLOSTER: Verfahrt mit ihr nicht härter, weil ich bitte,
Daß Ihr sie schont. Die Welt mag wieder lächeln,
Und ich noch Gutes Euch erweisen, wenn
Ihr's ihr getan. Und so, Sir John, lebt wohl!
HERZOGIN: Geht mein Gemahl und sagt mir kein Lebwohl?
GLOSTER: Die Tränen zeugen, daß ich's nicht vermag.
Gloster und Bediente ab.
HERZOGIN: Auch du bist fort? Geh' aller Trost mit dir!
Denn keiner bleibt bei mir: mich freut nur Tod,
Tod, dessen Namen sonst mich oft geschreckt,

Weil Ewigkeit in dieser Welt ich wünschte. –
Stanley, ich bitt' dich, geh, nimm mich von hinnen;
Gleichviel wohin, ich bitte nicht um Gunst,
Geleit' mich nur, wo dir's befohlen ward.

STANLEY: Ei, gnäd'ge Frau, das ist zur Insel Man.
Nach Eurem Stand gehalten dort zu werden.

HERZOGIN: Das wäre schlimm genug: ich bin nur Schimpf,
Und soll ich schimpflich denn gehalten werden?

STANLEY: Wie eine Herzogin, Humphreys Gemahl:
Nach diesem Stand sollt Ihr gehalten werden.

HERZOGIN: Sheriff, leb wohl, und besser, als ich lebe,
Wiewohl du Führer meiner Schande warst.

SHERIFF: Es ist mein Amt, verzeiht mir, gnäd'ge Frau:

HERZOGIN: Ja, ja, leb wohl! Dein Amt ist nun versehn.
Komm, Stanley, soll'n wir gehn?

STANLEY: Werft ab dies Hemde, nach getaner Buße,
Und gehn wir, um zur Reis' Euch anzukleiden.

HERZOGIN: Die Schande wechsl' ich mit dem Hemde nicht,
Nein, sie wird an den reichsten Kleidern hängen,
Sich zeigen, wie ich auch mich schmücken mag.
Geh, führe! Mich verlangt in mein Gefängnis. *Ab.*

DRITTER AUFZUG

Erste Szene

Die Abtei zu Bury.

König Heinrich, Königin Margareta, Kardinal Beaufort, Suffolk, York,
Buckingham und andre zum Parlament.

KÖNIG HEINRICH: Mich wundert, daß Mylord von Gloster fehlt:
  Er pflegt sonst nicht der letzte Mann zu sein,
  Was für ein Anlaß auch ihn jetzt entfernt.
KÖNIGIN:
  Könnt Ihr nicht sehn und wollt Ihr nicht bemerken,
  Wie fremd sich sein Gesicht verwandelt hat?
  Mit welcher Majestät er sich beträgt?
  Wie übermütig er seit kurzem ward,
  Wie stolz, wie herrisch und sich selbst nicht gleich?
  Ich weiß die Zeit, da er noch mild und freundlich war,
  Und warfen wir nur einen Blick von fern,
  Gleich war er auf den Knieen, daß der Hof
  Voll von Bewund'rung war für seine Demut.
  Doch trefft ihn jetzt, und sei es morgens früh,
  Wann jedermann die Tageszeit doch bietet,
  Er zieht die Brau'n und zeigt ein zornig Auge
  Und geht mit ungebognem Knie vorbei,
  Die Schuldigkeit, die uns gebührt, verschmähend.
  Man achtet kleiner Hunde Murren nicht,
  Doch Große zittern, wenn der Löwe brüllt,
  Und Humphrey ist kein kleiner Mann in England.
  Erst merkt, daß er Euch nah ist von Geburt
  Und, wenn Ihr fallt, der nächste wär' zum Steigen.
  Drum, deucht mir, ist es keine Politik,
  Erwogen, welchen Groll er trägt im Herzen,

Und daß sein Vorteil Eurem Hintritt folgt,
Daß er zu Eurer fürstlichen Person
Und Euer Hoheit Rat den Zutritt habe.
Des Volkes Herz gewann ihm Schmeichelei,
Und wenn's ihm einfällt, Aufstand zu erregen,
So ist zu fürchten, alles folgt ihm nach.
Jetzt ist es Frühling, und das Unkraut wurzelt
Nur flach noch; duldet's jetzt, so wuchert es
Im ganzen Garten und erstickt die Kräuter
Aus Mangel einer fleiß'gen Landwirtschaft.
Die ehrerbiet'ge Sorg' um meinen Herrn
Ließ mich im Herzog die Gefahren lesen.
Wenn's töricht ist, nennt's eine Weiberfurcht,
Und können beßre Gründe sie verdrängen,
Gesteh' ich gern, ich tat zu nah dem Herzog.
Mylord von Suffolk, Buckingham und York,
Stoßt um das Angeführte, wenn ihr könnt;
Wo nicht, laßt meine Worte gültig sein.

SUFFOLK: Wohl schaut Eu'r Hoheit diesen Herzog durch,
Und hätt' ich erst die Meinung äußern sollen,
Ich hätt' in Euer Gnaden Sinn gestimmt.
Die Herzogin begann auf seinen Antrieb,
So wahr ich lebe, ihre Teufelskünste;
Und war er nicht Mitwisser dieser Schuld,
Doch hat Erwägung seiner hohen Abkunft,
Da nach dem König er zum Thron der Nächste,
[Und derlei Prahlen mit des Blutes Adel]
Die hirnverbrannte Herzogin gereizt,
Böslich nach unsers Fürsten Fall zu trachten.
Wo tief der Bach ist, läuft das Wasser glatt,
Und sein so schlichter Schein herbergt Verrat;
Der Fuchs bellt nicht, wann er das Lamm will stehlen.
Nein, nein, mein König! Gloster ist ein Mann,
Noch unergründet und voll tiefen Trugs.

KARDINAL: Erfand er, dem Gesetz zuwider, nicht
Für kleine Fehler fremde Todesarten?

YORK: Und hob er nicht in der Protektorschaft
Im Reiche große Summen Gelds für Sold
Des Heers in Frankreich, den er niemals sandte,
Weshalb die Städte täglich sich empörten?

BUCKINGHAM: Pah! Dies sind kleine Fehler, neben jenen
Verborgnen, welche bald die Zeit ans Licht
Am gleisnerischen Herzog Humphrey bringt.

KÖNIG HEINRICH: Mylords, mit eins: die Sorge, die ihr tragt
Die Dornen wegzumähn vor unsern Füßen,
Heischt Lob; doch soll ich nach Gewissen reden?
So rein ist Oheim Gloster, auf Verrat
An unsrer fürstlichen Person zu sinnen,
Als eine sanfte Taub', ein säugend Lamm;
Der Herzog ist zu tugendsam und mild,
Er träumt kein Arg und sucht nicht mein Verderben.
KÖNIGIN: Ah, wie gefährlich ist dies blinde Zutrau'n!
Er eine Taub'? Entlehnt ist sein Gefieder,
Denn wie der arge Rab' ist er gesinnt.
Ist er ein Lamm? Sein Fell muß ihm gelieh'n sein,
Denn räuberischen Wölfen gleicht sein Mut.
Wer trügen will, kann einen Schein wohl stehlen.
Herr, seht Euch vor: die Wohlfahrt von uns allen
Hängt an dem Fallen dieses falschen Manns.
Somerset tritt auf.
SOMERSET: Heil meinem gnäd'gen Herrn!
KÖNIG HEINRICH: Seid uns willkommen,
Lord Somerset! Was gibt's in Frankreich Neues?
SOMERSET: Daß alles Euer Teil an dort'gen Landen
Euch gänzlich ist benommen: alles hin!
KÖNIG HEINRICH:
Schlimm Glück, Lord Somerset! Doch, wie Gott will.
YORK *beiseit:*
Schlimm Glück für mich! Ich hatt' auf Frankreich Hoffnung,
So fest ich auf das reiche England hoffe.
So sterben meine Blüten in der Knospe,
Und Raupen zehren meine Blätter weg;
Allein in kurzem steur' ich diesem Handel,
Sonst kauft mein Anspruch mir ein rühmlich Grab.
Gloster tritt auf.
GLOSTER: Heil sei und Glück dem König, meinem Herrn!
Vergebt, mein Fürst, daß ich so lang' verzog.
SUFFOLK: Nein, Gloster, wisse, du kamst allzu früh,
Du müßtest treuer, als du bist, denn sein:
Denn ich verhafte dich um Hochverrat.
GLOSTER: Gut, Suffolk, nicht erröten sollst du mich
Noch Mienen ändern sehn um den Verhaft:
Ein fleckenloses Herz zagt nicht so leicht.
Der reinste Quell ist nicht so frei von Schlamm,
Als ich's bin von Verrat an meinem Herrn.
Wer klagt mich an, und wessen bin ich schuldig?

YORK: Man glaubt, Mylord, daß Frankreich Euch bestochen,
Und daß Ihr unterschlugt der Truppen Sold,
Was Seine Hoheit dann um Frankreich brachte.

GLOSTER: Man glaubt es nur? Wer sind sie, die das glauben?
Ich raubte nie den Truppen ihren Sold
Und hatte keinen Pfennig je von Frankreich.
So helf' mir Gott, wie ich des Nachts gewacht,
Ja Nacht für Nacht, auf Englands Wohlfahrt sinnend!
Der Deut, den ich dem König je entrungen,
Der Grosche, den ich aufgehäuft für mich,
Sei am Gerichtstag wider mich gebracht.
Nein, manches Pfund von meinen eignen Mitteln,
Weil ich das dürft'ge Volk nicht wollte schatzen,
Hab' ich an die Besatzungen gezahlt
Und meinen Vorschuß nie zurück verlangt.

KARDINAL: Es steht Euch an, Mylord, das zu behaupten.

GLOSTER: Ich sag' die Wahrheit nur, so Gott mir helfe!

YORK: In der Protektorschaft erfandet Ihr
Für Missetäter unerhörte Martern,
Daß England ward verschrien um Tyrannei.

GLOSTER: Weiß doch ein jeder, daß ich als Protektor
Allein des Mitleids Fehler an mir hatte.
Ich schmolz bei eines Missetäters Tränen,
Demüt'ge Worte lösten ihr Vergehn.
War's nicht ein blut'ger Mörder oder Dieb,
Der tückisch arme Reisende geplündert,
So gab ich niemals die verwirkte Strafe.
Mord zwar, die blut'ge Sünde, martert' ich
Noch über Diebstahl oder was auch sonst.

SUFFOLK: Herr, dies sind leichte Fehl', und bald entschuldigt,
Doch größerer Verbrechen zeiht man Euch,
Wovon Ihr nicht so leicht Euch rein'gen könnt.
Ich geb' Euch Haft in Seiner Hoheit Namen
Und überliefr' Euch dem Lord Kardinal,
Auf ferneres Verhör Euch zu verwahren.

KÖNIG HEINRICH: Ich hoff' absonderlich, Mylord von Gloster,
Von allem Argwohn Euch befreit zu sehn:
Ihr seid unschuldig, sagt mir mein Gewissen.

GLOSTER: Ach, gnäd'ger Herr, gefahrvoll ist die Zeit!
Die Tugend wird erstickt vom schnöden Ehrgeiz,
Und Nächstenliebe fortgejagt vom Groll;
Gehäss'ge Anstiftungen walten vor,
Und Billigkeit ist aus dem Reich verbannt.

Ich weiß, ihr Anschlag zielet auf mein Leben;
Und wenn mein Tod dies Eiland glücklich machen
Und ihre Tyrannei beenden könnte,
Ich gäb' es dran mit aller Willigkeit.
Doch meiner ist nur ihres Stücks Prolog;
Mit Tausenden, die noch Gefahr nicht träumen,
Ist ihr entworfnes Trauerspiel nicht aus.
Beauforts rot funkelnd Aug' schwatzt seinen Groll aus,
Und Suffolks düstre Stirn den stürm'schen Haß;
Der scharfe Buckingham entladet sich
Der häm'schen Last des Herzens mit der Zunge;
Der mürr'sche York, der nach dem Monde greift,
Und des vermeßnen Arm ich rückwärts riß,
Zielt mir mit falscher Klage nach dem Leben.
Und Ihr auch, meine Fürstin, mit den andern,
Habt grundlos Schmähung auf mein Haupt gelegt
Und meinen besten Oberherrn gereizt,
Mit eifrigstem Bemühn, mein Feind zu sein.
Ja, alle stakt zusammen ihr die Köpfe, –
Ich wußte selbst von euren Konventikeln, –
Und bloß, mein schuldlos Leben wegzuschaffen.
Mich zu verdammen gibt's wohl falsche Zeugen,
Und Haufen von Verrat, die Schuld zu mehren;
Das alte Sprichwort wird bewährt sich zeigen:
Einen Hund zu schlagen, find't sich bald ein Stock.
KARDINAL: Mein Oberherr, sein Schmähn ist unerträglich.
Wenn die, so Eure fürstliche Person
Vor des Verrats verstecktem Dolch bewahren,
Getadelt so, gehöhnt, gescholten werden
Und man dem Schuld'gen Raum zu reden gibt,
Es muß den Eifer für Eu'r Gnaden kühlen.
SUFFOLK: Hat er nicht unsre Fürstin hier gezwackt
Mit schmäh'nden Worten, klüglich zwar gestellt,
Als ob sie Leute angestiftet hätte,
Zum Umsturz seiner Würde falsch zu schwören?
KÖNIGIN: Ich kann ja den Verlierer schelten lassen.
GLOSTER: Viel wahrer als Ihr's meintet! Wohl verlier' ich:
Fluch den Gewinnern, denn sie spielten falsch!
Wer so verliert, der hat wohl Recht zu reden.
BUCKINGHAM: Er wird mit Deuteln hier den Tag verbringen.
Lord Kardinal, er ist in Eurer Haft.
KARDINAL: Ihr, bringt den Herzog fort, verwahrt ihn sicher!
GLOSTER: Ach, so wirft Heinrich seine Krücke weg,

Eh' seine Beine stark sind, ihn zu tragen;
So schlägt man dir den Schäfer von der Seite,
Und Wölfe blecken, wer dich erst soll schlingen.
Ach, wäre meine Furcht, wär' sie doch Wahn!
Dein Unheil, guter König, seh' ich nahn.

Einige aus dem Gefolge mit Gloster ab.

KÖNIG HEINRICH: Lords, was das beste eurer Weisheit dünkt,
Beschließt, verwerft, als ob wir selbst hier wären.

KÖNIGIN: Eu'r Hoheit will das Parlament verlassen?

KÖNIG HEINRICH: Ja, Margareta! Gram ertränkt mein Herz,
Und seine Flut ergießt sich in die Augen;
Umgürtet ist mein Leib mit Elend ganz,
Denn kann elender was als Mißmut sein?
Ach, Oheim Humphrey! Dein Gesicht enthält
Den Abriß aller Ehr' und Biederkeit,
Und noch, du Guter, soll die Stunde kommen,
Wo ich dich falsch erprobt und dir mißtraut.
Welch finstrer Stern beneidet jetzt dein Glück,
Daß diese großen Lords und mein Gemahl
Dein harmlos Leben zu verderben trachten?
Du kränktest niemals sie und kränktest keinen;
Und wie das Kalb der Metzger nimmt und bindet's,
Und schlägt das arme, wenn es abwärts schweift,
So haben sie ihn grausam weggeführt.
Und wie die Mutter brüllend läuft umher,
Hinsehend, wo ihr Junges von ihr geht,
Und kann nichts tun, als um ihr Herzblatt jammern:
So jammr' ich um des guten Glosters Fall
Mit hülflos leid'gen Tränen, seh' ihm nach
Mit trübem Aug', und kann nichts für ihn tun,
So mächtig sind, die Feindschaft ihm geschworen.
Drum will ich gehn und weinen um sein Los,
Und zwischen jedem Ächzen sag' ich immer:
Wer ist Verräter? Gloster nun und nimmer! *Ab.*

KÖNIGIN: Ihr freien Lords, Schnee schmilzt vom Sonnenstrahl.
Heinrich, mein Gatt', ist kalt in großen Dingen,
Zu voll von blödem Mitleid; und Glosters Schein
Betört ihn, wie das traur'ge Krokodil
Mit Weh gerührte Wanderer bestrickt,
Wie eine Schlang', auf Blumenhöh'n geringelt,
Mit gleißend buntem Balg, den Knaben sticht,
Dem sie der Schönheit halb vortrefflich dünkt.
Glaubt mir, wenn niemand weiser wär' als ich

(Und doch lob' ich hierin den eignen Witz),
Der Gloster würde dieser Welt bald los,
Von unsrer Furcht vor ihm uns loszumachen.
KARDINAL: Zwar, daß er sterb', ist würd'ge Politik,
Doch braucht's Beschönigung für seinen Tod.
Man muß ihn nach des Rechtes Lauf verdammen.
SUFFOLK: Nach meinem Sinn wär' das nicht Politik.
Der König wird sich mühn für seine Rettung;
Das Volk steht auf vielleicht für seine Rettung;
Und dennoch haben wir nur kahlen Grund,
Mehr als Verdacht, des Tods ihn wert zu zeigen.
YORK: Demnach begehrt Ihr seinen Tod nicht sehr.
SUFFOLK:
Ah, York, kein Mensch auf Erden wünscht ihn mehr!
YORK: York hat am meisten Grund zu seinem Tod. –
Doch, Mylord Kardinal, und Ihr, Mylord von Suffolk,
Sagt, wie ihr denkt, und sprecht vom Herzen weg:
Wär's nicht all eins, den hungrigen Adler setzen
Zum Schutz des Küchleins vor dem gier'gen Geier
Und Herzog Humphrey zum Protektor stellen?
KÖNIGIN: So wär' des armen Küchleins Tod gewiß.
SUFFOLK: Ja, gnäd'ge Frau; und wär's nicht Raserei,
Dem Fuchs der Hürde Aufsicht zu vertraun?
Verklagte man als schlauen Mörder ihn,
So würd' es seine Schuld nur schlecht bemänteln,
Daß er den Vorsatz noch nicht ausgeführt.
Nein, sterb' er, sintemal ein Fuchs er ist,
Als Feind der Herde von Natur bewährt,
Eh' purpurn Blut den Rachen ihm befleckt,
Wie Gloster, unsers Herrn erwiesner Feind.
Und hängt an Skrupeln nicht, wie man ihn töte:
Sei es mit Fallen, Schlingen, Schlauigkeit,
Im Schlaf, im Wachen, das gilt alles gleich,
Ist er nur tot: denn das ist guter Trug,
Der den erst schlägt, der erst sich legt auf Trug.
KÖNIGIN: Du sprichst entschlossen, dreimal edler Suffolk?
SUFFOLK: Entschlossen nicht, wenn es nicht auch geschieht,
Denn oft sagt man ein Ding und meint es nicht.
Doch daß mein Herz mit meiner Zunge stimmt,
Weil für verdienstlich ich die Tat erkenne,
Und meinen Herrn von seinem Feind zu retten:
Sagt nur das Wort, ich will sein Priester sein.
KARDINAL: Ich aber wünscht' ihn tot, Mylord von Suffolk,

Eh' Ihr Euch könnt zum Priester weihen lassen.
Sagt, Ihr stimmt bei und heißet gut die Tat,
Und einen Henker will ich ihm besorgen,
So wert ist mir des Fürsten Sicherheit.

SUFFOLK: Hier meine Hand, die Tat ist tuenswert.

KÖNIGIN: Das sag' auch ich.

YORK: Und ich; und nun wir drei es ausgesprochen,
Verschlägt's nicht viel, wer unsern Spruch bestreitet.

Ein Bote tritt auf.

BOTE: Ihr großen Lords, von Irland eilt' ich her,
Zu melden, daß Rebellen dort erstanden,
Die mit dem Schwert die Englischen vertilgen.
Schickt Hülfe, Lords, und hemmt die Wut beizeiten,
Bevor die Wunde noch unheilbar wird;
Denn, da sie frisch, steht Hülfe sehr zu hoffen.

KARDINAL:
Ein Bruch, der schleunigst ausgefüllt muß werden!
Was ratet Ihr bei diesem wicht'gen Fall?

YORK: Daß Somerset gesandt werd' als Regent.
Den glücklichen Regierer muß man brauchen;
Das Glück bezeugt's, das er in Frankreich hatte.

SOMERSET: Wenn York mit all der feinen Politik
Statt meiner dort Regent gewesen wäre,
Er wär' in Frankreich nicht so lang' geblieben.

YORK: Nein, nicht wie du, um alles zu verlieren:
Mein Leben hätt' ich zeitig eh' verloren,
Als eine Last von Schande heimzubringen
Durch Bleiben, bis verloren alles war.
Zeig' eine Narb', auf deiner Haut geritzt!
Nicht leicht gewinnt, wer so den Leib beschützt.

KÖNIGIN:
Ja, dann wird dieser Funk' ein wütend Feuer,
Wenn Wind und Zunder, ihn zu nähren, kommt.
Nicht weiter, guter York! Still, lieber Somerset!
Dein Glück, York, wärst du dort Regent gewesen,
Es konnte leicht weit schlimmer sein als seins.

YORK:
Wie? Schlimmer als nichts? Ja dann, Schand' über alles!

SOMERSET: Und über dich zugleich, der Schande wünscht!

KARDINAL: Mylord von York, versucht nun Euer Glück.
Die rohen Kerns[124] von Irland sind in Waffen
Und feuchten Leim mit Blut der Englischen.
Wollt Ihr nach Irland führen eine Schar

Erlesne Leut', aus jeder Grafschaft ein'ge,
Und Euer Glück im ir'schen Krieg versuchen?
YORK: Ja, wenn es Seiner Majestät beliebt.
SUFFOLK: Ei, unser Wort ist seine Bestimmung,
Und, was wir festgesetzt, bestätigt er.
Drum, edler York, nimm dies Geschäft auf dich.
YORK: Ich bin's zufrieden: schafft mir Truppen, Lords,
Indes ich Ordnung stell' in meinen Sachen.
SUFFOLK: Ein Amt, Lord York, das ich besorgen will.
Doch kommt nun wieder auf den falschen Humphrey.
KARDINAL:
Nichts mehr von ihm: ich will's mit ihm so machen,
Daß er uns ferner nicht beschweren soll.
Der Tag ist fast vorbei, laßt auf uns brechen;
Lord Suffolk, Ihr und ich, müßt von dem Ausgang sprechen.
YORK: Mylord von Suffolk, binnen vierzehn Tagen
Erwart' ich nun zu Bristol meine Macht;
Denn dorten schiff' ich sie nach Irland ein.
SUFFOLK: Es soll mit Fleiß geschehn, Mylord von York.
Alle ab außer York.
YORK: Jetzt oder nie, York, stähle die Gedanken
Voll Sorg' und wandle Zweifel in Entschluß:
Sei, was du hoffst zu sein, sonst beut dem Tode
Das, was du bist; 's ist nicht Genießens wert.
Laß bleiche Furcht bei niedern Menschen hausen,
Nicht einer königlichen Brust sich nahn.
Wie Frühlingsschauer strömen die Gedanken,
Und kein Gedanke, der nicht Würde denkt.
Mein Hirn, geschäft'ger als die fleiß'ge Spinne,
Webt mühsam Schlingen zu der Feinde Fang.
Gut, Edle, gut! Ihr tut politisch dran,
Mit einem Heer mich auf die Seit' zu schicken.
Ich sorg', ihr wärmt nur die erstorbne Schlange,
Die euch, gehegt am Busen, stechen wird.
Ich brauchte Menschen, und ihr gebt sie mir,
Das nehm' ich gut: doch seid gewiß, ihr gebt
In eines Tollen Hände scharfe Waffen.
Weil ich ein mächtig Heer in Irland nähre,
Will ich in England starken Sturm erregen,
Der an zehntausend Seelen schleudern soll
Zu Himmel oder Höll'; und der soll toben,
Bis auf dem Haupte mir der goldne Reif,
So wie der hehren Sonne klare Strahlen,

Die Wut des tollerzeugten Wirbels stillt.
Und als das Werkzeug dieses meines Plans
Verführt' ich einen strudelköpf'gen Kenter,
John Cade[125] aus Ashford,
Aufruhr zu stiften, wie er's wohl·versteht,
Unter dem Namen von John Mortimer.
In Irland sah ich den unbänd'gen Cade
Sich einer Schar von Kerns entgegensetzen;
Und focht so lang', bis seine Schenkel fast
Von Pfeilen starrten wie ein Stachelschwein;
Und, auf die Letzt gerettet, sah ich ihn
Grad' aufrecht springen wie ein Mohrentänzer[126],
Die blut'gen Pfeile schüttelnd wie die Glocken.
Gar oftmals, als ein zott'ger schlauer Kern,
Hat er Gespräch gepflogen mit dem Feind
Und ist mir unentdeckt zurückgekommen
Und hat mir ihre Büberei'n gemeldet.
Der Teufel sei mein Stellvertreter hier,
Denn dem John Mortimer, der jetzt gestorben,
Gleicht er von Angesicht, von Sprach' und Gang.
Daran werd' ich des Volks Gesinnung merken,
Ob sie geneigt dem Haus und Anspruch Yorks.
Nehmt an, man fing' ihn, quält' und foltert' ihn:
Ich weiß, kein Schmerz, den sie ihm können antun,
Preßt es ihm aus, daß ich ihn angestiftet.
Setzt, ihm gelingt's, wie's allen Anschein hat,
Ja, dann komm' ich mit meiner Macht von Irland
Und ernte, was der Bube hat gesät.
Denn, ist nur Humphrey tot, was bald wird sein,
Und Heinrich weggeschafft, wird alles mein. *Ab.*

ZWEITE SZENE

Bury. Ein Zimmer im Palast.

Ein paar Mörder kommen eilig herein.

ERSTER MÖRDER: Lauft zu dem Lord von Suffolk, meldet ihm,
  Daß wir den Herzog nach Befehl befördert.
ZWEITER MÖRDER: O wär' es noch zu tun! Was taten wir?
  Hast jemals wen bußfertiger gesehn?
          Suffolk tritt auf.

ERSTER MÖRDER: Da kommt Mylord.

SUFFOLK: Nun, Leute, habt ihr's abgetan?

ERSTER MÖRDER: Ja, bester Herr, er ist tot.

SUFFOLK: Nun, das ist schön. Geht, macht euch in mein Haus,
Ich will euch lohnen für die dreiste Tat.
Der König und die Pairs sind hier zur Hand;
Habt ihr das Bett zurecht gelegt? und alles
In Ordnung so, wie ich euch angewiesen?

ERSTER MÖRDER: Ja, bester Herr.

SUFFOLK: Fort! Packt euch!

Die Mörder ab.
König Heinrich, Königin Margareta, Kardinal Beaufort, Somerset
und andre treten auf.

KÖNIG HEINRICH: Geht, ladet unsern Oheim gleich hieher;
Wir wollen Seine Gnaden heut verhören,
Wiefern er schuldig ist nach dem Gerücht.

SUFFOLK: Ich will sogleich ihn rufen, gnäd'ger Herr. *Ab.*

KÖNIG HEINRICH:
Lords, nehmt euch Plätze. – Und ich bitt' euch alle,
Verfahrt nicht schärfer gegen unsern Oheim,
Als er auf wahrhaft Zeugnis, guter Art,
In seinen Taten schuldig wird erkannt.

KÖNIGIN: Verhüte Gott, daß irgend Tücke walte,
Die schuldlos einen Edelmann verdammt!
Gott gebe, daß er von Verdacht sich löst!

KÖNIG HEINRICH:
Margareta, habe Dank! Dies Wort erfreut mich sehr –
Suffolk kommt zurück.
Nun, warum siehst du bleich? Was zitterst du?
Wo ist mein Oheim? Was ist begegnet, Suffolk?

SUFFOLK: Herr, tot in seinem Bett; Gloster ist tot.

KÖNIGIN: Verhüt' es Gott!

KARDINAL: Das sind die heimlichen Gerichte Gottes!
Ich träumte diese Nacht, stumm sei der Herzog.
Und nicht im stand, ein einzig Wort zu sprechen.
Der König fällt in Ohnmacht.

KÖNIGIN:
Was macht mein Fürst? – Helft, Lords! Der König stirbt.

SOMERSET: Man richt' ihn auf, man kneip' ihn an der Nase.

KÖNIGIN:
Lauft, geht, helft, helft! – O Heinrich, schlag' die Augen auf!

SUFFOLK: Er lebt schon auf; seid ruhig, gnäd'ge Frau.

KÖNIG HEINRICH: O großer Gott!

KÖNIGIN: Wie fühlt sich mein Gemahl?

SUFFOLK:

Getrost, mein Fürst! Getrost, mein gnäd'ger Heinrich!

KÖNIG HEINRICH:

Wie, will Mylord von Suffolk mich getrösten?
Sang er nicht eben mir ein Rabenlied,
Des grauser Ton die Lebenskräfte hemmte;
Und denkt er nun, daß des Zaunkönigs Zirpen,
Indem es Trost zuruft aus hohler Brust,
Den erst vernommnen Laut verjagen kann?
Birg nicht dein Gift in solchen Zuckerworten,
Leg' nicht die Händ' an mich: ich sage, laß!
Wie Schlangenstiche schreckt mich ihr Berühren.
Unsel'ger Bot', aus dem Gesicht mir fort!
Auf deinen Augen sitzt in grauser Hoheit
Mörd'rische Tyrannei, die Welt zu schrecken.
Sieh mich nicht an! Dein Auge blickt verwundend. –
Und dennoch, geh nicht weg! Komm, Basilisk[127],
Und töte den unschuldigen Betrachter!
Denn in des Todes Schatten find' ich Lust,
Im Leben zwiefach Tod, da Gloster hin.

KÖNIGIN: Was scheltet Ihr Mylord von Suffolk so?
Wiewohl der Herzog ihm ein Feind gewesen,
Beklagt er doch höchst christlich seinen Tod.
Was mich betrifft, so sehr er Feind mir war,
Wenn helle Tränen, herzbeklemmend Stöhnen
Und blutverzehrend Seufzen ihn erweckte:
Ich wollte blind mich weinen, krank mich stöhnen,
Bleich sehn von Seufzern, die das Blut wegtrinken,
Und alles um des edlen Herzogs Leben.
Wie weiß ich, was die Welt von mir wohl meint?
Denn unsre hohle Freundschaft war bekannt,
Man glaubt vielleicht, ich hab' ihn weggeräumt.
So wird Verleumdung meinen Ruf verwunden,
Und Fürstenhöfe füllt mein Vorwurf an.
Dies schafft sein Tod mir. Ach, ich Unglücksel'ge!
Gekrönt, mit Schande Königin zu sein!

KÖNIG HEINRICH:

Ach! Weh um Gloster, um den armen Mann!

KÖNIGIN: Wehklag' um mich, die ärmer ist als er!
Wie? Wendest du dich weg und birgst dein Antlitz?
Kein Aussatz macht mich scheußlich, sieh mich an.
Was? Bist du wie die Natter taub geworden?

Sei giftig auch und stich dein arm Gemahl.
Ist all dein Trost in Glosters Grab verschlossen?
Ja, dann war nie Margreta deine Lust;
Dann stell' ihn auf in Marmor, bet' ihn an
Und laß mein Bild ein Bierhaus-Schild nur sein.
War's darum, daß ich fast zur See gescheitert?
Daß unbequemer Wind von Englands Küste
Mich zweimal rückwärts nach der Heimat trieb?
Was deutet' es, als daß der Wind wohlmeinend
Zu warnen schien: „Such' kein Skorpionennest
Und fuße nicht an dem feindsel'gen Strand!"
Was tat ich, als den milden Stürmen fluchen
Und dem, der sie aus eh'rner Höhle[128] ließ
Und hieß sie wehn nach Englands Segensstrand,
Wo nicht, auf starren Fels das Steuer treiben?
Doch wollte Aeolus kein Mörder sein,
Dir überließ er das verhaßte Amt.
Es weigerte die spielend hohe See
Mich zu ertränken, wissend, daß du mich
Am Lande würdest durch unfreundlich Wesen
In Tränen, salzig wie die See, ertränken.
Die Klippen senkten sich in flachen Sand,
Mich nicht an ihren Zacken zu zerschmettern,
Daß, härter noch als sie, dein Kieselherz
In deinem Schloß verdürbe Margareten.
So weit ich deine Kreidefelsen spähte,
Als uns der Sturm zurück vom Ufer schlug,
Stand in dem Wetter ich auf dem Verdeck;
Und als der Dunst um deines Landes Anblick
Mein emsig gaffend Aug' begann zu täuschen,
Nahm ich vom Hals ein köstliches Juwel
(Es war ein Herz, gefaßt in Diamanten)
Und warf's dem Lande zu; die See empfing es,
Und so, wünscht' ich, möcht' auch dein Leib mein Herz;
Und jetzt verlor ich Englands holden Anblick
Und hieß die Augen mit dem Herzen wandern
Und nannte blinde, trübe Brillen sie,
Weil ihnen Albions teure Küste schwand.
Wie oft versucht' ich Suffolks Zunge nicht,
Die Botin deines schnöden Unbestands,
Mich zu bezaubern, wie Ascanius[129] tat,
Wann er der irren Dido all die Taten
Des Vaters machte kund seit Trojas Brand!

Schwärm' ich nicht so wie sie? Bist du nicht falsch wie er?
Weh mir, ich kann nicht mehr! Stirb, Margareta!
Denn Heinrich weint, daß ich so lang' gelebt.

Draußen Getöse. Warwick und Salisbury treten auf.
Das Volk drängt sich zur Türe herein.

WARWICK: Es will verlauten, mächt'ger Oberherr,
Der gute Herzog Humphrey sei von Suffolk
Und Kardinal Beaufort meuchlerisch ermordet.
Das Volk, wie ein erzürnter Bienenschwarm,
Der seinen Führer mißt, schweift hin und her
Und fragt nicht, wen es sticht in seiner Wut.
Ich stillte selbst die wilde Meuterei,
Bis sie den Hergang seines Todes hören.

KÖNIG HEINRICH:
Sein Tod ist, guter Warwick, allzu wahr;
Doch wie er starb, Gott weiß es, Heinrich nicht.
Geht in sein Zimmer, schaut den Leichnam an
Und macht die Deutung seines jähen Tods.

WARWICK: Das will ich tun, mein Fürst. – Bleib', Salisbury,
Beim rohen Haufen, bis ich wiederkehre.

Warwick geht in ein inneres Zimmer, und Salisbury zieht
sich zurück.

KÖNIG HEINRICH: O du, der alles richtet, hemm' in mir
Gedanken, welche mein Gemüt bereden,
Gewaltsam sei an Humphrey Hand gelegt!
Wenn falsch mein Argwohn ist, verzeih' mir, Gott!
Denn das Gericht gebühret einzig dir.
Gern möcht' ich seine bleichen Lippen wärmen
Mit tausend Küssen und auf sein Gesicht
Einen Ozean von salzen Tränen schwemmen;
Dem tauben Körper meine Liebe sagen
Und die fühllose Hand mit meiner fühlen;
Doch all umsonst ist diese Leichenfeier,
Und so sein tot und irdisch Bild beschaun,
War wär' es, als mein Leid nur größer machen?

Die Flügeltüre eines innern Zimmers öffnet sich, und man sieht den Gloster
tot in seinem Bett; Warwick und andre stehn umher.

WARWICK:
Kommt her, mein gnäd'ger Fürst, seht diese Leiche!

KÖNIG HEINRICH:
Das heißt, wie tief mein Grab gemacht ist, sehn:
Mit seiner Seele floh mein weltlich Heil,
Ihn sehend, seh' ich nur im Tod mein Leben.

WARWICK: So sicher meine Seele hofft zu leben,
Bei jenem furchtbar'n König, der auf sich
Den Stand der Menschen nahm, uns zu befrein
Von dem ergrimmten Fluche seines Vaters,
Glaub' ich, es ward gewaltsam Hand gelegt
An dieses hochberühmten Herzogs Leben.
SUFFOLK: Ein grauser Eid, und feierlich geschworen!
Was führt Lord Warwick an für seinen Schwur?
WARWICK:
Seht, wie sein Blut sich ins Gesicht gedrängt!
Oft sah ich einen zeitig Abgeschiednen,
Aschfarb von Ansehn, mager, bleich und blutlos,
Weil alles sich ums Herz hinabgezogen,
Das in dem Kampf, den mit dem Tod es hält,
Es an sich zieht zur Hülfe wider seinen Feind,
Wo's mit dem Herzen kalt wird und nicht rückkehrt,
Die Wangen noch zu röten und verschönen.
Doch sein Gesicht ist schwarz und voller Blut,
Die Augen mehr heraus, als da er lebte,
Entsetzlich starrend, dem Erwürgten gleich,
Das Haar gesträubt, die Nüstern weit vom Ringen,
Die Hände ausgespreizt, wie wer nach Leben
Noch zuckt' und griff und überwältigt ward.
Schaut auf die Laken, seht sein Haar da kleben,
Sein wohlgestalter Bart verworr'n und rauh,
So wie vom Sturm gelagert Sommerkorn.
Es kann nicht anders sein, er ward ermordet;
Das kleinste dieser Zeichen wär' beweisend.
SUFFOLK: Wer, Warwick, sollt' ihm wohl den Tod antun?
Ich selbst und Beaufort hatten ihn in Obhut;
Und wir, ich hoffe, Herr, sind keine Mörder.
WARWICK:
Doch wart ihr zwei geschworne Feinde Humphreys
Und mußtet, traun! den guten Herzog hüten.
Ihr pflegtet ihn als Freund vermutlich nicht,
Und, wie sich's kund gibt, fand er einen Feind.
KÖNIGIN: So scheint's, Ihr argwöhnt diese hohen Lords
Als am unzeit'gen Tod des Herzogs schuldig.
WARWICK: Wer findet tot das Rind und frisch noch blutend,
Sieht dicht dabei den Metzger mit dem Beil
Und argwöhnt nicht, daß der es abgeschlachtet?
Wer find't das Rebhuhn in des Habichts Nest,
Der sich nicht vorstellt, wie der Vogel starb,

Fliegt schon der Geier mit unblut'gem Schnabel?
Ganz so verdächtig ist dies Trauerspiel.

KÖNIGIN:
Seid Ihr der Schlächter, Suffolk? Wo ist Eu'r Messer?
Heißt Beaufort Geier? Wo sind seine Klau'n?

SUFFOLK: Kein Messer trag' ich, Schlafende zu schlachten;
Doch hier ein rächend Schwert, von Ruh' gerostet,
Das will ich dem im tück'schen Herzen scheuern,
Der mit des Mordes Purpurmal mich brandmarkt.
Sag, stolzer Lord von Warwick, wo du darfst,
Ich habe Schuld an Herzog Humphreys Tod.
            Der Kardinal, Somerset und andre ab.

WARWICK:
Was darf, getrotzt vom falschen Suffolk, Warwick nicht?

KÖNIGIN:
Er darf nicht seinen Schmähungsgeist bezähmen,
Noch abstehn von der übermüt'gen Rüge,
Und trotzt ihm Suffolk zwanzigtausend Mal.

WARWICK: Still, gnäd'ge Frau! Ich sag's mit aller Achtung:
Denn jedes Wort, zu Gunsten ihm gesprochen,
Bringt Eurer königlichen Würde Schimpf.

SUFFOLK: Stumpfsinn'ger Lord, unedel im Betragen!
Wenn je ein Fräulein den Gemahl so kränkte,
Nahm deine Mutter in ihr sträflich Bett[130]
Einen groben, unerzognen Bauern auf
Und impfte auf den edlen Stamm das Reis
Von einem Wildling, dessen Frucht du bist,
Und nimmer von der Nevils edlem Stamm.

WARWICK: Nur daß die Schuld des Mordes dich beschirmt,
Und ich den Henker brächt' um seinen Lohn,
Von tausendfacher Schande so dich lösend;
Und daß mich meines Fürsten Beisein sänftigt:
Sonst wollt' ich, falsche mörderische Memme,
Dich auf den Knie'n für die geführte Rede
Verzeihung bitten und dich sagen lassen,
Du habest deine Mutter nur gemeint
Und seist nach Bastardweise selbst erzeugt;
Und, nach der ganzen Huldigung aus Furcht,
Gäb' ich den Sold dir, schickte dich zur Hölle,
Blutsauger, der die Schlafenden vertilgt!

SUFFOLK: Wann ich dein Blut vergieße, sollst du wachen,
Wagst du mit mir aus diesem Kreis zu gehn.

WARWICK: Fort alsobald, sonst schlepp' ich dich hinaus!

Unwürdig, wie du bist, besteh' ich dich,
Um Herzog Humphreys Geiste Dienst zu leisten.
Suffolk und Warwick ab.

KÖNIG HEINRICH:
Gibt's einen Harnisch wie des Herzens Reinheit?
Dreimal bewehrt ist der gerechte Streiter,
Und nackt ist der, obschon in Stahl verschlossen,
Dem Unrecht das Gewissen angesteckt.
Man hört draußen Lärm.

KÖNIGIN: Was für ein Lärm?
Suffolk und Warwick kommen mit gezogenen Degen zurück.

KÖNIG HEINRICH:
Nun, Lords? Entblößt hier die ergrimmten Waffen
In unserm Beisein? Dürft ihr's euch vermessen?
Was gibt es hier für Schreien und Tumult?

SUFFOLK: Der falsche Warwick und das Volk von Bury
Stürmt alles auf mich ein, erhabner Fürst.
Draußen Lärm von einem großen Gedränge.
Salisbury kommt zurück.

SALISBURY: Halt! Eu'r Begehren soll der König wissen. –
Euch meldet, hoher Herr, das Volk durch mich,
Wird nicht der falsche Suffolk gleich gerichtet
Oder verbannt aus Englands schönem Reich,
So wollen sie aus Eurem Schloß ihn reißen
Und peinlich langsam ihn zu Tode foltern.
Sie sagen, daß der gute Herzog Humphrey
Durch ihn gestorben sei; sie sagen ferner,
Sie fürchten Euer Hoheit Tod von ihm,
Und bloßer Trieb der Lieb' und treuen Eifers,
Von frecher, widerspenst'ger Absicht frei,
Als wollten Eurem Wunsch sie widersprechen,
Geb' ihnen ein die Fod'rung seines Banns.
Sie sagen, für Eu'r hohes Wohl besorgt:
Wenn Eure Hoheit nun zu schlafen dächte
Und anbeföhle, niemand sollt' Euch stören
Bei Eurer Ungnad' oder Todesstrafe;
Doch, ungeachtet solches Strafgebots,
Würd' eine Schlange mit gespaltner Zunge
Hinschleichend zu Eu'r Majestät gesehn,
So wär' es unumgänglich, Euch zu wecken,
Auf daß nicht Euren Schlummer voller Harm
Das tödliche Gewürm zum ew'gen machte.
Und darum schrein sie, daß sie trotz Verboten

Euch hüten wollen, willig oder nicht,
Vor solchen Schlangen wie der falsche Suffolk,
Durch des verderblichen und gift'gen Stich
Eu'r lieber Oheim, zwanzigmal ihn wert,
Des Lebens schändlich, sagen sie, beraubt sei.

VOLK *draußen:* Bescheid vom Könige, Mylord von Salisbury!

SUFFOLK: Sehr glaublich, daß das Volk, ein roher Haufe,
Dem Fürsten solche Botschaft senden konnte!
Doch Ihr, Mylord, nahmt gern den Auftrag an,
Um Eure feine Redekunst zu zeigen.
Doch aller Ruhm, den Salisbury erworben,
Ist, daß er Abgesandter einer Rotte
Von Kesselflickern an den König war.

VOLK *draußen:* Bescheid vom Könige, wir brechen sonst hinein!

KÖNIG HEINRICH:
Geh, Salisbury, und sag von meinetwegen
Für ihr so liebend Sorgen allen Dank;
Und wär' ich nicht von ihnen aufgefodert,
So hab' ich's doch beschlossen, wie sie bitten.
Denn, wahrlich, stündlich prophezeit mein Sinn
Von Suffolks wegen Unheil meinem Thron.
Und drum – ich schwör's bei dessen Majestät,
Des ich unwürd'ger Stellvertreter bin, –
Sein Atem soll nicht diese Luft verpesten
Mehr als drei Tage noch, bei Todesstrafe!
                    Salisbury ab.

KÖNIGIN: O laß mich für den holden Suffolk reden!

KÖNIG HEINRICH: Unholde Königin, ihn hold zu nennen!
Nicht weiter, sag' ich; wenn du für ihn redest,
Wirst du nur höher steigern meinen Zorn.
Ich hielte Wort, und hätt' ich's nur gesagt,
Doch wenn ich schwöre, ist's unwiderruflich.
Wenn nach drei Tagen Zeit man hier dich findet
Auf irgend einem Boden, wo ich herrsche,
So kauft die Welt dein Leben nicht mehr los. –
Komm, Warwick! Lieber Warwick, geh mit mir!
Denn Großes hab' ich mitzuteilen dir.
                    König Heinrich, Warwick, Lords u. s. w. ab.

KÖNIGIN: Unheil und Kummer folg' Euch auf dem Fuß!
Und Herzeleid und bitterste Bedrängnis
Sei'n die Gespielen, die sich Euch gesellen!
Sind Euer zwei, der Teufel sei der dritte!
Dreifache Rache laur' auf Eure Wege!

SUFFOLK: Halt inne, holde Königin, mit Flüchen:
Laß deinen Suffolk traurig Abschied nehmen.
KÖNIGIN: Pfui, feiges Weib! weichherziges Geschöpf!
Hast du nicht Mut, zu fluchen deinen Feinden?
SUFFOLK: Weh ihnen! Warum sollt' ich sie verfluchen?
Wär' Fluchen tödlich wie Alraunen-Ächzen[131],
So wollt' ich bittre, scharfe Wort' erfinden,
So rauh, verrucht und greulich anzuhören,
Durch die geknirschten Zähn' herausgetobt,
Mit so viel Zeichen eingefleischten Hasses,
Als wie der hagre Neid in ekler Höhle.
Die Zunge sollt' in heft'ger Rede straucheln,
Die Augen wie geschlagne Kiesel sprühn,
Mein Haar wie einem Rasenden sich sträuben,
Ja, alle Glieder mitzufluchen scheinen;
Und eben jetzt bräch' mein belastet Herz,
Wenn ich nicht fluchte. Gift sei ihr Getränk!
Gall', und was bittrer noch, ihr Leckerbissen!
Ihr bester Schatten ein Zypressenwald!
Ihr schönster Anblick grimme Basilisken!
Eidechsenstich' ihr sanftestes Berühren!
Sei ihr Konzert wie Schlangenzischen gräßlich,
Und fall' ein Chor von Unglückseulen ein!
Der mächt'gen Hölle wüste Schrecken alle –
KÖNIGIN: Genug, mein Suffolk, denn du quälst dich selbst,
Und diese Flüche, wie die Sonn' auf Glas,
Wie überladne Büchsen, prallen rückwärts
Und wenden ihre Stärke wider dich.
SUFFOLK: Ihr heißt mich fluchen: heißt Ihr's nun mich lassen?
Bei diesem Boden, den der Bann mir wehrt!
Leicht flucht' ich eine Winternacht hinweg,
Stünd' ich schon nackt auf eines Berges Gipfel,
Wo scharfe Kälte keinen Halm läßt keimen,
Und hielt' es nur für 'ner Minute Scherz.
KÖNIGIN: Oh, auf mein Flehn laß ab! Gib mir die Hand,
Daß ich mit traur'gen Tränen sie betaue:
Des Himmels Regen netze nie die Stelle,
Mein wehevolles Denkmal wegzuwaschen. *Küßt seine Hand.*
Oh, prägt' in deine Hand sich dieser Kuß,
Daß, bei dem Siegel, du an diese dächtest,
Durch die ich tausend Seufzer für dich atme!
So mach' dich fort, daß ich mein Leid erfahre;
Derweil du noch dabei stehst, ahnd' ich's nur,

Wie ein Gesättigter an Mangel denkt.
Ich will zurück dich rufen, oder wagen,
Des sei gewiß, verbannt zu werden selbst;
Und bin ich doch verbannt, wenn nur von dir.
Geh! Rede nicht mit mir! Gleich eile fort! –
Oh, geh noch nicht! – So herzen sich und küssen
Verdammte Freund' und scheiden tausendmal,
Vor Trennung hundertmal so bang als Tod.
Doch nun fahr' wohl! Fahr' wohl mit dir mein Leben!
SUFFOLK: So trifft zehnfacher Bann den armen Suffolk,
Vom König einer, dreimal drei von dir.
Mich kümmert nicht das Land, wärst du von hinnen:
Volkreich genug ist eine Wüstenei,
Hat Suffolk deine himmlische Gesellschaft.
Denn wo du bist, da ist die Welt ja selbst,
Mit all und jeden Freunde in der Welt,
Und wo du nicht bist, hoffnungslose Öde.
Ich kann nicht weiter: leb' du froh des Lebens,
Ich über nichts erfreut, als daß du lebst.
Vaux tritt auf.
KÖNIGIN: Wohin geht Vaux so eilig? Sag, was gibt's?
VAUX: Um zu berichten Seiner Majestät,
Kardinal Beaufort lieg' in den letzten Zügen.
Denn jählings überfiel ihn schwere Krankheit,
So daß er keicht und starrt und schnappt nach Luft,
Gott lästernd und der Erde Kindern fluchend.
Bald spricht er, als ob Herzog Humphreys Geist
Zur Seit' ihm stände; ruft den König bald
Und flüstert in sein Kissen, wie an ihn,
Der schwerbeladnen Seele Heimlichkeiten.
Und melden soll ich Seiner Majestät,
Daß er jetzt eben laut nach ihm geschrien.
KÖNIGIN: Geh, sag dem König diese traur'ge Botschaft.
Vaux ab.
Weh mir! Was ist die Welt? Welch neuer Vorfall?
Doch klag' ich einer Stunde armen Raub,
Suffolk im Bann vergessend, mein Herz-Kleinod?
Was traur' ich, Suffolk, einzig nicht um dich,
Und eifr' in Tränen mit des Südens Wolken,
Das Land befeuchtend die, mein Leid die meinen?
Nun mach' dich fort: du weißt, der König kommt;
Es ist dein Tod, wirst du bei mir gefunden.
SUFFOLK: Ich kann nicht leben, wenn ich von dir scheide;

Und neben dir zu sterben, wär' es mehr
Als wie ein süßer Schlummer dir im Schoß?
Hier könnt' ich meine Seele von mir hauchen,
So mild und leise wie das Wiegenkind,
Mit seiner Mutter Brust im Munde sterbend;
Da, fern von dir, ich rasend toben würde
Und nach dir schrein, mein Auge zuzudrücken,
Mit deinen Lippen meinen Mund zu schließen:
So hieltest du die flieh'nde Seel' entweder,
Wo nicht, so haucht' ich sie in deinen Leib,
Da lebte dann sie in Elysium[132].
Bei dir zu sterben, hieß' im Scherz nur sterben:
Entfernt von dir, wär' mehr als Todesqual.
O laß mich bleiben, komme, was da will!
KÖNIGIN: Fort! Ist die Trennung schon ein ätzend Mittel,
Sie dient für eine Wunde voller Tod.
Nach Frankreich, Suffolk! Laß von dir mich hören,
Denn, wo du seist auf diesem Erdenball,
Soll eine Iris[133] dich zu finden wissen.
SUFFOLK: Ich gehe.
KÖNIGIN: Und nimm mein Herz mit dir.
SUFFOLK: Ein Kleinod in dem wehevollsten Kästchen,
Das je ein köstlich Ding umschlossen hat.
Wie ein zertrümmert Schiff, so scheiden wir:
Ich sinke hier zum Tod hinab.
KÖNIGIN: Ich hier.
Beide von verschiedenen Seiten ab.

DRITTE SZENE

London. Kardinal Beauforts Schlafzimmer.

*König Heinrich, Salisbury, Warwick und andre. Der Kardinal im Bette,
Bediente um ihn her.*

KÖNIG HEINRICH:
Wie geht's dir, Beaufort? Sprich zu deinem Fürsten!
BEAUFORT: Bist du der Tod, ich geb' dir Englands Schätze,
Genug, zu kaufen solch ein zweites Eiland,
So du mich leben läßt, und ohne Pein.
KÖNIG HEINRICH: Ach, welch ein Zeichen ist's von üblem Leben,
Wenn man des Todes Näh' so schrecklich sieht!

WARWICK: Beaufort, es ist dein Fürst, der mit dir spricht.

BEAUFORT: Bringt zum Verhör mich, wann ihr immer wollt.
Er starb in seinem Bett: wo sollt' er sterben?
Kann ich zum Leben einen Menschen zwingen? –
Oh, foltert mich nicht mehr! Ich will bekennen. –
Nochmal lebendig? Zeigt mir, wo er ist,
Ich gebe tausend Pfund, um ihn zu sehn. –
Er hat keine Augen, sie sind blind vom Staub. –
Kämmt nieder doch sein Haar: seht! seht! es starrt,
Leimruten gleich fängt's meiner Seele Flügel! –
Gebt mir zu trinken, heißt den Apotheker
Das starke Gift mir bringen, das ich kaufte.

KÖNIG HEINRICH: O du, der Himmel ewiger Beweger,
Wirf einen Gnadenblick auf diesen Wurm!
Oh, scheuch' den dreist geschäft'gen Feind hinweg,
Der seine Seele stark belagert hält,
Und rein'ge seinen Busen von Verzweiflung!

WARWICK: Seht, wie die Todesangst ihn grinsen macht.

SALISBURY: Verstört ihn nicht, er fahre friedlich hin.

KÖNIG HEINRICH:
Wenn's Gott geliebt, mit seiner Seele Frieden! –
Lord Kardinal, denkst du an ew'ges Heil,
So heb' die Hand zum Zeichen deiner Hoffnung. –
Er stirbt und macht kein Zeichen: Gott, vergib ihm!

WARWICK: Solch übler Tod verrät ein scheußlich Leben.

KÖNIG HEINRICH: O richtet nicht, denn wir sind alle Sünder.
Drückt ihm die Augen zu, zieht vor den Vorhang,
Und laßt uns alle zur Betrachtung gehn.
Alle ab.

VIERTER AUFZUG

ERSTE SZENE

Kent. Die Seeküste bei Dover.

*Man hört zur See feuern. Alsdann kommen aus einem Boot ein Schiffs-
hauptmann, der Patron und sein Gehülfe, Seyfart Wittmer und andre; mit
ihnen Suffolk und andre Edelleute als Gefangne.*

SCHIFFSHAUPTMANN: Der bunte, plauderhafte, scheue Tag
  Hat sich verkrochen in den Schoß der See;
  Lautheulend treiben Wölfe nun die Mähren,
  Wovon die schwermutsvolle Nacht geschleppt wird,
  Die ihre trägen Fitt'ge, schlaff gedehnt,
  Auf Grüfte senken und aus dunst'gem Schlund
  Die Nacht mit ekler Finsternis durchhauchen.
  Drum bringt die Krieger des genommnen Schiffs;
  Weil unsre Jacht sich vor die Dünen legt,
  So sollen sie sich lösen hier am Strand,
  Wo nicht, mit ihrem Blut ihn mir verfärben. –
  Patron, hier d e n Gefangnen schenk' ich dir;
  Du, sein Gehülfe, zieh' Gewinn von dem;
  Der andre, Seyfart Wittmer, ist dein Teil. *Auf Suffolk zeigend.*
ERSTER EDELMANN:
  Was ist mein Lösegeld, Patron? Sag an!
PATRON: Eintausend Kronen, oder Kopf herunter.
GEHÜLFE: Das gleiche gebt Ihr mir, sonst fliegt der Eure.
SCHIFFSHAUPTMANN:
  Was? Dünkt's euch viel, zweitausend Kronen zahlen,
  Und nennt und habt euch doch wie Edelleute?
  Hals ab den beiden Schurken! Ihr müßt sterben:
  Das Leben unsrer eingebüßten Leute
  Wiegt solche kleine Summe längst nicht auf.

ERSTER EDELMANN:
  Ich zahl' sie, Herr, und also schont mein Leben.
ZWEITER EDELMANN: Ich auch, und schreibe gleich darum nach
  Haus.
WITTMER *zu Suffolk:* Mein Auge büßt' ich bei dem Entern ein,
  Und darum, das zu rächen, sollst du sterben,
  Und, wenn mein Wille gölte, diese mit.
SCHIFFSHAUPTMANN:
  Sei nicht so rasch! Nimm Lösung, laß ihn leben.
SUFFOLK: Sieh mein Georgenkreuz, ich bin von Adel:
  Schätz' mich, so hoch du willst, du wirst bezahlt.
WITTMER:
  Das werd' ich schon; mein Nam' ist Seyfart Wittmer.
  Nun, warum starrst du so? Wie? Schreckt der Tod?
SUFFOLK: Mich schreckt dein Nam': in seinem Klang ist Tod.
  Mir stellt' ein weiser Mann das Horoskop
  Und sagte mir, durch Seefahrt käm' ich um.
  Doch darf dich das nicht blutbegierig machen;
  Dein Nam' ist Siegfried, richtig ausgesprochen.
WITTMER: Sei's Siegfried oder Seyfart, mir ist's gleich.
  Nie hat noch unsern Namen Schimpf entstellt,
  Daß unser Schwert den Fleck nicht weggewischt.
  Drum, wenn ich mit der Rache Handel treibe,
  Zerbreche man mein Schwert, mein Wappenschild,
  Und ruf' als Memme durch die Welt mich aus!
              Greift den Suffolk.
SUFFOLK: Halt, Wittmer! Dein Gefangner ist ein Prinz,
  Der Herzog Suffolk, William de la Poole.
WITTMER: Der Herzog Suffolk, eingemummt in Lumpen?
SUFFOLK: Ja, doch die Lumpen sind kein Teil vom Herzog;
  Ging Zeus[134] doch wohl verkleidet: sollt' ich's nicht?
SCHIFFSHAUPTMANN:
  Doch Zeus ward nie erschlagen, wie du jetzt.
SUFFOLK: Gemeiner Bauer! König Heinrichs Blut,
  Das ehrenwerte Blut von Lancaster,
  Darf nicht vergießen solch ein Knecht vom Stall.
  Gabst du nicht Kußhand, hieltest meinen Bügel,
  Liefst neben meinem Saumtier unbedeckt
  Und hieltest dich beglückt, wenn ich dir nickte?
  Wie oft bedientest du mich bei den Bechern,
  Bekamst den Abhub, knietest an der Tafel,
  Wann ich mit Königin Margereta schmauste?
  Gedenke dran, und laß dich's niederschlagen

Und dämpfen deinen fehlgebornen Stolz.
Wie standest du im letzten Vorgemach
Und harrtest dienstbar, bis ich nun erschien?
Zu deinen Gunsten schrieb hier diese Hand,
Drum feßle sie die wilde Zunge dir.

WITTMER:
Durchbohr' ich den Verworfnen? Hauptmann, sprich!

SCHIFFSHAUPTMANN: Erst ich mit Worten ihn, so wie er mich.

SUFFOLK: Sind deine Worte stumpf doch, Sklav', wie du!

SCHIFFSHAUPTMANN: Fort, und an unsers großen Bootes Rand
Schlagt ihm den Kopf ab!

SUFFOLK: Wagst du deinen dran?

SCHIFFSHAUPTMANN: Ja, Poole.

SUFFOLK: Poole?

SCHIFFSHAUPTMANN: Poole? Sir Poole? Lord?
Ja, Pfütze, Pfuhl, Kloak, des Kot und Schlamm
Die Silberquelle trübt, wo England trinkt.
Nun stopf' ich diesen aufgesperrten Mund,
Der unsers Reiches Schatz verschlungen hat;
Die Lippen, so die Königin geküßt,
Schleif' ich am Boden hin; und du, der einst
Des guten Herzogs Humphrey Tod belächelt,
Sollst nun umsonst fühllosen Winden grinsen,
Die, wie zum Hohn, zurück dir zischen werden.
Und mit der Hölle Hexen sei verbunden,
Weil du verlobt hast einen mächt'gen Herrn
Der Tochter eines nichtgeacht'ten Königs,
Ohn' Untertanen, Gut und Diadem.
Du wurdest groß durch Teufels-Politik
Und, wie der kühne Sylla[135], überfüllt
Mit Zügen Bluts aus deiner Mutter Herzen.
Anjou und Maine ward durch dich verkauft;
Durch dich verschmähn abtrünnige Normannen
Uns Herrn zu nennen; und die Pikardie
Schlug die Regenten, fiel in unsre Burgen
Und sandte wund, zerlumpt, das Kriegsvolk heim.
Der hohe Warwick und die Nevils alle,
Die nie umsonst die fruchtbar'n Schwerter ziehn,
Stehn wider dich aus Haß in Waffen auf;
Das Haus von York nun, von dem Thron gestoßen
Durch eines wackern Königs schnöden Mord
Und stolze frevelhafte Tyrannei,
Entbrennt von Rachefeuer, und es führt

In hoffnungsvollen Fahnen unsre Sonne
Mit halbem Antlitz[136], strebend durchzuscheinen,
Wobei geschrieben steht: Invitis nubibus[137].
Das Volk von Kent hier regt sich in den Waffen,
Und endlich hat sich Schmach und Bettelarmut
In unsers Königes Palast geschlichen,
Und alles das durch dich. Fort! Schafft ihn weg!
SUFFOLK: O wär' ich doch ein Gott, den Blitz zu schleudern
Auf diese dürft'gen, weggeworfnen Knechte!
Elende sind auf kleine Dinge stolz:
Der Schurke hier, als Hauptmann einer Jacht,
Droht mehr als der illyrische Pirat,
Der mächt'ge Bargulus[138]. Die Drohne saugt
Nicht Adlers-Blut, sie stiehlt aus Bienenstöcken;
Es ist unmöglich, daß ich sterben sollte
Durch solchen niedern Untertan als du.
Dein Reden weckt nur Wut, nicht Reu' in mir.
Nach Frankreich sendet mich die Königin:
Ich sag' es dir, schaff' sicher mich hinüber!
SCHIFFSHAUPTMANN: Seyfart, –
WITTMER: Komm, Suffolk! daß ich dich zum Tode schaffe.
SUFFOLK:
Pene gelidus timor occupat artus[139]: – dich fürcht' ich.
WITTMER: Du findest Grund zur Furcht, eh' ich dich lasse.
Wie, bist du nun verzagt? Willst nun dich beugen?
ERSTER EDELMANN:
Mein gnäd'ger Lord, gebt ihm doch gute Worte!
SUFFOLK: Des Suffolks Herrscherzung' ist streng und rauh,
Weiß zu gebieten, nicht um Gunst zu werben.
Fern sei es, daß wir Volk wie dieses da
Mit unterwürf'gen Bitten ehren sollten.
Nein, lieber neige sich mein Haupt zum Block,
Eh' diese Knie vor irgendwem sich beugen,
Als vor des Himmels Gott und meinem König;
Und eher mag's auf blut'ger Stange tanzen,
Als stehn entblößt vor dem gemeinen Knecht.
Der echte Adel weiß von keiner Furcht:
Mehr halt' ich aus, als ihr vollbringen dürft.
SCHIFFSHAUPTMANN:
Schleppt ihn hinweg, laßt ihn nicht länger reden!
SUFFOLK: Soldaten, kommt! Zeigt eure Grausamkeit!
Daß diesen meinen Tod man nie vergesse.
Durch Bettler fallen große Männer oft:

Ein röm'scher Fechter und Bandit erschlug
Den holden Tullius[140]; Brutus' Bastard-Hand
Den Julius Cäsar; wildes Inselvolk
Den Held Pompejus[141]; und Suffolk stirbt durch Räuber.
Suffolk mit Wittmer und andern ab.

SCHIFFSHAUPTMANN:
Von diesen, deren Lösung wir bestimmt,
Beliebt es uns, daß einer darnach reise.
Ihr also kommt mit uns und laßt ihn gehn.
Alle ab, außer der erste Edelmann.
Wittmer kommt mit Suffolks Leiche zurück.

WITTMER:
Da lieg' sein Haupt und sein entseelter Leib,
Bis ihn die traute Königin bestattet! *Ab.*

ERSTER EDELMANN:
Oh, ein barbarisches und blut'ges Schauspiel!
Ich will zum König seine Leiche tragen:
Rächt der ihn nicht, so werden's seine Freunde,
Die Königin, die lebend hoch ihn hielt. *Ab mit der Leiche.*

Zweite Szene

Blackheath. Georg Bevis und Johann Holland treten auf.

GEORG: Wohlan! Schaff' dir einen Degen, und wenn er auch nur von Holz wäre; seit zwei Tagen sind sie schon auf den Beinen.

JOHANN: Desto nötiger tut's ihnen, sich jetzt hinzusetzen.

GEORG: Ich sage dir, Hans Cade, der Tuchmacher, denkt das gemeine Wesen aufzustutzen und es zu wenden und ihm die Wolle von neuem zu krausen.

JOHANN: Das tut ihm Not, denn es ist bis auf den Faden abgetragen. Nun, das weiß ich, es gab kein lustiges Leben mehr in England, seit die Edelleute aufgekommen sind.

GEORG: O die elenden Zeiten! Tugend wird an Handwerksleuten nichts geachtet.

JOHANN: Der Adel hält es für einen Schimpf, im ledernen Schurz zu gehn.

GEORG: Was noch mehr ist: des Königs Räte sind keine guten Arbeitsleute.

JOHANN: Ja, und es steht doch geschrieben: arbeite in deinem Beruf; was so viel sagen will: die Obrigkeiten sollen Arbeitsleute sein; und also sollten wir Obrigkeiten werden.

GEORG: Richtig getroffen! Denn es gibt kein besser Zeichen von einem wackern Gemüt, als eine harte Hand.

JOHANN: Ich seh' sie kommen! Ich seh' sie kommen! Da ist Bests Sohn, der Gerber von Wingham, –

GEORG: Der soll das Fell unsrer Feinde kriegen, um Hundsleder daraus zu machen.

JOHANN: Und Märten, der Metzger, –

GEORG: Nun, da wird die Sünde vor den Kopf geschlagen wie ein Ochse, und die Ruchlosigkeit wird abgestochen wie ein Kalb.

JOHANN: Und Smith, der Leinweber, –

GEORG: Ergo ist ihr Lebensfaden abgehaspelt.

JOHANN: Kommt, schlagen wir uns zu ihnen!

Trommeln. Cade, Märten der Metzger, Smith der Leinweber und andre in großer Anzahl kommen.

CADE: Wir, Johann Cade, von unserm vermeintlichen Vater so benannt, denn unsre Feinde sollen vor uns niederfallen; vom Geist getrieben, Könige und Fürsten zu stürzen, – befehlt Stillschweigen!

MÄRTEN: Still!

CADE: Mein Vater war ein Mortimer, –

MÄRTEN *beiseit:* Es war ein ehrlicher Mann und ein guter Maurer.

CADE: Meine Mutter eine Plantagenet, –

MÄRTEN *beiseit:* Ich habe sie recht gut gekannt, sie war eine Hebamme.

CADE: Meine Frau stammt vom Geschlecht der Lacies, –

MÄRTEN *beiseit:* Wahrhaftig, sie war eines Hausierers Tochter und hat manchen Latz verkauft.

SMITH *beiseit:* Aber seit kurzem, nun sie nicht mehr im stande ist, mit ihrem Tornister herumzugehn, wäscht sie zu Hause für Geld.

CADE: Folglich bin ich aus einem ehrenwerten Hause.

MÄRTEN *beiseit:* Ja, meiner Treu! Das freie Feld ist aller Ehren wert, und da ist er zur Welt gekommen, hinterm Zaun; denn sein Vater hatte kein ander Haus als das Hundeloch.

CADE: Mut habe ich.

SMITH *beiseit:* Das muß er wohl, denn zum Betteln gehört Mut.

CADE: Ich kann viel aushalten.

MÄRTEN *beiseit:* Das ist keine Frage: ich habe ihn drei Markttage nacheinander peitschen sehn.

CADE: Ich fürchte mich weder vor Feuer noch Schwert.

SMITH *beiseit:* Vor dem Schwerte braucht er sich nicht zu fürchten, die Stiche werden vorbeigehn, denn sein Rock hält längst keinen Stich mehr.

MÄRTEN *beiseit:* Aber mich dünkt, vor dem Feuer sollte er sich fürchten, da sie ihm für seine Schafdieberei ein Zeichen in die Hand gebrannt haben.

CADE: Seid also brav, denn euer Anführer ist brav und gelobt euch Abstellung der Mißbräuche. Sieben Sechser-Brote sollen künftig in England für einen Groschen verkauft werden; die dreireifige Kanne soll zehn Reifen halten, und ich will es für ein Hauptverbrechen erklären, Dünnbier zu trinken. Das ganze Reich sollen alle in gemein haben; in Cheapside geht euch mein Klepper auf die Weide. Und wenn ich König bin, – wie ich es denn bald sein werde, –

ALLE: Gott erhalte Eure Majestät!

CADE: Ich danke euch, lieben Leute! – so soll es kein Geld mehr geben, alle sollen auf meine Rechnung essen und trinken, ich will sie alle in e i n e Livrei kleiden, damit sie sich als Brüder vertragen und mich als ihren Herrn ehren.

MÄRTEN: Das erste, was wir tun müssen, ist, daß wir alle Rechtsgelahrte umbringen.

CADE: Ja, das gedenk' ich auch zu tun. Ist es nicht ein erbarmenswürdig Ding, daß aus der Haut eines unschuldigen Lammes Pergament gemacht wird? daß Pergament, wenn es bekritzelt ist, einen Menschen zu Grunde richten kann? Man sagt, die Bienen stechen, aber ich sage: das Wachs der Bienen tut es, denn ich habe nur ein einziges Mal etwas besiegelt, und seit der Zeit war ich niemals wieder mein eigner Herr. Nun, was gibt's? Wen habt ihr da?

Es kommen Leute, die den Schreiber von Chatham vorführen.

SMITH: Den Schreiber von Chatham: er kann lesen und schreiben und Rechnungen aufsetzen.

CADE: Oh, abscheulich!

SMITH: Wir ertappten ihn dabei, daß er den Jungen ihre Exempel durchsah.

CADE: Das ist mir ein Bösewicht!

SMITH: Er hat ein Buch in der Tasche, da sind rote Buchstaben drin.

CADE: Ja, dann ist er gewiß ein Beschwörer.

MÄRTEN: Ja, er kann auch Verschreibungen machen und Kanzleischrift schreiben.

CADE: Es tut mir leid: der Mann ist, bei meiner Ehre, ein hübscher Mann; wenn ich ihn nicht schuldig finde, so soll er nicht sterben. – Komm her, Bursch, ich muß dich verhören. Wie ist dein Name?

SCHREIBER: Emanuel[142].

MÄRTEN: Das pflegen sie an die Spitze der offenen Sendschreiben zu setzen. – Es wird Euch schlimm ergehn.

CADE: Laßt mich allein machen. Pflegst du deinen Namen auszuschreiben, oder hast du ein Zeichen dafür, wie ein ehrlicher schlichter Mann?

SCHREIBER: Gott sei Dank, Herr, ich bin so gut erzogen, daß ich meinen Namen schreiben kann.

ALLE: Er hat bekannt: fort mit ihm! Er ist ein Schelm und ein Verräter.

CADE: Fort mit ihm, sage ich: hängt ihn mit seiner Feder und Tintenfaß um den Hals!

Einige mit dem Schreiber ab.
Michel kommt.

MICHEL: Wo ist unser General?

CADE: Hier bin ich, du spezieller Kerl.

MICHEL: Flieht! Flieht! Flieht! Sir Humphrey Stafford und sein Bruder mit der Heeresmacht des Königs sind ganz in der Nähe.

CADE: Steh, Schurke, steh, oder ich haue dich nieder. Er soll es mit einem ebenso tüchtigen Mann zu tun bekommen, als er selber ist. Er ist nichts mehr als ein Ritter, nicht wahr?

MICHEL: Nein.

CADE: Um es ihm gleich zu tun, will ich mich selbst unverzüglich zum Ritter schlagen. Steh auf als Sir John Mortimer! Nun auf ihn los!

Sir Humphrey Stafford und sein Bruder William kommen mit
Truppen unter Trommelschlag.

STAFFORD: Rebellisch Pack, der Kot und Abschaum Kents,
Zum Galgen reif! Legt eure Waffen nieder,
Zu euren Hütten heim, verlaßt den Knecht!
Wenn ihr zurückkehrt, ist der König gnädig.

WILLIAM STAFFORD:
Doch zornig, wütend und auf Blut gestellt,
Treibt ihr es fort; drum fügt euch oder sterbt!

CADE: Mir gelten nichts die taftbehangnen Sklaven;
Zu euch, ihr guten Leute, red' ich nur,
Die ich in Zukunft zu regieren hoffe,
Da ich des Throns rechtmäß'ger Erbe bin.

STAFFORD: Du Schelm, dein Vater war ein Mauerntüncher;
Tuchscherer bist du selber: bist du's nicht?

CADE: Und Adam war ein Gärtner.

WILLIAM STAFFORD: Was soll das hier?

CADE: Nun, das soll's: – Edmund Mortimer, Graf von March,
Nahm sich zur Eh' des Herzogs Clarence Tochter; nicht?

STAFFORD: Ja wohl.

CADE: Von ihr bekam er auf einmal zwei Kinder.

WILLIAM STAFFORD: Das ist nicht wahr.

CADE: Nun ja, das fragt sich; doch ich sag', es ist so.
Der ältre, den man in die Kost gegeben,
Ward weggestohlen durch ein Bettelweib;
Und, seiner Abkunft und Geburt nicht kundig,
Ward er ein Maurer, wie er kam zu Jahren.
Sein Sohn bin ich, und leugnet's, wenn Ihr könnt.

MÄRTEN: Ja, es ist wahrhaftig wahr: darum soll er unser König
sein.

SMITH: Herr, er hat eine Feueresse in meines Vaters Hause gebaut,
und die Backsteine leben noch bis auf diesen Tag, die es bezeugen können; also leugnet es nicht.

STAFFORD: So glaubt ihr dieses Tagelöhners Worten,
Der spricht, er weiß nicht was?

ALLE: Jawohl, das tun wir; also packt euch nur!

WILLIAM STAFFORD: Hans Cade, Euch lehrte dies der Herzog York.

CADE *beiseit:* Er lügt, ich habe es selbst erfunden. – Wohlan, ihr da,
sagt dem Könige von meinetwegen: Um seines Vaters willen,
Heinrichs des Fünften, zu dessen Zeit die Jungen Hellerwerfen
um französische Kronen spielten, sei ich es zufrieden, daß er
regiere; ich wolle aber Protektor über ihn sein.

MÄRTEN: Und ferner wollen wir Lord Says[143] Kopf haben, weil er
das Herzogtum Maine verkauft hat.

CADE: Und das von Rechts wegen, denn dadurch ist England verstümmelt und müßte am Stabe einhergehen, wenn ich es nicht
aufrecht erhielte. Ich sage euch, ihr Mitkönige, Lord Say hat das
gemeine Wesen verschnitten und zum Eunuchen gemacht; und
was mehr ist, so kann er französisch sprechen, und also ist er
ein Verräter!

STAFFORD: O grobe, klägliche Unwissenheit!

CADE: Ja, antwortet mir, wenn Ihr könnt. Die Franzosen sind
unsre Feinde; nun gut, ich frage Euch nur: kann jemand, der
mit der Zunge eines Feindes spricht, ein guter Ratgeber sein
oder nicht?

ALLE: Nein, nein, und also wollen wir seinen Kopf haben.

WILLIAM STAFFORD: Wohl, da gelinde Worte nichts vermögen,
So greift sie mit dem Heer des Königs an!

STAFFORD: Fort, Herold, und in jeder Stadt ruf' aus
Die mit dem Cade Empörten als Verräter,
Auf daß man die, so aus dem Treffen fliehn,
In ihrer Frau'n und Kinder Angesicht

Zur Warnung hänge vor den eignen Türen. –
Und ihr, des Königs Freunde, folgt mir nach!

Die beiden Staffords mit den Truppen ab.

CADE: Und ihr, des Volkes Freunde, folgt mir nach!
's ist für die Freiheit, zeigt euch nun als Männer:
Kein Lord, kein Edelmann soll übrig bleiben;
Schont nur, die in gelappten Schuhen gehn,
Denn das sind wackre, wirtschaftliche Leute,
Die, wenn sie dürften, zu uns überträten.

MÄRTEN: Sie sind schon in Ordnung und marschieren auf uns zu.

CADE: Wir sind erst recht in Ordnung, wenn wir außer aller
Ordnung sind. Kommt, marschiert vorwärts!

Alle ab.

DRITTE SZENE

Ein andrer Teil von Blackheath.

*Getümmel. Die zwei Parteien kommen und fechten, und beide Staffords
werden erschlagen.*

CADE: Wo ist Märten, der Metzger von Ashford?

MÄRTEN: Hier.

CADE: Sie fielen vor dir wie Schafe und Ochsen, und du tatest, als
wenn du in deinem eigenen Schlachthause wärest; deshalb will
ich dich folgendermaßen belohnen: die Fasten sollen noch einmal so lang sein, und du sollst eine Konzession[144] haben, für
hundert weniger einen zu schlachten.

MÄRTEN: Ich verlange nicht mehr.

CADE: Und, in Wahrheit, du verdienst nichts Geringeres. Dies Andenken des Sieges[145] will ich tragen, und die beiden Leichen soll
mein Pferd nachschleifen, bis ich nach London komme, wo wir
uns das Schultheißen-Schwert wollen vortragen lassen.

MÄRTEN: Wenn wir Gedeihen haben und was ausrichten wollen,
so laßt uns die Kerker aufbrechen und die Gefangenen heraus-
lassen!

CADE: Sorge nicht, dafür stehe ich dir. Kommt, marschieren wir
nach London!

Alle ab.

London. Ein Zimmer im Palast.

König Heinrich, der eine Supplik liest; der Herzog von Buckingham und Lord Say neben ihm; in der Entfernung Königin Margareta, die über Suffolks Kopf trauert.

KÖNIGIN: Oft hört' ich, Gram erweiche das Gemüt,
Er mach' es zaghaft und entart' es ganz.
Drum denk' auf Rache und laß ab vom Weinen.
Doch wer ließ' ab vom Weinen, der dies sieht?
Hier liegt sein Haupt an meiner schwell'nden Brust:
Wo ist der Leib, den ich umarmen sollte?
BUCKINGHAM: Welche Antwort erteilt Eure Hoheit auf die
Supplik der Rebellen?
KÖNIG HEINRICH: Ich send' als Mittler einen frommen Bischof.
Verhüte Gott, daß so viel arme Seelen
Umkommen durch das Schwert! Ich selber will,
Eh' sie der blut'ge Krieg vertilgen soll,
Mit ihrem General, Hans Cade, handeln.
Doch still, ich will's noch einmal überlesen.
KÖNIGIN: Ah, die Barbaren! Hat dies holde Antlitz
Mich wie ein wandelnder Planet beherrscht?
Und konnt' es nicht die nöt'gen, einzuhalten,
Die nicht verdienten, nur es anzuschaun?
KÖNIG HEINRICH: Lord Say, Hans Cade schwört, er will nicht ruhn,
Als bis er Euren Kopf in Händen hat.
SAY: Ja, doch ich hoffe, Eure Hoheit wird
Bald seinen haben.
KÖNIG HEINRICH: Nun, Gemahlin! Wie?
Wehklagend stets und traurend um Suffolks Tod?
Ich fürchte, Herz, wenn ich gestorben wär',
Du hättest nicht so sehr um mich getrauert.
KÖNIGIN: Nein, mein Herz, ich trau'rte nicht, ich stürb' um
dich.
                    Ein Bote tritt auf.
KÖNIG HEINRICH:
Nun dann, was gibt's? Was kommst du so in Eil'?
BOTE: Die Meuter sind in Southwark: flieht, mein Fürst!
Hans Cade erklärt sich für Lord Mortimer,
Vom Haus des Herzogs Clarence abgestammt,
Nennt öffentlich Eu'r Gnaden Usurpator

Und schwört, in Westminster sich selbst zu krönen.
Ein abgelumpter Haufen ist sein Heer
Von Bauersknechten, roh und unbarmherzig;
Sir Humphrey Staffords Tod und seines Bruders
Gab ihnen Herz und Mut, es fortzutreiben;
Gelehrte, Rechtsverständ'ge, Hof und Adel
Wird falsch Gezücht gescholten und zum Tod verdammt.

KÖNIG HEINRICH: O ruchlos Volk! Es weiß nicht, was es tut.

BUCKINGHAM:
Mein gnäd'ger Herr, zieht Euch nach Kenelworth,
Bis man ein Heer versammelt, sie zu schlagen.

KÖNIGIN: Ach, lebte Herzog Suffolk nun, wie bald
Wär' diese kent'sche Meuterei gestillt!

KÖNIG HEINRICH: Lord Say, dich haßt die Rotte:
Deswegen fort mit uns nach Kenelworth!

SAY: Das könnte meines Herrn Person gefährden,
Mein Anblick ist in ihrem Aug' verhaßt;
Und darum will ich in der Stadt nur bleiben
Und hier so heimlich, wie ich kann, es treiben.

Ein andrer Bote tritt auf.

ZWEITER BOTE:
Hans Cade ist Meister von der London-Brücke,
Die Bürger fliehn vor ihm aus ihren Häusern;
Das schlechte Volk, nach Beute dürstend, tritt
Dem Frevler bei: so schwören sie, die Stadt
Und Euren königlichen Hof zu plündern.

BUCKINGHAM:
Dann zaudert nicht, mein Fürst! Zu Pferde, fort!

KÖNIG HEINRICH:
Margreta, komm! Gott, unsre Hoffnung, hilft uns.

KÖNIGIN: Da Suffolk starb, ist meine Hoffnung hin.

KÖNIG HEINRICH *zum Lord Say:*
Lebt wohl, Mylord! Traut nicht den kent'schen Meutern!

BUCKINGHAM: Traut keinem, aus Besorgnis vor Verrat!

SAY: Auf meine Unschuld gründ' ich mein Vertraun,
Und darum bin ich kühn und unverzagt.

Alle ab.

Der Turm.

*Lord Scales und andre erscheinen auf den Mauern; dann treten
unten einige Bürger auf.*

SCALES: Nun, ist Hans Cade erschlagen?

ERSTER BÜRGER: Nein, Mylord, und es hat auch keinen Anschein
dazu, denn sie haben die Brücke erobert und bringen alle um,
die sich widersetzen. Der Schultheiß bittet Euer Edeln um Beistand vom Turm, um die Stadt gegen die Rebellen zu verteidigen.

SCALES:

Was ich nur missen kann, ist Euch zu Dienst,
Zwar werd' ich hier von ihnen selbst geplagt,
Die Meuter wollten sich des Turms bemeistern.
Doch macht Euch nach Smithfield und sammelt Volk,
Und dahin send' ich Euch Matthias Gough.
Kämpft für den König, Euer Land und Leben,
Und so lebt wohl, denn ich muß wieder fort.

Alle ab.

SECHSTE SZENE

Die Kanonenstraße.

*Hans Cade mit seinem Anhange. Er schlägt mit seinem Stabe auf den
Londner Stein[146].*

CADE: Nun ist Mortimer Herr dieser Stadt. Und hier, auf dem
Londner Steine sitzend, verordne ich und befehle, daß in die-
sem ersten Jahr unsers Reichs auf Stadts-Unkosten durch die
Seigerinne nichts als roter Wein laufen soll. Und hinfüro soll es
Hochverrat sein, wenn irgendwer mich anders nennt als Lord
Mortimer.

Ein Soldat kommt gelaufen.

SOLDAT: Hans Cade! Hans Cade!

CADE: Schlagt ihn gleich zu Boden!

Sie bringen ihn um.

SMITH: Wenn der Bursche klug ist, wird er Euch niemals wieder
Hans Cade nennen: ich meine, er hat einen guten Denkzettel
bekommen.

MÄRTEN: Mylord, es hat sich eine Heersmacht bei Smithfield versammelt.

CADE: So kommt, laßt uns mit ihnen fechten. Aber erst geht und setzt die London-Brücke in Brand, und wenn ihr könnt, brennt auch den Turm nieder. Kommt, machen wir uns fort!
Ab.

SIEBENTE SZENE

Smithfield.

Getümmel. Von der einen Seite kommen Cade und sein Anhang; von der andern Bürger und königliche Truppen, angeführt von Matthias Gough. Sie fechten; die Bürger werden in die Flucht geschlagen, und Gough fällt.

CADE: So, Leute: nun geht und reißt das Savoyische Quartier[147] ein; andre zu den Gerichtshöfen, nieder mit allen zusammen!

MÄRTEN: Ich habe ein Gesuch an Eure Herrlichkeit.

CADE: Und wär' es eine Herrlichkeit, für das Wort soll's dir gewährt sein.

MÄRTEN: Bloß, daß die Gesetze von England aus Eurem Munde kommen mögen.

JOHANN *beiseit:* Sapperment, dann werden's heillose Gesetze sein, denn er ist mit einem Speer in den Mund gestochen, und das ist noch nicht heil.

SMITH *beiseit:* Nein, Johann, es werden stinkende Gesetze sein, denn er stinkt aus dem Munde nach geröstetem Käse.

CADE: Ich habe es bedacht, es soll so sein. Fort, verbrennt alle Urkunden des Reichs; mein Mund soll das Parlament von England sein.

JOHANN *beiseit:* Dann werden wir vermutlich beißende Statuten bekommen, wenn man ihm nicht die Zähne ausbricht.

CADE: Und hinfüro soll alles in Gemeinschaft sein.
Ein Bote tritt auf.

BOTE: Mylord, ein Fang! ein Fang! Hier ist der Lord Say, der die Städte in Frankreich verkauft hat; der uns einundzwanzig Funfzehnte hat bezahlen lassen und einen Schilling auf das Pfund zur letzten Kriegssteuer.
Georg Bevis kommt mit Lord Say.

CADE: Gut, er soll zehnmal dafür geköpft werden. – O Say, du sämischer, juchtener, rindslederner Lord! Nun stehst du recht als Zielscheibe unsrer königlichen Gerichtsbarkeit. Wie kannst du dich vor meiner Majestät deshalb rechtfertigen, daß du die

Normandie an Musje Baisemoncu[148], den Dauphin von Frankreich, abgetreten hat? Kund und zu wissen sei dir hiemit durch Gegenwärtiges, namentlich durch gegenwärtigen Lord Mortimer, daß ich der Besen bin, welcher den Hof von solchem Unrat, wie du bist, rein kehren muß. Du hast höchst verräterischer Weise die Jugend des Reiches verderbet, indem du eine lateinische Schule errichtet; und da zuvor unsere Voreltern keine andern Bücher hatten als die Kreide und das Kerbholz, so hast du das Drucken aufgebracht, und hast zum Nachteil des Königs, seiner Krone und Würde, eine Papiermühle gebaut. Es wird dir ins Gesicht bewiesen werden, daß du Leute um dich hast, die zu reden pflegen von Nomen und Verbum und dergleichen scheußliche Worte mehr, die kein Christenohr geduldig anhören kann. Du hast Friedensrichter angestellt, daß sie arme Leute vor sich rufen über Dinge, worauf sie nicht im stande sind zu antworten. Du hast sie ferner gefangen gesetzt, und weil sie nicht lesen konnten, hast du sie hängen lassen, da sie doch bloß aus dem Grunde am meisten verdienten zu leben. Du reitest auf einer Decke, nicht wahr?

SAY: Nun, was täte das?

CADE: Ei, du solltest dein Pferd keinen Mantel tragen lassen, derweil ehrlichere Leute als du in Wams und Hosen gehn.

MÄRTEN: Und im bloßen Hemde arbeiten obendrein; wie ich selbst zum Beispiel, der ich ein Metzger bin.

SAY: Ihr Männer von Kent, –

MÄRTEN: Was sagt Ihr von Kent?

SAY: Nichts als dies: es ist bona terra, mala gens[149].

CADE: Fort mit ihm! Fort mit ihm! Er spricht Latein.

SAY: Hört nur und führt mich dann, wohin ihr wollt.
    Kent heißt in dem Bericht, den Cäsar schrieb[150],
    Der ganzen Insel freundlichstes Gebiet:
    Das Land ist reich, mit Gütern wohl begabt,
    Das Volk willfährig, tapfer, tätig, reich;
    Was mich auf Mitleid von euch hoffen läßt.
    Ich hab' nicht Maine und Normandie verkauft,
    Gern kauft' ich sie zurück mit meinem Leben.
    Das Recht hab' ich mit Güte stets geübt,
    Mich rührten Bitten, Tränen, niemals Gaben,
    Wann hab' ich was von eurer Hand erpreßt,
    Zum Schutz für Kent, für König, Land und euch?
    Gelahrten Männern gab ich große Summen,
    Weil Buch und Schrift beim König mich befördert,
    Und weil ich sah, es sei Unwissenheit

Der Fluch von Gott, und Wissenschaft der Fittig,
Womit wir in den Himmel uns erheben.
Seid ihr von Höllengeistern nicht besessen,
So könnt ihr nicht den Mord an mir begehn.
Bei fremden Kön'gen hat die Zunge hier
Für euch gesprochen, –

CADE: Pah! Wann hast du irgendeinen Streich im Felde geführt?

SAY: Der Großen Arm reicht weit: oft traf ich Menschen,
Die nie mich sahn, und traf zum Tode sie.

GEORG: O die abscheuliche Memme! Die Leute hinterrücks anzufallen.

SAY: Die Wangen wacht' ich bleich in eurem Dienst.

CADE: Gebt ihm eine Ohrfeige, so werden sie schon wieder rot werden.

SAY: Das lange Sitzen, um der armen Leute
Rechtshändel zu entscheiden, hat mich ganz
Mit Krankheit und Beschwerden angefüllt.

CADE: So sollt Ihr einen hänfnen Magentrank haben, und mit einem Beil soll man Euch helfen.

MÄRTEN: Was zitterst du, Mann?

SAY: Der Schlagfluß nötigt mich und nicht die Furcht.

CADE: Ja, er nickt uns zu, als wollte er sagen: „Ich will es mit euch aufnehmen." Ich will sehn, ob sein Kopf auf einer Stange fester stehen wird; schafft ihn fort und köpft ihn!

SAY: Sagt mir, worin verging ich mich am meisten?
Begehrt' ich Reichtum oder Ehre? Sprecht!
Sind meine Kisten voll erpreßten Goldes?
Und ist mein Aufzug kostbar anzuschaun?
Wen kränkt' ich, daß ihr meinen Tod so sucht?
Kein schuldlos Blut vergossen diese Hände,
Und diese Brust herbergt kein schnödes Falsch.
O laßt mich leben!

CADE: Ich fühle Mitleiden in mir mit seinen Worten, aber ich will es in Zaum halten; er soll sterben, und wär' es nur, weil er so gut für sein Leben spricht. Fort mit ihm! Er hat einen Hauskobold unter der Zunge sitzen, er spricht nicht im Namen Gottes. Geht, schafft ihn fort, sage ich, und schlagt ihm gleich den Kopf ab; und dann brecht in das Haus seines Schwiegersohnes Sir John Cromer und schlagt ihm den Kopf ab, und bringt sie beide auf zwei Stangen her!

ALLE: Es soll geschehn.

SAY: Ach, Landesleute! Wenn bei euren Bitten
Gott so verhärtet wäre wie ihr selbst,

Wie ging' es euren abgeschiednen Seelen?
Darum erweicht euch noch und schont mein Leben!
CADE: Fort mit ihm, und tut, was ich euch befehle!

Einige ab mit Lord Say.

Der stolzeste Pair im Reich soll keinen Kopf auf den Schultern tragen, wenn er mir nicht Tribut zahlt; kein Mädchen soll sich verheiraten, ohne daß sie mir ihre Jungfernschaft bezahlt, eh' ihr Liebster sie kriegt; alle Menschen sollen unter mir in capite stehn[151], und ich verordne und befehle, daß ihre Weiber so frei sein sollen, als das Herz wünschen oder die Zunge sagen kann.

MÄRTEN: Mylord, wann sollen wir nach Cheapside gehn und mit unsern Hellebarden halbpart machen?
CADE: Ei, sogleich!
ALLE: O herrlich!

*Es kommen Rebellen zurück mit den Köpfen des Lord Say
und seines Schwiegersohnes.*

CADE: Aber ist dies nicht noch herrlicher? – Laßt sie einander küssen, denn sie sind sich bei Lebzeiten zugetan gewesen. Nun haltet sie wieder aus einander, damit sie nicht ratschlagen, wie sie noch mehr französische Städte übergeben wollen. Soldaten, schiebt die Plünderung der Stadt auf bis nachts, denn wir wollen durch die Straßen reiten und diese Köpfe wie Szepter vor uns hertragen lassen, und an jeder Ecke sollen sie sich küssen. Fort!

Alle ab.

ACHTE SZENE

Southwark.

Getümmel. Cade mit seinem Gesindel tritt auf.

CADE: Die Fischerstraße herauf! Die Sankt-Magnus-Ecke hinunter! Totgeschlagen! In die Themse geworfen!

Es wird zur Unterhandlung geblasen, hierauf zum Rückzug.

Was für einen Lärm hör' ich? Wer darf so verwegen sein, zum Rückzug oder zur Unterhandlung zu blasen, wenn ich sie alles totschlagen heiße?

Buckingham und der alte Clifford treten auf mit Truppen.

BUCKINGHAM: Hier sind sie, die das dürfen, und die dich
Verstören wollen. Wisse, Cade, denn:
Als Abgesandte kommen wir vom König
Zum Volke, welches du mißleitet hast,

Und künden hier Verzeihung jedem an,
Der dich verläßt und friedlich heim will gehn.
CLIFFORD: Was sagt ihr, Landsgenossen? Gebt ihr nach
Und weicht der Gnade, weil man sie euch bietet?
Oder soll Gesindel in den Tod euch führen?
Wer unsern König liebt und die Verzeihung
Benutzen will, der schwinge seine Mütze
Und sage: „Gott erhalte Seine Majestät!"
ALLE: Gott erhalte den König! Gott erhalte den König!
CADE: Was, Buckingham und Clifford, seid ihr so brav? – Und ihr,
schlechtes Bauernvolk, glaubt ihr ihm? Wollt ihr denn durchaus
mit eurem Pardon um den Hals aufgehängt sein? Ist mein
Schwert dazu durch das Londner Tor gebrochen, daß ihr mich
beim weißen Hirsch in Southwark verlassen solltet? Ich dachte,
ihr wolltet eure Waffen nimmer niederlegen, bis ihr eure alte
Freiheit wieder erobert hättet: aber ihr seid alle Abtrünnige
und feige Memmen und habt eine Freude daran, in der Sklaverei des Adels zu leben. So mögen sie euch denn den Rücken
mit Lasten zerbrechen, euch die Häuser über den Kopf weg-
nehmen, eure Weiber und Töchter vor euren Augen notzüchti-
gen; was mich betrifft, ich will jetzt nur für e i n e n sorgen, und
euch alle möge Gottes Fluch treffen!
ALLE:
Wir folgen unserm Cade! Wir folgen unserm Cade!
CLIFFORD: Ist Cade Sohn Heinrichs des Fünften,
Daß ihr so ausruft, ihr wollt mit ihm gehn?
Führt er euch wohl in Frankreichs Herz und macht
Den kleinsten unter euch zum Graf und Herzog?
Ach, er hat keine Heimat, keine Zuflucht,
Und kann nicht anders leben als durch Plünd'rung,
Indem er eure Freund' und uns beraubt.
Welch eine Schmach, wenn, während ihr euch zankt,
Die scheuen Franken, die ihr jüngst besiegt,
Die See durchkreuzten und besiegten euch?
Mich dünkt, in diesem bürgerlichen Zwist
Seh' ich sie schon in Londons Gassen schalten
Und jeden rufen an mit: „Villageois!"[152]
Eh' laßt zehntausend niedre Cades verderben,
Als ihr euch beugt vor eines Franken Gnade!
Nach Frankreich! Frankreich! Bringt Verlornes ein!
Schont England, euren heimatlichen Strand!
Heinrich hat Geld, und ihr seid stark und männlich:
Gott mit uns, zweifelt nicht an eurem Sieg!

ALLE: Clifford hoch! Clifford hoch! Wir folgen dem König und
Clifford.

CADE: Ist eine Feder wohl so leicht hin und hergeblasen als dieser
Haufe? Der Name Heinrich des Fünften reißt sie zu hunderter-
lei Unheil fort und macht, daß sie mich in der Not verlassen.
Ich sehe, daß sie die Köpfe zusammen stecken, um mich zu
überfallen: mein Schwert muß mir den Weg bahnen, denn hier
ist meines Bleibens nicht. – Allen Teufeln und der Hölle zum
Trotz will ich recht mitten durch euch hindurch, und ich rufe
den Himmel und die Ehre zu Zeugen, daß kein Mangel an Entschlossenheit in mir, sondern bloß der schnöde und schimpfliche Verrat meiner Anhänger mich auf flüchtigen Fuß setzt. *Ab.*

BUCKINGHAM:
Ist er entflohn? Geh' wer und folg' ihm nach;
Und der, der seinen Kopf zum König bringt,
Soll tausend Kronen zur Belohnung haben.
                    Einige ab.
Folgt mir, Soldaten; wir ersinnen Mittel,
Euch alle mit dem König zu versöhnen.
                    Alle ab.

NEUNTE SZENE

Die Burg zu Kenelworth.

*König Heinrich, Königin Margareta und Somerset auf der Terrasse
der Burg.*

KÖNIG HEINRICH: Saß wohl ein König je auf ird'schem Thron,
Dem nicht zu Dienst mehr Freude stand wie mir?
Kaum kroch ich aus der Wiege noch, als ich,
Neun Monden alt, zum König ward ernannt.
Nie sehnt' ein Untertan sich nach dem Thron,
Wie ich mich sehn', ein Untertan zu sein.
                    Buckingham und Clifford treten auf.
BUCKINGHAM: Heil Eurer Majestät und frohe Zeitung!
KÖNIG HEINRICH:
Sag, Buckingham, griff man den Frevler Cade?
Wie, oder wich er nur, sich zu verstärken?
            *Es erscheint unten ein Haufen von Cades Anhängern,
                    mit Stricken um den Hals.*
CLIFFORD: Er floh, mein Fürst, und all sein Volk ergibt sich,
Und demutsvoll, mit Stricken um den Hals,

Erwarten sie von Euer Hoheit Spruch
Nun Leben oder Tod.

KÖNIG HEINRICH: Dann, Himmel, öffne deine ew'gen Tore,
Um meines Danks Gelübde zu empfangen! –
Heut löstet ihr, Soldaten, euer Leben,
Ihr zeigtet, wie ihr euren Fürsten liebt
Und euer Land: bewahrt so guten Sinn,
Und Heinrich, wenn er unbeglückt schon ist,
Wird niemals, seid versichert, lieblos sein.
Und so, euch allen dankend und verzeihend,
Entlass' ich euch, in seine Heimat jeden.

ALLE: Gott erhalte den König! Gott erhalte den König!

Ein Bote tritt auf.

BOTE: Vergönnen mir Eu'r Gnaden, zu berichten,
Daß Herzog York von Irland jüngst gekommen
Und mit gewalt'ger, starker Heeresmacht
Von Galloglassen[153] und von derben Kerns
Hieher ist auf dem Marsch mit stolzem Zug;
Und stets erklärt er, wie er weiter rückt,
Er kriege bloß, um weg von dir zu schaffen
Den Herzog Somerset, den er Verräter nennt.

KÖNIG HEINRICH:
So steh' ich, zwischen Cade und York bedrängt,
Ganz wie ein Schiff, das einem Sturm entronnen,
Kaum ruhig, von Piraten wird geentert.
Nur erst verjagt ist Cade, sein Volk zerstreut,
Und schon ist York bewehrt, ihm beizustehn. –
Ich bitt' dich, Buckingham, geh ihm entgegen,
Frag' um die Ursach' seiner Waffen, sag ihm,
Ich sende Herzog Edmund in den Turm, –
Und, Somerset, dort will ich dich verwahren,
Bis seine Schar von ihm entlassen ist.

SOMERSET: Mein Fürst,
Ich füge willig dem Gefängnis mich,
Dem Tode selbst, zu meines Landes Wohl.

KÖNIG HEINRICH: Auf jeden Fall seid nicht zu rauh in Worten.
Denn er ist stolz, ihn reizen harte Reden.

BUCKINGHAM: Das will ich, Herr, und hoff' es zu vermitteln,
Daß alles sich zu Eurem Besten lenkt.

KÖNIG HEINRICH: Komm, Frau, laß besser uns regieren lernen,
Denn noch hat England meinem Reich zu fluchen.

Alle ab.

Kent. Idens Garten.

Cade tritt auf.

CADE: Pfui über den Ehrgeiz! Pfui über mich selbst, der ich ein Schwert habe und doch auf dem Punkte bin, Hungers zu sterben! Diese fünf Tage habe ich mich in diesen Wäldern versteckt und wagte nicht, mich blicken zu lassen, weil mir das ganze Land auflauert: aber jetzt bin ich so hungrig, daß ich nicht länger warten könnte, und wenn ich mein Leben auf tausend Jahre dafür in Pacht bekäme. Ich bin also über die Mauer in diesen Garten geklettert, um zu sehen, ob ich Gras essen oder mir wieder einen Salat pflücken kann, was einem bei der Hitze den Magen recht gut kühlt.

Iden kommt mit Bedienten.

IDEN: Wer möchte wohl im Hofesdienst sich mühn,
Der solche stille Gänge kann genießen?
Dies kleine Erb', das mir mein Vater ließ,
G'nügt mir und gilt mir eine Monarchie.
Ich mag durch andrer Fall nicht Größe suchen,
Noch samml' ich Gut, gleichviel mit welchem Neid:
Ich habe, was zum Unterhalt mir g'nügt,
Der Arme kehrt von meiner Tür vergnügt.

CADE: Da kommt der Eigentümer und wird mich wie einen Landstreicher greifen, weil ich ohne seine Erlaubnis auf sein Grundstück gekommen bin. – Ha, Schurke, du willst mich verraten, um tausend Kronen vom Könige zu erhalten, wenn du ihm meinen Kopf bringst: aber ich will dich zwingen, Eisen zu fressen wie ein Strauß und meinen Degen hinunter zu würgen wie eine große Nadel, ehe wir auseinander kommen.

IDEN:
Ei, ungeschliffner Mensch, wer du auch seist!
Ich kenn' dich nicht: wie sollt' ich dich verraten?
Ist's nicht genug, in meinen Garten brechen
Und wie ein Dieb mich zu bestehlen kommen,
Gewaltsam meine Mauern überkletternd?
Mußt du mir trotzen noch mit frechen Worten?

CADE: Dir trotzen? Ja, bei dem besten Blut, das jemals angezapft worden ist, und das recht ins Angesicht. Sieh mich genau an: ich habe in fünf Tagen keine Nahrung genossen, und doch, komm du nur mit deinen fünf Gesellen, und wenn ich euch

nicht alle mausetot schlage, so bitte ich zu Gott, daß ich nie wieder Gras essen mag.

IDEN: Nein, solang' England lebt, soll man nicht sagen,
Daß Alexander Iden, ein Esquire von Kent,
Mit einem Hungerleider ungleich kämpfte.
Dein starrend Auge setze gegen meins,
Sieh, ob du mich mit Blicken übermeisterst.
Setz' Glied an Glied, du bist bei weitem schwächer.
Bei meiner Faust ist deine Hand ein Finger,
Dein Bein ein Stock, mit diesem Stamm verglichen;
Mein Fuß mißt sich mit deiner ganzen Stärke,
Und wenn mein Arm sich in die Luft erhebt,
So ist dein Grab gehöhlt schon in der Erde.
Statt Worte, deren Größe Wort' erwidert,
Verkünde dieses Schwert, was ich verschweige.

CADE: Bei meiner Tapferkeit, der vollkommenste Klopffechter[154], von dem ich jemals gehört habe. – Stahl, wenn du nun deine Spitze biegst oder diesen pfündigen Tölpel nicht in lauter Schnittchen Fleisch zerhackst, ehe du wieder in der Scheide ruhst, so bitte ich Gott auf meinen Knieen, daß du in Hufnägel magst verwandelt werden.

Sie fechten, Cade fällt.

Oh, ich bin hin! Hunger und nichts anders hat mich umgebracht. Laßt zehntausend Teufel über mich herfallen, gebt mir nur die zehn verlornen Mahlzeiten wieder, und ich böte allen die Spitze. – Verdorre, Garten! und sei in Zukunft ein Begräbnisplatz für alle, die in diesem Hause wohnen, weil in dir die unüberwindliche Seele Cades entflohn ist.

IDEN: Schlug ich den greulichen Verräter Cade?
Du sollst geweiht sein, Schwert, für diese Tat
Und nach dem Tod mir übers Grab gehängt.
Nie sei dies Blut gewischt von deiner Spitze,
Wie einen Heroldsmantel sollst du's tragen,
Um zu verkünden deines Herren Ruhm!

CADE: Iden, leb wohl und sei stolz auf deinen Sieg. Sage den Kentern von meinetwegen, daß sie ihren besten Mann verloren haben, und ermahne alle Welt, feige Memmen zu sein: denn ich, der ich mich nie vor keinem gefürchtet, muß dem Hunger erliegen, nicht der Tapferkeit. *Stirbt.*

IDEN: Wie du zu nah mir tust, sei Gott mein Zeuge!
Stirb, deren Fluch, die dich gebar, Verruchter!
Und wie mein Schwert dir deinen Leib durchstieß,
So stieß' ich gern zur Hölle deine Seele.
Ich schleife häuptlings fort dich an den Fersen
Auf einen Misthauf', wo dein Grab soll sein;
Da hau' ich ab dein frevelhaftes Haupt,
Das ich zum König im Triumph will tragen,
Den Kräh'n zur Speise lassend deinen Rumpf.
Ab mit der Leiche, die er hinausschleift.

FÜNFTER AUFZUG

Erste Szene

Ebnen zwischen Dartford und Blackheath.

Des Königs Lager an der einen Seite, von der andern kommt York mit seinem Heer von Irländern, mit Trommeln und Fahnen.

YORK: So kommt von Irland York, sein Recht zu fodern,
Von Heinrichs schwachem Haupt die Kron' zu reißen.
Schallt, Glocken, laut! Brennt, Freudenfeier, hell!
Um Englands echten König zu empfangen.
Ah, sancta majestas[155]! Wer kaufte dich nicht teuer?
Gehorchen mag, wer nicht zu herrschen weiß;
Die Hand hier ist gemacht, nur Gold zu führen[156].
Ich kann nicht meinen Worten Nachdruck geben,
Wenn sie ein Schwert nicht oder Szepter wägt;
Wenn eine Seel' mir ward, wird ihr ein Szepter,
Worauf ich Frankreichs Lilien schleudern will.
              Buckingham tritt auf.
Wer kommt uns da? Buckingham, mich zu stören?
Der König sandt' ihn sicher, ich muß heucheln.
BUCKINGHAM:
  York, wenn du's wohl meinst, sei mir wohl gegrüßt!
YORK: Humphrey von Buckingham, den Gruß empfang' ich.
Bist du ein Bote, oder kommst aus Wahl?
BUCKINGHAM: Ein Bote Heinrichs, unsers hohen Herrn,
Zu fragen, was der Feldzug soll im Frieden?
Weswegen du, ein Untertan wie ich,
Dem Eid und der Vasallentreu' zuwider,
Solch großes Heer versammelst ohn' Erlaubnis
Und es so nah dem Hof zu führen wagst?
YORK *beiseit:* Kaum kann ich sprechen vor zu großem Zorn,

Oh, Felsen könnt' ich spalten, Kiesel schlagen,
So grimmig machen mich die schnöden Worte.
Und jetzt, wie Ajax Telamonius[157], könnt' ich
Die Wut an Schafen und an Ochsen kühlen!
Ich bin weit hochgeborner als der König,
Mehr einem König gleich, und königlicher:
Doch muß ich eine Weil' schön Wetter machen,
Bis Heinrich schwächer ist und stärker ich. –
O Buckingham, ich bitte dich, verzeih',
Daß ich die ganze Zeit nicht Antwort gab:
Von tiefer Schwermut war mein Geist verstört.
Der Grund, warum ich hergebracht dies Heer,
Ist, Somerset, den stolzen, zu entfernen
Vom König, dem er wie dem Staat sich auflehnt.
BUCKINGHAM: Das ist zu große Anmaßung von dir:
Doch, hat dein Kriegszug keinen andern Zweck,
So gab der König deiner Fodrung nach:
Der Herzog Somerset ist schon im Turm.
YORK: Auf Ehre sage mir: ist er gefangen?
BUCKINGHAM: Ich sag' auf Ehre dir: er ist gefangen.
YORK: Dann, Buckingham, entlass' ich meine Macht. –
Habt Dank, Soldaten, und zerstreut euch nur;
Trefft morgen mich auf Sankt Georgen-Feld,
Ich geb' euch Sold und alles, was ihr wünscht. –
Und meinen Herrn, den tugendsamen Heinrich,
Laßt meinen ältsten Sohn, ja alle Söhne
Als Pfänder meiner Lieb' und Treu' begehren:
So willig, als ich lebe, send' ich sie.
Land, Güter, Pferde, Waffen, was ich habe,
Ist ihm zu Dienst, wenn Somerset nur stirbt.
BUCKINGHAM: Die sanfte Unterwerfung lob' ich, York,
Und gehn wir zwei in Seiner Hoheit Zelt.
König Heinrich tritt auf mit Gefolge.
KÖNIG HEINRICH:
Buckingham, sinnt York kein Arges wider mich,
Daß du mit ihm einhergehst Arm in Arm?
YORK: In aller Unterwürfigkeit und Demut
Stellt York vor Euer Hoheit selbst sich dar.
KÖNIG HEINRICH: Wozu denn diese Heersmacht, die du führst?
YORK: Um den Verräter Somerset zu bannen
Und mit dem Erzrebellen Cade zu fechten,
Von dessen Niederlag' ich nun gehört.
Iden tritt auf mit Cades Kopf.

IDEN: Wenn ein so schlichter Mann, so niedern Standes,
  Der Gegenwart des Königs nahn sich darf,
  Bring' ich Eu'r Gnaden ein Verräter-Haupt,
  Des Cade Haupt, den ich im Zweikampf schlug.
KÖNIG HEINRICH: Des Cade Haupt? Gott, wie gerecht bist du!
  O laßt mich dessen Antlitz tot beschaun,
  Der lebend mir so große Nöten schaffte!
  Sag mir, mein Freund, warst du's, der ihn erschlug?
IDEN: Ich war's, zu Euer Majestät Befehl.
KÖNIG HEINRICH:
  Wie nennt man dich, und welches ist dein Rang?
IDEN: Alexander Iden ist mein Name;
  Ein armer Squire von Kent, dem König treu.
BUCKINGHAM:
  Wenn's Euch beliebt, mein Fürst, es wär' nicht unrecht,
  Für seinen Dienst zum Ritter ihn zu schlagen.
KÖNIG HEINRICH: Iden, knie nieder! *Er kniet.* Steh als Ritter auf!
  Wir geben tausend Mark dir zur Belohnung
  Und wollen, daß du künftig uns begleitest.

IDEN: Mög' Iden solche Gunst dereinst verdienen,
Und leb' er nie, als seinem Fürsten treu!

KÖNIG HEINRICH:
Sieh, Buckingham! Somerset und mein Gemahl:
Geh, heiße sie vor York ihn schleunig bergen.
Königin Margareta und Somerset.

KÖNIGIN: Vor tausend Yorks soll er sein Haupt nicht bergen,
Nein, kühnlich stehn und ins Gesicht ihm schaun.

YORK: Was soll dies sein? Ist Somerset in Freiheit?
Dann, York, entfeßle die Gedanken endlich
Und laß die Zung' es gleich tun deinem Herzen!
Soll ich den Anblick Somersets ertragen?
Was brachst du, falscher König, mir dein Wort,
Da du doch weißt, wie schwer ich Kränkung dulde?
Ich nannte König dich? Du bist kein König,
Nicht fähig, eine Menge zu beherrschen,
Der nicht Verräter zähmen kann noch darf.
Dies Haupt da steht zu einer Krone nicht;
Den Pilgerstab mag fassen deine Hand,
Und nicht ein würdig Fürstenszepter schmücken.
Dies Gold muß diese meine Brau'n umgürten,
Des Dräun und Lächeln, wie Achilles' Speer[158],
Durch seinen Wechsel töten kann und heilen.
Die Hand hier kann empor den Szepter tragen
Und bindendes Gesetz damit vollstrecken.
Gib Raum! Bei Gott, du sollst nicht mehr beherrschen
Den, so der Himmel dir zum Herrscher schuf.

SOMERSET: O Erzverräter! – Ich verhafte dich
Um Hochverrates wider Kron' und König.
Gehorch', verwegner Frevler! Knie' um Gnade!

YORK: Knien soll ich? Laß mich diese fragen erst,
Ob sie es dulden, daß ich wem mich beuge. –
Ihr da, ruft meine Söhne her als Bürgen;
einer vom Gefolge ab
Ich weiß, eh' sie zur Haft mich lassen gehn,
Verpfänden sie ihr Schwert für meine Lösung.

KÖNIGIN: Ruft Clifford her, heißt alsobald ihn kommen,
Buckingham ab.
Zu sagen, ob die Bastard-Buben Yorks
Des falschen Vaters Bürgschaft sollen sein.

YORK: O blutbefleckte Neapolitanerin!
Auswurf von Napel! Englands blut'ge Geißel!
Yorks Söhne, höher von Geburt als du,

Sind die Gewähr des Vaters; wehe denen,
Die meiner Buben Bürgschaft weigern wollen!
Von der einen Seite kommen Eduard[159] und Richard Plantagenet[160] mit
Truppen; von der andern, gleichfalls mit Truppen, der alte Clifford und
sein Sohn.
Da sind sie: seht! Ich steh' euch ein, sie tun's.

KÖNIGIN: Und hier kommt Clifford, die Gewähr zu weigern.

CLIFFORD *kniet:*
Heil sei und Glück dem König, meinem Herrn!

YORK:
Ich dank' dir, Clifford! Sag, was bringst du Neues?
Nein, schreck' uns nicht mit einem zorn'gen Blick,
Wir sind dein Lehnsherr, Clifford, kniee wieder:
Dir sei verziehn, daß du dich so geirrt.

CLIFFORD: Dies ist mein König, York, ich irre nicht;
Du irrst dich sehr in mir, daß du es denkst. –
Nach Bedlam[161] mit ihm! Ward der Mensch verrückt?

KÖNIG HEINRICH: Ja, Clifford, eine toll ehrsücht'ge Laune
Macht, daß er wider seinen Herrn sich setzt.

CLIFFORD: Ein Hochverräter! Schafft ihn in den Turm
Und haut herunter den rebell'schen Kopf!

KÖNIGIN: Er ist verhaftet, doch will nicht gehorchen;
Die Söhne, spricht er, sagen gut für ihn.

YORK: Wollt ihr nicht, Söhne?

EDUARD: Wenn unser Wort was gilt: gerne, edler Vater.

RICHARD: Und gilt es nicht, so sollen's unsre Waffen.

CLIFFORD: Ei, welche Brut Verräter gibt es hier!

YORK: Sieh in den Spiegel, nenne so dein Bild:
Ich bin dein König, du bist ein Verräter. –
Ruft her zum Pfahl mein wackres Bärenpaar[162],
Daß sie, durch bloßes Schütteln ihrer Ketten,
Die laurenden erbosten Hunde schrecken;
Heißt Salisbury und Warwick zu mir kommen.
Trommeln. Salisbury und Warwick kommen mit Truppen.

CLIFFORD: Sind dies da deine Bären? Gut, wir hetzen
Zu Tode sie, der Bärenwärter soll
In ihren Ketten dann gefesselt werden,
Wenn du sie in die Schranken bringen darfst.

RICHARD:
Oft sah ich einen hitz'gen, kecken Hund,
Weil man ihn hielt, zurück sich drehn und beißen,
Der, ließ man nun ihn an des Bären Tatze,
Den Schwanz nahm zwischen seine Bein' und schrie:

Dergleichen Dienste werdet Ihr verrichten,
Wenn Ihr Euch mit Lord Warwick messen wollt.
CLIFFORD: Fort, Last des Zornes! Unbeholfner Klump,
Der krumm von Sitten ist wie von Gestalt!
YORK: Schon gut, wir heizen gleich Euch tüchtig ein.
CLIFFORD: Daß Eure Hitz' Euch nur nicht selbst verbrennt!
KÖNIG HEINRICH: Wie, Warwick? Hat dein Knie verlernt sich beu-
[gen?
Scham deinen Silberhaaren, Salisbury,
Der toll den hirnverbrannten Sohn mißleitet!
Willst du den Wildfang auf dem Todbett spielen
Und Herzeleid mit deiner Brille suchen? –
Oh, wo ist Treu'? Wo ist Ergebenheit?
Wenn sie verbannt ist von dem frost'gen Haupt,
Wo findet sie Herberge noch auf Erden? –
Gräbst du ein Grab auf, um nach Krieg zu spähn,
Und willst mit Blut dein ehrlich Alter schänden?
Was bist du alt, wenn dir Erfahrung mangelt?
Wenn du sie hast, warum mißbrauchst du sie?
O schäm' dich! Beuge pflichtgemäß dein Knie,
Das sich zum Grabe krümmt vor hohen Jahren.
SALISBURY: Mein Fürst, erwogen hab' ich bei mir selbst
Den Anspruch dieses hochberühmten Herzogs,
Und im Gewissen acht' ich Seine Gnaden
Für echten Erben dieses Königsthrons.
KÖNIG HEINRICH: Hast du nicht mir Ergebenheit geschworen?
SALISBURY: Das hab' ich.
KÖNIG HEINRICH:
Kannst du vor Gott dich solchem Schwur entziehn?
SALISBURY: Der Sünde schwören, ist schon große Sünde;
Doch größre noch, den sünd'gen Eid zu halten.
Wen bände wohl ein feierlicher Schwur
Zu einer Mordtat, jemand zu berauben,
Der reinen Jungfrau Keuschheit zu bewält'gen,
An sich zu reißen eines Waisen Erb',
Gewohntes Recht der Witwe abzuprassen;
Und zu dem Unrecht hätt' er keinen Grund,
Als daß ein feierlicher Schwur ihn binde?
KÖNIGIN: Verräterlist bedarf Sophisten nicht.
KÖNIG HEINRICH:
Ruft Buckingham und heißt ihn sich bewaffnen.
YORK: Ruf Buckingham und alle deine Freunde:
Ich bin auf Hoheit oder Tod entschlossen.

CLIFFORD: Das erste bürg' ich dir, wenn Träume gelten.
WARWICK: Ihr mögt zu Bett nur gehn und wieder träumen,
    Um Euch zu schirmen vor dem Sturm der Schlacht.
CLIFFORD: Ich bin auf einen größern Sturm gefaßt,
    Als den du heut herauf beschören kannst;
    Und schreiben will ich das auf deinen Helm,
    Kenn' ich dich nur am Zeichen deines Hauses.
WARWICK: Bei meines alten Vater Nevil Zeichen!
    Den steh'nden Bär, am knot'gen Pfahl gekettet,
    Ich trag' ihn heut auf meinem Helme hoch,
    Der Zeder gleich auf eines Berges Gipfel,
    Die jedem Sturm zum Trotz ihr Laub bewahrt,
    Um dich zu schrecken durch den Anblick schon.
CLIFFORD: Und dir vom Helme reiß' ich deinen Bär
    Und tret' ihn in den Staub mit allem Hohn,
    Zum Trotz dem Bärenwärter, der ihn schützt.
CLIFFORD SOHN: Und zu den Waffen so, sieghafter Vater!
    Zu der Rebellen Sturz und ihrer Rotte!
RICHARD: Pfui! Glimpflich! Wollt Euch nicht so hart erweisen!
    Ihr müßt zu Nacht mit dem Herrn Christus speisen.
CLIFFORD SOHN: Das ist mehr, schnödes Brandmal, als du weißt!
RICHARD: Wo nicht im Himmel, in der Hölle speist!
             Alle ab.

ZWEITE SZENE

Sankt Albans.

Getümmel. Angriffe. Warwick tritt auf.

WARWICK: Clifford von Cumberland, der Warwick ruft!
    Und wenn du nicht dich vor dem Bären birgst,
    Jetzt, da die zornige Trompete schmettert
    Und Sterbender Geschrei die Luft erfüllt,
    So sag' ich: Clifford, komm und ficht mit mir!
    Du stolzer nord'scher Lord von Cumberland,
    Warwick hat heiser sich an dir gerufen!
             York tritt auf.
    Was gibt's, mein edler Lord? Wie, so zu Fuß?
YORK: Cliffords Vertilger-Hand erschlug mein Roß,
    Doch tat ich Gleiches ihm um Gleiches an
    Und machte sein geliebtes wackres Tier
    Zur Beute für des Aases Kräh'n und Geier.

Clifford tritt auf.

WARWICK: Die Stund' ist da für einen von uns beiden.

YORK: Halt, Warwick! Such' dir einen andern Fang:
Ich selbst muß dieses Wild zu Tode jagen.

WARWICK: Dann wacker, York! Du fichtst um eine Krone. –
So wahr ich, Clifford, heut Gedeihen hoffe,
Dich unbekämpft zu lassen, kränkt mein Herz. *Ab.*

CLIFFORD: Was siehst du, York, an mir? Was zauderst du?

YORK: In dein mannhaftes Tun würd' ich verliebt,
Wärst du nicht mein so ausgemachter Feind.

CLIFFORD: Auch deinem Mute würde Preis zu teil,
Wenn du nicht schimpflich im Verrat ihn zeigtest.

YORK: So helf' er jetzt mir wider dies dein Schwert,
Wie ich bei Recht und Wahrheit ihn beweise!

CLIFFORD: Ich setze Seel' und Leib an dieses Werk.

YORK: Furchtbare Waage! Mach' dich gleich bereit.
Sie fechten, und Clifford fällt.

CLIFFORD: La fin couronne les œuvres.[163] *Stirbt.*

YORK: Krieg gab dir Frieden nun, denn du bist still.
Mit deiner Seele Frieden, so Gott will! *Ab.*
Der junge Clifford tritt auf.

CLIFFORD SOHN: Scham und Verwirrung! Alles flüchtet sich;
Die Furcht schafft Unordnung, und statt zu schirmen,
Verwundet sie. O Krieg, du Sohn der Hölle,
Gebraucht zum Werkzeug von des Himmels Zorn!
Wirf in die frost'gen Busen unsers Volks
Der Rache heiße Kohlen! – Keiner fliehe:
Wer wahrhaft sich dem Krieg gewidmet, hat
Selbstliebe nicht, und wer sich selbst noch liebt,
Führt nicht dem Wesen nach, zufällig nur,
Des Tapfern Namen. – *Er erblickt seinen toten Vater.*
O ende, schnöde Welt!
Des Jüngsten Tags vorausgesandte Flammen,
Macht eins aus Erd' und Himmel!
Es blase die Gerichtstrompete nun,
Daß Unbedeutendheit und kleine Laute
Verstummen! – War's verhängt dir, lieber Vater,
In Frieden deine Jugend hinzubringen,
Des reifen Alters Silbertracht zu führen
Und in der Ehr' und Ruhe Tagen so
In wilder Schlacht zu sterben? – Bei dem Anblick
Versteinert sich mein Herz, und steinern sei's,
Solang' es mein ist! – York schont nicht unsre Greise:

Ich ihre Kinder nicht; der Jungfrau'n Tränen,
Sie sollen mir wie Tau dem Feuer sein,
Und Schönheit, die Tyrannen oft erweicht,
Soll Öl mir gießen in des Grimmes Flammen.
Ich will hinfort nichts von Erbarmen wissen;
Treff' ich ein Knäblein an vom Hause York,
Ich will's zerhauen in so viele Bissen,
Als am Absyrtus wild Medea tat[164]:
Ich suche meinen Ruhm in Grausamkeit.
Komm, neue Trümmer von des alten Cliffords Haus!
> *Nimmt die Leiche auf.*

So trug Aeneas einst den Greis Anchises[165],
So trag' ich dich auf meinen Mannesschultern.
Doch trug Aeneas da lebend'ge Last:
Nichts ist so schwer als dies mein Herzeleid. *Ab.*
> *Richard Plantagenet und Somerset kommen fechtend, Somerset*
> *wird umgebracht.*

RICHARD: So, lieg' du da! –
Denn unter einer Schenke dürft'gem Schild,
Der Burg Sankt Albans, machte Somerset
Die Zauberin durch seinen Tod berühmt.
Schwert, bleib' gestählt! Dein Grimm ist, Herz, vonnöten!
Für Feinde beten Priester, Prinzen töten. *Ab.*
> *Getümmel. Angriffe. König Heinrich, Königin Margareta und andre*
> *kommen, auf dem Rückzuge begriffen.*

KÖNIGIN:
So langsam, mein Gemahl! Fort! Schämt Euch! Eilt!
KÖNIG HEINRICH:
Entläuft man wohl dem Himmel? Beste, weilt!
KÖNIGIN: Wie seid Ihr doch? Ihr wollt nicht fliehn noch fechten
Jetzt ist es Mannheit, Weisheit, Widerstand,
Dem Feinde weichen und uns sicher stellen
Durch was wir können, und das ist nur Flucht.
> *Getümmel in der Ferne.*

Wenn man Euch finge, säh'n wir auf den Boden
All unsers Glücks; allein entrinnen wir,
Wie, wenn nicht I h r versäumt, wir leichtlich können,
So ist uns London nah, wo man Euch liebt;
Wo dieser Riß, in unser Glück gemacht,
Gar bald zu heilen ist.
> *Der junge Clifford tritt auf.*

CLIFFORD SOHN:
Wär' nicht mein Herz gestellt auf künftig Unheil,

Gott wollt' ich lästern, eh' ich fliehn Euch hieße.
Doch müßt Ihr fliehn: unheilbare Verwirrung
Regiert im Herzen unsers ganzen Heers.
Fort, Euch zu retten! Und ihr Los erleben
Einst wollen wir und ihnen unsres geben.
Fort, gnäd'ger Herr! Fort! Fort!

Alle ab.

DRITTE SZENE

Das Feld bei Sankt Albans.

Getümmel und Rückzug. Trompetenstoß; hierauf kommen York, Richard Plantagenet, Warwick und Soldaten mit Trommeln und Fahnen.

YORK: Vom Salisbury, wer meldet mir von ihm,
  Dem Winterlöwen[166], der vor Wut vergißt
  Verjährte Lähmung und den Rost der Zeit,
  Und, wie ein Braver in der Jugend Glanz,
  Vom Anlaß Kraft leiht? Dieser frohe Tag
  Gleicht nicht sich selbst, kein Fußbreit ward gewonnen,
  Ist Salisbury dahin.
RICHARD: Mein edler Vater,
  Ich half ihm heute dreimal auf sein Pferd,
  Beschritt ihn dreimal, führt' ihn dreimal weg,
  Beredet' ihn, nichts weiter mitzutun:
  Doch stets, wo nur Gefahr, da traf ich ihn,
  Und, wie in Hütten köstliche Tapeten,
  So war sein Will' im alten schwachen Leibe.
  Doch seht ihn kommen, edel wie er ist!

Salisbury tritt auf.

SALISBURY:
  Bei meinem Schwert! Du fochtest heute gut;
  Beim Kreuz! wir insgesamt. – Ich dank' Euch, Richard:
  Gott weiß, wie lang' ich noch zu leben habe,
  Und ihm gefiel es, daß Ihr dreimal heut
  Mich schirmen solltet vor dem nahen Tod.
  Wohl, Lords! Noch ist, was wir erlangt, nicht unser:
  Daß unsre Feinde flohn, ist nicht genug,
  Da 's ihre Art ist, leicht sich herzustellen.
YORK: Ich weiß, nur ihnen folgen, sichert uns.
  Der König floh nach London, wie ich höre,
  Und will alsbald ein Parlament berufen.

Verfolgen wir ihn, eh' die Schreiben ausgehn.
Was sagt ihr, Warwick: soll'n wir ihnen nach?

WARWICK: Was? Ihnen nach? Nein, ihnen vor, wo möglich!
Bei meiner Treu', Lords, glorreich war der Tag.
Sankt Albans Schlacht, vom großen York gewonnen,
Wird hochgepreis't durch alle Folgezeit. –
Auf, Kriegsmusik! – Nach London alle hin!
Und oft beglück' uns solchen Tags Gewinn!

Alle ab.

KÖNIG
HEINRICH VI.

DRITTER TEIL

PERSONEN

König Heinrich VI.
Eduard, Prinz von Wales, *sein Sohn*
Ludwig XI., *König von Frankreich*
Herzog von Somerset ⎤
Herzog von Exeter ⎟
Graf von Oxford ⎟
Graf von Northumberland ⎬ *von König Heinrichs Partei*
Graf von Westmoreland ⎟
Lord Clifford ⎦
Richard Plantagenet, Herzog von York
Eduard, Graf von March, *nachmals* ⎤
   König Eduard IV. ⎟
Edmund, Graf von Rutland ⎬ *seine Söhne*
Georg, *nachmals* Herzog von Clarence ⎟
Richard, *nachmals* Herzog von Glocester ⎦
Herzog von Norfolk ⎤
Marquis von Montague ⎟
Graf von Warwick ⎟
Graf von Pembroke ⎬ *von des Herzogs von York Partei*
Lord Hastings ⎟
Lord Stafford ⎦
Sir John Mortimer ⎤ *Oheime des Herzogs von York*
Sir Hugh Mortimer ⎦
Henry, *der junge* Graf von Richmond
Lord Rivers, *Bruder der Lady Grey*
Sir William Stanley
Sir John Montgomery
Sir John Somerville
Der Lehrmeister Rutlands
Der Schultheiß von York
Der Kommandant des Turmes
Ein Edelmann

Zwei Förster, ein Jäger
Ein Sohn, *der seinen Vater umgebracht hat*
Ein Vater, *der seinen Sohn umgebracht hat*

Königin Margareta
Lady Grey, *nachmals Gemahlin Eduards IV.*
Bona, *Schwester des Königs von Frankreich*

Soldaten und andres Gefolge König Heinrichs und König Eduards, Boten, Wächter u.s.w.

Die Szene ist im dritten Aufzuge zum Teil in Frankreich, während des ganzen übrigen Stücks in England

ERSTER AUFZUG

Erste Szene

London. Das Parlament-Haus.

Trommeln. Einige Soldaten von Yorks Partei brechen ein. Hierauf kommen der Herzog von York, Eduard, Richard, Norfolk[167], Montague, Warwick und andre mit weißen Rosen auf den Hüten.

WARWICK: Mich wundert's, wie der König uns entkam.
YORK: Da wir die nord'sche Reiterei verfolgten,
    Stahl er davon sich und verließ sein Volk;
    Worauf der große Lord Northumberland[168],
    Des krieg'risch Ohr nie Rückzug dulden konnte,
    Das matte Heer anfrischte: und er selbst,
    Lord Clifford[169] und Lord Stafford[170], auf einmal,
    Bestürmten unsre Reih'n, und, in sie brechend,
    Erlagen sie dem Schwert gemeiner Krieger.
EDUARD: Lord Staffords Vater, Herzog Buckingham,
    Ist tot entweder, oder schwer verwundet:
    Ich spaltet' ihm den Helm mit derbem Hieb;
    Zum Zeugnis dessen, Vater, seht dies Blut.
               Zeigt sein blutiges Schwert.
MONTAGUE *zu York, das seinige zeigend:*
    Und, Bruder, hier ist Graf von Wiltshires Blut,
    Den bei der Scharen Handgemeng' ich traf.
RICHARD *wirft Somersets Kopf hin:*
    Sprich du für mich und sage, was ich tat.
YORK:
    Richard verdient den Preis vor meinen Söhnen. –
    Wie, ist Eu'r Gnaden tot, Mylord von Somerset?
NORFOLK: So geh's dem ganzen Haus Johanns von Gaunt!
RICHARD: So hoff' ich König Heinrichs Kopf zu schütteln.

WARWICK: Und ich mit Euch. – Siegreicher Prinz von York,
    Bis ich dich seh' erhoben auf den Thron,
    Den jetzt das Haus von Lancaster sich anmaßt,
    Schwör' ich zu Gott, will ich dies Aug' nicht schließen.
    Dies ist des furchtbar'n Königes Palast,
    Und dies der Fürstensitz: nimm, York, ihn ein;
    Dir kommt er zu, nicht König Heinrichs Erben.
YORK: So steh mir bei, mein Warwick, und ich will's,
    Denn mit Gewalt sind wir hieher gedrungen.
NORFOLK: Wir alle stehn Euch bei; wer flieht, soll sterben.
YORK: Dank, lieber Norfolk! – Bleibt bei mir, Mylords;
    Soldaten, bleibt und wohnt bei mir die Nacht.
WARWICK:
    Und wenn der König kommt, verfahrt nicht feindlich,
    Bis er euch mit Gewalt hinaus will drängen.
                Die Soldaten ziehn sich zurück.
YORK: Die Königin hält heut hier Parlament,
    Doch träumt ihr schwerlich, daß in ihrem Rat
    Wir sitzen werden: laßt uns unser Recht
    Mit Worten oder Streichen hier erobern.
RICHARD: Laßt uns, gewaffnet so, dies Haus behaupten.
WARWICK: Das blut'ge Parlament soll man dies nennen,
    Wofern Plantagenet, Herzog York, nicht König,

637

Heinrich entsetzt wird, dessen blöde Feigheit
Zum Sprichwort unsern Feinden uns gemacht.

YORK:

Dann, Lords, verlaßt mich nicht und seid entschlossen:
Von meinem Recht denk' ich Besitz zu nehmen.

WARWICK: Der König weder, noch sein bester Freund,
Der Stolzeste, der Lancaster beschützt,
Rührt sich, wenn Warwick sein Glöcklein schüttelt[171]. –
Plantagenet pflanz' ich; reut' ihn aus[172], wer darf!
Entschließ' dich, Richard, fodre Englands Krone!

Warwick führt York zum Thron, der sich darauf setzt.
Trompetenstoß.

König Heinrich, Clifford, Northumberland, Westmoreland[173], Exeter und
andre treten auf, mit roten Rosen an ihren Hüten.

KÖNIG HEINRICH: Mylords, seht da den trotzenden Rebellen
Recht auf des Reiches Stuhl! Er will, so scheint's,
Verstärkt durch Warwicks Macht, des falschen Pairs,
Die Kron' erschwingen und als König herrschen. –
Graf von Northumberland, er schlug den Vater dir;
Und dir, Lord Clifford: und beide schwurt ihr Rache
Ihm, seinen Söhnen, Günstlingen und Freunden.

NORTHUMBERLAND:

Nehm' ich nicht Rache, nimm an mir sie, Himmel!

CLIFFORD: Die Hoffnung läßt in Stahl den Clifford trauern.

WESTMORELAND: Soll'n wir dies leiden? Reißt herunter ihn!
Mir brennt das Herz vor Zorn, ich kann's nicht dulden.

KÖNIG HEINRICH: Geduldig, lieber Graf von Westmoreland.

CLIFFORD: Geduld ist gut für Memmen, so wie er:
Lebt' Euer Vater, dürft' er da nicht sitzen.
Mein gnäd'ger Fürst, laßt hier im Parlament
Uns auf das Haus von York den Angriff tun.

NORTHUMBERLAND: Ja, wohl gesprochen, Vetter! Sei es so.

KÖNIG HEINRICH:

Ach, wißt ihr nicht, daß sie die Stadt begünstigt
Und Scharen ihres Winks gewärtig stehn?

EXETER: Sie fliehn wohl schleunig, wenn der Herzog fällt.

KÖNIG HEINRICH:

Fern sei von Heinrichs Herzen der Gedanke,
Ein Schlachthaus aus dem Parlament zu machen!
Vetter von Exeter, Dräun, Blicke, Worte,
Das sei der Krieg, den Heinrich führen will. –

Sie nähern sich dem Herzoge.

Empörter Herzog York, herab vom Thron!

Und knie' um Huld und Gnade mir zu Füßen:
Ich bin dein Oberherr.

YORK: Du irrst dich, ich bin deiner.

EXETER: Pfui, weich'! Er machte dich zum Herzog York.

YORK: Es war mein Erbteil, wie's die Grafschaft war.

EXETER: Dein Vater war Verräter an der Krone.

WARWICK: Exeter, du bist Verräter an der Krone,
Da du dem Usurpator Heinrich folgst.

CLIFFORD: Wem sollt' er folgen als dem echten König?

WARWICK: Ja, Clifford: das ist Richard, Herzog York.

KÖNIG HEINRICH:
Und soll ich stehn, und auf dem Thron du sitzen?

YORK: So soll und muß es sein; gib dich zur Ruh'!

WARWICK: Sei Herzog Lancaster, und ihn laß König sein.

WESTMORELAND: Wie Herzog Lancaster, ist er auch König,
Das wird der Lord von Westmoreland behaupten.

WARWICK: Und Warwick wird's entkräften. Ihr vergeßt,
Daß wir es sind, die aus dem Feld euch jagten
Und eure Väter schlugen und zum Schloßtor
Die Stadt hindurch mit weh'nden Fahnen zogen.

NORTHUMBERLAND:
Ja, Warwick, mir zum Gram gedenk' ich dran,
Und einst, bei meiner Seele! soll's dich reu'n.

WESTMORELAND: Plantagenet, ich nehme mehr der Leben
Dir, diesen deinen Söhnen, Vettern, Freunden,
Als Tropfen Bluts mein Vater in sich hegte.

CLIFFORD:
Davon nichts weiter, Warwick! daß ich nicht
Dir statt der Worte solchen Boten sende,
Der seinen Tod, eh' ich mich rühre, rächt.

WARWICK: Wie ich des armen Cliffords Droh'n verachte!

YORK: Laßt uns den Anspruch an die Kron' erweisen;
Wo nicht, so recht' im Felde unser Schwert.

KÖNIG HEINRICH: Verräter, welchen Anspruch an die Krone?
Dein Vater war, wie du, Herzog von York[174];
Dein Großvater, Roger Mortimer, Graf von March:
Ich bin der Sohn Heinrichs des Fünften,
Der einst den Dauphin und die Franken beugte
Und ihre Städte und Provinzen nahm.

WARWICK: Sprich nicht von Frankreich, das du ganz verloren.

KÖNIG HEINRICH:
Der Lord Protektor tat es und nicht ich;
Ich war neun Monden alt, da man mich krönte.

RICHARD:
Jetzt seid Ihr alt genug, und doch verliert Ihr, scheint's.
Vater, reißt die angemaßte Kron' ihm ab!
EDUARD: Tut's, lieber Vater! Setzt sie Euch aufs Haupt!
MONTAGUE *zu York:*
Mein Bruder, wo du Waffen liebst und ehrst,
So ficht es aus statt dieser Wortgezänke.
RICHARD: Die Trommeln rührt, so wird der König fliehn.
YORK: Still, Söhne!
KÖNIG HEINRICH: Still, du, und laß den König Heinrich reden!
WARWICK: Plantagenet zuförderst! Hört ihn, Lords;
Und ihr, seid aufmerksam und ruhig auch,
Denn, wer ihn unterbricht, der soll nicht leben.
KÖNIG HEINRICH: Denkst du, ich lasse meinen Fürstenthron,
Worauf mein Vater und Großvater saß?
Nein: eh' soll Krieg entvölkern dies mein Reich
Und ihr Panier (in Frankreich oft geführt
Und jetzt in England, uns zu großem Kummer)
Mein Grabtuch sein. – Warum verzagt ihr, Lords?
Mein Anspruch ist weit besser als der seine.
WARWICK: Beweis' es nur, und du sollst König sein.
KÖNIG HEINRICH: Heinrich der Vierte hat die Kron' erobert.
YORK: Er nahm sie seinem König als Rebell.
KÖNIG HEINRICH:
Was sag' ich nur hierauf? Mein Recht ist schwach.
Sagt, darf ein König keinen Erben wählen?
YORK: Was weiter?
KÖNIG HEINRICH:
Wenn er das darf, bin ich rechtmäß'ger König:
Denn Richard hat, im Beisein vieler Lords,
Den Thron Heinrich dem Vierten abgetreten;
Des Erbe war mein Vater, und ich seiner.
YORK: Er lehnte wider seinen Herrn sich auf
Und zwang ihn, seiner Krone zu entsagen.
WARWICK: Doch setzt, Mylords, er tat es ungenötigt:
Denkt ihr, daß es der Krone was vergab?
EXETER: Nein; denn er konnte nicht ihr so entsagen,
Daß nicht der nächste Erbe folgen mußte.
KÖNIG HEINRICH: Du, Herzog Exeter, bist wider uns?
EXETER: Das Recht ist sein, darum verzeihet mir.
YORK: Was flüstert ihr und gebt nicht Antwort, Lords?
EXETER: Rechtmäß'gen König nennt ihn mein Gewissen.
KÖNIG HEINRICH: Sie wenden alle sich von mir zu ihm.

NORTHUMBERLAND: Plantagenet, was auch dein Anspruch sei,
  Denk' nicht, daß Heinrich so entsetzt soll werden.
WARWICK: Entsetzt wird er, der ganzen Welt zum Trotz.
NORTHUMBERLAND: Du irrst! Nicht deine Macht im Süden ist's,
  Von Essex, Norfolk, Suffolk, noch von Kent,
  Die dich so stolz und übermütig macht,
  Die, mir zum Trotz, den Herzog kann erhöhn.
CLIFFORD: Sei, wie er will, dein Anspruch, König Heinrich!
  Lord Clifford schwört, zu fechten dir zum Schutz.
  Der Grund soll gähnen, lebend mich verschlingen,
  Wo ich vor meines Vaters Mörder kniee.
KÖNIG HEINRICH: O Clifford, wie dein Wort mein Herz belebt!
YORK: Heinrich von Lancaster, entsag' der Krone! –
  Was murmelt ihr? Was habt ihr vor da, Lords?
WARWICK: Tut diesem hohen Herzog York sein Recht,
  Sonst füll' ich mit Bewaffneten das Haus,
  Und oben an dem Prachtstuhl, wo er sitzt,
  Schreib' ich es an mit Usurpatorblut.
    Er stampft mit dem Fuße, und die Soldaten zeigen sich.
KÖNIG HEINRICH: Mylord von Warwick, hört ein Wort nur an:
  Laßt lebenslänglich mich als König herrschen.
YORK: Bestät'ge mir die Kron' und meinen Erben,
  Und du sollst ruhig herrschen, weil du lebst.
KÖNIG HEINRICH: Ich geh' es ein: Richard Plantagenet,
  Nach meinem Hintritt nimm Besitz vom Reich.
CLIFFORD: Welch Unrecht an dem Prinzen[175], Eurem Sohn!
WARWICK: Welch ein Gewinn für England und ihn selbst!
WESTMORELAND: Verzagter, schnöder, hoffnungsloser Heinrich!
CLIFFORD: Wie hast du dir und uns zu nah' getan!
WESTMORELAND: Ich bleibe nicht, um den Vertrag zu hören.
NORTHUMBERLAND: Noch ich.
CLIFFORD: Kommt, Vetter, melden wir's der Königin.
WESTMORELAND: Leb wohl, kleinmüt'ger, ausgeart'ter König,
  In dessen Blut kein Funken Ehre wohnt!
NORTHUMBERLAND: Werd' eine Beute du dem Hause York
  Und stirb in Banden für die weib'sche Tat!
CLIFFORD: Im furchtbar'n Kriege seist du überwunden!
  Verlassen und verachtet leb' im Frieden!
    Northumberland, Clifford und Westmoreland ab.
WARWICK: Hieher sieh, Heinrich, achte nicht auf sie.
EXETER: Sie suchen Rach' und wollen drum nicht weichen.
KÖNIG HEINRICH: Ach, Exeter!
WARWICK: Was seufzt Ihr so, mein Fürst?

KÖNIG HEINRICH:
Nicht um mich selbst, um meinen Sohn, Lord Warwick,
Den unnatürlich ich enterben soll.
Doch sei es, wie es will: hiemit vermach' ich
Die Kron' auf immer dir und deinen Erben,
Mit der Bedingung, daß du gleich hier schwörst,
Den Bürgerkrieg zu enden, lebenslang
Als deinen Herrn und König mich zu ehren
Und weder durch Verrat noch feindlich mich
Zu stürzen und statt meiner zu regieren.
YORK: Gern tu' ich diesen Eid und will ihn halten.
                    Von Thron herabkommend.
WARWICK:
Lang' lebe König Heinrich! – Plantagenet, umarm' ihn!
KÖNIG HEINRICH:
Lang' lebe samt den hoffnungsvollen Söhnen!
YORK: Versöhnt sind York und Lancaster nunmehr.
EXETER: Der sei verflucht, der zu entzwein sie sucht.
                    Die Lords treten vorwärts.
YORK: Lebt wohl, mein Fürst! Ich will zu meiner Burg.
WARWICK: Ich will mit meinen Truppen London halten.
NORFOLK: Ich will nach Norfolk hin mit meiner Schar.
MONTAGUE: Und ich zur See zurück, woher ich kam.
      York und seine Söhne, Warwick, Norfolk, Montague, Soldaten und
                    Gefolge ab.
KÖNIG HEINRICH: Und ich mit Gram und Kummer an den Hof.
      Königin Margareta und der Prinz von Wales treten auf.
EXETER: Da kommt die Königin, und ihre Blicke
Verraten ihren Zorn; ich schleiche fort.
KÖNIG HEINRICH: Ich, Exeter, mit dir. *Will gehn.*
MARGARETA: Nein, geh nicht vor mir weg: ich will dir folgen.
KÖNIG HEINRICH: Geduldig, bestes Weib! und ich will bleiben.
MARGARETA: Wer kann beim Äußersten geduldig sein?
Elender! Daß ich frei gestorben wäre,
Dich nie gesehn, dir keinen Sohn geboren,
Da du so unnatürlich dich als Vater zeigst.
Verdient er, so sein Erbrecht einzubüßen?
Hätt'st du ihn halb so sehr geliebt als ich,
Den Schmerz gefühlt, den ich einmal für ihn,
Ihn so genährt, wie ich mit meinem Blut:
Dein bestes Herzblut hätt'st du eh' gelassen,
Als den Barbar von Herzog eingesetzt
Zum Erben und den einz'gen Sohn enterbt.

PRINZ: Vater, Euch steht nicht frei, mich zu enterben;
Seid Ihr doch König, und so folg' ich nach.

KÖNIG HEINRICH:
Verzeih', Margreta! Lieber Sohn, verzeih'!
Mich zwang der Graf von Warwick und der Herzog.

MARGARETA:
Dich zwang? Du läßt dich zwingen und bist König?
Mit Scham hör' ich dich an. Elender Feiger!
Dich, deinen Sohn und mich hast du verderbt
Und solche Macht dem Hause York gegeben,
Daß du durch ihre Duldung nur regierst.
Die Krone ihm und seinem Stamm vermachen,
Was ist es anders, als dein Grab dir bau'n
Und lange vor der Zeit hinein dich betten?
Warwick ist Kanzler, von Calais auch Herr,
Der trotz'ge Faulconbridge[176] beherrscht den Sund;
Der Herzog ist des Reichs Protektor nun:
Und du wärst sicher? Solche Sicherheit
Find't wohl ein zitternd Lamm, umringt von Wölfen.
Wär' ich dabei gewesen, die ich nur
Ein albern Weib bin, lieber hätt' ich mich
Auf der Soldaten Piken schleudern lassen,
Als daß ich dem Vertrage mich gefügt.
Doch dir gilt mehr dein Leben als die Ehre,
Und da ich dieses sehe, scheid' ich hier
Mich, Heinrich, selbst von deinem Tisch und Bett,
Bis man den Parlamentsschluß widerruft,
Wodurch mein Sohn gebracht wird um sein Erb'.
Die nord'schen Lords, die dein Panier verschworen,
Ziehn meinem nach, sobald sie's fliegen sehn;
Und fliegen soll es, dir zu arger Schmach
Und gänzlichem Ruin dem Hause York.
So lass' ich dich; – komm, Sohn, wir wollen fort,
Bereit ist unser Heer: komm, ihnen nach!

KÖNIG HEINRICH: Bleib', liebe Margareta! Hör' mich an!

MARGARETA: Du sprachest schon zu viel: geh, mach' dich fort!

KÖNIG HEINRICH:
Du bleibst doch bei mir, Eduard, lieber Sohn?

MARGARETA: Ja, daß ihn seine Feind' ermorden mögen.

PRINZ: Wenn ich mit Sieg vom Felde kehre heim,
Begrüß' ich Euch; bis dahin folg' ich ihr.

MARGARETA: Komm! Fort, mein Sohn! Wir würfen so nicht zaudern.

Königin Margareta und der Prinz ab.

KÖNIG HEINRICH: Die arme Königin! Wie ihre Liebe
Zu mir und meinem Sohn in Wut ausbrach!
Ihr werde Rach' an dem verhaßten Herzog,
Des Hochmut, von Begier beschwingt, die Krone
Mir kosten wird, und wie ein gier'ger Adler
Mein Fleisch zerhacken wird und meines Sohns!
Mein Herz beängstigt der drei Lords Verlust[177].
Ich schreib' an sie und will sie freundlich bitten.
Kommt, Vetter, denn Ihr sollt der Bote sein.
EXETER: Und ich, das hoff' ich, werde sie versöhnen.
Beide ab.

ZWEITE SZENE

Ein Zimmer in der Burg Sandal, bei Wakefield in Yorkshire.

Eduard, Richard und Montague treten auf.

RICHARD: Bruder, vergönnt mir, bin ich schon der Jüngste.
EDUARD: Nicht doch, ich kann den Redner besser spielen.
MONTAGUE: Doch ich weiß Gründe von Gewicht und Kraft.
York tritt auf.
YORK: Nun, meine Söhn' und Bruder? So im Streit?
Worüber ist der Zank? Wie fing er an?
EDUARD: Kein Zank, nur eine kleine Zwistigkeit.
YORK: Um was?
RICHARD: Um was Eu'r Gnaden angeht, so wie uns:
Die Krone Englands, welche Euer ist.
YORK: Mein, Knabe? Nicht vor König Heinrichs Tod.
RICHARD: Eu'r Recht hängt nicht an seinem Tod und Leben.
EDUARD: Jetzt seid Ihr Erbe, drum genießt es jetzt.
Laßt Ihr das Haus von Lancaster Odem schöpfen,
So läuft's am Ende, Vater, Euch zuvor.
YORK: Ich tat den Eid, er sollt' in Ruh' regieren.
EDUARD:
Doch um ein Königreich bricht man jeden Eid;
Ein Jahr zu herrschen, bräch' ich tausend Eide.
RICHARD: Verhüte Gott, daß Ihr meineidig würdet.
YORK: Das werd' ich, wenn ich mit den Waffen fodre.
RICHARD: Das Gegenteil beweis' ich, wenn Ihr hören wollt.
YORK: Du kannst es nicht; es ist unmöglich, Sohn.
RICHARD: Ein Eid gilt nichts, der nicht geleistet wird

Vor einer wahren, rechten Obrigkeit,
Die über den Gewalt hat, welcher schwört.
Und Heinrich maßte bloß den Platz sich an;
Nun seht Ihr, da er's war, der ihn Euch abnahm,
Daß Euer Eid nur leer und eitel ist.
Drum zu den Waffen! Und bedenkt nur, Vater,
Welch schönes Ding es ist, die Krone tragen,
In deren Umkreis ein Elysium ist,
Und was von Heil und Lust nur Dichter preisen.
Was zögern wir doch so? Ich kann nicht ruhn,
Bis ich die weiße Rose, die ich trage,
Gefärbt im lauen Blut von Heinrichs Herzen.
YORK: Genug! Ich werde König oder sterbe. –
Bruder, du sollst nach London alsobald
Und Warwick zu dem Unternehmen spornen.
Ihr, Richard, sollt zum Herzog Norfolk hin
Und im Vertraun ihm unsern Vorsatz melden.
Ihr, Eduard, sollt für mich zu Mylord Cobham,
Mit dem die Kenter willig aufstehn werden.
Auf sie vertrau' ich; denn es sind Soldaten,
Klug, höflich, freien Sinnes und voll Mut. –
Derweil ihr dies betreibt, was bleibt mir übrig,
Als die Gelegenheit zum Ausbruch suchen,
Daß nicht der König meinen Anschlag merkt
Noch irgendwer vom Hause Lancaster.
              Ein Bote tritt auf.
Doch halt: was gibt's? Was kommst du so in Eil'?
BOTE: Die Königin samt allen nord'schen Lords
Denkt hier in Eurer Burg Euch zu belagern.
Sie ist schon nah mit zwanzigtausend Mann;
Befestigt also Euren Sitz, Mylord!
YORK:
Ja, mit dem Schwert. Denkst du, daß wir sie fürchten? –
Eduard und Richard, ihr sollt bei mir bleiben;
Mein Bruder Montague soll schnell nach London:
Den edlen Warwick, Cobham und die andern,
Die wir dem König als Protektors ließen,
Laßt sich mit mächt'ger Politik verstärken
Und nicht des schwachen Heinrichs Eiden traun.
MONTAGUE: Bruder, ich geh', ich will sie schon gewinnen
Und nehme so dienstwillig meinen Abschied. *Ab.*
       Sir John und Sir Hugh Mortimer treten auf.
YORK: Sir John und Sir Hugh Mortimer, Oheime!

Ihr kommt nach Sandal zu gelegner Zeit:
Das Heer der Königin will uns belagern.
SIR JOHN: Sie braucht es nicht, wir treffen sie im Feld.
YORK: Was? Mit fünftausend Mann?
RICHARD: Ja mit fünfhundert, Vater, wenn es gilt.
Ein Weib ist Feldherr: was ist da zu fürchten?
Ein Marsch in der Ferne.
EDUARD: Ich hör' die Trommeln; ordnen wir die Mannschaft
Und ziehn hinaus und bieten gleich die Schlacht.
YORK: Fünf gegen zwanzig! Große Übermacht;
Doch zweifl' ich, Oheim, nicht an unserm Sieg.
Ich hab' in Frankreich manche Schlacht gewonnen,
Wo zehn die Feinde waren gegen eins:
Weswegen sollt' es minder jetzt gelingen?
Getümmel. Alle ab.

DRITTE SZENE

Ebne bei der Burg Sandal.

Getümmel, Angriffe. Hierauf kommen Rutland[178] und sein Lehrmeister.

RUTLAND: Ach, wohin soll ich fliehn vor ihren Händen?
Ach, Meister, sieh! Da kommt der blut'ge Clifford.
Clifford tritt auf mit Soldaten.
CLIFFORD: Kaplan, hinweg! Dich schirmt dein Priestertum,
Allein die Brut von dem verfluchten Herzog,
Des Vater meinen Vater schlug, – die stirbt.
LEHRMEISTER: Und ich, Mylord, will ihm Gesellschaft leisten.
CLIFFORD: Soldaten, fort mit ihm!
LEHRMEISTER: Ach, Clifford, morde nicht ein schuldlos Kind,
Daß du verhaßt nicht wirst bei Gott und Menschen!
Er wird von den Soldaten mit Gewalt abgeführt.
CLIFFORD: Nun, ist er tot schon? Oder ist es Furcht,
Was ihm die Augen schließt? – Ich will sie öffnen.
RUTLAND:
So blickt der eingesperrte Löw' ein Opfer,
Das unter seinen Tatzen zittert, an;
So schreitet er, verhöhnend seinen Raub,
Und kommt so, seine Glieder zu zerreißen.
Ach, lieber Clifford, laß dein Schwert mich töten
Und nicht solch einen grausam droh'nden Blick!

Hör', bester Clifford, eh' ich sterbe, mich:
Ich bin viel zu gering für deinen Grimm,
An Männern räche dich, und laß mich leben!
CLIFFORD: Vergeblich, armer Junge! Deinen Worten
Stopft meines Vaters Blut den Eingang zu.
RUTLAND: Laß meines Vaters Blut ihn wieder öffnen;
Er ist ein Mann: miß, Clifford, dich mit ihm.
CLIFFORD:
Hätt' ich auch deine Brüder hier, ihr Leben
Und deines wär' nicht Rache mir genug.
Ja, grüb' ich deiner Ahnen Gräber auf
Und hängt' in Ketten auf die faulen Särge,
Mir gäb's nicht Ruh' noch Lind'rung meiner Wut.
Der Anblick irgendwes vom Hause York
Befällt wie eine Furie mein Gemüt,
Und bis ich den verfluchten Stamm vertilge,
Daß keiner nachbleibt, leb' ich in der Hölle.
Darum – *Er hebt den Arm auf.*
RUTLAND:
O laß mich beten, eh' der Tod mich trifft!
Zu dir bet' ich: Erbarmen, lieber Clifford!
CLIFFORD: Erbarmen, wie die Degenspitz' es beut.
RUTLAND: Nie tat ich Leides dir: warum mich morden?
CLIFFORD: Dein Vater tat's.
RUTLAND: Eh' ich geboren war.
Erbarm' dich, deines e i n e n Sohnes willen,
Daß nicht zur Rache (denn gerecht ist Gott)
Er kläglich werd' erschlagen so wie ich.
Ach, laß mich lebenslang gefangen sein
Und, geb' ich Anlaß dir zum Ärgernis,
So bring' mich um: jetzt hast du keinen Grund.
CLIFFORD: Keinen Grund?
Dein Vater schlug mir meinen, also stirb. *Ersticht ihn.*
RUTLAND: Di faciant, laudis summa sit ista tuae.[179] *Stirbt.*
CLIFFORD: Plantagenet! Ich komm', Plantagenet!
Dies deines Sohns Blut, mir am Degen klebend,
Soll rosten dran, bis deins, in eins geronnen
Mit seinem, beides weg mich wischen läßt. *Ab.*

Ebendaselbst.

Getümmel. York tritt auf.

YORK: Das Heer der Königin gewinnt das Feld;
Mich rettend fielen meine beiden Onkel,
Und all mein Volk weicht dem erhitzten Feind
Und flieht wie Schiffe vor dem Wind, wie Lämmer,
Verfolgt von ausgehungert gier'gen Wölfen.
Gott weiß, was meine Söhne hat betroffen;
Doch weiß ich dies: sie hielten sich wie Männer,
Zum Ruhm geboren, lebend oder tot.
Dreimal drang Richard bis zu mir hindurch,
Rief dreimal: „Mutig, Vater! Ficht es aus!"
So oft kam Eduard auch an meine Seite,
Mit purpurnem Gewehr, bis an den Griff
Gefärbt in derer Blut, die ihn bestanden.
Und als zurück die kühnsten Ritter zogen,
Rief Richard: „Greift sie an! Weicht keinen Schritt!"
Und rief: „Eine Krone, sonst ein ruhmvoll Grab!
Ein Szepter, oder eine ird'sche Gruft!"
So griffen wir von neuem an: doch ach!
Wir schwankten wieder, wie ich wohl den Schwan
Der Flut sich fruchtlos sah entgegen mühn
Und sich erschöpfen an zu mächt'gen Wellen.
Kurzes Getümmel draußen.
Da horch! Die tödlichen Verfolger kommen,
Und ich bin schwach, kann ihre Wut nicht fliehn,
Und wär' ich stark, wollt' ihre Wut nicht meiden.
Gezählt sind meines Lebens Stundengläser;
Hier muß ich bleiben, hier mein Leben enden.
Königin Margareta, Clifford und Northumberland treten auf
mit Soldaten.
Kommt, blut'ger Clifford! stürmischer Northumberland!
Ich reize noch eu'r unauslöschlich Wüten:
Ich bin eu'r Ziel und stehe eurem Schuß.
NORTHUMBERLAND: Ergib dich unsrer Gnade, stolzer York!
CLIFFORD: Ja, solche Gnade, wie sein grimm'ger Arm
Mit derber Zahlung meinem Vater bot.
Nun ist vom Wagen Phaeton gestürzt[180]
Und macht schon Abend um die Mittagsstunde.

YORK: Mein Staub kann wie der Phönix einen Vogel
   Erzeugen, der mich an euch allen rächt;
   Und in der Hoffnung schau' ich auf zum Himmel,
   Verachtend, was ihr auch mir antun mögt.
      Nun, kommt ihr nicht? So viele, und doch Furcht?
CLIFFORD:
   So fechten Memmen, die nicht fliehn mehr können;
   So hacken Tauben nach des Falken Klau'n;
   So stoßen Dieb', am Leben ganz verzweifelnd,
   Schimpfreden gegen ihre Schergen aus.
YORK: O Clifford, denk' doch einmal nur zurück!
   Durchlauf' im Sinne meine vor'ge Zeit
   Und, kannst du vor Erröten, schau mich an
   Und beiß' dir auf die Zunge, welche den

Mit Feigheit schändet, dessen finstrer Blick
Schon sonst verzagen dich und fliehn gemacht.
CLIFFORD: Ich will nicht mit dir wechseln Wort um Wort,
Nein, Streiche führen, zweimal zwei für einen. *Er zieht.*
MARGARETA: Halt, tapfrer Clifford! Denn aus tausend Gründen
Möcht' ich noch des Verräters Leben fristen. –
Zorn macht ihn taub: sprich du, Northumberland!
NORTHUMBERLAND:
Halt, Clifford! Ehr' ihn so nicht, nur den Finger
Zu ritzen, um das Herz ihm zu durchbohren.
Was wär's für Tapferkeit, dem Hund, der fletscht,
Die Hand zu strecken zwischen seine Zähne,
Wenn man ihn fort kann schleudern mit dem Fuß?
Im Krieg ist's Sitte, jeden Vorteil nutzen;
Zehn gegen eins setzt nicht den Mut herab.
          Sie legen Hand an York, der sich sträubt.
CLIFFORD: Ja ja, so sträubt die Schnepfe sich der Schlinge.
NORTHUMBERLAND: So zappelt das Kaninchen in dem Netz.
          York wird zum Gefangenen gemacht.
YORK: So triumphieren Räuber mit der Beute,
So gibt der Redliche sich übermeistert.
NORTHUMBERLAND:
Was will Eu'r Gnaden, daß wir mit ihm tun?
MARGARETA: Ihr Helden, Clifford und Northumberland,
Kommt, stellt ihn hier auf diesen Maulwurfs-Hügel,
Der Berge griff mit ausgestreckten Armen,
Doch nur den Schatten mit der Hand geteilt. –
Wart Ihr's, der Englands König wollte sein?
Wart Ihr's, der lärmt' in unserm Parlament
Und predigte von seiner hohen Abkunft?
Wo ist Eu'r Rudel Söhn', Euch beizustehn?
Der üpp'ge Eduard und der muntre George?
Und wo der tapfre, krumme Wechselbalg,
Eu'r Junge Richerz, dessen Stimme, brummend,
Bei Meuterei'n dem Tatte Mut einsprach?
Wo ist Eu'r Liebling Rutland mit den andern?
Sieh, York! Dies Tuch befleckt' ich mit dem Blut,
Das mit geschärftem Stahl der tapfre Clifford
Hervor ließ strömen aus des Knaben Busen;
Und kann dein Aug' um seinen Tod sich feuchten,
So geb' ich dir's, die Wangen abzutrocknen.
Ach, armer York! Haßt' ich nicht tödlich dich,
So würd' ich deinen Jammerstand beklagen.

So gräm' dich doch, mich zu belust'gen, York!
Wie? Dörrte so das feur'ge Herz dein Innres,
Daß keine Träne fällt um Rutlands Tod?
Warum geduldig, Mann? Du solltest rasen;
Ich höhne dich, um rasend dich zu machen.
Stampf', tob' und knirsch', damit ich sing' und tanze!
Du foderst, seh' ich, Lohn für mein Ergötzen.
York spricht nicht, wenn er keine Krone trägt.
Eine Krone her! und, Lords, neigt euch ihm tief. –
Ihr, haltet ihn, ich setze sie ihm auf.
       Sie setzt ihm eine papierne Krone auf.
Ei ja, nun sieht er einem König gleich!
Er ist's, der König Heinrichs Stuhl sich nahm
Und der von ihm zum Erben war ernannt. –
Allein wie kömmt's, daß Fürst Plantagenet
So bald gekrönt wird, und der Eid gebrochen?
Mich dünkt, Ihr solltet noch nicht König sein,
Bis Heinrich erst dem Tod die Hand geboten.
Wollt Ihr das Haupt mit Heinrichs Würd' umfahn,
Des Diadems berauben seine Schläfe,
Dem heil'gen Eid zuwider, da er lebt?
Oh, dies Vergeh'n ist allzu unverzeihlich!
Die Kron' herunter und das Haupt zugleich,
Und keine Zeit versäumt zum Todesstreich!
CLIFFORD: Das ist mein Amt, um meines Vaters willen!
MARGARETA: Nein, haltet! Laßt uns hören, wie er betet.
YORK: Wölfin von Frankreich, reißender als Wölfe,
Von Zunge gift'ger als der Natter Zahn!
Wie übel ziemt es sich für dein Geschlecht,
Daß du, wie eine Amazonentrulle[181],
Frohlockst beim Weh des, den das Glück gebunden!
Wär' dein Gesicht nicht wandellos wie Larven,
Durch böser Taten Übung frech geworden,
So wollt' ich suchen, stolze Königin,
Erröten dich zu machen; denn dir sagen,
Woher du kamst, von wem du abgestammt,
Wär' g'nug, dich zu beschämen, wärst du nicht schamlos.
Dein Vater heißt von Napel und von beiden
Sizilien König und Jerusalem:
Doch reicher ist ein Bürgersmann in England.
Hat trotzen dich der arme Fürst gelehrt?
Es kann nichts helfen, stolze Königin,
Als daß das Sprichwort sich bewährt: der Bettler,

Der Ritter worden, jagt sein Pferd zu Tod.
Die Schönheit ist's, was stolz die Weiber macht:
Allein Gott weiß, dein Teil daran ist klein!
Die Tugend ist's, warum man sie bewundert:
Das Gegenteil macht über dich erstaunen;
Die Sittsamkeit läßt göttlich sie erscheinen:
Und daß sie ganz dir fehlt, macht dich abscheulich.
Du bist von allem Guten so getrennt,
Wie es von uns die Antipoden sind
Und wie der Mittag von der Mitternacht.
O Tigerherz, in Weiberhaut gesteckt!
Du fingst des Kindes Herzblut auf und hießest
Den Vater sich damit die Augen trocknen
Und trägst noch eines Weibes Angesicht?
Weiber sind sanft, mild, mitleidsvoll und biegsam;
Du starr, verstockt, rauh, kieselhart, gefühllos.
Ich sollte rasen? Ja, dir ist's gewährt.
Ich sollte weinen? Ja, du hast's erreicht.
Denn Schauer stürmt der wüste Wind herbei,
Und wenn der Sturm sich legt, beginnt der Regen.
Die Totenfeier meines holden Rutlands
Sind diese Tränen; jeder Tropfe schreit
Für seinen Tod um Rache wider euch,
Grausamer Clifford! tückische Französin!

NORTHUMBERLAND:
Fürwahr, mich rühren seine Leiden so,
Daß ich im Auge kaum die Tränen hemme.

YORK: Die Kannibalen hätten sein Gesicht
Nicht angerührt, mit Blute nicht befleckt;
Doch ihr seid unerbittlicher, unmenschlicher,
O zehnmal mehr, als Tiger von Hyrkanien.
Sieh eines unglücksel'gen Vaters Tränen,
Fühllose Königin: du hast dies Tuch
In meines süßen Jungen Blut getaucht,
Und ich, mit Tränen, wasche weg das Blut.
Behalte du das Tuch und prahl' damit:
              er gibt das Schnupftuch zurück
Und wenn du recht die Leidgeschicht' erzählst,
Bei Gott, die Hörer werden Tränen weinen,
Ja, heiße Tränen meine Feinde selbst,
Und sagen: „Ach, es war ein kläglich Werk!"
Da, nimm die Kron' und meinen Fluch mit ihr
Und finde solchen Trost in deiner Not,

Als deine Hand, zu grausam, jetzt mir beut.
Hartherz'ger Clifford, nimm mich von der Welt;
Die Seel' gen Himmel, auf eu'r Haupt mein Blut!

NORTHUMBERLAND:
Hätt' er mir alle Blutsfreund' auch erschlagen,
Doch müßt' ich, um mein Leben, mit ihm weinen,
Wie innerliches Leid die Seel' ihm nagt.

MARGARETA:
Wie? Nah am Weinen, Lord Northumberland?
Denkt nur, was er uns allen zugefügt,
Und das wird schnell die weichen Tränen trocknen.

CLIFFORD: Das hier für meinen Eid, das für des Vaters Tod.
Ersticht ihn.

MARGARETA: Und dies für unsers sanften Königs Recht.
Ersticht ihn gleichfalls.

YORK: Tu' auf dein Tor der Gnade, guter Gott!
Durch diese Wunden fliegt mein Geist zu dir. *Stirbt.*

MARGARETA: Den Kopf ab! Setzt ihn auf das Tor von York;
So überschaue York nun seine Stadt!
Alle ab.

ZWEITER AUFZUG

Erste Szene

Eine Ebne bei Mortimers Kreuz in Herefordshire.

Trommeln. Eduard und Richard mit ihren Truppen auf dem Marsch.

EDUARD: Wie unser edler Vater nur entkam?
  Und ob er wohl entkommen oder nicht
  Von Cliffords und Northumberlands Verfolgung?
  Wär' er gefangen, hätten wir's gehört;
  Wär' er erschlagen, hätten wir's gehört;
  Wär' er entkommen, dünkt mich, müßten wir
  Die frohe Zeitung schon vernommen haben.
  Was macht mein Bruder? Warum so betrübt?
RICHARD: Ich kann nicht froh sein, bis ich sicher weiß,
  Was unser tapfrer Vater ist geworden.
  Ich sah ihn streifen durch die Schlacht umher,
  Gab acht, wie er heraus den Clifford suchte;
  Mir schien's, er nahm sich in der dicht'sten Schar
  So wie ein Löw' in einer Herde Rinder,
  So wie ein Bär, von Hunden ganz umringt,
  Der bald ein paar so zwickt und macht sie schrein,
  Da nur von fern die andern nach ihm bellen.
  So macht' es unser Vater mit den Feinden,
  So flohn die Feinde meinen tapfern Vater:
  Mich dünkt, sein Sohn zu sein, ist Ruhms genug.
  Sieh, wie sein goldnes Tor der Morgen öffnet
  Und Abschied von der lichten Sonne nimmt!
  Wie sie erscheint in aller Jugendfülle,
  Schmuck wie ein Buhler, der zur Liebsten eilt!
EDUARD: Bin ich geblendet, oder seh' drei Sonnen?
RICHARD: Drei lichte Sonnen, jede ganz vollkommen;

Nicht unterbrochen durch die zieh'nden Wolken,
Von blassem klarem Himmel rein getrennt.
Sieh, sieh! sie nahn, umarmen, küssen sich,
Als ob sie einen heil'gen Bund gelobten,
Sind jetzt ein Schein, ein Licht nur, eine Sonne.
Der Himmel deutet ein Begegnis vor.

EDUARD: 's ist wundersam, man hörte nie dergleichen.
Ich denk', es mahnt uns, Bruder, in das Feld,
Daß wir, die Söhne Held Plantagenets,
Ein jeder strahlend schon durch sein Verdienst,
Vereinen sollen dennoch unsre Lichter,
Wie dies die Welt, die Erde zu erleuchten.
Was es auch deuten mag, ich will hinfüro
Drei Sonnengötter auf der Tartsche[182] tragen.

RICHARD: Nein, laßt sie weiblich bilden: denn, vergönnt,
Ihr mögt das Weibchen lieber als das Männchen.

Ein Bote tritt auf.

Doch wer bist du, des trüber Blick ein Unglück,
Auf deiner Zunge schwebend, ahnden läßt?

BOTE: Ach, einer, der mit Jammer angesehn,
Wie daß der edle Herzog York erlag,
Eu'r hoher Vater und mein lieber Herr.

EDUARD: O sprich nicht mehr! Ich hörte schon zu viel.

RICHARD: Sag, wie er starb, denn ich will alles hören.

BOTE: Umzingelt war er von der Feinde Menge,
Und er bestand sie, wie die Hoffnung Trojas
Die Griechen, die in Troja dringen wollten.
Doch weicht selbst Herkules der Übermacht,
Und viele Streich', obwohl von kleiner Art,
Haun um und fällen selbst die härtste Eiche.
Eu'r Vater ward besiegt von vielen Händen,
Allein ermordet bloß vom grimm'gen Arm
Des wilden Clifford und der Königin.
Den gnäd'gen Herzog krönte sie zum Hohn,
Lacht' ihm ins Angesicht, und als er weinte,
Gab die Barbarin ihm, sich abzutrocknen,
Ein Tuch, getaucht in das schuldlose Blut
Des jungen Rutland, welchen Clifford schlug;
So nahmen sie, nach vielem Spott und Schimpf,
Sein Haupt, und aufgesteckt am Tor von York
Ward selbiges; und da verbleibt es nun,
Das jammervollste Schauspiel, das ich sah.

EDUARD: Geliebter York, der unsre Stütze war!

Uns bleibt kein Stab noch Halt, nun du dahin.
O Clifford, rauher Clifford! Du erschlugst
Europas Blüt' und Zier im Rittertum;
Und hast verräterisch ihn überwunden,
Denn, Stirn an Stirn, hätt' er dich überwunden.
Nun ward der Seele Palast mir zum Kerker:
Ach, bräche sie doch los! daß dieser Leib
Zur Ruh' im Boden eingeschlossen würde;
Denn nie werd' ich hinfort mich wieder freun,
Niemals, o niemals werd' ich Freud' erleben.

RICHARD: Ich kann nicht weinen: alles Naß in mir
G'nügt kaum, mein lichterlohes Herz zu löschen;
Auch kann die Zunge nicht mein Herz entlasten:
Derselbe Hauch, womit sie sprechen sollte,
Schürt Kohlen an, die ganz die Brust durchglühn
Mit Flammen, welche Tränen löschen würden.
Wer weint, vermindert seines Grames Tiefe:
Drum, Tränen für die Kinder, Rache mir!
Richard, dein Nam' ist mein, ich will dich rächen,
Wo nicht, so sterb' ich rühmlich im Versuch.

EDUARD: Dir ließ der tapfre Herzog seinen Namen,
Sein Herzogtum und Stuhl blieb mir zurück.

RICHARD: Nein, stammst du von dem königlichen Adler,
So zeig' es auch durch Schauen in die Sonne:
Statt Herzogtum und Stuhl sag Thron und Reich;
Dein muß dies sein, sonst bist du nicht der seine.

Ein Marsch. Warwick und Montague kommen mit Truppen.

WARWICK:
Nun, lieben Lords! wie steht's? Was gibt es Neues?

RICHARD: Wenn wir die grause Zeitung[183], großer Warwick,
Erzählen sollten und bei jedem Wort
Mit Dolchen uns zerfleischen, bis zum Schluß:
Der Worte Pein wär' ärger als der Wunden.
O tapfrer Lord, der Herzog York ist tot!

EDUARD: O Warwick! Warwick! der Plantagenet,
Der wert dich hielt wie seiner Seele Heil,
Ist von dem finstern Clifford umgebracht.

WARWICK: Schon vor zehn Tagen hab' ich diese Zeitung
Ertränkt in Tränen, und, eu'r Weh zu häufen,
Meld' ich euch jetzt, was sich seitdem begab.
Nach jenem blutigen Gefecht bei Wakefield,
Wo euer wackrer Vater seinen Otem
Hat ausgehaucht, ward Nachricht mir gebracht,

So schnell, wie nur die Boten laufen konnten,
Von eurer Niederlag' und seinem Scheiden.
Ich nun in London, als des Königs Hüter,
Hielt Must'rung, sammelte der Freunde Scharen
Und zog, sehr gut gerüstet, wie ich glaubte,
Sankt Albans zu, die Königin zu hemmen;
Den König nahm ich, mir zu Gunsten, mit.
Denn meine Späher hatten mir berichtet,
Sie komme mit dem ausgemachten Zweck,
Den letzten Parlamentsschluß[184] zu vernichten
Betreffend Heinrichs Eid und euer Erbrecht.
Um kurz zu sein: es trafen zu Sankt Albans
Sich die Geschwader, beide fochten scharf;
Doch, ob es nun des Königs Kälte war,
Der auf sein krieg'risch Weib gar milde blickte,
Was des erhitzten Muts mein Volk beraubte;
Ob auch vielleicht der Ruf von ihrem Sieg;
Ob ungemeine Furcht vor Cliffords Strenge,
Der Blut und Tod zu den Gefangnen donnert,
Kann ich nicht sagen: doch, um wahr zu enden,
Wie Blitze kam und ging der Feinde Wehr;
Der Unsern, wie der Eule träger Flug,
Wie wohl ein träger Drescher mit dem Flegel,
Fiel ganz gelind, als ob sie Freunde träfen.
Ich trieb sie an mit der gerechten Sache,
Mit hohen Soldes, großen Lohns Verheißung.
Umsonst! Sie hatten zum Gefecht kein Herz,
Wir keine Hoffnung auf den Sieg durch sie,
So daß wir flohn: zur Königin der König,
Lord George[185], eu'r Bruder, Norfolk und ich selbst
Sind schleunigst hergeeilt, zu euch zu stoßen,
Da wir gehört, ihr wär't in diesen Marken
Und brächtet Mannschaft auf zu neuem Kampf.
EDUARD: Wo ist der Herzog Norfolk, lieber Warwick?
    Und wann kam George von Burgund nach England?
WARWICK: Der Herzog steht etwa sechs Meilen weit
    Mit seiner Schar, und euren Bruder sandte
    Jüngst eure güt'ge Tante von Burgund
    Mit einer Hülfsmacht zu dem nöt'gen Krieg.
RICHARD: Das muß wohl Übermacht gewesen sein,
    Fürwahr, wo der beherzte Warwick floh!
    Oft hört' ich beim Verfolgen seinen Ruhm,
    Doch nie bis jetzt beim Rückzug seine Schande.

WARWICK:
Auch jetzt nicht hörst du, Richard, meine Schande;
Denn wisse, diese starke Rechte kann
Von Heinrichs schwachem Haupt das Diadem,
Aus seiner Faust das hehre Szepter reißen,
Wär' er so ruhmvoll auch und kühn im Kriege,
Als man ihn milde, fromm und friedlich rühmt.
RICHARD: Ich weiß es wohl, Lord Warwick, schilt mich nicht;
Für deinen Glanz der Eifer heißt mich reden.
Doch, in der trüben Zeit, was ist zu tun?
Soll'n wir hinweg die Panzerhemden werfen,
Den Leib in schwarze Trauerkleider hüllen,
Am Rosenkranz Ave-Maria zählend?
Wie? Oder soll'n wir auf der Feinde Helmen
Mit rächerischem Arm die Andacht üben?
Seid ihr für dies, sagt Ja, und Lords, wohlauf!
WARWICK: Ja, deshalb hat euch Warwick aufgesucht,
Und deshalb kommt mein Bruder Montague.
Vernehmt mich, Lords. Der frechen Königin,
Samt Clifford und Northumberland, dem stolzen,
Und andern stolzen Gästen dieses Schlags,
Gelang's, den König leicht wie Wachs zu schmelzen.
Er schwor zu eurem Erbrecht Beistimmung,
Verzeichnet ist sein Eid im Parlament;
Und nun ist all die Schar nach London hin,
Den Eidschwur zu entkräften und was sonst
Dem Hause Lancaster zuwider ist.
Ich denke, dreißigtausend sind sie stark;
Wenn nun der Beistand Norfolks und der meine,
Und was an Freunden, wackrer Graf von March,
Du schaffen kannst bei den ergebnen Wäl'schen,
Sich nur beläuft auf fünfundzwanzigtausend:
Wohlan! so ziehn gesamt nach London wir,
Besteigen nochmals die beschäumten Rosse
Und rufen nochmals: In den Feind gestürmt!
Nie wieder Rücken wenden oder fliehn.
RICHARD: Ja, nun hör' ich den großen Warwick reden!
Nie werde mehr durch Sonnenschein erfreut,
Wer Rückzug ruft, wenn Warwick Halt gebeut.
EDUARD:
Lord Warwick, deine Schulter soll mich stützen,
Und wenn du sinkst (verhüte Gott die Stunde!),
Muß Eduard fallen, was der Himmel wende!

WARWICK:
Nicht länger Graf von March, nein, Herzog York;
Die nächste Stuf' ist Englands hoher Thron.
Du sollst als König ausgerufen werden
In jedem Flecken, wie wir weiter ziehn,
Und wer vor Freude nicht die Mütze wirft,
Verwirke seinen Kopf für das Vergehn.
König Eduard! Tapfrer Richard! Montague!
Laßt uns nicht länger hier von Taten träumen:
Blast die Trompeten, und an unser Werk!
RICHARD: Nun, Clifford, wär' dein Herz so hart als Stahl,
Wie deine Taten steinern es gezeigt,
Ich will's durchbohren oder meins dir geben.
EDUARD: So rührt die Trommeln. – Gott und Sankt Georg!

Ein Bote tritt auf.

WARWICK: Wie nun? Was gibt's?
BOTE: Der Herzog Norfolk meldet euch durch mich,
Die Königin sei nah mit starkem Heer;
Er wünscht mit euch sich schleunig zu beraten.
WARWICK: So ziemt's sich, wackre Krieger; laßt uns fort!

Alle ab.

ZWEITE SZENE

Vor York.

*König Heinrich, Königin Margareta, der Prinz von Wales, Clifford und
Northumberland treten auf mit Truppen.*

MARGARETA: Willkommen vor der wackern Stadt von York!
Dort steht, mein Fürst, das Haupt von jenem Erzfeind,
Der sich mit Eurer Kron' umgeben wollte.
Erquickt der Gegenstand nicht Euer Herz?
KÖNIG HEINRICH:
Ja, so wie Klippen die, so Schiffbruch fürchten;
Mir tut der Anblick in der Seele weh. –
O straf' nicht, liebster Gott! Ich war nicht schuld,
Noch hab' ich wissentlich den Schwur verletzt.
CLIFFORD: Mein gnäd'ger Fürst, die allzu große Milde
Und schädlich Mitleid müßt Ihr von Euch tun.
Wem wirft der Löwe sanfte Blicke zu?
Dem Tier nicht, das sich drängt in seine Höhle.
Und wessen Hand ist's, die der Waldbär leckt?

Nicht dessen, der sein Junges vor ihm würgt.
Wer weicht der Schlange Todesstachel aus?
Nicht wer den Fuß auf ihren Rücken setzt.
Der kleinste Wurm, getreten, windet sich,
Und Tauben picken, ihre Brut zu schützen.
Ehrgeizig strebte York nach deiner Krone:
Du lächeltest, wann er die Stirn gefaltet,
Er, nur ein Herzog, wollte seinen Sohn
Zum König machen, seinen Stamm erhöhn,
Als liebevoller Vater; du, ein König,
Der mit so wackerm Sohn gesegnet ist,
Gabst deine Beistimmung, ihn zu enterben,
Was dich als höchst lieblosen Vater zeigte.
Es nähren unvernünft'ge Kreaturen
Die Brut, und scheun sie gleich des Menschen Antlitz,
Doch, zur Beschirmung ihrer zarten Kleinen,
Wer sah nicht oft sie mit denselben Schwingen,
Die sie wohl sonst zu banger Flucht gebraucht,
Auf den sich werfen, der ihr Nest erklomm,
Ihr Leben bietend zu der Jungen Schutz?
Schämt Euch, mein Fürst, und wählt zum Vorbild sie!
Wär's nicht ein Jammer, wenn der wackre Knabe
Sein Erbrecht durch des Vaters Schuld verlöre
Und spräch' zu seinem Kind in Zukunft einst:
„Was mein Großvater und mein Urgroßvater
Erwarben, gab mein Vater töricht weg?"
Ach, welche Schande wär's! Sieh auf den Knaben
Und laß sein männlich Antlitz, das die Gunst
Des Glücks verheißt, dein schmelzend Herz dir stählen,
Was dein, zu halten, ihm, was dein, zu lassen.
KÖNIG HEINRICH: Wohl zeigte Clifford seine Redekunst
Und brachte Gründe vor von großer Kraft.
Doch sag mir, Clifford, hast du nie gehört,
Daß schlecht Erworbnes immer schlecht gerät?
Und war es immer glücklich für den Sohn,
Des Vater in die Hölle sich gekargt[186]?
Ich lasse meine tugendhaften Taten
Dem Sohn zurück: und hätte doch mein Vater
Mir auch nicht mehr gelassen! Alles andre
Bringt tausendmal mehr Sorge zu bewahren,
Als im Besitz ein Tüttelchen von Lust. –
Ach, Vetter York! daß deine Freunde wüßten,
Wie es mich kümmert, daß dein Kopf da steht!

MARGARETA: Mein Fürst, ermuntert Euch! Der Feind ist nah,
Und dieser weiche Mut schwächt Eure Leute.
Dem hoffnungsvollen Sohn gelobtet Ihr
Den Ritterschlag: zieht denn das Schwert und gebt ihn.
Eduard, knie nieder!
KÖNIG HEINRICH: Eduard Plantagenet, steh als Ritter auf
Und zieh' dein Schwert nur für des Rechtes Lauf!
PRINZ: Mit Eurer höchsten Gunst, mein gnäd'ger Vater:
Ich will es als des Thrones Erbe ziehn
Und in dem Streit es bis zum Tode führen.
CLIFFORD: Das heißt gesprochen wie ein kühner Prinz.
Ein Bote tritt auf.
BOTE: Ihr königlichen Feldherrn, seid bereit!
Mit einem Heer von dreißigtausend Mann
Kommt Warwick, für des Herzogs York Partei,
Und ruft, wie sie entlang ziehn in den Städten,
Ihn aus zum König, und ihm folgen viele.
Reiht eure Scharen, denn sie sind zur Hand.
CLIFFORD: Will Eure Hoheit nicht das Schlachtfeld räumen?
In Eurem Absein hat die Königin
Den glücklichsten Erfolg.
MARGARETA: Ja, bester Herr,
Tut das, und überlaßt uns unserm Schicksal.
KÖNIG HEINRICH:
Das ist mein Schicksal auch, drum will ich bleiben.
NORTHUMBERLAND: So sei es mit Entschlossenheit zum Kampf.
PRINZ: Mein königlicher Vater, muntert auf
Die edlen Lords, und wer zum Schutz Euch ficht;
Zieht Euer Schwert, mein Vater, ruft: Sankt George!
*Ein Marsch. Eduard, George, Richard, Warwick, Norfolk und
Montague treten auf mit Soldaten.*
EDUARD: Nun, falscher Heinrich! willst du knien um Gnade
Und setzen auf mein Haupt dein Diadem,
Wo nicht, des Feldes tödlich Los erproben?
MARGARETA: Schilt deine Schmeichler, übermüt'ger Knabe!
Kommt es dir zu, so frech zu sein in Worten
Vor deinem König und rechtmäß'gen Herrn?
EDUARD: Ich bin sein König, und er sollte knien.
Ich ward durch seine Zustimmung sein Erbe.
Seitdem brach man den Eid: denn, wie ich höre,
Habt Ihr, als die Ihr wirklich König seid,
Trägt er die Krone gleich, ihn angestiftet,
Durch neuen Parlamentsschluß mich zu streichen

Und seinen eignen Sohn dafür zu setzen.

CLIFFORD: Mit gutem Grund:
Wer soll dem Vater folgen, als der Sohn?

RICHARD: Seid Ihr da, Schlächter? Oh, ich kann nicht reden!

CLIFFORD: Ja, Bucklichter, hier steh' ich Rede dir
Und jedem noch so Stolzen deines Schlags.

RICHARD: Ihr tötetet den jungen Rutland, nicht?

CLIFFORD: Ja, und den alten York, und noch nicht satt.

RICHARD: Um Gottes willen, Lords, gebt das Signal!

WARWICK: Was sagst du, Heinrich? Willst der Kron' entsagen?

MARGARETA: Wie nun, vorlauter Warwick? Sprecht Ihr mit?
Als Ihr und ich uns zu Sankt Albans trafen,
Da halfen besser Euch die Bein' als Hände.

WARWICK: Da war's an mir zu fliehn, nun ist's an dir.

CLIFFORD: Das sagtet Ihr auch da und floht dann doch.

WARWICK: Nicht Euer Mut war's, was von dort mich trieb.

NORTHUMBERLAND:
Noch Euer Mannsinn, was Euch halten konnte.

RICHARD: Northumberland, ich halte dich in Ehren. –
Brecht das Gespräch ab, denn ich hemme kaum
Die Auslassung des hochgeschwollnen Herzens
An diesem Clifford, dem grimmen Kindermörder.

CLIFFORD: Ich schlug den Vater dir: nennst du ihn Kind?

RICHARD: Ja, wie ein Feigling, eine tück'sche Memme,
Wie du erschlagen unsern zarten Rutland;
Doch sollst du noch vor nachts die Tat verfluchen.

KÖNIG HEINRICH: Nun haltet inne, Lords, und hört mich an!

MARGARETA: Trotz' ihnen denn, sonst öffne nicht die Lippen!

KÖNIG HEINRICH: Gib meiner Zunge, bitt' ich, keine Schranken:
Ich bin ein König, und befugt zu reden.

CLIFFORD: Mein Fürst, die Wunde heilen Worte nicht,
Die uns zusammen rief: darum seid still!

RICHARD: Scharfrichter, so entblöße denn dein Schwert!
Bei dem, der uns erschuf, ich bin gewiß,
Daß Cliffords Mannsinn auf der Zunge wohnt.

EDUARD: Sag, Heinrich, wird mein Recht mir oder nicht?
Wohl tausend nahmen heut ihr Frühstück ein,
Die nie das Mittagsmahl verzehren werden,
Wofern du nicht dich ab der Krone tust.

WARWICK: Wenn du es weigerst, auf dein Haupt ihr Blut!
Denn mit Gerechtigkeit führt York die Waffen.

PRINZ: Ist das, was Warwick dafür ausgibt, recht,
So gibt's kein Unrecht, dann ist alles recht.

RICHARD: Wer dich auch zeugte, dort steht deine Mutter,
Denn sicherlich, du hast der Mutter Zunge.
MARGARETA: Doch du bist weder Vater gleich noch Mutter,
Nein, einem schnöden, mißgeschaffnen Brandmal,
Bezeichnet vom Geschick, daß man es meide
Wie gift'ge Kröten oder Eidechsstacheln.
RICHARD: Eisen von Napel[187], englisch übergoldet!
Du, deren Vater König wird betitelt,
Als würde eine Pfütze See genannt:
Schämst du dich nicht, der Abkunft dir bewußt,
Daß deine Zung' ein niedrig Herz verrät?
EDUARD: Ein Strohwisch[188] wäre tausend Kronen wert
Zur Selbsterkenntnis für dies freche Nickel.
Weit schöner war die griech'sche Helena,
Mag schon dein Gatte Menelaus sein;
Auch kränkte nie den Bruder Agamemnons
Das falsche Weib, wie diesen König du.
Sein Vater schwärmt' in Frankreichs Herzen, zähmte
Den König, zwang den Dauphin sich zu beugen;
Und hätt' er sich nach seinem Rang vermählt,
So konnt' er diesen Glanz bis heut behaupten.
Doch als er eine Bettlerin sich nahm
Zur Bettgenossin, deinen armen Vater
Verherrlichte mit seinem Hochzeitstag:
Da zog der Sonnenschein ein Schau'r herbei,
Der seines Vaters Glück aus Frankreich schwemmte
Und heim auf seine Kron' Empörung häufte.
Denn was schuf diesen Aufruhr als dein Stolz?
Warst du nur glimpflich, schlief' unser Anspruch noch;
Aus Mitleid für den sanften König hätten
Die Fod'rung wir auf andre Zeit verspart.
GEORGE: Doch da wir sahn, daß unser Sonnenschein
Dir Frühling machte, ohne daß dein Sommer
Uns Früchte trüge, legten wir die Axt
An deine fremd hier eingedrängte Wurzel;
Und traf uns selbst die Schärfe gleich ein wenig,
So wisse, daß wir nach dem ersten Streich
Davon nicht lassen, bis wir dich gefällt,
Wo nicht, mit unserm heißen Blut gebadet.
EDUARD: Und, so entschlossen, fodr' ich dich zum Kampf
Und will nichts mehr von Unterredung wissen,
Da du das Wort dem sanften König wehrst.
Trompeten blast! Laßt wehn die blut'gen Fahnen,

Den Weg zum Sieg uns oder Grab zu bahnen!

MARGARETA: Halt, Eduard!

EDUARD: Nein, hadernd Weib! Wir wollen auf und fort;
Zehntausend Leben kostet heut dein Wort.

Alle ab.

DRITTE SZENE

Schlachtfeld zwischen Towton und Saxton in Yorkshire.

Getümmel. Angriffe. Warwick tritt auf.

WARWICK: Von Müh' erschöpft, wie von dem Wettlauf Renner,
Leg' ich mich hin, ein wenig zu verschnaufen;
Denn manch empfangner Streich und viel erteilte
Beraubten ihrer Kraft die straffen Sehnen,
Und, willig oder nicht, muß ich hier ruhn.
Eduard kommt gelaufen.

EDUARD: O lächle, holder Himmel! oder triff,
Unholder Tod! Denn finster blickt die Welt,
Und Wolken haben Eduards Sonn' umzogen.

WARWICK:
So sagt, Mylord! Wie glückt's? Was ist für Hoffnung?
George tritt auf.

GEORGE: Statt Glück Verlust, statt Hoffnung nur Verzweiflung.
Gebrochen sind die Reih'n, uns folgt Verderben:
Was ratet ihr? Wohin entfliehn wir doch?

EDUARD: Da hilft nicht Flucht, sie folgen uns mit Flügeln,
Und wir sind schwach und halten sie nicht auf.
Richard tritt auf.

RICHARD: Ach, Warwick, warum hast du dich entfernt!
Der durst'ge Grund trank deines Bruders Blut,
Herausgezapft von Cliffords Lanzenspitze,
Und in des Todes Ängsten rief er aus,
Als wär's ein dumpfer, fern gehörter Laut:
„Warwick, räch' du, räch', Bruder, meinen Tod!"
So, unter ihrer Rosse Bauch, die wild
In heißem Blut die Fersenbüschel netzten,
Gab seinen Geist der edle Ritter auf.

WARWICK: So sei von unserm Blut die Erde trunken;
Mein Pferd erschlag' ich, denn ich will nicht fliehn.
Was stehn wir wie weichherz'ge Weiber hier,
Verlornes jammernd, da der Feind so tobt?

Und schauen zu, als wär's ein Trauerspiel,
Zum Scherze nur von Spielern nachgeahmt?
Hier auf den Knie'n schwör' ich zu Gott im Himmel:
Nie will ich wieder ruhn, nie stille stehn,
Bis Tod die Augen mir geschlossen, oder
Das Glück mein Maß von Rache mir geschafft.

EDUARD: O Warwick! Meine Knie' beug' ich mit deinen
Und kette meine Seel' im Schwur an deine. –
Und eh' sich von der Erde kaltem Antlitz
Die Knie' erheben, werf' ich meine Hände,
Die Augen und das Herz zu dir empor,
Der Kön'ge niederstürzet und erhöht!
Dich flehend, wenn's dein Wille so beschloß,
Daß dieser Leib der Feinde Raub muß sein,
Daß doch dein ehern Himmelstor sich öffne
Und lasse meine sünd'ge Seele durch!
Nun scheidet, Lords, bis wir uns wieder treffen,
Wo es auch sei, im Himmel oder auf Erden.

RICHARD: Bruder, gib mir die Hand, und, lieber Warwick,
Laß meine müden Arme dich umfassen.
Ich, der nie weinte, schmelze jetzt im Gram,
Daß unsern Lenz dahin der Winter nahm.

WARWICK: Fort, fort! Noch einmal, lieben Lords, lebt wohl!

GEORGE: Doch gehn wir insgesamt zu unsern Scharen,
Und wer nicht bleiben will, dem gönnt zu fliehn,
Und nennt die Pfeiler, die bei uns verharren,
Und wenn's gelingt, verheißet solchen Lohn,
Wie der Olymp'schen Spiele Sieger tragen:
Das pflanzt wohl Mut in ihre bange Brust,
Denn Hoffnung ist auf Leben noch und Sieg.
Nicht länger zaudert: auf mit aller Macht!

Alle ab.

VIERTE SZENE

Ein andrer Teil des Schlachtfeldes.

Angriffe. Richard und Clifford treten auf.

RICHARD: Nun, Clifford, dich allein las ich mir aus.
Denk', dieser Arm sei für den Herzog York,
Und der für Rutland; beid' auf Rache dringend,
Wärst du mit eh'rner Mauer auch umgeben.

CLIFFORD: Nun, Richard, bin ich hier mit dir allein:
Dies ist die Hand, die deinen Vater traf,
Dies ist die Hand, die deinen Bruder schlug;
Und hier das Herz, um ihren Tod frohlockend,
Das diese Hände stärkt, die beid' erschlugen,
Das Gleiche zu vollstrecken an dir selbst!
Und somit sieh dich vor!
Sie fechten, Warwick kommt dazu, Clifford flieht.
RICHARD: Nein, Warwick, lies ein andres Wild dir aus,
Ich selbst muß diesen Wolf zu Tode jagen. *Ab.*

FÜNFTE SZENE

Ein andrer Teil des Schlachtfeldes.

Getümmel. König Heinrich tritt auf.

KÖNIG HEINRICH: Dies Treffen steht so wie des Morgens Krieg
Von sterbendem Gewölk mit regem Licht,
Dann, wann der Schäfer, auf die Nägel hauchend,
Es nicht entschieden Tag noch Nacht kann nennen.
Bald schwankt es hierhin, wie die mächt'ge See,
Gezwungen von der Flut dem Wind zu trotzen;
Bald schwankt es dorthin, wie dieselbe See,
Gezwungen vor des Windes Wut zu weichen.
Bald überwiegt die Flut und dann der Wind;
Nun stärker eins, das andre dann das stärkste;
Beid' um den Sieg sich reißend, Brust an Brust,
Doch keiner Überwinder, noch besiegt:
So wäget gleich sich dieser grimme Krieg.
Hier auf dem Maulwurfshügel will ich sitzen.
Der Sieg sei dessen, dem ihn Gott beschert!
Denn Margareta, mein Gemahl, und Clifford,
Sie schalten aus der Schlacht mich, beide schwörend,
Wenn ich entfernt sei, glück' es ihnen besser.
Wär' ich doch tot, wär's Gottes Wille so!
Wer wird in dieser Welt des Jammers froh?
O Gott! Mich dünkt, es wär' ein glücklich Leben,
Nichts Höher's als ein schlichter Hirt zu sein;
Auf einem Hügel sitzend, wie ich jetzt,
Mir Sonnenuhren zierlich auszuschnitzen,
Daran zu sehn, wie die Minuten laufen,
Wie viele eine Stunde machen voll,

Wie viele Stunden einen Tag vollbringen,
Wie viele Tage endigen ein Jahr,
Wie viele Jahr ein Mensch auf Erden lebt.
Wann ich dies weiß, dann teil' ich ein die Zeiten:
So viele Stunden muß die Herd' ich warten,
So viele Stunden muß der Ruh' ich pflegen,
So viele Stunden muß ich Andacht üben,
So viele Stunden muß ich mich ergötzen;
So viele Tage trugen schon die Schafe,
So viele Wochen, bis die armen lammen,
So viele Jahr, eh' ich die Wolle schere.
Minuten, Stunden, Tage, Monden, Jahre,
Zu ihrem Ziel gediehen, würden so
Das weiße Haar zum stillen Grabe bringen.
Ach, welch ein Leben wär's! Wie süß! Wie lieblich!
Gibt nicht der Hagdorn einen süßern Schatten
Dem Schäfer, der die fromme Herd' erblickt,
Als wie ein reich gestickter Baldachin
Dem König, der Verrat der Bürger fürchtet?
O ja, das tut er, tausendmal so süß!
Und endlich ist des Schäfers magrer Quark,
Sein dünner Trank aus seiner Lederflasche,
Im kühlen Schatten sein gewohnter Schlaf,
Was alles süß und sorglos er genießt,
Weit über eines Fürsten Köstlichkeiten,
Die Speisen blinkend in der goldnen Schale,
Den Leib gelagert auf ein kunstreich Bett,
Wenn Sorge lauert, Argwohn und Verrat.

Getümmel. Es kommt ein Sohn, der seinen Vater umgebracht hat,
und schleppt die Leiche herbei.

SOHN: Schlecht weht der Wind, der keinem Vorteil bringt. –
Der Mann hier, den ich Hand an Hand erschlug,
Mag einen Vorrat Kronen bei sich haben,
Und ich, der ich sie glücklich jetzt ihm nehme,
Kann noch vor Nachts sie und mein Leben lassen
An einen andern, wie der Tote mir.
Wer ist's? O Gott, ich sehe meinen Vater,
Den im Gedräng' ich unverseh'ns getötet.
O schlimme Zeit, die solch Beginnen zeugt!
Aus London ward vom König ich gemahnt;
Mein Vater, als Vasall des Grafen Warwick,
Von dem gemahnt, kam auf der Yorkschen Seite.
Und ich, der ich von seiner Hand das Leben

667

Empfangen, raubt' es ihm mit meiner Hand.
Verzeih' mir, Gott, nicht wußt' ich, was ich tat!
Verzeih' auch, Vater, denn dich kannt' ich nicht!
Die blut'gen Zeichen sollen meine Tränen
Hinweg dir waschen, und kein Wort mehr nun,
Bis zur Genüge sie geflossen sind.

KÖNIG HEINRICH: O kläglich Schauspiel! O der blut'gen Zeit!
Wenn Löwen um die Höhlen sich bekriegen,
Entgelten ihren Zwist harmlose Lämmer. –
Wein', armer Mann! Ich steh' dir Trän' um Träne
Mit Weinen bei, daß beiden Aug' und Herz,
Als wär' in uns ein bürgerlicher Krieg,
Erblind' in Tränen und vom Jammer breche.

Es kommt ein Vater, der seinen Sohn umgebracht hat,
mit der Leiche in den Armen.

VATER: Du, der so rüstig Widerstand geleistet,
Gib mir dein Gold, wofern du welches hast:
Mit hundert Streichen hab' ich es erkauft. –
Doch laßt mich sehn: ist dies ein Feindsgesicht?
Ach, nein, nein, nein! Es ist mein einz'ger Sohn. –
Ach, Kind! Wenn irgend Leben in dir ist,
Schlag' auf den Blick: sieh, welche Schau'r entstehn,
Von meines Herzens Sturm auf deine Wunden
Herbeigeweht, die Aug' und Herz mir töten. –
O Gott, erbarm' dich dieser Jammerzeit!
Was doch für Taten, grausam, schlächtermäßig,
Verblendet, meuterisch und unnatürlich,
Die tödliche Entzweiung täglich zeugt!
O Kind, dein Vater gab zu früh dir Leben
Und hat zu spät des Lebens dich beraubt!

KÖNIG HEINRICH: Weh über Weh! Mehr als gemeines Leid!
O daß mein Tod die Greuel hemmen möchte!
Erbarmen, güt'ger Himmel, o Erbarmen!
Sein Antlitz führt die rote Ros' und weiße,
Die Unglücksfarben unsrer zwist'gen Häuser:
Der einen gleichet ganz sein purpurn Blut,
Die bleiche Wange stellt die andre dar;
Welk' eine Rose dann, und blüh' die andre!
Kämpft ihr, so müssen tausend Leben welken.

SOHN: Wie wird die Mutter um des Vaters Tod
Mich schelten und sich nie zufrieden geben!

VATER: Wie wird mein Weib des Sohnes Mord in Tränen
Ertränken und sich nie zufrieden geben!

KÖNIG HEINRICH: Wie wird das Volk dem König dieses Elend
Verargen und sich nicht zufrieden geben!
SOHN: Hat je ein Sohn den Vater so betrauert?
VATER: Hat je ein Vater so den Sohn beweint?
KÖNIG HEINRICH: Hat je ein König so sein Volk beklagt?
Eu'r Leid ist groß, doch zehnmal größer meins.
SOHN: Ich trage dich mit fort, mich satt zu weinen.
Ab mit der Leiche.
VATER: Hier diese Arme soll'n dein Leichenhemde,
Mein Herz dein Grabmal, süßer Junge, sein:
Denn niemals soll dein Bild mein Herz verlassen.
Die Brust soll das Geläut' dem Toten seufzen,
Dein Vater wird die Feier so begehn,
Um dich betrübt, da er nicht mehre hat,
Wie Priamus[189] um all die tapfern Söhne.
Ich trag' dich fort, und fechtet, wie ihr wollt:
Ich hab' ermordet, wo ich nicht gesollt. *Ab mit der Leiche.*
KÖNIG HEINRICH: Ihr Traurigen, die Leidenslast umfängt!
Hier sitzt ein König, mehr wie ihr bedrängt.
*Getümmel. Angriffe. Königin Margareta, Prinz von Wales
und Exeter treten auf.*
PRINZ: Flieht, Vater, flieht! Entflohn sind alle Freunde,
Und Warwick tobt wie ein gehetzter Stier.
Fort! denn an unsern Fersen sitzt der Tod.
MARGARETA: Zu Pferde, mein Gemahl! Nach Berwick jagt!
Eduard und Richard, wie ein paar Windhunde,
Den scheuen flücht'gen Hasen vor sich her,
Mit feur'gen Augen, funkelnd von der Wut,
Und blut'gem Stahl, in grimmer Hand gefaßt,
Sind hinter uns: und also schleunig fort!
EXETER: Fort! denn die Rache kommt mit ihnen nach.
Nein, säumet nicht mit Einwendungen, eilt!
Sonst kommt mir nach, so will ich Euch voran.
KÖNIG HEINRICH: Nein, nimm mich mit dir, bester Exeter;
Ich fürchte nicht zu bleiben, doch ich wünsche
Der Königin zu folgen. Vorwärts, fort!
Alle ab.

SECHSTE SZENE

Lautes Getümmel, Clifford kommt, verwundet.

CLIFFORD: Hier brennt mein Licht zu Ende, ja, hier stirbt's,
Das immer König Heinrich hat geleuchtet.
O Lancaster! Ich fürchte deinen Sturz
Mehr als der Seele Scheiden aus dem Leib.
Viel Freunde band dir meine Lieb' und Furcht,
Und, da ich falle, reißt die starke Klammer,
Schwächt dich und stärkt den überstolzen York.
Wie Sommerfliegen schwärmt gemeines Volk,
Und wohin fliegen Mücken als zur Sonne?
Und wer geht jetzo auf, als Heinrichs Feinde?
O Phöbus! Hätt'st du nicht dem Phaeton
Erlaubt, zu zügeln deine feur'gen Rosse,
Dein Wagen setzte nie die Erd' in Brand.
Und, Heinrich, hättest du geherrscht als König,
Und wie dein Vater, und sein Vater tat,
Dem Hause York um keinen Fußbreit weichend,
Sie hätten nicht geschwärmt wie Sommerfliegen:
Ich, und zehntausend in dem armen Reich,
Versetzten nicht in Trauer unsre Witwen;
Und friedlich säßest du auf deinem Stuhl.
Denn was nährt Unkraut, als gelinde Luft?
Und was macht Räuber kühn, als zu viel Milde?
Fruchtlos sind Klagen, hülflos meine Wunden:
Kein Weg zur Flucht, noch Kraft, sie auszuhalten;
Der Feind ist hart und wird sich nicht erbarmen,
Denn ich verdient' um ihn ja kein Erbarmen.
Die Luft drang in die schweren Wunden mir,
Und viel Verlust vom Blute macht mich matt.
York, Richard, Warwick, alle her auf mich!
Durchbohrt die Brust, wie euren Vätern ich.
Er fällt in Ohnmacht.
Getümmel und Rückzug. Eduard, George, Richard, Montague und
Warwick treten auf mit Soldaten.
EDUARD: Nun atmet auf, ihr Lords; das gute Glück
Heißt uns verziehen und die finstre Stirn
Des Kriegs mit friedensvollen Blicken sänft'gen.
Ein Haufe folgt der blutbegier'gen Königin,
Die so den stillen Heinrich weggeführt,
Ist er ein König schon, wie wohl ein Segel,

Von einem heft'gen Windstoß angefüllt,
Der Flut die Galeon' entgegenzwingt.
Doch denkt ihr, Lords, daß Clifford mit geflohn?

WARWICK: Nein, 's ist unmöglich, daß er sollt' entkommen,
Denn, sag' ich's ihm schon hier ins Angesicht,
Eu'r Bruder Richard zeichnet' ihn fürs Grab,
Und, wo er sein mag, er ist sicher tot.

Clifford ächzt.

EDUARD: Wes Seele nimmt da ihren schweren Abschied?

RICHARD: Ein Ächzen war's, wie zwischen Tod und Leben.

EDUARD: Seht, wer es ist: nun, da die Schlacht zu Ende,
Freund oder Feind, behandelt schonend ihn.

RICHARD: Heb' auf den Gnadenspruch, denn es ist Clifford,
Der, nicht zufrieden, abzuhaun den Zweig,
Den Rutland fällend, als er Blätter trieb,
Sein mörd'risch Messer an die Wurzel setzte,
Woher der zarte Sproß so hold erwuchs;
Ich mein', an unsern Vater, Herzog York.

WARWICK: Holt von den Toren Yorks sein Haupt herab.
Sein hohes Haupt, das Clifford aufgesteckt;
Statt dessen laßt die Stelle dieses füllen.
Mit Gleichem Gleiches muß erwidert sein.

EDUARD: Bringt her den Unglücksuhu unsers Hauses,
Der nichts als Tod uns und den Unsern sang.
Nun wird der Tod den droh'nden Laut ihm hemmen
Und seine grause Zunge nicht mehr sprechen.

Einige aus dem Gefolge tragen die Leiche weiter vor.

WARWICK: Ich glaub', er ist nicht bei sich selber mehr.
Sprich, Clifford, kennst du den, der mit dir spricht?
Der Tod umdüstert seine Lebensstrahlen,
Er sieht uns nicht und hört nicht, was man sagt.

RICHARD: O tät' er's doch! Er tut es auch vielleicht,
Es ist nur seine List, sich so zu stellen,
Um solcher bittern Höhnung auszuweichen,
Wie er bei unsers Vaters Tod geübt.

GEORGE: Wenn du das denkst, plag' ihn mit scharfen Worten.

RICHARD: Clifford, erflehe Gnad' und finde keine!

EDUARD: Clifford, bereu' in unfruchtbarer Buße!

WARWICK: Ersinn' Entschuldigung für deine Taten!

GEORGE: Indes wir Folterpein dafür ersinnen.

RICHARD: Du liebtest York, und ich bin Sohn von York.

EDUARD: Wie Rutlands du, will ich mich dein erbarmen.

GEORGE: Wo ist dein Schutz nun, Hauptmann Margareta?

WARWICK: Man höhnt dich, Clifford; fluche, wie du pflegtest.

RICHARD:
Was? Kein Fluch? Dann steht es schlimm, wenn Clifford
Für seine Freunde keinen Fluch mehr hat.
Nun seh' ich, daß er tot ist, und, beim Himmel!
Wenn diese Rechte ihm zwei Stunden Leben
Erkaufen könnte, um mit allem Spott
Ihn hohnzunecken: abhaun wollt' ich sie
Mit dieser meiner Hand, und mit der Wunde Blut
Den Bösewicht ersticken, dessen Durst
York und der junge Rutland nicht gestillt.

WARWICK: Ja, er ist tot; schlagt ab des Frevlers Haupt
Und stellt es auf, wo Euers Vaters steht.
Und nun nach London im Triumpheszug,
Als Englands König da gekrönt zu werden!
Dann setzt nach Frankreich Warwick übers Meer
Und wirbt dir Fräulein Bona[190] zum Gemahl:
So wirst du diese Länder fest verknüpfen
Und darfst, im Bund mit Frankreich, nicht befürchten,
Daß der zerstreute Feind sich wieder sammle,
Wie er es hofft; denn ob sie schon nicht viel
Mit Stechen schaden können, wirst du doch
Sie um das Ohr dir lästig summen hören.
Zuvörderst wohn' ich Eurer Krönung bei,
Und dann die See hinüber nach Bretagne,
Die Eh' zu stiften, wenn's mein Fürst genehmigt.

EDUARD: Ganz wie du willst, mein Warwick, soll es sein;
Auf deiner Schulter bau' ich meinen Sitz,
Und nimmer will ich etwas unternehmen,
Wobei dein Rat und Beistimmung mir fehlt.
Richard, ich mache dich zum Herzog Gloster,
Und George von Clarence; Warwick, wie wir selbst,
Soll tun und lassen, was ihm nur gefällt.

RICHARD:
Laß mich von Clarence, George von Gloster Herzog sein,
Denn Glosters Herzogtum ist unglückdeutend[191].

WARWICK: Pah! Das ist eine törichte Bemerkung:
Richard, seid Herzog Gloster; nun nach London,
Um in Besitz der Würden uns zu setzen.
Alle ab.

DRITTER AUFZUG

Erste Szene

Ein Jagdrevier im Norden von England.

Zwei Förster treten auf, mit Armbrusten in der Hand.

ERSTER FÖRSTER:
Hier im verwachsnen Buschwerk laß uns lauren,
Denn über diesen Plan kommt gleich das Wild;
Wir nehmen hier im Dickicht unsern Stand
Und lesen uns die besten Stücke aus.

ZWEITER FÖRSTER:
Ich will dort oben auf die Anhöh' treten,
Daß jeder von uns beiden schießen kann.

ERSTER FÖRSTER: Das darf nicht sein: der Lärm von deiner Arm-
Verscheucht das Rudel, und mein Schuß ist hin.   [brust
Hier laß uns beide stehn und bestens zielen,
Und, daß die Zeit uns nicht so lange währt,
Erzähl' ich, was mir eines Tags begegnet
An eben diesem Platz, wo jetzt wir stehn.

ZWEITER FÖRSTER: Da kommt ein Mann, laß den vorüber erst.
König Heinrich kommt verkleidet, mit einem Gebetbuche.

KÖNIG HEINRICH:
Von Schottland stahl ich weg mich, bloß aus Liebe,
Mit sehnsuchtsvollem Blick mein Land zu grüßen.
Nein, Heinrich, Heinrich! Dies ist nicht dein Land,
Dein Platz besetzt, dein Szepter dir entrungen,
Das Öl, das dich gesalbt hat, weggewaschen.
Kein biegsam Knie wird jetzt dich Cäsar nennen,
Kein Bitter drängt sich, für sein Recht zu sprechen,
Nein, niemand geht um Herstellung mich an:
Wie sollt' ich andern helfen und nicht mir?

ERSTER FÖRSTER: Das ist ein Wild, des Haut den Förster lohnt;
Der weiland König ist's: laßt uns ihn greifen!
KÖNIG HEINRICH: Der herben Trübsal will ich mich ergeben,
Denn Weise sagen, weise sei's getan.
ZWEITER FÖRSTER:
Was zögern wir? Laß Hand uns an ihn legen!
ERSTER FÖRSTER: Halt noch ein Weilchen, hören wir noch mehr.
KÖNIG HEINRICH:
Nach Frankreich ging mein Weib und Sohn um Hülfe,
Auch hör' ich, der gewalt'ge große Warwick
Sei hin, um des französischen Königs Tochter
Für Eduard zur Gemahlin zu begehren.
Ist dies gegründet, arme Königin
Und Sohn! so ist verloren eure Müh'.
Denn Warwick ist ein feiner Redner, Ludwig
Ein Fürst, den leicht beredte Worte rühren.
Margareta kann ihn rühren, demzufolge;
Sie ist ein so beklagenswertes Weib:
Sie wird mit Seufzern seine Brust bestürmen,
Mit Tränen dringen in ein marmorn Herz.
Der Tiger selbst wird milde, wenn sie trauert,
Und Nero reuig, wenn er ihre Klagen
Und ihre salzen Tränen hört und sieht.
Ja, doch sie kam zu flehn; Warwick zu geben:
Zur Linken sie, begehrt für Heinrich Hülfe,
Zur Rechten er, wirbt um ein Weib für Eduard.
Sie weint und sagt, ihr Heinrich sei entsetzt;
Er lächelt, sagt, sein Eduard sei bestallt;
Daß nichts vor Gram die Arme mehr kann sagen,
Weil Warwick seinen Anspruch zeigt, das Unrecht
Beschönigt, Gründe bringt von großer Kraft
Und schließlich ab von ihr den König lenkt,
Daß er die Schwester ihm verspricht und alles,
Was König Eduards Platz befest'gen kann.
O Margareta! So wird's sein: du Arme
Bist dann verlassen, wie du hülflos gingst.
ZWEITER FÖRSTER: Sag, wer du bist, der du von Kön'gen da
Und Königinnen sprichst?
KÖNIG HEINRICH: Mehr als ich scheine
Und wen'ger als ich war durch die Geburt;
Ein Mensch, denn wen'ger kann ich doch nicht sein;
Und Menschen können ja von Kön'gen reden:
Warum nicht ich?

ZWEITER FÖRSTER: Ja, doch du sprichst, als ob du König wärst.

KÖNIG HEINRICH: Ich bin's auch, im Gemüt; das ist genug.

ZWEITER FÖRSTER: Bist du ein König, wo ist deine Krone?

KÖNIG HEINRICH: Im Herzen trag' ich sie, nicht auf dem Haupt,
Nicht mit Demanten prangend und Gestein,
Noch auch zu sehn: sie heißt Zufriedenheit,
Und selten freun sich Kön'ge dieser Krone.

ZWEITER FÖRSTER: Gut, seid Ihr König der Zufriedenheit,
Muß Eure Kron' Zufriedenheit und Ihr
Zufrieden sein, mit uns zu gehn; wir denken,
Ihr seid's, den König Eduard abgesetzt,
Und wir als Untertanen, die ihm Treue
Geschworen, greifen Euch als seinen Feind.

KÖNIG HEINRICH:
Doch schwort ihn nie, und brachet euren Eid?

ZWEITER FÖRSTER:
Nie solchen Eid, und wollen's jetzt auch nicht.

KÖNIG HEINRICH:
Wo wart ihr, als ich König war von England?

ZWEITER FÖRSTER: Hier in der Gegend, wo wir jetzo wohnen.

KÖNIG HEINRICH: Nein Monden alt war ich gesalbter König,
Mein Vater, mein Großvater waren Kön'ge;
Ihr habt mir Untertanenpflicht geschworen:
So sagt denn, bracht ihr eure Eide nicht?

ERSTER FÖRSTER: Nein, denn wir waren Untertanen nur,
Solang' Ihr König wart.

KÖNIG HEINRICH:
Nun, bin ich tot? Atm' ich nicht wie ein Mensch?
Ach, töricht Volk! Ihr wißt nicht, was ihr schwört.
Seht, wie ich diese Feder von mir blase,
Und wie die Luft zu mir zurück sie bläst,
Die, wenn ich blase, meinem Hauch gehorcht
Und einem andern nachgibt, wenn er bläst,
Vom stärkern Windstoß immerfort regiert:
So leichten Sinns seid ihr geringen Leute.
Doch brecht die Eide nicht; mit dieser Sünde
Soll meine milde Bitt' euch nicht beladen.
Führt, wie ihr wollt: der König folgt Befehlen;
Seid Kön'ge ihr, befehlt, ich will gehorchen.

ERSTER FÖRSTER: Wir sind des Königs treue Untertanen,
Des Königs Eduard.

KÖNIG HEINRICH: Ihr würdet's auch von Heinrich wieder sein,
Wenn er an König Eduards Stelle säße.

675

ERSTER FÖRSTER: In Gottes und des Königs Namen mahnen
Wir Euch, zu den Beamten mitzugehn.
KÖNIG HEINRICH: So führt mich denn in Gottes Namen hin:
Dem Namen eures Königs sei gehorcht.
Und was Gott will, mag euer König tun;
Und was er will, dem füg' ich mich in Demut.
Alle ab.

ZWEITE SZENE

London. Ein Zimmer im Palast.

König Eduard, Gloster, Clarence und Lady Grey[192] treten auf.

KÖNIG EDUARD: Bruder von Gloster, auf Sankt-Albans Feld
Fiel dieser Frauen Gatte, Sir John Grey,
Und seine Güter fielen an den Sieger.
Sie sucht nun an um Wiedereinsetzung,
Was wir ihr billig nicht verweigern können,
Weil in dem Streite für das Haus von York
Der würd'ge Mann sein Leben eingebüßt.
GLOSTER: Eu'r Hoheit täte wohl, es zu gewähren;
Es wäre schimpflich, ihr es abzuschlagen.
KÖNIG EDUARD:
Das wär' es auch, doch schieb' ich es noch auf.
GLOSTER *beiseit zu Clarence:* Ei, steht es so?
Die Dame, seh' ich, hat was zu gewähren,
Bevor der König ihr Gesuch gewährt.
CLARENCE *beiseit:*
Er kennt die Jagd: wie bleibt er bei der Fährte!
GLOSTER *beiseit:* Still!
KÖNIG EDUARD: Witwe! Wir wollen Eu'r Gesuch erwägen,
Und kommt ein andermal um den Bescheid.
LADY GREY: Ich kann Verzug nicht dulden, gnäd'ger Fürst:
Belieb' Eu'r Hoheit, jetzt mich zu bescheiden,
Und was Euch nur gefällt, soll mir genügen.
GLOSTER *beiseit:*
So, Witwe? Dann verbürg' ich Euch die Güter,
Wenn das, was ihm gefällt, Euch Freude macht.
Gebt besser acht, sonst wird Euch eins versetzt.
CLARENCE *beiseit:* Ich sorge nicht, wenn sie nicht etwa fällt.
GLOSTER *beiseit:* Verhüt' es Gott! Er nähm' den Vorteil wahr.
KÖNIG EDUARD: Wie viele Kinder hast du, Witwe? Sag mir.

CLARENCE *beiseit:*
 Ich glaub', er denkt sie um ein Kind zu bitten.

GLOSTER *beiseit:*
 Dann nennt mich Schelm; er gibt ihr lieber zwei.

LADY GREY: Drei, mein sehr gnäd'ger Fürst.

GLOSTER *beiseit:*
 Er schafft Euch vier, wenn Ihr im folgen wollt.

KÖNIG EDUARD: Hart wär's, wenn sie des Vaters Land verlören.

LADY GREY: Habt Mitleid, hoher Herr, gewährt es ihnen!

KÖNIG EDUARD:
 Laßt uns, ihr Lords: ich will den Witz der Witwe prüfen.

GLOSTER: Wir lassen euch, ihr bleibt euch überlassen,
 Bis Jugend euch der Krücke überläßt.
      Gloster und Clarence treten auf die andre Seite zurück.

KÖNIG EDUARD: Sagt, liebt Ihr Eure Kinder, edle Frau?

LADY GREY: Ja, so von Herzen, wie ich selbst mich liebe.

KÖNIG EDUARD: Und wolltet Ihr nicht viel tun für ihr Wohl?

LADY GREY: Ich wollte für ihr Wohl ein Übel dulden.

KÖNIG EDUARD: Erwerbt Euch denn die Güter für ihr Wohl!

LADY GREY: Deswegen kam ich zu Eu'r Majestät.

KÖNIG EDUARD: Ich sag' Euch, wie sie zu erwerben sind.

LADY GREY: Das wird mich Euer Hoheit Dienst verpflichten.

KÖNIG EDUARD:
 Was tust du mir zum Dienst, wenn ich sie gebe?

LADY GREY: Was Ihr befehlt, das bei mir steht zu tun.

KÖNIG EDUARD: Ihr werdet Euch an meinem Antrag stoßen.

LADY GREY:
 Nein, gnäd'ger Herr, ich müßte denn nicht können.

KÖNIG EDUARD: Du kannst das aber, was ich bitten will.

LADY GREY: So will ich tun, was Eure Hoheit fodert.

GLOSTER *beiseit:*
 Er drängt sie scharf; viel Regen höhlt den Marmor.

CLARENCE *beiseit:*
 So rot wie Feu'r! Da muß ihr Wachs wohl schmelzen.

LADY GREY:
 Was stockt mein Fürst? Soll ich den Dienst nicht wissen?

KÖNIG EDUARD: Ein leichter Dienst: nur einen König lieben.

LADY GREY: Das kann ich leicht als Untertanin tun.

KÖNIG EDUARD: Dann geb' ich gleich dir deines Gatten Güter.

LADY GREY: Und ich empfehle mich mit tausend Dank.

GLOSTER *beiseit:* 's ist richtig; sie besiegelt's mit dem Knicks.

KÖNIG EDUARD: Verziehe noch[193]: der Liebe Früchte mein' ich.

LADY GREY: Der Liebe Früchte mein' ich, bester Fürst.

677

KÖNIG EDUARD: Ja, doch ich fürcht', in einem andern Sinn.
Um welche Liebe, glaubst du, werb' ich so?
LADY GREY: Lieb' in den Tod, Dank und Gebet für Euch;
Wie Tugend Liebe bittet und gewährt.
KÖNIG EDUARD: Nein, solche Liebe mein' ich nicht, mein' Treu'.
LADY GREY:
Nun wohl, dann meint Ihr nicht so, wie ich dachte.
KÖNIG EDUARD: Nun aber merkt Ihr meinen Sinn zum Teil.
LADY GREY: Mein Sinn gibt nimmer zu, was, wie ich merke,
Eu'r Hoheit denket, denk' ich anders recht.
KÖNIG EDUARD: Bei dir zu liegen denk' ich, grad' heraus.
LADY GREY: Und grad' heraus, ich läg' im Kerker lieber.
KÖNIG EDUARD:
Nun, so bekommst du nicht des Mannes Güter.
LADY GREY: So sei die Ehrbarkeit mein Leibgedinge;
Um den Verlust will ich sie nicht erkaufen.
KÖNIG EDUARD: Du tust damit den Kindern sehr zu nah.
LADY GREY: Eu'r Hoheit tut hiemit es mir und ihnen.
Doch diese muntre Neigung, hoher Herr,
Stimmt nicht zu meinem Ernst bei dem Gesuch.
Entlaßt mit Ja mich gütigst oder Nein.
KÖNIG EDUARD:
Ja, wenn du ja auf meinen Wunsch willst sagen;
Nein, wenn du nein auf mein Begehren sagst.
LADY GREY: Dann nein, mein Fürst, und mein Gesuch ist aus.
GLOSTER beiseit:
Die Witwe mag ihn nicht, sie runzelt ihre Stirn.
CLARENCE beiseit:
Kein Mensch in Christenlanden wirbt wohl plumper.
KÖNIG EDUARD: Nach ihren Blicken ist sie voller Sittsamkeit,
Ihr Witz nach ihren Worten unvergleichlich;
All ihre Gaben fodern Herrscherrang,
So oder so ist sie für einen König:
Sie wird mein Liebchen oder mein Gemahl. –
Setz', König Eduard nähm' dich zum Gemahl?
LADY GREY: Das läßt sich besser sagen, Herr, als tun.
Ich Untertanin tauge wohl zum Scherz,
Doch taug' ich längst nicht, Herrscherin zu sein.
KÖNIG EDUARD:
Bei meinem Thron schwör' ich dir, holde Witwe,
Ich sage nur, was meine Seele wünscht:
Das ist, dich als Geliebte zu besitzen.
LADY GREY: Und das ist mehr, als ich will zugestehn.

Ich weiß, ich bin zu niedrig, Eu'r Gemahl,
Und doch zu gut, Eu'r Kebsweib nur zu sein.
KÖNIG EDUARD: Stecht Silben nicht: ich meinte als Gemahl.
LADY GREY: Wenn meine Söhne nun Euch Vater nennen,
Das wird Eu'r Hoheit kränken.
KÖNIG EDUARD: Nein, nicht mehr,
Als wenn dich meine Töchter Mutter nennen.
Du bist 'ne Witwe und hast mehre Kinder;
Ich, bei der Mutter Gottes! der ich noch
Ein Junggeselle bin, hab' ihrer auch:
Wie schön, der Vater vieler Kinder sein!
Erwidre nichts, du wirst nun mein Gemahl.
GLOSTER *beiseit:* Der Geistliche hat seine Beicht' vollbracht.
CLARENCE *beiseit:* Zum Beicht'ger hat ihn Leibliches gemacht.
KÖNIG EDUARD:
Euch wundert's, Brüder, was wir zwei geflüstert?
GLOSTER: Der Witwe steht's nicht an, sie sieht verdüstert.
KÖNIG EDUARD:
Ihr fändet's fremd, wenn ich zur Frau sie wählte?
CLARENCE: Für wen, mein Fürst?
KÖNIG EDUARD: Ei, Clarence, für mich selbst.
GLOSTER: Das wär' zum Wundern auf zehn Tage mind'stens.
CLARENCE: Das ist ein Tag mehr, als ein Wunder währt.
GLOSTER: So endlos würde dieses Wundern sein.
KÖNIG EDUARD:
Gut, Brüder, spaßt nur fort: ich kann euch sagen,
Gewährt ist das Gesuch ihr um die Güter.
                    Ein Edelmann tritt auf.
EDELMANN: Mein Fürst, Eu'r Gegner Heinrich ward ergriffen;
Gefangen bringt man ihn vor Euer Schloß.
KÖNIG EDUARD:
So sorgt, daß man ihn schaffe nach dem Turm; –
Und sehn wir, Brüder, den, der ihn ergriff,
Ihn über die Verhaftung zu befragen.
Ihr, Witwe, geht mit uns. – Lords, haltet sie in Ehren!
                    König Eduard, Lady Grey, Clarence und der Edelmann ab.
GLOSTER: Ja, Eduard hält die Weiber wohl in Ehren.
Wär' er doch aufgezehrt, Mark, Bein und alles,
Damit kein blüh'nder Sproß aus seinen Lenden
Die Hoffnung kreuze meiner goldnen Zeit!
Doch zwischen meiner Seele Wunsch und mir, –
Ist erst des üpp'gen Eduards Recht begraben, –
Steht Clarence, Heinrich und sein Sohn, Prinz Eduard,

Samt ihrer Leiber ungehofften Erben,
Um einzutreten, eh' ich Platz gewinne:
Ein schlimmer Vorbedacht für meinen Zweck!
So träum' ich also nur von Oberherrschaft,
Wie wer auf einem Vorgebirge steht
Und späht ein fernes, gern erreichtes Ufer
Und wünscht, sein Fuß käm' seinem Auge gleich;
Er schilt die See, die ihn von dorten trennt,
Ausschöpfen will er sie, den Weg zu bahnen:
So wünsch' ich auch die Krone, so weit ab,
Und schelte so, was mich von ihr entfernt,
Und sag', ich will die Hindernisse tilgen,
Mir selber schmeichelnd mit Unmöglichkeiten.
Mein Auge blickt, mein Herz wähnt allzukühn,
Kann Hand und Kraft nicht ihnen gleich es tun.
Gut! Setzt, es gibt kein Königreich für Richard:
Was kann die Welt für Freude sonst verleihn?
Ich such' in einer Schönen Schoß den Himmel,
Mit munterm Anputz schmück' ich meinen Leib,
Bezaubre holde Frau'n mit Wort und Blick.
O kläglicher Gedank', und minder glaublich,
Als tausend goldne Kronen zu erlangen!
Schwor Liebe mich doch ab im Mutterschoß,
Und, daß ihr sanft Gesetz für mich nicht gölte,
Bestach sie die gebrechliche Natur
Mit irgendeiner Gabe, meinen Arm
Wie einen dürren Strauch mir zu verschrumpfen,
Dem Rücken einen neid'schen Berg zu türmen,
Wo Häßlichkeit, den Körper höhnend, sitzt,
Die Beine von ungleichem Maß zu formen,
An jedem Teil mich ungestalt zu schaffen
Gleich wie ein Chaos oder Bärenjunges,
Das, ungeleckt, der Mutter Spur nicht trägt[194].
Und bin ich also wohl ein Mann zum Lieben?
O schnöder Wahn, nur den Gedanken hegen!
Weil denn die Erde keine Lust mir beut
Als herrschen, meistern, andre unterjochen,
Die besser von Gestalt sind wie ich selbst,
So sei's mein Himmel, von der Krone träumen
Und diese Welt für Hölle nur zu achten,
Bis auf dem mißgeschaffnen Rumpf mein Kopf
Umzirkelt ist mit einer reichen Krone.
Doch weiß ich nicht, wie ich die Kron' erlange,

Denn manches Leben trennt mich von der Heimat;
Und ich, wie ein im dorn'gen Wald Verirrter,
Die Dornen reißend und davon gerissen,
Der einen Weg sucht und vom Wege schweift
Und weiß nicht, wie zur freien Luft zu kommen,
Allein verzweifelt ringt, hindurchzudringen, –
So martr' ich mich, die Krone zu erhaschen,
Und will von dieser Marter mich befrein,
Wo nicht, den Weg mit blut'ger Axt mir haun.
Kann ich doch lächeln, und im Lächeln morden,
Und rufen: schön! zu dem, was tief mich kränkt,
Die Wangen netzen mit erzwungnen Tränen
Und mein Gesicht zu jedem Anlaß passen.
Ich will mehr Schiffer als die Nix' ersäufen,
Mehr Gaffer töten als der Basilisk;
Ich will den Redner gut wie Nestor spielen,
Verschmitzter täuschen, als Ulyß[195] gekonnt,
Und, Sinon[196] gleich, ein zweites Troja nehmen;
Ich leihe Farben dem Chamäleon,
Verwandle mehr als Proteus[197] mich und nehme,
Den mörd'rischen Machiavell in Lehr'.
Und kann ich das, und keine Kron' erschwingen?
Ha! Noch so weit, will ich herab sie zwingen. *Ab.*

DRITTE SZENE

Frankreich. Ein Zimmer im Palast.

*Pauken und Trompeten. König Ludwig[198] und Bona treten auf
mit Gefolge.*
*Der König setzt sich auf den Thron. Hierauf Königin Margareta, Prinz
Eduard und der Graf von Oxford[199].*

KÖNIG LUDWIG *aufstehend:*
    Setzt, schöne Königin von England, Euch
    Hier, würd'ge Margareta, zu uns her:
    Es ziemt nicht Eurem Range noch Geburt,
    Daß Ihr so steht, indessen Ludwig sitzt.
MARGARETA: Nein, großer König Frankreichs! Margareta
    Muß nun ihr Segel streichen und für jetzt,
    Wo Könige gebieten, dienen lernen.
    Ich war vom großen Albion Königin,

Gesteh' ich, in vergangnen goldnen Tagen.
Doch Mißgeschick trat meine Rechte nieder
Und streckte schimpflich auf den Boden mich,
Wo ich mich gleich muß setzen meinem Glück
Und meinem niedern Sitze mich bequemen.

KÖNIG LUDWIG: Wie, so verzweifelt, schöne Königin?

MARGARETA: Um das, was mir die Augen füllt mit Tränen,
Die Zunge hemmt, das Herz in Gram ertränkt.

KÖNIG LUDWIG: Was es auch sei, sei du dir immer gleich
Und setz' dich neben uns; beug' nicht den Nacken
setzt sie neben sich
Dem Joch des Glücks, dein unverzagter Mut
Muß über jeden Unfall triumphieren.
Sei offen, Königin, und sag dein Leid:
Wenn Frankreich helfen kann, so soll's geschehn.

MARGARETA: Dein gnädig Wort hebt den gesunknen Geist
Und läßt den stummen Gram zur Sprache kommen.
Zu wissen sei daher dem edlen Ludwig,
Daß Heinrich, meines Herzens ein'ger Herr,
Aus einem König ein Verbannter ward
Und muß als Flüchtling jetzt in Schottland leben,
Indes der stolze Eduard, Herzog York,
Sich angemaßt des Titels und des Throns
Von Englands echtgesalbtem, wahrem König.
Dies ist's, warum ich arme Margareta,
Mit meinem Sohn, Prinz Eduard, Heinrichs Erben,
Dich um gerechten Beistand flehend komme.
Wenn du uns fehlst, ist unsre Hoffnung hin.
Schottland hat Willen, doch nicht Macht zu helfen;
Mißleitet ist so unser Volk wie Pairs,
Der Schatz genommen, auf der Flucht das Heer,
Und wie du siehst, wir selbst in Ängsten schwer.

KÖNIG LUDWIG: Berühmte Fürstin, sänft'ge mit Geduld
Den Sturm, indes wir sinnen ihn zu dämpfen.

MARGARETA: Je mehr wir zögern, wird der Feind verstärkt.

KÖNIG LUDWIG: Je mehr ich zögre, leist' ich Beistand dir.

MARGARETA: Ach, Ungeduld begleitet wahre Leiden,
Und seht, da kommt der Stifter meiner Leiden.
Warwick tritt auf mit Gefolge.

KÖNIG LUDWIG: Wer ist's, der kühn in unsre Nähe tritt?

MARGARETA: Der Graf von Warwick, Eduards größter Freund.

KÖNIG LUDWIG:
Willkommen, tapfrer Warwick! Sag, was führt dich her?

Er steigt vom Thron. Margareta steht auf.

MARGARETA: Ja, nun beginnt ein zweiter Sturm zu toben,
Denn dieser ist's, der Wind und Flut bewegt.

WARWICK: Der würd'ge Eduard, König Albions,
Mein Herr und Fürst und dein geschworner Freund,
Hat mich gesandt aus ungeschminkter Liebe,
Erst, deine fürstliche Person zu grüßen,
Dann, einen Bund der Freundschaft zu begehren,
Und endlich, diese Freundschaft zu befest'gen
Durch ein Vermählungsband, wenn du geruhst,
Die tugendsame Schwester, Fräulein Bona,
Zur Eh' dem König Englands zu gewähren.

MARGARETA: Wenn das geschieht, ist Heinrichs Hoffnung hin.

WARWICK *zu Bona:*
Und, gnäd'ges Fräulein, von des Königs wegen
Bin ich befehligt, mit Vergünstigung
In aller Demut Eure Hand zu küssen
Und meines Fürsten Herz zu offenbaren,
Wo jüngst der Ruf, ins wache Ohr ihm dringend,
Aufstellte deiner Schönheit Bild und Tugend.

MARGARETA: Vernehmt mich, König Ludwig, Fräulein Bona,
Eh' ihr zur Antwort schreitet. Warwicks Bitte
Kommt nicht von Eduards wohlgemeinter Liebe,
Sie kommt vom Truge her, aus Not erzeugt.
Kann ein Tyrann zu Hause sicher herrschen,
Wenn er nicht auswärts mächtig sich verbündet?
Er sei Tyrann, beweist genugsam dies,
Daß Heinrich ja noch lebt; und wär' er tot,
Hier steht Prinz Eduard, König Heinrichs Sohn.
Drum, Ludwig, sieh, daß dieses Heiratsbündnis
Dich nicht in Schaden bring' und in Gefahr!
Denn, wenn der Usurpator auch ein Weilchen
Das Szepter führt, der Himmel ist gerecht,
Und von der Zeit wird Unrecht unterdrückt.

WARWICK: Schmähsücht'ge Margareta!

PRINZ: Warum nicht Königin?

WARWICK: Dein Vater Heinrich war ein Usurpator,
Du bist nicht Prinz, wie sie nicht Königin.

OXFORD: Den großen Gaunt vernichtet Warwick denn,
Der Spaniens größten Teil bezwungen hat;
Und nach Johann von Gaunt, Heinrich den Vierten,
An dessen Weisheit Weise sich gespiegelt;
Und nach dem weisen Herrn, Heinrich den Fünften,

Des Heldenkraft ganz Frankreich hat erobert:
Von dieser Reih' stammt unser Heinrich ab.

WARWICK: Oxford, wie kommt's bei dieser glatten Rede,
Daß Ihr nicht sagtet, wie der sechste Heinrich
All das verloren, was der fünfte schaffte?
Mich dünkt, das müßten diese Pairs belächeln.
Doch ferner zählt Ihr einen Stammbaum auf
Von zweiundsechzig Jahren: eine dürft'ge Zeit
Für die Verjährung eines Königreichs.

OXFORD: So, Warwick, sprichst du wider deinen Fürsten,
Dem du gehorcht hast sechsunddreißig Jahr,
Und kein Erröten zeiht dich des Verrats?

WARWICK: Kann Oxford, der von je das Recht geschirmt,
Mit einem Stammbaum Falschheit nun bemänteln?
Pfui, laß von Heinrich und nenn' Eduard König!

OXFORD: Ihn König nennen, dessen harter Spruch
Den ältern Bruder mir, Lord Aubrey Vere,
Zum Tod geführt? Ja mehr noch, meinen Vater,
Recht in dem Abfall seiner mürben Jahre,
Als an des Todes Tor Natur ihn brachte?
Nein, Warwick, nein! Solang' mein Arm sich hält,
Hält er das Haus von Lancaster empor.

WARWICK: Und ich das Haus von York.

KÖNIG LUDWIG: Geruhet, Königin, Prinz Eduard, Oxford,
Auf unsre Bitte doch beiseit zu treten,
Weil ich mit Warwick ferner mich bespreche.

MARGARETA: Daß Warwicks Worte nur ihn nicht bezaubern!
Sie tritt mit dem Prinzen und Oxford zurück.

KÖNIG LUDWIG:
Nun, Warwick, sag mir, recht auf dein Gewissen,
Ob Eduard euer wahrer König ist?
Denn ungern möcht' ich mich mit dem verknüpfen,
Der nicht gemäß dem Rechte wär' erwählt.

WARWICK: Darauf verpfänd' ich Ehr' und Glauben dir.

KÖNIG LUDWIG: Dann ferner, alle Falschheit abgetan,
Sag mir in Wahrheit seiner Liebe Maß
Zu unsrer Schwester Bona.

WARWICK: Sie erscheint
Ganz würdig eines Fürsten, so wie er.
Oft hört' ich selbst ihn sagen und beschwören:
Ein ew'ger Baum sei diese seine Liebe,
Der in der Tugend Boden fest gewurzelt,
Dem Laub und Frucht der Schönheit Sonne treibt;

Von Tücke frei, nicht von verschmähter Wahl,
Bis Fräulein Bona löset seine Qual.

KÖNIG LUDWIG:
Nun, Schwester, sagt uns Euren festen Schluß.

BONA: Eu'r Jawort, Euer Weigern sei auch meins.
Zu Warwick. Jedoch bekenn' ich, daß schon oft vor heute,
Wenn man von Eures Königs Wert berichtet,
Mein Ohr das Urteil zum Verlangen lockte.

KÖNIG LUDWIG:
So hör' denn, Warwick: meine Schwester wird
Gemahlin Eduards, und entwerfen soll
Man Punkte nun sogleich, das Leibgedinge
Betreffend, das Eu'r König machen muß,
Um ihren Brautschatz damit aufzuwägen.
Kommt, Königin Margareta, seid hier Zeugin,
Daß Bona sich verlobt mit Englands König.

PRINZ: Mit Eduard, aber nicht mit Englands König.

MARGARETA: Betrügerischer Warwick! Deine List
War's, mein Gesuch durch diesen Bund zu hindern.
Bevor du kamst, war Ludwig Heinrichs Freund.

KÖNIG LUDWIG: Und ist noch sein und Margaretens Freund.
Doch ist Eu'r Anspruch an die Krone schwach,
Wie es nach Eduards gutem Fortgang scheint,
Dann ist's nur billig, daß ich freigesprochen
Vom Beistand werde, den ich jüngst verhieß.
Ihr sollt von mir noch alle Güt' erfahren,
Die Euer Los verlangt und meins gewährt.

WARWICK:
Heinrich lebt jetzt in Schottland, ganz nach Wunsch,
Und da er nichts hat, kann er nichts verlieren.
Ihr selber, unsre weiland Königin,
Habt einen Vater, Euch zu unterhalten,
Und solltet dem, statt Frankreich, lästig fallen.

MARGARETA: Still, frecher, unverschämter Warwick! Still!
Der Kön'ge stolzer Schöpfer und Vernichter!
Ich will nicht fort, bis meine Wort' und Tränen
Voll Wahrheit König Ludwig deine Tücke
Und deines Herren falsche Lieb' entdeckt:
Denn ihr seid Wesen von demselben Schlag.
Man hört draußen ein Posthorn.

KÖNIG LUDWIG: Warwick, an dich kommt Botschaft, oder uns.
Ein Bote tritt auf.

BOTE: Mein Herr Gesandter, dieser Brief hier ist an Euch,

Von Eurem Bruder, Markgraf Montague;
Vom König dieser an Eu'r Majestät;
zu Margareten
Der, gnäd'ge Frau, an Euch: von wem, das weiß ich nicht.
Alle lesen ihre Briefe.

OXFORD: Mir steht es an, daß unsre holde Herrin
Mit Lächeln liest, da Warwick finster sieht.

PRINZ: Seht nur, wie Ludwig stampft vor Ungeduld:
Ich hoff', es geht noch gut.

KÖNIG LUDWIG: Nun, Warwick, wie ist deine Neuigkeit?
Und wie die Eure, schöne Königin?

MARGARETA: Die mein' erfüllt mich unverhofft mit Freude.

WARWICK: Die meine bringt mir Leid und Mißvergnügen.

KÖNIG LUDWIG:
Was? Nahm Eu'r König Lady Grey zur Eh',
Und, Eu'r und seine Falschheit zu beschönen,
Rät er Geduld mir an durch diesen Zettel?
Ist das der Bund, den er mit Frankreich sucht?
Darf er es wagen, so uns zu verhöhnen?

MARGARETA: Ich sagt' es Euer Majestät voraus,
Dies zeugt von Eduards Lieb' und Warwicks Redlichkeit.

WARWICK: Hier, König Ludwig, vor des Himmels Antlitz
Und bei der Hoffnung auf mein himmlisch Heil,
Schwör' ich mich rein an diesem Frevel Eduards;
Nicht meines Königs mehr, denn er entehrt mich,
Sich selbst am meisten, säh' er seine Schande.
Vergaß ich, daß mein Vater seinen Tod
Unzeitig durch das Haus von York gefunden?
Ließ hingehn meiner Nichte Mißhandlung[200]?
Umgab ihn mit der königlichen Krone?
Stieß Heinrich aus dem angestammten Recht?
Und wird zuletzt mir so gelohnt mit Schande?
Schand' über ihn! Denn ich bin Ehre wert:
Und die für ihn verlorne herzustellen,
Sag' ich ihm ab und wende mich zu Heinrich.
Laß, edle Königin, den alten Groll:
Ich will hinfort dein treuer Diener sein,
Sein Unrecht an der Fräulein Bona rächen
Und Heinrich wieder setzen auf den Thron.

MARGARETA: Warwick, dein Wort hat meinen Haß in Liebe
Verkehrt, und ich vergebe und vergesse
Die alten Fehler ganz und bin erfreut,
Daß du der Freund von König Heinrich wirst.

WARWICK: So sehr sein Freund, ja sein wahrhafter Freund,
Daß, wenn der König Ludwig wenig Scharen
Erlesnen Volks uns zu verleihn geruht,
So unternehm' ich, sie bei uns zu landen
Und den Tyrann mit Krieg vom Thron zu stoßen.
Nicht seine neue Braut beschirmt ihn wohl,
Und Clarence, wie mir meine Briefe melden,
Steht auf dem Punkte, von ihm abzufallen,
Weil er gefreit nach üpp'ger Lust, statt Ehre
Und unsers Landes Stärk' und Sicherheit.

BONA: Wie findet Bona Rache, teurer Bruder,
Hilfst du nicht der bedrängten Königin?

MARGARETA: Berühmter Fürst, wie soll mein Heinrich leben,
Errettest du ihn von Verzweiflung nicht?

BONA: Mein Streit und dieser Königin sind eins.

WARWICK: Und meiner tritt, Prinzessin, eurem bei.

KÖNIG LUDWIG: Und meiner eurem, deinem und Margretens.
Deswegen bin ich endlich fest entschlossen,
Euch beizustehn.

MARGARETA: Laßt untertänig mich für alle danken.

KÖNIG LUDWIG: Dann, Englands Bote, kehre schleunig heim
Und sage deinem eingebild'ten König,
Dem falschen Eduard, daß ihm Ludewig
Von Frankreich Masken will hinübersenden
Zum Tanz mit ihm und seiner neuen Braut.
Du siehst, was vorgeht: geh, damit ihn schrecken.

BONA: Sag ihm, in Hoffnung seiner bald'gen Witwerschaft
Trag' ich den Weidenkranz[201] um seinetwillen.

MARGARETA: Sag ihm, die Trauer sei beiseit' geschafft,
Und kriegerische Rüstung leg' ich an.

WARWICK: Sag ihm von mir, er habe mich gekränkt,
Drum woll' ich ihn entkrönen, eh' er's denkt.
Hier ist dein Lohn, und geh!

Bote ab.

KÖNIG LUDWIG: Nun, Warwick,
Du und Oxford, mit fünftausend Mann,
Sollt übers Meer und Krieg dem Falschen bieten,
Und diese edle Fürstin und ihr Prinz
Soll, wie's die Zeit gibt, mit Verstärkung folgen.
Doch, eh' du gehst, lös' e i n e n Zweifel mir:
Was dient zum Pfand für deine feste Treu'?

WARWICK: Dies soll Euch sichern meine stete Treu':
Wenn unsre Königin genehm es hält

Und dieser junge Prinz, will ich alsbald
Ihm meine ält'ste Tochter, meine Lust,
Verknüpfen durch der Trauung heil'ges Band.

MARGARETA:

Ich halt's genehm und dank' Euch für den Antrag. –
Sohn Eduard, sie ist weis' und tugendsam,
Drum zögre nicht, gib deine Hand an Warwick
Und mit ihr dein unwiderruflich Wort,
Daß Warwicks Tochter einzig dein soll sein.

PRINZ: Ich nehme gern sie an, denn sie verdient es;
Und hier zum Pfande biet' ich meine Hand.

Er gibt Warwick die Hand.

KÖNIG LUDWIG:

Was zögern wir? Man soll die Mannschaft werben,
Und, Bourbon, du, Großadmiral des Reichs,
Sollst sie mit unsrer Flotte übersetzen;
Denn mich verlangt, daß er sei ausgerottet,
Weil ein französisch Fräulein er verspottet.

Alle ab außer Warwick.

WARWICK: Ich kam von Eduard als Gesandter her,
Doch kehr' ich heim als sein geschworner Feind;
Zur Heiratsstiftung gab er Auftrag mir,
Doch droh'nder Krieg erfolgt auf sein Begehren.
Hatt' er zum Spielzeug niemand sonst als mich?
So will nur ich den Spaß in Leid verkehren:
Ich war voraus, zur Kron' ihn zu erheben,
Und will voraus sein, wieder ihn zu stürzen:
Nicht, daß mir Heinrichs Elend kläglich sei,
Doch rächen will ich Eduards Neckerei. *Ab.*

VIERTER AUFZUG

Erste Szene

London. Ein Zimmer im Palast.

Gloster, Clarence, Somerset, Montague und andre treten auf.

GLOSTER: Nun sagt mir, Bruder Clarence, was denkt Ihr
Von dieser neuen Eh' mit Lady Grey?
Traf unser Bruder keine würd'ge Wahl?
CLARENCE: Ach, wie Ihr wißt, 's ist weit nach Frankreich hin;
Wie konnt' er Warwicks Wiederkunft erwarten?
SOMERSET: Mylords, laßt dies Gespräch: da kommt der König.
Trompeten und Pauken.
König Eduard mit Gefolge, Lady Grey als Königin, Pembroke[202],
Stafford, Hastings[203] und andre treten auf.
GLOSTER: Und seine wohlgewählte Braut.
CLARENCE: Ich sag' ihm, was ich denke, grad' heraus.
KÖNIG EDUARD:
Nun, Bruder Clarence, wie dünkt Euch die Wahl;
Daß Ihr nachdenklich steht, halb mißvergnügt?
CLARENCE: So gut wie Ludwig und dem Grafen Warwick,
Die von so schwachem Mut und Urteil sind,
Daß unsre Mißhandlung sie nicht beleidigt.
KÖNIG EDUARD:
Setzt, daß sie ohne Grund beleidigt wären,
Sie sind nur Ludwig, Warwick; ich bin Eduard,
Eu'r Herr und Warwicks, und muß schalten können.
GLOSTER: Und sollt auch schalten, weil Ihr unser Herr;
Doch übereilte Eh' tut selten gut.
KÖNIG EDUARD: Ei, Bruder Richard, seid Ihr auch beleidigt?
GLOSTER: Ich nicht:
Verhüte Gott, daß ich geschieden wünschte,

Die Gott verbunden; ja und es wäre schade,
Ein Paar zu trennen, das so schön sich paßt.
KÖNIG EDUARD: Vom Hohn und Widerwillen abgesehn,
Sagt mir, weswegen Lady Grey mein Weib
Und Englands Königin nicht werden sollte?
Ihr gleichfalls, Somerset und Montague,
Sprecht offen, was ihr denkt.
CLARENCE: So ist dies meine Meinung: König Ludwig
Wird Euer Feind, weil Ihr ihn mit der Heirat
Der Fräulein Bona zum Gespött gemacht.
GLOSTER: Und Warwick, der nach Eurem Auftrag tat,
Ist nun entehrt durch diese neue Heirat.
KÖNIG EDUARD: Wie, wenn ich beide nun durch neue Mittel,
Die ich ersinnen kann, zufrieden stelle?
MONTAGUE: Doch solchen Bund mit Frankreich einzugehn,
Hätt' unsern Staat geschirmt vor fremden Stürmen,
Mehr als es eine Landesheirat kann.
HASTINGS: Weiß Montague denn nicht, daß England sicher
Für sich schon ist, bleibt es sich selbst nur treu?
MONTAGUE: Ja, doch gedeckt von Frankreich, sichrer noch.
HASTINGS: 's ist besser, Frankreich nutzen als vertraun.
Laßt uns durch Gott gedeckt sein und das Meer,
Das Gott uns gab zu einem festen Walle,
Und wehren wir mit ihrer Hülf' uns bloß;
Sie und wir selbst sind unsre Sicherheit.
CLARENCE: Für diese Rede schon verdient Lord Hastings
Zur Eh' die Erbin des Lord Hungerford.
KÖNIG EDUARD:
Nun gut, was soll's? Es war mein Will' und Wort,
Und diesmal gilt mein Wille für Gesetz.
GLOSTER: Doch dünkt mich, Eure Hoheit tat nicht wohl,
Die Tochter und die Erbin des Lord Scales
Dem Bruder Eurer teuren Braut zu geben;
Mir oder Clarence käm' sie besser zu:
Doch Bruderlieb' ist in der Braut begraben.
CLARENCE:
Sonst hättet Ihr die Erbin des Lord Bonville
Nicht Eures neuen Weibes Sohn verliehn
Und Eure Brüder sonst wo freien lassen.
KÖNIG EDUARD: Ach, armer Clarence! Bist du mißvergnügt
Nur um ein Weib? Ich will dich schon versorgen.
CLARENCE: Die Wahl für Euch verriet schon Euer Urteil;
Und da es seicht ist, so erlaubt mir nur,

Den Unterhändler für mich selbst zu spielen,
Wozu ich nächstens denk' Euch zu verlassen.

KÖNIG EDUARD: Geht oder bleibt, Eduard will König sein
Und nicht gebunden an der Brüder Willen.

LADY GREY: Mylords, eh' Seine Majestät beliebte,
Mich zu erhöhn zum Rang der Königin,
Seid gegen mich so billig, zu bekennen,
Daß ich von Abkunft nicht unedel[204] war
Und daß Gering're gleiches Glück gehabt.
Doch wie der Rang mich und die Meinen ehrt,
So wölket ihr, die ich gewinnen möchte,
Mir abhold, mit Gefahr und Leid die Freude.

KÖNIG EDUARD:
Mein Herz, laß ab, den Mürrischen zu schmeicheln
Was für Gefahr und Leid kann dich betreffen,
Solang' nur Eduard dein beständ'ger Freund
Und ihr Monarch, dem sie gehorchen müssen?
Ja, und gehorchen werden und dich lieben,
Wenn sie nicht Haß von mir verdienen wollen.
Und tun sie das, dich stell' ich sicher doch,
Sie sollen meines Grimmes Rache fühlen.

GLOSTER *beiseit:* Ich sage wenig, denke desto mehr.

Ein Bote tritt auf.

KÖNIG EDUARD: Nun, Bote, was für Brief' und Neuigkeiten
Aus Frankreich?

BOTE: Mein König, keine Brief' und wenig Worte,
Doch die ich ohn' Begnadigung von Euch
Nicht melden darf.

KÖNIG EDUARD: Gut, wir begnad'gen dich; drum sage kürzlich,
So gut du dich entsinnst, mir ihre Worte:
Was gab der König unserm Brief zur Antwort?

BOTE: Dies waren seine Worte, da ich schied:
„Geh, sage deinem eingebild'ten König,
Dem falschen Eduard, daß ihm Ludewig
Von Frankreich Masken will hinübersenden
Zum Tanz mit ihm und seiner neuen Braut."

KÖNIG EDUARD: Ist er so brav? Er hält mich wohl für Heinrich.
Doch was sagt Fräulein Bona zu der Heirat?

BOTE: Dies waren ihre sanft unwill'gen Worte:
„Sag ihm, in Hoffnung seiner bald'gen Witwerschaft
Trag' ich den Weidenkranz um seinetwillen."

KÖNIG EDUARD: Ich tadle drum sie nicht, sie konnte wohl
Nicht wen'ger sagen: sie verlor dabei.

Was aber sagte Heinrichs Eh'gemahl?
Denn, wie ich hörte, war sie da zugegen.

BOTE: „Sag ihm", sprach sie, „die Trau'r sei abgetan,
Und kriegerische Rüstung leg' ich an."

KÖNIG EDUARD: Es scheint, sie will die Amazone spielen.
Was aber sagte Warwick zu dem Hohn?

BOTE: Er, wider Eure Majestät entrüstet,
Mehr als sie all', entließ mich mit den Worten:
„Sag ihm von mir, er habe mich gekränkt,
Drum woll' ich ihn entkrönen, eh' er's denkt."

KÖNIG EDUARD: Ha! Wagte der Verräter so zu freveln?
Nun wohl, ich will mich rüsten, so gewarnt:
Krieg soll'n sie haben und den Hochmut büßen.
Doch sag, ist Warwick Freund mit Margareten?

BOTE: Ja, gnäd'ger Fürst; so innig ist die Freundschaft,
Daß sich ihr Prinz vermählt mit Warwicks Tochter.

CLARENCE: Wohl mit der ältern, Clarence will die jüngste.
Lebt wohl nun, Bruder König! Sitzt nur fest,
Denn ich will fort zu Warwicks andrer Tochter,
Damit ich, fehlt mir schon ein Königreich,
In der Vermählung Euch nicht nachstehn möge. –
Wer mich und Warwick liebt, der folge mir.

Clarence ab, und Somerset folgt ihm nach.

GLOSTER *beiseit:* Nicht ich, mein Sinn geht auf ein weitres Ziel:
Ich bleibe, Eduard nicht, der Krone nur zu lieb.

KÖNIG EDUARD: Clarence und Somerset, zum Warwick beide!
Doch bin ich auf das Äußerste gewaffnet,
Und Eil' ist nötig bei der großen Not. –
Pembroke und Stafford, geht, bringt Mannschaft auf
Zu unserm Dienst, macht Zurüstung zum Krieg:
Sie sind gelandet oder werden's nächstens;
Ich selbst will schleunig in Person euch folgen.

Pembroke und Stafford ab.

Doch eh' ich geh', Hastings und Montague,
Löst meinen Zweifel. Ihr, vor allen andern,
Seid Warwick nah durch Blut und Freundschaftsbund:
Sagt, ob ihr Warwick lieber habt als mich?
Wenn dem so ist, so scheidet hin zu ihm,
Statt falscher Freunde wünsch' ich euch zu Feinden.
Doch wenn ihr denkt, mir treue Pflicht zu halten,
Verbürgt es mir mit freundlicher Verheißung,
Daß ich nie Argwohn hege wider euch.

MONTAGUE: Gott helfe Montague nach seiner Treu'!

HASTINGS: Und Hastings, wie er Eduards Sache führt!
KÖNIG EDUARD: Nun, Bruder Richard, wollt Ihr bei uns stehn?
GLOSTER: Ja, trotz jedwedem, der Euch widersteht.
KÖNIG EDUARD:
Nun wohl, so bin ich meines Siegs gewiß.
Drum laßt uns fort; und keine Müh' vergessen,
Bis wir mit Warwicks fremder Macht uns messen.
Alle ab.

ZWEITE SZENE

Eine Ebne in Warwickshire.

Warwick und Oxford treten auf, mit französischen und andern Truppen.

WARWICK:
Glaubt mir, Mylord, bis jetzt geht alles gut;
Das geringe Volk strömt uns in Haufen zu.
Clarence und Somerset treten auf.
Doch seht, da kommen Somerset und Clarence. –
Sagt schleunig, Mylords: sind wir sämtlich Freunde?
CLARENCE: Sorgt darum nicht, Mylord!
WARWICK:
Willkommen dann dem Warwick, lieber Clarence!
Willkommen, Somerset! Ich halt's für Feigheit,
Argwöhnisch bleiben, wo ein edles Herz
Die offne Hand als Liebespfand gereicht;
Sonst könnt' ich denken, Clarence, Eduards Bruder,
Sei ein verstellter Freund nur unsers Tuns:
Doch sei willkommen; ich geb' dir meine Tochter.
Was ist nun übrig, als im Schutz der Nacht,
Da sorgenlos dein Bruder sich gelagert,
Rings in den Städten seine Scharen liegen
Und eine bloße Wach' ihn nur umgibt,
Ihn überfallen und nach Wunsche fangen?
Die Späher fanden leicht dies Unternehmen,
Daß, wie Ulysses und Held Diomed[205]
Zu Rhesus' Zelten schlau und mannhaft schlichen,
Und Thraziens verhängnisvolle Rosse
Von dannen führten: so auch wir, gedeckt
Vom Mantel schwarzer Nacht, ganz unversehens
Die Wachen Eduards mögen niederhaun
Und greifen ihn, – ich sage nicht, ihn töten,

Denn ihn zu überfallen denk' ich nur.
Ihr, die ihr zu dem Abenteu'r mir folgt,
Mit eurem Führer jubelt Heinrichs Namen.
Alle rufen: „Heinrich!"
Nun denn, laßt schweigend unsern Weg uns ziehn:
Gott und Sankt George für Warwick und die Seinen!
Alle ab.

Eduards Lager in der Nähe von Warwick.

Schildwachen vor des Königs Zelt treten auf.

ERSTE SCHILDWACHE:
Kommt, Leute, nehme jeder seinen Stand,
Der König hat sich schon zum Schlaf gesetzt.
ZWEITE SCHILDWACHE: Was? Will er nicht zu Bett?
ERSTE SCHILDWACHE: Nein, er hat einen hohen Schwur getan,
Niemals zu liegen noch der Ruh' zu pflegen,
Bis Warwick oder er ganz unterlegen.
ZWEITE SCHILDWACHE:
Vermutlich wird das morgen sein am Tag,
Wenn Warwick schon so nah ist, wie es heißt.
DRITTE SCHILDWACHE: Doch bitte, sagt, wer ist der Edelmann,
Der bei dem König hier im Zelte ruht?
ERSTE SCHILDWACHE:
Lord Hastings ist's, des Königs größter Freund.
DRITTE SCHILDWACHE:
O wirklich? Doch warum befiehlt der König,
Daß all sein Anhang rings in Städten herbergt,
Indes er selbst im kalten Felde bleibt?
ZWEITE SCHILDWACHE: Es ist mehr Ehre, weil's gefährlicher.
DRITTE SCHILDWACHE:
Ja, aber gebt mir Achtbarkeit und Ruh',
Das lieb' ich mehr als Ehre mit Gefahr.
Wenn Warwick wüßt', in welcher Lag' er ist.
's ist zu befürchten, daß er wohl ihn weckte.
ERSTE SCHILDWACHE:
Wenn's unsre Hellebarden nicht ihm wehren.
ZWEITE SCHILDWACHE: Ja, wozu sonst bewachen wir sein Zelt,
Als ihn vor nächt'gem Anlauf zu beschützen?
Warwick, Clarence, Oxford und Somerset treten auf mit Truppen.
WARWICK: Dies ist sein Zelt, seht seine Wachen stehn.
Auf, Leute! Mut! Nun oder nimmer Ehre!
Folgt mir, und Eduard soll unser sein.
ERSTE SCHILDWACHE: Wer da?
ZWEITE SCHILDWACHE: Steh, oder du bist des Todes.
Warwick und alle übrigen rufen: „Warwick! Warwick!" und greifen die
Wachen an, welche fliehen und schrein: „Zu den Waffen! Zu den
Waffen!" während ihnen Warwick und die andern nachsetzen.

Unter Trommeln und Trompeten kommen Warwick und die übrigen
zurück und bringen den König im Schlafrock, in einem Lehnstuhl sitzend,
heraus. Gloster und Hastings fliehn über die Bühne.

SOMERSET: Wer sind sie, die da flohn?

WARWICK: Richard und Hastings; laßt sie, hier ist der Herzog.

KÖNIG EDUARD:
Herzog! Wie, Warwick? Da wir schieden, nanntest
Du König mich.

WARWICK: Ja, doch der Fall ist anders.
Als Ihr bei der Gesandtschaft mich beschimpft,
Da hab' ich Euch der Königswürd' entsetzt,
Und nun ernenn' ich Euch zum Herzog York.
Wie solltet Ihr ein Königreich regieren,
Der Ihr nicht wißt, Gesandte zu behandeln,
Nicht wißt, mit e i n e m Weib Euch zu begnügen,
Nicht wißt, an Brüdern brüderlich zu handeln,
Nicht wißt, auf Eures Volkes Wohl zu sinnen,
Nicht wißt, vor Euren Feinden Euch zu bergen?

KÖNIG EDUARD: Ei, Bruder Clarence, bist du auch dabei?
Dann seh' ich wohl, daß Eduard sinken muß. –
Ja, Warwick, allem Mißgeschick zum Trotz,
Dir selbst und allen Helfern deiner Tat,
Wird Eduard stets als König sich betragen:
Stürzt gleich des Glückes Bosheit meine Größe,
Mein Sinn geht über seines Rades Kreis.

WARWICK *nimmt ihm die Krone ab:*
Sei Eduard Englands König dann im Sinn,
Doch Heinrich soll nun Englands Krone tragen
Und wahrer König sein: du nur der Schatte. –
Mylord von Somerset, auf mein Begehren
Sorgt, daß man gleich den Herzog Eduard schaffe
Zu meinem Bruder, Erzbischof von York.
Wann ich gekämpft mit Pembroke und den Seinen,
So folg' ich Euch und melde, was für Antwort
Ihm Ludwig und das Fräulein Bona senden.
Leb wohl indessen, guter Herzog York!

KÖNIG EDUARD:
Was Schicksal auflegt, muß der Mensch ertragen,
Es hilft nicht, gegen Wind und Flut sich schlagen.
                König Eduard wird abgeführt, Somerset begleitet ihn.

OXFORD: Was bleibt für uns, Mylords, nun noch zu tun,
Als daß wir mit dem Heer nach London ziehn?

WARWICK: Ja wohl, das müssen wir zuvörderst tun:

Um König Heinrich vom Verhaft zu lösen
Und auf den Königsthron ihn zu erhöhn.
Alle ab.

London. Ein Zimmer im Palast.

Königin Elisabeth und Rivers[206] *treten auf.*

RIVERS: Was hat Euch, gnäd'ge Frau, so schnell verwandelt?
KÖNIGIN ELISABETH:
  Wie, Bruder Rivers? Müßt Ihr's erst erfahren,
  Welch Unglück König Eduard jüngst betroffen?
RIVERS: Verlust von einem Treffen gegen Warwick?
KÖNIGIN ELISABETH: Nein, seiner fürstlichen Person Verlust.
RIVERS: So ward mein Fürst erschlagen?
KÖNIGIN ELISABETH: Ja, fast erschlagen: denn er ward gefangen,
  Sei's, daß der Wachen Falschheit ihn verriet,
  Sei's, daß der Feind in jählings überfallen;
  Und, wie man ferner meldet, ist er nun
  Beim Erzbischof von York in Haft, dem Bruder
  Des grimmen Warwick, folglich unserm Feind.
RIVERS: Ich muß gestehn, die Zeitung ist betrübt.
  Doch, gnäd'ge Fürstin, müßt Ihr nicht verzagen:
  Vom Warwick kann der Sieg zu uns sich schlagen.
KÖNIGIN ELISABETH:
  Bis dahin muß mein Leben Hoffnung tragen.
  Und der Verzweiflung wehr' ich gern aus Liebe
  Zu Eduards Sprößling unter meinem Herzen.
  Das ist's, was Leidenschaft mich zügeln lehrt
  Und milde tragen meines Unglücks Kreuz;
  Ja, darum zieh' ich manche Träne ein
  Und hemme Seufzer, die das Blut wegsaugen,
  Damit sie nicht ertränken und verderben
  Den Sprößling Eduards, Englands echten Erben.
RIVERS: Doch, gnäd'ge Frau, wo kam denn Warwick hin?
KÖNIGIN ELISABETH:
  Man meldet mir, daß er nach London zieht,
  Nochmals die Kron' auf Heinrichs Haupt zu setzen.
  Das Weitere magst du selber raten nun:
  Die Freunde Königs Eduards müssen fallen.
  Doch der Gewalt des Wütrichs vorzubeugen

697

(Denn dem trau' nie, der einmal Treue brach),
Will ich von hier sogleich zur Freistatt hin,
Von Eduards Recht den Erben mind'stens retten;
Da bleib' ich sicher vor Gewalt und Trug.
Komm also auf die Flucht, weil sie noch offen:
Von Warwicks Hand ist nur der Tod zu hoffen.
Beide ab.

FÜNFTE SZENE

Ein Tiergarten in der Nähe der Burg Middleham in Yorkshire.

Gloster, Hastings, Sir William Stanley und andre treten auf.

GLOSTER: Nun, Mylord Hastings und Sir William Stanley,
Erstaunt nicht mehr, warum ich euch hieher
In des Geheges tiefstes Dickicht zog.
So steht's: Ihr wißt, mein Bruder, unser König,
Ist als Gefangner bei dem Bischof hier,
Der gut ihn hält und ihm viel Freiheit läßt,
Und oft, von wenig Wache nur begleitet,
Kommt er hieher, sich jagend zu ergötzen.
Ich hab' ihm Nachricht insgeheim erteilt,
Daß, wenn er diesen Weg um diese Stunde
Mit der gewohnten Übung Vorwand nimmt,
Er hier die Freunde finden soll, mit Pferden
Und Mannschaft, vom Verhaft ihn zu befrein.
König Eduard und ein Jäger treten auf.
JÄGER: Hieher, mein Fürst; hier liegt das Wild versteckt.
KÖNIG EDUARD: Nein, hieher, Mann: sieh da die Jäger stehn. –
Nun, Bruder Gloster, Lord Hastings und ihr andern,
Steckt ihr so hier, des Bischofs Wild zu stehlen?
GLOSTER: Bruder, die Zeit und Lage fodert Eil';
An des Geheges Ecke steht Eu'r Pferd.
KÖNIG EDUARD: Doch wohin sollen wir?
HASTINGS: Nach Lynn, Mylord, von da nach Flandern schiffen.
GLOSTER: Fürwahr, getroffen! Das war meine Meinung.
KÖNIG EDUARD: Stanley, ich will den Eifer dir vergelten.
GLOSTER: Was zögern wir? Zum Reden ist nicht Zeit.
KÖNIG EDUARD:
Was sagst du, Jäger? Willst du mit mir gehn?
JÄGER: Besser als bleiben und mich hängen lassen.
GLOSTER: So kommt denn, fort! und macht kein Wesen weiter.

KÖNIG EDUARD:
Leb wohl denn, Bischof! Warwicks Zorn entrinne,
Und bete, daß ich meinen Thron gewinne!
Alle ab.

SECHSTE SZENE

Ein Zimmer im Turm.

*König Heinrich, Clarence, Warwick, Somerset, der junge Richmond[207],
Oxford, Montague, der Kommandant des Turmes und Gefolge.*

KÖNIG HEINRICH:
Herr Kommandant, da Gott und Freunde nun
Eduard vom königlichen Sitz gestoßen,
In Freiheit mein Gefängnis, meine Furcht
In Hoffnung und mein Leid in Lust verkehrt:
Was sind wir bei der Loslassung dir schuldig?

KOMMANDANT:
Der Untertan kann nichts vom Fürsten fodern;
Doch, wenn demüt'ge Bitten etwas gelten,
Wünsch' ich Verzeihung von Eu'r Majestät.

KÖNIG HEINRICH: Wofür? Daß du mich gut behandelt hast?
Nein, sei gewiß, ich lohne deine Güte,
Die den Verhaft mir umschuf in Vergnügen,
Ja solch Vergnügen, wie im Käfig Vögel
Empfinden, wenn nach langem Trübsinn sie
Zuletzt bei häuslichen Gesanges Tönen
An den Verlust der Freiheit sich gewöhnen. –
Doch, Warwick, du nächst Gott hast mich befreit,
Drum bin ich dir nächst Gott zum Dank bereit:
Er war Urheber und das Werkzeug du.
Auf daß ich nun des Glückes Neid besiege,
Klein lebend, wo es mir nicht schaden kann,
Und daß mein widerwärt'ger Stern das Volk
In diesem Land des Segens nicht bestrafe,
Warwick, wiewohl ich noch die Krone trage,
So übergeb' ich dir mein Regiment:
Du bist beglückt in allem deinem Tun.

WARWICK: Eu'r Hoheit war für Tugend stets berühmt
Und zeigt sich nun so weis' als tugendhaft,
Des Schicksals Tücke spähend und vermeidend;
Denn wen'ge richten sich nach ihrem Stern.

In einem nur muß ich Euch Unrecht geben,
Daß Ihr mich wählt, da Clarence steht daneben.
CLARENCE: Nein, Warwick, du bist würdig der Gewalt,
Du, dem den Ölzweig und den Lorbeerkranz
Bei der Geburt der Himmel zugesprochen.
Du wir im Krieg und Frieden Segen haben,
Drum geb' ich willig meine Stimme dir.
WARWICK: Und ich erwähle Clarence zum Protektor.
KÖNIG HEINRICH:
Warwick und Clarence, gebt die Hand mir beide,
Fügt sie in eins nun, und zugleich die Herzen,
⟨Damit kein Zwiespalt die Verwaltung hemme:⟩
Ich mach' euch beide zu des Reichs Protektorn.
Ein stilles Leben führ' ich selbst indes,
Verbring' in Andacht meiner Laufbahn Ende,
Daß ich den Schöpfer preis' und Sünde wende.
WARWICK: Was sagt auf seines Fürsten Willen Clarence?
CLARENCE: Das er drein willigt, wenn es Warwick tut:
Denn auf dein gutes Glück verlass' ich mich.
WARWICK: So muß ich's, ungern zwar, zufrieden sein.
Wir woll'n uns wie ein Doppelschatten fügen
An Heinrichs Leib und seinen Platz vertreten;
Ich meine bei der Last des Regiments:
Er soll die Ehr' und seine Ruh' genießen.
Und, Clarence, nun ist's mehr als dringend, gleich
Für Hochverräter Eduard zu erklären
Und alle seine Güter einzuziehn.
CLARENCE: Was sonst? Und dann das Erbrecht zu bestimmen.
WARWICK: Ja, und dabei soll Clarence ja nicht fehlen.
KÖNIG HEINRICH: Doch vor den dringendsten Geschäften, laßt
Euch bitten (ich befehle ja nicht mehr),
Daß nach Margreta, Eurer Königin,
Und meinem Eduard werde hingesandt,
Aus Frankreich schleunig sie zurückzurufen:
Denn bis ich hier sie seh', hält banger Zweifel
Die Lust an meiner Freiheit halb verfinstert.
CLARENCE: Es soll, mein Fürst, in aller Eil' geschehn.
KÖNIG HEINRICH: Mylord von Somerset, wer ist der Knabe,
Für den so zärtlich Ihr zu sorgen scheint?
SOMERSET:
Mein Fürst, der junge Heinrich, Graf von Richmond.
KÖNIG HEINRICH:
Komm, Englands Hoffnung! Wenn geheime Mächte

legt ihm die Hand auf das Haupt
In den prophet'schen Sinn mir Wahrheit flößen,
So wird dies feine Kind des Landes Segen.
Sein Blick ist voll von sanfter Majestät,
Sein Haupt geformt von der Natur der Krone,
Die Hand zum Szepter, und er selbst in Zukunft
Zur Zierde eines königlichen Throns.
Ihn haltet hoch, Mylords: er ist geboren,
Euch mehr zu helfen, als durch mich verloren.
Ein Bote tritt auf.
WARWICK: Was bringst du Neues, Freund?
BOTE: Daß Eduard Eurem Bruder ist entwischt
Und nach Burgund geflohn, wie er vernommen.
WARWICK: Mißfäll'ge Neuigkeit! Doch wie entkam er?
BOTE: Er ward entführt durch Richard, Herzog Gloster,
Und den Lord Hastings, die im Hinterhalt
Auf ihn gewartet an des Waldes Ende
Und von des Bischofs Jägern ihn befreit,
Denn täglich war die Jagd sein Zeitvertreib.
WARWICK: Mein Bruder war zu sorglos bei dem Auftrag.
Doch laßt uns fort, mein Fürst, nach Mitteln sehn
Für jeden Schaden, welcher mag geschehn.
König Heinrich, Warwick, Clarence, der Kommandant und Gefolge ab.
SOMERSET:
Mylord, ich mag nicht diese Flucht des Eduard;
Denn ohne Zweifel steht Burgund ihm bei,
Und dann gibt's neuen Krieg in kurzer Zeit.
Wie Heinrichs jüngst gesprochne Weissagung
Mit Hoffnung mir auf diesen jungen Richmond
Das Herz erquickt, so drückt es Ahnung nieder,
Was ihm zu seinem Schaden und zu unserm
In dem Zusammenstoß begegnen mag.
Drum wollen wir, dem Schlimmsten vorzubeugen,
Lord Oxford, schnell ihn nach Bretagne senden,
Bis sich der Bürgerfeindschaft Stürme enden.
OXFORD: Ja, denn kommt Eduard wieder auf den Thron,
So teilte Richmond wohl der andern Lohn.
SOMERSET:
Gut, in Bretagne wohn' er dann geborgen.
Kommt also, laßt uns gleich das Werk besorgen! *Ab.*

Vor York.

König Eduard, Gloster und Hastings treten auf mit Truppen.

KÖNIG EDUARD:
Nun, Bruder Richard, Lord Hastings und ihr andern:
So weit macht doch das Glück es wieder gut,
Daß ich noch einmal den gesunknen Stand
Mit Heinrichs Herrscherkrone soll vertauschen.
Ich setzte zweimal glücklich übers Meer
Und brachte von Burgund erwünschte Hülfe.
Was ist nun übrig, da von Ravenspurg
Wir vor den Toren Yorks so angelangt,
Als einziehn, wie in unser Herzogtum?
GLOSTER: Das Tor verschlossen? Das gefällt mir nicht;
Denn manchen, welcher an der Schwelle stolpert,
Verwarnt dies, drinnen laure die Gefahr.
KÖNIG EDUARD:
Pah, Freund! Jetzt dürfen Zeichen uns nicht schrecken:
Ich muß hinein im Guten oder Bösen,
Denn hier versammeln sich zu uns die Freunde.
HASTINGS: Mein Fürst, noch einmal klopf' ich an und mahne.
Der Schultheiß von York und seine Räte erscheinen auf der Mauer.
SCHULTHEISS: Mylords, wir wußten schon von eurer Ankunft,
Und uns zu sichern, schlossen wir das Tor;
Denn jetzo sind wir Heinrich Treue schuldig.
KÖNIG EDUARD:
Wenn Heinrich Euer König ist, Herr Schultheiß,
Ist Eduard mind'stens Herzog doch von York.
SCHULTHEISS: Ja, bester Herr, dafür erkenn' ich Euch.
KÖNIG EDUARD: Nun, und ich fodre bloß mein Herzogtum.
GLOSTER *beiseit:* Doch hat der Fuchs die Nase erst hinein,
So weiß er bald den Leib auch nachzubringen.
HASTINGS:
Herr Schultheiß, nun? Was steht Ihr zweifelnd noch?
Das Tor auf! Wir sind König Heinrichs Freunde.
SCHULTHEISS: Ah, so? Das Tor soll euch geöffnet werden.
Von oben ab.
GLOSTER: Ein weiser, tücht'ger Hauptmann, und bald beredet!
HASTINGS: Der gute Alte läßt gern alles gut sein,
Bleibt er nur aus dem Spiel; doch sind wir drinnen,

So zweifl' ich nicht, wir werden baldigst ihn
Samt seinen Räten zur Vernunft bereden.
Der Schultheiß kommt mit zwei Aldermännern[208] aus der Stadt.

KÖNIG EDUARD:
Herr Schultheiß, dieses Tor ist nicht zu schließen
Als bei der Nacht und in der Zeit des Kriegs.
Freund, fürchte nichts und gib die Schlüssel ab:
Er nimmt die Schlüssel.
Denn Eduard will die Stadt und dich verfechten
Und alle die, so hold sind unsern Rechten.
Trommeln. Montgomery kommt mit Truppen auf dem Marsch
begriffen.

GLOSTER: Bruder, das ist Sir John Montgomery,
Wo ich nicht irre, unser biedrer Freund.

KÖNIG EDUARD:
Sir John, willkommen! Doch warum in Waffen?

MONTGOMERY: In seiner stürm'schen Zeit dem König Eduard
Zu helfen, wie ein treuer Untertan.

KÖNIG EDUARD: Dank, teuerster Montgomery! Aber nun
Vergessen wir den Anspruch an die Krone
Und fodern unser Herzogtum allein,
Bis Gott beliebt, das andre auch zu senden.

MONTGOMERY: Gehabt Euch wohl denn! Ich will wieder fort:
Dem König, keinem Herzog wollt' ich dienen.
Trommeln gerührt! und laßt uns weiter ziehn.
Die Trommeln fangen einen Marsch an.

KÖNIG EDUARD:
Ein Weilchen haltet noch; laßt uns erwägen,
Wie man zur Krone sicher kommen möchte.

MONTGOMERY: Was sprecht Ihr von Erwägen? Kurz und gut,
Erklärt Ihr Euch nicht hier für unsern König,
So überlass' ich Eurem Schicksal Euch
Und breche auf, um die zurückzuhalten,
Die Euch zu helfen kommen; denn warum,
Wenn Ihr kein Recht behauptet, föchten wir?

GLOSTER: Wozu doch, Bruder, die Bedenklichkeiten?

KÖNIG EDUARD: Wenn wir erst stärker sind, dann wollen wir
An unsre Fodrung denken; bis dahin
Ist's Weisheit, unsre Meinung zu verbergen.

HASTINGS: Jetzt fort mit scheuem Witz! Das Schwert regiere!

GLOSTER: Und kühner Mut erklimmt am ersten Thronen.
Bruder, wir rufen auf der Stell' Euch aus;
Der Ruf davon wird viele Freund' Euch schaffen.

KÖNIG EDUARD: So sei es, wie ihr wollt: denn 's ist mein Recht,
Und Heinrich maßt das Diadem sich an.

MONTGOMERY: Ja, jetzo spricht mein Fürst ganz wie er selbst,
Und jetzo will ich Eduards Kämpfer sein.

HASTINGS: Trompeten, blast! Wir rufen Eduard aus.
Komm, Kamerad, verrichte du den Ausruf.

Gibt ihm einen Zettel. Trompetenstoß.

SOLDAT *liest:* „Eduard der Vierte, von Gottes Gnaden König von
England und Frankreich und Herr von Irland, u. s. w."

MONTGOMERY: Und wer da leugnet König Eduards Recht,
Den fodr' ich durch dies Zeichen zum Gefecht.

Wirft seinen Handschuh nieder.

ALLE: Lang' lebe Eduard der Vierte!

KÖNIG EDUARD:
Dank, tapferer Montgomery! Dank euch allen!
Hilft mir das Glück, so lohn' ich eure Güte.
Jetzt, auf die Nacht, laßt hier in York uns rasten,
Und wenn die Morgensonne ihren Wagen
Am Rande dieses Horizonts erhebt,
Auf Warwick los und seine Mitgenossen,
Denn, wie bekannt, ist Heinrich kein Soldat.
Ach, störr'ger Clarence! Wie übel es dir steht,
Daß du vom Bruder läßt und Heinrich schmeichelst!
Doch dich und Warwick treff' ich, wie ich kann.
Auf, tapfre Scharen! Zweifelt nicht am Siege
Und nach dem Sieg am reichen Lohn der Kriege!

Alle ab.

ACHTE SZENE

London. Ein Zimmer im Palast.

*König Heinrich, Warwick, Clarence, Montague, Exeter und
Oxford treten auf.*

WARWICK: Lords, was zu tun? Aus Belgien hat Eduard
Mit hast'gen Deutschen, plumpen Niederländern
In Sicherheit den schmalen Sund durchschifft
Und zieht mit Heeresmacht auf London zu,
Und viel betörtes Volk schart sich zu ihm.

OXFORD: Man werbe Mannschaft, ihn zurückzuschlagen.

CLARENCE: Leicht wird ein kleines Feuer ausgetreten,
Das, erst geduldet, Flüsse nicht mehr löschen.

WARWICK: In Warwickshire hab' ich ergebne Freunde,
Im Frieden ruhig, aber kühn im Krieg,
Die ich versammeln will; und du, Sohn Clarence,
Bemühst dich in Suffolk, Norfolk und in Kent,
Die Edelleut' und Ritter aufzubieten;
Du, Bruder Montague, wirst Leute finden
In Buckingham, Northampton, Leicestershire,
Was du befiehlst, zu hören wohl geneigt;
Du, tapfrer Oxford, wunderbar beliebt,
Sollst deine Freund' in Oxfordshire versammeln.
Mein Fürst soll in der treuen Bürger Mitte,
Wie dieses Eiland, von der See umgürtet,
Wie in der Nymphen Kreis die keusche Göttin,
In London bleiben, bis wir zu ihm kommen.
Nehmt Abschied, Lords, erwidert weiter nicht. –
Lebt wohl, mein Fürst!
KÖNIG HEINRICH:
Leb wohl, mein Hektor[209]! Meines Troja Hoffnung!
CLARENCE: Zum Pfand der Treu' küss ich Eu'r Hoheit Hand.
KÖNIG HEINRICH: Mein wohlgesinnter Clarence, sei beglückt!
MONTAGUE: Getrost, mein Fürst! Und somit nehm' ich Abschied.
OXFORD *indem er Heinrichs Hand küßt:*
Und so versiegl' ich meine Treu' und scheide.
KÖNIG HEINRICH: Geliebter Oxford, bester Montague
Und all' ihr andern, nochmals lebet wohl!
WARWICK: Auf, Lords! Wir treffen uns zu Coventry.
    Warwick, Clarence, Oxford und Montague ab.
KÖNIG HEINRICH: Hier im Palast will ich ein wenig ruhn.
Vetter von Exeter, was denket Ihr?
Mich dünkt, das Heer, das Eduard aufgebracht,
Muß meinem nicht die Spitze bieten können.
EXETER: Ja, wenn er nur die andern nicht verführt.
KÖNIG HEINRICH:
Das fürcht' ich nicht, mir schaffte Ruhm mein Tun.
Ich stopfte ihren Bitten nicht mein Ohr,
Schob die Gesuche nicht bei Seit' mit Zögern;
Mein Mitleid war ein Balsam ihren Wunden,
Des vollen Jammers Lind'rung meine Milde,
Mit Gnade trocknet' ich die Tränenströme.
Ich habe ihren Reichtum nicht begehrt
Noch sie mit großen Steuern schwer geschatzt,
Nicht schnell zur Rache, wie sie auch geirrt.
Warum denn sollten sie mir Eduard vorziehn?

Nein, Exeter, Gunst heischet diese Gunst,
Und wenn dem Lamm der Löwe liebekost,
So hört das Lamm nie auf, ihm nachzugehn.
         Draußen Geschrei: „Lancaster hoch!"
EXETER: Hört, hört, mein Fürst! Welch ein Geschrei ist das?
         König Eduard, Gloster und Soldaten treten auf.
KÖNIG EDUARD: Ergreift den blöden Heinrich, führt ihn fort
         Und ruft mich wieder aus zum König Englands! –
         Ihr seid der Quell, der kleine Bäche nährt;
         Ich hemm' ihn, meine See soll auf sie saugen
         Und durch ihr Ebben um so höher schwellen. –
         Fort mit ihm in den Turm, laßt ihn nicht reden!
                 Einige ab mit König Heinrich.
         Und, Lords, wir wenden uns nach Coventry,
         Wo der gebieterische Warwick steht.
         Jetzt scheint die Sonne heiß: wenn wir vertagen,
         Wird Frost uns die gehoffte Ernte nagen.
GLOSTER: Bei Zeiten fort, eh' sich sein Heer vereint,
         Fangt unversehns den großgewachsnen Frevler.
         Auf, wackre Krieger! Frisch nach Coventry!
                 Alle ab.

FÜNFTER AUFZUG

Erste Szene

Coventry.

Auf der Mauer erscheinen Warwick, der Schultheiß von Coventry, zwei Boten und andre.

WARWICK: Wo ist der Bote von dem tapfern Oxford?
  Wie weit ist noch dein Herr, mein guter Freund?
ERSTER BOTE: Bei Dunsmore eben, auf dem Marsch hieher.
WARWICK: Wie weit ist unser Bruder Montague?
  Wo ist der Bote, der von ihm uns kam?
ZWEITER BOTE: Bei Daintry eben, mit gewalt'ger Schar.
    Sir John Somerville tritt auf.
WARWICK: Sag, Somerville, was sagt mein lieber Sohn?
  Wie nah vermutest du den Clarence jetzt?
SOMERVILLE: Zu Southam ließ ich ihn mit seinen Truppen,
  Und hier erwart' ich in zwei Stunden ihn.
    Man hört Trommeln.
WARWICK: So ist er nah, ich höre seine Trommeln.
SOMERVILLE: Nicht seine, gnäd'ger Herr; Southam liegt hier,
  Von Warwick ziehn die Trommeln, die Ihr hört.
WARWICK: Wer möcht' es sein? Wohl unverhoffte Freunde.
SOMERVILLE: Sie sind ganz nah, Ihr werdet's bald erfahren.
    Trommeln.
  König Eduard und Gloster nebst Truppen auf dem Marsch.
KÖNIG EDUARD: Trompeter, lade sie zur Unterhandlung!
GLOSTER: Seht auf der Mau'r den finstern Warwick hausen!
WARWICK: Verhaßter Streich! Der üpp'ge Eduard hier?
  Wo schliefen unsre Späher, wer bestach sie,
  Daß wir von seiner Ankunft nichts gehört?
KÖNIG EDUARD: Nun, Warwick, tust du uns das Stadttor auf,

Gibst gute Worte, beugst dein Knie in Demut,
Nennst Eduard König, flehst um Gnad' ihn an,
So wird er diese Frevel dir verzeihn.

WARWICK:
Vielmehr, willst du hier wegziehn deine Scharen,
Bekennen, wer dich hob und niederstürzte,
Den Warwick Gönner nennen und bereun,
So sollst du ferner Herzog sein von York.

GLOSTER: Ich glaubt', er würde mind'stens König sagen;
Wie, oder spaßt' er wider seinen Willen?

WARWICK: Ist nicht ein Herzogtum ein schön Geschenk?

GLOSTER: Ja wahrlich, wenn's ein armer Graf vergibt.
Ich will dir ein so gut Geschenk vergelten.

WARWICK: Ich war's ja, der das Königreich ihm gab.

KÖNIG EDUARD:
Nun, so ist's mein, wenn auch durch Warwicks Gabe.

WARWICK: Du bist kein Atlas[210] für so große Last,
Dem Schwächling nimmt die Gabe Warwick wieder,
Und Heinrich ist mein Herr, Warwick sein Untertan.

KÖNIG EDUARD: Doch Warwicks Herr ist Eduards Gefangner,
Und, tapfrer Warwick, sage mir nur dies:
Was ist der Körper, wenn das Haupt ihm fehlt?

GLOSTER: Ach, daß doch Warwick nicht mehr Vorsicht hatte,
Daß, da er bloß die Zehne[211] wollt' entwenden,
Der König schlau gefischt ward aus den Karten.
Ihr ließt den Armen im Palast des Bischofs:
Zehn gegen eins, Ihr trefft ihn nun im Turm.

KÖNIG EDUARD:
So ist es auch, doch bleibt Ihr Warwick stets.

GLOSTER:
Komm, Warwick! Nimm die Zeit wahr! Kniee nieder!
Wann wird's? Jetzt schmiede, weil das Eisen glüht!

WARWICK: Ich wollte lieber abhaun diese Hand
Und mit der andern ins Gesicht dir schleudern,
Als daß ich dir die Segel streichen sollte.

KÖNIG EDUARD: Ja, segle, wie du kannst, mit Wind und Flut!
Die Hand hier, um dein kohlschwarz Haar gewunden,
Soll, weil dein abgehauner Kopf noch warm,
Mit deinem Blut dies schreiben in den Staub:
„Der wetterwend'sche Warwick wechselt nun nicht mehr."
Oxford kommt mit klingendem Spiel und fliegenden Fahnen.

WARWICK: O freudenreiche Fahnen! Oxford kommt.

OXFORD: Oxford, Oxford, für Lancaster!

Zieht mit seinen Truppen in die Stadt.

GLOSTER: Das Tor steht offen, laßt uns auch hinein!

KÖNIG HEINRICH: Ein andrer Feind könnt' uns in Rücken fallen.
Nein, stehn wir wohl gereiht; denn sicher brechen
Sie bald heraus und bieten uns die Schlacht.
Wo nicht, da sich die Stadt nicht halten kann,
Sind die Verräter drin bald aufzuscheuchen.

WARWICK: Willkommen, Oxford! Wir bedürfen dein.

Montague kommt mit klingendem Spiel und fliegenden Fahnen.

MONTAGUE: Montague, Montague, für Lancaster!

Zieht mit seinen Truppen in die Stadt.

GLOSTER: Du und dein Bruder sollen den Verrat
Mit eurer Leiber bestem Blut bezahlen.

KÖNIG EDUARD: Je stärker Gegenpart, je größrer Sieg;
Glück und Gewinn weissagt mir mein Gemüt.

Somerset kommt mit klingendem Spiel und fliegenden Fahnen.

SOMERSET: Somerset, Somerset, für Lancaster!

Zieht mit seinen Truppen in die Stadt.

GLOSTER: Zwei Herzöge von Somerset[212] wie du
Verkauften an das Haus von York ihr Leben:
Du sollst der dritte sein, hält nur dies Schwert.

Clarence kommt mit klingendem Spiel und fliegenden Fahnen.

WARWICK: Seht da, wie George von Clarence zieht einher
Mit Macht genug, dem Bruder Schlacht zu bieten;
Ihm gilt ein biedrer Eifer für das Recht
Mehr als Natur und brüderliche Liebe. –
Komm, Clarence, komm! Du wirst's, wenn Warwick ruft.

CLARENCE: Weißt du, was dies bedeutet, Vater Warwick?

Nimmt die rote Rose von seinem Hut.

Sieh hier, ich werfe meine Schmach dir zu!
Nicht stürzen will ich meines Vaters Haus,
Des eignes Blut die Steine fest gekittet,
Und Lancaster erhöhn. Wie? Meinst du, Warwick,
Clarence sei so verhärtet, unnatürlich,
Das tödliche Gerät des Kriegs zu wenden
Auf seinen Bruder und rechtmäß'gen König?
Du rückst vielleicht den heil'gen Eid mir vor?
Ruchloser wär' ich, hielt' ich diesen Eid,
Als Jephta[213], seine Tochter hinzuopfern.
So nah geht meine Übertretung mir,
Daß, um mit meinem Bruder gut zu stehn,
Ich hier für deinen Todfeind mich erkläre,
Mit dem Entschluß, wo ich dich treffen mag

(Und treffen werd' ich dich, wenn du dich rührst),
Für dein so frech Mißleiten dich zu plagen,
Und so, hochmüt'ger Warwick, trotz' ich dir
Und wend' errötend mich dem Bruder zu. –
Verzeih' mir, Eduard, ich will's besser machen;
Und, Richard, zürne meinen Fehlern nicht:
Ich will hinfort nicht unbeständig sein.

KÖNIG EDUARD:
Willkommen nun, und zehnmal mehr geliebt,
Als hätt'st du niemals unsern Haß verdient.

GLOSTER: Willkommen, Clarence! Das ist brüderlich.

WARWICK: O Erzverräter, falsch und ungerecht!

KÖNIG EDUARD:
Nun, Warwick, willst du aus der Stadt und fechten?
Sonst fliegen bald die Stein' um deinen Kopf.

WARWICK:
Ach, bin ich doch nicht eingesperrt zur Wehr.
Ich will nach Barnet unverzüglich fort
Und, Eduard, wo du darfst, die Schlacht dir bieten.

KÖNIG EDUARD:
Ja, Warwick, Eduard darf und zieht voran.
Lords, in das Feld hinaus! Sankt George und Sieg!
Ein Marsch. Alle ab.

ZWEITE SZENE

Ein Schlachtfeld bei Barnet.

Getümmel und Angriffe. König Eduard bringt den verwundeten Warwick.

KÖNIG EDUARD: So, lieg' du da; stirb du und unsre Furcht,
Denn Warwick war uns allen eine Scheuche.
Nun, Montague, sitz' fest! Dich such' ich auf
Und bringe dein Gebein ihm in den Kauf. *Ab.*

WARWICK: Ach, wer ist nah? Freund oder Feind, er komme
Und sage, wer gesiegt: York oder Warwick?
Weswegen frag' ich? Mein zerstückter Leib,
Mein Blut, mein krankes Herz, die Ohnmacht zeigt,
Daß ich den Leib der Erde lassen muß
Und meinem Feind den Sieg durch meinen Fall.
So weicht der Axt die Zeder, deren Arme
Dem königlichen Adler Schutz verliehn,

In deren Schatten schlafend lag der Leu,
Die mit dem Wipfel Jovis breiten Baum
Weit überschauet hat und niedre Stauden
Vor dem gewalt'gen Wintersturm gedeckt.
Die Augen, jetzt vom Todesschlei'r umdüstert,
Sind hell gewesen wie die Mittagssonne,
Den heimlichen Verrat der Welt zu spähn.
Die Falten meiner Stirn, jetzt voller Blut,
Sind Königsgrüften oft verglichen worden:
Denn welches Königs Grab konnt' ich nicht graben?
Wer lächelte, wenn Warwick finster sah?
Nun ist mein Glanz befleckt mit Staub und Blut.
Die Lustgeheg' und Güter, die ich hatte,
Verlassen mich; von allen Länderei'n
Bleibt nichts mir übrig als des Leibes Länge.
Was ist Pomp, Hoheit, Macht, als Erd' und Staub?
Lebt, wie ihr könnt, ihr seid des Todes Raub.

Oxford und Somerset treten auf.

SOMERSET: Ach, Warwick, Warwick! Wärst du, wie wir sind,
Wir könnten ganz noch den Verlust ersetzen.
Die Königin hat eine große Macht
Aus Frankreich mitgebracht, die Zeitung hörten
Wir eben jetzt: ach, könntest du nur fliehn!

WARWICK: Dann wollt' ich doch nicht fliehn. – Ach, Montague,
Nimm meine Hand, bist du da, lieber Bruder,
Halt' meine Seele auf mit deinen Lippen!
Du liebst mich nicht, sonst wüschen deine Tränen
Dies kalte, starre Blut weg, das die Lippen
Mir so verklebt und mich nicht reden läßt.
Komm schleunig, Montague, sonst bin ich tot.

SOMERSET: Ach, Warwick! Montague ist hingeschieden,
Und Warwick rief er bis zum letzten Hauch
Und sagt': „Empfiehl mich meinem tapfern Bruder!"
Mehr wollt' er sagen, und er sprach auch mehr,
Das scholl wie in Gewölben ein Geschütz,
Es war nicht zu vernehmen; doch zuletzt
Hört' ich mit Stöhnen deutlich ausgesprochen:
„Oh, leb wohl, Warwick!"

WARWICK: Ruh' seiner Seele! – Flieht und rettet euch,
Denn Warwick sagt euch Lebewohl bis auf den Himmel.

Stirbt.

OXFORD: Fort! Fort! dem Heer der Königin entgegen!

Alle ab mit Warwicks Leiche.

Ein andrer Teil des Schlachtfeldes.

*Trompetenstoß. König Eduard kommt triumphierend mit
Clarence, Gloster und den übrigen.*

KÖNIG EDUARD: So weit hält aufwärts unser Glück den Lauf,
Und mit des Sieges Kranz sind wir geziert.
Doch mitten in dem Glanze dieses Tags
Erspäh' ich eine schwarze, droh'nde Wolke,
Die unsrer lichten Sonne wird begegnen,
Eh' sie ihr ruhig Bett im West erreicht.
Ich meine, Lords, das Heer der Königin,
In Gallien angeworben, hat gelandet
Und zieht, so hören wir, zum Kampf heran.
CLARENCE: Ein Lüftchen wird die Wolke bald zerstreun
Und zu dem Quell sie wehn, woher sie kam:
Schon deine Strahlen trocknen diese Dünste;
Nicht jede Wolk' erzeugt ein Ungewitter.
GLOSTER: Man schätzt die Königin auf dreißigtausend,
Und Somerset und Oxford flohn zu ihr.
Glaubt, wenn man sie zu Atem kommen läßt,
So wird ihr Anhang ganz so stark wie unsrer.
KÖNIG EDUARD: Wir sind berichtet von getreuen Freunden,
Daß sie den Lauf nach Tewksbury gewandt.
Da wir bei Barnet jetzt das Feld behauptet,
Laßt gleich uns hin, denn Lust verkürzt den Weg,
Und unterwegs wird unsre Macht sich mehren
In jeder Grafschaft, wie wir weiter ziehn.
So rührt die Trommeln, ruft: wohlauf! und fort!
Alle ab.

VIERTE SZENE

Ebne bei Tewksbury.

*Ein Marsch. Königin Margareta, Prinz Eduard, Somerset, Oxford
und Soldaten.*

MARGARETA: Ihr Lords, kein Weiser jammert um Verlust,
Er sucht mit freud'gem Mut ihn zu ersetzen.
Ist schon der Mast nun über Bord gestürzt,

Das Tau gerissen, eingebüßt der Anker,
Die halbe Mannschaft in der Flut verschlungen,
Doch lebt noch der Pilot; wär's recht, daß er
Das Steu'r verließe, wie ein banger Knabe
Die See vermehrte mit betränten Augen
Und das verstärkte, was zu stark schon ist,
Indes das Schiff bei seinem Jammern scheitert,
Das Fleiß und Mut noch hätte retten mögen?
Ach, welche Schande, welch Vergeh'n wär' das!
War Warwick unser Anker auch: was tut's?
Und Montague der große Mast: was schadet's?
Erschlagne Freunde unser Tauwerk: nun?
Sagt, ist nicht Oxford hier ein andrer Anker?
Und Somerset ein andrer wackrer Mast?
Die Freund' aus Frankreich Tau- und Segelwerk?
Und warum dürften Eduard und ich,
Zwar ungeübt, für diesmal nicht das Amt
Des wohlgeübten Steuermanns versehn?
Wir wollen nicht vom Ruder weg und weinen,
Wir lenken (sagt der Wind schon nein) die Fahrt
Von Sand und Klippen weg, die Schiffbruch drohn.
Die Wellen schelten, hilft so viel als loben,
Und was ist Eduard als ein wütend Meer?
Was Clarence, als ein Triebsand des Betrugs?
Und Richard, als ein tödlich schroffer Fels?
Sie alle unsers armen Fahrzeugs Feinde.
Setzt, ihr könnt schwimmen: ach, das währt nicht lange;
Den Sand betretet: schleunig sinkt ihr da;
Den Fels erklimmt: die Flut spült euch hinweg,
Sonst sterbt ihr Hungers, das ist dreifach Tod.
Dies sag' ich, Lords, um euch zu überzeugen,
Wenn euer einer fliehen wollte, sei
Mehr Gnade nicht zu hoffen von den Brüdern
Als von ergrimmten Wellen, Bänken, Klippen.
Getrost denn! Das bejammern oder fürchten,
Was unvermeidlich ist, wär' kind'sche Schwäche.
PRINZ: Mich dünkt, ein Weib von solchem tapfern Geist,
Wenn ein Verzagter so sie reden hörte,
Müßt' ihm die Brust mit Heldenmut erfüllen,
Daß nackt er einen Mann in Waffen schlüge.
Dies sag' ich nicht, als zweifelt' ich an wem,
Denn hätt' ich jemand in Verdacht der Furcht,
So wär' ihm zeitig wegzugehn vergönnt,

Daß er in unsrer Not nicht einen andern
Anstecke und ihm gleichen Mut einflöße.
Wenn hier ein solcher ist, was Gott verhüte!
So zieh' er fort, bevor wir sein bedürfen.

OXFORD: Weiber und Kinder von so hohem Mut
Und Krieger zaghaft, – ew'ge Schande wär's!
O wackrer Prinz! Dein rühmlicher Großvater
Lebt wieder auf in dir; lang' mögst du leben,
Sein Bild erhalten, seinen Glanz erneu'n.

SOMERSET: Und wer für solche Hoffnung nicht will fechten,
Geh heim ins Bett, so wie bei Tag die Eule,
Beim Aufstehn dann verhöhnt und angestaunt!

MARGARETA: Dank, lieber Somerset und werter Oxford!

PRINZ: Nehmt dessen Dank, der noch nichts weiter hat.

Ein Bote tritt auf.

BOTE: Bereitet euch, ihr Lords, denn Eduard naht
Zum Schlagen fertig: also seid entschlossen.

OXFORD: Das dacht' ich wohl: 's ist seine Politik,
Zu eilen, um uns außerstand zu finden.

SOMERSET: Allein er irrt sich, denn wir sind bereit.

MARGARETA: So eifrig euch zu sehn, erfrischt mein Herz.

OXFORD: Reih'n wir uns hier zur Schlacht und weichen nicht!

*Ein Marsch. In der Entfernung erscheinen König Eduard, Clarence
und Gloster mit ihren Truppen.*

KÖNIG EDUARD:
Dort, Kriegsgefährten, steht der dorn'ge Wald,
Der, mit des Himmels Hülf' und eurer Kraft,
Vor nachts gefällt muß an der Wurzel sein.
Mehr Zunder braucht's für euer Feuer nicht,
Ich weiß, ihr lodert auf, sie zu verbrennen.
Gebt das Signal zur Schlacht, und frisch ans Werk!

MARGARETA: Lords, Ritter, Edle! Was ich sagen sollte,
Versagen Tränen; denn bei jedem Wort,
Seht ihr, trink' ich das Wasser meiner Augen.
Drum dies nur: Heinrich, euer König, ist
Des Feinds Gefangner und sein Thron besetzt,
Sein Reich ein Schlachthaus, seine Bürger Opfer,
Sein Schatz vergeudet, sein Gebot vernichtet;
Dort ist der Wolf, der die Verheerung macht.
Ihr kämpft fürs Recht: drum, Lords, in Gottes Namen,
Seid tapfer, gebt das Zeichen zum Gefecht!

Alle ab.

*Getümmel, Angriffe, dann ein Rückzug. Hierauf kommen König Eduard,
Clarence, Gloster, von Truppen begleitet, mit Königin Margareta, Oxford
und Somerset als Gefangenen.*

KÖNIG EDUARD: So hat nun der Empörer-Zwist ein Ende.
Mit Oxford gleich zur Burg von Hammes fort,
Dem Somerset den schuld'gen Kopf herunter!
Geht, schafft sie fort, ich will die zwei nicht hören.
OXFORD: Ich will mit Worten nicht dir lästig fallen.
SOMERSET: Noch ich, mein Los ertrag' ich in Geduld.
Oxford und Somerset werden mit Wache abgeführt.
MARGARETA: Wir scheiden traurig hier im Jammertal,
In Lust vereint das Paradies uns wieder.
KÖNIG EDUARD: Ist ausgerufen, dem, der Eduard findet,
Sei großer Lohn geschenkt, und ihm sein Leben?
GLOSTER: Man tat's, und seht, da kommt der junge Eduard.
Soldaten kommen mit Prinz Eduard.
KÖNIG EDUARD:
Führt mir den Braven vor, laßt uns ihn hören! –
Ei, fängt ein Dorn so jung zu stechen an?
Eduard, wie kannst du mir dafür genugtun,
Daß du mein Volk empört hast, Krieg geführt,
Und all das Unheil, das du mir gestiftet?
PRINZ: Sprich wie ein Untertan, ehrsücht'ger York!
Nimm an, mein Vater rede jetzt aus mir.
Entsag' dem Thron und knie' du, wo ich stehe,
Weil ich an dich dieselben Worte richte,
Worauf du, Frevler, Antwort willst von mir.
MARGARETA: Ach, wär' dein Vater doch so fest gewesen!
GLOSTER: So hättet Ihr den Weiberrock behalten
Und Lancastern die Hosen nicht gestohlen.
PRINZ: Äsop[214] mag wohl in Winternächten fabeln,
Hier passen seine groben Rätsel nicht.
GLOSTER: Beim Himmel, Brut, dafür will ich dich plagen.
MARGARETA: Du bist geboren zu der Menschen Plage.
GLOSTER: Schafft doch das lose Maul von Weibe weg!
PRINZ: Nein, lieber stopft dem Bucklichten das Maul!
KÖNIG EDUARD:
Still, trotzig Kind! Sonst will ich stumm dich machen.
CLARENCE: Du bist zu vorlaut, unerzogner Knabe.
PRINZ: Ich kenne meine Pflicht, ihr brecht sie alle.

Wollüst'ger Eduard und meineid'ger George
Und mißgeschaffner Richard! Alle wißt,
Verräter, wie ihr seid, ich bin eu'r Obrer.
Du maßest meines Vaters Recht und meins dir an.

KÖNIG EDUARD *durchsticht ihn:*
Nimm dies, du Abbild jener Schmäherin!

GLOSTER *durchsticht ihn:*
Zuckst du? Nimm dies, um deine Qual zu enden!

CLARENCE *durchsticht ihn:*
Dies hier, weil du mit Meineid mich gezwackt.

MARGARETA: Oh, tötet mich mit ihm!

GLOSTER *im Begriff sie umzubringen:*   Fürwahr, das wollen wir.

KÖNIG EDUARD:
Halt, Richard, halt! Wir taten schon zu viel.

GLOSTER: Warum soll sie die Welt mit Worten füllen?

KÖNIG EDUARD:
Sie fällt in Ohnmacht? Bringt sie wieder zu sich.

GLOSTER: Clarence, entschuld'ge mich bei meinem Bruder.
In London gibt's ein dringendes Geschäft:
Eh' Ihr dahin kommt, sollt Ihr Neues hören.

CLARENCE: Was? Was?

GLOSTER: Der Turm! Der Turm! *Ab.*

MARGARETA: Mein Eduard! Sprich mit deiner Mutter, Kind!
Kannst du nicht sprechen? – O Verräter! Mörder!
Kein Blut vergossen die, so Cäsarn fällten,
Verbrachen nichts, verdienten keinen Schimpf,
Wär' diese Untat zum Vergleich daneben.
Er war ein Mann, dies gegen ihn ein Kind:
Kein Mann läßt seine Wut an Kindern aus.
Gibt's Ärgres noch als Mörder, daß ich's nenne?
Nein, nein! Mein Herz wird bersten, wenn ich rede,
Und reden will ich, daß das Herz mir berste.
Schlächter und Buben! Blut'ge Kannibalen!
Welch süße Pflanze mähtet ihr zu früh!
Nein, ihr habt keine Kinder, der Gedanke
An sie hätt' eu'r Gewissen sonst gerührt:
Doch wird euch je ein Kind zu teil, erwartet,
Daß man es so in seiner Blüte wegrafft,
Wie diesen holden Prinz ihr Henker jetzt.

KÖNIG EDUARD:
Fort mit ihr! Geht, bringt mit Gewalt sie weg!

MARGARETA:
Nein, bringt nicht weg mich, gebt mir hier den Rest!

Hier birg dein Schwert, mein Tod sei dir verziehn.
Du willst nicht? Wie? – Dann, Clarence, tu es du!

CLARENCE: Bei Gott, ich will dir nicht so Liebes tun.

MARGARETA: Nun, bester Clarence! lieber Clarence, tu's doch!

CLARENCE: So hast du nicht gehört, wie ich's verschwur?

MARGARETA:
Ja wohl, doch pflegst du deinen Schwur zu brechen:
Sonst war es Sünde, jetzt Barmherzigkeit.
Wie, willst du nicht? Wo ist der Höllenschlächter,
Der finstre Richard? Richard, sag, wo bist du?
Du bist nicht da; Mord ist Almosen dir,
Du weisest kein Gesuch um Blut zurück.

KÖNIG EDUARD: Fort, sag' ich! Ich befehl' euch, bringt sie weg!

MARGARETA: Euch und den Euren geh's wie diesem Prinzen!
Sie wird abgeführt.

KÖNIG EDUARD: Wo ist nur Richard hin?

CLARENCE: Nach London, ganz in Eil', und wie ich rate,
Ein blutig Abendmahl im Turm zu halten.

KÖNIG EDUARD:
Er säumt nicht, wenn was durch den Kopf ihm fährt.
Nun ziehn wir fort, entlassen die Gemeinen
Mit Sold und Dank, und laßt uns hin nach London
Und sehn, was unsre teure Gattin macht.
Sie hat schon, hoff' ich, einen Sohn für mich.
Alle ab.

SECHSTE SZENE

London. Ein Zimmer im Turm.

*Man sieht König Heinrich mit einem Buch in der Hand sitzen,
der Kommandant des Turmes steht neben ihm. Zu ihnen Gloster.*

GLOSTER: Guten Tag, Herr! Wie? So eifrig bei dem Buch?

KÖNIG HEINRICH:
Ja, guter Mylord; – Mylord, sollt' ich sagen:
Schmeicheln ist Sünde, „gut" war nicht viel besser,
Denn „guter Gloster" wär' wie „guter Teufel"
Und gleich verkehrt; also nicht „guter Mylord".

GLOSTER: Laßt uns allein, wir müssen uns besprechen.
Der Kommandant ab.

KÖNIG HEINRICH: So flieht der Schäfer achtlos vor dem Wolf,
So gibt das fromme Schaf die Wolle erst,

Dann seine Gurgel an des Schlächters Messer.
Will Roscius[215] neue Todesszenen spielen?

GLOSTER: Verdacht wohnt stets im schuldigen Gemüt;
Der Dieb scheut jeden Busch als einen Häscher.

KÖNIG HEINRICH: Der Vogel, den die Rut' im Busche fing,
Mißtraut mit bangem Flügel jedem Busch,
Und ich, das arme Männchen in dem Nest,
Worin ein süßer Vogel ward gebrütet,
Hab' itzt den grausen Gegenstand vor mir,
Der meines Jungen Fang und Tod bewirkt.

GLOSTER: Ei, welch ein Geck war der von Kreta[216] nicht,
Der keck den Sohn als Vogel fliegen lehrte,
Da trotz den Flügeln doch der Geck ertrank.

KÖNIG HEINRICH: Ich, Dädalus; mein Knabe, Ikarus;
Dein Vater, Minos, der den Lauf uns hemmte;
Die Sonne, die des Knaben Schwingen senkte,
Dein Bruder Eduard; und du selbst die See,
Die in den neid'schen Tiefen ihn verschlang.
Ach, töte mit dem Schwert mich, nicht mit Worten!
Den Dolchstoß duldet eher meine Brust,
Als wie mein Ohr die tragische Geschichte. –
Doch warum kommst du? meines Lebens wegen?

GLOSTER: Denkst du, ich sei ein Henker?

KÖNIG HEINRICH: Ja, ein Verfolger bist du, wie ich weiß;
Ist Unschuld morden eines Henkers Tat,
So bist du ja ein Henker.

GLOSTER: Deinen Sohn
Hab' ich für seinen Hochmut umgebracht.

KÖNIG HEINRICH: Oh, hätte man dich umgebracht, als du
Zuerst dich überhobst, so wärst du nicht
Am Leben, meinen Sohn mir umzubringen.
Und also prophezei' ich, daß viel Tausend,
Die nicht ein Teilchen meiner Furcht noch ahnden,
Und manches Greisen, mancher Witwe Seufzer
Und mancher Waise überschwemmtes Auge
(Die Greis' um Söhne, Frau'n um ihre Gatten,
Die Waisen um der Eltern frühen Tod)
Die Stunde noch, die dich gebar, bejammern.
Die Eule schrie dabei, ein übles Zeichen;
Die Krähe krächzte, Unglückszeit verkündend;
Der Sturm riß Bäume nieder, Hunde heulten,
Der Rabe kauzte sich auf Feueressen,
Und Elstern schwatzten in mißhell'gen Weisen.

Mehr als der Mutter Wehen fühlte deine,
Und keiner Mutter Hoffnung kam ans Licht:
Ein roher, mißgeformter Klumpe nur,
Nicht gleich der Frucht von solchem wackern Baum.
Du hattest Zähn' im Kopf bei der Geburt,
Zum Zeichen, daß du kämst, die Welt zu beißen,
Und ist das andre wahr, was ich gehört,
Kamst du –
GLOSTER: Nichts weiter! Stirb, Prophet, in deiner Rede!
Durchsticht ihn.
Dazu ward unter anderm ich berufen.
KÖNIG HEINRICH:
Ja, und zu vielem Metzeln noch. – O Gott,
Vergib mir meine Sünden, ihm verzeih'! *Stirbt.*
GLOSTER: Wie? Sinkt der Lancaster hochstrebend Blut
Doch in den Grund? Ich dacht', es würde steigen.
Seht, wie mein Schwert weint um des Königs Tod!
Oh, stets vergieße solche Purpurtränen,
Wer irgend unsers Hauses Umsturz wünscht!
Wenn noch ein Funken Leben übrig ist,
Hinab zum Höll'! und sag, ich sandte dich,
durchsticht ihn noch einmal
Ich, der nichts weiß von Mitleid, Lieb' und Furcht. –
Ja, es ist wahr, wovon mir Heinrich sprach,
Denn öfters hört' ich meine Mutter sagen,
Daß ich zur Welt, die Beine vorwärts, kam.
Was meint ihr, hatt' ich keinen Grund zur Eil',
Die unser Recht sich angemaßt, zu stürzen?
Die Wehemutter staunt', es schrien die Weiber:
„Hilf Jesus! Zähne bringt er auf die Welt."
Die hatt' ich auch, das zeigte klärlich an,
Ich sollte knurren, beißen wie ein Hund.
Weil denn der Himmel meinen Leib so formte,
Verkehre demgemäß den Geist die Hölle.
Ich habe keinen Bruder, gleiche keinem,
Und Liebe, die Graubärte göttlich nennen,
Sie wohn' in Menschen, die einander gleichen,
Und nicht in mir: ich bin ich selbst allein.
Clarence, gib acht! Du stehst im Lichte mir,
Doch einen schwarzen Tag such' ich dir aus;
Denn solche Weissagung flüstr' ich umher,
Daß Eduard für sein Leben fürchten soll,
Und dann, ihn zu befrein, werd' ich dein Tod.

Der König Heinrich und sein Prinz sind hin:
Clarence, dich trifft die Reih'; die andern dann.
Ich achte nichts mich, bis ich alles kann.
Die Leiche werf' ich in die nächste Kammer;
Triumph ist, Heinrich, mir dein letzter Jammer!
Ab mit der Leiche.

SIEBENTE SZENE

Ein Zimmer im Palast.

Man sieht König Eduard auf seinem Thron sitzen, Königin Elisabeth mit dem kleinen Prinzen, Clarence, Gloster, Hastings und andre um ihn her.

KÖNIG EDUARD: Noch einmal sitzen wir auf Englands Thron,
 Zurückgekauft mit unsrer Feinde Blut.
 Wie tapfre Gegner mähten wir nicht nieder,
 Wie herbstlich Korn, in ihrem höchsten Stolz!
 Drei Herzöge von Somerset, dreifältig
 Berühmt als kühne, zuverläss'ge Krieger;
 Zwei Cliffords, so den Vater wie den Sohn;
 Und zwei Northumberlands, so brave Ritter
 Ihr Roß je bei Trompetenklang gespornt;
 Alsdann die beiden wackern Bären, Warwick
 Und Montague, sie, die in ihren Ketten
 Den königlichen Leu'n gefesselt haben,
 Vor deren Brüllen oft der Wald erbebt.
 So scheuchten wir Verdacht von unserm Thron
 Und machten Sicherheit zum Schemel uns. –
 Komm, Betty, her, laß meinen Sohn mich küssen. –
 Mein Kind, für dich bin ich und meine Brüder
 Die Winternacht gerüstet wach geblieben,
 Zu Fuß gewandert in des Sommers Glut,
 Daß dein die Kron' in Frieden wieder wäre,
 Und ernten sollst du unsrer Mühen Frucht.
GLOSTER *beiseit:* Wenn Ihr zur Ruh' Euch legt, verderb' ich sie,
 Denn noch bemerkt man kaum mich in der Welt.
 Zum Heben ward die Schulter mir getürmt,
 Und heben soll sie Lasten, oder brechen. –
 Du, bahne mir den Weg, und dies vollbringe!
KÖNIG EDUARD: Clarence und Gloster, liebet mein Gemahl,
 Und küßt den königlichen Neffen, Brüder!

CLARENCE: Die Treu', die Euer Majestät gebührt,
Versiegl' ich auf des holden Säuglings Lippen.

KÖNIG EDUARD:
Dank, edler Clarence! Würd'ger Bruder, Dank!

GLOSTER: Daß ich den Baum, von dem du sprossest, liebe,
Bezeuge dieser Kuß, der Frucht gegeben. –
Beiseit. So küßt', in Wahrheit, Judas seinen Meister
Und rief ihm Heil zu, da er Unheil meinte.

KÖNIG EDUARD:
Nun thron' ich, wie mein Herz begehrt: mir ward
Des Landes Frieden und der Brüder Liebe.

CLARENCE: Was ist mit Margareten Euer Schluß?
Reignier, ihr Vater, hat an Frankreichs König
Sizilien und Jerusalem verpfändet,
Das sandten sie zur Lösung für sie her.

KÖNIG EDUARD: Fort mit ihr, setzet sie nach Frankreich über!
Was ist nun übrig, als die Zeit verbringen
Mit stattlichem Gepräng' und lust'gen Spielen,
Geschickt für die Ergötzung eines Hofs? –
Tönt, Pauken und Trompeten! Leid, fahr' hin!
Wir hoffen dauerhaften Glücks Beginn.
Alle ab.

KÖNIG
RICHARD III.

PERSONEN

König Eduard IV.
Eduard, Prinz von Wales, *nachmals*
  König Eduard V.   } *Söhne des Königs*
Richard, Herzog von York
George, Herzog von Clarence
Richard, Herzog von Gloster, *nachmals* } *Brüder des Königs*
  König Richard III.
Ein junger Sohn des Clarence
Heinrich, Graf von Richmond, *nachmals* König Heinrich VII.
Kardinal Bourchier, Erzbischof von Canterbury
Erzbischof von York
Bischof von Ely
Herzog von Buckingham
Herzog von Norfolk
Graf von Surrey, *sein Sohn*
Graf Rivers, *Bruder der Gemahlin König Eduards*
Marquis von Dorset und Lord Grey, *ihre Söhne*
Graf von Oxford
Lord Hastings
Lord Stanley
Lord Lovel
Sir Thomas Vaughan. Sir Richard Ratcliff
Sir William Catesby. Sir James Tyrrel
Sir James Blount. Sir Walter Herbert
Sir Robert Brakenbury, *Kommandant des Turms*
Christopher Urswick, *ein Priester.* Ein andrer Priester
Lord Mayor von London. Sheriff von Wiltshire

Elisabeth, *Gemahlin König Eduards IV.*
Margareta, *Witwe König Heinrichs VI.*
Herzogin von York, *Mutter König Eduards IV., Clarences und*
  Glosters

■■■■■■■■■■■■■■■■■■■■■■■■■■■■■■

Anna, *Witwe Eduards, Prinzen von Wales, Sohnes König Heinrichs VI.,*
  nachmals mit Gloster vermählt
Eine junge Tochter des Clarence

Lords und andres Gefolge; zwei Edelleute, ein Herold, ein Schreiber, Bürger, Mörder, Boten, Geister, Soldaten u. s. w.

Die Szene ist in England

ERSTER AUFZUG

ERSTE SZENE

London. Eine Straße.

Gloster tritt auf.

GLOSTER: Nun ward der Winter unsers Mißvergnügens
  Glorreicher Sommer durch die Sonne Yorks[1];
  Die Wolken all, die unser Haus bedräut,
  Sind in des Weltmeers tiefem Schoß begraben.
  Nun zieren unsre Brauen Siegeskränze,
  Die schart'gen Waffen hängen als Trophä'n;
  Aus rauhem Feldlärm wurden muntre Feste,
  Aus furchtbar'n Märschen holde Tanzmusiken.
  Der grimm'ge Krieg[2] hat seine Stirn entrunzelt,
  Und statt zu reiten das geharn'schte Roß,
  Um droh'nder Gegner Seelen zu erschrecken,
  Hüpft er behend' in einer Dame Zimmer
  Nach üppigem Gefallen einer Laute.
  Doch ich, zu Possenspielen nicht gemacht,
  Noch um zu buhlen mit verliebten Spiegeln;
  Ich, roh geprägt, entblößt von Liebesmajestät,
  Vor leicht sich dreh'nden Nymphen mich zu brüsten;
  Ich, um dies schöne Ebenmaß verkürzt,
  Von der Natur um Bildung falsch betrogen,
  Entstellt, verwahrlost, vor der Zeit gesandt
  In diese Welt des Atmens, halb kaum fertig
  Gemacht, und zwar so lahm und ungeziemend,
  Daß Hunde bellen, hink' ich wo vorbei;
  Ich nun, in dieser schlaffen Friedenszeit,
  Weiß keine Lust, die Zeit mir zu vertreiben,
  Als meinen Schatten in der Sonne spähn

Und meine eigne Mißgestalt erortern;
Und darum, weil ich nicht als ein Verliebter
Kann kürzen diese fein beredten Tage,
Bin ich gewillt, ein Bösewicht zu werden
Und feind den eitlen Freuden dieser Tage.
Anschläge macht' ich, schlimme Einleitungen,
Durch trunkne Weissagungen, Schriften, Träume,
Um meinen Bruder Clarence und den König
In Todfeindschaft einander zu verhetzen.
Und ist nur König Eduard treu und echt,
Wie ich verschmitzt, falsch und verräterisch,
So muß heut Clarence eng verhaftet werden
Für eine Weissagung, die sagt, daß G
Den Erben Eduards nach dem Leben steh',
Taucht unter, ihr Gedanken! Clarence kommt.
Clarence kommt mit Wache und Brakenbury.

Mein Bruder, guten Tag! Was soll die Wache
Bei Euer Gnaden?

CLARENCE: Seine Majestät,
Besorgt um meine Sicherheit, verordnet
Mir dies Geleit, mich nach dem Turm zu schaffen.

GLOSTER: Aus welchem Grund?

CLARENCE: Weil man mich George nennt.

GLOSTER: Ach, Mylord, das ist Euer Fehler nicht,
Verhaften sollt' er darum Eure Paten.
Oh, vielleicht hat Seine Majestät im Sinn,
Umtaufen Euch zu lassen dort im Turm.
Doch was bedeutet's, Clarence? Darf ich's wissen?

CLARENCE:
Ja, Richard, wann ich's weiß: denn ich beteure,
Noch weiß ich's nicht; nur dies hab' ich gehört,
Er horcht auf Weissagungen und auf Träume,
Streicht aus dem Alphabet den Buchstab G
Und spricht, ein Deuter sagt' ihm, daß durch G
Enterbung über seinen Stamm ergeh';
Und weil mein Name George anfängt mit G,
So denkt er, folgt, daß es durch mich gescheh'.
Dies, wie ich hör', und Grillen, diesen gleich,
Bewogen Seine Hoheit zum Verhaft.

GLOSTER: So geht's, wenn Weiber einen Mann regieren,
's ist Eduard nicht, der in den Turm Euch schickt;
Mylady Gray, sein Weib, Clarence, nur sie
Reizt ihn zu diesem harten Äußersten.
War sie es nicht und jener Mann der Ehren,
Ihr guter Bruder, Anton Woodville,
Die in den Turm Lord Hastings schicken ließen,
Von wo er eben heute losgekommen?
Wir sind nicht sicher, Clarence, sind nicht sicher.

CLARENCE: Beim Himmel, niemand ist es als die Sippschaft
Der Königin und nächtliche Herolde,
Des Königs Botenläufer zu Frau Shore[3].
Hörtet ihr nicht, wie sich demütig flehend
Lord Hastings um Befreiung an sie wandte?

GLOSTER: Demütig klagend ihrer Göttlichkeit,
Ward der Herr Oberkämmerer befreit.
Hört an, ich denk', es wär' die beste Art,
Wenn wie in Gunst beim König bleiben wollen,
Bei ihr zu dienen und Livrei zu tragen.
Die eifersücht'ge, abgenutzte Witwe

Und jene, seit mein Bruder sie geadelt[4],
Sind mächtige Gevatterfrau'n im Reich.
BRAKENBURY: Ich ersuch Eu'r Gnaden beide, zu verzeihn,
Doch Seine Majestät hat streng befohlen,
Daß niemand, welches Standes er auch sei,
Soll sprechen insgeheim mit seinem Bruder.
GLOSTER: Ja so! Beliebt's Eu'r Edeln, Brakenbury,
So hört nur allem, was wir sagen, zu:
Es ist kein Hochverrat, mein Freund. Wir sagen,
Der König sei so weis' als tugendsam,
Und sein verehrtes Eh'gemahl an Jahren
Ansehnlich, schön und ohne Eifersucht;
Wir sagen, Shores Weib hab' ein hübsches Füßchen,
Ein Kirschenmündchen, Äugelein, und wundersüße Zunge,
Und daß der Kön'gin Sippschaft adlig worden.
Was sagt Ihr, Herr? Ist alles das nicht wahr?
BRAKENBURY: Mylord, ich bin bei allem dem nichts nutz.
GLOSTER: Nichtsnutzig bei Frau Shore? Hör' an, Gesell:
Ist wer bei ihr nichtsnutzig als der eine,
Der tät' es besser insgeheim, alleine.
BRAKENBURY: Als welcher eine, Mylord?
GLOSTER: Ihr Mann, du Schuft; willst du mich fangen?
BRAKENBURY: Ich ersuch' Eu'r Gnaden, zu verzeihn, wie auch
Nicht mehr zu sprechen mit dem edlen Herzog.
CLARENCE: Wir kennen deinen Auftrag, Brakenbury,
Und woll'n gehorchen.
GLOSTER: Wir sind die Verworfnen
Der Königin und müssen schon gehorchen.
Bruder, lebt wohl! Ich will zum König gehn,
Und wozu irgend Ihr mich brauchen wollt,
Müßt' ich auch Eduards Witwe Schwester nennen,
Ich will's vollbringen, um Euch zu befrein.
Doch diese tiefe Schmach der Brüderschaft
Rührt tiefer mich, als Ihr Euch denken könnt.
CLARENCE: Ich weiß es, sie gefällt uns beiden nicht.
GLOSTER: Wohl, Eu'r Verhaft wird nicht von Dauer sein:
Ich mach' Euch frei, sonst lieg' ich selbst für Euch:
Indessen habt Geduld.
CLARENCE: Ich muß; leb wohl!
    Clarence mit Brakenbury und der Wache ab.
GLOSTER: Geh nur des Wegs, den du nie wiederkehrst,
Einfält'ger Clarence! So sehr lieb' ich dich,
Ich sende bald dem Himmel deine Seele,

Wenn er die Gab' aus unsrer Hand will nehmen.
Doch wer kommt da? Der neubefreite Hastings?

Hastings tritt auf.

HASTINGS: Vergnügten Morgen meinem gnäd'gen Herrn!

GLOSTER: Das gleiche meinem lieben Kämmerer!
Seid sehr willkommen in der freien Luft.
Wie fand Eu'r Gnaden sich in den Verhaft?

HASTINGS: Geduldig, edler Herr, wie man wohl muß;
Doch hoff' ich, denen Dank einst abzustatten,
Die schuld gewesen sind an dem Verhaft.

GLOSTER: Gewiß, gewiß! und das wird Clarence auch:
Die Eure Feinde waren, sind die seinen
Und haben Gleiches wider ihn vermocht.

HASTINGS: Ja, leider wird der Adler eingesperrt,
Und Gei'r und Habicht rauben frei indes.

GLOSTER: Was gibt es Neues draußen?

HASTINGS:
So Schlimmes draußen nichts, als hier zu Haus.
Der Fürst ist kränklich, schwach und melancholisch,
Und seine Ärzte fürchten ungemein.

GLOSTER: Nun, bei Sankt Paul! die Neuigkeit ist schlimm.
Oh, er hat lange schlecht Diät gehalten
Und seine fürstliche Person verzehrt.
Es ist ein Herzeleid, wenn man's bedenkt.
Sagt, hütet er das Bett?

HASTINGS: Er tut's.

GLOSTER: Geht nur voran, ich folge bald Euch nach.

Hastings ab.

Er kann nicht leben, hoff' ich; darf nicht sterben,
Eh' George mit Extrapost gen Himmel fährt.
Ich will hinein und ihn auf Clarence hetzen
Mit wohlgestählten Lügen, trift'gen Gründen;
Und wenn mein tiefer Plan mir nicht mißlingt,
Hat Clarence weiter keinen Tag zu leben.
Dann nehme Gott in Gnaden König Eduard
Und lasse mir die Welt, zu hausen drin.
Denn dann heirat' ich Warwicks jüngste Tochter[5].
Ermordet' ich schon ihren Mann und Vater,
Der schnellste Weg, der Dirne g'nug zu tun,
Ist, daß ich selber werd' ihr Mann und Vater.
Das will ich denn, aus Liebe nicht sowohl
Als andrer tief versteckter Zwecke halb,
Die diese Heirat mir erreichen muß.

Doch mach' ich noch die Rechnung ohne Wirt;
Nach atmet Clarence, Eduard herrscht und thront.
Sind sie erst hin, dann wird die Müh' belohnt. *Ab.*

ZWEITE SZENE

London. Eine andre Straße.

König Heinrichs VI. Leiche wird in einem offnen Sarge hereingetragen, Edelleute mit Hellebarden begleiten sie; hierauf Prinzessin Anna als Leidträgerin.

ANNA: Setzt nieder eure ehrenwerte Last, –
Wofern sich Ehre senkt in einen Sarg, –
Indessen ich zur Leichenfeier klage
Den frühen Fall des frommen Lancaster.
Du eiskalt Bildnis eines heil'gen Königs!
Des Hauses Lancaster erblichne Asche!
Blutloser Rest des königlichen Bluts!
Vergönnt sei's, aufzurufen deinen Geist,
Daß er der armen Anna Jammer höre,
Die Eduards Weib war, deines Sohns, erwürgt
Von jener Hand, die diese Wunden schlug.
In diese Fenster, die sich aufgetan,
Dein Leben zu entlassen, träufl' ich, sieh!
Hülflosen Balsam meiner armen Augen.
Verflucht die Hand, die diese Risse machte!
Verflucht das Herz, das Herz hatt', es zu tun!
Verflucht das Blut, das dieses Blut entließ!
Heilloser Schicksal treffe den Elenden,
Der elend uns gemacht durch deinen Tod,
Als ich kann wünschen Nattern, Spinnen, Kröten
Und allem giftigen Gewürm, das lebt.
Hat er ein Kind je, so sei's mißgeboren,
Verwahrlost und zu früh ans Licht gebracht,
Des greulich unnatürliche Gestalt
Den Blick der hoffnungsvollen Mutter schrecke;
Und das sei Erbe seines Mißgeschicks!
Hat er ein Weib je, nun, so möge sie
Sein Tod um vieles noch elender machen
Als mich mein junger Eh'gemahl und du! –
Kommt nun nach Chertsey[6] mit der heil'gen Last,

Die von Sankt Paul wir zur Bestattung holten,
Und immer, wenn ihr müde seid, ruht aus,
Derweil ich klag' um König Heinrichs Leiche.
Die Träger nehmen die Leiche auf und gehen weiter.
Gloster tritt auf.
GLOSTER: Halt! Ihr der Leiche Träger, setzt sie nieder!
ANNA: Welch schwarzer Zaubrer bannte diesen Bösen
Zur Störung frommer Liebesdienste her?
GLOSTER: Schurken, die Leiche nieder! Bei Sankt Paul,
Zur Leiche mach' ich den, der nicht gehorcht!
ERSTER EDELMANN:
Mylord, weicht aus und laßt den Sarg vorbei!
GLOSTER: Schamloser Hund! Steh du, wenn ich's befehle;
Senk' die Hell'barde nicht mir vor die Brust,
Sonst, bei Sankt Paul, streck' ich zu Boden dich
Und trete, Bettler, dich für deine Keckheit.
Die Träger setzen den Sarg nieder.
ANNA: Wie nun, ihr zittert? Ihr seid all' erschreckt?
Doch ach! Ich tadl' euch nicht: ihr seid ja sterblich,
Und es erträgt kein sterblich Aug' den Teufel. –
Heb' dich hinweg, du grauser Höllenbote!
Du hattest Macht nur über seinen Leib,
Die Seel' erlangst du nicht: drum mach' dich fort!
GLOSTER: Sei christlich, süße Heil'ge, fluche nicht!
ANNA: Um Gottes willen, schnöder Teufel, fort!
Und stör' uns ferner nicht! Du machtest ja
Zu deiner Hölle die beglückte Erde,
Erfüllt mit Fluchgeschrei und tiefem Weh.
Wenn deine grimm'gen Taten dich ergötzen,
Sieh diese Probe deiner Metzgerei'n. –
Ihr Herrn, seht, seht! des toten Heinrichs Wunden
Öffnen den starren Mund und bluten frisch. –
Erröte, Klumpe schnöder Mißgestalt!
Denn deine Gegenwart haucht dieses Blut
Aus Adern, kalt und leer, wo kein Blut wohnt;
Ja, deine Tat, unmenschlich, unnatürlich,
Ruft diese Flut hervor, so unnatürlich. –
Du schufst dies Blut, Gott: räche seinen Tod!
Du trinkst es, Erde: räche seinen Tod!
Laß, Himmel, deinen Blitz den Mörder schlagen!
Gähn', Erde, weit und schling' ihn lebend ein,
Wie jetzo dieses guten Königs Blut,
Den sein der Höll' ergebner Arm erwürgt!

GLOSTER: Herrin, Ihr kennt der Liebe Vorschrift nicht,
Mit Gutem Böses, Fluch mit Segen lohnen.
ANNA: Bube, du kennst kein göttlich, menschlich Recht;
Das wild'ste Tier kennt doch des Mitleids Regung.
GLOSTER: Ich kenne keins, und bin daher kein Tier.
ANNA: O Wunder, wenn ein Teufel Wahrheit spricht!
GLOSTER:
Mehr Wunder, wenn ein Engel zornig ist! –
Geruhe, göttlich Urbild eines Weibes,
Von der vermeinten Schuld mir zu erlauben
Gelegentlich bei dir mich zu befrein.
ANNA: Geruhe, gift'ger Abschaum eines Manns,
Für die bekannte Schuld mir zu erlauben
Gelegentlich zu fluchen dir Verfluchtem.
GLOSTER: Du, schöner als ein Mund dich nennen kann!
Verleih' geduld'ge Frist, mich zu entschuld'gen!
ANNA: Du, schnöder als ein Herz dich denken kann!
Für dich gilt kein Entschuld'gen, als dich hängen.
GLOSTER: Verzweifelnd so, verklagt' ich ja mich selbst.
ANNA: Und im Verzweifeln wärest du entschuldigt
Durch Übung würd'ger Rache an dir selbst,
Der du unwürd'gen Mord an andern übtest.
GLOSTER: Setz', ich erschlug sie nicht.
ANNA: So wären sie nicht tot;
Doch tot sind sie, und, Höllenknecht, durch dich.
GLOSTER: Ich schlug nicht Euren Gatten.
ANNA: Nun wohl, so lebt er noch.
GLOSTER: Nein, er ist tot, und ihn schlug Eduards Hand.
ANNA: Du lügst in deinen Hals; Margreta sah
In seinem Blut dein mörd'risch Messer dampfen,
Das du einst wandtest gegen ihre Brust,
Nur deine Brüder schlugen es beiseit.
GLOSTER: Ich war gereizt von ihrer Lästerzunge,
Die jener Schuld legt' auf mein schuldlos Haupt.
ANNA: Du warst gereizt von deinem blut'gen Sinn,
Der nie von anderm träumt' als Metzgerei'n.
Hast du nicht diesen König umgebracht?
GLOSTER: Ich geb' es zu.
ANNA: Zugibst du's, Igel? Nun, so geb' auch Gott,
Daß du verdammt seist für die böse Tat!
Oh, er war gütig, mild und tugendsam.
GLOSTER: So taugt er, bei des Himmels Herrn zu wohnen.
ANNA: Er ist im Himmel, wo du niemals hinkommst.

GLOSTER: Er danke mir, der ihm dahin verholfen:
Er taugte für den Ort, nicht für die Erde.
ANNA: Du taugst für keinen Ort als für die Hölle.
GLOSTER: Ja, einen noch, wenn ich ihn nennen darf.
ANNA: Ein Kerker.
GLOSTER: Euer Schlafzimmer.
ANNA: Verbannt sei Ruh' vom Zimmer, wo du liegst!
GLOSTER: Das ist sie, Herrin, bis ich bei Euch liege.
ANNA: Ich hoff' es.
GLOSTER: Ich weiß es. – Doch, liebe Lady Anna,
Um aus dem raschen Anlauf unsers Witzes
In einen mehr gesetzten Ton zu fallen:
Ist, wer verursacht den zu frühen Tod
Der zwei Plantagenets[7], Heinrich und Eduard,
So tadelnswert als der Vollzieher nicht?
ANNA: Du warst die Ursach' und verfluchte Wirkung.
GLOSTER: Eu'r Reiz allein war Ursach' dieser Wirkung,
Eu'r Reiz, der heim mich sucht' in meinem Schlaf,
Von aller Welt den Tod zu unternehmen
Für eine Stund' an Eurem süßen Busen.
ANNA: Dächt' ich das, Mörder, diese Nägel sollten
Von meinen Wangen reißen diesen Reiz.
GLOSTER: Dies Auge kann den Reiz nicht tilgen sehn;
Ihr tätet ihm kein Leid, ständ' ich dabei.
Wie alle Welt sich an der Sonne labt,
So ich an ihm: er ist mein Tag, mein Leben.
ANNA: Nacht schwärze deinen Tag und Tod dein Leben.
GLOSTER:
Fluch', hold Geschöpf, dir selbst nicht: du bist beides.
ANNA: Ich wollt', ich wär's, um mich an dir zu rächen.
GLOSTER: Es ist ein Handel wider die Natur,
Dich rächen an dem Manne, der dich liebt.
ANNA: Es ist ein Handel nach Vernunft und Recht,
Mich rächen an dem Mörder meines Gatten.
GLOSTER: Der dich beraubte, Herrin, deines Gatten,
Tat's, dir zu schaffen einen bessern Gatten.
ANNA: Ein beßrer atmet auf der Erde nicht.
GLOSTER: Es lebt wer, der Euch besser liebt als er.
ANNA: Nenn' ihn.
GLOSTER: Plantagenet.
ANNA: So hieß ja er.
GLOSTER: Derselbe Name, doch bei beßrer Art.
ANNA: Wo ist er?

GLOSTER: Hier.
Sie speit nach ihm.
Warum speist du mich an?
ANNA: Wär' es doch tödlich Gift, um deinethalb!
GLOSTER: Niemals kam Gift aus solchem süßen Ort.
ANNA: Niemals hing Gift an einem schnödern Molch.
Aus meinen Augen fort! Du steckst sie an.
GLOSTER: Dein Auge, Herrin, hat meins angesteckt.
ANNA: Oh, wär's ein Basilisk, dich tot zu blitzen!
GLOSTER: Ich wollt' es selbst, so stürb' ich auf einmal,
Denn jetzo gibt es mir lebend'gen Tod.
Dein Aug' erpreßte meinen salze Tränen,
Beschämt' ihr Licht mit kind'scher Tropfen Fülle,
Die Augen, nie benetzt von Mitleids-Tränen:
Nicht als mein Vater York und Eduard weinten
Bei Rutlands[8] bangem Jammer, da sein Schwert
Der schwarze Clifford zückte wider ihn;
Noch als dein tapfrer Vater wie ein Kind
Kläglich erzählte meines Vaters Tod
Und zehnmal innehielt, zu schluchzen, weinen,
Daß, wer dabei stand, naß die Wangen hatte,
Wie Laub im Regen: in der traur'gen Zeit
Verwarf mein männlich Auge niedre Tränen,
Und was dies Leid ihm nicht entsaugen konnte,
Das tat dein Reiz und macht' es blind vom Weinen.
Ich flehte niemals weder Freund noch Feind,
Nie lernte meine Zunge Schmeichel-Worte:
Doch nun dein Reiz mir ist gesetzt zum Preis,
Da fleht mein stolzes Herz und lenkt die Zunge.
Sie sieht in verächtlich an.
Nein, lehr' nicht deine Lippen solchen Hohn:
Zum Kuß geschaffen, Herrin, sind sie ja.
Kann nicht verzeihn dein rachbegierig Herz,
So biet' ich, sieh! dies scharfgespitzte Schwert;
Birg's, wenn du willst, in dieser treuen Brust
Und laß die Seel' heraus, die dich vergöttert:
Ich lege sie dem Todesstreiche bloß
Und bitt', in Demut kniend, um den Tod.
Er entblößt seine Brust, sie zielt mit dem Degen nach ihm.
Nein, zögre nicht: ich schlug ja König Heinrich,
Doch deine Schönheit reizte mich dazu.
Nur zu! Denn ich erstach den jungen Eduard:
Sie zielt wieder nach seiner Brust.

Jedoch dein himmlisch Antlitz trieb mich an.
Sie läßt den Degen fallen.
Nimm auf den Degen, oder nimm mich auf!
ANNA:
Steh, Heuchler, auf! Wünsch' ich schon deinen Tod,
So will ich doch nicht sein Vollstrecker sein.
GLOSTER: So heiß' mich selbst mich töten, und ich will's.
ANNA: Ich tat es schon.
GLOSTER: Das war in deiner Wut.
Sag's noch einmal, und gleich soll diese Hand,
Die deine Lieb' aus Lieb' erschlug zu dir,
Weit treuere Liebe dir zu Lieb' erschlagen;
Du wirst an beider Tod mitschuldig sein.
ANNA: Kennt' ich doch nur dein Herz!
GLOSTER: Auf meiner Zunge wohnt's.
ANNA: Vielleicht sind beide falsch.
GLOSTER: Dann meint' es niemand treu.
ANNA: Nun wohl, steckt ein das Schwert.
GLOSTER: Gewährst du Frieden mir?
ANNA: Das sollt Ihr künftig sehn.
GLOSTER: Darf ich in Hoffnung leben?
ANNA: Ich hoffe, jeder tut's.
GLOSTER: Tragt diesen Ring von mir.
ANNA: Annehmen ist nicht geben. *Sie steckt den Ring an.*
GLOSTER: Sieh, wie der Ring umfasset deinen Finger,
So schließt dein Busen ein mein armes Herz;
Trag' beide, denn sie sind ja beide dein.
Und wenn dein treuster Diener e i n e Gunst
Erbitten darf von deiner gnäd'gen Hand,
So sicherst du sein Glück ihm zu für immer.
ANNA: Was ist es?
GLOSTER: Daß ihr dies traur'ge Werk dem überlaßt,
Der größre Ursach' leidzutragen hat,
Und Euch sogleich nach Crosby-Hof[9] begebt;
Wo ich, nachdem ich feierlich bestattet
In Chertsey-Münster diesen edlen König
Und reuevoll sein Grab genetzt mit Tränen,
Mit aller schuld'gen Ehr' Euch will besuchen.
Aus mancherlei geheimen Gründen, bitt' ich.
Gewährt mir dies.
ANNA: Von ganzem Herzen; und es freut mich sehr,
Zu sehn, daß Ihr so reuig worden seid. –
Tressel und Berkley, kommt, begleitet mich.

GLOSTER: Sagt mir Lebwohl!

ANNA: 's ist mehr, als Ihr verdient.
Doch weil Ihr Euch zu schmeicheln mich gelehrt,
So denkt, ich sagte schon Euch Lebewohl!

Prinzessin Anna mit zwei Edelleuten ab.

GLOSTER: Nehmt auf die Leich', ihr Herrn.

ZWEITER EDELMANN: Nach Chertsey, edler Lord?

GLOSTER: Nein, zu den Karmelitern; dort erwartet mich.

Der Zug mit der Leiche ab.

Ward je in dieser Laun' ein Weib gefreit?
Ward je in dieser Laun' ein Weib gewonnen?
Ich will sie haben, doch nicht lang' behalten.
Wie? Ich, der Mörder ihres Manns und Vaters,
In ihres Herzens Abscheu sie zu fangen,
Im Munde Flüche, Tränen in den Augen,
Der Zeuge ihres Hasses blutend da;
Gott, ihr Gewissen, all dies wider mich,
Kein Freund, um mein Gesuch zu unterstützen,
Als Heuchlerblicke und der bare Teufel,
Und doch sie zu gewinnen! Alles gegen nichts!
Ha!
Entfiel so bald ihr jener wackre Prinz,
Eduard, ihr Gatte, den ich vor drei Monden
Zu Tewksbury in meinem Grimm erstach?
Solch einen holden, liebenswürd'gen Herrn,
In der Verschwendung der Natur gebildet,
Jung, tapfer, weis' und sicher königlich,
Hat nicht die weite Welt mehr aufzuweisen:
Und will sie doch ihr Aug' auf mich erniedern,
Der dieses Prinzen goldne Blüte brach
Und sie verwitwet' im betrübten Bett?
Auf mich, der nicht dem halben Eduard gleichkommt?
Auf mich, der hinkt und mißgeschaffen ist?
Mein Herzogtum für einen Bettler-Pfennig,
Ich irre mich in mir die ganze Zeit:
So wahr ich lebe, kann ich's gleich nicht finden,
Sie find't, ich sei ein wunderhübscher Mann.
Ich will auf einen Spiegel was verwenden
Und ein paar Dutzend Schneider unterhalten,
Um Trachten auszusinnen, die mir stehn.
Da ich bei mir in Gunst gekommen bin,
So will ich's auch mich etwas kosten lassen.
Doch schaff' ich den Gesellen erst ins Grab

Und kehre jammernd dann zur Liebsten um.
Komm, holde Sonn', als Spiegel mir zu statten
Und zeige, wenn ich geh', mir meinen Schatten! *Ab.*

DRITTE SZENE

Ebendaselbst. Ein Zimmer im Palast.

Königin Elisabeth, Lord Rivers und Lord Grey[10] treten auf.

RIVERS: Seid ruhig, Fürstin: bald wird Seine Majestät
  Sich wieder im erwünschten Wohlsein finden.
GREY: Es macht ihn schlimmer, daß Ihr's übel tragt:
  Um Gottes willen also, seid getrost
  Und muntert ihn mit frohen Worten auf.
ELISABETH: Was würde mir begegnen, wär' er tot?
GREY: Kein ander Leid, als solches Herrn Verlust.
ELISABETH: Solch eines Herrn Verlust schließt jedes ein.
GREY: Der Himmel schenkt' Euch einen wackern Sohn,
  Wenn er dahin ist, Tröster Euch zu sein.
ELISABETH: Ach! er ist jung, und bis zur Mündigkeit
  Führt über ihn die Sorge Richard Gloster,
  Ein Mann, der mich nicht liebt, noch wen von euch.
RIVERS: Ist's ausgemacht, daß er Protektor wird?
ELISABETH: Es ist beschlossen, noch nicht ausgemacht:
  Allein es muß sein, wenn der König abgeht.
     Buckingham[11] und Stanley[12] treten auf.
GREY: Da sind die Lords von Buckingham und Stanley.
BUCKINGHAM: Eu'r königlichen Gnaden Heil und Glück!
STANLEY: Gott mög' Eu'r Majestät erfreun wie eh'mals!
ELISABETH: Die Gräfin Richmond[13], lieber Mylord Stanley,
  Sagt auf Eu'r gut Gebet wohl schwerlich Amen.
  Doch, Stanley, ob sie Euer Weib schon ist
  Und mich nicht liebt, seid, bester Lord, versichert,
  Ich hass' Euch nicht um ihren Übermut.
STANLEY:
  Meßt, ich ersuch' Euch, keinen Glauben bei
  Den Lästerungen ihrer falschen Kläger;
  Und würde sie auf gült'gen Grund verklagt,
  Tragt ihre Schwäche, die gewiß entsteht
  Aus kranken Grillen, nicht bedachter Bosheit.
ELISABETH: Saht Ihr den König heute, Mylord Stanley?

STANLEY: Wir kommen, Herzog Buckingham und ich,
Nur eben jetzt von Seiner Majestät.
ELISABETH: Was ist für Anschein seiner Beßrung, Lords?
BUCKINGHAM:
Die beste Hoffnung, Eu'r Gemahl spricht munter.
ELISABETH:
Gott geb' ihm Heil! Bespracht Ihr Euch mit ihm?
BUCKINGHAM:
Ja, gnäd'ge Frau: er wünscht den Herzog Gloster
Mit Euren Brüdern wieder auszusöhnen
Und diese mit dem Oberkämmerer
Und hieß vor Seiner Hoheit sie erscheinen.
ELISABETH: Wär' alles gut! Doch das wird nimmer sein:
Ich fürchte, unser Glück hat seine Höh'.
          Gloster, Hastings und Dorset[14] treten auf.
GLOSTER: Sie tun mir Unrecht, und ich will's nicht dulden.
Wer sind sie, die beim König sich beklagen,
Ich sei, man denke, hart und lieb' sie nicht?
Beim heil'gen Paul, der liebt ihn obenhin,
Wer so sein Ohr mit Zankgerüchten anfüllt.
Weil ich nicht schmeicheln und beschwatzen kann,
Zulachen, streicheln, hintergehn und kriechen,
Fuchsschwänzend[15] wie ein Franzmann und ein Aff',
So hält man mich für einen häm'schen Feind.
Kann denn ein schlichter Mann nicht harmlos leben,
Daß nicht sein redlich Herz mißhandelt würde
Von seidnen, schlauen, schmeichlerischen Gecken?
GREY: Mit wem in diesem Kreis spricht Euer Gnaden?
GLOSTER: Mit dir, der weder Tugend hat noch Gnade.
Wann kränkt' ich dich? Wann tat ich dir zu nah?
Und dir? Und dir? Wann einem eurer Rotte?
Die Pest euch allen! Unser gnäd'ger Fürst –
Den Gott erhalte besser, als ihr wünscht! –
Kann kaum ein Atemholen ruhig sein,
Daß ihr ihn nicht mit wüsten Klagen stört.
ELISABETH: Bruder von Gloster, Ihr mißnehmt die Sache.
Der König hat, auf eignen höchsten Antrieb
Und nicht bewogen durch ein fremd Gesuch,
Vielleicht vermutend Euren innern Haß,
Der sich in Eurem äußern Tun verrät,
Auf meine Kinder, Brüder und mich selbst,
Zu Euch gesandt, damit er so erfahre
Die Ursach' Eures Grolls und weg sie schaffe.

739

GLOSTER: Ich weiß es nicht, – die Welt ist so verdirbt,
Zaunkön'ge hausen, wo's kein Adler wagt.
Seit jeder Hans zum Edelmanne ward,
So wurde mancher edle Mann zum Hans.

ELISABETH:
Schon gut! Man kennt die Meinung, Bruder Gloster:
Ihr neidet mein und meiner Freunde Glück.
Gott gebe, daß wir nie Euch nötig haben!

GLOSTER: Gott gibt indes, daß wir Euch nötig haben;
Denn unser Bruder ist durch Euch verhaftet,
Ich selbst in Ungnad', und der Adel preis
Der Schmach gegeben, da man hohe Posten
Täglich verleiht, mit Ehren die zu krönen,
Die gestern keine Kron' im Beutel hatten.

ELISABETH: Bei dem, der mich zu banger Höh' erhob
Von dem zufriednen Los, das ich genoß!
Ich reizte niemals Seine Majestät
Wider den Herzog Clarence, war vielmehr
Ein Anwalt, welcher eifrig für ihn sprach.
Mylord, Ihr tut mir schmählich Unrecht an,
Da Ihr mich falsch in solchen Argwohn bringt.

GLOSTER: Ihr könnt auch leugnen, daß Ihr Schuld gehabt
An Mylord Hastings neulichem Verhaft.

RIVERS: Sie kann's, Mylord; denn –

GLOSTER: Sie kann's, Lord Rivers? Ei, wer weiß das nicht?
Sie kann noch mehr als dieses leugnen, Herr:
Sie kann Euch helfen zu manch schönem Posten,
Dann leugnen ihre Hand im Spiel dabei
Und alles nennen des Verdienstes Lohn.
Was kann sie nicht? Sie kann, – ja traun! Sie kann –

RIVERS: Was kann sie, traun?

GLOSTER: Was kann sie traun? Mit einem König traun,
Und der ein Junggesell, ein hübscher Bursch.
Hat Eure Großmama so gut gefreit?

ELISABETH: Mylord von Gloster, allzu lang' ertrug ich
Eu'r plumpes Schelten und Eu'r bittres Schmäh'n.
Ich melde Seiner Majestät, beim Himmel,
Den groben Hohn, den ich so oft erlitt.
Ich wäre lieber eine Bauernmagd
Als große Königin, mit der Bedingung,
Daß man mich so verachtet und bestürmt.
Ich habe wenig Freud' auf Englands Thron.
                    Königin Margareta erscheint im Hintergrunde.

MARGARETA: Das Wen'ge sei verringert, Gott, so fleh' ich!
Denn mir gebührt dein Rang und Ehrensitz.
GLOSTER: Was? Droht Ihr mir, dem König es zu sagen?
Sagt's ihm und schont nicht; seht, was ich gesagt,
Behaupt' ich in des Königs Gegenwart.
Ich wag' es drauf, in Turm geschickt zu werden.
's ist Redens Zeit: man denkt nicht meiner Dienste.
MARGARETA: Fort, Teufel! Ihrer denk' ich allzu wohl.
Du brachtest meinen Gatten um im Turm
Und meinen armen Sohn zu Tewksbury.
GLOSTER: Eh' Ihr den Thron bestiegt und Eu'r Gemahl,
War ich das Packpferd seines großen Werks,
Ausrotter seiner stolzen Widersacher,
Freigebiger Belohner seiner Freunde;
Sein Blut zu fürsten, hab' ich meins vergossen.
MARGARETA: Ja, und viel beßres Blut als seins und deins.
GLOSTER:
In all der Zeit wart Ihr und Grey, Eu'r Mann,
Parteiisch für das Haus von Lancaster;
Ihr, Rivers, wart es auch. – Fiel Euer Mann
Nicht zu Sankt Albans[16] in Margretas Schlacht?
Erinnern muß ich Euch, wenn Ihr's vergeßt,
Was Ihr zuvor gewesen und nun seid;
Zugleich, was ich gewesen und noch bin.
MARGARETA: Ein mörderischer Schurk', und bist es noch.
GLOSTER: Verließ nicht Clarence seinen Vater Warwick,
Ja, und brach seinen Eid, – vergeb' ihm Jesus! –
MARGARETA: Bestraf' ihn Gott!
GLOSTER: Um neben Eduard für den Thron zu fechten?
Zum Lohn sperrt man den armen Prinzen ein.
Wär' doch mein Herz steinhart wie Eduard seins,
Wo nicht, seins weich und mitleidsvoll wie meins!
Ich bin zu kindisch töricht für die Welt.
MARGARETA: So fahr' zur Hölle und verlaß die Welt,
Du Kakodämon[17]! Dort ist ja dein Reich.
RIVERS: Mylord von Gloster, in der heißen Zeit,
Woran Ihr mahnt, der Feindschaft uns zu zeihn,
Da hielten wir an unserm Herrn und König,
Wie wir an Euch es täten, wenn Ihr's würdet.
GLOSTER: Wenn ich es würde? Lieber ein Hausierer!
Fern meinem Herzen sei's, es nur zu denken.
ELISABETH: So wenig Freude, Mylord, als Ihr denkt,
Daß Ihr genößt als dieses Landes König:

So wenig Freude mögt Ihr denken auch,
Daß ich genieß' als dessen Königin.
MARGARETA: Ja, wenig Freud' hat dessen Königin:
Ich bin es, und bin gänzlich freudenlos.
Ich kann nicht länger mich geduldig halten. –
Sie tritt vor.
Hört mich, Piraten, die ihr hadernd zankt,
Indem ihr teilt, was ihr geraubt von mir!
Wer von euch zittert nicht, der auf mich schaut?
Beugt euch der Königin als Untertanen,
Sonst bebt vor der Entsetzten als Rebellen! –
Ha, lieber Schurke! Wende dich nicht weg!
GLOSTER: Was schaffst du, schnöde Hexe, mir vor Augen?
MARGARETA: Nur Wiederholung des, was du zerstört;
Das will ich schaffen, eh' ich gehn dich lasse.
GLOSTER: Bist du bei Todesstrafe nicht verbannt?
MARGARETA:
Ich bin's, doch größre Pein find' ich in meinem Bann,
Als mir der Tod kann bringen, weil ich blieb.
Den Gatten und den Sohn bist du mir schuldig, –
Und du das Königreich, – ihr alle Dienstpflicht;
Dies Leiden, das ich habe, kommt euch zu,
Und alle Lust, die ihr euch anmaßt, mir.
GLOSTER: Der Fluch, den dir mein edler Vater gab,
Als mit Papier die Heldenstirn du kröntest[18]
Und höhnend Bäch' aus seinen Augen zogst
Und reichtest, sie zu trocknen, ihm ein Tuch,
Getaucht ins reine Blut des holden Rutland:
Die Flüch', aus seiner Seele Bitterkeit
Dir da verkündigt, sind auf dich gefallen,
Und Gott, nicht wir, straft deine blut'ge Tat.
ELISABETH: Ja, so gerecht ist Gott zum Schutz der Unschuld.
HASTINGS: Oh! 's war die schnödste Tat, das Kind zu morden,
Die unbarmherzigste, die je gehört ward!
RIVERS: Tyrannen weinten, als man sie erzählte.
DORSET: Kein Mensch war, der nicht Rache prophezeite.
BUCKINGHAM: Northumberland[19], der's ansah, weinte drum.
MARGARETA: Wie? Fletschtet ihr die Zähne, wie ich kam,
Bereit schon, bei der Gurgel euch zu packen,
Und kehrt ihr nun all euren Haß auf mich?
Galt Yorks ergrimmter Fluch so viel im Himmel,
Daß Heinrichs Tod, des süßen Eduards Tod,
Des Reichs Verlust, mein wehevoller Bann

Genugtut bloß für das verzogne Bübchen?
Dringt denn ein Fluch die Wolken durch zum Himmel?
Wohl, trennt die schweren Wolken, rasche Flüche! –
Wo nicht durch Krieg, durch Prassen sterb eu'r König,
Wie Mord des unsern ihn gemacht zum König!
Eduard, dein Sohn, der jetzo Prinz von Wales[20],
Statt Eduard, meines Sohns, sonst Prinz von Wales,
Sterb' in der Jugend, vor der Zeit, gewaltsam!
Du, Königin statt meiner, die ich's war,
Gleich mir Elenden überleb' dein Los!
Lang' lebe, deine Kinder zu bejammern!
Sieh eine andre, wie ich jetzo dich,
Gekleidet in dein Recht, wie du in meins!
Lang' sterbe deines Glückes Tag vor dir,
Und nach viel langen Stunden deines Grams
Stirb weder Mutter, Weib, noch Königin!
Rivers und Dorset, ihr saht zu dabei, –
Auch du, Lord Hastings, – als man meinen Sohn
Erstach mit blut'gen Dolchen: Gott, den fleh' ich,
Daß euer keiner sein natürlich Alter
Erreich' und plötzlich werde weggerafft!
GLOSTER: Schließ' deinen Spruch, verschrumpfte böse Hexe!
MARGARETA:
Und ließ' dich aus? Bleib', Hund, du mußt mich hören.
Bewahrt der Himmel eine schwere Plage,
Die übertrifft, was ich dir weiß zu wünschen,
O spar' er sie, bis deine Sünden reif,
Dann schleudr' er seinen Grimm herab auf dich,
Den Friedensstörer dieser armen Welt!
Dich nage rastlos des Gewissens Wurm!
Argwöhne stets die Freunde wie Verräter,
Und Erzverräter acht' als Busenfreunde!
Dein tödlich Auge schließe nie der Schlaf,
Es sei denn, weil ein peinigender Traum
Dich schreckt mit einer Hölle grauser Teufel!
Du Mißgeburt voll Mäler! Wühlend Schwein[21]!
Du, der gestempelt ward bei der Geburt,
Der Sklave der Natur, der Hölle Sohn!
Du Schandfleck für der Mutter schweren Schoß!
Du ekler Sprößling aus des Vaters Lenden!
Du Lump der Ehre! Du mein Abscheu –
GLOSTER: Margareta.
MARGARETA: Richard!

GLOSTER: He?

MARGARETA: Ich rief dich nicht.

GLOSTER: So bitt' ich um Verzeihung; denn ich dachte,
Du riefst mir all die bittern Namen zu.

MARGARETA: Das tat ich auch, doch Antwort wollt' ich nicht.
O laß zum Schluß mich bringen meinen Fluch!

GLOSTER: Ich tat's für dich: er endigt in Margreta.

ELISABETH: So hat Eu'r Fluch sich auf Euch selbst gewandt.

MARGARETA: Gemalte Kön'gin! Scheinbild meines Glücks!
Was streust du Zucker auf die bauch'ge Spinne,
Die dich mit tödlichem Geweb' umstrickt?
Törin! Du schärfst ein Messer, das dich würgt;
Es kommt der Tag, wo du herbei mich wünschest
Zum Fluchen auf den giftgeschwollnen Molch.

HASTINGS: Schließ', Wahnprophetin, deinen tollen Fluch,
Erschöpf' nicht, dir zum Schaden, die Geduld!

MARGARETA: Schand' über euch! Ihr all' erschöpftet meine.

RIVERS: Beratet Euch und lernet Eure Pflicht.

MARGARETA: Mich zu beraten, müßt Ihr Pflicht mir leisten.
Lehrt Königin mich sein, Euch Untertanen;
Beratet mich und lernet diese Pflicht.

DORSET: O streitet nicht mit ihr, sie ist verrückt.

MARGARETA: Still, Meister Marquis! Ihr seid naseweis,
Eu'r neugeprägter Rang ist kaum im Umlauf.
O daß Eu'r junger Adel fühlen könnte,
Was ihn verlieren heißt und elend sein.
Wer hoch steht, den kann mancher Windstoß treffen,
Und wenn er fällt, so wird er ganz zerschmettert.

GLOSTER: Traun, guter Rat! Marquis, nehmt ihn zu Herzen.

DORSET: Er geht Euch an, Mylord, so sehr als mich.

GLOSTER: Ja, und weit mehr: Doch ich bin hochgeboren;
In Zedernwipfeln nistet unsre Brut
Und tändelt mit dem Wind und trotzt der Sonne.

MARGARETA:
Und hüllt die Sonn' in Schatten, – weh! Ach weh!
Das zeugt mein Sohn, im Todesschatten jetzt;
Des strahlend lichten Schein dein wolk'ger Grimm
Mit ew'ger Finsternis umzogen hat.
In unsrer Jungen Nest baut eure Brut.
O Gott, der du es siehest, duld' es nicht!
Was Blut gewann, sei auch so eingebüßt!

BUCKINGHAM:
Still, still! aus Scham, wo nicht aus Christenliebe.

MARGARETA:
  Rückt Christenliebe nicht noch Scham mir vor:
  Unchristlich seid ihr mit mir umgegangen,
  Und schamlos würgtet ihr mir jede Hoffnung.
  Wut ist mein Lieben, Leben meine Schmach;
  Stets leb' in meiner Schmach des Leidens Wut!
BUCKINGHAM: Hört auf! Hört auf!
MARGARETA: O Buckingham, ich küsse deine Hand,
  Zum Pfand der Freundschaft und des Bunds mit dir.
  Dir geh' es wohl und deinem edlen Haus!
  Dein Kleid ist nicht befleckt mit unserm Blut,
  Und du nicht im Bezirke meines Fluchs.
BUCKINGHAM: Auch keiner sonst; nie überschreiten Flüche
  Die Lippen des, der in die Luft sie haucht.
MARGARETA: Ich glaube doch, sie steigen himmelan
  Und wecken Gottes sanft entschlafnen Frieden.
  O Buckingham, weich' aus dem Hunde dort!
  Sieh, wann er schmeichelt, beißt er; wann er beißt,
  So macht sein gift'ger Zahn zum Tode wund.
  Hab' nichts mit ihm zu schaffen, weich' ihm aus!
  Tod, Sünd' und Hölle haben ihn gezeichnet,
  Und ihre Diener all umgeben ihn.
GLOSTER: Was sagt sie da, Mylord von Buckingham?
BUCKINGHAM: Nichts, das ich achte, mein gewogner Herr.
MARGARETA: Wie? Höhnst du mich für meinen treuen Rat
  Und hegst den Teufel da, vor dem ich warne?
  O denke des auf einen andern Tag,
  Wenn er dein Herz mit Gram zerreißt, und sage:
  Die arme Margareta war Prophetin.
  Leb euer jeder, seinem Haß zum Ziel,
  Und er dem euren, und ihr allen Gottes! *Ab.*
HASTINGS: Mir sträubt das Haar sich, fluchen sie zu hören.
RIVERS: Mir auch; es wundert mich, daß man so frei sie läßt.
GLOSTER: Ich schelte nicht sie, bei der Mutter Gottes!
  Sie hat zu viel gelitten, und mich reut
  Mein Teil daran, was ich ihr angetan.
ELISABETH: Ich tat ihr nie zu nah, soviel ich weiß.
GLOSTER: Doch habt Ihr allen Vorteil ihres Leids.
  Ich war zu hitzig, jemand wohl zu tun,
  Der nun zu kalt ist, mir es zu gedenken.
  Mein' Treu', dem Clarence wird es gut vergolten:
  Man mästet ihn für seine Müh' im Kofen.
  Verzeih' Gott denen, welche schuld dran sind!

RIVERS: Ein tugendhafter, christlicher Beschluß,
Für die zu beten, die uns Böses tun!
GLOSTER: Das tu' ich immer, weislich so belehrt: –
Beiseit. Denn flucht' ich jetzt, hätt' ich mich selbst verflucht.
Catesby[22] *tritt auf.*
CATESBY: Fürstin, Euch fodert Seine Majestät; –
Eu'r Gnaden auch, – und euch, ihr edlen Lords.
ELISABETH: Ich komme, Catesby. – Geht ihr mit mir, Lords?
RIVERS: Wir sind zu Euer Gnaden Dienst.
Alle ab, außer Gloster.
GLOSTER: Ich tu' das Bös', und schreie selbst zuerst.
Das Unheil, das ich heimlich angestiftet,
Leg' ich den andern dann zur schweren Last.
Clarence, den ich in Finsternis gelegt,
Bewein' ich gegen manchen blöden Tropf,
Ich meine Stanley, Hastings, Buckingham,
Und sage, daß die Kön'gin und ihr Anhang
Den König wider meinen Bruder reizen.
Nun glauben sie's und stacheln mich zugleich
Zur Rache gegen Rivers, Vaughan[23], Grey;
Dann seufz' ich, und nach einem Spruch der Bibel[24]
Sag' ich, Gott heiße Gutes tun für Böses;
Und so bekleid' ich meine nackte Bosheit
Mit alten Fetzen, aus der Schrift gestohlen,
Und schein' ein Heil'ger, wo ich Teufel bin.
Zwei Mörder kommen.
Doch still! Da kommen meine Henkersknechte. –
Nun, meine wackern, tüchtigen Gesellen,
Geht ihr anjetzt, den Handel abzutun?
ERSTER MÖRDER:
Ja, gnäd'ger Herr, und kommen um die Vollmacht,
Damit man uns einlasse, wo er ist.
GLOSTER: Ganz wohl bedacht! Ich habe hier sie bei mir;
gibt ihnen die Vollmacht
Wann ihr's vollbracht habt, kommt nach Crosby-Hof.
Doch seid mir schleunig bei der Ausführung,
Zugleich verhärtet euch, hört ihn nicht an;
Denn Clarence ist beredt und kann vielleicht
Das Herz euch rühren, wenn ihr auf ihn achtet.
ERSTER MÖRDER:
Pah, gnäd'ger Herr! Wir schwatzen nicht erst lang';
Wer Worte macht, tut wenig: seid versichert,
Die Hände brauchen wir und nicht die Zungen.

GLOSTER: Ihr weint Mühlsteine, wie die Narren Tränen;
   Ich hab' euch gerne, Burschen: frisch ans Werk!
   Geht! Geht! Macht zu!
ERSTER MÖRDER: Wir wollen's, edler Herr.
                  Alle ab.

VIERTE SZENE

Ein Zimmer im Turm.

Clarence und Brakenbury treten auf.

BRAKENBURY: Wie sieht Eu'r Gnaden heut so traurig aus?
CLARENCE: Oh, ich hatt' eine jämmerliche Nacht,
   Voll banger Träume, scheußlicher Gesichte!
   So wahr als ich ein frommer, gläub'ger Christ,
   Ich brächte nicht noch eine Nacht so zu,
   Gölt' es auch eine Welt beglückter Tage:
   So voll von grausem Schrecken war die Zeit.
BRAKENBURY:
   Was war Eu'r Traum, Mylord? Ich bitt' Euch, sagt mir.
CLARENCE: Mir deucht', ich war entsprungen aus dem Turm
   Und eingeschifft, hinüber nach Burgund,
   Und mich begleitete mein Bruder Gloster.
   Der lockt' aus der Kajüte mich, zu gehn
   Auf dem Verdeck; von da sahn wir nach England
   Und führten tausend schlimme Zeiten an
   Vom Kriege zwischen York und Lancaster,
   Die uns betroffen. Wie wir schritten so
   Auf des Verdeckes schwindlichtem Getäfel,
   Schien mir's, daß Gloster strauchelt' und im Fallen
   Mich, der ihn halten wollte, über Bord
   In das Gewühl der Meereswogen riß.
   O Gott! Wie qualvoll schien mir's, zu ertrinken!
   Welch grauser Lärm des Wassers mir im Ohr!
   Welch scheußlich Todesschauspiel vor den Augen!
   Mir deucht', ich säh' den Graus von tausend Wracken,
   Säh' tausend Menschen, angenagt von Fischen;
   Goldklumpen, große Anker, Perlenhaufen,
   Stein' ohne Preis, unschätzbare Juwelen,
   Zerstreuet alles auf dem Grund der See.
   In Schädeln lagen ein'ge; in den Höhlen,
   Wo Augen sonst gewohnt, war eingenistet,

Als wie zum Spotte, blinkendes Gestein,
Das buhlte mit der Tiefe schlamm'gem Grund
Und höhnte die Gerippe rings umher.

BRAKENBURY: Ihr hattet Muß' im Augenblick des Todes,
Der Tiefe Heimlichkeiten auszuspähn?

CLARENCE:
Mir deuchte so, und oft strebt' ich, den Geist
Schon aufzugeben: doch die neid'sche Flut
Hielt meine Seel' und ließ sie nicht heraus,
Die weite, leere, freie Luft zu suchen;
Sie würgte mir sie im beklommnen Leib,
Der fast zerbarst, sie in die See zu spein.

BRAKENBURY: Erwachtet Ihr nicht von der Todesangst?

CLARENCE: O nein, mein Traum fuhr nach dem Leben fort:
Oh, da begann erst meiner Seele Sturm!
Mich setzte über die betrübte Flut
Der grimme Fährmann[25], den die Dichter singen,
In jenes Königreich der ew'gen Nacht.
Zum ersten grüßte da die fremde Seele
Mein Schwiegervater, der berühmte Warwick.
Laut schrie er: „Welche Geißel für Verrat
Verhängt dies düstre Reich dem falschen Clarence?"
Und so verschwand er. Dann vorüber schritt
Ein Schatte wie ein Engel, helles Haar
Mit Blut besudelt, und er schrie laut auf:
„Clarence ist da, der eidvergeßne Clarence[26],
Der mich im Feld bei Tewksbury erstach!
Ergreift ihn, Furien! Nehmt ihn auf die Folter!"
Somit umfing mich eine Legion
Der argen Feind' und heulte mir ins Ohr
So gräßliches Geschrei, daß von dem Lärm
Ich bebend aufwacht' und noch längst nachher
Nicht anders glaubt', als ich sei in der Hölle:
So schrecklich eingeprägt war mir der Traum.

BRAKENBURY: Kein Wunder, Herr, daß Ihr Euch drob entsetzt;
Mir bangt schon, da ich's Euch erzählen höre.

CLARENCE: O Brakenbury, ich tat alles dies,
Was jetzo wider meine Seele zeugt,
Um Eduards halb: – und sieh, wie lohnt er's mir!
O Gott, kann dich mein innig Flehn nicht rühren,
Und willst du rächen meine Missetaten,
So übe deinen Grimm an mir allein!
O schon' mein schuldlos Weib[27], die armen Kinder! –

Ich bitt' dich, lieber Wärter, bleib' bei mir:
Mein Sinn ist trüb', und gerne möcht' ich schlafen.
BRAKENBURY: Ich will's, Mylord; Gott geb' Euch gute Ruh'!
Clarence setzt sich zum Schlafen in einen Lehnstuhl.
Leid bricht die Zeiten und der Ruhe Stunden,
Schafft Nacht zum Morgen und aus Mittag Nacht.
Nur Titel sind der Prinzen Herrlichkeiten,
Ein äußrer Glanz für eine innre Last;
Für ungefühlte Einbildungen fühlen
Sie eine Welt rastloser Sorgen oft:
So daß von ihren Titeln niedern Rang
Nichts unterscheidet als des Ruhmes Klang.
Die beiden Mörder kommen.
ERSTER MÖRDER: He! Wer ist da?
BRAKENBURY:
Was willst du, Kerl? Wie bist du hergekommen?
ERSTER MÖRDER: Ich will Clarence sprechen, und ich bin auf
meinen Beinen hergekommen.
BRAKENBURY: Wie? So kurz ab?
ZWEITER MÖRDER: O Herr, besser kurz ab als langweilig. –
Zeige ihm unsern Auftrag, laß dich nicht weiter ein.
Sie überreichen dem Brakenbury ein Papier, welches er liest.
BRAKENBURY:
Ich werde hier befehligt, euren Händen
Den edlen Herzog Clarence auszuliefern.
Ich will nicht grübeln, was hiemit gemeint ist,
Denn ich will schuldlos an der Meinung sein.
Hier sind die Schlüssel, dorten schläft der Herzog.
Ich will zum König, um ihm kund zu tun,
Daß ich mein Amt so an euch abgetreten.
ERSTER MÖRDER: Das mögt Ihr, Herr; es wird weislich getan
sein. Gehabt Euch wohl!
Brakenbury ab.
ZWEITER MÖRDER: Wie? Sollen wir ihn so im Schlaf erstechen?
ERSTER MÖRDER: Nein, er wird sagen, das war feige von uns, wenn
er aufwacht.
ZWEITER MÖRDER: Wenn er aufwacht! Ei, Narr, er wacht gar nicht
wieder auf bis zum großen Gerichtstag.
ERSTER MÖRDER: Ja, dann wird er sagen, wir haben ihn im Schlaf
erstochen.
ZWEITER MÖRDER: Die Erwähnung des Wortes Gerichtstag hat eine
Art Gewissensbiß in mir erregt.
ERSTER MÖRDER: Was? Du fürchtest dich?

ZWEITER MÖRDER: Nicht ihn umzubringen, dazu hab' ich ja die Vollmacht; aber verdammt dafür zu werden, wovor mich keine Vollmacht schützen kann.

ERSTER MÖRDER: Ich dachte, du wärst entschlossen.

ZWEITER MÖRDER: Das bin ich auch, ihn leben zu lassen.

ERSTER MÖRDER: Ich gehe wieder zum Herzog von Gloster und sage es ihm.

ZWEITER MÖRDER: Nicht doch, ich bitte dich, wart' ein Weilchen. Ich hoffe, diese fromme Laune soll übergehn: sie pflegt bei mir nicht länger anzuhalten, als derweil man etwa zwanzig zählt.

ERSTER MÖRDER: Wie ist dir jetzt zumute?

ZWEITER MÖRDER: Mein' Treu', es steckt immer noch ein gewisser Bodensatz von Gewissen in mir.

ERSTER MÖRDER: Denk' an unsern Lohn, wenn's getan ist.

ZWEITER MÖRDER: Recht! Er ist des Todes. Den Lohn hatt' ich vergessen.

ERSTER MÖRDER: Wo ist dein Gewissen nun?

ZWEITER MÖRDER: Im Beutel des Herzogs von Gloster.

ERSTER MÖRDER: Wenn er also seinen Beutel aufmacht, uns den Lohn zu zahlen, so fliegt dein Gewissen heraus.

ZWEITER MÖRDER: Es tut nichts, laß es laufen; es mag's ja doch beinahe kein Mensch hegen.

ERSTER MÖRDER: Wie aber, wenn sich's wieder bei dir einstellt?

ZWEITER MÖRDER: Ich will nichts damit zu schaffen haben, es ist ein gefährlich Ding, es macht einen zur Memme. Man kann nicht stehlen, ohne daß es einen anklagt; man kann nicht schwören, ohne daß es einen zum Stocken bringt; man kann nicht bei seines Nachbars Frau liegen, ohne daß es einen verrät. 's ist ein verschämter, blöder Geist, der einem im Busen Aufruhr stiftet; es macht einen voller Schwierigkeiten; es hat mich einmal dahin gebracht, einen Beutel voll Gold wieder herzugeben, den ich von ungefähr gefunden hatte; es macht jeden zum Bettler, der es hegt; es wird aus Städten und Flecken vertrieben als ein gefährlich Ding, und jedermann, der gut zu leben denkt, verläßt sich auf sich selbst und lebt ohne Gewissen.

ERSTER MÖRDER: Sapperment, es sitzt mir eben jetzt im Nacken und will mich überreden, den Herzog nicht umzubringen.

ZWEITER MÖRDER: Halt' den Teufel fest im Gemüt und glaub' ihm nicht: es will sich nur bei dir eindrängen, um dir Seufzer abzuzwingen.

ERSTER MÖRDER: Ich hab' 'ne starke Natur, es kann mir nichts anhaben.

ZWEITER MÖRDER: Das heißt gesprochen wie ein tüchtiger Kerl, der seinen guten Namen wert hält. Komm, wollen wir ans Werk gehn?

ERSTER MÖRDER: Gib ihm eins mit dem Degengriff übern Hirnkasten, und dann schmeiß' ihn in das Malvasierfaß im nächsten Zimmer.

ZWEITER MÖRDER: O herrlich ausgedacht! Und mache ihn so zur Tunke.

ERSTER MÖRDER: Still! Er wacht auf.

ZWEITER MÖRDER: Schlag' zu!

ERSTER MÖRDER: Nein, laß uns erst mit ihm reden.

CLARENCE: Wo bist du, Wärter? Einen Becher Weins!

ERSTER MÖRDER: Ihr sollt Wein genug haben, Herr, im Augenblick.

CLARENCE: Im Namen Gottes, wer bist du?

ERSTER MÖRDER: Ein Mensch, wie Ihr seid.

CLARENCE: Doch nicht, wie ich bin, königlich.

ERSTER MÖRDER: Noch Ihr, wie wir sind, bürgerlich.

CLARENCE: Dein Ruf ist Donner, doch dein Blick voll Demut.

ERSTER MÖRDER: Des Königs ist mein Ruf, mein Blick mein eigen.

CLARENCE:
Wie dunkel und wie tödlich sprichst du doch!
Eu'r Auge droht mir: warum seht ihr bleich?
Wer hat euch hergesandt? Weswegen kommt ihr?

BEIDE: Um, um, um –

CLARENCE: Mich zu ermorden?

BEIDE: Ja, ja.

CLARENCE: Ihr habt, mir das zu sagen, kaum das Herz
Und könnt drum, es zu tun, das Herz nicht haben.
Was, meine Freunde, tat ich euch zu nah?

ERSTER MÖRDER: Dem König tatet Ihr zu nah, nicht uns.

CLARENCE: Ich söhne mich noch wieder aus mit ihm.

ZWEITER MÖRDER:
Niemals, Mylord, drum schickt Euch an zum Tod.

CLARENCE: Erlas man euch aus einer Welt von Menschen
Zum Mord der Unschuld? Was ist mein Vergeh'n?
Wo ist das Zeugnis, welches mich verklagt?
Was für Geschworne reichten ihr Gutachten
Dem finstern Richter ein? Den bittern Spruch,
Wer fällt' ihn zu des armen Clarence Tod?
Eh' mich der Lauf des Rechtes überführt,
Ist, mir den Tod zu drohn, höchst widerrechtlich.
Ich sag' euch, wo ihr hofft auf die Erlösung
Durch Christi teures Blut, für uns vergossen:

Begebt euch weg und legt nicht Hand an mich!
Die Tat, die ihr im Sinn habt, ist verdammlich.

ERSTER MÖRDER: Was wir tun wollen, tun wir auf Befehl.

ZWEITER MÖRDER: Und er, der so befahl, ist unser König.

CLARENCE: Mißleiteter Vasall! Der große König
Der Kön'ge spricht in des Gesetzes Tafel:
„Du sollst nicht töten." Willst du sein Gebot
Denn höhnen und ein menschliches vollbringen?
Gib acht! Er hält die Rach' in seiner Hand
Und schleudert sie aufs Haupt der Übertreter.

ZWEITER MÖRDER:
Und selb'ge Rache schleudert er auf dich
Für falschen Meineid und für Mord zugleich.
Du nahmst das Sakrament darauf, zu fechten
Im Streite für das Haus von Lancaster.

ERSTER MÖRDER: Und als Verräter an dem Namen Gottes
Brachst du den Eid, und dein verrät'risch Eisen
Riß auf den Leib dem Sohne deines Herrn.

ZWEITER MÖRDER:
Dem du geschworen hattest Lieb' und Schutz.

ERSTER MÖRDER: Wie hältst du Gottes furchtbar Wort uns vor,
Das du gebrochen in so hohem Maß?

CLARENCE: Ach! Wem zu lieb tat ich die üble Tat?
Für Eduard, meinen Bruder, ihm zu lieb.
Er schickt euch nicht, um dafür mich zu morden;
Denn diese Schuld drückt ihn so schwer wie mich.
Wenn Gott gerochen sein will für die Tat,
O dennoch wißt, er tut es öffentlich:
Nehmt nicht die Sach' aus seinem mächt'gen Arm;
Er braucht nicht krumme, unrechtmäß'ge Wege,
Um die, so ihn beleidigt, wegzuräumen.

ERSTER MÖRDER: Was machte dich zum blut'gen Diener denn,
Als, hold erwachsend, jener Fürstensproß,
Plantagenet, von dir erschlagen ward?

CLARENCE: Die Bruderliebe, Satan und mein Grimm.

ERSTER MÖRDER: Dein Bruder, unsre Pflicht und dein Vergeh'n
Berufen jetzt uns her, dich zu erwürgen.

CLARENCE: Ist euch mein Bruder lieb, so haßt mich nicht.
Ich bin sein Bruder, und ich lieb' ihn treu.
Seid ihr um Lohn gedungen, so kehrt um,
Und wendet euch an meinen Bruder Gloster;
Der wird euch besser lohnen für mein Leben,
Als Eduard für die Zeitung meines Todes.

ZWEITER MÖRDER:
   Ihr irrt Euch sehr, Eu'r Bruder Gloster haßt Euch[28].
CLARENCE: O nein! Er liebt mich, und er hält mich wert.
   Geht nur von mir zu ihm!
BEIDE: Das woll'n wir auch.
CLARENCE: Sagt ihm, als unser edler Vater York
   Uns drei gesegnet mit siegreichem Arm
   Und herzlich uns beschworen, uns zu lieben,
   Gedacht' er wenig der getrennten Freundschaft.
   Mahnt Glostern daran nur, und er wird weinen.
ERSTER MÖRDER: Mühlsteine, ja, wie er uns weinen lehrte.
CLARENCE: O nein! verleumd' ihn nicht, denn er ist mild.
ERSTER MÖRDER: Recht!
   Wie Schnee der Frucht. – Geht, Ihr betrügt Euch selbst:
   Er ist's, der uns gesandt, Euch zu vertilgen.
CLARENCE: Es kann nicht sein: er weinte um mein Unglück,
   Schloß in die Arme mich und schwor mit Schluchzen,
   Mir eifrig meine Freiheit auszuwirken.
ERSTER MÖRDER:
   Das tut er ja, da aus der Erde Knechtschaft
   Er zu des Himmels Freuden Euch erlöst.
ZWEITER MÖRDER:
   Herr, söhnt Euch aus mit Gott, denn Ihr müßt sterben.
CLARENCE: Hast du die heil'ge Regung in der Seele,
   Daß du mit Gott mich auszusöhnen mahnst,
   Und bist der eignen Seele doch so blind,
   Daß du, mich mordend, Gott bekriegen willst?
   Ach Leute! denkt, daß, der euch angestiftet,
   Die Tat zu tun, euch um die Tat wird hassen.
ZWEITER MÖRDER: Was soll'n wir tun?
CLARENCE: Bereut und schafft eu'r Heil!
   Wer von euch, wär' er eines Fürsten Sohn,
   Vermauert von der Freiheit, wie ich jetzt,
   Wofern zwei solche Mörder zu ihm kämen,
   Bät' um sein Leben nicht? So wie ihr bätet,
   Wär't ihr in meiner Not. –
ERSTER MÖRDER:
   Bereun? Das wäre memmenhaft und weibisch.
CLARENCE: Nicht zu bereun ist viehisch, wild und teuflisch.
   Mein Freund, ich spähe Mitleid dir im Blick:
   Wofern dein Auge nicht ein Schmeichler ist,
   So tritt auf meine Seit' und bitt' für mich.
   Rührt jeden Bettler nicht ein Prinz, der bittet?

ZWEITER MÖRDER: Seht hinter Euch, Mylord.

ERSTER MÖRDER *ersticht ihn:*
Nehmt das und das; reicht alles noch nicht hin,
So tauch' ich Euch ins Malvasierfaß draußen. *Mit der Leiche ab.*

ZWEITER MÖRDER: O blut'ge Tat, verzweiflungsvoll verübt!
Gern, wie Pilatus, wüsch' ich meine Hände
Von diesem höchst verruchten sünd'gen Mord.
                    Der erste Mörder kommt zurück.

ERSTER MÖRDER:
Wie nun? Was denkst du, daß du mir nicht hilfst?
Bei Gott, der Herzog soll dein Zögern wissen.

ZWEITER MÖRDER: Wüßt' er, daß ich gerettet seinen Bruder!
Nimm du den Lohn und meld' ihm, was ich sage;
Denn mich gereut am Herzog dieser Mord. *Ab.*

ERSTER MÖRDER: Nicht ich; geh, feige Memme, die du bist! –
Ich will in einem Loch die Leiche bergen,
Bis daß der Herzog sie begraben läßt;
Und hab' ich meinen Sold, so will ich fort.
Dies kommt heraus, drum meid' ich diesen Ort. *Ab.*

ZWEITER AUFZUG

Erste Szene

London. Ein Zimmer im Palast.

König Eduard wird krank hereingeführt; Königin Elisabeth, Dorset, Rivers, Hastings, Buckingham, Grey und andre treten auf.

EDUARD: So recht! Ich schafft' ein gutes Tagewerk. –
Ihr Pairs, verharrt in diesem ein'gen Bund!
Ich warte jeden Tag auf eine Botschaft,
Daß mein Erlöser mich erlöst von hier;
Die Seele scheidet friedlich nun zum Himmel,
Da ich den Freunden Frieden gab auf Erden.
Rivers und Hastings, reichet euch die Hände,
Hegt nicht verstellten Haß, schwört Lieb' euch zu!
RIVERS: Beim Himmel, meine Seel' ist rein von Groll,
Die Hand besiegelt meine Herzensliebe.
HASTINGS: So geh's mir wohl, wie ich dies wahrhaft schwöre!
EDUARD: Gebt acht! Treibt keinen Scherz vor eurem König!
Auf daß der höchste König aller Kön'ge
Die Falschheit nicht zu schanden mach' und jeden
Von euch erseh', des andern Tod zu sein.
HASTINGS: Mög' ich gedeihn, wie echte Lieb' ich schwöre!
RIVERS: Und ich, wie ich von Herzen Hastings liebe!
EDUARD: Gemahl, Ihr seid hier selbst nicht ausgenommen; –
Noch Eu'r Sohn Dorset; – Buckingham, noch Ihr; –
Ihr waret widerwärtig miteinander.
Frau, liebe Hastings, laß die Hand ihn küssen,
Und was du tust, das tue unverstellt.
ELISABETH: Hier, Hastings! Nie des vor'gen Hasses denk' ich:
So mög' ich samt den Meinigen gedeihn!
EDUARD: Dorset, umarm' ihn. – Liebt den Marquis, Hastings.

DORSET: Ja, dieser Tausch der Lieb', erklär' ich, soll
Von meiner Seite unverletzlich sein.
HASTINGS: Das schwör' auch ich. *Er umarmt Dorset.*
EDUARD: Nun siegle, edler Buckingham, dies Bündnis:
Umarm' auch du die Nächsten meiner Frau
Und mach' in eurer Eintracht mich beglückt.
BUCKINGHAM *zur Königin:*
Wenn Buckingham je wendet seinen Haß
Auf Eure Hoheit, nicht mit schuld'ger Liebe
Euch und die Euren hegt, so straf' mich Gott
Mit Haß, wo ich am meisten Lieb' erwarte!
Wann ich am meisten einen Freund bedarf
Und sicherer bin als je, er sei mein Freund:
Dann grundlos, hohl, verrät'risch, voll Betrug
Mög' er mir sein! Vom Himmel bitt' ich dies,
Erkaltet meine Lieb' Euch und den Euren.
Er umarmt Rivers und die übrigen.
EDUARD: Ein stärkend Labsal, edler Buckingham,
Ist meinem kranken Herzen dies dein Wort.
Nun fehlt nur unser Bruder Gloster hier
Zu dieses Friedens segensreichem Schluß.
BUCKINGHAM: Zur guten Stunde kommt der edle Herzog.
GLOSTER *tritt auf:* Guten Morgen meinem hohen Fürstenpaar!
Und, edle Pairs, euch einen frohen Tag!
EDUARD: Froh, in der Tat, verbrachten wir den Tag.
Bruder, wir schafften hier ein christlich Werk,
Aus Feindschaft Frieden, milde Lieb' aus Haß,
Bei diesen hitzig aufgereizten Pairs.
GLOSTER: Gesegnetes Bemühn, mein hoher Herr!
Wenn jemand unter dieser edeln Schar
Auf falschen Argwohn oder Eingebung
Mich hält für seinen Feind;
Wenn ich unwissend oder in der Wut
Etwas begangen, das mir irgend wer,
Hier gegenwärtig, nachträgt: so begehr' ich,
In Fried' und Freundschaft mich ihm auszusöhnen.
In Feindschaft stehen, ist mein Tod: ich hass' es
Und wünsche aller guten Menschen Liebe. –
Erst, gnäd'ge Frau, erbitt' ich wahren Frieden
Von Euch, den schuld'ger Dienst erkaufen soll; –
Von Euch, mein edler Vetter Buckingham,
Ward jemals zwischen uns ein Groll beherbergt; –
Von Euch, Lord Rivers, – und, Lord Grey, von Euch:

Die all' ohn' Ursach' scheel auf mich gesehn; –
Von Euch, Lord Woodville, – und Lord Scales, von Euch; –
Herzöge, Grafen, Edle, – ja, von allen.
Nicht e i n e n weiß ich, der in England lebt,
Mit dem mein Sinn den mind'sten Hader hätte,
Mehr als ein heute nacht gebornes Kind.
Ich danke meinem Gott für meine Demut.

ELISABETH: Ein Festtag wird dies künftig für uns sein.
Gott gebe, jeder Zwist sei beigelegt!
Mein hoher Herr, ich bitt' Eu'r Hoheit, nehmt
Zu Gnaden unsern Bruder Clarence an.

GLOSTER: Wie? Bot ich darum Liebe, gnäd'ge Frau,
Daß man mein spott' in diesem hohen Kreis?
Wer weiß nicht, daß der edle Herzog tot ist?

Alle fahren zurück.

Zur Ungebühr verhöhnt Ihr seine Leiche.

EDUARD: Wer weiß nicht, daß er tot ist. Ja, wer weiß es?

ELISABETH: Allseh'n der Himmel, welche Welt ist dies?

BUCKINGHAM: Seh' ich so bleich, Lord Dorset, wie die andern?

DORSET: Ja, bester Lord; und niemand hier im Kreis,
Dem nicht die Röte von den Wangen wich.

EDUARD: Starb Clarence? Der Befehl ward widerrufen.

GLOSTER: Der Arme starb auf Euer erst Geheiß,
Und das trug ein geflügelter Merkur[29].
Ein lahmer Bote trug den Widerruf,
Der allzuspät, ihn zu begraben, kam.
Geb' Gott, daß andre, minder treu und edel,
Näher durch blut'gen Sinn, nicht durch das Blut,
Nicht mehr verschulden als der arme Clarence
Und dennoch frei umhergehn von Verdacht!

Stanley tritt auf.

STANLEY: Herr, eine Gnade für getanen Dienst!

EDUARD: O laß mich, meine Seel' ist voller Kummer.

STANLEY: Ich will nicht aufstehn, bis mein Fürst mich hört.

EDUARD: So sag mit eins, was dein Begehren ist.

STANLEY: Herr, das verwirkte Leben meines Dieners,
Der einen wilden Junker heut erschlug,
Vormals in Diensten bei dem Herzog Norfolk[30].

EDUARD: Sprach meine Zunge meines Bruders Tod
Und spräch' nun eines Knechts Begnadigung?
Kein Mord, Gedanken waren sein Vergeh'n,
Und doch war seine Strafe bittrer Tod.
Wer bat für ihn? Wer kniet' in meinem Grimm

Zu Füßen mir und hieß mich überlegen?
Wer sprach von Bruderpflicht? Wer sprach von Liebe?
Wer sagte mir, wie diese arme Seele
Vom mächt'gen Warwick ließ und für mich focht?
Wer sagte mir, wie er zu Tewksbury
Mich rettet', als mich Oxford niederwarf,
Und sprach: „Leb', und sei König, lieber Bruder?"
Wer sagte mir, als wir im Felde lagen,
Fast totgefroren, wie er mich gehüllt
In seinen Mantel und sich selber preis,
Ganz nackt und bloß, der starren Nachtluft gab?
Dies alles rückte viehisch wilde Wut
Mir sündhaft aus dem Sinn, und euer keiner
War so gewissenhaft, mich dran zu mahnen.
Wenn aber eure Kärrner, eu'r Gesinde
Todschlag im Trunk verübt und ausgelöscht
Das edle Bildnis unsers teuern Heilands,
Dann seid ihr auf den Knie'n um Gnade, Gnade,
Und ich muß ungerecht es zugestehn.
Für meinen Bruder wollte niemand sprechen,
Noch sprach ich selbst mir für die arme Seele,
Verstockter! zu. Der Stolzeste von euch
Hatt' ihm Verpflichtungen in seinem Leben,
Doch wollte keiner rechten für sein Leben.
O Gott! Ich fürchte, dein Gericht vergilt's
An mir und euch, den Meinen und den Euren. –
Komm, Hastings, hilf mir in mein Schlafgemach.
O armer Clarence!
   Der König, die Königin, Hastings, Rivers, Dorset und Grey ab.
GLOSTER: Das ist die Frucht des Jähzorns! – Gabt ihr acht,
Wie bleich der Kön'gin schuldige Verwandte
Aussahn, da sie von Clarence' Tode hörten?
Oh, immer setzten sie dem König zu!
Gott wird es rächen. Wollt ihr kommen, Lords,
Daß wir mit unserm Zuspruch Eduard trösten?
BUCKINGHAM: Zu Euer Gnaden Dienst.
   Alle ab.

Ebendaselbst.

Die Herzogin von York[31] tritt auf mit des Clarence Sohn und Tochter.

SOHN: Großmutter, sagt uns, ist der Vater tot?
HERZOGIN: Nein, Kind.
TOCHTER: Was weint Ihr denn so oft und schlagt die Brust?
Und ruft: „O Clarence! Unglücksel'ger Sohn!"
SOHN: Was seht Ihr so und schüttelt Euren Kopf
Und nennt uns arme, ausgestoßne Waisen,
Wenn unser edler Vater noch am Leben?
HERZOGIN: Ihr art'gen Kinder mißversteht mich ganz.
Des Königs Krankheit jammr' ich, sein Verlust
Macht Sorge mir; nicht eures Vaters Tod:
Verloren wär' der Gram um den Verlornen.
SOHN: So wißt Ihr ja, Großmutter, er sei tot.
Mein Ohm, der König, ist darum zu schelten;
Gott wird es rächen: ich will in ihn dringen
Mit eifrigem Gebet um einzig dies.
TOCHTER: Das will ich auch.
HERZOGIN: Still, Kinder, still! Der König hat euch lieb;
Unschuldige, harmlose Kleinen ihr,
In eurer Einfalt könnt ihr nicht erraten,
Wer eures Vaters Tod verschuldet hat.
SOHN: Großmutter, doch! Vom guten Oheim Gloster
Weiß ich, der König, von der Königin
Gereizt, sann Klagen aus, ihn zu verhaften.
Und als mein Oheim mir das sagte, weint' er,
Bedau'rte mich und küßte meine Wange.
Hieß mich auf ihn vertraun als einen Vater,
Er wolle lieb mich haben als sein Kind.
HERZOGIN: Ach, daß der Trug so holde Bildung stiehlt
Und Bosheit mit der Tugend Larve deckt!
Er ist mein Sohn, und hierin meine Schmach,
Doch sog er nicht an meiner Brust den Trug.
SOHN: Denkt Ihr, mein Ohm verstellte sich, Großmutter?
HERZOGIN: Ja, Kind.
SOHN: Ich kann's nicht denken. Horch, was für ein Lärm?
Königin Elisabeth tritt auf, außer sich; Rivers und Dorset folgen ihr.
ELISABETH:
Wer will zu weinen mir und jammern wehren,

Mein Los zu schelten und mich selbst zu plagen?
Bestürmen mit Verzweiflung meine Seele
Und selber meine Feindin will ich sein.

HERZOGIN: Wozu der Auftritt wilder Ungeduld?

ELISABETH: Zu einem Aufzug trag'schen Ungestüms:
Der König, mein Gemahl, dein Sohn, ist tot.
Was blühn die Zweige, wenn der Stamm verging?
Was welkt das Laub nicht, dem sein Saft gebricht?
Wollt Ihr noch leben! Jammert! Sterben? Eilt!
Daß unsre Seelen seiner nach sich schwingen,
Ihm folgend wie ergebne Untertanen
Zu seinem neuen Reich der ew'gen Ruh'.

HERZOGIN: Ach, so viel Teil hab' ich an deinem Leiden,
Als Anspruch sonst an deinem edlen Gatten.
Ich weint' um eines würd'gen Gatten Tod
Und lebt' im Anblick seiner Ebenbilder;
Nun sind zwei Spiegel seiner hohen Züge
Zertrümmert durch den bösgesinnten Tod;
Mir bleibt zum Troste nur ein falsches Glas,
Worin ich meine Schmach mit Kummer sehe.
Zwar bist du Witwe, doch du bist auch Mutter,
Und deiner Kinder Trost ward dir gelassen:
Mir riß der Tod den Gatten aus den Armen
Und dann zwei Krücken aus den schwachen Händen,
Clarence und Eduard. O wie hab' ich Grund,
Da deins die Hälfte meines Leids nur ist,
Dein Wehgeschrei durch meins zu übertäuben!

SOHN: Ach, Muhm', Ihr weintet nicht um unsern Vater:
Wie hülfen wir Euch mit verwandten Tränen?

TOCHTER: Blieb unsre Waisennot doch unbeklagt;
Sei unbeweint auch Euer Witwengram!

ELISABETH: O steht mir nicht mit Jammerklagen bei,
Ich bin nicht unfruchtbar, sie zu gebären.
In meine Augen strömen alle Quellen,
Daß ich, hinfort vom feuchten Mond regiert,
Die Welt in Tränenfülle mög' ertränken.
Ach, weh um meinen Gatten, meinen Eduard!

DIE KINDER: Um unsern Vater, unsern teuern Clarence!

HERZOGIN: Um beide, beide mein, Eduard und Clarence!

ELISABETH: Wer war mein Halt als Eduard? Er ist hin.

DIE KINDER: Wer unser Halt als Clarence? Er ist hin.

HERZOGIN: Wer war mein Halt als sie? Und sie sind hin.

ELISABETH: Nie keine Witwe büßte so viel ein.

DIE KINDER: Nie keine Waise büßte so viel ein.
HERZOGIN: Nie keine Mutter büßte so viel ein.
Weh mir! Ich bin die Mutter dieser Leiden:
Vereinzelt ist ihr Weh, meins allgemein.
Sie weint um einen Eduard, und ich auch;
Ich wein' um einen Clarence, und sie nicht;
Die Kinder weinen Clarence, und ich auch:
Ich wein' um einen Eduard, und sie nicht.
Ach, gießt ihr drei auf mich dreifach Geschlagne
All eure Tränen: Wärterin des Grams,
Will ich mit Jammern reichlich ihn ernähren.
DORSET: Mut, liebe Mutter! Gott ist ungehalten,
Daß Ihr sein Tun mit Undank so empfangt.
In Weltgeschäften nennt man's undankbar,
Mit trägem Widerwillen Schulden zahlen,
Die eine milde Hand uns freundlich lieh;
Viel mehr, dem Himmel so sich widersetzen,
Weil er von Euch die königliche Schuld
Zurücke fodert, die er Euch geliehn.
RIVERS: Bedenkt als treue Mutter, gnäd'ge Frau,
Den Prinzen, Euren Sohn; schickt gleich nach ihm
Und laßt ihn krönen. In ihm lebt Euer Trost:
Das Leid senkt in des toten Eduard Grab,
Die Lust baut auf des blüh'nden Eduard Thron.
Gloster, Buckingham, Stanley, Hastings, Ratcliff[52] und andre
treten auf.
GLOSTER: Faßt, Schwester, Euch; wir alle haben Grund,
Um die Verdunklung unsers Sterns zu jammern:
Doch niemand heilt durch Jammern seinen Harm. –
Ich bitt' Euch um Verzeihung, gnäd'ge Mutter,
Ich sah Eu'r Gnaden nicht. Demütig auf den Knie'n
Bitt' ich um Euren Segen.
HERZOGIN: Gott segne dich! und flöße Milde dir,
Gehorsam, Lieb' und echte Treu' ins Herz!
GLOSTER: Amen!
Und lass' als guten alten Mann mich sterben! –
Beiseit. Das ist das Hauptziel eines Muttersegens:
Mich wundert, daß Ihr' Gnaden das vergaß.
BUCKINGHAM:
Umwölkte Prinzen, herzbeklemmte Pairs,
Die diese schwere Last des Jammers drückt!
Hegt all in eurer Lieb' einander nun.
Ist unsre Ernt' an diesem König hin,

So werden wir des Sohnes Ernte sammeln.
Der Zwiespalt eurer hochgeschwollnen Herzen,
Erst neulich eingerichtet und gefugt,
Muß sanft bewahrt, gepflegt, gehütet werden.
Mir deucht es gut, daß gleich ein klein Gefolg
Von Ludlow[33] her den jungen Prinzen hole,
Als König hier in London ihn zu krönen.

RIVERS: Warum ein klein Gefolg, Mylord von Buckingham?

BUCKINGHAM: Ei, Mylord, daß ein großer Haufe nicht
Des Grolles neugeheilte Wunde reize;
Was um so mehr gefährlich würde sein,
Je mehr der Staat noch wild und ohne Führer,
Wo jedes Roß den Zügel ganz beherrscht
Und seinen Lauf nach Wohlgefallen lenkt.
Sowohl des Unheils Furcht als wirklich Unheil
Muß, meiner Meinung nach, verhütet werden.

GLOSTER: Der König schloß ja Frieden mit uns allen,
Und der Vertrag ist fest und treu in mir.

RIVERS: So auch in mir, und so, denk' ich, in allen;
Doch weil er noch so frisch ist, sollte man
Auf keinen Anschein eines Bruchs ihn wagen,
Den viel Gesellschaft leicht befördern könnte.
Drum sag' ich mit dem edlen Buckingham,
Daß wen'ge nur den Prinzen holen müssen.

HASTINGS: Das sag' ich auch.

GLOSTER: So sei es denn; und gehn wir, zu entscheiden,
Wer schnell sich auf nach Ludlow machen soll. –
Fürstin und Ihr, Frau Mutter, wollt ihr gehn,
Um mitzustimmen in der wicht'gen Sache?

Alle ab außer Buckingham und Gloster.

BUCKINGHAM:
Mylord, wer auch zum Prinzen reisen mag,
Um Gottes willen, bleiben wir nicht aus:
Denn unterwegs schaff' ich Gelegenheit,
Als Eingang zu dem jüngst besprochnen Handel,
Der Königin hochmüt'ge Vetterschaft
Von der Person des Prinzen zu entfernen.

GLOSTER: Mein andres Selbst! Du meine Ratsversammlung,
Orakel und Prophet! Mein lieber Vetter,
Ich folge deiner Leitung wie ein Kind.
Nach Ludlow denn! Wir bleiben nicht zurück.

Beide ab.

Eine Straße.

Zwei Bürger begegnen sich.

ERSTER BÜRGER: Guten Morgen, Nachbar! Wohin so in Eil'?
ZWEITER BÜRGER: Ich weiß es selber kaum, beteur' ich Euch.
  Ihr wißt die Neuigkeit?
ERSTER BÜRGER: Ja, daß der König tot ist.
ZWEITER BÜRGER: Schlimme Neuigkeit,
  Bei Unsrer Frauen! Selten kommt was Beßres;
  Ich fürcht', ich fürcht', es geht die Welt rundum.
                Ein andrer Bürger kommt.
DRITTER BÜRGER: Gott grüß' euch, Nachbarn!
ERSTER BÜRGER: Geb' Euch guten Tag!
DRITTER BÜRGER: Bestätigt sich des guten Königs Tod?
ZWEITER BÜRGER: Ja, 's ist nur allzuwahr. Gott steh' uns bei!
DRITTER BÜRGER: Dann, Leut', erwartet eine stürm'sche Welt.
ERSTER BÜRGER:
  Nein, nein! Sein Sohn herrscht nun durch Gottes Gnaden.
DRITTER BÜRGER: Weh einem Lande, das ein Kind regiert!
ZWEITER BÜRGER: Bei ihm ist Hoffnung auf das Regiment,
  Daß in der Minderjährigkeit sein Rat
  Und, wann er reif an Jahren ist, er selbst
  Dann und bis dahin gut regieren werden.
ERSTER BÜRGER:
  So stund der Staat auch, als der sechste Heinrich
  Neun Monat alt gekrönt ward in Paris.
DRITTER BÜRGER:
  Stund der Staat so? Nein, nein! Gott weiß, ihr Freunde!
  Denn dieses Land war damals hoch begabt
  Mit würd'ger Staatskunst; und der König hatte
  Oheime voll Verdienst zur Vormundschaft.
ERSTER BÜRGER: Die hat er auch vom Vater wie der Mutter.
DRITTER BÜRGER:
  Viel besser wär's, sie wären bloß vom Vater,
  Oder es wär' vom Vater ihrer keiner.
  Denn Eifersucht, der Nächste nun zu sein,
  Tritt uns gesamt zu nah, wenn's Gott nicht wendet.
  Oh, sehr gefährlich ist der Herzog Gloster,
  Der Kön'gin Söhn' und Brüder frech und stolz;
  Und würden sie beherrscht und herrschten nicht,

Dies kranke Land gediehe noch wie sonst.

ERSTER BÜRGER: Geht, geht! Wir zagen: alles wird noch gut.

DRITTER BÜRGER:
Wann Wolken ziehn, nimmt man den Mantel um,
Wann Blätter fallen, ist der Winter nah;
Wer harrt der Nacht nicht, wann die Sonne sinkt?
Unzeit'ge Stürme künden Teu'rung an.
Noch kann es gut gehn: doch, wenn's Gott so lenkt,
Ist's mehr, als ich erwart' und wir verdienen.

ZWEITER BÜRGER:
Wahrlich, der Menschen Herzen sind voll Furcht:
Ihr könnt nicht reden fast mit einem Mann,
Der nicht bedenklich aussieht und voll Schrecken.

DRITTER BÜRGER:
So ist es immer vor des Wechsels Tagen.
Auf höhern Antrieb mißtraun die Gemüter
Der kommenden Gefahr; so sehn wir ja
Die Wasser schwellen vor dem wüsten Sturm.
Doch lassen wir das Gotte. Wohin geht's?

ZWEITER BÜRGER: Die Richter haben beid' uns rufen lassen.

DRITTER BÜRGER:
Mich auch; so will ich euch Gesellschaft leisten.

Alle ab.

VIERTE SZENE

Ein Zimmer im Palast.

Der Erzbischof von York[34], der junge Herzog von York[35], Königin Elisabeth und die Herzogin von York treten auf.

ERZBISCHOF: Sie lagen, hör' ich, nachts zu Northampton;
Zu Stony-Stratford soll'n sie heute sein,
Und morgen oder übermorgen hier.

HERZOGIN: Von Herzen sehr verlangt mich nach dem Prinzen.
Seit ich ihn sah, ist er gewachsen, hoff' ich.

ELISABETH: Ich höre, nein: sie sagen, mein Sohn York
Hat fast in seinem Wuchs ihn eingeholt.

YORK: Ja, Mutter; doch ich wollt', es wär' nicht so.

HERZOGIN: Warum, mein Enkel? Wachsen ist ja gut.

YORK: Großmutter, einmal speisten wir zu Nacht,
Da sprach mein Oheim Rivers, wie ich wüchse
Mehr als mein Bruder; "Ja", sagt' Oheim Gloster,

„Klein Kraut ist fein, groß Unkraut hat Gedeihn."
Seitdem nun möcht' ich nicht mit Wachsen eilen,
Weil Unkraut schießt und süße Blumen weilen.
HERZOGIN: Fürwahr, fürwahr! das Sprichwort traf nicht zu
Bei ihm, der selbiges dir vorgerückt:
Er war als Kind das jämmerlichste Ding,
Er wuchs so langsam und so spät heran,
Daß, wär' die Regel wahr, er müßte fromm sein.
ERZBISCHOF: Auch zweifl' ich nicht, das ist er, gnäd'ge Frau.
HERZOGIN: Ich hoff', er ist's; doch laßt die Mutter zweifeln.
YORK: Nun, meiner Treu, hätt' ich es recht bedacht,
So konnt' ich auch dem gnäd'gen Oheim sticheln
Auf seinen Wachstum, mehr als er auf meinen.
HERZOGIN: Wie, junger York? Ich bitte, laß mich's hören.
YORK: Ei, wie sie sagen, wuchs mein Ohm so schnell,
Daß er, zwei Stunden alt, schon Rinden nagte;
Zwei volle Jahre hatt' ich keinen Zahn.
Großmutter, beißend wär' der Spaß gewesen.
HERZOGIN: Mein art'ger York, wer hat dir das gesagt?
YORK: Großmutter, seine Amme.
HERZOGIN: Ei, die war tot, eh' du geboren warst.
YORK: Wenn sie's nicht war, so weiß ich es nicht mehr.
ELISABETH:
Ein kecker Bursch! – Geh, du bist zu durchtrieben.
ERZBISCHOF: Zürnt nicht mit einem Kinde, gnäd'ge Frau.
ELISABETH: Die Krüge haben Ohren.
                   Ein Bote tritt auf.
ERZBISCHOF: Da kommt ein Bote, seht. – Was gibt es Neues?
BOTE: Mylord, was anzumelden mich betrübt.
ELISABETH: Was macht der Prinz?
BOTE: Er ist gesund und wohl.
HERZOGIN: Was bringst du sonst?
BOTE: Lord Rivers und Lord Grey sind fort nach Pomfret,
Benebst Sir Thomas Vaughan, als Gefangne.
HERZOGIN: Und wer hat sie verhaftet?
BOTE: Die mächt'gen Herzoge, Gloster und Buckingham.
ELISABETH: Für welch Vergeh'n?
BOTE:
Was ich nur weiß und kann, eröffnet' ich.
Warum, wofür die Herrn verhaftet sind,
Ist gänlich unbekannt mir, gnäd'ge Fürstin.
ELISABETH:
Weh mir! Ich sehe meines Hauses Sturz.

Der Tiger hat das zarte Reh gepackt;
Verwegne Tyrannei beginnt zu stürmen
Auf den harmlosen, ungescheuten Thron.
Willkommen, Blut, Zerstörung, Metzelei!
Ich sehe, wie im Abriß, schon das Ende.

HERZOGIN:
Verfluchte Tage unruhvollen Zanks!
Wie manchen euer sah mein Auge schon!
Mein Gatte ließ sein Leben um die Krone,
Und meine Söhne schwankten auf und ab:
Gewinn, Verlust gab Freude mir und Weh.
Nun, da sie eingesetzt, und Bürgerzwist
Ganz weggeräumt, bekriegen selber sie,
Die Sieger selber, sich; Bruder mit Bruder,
Blut mit Blut, Selbst gegen Selbst. – O du verkehrte,
Wahnsinn'ge Wut, laß den verruchten Grimm,
Sonst laß mich sterben, nicht den Tod mehr schaun!

ELISABETH:
Komm, komm, mein Kind, wir suchen heil'ge Zuflucht. –
Gehabt Euch wohl!

HERZOGIN: Bleibt noch, ich gehe mit.

ELISABETH: Ihr habt nicht Ursach'.

ERZBISCHOF *zur Königin:*   Gnäd'ge Fürstin, geht
Und nehmet Euren Schatz und Güter mit.
Für mein Teil geb' ich mein vertrautes Siegel
Eu'r Hoheit ab; und mög' es wohl mir gehn,
Wie ich Euch wohl will und den Euren allen!
Kommt, ich geleit' Euch zu der heil'gen Zuflucht.
                    Alle ab.

DRITTER AUFZUG

Erste Szene

London. Eine Straße.

Trompeten. Der Prinz von Wales, Gloster, Buckingham,
Kardinal Bourchier[36] und andre.

BUCKINGHAM:
    Willkommen, bester Prinz, in London, Eurer Kammer[37]!
GLOSTER: Willkommen, Vetter, meines Sinnes Fürst! –
Der Reis' Ermüdung macht' Euch melancholisch.
PRINZ: Nein, Oheim; der Verdruß nur unterwegs
    Hat sie mir schwer gemacht, langweilig, widrig.
    Ich misse hier noch Onkel zum Empfang.
GLOSTER: Mein Prinz, die reine Tugend Eurer Jahre
    Ergründete noch nicht der Welt Betrug.
    Ihr unterscheidet nichts an einem Mann
    Als seinen äußern Schein; und der, weiß Gott,
    Stimmt selten oder niemals mit dem Herzen.
    Gefährlich sind die Onkel, die Ihr mißt:
    Eu'r Hoheit lauschte ihren Honigworten
    Und merkte nicht auf ihrer Herzen Gift.
    Bewahr' Euch Gott vor solchen falschen Freunden!
PRINZ: Vor falschen Freunden: ja! Sie waren keine.
GLOSTER:
    Mein Fürst, der Schulz von London kommt zum Willkomm.
        Der Lord Mayor und sein Zug treten auf.
MAYOR: Gott segn' Eu'r Hoheit mit geglückten Tagen!
PRINZ: Ich dank' Euch, bester Lord, – und dank' euch allen.
        Der Lord Mayor mit seinem Zuge ab.
    Viel früher, dacht' ich, würde meine Mutter
    Und Bruder York uns unterweges treffen. –

Pfui, welche Schneck' ist Hastings! daß er uns
Nicht meldet, ob sie kommen oder nicht.

Hastings tritt auf.

BUCKINGHAM: Soeben recht kommt der erhitzte Lord.

PRINZ:
Willkommen, Mylord! Nun, kommt unsre Mutter?

HASTINGS: Auf welchen Anlaß, das weiß Gott, nicht ich,
Nahm Eure Mutter und Eu'r Bruder York
Zuflucht im Heiligtum. Der zarte Prinz
Hätt' Eure Hoheit gern mit mir begrüßt,
Doch seine Mutter hielt ihn mit Gewalt.

BUCKINGHAM: Pfui! Welch verkehrtes, eigensinn'ges Tun
Ist dies von ihr? – Wollt Ihr, Lord Kardinal,
Die Königin bereden, seinem Bruder,

Dem Prinzen, gleich den Herzog York zu senden?
Verweigert sie's, – Lord Hastings, geht Ihr mit,
Entreißt ihn ihrem eifersücht'gen Arm!
KARDINAL: Mylord, wenn meine schwache Redekunst
Der Mutter kann den Herzog abgewinnen,
Erwartet gleich ihn hier. Allein, ist sie verhärtet
Für milde Bitten, so verhüte Gott,
Daß wir das teure Vorrecht kränken sollten
Der heil'gen Zuflucht! Nicht um all dies Land
Wollt' ich so schwerer Sünde schuldig sein.
BUCKINGHAM: Ihr seid zu sinnlos eigenwillig, Mylord,
Zu altherkömmlich und zu feierlich.
Erwägt es nach der Gröblichkeit der Welt:
Ihn greifen bricht die heil'ge Zuflucht nicht.
Derselben Gunst wird dem stets zugestanden,
Der durch sein Tun verdienet solchen Platz
Und Witz hat, zu begehren solchen Platz.
Der Prinz hat ihn begehrt nicht, noch verdient
Und kann so, wie mich dünket, ihn nicht haben.
Wenn Ihr von da ihn wegführt, der nicht da ist,
Brecht Ihr kein Vorrecht, keinen Freiheitsbrief.
Oft hört' ich schon von kirchenflücht'gen Männern;
Von kirchenflücht'gen Kindern nie[38] bis jetzt.
KARDINAL: Mylord, Ihr sollt mich diesmal überstimmen. –
Wohlan, Lord Hastings, wollt Ihr mit mir gehn?
HASTINGS: Ich gehe, Mylord.
PRINZ: Betreibt dies, liebe Herrn, in aller Eil'.
Der Kardinal und Hastings ab.
Sagt, Oheim Gloster, wenn mein Bruder kommt,
Wo sollen wir verbleiben bis zur Krönung?
GLOSTER: Wo's gut dünkt Eurer fürstlichen Person.
Wenn ich Euch raten darf, belieb' Eu'r Hoheit,
Sich ein paar Tage auszuruhn im Turm;
Dann, wo Ihr wollt und es am besten scheint
Für Euer Wohlsein und Gemütsergötzung.
PRINZ: Der Turm mißfällt mir wie kein Ort auf Erden. –
Hat Julius Cäsar ihn gebaut[39], Mylord?
GLOSTER: Er hat, mein gnäd'ger Fürst, den Ort gestiftet,
Den dann die Folgezeiten neu erbaut.
PRINZ: Hat man es schriftlich oder überliefert
Von Zeit auf Zeiten nur, daß er ihn baute?
BUCKINGHAM: Schriftlich, mein gnäd'ger Fürst.
PRINZ: Doch setzt, Mylord, es wär' nicht aufgezeichnet.

Mich dünkt, die Wahrheit sollte immer leben,
Als wär' sie aller Nachwelt ausgeteilt,
Bis auf den letzten Tag der Welt.

GLOSTER *beiseit:*
Klug allzubald, sagt man, wird nimmer alt.

PRINZ: Was sagt Ihr, Oheim?

GLOSTER: Ich sage, Ruhm wird ohne Schriften alt. –
Beiseit. So, wie im Fastnachtspiel die Sündlichkeit,
Deut' ich zwei Meinungen aus e i n e m Wort.

PRINZ: Der Julius Cäsar war ein großer Mann:
Womit sein Mut begabte seinen Witz,
Da schrieb sein Witz, dem Mute Leben schaffend.
Der Tod besiegte diesen Sieger nicht,
Er lebt im Ruhm noch, obwohl nicht im Leben. –
Wollt Ihr was wissen, Vetter Buckingham?

BUCKINGHAM: Was, mein gnäd'ger Fürst?

PRINZ: Werd' ich ein Mann je, so gewinn' ich wieder
In Frankreich unser altes Recht; wo nicht,
Sterb' ich als Krieger, wie ich lebt' als König.

GLOSTER *beiseit:*
Auf zeit'gen Frühling währt der Sommer wenig.

York, Hastings und der Kardinal treten auf.

BUCKINGHAM: Da kommt zu rechter Zeit der Herzog York.

PRINZ: Richard von York! – Wie lebt mein lieber Bruder?

YORK: Gut, strenger Herr; so muß ich nun Euch nennen.

PRINZ: Ja, Bruder, mir zum Grame, so wie Euch:
Er starb ja kaum, der diesen Titel führte,
Des Tod ihm viel an Majestät benahm.

GLOSTER: Wie geht es unserm edlen Vetter York?

YORK: Ich dank' Euch, lieber Oheim. Ha, Mylord,
Ihr sagtet, unnütz Kraut, das wachse schnell:
Der Prinz, mein Bruder, wuchs mir übern Kopf.

GLOSTER: Jawohl, Mylord.

YORK: Und ist er darum unnütz?

GLOSTER: O bester Vetter, das möcht' ich nicht sagen.

YORK: Dann ist er Euch ja mehr als ich verpflichtet.

GLOSTER: Er hat mir zu befehlen als mein Fürst,
Doch Ihr habt Recht an mir als ein Verwandter.

YORK: Ich bitt' Euch, Oheim, gebt mir diesen Dolch.

GLOSTER: Den Dolch, mein kleiner Vetter? Herzlich gern.

PRINZ: Ein Bettler, Bruder!

YORK: Beim guten Oheim, der gewiß mir gibt,
Und um 'ne Kleinigkeit, die man ohn' Arges gibt.

GLOSTER: Wohl Größres will ich meinem Vetter geben.

YORK: Wohl Größres? Oh, das ist das Schwert dazu.

GLOSTER: Ja, lieber Vetter, wär's nur leicht genug.

YORK: Dann seh' ich wohl, Ihr schenkt nur leichte Gaben;
Bei Dingen von Gewicht, sagt Ihr dem Bettler: Nein!

GLOSTER: Es hat zu viel Gewicht für Euch zu tragen.

YORK: Für mich hat's kein Gewicht, und wär's noch schwerer.

GLOSTER: Wie? Wollt Ihr meine Waffen, kleiner Lord?

YORK: Ja, und mein Dank soll sein, wie Ihr mich nennt.

GLOSTER: Wie?

YORK: Klein.

PRINZ: Mylord von York ist stets in Reden keck:
Oheim, Eu'r Gnaden weiß ihn zu ertragen.

YORK: Ihr meint, zu tragen, nicht mich zu ertragen. –
Oheim, mein Bruder spottet mein und Euer;
Er denkt, weil ich nur klein bin wie ein Aff',
Ihr solltet mich auf Euren Schultern tragen.

BUCKINGHAM: Mit welchem scharf versehnen Witz er redet!
Den Spott zu mildern wider seinen Oheim,
Verhöhnt er selbst sich artig und geschickt.
So schlau und noch so jung ist wunderbar.

GLOSTER:
Mein gnäd'ger Fürst, beliebt es Euch zu gehn?
Ich und mein guter Vetter Buckingham,
Wir woll'n zu Eurer Mutter und sie bitten,
Daß sie im Turm Euch trifft und Euch bewillkommt.

YORK: Wie? Denkt Ihr in den Turm zu gehn, Mylord?

PRINZ: Mylord Protektor will es so durchaus.

YORK: Ich schlafe sicher nicht mit Ruh' im Turm.

GLOSTER: Warum? Was könnt Ihr fürchten?

YORK: Ei, meines Oheims Clarence zorn'gen Geist;
Großmutter sagt, er wurde da ermordet.

PRINZ: Ich fürchte keinen toten Oheim.

GLOSTER: Auch keine, hoff' ich, die am Leben sind.

PRINZ: Sind sie's, so hab' ich nichts zu fürchten, hoff' ich.
Doch kommt, Mylord, und mit beklommnem Herzen,
Ihrer gedenkend, geh' ich in den Turm.
Der Prinz, York, Hastings, Kardinal und Gefolge ab.

BUCKINGHAM:
Glaubt Ihr, Mylord, den kleinen Schwätzer York
Nicht aufgereizt von seiner schlauen Mutter,
So schimpflich Euch zu necken und verspotten?

GLOSTER: Gewiß, gewiß: oh, 's ist ein schlimmer Bursch!

Keck, rasch, verständig, altklug und geschickt;
Die Mutter ganz vom Wirbel bis zur Zeh'.
BUCKINGHAM:
Gut, laßt das sein. – Komm hieher, Catesby! Du schwurst,
So gründlich auszurichten unsre Zwecke,
Als heimlich zu bewahren unsre Winke;
Du hörtest unsre Gründe unterwegs:
Was meinst du? Sollt' es nicht ein leichtes sein,
William Lord Hastings unsers Sinns zu machen
Für die Erhebung dieses edlen Herzogs
Auf dieser weltberühmten Insel Thron?
CATESBY: Er liebt den Prinzen so des Vaters halb,
Er läßt zu nichts sich wider ihn gewinnen.
BUCKINGHAM: Was denkst du denn von Stanley?
Läßt nicht der?
CATESBY: Der wird in allem ganz wie Hastings tun.
BUCKINGHAM: Nun wohl, nichts mehr als dies: geh, lieber Catesby,
Und wie von fern erforsche du Lord Hastings,
Wie er gesinnt ist gegen unsre Absicht;
Und lad' ihn ein auf morgen in den Turm,
Der Krönung wegen mit zu Rat zu sitzen.
Wenn du für uns geschmeidig ihn verspürst,
So munt'r ihn auf und sag' ihm unsre Gründe.
Doch ist er bleiern, frostig, kalt, unwillig,
So sei du's auch: brich das Gespräch so ab
Und gib uns Nachricht über seine Neigung.
Denn morgen halten wir besondern Rat,
Worin wir höchlich dich gebrauchen wollen.
GLOSTER: Empfiehl mich dem Lord William: sag ihm, Catesby,
Daß seiner Todfeind' alte Rotte morgen
In Pomfret-Schloß zur Ader wird gelassen;
Heiß' meinen Freund, für diese Neuigkeit
Frau Shore ein Küßchen mehr aus Freuden geben.
BUCKINGHAM: Geh, guter Catesby, richt' es tüchtig aus!
CATESBY: Ja, werte Lords, mit aller Achtsamkeit.
GLOSTER: Wird man von Euch vor Schlafengehn noch hören?
CATESBY: Gewiß, Mylord.
GLOSTER: In Crosby-Hof, da findet Ihr uns beide.
Catesby ab.
BUCKINGHAM:
Nun, Mylord, was soll'n wir tun, wenn wir verspüren,
Daß Hastings unsern Planen sich nicht fügt?
GLOSTER: Den Kopf ihm abhaun, Freund: – was muß geschehn.

Und wenn ich König bin, dann fodre du
Die Grafschaft Hereford und alles fahrende Gut,
Was sonst der König, unser Bruder, hatte.

BUCKINGHAM: Ich will mich auf Eu'r Hoheit Wort berufen.

GLOSTER: Es soll dir freundlichst zugestanden werden.
Komm, speisen wir zu Abend, um hernach
In unsern Anschlag 'ne Gestalt zu bringen.
Beide ab.

ZWEITE SZENE

Vor Lord Hastings Hause.

Ein Bote tritt auf.

BOTE *klopft:* Mylord! Mylord!

HASTINGS *von innen:*   Wer klopft?

BOTE: Jemand von Lord Stanley.

HASTINGS *von innen:* Was ist die Uhr?

BOTE: Vier auf den Schlag.
Hastings tritt auf.

HASTINGS: Kann nicht dein Herr die langen Nächte schlafen?

BOTE: So scheint's, nach dem, was ich zu sagen habe.
Zuerst empfiehlt er sich Eu'r Herrlichkeit.

HASTINGS: Und dann?

BOTE: Und dann läßt er Euch melden, daß ihm träumte,
Der Eber stoße seinen Helmbusch ab.
Auch, sagt er, werde doppelt Rat gehalten,
Und daß man leicht beschließen könn' im einen,
Was ihn und Euch bekümmern könnt' im andern.
Drum schickt er, Eu'r Belieben zu erfahren,
Ob Ihr sogleich mit ihm aufsitzen wollt
Und ohne Säumen nach dem Norden jagen,
Um die Gefahr zu meiden, die ihm schwant.

HASTINGS: Geh, geh, Gesell, zurück zu deinem Herrn,
Heiß' ihn nicht fürchten den getrennten Rat.
Sein' Edeln und ich selbst sind bei dem einen,
Catesby, mein guter Freund, ist bei dem andern,
Woselbst nichts vorgehn kann, was uns betrifft,
Wovon mir nicht die Kundschaft würd' erteilt.
Sag ihm, die Furcht sei albern, sonder Anlaß;
Und wegen seines Traums, da wundr' es mich,
Wie er doch nur so töricht könne sein,

Zu traun der Neckerei unruh'gen Schlummers.
Den Eber fliehn, bevor der Eber nachsetzt,
Das hieß' den Eber reizen, uns zu folgen,
Und Jagd zu machen, wo er's nicht gemeint.
Heiß' deinen Herrn aufstehn und zu mir kommen,
Dann wollen wir zusammen hin zum Turm,
Wo, du sollst sehn, der Eber freundlich sein wird.
BOTE: Ich geh', Mylord, und will ihm das bestellen. *Ab.*

Catesby tritt auf.

CATESBY: Vielmals guten Morgen meinem edlen Lord!
HASTINGS: Guten Morgen, Catesby! Ihr seid früh bei Wege.
Was gibt's, was gibt's in userm Wankestaat?
CATESBY: Die Welt ist schwindlicht, in der Tat, Mylord,
Und, glaub' ich, wird auch niemals aufrecht stehn,
Bevor nicht Richard trägt des Reiches Kranz.
HASTINGS:
Wieso? des Reiches Kranz? Meinst du die Krone?
CATESBY: Ja, bester Lord.
HASTINGS:
Man soll das Haupt mir schlagen von den Schultern,
Eh' ich die Krone seh' so schnöd' entwandt.
Doch kannst du raten, daß er darnach zielt?
CATESBY: So wahr ich lebe, und er hofft, Euch wirksam
Für ihn zu finden, selb'ge zu gewinnen;
Und hierauf schickt er Euch die gute Botschaft,
Daß Eure Feinde diesen selben Tag,
Der Königin Verwandt', in Pomfret sterben.
HASTINGS: Um diese Nachricht traur' ich eben nicht,
Denn immer waren sie mir Widersacher.
Doch daß ich stimmen sollt' auf Richards Seite,
Den echten Erben meines Herrn zum Nachteil,
Gott weiß, das tu' ich nicht bis in den Tod.
CATESBY: Gott schütz' Eu'r Gnaden bei dem frommen Sinn!
HASTINGS: Doch das belach' ich wohl noch übers Jahr,
Daß ich erlebe deren Trauerspiel,
Die mich bei meinem Herrn verhaßt gemacht.
Hör', Catesby, eh' ein vierzehn Tag' ins Land gehn,
Schaff' ich noch ein'ge fort, die's jetzt nicht denken.
CATESBY: Ein häßlich Ding, zu sterben, gnäd'ger Herr,
Unvorbereitet und sich nicht versehend.
HASTINGS: O greulich! greulich! Und so geht es nun
Mit Rivers, Vaughan, Grey; und wird so gehn
Mit andern noch, die sich so sicher dünken

774

Wie du und ich, die dem durchlauchten Richard
Und Buckingham doch wert sind, wie du weißt.
CATESBY: Die Prinzen beide achten Euch gar hoch. –
Beiseit. Sie achten seinen Kopf schon auf der Brücke.
HASTINGS: Ich weiß es wohl und hab's um sie verdient.
                    Stanley tritt auf.
Wohlan, wohlan! Wo ist Eu'r Jagdspieß, Freund?
Ihr scheut den Eber und geht ungerüstet?
STANLEY: Mylord, guten Morgen! Guten Morgen, Catesby!
Ihr mögt nur spaßen, doch, beim heil'gen Kreuz,
Ich halte nichts von dem getrennten Rat.
HASTINGS: Mylord,
Mein Leben halt' ich wert, wie Ihr das Eure,
Und nie in meinem Leben, schwör' ich Euch,
War es mir kostbarer als eben jetzt.
Denkt Ihr, wüßt' ich nicht unsre Lage sicher,
Ich wär' so triumphierend, wie ich bin?
STANLEY: Die Lords zu Pomfret ritten wohlgemut
Aus London, glaubten ihre Lage sicher
Und hatten wirklich keinen Grund zum Mißtraun:
Doch seht Ihr, wie der Tag sich bald bewölkt.
Ich fürchte diesen raschen Streich des Grolls;
Gott gebe, daß ich notlos zaghaft sei!
Nun, wollen wir zum Turm? Der Tag vergeht.
HASTINGS: Kommt, kommt, seid ruhig! Wißt Ihr was, Mylord?
Heut werden die erwähnten Lords enthauptet.
STANLEY: Für Treu' stünd' ihnen besser wohl ihr Haupt,
Als manchen, die sie angeklagt, ihr Hut.
Kommt, Mylord, laßt uns gehn!
                Ein Heroldsdiener tritt auf.
HASTINGS: Geht nur voran,
Ich will mit diesem wackern Manne reden.
                Stanley und Catesby ab.
He, Bursch, wie steht's mit dir?
HEROLDSDIENER: Um desto besser,
Weil Eure Herrlichkeit geruht zu fragen.
HASTINGS: Ich sag' dir, Freund, mit mir steht's besser jetzt
Als da du neulich eben hier mich trafst.
Da ging ich als Gefangner in den Turm
Auf Antrieb von der Königin Partei;
Nun aber sag' ich dir (bewahr's für dich!):
Heut werden meine Feinde hingerichtet,
Und meine Lag' ist besser als zuvor.

HEROLDSDIENER: Erhalt' sie Gott nach Euer Gnaden Wunsch!
HASTINGS: Großen Dank, Bursche! Trink' das auf mein Wohl!
Wirft ihm seinen Beutel zu.
HEROLDSDIENER: Ich dank' Eu'r Gnaden. *Ab.*
Ein Priester tritt auf.
PRIESTER: Mylord, mich freut's, Eu'r Gnaden wohl zu sehn.
HASTINGS: Ich danke dir von Herzen, mein Sir John.
Ich bin Eu'r Schuldner für die letzte Übung;
Kommt nächsten Sabbat, und ich will's vergüten.
Buckingham tritt auf.
BUCKINGHAM: Ihr sprecht mit Priestern, wie, Herr Kämmerer?
Den Priester brauchen Eure Freund' in Pomfret,
Eu'r Gnaden hat mit Beichten nichts zu tun.
HASTINGS: Fürwahr, da ich den würd'gen Mann hier sah,
Da fielen die, wovon Ihr sprecht, mir ein.
Sagt, geht Ihr in den Turm?
BUCKINGHAM: Ja, Mylord, doch ich kann nicht lang da bleiben:
Ich geh' vor Euer Edelen wieder fort.
HASTINGS: Vielleicht, weil ich zum Mittagessen bleibe.
BUCKINGHAM *beiseit:*
Zum Abendessen auch, weißt du's schon nicht. –
Kommt, wollt Ihr gehn?
HASTINGS: Eu'r Gnaden aufzuwarten. *Ab.*

DRITTE SZENE

Zu Pomfret, vor der Burg.

*Ratcliff tritt auf mit einer Wache, welche Rivers, Vaughan und Grey
zur Hinrichtung führt.*

RATCLIFF: Kommt, führt die Gefangnen vor!
RIVERS: Sir Richard Ratcliff, laß dir sagen dies:
Heut wirst du einen Untertan sehn sterben,
Den Treu' und Pflicht und Biederkeit verderben.
GREY: Gott schütz' den Prinzen nur vor eurer Rotte!
Verdammter Hauf' ihr alle von Blutsaugern!
VAUGHAN: Ihr, die ihr lebt, wehklagt hierum noch künftig.
RATCLIFF: Macht fort, denn eures Lebens Ziel ist da.
RIVERS: O Pomfret! Pomfret! O du blut'ger Kerker,
Verhängnisvoll und tödlich edlen Pairs!
Im sünd'gen Umfang deiner Mauern ward

Richard der Zweite hier zu Tod gehaun;
Und deinem grausen Sitz zu fernem Schimpf
Gibt man dir unser schuldlos Blut zu trinken.
GREY: Nun fällt Margretas Fluch auf unser Haupt,
Ihr Racheschrei, weil Hastings, Ihr und ich
Zusahn, als Richard ihren Sohn erstach.
RIVERS: Da fluchte sie Hastings, da fluchte sie Buckingham,
Da fluchte sie Richard: Gott, gedenke des!
Hör' ihr Gebet für sie, wie jetzt für uns!
Für meine Schwester und für ihre Prinzen
Genüg' unser treues Blut dir, teurer Gott,
Daß ungerecht, du weißt's, vergossen wird!
RATCLIFF: Eilt euch, die Todesstund' ist abgetan.
RIVERS: Komm, Grey! Komm, Vaughan! Umarmen wir uns hier.
Lebt wohl, bis wir uns wiedersehn im Himmel.

Alle ab.

VIERTE SZENE

London. Ein Zimmer im Turm.

*Buckingham, Stanley, Hastings, der Bischof von Ely[40], Lovel[41] und
andre, an einer Tafel sitzend; Ratsbediente hinter ihnen stehend.*

HASTINGS: Nun, edle Pairs: was uns versammelt, ist,
Die Krönung festzusetzen: in Gottes Namen,
Sprecht denn, wann ist der königliche Tag?
BUCKINGHAM: Ist alles fertig für dies Königsfest?
STANLEY: Ja, und es fehlt die Anberaumung nur.
ELY: So acht' ich morgen einen guten Tag.
BUCKINGHAM: Wer kennt des Lord Protektors Sinn hierin?
Wer ist Vertrautester des edlen Herzogs?
ELY: Eu'r Gnaden kennt wohl seinen Sinn am ersten.
BUCKINGHAM: Wir kennen von Gesicht uns: doch die Herzen,
Da kennt er meins nicht mehr, als Eures ich;
Noch seines ich, Mylord, als meines Ihr. –
Lord Hastings, Ihr und er seid nah vereint.
HASTINGS: Ich weiß, er will mir wohl, Dank Seiner Gnaden.
Doch über seine Absicht mit der Krönung
Hab' ich ihn nicht erforscht, noch er darin
Sein gnäd'ges Wohlgefallen mir eröffnet.
Ihr mögt, mein edler Lord, die Zeit wohl nennen,
Und ich will stimmen an des Herzogs Statt,

Was, wie ich hoff', er nicht verübeln wird.

Gloster tritt auf.

ELY: Zu rechter Zeit kommt da der Herzog selbst.

GLOSTER: Ihr edlen Lords und Vetter, guten Morgen!
Ich war ein Langeschläfer; doch ich hoffe,
Mein Absein hat kein groß Geschäft versäumt,
Das meine Gegenwart beschlossen hätte.

BUCKINGHAM: Kamt Ihr auf Euer Stichwort nicht, Mylord,
So sprach William Lord Hastings Eure Rolle.
Gab Eure Stimme, mein' ich, für die Krönung.

GLOSTER: Niemand darf dreister sein als Mylord Hastings;
Sein' Edeln kennt mich wohl und will mir wohl. –
Mylord von Ely, jüngst war ich in Holborn
Und sah in Eurem Garten schöne Erdbeer'n:
Laßt etliche mir holen, bitt' ich Euch.

ELY: Das will ich, Mylord, und von Herzen gern. *Ab.*

GLOSTER: Vetter von Buckingham, ein Wort mit Euch.

Er nimmt ihn beiseit.

Catesby hat Hastings über unsern Handel
Erforscht und find't den starren Herrn so hitzig,
Daß er den Kopf daran wagt, eh' er leidet,
Daß seines Herrn Sohn, wie er's ehrsam nennt,
An Englands Thron das Erbrecht soll verlieren.

BUCKINGHAM: Entfernt ein Weilchen Euch, ich gehe mit.

Gloster und Buckingham ab.

STANLEY: Noch setzten wir dies Jubelfest nicht an;
    Auf morgen, wie mich dünkt, das wär' zu plötzlich,
    Denn ich bin selber nicht so wohl versehn,
    Als ich es wär', wenn man den Tag verschöbe.

Der Bischof von Ely kommt zurück.

ELY: Wo ist der Lord Protektor? Ich sandt' aus
    Nach diesen Erdbeer'n.

HASTINGS: Heut sieht Sein' Hoheit mild und heiter aus:
    Ihm liegt etwas im Sinn, das ihm behagt,
    Wenn er so munter guten Morgen bietet.
    Ich denke, niemand in der Christenheit
    Kann minder bergen Lieb' und Haß wie er
    Denn sein Gesicht verrät euch gleich sein Herz.

STANLEY: Was nahmt Ihr im Gesicht vom Herzen wahr
    Durch irgendeinen Anschein, den er wies?

HASTINGS: Ei, daß er wider niemand hier was hat;
    Denn, wäre das, er zeigt' es in den Mienen.

Gloster und Buckingham treten auf.

GLOSTER: Ich bitt' euch alle, sagt, was die verdienen,
    Die meinen Tod mit Teufelsränken suchen
    Verdammter Hexerei und meinen Leib
    Mit ihrem höllischen Zauber übermannt?

HASTINGS: Die Liebe, die ich zu Eu'r Hoheit trage,
    Drängt mich, in diesem edlen Kreis vor allen,
    Die Schuld'gen zu verdammen; wer sie sei'n,
    Ich sage, Mylord, sie sind wert des Tods.

GLOSTER: Sei denn Eu'r Auge ihres Unheils Zeuge:
    Seht nur, wie ich behext bin! Schaut, mein Arm
    Ist ausgetrocknet, wie ein welker Sproß.
    Und das ist Eduards Weib, die arge Hexe,
    Verbündet mit der schandbar'n Metze Shore,
    Die so mit Hexenkünsten mich gezeichnet.

HASTINGS: Wenn sie die Tat getan, mein edler Herr, –

GLOSTER: Wenn! Du Beschützer der verdammten Metze!
    Kommst du mit Wenn mir? Du bist ein Verräter. –
    Den Kopf ihm ab! Ich schwöre bei Sankt Paul,
    Ich will nicht speisen, bis ich den gesehn. –
    Lovel und Catesby, sorgt, daß es geschieht; –
    Und wer mich liebt, steh' auf und folge mir!

Der Staatsrat mit Gloster und Buckingham ab.

HASTINGS: Weh, weh um England! Keineswegs um mich.
    Ich Tor, ich hätte dies verhüten können:

Denn Stanley träumte, daß der Eber ihm
Den Helmbusch abstieß; aber nur gering
Hab' ich's geachtet und versäumt zu fliehn.
Dreimal gestrauchelt hat mein Leibpferd heute
Und hat gescheut, wie es den Turm erblickt,
Als trüg' es ungern in das Schlachthaus mich.
Oh! jetzt brauch' ich den Priester, den ich sprach:
Jetzt reut es mich, daß ich dem Heroldsdiener
Zu triumphierend sagte, meine Feinde
In Pomfret würden blutig heut geschlachtet,
Derweil ich sicher wär' in Gnad' und Gunst.
O jetzt, Margreta, trifft dein schwerer Fluch
Des armen Hastings unglücksel'gen Kopf.

CATESBY: Macht fort, Mylord! Der Herzog will zur Tafel;
Beichtet nur kurz: ihm ist's um Euren Kopf.

HASTINGS: O flücht'ge Gnade sterblicher Geschöpfe,
Wonach wir trachten vor der Gnade Gottes!
Wer Hoffnung baut in Lüften eurer Blicke,
Lebt wie ein trunkner Schiffer auf dem Mast,
Bereit, bei jedem Ruck hinabzutaumeln
In der verderbenschwangern Tiefe Schoß.

LOVEL: Wohlan, macht fort! 's ist fruchtlos, weh zu rufen.

HASTINGS: O blut'ger Richard! Unglücksel'ges England!
Ich prophezeie grause Zeiten dir,
Wie die bedrängte Welt sie nie gesehn. –
Kommt, führt mich hin zum Block! Bringt ihm mein Haupt!
Bald wird, wer meiner spottet, hingeraubt.

Alle ab.

FÜNFTE SZENE

Innerhalb der Mauern des Turms.

Gloster und Buckingham in rostigem Harnisch[42] *und einem sehr entstellenden Aufzuge.*

GLOSTER: Komm, Vetter, kannst du zittern, Farbe wechseln?
Mitten im Worte deinen Atem würgen,
Dann wiederum beginnen, wieder stocken,
Wie außer dir und irr' im Geist vor Schrecken?

BUCKINGHAM: Pah! Ich tu's dem Tragödienspieler nach,
Red' und seh' hinter mich und späh' umher,
Beb' und fahr' auf, wenn sich ein Strohhalm rührt,

Als tiefen Argwohn hegend; grause Blicke
Stehn zu Gebot mir, wie erzwungnes Lächeln,
Und beide sind bereit in ihrem Dienst
Und jeder Zeit zugunsten meiner Ränke.
Doch sag, ist Catesby fort?

GLOSTER: Ja, und sieh da, er bringt den Schulzen mit.
Der Lord Mayor und Catesby treten auf.

BUCKINGHAM: Laßt mich allein ihn unterhalten. – Lord Mayor, –

GLOSTER: Gebt auf die Zugbrück' acht!

BUCKINGHAM: Horch! Eine Trommel.

GLOSTER: Catesby, schau von der Mauer!

BUCKINGHAM:
Lord Mayor, der Grund, warum wir nach Euch sandten, –

GLOSTER: Sieh um dich, wehr' dich, es sind Feinde hier.

BUCKINGHAM:
Bewahr' und schirm' uns Gott und unsre Unschuld!
Ratcliff und Lovel treten auf mit Hastings Kopfe.

GLOSTER: Sei ruhig! Freunde sind's, Ratcliff und Lovel.

LOVEL: Hier ist der Kopf des schändlichen Verräters,
Des tückischen und unverdächt'gen Hastings.

GLOSTER: Ich war so gut ihm, daß ich weinen muß.
Ich hielt ihn für das redlichste Geschöpf,
Das lebt' auf Erden unter Christenseelen;
Macht' ihn zum Buch, in welches meine Seele
Die heimlichsten Gedanken niederschrieb.
So glatt betüncht' er auf dem Schein der Tugend
Sein Laster, daß, bis auf sein offenbares
Vergeh'n, den Umgang mein' ich mit Shores Weib,
Er rein sich hielt von jeglichem Verdacht.

BUCKINGHAM: Ja, ja, er war der schleichendste Verräter,
Der je gelebt. – Seht Ihr, Mylord Mayor,
Solltet Ihr's denken oder glauben selbst,
Falls wir nicht wunderbar errettet lebten,
Es zu bezeugen, daß der Erzverräter
Heut angezettelt hatt', im Saal des Rats
Mich und den guten Herzog zu ermorden?

MAYOR: Wie? Hatt' er das?

GLOSTER: Was? Denkt Ihr, wir sei'n Türken oder Heiden
Und würden, wider alle Form des Rechts,
So rasch verfahren mit des Schurken Tod,
Wo nicht die dringende Gefahr des Falls,
Der Frieden Englands, unsre Sicherheit
Uns diese Hinrichtung hätt' abgenötigt?

MAYOR: Ergeh's Euch wohl! Er hat den Tod verdient,
Und beid' Eu'r Gnaden haben wohl getan,
Verräter vor dergleichen Tun zu warnen.
Ich habe nie mir Gut's von ihm versehn,
Seit er sich einmal einließ mit Frau Shore.
BUCKINGHAM: Doch war nicht unsre Absicht, daß er stürbe,
Bis Euer Edeln käm', es anzusehn;
Was dieser unsrer Freund' ergebne Eil',
In etwas gegen unsern Sinn, verhindert.
Wir wollten, Mylord, daß Ihr den Verräter
Selbst hörtet reden und verzagt bekennen
Die Weis' und Absicht der Verräterei,
Auf daß Ihr selb'ge wohl erklären möchtet
Der Bürgerschaft, die uns vielleicht hierin
Mißdeutet und bejammert seinen Tod.
MAYOR: Doch, bester Herr, mir gilt Eu'r Gnaden Wort,
Als hätt' ich ihn gesehn und reden hören:
Und zweifelt nicht, erlauchte Prinzen beide,
Ich will der treuen Bürgerschaft berichten
All eu'r gerecht Verfahren bei dem Fall.
GLOSTER: Wir wünschten zu dem End' Eu'r Edeln her,
Dem Tadel zu entgehn der schlimmen Welt.
BUCKINGHAM: Doch weil zu spät Ihr kamt für unsern Zweck,
Bezeugt nur, was Ihr hört, daß wir bezielt;
Und somit, wertester Lord Mayor, lebt wohl.
Der Lord Mayor ab.
GLOSTER: Geh, folg' ihm, folg' ihm, Vetter Buckingham.
Der Schulz geht eiligst nun aufs Gildehaus[43]:
Daselbst, wie's dann die Zeit am besten gibt,
Dring' auf die Unechtheit von Eduards Kindern.
Stell' ihnen vor, wie Eduard einen Bürger
Am Leben strafte, bloß weil er gesagt,
Er wolle seinen Sohn zum Erben machen
Der Krone, meinend nämlich seines Hauses,
Das so nach dessen Schilde ward benannt.
Auch schildre seine schnöde Üppigkeit
Und viehisches Gelüst nach stetem Wechsel,
Das ihre Mädge, Töchter, Weiber traf,
Wo nur sein lüstern Aug' und wildes Herz
Ohn' Einhalt wählen mochte seinen Raub.
Ja, wenn es not tut, rück' mir selbst noch näher
Und sag, als meine Mutter schwanger war
Mit diesem nie zu sättigenden Eduard,

Da habe mein erlauchter Vater York
In Frankreich Krieg geführt[44] und bei Berechnung
Der Zeit gefunden, daß das Kind nicht sein;
Was auch in seinen Zügen kund sich gab,
Als keineswegs dem edlen Herzog ähnlich.
Doch das berührt nur schonend, wie von fern,
Weil meine Mutter, wie Ihr wißt, noch lebt.

BUCKINGHAM:
Sorgt nicht, Mylord: ich will den Redner spielen,
Als ob der goldne Lohn, um denen ich rechte,
Mir selbst bestimmt wär'; und somit lebt wohl.

GLOSTER:
Wenn's Euch gelingt, bringt sie nach Baynards-Schloß[45],
Wo Ihr mich finden sollt, umringt vom Kreis
Gelahrter Bischöf' und ehrwürd'ger Väter.

BUCKINGHAM: Ich geh', und gegen drei bis vier erwartet
Das Neue, was vom Gildehause kommt. *Buckingham ab.*

GLOSTER: Geh, Lovel, ungesäumt zum Doktor Shaw[46]; –
Zu Catesby. Geh du zum Pater Penker; – heißt sie beide
In einer Stund' in Baynards-Schloß mich treffen.
Lovel und Catesby ab.
Nun will ich hin, um heimlich zu verfügen,
Wie man des Clarence Bälge schafft bei Seit';
Und anzudeuten, daß keine Art Personen
Je zu den Prinzen Zutritt haben soll. *Ab.*

SECHSTE SZENE

Eine Straße.

Ein Kanzellist tritt auf.

KANZELLIST: Hier ist die Klagschrift wider den Lord Hastings,
Den wackern Mann, in sauberer Kopei[47],
Um in Sankt Paul sie heute zu verlesen.
Nun merke man, wie fein das hängt zusammen:
Eilf Stunden bracht' ich zu, sie abzuschreiben,
Denn Catesby schickte sie mir gestern abend;
Die Urschrift war nicht minder lang' in Arbeit,
Und vor fünf Stunden lebte Hastings doch
Noch unbescholten, unverhört, in Freiheit.
Das ist 'ne schöne Welt! – Wer ist so blöde

Und sieht nicht diesen greiflichen Betrug?
Und wer so kühn und sagt, daß er ihn sieht?
Schlimm ist die Welt, sie muß zu Grunde gehn,
Wenn man muß schweigend solche Ränke sehn. *Ab.*

S<small>IEBENTE</small> S<small>ZENE</small>

Der Hof in Baynards-Schloß.

Gloster und Buckingham begegnen einander.

GLOSTER:
  Wie steht's? Wie steht's? Was sagt die Bürgerschaft?
BUCKINGHAM: Nun, bei der heil'gen Mutter unsers Herrn!
  Die Bürgerschaft ist stockstill, sagt kein Wort.
GLOSTER: Spracht Ihr von Unechtheit der Kinder Eduards[48]?
BUCKINGHAM: Ja, nebst dem Eh'vertrag mit Lady Lucy[49]
  Und dem in Frankreich[50], den er schloß durch Vollmacht;
  Der Unersättlichkeit in seinen Lüsten
  Und Vergewältigung der Bürgerfrau'n;
  Von seiner Tyrannei um Kleinigkeiten,
  Von seiner eignen Unechtheit, als der
  Erzeugt ward, da Eu'r Vater außer Lands,
  Und der an Bildung nicht dem Herzog glich.
  Dann hielt ich ihnen Eure Züge vor,
  Als Eures Vaters rechtes Ebenbild,
  Wie an Gestalt, so auch an edlem Sinn;
  Legt ihnen dar all Eure Sieg' in Schottland,
  Die strenge Zucht im Krieg, Weisheit im Frieden,
  Auch Eure Güte, Tugend, fromme Demut;
  Ließ in der Tat nichts, dienlich für den Zweck,
  Im Sprechen unberührt, noch leicht behandelt.
  Und als die Redekunst zu Ende ging,
  Sagt' ich: Wer seinem Lande wohl will, rufe:
  „Gott schütze Richard, Englands großen König!"
GLOSTER: Und taten sie's?
BUCKINGHAM: Nein, helf' mir Gott, sie sagten nicht ein Wort.
  Wie stumme Bilder, unbelebte Steine,
  So sahn sie starr sich an und totenbleich.
  Dies sehend schalt ich sie und frug den Mayor,
  Was dies verstockte Schweigen nur bedeute.
  Seine Antwort war, das Volk sei nicht gewohnt,

Daß sonst wer als der Sprecher zu ihm rede.
Gedrungen mußt' er nun mich wiederholen:
„So sagt der Herzog, gibt der Herzog an";
Doch sagt' er nichts, es zu bestät'gen, selbst.
Als er geschlossen, schwenkten ein'ge Leute
Von meinem Troß, am andern End' des Saals,
Die Mützen um den Kopf, ein Dutzend Stimmen
Erhoben sich: „Gott schütze König Richard!"
Ich nahm den Vorteil dieser wen'gen wahr:
„Dank, liebe Freund' und Bürger!" fiel ich ein,
„Der allgemeine frohe Beifalls-Ruf
Gibt Weisheit kund und Lieb' in euch zu Richard"
Und damit brach ich ab und ging davon.

GLOSTER:
Die stummen Blöcke! Wollten sie nicht sprechen?
Kommt denn der Mayor mit seinen Brüdern nicht?

BUCKINGHAM:
Der Mayor ist hier nah bei. Stellt Euch besorgt,
Laßt Euch nicht sprechen als auf dringend Bitten
Und nehmt mir ein Gebetbuch in die Hand
Und habt, Mylord, zween Geistliche zur Seite,
Denn daraus zieh' ich heil'ge Nutzanwendung.
Laßt das Gesuch so leicht nicht Eingang finden,
Tut mädchenhaft, sagt immer nein, und nehmt!

GLOSTER: Ich geh', und wenn du weißt, für sie zu sprechen,
Wie ich dir nein für mich zu sagen weiß,
So bringen wir's gewiß nach Wunsch zu Ende.

BUCKINGHAM:
Geht, geht, auf den Altan! Der Lord Mayor klopft.

Gloster ab.

Der Lord Mayor, Aldermänner und Bürger treten auf.

BUCKINGHAM:
Willkommen, Mylord! Ich wart' umsonst hier auf:
Der Herzog, scheint's, will sich nicht sprechen lassen.

Catesby kommt aus dem Schloß.

Nun, Catesby? Was sagt Eu'r Herr auf mein Gesuch?

CATESBY: Er bittet Euer Gnaden, edler Lord,
Kommt morgen wieder oder übermorgen.
Er ist mit zwei ehrwürd'gen Vätern drinnen,
Vertieft in geistliche Beschaulichkeit,
Kein weltliches Gesuch möcht' ihn bewegen,
Ihn von der heil'gen Übung abzuziehn.

BUCKINGHAM: Geh, guter Catesby, noch zum gnäd'gen Herzog;

Sag ihm, daß ich, der Mayor und Aldermänner,
In trift'ger Absicht, Sachen von Gewicht,
Betreffend minder nicht als aller Wohl,
Hier sind um ein Gespräch mit Seiner Gnaden.

CATESBY: Ich geh' sogleich, ihm solches anzumelden. *Ab.*

BUCKINGHAM:
Ha, Mylord, dieser Prinz, das ist kein Eduard!
Den find't man nicht auf üpp'gem Ruh'bett lehnend,
Nein, auf den Knieen liegend in Betrachtung;
Nicht scherzend mit 'nem Paar von Buhlerinnen,
Nein, mit zwei ernsten Geistlichen betrachtend;
Nicht schlafend, seinen trägen Leib zu mästen,
Nein, betend, seinen wachen Sinn zu nähren.
Beglückt wär' England, wenn der fromme Prinz
Desselben Oberherrschaft auf sich nähme;
Allein ich fürcht', er ist nicht zu bewegen.

MAYOR: Ei, Gott verhüte, daß uns Seine Gnaden
Nein sollte sagen!

BUCKINGHAM: Ich fürcht', er wird es. Da kommt Catesby wieder.
Catesby kommt zurück.
Nun, Catesby, was sagt Seine Gnaden?

CATESBY: Ihn wundert, zu was End' Ihr solche Haufen
Von Bürgern habt versammelt, herzukommen,
Da Seine Gnaden dessen nicht gewärtig.
Er sorgt, Mylord, Ihr habt nichts Gut's im Sinn.

BUCKINGHAM:
Mich kränkt der Argwohn meines edlen Vetters,
Als hätt' ich wider ihn nichts Gut's im Sinn.
Beim Himmel! Ganz wohlmeinend kommen wir;
Geh wieder hin und sag das Seiner Gnaden.
Catesby ab.
Wenn fromm-andächt'ge Männer einmal sind
Beim Rosenkranz, so zieht man schwer sie ab:
So süß ist brünstige Beschaulichkeit.
*Gloster erscheint auf einem Altan zwischen zwei Bischöfen;
Catesby kommt zurück.*

MAYOR: Seht, Seine Gnaden zwischen zwei Bischöfen!

BUCKINGHAM: Zwei Tugendpfeilern für ein christlich Haupt,
Ihn vor dem Fall der Eitelkeit zu stützen:
Und, seht nur, ein Gebetbuch in der Hand,
Die wahre Zier, woran man Fromme kennt. –
Großer Plantagenet, erlauchter Prinz,
Leih' unserem Gesuch ein günstig Ohr

Und woll' die Unterbrechung uns verzeihn
Der Andacht und des christlich frommen Eifers.
GLOSTER: Mylord, es braucht nicht der Entschuldigung,
Vielmehr ersuch' ich Euch, mir zu verzeihn,
Der ich, im Dienste meines Gottes eifrig,
Versäume meiner Freunde Heimsuchung.
Doch das beiseite, was beliebt Eu'r Gnaden?
BUCKINGHAM: Was, hoff' ich, Gott im Himmel auch beliebt
Und den rechtschaffnen Männern insgesamt,
So dieses unregierte Eiland hegt.
GLOSTER: Ich sorg', ich hab' in etwas mich vergangen,
Das widrig in der Bürger Aug' erscheint;
Und daß Ihr kommt, um mein Verseh'n zu schelten.
BUCKINGHAM: Das habt Ihr, Mylord: wollt' Eu'r Gnaden doch,
Auf unsre Bitten, Euren Fehl verbessern!
GLOSTER: Weswegen lebt' ich sonst in Christenlanden?
BUCKINGHAM: Wißt denn, Eu'r Fehl ist, daß Ihr überlaßt
Den höchsten Sitz, den majestät'schen Thron,
Dies Eurer Ahnen szepterführend Amt,
Des Rangs Gebühr, den Anspruch der Geburt,
Den Erbruhm Eures königlichen Hauses,
An die Verderbnis eines falschen Sprößlings;
Weil, bei so schläfriger Gedanken Milde,
Die wir hier wecken zu des Landes Wohl,
Dies edle Eiland seiner Glieder mangelt,
Entstellt sein Antlitz von der Schande Narben,
Sein Fürstenstamm geimpft mit schlechten Zweigen
Und fast verschlemmt im niederzieh'nden Sumpf
Der tiefsten nächtlichsten Vergessenheit.
Dies abzustellen, gehn wir dringend an
Eu'r gnädig Selbst, das höchste Regiment
Von diesem Eurem Land auf Euch zu laden,
Nicht als Protektor, Anwalt, Stellvertreter,
Noch dienender Verwalter fremden Guts,
Nein, als der Folge nach, von Glied zu Glied,
Eu'r Erbrecht, Euer Reich, Eu'r Eigentum.
Deshalb, gemeinsam mit der Bürgerschaft,
Die ehrerbietigst Euch ergeben ist,
Und auf ihr ungestümes Dringen komm' ich,
Für dies Gesuch Eu'r Gnaden zu bewegen.
GLOSTER: Ich weiß nicht, ob stillschweigend wegzugehn,
Ob bitterlich mit Reden Euch zu schelten,
Mehr meiner Stell' und Eurer Fassung ziemt.

Antwort' ich nicht, so dächtet Ihr vielleicht,
Verschwiegner Ehrgeiz will'ge stumm darein,
Der Oberherrschaft goldnes Joch zu tragen,
Das Ihr mir töricht auferlegen wollt.
Doch schelt' ich Euch für dieses Eu'r Gesuch,
Durch Eure treue Liebe so gewürzt,
Dann, andrerseits, versehr' ich meine Freunde.
Um jenes drum zu meiden, und zu reden,
Und nicht in dies beim Reden zu verfallen,
Antwort' ich Euch entschiednermaßen so:
Dankwert ist Eure Liebe; doch mein Wert,
Verdienstlos, scheut Eu'r allzuhoch Begehren.
Erst, wäre jede Hind'rung weggeräumt
Und wär' geebnet meine Bahn zum Thron,
Als heimgefallnem Rechte der Geburt:
Dennoch, so groß ist meine Geistesarmut,
So mächtig und so vielfach meine Mängel,
Daß ich mich eh' verbürge vor der Hoheit,
Als Kahn, der keine mächt'ge See verträgt,
Eh' ich von meiner Hoheit mich verbergen,
Von meines Ruhmes Dampf ersticken ließe.
Doch, Gott sei Dank! es tut nicht not um mich;
Und wär's, tät' vieles not mir, Euch zu helfen.
Der königliche Baum ließ Frucht uns nach,
Die, durch der Zeiten leisen Gang gereift,
Wohl zieren wird den Sitz der Majestät,
Und des Regierung uns gewiß beglückt.
Auf ihn leg' ich, was Ihr mir auferlegt,
Das Recht und Erbteil seiner guten Sterne,
Was Gott verhüte, daß ich's ihm entrisse.
BUCKINGHAM: Mylord, dies zeigt Gewissen in Eu'r Gnaden,
Doch seine Gründe sind gering und nichtig,
Wenn man jedweden Umstand wohl erwägt.
Ihr saget, Eduard ist Eu'r Bruderssohn;
Wir sagen's auch, doch nicht von Eduards Gattin;
Denn erst war er verlobt mit Lady Lucy,
Noch lebt des Eides Zeugin, Eure Mutter;
Und dann war ihm durch Vollmacht Bona, Schwester
Des Königs von Frankreich, angetraut.
Doch beide wurden sie hintangesetzt
Zugunsten einer armen Supplikantin[51],
Der abgehärmten Mutter vieler Söhne,
Der reizverfallnen und bedrängten Witwe,

Die, schon in ihrer Blüh'zeit Nachmittag,
Sein üppig Aug' erwarb als einen Raub
Und seines Sinnes höchsten Schwung verführte
Zu niederm Fall und schnöder Doppeleh'.
Aus diesem unrechtmäß'gen Bett erzeugt
Ward Eduard, Prinz aus Höflichkeit genannt.
Ich könnt' es bittrer führen zu Gemüt,
Nur daß, aus Achtung ein'ger, die noch leben,
Ich schonend meiner Zunge Schranken setze.
Drum, bester Herr, nehm' Euer fürstlich Selbst
Der Würde dargebotnes Vorrecht an:
Wo nicht zu unserm und des Landes Segen,
Doch um Eu'r edles Haus hervorzuziehn
Aus der Verderbnis der verkehrten Zeit
Zu erblicher und echter Folgereihe.
MAYOR: Tut, bester Herr, was Eure Bürger bitten!
BUCKINGHAM:
Weist, hoher Herr, nicht ab den Liebesantrag!
CATESBY: O macht sie froh, gewährt ihr bill'ges Flehn!
GLOSTER: Ach, warum diese Sorgen auf mich laden?
Ich tauge nicht für Rang und Majestät.
Ich bitt' euch, legt es mir nicht übel aus:
Ich kann und will euch nicht willfährig sein.
BUCKINGHAM:
Wenn Ihr es weigert, Lieb' und Eifers halb,
Das Kind, den Bruderssohn, nicht zu entsetzen,
Wie uns bekannt ist Eures Herzens Milde
Und Euer sanftes, weichliches Erbarmen,
Das wir in Euch für Anverwandte sehn,
Ja, gleichermaßen auch für alle Stände:
So wißt, ob Ihr uns willfahrt oder nicht,
Doch soll Eu'r Bruderssohn uns nie beherrschen;
Wir pflanzen jemand anders auf den Thron
Zum Schimpf und Umsturz Eures ganzen Hauses.
Und, so entschlossen, lassen wir Euch hier. –
Kommt, Bürger, länger wollen wir nicht bitten.
                    Buckingham mit den Bürgern ab.
CATESBY: Ruft, lieber Prinz, sie wieder und gewährt es!
Wenn Ihr sie abweist, wird das Land es büßen.
GLOSTER: Zwingt ihr mir eine Welt von Sorgen auf?
Wohl, ruf' sie wieder!
                    Catesby ab.
                    Ich bin ja nicht von Stein,

Durchdringlich eurem freundlichen Ersuchen,
Zwar wider mein Gewissen und Gemüt.
Buckingham und die übrigen kommen zurück.
Vetter von Buckingham und weise Männer,
Weil ihr das Glück mir auf den Rücken schnallt,
Die Last zu tragen, willig oder nicht,
So muß ich in Geduld sie auf mich nehmen.
Wenn aber schwarzer Leumund, frecher Tadel
Erscheinet im Gefolge eures Auftrags,
So spricht mich euer förmlich Nöt'gen los
Von jeder Makel, jedem Fleck derselben.
Denn das weiß Gott, das seht ihr auch zum Teil,
Wie weit entfernt ich bin, dies zu begehren.

MAYOR:
Gott segn' Eu'r Gnaden! Wir sehn's und wollen's sagen.

GLOSTER: Wenn ihr es sagt, so sagt ihr nur die Wahrheit.

BUCKINGHAM: Dann grüß' ich Euch mit diesem Fürstentitel:
Lang lebe Richard, Englands würd'ger König!

ALLE: Amen.

BUCKINGHAM: Beliebt's Euch, daß die Krönung morgen sei?

GLOSTER: Wann's Euch beliebt, weil Ihr's so haben wollt.

BUCKINGHAM: So warten wir Eu'r Gnaden morgen auf
Und nehmen hiemit voller Freuden Abschied.

GLOSTER *zu den Bischöfen:*
Kommt, gehn wir wieder an das heil'ge Werk; –
Lebt wohl, mein Vetter! Lebt wohl, werte Freunde!
Alle ab.

VIERTER AUFZUG

Erste Szene

Vor dem Turm.

Von der einen Seite treten auf Königin Elisabeth, die Herzogin von York und der Marquis von Dorset; von der andern Anna, Herzogin von Gloster, mit Lady Margareta Plantagenet, Clarences kleiner Tochter, an der Hand.

HERZOGIN: Wen treff' ich hier? Enk'lin Plantagenet
  An ihrer guten Muhme Gloster Hand?
  So wahr ich lebe, sie will auch zum Turm,
  Aus Herzensliebe zu dem zarten Prinzen. –
  Tochter, ich freue mich, Euch hier zu treffen.
ANNA: Gott geb' Eu'r Gnaden beiden frohe Zeit!
ELISABETH: Euch gleichfalls, gute Schwester! Wohin geht's?
ANNA: Nicht weiter als zum Turm, und, wie ich rate,
  In gleicher frommer Absicht wie Ihr selbst,
  Daselbst die holden Prinzen zu begrüßen.
ELISABETH: Dank, liebe Schwester! Gehn wir all' hinein;
  Und da kommt eben recht der Kommandant. –
         Brakenbury tritt auf.
  Herr Kommandant, ich bitt' Euch, mit Verlaub,
  Was macht der Prinz und York, mein jüngrer Sohn?
BRAKENBURY:
  Wohl sind sie, gnäd'ge Frau; doch wollt verzeihn,
  Ich darf nicht leiden, daß Ihr sie besucht:
  Der König hat es scharf mir untersagt.
ELISABETH: Der König? Wer?
BRAKENBURY: Der Herr Protektor, mein' ich.
ELISABETH:
  Der Herr beschütz' ihn vor dem Königstitel!
  So hat er Schranken zwischen mich gestellt

Und ihre Liebe? Ich bin ihre Mutter:
Wer will den Zutritt mir zu ihnen wehren?
HERZOGIN: Ich ihres Vaters Mutter, die sie sehn will.
ANNA: Ich bin nur ihre Muhme nach den Rechten,
  Doch Mutter nach der Liebe; führe denn
  Mich vor sie: tragen will ich deine Schuld
  Und dir dein Amt abnehmen auf mein Wort.
BRAKENBURY:
  Nein, gnäd'ge Frau, so darf ich es nicht lassen.
  Ein Eid verpflichtet mich, deshalb verzeiht.

Brakenbury ab. Stanley tritt auf.

STANLEY:
  Träf' ich euch, edle Frau'n, ein Stündchen später,
  So könnt' ich Euer Gnaden schon von York
  Als würd'ge Mutter und Begleiterin
  Von zweien holden Königinnen grüßen. –

Zur Herzogin von Gloster.

Kommt, Fürstin, Ihr müßt gleich nach Westminster:
  Dort krönt man Euch als Richards Eh'gemahl.
ELISABETH: Ach! lüftet mir die Schnüre,
  Daß mein beklemmtes Herz Raum hat zu schlagen,
  Sonst sink' ich um bei dieser Todesbotschaft.
ANNA: Verhaßte Nachricht! Unwillkommne Botschaft!
DORSET: Seid gutes Muts! – Mutter, wie geht's Eu'r Gnaden!
ELISABETH: O Dorset, sprich nicht mit mir! Mach' dich fort!
  Tod und Verderben folgt dir auf der Ferse
  Verhängnisvoll ist deiner Mutter Name.
  Willst du dem Tod entgehn, fahr' übers Meer,
  Bei Richmond leb', entrückt der Hölle Klau'n.
  Geh, eil' aus dieser Mördergrube fort,
  Daß du die Zahl der Toten nicht vermehrst
  Und unter Margaretas Fluch ich sterbe,
  Noch Mutter, Weib, noch Königin geachtet.
STANLEY: Voll weiser Sorg' ist dieser Euer Rat. –
  Nehmt jeder Stunde schnellen Vorteil wahr;
  Ich geb' Euch Briefe mit an meinen Sohn,
  Empfehl' es ihm, entgegen Euch zu eilen:
  Laßt Euch nicht fangen durch unweises Weilen.
HERZOGIN: O schlimm zerstreu'nder Wind des Ungemachs! –
  O mein verfluchter Schoß, des Todes Bett!
  Du hecktest einen Basilisk der Welt,
  Des unvermiednes Auge mörd'risch ist.
STANLEY: Kommt, Fürstin, kommt! Ich ward in Eil' gesandt.

ANNA: Mit höchster Abgeneigtheit will ich gehn. –
O wollte Gott, es wär' der Zirkelreif
Von Gold, der meine Stirn umschließen soll,
Rotglüh'nder Stahl und sengte mein Gehirn!
Mag tödlich Gift mich salben, daß ich sterbe,
Eh' wer kann rufen: Heil der Königin!
ELISABETH: Geh, arme Seel', ich neide nicht dein Glück;
. Mir zu willfahren, wünsche dir kein Leid.
ANNA: Wie sollt' ich nicht? Als er, mein Gatte jetzt,
Hinzutrat, wie ich Heinrichs Leiche folgte,
Als er die Hände kaum vom Blut gewaschen,
Das dir entfloß, mein erster Engelgatte,
Und jenem toten Heil'gen, den ich weinte;
Oh, als ich da in Richards Antlitz schaute,
War dies mein Wunsch: Sei du, sprach ich, verflucht,
Der mich, so jung, so alt als Witwe macht!
Und wenn du freist, umlagre Gram dein Bett,
Und sei dein Weib (ist eine so verrückt)
Elender durch dein Leben, als du mich
Durch meines teuren Gatten Tod gemacht!
Und sieh, eh' ich den Fluch kann wiederholen,
In solcher Schnelle, ward mein Weiberherz
Gröblich bestrickt von seinen Honigworten
Und unterwürfig meinem eignen Fluch,
Der stets seitdem mein Auge wach erhielt:
Denn niemals e i n e Stund' in seinem Bett
Genoß ich noch den goldnen Tau des Schlafs,
Daß seine bangen Träume nicht mich schreckten.
Auch haßt er mich um meinen Vater Warwick
Und wird mich sicherlich in kurzem los.
ELISABETH: Leb wohl, du armes Herz! Mich dau'rt dein Klagen.
ANNA: Nicht mehr, als Eur's mich in der Seele schmerzt.
DORSET: Leb wohl, die du mit Weh die Hoheit grüßest!
ANNA: Leb, arme Seele, wohl, die von ihr scheidet!
HERZOGIN *zu Dorset:*
Geh du zu Richmond: gutes Glück geleite dich! –
Zu Anna. Geh du zu Richard: gute Engel schirmen dich! –
Zu Elisabeth. Geh du zur Freistatt: guter Trost erfülle dich! –
Ich in mein Grab, wo Friede mit mir ruhe!
Mir wurden achtzig Leidensjahr' gehäuft
Und Stunden Lust in Wochen Grams ersäuft.
ELISABETH: Verweilt noch, schaut mit mir zurück zum Turm! –
Erbarmt euch, alte Steine, meiner Knaben,

Die Neid in euren Mauern eingekerkert!
Du rauhe Wiege für so holde Kinder!
Felsstarre Amme! Finstrer Spielgesell
Für zarte Prinzen! Pflege meine Kleinen!
So sagt mein töricht Leid Lebwohl den Steinen.
Alle ab.

ZWEITE SZENE

Ein Staatszimmer im Palast.

Trompetenstoß. Richard als König auf seinem Thron,
Buckinghamm, Catesby, ein Edelknabe und andre.

RICHARD: Steht alle seitwärts. – Vetter Buckingham, –
BUCKINGHAM: Mein gnäd'ger Fürst?
RICHARD: Gib mir die Hand. So hoch, durch deinen Rat
Und deinen Beistand, sitzt nun König Richard.
Doch soll der Glanz uns einen Tag bekleiden,
Wie? oder dauern, und wir sein uns freun?
BUCKINGHAM: Stets leb' er, möge dauern immerdar!
RICHARD: Ah, Buckingham! Den Prüfstein spiel' ich jetzt,
Ob du dich wohl als echtes Gold bewährst.
Der junge Eduard lebt: rat', was ich meine.
BUCKINGHAM: Sprecht weiter, bester Herr.
RICHARD: Ei, Buckingham, ich möchte König sein.
BUCKINGHAM: Das seid Ihr ja, mein hochberühmter Fürst.
RICHARD: Ha! Bin ich König? Wohl, doch Eduard lebt.
BUCKINGHAM: Wahr, edler Prinz.
RICHARD: O bittre Folgerung!
Daß Eduard stets noch lebt: „Wahr, edler Prinz." –
Vetter, du warst ja sonst so blöde nicht.
Sag' ich's heraus? Die Buben wünsch' ich tot,
Und wollt', es würde schleunig ausgeführt.
Was sagst du nun? Sprich schleunig, fass' dich kurz.
BUCKINGHAM: Eu'r Hoheit kann verfahren nach Belieben.
RICHARD: Pah, pah! Du bist wie Eis; dein Eifer friert.
Sag, bist du es zufrieden, daß sie sterben?
BUCKINGHAM:
Laßt mich ein Weilchen Atem schöpfen, Herr,
Eh' ich bestimmt in dieser Sache rede.
Ich geb' Eu'r Hoheit alsobald Bescheid. *Buckingham ab.*
CATESBY *beiseit:* Der König ist erzürnt, er beißt die Lippe.

RICHARD *steigt vom Thron:*
Ich will mit eisenköpf'gen Narr'n verhandeln,
Mit unbedachten Burschen; keiner taugt mir,
Der mich mit überlegtem Blick erspäht.
Der hochgestieg'ne Buckingham wird schwierig. –
He, Bursch!
EDELKNABE: Mein Fürst?
RICHARD: Weißt du mir keinen, den bestechend Gold
Wohl zu verschwiegnem Todeswerk versuchte?
EDELKNABE: Ich kenne einen mißvergnügten Mann,
Des niedrer Glücksstand seinem Stolz versagt.
Gold wär' so gut bei ihm wie zwanzig Redner
Und wird gewiß zu allem ihn versuchen.
RICHARD: Wie ist sein Name?
EDELKNABE: Herr, sein Nam' ist Tyrrel.
RICHARD:
Ich kenne schon den Mann; geh, Bursche, hol' ihn her! –
                    Edelknabe ab.
Der tiefbedächt'ge, schlaue Buckingham
Soll nicht mehr Nachbar meines Rates sein.
Hielt er so lang' mir unermüdet aus
Und muß nun Atem schöpfen? Wohl, es sei. –
                    Stanley tritt auf.
Lord Stanley, nun? Was gibt es Neues?
STANLEY: Wißt, gewogner Herr,
Der Marquis Dorset, hör' ich, ist entflohn
Zum Richmond, in die Lande, wo er lebt.
RICHARD:
Catesby, komm her! Bring' ein Gerücht herum,
Gefährlich krank sei Anna, mein Gemahl;
Ich sorge schon, zu Hause sie zu halten.
Find' einen Mann von schlechter Herkunft aus,
Dem ich zur Frau des Clarence Tochter gebe; –
Der Jung' ist törlich, und ich fürcht' ihn nicht.
Sieh, wie du träumst! Ich sag's nochmal: streu' aus,
Anna, mein Weib, sei krank und wohl zum Sterben.
Ans Werk! Mir liegt zu viel dran, jede Hoffnung
Zu hemmen, deren Wachstum schaden kann. –
                    Catesby ab.
Heiraten muß ich meines Bruders Tochter,
Sonst steht mein Königreich auf dünnem Glas.
Erst ihre Brüder morden, dann sie frein!
Unsichrer Weg! Doch, wie ich einmal bin,

So tief im Blut, reißt Sünd' in Sünde hin.
Beträntes Mitleid wohnt nicht mir im Auge. –
Der Edelknabe kommt mit Tyrrel zurück.
Dein Nam' ist Tyrrel?
TYRREL: James Tyrrel, Eu'r ergebner Untertan.
RICHARD: Bist du das wirklich?
TYRREL: Prüft mich, gnäd'ger Herr!
RICHARD: Schlügst du wohl einen meiner Freunde tot?
TYRREL: Wie's Euch beliebt; doch lieber noch zwei Feinde.
RICHARD: Da triffst du's eben, zwei Erzfeinde sind's,
Verstörer meiner Ruh' und süßen Schlafs,
An denen ich dir gern zu schaffen gäbe.
Tyrrel, ich mein' im Turm die Bastardbuben.
TYRREL: Gebt mir zu ihnen offnen Zutritt nur,
So seid Ihr bald der Furcht vor ihnen los.
RICHARD: Du singst mir süßen Ton. Hieher komm, Tyrrel:
Geh, auf dies Unterpfand: – Steh auf und leih' dein Ohr.
Flüstert ihm zu. Nichts weiter braucht es. Sag, es sei geschehn,
Und lieben und befördern will ich dich.

TYRREL: Ich will es gleich vollziehn. *Ab.*

Buckingham kommt zurück.

BUCKINGHAM: Mein Fürst, ich hab' erwogen im Gemüt
Den Wunsch, um den Ihr eben mich befragt.

RICHARD: Laß gut sein. Dorset ist geflohn zum Richmond.

BUCKINGHAM: Ich höre so, mein Fürst.

RICHARD: Stanley, er ist Eu'r Stiefsohn. – Wohl, gebt acht!

BUCKINGHAM:
Mein Fürst, ich bitt' um mein versprochnes Teil,
Wofür Ihr Treu' und Ehre mir verpfändet:
Die Grafschaft Hereford und ihr fahrend Gut,
Die ich, wie Ihr verspracht, besitzen soll.

RICHARD: Stanley, gebt acht auf Eure Frau: befördert
Sie Brief' an Richmond, steht Ihr dafür ein.

BUCKINGHAM:
Was sagt Eu'r Hoheit auf die bill'ge Fod'rung?

RICHARD: Es ist mir noch im Sinn, Heinrich der Sechste
Weissagte, Richmond würde König werden,
Da er ein klein verzognes Bübchen war.
König! – vielleicht –

BUCKINGHAM: Mein Fürst, –

RICHARD: Wie kam's, daß der Prophet nicht damals mir,
Der ich dabei stand, sagt', ich würd' ihn töten?

BUCKINGHAM:
Mein Fürst, die mir versprochne Grafschaft –

RICHARD: Richmond! – Ich war letzthin in Exeter,
Da wies der Schulz verbindlich mir das Schloß
Und nannt' es Rougemont; bei dem Namen stutzt' ich,
Weil mir ein Bard' aus Irland einst gesagt,
Nicht lange lebt' ich, wenn ich Richmond sähe.

BUCKINGHAM: Mein Fürst, –

RICHARD: Was ist die Uhr?

BUCKINGHAM: Ich bin so dreist, Eu'r Hoheit zu erinnern
An was Ihr mir verspracht.

RICHARD: Gut, doch was ist die Uhr?

BUCKINGHAM: Zehn auf den Schlag.

RICHARD: Nun gut, so laß es schlagen.

BUCKINGHAM: Warum es schlagen lassen?

RICHARD: Weil zwischen deiner Bitt' und meinem Denken
Du wie ein Glockenhans den Hammer hältst.
Ich bin nicht in der Gebelaune heut.

BUCKINGHAM: Nun, so erklärt Euch, ob Ihr wollt, ob nicht.

RICHARD: Du störst mich nur; ich bin nicht in der Laune.

797

Richard mit seinem Gefolge ab.

BUCKINGHAM: So steht's? Bezahlt er meine wicht'gen Dienste
Mit Hohn? Macht' ich zum König dazu ihn?
O laß mich Hastings warnen und, derweilen
Dies bange Haupt noch steht, nach Brecknock eilen! *Ab.*

DRITTE SZENE

Ebendaselbst.

Tyrrel tritt auf.

TYRREL: Geschehn ist die tyrannisch blut'ge Tat,
Der ärgste Greuel jämmerlichen Mords,
Den jemals noch dies Land verschuldet hat.
Dighton und Forrest, die ich angestellt
Zu diesem Streich ruchloser Schlächterei,
Zwar eingefleischte Schurken, blut'ge Hunde, –
Vor Zärtlichkeit und mildem Mitleid schmelzend,
Weinten wie Kinder bei der Trau'rgeschichte.
„O so", sprach Dighton, „lag das zarte Paar";
„So, so", sprach Forrest, „sich einander gürtend
Mit den unschuld'gen Alabasterarmen:
Vier Rosen e i n e s Stengels ihre Lippen,
Die sich in ihrer Sommerschönheit küßten.
Und ein Gebetbuch lag auf ihrem Kissen;
Das wandte fast", sprach Forrest, „meinen Sinn;
Doch oh! der Teufel" – dabei stockt der Bube,
Und Dighton fuhr so fort: „Wir würgten hin
Das völligst süße Werk, so die Natur
Seit Anbeginn der Schöpfung je gebildet." –
Drauf gingen beide voll Gewissensbisse,
Die sie nicht sagen konnten, und ich ließ sie,
Dem blut'gen König den Bericht zu bringen.
              Richard tritt auf.
Hier kommt er eben. – Heil, mein hoher Herr!
RICHARD: Freund Tyrrel, macht mich deine Zeitung glücklich?
TYRREL: Wenn das vollbracht zu wissen, was Ihr mir
Befohlen, Euch beglückt, so seid denn glücklich:
Es ist geschehn.
RICHARD: Doch sahst du selbst sie tot?
TYRREL: Ja, Herr.

RICHARD: .   Und auch begraben, lieber Tyrrel?
TYRREL: Der Kapellan im Turm hat sie begraben;
  Wo, weiß ich nicht, die Wahrheit zu gestehn.
RICHARD: Komm zu mir, Tyrrel, nach dem Abendessen,
  Da sagst du mir den Hergang ihres Tods.
  Denk' drauf, was ich zu lieb dir könnte tun,
  Und dein Begehren fällt sogleich dir zu.
  Leb indes wohl!
TYRREL: Zu Gnaden Euch empfohlen. *Ab.*
RICHARD:
  Den Sohn des Clarence hab' ich eingesperrt,
  Die Tochter in geringem Stand vereh'licht;
  Im Schoß des Abraham ruh'n Eduards Söhne,
  Und Anna sagte gute Nacht der Welt.
  Nun weiß ich, der Bretagner Richmond trachtet
  Nach meiner jungen Nicht', Elisabeth,
  Und blickt, stolz auf dies Band, zur Kron' empor:
  Drum will ich zu ihr, als ein muntrer Freier.
             Catesby tritt auf.
CATESBY: Herr, –
RICHAD: Gilt es gute oder schlimme Zeitung,
  Daß du so grad' hereinstürmst?
CATESBY:
  Herr, schlimme Zeitung: Morton floh' zum Richmond,
  Und Buckingham, verstärkt mit tapfern Wäl'schen,
  Rückt in das Feld, und seine Macht nimmt zu.
RICHARD:
  Ely samt Richmond drängen näher mich
  Als Buckinghams schnell aufgeraffte Macht.
  Komm, denn ich lernte, bängliches Erwägen
  Sei schläfrigen Verzuges blei'rner Diener;
  Verzug führt Bettelei im lahmen Schneckenschritt.
  Sei denn mein Flügel, feur'ge Schnelligkeit,
  Zum Königsherold und Merkur bereit!
  Geh, mustre Volk: mein Schild ist jetzt mein Rat;
  Verrätertrotz im Felde ruft zur Tat.
             Beide ab.

Vor dem Palast.

Königin Margareta tritt auf.

MARGARETA: So, jetzo wird der Wohlstand überreif
Und fällt in den verfaulten Schlund des Todes.
Hier in der Nähe hab' ich schlau gelauscht,
Um einer Feinde Schwinden abzuwarten.
Von einem grausen Vorspiel war ich Zeugin
Und will nach Frankreich, hoffend, der Erfolg
Werd' auch so bitter, schwarz und tragisch sein.
Unglückliche Margreta, fort! Wer kommt?
    Königin Elisabeth und die Herzogin von York treten auf.
ELISABETH: Ach, arme Prinzen! Meine zarten Knaben!
Unaufgeblühte Knospen! Süße Keime!
Fliegt eure holde Seel' in Lüften noch
Und hält sie nicht ein Spruch auf ewig fest,
So schwebet um mich mit den luft'gen Flügeln
Und hört die Wehklag' eurer Mutter an!
MARGARETA:
Schwebt um sie, sagt, daß Recht um Recht gehandelt,
Der Kindheit Früh' in alte Nacht euch wandelt.
HERZOGIN: So manches Elend brach die Stimme mir,
Die jammermüde Zung' ist still und stumm.
Eduard Plantagenet, so bist du tot?
MARGARETA: Plantagenet vergilt Plantagenet;
Eduard um Eduard zahlt sein Totenbett.
ELISABETH: Entziehst du dich, o Gott, so holden Lämmern
Und schleuderst in den Rachen sie dem Wolf?
Wann schliefst du sonst bei solchen Taten schon?
MARGARETA: Als Heinrich starb, der Heil'ge, und mein Sohn.
HERZOGIN: Erstorbnes Leben! Blindes Augenlicht!
Du armes irdisch-lebendes Gespenst!
Des Wehes Schauplatz, Schande dieser Welt!
Des Grabs Gebühr, vom Leben vorenthalten,
Auszug und Denkschrift lästig langer Tage!
Laß deine Unruh' ruhn auf Engellands
Rechtmäß'ger Erde, die so unrechtmäßig
Berauschet worden von unschuld'gem Blut! *Setzt sich nieder.*
ELISABETH: Ach, wolltest du das Grab so bald gewähren,
Als einen schwermutsvollen Sitz du beutst:

Dann bürg' ich mein Gebein hier, ruht' es nicht.
Ach, wer hat Grund zu trauern, außer uns? *Setzt sich zu ihr.*
MARGARETA: Wenn alter Gram um so ehrwürd'ger ist,
    Gesteht der Jahre Vorrang meinem zu,
    Und wölke sich mein Kummer obenan. *Setzt sich neben sie.*
    Und wenn der Gram Gesellschaft dulden mag,
    Zählt Eure Leiden nach, auf meine schauend:
    Mein war ein Eduard, doch ein Richard schlug ihn;
    Mein war ein Gatte, doch ein Richard schlug ihn;
    Dein war ein Eduard, doch ein Richard schlug ihn;
    Dein war ein Richard, doch ein Richard schlug ihn.
HERZOGIN: Mein war ein Richard auch, und du erschlugst ihn;
    Mein war ein Rutland auch, du halfst ihn schlagen.
MARGARETA:
    Dein war ein Clarence auch, und Richard schlug ihn.
    Aus deines Schoßes Höhle kroch hervor
    Ein Höllenhund, der all' uns hetzt zu Tod.
    Den Hund, der eh' als Augen Zähne hatte,
    Gebißner Lämmer frommes Blut zu lecken;
    Der Gotteswerke schändlichen Verderber,
    Den trefflich großen Wüterich der Erde,
    In wunden Augen armer Seelen herrschend,
    Ließ los dein Schoß, um uns ins Grab zu jagen.
    O redlich ordnender, gerechter Gott!
    Wie dank' ich dir, daß dieser Metzgerhund
    In seiner Mutter Leibesfrüchten schwelgt
    Und macht sie zur Gesellin fremder Klagen!
HERZOGIN: O juble, Heinrichs Weib, nicht um mein Weh!
    Gott zeuge mir, daß ich um deins geweint.
MARGARETA: Ertrage mich: ich bin nach Rache hungrig
    Und sätt'ge nun an ihrem Anblick mich.
    Tot ist dein Eduard, Mörder meines Eduards;
    Dein andrer Eduard tot für meinen Eduard;
    Der junge York war Zutat: beid' erreichten
    Nicht meines Eingebüßten hohen Preis.
    Tot ist dein Clarence, Meuchler meines Eduards;
    Und die Zuschauer dieses Trauerspiels,
    Der falsche Hastings, Rivers, Vaughan, Grey,
    Sind vor der Zeit versenkt ins dumpfe Grab.
    Richard nur lebt, die Hölle schwarzer Spürer,
    Als Mäkler aufbewahrt, der Seelen kauft
    Und hin sie sendet: aber bald, ja bald
    Erfolgt sein kläglich, unbeklagtes Ende.

Die Erde gähnt, die Hölle brennt,
Die Teufel brüllen, Heil'ge beten,
Auf daß er schleunig werde weggerafft.
Vernichte, lieber Gott, ich fleh' dich an,
Den Pfandschein seines Lebens, daß ich noch
Dies Wort erleben mag: der Hund ist tot!
ELISABETH: Oh, du hast prophezeit, es käm' die Zeit,
Wo ich herbei dich wünscht', um mitzufluchen
Der bauch'gen Spinne, dem geschwollnen Molch.
MARGARETA: Da nannt' ich dich ein Scheinbild meines Glücks,
Da nannt' ich dich gemalte Königin;
Die Vorstellung nur dessen, was ich war;
Ein schmeichelnd Inhaltsblatt zu grausem Schauspiel;
So hoch erhoben, tief gestürzt zu werden;
Zwei holder Knaben bloß geäffte Mutter;
Ein Traum des, was du warst; ein bunt Panier,
Zum Ziel gestellt für jeden droh'nden Schuß;
Ein Schild der Würde, eine Blas', ein Hauch,
Kön'gin zum Spaß, die Bühne nur zu füllen.
Wo ist dein Gatte nun? Wo deine Brüder?
Wo deine beiden Söhne? Was noch freut dich?
Wer kniet und sagt nun: Heil der Königin?
Wo sind die Pairs, die schmeichelnd sich dir bückten?
Wo die gedrängten Haufen, die dir folgten?
Geh all dies durch, und sieh: was bist du jetzt?
Statt glücklich Eh'weib, höchst bedrängte Witwe;
Statt frohe Mutter, jammernd bei dem Namen;
Statt angefleht, demütig flehende;
Statt Königin, mit Not gekrönte Sklavin;
Statt daß du mich verhöhnt, verhöhnt von mir;
Statt allgefürchtet, e i n e n fürchtend nun;
Statt allgebietend, nun gehorcht von keinem.
So hat des Rechtes Lauf sich umgewälzt
Und dich der Zeit zum rechten Raub gelassen;
Nur der Gedanke blieb dir, was du warst,
Auf daß dich's mehr noch foltre, was du bist.
Du maßtest meinen Platz dir an: und fällt
Nicht meiner Leiden richtig Maß dir zu?
Halb trägt dein stolzer Nacken nun mein Joch,
Und hier entzieh' ich ihm das müde Haupt
Und lasse dessen Bürde ganz auf dir.
Leb wohl, Yorks Weib, des Unglücks Königin!
In Frankreich labt mir englisch Weh den Sinn.

ELISABETH: O du in Flüchen wohl Erfahrne, weile
Und lehre mich, zu fluchen meinen Feinden!

MARGARETA:
Versag' dir nachts den Schlaf und faste tags;
Vergleiche totes Glück lebend'gem Weh;
Denk' deine Knaben holder, als sie waren,
Und schnöder, als er ist, den, der sie schlug.
Mit dem Verlust muß sich der Abscheu mehren;
Dies überdenken, wird dich fluchen lehren.

ELISABETH: O schärfe meine stumpfen Wort' an deinen!

MARGARETA:
Dein Weh wird scharf sie machen, gleich den meinen. *Ab.*

HERZOGIN: Warum doch ist Bedrängnis reich an Worten?

ELISABETH: Wind'ge Sachwalter ihrer Leidparteien!
Luft'ger Beerber unbewillter Freuden[52]!
Des Elends arme, hingehauchte Redner!
Gönnt ihnen Raum: obschon, was sie gewußt,
Auch sonst nicht hilft, doch lindert es die Brust.

HERZOGIN: Ist das, so binde deine Zunge nicht:
Geh mit mir, und im Hauche bittrer Worte
Sei mein verdammter Sohn von uns erstickt,
Der deine beiden süßen Söhn' erstickte.
            Trommeln hinter der Szene.
Ich höre Trommeln; spar' nicht dein Geschrei!
        Richard mit seinem Zuge, auf dem Marsch.

RICHARD: Wer hält in meinem Zuge hier mich auf?

HERZOGIN: O sie, die dich möcht' aufgehalten haben,
In ihrem fluchbeladnen Schoß dich würgend,
Eh' du, Elender, all den Mord verübt.

ELISABETH: Birgst du die Stirn mit einer goldnen Krone,
Wo, gäb's ein Recht, gebrandmarkt sollte stehn
Der Mord des Prinzen, des die Krone war,
Und meiner Söhn' und Brüder grauser Tod?
Du büb'scher Knecht, sag, wo sind meine Kinder?

HERZOGIN:
Du Molch, du Molch, wo ist dein Bruder Clarence?
Und Ned Plantagenet, sein kleiner Sohn?

ELISABETH: Wo ist der wackre Rivers, Vaughan, Grey?

HERZOGIN: Wo ist der gute Hastings?

RICHARD: Ein Tusch, Trompeten! Trommeln, schlaget Lärm!
Der Himmel höre nicht die Schnickschnackweiber
Des Herrn Gesalbten lästern: schlagt, sag' ich!
            Tusch. Lärmtrommeln.

Geduldig seid und gebt mir gute Worte,
Sonst in des Krieges lärmendem Getöse
Ersäuf' ich eure Ausrufungen so.
HERZOGIN: Bist du mein Sohn?
RICHARD: Ja, Gott gedankt sei's, Euch und meinem Vater.
HERZOGIN: So hör' geduldig meine Ungeduld!
RICHARD: Ich hab' 'ne Spur von Eurer Art, Frau Mutter,
Die nicht den Ton des Vorwurfs dulden kann.
HERZOGIN: O laß mich reden!
RICHARD: Tut's, doch hör' ich nicht.
HERZOGIN: Ich will in meinen Worten milde sein.
RICHARD: Und, gute Mutter, kurz! Denn ich hab' Eil'.
HERZOGIN: Bist du so eilig? Ich hab' dein gewartet,
Gott weiß, in Marter und in Todesangst.
RICHARD: Doch kam ich endlich nicht zu Eurem Trost?
HERZOGIN:
Nein, bei dem heil'gen Kreuz! Zur Welt gebracht,
Hast du die Welt zur Hölle mir gemacht.
Eine schwere Bürde war mir die Geburt;
Launisch und eigensinnig deine Kindheit;
Die Schulzeit schreckhaft, heillos, wild und wütig;
Dein Jugendlenz verwegen, dreist und tollkühn;
Dein reifres Alter stolz, fein, schlau und blutig,
Zwar milder, aber schlimmer, sanft im Haß.
Welch eine frohe Stunde kannst du nennen,
Die je in deinem Beisein mich begnadigt?
RICHARD: Find' ich so wenig Gnad' in Euren Augen,
So laßt mich weiter ziehn und Euch nicht ärgern. –
Trommeln gerührt!
HERZOGIN: Ich bitt' dich, hör' mich reden!
RICHARD: Ihr redet allzu bitter.
HERZOGIN: Hör' ein Wort!
Denn niemals wieder werd' ich mit dir reden.
RICHARD: Wohl!
HERZOGIN:
Du stirbst entweder durch des Himmels Fügung,
Eh' du aus diesem Krieg als Sieger kommst,
Oder i c h vergeh' vor Gram und hohem Alter,
Und niemals werd' ich mehr dein Antlitz sehn.
Drum nimm mit dir den allerschwersten Fluch,
Der mehr am Tag der Schlacht dich mög' ermüden,
Als all die volle Rüstung, die du trägst!
Für deine Gegner streitet mein Gebet;

Und dann der Kinder Eduards kleine Seelen,
Sie flüstern deiner Feinde Geistern zu
Und angeloben ihnen Heil und Sieg.
Blutig, das bist du; blutig wirst du enden:
Wie du dein Leben, wird dein Tod dich schänden. *Ab.*

ELISABETH: Zwar weit mehr Grund zum Fluchen wohnt mir bei,
Doch minder Mut: drum sag' ich Amen nur. *Will gehen.*

RICHARD: Bleibt, gnäd'ge Frau: ich muß ein Wort Euch sagen.

ELISABETH: Nicht mehr der Söhn' aus königlichem Blut
Für dich zum Morden, Richard, hab' ich ja.
Und meine Töchter, nun, die sollen beten
Als Nonnen, nicht als Königinnen weinen:
Und also steh nach ihrem Leben nicht.

RICHARD: Ein' Eurer Töchter heißt Elisabeth,
Ist tugendsam und schön, fürstlich und fromm.

ELISABETH: Und bringt ihr das den Tod? O laß sie leben,
Und ihre Sitten will ich selbst verderben,
Beflecken ihre Schönheit, mich verleumden,
Als wär' ich treulos Eduards Bett gewesen,
Der Schande Schleier werfen über sie:
So sie den blut'gen Streichen nur entrinnt,
Bekenn' ich gern, sie sei nicht Eduards Kind.

RICHARD: Ehrt ihre Abkunft, sie ist königlich.

ELISABETH: Ich leugn' es ab, das Leben ihr zu sichern.

RICHARD: Ihr Leben sichert die Geburt zumeist.

ELISABETH: Dadurch gesichert starben ihre Brüder.

RICHARD: Weil gute Sterne der Geburt gemangelt.

ELISABETH: Nein, weil ihr Leben üble Freunde hatte.

RICHARD: Nicht umzukehren ist des Schicksals Spruch.

ELISABETH: Ja, wenn verkehrter Sinn das Schicksal macht.
Den Kindern war ein schönrer Tod beschieden,
Hätt'st du ein schönres Leben dir erkoren.

RICHARD:
Ihr sprecht, als hätt' ich meine Vetter umgebracht.

ELISABETH:
Wohl umgebracht! Du brachtest sie um alles:
Um Freude, Reich, Verwandte, Freiheit, Leben.
Wes Hand die zarten Herzen auch durchbohrt,
Dein Kopf, mit krummen Wegen, gab die Richtung;
Stumpf war gewiß das mörderische Messer,
Bis es, gewetzt an deinem harten Herzen,
In meiner Lämmer Eingeweiden wühlte.
Den wilden Gram macht die Gewohnheit zahm,

Sonst nennte meine Zunge deinen Ohren
Nicht meine Knaben, eh' als meine Nägel
In deinen Augen schon geankert hätten,
Und ich, in so heilloser Todesbucht,
Gleichwie ein Boot, beraubt der Tau' und Segel,
Zerscheitert wär' an deiner Felsenbrust.

RICHARD: So glück' es mir bei meinem Unternehmen
Und blut'gen Kriegs gefährlichem Erfolg,
Als ich mehr Gut's gedenk' Euch und den Euren,
Als ich je Leid's Euch und den Euren tat.

ELISABETH: Welch Gut, bedeckt vom Angesicht des Himmels,
Ist zu entdecken, das mir Gutes schaffte?

RICHARD: Erhebung Eurer Kinder, werte Frau.

ELISABETH: Zum Blutgerüst, ihr Haupt da zu verlieren?

RICHARD: Nein, zu der Höh' und Würdigkeit des Glücks,
Dem hehren Vorbild ird'scher Herrlichkeit.

ELISABETH: Schmeichle mein Leid mit dem Bericht davon.
Sag, welchen Glückstand, welche Würd' und Ehre
Kannst du auf eins von meinen Kindern bringen?

RICHARD: Was ich nur habe; ja, mich selbst und alles
Will ich an deiner Kinder eins verschenken,
So du im Lethe[53] deines zorn'gen Muts
Die trüb' Erinn'rung dessen willst ertränken,
Was, wie du meinst, ich dir zu nah getan.

ELISABETH: Sei kurz, der Antrag deiner Freundschaft möchte
Sonst länger dauern als die Freundschaft selbst.

RICHARD: So wiss', von Herzen lieb' ich deine Tochter.

ELISABETH: Im Herzen denkt es meiner Mutter Tochter.

RICHARD: Was denkt Ihr?

ELISABETH: Daß du vom Herzen meine Tochter liebst.
So liebtest du vom Herzen ihre Brüder,
Und ich, vom Herzen, danke dir dafür.

RICHARD: Verwirret meine Meinung nicht so rasch:
Ich meine, herzlich lieb' ich deine Tochter
Und mache sie zur Königin von England.

ELISABETH: Wohl; doch wer, meinst du, soll ihr König sein?

RICHARD: Nun, der zur Königin sie macht. Wer sonst?

ELISABETH: Wie? Du?

RICHARD: Ich, eben ich: was dünkt Euch, gnäd'ge Frau?

ELISABETH: Wie kannst du um sie frein?

RICHARD: Das möcht' ich lernen
Von Euch, die ihren Sinn am besten kennt.

ELISABETH: Und willst du's von mir lernen?

RICHARD: Herzlich gern.

ELISABETH:
Schick' durch den Mann, der ihre Brüder schlug,
Ihr ein paar blut'ge Herzen; grabe drein:
Eduard und York; dann wird sie etwa weinen,
Drum biet' ihr (wie Margreta deinem Vater
Weiland getan, getaucht in Rutlands Blut)
Ein Schnupftuch, das den Purpursaft, so sag' ihr,
Aus ihrer süßen Brüder Leibe sog,
Und heiß' damit ihr weinend Aug' sie trocknen.
Rührt diese Lockung nicht zur Liebe sie,
Send' einen Brief von deinen edlen Taten:
Sag ihr, du räumtest ihren Oheim Clarence
Und Rivers weg; ja, halfest ihrethalb
Der guten Tante Anna schleunig fort.

RICHARD: Ihr spottet, gnäd'ge Frau: sie zu gewinnen
Ist das der Weg nicht.

ELISABETH: Keinen andern gibt's,
Kannst du dich nicht in andre Bildung kleiden
Und nicht der Richard sein, der all dies tat.

RICHARD: Setzt, daß ich's nur aus Liebe zu ihr tat.

ELISABETH: Ja, dann fürwahr muß sie durchaus dich hassen,
Der Lieb' erkauft um solchen blut'gen Raub.

RICHARD: Seht, was geschehn, steht jetzo nicht zu ändern.
Der Mensch geht manchmal unbedacht zu Werk,
Was ihm die Folge Zeit läßt, zu bereun.
Nahm Euren Söhnen ich das Königreich,
So geb' ich's zum Ersatz nun Eurer Tochter.
Bracht' ich die Früchte Eures Schoßes um,
Um Eu'r Geschlecht zu mehren, will ich mir
Aus Eurem Blute Leibeserben zeugen.
Großmutter heißen ist kaum minder lieb
Als einer Mutter innig süßer Name.
Sie sind wie Kinder, nur 'ne Stufe tiefer,
Von Eurer Kraft, von Eurem echten Blut,
Ganz gleicher Müh', – bis auf 'ne Nacht des Stöhnens,
Von der geduldet, für die Ihr sie littet.
Plag' Eurer Jugend waren Eure Kinder,
Trost Eures Alters sollen meine sein.
Was Ihr verlort, war nur ein Sohn als König,
Dafür wird Eure Tochter Königin.
Ich kann nicht, wie ich wollt', Ersatz Euch schaffen,
Drum nehmt, was ich in Güte bieten kann.

Dorset, Eu'r Sohn, der mißvergnügte Schritte
Mit banger Seel' auf fremdem Boden lenkt,
Wird durch dies holde Bündnis schleunig heim
Zu großer Würd' und hoher Gunst gerufen.
Der König, der die schöne Tochter Gattin nennt,
Wird traulich deinen Dorset Bruder nennen.
Ihr werdet wieder Mutter eines Königs,
Und alle Schäden drangsalvoller Zeiten
Zwiefach ersetzt mit Schätzen neuer Lust.
Ei, wir erleben noch viel wackre Tage!
Die hellen Tränentropfen kommen wieder,
Die Ihr vergoßt, in Perlen umgewandelt,
Das Darlehn Euch vergütend, mit den Zinsen
Von zehnfach doppeltem Gewinn des Glücks.
Geh, meine Mutter, geh zu deiner Tochter:
Erfahrung mach' ihr schüchtern Alter dreist;
Bereit' ihr Ohr auf eines Freiers Lied;
Leg' in ihr zartes Herz die kühne Flamme
Der goldnen Hoheit: lehre die Prinzessin
Der Ehefreuden süß verschwiegne Stunden:
Und wenn der Arm hier jenen Zwergrebellen,
Den ungehirnten Buckingham, gezüchtigt,
Dann komm' ich, prangend im Triumphes Kranz,
Und führ' ins Bett des Siegers deine Tochter;
Ihr liefr' ich die Erob'rung wieder ab,
Und sie sei einzig Sieg'rin, Cäsars Cäsar.
ELISABETH: Wie soll ich sagen? Ihres Vaters Bruder
Will ihr Gemahl sein? Oder sag' ich, Oheim?
Oder, der Oheim' ihr erschlug und Brüder?
Auf welchen Namen würb' ich wohl für dich,
Den Gott, Gesetz, meine Ehr' und ihre Liebe
Den zarten Jahren ließ' gefällig sein?
RICHARD: Zeig' Englands Frieden ihr in diesem Bündnis.
ELISABETH: Den sie erkaufen wird mit stetem Krieg.
RICHARD: Sag ihr, der König, sonst gebietend, bitte.
ELISABETH: Das von ihr, was der Kön'ge Herr verbeut.
RICHARD: Sag, sie werd' eine mächt'ge Königin.
ELISABETH: Den Titel zu bejammern, so wie ich.
RICHARD: Sag, immerwährend lieben woll' ich sie.
ELISABETH:
Wie lang' wird wohl dies Wörtchen immer währen?
RICHARD: Bis an das Ende ihres holden Lebens.
ELISABETH: Wie lang' wird wohl dies süße Leben währen?

RICHARD: So lang' Natur und Himmel es verlängt.

ELISABETH: So lang's die Höll' und Richard leiden mag.

RICHARD: Sag, ich, ihr Herrscher, sei ihr Untertan.

ELISABETH: Zwar Untertanin, haßt sie solche Herrschaft.

RICHARD: Zu meinem Besten sei beredt bei ihr.

ELISABETH: Ein redlich Wort macht Eindruck, schlicht gesagt.

RICHARD: So sag ihr meine Lieb' in schlichten Worten.

ELISABETH: Schlicht und nicht redlich lautet allzu rauh.

RICHARD: Zu seicht und lebhaft sind mir Eure Gründe.

ELISABETH: Nein, meine Gründe sind zu tief und tot;
Zu tief und tot, im Grab die armen Kinder.

RICHARD: Rührt nicht die Saite mehr: das ist vorbei.

ELISABETH: Ich will sie rühren, bis das Herz mir springt.

RICHARD:
Bei meinem George, dem Knieband und der Krone –

ELISABETH: Entweiht, entehrt, die dritte angemaßt!

RICHARD: Schwör' ich –

ELISABETH: Bei nichts; denn dieses ist kein Schwur:
Der George, entehrt, verlor die heil'ge Ehre;
Befleckt, das Knieband seiner Rittertugend;
Geraubt, die Krone ihren Fürstenglanz.
Willst du was schwören, das man glauben mag,
So schwör' bei etwas, das du nicht gekränkt.

RICHARD: Nun, bei der Welt –

ELISABETH: Voll deines schnöden Unrechts.

RICHARD: Bei meines Vaters Tod –

ELISABETH: Dein Leben schmäht ihn.

RICHARD: Dann bei mir selbst –

ELISABETH: Dein Selbst ist selbst geschändet.

RICHARD: Beim Himmel –

ELISABETH: Gottes Kränkung ist die ärgste.
Hätt'st du gescheut, den Schwur bei ihm zu brechen:
Die Einigkeit, die mein Gemahl gestiftet,
Wär' nicht zerstört, mein Bruder nicht erschlagen.
Hätt'st du gescheut, den Schwur bei ihm zu brechen:
Dies hehre Gold, umzirkelnd nun dein Haupt,
Es zierte meines Kindes zarte Schläfen,
Und beide Prinzen wären atmend hier,
Die nun, im Staub zwei zarten Bettgenossen,
Dein treulos Tun zum Raub der Würmer machte.
Wobei nun kannst du schwören?

RICHARD: Bei der künft'gen Zeit.

ELISABETH: Die kränktest du in der Vergangenheit.

Mit Tränen muß ich selbst die Zukunft waschen
Für die Vergangenheit, gekränkt durch dich.
Die Kinder, deren Eltern du ermordet,
In unberatner Jugend leben sie
Und müssen es bejammern noch im Alter.
Die Eltern, deren Kinder du geschlachtet,
Als unfruchtbare Pflanzen leben sie
Und müssen es bejammern schon im Alter.
Schwör' bei der Zukunft nicht, so mißverwandelt
Durch die vergangne Zeit, die du mißhandelt.

RICHARD: So wahr ich sinn' auf Wohlfahrt und auf Reu',
So geh's mir wohl im mißlichen Versuch
Feindsel'ger Waffen! Schlag' ich selbst mich selbst!
Himmel und Glück entzieh' mir frohe Stunden!
Tag, weigre mir dein Licht! Nacht, deine Ruh'!
Sei'n alle Glücksplaneten meinem Tun
Zuwider, wo ich nicht mit Herzensliebe,
Mit makelloser Andacht, heil'gem Sinn
Um deine schön' und edle Tochter werbe!
Auf ihr beruht mein Glück und deines auch:
Denn ohne sie erfolgt für mich und dich,
Sie selbst, das Land und viele Christenseelen
Tod und Verwüstung, Fall und Untergang.
Es steht nicht zu vermeiden, als durch dies;
Es wird auch nicht vermieden, als durch dies.
Drum, liebe Mutter (so muß ich Euch nennen),
Seid meiner Liebe Anwalt: stellt ihr vor
Das, was ich sein will, – nicht, was ich gewesen;
Nicht mein Verdienst, nein, – was ich will verdienen;
Dringt auf die Notdurft und den Stand der Zeiten,
Und seid nicht launenhaft in großen Sachen.

ELISABETH: Soll ich vom Teufel so mich locken lassen?
RICHARD: Ja, wenn der Teufel dich zum Guten lockt.
ELISABETH: Soll ich denn selbst vergessen meiner selbst?
RICHARD: Wenn Eurer selbst gedenken selbst Euch schadet.
ELISABETH: Du brachtest meine Kinder um.
RICHARD:
In Eurer Tochter Schoß begrab' ich sie;
Da, in dem Nest der Würz', erzeugen sie
Sich selber neu, zu Eurer Wiedertröstung.
ELISABETH: Soll ich die Tochter zu gewinnen gehn?
RICHARD: Und seid beglückte Mutter durch die Tat.
ELISABETH: Ich gehe; schreibt mir allernächstens,

Und Ihr vernehmt von mir, wie sie gesinnt.

RICHARD: Bringt meinen Liebeskuß ihr, und lebt wohl!

Küßt sie. Elisabeth ab.

Nachgieb'ge Törin! Wankelmütig Weib[54]!
Nun? Was gibt's Neues?

Ratcliff tritt auf, und Catesby folgt ihm.

RATCLIFF:

Gewalt'ger Fürst, im Westen längs der Küste
Wogt eine mächt'ge Flotte; hin zum Strand
Drängt sich ein Haufe hohlgeherzter Freunde,
Wehrlos und ohn' Entschluß, sie wegzutreiben.
Man meinet, Richmond sei ihr Admiral.
Sie liegen da, die Hülfe Buckinghams
Erwartend nur, am Strand sie zu empfangen.

RICHARD: Ein flinker Freund soll hin zum Herzog Norfolk:
Du, Ratcliff; oder Catesby: wo ist er?

CATESBY: Hier, bester Herr.

RICHARD: Catesby, flieg' hin zum Herzog.

CATESBY: Das will ich, Herr, mit aller nöt'gen Eil'.

RICHARD:

Ratcliff, komm her. Reit' hin nach Salisbury:
Wenn du dahin kommst, –

Zu Catesby.   Unachtsamer Schurke,
Was säumst du hier und gehst nicht hin zum Herzog?

CATESBY: Erst, hoher Herr, erklärt die gnäd'ge Meinung,
Was ich von Euer Hoheit ihm soll melden.

RICHARD:

Wahr, guter Catesby! Gleich aufbringen soll er
Die größte Macht und Mannschaft, die er kann,
Und treffe mich alsbald zu Salisbury.

CATESBY: Ich gehe. *Ab.*

RATCLIFF: Was soll ich, wenn's beliebt, zu Salisbury?

RICHARD: Ei, was hast du zu tun da, eh' ich komme?

RATCLIFF: Eu'r Hoheit sagte mir, voraus zu reiten.

Stanley tritt auf.

RICHARD:

Ich bin itzt andern Sinns. – Stanley, was bringst du Neues?

STANLEY: Nichts Gutes, Herr, daß Ihr es gerne hörtet,
Noch auch so schlimm, daß man's nicht melden dürfte.

RICHARD:

Heida, ein Rätsel! weder gut noch schlimm!
Was brauchst du so viel Meilen umzugehn,
Statt grades Weges deinen Spruch zu sprechen?

Noch mal, was gibt's?

STANLEY: Richmond ist auf der See.

RICHARD: Versänk' er da, und wär' die See auf ihm!
Landläufer ohne Herz, was tut er da?

STANLEY:
Ich weiß nicht, mächt'ger Fürst, und kann nur raten.

RICHARD: Nun, und Ihr ratet?

STANLEY: Gereizt von Dorset, Buckingham und Morton
Kommt er nach England und begehrt die Krone.

RICHARD:
Ist der Stuhl ledig? ungeführt das Schwert?
Ist tot der König, herrenlos das Reich?
Sind Erben Yorks am Leben außer mir?
Und wer ist Englands König als Yorks Erbe?
Drum sage mir, was tut er auf der See?

STANLEY: Es sei denn dazu, Herr, kann ich's nicht raten.

RICHARD:
Es sei denn, daß er komm, Eu'r Fürst zu sein,
Könnt Ihr nicht raten, was der Wäl'sche will!
Ich fürcht', Ihr fallt mir ab und flieht zu ihm.

STANLEY: Nein, mächt'ger Fürst; mißtraut mir also nicht.

RICHARD:
Wo ist dein Volk denn, ihn zurückzuschlagen?
Wo hast du deine Leut' und Lehnsvasallen?
Sind sie nicht an der Küst' im Westen jetzt,
Geleit zum Landen der Rebellen gebend?

STANLEY: Nein, meine Freunde sind im Norden, bester Herr.

RICHARD:
Mir kalte Freunde: was tun die im Norden,
Da sie ihr Fürst zum Dienst im Westen braucht?

STANLEY:
Sie waren nicht befehligt, großer König.
Geruht Eu'r Majestät, mich zu entlassen,
So mustr' ich meine Freund' und treff' Eu'r Gnaden,
Wo es und wann Eu'r Majestät beliebt.

RICHARD: Ja, ja, du möchtest gern zu Richmond stoßen:
Ich will Euch, Herr, nicht traun.

STANLEY: Gewalt'ger Fürst,
Ihr habt an meiner Freundschaft nicht zu zweifeln;
Ich war und werde nimmer treulos sein.

RICHARD:
Geht denn, mustert Volk. Doch, hört Ihr, laßt zurück
George Stanley, Euren Sohn[55]; und wankt Eu'r Herz,

Gebt acht, so steht sein Kopf nicht allzu fest.
STANLEY: Verfahrt mit ihm, wie ich mich treu bewähre.
Stanley ab. Ein Bote tritt auf.

BOTE:

Mein gnäd'ger Fürst, es sind in Devonshire,
Wie ich von Freunden wohl berichtet bin,
Sir Eduard Courtney und der stolze Kirchenherr,
Bischof von Exeter, sein ältrer Bruder,
Samt vielen Mitverbündeten in Waffen.
Ein andrer Bote tritt auf.

ZWEITER BOTE:

Mein Fürst, in Kent die Guilfords sind in Waffen,
Und jede Stunde strömen den Rebellen
Mitwerber zu, und ihre Macht wird stark.
Noch ein andrer Bote tritt auf.

DRITTER BOTE:

Mein Fürst, das Heer des großen Buckingham –
RICHARD: Fort mit euch, Uhus! Nichts als Todeslieder?
Er schlägt den Boten.
Da, nimm das, bis du beßre Zeitung bringst!

DRITTER BOTE:

Was ich Eu'r Majestät zu melden habe,
Ist, daß durch jähe Flut und Wolkenbrüche
Buckinghams Heer zerstreut ist und versprengt,
Und daß er selbst allein sich fortmacht;
Wohin, weiß niemand.

RICHARD: Oh, ich bitt', entschuldigt!
Da ist mein Beutel, um den Schlag zu heilen.
Ließ nicht ein wohlberatner Freund Belohnung
Ausrufen dem, der den Verräter greift?
DRITTER BOTE: Ein solcher Ausruf ist geschehn, mein Fürst.
Ein vierter Bote tritt auf.

VIERTER BOTE:

Sir Thomas Lovel und der Marquis Dorset
Sind, Herr, wie's heißt, in Yorkshire in den Waffen.
Doch diesen guten Trost bring' ich Eu'r Hoheit:
Vom Sturm zerstreut ist die Bretagner Flotte;
Richmond sandt' an die Küst' in Dorsetshire
Ein Boot aus, die am Ufer zu befragen,
Ob sie mit ihm es hielten, oder nicht.
Sie kämen, sagten sie, vom Buckingham
Zu seinem Beistand; doch er traute nicht,
Zog Segel auf und steu'rte nach Bretagne.

RICHARD: Ins Feld! ins Feld! weil wir in Waffen sind:
Wo nicht zu fechten mit auswärt'gen Feinden,
Zu Dämpfung der Rebellen hier zu Haus.
Catesby tritt auf.
CATESBY: Der Herzog Buckingham, Herr, ist gefangen:
Das ist die beste Zeitung; daß Graf Richmond
Mit großer Macht gelandet[56] ist zu Milford,
Klingt minder gut, doch will's gemeldet sein.
RICHARD: Wohlauf, nach Salisbury! Indes wir schwatzen,
Könnt' eine Hauptschlacht schon entschieden sein.
Trag' einer Sorge, Buckingham zu schaffen
Nach Salisbury; ihr andern, zieht mit mir!
Alle ab.

FÜNFTE SENE

Ein Zimmer in Stanleys Hause.

Stanley und Sir Christopher Urswick[57] treten auf.

STANLEY: Sir Christopher, sagt Richmond dies von mir:
Im Kofen des blutdürst'gen Ebers sei
Mein Sohn, George Stanley, eingestallt in Haft;
Und fall' ich ab, so fliegt des Knaben Kopf.
Die Furcht hält meinen Beistand noch zurück.
Doch sagt, wo ist der edle Richmond jetzt?
URSWICK: Zu Pembroke oder Ha'rford-West, in Wales.
STANLEY: Wer hält sich zu ihm von namhaften Männern?
URSWICK: Sir Walter Herbert, ein berühmter Krieger;
Sir Gilbert Talbot, Sir William Stanley,
Oxford, der mächt'ge Pembroke, Sir James Blunt,
Und Rice-ap Thomas, mit beherzter Schar,
Und viele mehr von großem Ruf und Wert;
Und hin nach London richten sie den Zug,
Wenn sie kein Angriff hindert unterwegs.
STANLEY: Wohl, eil' zu deinem Herrn: empfiehl mich ihm,
Sag ihm, die Königin woll' ihre Tochter
Elisabeth ihm herzlich gern vermählen.
Die Briefe hier eröffnen ihm das Weitre.
Leb wohl. *Er gibt ihm Papiere.*
Beide ab.

FÜNFTER AUFZUG

Erste Szene

Salisbury. Ein offner Platz.

Der Sheriff und die Wache, mit Buckingham, der zur Hinrichtung geführt wird.

BUCKINGHAM: Will König Richard sich nicht sprechen lassen?
SHERIFF: Nein, bester Herr; drum faßt Euch in Geduld!
BUCKINGHAM: Hastings und Eduards Kinder, Rivers, Grey,
    Du heil'ger Heinrich und dein holder Sohn,
    Vaughan und alle, die ihr seid gestürzt
    Durch heimliche, verderbte, schnöde Ränke:
    Wenn eure finstern, mißvergnügten Seelen,
    Die Wolken durch, die jetz'ge Stunde schaun,
    So rächt euch nur und spottet meines Falls! –
    Ist heut nicht Allerseelentag[58], ihr Leute?
SHERIFF: Ja, Mylord.
BUCKINGHAM: Nun, Allerseelentag ist meines Leibs Gerichtstag.
    Dies ist der Tag, den wünscht' ich über mich,
    In König Eduards Zeit, wofern ich falsch
    An seinem Weib und Kindern würd' erfunden;
    Auf diesen Tag wünsch' ich mir meinen Fall
    Durch dessen Falschheit, dem zumeist ich traute;
    Ja dieser, dieser Allerseelentag
    Ist meiner armen Seele Sündenfrist.
    Der hoh' Allsehende, mit dem ich Spiel trieb,
    Wandt' auf mein Haupt mein heuchelndes Gebet
    Und gab im Ernst mir, was ich bat im Scherz.
    So wendet er den Schwertern böser Menschen
    Die eigne Spitz' auf ihrer Herren Brust.
    Schwer fällt Margretas Fluch auf meinen Nacken:

„Wenn er", sprach sie, „dein Herz mit Gram zerreißt,
Gedenke, Margareta war Prophetin." –
Kommt, daß ihr mich zum Block der Schande führt;
Unrecht will Unrecht, Schuld, was ihr gebührt.
Sie führen ihn ab.

ZWEITE SZENE

Ebne bei Tamworth.

*Mit fliegenden Fahnen und klingendem Spiel treten auf Richmond,
Oxford[59], Sir James Blunt[60], Sir Walter Herbert und andre mit Truppen
auf dem Marsch.*

RICHMOND: Ihr Waffenbrüder und geliebte Freunde,
Zermalmet unterm Joch der Tyrannei!
So weit ins Innerste des Landes sind
Wir fortgezogen ohne Hindernis;
Und hier von unserm Vater Stanley kommen
Uns Zeilen tröstlicher Ermutigung.
Der greulich blut'ge, räuberische Eber,
Der eure Weinberg' umwühlt, eure Saaten,
Eu'r warm Blut säuft wie Spülicht, eure Leiber
Ausweidet sich zum Trog: dies wüste Schwein
Liegt jetzt in dieses Eilands Mittelpunkt,
Nah bei der Stadt Leicester, wie wir hören;
Von Tamworth bis dahin ist nur ein Tag.
Frisch auf, in Gottes Namen, mut'ge Freunde,
Die Frucht beständ'gen Friedens einzuernten
Durch e i n e blut'ge Probe scharfen Kriegs.
OXFORD: Jeglich Gewissen ist wie tausend Schwerter,
Zu fechten mit dem blut'gen Bösewicht.
HERBERT: Ganz sicher fallen seine Freund' uns zu.
BLUNT: Er hat nur Freunde, die aus Furcht es sind;
Die werden ihn in tiefster Not verlassen.
RICHMOND: Dies alles uns zugunsten. Auf, mit Gott!
Hoffnung ist schnell und fliegt wie Schwalbenschwingen;
Aus Kön'gen macht sie Götter, Kön'ge aus Geringen.
Alle ab.

Das Feld bei Bosworth.

König Richard mit Mannschaft; Herzog von Norfolk,
Graf von Surrey[61] und andre.

RICHARD: Hier schlagt die Zelt' auf, hier im Feld bei Bosworth. –
   Mylord von Surrey, warum seht Ihr trübe?
SURREY: Mein Herz ist zehnmal heitrer als mein Blick.
RICHARD: Mylord von Norfolk, –
NORFOLK: Hier, mein gnäd'ger Fürst.
RICHARD: Norfolk, hier gilt es Schläge: ha, nicht wahr?
NORFOLK: Man gibt und nimmt sie, mein gewogner Herr.
RICHARD: Schagt auf mein Zelt: hier will ich ruhn zu Nacht.
   Soldaten fangen an, des Königs Zelt aufzuschlagen.
   Doch morgen wo? Gut, es ist alles eins. –
   Wer spähte der Verräter Anzahl aus?
NORFOLK: Sechs, sieben Tausend ist die ganze Macht.
RICHARD: Ei, unser Heer verdreifacht den Belauf[62].
   Auch ist des Königs Nam' ein fester Turm,
   Woran der feindlichen Partei es fehlt. –
   Schlagt mir das Zelt auf! – Kommt, ihr edlen Herrn,
   Laßt uns der Lage Vorteil überschaun. –
   Ruft ein'ge Männer von bewährtem Rat.
   Laßt Zucht uns halten und nicht lässig ruhn,
   Denn, Lords, auf morgen gibt's vollauf zu tun.
   Richard mit den übrigen ab.
An der andern Seite des Feldes treten auf Richmond, Sir William Brandon,
Oxford und andre Herren. Einige Soldaten schlagen Richmonds Zelt auf
RICHMOND: Die müde Sonne ging so golden unter,
   Und, nach des Feuerwagens lichter Spur,
   Verheißt sie einen schönen Tag auf morgen. –
   Sir William Brandon, Ihr tragt mir mein Banner. –
   Gebt mir Papier und Tinte in mein Zelt. –
   Ich will der Schlachtordnung Gestalt entwerfen,
   Jedwedem Führer seinen Stand begrenzen
   Und recht verteilen unsre kleine Macht.
   Mylord von Oxford, – Ihr, Sir William Brandon, –
   Und Ihr, Sir Walter Herbert, bleibt bei mir; –
   Der Graf von Pembroke führt sein Regiment;
   Bringt, Hauptmann Blunt, ihm gute Nacht von mir,
   Und um die zweite Stunde früh ersucht

Den Grafen, mich in meinem Zelt zu sprechen.
Doch eins noch, guter Hauptmann, tut für mich:
Wo hat Lord Stanley sein Quartier? Ihr wißt es?

BLUNT: Wenn ich mich nicht in seinen Fahnen irrte
(Was ich versichert bin, daß nicht geschehn),
So liegt sein Regiment 'ne halbe Meile
Gen Süden von des Königs großem Heer.

RICHMOND:
Ist's ohn' Gefährde möglich, lieber Blunt,
So findet Mittel aus, mit ihm zu sprechen,
Und gebt von mir ihm dies höchst nöt'ge Blatt.

BLUNT: Bei meinem Leben, Herr, ich unternehm's;
Und somit geb' Euch Gott geruh'ge Nacht!

RICHMOND:
Gut' Nacht, mein guter Hauptmann Blunt. Kommt, Herrn,
Laßt uns das morgende Geschäft beraten.
Ins Zelt hinein, die Luft ist rauh und kalt.
                    Sie begeben sich in das Zelt.
König Richard geht zu seinem Zelte mit Norfolk, Ratcliff und Catesby.

RICHARD: Was ist die Uhr?

CATESBY: Nachtessenszeit, mein Fürst:
Es ist neun Uhr.

RICHARD: Ich will zu Nacht nicht essen. –
Gebt mir Papier und Tinte. –
Nun, ist mein Sturmhut leichter, als er war?
Und alle Rüstung mir ins Zelt gelegt?

CATESBY: Ja, gnäd'ger Herr; 's ist alles in Bereitschaft.

RICHARD: Mach', guter Norfolk, dich auf deinen Posten,
Halt' strenge Wache, wähle sichre Wächter!

NORFOLK: Ich gehe, Herr.

RICHARD: Sei mit der Lerche munter, lieber Norfolk.

NORFOLK: Verlaßt Euch drauf, mein Fürst. *Ab.*

RICHARD: Ratcliff, –

RATCLIFF: Mein Fürst?

RICHARD: Send' einen Waffenherold
Zu Stanleys Regiment; heiß' ihn, sein Volk
Vor Sonnenaufgang bringen, oder sein Sohn George
Fällt in die blinde Höhle ew'ger Nacht. –
Füllt einen Becher Weins; gebt mir ein Nachtlicht. –
Sattelt den Schimmel Surrey früh zur Schlacht!
Daß meine Schäfte fest und nicht zu schwer sind! –
Ratcliff, –

RATCLIFF: Mein Fürst?

RICHARD:
Sahst du den melanchol'schen Lord Northumberland?
RATCLIFF: Er selbst und Thomas Graf von Surrey gingen,
Im ersten Zwielicht eben, durch das Heer,
Von Schar zu Schar ermunternd unsre Leute.
RICHARD: Das g'nügt mir. Gebt mir einen Becher Weins. –
Ich habe nicht die Rüstigkeit des Geistes,
Den frischen Mut, den ich zu haben pflegte. –
So, setzt ihn hin. – Papier und Tint' ist da?
RATCLIFF: Ja, gnäd'ger Herr.
RICHARD: Heißt meine Schildwacht munter sein; verlaßt mich.
Wenn halb die Nacht vorbei ist, kommt ins Zelt
Und helft mich waffnen. – Verlaßt mich, sag' ich.

Richard zieht sich in sein Zelt zurück. Ratcliff und Catesby ab.
Richmonds Zelt öffnet sich, man sieht ihn und seine Offiziere u.s.w.
Stanley tritt auf.

STANLEY: Glück und Triumph bekröne deinen Helm!
RICHMOND: Was nur für Trost die dunkle Nacht gestaltet,
Das sei dein Teil, mein edler Pflegevater!
Sag mir, wie geht es unsrer teuren Mutter?
STANLEY: Ich segne dich aus Vollmacht deiner Mutter,
Die im Gebet verharrt für Richmonds Wohl.
So viel hievon. – Die leisen Stunden fliehn,
Und streifig Dunkel bricht im Osten sich.
Kurz, denn uns so zu fassen heischt die Zeit,
Bereite deine Schlachtordnung frühmorgens,
Und stelle der Entscheidung blut'ger Streiche
Und tödlich dräu'nden Kriegs dein Glück anheim.
Ich, wie ich kann (ich kann nicht, wie ich wollte),
Gewinne schlau der Zeit den Vorteil ab
Und steh' dir bei im zweifelhaften Sturm.
Allein ich darf für dich nicht allzuweit gehn,
Denn sieht man's, wird dein zarter Bruder George
Vor seines Vaters Augen hingerichtet.
Leb wohl! Die Muße und die bange Zeit
Bricht ab der Liebe feierliche Schwüre
Und langen Wechsel herzlichen Gesprächs,
Der längst getrennte Freunde sollt' erfreun.
Gott geb' uns Muße zu der Liebe Bräuchen!
Nochmals leb wohl! Sei tapfer und beglückt!
RICHMOND: Geleitet ihn zu seinem Regiment,
Ihr lieben Lords; ich, mit verstörtem Sinn,
Will unterdessen einzunicken trachten,

Daß blei'rner Schlaf nicht morgen auf mir laste,
Wann ich auf Siegesflügeln steigen soll.
Gut' Nacht, noch einmal, liebe Lords und Herrn!
Alle übrigen mit Stanley ab.
O du, für dessen Feldherrn ich mich achte,
Sieh deine Scharen an mit gnäd'gem Blick!
Reich' ihrer Hand des Grimms zermalmend Eisen,
Daß sie mit schwerem Falle niederschmettern
Die trotz'gen Helme unsrer Widersacher!
Mach' uns zu Dienern deiner Züchtigung,
Auf daß wir preisen dich in deinem Sieg!
Dir anbefehl' ich meine wache Seele,
Eh' ich der Augen Fenster schließe zu.
Schlafend und wachend, schirme du mich stets!
Schläft ein.
Der Geist des Prinzen Eduard, Sohnes Heinrichs VI., steigt
zwischen den beiden Zelten auf.

GEIST *zu König Richard:*
Schwer mög' ich morgen deine Seele lasten!
Denk', wie du mich erstachst in meiner Blüte,
Zu Tewksbury: verzweifle drum und stirb! –
Zu Richmond. Sei freudig, Richmond, denn gekränkte Seelen
Erwürgter Prinzen streiten dir zum Schutz:
Dich tröstet, Richmond, König Heinrichs Sohn.
Der Geist König Heinrichs VI. steigt auf.

GEIST *zu König Richard:*
Du bohrtest mir, da ich noch sterblich war,
Voll Todeswunden den gesalbten Leib;
Denk' an den Turm und mich; verzweifl' und stirb!
Heinrich der Sechste ruft: verzweifl' und stirb!
Zu Richmond. Heilig und tugendhaft, sei Sieger du!
Heinrich, der prophezeit, du werdest König,
Kommt, dich im Schlaf zu trösten: leb' und blühe!
Der Geist des Clarence steigt auf.

GEIST *zu König Richard:*
Schwer mög' ich morgen deine Seele lasten!
Ich, tot gebadet einst in eklem Wein,
Der arme Clarence, den dein Trug verriet!
Denk' in der Schlacht an mich, und fallen laß
Dein abgestumpftes Schwert! Verzweifl' und stirb!
Zu Richmond: Du Sprößling aus dem Hause Lancaster,
Es beten für dich Yorks gekränkte Erben.
Dich schirm' ein guter Engel! Leb' und blühe!

Die Geister des Rivers, Grey und Vaughan steigen auf.

RIVERS *zu König Richard:*

Schwer mög' ich morgen deine Seele lasten,
Rivers, der starb zu Pomfret! Verzweifl' und stirb!

GREY *zu König Richard:*

Gedenk' an Grey, und laß die Seel' verzweifeln!

VAUGHAN *zu König Richard:*

Gedenk' an Vaughan, und laß die Lanze fallen
Vor schuldbewußter Furcht! Verzweifl' und stirb!

ALLE DREI *zu Richmond:*

Erwach' und denk', für dich kämpf' unser Leiden
In Richards Brust! Erwach' und sieg' im Feld!

        Der Geist des Hastings steigt auf.

GEIST *zu König Richard:*

Blutig und schuldvoll, wache schuldvoll auf,
Und ende deine Tag' in blut'ger Schlacht!
Denk' an Lord Hastings, und verzweifl' und stirb!
Zu Richmond. In Frieden ruh'nde Seel', erwach', erwache,
Und kämpf' und sieg' in unsers Englands Sache!

       Die Geister der beiden jungen Prinzen steigen auf.

GEISTER *zu König Richard:*

Von deinen Vettern träum', erwürgt im Turm;
Und sei'n wir Blei in deinem Busen, Richard,
Ziehn nieder dich in Unfall, Schmach und Tod!
Die Seelen deiner Neffen rufen dir:
Verzeifl' und stirb!
Zu Richmond. Schlaf' friedlich, Richmond, und erwach' voll Mut!
Dich schirm' ein Engel vor des Ebers Wut!
Leb' und erzeug' ein reiches Königshaus!
Dich heißen Eduards arme Söhne blühen.

       Der Geist der Prinzessin Anna steigt auf.

GEIST *zu König Richard:*

Richard, dein Weib, Anna, dein elend Weib,
Die keine ruh'ge Stunde schlief bei dir,
Füllt deinen Schlaf jetzt mit Verstörungen.
Denk' in der Schlacht an mich, und fallen laß
Dein abgestumpftes Schwert! Verzweifl' und stirb!
Zu Richmond: Schlaf', ruh'ge Seele, schlaf' geruh'gen Schlaf!
Dir zeige Glück und Sieg im Traume sich:
Es betet deines Gegners Weib für dich.

       Buckinghams Geist steigt auf.

GEIST *zu König Richard:*

Der erste war ich, der zum Thron dir half;

Der letzte fühlt' ich deine Tyrannei:
Oh, in der Schlacht gedenk' an Buckingham
Und stirb in Schrecken über deine Schuld!
Träum' weiter, träum' von Tod und von Verderben:
Du sollst verzweifeln und verzweifelnd sterben.
Zu Richmond. Ich starb um Hoffnung, eh' ich Hülfe bot:
Doch stärk' dein Herz und habe keine Not!
Gott samt den Engeln ficht zu Richmonds Schutz,
Und Richard fällt in seinem höchsten Trutz.
   Die Geister verschwinden. König Richard fährt aus seinen
        Träumen auf.
RICHARD: Ein andres Pferd! Verbindet meine Wunden! –
Erbarmen, Jesus! – Still, ich träumte nur.
O feig Gewissen, wie du mich bedrängst! –
Das Licht brennt blau. Ist's nicht um Mitternacht?
Mein schauerndes Gebein deckt kalter Schweiß.
Was fürcht' ich denn? Mich selbst? Sonst ist hier niemand.
Richard liebt Richard: das heißt, Ich bin Ich.
Ist hier ein Mörder? Nein. – Ja, ich bin hier.
So flieh'! – Wie? vor dir selbst? Mit gutem Grund:
Ich möchte rächen. Wie? mich an mir selbst?
Ich liebe ja mich selbst. Wofür? Für Gutes,
Das je ich selbst hätt' an mir selbst getan?
O leider, nein! Vielmehr hass' ich mich selbst,
Verhaßter Taten halb, durch mich verübt.
Ich bin ein Schurke, – doch ich lüg', ich bin's nicht.
Tor, rede gut von dir! – Tor, schmeichle nicht!
Hat mein Gewissen doch viel tausend Zungen,
Und jede Zunge bringt verschiednes Zeugnis,
Und jedes Zeugnis straft mich einen Schurken.
Meineid, Meineid, im allerhöchsten Grad,
Mord, grauser Mord, im fürchterlichsten Grad,
Jedwede Sünd', in jedem Grad geübt,
Stürmt an die Schranken, rufend: „Schuldig! Schuldig!"
Ich muß verzweifeln. – Kein Geschöpfe liebt mich,
Und sterb' ich, wird sich keine Seel' erbarmen.
Ja, warum sollten's andre? Find' ich selbst
In mir doch kein Erbarmen mit mir selbst.
Mir schien's, die Seelen all, die ich ermordet,
Kämen ins Zelt, und ihrer jede drohte
Mit Rache morgen auf das Haupt des Richard.
       Ratcliff tritt auf.
RATCLIFF: Mein Fürst, –

RICHARD: Wer ist da?

RATCLIFF: Ratcliff, mein Fürst; ich bin's. Der frühe Hahn des Dorfs
Tat zweimal Gruß dem Morgen; Eure Freunde
Sind auf und schnallen ihre Rüstung an.

RICHARD: O Ratcliff, ich hatt' einen furchtbar'n Traum! –
Was denkst du? Halten alle Freunde stand?

RATCLIFF: Gewiß, mein Fürst.

RICHARD: O Ratcliff! Ich fürcht', ich fürchte, –

RATCLIFF:
Nein, bester Herr, entsetzt Euch nicht vor Schatten.

RICHARD: Bei dem Apostel Paul! Es warfen Schatten
Zu Nacht mehr Schrecken in die Seele Richards,
Als wesentlich zehntausend Krieger könnten,
In Stahl, und angeführt vom flachen Richmond.
Noch wird's nicht Tag. Komm, geh mit mir,
Ich will den Horcher bei den Zelten spielen,
Ob irgendwer von mir zu weichen denkt.
König Richard und Ratcliff ab.
Richmond erwacht. Oxford und andre treten auf.

LORDS: Guten Morgen, Richmond.

RICHMOND: Bitt' um Verzeihung, Lords und wache Herrn,
Daß ihr 'nen trägen Säumer hier ertappt.

LORDS: Wie schliefet Ihr, Mylord?

RICHMOND:
Den süß'sten Schlaf und Träume schönster Ahndung,
Die je gekommen in ein müdes Haupt,
Hab' ich gehabt, seit wir geschieden, Lords.
Mir schien's, die Seelen, deren Leiber Richard
Gemordet, kämen in mein Zelt und riefen:
Wohlauf! zum Sieg! Glaubt mir, mein Herz ist freudig
In der Erinn'rung solchen holden Traums.
Wie weit schon ist's am Morgen, Lords?

LORDS: Auf den Schlag vier.

RICHMOND: So ist es Zeit, daß man sich rüst' und ordne.
Er tritt vor zu den Truppen.
Mehr als ich sagte, teure Landsgenossen,
Verbietet darzulegen mir die Muße
Und Dringlichkeit der Zeit. Jedoch bedenkt:
Gott und die gute Sache ficht für uns;
Gebete Heil'ger und gekränkter Seelen,
Wie hohe Schanzen, stehn vor unserm Antlitz;
Die, gegen die wir fechten, bis auf Richard,
Säh'n lieber siegen uns, als dem sie folgen.

Was ist er, dem sie folgen? Wahrlich, Herrn,
Ein blutiger Tyrann und Menschenmörder;
Erhöht durch Blut und auch durch Blut befestigt;
Der, was er hat, auf krummem Weg erlangt
Und die erwürgt, die ihm dazu verholfen;
Ein schlechter Stein, erhoben durch die Folie[63]
Von Englands Stuhl, betrüglich drein gesetzt;
Ein Mensch, der stets gewesen Gottes Feind.
Nun, fechtet ihr denn wider Gottes Feind,
So schirmt euch billig Gott als seine Krieger;
Vergießt ihr Schweiß, den Dränger zu erlegen,
So schlaft ihr friedlich, wenn der Dränger fiel;
Führt ihr den Streit mit eures Landes Feinden,
So wird des Landes Fett die Müh' euch zahlen;
Führt ihr den Streit zur Obhut eurer Weiber,
So grüßen eure Weiber euch als Sieger;
Befreit ihr eure Kinder von dem Schwert,
So lohnen's Kindeskinder euch im Alter.
In Gottes Namen denn und dieser Rechte,
Schwingt eure Banner, zieht eu'r willig Schwert!
Mein Lösegeld für diese kühne Tat
Sei diese kalte Leich' auf kalter Erde;
Doch wenn's gelingt, soll am Gewinn der Tat
Sein Teil auch dem geringsten euer werden.
Schallt, Trommeln und Trompeten, froh zum Krieg!
Gott und Sankt George! Richmond und Heil und Sieg!
Alle ab.
König Richard und Ratcliff kommen zurück, mit Gefolge
und Truppen.

RICHARD: Was hat Northumberland gesagt zum Richmond?
RATCLIFF: Er sei nicht auferzogen bei den Waffen.
RICHARD: Er sagte wahr. Was sagte Surrey drauf?
RATCLIFF: Er lächelte und sprach: „Um desto besser."
RICHARD: Er hatte recht, so ist es in der Tat.
Die Glocke schlägt.
Zählt da die Glocke. – Gebt mir 'nen Kalender.
Wer sah die Sonne heut?
RATCLIFF: Ich nicht, mein Fürst.
RICHARD: So weigert sie den Schein, denn nach dem Buch
Müßt' sie im Ost schon eine Stunde prangen.
Dies wird ein schwarzer Tag für jemand werden, –
Ratcliff, –
RATCLIFF: Mein Fürst?

RICHARD: Die Sonne läßt sich heut nicht sehn;
Der Himmel wölkt sich finster unserm Heer.
Die tau'gen Tränen möcht' ich weg vom Boden. –
Nicht scheinen heut! Ei nun, was gilt das mir
Mehr als dem Richmond? Denn derselbe Himmel,
Der mir sich wölkt, sieht trüb herab auf ihn.
Norfolk tritt auf.
NORFOLK: Auf, auf, mein Fürst! Der Feind stolziert im Feld.
RICHARD:
Kommt, tummelt, tummelt euch! Mein Pferd gezäumt! –
Ruft Stanley auf, heißt seine Schar ihn bringen! –
Ich führe meine Truppen in die Ebne,
Und so soll meine Schlacht geordnet sein:
Die Vorhut soll sich in die Länge dehnen,
Aus Reitern und aus Knechten gleich gemischt;
Die Schützen sollen in der Mitte stehn;
John Herzog Norfolk, Thomas Graf von Surrey
Soll'n dieser Knecht' und Reiter Führer sein.
Die so geordnet, woll'n wir folgen
Mit unserm Hauptheer, das auf beiden Flügeln
Verstärken soll der Kern der Reiterei.
Dies und Sankt George dazu! – Was meinst du, Norfolk?
NORFOLK: Eine gute Ordnung, krieg'rischer Monarch.
Dies fand ich heute in meinem Zelt.
Gibt ihm einen Zettel.
RICHARD *liest:* „Hans von Norfolk, laß klüglich dir raten!
Richerz, dein Herr, ist verkauft und verraten."
Das ist ein Stück, vom Feinde ausgedacht. –
Nun geht, ihr Herrn, auf seinen Posten jeder.
Laßt plauderhafte Träum' uns nicht erschrecken;
Gewissen ist ein Wort für Feige nur,
Zum Einhalt für den Starken erst gedacht:
Uns ist die Wehr Gewissen, Schwert Gesetz.
Rückt vor! Dringt ein! Recht in des Wirrwarrs Völle!
Wo nicht zum Himmel, Hand in Hand zur Hölle!
Was hab' ich mehr euch vorzuhalten noch?
Bedenkt, mit wem ihr euch zu messen habt:
Ein Schwarm Landläufer, Schelme Vagabunden,
Bretagner Abschaum, niedre Bauernknechte,
Die ausgespien ihr übersättigt Land
Zu tollen Abenteuern, sicherm Untergang.
Ihr schlieft in Ruh': sie bringen Unruh' euch;
Ihr seid mit Land, mit schönen Frau'n gesegnet:

Sie wollen jenes einziehn, diese schänden.
Wer führt sie als ein kahler Bursch, seit lange
Von unsrer Mutter in Bretagn' ernährt?
Ein Milchbart, einer, der sich lebenslang
Nicht über seine Schuh' in Schnee gewagt?
Peitscht dies Gesindel übers Meer zurück!
Stäupt fort dies freche Lumpenpack aus Frankreich,
Die Bettler, hungrig, ihres Lebens müde,
Die schon gehängt sich hätten, arme Ratzen,
Wär' nicht der Traum von dieser läpp'schen Fahrt!
Soll'n wir besiegt sein, nun, so sei's durch Männer,
Und nicht durch die Bastarde von Bretagnern,
Die unsre Väter oft in ihrem Lande
Geschlagen, durchgedroschen und gewalkt,
Und sie der Schand' urkundlich preisgegeben.
Soll'n diese unsre Länderei'n besitzen?
Bei unsern Weibern liegen? unsre Töchter
Bewält'gen? – Horcht! Ich höre ihre Trommeln.
                    Trommeln in der Ferne.
Kämpft, Englands Edle! Kämpft, beherzte Sassen[64]!
Zieht, Schützen, zieht die Pfeile bis zum Kopf[65]!
Spornt eure stolzen Ross', und reit't im Blut!
Erschreckt das Firmament mit Lanzensplittern! –
                    Ein Bote tritt auf.
Was sagt Lord Stanley? Bringt er seine Schar?
BOTE: Mein Fürst, er weigert sich zu kommen.
RICHARD: Herunter mit dem Kopfe seines Sohns!
NORFOLK:
    Mein Fürst, der Feind ist schon den Moor herüber;
    Erst nach dem Treffen laßt George Stanley sterben.
RICHARD: Wohl tausend Herzen schwellen mir im Busen:
    Voran die Banner! Setzet an den Feind!
    Und unser altes Wort des Muts, Sankt George,
    Beseel' uns mit dem Grimme feur'ger Drachen!
    Ein auf sie! Unsre Helme krönt der Sieg.
                    Alle ab.

Ein andrer Teil des Feldes.

Getümmel. Angriffe. Norfolk kommt mit Truppen; zu ihm Catesby.

CATESBY: Rettet, Mylord von Norfolk, retet, rettet!
Der König tut mehr Wunder als ein Mensch
Und trotzt auf Tod und Leben, wer ihm steht;
Ihm fiel sein Pferd, und doch ficht er zu Fuß
Und späht nach Richmond in des Todes Schlund.
O rettet, Herr, sonst ist das Feld verloren!
     Getümmel. König Richard tritt auf.
RICHARD:
Ein Pferd! ein Pferd! mein Königreich für 'n Pferd!
CATESBY:
Herr, weicht zurück! Ich helf' Euch an ein Pferd.
RICHARD: Ich setzt' auf einen Wurf mein Leben, Knecht,
Und will der Würfel Ungefähr bestehn.
Ich denk', es sind sechs Richmonds hier im Feld:
Fünf schlug ich schon an seiner Stelle tot.
Ein Pferd! ein Pferd! mein Königreich für 'n Pferd!
     Alle ab.
Getümmel. König Richard und Richmond treten auf und gehen fechtend ab.
Rückzug und Tusch. Hierauf kommen Richmond, Stanley mit der Krone,
   verschiedne andre Lords und Truppen.
RICHMOND: Preis Gott und euren Waffen, Freunde, Sieger!
Das Feld ist unser, und der Bluthund tot.
STANLEY: Wohl hast du dich gelöst, beherzter Richmond.
Sieh hier, dies lang geraubte Königskleinod
Hab' ich von des Elenden toten Schläfen
Gerissen, deine Stirn damit zu zieren.
Trag' es, genieß' es, bring' es hoch damit!
RICHMOND: Zu allem spreche Gott im Himmel Amen.
Doch sag mir, lebt der junge Stanley noch?
STANLEY: Er lebt und ist in Sicherheit in Leicester,
Wohin wir uns, mein Fürst, begeben könnten,
Wenn's Euch beliebt.
RICHMOND: Was für namhafte Männer
Sind in der Schlacht gefallen beiderseits?
STANLEY: John Herzog Norfolk, Walter Lord Ferrers,
Sir Robert Brakenbury und Sir William Brandon.
RICHMOND: Beerdigt sie, wie's ihrem Rang gebührt.

Ruft Gnade aus für die gefloh'ne Mannschaft,
Die unterwürfig zu uns wiederkehrt;
Und dann, worauf das Sakrament wir nahmen[66],
Vereinen wir die weiß' und rote Rose.
Der Himmel lächle diesem schönen Bund,
Der lang' auf ihre Feindschaft hat gezürnt!
Wer wär' Verräter g'nug, und spräch' nicht Amen?
England war lang' im Wahnsinn, schlug sich selbst:
Der Bruder, blind, vergoß des Bruders Blut;
Der Vater würgte rasch den eignen Sohn;
Der Sohn, gedrungen, ward des Vaters Schlächter;
All dies entzweiten York und Lancaster,
Entzweiet selbst in greulicher Entzweiung. –
Nun mögen Richmond und Elisabeth,
Die echten Erben jedes Königshauses,
Durch Gottes schöne Fügung sich vereinen!
Mög' Ihr Geschlecht[67] (wenn es dein Will' ist, Gott!)
Die Folgezeit mit mildem Frieden segnen,
Mit lachendem Gedeihn und heitern Tagen!
Zerbrich der Bösen Waffe, gnäd'ger Gott,
Die diese Tage möchten wiederbringen,
Daß England weinen müßt' in Strömen Bluts!
Der lebe nicht und schmeck' des Landes Frucht,
Der heim des schönen Landes Frieden sucht!
Getilgt ist Zwist, gestreut des Friedens Samen:
Daß er hier lange blühe, Gott, sprich Amen!
                                    Alle ab.

KÖNIG
HEINRICH VIII.

PERSONEN

König Heinrich VIII.
Kardinal Wolsey
Kardinal Campejus
Capucius, *Botschafter Kaiser Karls V.*
Cranmer, Erzbischof von Canterbury
Herzog von Norfolk
Herzog von Buckingham
Herzog von Suffolk
Graf von Surrey
Lord Kämmerer
Sir Thomas Audley, *Lord Siegelbewahrer*
Gardiner, Bischof von Winchester
Bischof von Lincoln
Lord Abergavenny
Lord Sands
Sir Heinrich Guilford
Sir Thomas Lovell
Sir Anton Denny
Sir Nikolas Vaux
Sir William Sands
Cromwell, *Wolseys Diener*
Griffith, *Marschall der Königin Katharina*
Drei Herren vom Hofe
Doktor Butts, *Leibarzt des Königs*
Garter, *Wappenherold*
Haushofmeister des Herzogs von Buckingham
Brandon
Sergeant
Türhüter vor dem Saal des Staatsrats
Pförtner
Dessen Knecht

Katharina, *Königin von England*
Anna Bullen
Eine alte Hofdame
Patienza, *Kammerfrau der Königin Katharina*
Verschiedene Herren und Frauen vom Hof, als stumme Personen.
Weiber im Gefolge der Königin; Geister, die ihr erscheinen.
Schreiber, Offiziere, Wachen, Gefolge, Volk u.s.w.

Die Szene ist abwechselnd in London und Westminster;
einmal in Kimbolten

PROLOG

Ich komme nicht mehr, daß ihr lacht. Gestalten,
Die eure Stirnen ziehn in ernste Falten,
Die traurig, groß, stark, voller Pomp und Schmerz,
So edle Szenen, daß in Leid das Herz
Zerrinnt, erscheinen heut. Die Mitleid fühlen,
Sie mögen Tränen schenken unsern Spielen,
Der Inhalt ist es wert. Die, welche geben
Ihr Geld, um etwas Wahres zu erleben,
Sie finden hier Geschichte. Die an Zügen,
Geschmückten, sich erfreun und so begnügen,
Zürnen wohl nicht: zwei Stunden still und willig,
Dann steh' ich dafür ein, sie haben billig
Den Schilling eingebracht. Nur die allein,
Die sich an Spaß und Unzucht gern erfreun,
Am Tartschenlärm[1], die nur der Bursch ergetzt
Im bunten langen Kleid, mit Gelb besetzt,
Sie sind getäuscht; mit Wahrheit, groß und wichtig,
Darf, Edle, niemals Schattenwerk so nichtig
Als Narr und Kampf sich mischen, sonst entehrten
Wir uns und euch, – die uns Vertrau'n gewährten,
Daß wahr nur sei, was jetzt vor euch erscheint –
Und so verblieb' uns kein verständ'ger Freund.
Deshalb, weil man als weis' und klug euch kennt
Und in der Stadt die feinsten Hörer nennt,
Seid ernst, wie wir euch wünschen. Denkt, ihr seht,
Als lebten sie, in stolzer Majestät
Des edlen Spiels Personen. Denkt sie groß,
Vom Volk umringt; denkt ihrer Diener Troß,
Der Freunde Drang; seht hierauf, im Moment,
Wie solche Macht so bald zum Fall gewend't;
Und seid ihr dann noch lustig, möcht' ich meinen,
Es könn' ein Mann am Hochzeittage weinen.

ERSTER AUFZUG

ERSTE SZENE

London. Ein Vorzimmer im Palast des Königs.

*Von der einen Seite kommt der Herzog von Norfolk², von der andern
der Herzog von Buckingham³ und der Lord Abergavenny⁴.*

BUCKINGHAM:
Guten Morgen und willkommen! Wie ging es Euch,
Seit wir uns sahn in Frankreich?

NORFOLK: Dank Eu'r Gnaden.
Wohlauf, und stets seitdem noch frisch bewundernd,
Was ich dort sah.

BUCKINGHAM: Ein sehr unzeitig Fieber
Hielt mich gebannt auf meinem Zimmer fern,
Als die zween Ruhmessöhn'⁵ und Heldensterne
Im Ardetal sich trafen.

NORFOLK: Zwischen Arde
Und Guines sah ich der Fürsten Gruß vom Pferd;
Sah, abgestiegen, beide sich umschließen,
Als wüchsen sie zusammen, so umarmt;
Und wären sie's: wo gab's vier Könige,
Dem Doppelt-Einen gleich?

BUCKINGHAM: Die ganze Zeit
War ich des Betts Gefangner.

NORFOLK: Da verlort Ihr
Die Schau des ird'schen Pomps. Man möchte sagen,
Pracht, einsam bis dahin, ward hier vermählt
Noch über ihrem Rang. Stets war das Morgen
Meister des Gestern, bis der letzte Tag
Die vor'gen Wunder einschlang. Überstrahlten
Ganz flimmernd, ganz in Gold, gleich Heldengöttern,

Die Franken heut uns: morgen schufen wir
Aus England India: jeder, wie er stand,
Glich einer Mine. Die Pagenzwerge schienen
Ganz Gold, wie Cherubim[6]: die Damen auch,
Der Arbeit ungewohnt, keuchten beinah'
Unter der Pracht; so daß die Mühe selber
Zur Schminke ward. Jetzt rief man diese Maske
Als einzig aus: der nächste Abend macht sie
Zum Narrn, zum Bettler. Beide Könige,
An Schimmer gleich, je wie in Gegenwart
Gewahrt, stehn höh'r und tiefer: wer im Aug',
Ist's auch im Preis; und beide gegenwärtig,
Sah man, so schien's, nur einen: und kein Urteil
Ward nur versucht vom Kenner. Wenn jene Sonnen
(Denn also hieß man sie) die edlen Geister
Durch Heroldsruf zum Kampf ermahnt, sind Taten
Jenseit des Denkbaren vollbracht; die Fabel,
So jetzt als möglich sich bewährt, fand Glauben,
Und Bevis dünkt uns wahr [7].

BUCKINGHAM: Oh, Ihr geht weit.

NORFOLK:
So wahr ich Edelmann und immer strebte
Nach Redlichkeit: die Schild'rung jedes Dings
Verlör' an Leben wohl beim besten Redner,
Da Handlung selbst ihm Zunge war. Ganz königlich
War alles, nichts der Einrichtung empört,
Durch Ordnung alles sichtbar, jedes Amt
Erfüllte, was ihm oblag.

BUCKINGHAM: Wer nur führte,
Ich sage, wer vereinte Haupt und Glieder
Zu diesem großen Fest nach Eurer Meinung?

NORFOLK: Nun einer, wahrlich, der kein Element
Für solch Geschäft verspricht.

BUCKINGHAM: Sagt, wer, Mylord?

NORFOLK: Das alles schuf die klug verständ'ge Einsicht
Des hochehrwürd'gen Kardinals von York[8].

BUCKINGHAM: Hol' ihn der Teufel! Er muß an jedem Brei
Ehrgeizig kochen helfen. – Was ging ihn
Dies weltliche Stolzieren an? Mich wundert,
Wie solch ein Klump[9] mit seiner rohen Last
Der segensreichen Sonne Licht darf hemmen,
Der Erd' es vorenthaltend.

NORFOLK: Wahrlich, Herr,

In ihm ist Stoff, der solche Zwecke fördert:
Denn, nicht gestützt auf Ahnentum (des Gunst
Dem Enkel sichre Bahn vorschreibt); nicht fußend
Auf Taten für die Kron; nicht geknüpft
An mächt'ge Helfer, sondern Spinnen gleich,
Aus seiner selbstgeschaffnen Webe, zeigt er,
Wie Kraft des eignen Werts die Bahn ihm schafft:
Vom Himmel ein Geschenk, das ihm erkauft
Den Platz zunächst am Thron.

ABERGAVENNY: Ich kann's nicht sagen,
  Was ihm der Himmel schenkt: ein schärfrer Blick
  Erspähe das. Sein Hochmut aber blickt mir
  Aus jedem Zug hervor; wer gab ihm den?
  War's nicht die Hölle, so ist Satan Knauser,

Oder gab alles schon hinweg, und er
Erschafft 'ne neue Hölle selbst in sich.

BUCKINGHAM:
Beim fränk'schen Zug, wie Teufel nahm er's auf sich,
Ohne Königs Vorwissen sein Gefolg'
Ihm zu erwählen. Er entwirft die Liste
Vom ganzen Adel; wählt auch solche nur,
Auf die er so viel Bürd' als wenig Ehren
Zu häufen denkt: ja, einzig schon sein Handbrief,
Den hochachtbaren Staatsrat unbefragt,
Muß liefern, wen er hinschreibt.

ABERGAVENNY: Weiß ich doch
Drei meiner Vettern mind'stens, die sich also
Ihr Erbteil hierdurch schwächten, daß sie nimmer
Wie vormals werden blühn.

BUCKINGHAM: Oh, vielen brach
Der Rücken, die Landgüter drauf geladen
Für diesen großen Zug. Was half die Torheit,
Als Mittlerin zu werden einem höchst
Armsel'gen Ausgang?

NORFOLK: Traurig denk' ich oft,
Wie uns der fränk'sche Friede nicht die Kosten,
Ihn abzuschließen, lohnt.

BUCKINGHAM: Ward jeder nicht
Nach jenem grausen Sturm[10], der drauf erfolgt,
Vom Geist erfüllt und sprach, unabgeredet,
Das allgemeine Prophezein: es deute
Solch Zeichen, dieses Friedenskleid zerreißend,
Auf seinen bald'gen Bruch.

NORFOLK: Der ist schon klar;
Denn Frankreich höhnt den Bund und legt Beschlag
Auf unsrer Kaufherrn Güter in Bourdeaux[11].

ABERGAVENNY: Ward deshalb der Gesandte fortgeschickt? –
NORFOLK: Gewiß!
ABERGAVENNY: Ein saubrer Titel eines Friedens,
Und teuer übers Maß.

BUCKINGHAM: Ei, lauter Arbeit
Des würd'gen Kardinals.

NORFOLK: Verzeiht, Mylord,
Der Staat nimmt Kenntnis vom besondern Zwist
Zwischen dem Kardinal und Euch. Drum rat' ich
(Und nehmt aus einem Herzen dies, das Ehr'
Und Sicherheit Euch reichlich gönnt), – Ihr woll't

Des Priesters Arglist stets und seine Macht
Zusammenreihn; dann wohl erwägen, daß,
Worauf sein wilder Haß auch brüt', ihm nimmer
Ein Werkzeug fehlt. Ihr kennt sein Naturell,
Rachgierig ist er: und ich weiß, sein Schwert
Ist scharf gewetzt; 's ist lang, und, wohl weiß man,
Es reicht fernhin: und streckt er's nicht so weit,
So schleudert er's. Schließt meinen Rat ins Herz;
Er wird Euch frommen. Seht, da kommt die Klippe,
Der ich Euch riet zu weichen.

*Kardinal Wolsey, vor dem die Tasche getragen wird[12], mehrere von der
Leibwache und zwei Schreiber mit Papieren treten auf. Der Kardinal heftet
im Vorbeigehn seinen Blick auf Buckingham, und dieser auf ihn; beide sehn
einander voller Verachtung an.*

WOLSEY: Der Hausvogt[13] Herzog Buckinghams? Schon gut!
Habt Ihr die Untersuchung?
SCHREIBER: Hier, Mylord.
WOLSEY: Hält er sich fertig in Person?
SCHREIBER: Ja, gnäd'ger Herr.
WOLSEY: Gut! Dann ergibt sich mehr; und Buckingham
Wird diesen stolzen Blick schon mäß'gen.

Kardinal Wolsey und sein Gefolge ab.

BUCKINGHAM: Der Fleischerhund trägt Gift im Maul, und ich
Vermag nicht, ihn zu knebeln: drum, am besten,
Man weckt ihn nicht aus seinem Schlaf. Das Buch
Des Bettlers zählt vor edlem Blut[14]! –
NORFOLK: Wie, so erhitzt?
Fleht Gott um Mäßigung, das einz'ge Mittel,
Das Eure Krankheit heischt.
BUCKINGHAM: Sein Blick verkündet
Was gegen mich: sein Aug' erniedrigte
Mich als verworfnen Knecht; und jetzt, jetzt eben,
Bohrt' er mich meuchlings durch: er ging zum König;
Ich folg' und will ihn übertrotzen.
NORFOLK: Bleibt doch,
Mylord, und laßt Vernunft und Zorn sich fragen,
Was Ihr beginnt. Wer steilen Berg erklimmt,
Hebt an mir ruh'gem Schritt; der Ärger gleicht
'nem überhitz'gen Pferd, das, gebt Ihr Freiheit,
Am eignen Feu'r ermüdet. Keiner, glaubt mir,
Vermag, wie Ihr, mir Rat zu geben: seid
Für Euch, was Ihr dem Freund wär't.
BUCKINGHAM: Ich will hin,

Und Ehrenmund soll völlig niederschreien
Den Hochmut des Ipswicher Knechts; sonst ruf' ich's:
Hin ist der Unterschied des Ranges.

NORFOLK: Hört mich!
Heizt nicht den Ofen Euerm Feind so glühend,
Daß er Euch selbst versengt. Wir überrennen,
Durch jähe Eil', das Ziel, nach dem wir rennen,
Und gehn's verlustig. Denkt nur, wie die Flamme,
Wenn sie den Trank geschwellt zum Überschäumen,
Ihn, scheinbar mehrend, nur zerstäubt. Oh, hört!
Ich wiederhol', es gibt kein Haupt in England
So kräftig sich zu leiten, als das Eure,
Wenn Ihr mit Saft der Weisheit wolltet löschen,
Ja, dämpfen nur, die Glut des Jähzorns.

BUCKINGHAM: Herr,
Nehmt meinen Dank. Entfernen will ich mich
Nach Euerm Wort. Doch der erzstolze Schwindler
(Nicht, weil der Zorn mir schwillt, nenn' ich ihn so,
Nein, aus rechtschaffnem Drang): durch sichre Kundschaft
Und Proben, die so klar wie Bäch' im Juli,
Wenn jedes Korn von Kies wir sehn, kenn' ich ihn
Feil und verrät'risch.

NORFOLK: Nicht verrät'risch sagt.

BUCKINGHAM:
Dem König sag' ich's: mein Beweis soll stark sein,
Wie Felsenufer. Seht nur: Dieser heil'ge
Fuchs oder Wolf – wenn beides nicht! – (er ist
So räub'risch ja als schlau, so rasch zum Bösen,
Als fein es zu vollziehn; Gemüt und Amt
Hat gegenseitig sich an ihm verpestet):
Nur daß er seinen Prunk ausbreit' in Frankreich,
Wie hier zu Haus, trieb unsern Herrn, den König,
Zum letzten teuren Bündnis und Kongreß,
Der so viel Schätze schlang und wie ein Glas
Zerbrach im Spülen.

NORFOLK: Ja gewiß, so war's.

BUCKINGHAM: Erlaubt nur weiter, Herr. Der list'ge Pfaff'
Spann die Artikel nun der Übereinkunft,
Wie's ihm gefiel; dann ward ratifiziert,
Wie er nur winkt, „so sei's“; – zu nicht mehr Vorteil,
Als Krücken für den Toten. Doch unser Hofpfaff'
Ersann's, und so ist's gut; der würd'ge Wolsey,
Der niemals irrt, der tat's. Drauf folgt nun dies

(Was mich bedünkt, 'ne Art von Brut der alten
Hündin Verrat): – Der Kaiser Karl[15], vorgeblich,
Die Kön'gin[16], seine Tante, zu besuchen
(Den Anstrich gab er wirklich; doch er kam,
Dem Wolsey zuzuflüstern), hält hier Einzug:
Er war in Furcht, ihm werd' aus dem Kongreß
Von Frankreich, durch der zween Monarchen Freundschaft,
Nachteil entstehn; und freilich blickte Unheil
Ihm dräuend aus dem Bund: drum pflog er heimlich
Mit unserm Kardinal, und, wie ich glaube,
Ja, vielmehr weiß, – weil sicher vor dem Abschluß
Der Kaiser zahlt', und also sein Gesuch
Erfüllt war, eh' genannt – genug, nachdem
Der Weg gebahnt und goldgepflastert, heischt
Der Kaiser nun, er möge gütigst anders
Den König[17] stimmen und den Frieden brechen.
Ja, wissen muß der König (gleich, durch mich),
Wie so der Kardinal nach Wohlgefallen
Ihm seine Ehre kauft und auch verkauft,
Und zwar zu seinem Vorteil.

NORFOLK: Mich betrübt's,
Solches von ihm zu hören, und ich wünsche,
Hier walt' ein Irrtum ob.

BUCKINGHAM: In keiner Sylbe!
Ich stell' ihn dar in eben der Gestalt,
In der er bald entlarvt ist.

Brandon tritt auf; vor ihm her ein bewaffneter Gerichtsdiener,
darauf zwei oder drei von der Leibwache.

BRANDON: Sergeant,
Ihr wißt, was Eures Amts; vollzieht es!

GERICHTSDIENER: Sir,
Mylord, Herzog von Buckingham, und Graf
Von Hereford, Stafford und Northampton, ich
Verhafte dich um Hochverrat, im Namen
Unsres großmächt'gen Königs.

BUCKINGHAM: Seht, Mylord,
Das Netz fiel auf mich nieder; durch Verrat
Und Arglist muß ich untergehn.

BRANDON: Mich schmerzt,
Der Freiheit Euch beraubt und diesen Hergang
Mit anzusehn; es ist des Königs Wille,
Ihr sollt zum Turm.

BUCKINGHAM: Nichts hilft mir's, meine Unschuld

Dartun, da solcher Schatten fiel auf mich,
Der selbst das Weiße schwarz färbt. Herr, dein Ratschluß
Gescheh' hierin und allzeit! Ich gehorche.
O Mylord Aberga'ny, lebet wohl!
BRANDON: Nein, er wird mit Euch gehn. Es ist des Königs
Gefall', Ihr sollt zum Turm, bis Ihr erfahrt,
Was ferner nachfolgt.
ABERGAVENNY: Mit dem Herzog sag' ich:
Des Herrn Ratschluß gescheh', so wie des Königs
Gefallen!
BRANDON: Vollmacht hab' ich hier vom König,
Lord Montacut'[18] in Haft zu nehmen; ferner
Den Johann de la Court, des Herzogs Beicht'ger;
Dann seinen Kanzler, Gilbert Peck –
BUCKINGHAM: So, so!
Das sind des Bunds Mitglieder! Habt Ihr noch mehr?
BRANDON: Noch einen Karthäusermönch –
BUCKINGHAM: Oh, Niklas Hopkins[19].
BRANDON: Ja.
BUCKINGHAM: Mein Hausvogt spielte: der große Priester
Bot Gold ihm an; mein Leben ist umspannt;
Ich bin nur Schatten noch des armen Buckingham,
Und dessen Züge selbst tilgt diese Wolke,
Mein helles Licht verdunkelnd. Mylord, lebt wohl!
Alle ab.

ZWEITE SZENE

Das Zimmer des Staatsrats.

*Trompeten. König Heinrich, auf des Kardinals Schulter gestützt;
mehrere Edelleute und Sir Thomas Lovell[20] treten auf.*

KÖNIG: Mein ganzes Leben dankt, mein Herzblut Euch
Für solche Sorgfalt. Stand ich doch im Schuß
Der schwergelad'nen Meuterei! Habt Dank,
Der sie vertilgt. Laßt jetzt vor uns erscheinen
Des Buckingham Hofmeister: in Person
Will ich rechtfert'gen hören sein Bekenntnis,
Und Punkt für Punkt soll er uns seines Herrn
Verrat aufs neu' berichten.
*Der König setzt sich auf den Thron. Die Lords des Reiches nehmen ihre
Plätze ein. Der Kardinal setzt sich zu des Königs Füßen auf der rechten*

Seite. Man hört hinter der Szene rufen: „Platz für die Königin!"
Die Königin tritt auf, geführt von den Herzogen von Norfolk und Suffolk[21];
sie knieet. Der König steht auf von seinem Thron, hebt sie auf, küßt sie und
heißt sie, neben ihm sitzen.

KÖNIGIN: Nein, laßt uns länger knien; ich kam, zu bitten.

KÖNIG:
Steht auf, nehmt Euren Platz; Eu'r halb Gesuch
Bleib' unberührt (halb unsre Macht ist Eure),
Die andre Hälft', eh' Ihr sie nennt, gewährt.
So sagt und nehmt die Bitte.

KÖNIGIN: Dank, mein König.
Daß Ihr Euch selbst liebt, und in solcher Liebe
Nicht außer acht laßt Eure Ehre, noch
Die Hoheit Eures Amts: das ist der Inhalt
Von meiner Bitte:

KÖNIG: Fahret fort, Gemahlin.

KÖNIGIN: Ich werd' umlagert stets – und zwar von vielen,
Und von den Redlichsten, – weil Euer Volk
In hartem Trübsal seufzt. Es sind Sendschreiben
Erlassen, so die Herzen lösen mußten
Von aller Treu'; und ob sich zwar darob,
Werter Herr Kardinal, die herbsten Klagen
Auf Euch zumeist ergießen, als Anstifter
Solcher Erpressung, trifft doch selbst den König
(Des Ehre Gott vor Unglimpf schützen mag!)
Unziemlich Reden, ja, solches, das zerbricht
Treu' und Gehorsam und beinah' erscheint
Als lauter Aufruhr.

NORFOLK: Nicht beinah' erscheint,
Wirklich erscheint: denn dieser Schatzung willen
Hat schon das ganze Tuchgewerk, unfähig,
Die Arbeit zu erhalten, seine Spinner,
Die Krempler, Walker, Weber abgedankt,
Die nun, verfolgt vom Hunger, andern Handwerks
Unkundig, sonder Mittel, in Verzweiflung,
Dem Ausgang trotzend, all' in Aufstand sind;
Und die Gefahr dient unter ihnen.

KÖNIG: Schatzung?
Auf was? Und welche Schatzung? Kardinal,
Ihr, der die Last zugleich mit uns hier tragt,
Wißt Ihr von dieser Schatzung?

WOLSEY: Erlaubt, mein König,
Ich weiß nur einzelnes von allem, was

Den Staat betrifft, und steh' nur mit im Gliede,
Wo andre mit mir schreiten.

KÖNIGIN: Nein, Mylord,
Ihr wißt nicht mehr als andre; doch Ihr schmiedet
Die Dinge, die auch jeder kennt; nicht heilsam
Für die, die lieber nicht sie kennten, doch
Wohl notgedrungen sie erfahren. Diese
Erpressungen, von denen mein Gemahl will wissen,
Im Hören sind sie tödlich schon; sie tragen,
Der Rücken bricht der Last. Man sagt, Ihr seid's,
Der sie ersonnen; ist das nicht, so seid Ihr
Zu hart beschuldigt.

KÖNIG: Immerdar Erpressung! –
Von welcher Art? Laßt hören, welcher Art
War die Erpressung?

KÖNIGIN: Wag' ich doch zu viel,
So prüfend Eure Milde! Doch mich stärkt
Die Nachsicht, so Ihr zugesagt. Es ruht
Des Volks Beschwerd' auf Steuern, so ein Sechsteil
Von jeglichem Vermögen sonder Aufschub
Einfordern, und als Vorwand soll Eu'r Krieg
In Frankreich gelten. Dies macht dreiste Zungen,
Der Mund speit aus die Pflicht; in kalten Herzen
Gefriert die Treu'; Verwünschung wohnt anjetzt,
Wo sonst Gebete; ja es kam so weit,
Daß nun lenksame Folgsamkeit erscheint
Als jeglicher erhitzten Laune Sklav'. Oh, möcht'
Eu'r Hoheit bald erwägen dies Geschäft!
Keins ist so dringend. –

KÖNIG: Nein, bei meinem Leben! –
Dies ist zuwider unserm Wunsch.

WOLSEY: Und ich
Ging meinerseits hierin nicht weiter, als
Durch e i n e Stimm'; auch diese gab ich nur
Auf Rat gelehrter Richter. Schmähen mich
Unkund'ge Zungen, so mein Innres nicht
Erkannt noch meine Weg', und wollen dennoch
Die Chronik werden meines Tuns: so weiß man,
's ist nur der Würden Los, der Dornenpfad,
Den Tugend wandeln muß. Beschränke keiner,
Was ihm zu tun notwendig, in der Furcht,
Er stoß' auf neid'sche Tadler, die beständig,
Raubfischen gleich, dem neugeschmückten Fahrzeug

Nachziehn, wiewohl es Vorteil bringt mit nichten,
Nur eitle Jagd. Oft unsre beste Tat,
Wie Böse oder Schwache deuten, ist
Nicht unsre oder nicht gelobt; die schlimmste,
Dem gröbern Sinn verständlich, preist man oft
Als unser bestes Tun. Müßten wir stillstehn,
In Furcht, belacht sei unser Gehn, verlästert,
Wir müßten Wurzeln schlagen, wo wir sitzen,
Wo nicht, gleich Bildern sitzen.

KÖNIG: Weise Tat,
Vollbracht mit Vorsicht, schirmt sich selbst vor Zweifeln;
Tat ohne Vorbild aber ist zu fürchten
In ihrem Ausgang. Habt Ihr einen Vorgang
Für solche Schatzung? Wie mir scheint, wohl keinen.
Man muß das Volk nicht vom Gesetz losreißen
Und an die Willkür ketten. Wie! Ein Sechsteil?
Entsetzliche Besteu'rung! Ei, wir nehmen
Von jedem Baum Ast, Rind', und selbst vom Stamm!
Und lassen wir ihm auch die Wurzel, – so verstümmelt,
Verzehrt die Luft den Saft. In jede Grafschaft,
Wo dies verhandelt, schickt Sendschreiben mit
Vollkommner Nachsicht allen, so sich sträubten
Dem Druck sotaner Schatzung. Bitt' Euch, eilt,
Ich leg's in Eure Hand.

WOLSEY *zu seinem Geheimschreiber:* Hört, auf ein Wort!
Ihr fertigt Briefe mir für jede Grafschaft,
Von Königs Gnad' und Nachsicht. Die gekränkten
Gemeinden sind uns abhold; sprenget aus,
Als sei auf unser Fürwort der Erlaß
Und Widerruf erfolgt. Ich werd' alsbald
Euch ferner unterrichten.

   Geheimschreiber ab. – Der Haushofmeister tritt auf.

KÖNIGIN: Es geht mir nah, daß Herzog Buckingham
Sich Eu'r Mißfallen zuzog.

KÖNIG: Viele schmerzt es:
Er ist gelehrt, ein trefflich seltner Redner,
Naturbegünstigt, an Erziehung fähig,
Den größten Meistern Lehr' und Rat zu geben,
Nie Hülfe suchend außer sich; und dennoch,
Wo also edle Gabe schlecht verteilt
Erfunden wird, – wenn erst der Geist verderbt ist –
Verkehrt sie sich zum Laster, zehnfach wüster,
Als schön zuvor. Derselbe Mann, so edel,

Der stets den Wundern wurde beigezählt,
Bei dem, entzückt zu horchen, uns Minuten
Die Stunden seiner Red' erschienen: dieser,
Mylady, hat die Grazie, sonst ihm eigen,
In scheußliche Gestalt verkehrt, so schwarz
Wie aus dem Höllenpfuhl. Nehmt Platz und höret Dinge
(Hier steht, der sein vertrauter Diener war),
Die Ehre trauern machen. Wiederholt
Die schon erzählten Greu'l; wovon wir nie
Zu wenig fühlen, zu viel zu hören können.
WOLSEY: Kommt vor, erzählt mit freiem Mut, was Ihr,
Als ein sorgsamer Untertan, erforscht
Vom Herzog Buckingham.
KÖNIG: Nur dreist gesprochen!
HAUSHOFMEISTER: Erst war's ihm zur Gewohnheit, jeden Tag
Sein Reden zu verpesten durch die Äuß'rung,
Daß, stürb' ohn' Erben unser Herr, er sicher
Das Szepter an sich brächte: solche Worte
Hört' ich ihn sagen seinem Schwiegersohn
Lord Aberga'ny, dem er eidlich schwur
Rach' an dem Kardinal.
WOLSEY: Bemerk' Eu'r Hoheit
In diesem Punkt sein sträfliches Beginnen:
Feindlich im Wünschen strebt sein böser Wille
Entgegen Eurer heiligen Person,
Ja, zielt noch jenseits selbst auf Eure Freunde.
KÖNIGIN: Seid christlich, Mylord Kardinal!
KÖNIG: Fahrt fort!
Wie stützt' er seinen Anspruch auf die Krone,
Wenn wir dahin? Hast über diesen Punkt
Auch was vernommen?
HAUSHOFMEISTER: Dazu leitet' ihn
Des Niklas Hopkins eitles Prophezei'n.
KÖNIG: Wer war der Hopkins?
HAUSHOFMEISTER: Ein Karthäusermönch,
Sein Beicht'ger, der ihn stets genährt mit Worten
Von Kron' und Königtum.
KÖNIG: Wie weißt du dies?
HAUSHOFMEISTER:
Nicht lang', eh' Eure Hoheit zog gen Frankreich
Geschah's, daß in der Rose²², in dem Kirchspiel
Sankt Laurenz Poultney, mich der Herzog fragte,
Was für Gespräch in London ich gehört,

Betreffend Euren fränk'schen Zug. Drauf sagt' ich,
Man fürchte der Franzosen treulos Wesen
Zu unsers Herrn Verderben. Alsobald
Begann der Herzog: Dazu gäb' es Grund,
Und, meint er, wohl erfülle sich's, was ihm
Ein heil'ger Mönch gesagt, „der oft", erzählt' er,
„Zu mir gesandt, gelegne Zeit begehrend,
Wo meinem Kapellan, John de la Court,
Hochwicht'ge Ding' er offenbaren wolle;
Und als er drauf, unterm Sigill[23] der Beichte,
Förmlichen Eid verlangt, was er entdeckte,
Das solle mein Kaplan nie einem Menschen
Als mir enthüll'n – da sprach er ernst, bedächtig,
Dies Wort: Der König weder, noch sein Stamm
(So sagt dem Herzog) wird gedeihn: drum streb' er,
Des Volkes Liebe zu gewinnen. Er, der Herzog,
Wird England einst beherrschen." –

KÖNIGIN: Hör' ich recht,
Wart Ihr des Herzogs Hausvogt und verlort
Auf Eurer Untern Anklag' Eure Stelle;
So habt wohl acht, schmäht nicht in Eurer Bosheit
Den edlen Mann und wagt die edlere Seele.
Habt acht, ich sag's Euch, ja, ich bitt' Euch herzlich.

KÖNIG: Laß ihn. – Fahr' fort!

HAUSHOFMEISTER: Wahr red' ich, auf Gewissen.
Ich sagte dem Herrn Herzog, Teufels Blendwerk
Betrüge wohl den Mönch: es sei gefährlich,
So lang' hierob zu brüten, bis zuletzt
Ein Anschlag reifte, wie's gewiß geschäh',
Traut' er ihm erst. Er aber rief: „Sei still! –
Es bringt mir nimmer Schaden!" – sagt' auch noch:
„Wofern der König starb im letzten Fieber,
So fiel das Haupt des Kardinals so wie
Sir Thomas Lovells."

KÖNIG: Wie! So arg? Ei, ja!
Das ist ein schlimmer Mann. Weißt du noch mehr?

HAUSHOFMEISTER:
Ich weiß, mein Fürst.

KÖNIG: Fahr' fort!

HAUSHOFMEISTER: Zu Greenwich war's,
Verweis hatt' Eure Hoheit meinem Herzog
Erteilt, Sir William Blomers willen[24] –

KÖNIG: Wohl

Entsinn' ich mich's: aus meinem Lehnsdienst nahm
Der Herzog ihn für sich. Doch nun, wie weiter?
HAUSHOFMEISTER: Da sprach er: „Wär' ich hierum festgesetzt,
Etwan im Turm, so mein' ich, spielt' ich wohl
Die Rolle, die mein Vater wollt' erfüllen
Am Usurpator Richard[25], als in Sal'sbury
Er sich Gehör erbat, und wär's gewährt,
Ihm unterm Schein der Huldigung sein Messer
Ins Herz gestoßen hätte."
KÖNIG: Oh, Riesenbosheit!
WOLSEY: Nun, Fürstin, kann der König frei noch atmen,
Bleibt dieser außer Haft?
KÖNIGIN: Gott füg's zum Guten!
KÖNIG: Du hast noch Weitres auf dem Herzen; rede!
HAUSHOFMEISTER:
Nach „Rolle meines Vaters" – und dem „Messer" –
Streckt er sich s o, und eine Hand am Dolch,
Die andre auf der Brust, den Blick erhoben,
Stieß er hervor den wild'sten Fluch, des Inhalts,
Daß, würd' ihm hart begegnet, er den Vater
So weit noch übertreffen wollt', als je
Die Tat den schwanken Vorsatz.
KÖNIG: Seinem Messer
Ist wohl ein Ziel gesetzt; er ist verhaftet.
Ruft vor Gericht ihn gleich! Vermag er Gnade
Vor dem Gesetz zu finden, sei's; wo nicht,
Bei uns such' er sie nie! – Bei Tag und Nacht,
Gewiß, er ist auf Hochverrat bedacht.
                    Alle ab.

DRITTE SZENE

Ein Zimmer im Palast.

Der Lord Kämmerer[26] und Lord Sands[27] treten auf.

LORD KÄMMERER:
Ist's möglich, gaukelten die Zauber Frankreichs
Die Menschen in solch seltsamliche Form?
SANDS: Sind neue Moden noch so lächerlich,
Ja, selbst unmännlich, doch befolgt man sie.
LORD KÄMMERER: So weit ich seh', was unsre Englischen
Sich Gut's geholt auf dieser Fahrt, sind's höchstens

846

Ein paar Gesichter, die sie ziehn, und garst'ge,
Denn macht sie e i n e r, nun, so schwört man drauf,
Selbst seine Nase sei schon Rat gewesen
Bei Chlotar und Pipin[28], so ehrbar schaut sie.
SANDS: Sie führen sämtlich neue, lahme Beine,
Und wer sie noch nicht gehn sah, dächte, Spat[29]
Und Gallen zwickten sie.
LORD KÄMMERER: Beim Element!
Selbst ihrer Kleider Schnitt ist so sehr heidnisch,
Daß sie gewiß den Christen ausgezogen.
Wie nun? Was Neues bringt Sir Thomas Lovell? –
                Sir Thomas Lovell tritt auf.
LOVELL: Nicht Neues just, Mylord, als die Verordnung,
Die eben jetzt am Schloßtor klebt.
LORD KÄMMERER: Worüber?
LOVELL: Ei, die Reform der jungen Reisenden,
Die uns verfolgt mit Zank und Lärm und Schneidern.
LORD KÄMMERER:
Gott sei's gedankt! Nun bitt' ich die Monsieurs,
Einem brit'schen Hofmann noch Verstand zu lassen,
Auch wenn er's Louvre nicht gesehn.
LOVELL: Sie sollen
(So lautet die Verordnung) ihren Wedeln
Und Resten fränk'schen Narrentums entsagen,
Samt all den teuern Punkten ihrer Torheit
Von gleichem Schlag; Duell'n und Feuerwerken;
Und der Verspottung Besserer als sie
In ihrer fremden Weisheit; gänzlich abtun
Den Aberglauben ihres Federballs,
Die langen Strümpfe, kurz gepuffte Hosen,
All die Symbole ihrer Reis', und wieder
Sich wie vernünft'ge Menschen stellen, oder
Sich zu den alten Spielkam'raden packen,
Wo sie cum privilegio[30] dann mögen
Verlacht sein und die Kläglichkeit verbrauchen.
SANDS: Die Kur war an der Zeit; es griff dies Übel
Verzweifelt um sich.
LORD KÄMMERER: Wie wohl unsre Weiber
Die süßen Eitelkeiten all entbehren! –
LOVELL: Nun, Klagen gibt's gewiß; die schlauen Löffler[31]
Verstanden meisterlich, die Frau'n zu fangen;
'ne Fiedel, ein französisch Lied tat Wunder.
SANDS: Fiedl' euch der Teufel! Gut, sie sind nun fort,

Denn Bess'rung war zu hoffen nicht. Jetzt mag
Ein schlichter Edelmann vom Land', wie ich,
Längst aus dem Spiel verdrängt, doch auch sein Lied
Anstimmen und Gehör ein Stündchen hoffen
Und, mein' ich, seinen Takt noch eben halten.

LORD KÄMMERER:
Recht so, Lord Sands; Ihr habt den Füllenzahn[32]
Nicht abgelegt.

SANDS: O nein, und werd' auch nicht,
Solang' ein Stumpf mir nachbleibt.

LORD KÄMMERER: Sagt, Sir Thomas,
Wohin Ihr gingt.

LOVELL: Ins Haus des Kardinals;
Eu'r Herrlichkeit ist gleichfalls dort ein Gast.

LORD KÄMMERER: Jawohl. Er gibt ein prächtig Fest zu Nacht
Gar vielen Herrn und Frau'n; Ihr findet dort
Des ganzen Landes Schönheit heut versammelt.

LOVELL: Ein gütig Herz hat dieser Fürst der Kirche,
Fruchtbar die Hand wie der ergieb'ge Boden,
Sein Tau tränkt alles.

LORD KÄMMERER: Ja, er ist höchst edel:
Ein schwarz Gemüt, das anders von ihm sagte.

SANDS:
Nun, er vermag's, er hat genug; an ihm
Wär' Sparen ärgre Sünd' als Ketzerei.
Freigebig müssen Männer sein wie er,
Sie stehn als Beispiel da.

LORD KÄMMERER: Als rechtes Beispiel;
Doch er vor allen. Meine Barke hält,
Ich nehm' Eu'r Gnaden mit. Nun kommt, Sir Thomas,
Wir kommen spät sonst, und mir wär' es leid,
Weil ich heut abend mit Sir Heinrich Guilford[33]
Aufseher bin des Festes.

SANDS: Euch zu Diensten.

Alle ab.

Im Palast des Kardinals von York.

*Hoboen. Ein kleiner Tisch unter einem Thronhimmel für den Kardinal;
eine längere Tafel für die Gäste. Von der einen Seite treten auf Anna Bullen[34] mit einigen andern Fräulein und Edelfrauen als Gäste, von der andern Sir Heinrich Guilford.*

GUILFORD:
    Ein allgemein Willkommen Seiner Gnaden
    Begrüßt euch all', ihr Frau'n; er weiht den Abend
    Der schönen Freud' und euch, und hofft, nicht e i n e
    In dieser edlen Schar nahm Sorgen mit
    Von Haus. Gern säh' er alles hier so munter,
    Als gut gewählte Gäst' und guter Wein
    Und guter Willkomm' gute Leute nur
    Zu stimmen wissen. Ei, Mylord, Ihr säumt;
    Der Lord Kämmerer, Lord Sands und Sir Thomas Lovell treten auf.
    Schon der Gedank' an diesen schönen Kreis
    Gab Flügel mir.
LORD KÄMMERER: Ihr seid noch jung, Sir Heinrich.
SANDS: Sir Thomas, hegte nur der Kardinal
    Halb meine weltlichen Gedanken, traun!
    Mach' e i n e fände hier vor Schlafengehn
    Ein lust'ger Fest, das besser ihr gefiele.
    Es ist, fürwahr! ein Kreis der schönsten Kinder.
LOVELL: Wär' Eure Herrlichkeit nur jetzt der Beicht'ger
    Zwei'n oder drei'n von diesen! –
SANDS.   Wollt', ich wär's,
    Sie fänden leichte Pönitenz[35].
LOVELL: Wie leicht?
SANDS: So leicht, wie Federbetten sie nur böten.
LORD KÄMMERER *zu den Damen:*
    Gefällt's euch, Platz zu nehmen? Ordnet Ihr,
    Sir Heinrich, dort, ich will es diesseits tun.
    Gleich kommt der Kardinal. Nein, frieren müßt ihr nicht;
    Zwei Frau'n zusammensetzen macht kalt Wetter.
    Ihr, Mylord Sands, müßt sie uns munter halten;
    Setzt Euch zu diesen Damen.
SANDS: Nun, Mylord,
    Auf Ehr', ich dank' Euch. Wollt verzeihn, ihr Schönen:
                 Setzt sich.

Red' ich vielleicht ein bißchen wild, so zürnt nicht;
Ich hab's von meinem Vater.

ANNA: War der toll, Sir?

SANDS: Sehr toll, ausnehmend toll, verliebt am tollsten:
Doch biß er nie, und, ebenso wie ich,
Küßt' er euch zwanzig wohl in einem Atem.

LORD KÄMMERER:
Recht so, Mylord,
So, jetzo sitzt Ihr gut. Ihr Herrn, nun liegt
Die Schuld an euch, wenn diese schönen Frau'n
Nicht heiter uns verlassen.

SANDS: Was ich vermag,
Das soll gewiß geschehen.

*Hoboen. Kardinal Wolsey tritt auf und nimmt Platz auf seinem
erhöhten Sitz.*

WOLSEY: Seid willkommen,
Ihr schönen Gäste! Welcher edlen Frau
Und welchem Ritter heut der Frohsinn ausbleibt,
Die meinen's schlimm mit mir. Nochmals willkommen!
Auf euer aller Wohl! *Trinkt.*

SANDS: Ein huldreich Wort!
'nen Tummler[36] gebt, der meinen Dank enthalte
Und mir das Reden spare.

WOLSEY: Mylord Sands,
Ich dank' Euch bestens. Trinkt den Gästen zu!
Die Damen sind nicht munter; sagt mir an,
Wes ist die Schuld?

SANDS: Erst muß des Weines Purpur
Die schönen Wangen röten, Herr; dann sollt Ihr
Sie uns stumm plaudern sehn.

ANNA: Ihr seid
Ein lust'ger Spielmann, Mylord Sands.

SANDS: O ja,
Wenn ich den Tanz darf wählen. – Hier, mein Fräulein,
Ist Wein für Euch, und wollt Bescheid mir tun;
Es gilt ein Spiel . . .

ANNA: Das Ihr verlieren würdet.

SANDS: Ich sagt' es wohl, sie würden plaudern.

Trommeln und Trompetenschall, man hört Kanonen abfeuern.

WOLSEY: Horch!

LORD KÄMMERER: Seht draußen nach!
Ein Diener geht hinaus.

WOLSEY: Welch kriegerischer Klang! –

Wie deut' ich dies? Nein, fürchtet nichts, ihr Frau'n;
Nach allem Kriegsbrauch seid ihr außer Fährde[37].

Der Diener kommt zurück.

LORD KÄMMERER: Nun sprich, was ist's?

DIENER: Ein Trupp von edlen Fremden;
   Denn also scheint's: sie sind ans Land gestiegen
   Und nahen jetzt, gleich hohen Abgesandten
   Ausländ'scher Fürsten.

WOLSEY: Werter Mylord Kämm'rer,
   Geht Ihr zum Gruß; Ihr sprecht die fränk'sche Zunge.
   Empfangt sie würdig und geleitet sie
   In unsre Näh', wo dieser Schönheitshimmel
   Vollglänzend sie bestrahle. – Geh' wer mit!

Der Kämmerer mit Gefolge ab.
Alle stehen auf; man bringt die Tische auf die Seite.

Man stört das Fest; doch holen wir's wohl nach.
Euch allen ein gesegnet Mahl; ich heiß' euch
Nochmals willkomm', willkommen all' von Herzen!

Hoboen. Der König und mehrere andre als Schäfer verkleidet, mit sechzehn
Fackelträgern, und durch den Lord Kämmerer eingeführt, treten auf. Sie ge-
hen gerade auf den Kardinal zu und grüßen ihn höflich.

Ein edler Zug! Was steht zu eurem Dienst? –

LORD KÄMMERER: Da sie kein Englisch reden, meld' ich dies
Auf ihr Gesuch: daß, als der Ruf erschollen
Von dieses Abends schöner und erlauchter
Versammlung, sie nicht länger widerstanden
Nach ihrer tiefen Ehrfurcht für die Schönheit,
Die Herden zu verlassen, um in Eurem
Edlen Geleit Erlaubnis zu begehren,
Die Damen hier zu sehn und eine Stunde
Zu unterhalten.

WOLSEY: Sagt, Lord Kämm'rer, ihnen,
Sie häuften Gnaden auf mein armes Haus,
Ich dankte tausendfach und bäte sie,
Nach ihrem Wohlgefallen hier zu schalten.

Alle wählen sich Damen zum Tanz. Der König tanzt mit
Anna Bullen.

KÖNIG:
Die schönste Hand, die ich berührt! O Schönheit,
Dich ahnet' ich bis heut noch nie! –

WOLSEY: Mylord!

LORD KÄMMERER: Eu'r Gnaden?

WOLSEY: Bitt' Euch, sagt in meinem Namen,
Daß e i n e r unter ihnen müsse sein,
Der würd'ger diesen Platz besetzt denn ich,
Und dem ich, kennt' ich ihn, mit aller Lieb'
Und Pflicht ihn überließe.

LORD KÄMMERER: Wohl, ich gehe.

Geht zur Gesellschaft und kommt zurück.

WOLSEY: Was sagen sie?

LORD KÄMMERER: Ein solcher, dies gestehn sie,
Sei wirklich hier, und mög' Eu'r Gnaden ihn
Ausfinden, und er nähm' es an.

WOLSEY: Laßt sehn. –
Mit euer aller Gunst, ihr Herrn, hier wag' ich
Die Königswahl.

KÖNIG: Ihr traft ihn, Kardinal.
Ihr haltet trefflich Haus; recht wohl, Mylord!

Ihr seid ein Geistlicher, sonst, Kardinal,
Dächt' ich von Euch nichts Gutes.

WOLSEY: Mich erfreut's,
Wenn Eure Hoheit scherzt.

KÖNIG: Oh, Mylord Kämm'rer,
Bitt' Euch, kommt her! Wer ist das schöne Fräulein? –

LORD KÄMMERER:
Erlaubt, mein Fürst, Sir Thomas Bullens Tochter,
Des Vicomte Rochford[38], von der Kön'gin Damen.

KÖNIG: Bei Gott! ein lieblich Kind. – Mein süßes Herz,
Unziemlich wär's, zum Tanz Euch aufzufordern
            zu Anna Bullen
Und nicht zu küssen[39]. Stoßet an, ihr Herrn,
Bringt die Gesundheit rund!

WOLSEY: Sir Thomas Lovell,
Ist das Bankett bereit im innern Saal?

LOVELL: Ja, Herr.

WOLSEY: Eu'r Hoheit, fürcht' ich, ist ein wenig
Erhitzt vom Tanz.

KÖNIG: Ich fürchte selbst, zu sehr.

WOLSEY: Im nächsten Saale, Sire, ist frischre Kühle.

KÖNIG: Führt eure Damen alle. – Holde Tänzerin,
Noch darf ich Euch nicht lassen. – Sei'n wir fröhlich!
Ich hab' auf diese Schönen halb ein Dutzend
Trinksprüch' im Sinn, und sie zum Tanz noch einmal
Zu führen; und hernach mag jeder träumen,
Wem heut die meiste Gunst ward. – Blast zum Aufbruch!
            Alle unter Trompetenschall ab.

ZWEITER AUFZUG

ERSTE SZENE

Straße.

Zwei Edelleute treten auf, von verschiedenen Seiten.

ERSTER: Wohin so eilig?

ZWEITER: Oh! Gott grüß' Euch! Grade
  Zur Halle ging ich, um das Schicksal forschend
  Des großen Herzog Buckingham[40].

ERSTER: Ich spar' Euch
  Die Mühe, Sir; 's ist alles schon geschehn.
  Jetzt wird er heimgeführt.

ZWEITER: Ihr wart zugegen?

ERSTER: Ja wohl!

ZWEITER: Dann, bitt' Euch, sagt, wie war der Hergang?

ERSTER: Das rät sich leicht!

ZWEITER: Erkannte man ihn schuldig?

ERSTER: Nun allerdings, und sprach sogleich sein Urteil.

ZWEITER: Das geht mir nah!

ERSTER: Das tut es vielen andern.

ZWEITER: Doch jetzt erzählt: wie trug sich alles zu?

ERSTER: Ich meld's Euch kürzlich. Vor die Schranken trat
  Der große Herzog, wo auf alle Klagen
  Er seine Unschuld scharf verfocht und Gründe
  Anhäuft', um dem Gesetz sich zu entziehn.
  Des Königs Anwalt[41] dahingegen drang
  Auf das Verhör, den Eid, das Eingeständnis
  Verschiedner Zeugen, die sogleich der Herzog
  Persönlich ihm vor Augen bat zu führen:
  Worauf sein Hausvogt wider ihn erschien,
  Sir Gilbert Peck, sein Kanzler, und John Court,

Sein Beicht'ger; ferner jener Teufelsmönch,
Hopkins, der schuld an allem.

ZWEITER: Eben der,
Der ihn getäuscht mit Prophezei'n?

ERSTER: Derselbe.
Sie klagten sämtlich hart ihn an. Gern hätt' er
Sie von sich abgelehnt, doch konnt' er's nicht;
Und also sprachen, nach sotanem Zeugnis,
Ihn seine Pairs des Hochverrates schuldig.
Viel und Gelehrtes sprach er für sein Leben,
Doch ward's bedauert oder nicht beachtet.

ZWEITER: Und nach dem allen, wie betrug er sich?

ERSTER: Als vor die Schrank' er wieder trat und hörte
Sein Grabgeläut', sein Urteil, da erfaßt' ihn
Die Todesangst; ihm brach der Schweiß hervor,
Und sprach im Zorn ein Wen'ges, schlecht und hastig.
Doch kehrt' er bald zu sich zurück und blieb
Höchst edel und gefaßt, bis ganz zu Ende.

ZWEITER: Er scheut den Tod wohl nicht?

ERSTER: Gewißlich nicht.
So weibisch war er nie; obwohl die Ursach'
Ihn sicherlich muß kränken.

ZWEITER: Zuverlässig
War hier der Kardinal im Spiel.

ERSTER: So scheint es
Nach allem Fug: zuerst Kildairs Anklage[42],
Der erst Regent in Irland war, dem, abgerufen,
Lord Surrey[43] folgt', und zwar in großer Eil',
Damit er nicht dem Vater hülf'.

ZWEITER: Welch hämischer
Verborgner Streich der Staatskunst!

ERSTER: Kehrt er heim,
Wird er Vergeltung üben. Allgemein
Ist schon bekannt, daß, wem der König günstig,
Dem suche flugs der Kardinal ein Amt,
Das fern genug vom Hof.

ZWEITER: All die Gemeinen
Sind ihm von Herzen gram und säh'n ihn gern
Zehn Klafter tief: so wie sie Lieb' und Treu'
Dem Herzog schenkten, der ihr güt'ger Buckingham
Bei ihnen heißt und aller Sitte Spiegel.

ERSTER: Verweilt! Dort kommt der arme, würd'ge Pair.

Buckingham tritt auf, von seinem Verhör kommend. Gerichtsdiener gehen

vor ihm, die Schneide ihrer Beile gegen ihn gekehrt. Hellebardierer auf bei-
den Seiten. Ihm folgen Sir Thomas Lovell, Sir Nikolas Vaux[44]*, Sir William*
Sands. Volk.

ZWEITER: Kommt näher; sehn'n wir ihn!

BUCKINGHAM: Ihr guten Leute,
 Die mich voll Mitleid also weit begleitet,
 Hört mich, und dann geht heim, vergesset mich!
 Mir ist Verräters Urteil heut gesprochen,
 Und dies gibt mir den Tod. Doch weiß der Himmel,
 Und hab' ich ein Gewissen, treff' es mich,
 So wie die Axt fällt, war ich jemals treulos!
 Den Richtern groll' ich nicht um meinen Fall;
 Sie übten Recht nur, nach der Sache Hergang.
 Doch, die's veranlaßt, wünscht' ich beßre Christen! –
 Wie sie auch sei'n, verzeih' ich ihnen gern;
 Nur, daß sie nie mit ihrem Unheil prahlen,
 Noch ihre Bosheit baun aufs Grab der Großen;
 Dann schriee wider sie mein schuldlos Blut.
 Auf längres Leben hoff' ich nicht hienieden,
 Noch fleh' ich drum, ist gleich der König reicher
 An Huld als ich an Fehlen. Ihr Getreuen,
 Die ihr's noch wagt, um Buckingham zu weinen,
 Ihr edlen Freund' und Brüder, deren Abschied
 Allein ihm bitter wird, allein'ger Tod,
 Folgt mir, gleich guten Engeln, hin zum Tode:
 Und wie der Stahl mich trifft, die lange Scheidung,
 Laßt eu'r Gebet ein lieblich Opfer steigen
 Und hebt die Seel' empor gen Himmel. Weiter,
 In Gottes Namen! –

LOVELL: Ich ersuch' Eu'r Gnaden,
 Wenn jemals gegen mich ein Haß verborgen
 In Eurer Brust, vergebt mir ohne Rückhalt!

BUCKINGHAM: Sir Thomas, ich vergeb' Euch, wie mir selber
 Vergeben werde; ich vergebe allen.
 Es gibt so ungezähltes Unrecht nicht
 An mir, das ich nicht könnt' entsühnen; sicher
 Soll schwarzer Haß mein Grab nicht baun. Empfehlt mich
 Dem König; und spricht er von Buckingham,
 Sagt ihm, er war schon halb im Himmel. Stets
 Sind meine Wünsch' und Bitten ganz des Königs
 Und werden, bis die Seele mich verläßt,
 Um Segen für ihn flehn. Er lebe länger,
 Als Zeit mir bleibt, zu zählen seine Jahre! –

Sein Walten sei stets liebreich und geliebt!
Und führt ihn Alter spät dereinst hinab,
Erfüllen Herzensgüt' und er ein Grab! –

LOVELL: Zur Wasserseite soll ich Euch geleiten,
Dann übernimmt mein Amt Sir Niclas Vaux,
Der Euch zu Eurem Ende führt.

VAUX: Macht Anstalt;
Der Herzog kommt: seid mit dem Boot bereit
Und ziert es aus mit Schmuck, wie sich's geziemt
Für seine fürstliche Person.

BUCKINGHAM: Nein, Sir,
Laßt gut sein; jetzund höhnt mein Rang mich nur.
Ich kam hierher als Lord Groß-Connetable[45],
Herzog von Buckingham; jetzt bin ich nur
Der arme Eduard Bohun; und reicher dennoch
Als die Elenden, die mich angeklagt
Und Wahrheit nie gekannt. Ich geb' ihr Zeugnis
Mit meinem Blut, um das sie einst noch ächzen.
Mein edler Vater, Heinrich Buckingham,
Der gegen Richards Tyrannei zuerst stritt,
Als er entflohn zu seinem Diener Banister,
Fand, weil in Not, Verrat durch diesen Buben
Und fiel ohn' Untersuchung: Gott sei mit ihm!
Der sieb'te Heinrich dann, wahrhaft bekümmert
Ob meines Vaters Mord, der edle König,
Gab Ehre mir und Gut zurück und schuf mir
Aus Trümmern doppelt hellen Glanz. Jetzt rafft
Sein Sohn, Heinrich der Achte, Leben, Ehre
Und Nam' und was mich glücklich je gemacht,
Mit einem Streich auf ewig aus der Welt.
Mir gönnte man gerichtliches Verhör,
Und zwar ein wahrhaft edles, das beglückt mich
Ein wenig mehr als meinen armen Vater.
Doch sonst ward beiden gleiches Los: wir beide
Gestürzt durch Diener, durch die liebsten Männer!
Höchst treulos, unnatürliche Vergeltung! –
Der Himmel legt in alles Zweck. Ihr aber
Nehmt diese Warnung von dem Sterbenden:
Wo Lieb' ihr und Vertrau'n freigebig schenkt,
Bewahrt die Zung': die ihr zu Freunden macht,
Die Herzen ihnen gebt, gewahren sie
Den kleinsten Stoß an eurem Glück, sie rollen
Wie Wellen von euch fort, nur wiederkehrend,

Euch zu verschlingen. All ihr guten Menschen,
Betet für mich! Ich geh'! Die letzte Stunde
Des müden, langen Lebens hat geschlagen.
Lebt wohl!
Und wollt ihr Trauriges einmal erzählen,
Sagt, wie ich fiel. – So schließ' ich. Gott verzeih' mir! –
Buckingham und Gefolge ab.

ERSTER:
Oh, dies ist jammervoll! Dies, fürcht' ich, ruft
Zu viele Flüch' auf aller Haupt, die solches
Veranlaßt.

ZWEITER: Wenn der Herzog schuldlos stirbt,
Ist's grau'nvoll; doch ich könnt' Euch Winke geben
Von einem nahen Übel, das, eintretend,
Noch größer wäre.

ERSTER: Schützt uns, gute Geister!
Was kann es sein? Mißtraut nicht meiner Treu'; –

ZWEITER: So wichtiges Geheimnis heischt bewährte
Verschwiegenheit, es zu verschließen.

ERSTER: Gönnt mir's;
Ich rede wenig.

ZWEITER: Wohl, ich will Euch traun.
Hört an: Vernahmt Ihr nicht vor wenig Tagen
Ein heimlich Munkeln über nahe Scheidung
Des Königs von Kathrinen?

ERSTER: Ja, doch schwand es wieder:
Der König, als er kaum davon gehört,
Hat zornig dem Lord Mayor Befehl gesandt,
Zu hemmen solch Gerücht und schnell zu bänd'gen
Die Zungen, die's verbreitet.

ZWEITER: Dennoch, Sir,
Ward jenes Lästern Wahrheit; denn aufs neu'
Erhebt sich's stärker, und man glaubt gewiß
Den König schon bestimmt. Der Kardinal,
Wo nicht, vom Hof ein andrer, weckt in ihm,
Die gute Fürstin hassend, solche Skrupel,
Die ihr Verderben drohn; und nun erwägt
Des Kardinals Campejus[46] neulich Kommen,
Das alle hierauf deuten.

ERSTER: 's ist allein
Der Kardinal, der Rache sucht am Kaiser[47],
Weil ihm das Erzbistum Toledo nicht
Auf sein Gesuch von jenem ward gewährt.

ZWEITER:
Ich denk', Ihr traft den Fleck. Doch ist's nicht grausam,
Daß sie dies büßen muß? Der Kardinal
Folgt seinem Sinn: drum fällt sie.
ERSTER: 's ist betrübt.
Wir stehn zu offen hier für solch Gespräch;
Laßt uns daheim noch ferner drüber denken. *Ab.*

ZWEITE SZENE

Ein Vorzimmer im Palast.

DER LORD KÄMMERER, *der einen Brief liest.*
„Mylord! Die Pferde, nach denen Eure Herrlichkeit schickte, waren mit aller Sorgfalt von mir ausgewählt, zugeritten und mit
Sattel und Zeug versehen worden. Sie waren jung und schön,
und von unsrer besten Zucht im Norden. Als ich sie so weit ge-
bracht, nach London abgehn zu können, hat einer von des Lord
Kardinals Dienern, nach vorgezeigter Vollmacht und Befehl, sie
in Beschlag genommen, mit der Äußerung, sein Herr wolle eher
bedient sein als ein Untertan, wo nicht eher als der König; dies,
gnädiger Herr, stopft uns den Mund."
Das will er freilich, fürcht' ich. Nun, nehm' er sie,
Ich denk', er nimmt noch alles.
            Die Herzoge von Norfolk und Suffolk treten auf.
NORFOLK:
Mich freut's, Euch hier zu treffen, Mylord Kämm'rer.
LORD KÄMMERER: Gott grüß' Eu'r Gnaden beide!
SUFFOLK: Sagt, was macht
Der König?
LORD KÄMMERER: Ich verließ ihn einsam, voll
Bekümmernis und Gram.
NORFOLK: Was war die Ursach'?
LORD KÄMMERER: Es scheint, die Eh' mit seines Bruders Weib
Kam dem Gewissen allzu nah.
SUFFOLK: Nein, sein Gewissen
Kam einer andern Frau zu nah.
NORFOLK: So ist's.
Das macht der Priester, dieser König-Priester!
Der blinde Pfaff', Fortunas Erstgeborner,
Dreht alles um. Einst wird der Herr ihn kennen.
SUFFOLK: Gott geb', er tät's! Er kennt sich selbst nicht eh'.

NORFOLK: Seht nur, wie heilig all sein Tun und Dichten!
Wie salbungsvoll! Denn seit er brach das Bündnis
Mit Kaiser Karl, der Kön'gin großem Neffen,
Taucht' er ins Herz des Königs, streuet dort
Gefahr und Zweifel und Gewissensangst,
Vorwurf und Furcht, bloß dieser Ehe wegen.
Und nun, mit eins den König zu erwecken,
Rät er zur Scheidung, rät, sie zu verstoßen,
Die zwanzig Jahr an seinem Halse hing,
Wie ein Juwel, doch nie den Glanz getrübt;
Sie, die mit jener Zärtlichkeit ihn liebt,
Mit der die Engel gute Menschen lieben;
Ja, sie, die bei des Glückes härt'sten Streichen
Den König segnen wird! Ist das nicht fromm?
LORD KÄMMERER:
Behüt' uns Gott vor solchem Rat! Wahr ist's,
Schon ward's bekannt, schon wohnt's auf allen Zungen,
Und alle Treuen weinen drum; nicht einem,
Der näh're Einsicht hat, entgeht der Hauptzweck,
Die Eh' mit Frankreichs Schwester[48]. Bald erschließe
Gott noch des Königs Augen, eingeschläfert
Von diesem frechen Mann!
SUFFOLK: Und mach' uns frei
Von seiner Knechtschaft! ·
NORFOLK: Beten möchte man,
Und zwar von ganzem Herzen, um Erlösung.
Sonst knetet der Hochfahrende uns alle
Aus Fürsten noch zu Pagen. Stand und Rang
Liegt wie ein Teig vor ihm, den er allein
Nach Wohlgefallen modelt.
SUFFOLK: Ich, Mylords,
Ich lieb' und fürcht' ihn nicht, das ist mein Credo.
Wie ich ohn' ihn entstand, so will ich bleiben
Mit Königs Hülfe; Wolseys Fluch und Segen
Trifft mich gleichviel: 's ist Luft, die nicht verwundet.
Ich kannt' und kenn' ihn noch, und lass' ihn dem,
Der ihn so stolz gemacht, dem Papst.
NORFOLK: Kommt, gehn wir,
Versuchen wir's, ob nicht ein neu Beginnen
Den König diesem trüben Tun entreißt. –
Mylord, Ihr folgt uns doch?   ·
LORD KÄMMERER: Entschuldigt mich;
Der König schickt mich sonst wohin. Zudem

Fürcht' ich, ihr trefft höchst ungelegne Zeit;
So geh's euch wohl! –

NORFOLK: Dank, werter Mylord Kämm'rer!

Lord Kämmerer ab.

*Der Herzog von Norfolk öffnet eine Flügeltür; man sieht den König
sitzend und nachdenklich lesend.*

SUFFOLK: Wie ernst! Gewiß, er ist sehr aufgeregt!

KÖNIG: Wer ist hier? He?

NORFOLK: Gott wende seinen Zorn!

KÖNIG: Wer ist hier? frag' ich. Wie vermeßt ihr euch,
In Stunden ernster Sammlung euch zu drängen?
Wer bin ich? Wie?

NORFOLK: Ein güt'ger Fürst, der gern Verseh'n entschuldigt,
Die nimmer arg gemeint. Der Fehl von eben
Betraf ein Staatsgeschäft, um das wir kamen,
Den Willen unsers Königs zu vernehmen.

KÖNIG: Ihr seid kühn.
Ei was! Ich lehr' euch, wann es Zeit ist zu Geschäften!
Ist jetzt für Weltliches die Stunde? Wie?

Wolsey und Campejus treten auf.

Wer kommt? Mylord von York? O du mein Wolsey,
Du Balsam meiner schmerzgequälten Seele,
Du reichst dem König Heilung. – Seid willkommen

zu Campejus

In unserm Reich, gelehrter, edler Herr,
Verfügt mit ihm und uns; und Ihr sorgt bestens,

zu Wolsey

Daß dies kein leeres Wort sei!

WOLSEY: Mein Gebieter,
Ich bitt' Eu'r Hoheit nur um e i n e Stunde
Geheimen Vortrags.

KÖNIG *zu Norfolk und Suffolk:* Fort! wir sind beschäftigt.

NORFOLK *beiseit:* Der Priester wär' nicht stolz?

SUFFOLK *beiseit:* Ganz unermeßlich.
Ich möchte nicht so krank sein, nicht einmal
Für seinen Platz. Doch dies kann so nicht bleiben.

NORFOLK: Geschieht's, so wag' ich, ihm eins beizubringen.

SUFFOLK: Auch ich.

Norfolk und Suffolk ab.

WOLSEY: Eu'r Hoheit gab ein Beispiel Ihrer Weisheit
Vor allen Fürsten, als Ihr frei dem Spruch
Der Kirch' anheim gestellt habt Eure Skrupel.
Wer darf nun zürnen? Welcher Haß Euch treffen?

Spanien, durch Blut und Freundschaft ihr verbündet,
Muß jetzt, wofern es irgend gut gesinnt,
Die Untersuchung recht und edel finden.
In allen Christenreichen hat der Klerus,
Der einsichtsvolle, freie Bestimmung,
Und Rom, die Mutter aller Weisheit, sandte
Auf Euer Gnaden Wunsch als bündigsten
Erklärer diesen würd'gen Priester her,
Den vielerfahrnen Kardinal Campejus,
Den ich nochmals vorstelle meinem Fürsten.
KÖNIG: Und nochmals sagt ihm Willkomm die Umarmung,
Dem heiligen Konklav' die Liebe dankend;
Es traf die Wahl nach meines Herzens Wunsch.
CAMPEJUS: Mit Recht ist aller Fremden Herz entzückt
Von Euch, mein Fürst, der sich so edel zeigt.
In Eure Hand leg' ich die Vollmacht nieder,
Die auf Befehl des röm'schen Hofs mit Euch,
Lord Kardinal, mich, seinem Knecht, vereinigt
Als unpartei'sche Richter dieses Falls.
KÖNIG: Gleich würdig beide. Wir werden ungesäumt
Die Königin unterrichten. – Wo ist Gardiner?
WOLSEY: Eur' Majestät, ich weiß es, hat sie stets
Zu sehr geliebt, um das ihr nicht zu gönnen,
Was ein gering'res Weib mit Recht auch fodert:
Gelehrte, die frei für sie sprechen dürfen.
KÖNIG: Ja, und die besten soll sie haben; meine Gunst,
Wer es am besten tut. Ei, da sei Gott für!
Ruft, bitt' ich, Gardiner, meinen neuen Schreiber,
Den Menschen find' ich recht geschickt.
Der Kardinal geht hinaus und kommt zurück mit Gardiner[49].
WOLSEY: Gebt mir die Hand; ich wünsch' Euch Gunst und Freude;
Ihr seid des Königs jetzt.
GARDINER *beiseite zum Kardinal:* Doch stets im Dienst
Des teuern Gönners, dessen Hand mich hob.
KÖNIG: Kommt hierher, Gardiner.
Geht beiseite und redet leise mit Gardiner.
CAMPEJUS: War nicht, Lord York, vorher ein Doktor Pace[50]
In dieses Mannes Stelle?
WOLSEY: Ja, das war er.
CAMPEJUS: Und galt er nicht für hochgelahrt?
WOLSEY: Gewiß.
CAMPEJUS: Glaubt mir, dann ist ein schlimm Gerücht, Mylord,
Sogar von Euch verbreitet.

WOLSEY: Wie! Von mir?
CAMPEJUS: Man steht nicht an, des Neides Euch zu zeihn:
Aus Furcht, daß seine Tugend hoch ihn höbe,
Hieltet Ihr ihn entfernt: das kränkt' ihn so,
Daß er im Wahnsinn starb.
WOLSEY: Des Himmels Fried' ihm!
So viel als Christ: lebend'ge Lästerer
Kann man noch strafen. Dieser war ein Narr,
Ein Tugendheld durchaus: der gute Mensch da,
Wo ich gebiete, folgt er meinem Wink.
Kein andrer muß so nah stehn. Lernt das, Bruder,
Nie darf ein kleinrer Mann uns irgend hemmen.
KÖNIG: Bringt dies der Königin mit aller Ehrfurcht. –
Gardiner ab.
Der bestbelegne Ort, so wie mir scheint,
Für jene Untersuchung ist Blackfriars[51];
Dort trefft euch wegen dieser wicht'gen Sache;
Mein Wolsey, ordnet alles. Oh, Mylord,
Muß nicht ein wackrer Mann mit Gram verlassen
Solch freundlich Eh'weib? Doch, Gewissen! Gewissen! –
Du bist zu zart, und ich muß sie verlassen.
Alle ab.

DRITTE SZENE

Vorzimmer der Königin.

Anna Bullen und eine alte Hofdame treten auf.

ANNA: Auch deshalb nicht: – hier ist der Dorn, der sticht:
Der Herr, der so lang' mit ihr lebte; sie
So gut, daß keine Zunge jemals konnte
Was Schlechtes von ihr sagen, – o nein, wahrlich,
Sie wußte nicht, was Kränken heißt; und nun
So manchen Sonnenumlauf Königin,
In Pomp und Majestät anwachsend, die
Zu lassen tausendmal noch bittrer ist,
Als süß, sie zu erlangen, – nun, nach allem,
So Schmach ihr bieten! Oh, 's ist zum Erbarmen
Und rührt wohl Ungeheu'r.

HOFDAME: Die härtsten Seelen
Zerschmelzen in Wehklage.

ANNA: Himmel! besser,
Sie kannte nie den Pomp! Zwar ist er weltlich,
Doch wenn das Glück, die Zänkerin, ihn schneidet
Vom Eigner, ist es Leid, so stechend, wie
Wenn Seel' und Leib sich trennen.

HOFDAME: Arme Fürstin!
Zur Fremden ward sie wieder! –

ANNA: Um so mehr
Muß Mitleid auf sie taun. Wahrlich, ich schwöre,
Viel besser ist's, niedrig geboren sein
Und mit geringem Volk zufrieden leben,
Als aufgeputzt im Flitterstaat des Grams
Und goldner Sorgen.

HOFDAME: Ja, Zufriedenheit
Ist unser bestes Gut.

ANNA: Auf Treu' und Unschuld,
Ich möchte keine Kön'gin sein!

HOFDAME: Mein' Seel', ich wohl
Und wagte dran die Unschuld; so auch Ihr,
Trotz Eurer süßgewürzten Heuchelei:
Ihr, die Ihr alle Reize habt des Weibs,
Habt auch ein Weiberherz, das immer noch
Nach Hoheit geizte, Reichtum, Herrschermacht,
Und die, gesteht's, sind Seligkeit; die Gaben

(Wie Ihr auch zimpert) fänden doch wohl Raum
In Eurem saffian-zärtlichen Gewissen[52],
Wenn Ihr's nur dehnen wolltet! –

ANNA: Nein, auf Treu'!

HOFDAME: Treu' hin, Treu' her! – Ihr wär't nicht gerne Fürstin?

ANNA: Nein, nicht um alle Güter unterm Mond.

HOFDAME: Kurios! Ei, mich bestäch' ein krummer Dreier,
    Kön'gin zu sein, so alt ich bin: doch, bitte,
    Was meint Ihr zu 'ner Herzogin? Habt Ihr
    Zu solcher Bürde Kraft?

ANNA: Nein, wahrlich nicht.

HOFDAME:
    Dann seid Ihr allzu schwach! Nun, noch eins tiefer:
    Ich trät' Euch nicht als junger Graf entgegen
    Und mehr als ein Erröten: kann Eu'r Rücken
    Die Last nicht tragen, seid Ihr auch zu schwächlich,
    Um Kinder zu erzeugen.

ANNA: Wie Ihr schwatzt!
    Ich schwör' noch eins, ich wär' nicht Königin
    Um alle Welt.

HOFDAME: Seht, um das kleine England
    Würd' Euch der Mund schon wässern: mir schon für
    Carnarvonshire[53], wenn auch nichts anders sonst
    Zur Krone mehr gehörte. Wer kommt da?
              Der Lord Kämmerer tritt auf.

LORD KÄMMERER:
    Guten Morgen, Fräulein! Wie viel wär's wohl wert,
    Zu wissen, welch Geheimnis ihr bespracht?

ANNA: Kaum Eurer Frage, lieber Lord, verlohnt sich's;
    Wir klagten über unsrer Herrin Leid.

LORD KÄMMERER:
    Ein löblich Thema, das sich trefflich ziemt
    Für solche würd'ge Damen. Noch ist Hoffnung,
    Daß alles gut wird.

ANNA: Amen, geb' es Gott! –

LORD KÄMMERER:
    Ihr habt ein freundlich Herz; des Himmels Segen
    Folgt Euresgleichen. Daß Ihr seht, Mylady,
    Wie wahr ich red' und wie den höchsten Blicken
    Von Eurer reichen Tugend Kenntnis ward:
    Hochachtungsvoll grüßt Euch des Königs Gnade
    Und will Euch mit nicht mindrer Ehre schmücken
    Als einer Markgräfin von Pembroke; ferner

Fügt er zu solchem Titel tausend Pfund
Als Jahrgehalt hinzu.
ANNA: Noch weiß ich kaum
Der treuen Unterwerfung Form zu wählen.
Mehr denn mein alles ist noch nichts; mein Beten
Nicht heilig g'nug, noch meine Wünsche mehr
Als leerer Schall: doch Wünsche und Gebete
Sind, was ich darzubieten hab'. Ich bitt' Euch,
Versucht zu schildern meines Danks Gehorsam,
Als einer tief beschämten Magd, dem König,
Für dessen Heil und Kron' ich bete.
LORD KÄMMERER: Fräulein,
Ich eil', in seiner günst'gen Meinung noch
Zu stärken meinen Herrn. *Beiseit.* Wohl prüft' ich sie,
Schönheit und Zucht sind so verwebt in ihr,
Daß sie den Herrn umstrickten; und wer weiß,
Ob ihr nicht ein Juwel entsprießen mag,
Dies ganze Land durchstrahlend. – Jetzt zum König,
Ihm melden, daß ich Euch gesehn.
ANNA: Mein teurer Lord! –
Lord Kämmerer ab.
HOFDAME: Da haben wir's! Nun seht einmal, nun seht!
Ich habe sechszehn Jahr am Hof gebettelt,
Bin stets noch bettelhaft am Hof, und zwischen
Zu zeitig und zu spät traf ich's noch nie,
Warb' ich um ein'ge Pfund. Und Ihr? O Schicksal!
Ihr, noch ein junger Weißfisch (Zeter über
Dies aufgedrängte Glück!), kriegt voll den Mund,
Eh' Ihr die Lippen öffnet!
ANNA: Seltsam, in Wahrheit!
HOFDAME: Wie schmeckt's? Ist's bitter? Ich wett' 'nen Taler, nein!
Es war 'mal eine Dam' (erzählt ein Märchen),
Die wollte Königin nicht sein, durchaus nicht,
Um allen Schlamm Ägyptens nicht. – Kennt Ihr's?
ANNA: Geht, Ihr seid munter!
HOFDAME: Ich, in Eurer Stelle,
Flög' über Lerchen weg. Markgräfin Pembroke!
Eintausend Pfund des Jahrs! Aus bloßer Achtung!
Und von Verpflichtung nichts! Bei meinem Leben,
Mehr Tausende verspricht das. Der Ehre Schlepp'
Ist länger als ihr Vorderkleid. Nun, jetzo
Tragt Ihr wohl auch die Herzogin? Nicht wahr?
Seid Ihr nicht stärker schon?

ANNA: Mein gutes Fräulein,
  Ergetzt Euch selbst mit Euren eignen Grillen
  Und laßt mich aus dem Spiel! – Stürb' ich doch lieber,
  Wenn dies mein Blut erhitzt; nein, es erschreckt mich,
  Zu denken, was mag folgen. –
  Die Königin ist trostlos, wir vergeßlich,
  Sie so allein zu lassen. Bitt' Euch, sagt nicht,
  Was Ihr gehört.
HOFDAME: Was denkt Ihr nur von mir?
                    Beide ab.

VIERTE SZENE

Ein Saal in Blackfriars.

*Trompetenstoß; Zinken[54] und Hörner. Zwei Gerichtsdiener treten auf, mit
kurzen Silberstäben; nach ihnen zwei Schreiber in Doktorkleidung; darauf
der Erzbischof von Canterbury[55] allein; nach ihm die Bischöfe von Lincoln[56], Ely[57], Rochester[58] und St. Asaph[59]. Dann folgt in einer kleinen Entfernung ein Edelmann, der die Tasche mit dem großen Siegel und einen
Kardinalshut trägt; alsdann zwei Priester, jeder mit einem silbernen
Kreuz; hernach ein Marschall mit entblößtem Haupt, mit einem Herold,
der ein silbernes Szepter trägt; ferner zwei Edelleute mit zwei silbernen großen Pfeilern[60]. Ihnen folgen nebeneinandergehend die zwei Kardinäle Wolsey und Campejus; endlich zwei Kavaliere mit Schwert und der Maße: Der
König nimmt Platz unter dem Baldachin; die beiden Kardinäle sitzen unter ihm als Richter. Die Königin nimmt ihren Platz in einiger Entfernung
vom Könige. Die Bischöfe setzen sich an jede Seite des Gerichtshofes, nach
Art eines Konsistoriums; unter ihnen die Schreiber. Die Lords sitzen zunächst den Bischöfen. Der Rufer und der übrige Teil des Gefolges steht in
gebührender Ordnung um die Bühne umher.*

WOLSEY: Bis unsre röm'sche Vollmacht abgelesen,
  Laßt Stille rings gebieten!
KÖNIG: Zu was Ende?
  Sie ward schon einmal öffentlich verlesen
  Und ihre Rechtskraft allerseits erkannt,
  Drum spart die Zeit!
WOLSEY: So sei's; dann schreitet weiter!
SCHREIBER:
  Ruft: Heinrich, König bon England, erscheine vor Gericht!
AUSRUFER:
  Heinrich, König von England, erscheine vor Gericht!

KÖNIG: Hier.

SCHREIBER:

Ruft: Katharine, Königin von England, erscheine vor Gericht!

AUSRUFER:

Katharine, Königin von England, erscheine vor Gericht!

Die Königin antwortet nicht, steht von ihrem Sitze auf,
geht der Versammlung vorüber, kommt zum König, kniet zu seinen
Füßen und spricht darauf.

KÖNIGIN:

Herr, Recht begehr' ich und Gerechtigkeit,
Und daß Ihr Euer Mitleid mir gewährt,
Der sehr beklagenswerten Frau, der Fremden,
In Eurem Reich nicht heimischen, der hier
Kein Richter unparteilich, keine Aussicht
Auf bill'ge Freundschaft und Begegnis bleibt.
Ach, lieber Herr, wie tat ich Euch zu nah?
Wie gab ich solchen Anlaß Eurem Zorn,
Daß Ihr sogar auf mein Verstoßen sinnt,
Mir jede Lieb' und Gunst entzogt? Gott weiß,
Ich war Euch stets ein treu ergeben Weib,
Zu allen Zeiten fügsam Eurem Willen,
In steter Furcht, zu zünden Euren Unmut,
Ja, dienend Eurem Blick, trüb oder fröhlich,
Nach dem ich Euch bewegt sah. Welche Stunde
Erschien ich je mit Eurem Wunsch in Streit,
Und der nicht aus der meine ward? Wann liebt' ich
Nich Eure Freunde, kannt' ich schon sie oft
Als meine Feinde? Welchem meiner Freunde,
Der Euern Zorn gereizt, erhielt ich länger
Mein Zutrau'n? Gab ich nicht alsbald Euch Kunde,
Daß er mir fremd geworden? Denkt, o Herr,
Wie ich in solcher Folgsamkeit Eu'r Weib
An zwanzig Jahr gewesen und gesegnet
Durch Euch mit Kindern. Wenn Ihr irgend etwas
Im Lauf und Fortgang dieser Zeit entdeckt
Und mir's beweist, das meiner Ehr' entgegen,
Dem Bund der Eh' und meiner Lieb' und Pflicht
Für Eure heilige Person: dann stoßt
In Gottes Namen mich hinweg, es schließe
Hohn und Verachtung hinter mir die Pforten,
Und gebt mich preis der schärfsten Ahndung! Denkt,
Der König, Euer Vater, ward gepriesen
Ein höchst vorsicht'ger Fürst, von herrlichem,

Unübertroff'nem Geist und Urteil: Ferdinand[61],
Mein Vater, Spaniens König, galt gleich ihm
Als weisester Regent, der dort geherrscht
Seit vielen Jahren: und kein Zweifel ist,
Daß weise Räte sie von jedem Reich
Um sich versammelt, dies Geschäft erwägend,
Die gültig unsre Eh' erkannt. Drum fleh' ich
In Demut, Herr, verschont mich, bis mir Rat wird
Von meinen span'schen Freunden, deren Einsicht
Ich heischen will; wo nicht, gescheh' Eu'r Wille
In Gottes Namen!

WOLSEY: Fürstin, Ihr habt hier
Nach eigner Auswahl diese würd'gen Väter,
Männer von seltner Redlichkeit und Kenntnis,
Ja, dieses Landes Zierde, heut versammelt,
Zu schlichten diesen Fall. Drum wär' es zwecklos,
Verschöbt Ihr länger das Gericht, sowohl
Für Eure eigne Ruh', als zu beschwicht'gen
Des Königes Verstimmung.

CAMPEJUS: Seine Gnaden
Sprach gut und treffend: darum, Fürstin, ziemt's,
Daß weiter schreite diese Ratsversammlung
Und ungesäumt die beiderseit'gen Gründe
Verteidigt werden.

KÖNIGIN: Mylord Kardinal, –!
Ich sprach mit Euch!

WOLSEY: Was wünscht Ihr, Fürstin?

KÖNIGIN: Herr,
Mir ist das Weinen nah; doch denk' ich, daß
Wir eine Kön'gin sind – (es mind'stens lang'
Geträumt) und sicher eines Königs Tochter,
Möcht' ich statt Tränen Feuerfunken weinen.

WOLSEY: Faßt Euch nur in Geduld! –

KÖNIGIN:
Ich will's, wenn Ihr demütig seid, – ja früher;
Wo nicht, dann strafe mich der Herr! – Ich glaube,
Und bin gestützt auf mächt'ge Gründ', Ihr seid
Mein Feind; und so erklär' ich meinen Einspruch:
Ihr sollt mein Richter nimmer sein. Denn Ihr
Bliest zwischen mir und meinem Herrn die Glut,
Die Gottes Tau mag dämpfen! Drum noch einmal,
Als meinen Richter hass' ich Euch durchaus;
Euch widersteht mein tiefstes Herz; ich halt' Euch

Für meinen bösen Geist und hab' Euch nie
Der Wahrheit treu geglaubt.

WOLSEY: Ich muß gestehn,
Ich find' Euch selbst nicht wieder, die Ihr sonst
Sanftmut geübt, Euch milder stets gezeigt
Und weiser, als es andern Frauen je
Gegeben ward. Ihr tut mir Unrecht, Fürstin,
Ich heg' Euch keinen Groll, noch tat ich Euch
Noch jemand Unrecht. Was bisher geschehn
Und noch geschieht, verbürgt gemess'ne Vollmacht,
So uns erteilt vom geistlichen Gericht,
Roms ganzem geistlichen Gericht. Ihr zeiht mich,
Ich schüre diese Glut; dem ist nicht so.
Der König ist zugegen? Wär' ihm kund,
Ich spräche Wahrheit nicht, wie würd' er schelten,
Und sehr mit Recht, die Falschheit! Ja, so stark
Wie meine Wahrheit Ihr. Er sieht, mich trifft
Eu'r Vorwurf nicht, doch sieht er mich verletzt.
Deshalb ist jetzt an ihm, mich herzustellen,
Und dies geschieht, indem er solcherlei
Gedanken Euch entfernt. Bevor deshalb
Noch Seine Hoheit spricht, ersuch' ich Euch,
Sehr gnäd'ge Frau, nicht denkt mehr, was Ihr spracht,
Und sprecht es nie mehr aus!

KÖNIGIN: Mylord, Mylord,
Ich bin ein einfach Weib, zu schwach, zu ringen
Mit Euren Künsten. Ihr seid mild, sprecht Demut;
Ihr spielt Beruf und Amt im vollsten Schein,
Mit Mild' und Demut; Euer Herz jedoch
Ist voll von Hochmut, Anmaßung und Tücke.
Durch Glück und Seiner Hoheit Gunst stiegt Ihr
Leicht über niedre Stufen[62]; nun erhoben,
Ist die Gewalt Euch Stütz': und Eure Worte
Sind Knechte, Eurem Willen dienend, wie's
Euch gut dünkt, sie zu brauchen. Leugnet nicht,
Ihr strebet mehr nach Eurer eignen Ehre
Als nach dem heiligen Beruf. Noch einmal,
Ich will Euch nicht zum Richter; vor Euch allen
Beruf' ich mich in dieser ganzen Sache
Auf Seine Heiligkeit den Papst; er soll
Mein Urteil fällen.

          Sie verneigt sich vor dem Könige und will weggehn.
CAMPEJUS: Störrisch widerspricht

870

Die Königin dem Recht, verklagt es und
Entzieht sich schmähend ihm: das ist nicht gut.
Sie geht hinweg.

KÖNIG: Ruft sie zurück!

AUSRUFER:
Katharine, Königin von England, erscheine vor dem Gericht!

GRIFFITH: Man ruft Euch, Königin.

KÖNIGIN: Was braucht Ihr drauf zu hören? Geht nur weiter:
Kehrt um, wenn man Euch ruft: – Nun helf' mir Gott!
Mehr ist es, als man dulden kann! – Geht weiter:
Ich bleibe nicht, gewiß nicht; werd' auch nimmer
Vor keiner ihrer Sitzungen hinfort
In dieser Sach' erscheinen.
Die Königin mit Griffith und ihrem Gefolge ab.

KÖNIG: Geh nur, Käthe!
Wer in der Welt sich rühmen wollt', er hab'
Ein besser Weib, dem soll man traun in nichts,
Denn darin log er. Du bist Königin
(Wenn seltne Eigenschaften, holde Milde,
Sanftmut wie Heil'ge, weiblich echte Würde,
Gehorchen im Beherrschen – all dein Sinn
So königlich wie fromm dich schildern könnten –)
Vor allen ird'schen Königinnen. Sie ist edlen Stamms;
Und ihrem hohen Adel angemessen war
Auch ihr Betragen gegen mich.

WOLSEY: Mein Fürst,
Tief untertänigst bitt' ich Eure Hoheit,
Ihr woll't geruhn, mir Zeugnis zu erteilen
Vor diesem Kreis – (denn wo ich Raub und Fessel
Erlitten, muß ich losgebunden sein,
So mir auch völlig nicht genug geschieht),
Ob dies Geschäft wohl, hoher Herr, von mir
Zuerst Euch in den Weg gelegt, ob ich wohl je
Euch Skrupel aufgeworfen, die Euch konnten
Zum Untersuchen führen: ob das kleinste Wort –
Anders als frommen Dank für solche Herrin –
Ich jemals sprach, das Nachteil bringen konnte
So ihrem gegenwärt'gen Rang wie ihrem
Höchst tugendhaften Wesen?

KÖNIG: Mylord, ich
Entschuld'ge Euch; noch mehr, bei meiner Ehre,
Ich sprech' Euch frei. Wohl lernt Ihr nicht durch mich,
Wie viele Feind' Ihr habt, die selbst kaum wissen,

Weshalb sie's sind, und doch, Dorfhunden gleich,
Mitbellen, wenn's die andern tun; sie reizten
Die Königin zum Zorn. Ihr seid entschuldigt:
Wollt Ihr noch mehr Rechtfertigung? Ihr wünschtet,
Daß stets die Sache schlafen möchte, niemals
Habt Ihr sie aufgeregt, nein, oft gehemmt,
Geschlossen oft den Weg. Auf meine Ehre,
Genauso sprach der Kardinal, und völlig
Sprech' ich ihn frei. Nun aber, was mich reizte
(Jetzt fodr' ich Zeit und aufmerksam Gehör),
Merkt nun den Anfang. Also kam's: gebt acht! –
Meinem Gewissen ward die erste Regung,
Skrupel und Stich, wegen gewisser Reden
Des Bischofs von Bayonne, Frankreichs Gesandten;
Er kam, den Ehebund zu unterhandeln
Mit unserm Kind Maria und dem Herzog
Von Orleans[63]: im Fortgang des Geschäfts,
Bevor Entschluß gefaßt, verlangt' er da
(Der Bischof, mein' ich) eine Frist von uns,
Dem König, seinem Herrn, anheim zu stellen,
Ob unsre Tochter stammt aus gült'ger Ehe,
Rücksichtlich jener Heirat mit der Wittib,
Die unsers weiland Bruders Weib. Die Frist
Erschütterte die Seele mir, drang ein,
Und mit zertrümmernder Gewalt, daß bebte
So Herz wie Brust; dies sprengte weiten Weg,
Daß viel verwirrte Zweifel sich nun drängten
Und preßten dieser Mahnung halb. Erst, dacht' ich,
Ich sei nicht in des Himmels Gnade; welcher
Natur befahl, daß meiner Frauen Leib,
Wenn er ein männlich Kind mir trug, nicht mehr
Ihm Dienste sollte tun, als wie das Grab
Dem Toten tut: denn alle Knaben starben,
Wo sie erschaffen, oder bald nachdem
Sie hier im Licht: da macht' ich mir Gedanken,
Dies sei mir Himmelsstrafe; daß mein Reich,
Des allerbesten Erben wert, nicht sollte
Durch mich so glücklich sein: Nun kam's, daß ich
All die Gefahren meines Lands erwog,
Daß mir kein Erbe ward; und das erpreßte
Mir manchen Herzensseufzer. Treibend so
In des Gewissens wilder See, hab' ich
Nach diesem Halt gesteuert, warum wir

Nun hier versammelt sind; das heißt, ich dachte
Mir herzustellen mein Gewissen, – welches
Ich ganz krank fühlt', und jetzt noch nicht gesund, –
Durch all' ehrwürd'gen Väter hier im Land
Und würdige Doktoren. Erst, geheim,
Fing ich mit Euch, Lord Lincoln, an; Ihr wißt,
Wie schwer ich ächzte unter meiner Last,
Als ich's zuerst eröffnet.

LINCOLN: Ja wohl, mein Fürst.

KÖNIG:
Ich sprach schon lang'; gefällt's Euch, selbst zu sagen,
Wie weit Ihr mich beruhigt?

LINCOLN: Mein Gebieter,
Ihr hattet mich zuerst so sehr bestürzt, –
Da dieser Fall so hochgewichtig war
Und furchtbar in den Folgen, – daß die kühnsten
Gedanken ich dem Zweifel übergab:
Und Euer Hoheit diesen Weg empfahl,
Den Ihr anjetzt gewählt.

KÖNIG: Dann fragt' ich Euch,
Lord Canterbury, und holt' Erlaubnis ein
Zur heutigen Versammlung. Unbefragt
Blieb kein ehrwürdig Mitglied dieser Sitzung,
Nein, jeder gab mir seine Zustimmung
Mit Schrift und Siegel. Deshalb fahret fort,
Weil kein Mißfallen an der teuern Königin
Person, nein, einzig jene scharfen Stacheln
Der vorerwähnten Gründe dies betrieben.
Erweist nur gültig jene Eh', und wahrlich,
Bei unserm Königsthron, wir sind zufried'ner,
Des Lebens ird'sche Zukunft ferner noch
Mit Katharinen, unsrer Königin,
Als mit dem schönsten Frauenbild zu teilen,
Das je die Welt geschmückt.

CAMPEJUS: Vergönnt, mein Fürst,
Der Königin Entfernung fordert wohl
Vertagung dieser Sitzung bis auf weit'res;
Inzwischen muß ein ernstliches Ermahnen
Ergehn an Ihre Hoheit, abzustehn
Von dem Rekurs[64] an Seine Heiligkeit.

Alle stehen auf, um auseinanderzugehen.

KÖNIG *vor sich:* Ich seh', die Kardinäle treiben Spiel
Mit mir; ich hasse solche Zögerung

Und Künste Roms. Oh, kämst du bald zurück,
Mein kluger, vielgeliebter Diener Cranmer[65]!
Denn deine Ankunft, weiß ich, führt zugleich
Mir Trost herbei. – Hebt die Versammlung auf;
Ich sage, gehn wir!

Alle ab, in derselben Ordnung, in der sie kamen.

DRITTER AUFZUG

Zimmer der Königin.

Die Königin und ihre Frauen, an der Arbeit.

KÖNIGIN: Nimm deine Laute, Kind, mich trübt der Kummer;
　Zerstreu' ihn, wenn du kannst, laß deine Arbeit.
Lied
　Orpheus'[66] Laute hieß die Wipfel,
　Wüster Berge kalte Gipfel,
　Niedersteigen, wenn er sang.
　Pflanz' und Blüt' und Frühlingssegen
　Sproßt', als folgten Sonn' und Regen
　Ewig nur dem Wunderklang.

　Alle Wesen, so ihn hörten,
　Wogen selbst, die sturmempörten,
　Neigten still ihr Haupt herab.
　Solche Macht ward süßen Tönen;
　Herzensweh und tödlich Sehnen
　Wiegten sie in Schlaf und Grab.
Ein Edelmann tritt auf.
KÖNIGIN: Was ist?
EDELMANN: 　　　Geruht' Eu'r Hoheit, draußen warten
　Die beiden großen Kardinäle.
KÖNIGIN: 　　　　　　　Wollen
　Sie mit mir reden?
EDELMANN: 　　　Ihr Begehren war,
　Eu'r Hoheit sie zu melden.
KÖNIGIN: 　　　　　　Bittet sie,
　Hereinzutreten.

Was nur führt die zwei
Zu mir, der armen, gunstverstoßnen Frau? –
Ich lieb' ihr Kommen nicht, bedenk' ich's recht!
Sie sollten fromm sein, würdig ist ihr Amt;
Allein die Kappe macht den Mönch nicht aus.
      Die Kardinäle Wolsey und Campejus treten auf.
WOLSEY: Fried' Eurer Hoheit!
KÖNIGIN: Eure Gnaden sehn
In einer Hausfrau Weise mich beschäftigt;
Das Schlimmste fürchtend, denk' ich gern auf alles.
Was steht zu eurem Dienst, hochwürd'ge Herrn?
WOLSEY: Gefällt's Euch, edle Frau, mit uns allein
In Euer Kabinett zu gehn, so sollt Ihr
Vernehmen unsrer Ankunft Ursach'.
KÖNIGIN: Sagt mir's
Nur immer hier: noch hab' ich, Gott sei Dank,
Nichts je verübt, das Winkel müßte suchen,
Und allen Frau'n wünscht' ich ein solch Gewissen.
Mich kümmert's wenig – dieses Glück, Mylords,
Ward mir vor vielen andern –, ob mein Tun
Auf aller Zungen wohnt, in aller Augen,
Ob Neid und Mißgunst selbst mir widerstrebten;
So rein war stets mein Leben. Kamt ihr her,
Wie ich als Weib gewandelt, auszuforschen,
Nur dreist heraus damit, Wahrheit ist schlicht und grade.
WOLSEY:
Tanta est erga te mentis integritas, regina serenissima[67], –
KÖNIGIN: Oh, kein Latein, Mylord;
Ich war so müßig nicht, seit meiner Ankunft,
Die Sprach', in der ich lebte, nicht zu lernen.
In fremder Zunge scheint mein Fall noch fremder,
Verdächt'ger noch; sprecht, bitt' Euch, englisch! Mancher
Weiß Euch hier Dank, wenn Ihr die Wahrheit redet,
Um seiner armen Herrin willen. Glaubt mir's,
Man tut ihr sehr zu nah. Lord Kardinal,
Ihr könnt, selbst was ich je gefehlt mit Vorsatz,
Gewiß in Englisch absolvieren.
WOLSEY: Fürstin,
Es dünkt mich hart, daß meine Redlichkeit,
Mein Eifer, unserm Herrn und Euch zu dienen,
Bei solcher Treu' so viel Verdacht erzeugt.
Wir nahn nicht auf dem Wege der Beschuld'gung,

Dem Ruf zur Schmach, den alle Frommen segnen,
Noch irgend neuem Gram Euch zu verraten;
Ihr habt zu viel schon, edle Frau; vielmehr
Zu forschen Eure Wünsch' und wahre Meinung
In jenem wicht'gen Zwist, und Euch dagegen
Redlich und frei auch unsre Sinnesansicht
Und Tröstung zu erteilen.

CAMPEJUS: Hohe Fürstin,
Mylord von York, nach seiner edlen Weise
Und warmer Treu', so er Euch stets geweiht,
Denkt wohlgesinnt des letzten Angriffs nicht
Auf seine Ehr' und ihn – Ihr gingt zu weit –
Und beut, wie ich, als Zeichen der Versöhnung,
Euch Dienst und Beistand.

KÖNIGIN *beiseit:*   Um mich zu verraten. –
Laut. Mylords, ich dank' euch euren guten Willen,
Ihr sprecht wie Ehrenmänner: (Gott geb', ihr seid's!)
Doch hast'ge Antwort gleich bereit zu halten
In so gewicht'gem Fall, so nah der Ehre
(Vielleicht dem Leben näher noch), mit meinem
Geringen Witz, und Männern so gelehrt
Und ernst, – das weiß ich nicht. Ich war in Arbeit
Mit meinen Frau'n, Gott weiß, mich wenig fassend

Auf solcherlei Besuch noch solch Geschäft.
Ihr drum zu Liebe, die ich war – ich fühle
Der Hoheit letzte Regung; werte Herrn, –
Könnt mir für meine Sache Zeit und Rat!
Ich bin ein Weib – ach, freundlos! hoffnungslos! –

WOLSEY: Erhab'ne Frau, Ihr kränkt des Königs Liebe
Mit solcher Furcht; Eu'r Hoffen, Eure Freunde,
Sind noch unendlich.

KÖNIGIN: Hier in England kaum
Von Nutzen; glaubt ihr selbst, Mylords, es wage
Ein einz'ger Englischer mir Rat zu geben?
Mir offen Freund zu sein, dem Herrn entgegen?
Wollt' e i n e r so verzweifelnd ehrlich sein
Als Untertan, er lebte? Nein, die Freunde,
Die meines Kummers ganze Last nachfühlen,
Auf die ich trauen darf, sie sind nicht hier,
Sie sind, wie all mein Trost, weit, weit von hier,
In meinem Vaterlande.

CAMPEJUS: Gnäd'ge Frau, ich wünschte,
Ihr ließt den Gram und hörtet mich.

KÖNIGIN: Was meint Ihr?

CAMPEJUS: Stellt Euren ganzen Fall des Königs Schutz
Anheim, er ist liebreich und gut: so wär's
Für Eure Ehr' und Euren Vorteil günst'ger.
Denn wenn des Rechtes Ausspruch Euch verdammt,
Dann scheidet Ihr mit Schmach.

WOLSEY: Er rät Euch gut.

KÖNIGIN: Er rät mir, was ihr beide wünscht – Verderben! –
Ist das christlicher Beistand? Schand' auf euch!
Noch steht der Himmel, droben thront ein Richter,
Den nie ein Fürst besticht.

CAMPEJUS: Eu'r Zorn verkennt uns.

KÖNIGIN:
So schmählicher für euch! – Ich wähnt' euch heilig,
Zwei kardinale Tugenden[68]; jetzt find' ich
Nur kardinale Laster[69], hohle Herzen.
O schämt und bessert euch! Ist dies eu'r Trost?
Die Herzensstärkung der gebeugten Fürstin?
Der Frau, durch euch gestürzt, verlacht, verhöhnt?
Ich wünsch' euch nicht die Hälfte meines Elends,
Ich bin zu gut – doch sagt, ich warnt' euch einst!
Habt acht, um Gott, habt acht, daß plötzlich nicht
Die Bürde meiner Sorgen auf euch falle! –

WOLSEY: Fürstin, Ihr scheint in Wahrheit außer Euch;
   In Arglist wandelt Ihr die gute Meinung.
KÖNIGIN: Ihr aber wandelt mich in nichts. Weh euch!
   Weh allen Gleisnern! Wie! Ihr ratet mir
   (Wenn euch noch irgend Güt' und Mitleid blieb,
   Wenn ihr mehr seid als Kleider nur des Priesters),
   Mein krankes Recht dem Todfeind zu vertraun?
   Ach! Schon verbannt er mich aus seinem Bett,
   Aus seiner Liebe, längst: – ich werde alt,
   Und was mir noch von Eh'gemeinschaft bleibt,
   Ist mein Gehorsam. Was kann Schlimm'res mir
   Als dieses Elend kommen? All eu'r Streben
   Bringt mir den Fluch.
CAMPEJUS: Das Schlimmst' ist Eure Furcht.
KÖNIGIN: Lebt' ich so lang' – ja, laßt mich selber reden,
   Tugend hat keinen Freund! – ein treues Weib?
   Ein Weib (ich darf's beteuern ohne Ruhmsucht),
   Zu keiner Zeit erreichbar dem Verdacht?
   Begegnet' ich mit ganzer, voller Neigung
   Dem König stets, liebt' ihn nächst Gott, gehorcht' ihm,
   War ich aus Zärtlichkeit ihm abergläubisch,
   Vergaß ich meiner Andacht fast um ihn,
   Und werd' ich so belohnt? Oh, das ist hart!
   Zeigt mir ein Weib, das, ihrem Eh'herrn treu,
   Nie keine Freude träumte als sein Wohlsein;
   Und wenn sie alles tat, so hab' ich doch
   Noch einen Kranz voraus – große Geduld! –
WOLSEY:
   Weg flieht Ihr von dem Gut, das wir Euch gönnten. –
KÖNIGIN: Mylord, ich lade nie die Schuld auf mich,
   Dem edlen Rang freiwillig zu entsagen,
   Dem Euer Herr mich hat vermählt: nur Tod
   Soll von dem Thron mich scheiden.
WOLSEY: Hört, ich bitt' Euch –
KÖNIGIN: Hätt' ich doch nie dies brit'sche Land betreten,
   Noch seiner Schmeicheleien Frucht gekostet! –
   Ihr habt der Engel Antlitz, doch die Herzen
   Kennt Gott. Was wird aus mir, der ärmsten Frau?
   Der unglückseligsten in aller Welt?
              Zu ihren Frauen.
   Ihr Armen, ach! Wo bleibt auch euer Glück?
   Wir scheiterten auf diesem Strand, wo Mitleid –
   Noch Freund – noch Hoffnung – wo kein Blutsfreund weint,

Man kaum ein Grab uns gönnt! – Der Lilie gleich,
Die einst der Fluren Herrin war und blühte,
Neigt sich mein Haupt und stirbt.

WOLSEY: Wüßt' ich nur erst
Eu'r Gnaden überzeugt, wir meinten's redlich,
Das gäb' Euch Trost! Weshalb nur, werte Fürstin,
Zu welchem End' Euch kränken? Unsre Würde,
Die Weise unsers Amts verbeut es schon;
Wir soll'n den Kummer heilen, nicht ihn säen.
Um Tugend selbst, erwägt doch, was Ihr tut;
Wie Ihr Euch selbst könnt schaden, ja durchaus
Dem König Euch, durch dieses Tun, entfremden.
Der Fürsten Herzen küssen den Gehorsam,
So lieblich dünkt er ihnen: doch die Starrheit
Schwellt sie empor, reißt sie zu Ungewittern.
Ich weiß, Ihr habt ein adlig mild Gemüt,
Sanft, gleich der Meeresstille; glaubt uns ja
Nach unserm Amt Ruh'stifter, Freunde, Diener.

CAMPEJUS: So sollt Ihr uns erfinden. Eure Tugend
Kränkt Ihr durch Weiberfurcht. Ein hoher Geist,
Wie Ihr ihn hegt, wirft solche Zweifel weit
Wie falsche Münze weg. Der König liebt Euch;
Gebt acht, daß Ihr dies nicht verliert. Gefällt's Euch,
Uns zu vertraun, sind wir für Euch erbötig,
Das Äußerste in Eurem Dienst zu tun.

KÖNIGIN:
Tut, was ihr wollt, ihr Herrn; und mir verzeiht,
Wenn ich nicht höflich gegen euch gewesen.
Ihr wißt, ich bin ein Weib, mir fehlt die Kunst,
Mit euresgleichen, wie's geziemt, zu reden.
Bringt Seiner Hoheit meine Ehrfurcht dar,
Er hat mein Herz, auch mein Gebet ist sein,
Solang' ich lebe. Kommt, hochwürd'ge Väter,
Enthüllt mir euren Rat – es bittet jetzt,
Die nicht geahnt, als sie betrat dies Land,
Für welchen Preis sie ihre Kron' erstand. –

Alle ab.

ZWEITE SZENE

Vorzimmer des Königs. Der Herzog von Norfolk, Herzog von Suffolk, Graf von Surrey und der Lord Kämmerer treten auf.

NORFOLK: Wenn ihr euch jetzt in euren Klagen einigt
Und kräftigt sie durch Festigkeit, so kann
Der Kardinal nicht widerstehn. Doch nehmt ihr
Die Gunst des Augenblicks nicht wahr, dann droht
Der neuen Schmach euch nur noch immer mehr
Zu jener schon erlittnen.

SURREY: Mich erfreut
Der kleinste Anlaß, der mir das Gedächtnis
Des Herzogs, meines Schwähers, ruft zurück,
Um Rache mir zu schaffen.

SUFFOLK: Welcher Pair
Blieb ungekränkt durch ihn? ward mind'stens nicht
Schnöd' übersehn? An wem wohl hat er je
Des Adels Stempel noch gewürdigt
Als an sich selbst?

LORD KÄMMERER: Ihr sprecht, Herrn, eure Wünsche:
Was er verdient an euch und mir, das weiß ich;
Doch ob ihm beizukommen, wenn die Zeit
Auch günstig scheint, zweifl' ich noch sehr. Könnt ihr
Den Zugang nicht zum König ihm versperren,
So unternehmt noch nichts; denn Zauberkraft
Übt seine Zung' an ihm.

NORFOLK: Oh, fürchtet nicht,
Darin ist's aus mit seiner Macht; der König
Hat einen Strauß mit ihm, der wohl auf immer
Den Honig seiner Reden gällt. Er steckt,
Um nicht mehr loszukommen, fest in Ungunst.

SURREY: Wie gern vernähm' ich Neuigkeit wie diese
In jeder Stunde!

NORFOLK: Glaubt mir, dies ist wahr.
Während der Scheidungssach' hat sich durchaus
Sein zwiefach Spiel[70] enthüllt; und nun erscheint er,
Wie ich's nur meinen Feinden wünsche.

SURREY: Sagt,
Wie kam's zu Tag?

SUFFOLK: Höchst seltsam.

SURREY: Sagt, o sagt! –

SUFFOLK: Des Kardinals Brief an den Papst ging fehl

Und kam dem König zu Gesicht: er las,
Wie Seiner Heiligkeit Rat wird erteilt,
Das Scheidungs-Urteil nicht zu fäll'n; „wofern
Es statt noch fände", schreibt er, „ahn' ich deutlich,
Wie weit des Königs Neigung schon gefesselt
'ne Magd der Kön'gin, Fräulein Anna Bullen."
SURREY: Hat dies der König?
SUFFOLK: Glaubt mir!
SURREY: Wird dies wirken?
LORD KÄMMERER:
Der König sieht daraus, wie jener ihm
Den eignen Weg umschleicht und sperrt: doch hierin
Zerscheitern alle Künst', und die Arznei
Kommt nach des Kranken Tod: der König ward
Dem schönen Fräulein schon vermählt.
SURREY: Oh, wär' er's!
SUFFOLK: Mög' Euer Glück in diesem Wunsche liegen,
Denn ich bezeug', er ward erfüllt.
SURREY: Nun, Freude
Und Heil dem Bund! –
SUFFOLK: Mein Amen auch!
NORFOLK: Und aller! –
SUFFOLK: Befehle sind schon da zu ihrer Krönung;
Dies ist noch frisch, mein' Treu', und nicht gemacht
Für aller Ohr. Doch in der Tat, ihr Herrn,
Sie ist ein lieblich Wesen, tadelsfrei
An Geist und Zügen; ja, ich ahn', es wird
Dem Reich ein Segen noch entblühn durch sie
Für späte Zeiten.
SURREY: Aber wird der König
Das Schreiben unsers Kardinals verdaun?
Gott wend' es ab! –
NORFOLK: Amen, sag' ich.
SUFFOLK: Nein! Nein! –
Ihm summen noch mehr Wespen vor dem Ohr,
Die diesen Stich beschleun'gen. Kardinal Campejus
Ist heimlich abgereist[71] nach Rom, ohn' Abschied
Und ohne dies Geschäft zu schlichten: er
Ist fortgeschickt als Wolseys Unterhändler,
Um dessen List zu fördern. Ich versichr' euch,
Der Herr, als er's erfuhr, rief: „Ha!" –
LORD KÄMMERER: Nun, Gott
Entzünd' ihn, laß ihn „Ha!" noch lauter rufen! –

NORFOLK: Doch wann, Mylord, kehrt Cranmer wieder heim[72]? –

SUFFOLK: Er ist schon hier, der alten Meinung treu: –
Und die, samt allen Fakultäten fast
Der Christenheit, rechtfertigt den Monarchen
Hinsichtlich seiner Scheidung. Kurz, ich glaube,
Sein zweites Eh'bett, ihre Krönung, werden
Dem Volk verkündigt, Katharinen bleibt
Der königliche Titel nicht, sie wird
Die Witwe des Prinz Arthur künftig heißen.

NORFOLK: Der Cranmer ist ein tücht'ger Mensch und hat
Sich in des Königes Geschäft gar sehr
Bemüht.

SUFFOLK: Gewiß; auch sehn wir ihn dafür
Sehr bald als Erzbischof.

NORFOLK: So hör' ich.

SUFFOLK: Ja,
So ist's. – Der Kardinal . . .

Wolsey und Cromwell treten auf.

NORFOLK: Seht, wie verstimmt! –

WOLSEY: Und gabt Ihr, Cromwell, das Paket dem König?

CROMWELL: Zu eigner Hand in seinem Schlafgemach.

WOLSEY: Sah er den Inhalt an?

CROMWELL: Ja, augenblicklich
Entsiegelt' er's: was er zuerst ergriff,
Las er mit Ernst, es lag auf seinen Zügen
Gespannte Achtsamkeit. Er hieß Euch drauf
Heut' früh ihn hier erwarten.

WOLSEY: Ist er schon
Fertig gekleidet?

CROMWELL: Jetzo, denk' ich wohl.

WOLSEY: Laßt mich ein Weilchen. –
Die Herzogin von Alençon soll's sein,
Die Schwester Königs Franz: d i e soll er frein –
Anna Bullen! – Nein! Keine Anna Bullen will ich für ihn! –
Ein schön Gesicht reicht hier nicht hin. – Wie! Bullen?
Wir wollen keine Bullen! Hätt' ich nur
Nachricht von Rom! – Die Markgräfin von Pembroke! –

NORFOLK: Er ist sehr mißvergnügt.

SUFFOLK: Vielleicht vernahm er,
Wie gegen ihn der König wetzt den Zorn.

SURREY: Recht scharf nur, Himmel, wenn gerecht du bist!

WOLSEY: Der Königin Fräulein! Eines Ritters Tochter
Der Herrin Herrin! Ihrer Königin Königin!

Dies Licht brennt trüb; an mir ist, es zu schneuzen,
So; dann geht's aus. – Ist sie gleich tugendhaft
Und ehrenwert, doch kenn' ich sie als tück'sche
Luth'ranerin; nicht heilsam unsrer Sache,
Daß sie am Busen sollte ruhn von unserm
Nur schwer regierten Herrn. Dann noch ein Ketzer
Schoß auf, ein arger Ketzer, jener Cranmer,
Der eingeschlichen in des Königs Gunst
Und sein Orakel ist.

NORFOLK: Es wurmt ihm was.

SURREY: Zersprengt' es ihm die stärkste Sehne doch,
Des Herzens Ader! –

      Der König, der einen Zettel liest, und Lovell treten auf.

SUFFOLK: Der König kommt, der König! –

KÖNIG: Welch eine Masse Golds hat er gehäuft
Als Eigentum! Und welch ein Aufwand
Entströmt ihm stündlich! Wie, in Gewinnstes Namen,
Scharrt er das all zusammen? – Nun, ihr Herrn,
Saht ihr den Kardinal?

NORFOLK: Wir standen, Herr,
Hier, gaben acht auf ihn: Seltsamer Aufruhr
Ist ihm im Hirn; er beißt die Lippen, starrt;
Hält plötzlich an den Schritt, blickt auf die Erde,
Legt dann die Finger an die Schläfe; stracks,
Springt wieder auf, läuft schnell, steht wieder still,
Schlägt heftig seine Brust; und gleich drauf wirft er
Die Augen auf zum Mond: seltsame Stellung
Sahn wir hier an ihm wechseln.

KÖNIG: Möglich wohl,
Daß Meuterei im Innern. Diesen Morgen
Schickt er zur Durchsicht mir, wie ich gefordert,
Staatsschriften; und, wißt ihr, was ich gefunden,
Gewiß nur unbedacht dazu gelegt?
Ein Inventar, wahrhaftig, so bedeutend, –
Von allen Schätzen, silbernen Geschirren,
Goldstoffen, Prunkgerät, solch Übermaß,
Daß es Besitz des Untertanen, mein' ich,
Weit übersteigt.

NORFOLK: Es ist des Himmels Wille;
Ein Geist schob dieses Blatt in das Paket,
Eu'r Aug' mit ihm zu segnen.

KÖNIG: Dächten wir,
Sein Sinnen schwebt' anschauend jetzt gen Himmel,

Geheftet auf das innre Licht, dann möcht' er
In seinem Brüten bleiben; doch ich fürchte,
Es weilt sein Trachten unterm Mond, unwert
So eifriger Beratung.

Der König setzt sich und redet mit Lovell, der zum Kardinal geht.

WOLSEY: Gott verzeih' mir! –
Der Himmel segn' Eu'r Hoheit! –

KÖNIG: Werter Lord,
Ihr seid erfüllt von geist'gen Schätzen, tragt
Ein Inventar der reichsten Gnad' im Herzen,
Das Ihr wohl eben durchlast, und Ihr habt
Kaum Zeit, der frommen Muß' ein kurzes Scherflein
Für unser irdisch Tun zu rauben. Traun,
Ihr scheint mir darin fast ein schlechter Hauswirt,
Und freut mich's, meinesgleichen Euch zu finden.

WOLSEY: Ich habe meine Zeit, Herr, für die Andacht,
Zeit für den Anteil an Geschäften, die ich
Dem Staate schuldig: endlich heischt Natur
Für ihr Erhalten eine Zeit, die leider
Ich, ihr hinfäll'ger Sohn, ihr pflichten muß
Wie jeder Sterbliche.

KÖNIG: Sehr wohl gesprochen.

WOLSEY: Mög' Eure Hoheit stets,
Wie ich's verdienen will, mein gutes Reden
Mit guter Tat gepaart an mir erfinden! –
KÖNIG: Aufs neue wohl gesagt:
Und 's ist 'ne Art, gut handeln, gut zu reden,
Obgleich das Wort noch keine Tat. Mein Vater
Lieb' Euch, er sagt' es Euch und hat sein Wort
Mit seiner Tat gekrönt. Und seit ich ihm
Gefolgt, wart Ihr der Liebste mir; ich braucht' Euch,
Wo Euch der höchste Vorteil sicher traf,
Ja, ich entzog's der eignen Hab', um Wohltat
Auf Euch zu häufen.
WOLSEY *beiseit:* Wo will dies hinaus?
SURREY *beiseit:* Gott gebe gut Gedeihn!
KÖNIG: Hob ich Euch
Nicht zu des Reiches erster Würd'? – Ich bitt' Euch,
Sagt, wenn Euch Wahrheit dünkt, was ich jetzt rede,
Und wollt Ihr's eingestehn, so sagt zugleich,
Ob Ihr Verbindlichkeit uns habt, ob nicht?
Was meint Ihr? –
WOLSEY: Ja, ich gesteh', mein Fürst, die hohen Gnaden,
Täglich auf mich geschüttet, waren mehr,
Als all mein emsig Sinnen mocht' erwidern,
Wie dies auch Menschentun besiegen mochte:
Mein Tun war wen'ger stets als meine Wünsche,
Doch meinen Kräften gleich. Was ich mir suchte,
War so nur mein, daß es stets zielt' aufs Beste
Eurer geheiligten Person wie auf
Des Staates Vorteil. Jenen hohen Gnaden,
Auf mich gehäuft, den Armen, Unverdienten,
Kann nur mein unterwürf'ger Dank erwidern
Und mein inbrünstiges Gebet: die Treue,
Die immer wuchs und stets noch wachsen soll,
Bis Tod sie, jener Winter, hinrafft.
KÖNIG: Schön!
Die Antwort schildert ganz den Untertan,
Den treuen: Ehre dem, der also wandelt;
So wie das Gegenteil die Schande straft.
Nun glaub' ich, daß, wie meine Hand Euch offen,
Liebe mein Herz, mein Thron Euch Ehren schenkte,
Euch mehr denn irgendwem: so müßten auch
Eu'r Herz und Hirn und Hand und jede Kraft,
Außer der allgemeinen Pflicht der Treue,

Noch, so zu sagen, in besondrer Liebe,
Mir mehr als andern hingegeben sein.

WOLSEY:

Auch hehl' ich's nicht, wie Eurer Hoheit Wohl
Mir mehr als meines stets am Herzen lag;
So bin, so halt's ich's, und so will ich bleiben,
Ob auch die ganze Welt den Eid Euch bräche
Und aus der Brust ihn bannt'; und ob Gefahren
Sich häuften, dichter, als sich's denken läßt,
Und in entsetzlichern Gestalten: dennoch,
Wie Felsen in den stürm'schen Wogen, würde
Mein treues Herz dem wilden Strom ein Damm sein
Und Euer bleiben sondern Wanken –

KÖNIG: Trefflich
Geredet; merkt, ihr Herrn, welch treues Herz!
Denn offen saht ihr's. – *Gibt ihm Papiere.* Lest dies durch!
Und darauf dies: und dann zum Morgenimbiß
Mit so viel Eßlust Euch noch bleibt.

> *Der König geht ab und wirft einen zornigen Blick auf Wolsey.*
> *Die Hofleute drängen sich ihm nach und flüstern*
> *und lächeln untereinander.*

WOLSEY: Was war dies?
Welch hast'ge Laun', und wie erweckt' ich sie?
Er ging in Zorn von mir, als sprühte Tod
Aus seinem Blick: so schaut der grimme Löwe,
Wenn ihn der kühne Jägersmann verletzt,
Vertilgt ihn dann. Lesen muß ich das Blatt:
Die Ursach', fürcht' ich, seines Zorns. – So ist's.
Dies Blatt hat mich vernichtet – 's ist die Summe
Des unermeßnen Reichtums, den ich sparte
Zu meinem Zweck: im Grunde für das Papsttum,
Die Freund' in Rom zu zahlen. Nachlässigkeit,
Durch die ein Narr nur stürzt! Welch böser Teufel
Schob mir dies Hauptgeheimnis ins Paket,
Das ich dem König gab? Kein Weg zur Heilung?
Kein Kunstgriff, der's ihm aus dem Sinne schlüge?
Ich weiß, es reizt ihn heftig; doch ich finde
Noch einen Weg, der mich dem Glück zum Trotz
Herausziehn soll. – Was seh' ich? – A n d e n P a p s t?
Der Brief, bei Gott! die ganze Unterhandlung,
Wie ich's dem Papst vertraut. – Nun, dann ist's aus! –
Ich stand auf meiner Größe höchster Sprosse,
Und von der Mittagslinie meines Ruhms

Eil' ich zum Niedergang. Ich werde fallen,
Wie in der Nacht ein glänzend Dunstgebild,
Und niemand mehr mich sehn. –
Die Herzoge von Norfolk und Suffolk,
der Graf von Surrey und der Lord Kämmerer treten auf.

NORFOLK: Vernehmt des Königs
Gefallen, Kardinal: er heißt Euch, schleunig
Das große Siegel an uns abzuliefern
Zu eigner Hand und Euch zurückzuziehn
Nach Asherhouse, als Eurem Bischofssitz,
Bis Ihr ein Weitres werdet hören.

WOLSEY: Halt!
Wo habt Ihr Vollmacht? Nimmer end'gen Worte
Solch hohes Ansehn.

SUFFOLK: Wer darf widersprechen,
Wenn sie aus Königs Mund Befehle senden?

WOLSEY: Bis ich mehr seh' als Absicht nur und Worte
Und eure Falschheit: wißt, geschäft'ge Lords,
Daß ich's verweigern werd' und kann. Jetzt fühl' ich,
Aus welchem schnöden Erz ihr seid gegossen,
Aus Neid. Wie emsig meinem Fall ihr folget,
Als nährt' er euch! Und wie so weich und glatt
Ihr alles heuchelt, bringt mir's nur Verderben! –
Folgt eurer tück'schen Art, Männer der Bosheit!
Stützt euch auf euer christlich Recht, es wird
Zu seiner Zeit euch wohl belohnt. Das Siegel,
Das ihr so heftig fordert, gab der König
(Mein Herr und euer) mir mit eigner Hand,
Verhieß es mir, zugleich mit Würd' und Amt,
Aufs Leben: und zu fest'gen seine Gnade,
Bestätigt' er's durch offnen Brief. Wer nimmt's mir?

SURREY: Der König, der's Euch gab.

WOLSEY: So tu' er's selber!

SURREY: Du bist ein stolzer Hochverräter, Pfaff'! –

WOLSEY: Das lügst du, stolzer Lord!
Vor vierzig Stunden hätte Surrey lieber
Die Zunge weggebrannt, als dies gesagt.

SURREY: Dein Ehrgeiz, du scharlachne Sünd', entriß
Uns Weinenden den edlen Buckingham.
Die Häupter aller Kardinäl' auf Erden,
Und dich dazu, und all dein bestes Tun,
Ersetzten noch kein Haar von ihm. Fluch Euch!
Ihr schicktet als Regenten mich nach Irland,

Vom König fern, von seiner Hülf' und allem,
Was Gnade schuf dem falsch erfundnen Fehl,
Indes aus heil'gem Mitleid Eu'r Erbarmen
Mit einem Beil ihn absolviert.

WOLSEY: Dies alles,
Und was des Lords Geschwätz mir weitres mag
Vorwerfen, ist nur Lug. Nach Rechten fand
Der Herzog seinen Tod: und daß ich schuldlos sei
An seinem Fall durch niedern Haß, bewähren
Die schlechte Sach' und seine edlen Richter.
Liebt' ich viel Worte, Lord, ich könnt' Euch zeigen,
Wie Ihr so wenig Ehr' als Gradheit habt:
Und daß ich auf des treuen Rechttuns Pfad
Dem König, meinem stets erhabnen Herrn,
Mich besser nennen darf, als Surrey ist
Und alle Freunde seiner Torheit.

SURREY: Priester! –
Dich schützt dein langes Kleid, sonst fühltest du
Mein Schwert in deinem Herzblut. Werte Herrn,
Ertragt ihr's, solchen Hochmut anzuhören
Von diesem Menschen? Sind wir erst so zahm,
Daß uns ein Scharlachmantel höhnt und zwickt,
Dann, Adel, fahre wohl; dann, Bischof, vorwärts! –
Scheuch' uns mit deiner Kappe, gleichwie Lerchen[73]! –

WOLSEY: Dir wird zum Gift die Frommheit selbst verkehrt.

SURREY: Die Frommheit, die des ganzen Landes Mark
In Eurer Hand vereint hat durch Erpressung,
Die Frommheit jener aufgefangnen Blätter,
Die Ihr dem Papst geschrieben, Eure Frommheit,
Weil Ihr's verlangt von mir, sei ganz enthüllt.
Lord Norfolk, – wenn Ihr stammt aus hohem Blut,
Wenn Euch gemeines Wohl am Herzen liegt,
Des Adels Kränkung, unsrer Söhne Heil,
Die, lebt er, kaum noch Edle werden heißen, –
Verlest sein Schuldregister, seines Wirkens
Gesammelt Unheil. – Schrecken will ich Euch
Mehr denn die Meßglock', wenn Eu'r braunes Mädchen
Euch küssend lag im Arm, Lord Kardinal.

WOLSEY:
Wie sehr doch möcht' ich diesen Mann verachten,
Bewahrte mich die Nächstenliebe nicht!

NORFOLK: Es liegt, Mylord, die Klage selbst beim König,
Und sie erscheint sehr häßlich.

WOLSEY: Um so schöner
Und fleckenlos soll meine Unschuld leuchten,
Wenn erst die Wahrheit obsiegt.

SURREY: Hofft nicht viel;
Ich dank's meinem Gedächtnis, noch behielt ich
Verschiedne Punkt' und fördre sie ans Licht.
Nun gebt Euch Müh', errötet und bereut,
So zeigt Ihr noch ein wenig Tugend.

WOLSEY: Sprecht nur;
Trotz jeder Klag': erröt' ich, so geschieht's,
Den Edlen hier zu sehn, dem Sitte fehlt.

SURREY: Die miss' ich lieber als den Kopf. So hört denn
Zuerst, daß ohne Königs Will' und Wissen
Ihr Euch bestrebtet, hier Legat zu werden
Und der Prälaten Recht im Land zu lähmen.

NORFOLK:
Dann, daß Ihr Briefe schriebt nach Rom und sonstwärts
An fremde Höf' und stets die Form gebraucht:
Ego et rex meus[74]: was den König dartat
Als Euren Diener.

SUFFOLK: Dann, daß ohne Kenntnis
Des Königs noch des Rats Ihr Euch erkühnt,
Als Ihr zum Kaiser wurdet abgesandt,
Des Reichs Sigill nach Flandern mitzuführen.

SURREY: Sodann gabt Ihr weitläuft'ge Vollmacht hin
An den Gregor von Cassalis, zum Abschluß
Des Bundes Seiner Hoheit mit Ferrara,
Wovon nicht Staat noch König unterrichtet.

SUFFOLK: Dann, daß aus eitel Ehrsucht Euern Hut
Ihr prägen ließt auf unsers Königs Münze.

SURREY: Dann, daß Ihr unermeßlich Gold gesandt
(Und wie erworben, ist Euch wohl bewußt),
Rom zu bestechen und den Weg zu bahnen
Für höh're Würden; alle dies zum Unheil
Dem ganzen Land. Noch gibt's der Dinge mehr,
Die, weil von Euch herrührend, uns verhaßt
Und meinen Mund nicht soll'n entweihn.

LORD KÄMMERER: O Herr,
Drängt den Gefallnen nicht so hart: 's ist Unrecht!
Sein Fall liegt offen dem Gesetz; es strafe
Das Recht, nicht Ihr. Fast weint mein Herz, zu schaun
Die Trümmer solcher Hoheit!

SURREY: Ich vergeb' ihm.

SUFFOLK: Dann ist des Königs Will', Herr Kardinal,
  Weil alles, was vorletzt durch Euch begonnen,
  Ein Praemunire[75] wird umschließen müssen,
  Daß gegen Euch ein Achtsbefehl ergeh',
  Der Eurer Güter, Landerei'n und Habe
  Und Eurer Schlösser Euch verlustig spricht,
  Gesetzlos Euch erklärt. Dies ist mein Auftrag.
NORFOLK: Und somit habt Ihr Raum zur Selbstbeschauung
  Und frommem Wandel. Jene störrische Antwort
  Von wegen des verlangten großen Siegels
  Erfährt der König jetzt und dankt's Euch sicher.
  Fahrt wohl dann ferner, Ihr mein kleiner guter
  Lord Kardinal!
              Alle ab außer Wolsey.
WOLSEY: Fahr' wohl dem kleinen Guten,
  Das mir von Euch gekommen ist! Fahr' wohl,
  Ein langes Fahrewohl all meiner Größe! –
  So ist des Menschen Treiben: heute sprießen
  Der Hoffnung zarte Knospen, morgen blühn sie
  Und kleiden ihn in dichten Blumenschmuck:
  Und übermorgen, tödlich, kommt ein Frost,
  Und wenn er wähnt, der gute sichre Mann,
  Die Größe reife, – nagt ihm der die Wurzel
  Und fällt ihn so wie mich. Ich trieb dahin
  Gleich wilden Kanben, die auf Blasen schwimmen,
  So manchen Sommer auf der Ehrsucht Wogen,
  Doch viel zu weit: mein hochgeschwellter Stolz
  Brach endlich unter mir und gibt mich jetzt,
  Müd' und im Dienst ergraut, der Willkür hin
  Des wüsten Stroms, der ewig nun mich birgt.
  Ich hass' euch, eitler Pomp und Glanz der Welt:
  Mein Herz erschließt sich neu. O traurig Los
  Des Armen, der an Königs Gunst gebunden!
  Denn zwischen jenem Lächeln, so ersehnt,
  Der Fürsten Huld und unserm Abgrund liegt
  Mehr Qual und Angst, als Krieg und Weiber haben;
  Und wenn er fällt, fällt er wie Luzifer,
  Der Hoffnung ewig bar – – –
              Cromwell[76] *tritt auf, voll Bestürzung.*
                  Was ist dir, Cromwell?
CROMWELL: Mir stockt die Sprache, Herr!
WOLSEY: Wie, so bestürzt
  Ob meinem Unglück? Kann's dich wundern, wenn

Ein großer Mann hinsinkt? Nein, wenn du weinst,
Dann fiel ich wirklich.
CROMWELL: Ist Euch wohl?
WOLSEY: Vollkommen,
Noch nie so wahrhaft glücklich, guter Cromwell.
Jetzt kenn' ich selber mich, jetzt fühl' ich Frieden
In mir, hoch über aller ird'schen Würde, –
Ein klar und rein Gewissen. Diese Heilung
Dank' ich dem König demutsvoll, er nahm
Mitleidig dieser Schultern müden Säulen
Die Last, die Schiffe senkte, – zu viel Ehre.
Oh, 's ist 'ne Bürde, Cromwell, eine Bürde,
Zu schwer dem Mann, der auf den Himmel hofft!
CROMWELL: Mich freut's, Mylord, daß Ihr's so richtig nehmt.
WOLSEY: Ich hoff', ich tu's; mich dünkt, ich sei bereit,
Durch meiner Seele neu empfund'ne Stärke
Mehr Leiden zu erdulden, und viel größre,
Als mir die schwachen Feinde können drohn.
Was gibt es Neues?
CROMWELL: Nun, das Härtste bleibt:
Des Königs Ungunst wider Euch.
WOLSEY: Gott schütz' ihn!
CROMWELL: Dann, daß Sir Thomas Morus[77] Kanzler ward
An Eurer Statt.
WOLSEY: Das find' ich etwas schnell,
Doch ist's ein kund'ger Mann. Erhalt' er sich
Des Königs Gunst noch lang' und walte recht
Nach Wahrheit und Gesetz, daß seinem Staub,
Wenn er den Lauf vollbracht und ruht in Gott,
Ein Grabmal werde von der Waisen Tränen!
Was mehr?
CROMWELL: Die Rückkunft Cranmers, seine Gunst
Und Wahl zum Erzbischof von Canterbury[78].
WOLSEY: Wohl ist das neu!
CROMWELL: Dann endlich, daß man heut
Die Lady Anna, schon vorlängst dem König
Heimlich vermählt, als Kön'gin offenbar
Zur Kirch' ihm folgen sah, und jetzt allein
Von ihrer Krönung das Gerücht ergeht.
WOLSEY: Das war die Last, der ich erlag. Oh, Cromwell,
Der König täuschte mich, all meine Würden
Verlor ich durch dies eine Weib auf immer.
Nie führt ein Morgen meinen Glanz zurück

Noch rötet je die edlen Scharen[79] wieder,
Die meines Lächelns harrten. Geh nur, Cromwell,
Ich bin ein armer Mann, gestürzt und unwert,
Dein Herr zu sein und Meister. Geh zum König!
Die Sonne, hoff' ich, sinkt nicht! – Ich erzähl' ihm,
Wer und wie treu du seist; er wird dich fördern,
Ein klein Erinnern meiner wird ihn treiben;
Sein Sinn ist edel, sicher weist er nicht
So hoffnungsvolle Dienste ab. Mein Cromwell,
Vermeid' ihn nicht; benutz' ihn jetzt und sorge
Für deine künft'ge Sicherheit!

CROMWELL: O Herr,
So muß ich von Euch weichen? muß durchaus
Solch guten, edlen, echten Herrn verlieren?
Sei Zeuge, wer kein Herz von Eisen trägt,
Wie traurig Cromwell seinen Herrn verläßt. –
Dem König widm' ich meinen Dienst; doch Euch
Für immerdar und ewig mein Gebet.

WOLSEY: Ich dachte keine Träne zu vergießen
All meinem Elend; doch du zwangst mich eben
In deiner schlichten Treu', das Weib zu spielen.
Trocknen wir uns die Augen; hör' mich, Cromwell!
Wenn ich vergessen bin – und das ist bald –
Und schlaf' im stummen kalten Stein, wo niemand
Mich nennen wird, – dann sag, ich lehrt' es dich –
Sag, Wolsey – der einst ging des Ruhmes Pfad,
Der Ehre Bänk' und Klippen all erkundet –
Fand dir den Weg zur Höh' aus seinem Schiffbruch,
Den wahren, sichern, den er selbst verlor.
Denk' nur an meinen Fall und was mich stürzte!
Cromwell, bei deinem Heil, wirf Ehrsucht von dir!
Die Sünde hat die Engel selbst betört:
Wie frommte sie dem Menschen, Gottes Bilde?
Fleuch Eigenliebe, segne selbst die Feinde;
Bestechung führt dich weiter nicht als Treu'.
Stets in der Rechten halte milden Frieden,
Dann schweigt die Bosheit. Handle recht, nichts fürchte;
Dein Ziel sei immer Ziel auch deines Landes,
Wie deines Gottes und der Wahrheit: dann,
O Cromwell! wenn du fällst, fällst du im Tod
Als sel'ger Märtyrer. Dem König diene,
Und – bitt' dich, führe mich hinein:
Mach' ein Verzeichnis dort all meines Guts,

Bis auf den letzten Pfennig; 's ist des Königs.
Mein Priesterkleid und mein aufrichtig Herz
Vor Gott, mehr blieb mir nicht. Oh, Cromwell, Cromwell,
Hätt' ich nur Gott gedient mit halb dem Eifer,
Den ich dem König weiht', er gäbe nicht
Im Alter nackt mich meinen Feinden preis! –
CROMWELL: Geduldig, lieber Herr! –
WOLSEY: Ich bin's. Fahr' hin,
Du Glanz des Hofs! Zum Himmel strebt mein Sinn.
Gehn ab.

VIERTER AUFZUG

Erste Szene

Straße in Westminster.

Zwei Edelleute, die einander begegnen.

ERSTER: Seid abermal willkommen!
ZWEITER: So auch Ihr!
ERSTER: Ihr stellt Euch wohl, um Lady Annen hier
  Zu schaun, wie sie vom Krönungsfeste[80] kommt?
ZWEITER: Ja, eben das. Als wir uns jüngst hier trafen,
  Kam Herzog Buckingham aus dem Verhör.
ERSTER: Jawohl! Doch jene Zeit war trüb und bang,
  Heut allgemeines Fest! –
ZWEITER: Mit Recht. Die Bürger
  Sind alle treu und königlich gesinnt;
  Und, wahr zu sprechen, immerdar bereit
  Zur Feier solches Tags, mit manchem Schauspiel,
  Aufzug und Ehrenbogen.
ERSTER: Doch nie prächt'ger
  Und nie, versichr' ich, besser eingerichtet.
ZWEITER: Wenn Ihr's vergönnt, wüßt' ich den Inhalt gern
  Von jenem Blatt in Eurer Hand.
ERSTER: Seht hier:
  's ist das Verzeichnis aller hohen Würden,
  Die heut am Krönungsfest ihr Amt versehn.
  Der Herzog Suffolk geht voran, er nimmt
  Den Rang als Oberhofmeister; dann, als Marschall
  Herzog von Norfolk; lest die andern selbst!
ZWEITER:
  Ich dank' Euch, Herr; kennt' ich den Brauch nicht schon,
  Wär' ich für dieses Blatt Euch sehr verpflichtet.

Doch sagt mir noch, was ward aus Katharinen?
Der Fürstin Witwe? Wie steht deren Sache?

ERSTER:
Das sollt Ihr gleichfalls hören. Der Erzbischof
Von Canterbury, in Begleitung andrer
Gelahrter, würd'ger Väter hohen Rangs,
Hielt einen Tag zu Dunstable[81], sechs Meilen
Von Ampthill, wo die Fürstin wohnt; wohin
Sie oft geladen, nimmer doch erschien:
Und wegen Nichterscheinens und des Königs
Gewissensskrupel hat einmütig Urteil
Der weisen Väter Scheidung hier erkannt,
Und wird die ganze Eh' für null erklärt.
Seitdem ist sie nach Kimbolton entfernt,
Wo Krankheit sie befallen.

ZWEITER: Arme Fürstin! –
Hört die Musik; steht still; die Königin naht.

Ordnung des Krönungszuges.

1. *Ein lebhafter Trompetenstoß.*
2. *Zwei Richter.*
3. *Der Lord Kanzler mit Tasche und Stab vor ihm her.*
4. *Singende Chorknaben.*
5. *Der Mayor von London, der den Stab trägt; darauf der erste Herold in seinem Wappenrock, auf dem Haupt eine kupferne vergoldete Krone.*
6. *Der Marquis Dorset mit einem goldnen Szepter, auf dem Kopf eine . goldne Halbkrone. Neben ihm der Graf von Surrey, der den silbernen Stab mit der Taube und auf dem Haupt eine Grafenkrone trägt; um den Hals ritterliche Ketten.*
7. *Der Herzog von Suffolk in seiner Staatskleidung, seine kleine Krone auf dem Haupt, in der Hand einen langen weißen Stecken, als Oberhofmeister. Neben ihm der Herzog von Norfolk mit dem Marschallsstabe, eine kleine Krone auf dem Haupt. Beide mit ritterlichen Ketten um den Hals.*
8. *Der Thronhimmel, von vieren der Barone von den fünf Häfen[82] getragen: unter demselben die Königin im Krönungsgewande. Sie ist in bloßen Haaren, reich mit Perlen geschmückt und gekrönt. Zu ihren beiden Seiten die Bischöfe von London und Winchester.*
9. *Die alte Herzogin von Norfolk, mit einer kleinen, goldnen, mit Blumen durchflochtnen Krone; sie trägt die Schleppe der Königin.*
10. *Verschiedne Edelfrauen und Gräfinnen, mit schlichten goldnen Reifen um den Kopf, ohne Blumen.*

Sie ziehn in feierlicher Ordnung über die Bühne.

ZWEITER: Ein stolzer Zug, fürwahr! Sieh! Diese kenn' ich:
  Wer aber trägt den Szepter?

ERSTER: Marquis Dorset,
  Und dort der Graf von Surrey mit dem Stab.

ZWEITER: Ein edler, wackrer Herr! Dort, mein' ich, folgt
  Der Herzog Suffolk?

ERSTER: Ja, der Oberhofmeister.

ZWEITER: Dann Mylord Norfolk.

ERSTER: Ja.

ZWEITER *indem er die Königin erblickt:* Gott sei mit dir!
  Solch süß Gesicht als deins erblickt' ich nie!
  Bei meinem Leben, Herr, sie ist ein Engel.
  Der König hält ganz Indien in den Armen
  Und viel, viel mehr, wenn er die Frau umfängt:
  Ich tadle sein Gewissen nicht.

ERSTER: Die Träger
  Des Ehrenbaldachins sind vier Barone
  Von den fünf Häfen.

ZWEITER: Glücklich sind die Herrn,
  Und so sind alle, die ihr nahen dürfen.
  Dann war wohl jene, so die Schleppe trug,
  Die alte, hohe Herzogin von Norfolk?

897

ERSTER: Ja, und die andern alle Gräfinnen.

ZWEITER: Das deuten ihre Krönchen. Sterne sind's,
Und die mitunter fallen.

ERSTER: Still davon! –

Die Prozession geht vorüber unter Trompetenschall.
Ein dritter Edelmann kommt hinzu.

Gott grüß' Euch, Freund! Aus welchem Feuer kommt Ihr?

DRITTER: Vom dicksten Drängen der Abtei, wo kaum
Ein Finger einzuzwängen ist. Fast bin ich
Erstickt vor lauter Freud' und Lust.

ZWEITER: Ihr saht
Die Zeremonie?

DRITTER: Ja.

ZWEITER: Wie war's damit?

DRITTER: Wohl wert, gesehn zu werden.

ZWEITER: Oh, erzählt uns!

DRITTER: Soviel ich kann. Nachdem der reiche Strom
Der Lords und Edelfrau'n die Königin
Zu ihrem Sitz geleitet auf das Chor,
Trat er zurück: indessen Ihre Hoheit
Sich niederließ, ein Weilchen auszuruhn,
Auf einem präct'gen Sessel, frei dem Volk
Entgegenstellend ihrer Schönheit Glanz.
Glaubt mir, sie ist das herrlichste Geschöpf,
Die je an Mannes Seite lag. Als nun dem Volk
Ihr Anblick ward gegönnt, entstand ein Rauschen,
Wie man's zur See im Sturm vom Tauwerk hört,
So laut und mannigfalt. Die Hüt' und Mäntel,
Ja selbst die Wämser flogen in die Höh',
Und wären die Gesichter los gewesen,
Heute gingen sie verloren. Solchen Jubel
Erblickt' ich nie zuvor. Hochschwangre Weiber,
Acht Tage kaum vom Ziele, drängten vorwärts,
Gleich Widdern aus der alten Kriegeszeit,
Und machten Breschen vor sich: keiner konnte
Wohl sagen: „Dies ist meine Frau"; so seltsam
War alles hier verwebt ins eins.

ZWEITER: Nun, weiter?

DRITTER: Dann trat sie vor und ging, bescheidnen Schritts,
Zum Altar, kniet' und hub gleich einer Heil'gen
Den schönen Blick empor, andächtig betend;
Erhob sich dann und neigte sich dem Volk,
Weil ihr der Erzbischof von Canterbury

Die königlichen Zeichen all erteilte,
Das heil'ge Öl, die Krone König Eduards[83],
Den Stab, die Friedenstaub' und allen Krönungs-
Ornat: worauf in Einklang, hoch vom Chor,
Von den gewählt'sten Stimmen unsers Landes
Der Lobgesang erscholl. Drauf wandte sich
Der Zug im vollen, ernsten Prunk zurück
Nach York-Palast, wo Tafel wird gehalten.

ERSTER: Sagt York-Palast nicht mehr, das ist vorbei,
Denn seit des Wolsey Sturz erlosch der Name:
Dem König fiel er heim und heißt Whitehall.

DRITTER: Ich weiß; doch ist's so neu, daß mir geläuf'ger
Der alte Name blieb.

ZWEITER: Wer waren, sagt,
Die zween Bischöfe zu der Fürstin Seiten?

DRITTER: Stocksley und Gardiner; der von Winchester,
Und kurz vorher noch Schreiber unsers Königs,
Jener von London.

ZWEITER: Der von Winchester
Ist wohl kein Herzensfreund des Erzbischofs,
Des frommen Cranmer.

DRITTER: Das ist weltbekannt.
Doch ist die Spaltung noch nicht groß, und wird sie's,
So hat der Cranmer einen wackren Freund.

ZWEITER: Wen meint Ihr, sagt, ich bitt' Euch?

DRITTER: Thomas Cromwell,
Ein Mann, höchst wert dem König und in Wahrheit
Getreuer Freund. Der König hat ihn schon
Zum Reichswardein[84] ernannt und einen Platz
Im Staatsrat ihm verliehn.

ZWEITER: So steigt er wohl
Noch höher.

DRITTER: Ohne Zweifel tut er das.
Jetzt, liebe Herrn, geht meinen Weg; ich führ' euch
An Hof, dort sollt ihr meine Gäste sein;
Etwas vermag ich schon. Auf unserm Gang
Erzähl' ich mehr.

BEIDE: Wir sind zu Eurem Dienst.
                   Alle ab.

Kimbolton.

Die verwitwete Königin Katharina, krank, von Griffith und Patienza geführt, tritt auf.

GRIFFITH: Wie geht's Eur' Hoheit? –

KATHARINA: Tödlich krank, o Griffith!
Es sinken mir, beschwerten Ästen gleich,
Die Knie' zur Erd' und wichen gern der Last. –
Reich' einen Sessel, – so! – Jetzt wird mir's leichter.
Sagt'st du mir nicht, als du mich führtest, Griffith,
Das Riesenkind des Ruhms, der Kardinal,
Sei tot? –

GRIFFITH: Ja, Fürstin, doch Eur' Hoheit, wie ich glaubte,
Vernahm mich kaum in Ihrem heft'gen Schmerz.

KATHARINA: Sag, guter Griffith, bitt' dich, wie er starb;
Wenn fromm, so ging er mir vielleicht voran
Als Beispiel.

GRIFFITH: Fromm, erzählt man mir, verschied er.
Denn als der mächt'ge Graf Northumberland[85]
Zu York ihn festgesetzt und ungesäumt
Als einen Hartbeschuldigten verhört,
Erkrankt' er plötzlich schwer und konnte nicht
Auf seinem Maultier sitzen.

KATHARINA: Armer Mann! –

GRIFFITH: Endlich, nach häuf'ger Rast, erreicht' er Leicester,
Wo ihn im Klosterhof der würd'ge Abt
Samt dem Konvent mit aller Ehr' empfing.
Dem sagt' er dieses Wort: „O Vater Abt!
Ein Greis, zerknickt im wilden Sturm des Staats,
Legt hier bei Euch sein müdes Haupt zur Ruh';
Gönnt aus Erbarmen ihm ein wenig Erde!" –
Man bracht' ihn gleich zu Bett; die Krankheit stieg
Anhaltend heft'ger, und am dritten Abend,
Just um die achte Stund', in der er selbst
Vorausgesagt sein Ende, – gab er reuig,
Versenkt in Tränen, Sorg' und tiefer Andacht,
Der ird'schen Welt den eitlen Ruhm zurück,
Sein geistlich Teil dem Herrn, und starb in Frieden.

KATHARINA: So schlaf' er auch, leicht sei'n ihm seine Fehle! –
Das einz'ge, Griffith, sag' ich noch von ihm,

Und doch in aller Lieb' – er war ein Mann
Von ungezähmtem Stolz, der Fürsten stets
Sich gleich gezählt; ein Mann, des heimlich Trachten
Das Reich gefesselt; geistlich Recht war feil,
Gesetz sein Wille, Wahrheit widerrief er
Am Hof, zweizüngig überall erscheinend
In Red' und Sinn: nie zeigt' er Mitleid je,
Als wenn er Untergang beschloß im Herzen.
Sein Wort, gleich seinem vor'gen Selbst, gewaltig,
Doch sein Erfüllen nichtig, gleich dem jetz'gen.
Er sündigte im Fleisch und gab dadurch
Dem Klerus schlechtes Beispiel.

GRIFFITH: Edle Frau,
Der Menschen Tugend schreiben wir in Wasser,
Ihr böses Treiben lebt in Erz: vergönnt Ihr
Mir jetzt wohl auch sein Lob?

KATHARINA: Ja, guter Griffith,
Sonst wär' ich boshaft.

GRIFFITH: Dieser Kardinal,
Wenn schon von niederm Stand, was unbezweifelt
Für großen Ruhm geschaffen. Seit der Wiege
Erschien er leicht auffassend, reif und tüchtig,
Unendlich klug, beredsam, überzeugend,
Den Abgeneigten herb und schroff gesinnt,
Allein dem Freunde liebreich, wie der Sommer.
Und war er gleich im Nehmen unersättlich –
(Was sündlich ist), so zeigt' er, Fürstin, sich
Im Geben königlich: – Des zeugen ewig
Des Wissens Zwillinge, so er Euch schuf,
Ipswich und Oxford[86]! – Jenes fiel mit ihm,
Nicht wollt' es seine Wohltat überleben;
Dies aber, zwar unfertig, doch so glänzend,
So trefflich in der Kunst, so stät im Wachsen,
Daß in Europa nie sein Ruhm vergehn wird.
Sein Sturz hat Heil gesammelt über ihm,
Denn nun, – und nicht bis dahin, – kannt' er sich
Und sah den Segen ein, gering zu sein;
Und daß er höhern Ruhm dem Alter schüfe,
Als der von Menschen kommt, starb er, Gott fürchtend.

KATHARINA: Nach meinem Tod wünsch' ich zum Herold mir,
Der meines Lebens Taten aufbewahre
Und meinen Leumund rette vor Verwesung,
So redlichen Chronisten als mein Griffith.

Den ich zumeist gehaßt, den muß ich nun
Durch deine fromme Wahrheitslieb' und Demut
Im Grab noch ehren. Friede sei mit ihm! –
Patienza, geh nicht von mir; leg' mich tiefer,
Du hast nicht lang' mehr all die Mühe – Griffith,
Laß die Musik die trübe Weise spielen,
Die ich mein Grabgeläute hab' genannt,
Derweil ich sitz' und denk' an den Gesang
Der Himmel, dem ich bald entgegengehe.
Eine traurige und feierliche Musik.

GRIFFITH:
Sie schläft – setz' still dich nieder, liebes Mädchen,
Sonst wecken wir sie. Still, gute Patienza! –

Traumgesicht. Sechs Gestalten in weißen Gewändern, Lorbeerkränzen auf dem Haupt, goldne Masken vor dem Gesicht und Palmenzweige in den Händen, schweben langsam auf die Bühne. Sie begrüßen Katharinen und tanzen darauf. Bei gewissen Wendungen halten die ersten zwei einen schmalen Blumenkranz über ihrem Haupt, während die vier übrigen sich ehrerbietig neigen. Dann wiederholt das nächstfolgende, und endlich das letzte Paar dieselbe Handlung. Die Fürstin gibt schlafend Zeichen der Freude, wie durch höhere Eingebung, und streckt beide Hände gen Himmel. Darauf verschwinden die Gestalten und nehmen den Kranz mit sich hinweg. Die Musik währt fort.

KATHARINA: Wo seid ihr, sel'ge Geister? All' verschwunden?
Und laßt mich hier zurück in meinem Elend?

GRIFFITH: Hier sind wir, gnäd'ge Frau.

KATHARINA: Euch rief ich nicht;
Doch saht Ihr niemand, als ich schlief?

GRIFFITH: Nein, Fürstin.

KATHARINA: Nicht? Kam nicht eben jetzt ein Chor von Engeln,
Zum Festmahl mich zu laden, deren Glanz
Mich gleich der Sonn' in tausend Strahlen hüllte?
Die ew'ge Seligkeit verhießen sie
Und reichten Kränze mir, die ich zu tragen
Mich noch nicht würdig fühle; doch ich werd' es
Gewißlich einst.

GRIFFITH: Mich freut, daß Euren Sinn so süße Träume
Erquicken.

KATHARINA: Laßt nun enden die Musik,
Sie dünkt mich rauh und lästig.
Die Musik hört auf.

PATIENZA: Sehr Ihr wohl,
Wie Ihre Hoheit plötzlich sich verändert?

Wie lang ihr Antlitz, ihre Züge bleich
Und kalt und erdig? Seht Ihr wohl die Augen?
GRIFFITH: Sie stirbt, Kind: bete! bete! –
PATIENZA: Herr, sei mit ihr!
Ein Bote tritt auf.
BOTE: Eu'r Gnaden wird – – –
KATHARINA: Geh, unverschämter Mensch!
Ist das die schuld'ge Ehrfurcht?
GRIFFITH: Ihr tut Unrecht,
Da Ihr es wißt, sie will den Rang nicht lassen,
Daß Ihr so roh Euch zeigt! So kniet denn nieder[87]!
BOTE:
Ich bitt' Eur' Hoheit demutsvoll um Nachsicht,
Die Eile ließ mich fehlen. Draußen harrt
Ein Herr, gesandt vom König, Euch zu sehen.
KATHARINA:
Gewährt ihm Zutritt, Griffith; doch diesen Menschen
Laßt nie mich wieder sehen.
                    Griffith und der Bote ab.
                    Griffith kommt zurück mit Capucius[88]
                              Irr' ich nicht,
Seid Ihr des Kaisers, meines edlen Neffen,
Botschafter, und Capucius ist Eu'r Name.
CAPUCIUS: Derselbe, Fürstin, Euer Knecht.
KATHARINA: Oh, Herr,
Titel und Zeiten, seit Ihr jüngst mich saht,

Sind sehr verändert. Sagt mir jetzt, ich bitt' Euch,
Was führt Euch her zu mir?

CAPUCIUS: Erhabne Frau,
Vor allem eignes Pflichtgefühl; demnächst
Des Königs Auftrag, Euch hier zu besuchen.
Es grämt ihn Eure Krankheit sehr, er meldet
Sein fürstliches Empfehlen Euch durch mich
Und wünscht von Herzen Euch den besten Trost.

KATHARINA: O werter Herr, dies Trösten kommt zu spät,
's ist wie Begnad'gen nach der Hinrichtung.
Zur rechten Zeit war die Arznei mir Heilung,
Jetzt braucht's der Tröstung keine, als Gebet.
Wie geht es meinem Herrn? –

CAPUCIUS: In bestem Wohlsein.

KATHARINA: Das bleib' ihm immer! Blühe stets sein Glück,
Wenn ich bei Würmern wohne, wenn mein Name
Verbannt wird sein aus diesem Reich! Patienza,
Hast du mein Schreiben abgeschickt?

PATIENZA: Nein, Fürstin.

KATHARINA: Dann bitt' ich Euch in Demut, meinem Herrn
Dies einzuhänd'gen.

CAPUCIUS: Fürstin, zählt darauf!

KATHARINA: Empfohlen hab' ich seiner Gnad' und Milde
Sein Töchterlein[89], das Abbild unsrer Liebe;
In Fülle träuf' auf sie des Himmels Segen! –
Sie gläubig aufzuziehn ersuch' ich ihn;
Sie ist noch jung, von edler, sitt'ger Art,
Und übt die Tugend, hoff' ich. Dann, ein wenig
Sie auch zu lieben, ihrer Mutter wegen,
Die ihn geliebt, der Himmel weiß, wie teuer! –
Weiter bitt' ich demütig ihn um Mitleid
Für meine armen Frau'n, die mir so lang'
Treulich gefolgt in gut und bösem Glück,
Von denen wahrlich kein', – ich weiß es sicher
Und lüge jetzt gewiß nicht, – die durch Tugend,
Durch wahre Seelenschönheit, strenge Sitte
Und fein Betragen nicht den besten Mann
Verdient; und daß er ja von Adel sei!
Denn glücklich ist gewiß, wer sie erlangt.
Zuletzt nenn' ich die Diener (arm sind alle,
Doch Armut wandte keinen je von mir);
Man woll' auch ferner ihren Lohn nicht weigern,
Noch etwas drüber, mir zum Angedenken;

Dafern mir Gott gegönnt ein längres Leben
Und reichern Schatz, wir schieden wohl nicht also.
Das ist der ganze Inhalt, teurer Herr;
Bei allem, was Euch wert ist in der Welt,
Und wie Ihr christlich Ruh' den Toten wünscht,
Seid dieser armen Leute Freund und mahnt
Den König an dies letzte Recht!

CAPUCIUS: Das will ich,
So wahr mir Gott ein menschlich Herz verliehn! –

KATHARINA:
Ich dank' Euch, würd'ger Herr. Gedenkt auch meiner
In aller Ehrfurcht gegen Seine Hoheit,
Sagt, seine lange Sorge scheide jetzt
Von hinnen, sagt, ich segnet' ihn im Tode,
Denn also will ich's tun – mein Aug' wird dunkel –
Lebt wohl! – Griffith, lebt wohl! Nein, geh noch nicht,
Patienza, ruf' die andern Frau'n, ich muß
Zu Bett – Wenn ich erst tot bin, gutes Mädchen,
Setzt mich mit Ehren bei; bestreut mein Grab
Mit jungfräulichen Blumen, daß man sehe,
Ich war bis an den Tod ein keusches Weib.
Ihr sollt mich balsamieren, dann zur Schau
Ausstellen: zwar nicht Kön'gin, doch begrabt mich
Als Königin und eines Königs Tochter!
Ich kann nicht mehr! –
         Die Königin wird hinweggeführt.

FÜNFTER AUFZUG

ERSTE SZENE

Eine Galerie im königlichen Palast.

Gardiner, Bischof von Winchester, tritt auf; ein Page mit einer Fackel vor ihm her. Sir Thomas Lovell begegnet ihm.

GARDINER: Die Uhr ist eins, nicht wahr?

PAGE: Es hat geschlagen.

GARDINER: Dies sollten Stunden sein für den Bedarf,
  Nicht für Vergnügung; Zeit, Natur zu stärken
  Durch Schlafs Erquickung, zum Vergeuden nicht
  Bestimmt – Gott schenk' Euch gute Nacht, Sir Thomas;
  Wohin so spät?

LOVELL: Mylord, kommt Ihr vom König?

GARDINER: Soeben erst; ich ließ ihn beim Primero[90]
  Mit Herzog Suffolk.

LOVELL: Ich muß auch zu ihm,
  Eh' er sich schlafen legt. Auf Wiedersehn!

GARDINER:
  Noch nicht, Sir Thomas Lovell; sagt, was gibt's?
  Ihr scheint in großer Eil', und wollt Ihr's nicht
  Auslegen als Beleidigung, – teilt dem Freund
  Die Ursach' mit so später Hast; Geschäfte,
  Die mitternächtlich umgehn wie die Geister,
  Sind wildrer Art in sich als solches Treiben,
  Das Förd'rung sucht bei Tag.

LOVELL: Ich lieb' Euch, Mylord;
  Und möcht' Euch ein Geheimnis wohl vertraun,
  Viel wicht'ger noch als dies: Die Königin ist in Wehen,
  Man sagt, in äußerster Gefahr; sie fürchten,
  Es werd' ihr Ende sein.

GARDINER: Für ihre Frucht
Will ich von Herzen beten, wünsch' ihr auch
Gedeihn im Leben; doch den Stamm, Sir Thomas,
Laßt immer jetzt vertilgen.
LOVELL: Dazu sprech' ich
Das Amen mit, und dennoch sagt mein Herz,
Sie sei ein gut Geschöpf und liebes Weib,
Und beßrer Wünsche wert.
GARDINER: Doch, Herr, Herr, hört
Mich an, Sir Thomas: Ihr seid ein Mann, wie ich,
Der echten Kirche; ich kenn' Euch weise, fromm;
Und laßt Euch sagen, – besser wird's nicht eh', –
Nicht eh', Sir Thomas Lovell, darauf baut,
Bis Cranmer, Cromwell, ihre beiden Hände,
Und sie, – im Grabe ruhn.
LOVELL: Ei, Sir, Ihr nennt
Die Mächtigsten im Reiche. Cromwell stieg
Vom Kronwardein erst jüngst zum Archivar
Und Rat des Königs, steht noch überdies
Recht auf dem Sprung zu weitrer Förderung,
Und harrt nur auf die Zeit, – der Erzbischof
Ist Zung' und Hand des Königs; wer nur wagt
Ein Wörtlein wider den?
GARDINER: ·   Doch, doch, Sir Thomas,
Noch wagt' es e i n e r wohl; ich selbst erdreistet's
Mich auszusprechen, ja noch heut am Tag
(Euch darf ich mich vertraun) schürt' ich die Flamme
Den Herrn vom Staatsrat, hoff' ich; zeigt', er sei
(Das, weiß ich, ist er, sie auch wissen es,)
Ein erzverruchter Ketzer, eine Pest,
Die unser Land verdirbt; worauf ihr Eifer
Sich laut dem König hat erklärt, und dieser,
Gehör uns leihend – (aus besondrer Sorgfalt
Und königlicher Ahndung alles Unheils,
Das unsre Gründ' ihm dargelegt) dem Staatsrat
Befehl erteilt, sich morgen zu versammeln
In aller Früh'. Dies böse Unkraut, Sir,
Muß ausgerottet werden. Doch zu lang'
Halt' ich Euch auf; ich wünsch' Euch gute Nacht.
LOVELL:
Gut' Nacht gleichfalls, Mylord; ich bleib' Eu'r Diener.
                    Gardiner mit dem Pagen ab.
        Der König mit dem Herzog von Suffolk tritt auf.

KÖNIG: Karl, länger spiel' ich diesen Abend nicht,
Ich bin zerstreut, Ihr seid mir heut zu stark.
SUFFOLK: Herr, ich gewann zuvor von Euch noch nie.
KÖNIG: Nur selten, Karl,
Und sollt auch nie, wenn ich nur achtsam bin –
Nun, Lovell, von der Königin? Wie steht's?
LOVELL: Ich konnte nicht persönlich überbringen,
Was Ihr gebotet; doch durch ihre Frau'n
Sandt' ich's ihr zu. Die Fürstin sagt Euch Dank
In tiefster Demut und ersucht Eu'r Hoheit,
Herzlich für sie zu beten.
KÖNIG: Was sagst du? Wie?
Für sie zu beten? Wie? Ist sie in Wehen?
LOVELL: Das sagten ihre Frau'n; und daß der Schmerz
Ihr Qualen fast zum Tode gibt.
KÖNIG: Die Arme! –
SUFFOLK: Gott woll' ihr leichtlich ihre Bürde nehmen,
Mit lindem Weh, um bald mit einem Erben
Eu'r Hoheit zu erfreu'n.
KÖNIG: 's ist Mitternacht,
Bitt' dich, geh schlafen und gedenk' im Beten
Der armen Königin! Laß mich allein,
Mir kreuzen sich Gedanken, denen wenig
Gesellschaft frommt.
SUFFOLK: Ich wünsch' Eu'r Majestät
Gut' Nacht, und meiner teuren Herrin will ich
Gedenken im Gebet.
KÖNIG: Karl, gute Nacht!

Suffolk ab.
Sir Anton Denny[91] tritt auf.

Nun, Sir, was gibt's?
DENNY: Mylord den Erzbischof bracht' ich Eu'r Hoheit,
Wie Ihr befahlt.
KÖNIG: Ah, den von Canterbury?
DENNY: Ja, bester Herr.
KÖNIG: 's ist wahr. Wo ist er, Denny?
DENNY: Er harrt im Vorsaal.
KÖNIG: Führ' ihn her zu mir!

Denny ab.

LOVELL *beiseit:* Das ist, wovon der Bischof zu mir sprach:
Ich kam zur guten Stunde.

Denny kommt zurück mit Cranmer.

KÖNIG: Verlaßt die Galerie!

Lovell scheint zu zögern.
Ha! Sagt' ich's nicht?
Fort da! – Was! –
Lovell mit Denny ab.

CRANMER *beiseit:*
Ich bin voll Furcht – warum der finstre Blick?
Sein Anblick schreckt mich. Alles ist nicht gut.

KÖNIG: Nun, Mylord? Wissen wollt Ihr wohl, weshalb
Ich Euch ließ rufen?

CRANMER *knieend:*   's ist mir Pflicht, Eu'r Hoheit
Befehlen stets zu g'nügen.

KÖNIG: Steht nur auf,
Mein guter, würd'ger Lord von Canterbury,
Kommt, gehn wir auf und nieder miteinander.
Ich habe Neuigkeiten hier für Euch,
Kommt näher, kommt, und gebt mir Eure Hand.
Ach, guter Lord, es kränkt mich sehr, zu sagen,
Und geht recht nah, was folgt, Euch auszusprechen:
Ich hab' – und zwar mit Kummer – jüngst vernommen,
Von mancher schweren, – wie Ihr hört, Mylord, –
Schweren Beschuld'gung wider Euch; worauf
Wir uns entschieden haben, samt dem Staatsrat
Euch morgen zu vernehmen; und ich weiß,
Ihr könnt so frei und rein Euch schwerlich läutern,
Daß bis zur fernern Untersuchung nicht
Der Punkte, so Ihr widerlegen sollt,
Ihr Euch gedulden müßtet und bereiten,
Eu'r Haus in unserm Turm zu suchen. Also
Ziemt sich's für Euch, als Pair, weil sonst kein Zeuge
Aufträte gegen Euch.

CRANMER: Eu'r Hoheit dank' ich
Und freu' mich sehr zu solchem ernsten Anlaß
Sorgfält'ger Sichtung, die den Weizen völlig
Von meiner Spreu wird sondern; denn ich weiß,
Mich Armen treffen mehr Verleumderzungen
Als irgend einen.

KÖNIG: Knie nicht, Canterbury:
Dein Recht, dein reiner Sinn schlug tiefe Wurzel
In uns, in deinem Freund. Gebt mir die Hand,
Kommt, gehn wir noch. – Nun, bei der Mutter Gott's,
Was seid Ihr für ein Mann denn? Dacht' ich doch,
Ihr würdet jetzt mich dringend supplizieren[92],
Auf daß ich mich verwendete, nur schnell

Die Gegner Euch zu stellen, und demnächst
Euch ferner hörte sonder Haft.

CRANMER: Mein Fürst,
Der Schutz, auf den ich trau', sind Recht und Gradheit;
Verließen die mich, würd' ich mit den Feinden
Mich meines Sturzes freun, denn ohne sie
Könnt' ich mich selbst nicht achten. Doch ich fürchte
Nichts, was sie sagen mögen.

KÖNIG: Wißt Ihr nicht
(Was alle Welt weiß), wie Ihr mit der Welt steht?
Sehr viel sind Eurer Feind',
Und kleine nicht; und deren Ränke sind
Wie sie beschaffen: und nicht stehts gewinnt
Wahrheit und Recht, wie's sollte, Lossprechung
In dem Prozeß. Wie leicht erkaufen nicht
Verderbte Seelen gleich verderbte Schurken,
Zu schwören gegen Euch? So was geschieht!
Die Gegner sind Euch stark, und ihrer Macht
Gleicht ihre Bosheit. Hofft Ihr günst'ger Glück
Im Punkt meineid'ger Zeugen denn Eu'r Heiland,
Dem Ihr als Diener folgt, solang' er wallte
Auf dieser schnöden Erde? – Wie? Ei! Ei!
Euch dünkt ein Abgrund kein gewagter Sprung,
Ihr werbt Euch selbst den eignen Untergang!

CRANMER: So mögen Gott und Eure Majestät
Beschützen meine Unschuld, sonst vermeid' ich
So viele Schlingen nicht!

KÖNIG: Seid gutes Muts;
Sie soll'n nicht weiter gehn, als wir gestatten.
Bleibt nur getrost und schickt Euch an, heut morgen
Vor ihnen zu erscheinen. Kommt's, daß sie
Anklagen auf Verhaftung legen dar,
So laßt nicht ab, die besten Gegengründe
Zu häufen, scheut auch nicht ein heft'ges Wort,
Wie's Euch der Anlaß eingibt; wenn alsdann
Eu'r Dringen fehlschlägt, zeigt nur diesen Ring
Und wendet Euch sofort in ihrem Beisein
An mein Entscheiden! – Seht, der Gute weint!
Der ist getreu, auf Ehre! – Bei Christi Mutter!
Ich schwör's, er ist wie Gold, das beste Herz
In unserm Königreich – Nun geht, und tut,
Wie ich Euch sagte. Seine Sprach' ist ganz
Erstickt in Tränen.

Cranmer ab.
Eine alte Hofdame tritt auf.

HOFKAVALIER *hinter der Szene:* Bleibt zurück! Was wollt Ihr?

HOFDAME: Ich bleibe nicht zurück! Ich habe Zeitung,
Die Dreistigkeit gesittet macht. – Dein Haupt
Umschweben gute Engel, und ihr Fittich
Beschatte dich! –

KÖNIG: Aus deinen Blicken les' ich
Die Botschaft – Ist die Königin entbunden?
Sprich ja, und von 'nem Knaben?

HOFDAME: Ja! ja! mein König,
Von einem süßen Knaben. Herr im Himmel,
Beschütz ihn nun und ewig! – 's ist ein Mädchen[93],
Das künft'ge Knaben wohl verspricht. Die Königin
Harrt Eures Kommens, Herr, und Eurer ersten
Bekanntschaft mit dem kleinen Ankömmling.
Er gleich Euch wie ein Ei dem andern – – –

KÖNIG: Lovell –

LOVELL: Herr!

KÖNIG: Gib ihr hundert Mark. Ich will zur Königin.
König ab.

HOFDAME: Nur hundert Mark? Beim Himmel! Ich will mehr,
Solch Zahlen schickt sich für 'nen schlechten Stallknecht.
Mehr muß ich haben, sonst keif' ich's ihm ab:

Sagt' ich deshalb, das Mädchen seh' ihm gleich?
Ich muß mehr haben, sonst nehm' ich's ganz zurück.
Und nun das Eisen, weil's noch heiß, zum Amboß! *Ab.*

ZWEITE SZENE

Vor dem Zimmer des Staatsrats.

Cranmer tritt auf. Türsteher und Bediente draußen wartend.

CRANMER: 's ist, hoff' ich, nicht zu spät, und doch empfahl mir
    Der Bote, den der Staatsrat mir gesandt,
    So große Eil' – Noch zu? Was heißt das? He! –
    Wer hat den Dienst? Ihr kennt mich doch?
TÜRSTEHER: O ja,
    Mylord; doch kann ich Euch nicht helfen.
CRANMER: Wie! –
TÜRSTEHER: Ihr müßt noch stehn, Mylord, bis man Euch ruft.
CRANMER: So? –
             Doktor Butts[94] tritt auf.
BUTTS *für sich:* Nun, das ist rechte Bosheit! Ich bin froh,
    Daß ich zum Glück den Weg hier nahm. – Der König
    Soll dies sogleich erfahren. *Ab.*
CRANMER: Das ist Butts,
    Des Königs Arzt. Als er vorüberging,
    Wie ernst er seinen Blick auf mich geheftet!
    Wenn er nur nicht mein Unglück weiß! Gewiß ist's
    Absichtlich angelegt durch meine Feinde
    (Gott beßre sie, nie reizt' ich ihre Tücke! –)
    Zu meinem Schimpf; sonst schämten sie sich wohl,
    Mich vor der Tür zu lassen, ihresgleichen
    Im Staatsrat, unter Troß und Knechten. Mag
    Ihr Wille doch geschehn, ich warte ruhig.
        Der König und Butts, oben am Fenster.
BUTTS: Ich zeig' Eur' Hoheit den seltsamsten Auftritt ...
KÖNIG: Was meinst du?
BUTTS: Ich denk', Eur' Hoheit sah dies wohl nicht oft.
KÖNIG: Zum Element! Wo ist's? –
BUTTS: Seht hier, mein Fürst,
    Das Standserhöhn Mylords von Canterbury,
    Der Fuß gefaßt am Tor, mit Häschern, Pagen
    Und Dienertroß.

KÖNIG: Ha, wirklich! Er ist's selbst!
Auf solche Weise ehren sie einander?
Gut, daß doch ei ner höher ist. Ich dachte,
Sie alle hätten so viel Sinn für Recht
(Zum mind'sten gute Sitte), nicht zu dulden,
Daß solches Rangs ein Mann, und uns so nah,
Hier ihrer Gnaden Wohlgefall'n erwarte,
Und an der Tür, wie 'n Postknecht mit Paketen!
Butts, bei der Mutter Gott's, so handeln Schufte!
Doch laß sie nur, ziehn wir den Vorhang zu,
Wir werden weiter sehn. –

Das Zimmer des Staatsrats. Der Lord Kanzler setzt sich oben an die Ta-
fel zur Linken; ein Sitz über ihm bleibt leer, als der dem Erzbischof von
Canterbury gehört. Die Herzoge von Norfolk, Suffolk, Surrey, der Lord
Kämmerer und der Bischof von Winchester setzen sich nach der Ordnung
zu beiden Seiten der Tafel. Cromwell als Sekretär zu unterst.

KANZLER: Beginnt den Vortrag jetzt, Herr Sekretär.
Was führt uns heut zusammen?
CROMWELL: Gnäd'ge Herrn,
Der Fall betrifft Mylord von Canterbury.
GARDINER: Gab man ihm Nachricht?
CROMWELL: Ja.
NORFOLK: Wer wartet dort?
TÜRSTEHER: Dort außen?
GARDINER: Ja.
TÜRSTEHER: Nun, der Herr Erzbischof,
Der Eures Winks seit einer Stunde harrt.
KANZLER: Laßt ihn herein!
TÜRSTEHER: Eu'r Gnaden kann jetzt kommen.
Cranmer nähert sich der Versammlung.
KANZLER: Werter Herr Erzbischof! – Mit tiefem Kummer
Sitz' ich allhier und sehe jenen Stuhl
Erledigt; doch wir alle sind nur Menschen,
Schwachheit ist unser Erb', und wen'ge nur,
Weil noch im Fleisch, sind Engel. Welche Schwachheit
Und blöde Weisheit Euch zumal verführt,
Der uns das beste Beispiel sollte geben,
Euch zu versünd'gen, und fürwahr, nicht leicht!
Zuerst am König; dann am Recht, indem
Das Reich durch Euch und Eurer Pfarrherrn Lehre
(Denn so verlautet's) neuer Irrtum füllt,
Sektierung und Gefahr, kurz, Ketzerei,
Die, nicht gedämpft, Verderbnis muß erzeugen.

GARDINER: Und solche Dämpfung tut uns eilends not,
　　　Ihr edlen Herrn; wer wilde Hengste zähmt,
　　　Dem reicht die Hand nicht aus, sie fromm zu ziehn,
　　　Er zwängt ihr Haupt mit scharfem Zaum und spornt sie,
　　　Bis sie der Führung weichen. Dulden wir
　　　Nach unsrer Lässigkeit und kind'scher Sorgfalt
　　　Für e i n e s Mannes Ruf solch schnöde Pest,
　　　Dann, Heilkunst, fahre wohl! Was wird die Folge?
　　　Aufruhr, Empörung, allgemeine Seuche
　　　Des ganzen Staats, wie kürzlich unsre Nachbarn
　　　Im niedern Deutschland[95] teuer g'nug bezeugt,
　　　Die noch ganz neulich unsern Schmerz erregt.
CRANMER: Ich habe treu bisher gekämpft, Mylords,
　　　In meines Amts und Lebens ganzem Fortgang,
　　　Und nicht mit kleiner Mühe, daß mein Wort
　　　Und meines Lehreransehns strenger Gang
　　　Die gleiche Bahn bewahrten, und das Gute
　　　Blieb stets mein Ziel; auch lebt auf Erden wohl –
　　　Das sag' ich treuen Herzens, edle Lords –
　　　Nicht e i n e r, der die Störer heim'schen Friedens
　　　Mehr haßt als ich, noch ihnen mehr entgegnet.
　　　Gott geb', es diente keiner je dem König
　　　Mit mind'rer Treu' und Liebe! Wem der Neid,
　　　Die krumme Arglist Nahrung gibt, des Biß
　　　Wagt an die Besten sich. Ich bitt' euch, Herrn,
　　　Laßt meine Kläger mir in dieser Sache,
　　　Wer sie auch sei'n, hier gegenüber stehn
　　　Und ohne Rücksicht zeugen.
SUFFOLK:　　　　　　　　　Nein, Mylord,
　　　Das geht nicht an: Ihr seid des Staatsrats Mitglied,
　　　Und solche Würde schützt vor aller Klage.
GARDINER: Mylord, weil uns Bedeutenders noch obliegt,
　　　Seid kürzlich abgefertigt! Seine Hoheit,
　　　Nach unserm Schluß, zu beßrer Untersuchung,
　　　Verlangt, daß Ihr Euch gleich zum Turm begebt,
　　　Wo Ihr, Privatmann wiederum geworden,
　　　Erfahren sollt, wieviel Ihr Kläger habt;
　　　Und, fürcht' ich, mehr, als Ihr gewärtig seid.
CRANMER:
　　　Ei, werter Lord von Winchester, ich dank' Euch,
　　　Wart Ihr doch stets mein Freund; nach Eurem Wunsch
　　　Spracht Ihr zugleich die Klage wie das Urteil,
　　　So menschlich seid Ihr. Euer Trachten seh' ich,

's ist mein Verderben; Lieb' und Nachsicht, Lord,
Ziemt frommen Hirten mehr, als Sucht der Ehre; –
Mit Glimpf verirrte Seelen wieder werben,
Und keine von sich stoßen. Mich zu rein'gen,
Und beugt Ihr auch mir gänzlich die Geduld,
Bleibt mir kein Zweifel, gleich wie Euch kein Skrupel
Für täglich Unrecht. Mehr noch könnt' ich sagen,
Doch mahnt die Achtung für Eu'r Amt zur Demut.

GARDINER: Mylord, Mylord, Ihr seid ein Sektenstifter,
Das liegt am Tag; Eu'r gleißend heller Firnis
Hüllt Schwäch' und leere Worte nimmer ein.

CROMWELL: Mylord von Winchester, verzeiht in Gnaden,
Ihr dünkt mich fast zu hart. So edle Männer,
Wenn gleich im Irrtum, sollten Nachsicht finden
Für das, was sie gewesen. Grausam ist's,
Den Fallenden zu drängen.

GARDINER: Mein Herr Schreiber,
Ich bitt' Eu'r Gnaden um Verzeihung; Ihr,
Der Schlimmst' am Tisch hier, darf so sprechen.

CROMWELL: Wie?

GARDINER: Kenn' ich Euch etwa nicht als zugetan
Der neuen Sekt'? Ihr seid nicht rein.

CROMWELL: Nicht rein? –

GARDINER: Nicht rein, sag' ich.

CROMWELL: Wärt Ihr nur halb so ehrlich,
Dann folgt Euch Segen nach, wie jetzt die Furcht.

GARDINER: Des frechen Worts gedenk' ich.

CROMWELL: Immerhin,
Doch Eures frechen Lebens auch.

LORD KÄMMERER: Zu viel! –
Ihr Herrn, hört auf!

GARDINER: Ich bin zu End'.

CROMWELL: Ich auch.

LORD KÄMMERER:
Was Euch betrifft, Mylord, so glaub' ich, ward
Einstimmig der Beschluß gefaßt, zum Turm
Euch als Gefangnen schleunig abzusenden,
Wo Ihr verbleibt, bis fernrer Auftrag uns
Vom König kommt. Mylords, sind alle einig?

ALLE: Das sind wir.

CRANMER: Ist für mich kein mildrer Weg,
Muß ich durchaus zum Turm, ihr Herrn?

GARDINER: Welch andrer

Bleibt wohl für Euch? Ihr seid sehr überlästig!
Ruft von der Wache wen hieher!

CRANMER: Für mich?
So stellt ihr mich Verrätern gleich?

Es treten einige von der Wache in den Saal.

GARDINER: Empfangt ihn
Und führt ihn in den Turm!

CRANMER: Halt, gute Lords!
Gönnt mir zwei Worte noch! – Seht, werte Herrn,
Kraft dieses Ringes nehm' ich meine Sache
Aus böser Menschen Klau'n und gebe sie
Einem höhern Richter, meinem Herrn und König.

LORD KÄMMERER: Das ist des Königs Ring.

SURREY: 's ist kein verfälschter.

SUFFOLK: Der echte Ring; bei Gott, ich sagt' euch allen,
Als ihr versucht, den schlimmen Fels zu rollen,
Er träf' uns selbst zuletzt.

NORFOLK: Glaubt ihr, Mylords,
Der König lasse diesem Mann auch nur
Den kleinen Finger kränken?

LORD KÄMMERER: Nur zu wahr!
Und wie viel mehr liegt ihm an diesem Leben!
Ich wollt', ich wär' heraus.

CROMWELL: Mir wird es klar,
Als ihr noch Kundschaft suchtet und Verdacht
Wider solchen Mann, des Redlichkeit allein
Der Teufel und sein Anhang sieht mit Neid,
Ihr schürtet selbst das Feuer, das euch brennt:
Nun mögt ihr's haben! –

*Der König tritt herein und sieht mit zürnenden Blicken auf
die Herrn vom Staatsrat. Dann setzt er sich.*

GARDINER: Erhabner Fürst, wie danken wir's dem Himmel
Alltäglich, der uns solchen Herrn gegönnt,
Nicht nur höchst weis' und gut, doch fromm vor allem:
Ein König, der die Kirch' in seiner Demut
Zum Ziel des höchsten Ruhms sich wählt und selbst,
Um solche Pflicht zu kräft'gen, voller Huld
Der heut'gen Sitzung naht, um ihren Rechtsfall
Mit jenem Hauptverbrecher zu vernehmen.

KÖNIG: Lobreden aus dem Stegreif scheint Eu'r Fach,
Bischof von Winchester; doch komm' ich nicht,
Solch Schmeicheln mir ins Antlitz jetzt zu hören,
Zu dünn und schal, die Bosheit zu verhüllen.

Ihr reicht nicht hoch genug – dem Schoßhund ähnlich,
Meint Ihr mit Zungenspiel mich zu gewinnen;
Doch wie du auch mich nimmst, ich bin gewiß,
Du hegst grausame, blut'ge Sinnesart. –
Setz' dich, mein guter Cranmer. Nun, laßt sehn!
Laßt nun den Kecksten, der am meisten wagt,
Nur seinen Finger heben wider dich!
Beim Himmel! besser tät' er, zu verhungern,
Als dächt' er, dieser Platz sei dir zu gut.

SURREY: Gefall' Eu'r Hoheit, –

KÖNIG: Nein, Sir, es mißfällt mir.
Ich dacht', ich hätte Männer von Verstand
Und Einsicht hier im Rat, doch täuscht' ich mich.
War's klug getan, ihr Herrn, hier diesen Mann,
Den guten Mann – wen nennt' ich so von euch?
Den Ehrenmann, gleich einem lump'gen Knecht
Stehn lassen vor der Tür? Ihn, der euresgleichen? –
Ei, welche Schmach! Hieß meine Vollmacht nur
So gänzlich euch vergessen? Ich erlaubt' euch,
Ihn zum Verhör zu ziehn als meinen Staatsrat,
Nicht als 'nen Burschen. Zwar, ich seh' hier manchen,
Der mehr aus Arglist denn aus reinem Eifer,
Vermöcht' er's, ihm das Ärgste zuerkennte:
Allein das sollt ihr nie, weil ich noch lebe.

KANZLER: Bis hieher, höchster Herr, vergönn Eu'r Hoheit
Den Hergang zu entschuld'gen. Was beliebt ward,
Anlangend sein Gefängnis, traf vielmehr,
Wenn Treu' und Glauben gelten, ein Verhör
Und Rein'gung vor der Welt, als bösen Zweck;
In mir zum mind'sten.

KÖNIG: Ehrt ihn denn, ihr Herrn;
So nehmt ihn auf und liebt ihn, er verdient es.
Ich sage nur so viel von ihm: kann je
Ein Fürst dem Untertan verpflichtet sein,
Bin ich es ihm für seine Lieb' und Dienste;
Macht keine Umständ' mehr, umarmt ihn alle;
Seid Freunde, schämt euch, Lords! – Lord Canterbury,
Ich hab' 'ne Bitt' an Euch, versagt mir's nicht:
Noch fehlt die Tauf' 'nem art'gen kleinen Fräulein,
Ihr müßt Gevatter sein und sie vertreten.

CRANMER: Der größte König würd' erfreut und stolz
Durch solche Ehre; wie verdien' ich so viel! –
Ich, Eu'r geringer, schwacher Untertan.

KÖNIG:

Geht, geht, Mylord; ich glaub', Ihr spartet gern
Die Patenlöffel – Ich besorg' Euch noch
Zwei würdige Gehülfen: Lady Norfolk
Und Marquis Dorsets Frau: gefällt's Euch so?
Noch einmal, Mylord Winchester, ich sag's Euch,
Küßt diesen Mann und liebt ihn!

GARDINER: Brüderlich
Und treues Herzens seid umarmt!

CRANMER: Der Himmel
Bezeug' es, wie mich dieses Wort erfreut!

KÖNIG: Du Redlicher!
Die Freudenträne zeigt dein treues Herz.
Des Volkes Stimme seh' ich hier bewährt,
Die oft gesagt: Spielt Mylord Canterbury
'nen schlimmen Streich, dann habt Ihr ihn zum Freund.
Kommt, Herrn, die Zeit ist edel, mich verlangt,
Als Christin meine Kleine bald zu sehn.
Doch ihr bleibt einig, wie ihr jetzt euch zeigt,
Daß meine Macht wie eure Wohlfahrt steigt!

Alle ab.

DRITTE SZENE

Der Schloßhof.

*Geräusch und Tumult hinter der Bühne. Der Pförtner und sein
Knecht treten auf.*

PFÖRTNER: Werdet ihr bald mit Lärmen aufhören, ihr Esel?
Meint ihr, der Schloßhof sei ein Bärengarten[96]? Ihr wüsten
Gesellen, laßt ab mit Gaffen!

EINER VON DRINNEN: Lieber Meister Pförtner, ich gehöre zur
Speisekammer.

PFÖRTNER: Gehört zum Galgen und laßt Euch hängen, Ihr Maul-
aff'! Ist dies der Ort, solch ein Gebrüll zu verführen? Holt
mir ein Dutzend Schwarzdornknittel, von den stämmigsten!
Diese hier sind alle nur wie Reitgerten. Ich werde euch die
Köpfe krauen; müßt ihr auf Kindtaufen sein? Steht euch der
Sinn auf Bier und Kuchen hier, ihr wüsten Esel?

KNECHT: Seid ruhig, lieber Herr, 's ist gleich unmöglich, –
Wir fegen denn sie mit Kanonen heim, –
Sie zu zerstreun, als sie zum Schlaf zu bringen

Am Maitag Morgen[97]; nimmer setzt Ihr's durch:
Wir brächten wohl Sankt Paul so leicht zum Weichen.

PFÖRTNER: Wie zum Henker kamen sie denn herein?

KNECHT: Ich weiß nicht, Herr; wie bricht die Flut herein?
Was ein gesunder Prügel von vier Fuß
Austeilen konnte, – seht die winz'gen Reste! –
Herr, daran spart' ich nichts.

PFÖRTNER: Nichts tatet ihr.

KNECHT: Ich bin kein Simson, kein Ritter Guy[98], kein Riese Colbrand, daß ich sie vor mir niedermähen könnte; wenn ich
aber e i n e n verschont habe, der einen Kopf zum Treffen
hatte, jung oder alt, Er oder Sie, Hahnrei oder Hahnreimacher, so will ich nie wieder einen Rippenbraten vor Augen
sehn, und das möcht' ich nicht für eine ganze Kuh. Gott trö-
ste sie!

VON DRINNEN: Hört Ihr, Meister Pförtner?

PFÖRTNER: Gleich werd' ich bei Euch sein, lieber Meister Hasenfuß. Halt' die Tür fest zu, Kerl!

KNECHT: Was wollt Ihr, daß ich tun soll?

PFÖRTNER: Was sollt Ihr anders tun, als sie bei Dutzenden zu
Boden schlagen? Ist dies Moorfields, wo gemustert wird?
Oder haben wir einen ausländ'schen Indianer mit einem großen Schweif am Hofe, daß die Weiber uns so belagern? Gott
behüte, was für unzüchtges Gesindel sich da vor der Tür her-
umtreibt! Bei meiner christlichen Taufe, dieser eine Täufling
bringt ihrer tausend neue zuwege – hier kommen Vater, Gevatter und alle Welt zusammen.

KNECHT: Desto dichter fallen die Löffel, Herr. Dort steht ein
Kerl so ziemlich nah an der Türe, der muß ein Kupfer-
schmied sein nach seinem Gesicht; denn, mein' Seel', zwanzig Hundstage regieren ihm in der Nase: alle, die um ihn her
stehn, sind unter der Linie, sie brauchen keine Strafe weiter:
diesen Feuerdrachen traf ich dreimal auf den Kopf, und dreimal gab seine Nase Feuer auf mich; er steht wie ein Mörser
da, um auf uns loszubrennen. Neben ihm sah ich ein abge-
schmacktes Trödelweib, das auf mich schimpfte, bis ihre zak-
kige Suppenschüssel ihr vom Kopf fiel, weil ich solch einen
Brand im gemeinen Wesen anschüre. Ich verfehlte das Feuer-
meteor einmal, und traf dieses Weib, das gleich rief: „Knittel
her!" Worauf ich alsbald an die vierzig Stabschwinger ihr zu
Hülfe kommen sah, die Hoffnung des Strands, den sie be-
wohnt. Sie griffen an, ich hielt mich tapfer; zuletzt kam's bis
zum Besenstiel, und noch immer bot ich Trotz: als plötzlich

eine Reihe von Jungen hinter ihnen, loses Gesindel, solch
einen Hagel von Steinen gegen mich abschickte, daß ich die
Segel einzog und froh sein mußte, das Feld zu räumen. Der
Teufel war unter ihnen, glaub' ich, sicher.

PFÖRTNER: Das sind die Schlingel, die im Theater trommeln und
sich um angebißne Äpfel prügeln; solche, die kein Zuhörer
aushalten kann, als einer von der Trübsalgilde zu Towerhill
oder von ihrer teuern Brüderschaft, den Limehouse-Lüm-
meln. Ein paar von ihnen hab' ich in limbo patrum[99], wo sie
wohl diese drei Tage durch tanzen könnten, außer dem am-
bulierenden Bankett[100] zweier Büttel, das ihnen noch bevor-
steht.

Der Lord Kämmerer tritt auf.

LORD KÄMMERER:
Gott steh' uns bei, was für ein Schwarm ist dies!
Er wächst stets noch, es drängt von allen Seiten,
Als gäb' es Jahrmarkt! Wo sind hier die Pförtner,
Die faulen Schelme? Schöne Arbeit, he! –
Ein saubrer Haufe hier im Hof! Sind dies
Die werten Freunde von der Vorstadt her?
Gewiß, den Damen bleibt viel Platz noch offen,
Wenn sie vom Taufsaal kommen.

PFÖRTNER: Sieht Eu'r Gnaden,
Wir sind nur Menschen: was da möglich war
Untotgeschlagenerweise, das geschah;
Ein ganzes Heer bezwingt sie nicht.

LORD KÄMMERER: Beim Himmel,
Wenn mich der König schilt, so sollt ihr all'
Ins Eisen mit den Fersen, unverzüglich,
Und eure Köpfe trifft 'ne runde Buße.
Ihr klappert mit dem Krug, ihr faulen Schelme,
Ob auch der Dienst drum still steht. Hört! Man bläst;
Sie kommen von der Taufe schon zurück.
Geht, brecht mir durchs Gedräng' und macht euch Bahn,
Und Raum dem Zug, sonst such' ich euch sofort ›
Ein Kloster aus, das euch sechs Wochen herbergt!

PFÖRTNER: Macht Platz für die Prinzessin! –

KNECHT: Ihr großer Kerl, geht auf die Seite, oder ich will Euch
Kopfweh machen!

PFÖRTNER: Ihr da, in dem gesteiften Wams, packt Euch aus
den Schranken, oder ich werf' Euch über die Pfeiler!

Alle ab.

Im Palast.

Blasende Trompeter; darauf zwei Aldermänner; der Lord Mayor; der Herold; Cranmer; der Herzog von Norfolk mit dem Marschallsstabe; der Herzog von Suffolk; zwei Edelleute, die große, aufrechtstehende Schalen als Taufgeschenke tragen; darauf vier Edelleute, die einen Thronhimmel halten, unter welchem die Herzogin von Norfolk als Gevatterin das Kind trägt. Sie ist reich in einen Mantel gekleidet, eine Hofdame hält ihre Schleppe. Ihr folgen die Marquisin von Dorset, als zweite Gevatterin, und andre Damen. Der Zug geht einmal über die Bühne, dann spricht der Herold.

HEROLD: Der Himmel verleihe nach seiner endlosen Güte Gedeihen, langes und immer glückliches Leben der hohen und mächtigen Prinzessin von England, Elisabeth! –
    Trompetenstoß. Der König und sein Gefolge treten auf.

CRANMER:
Und meiner edlen Mitgevattern Flehn
Und meins für Eure Königliche Hoheit
Und unsre teure Königin ist dies:
Mög' alle Freud' und Tröstung, so der Himmel
Je aufgespart, zwei Eltern zu beglücken,
In diesem holden Kind euch stündlich wachsen! –
KÖNIG: Ich dank' Euch, wertester Lord Erzbischof.
Wie ist ihr Nam'?
CRANMER: Elisabeth.
KÖNIG: Steht auf!
    Indem er die Prinzessin küßt.
Mein Segen mit dem Kuß! Gott sei mit dir,
In seine Hand leg' ich dein Leben! –
CRANMER: Amen!
KÖNIG: Ihr habt zu viel gespendet, edle Paten,
Ich dank' euch; auch dies Fräulein tut's dereinst,
Sobald ihr Englisch ausreicht.
CRANMER: Laßt mich reden,
Gott will's; und achte keiner hier mein Wort
Für Schmeichelei, denn Wahrheit sollt ihr's finden.
Dies Königskind, – (stets sei mit dir der Himmel!)
Ob in der Wiege noch, verheißt dem Reich
Tausend und aber tausend Segensfülle,
Die Zeit zur Reife führt. Du wirst dereinst

(Nur wen'ge, jetzt am Leben, schaun es noch)
Ein Muster aller Kön'ge neben dir
Und die nach dir erscheinen. Sabas Fürstin
Hat Weisheit nicht und Tugend mehr geliebt,
Als diese holde Unschuld. Jede Zier,
Jedwede Anmut so erhabnen Haupts,
Und jede Tugend, die den Frommen schmückt,
Ist doppelt stark in ihr. Der Glaube nährt sie,
Himmlische Andacht wird ihr ratend beistehn,
Geliebt wird sie, gefürchtet sein; gesegnet
Von ihren Freunden.
Die Feinde zittern gleich geschlagnen Halmen,
Gebeugt das Haupt in Gram. Heil wächst mit ihr,
In ihren Tagen ißt in Frieden jeder
Unter dem eignen Weinstock, was er pflanzte.
Des Friedens heitre Känge tönen rings,
Gott wird erkannt in Wahrheit; ihre Treuen,
Durch sie geführt zum wahren Pfad der Ehre,
Erkämpfen hier sich Größe, nicht durch Blut.
Auch schläft mit ihr der Friede nicht; nein, wie
Der Wundervogel stirbt, der Jungfrau'n-Phönix,
Erzeugt aus ihrer Asche sich der Erbe[101],
So wunderwürdig auch, wie sie es war;
So läßt sie einem andern allen Segen
(Ruft sie der Herr aus Wolken dieses Dunkels),
Der, aus der heil'gen Asche ihrer Ehre,
Sich, ein Gestirn, so groß wie sie, erhebt,
Ganzhell: Schreck, Friede, Fülle, Lieb' und Treu',
Die Diener waren dieses hehren Kindes,
Sind seine dann, wie Reben ihn umschlingend;
Wo nur des Himmels helle Sonne scheint,
Da glänzt sein Ruhm, die Größe seines Namens,
Und schaffet neue Völker[102]; er wird blühn
Und weit, wie Berges Zedern, seine Zweige
Auf Ebnen strecken. – Unsre Kindeskinder,
Sie sehn, Gott preisend, dies.

KÖNIG: Ha, du sprichst Wunder!

CRANMER:
Sie wird zu Englands schönstem Ruhm gesegnet
Mit hohen Jahren; viele Tage sieht sie,
Und keinen doch ohn' eine Tat des Ruhms.
O säh' ich weiter nicht! Doch sterben mußt du,
Du mußt, die Heil'gen woll'n dich; doch als Jungfrau,

Als fleckenlose Lilie senkt man dich
Hinab zur Erd', und alle Welt wird trauern.
KÖNIG: Lord Erzbischof,
Ihr habt mich jetzt zum Mann gemacht; kein Kind
Erzeugt' ich noch vor diesem sel'gen Wesen.
Dies Trostorakel hat mich so beglückt,
Daß ich dereinst im Himmel wünschen werde,
Das Tun des Kinds zu sehn und Gott zu preisen.
Ich dank' euch allen. Euch, werter Lord Mayor,
Und Euren Brüdern bin ich höchst verbunden,
Ich ward geehrt durch Eure Gegenwart
Und will mich dankbar zeigen. Kommt, ihr Herrn,
Ihr müßt die Königin noch alle sehn:
Euch alle muß sie ihres Danks versichern,
Sonst wird sie nicht genesen. Heut soll keiner
Des Hauses warten, alle bleibt als Gäste:
Durch diese Kleine wird der Tag zum Feste.
                    Alle ab.

EPILOG

Zehn gegen eins, daß unser Spiel nicht allen
Behaglich war. Der schlief mit Wohlgefallen
Zwei Akte durch; da weckt ihn ungebührlich
Trompetenschall und Lärm: nun heißt's natürlich:
„Das Stück ist schlecht." Der kam, um groß und klein
Verhöhnt zu sehn und „echter Witz" zu schrein:
Was gleichfalls ausblieb. Darum fürcht' ich, heut
Kein Lob zu ernten, wie's uns oft erfreut;
Und unser einzig Hoffen laßt uns baun
Auf güt'ge Nachsicht sanft gestimmter Frau'n.
Denn eine solche sahn sie hier; und krönt
Ihr Beifall uns, dann weiß ich auch versöhnt
Die Männer: unser Spiel wird Gunst erlangen,
Sie klatschen gern, wenn's ihre Frau'n verlangen.

ANMERKUNGEN

KÖNIG JOHANN

1   *König Johann* – (1167–1216), genannt Ohneland, König von England ab 1199. Er bestieg den Thron auf Grund eines angeblichen Testamentes seines Vorgängers Richard Löwenherz (vgl. Anmerkung 3). Den erbberechtigten Thronfolger, seinen Neffen Arthur, ließ Johann gefangennehmen und vermutlich ermorden. Er verlor an Frankreich fast alle englischen Besitzungen auf dem Kontinent. 1215 erzwangen der Adel und die Geistlichkeit die Magna Charta (den Großen Freibrief), die auch den König dem Gesetz unterstellte, seine absolute Herrschaft durch einen Kronrat einschränkte, den Bürgern gewisse Grundrechte zusicherte und den Widerstand rechtfertigte, falls der König die Verfassung verletzte. Nutznießer der Magna Charta war der Feudaladel. – Die Vorgänge aus der ganzen Regierungszeit König Johanns drängte Shakespeare im Drama zeitlich zusammen.

2   *Frankreichs König* – Philipp August (1165–1223), als Philipp II. König von Frankreich ab 1180. Von 1186 bis 1214 führte er fast ununterbrochen Krieg gegen England um dessen Besitzungen in Frankreich. Zeitweilig vom Papst in den Bann getan, erhielt er nach seiner Aussöhnung mit ihm 1201 jede Unterstützung beim Kampf gegen Johann. Der Versuch, 1216 seinen Sohn Ludwig auf den englischen Thron zu bringen, scheiterte.

3   *Löwenherz* – Richard I. (1157–1199), genannt Löwenherz, König von England ab 1189. Auf der Rückreise vom dritten Kreuzzug nahm ihn der Erzherzog von Österreich gefangen und ließ ihn erst 1194 gegen ein hohes Lösegeld frei. Während seiner Abwesenheit hatte Johann in England die Macht an sich gerissen, unterwarf sich dann aber wieder. Richard fiel bei einer Schlacht in Frankreich.

4   *Colbrand der Riese* – Dänischer Riese in der englischen Sage, der vom Helden Guy von Warwick erschlagen wurde.

5   *Wer mit Gewalt das Herz dem Löwen raubt* – Nach der Legende wurde auf Richard I. im Gefängnis in Österreich ein Löwe losgelassen, dem Richard Herz und Lunge aus dem Rachen riß.

6   *Erzherzog von Österreich* – Ludwig V., Erzherzog von Österreich von 1177 bis 1194. Er nahm 1192 Richard Löwenherz gefangen, der während des Kreuzzuges Ludwigs Sohn erschlagen hatte.

7   *Ate* – Griechische Göttin des Unheils und der Rache.

8   *Mein Bett war immer deinem Sohn so treu* – Königin Eleonore war von ihrem ersten Gatten, dem französischen König Louis VII., wegen erwiesener Untreue geschieden worden.

9   *Herkuls Löwenhaut* – Herkules, ein griechischer Halbgott und sagenhafter Held, erschlug den Löwen von Nemea, dessen Fell er fortan trug.

10 *Sankt George* – Der Schutzheilige Englands, unter dessen Schirmherrschaft die englischen Könige in die Schlacht zogen. Ihn im selben Atem als beliebtes Wirtshausschild zu kennzeichnen, ist eine von vielen Respektlosigkeiten des Bastards.

11 *die Hände gar bepurpurt* – Nach einer englischen Sitte tauchten die Jäger ihre Hände in das Blut des gerade erlegten und aufgebrochenen Wildes.

12 *Kiesel-Rippen* – Mauern.

13 *Bastonnaden* – Stockprügel.

14 *Tatte* – (Kindersprache) Vater.

15 *Vereint die Hände . . .* – Der Friede, der der Vermählung am 22. Mai 1200 folgte, dauerte in Wirklichkeit zwei Jahre.

16 *Limoges* – Bei der Belagerung der Burg des Grafen Vidomar von Limoges wurde Richard Löwenherz tödlich verwundet. Shakespeare betrachtet, seiner Quelle folgend, die beiden Gegner Richards, Österreich und Limoges, als identisch.

17 *Legat* – Päpstlicher Gesandter.

18 *Papst Innocenz* – Innozenz III., Papst von 1198 bis 1218. Als König Johann dem Erzbischof von Canterbury Stephen Langton das Betreten des Reiches untersagte, sprach der Papst 1206 über Johann den Bann aus. 1211 demütigte sich Johann aus Furcht vor einem Aufstand des Adels und vor einem Angriff Frankreichs und nahm gegen einen jährlichen Zins von 1 000 Silbermark seine eigene Krone als Lehen vom Papst an.

19 *Kanonisieren* – Heiligsprechen.

20 *Dauphin* – Titel des französischen Kronprinzen.

21 *Gefangne Engel* – Gemeint sind gehortete Goldmünzen, auf denen der Erzengel Michael abgebildet war.

22 *Viole* – Veilchen.

23 *Pairs* – Mitglieder des hohen englischen Adels.

24 *Merkur* – Römischer Götterbote; wurde mit geflügelten Sandalen dargestellt.

25 *Helmzimier* – Helmbusch über dem Wappen.

26 *Lucifer* – Der Erzengel Luzifer wurde in die Hölle verbannt, weil er sich gegen Gott aufgelehnt hatte.

27 *Neptun* – Römischer Gott des Meeres.

28 *Vive le Roi!* – (franz.) Es lebe der König!

29 *Pygmäen-Krieg* – Hier: lächerlich kleiner Krieg. Die Pygmäen, zwergengroße Angehörige eines Volksstammes in Mittelafrika, führten – der antiken Sage nach – jedes Jahr Krieg gegen die aus dem Norden kommenden Kraniche.

30 *Eures Volkes Hahn* – „Gallier", die Bezeichnung der Römer für das Volk jenseits der Alpen, und „Hahn" heißen im Lateinischen beide „gallus". – Seit der Französischen Revolution ist der gallische Hahn das französische Wappentier.

31 *Amazonen* – Ein sagenhafter kriegerischer Frauenstamm in Kleinasien.

32 *auf der Stirn sitzt ihm ein Beingeripp'* ... – in seinen Gedanken herrscht der Tod, der sich aus Tausenden Franzosen ein Festmahl bereiten will.

33 *Goodwin-Strand* – Sandbank vor der englischen Südostküste.

34 *Prinz Heinrich* – (1207–1272), der englische Thronfolger, als Heinrich III. König von England ab 1216.

35 *verworrner Stoff* – Das Chaos.

KÖNIG RICHARD II.

1 *König Richard* – Richard II. (1367–1400), König von England von 1377 bis 1399. Bis 1389 regierte er unter der Vormundschaft seines Onkel Johann von Gaunt und Richard von Gloster. Seine Verschwendungssucht und die Willkürherrschaft seiner Günstlinge schürten die allgemeine Unzufriedenheit. Sein Vetter Heinrich von Bolingbroke erzwang 1399 durch parlamentarischen Beschluß Richards Absetzung und den Verzicht auf die Krone zu seinen Gunsten. Daß Richard ermordet wurde, ist nicht erwiesen.

2   *Johann von Gaunt* – (1340–1399), Herzog von Lancaster, Onkel des Königs, bis 1389 zeitweilig Regent in England und Gouverneur in Frankreich.

3   *Heinrich Hereford* – Heinrich von Bolingbroke (1367–1413), Herzog von Hereford und von Lancaster, als Heinrich IV. König von England ab 1399. Als erster Vetter des kinderlosen Königs war er an zweiter Stelle Thronfolger, nachdem 1385 Roger Mortimer als Thronerbe erklärt worden war. Richard II. fürchtete die Beliebtheit Heinrichs beim Volke und verbannte ihn. 1399 kehrte Heinrich, nach dem Tode seines Vaters, nach England zurück und erzwang die Abdankung des Königs zu seinen Gunsten.

4   *Herzog Norfolk* – Thomas Mowbray, Herzog von Norfolk (1366–1399), Marschall von England ab 1385; Freund Richards II. Er nahm 1387 an der Verschwörung des Herzogs von Gloster (vgl. Anmerkung 6) zur Absetzung des Königs teil, wurde begnadigt und denunzierte Heinrich von Bolingbroke, er beabsichtige einen Anschlag auf den König. Für den plötzlichen Tod des Herzogs von Gloster 1399 wurde er verantwortlich gemacht. Nach dem Duell mit Heinrich von Bolingbroke wurde er verbannt und starb in Venedig.

5   *Nobel* – Alte Goldmünze.

6   *Herzog Gloster* – Thomas von Woodstock, Herzog Gloster (1355–1397), Onkel des Königs. Er führte 1385 die Opposition des Parlaments gegen den König an und hatte bis 1389 den größten Einfluß im Reich. 1397 wurde er verhaftet und starb unter geheimnisvollen Umständen. Für den Anlaß zu seiner mutmaßlichen Ermordung wurde Richard II. später verantwortlich gemacht.

7   *Seit ich aus Frankreich sein Gemahl geholt* – Norfolk vermittelte 1396 die zweite Ehe Richards II. mit Isabella, der zehnjährigen Tochter des französischen Königs Karl VI. Die Heirat fand in weiten Kreisen des englischen Volkes keine Billigung, da die Werbung 300 000 Silbermark kostete.

8   *Pardel* – Ein goldener Leopard war Norfolks Wappentier und Feldzeichen.

9   *Eduards sieben Söhne* – Eduard II. (1372–1377), König von England ab 1327; seine Söhne: Eduard von Woodstock (1330–1376); William von Hatfield (starb als Kind); Lionel von Antwerpen, Herzog von Clarence (1338–1368); Johann von Gaunt, Herzog von Lancaster; Eduard von Langley, Herzog von York (vgl. Anmerkung 15); William von Wind-

sor (starb als Kind); Thomas von Woodstock, Herzog von Gloster. Vgl. auch die genealogische Tabelle am Schluß des Bandes.

10   *Aumerle* – Eduard, Herzog von Aumerle (um 1373–1415), Sohn des Herzogs von York. Als Freund Richards II. erhielt er nach der Ermordung Glosters dessen Güter zugesprochen. Er schwenkte erst 1399 zu Bolingbroke über, nahm dann an einer Verschwörung gegen den neuen König teil und wurde zum Grafen von Rutland degradiert. Nach dem Todes seines Vaters wurde er Herzog von York, diente fortan dem König treu und fiel 1415 vor Agincourt als Befehlshaber einer Devision.

11   *unsern Frieden* – Von 1389 bis 1397 hatte nach einem Friedensschluß mit Frankreich und einem Übereinkommen mit den aufrührerischen Lords innen- und außenpolitisch Ruhe geherrscht.

12   *Rebellen in Irland* – König Richard unternahm 1397 eine Strafexpedition nach Irland, weil der englische Gouverneur erschlagen worden war.

13   *unser königliches Reich genötigt zu verpachten* – 1398 überschrieb der König an vier seiner Günstlinge alle Einkünfte aus Grundbesitz und Steuererhebungen gegen festgesetzte monatliche Zahlungen.

14   *leer gelass'ne Briefe* – Sir Stephen Scroop und Sir Henry Green erhielten das Recht, vermögende Bürger zur Unterschrift von Blankovollmachten zu zwingen, die sie dadurch nach und nach ruinieren konnten.

15   *Herzog von York* – Edmund von Langley, Herzog von York (1341–1402); Onkel des Königs. Als Mitglied des Kronrats war er mehrmals Regent für den minderjährigen oder von England abwesenden Richard, auch 1397 bei Richards Strafexpedition nach Irland.

16   *Mars* – Römischer Gott des Krieges.

17   *verganten* – öffentlich versteigern.

18   *meines Bruders Eduard Sohn* – Richards Vater war Eduard von Woodstock, der älteste Sohn Eduards III.

19   *wie der Pelikan* – Anspielung auf Richards Beteiligung am Tode seines Onkels Gloster: Die Jungen des Pelikans nährten sich angeblich vom Herzblut des Muttertieres.

20   *Northumberland* – Heinrich von Percy, Graf von Northumberland (gest. 1408). Seine Mithilfe als einflußreicher Adliger bei der Absetzung Richards war für Bolingbroke von großer Bedeutung. Er und sein Sohn Heinrich Heißsporn

empörten sich später mehrmals gegen Heinrich IV. und wurden bei einem Aufstand erschlagen.

21 *die straub'gen Räuberbanden* – Hier: die sich empörenden Iren.

22 *wo sonst kein Gift* – Der Legende nach befreite Sankt Patrick, der Schutzheilige Irlands, die Insel von allen Schlangen.

23 *die Vermählung, die vereitelt ward* – Durch eine Intrige veranlaßte König Richard die Auflösung der Verlobung Bolingbrokes mit einer Kusine des französischen Königs Karl VI.

24 *Gnadenbriefe einziehen* – Nach englischem Recht übernahm der König beim Tode eines Adligen die Güterverwaltung für dessen minderjährigen Sohn. Wurde der Erbe mündig, mußte er seine Gnadenbriefe, die Besitzurkunden der ererbten Ländereien, zurückfordern. Bolingbroke hatte Anwälte damit beauftragt, falls während seiner Verbannung der Vater sterben sollte. Der Rechtsbruch Richards ließ viele Adlige für sich das gleiche fürchten, so daß sie Bolingbroke unterstützten.

25 *Lord von Wiltshire* – Sir William Scroop (um 1350–1399), Graf von Wiltshire ab 1397. Als Günstling Richards war er 1398 Schatzmeister und wurde nach Richards Absetzung hingerichtet.

26 *geschatzt* – durch Steuern ausgeplündert.

27 *aus mäkelnder Verpfändung lösen* – aus der wucherischen Pfandleihe lösen.

28 *Heinrich Percy* – Heinrich von Percy (1364–1403), genannt Heißsporn; Sohn des Grafen von Northumberland. Er war berühmt wegen seiner Unerschrockenheit als Feldherr. Nach seiner Mithilfe bei Bolingbrokes Thronbesteigung glaubte er sich nicht nach Verdienst belohnt, führte mehrere Aufstände an und wurde in der Schlacht von Shrewsbury erschlagen.

29 *Den Schwarzen Prinzen ... gerettet* – Eduard von Woodstock, Richards Vater, trug nach der Farbe seines Panzers den Beinamen der Schwarze Prinz. Er war oberster Feldherr im siegreichen Kriege seines Vaters Eduard III. gegen Frankreich.

30 *zu Paaren triebe* – Hier: bereinigt hätte.

31 *Mutung meiner Lehen* – Erhebung von Ansprüchen auf Lehen (vgl. Anmerkung 24).

32 *Bischof von Carlisle* – Thomas Carlisle (1353–1414), Erzbischof von Canterbury ab 1396 und unter König Richard mehrmals Kanzler. Wegen seiner Freundschaft mit dem

Herzog von Gloster wurde er 1397 verbannt, vereinigte sich mit Bolingbroke, krönte ihn als König und war 1407 und 1412 erneut Kanzler.

33 *bei den Antipoden* – Hier: am andern Ende des Reiches. Die Vorstellung rührt daher, daß Richard sich mit der Sonne vergleicht. – Antipoden (Gegenfüßler) sind Menschen auf der entgegengesetzten Halbkugel der Erde.

34 *Scroop* – Heinrich Scroop, Baron von Masham, ältester Bruder des Grafen von Wiltshire, Günstling König Richards.

35 *Zirkel* – Krone.

36 *wie Phaeton* – Als Phaeton, der Sohn des griechischen Sonnengottes, beim falschen Lenken der feurigen Rosse des Sonnenwagens auf der Erde einen Brand verursachte, wurde er von Zeus zur Strafe in einen Fluß gestürzt.

37 *Raute* – Die Raute galt als Sinnbild trauernder Erinnerung.

38 *Westminster-Halle* – Dieser Teil des Westminsterpalastes wurde unter Richard II. wiederaufgebaut und erst 1399 fertig. Das erste Parlament, das im neuen Saal tagte, sprach ihm auf Grund von 33 Anklageartikeln die Königswürde ab.

39 *Handpetschier* – Der zum Turnier herausfordernd geworfene Handschuh besiegelt („petschiert") gleichsam das Schicksal des Gegners.

40 *Julius Cäsars mißerbauter Turm* – Der Tower, die alte Festung Londons, war auf Bollwerken aus der Zeit der römischen Besetzung Britanniens (55 v. u. Z.–410 u. Z.) errichtet. Die Grundsteinlegung schrieb man früher Cäsar zu.

41 *dessen Kieselbusen* – in dessen steinernem Innern.

42 *geschworner Bruder* – Beute, Ehren oder Mißgeschick zu teilen war der Eid der Fratres jurati (lat.: geschworene Brüder), durch Schwur auf Lebenszeit gebundene Freunde.

43 *Herzogin von York* – Aumerles Mutter war 1394 gestorben. Hier handelt es sich um seine Stiefmutter.

44 *ungeratner Sohn* – König Richard hatte während Bolingbrokes Verbannung dessen zwölfjährigen Sohn Heinrich von Monmouth, den späteren Heinrich V., mit nach Irland genommen, ihn dort zum Ritter geschlagen und ihn während Bolingbrokes Vormarsch als Geisel gehalten. Der junge Heinrich hatte wegen seines ungezügelten Lebenswandels einen schlechten Ruf.

45 *„Der König und die Bettlerin"* – Eine alte englische Ballade, in der sich der afrikanische König Kophetua, ein Frauenfeind, in eine Bettlerin verliebt und sie heiratet.

46 *pardonnez-moi* – (franz.) verzeiht.

47 *unsern biedern Schwager* – Bolingbrokes Schwester war mit Johann, Herzog von Exeter verheiratet.

48 *Abt* – William von Colchester (um 1323–1404), Abt von Westminster, war unter König Richard mehrmals Kanzler.

49 *Exton* – Die Ermordung Richards II. durch Sir Pierce von Exton ist geschichtlich nicht erwiesen.

KÖNIG HEINRICH IV.
Erster und Zweiter Teil

1 *König Heinrich* – Heinrich von Bolingbroke (1367–1413), als Heinrich IV. König von England ab 1399, nachdem Richard II. notgedrungen zu seinen Gunsten auf die Krone verzichtet hatte (vgl. Anmerkung 3/Richard II. S. 91). Grenzstreitigkeiten mit den Schotten, Aufstände der Percys und die Unabhängigkeitsbestrebungen der Waliser kennzeichneten die ersten Jahre seiner Regierung. Ab 1406 mußte er dem Parlament größere Rechte eingestehen und regierte von da an konstitutionell. Das Gefühl der Schuld am Tode seines Vorgängers Richard II. und das Bewußtsein, an der Krone nur ein zweifelhaftes Recht zu haben, überschatteten seine letzten Jahre.

2 *Westmoreland* – Ralph Neville, Graf von Westmoreland (1364–1425).

3 *der Quere ganz:* Hier: störend dazwischen.

4 *Glendower* – Owen Glendower (um 1359–1415), letzter unabhängiger Fürst in Wales. Nachdem er vor dem Parlament bei einem privaten Rechtsstreit unrecht bekommen hatte, empörte er sich gegen Heinrich IV., wurde zum Führer der walisischen Unabhängigkeitsbestrebungen und gab erst nach der Niederlage 1403 seine Absichten auf.

5 *Kreuzerhöhungstag* – Kirchliches Fest am 14. September.

6 *Heinrich Percy* – Vgl. Anmerkung 28/Richard II.

7 *Archibald* – Archibald, Graf von Douglas (1372–1424), genannt der Grimmige, schottischer Feldherr. Nach seiner Gefangennahme durch Percy 1402 kämpfte er auf dessen Seite, wurde 1403 von Heinrich IV. gefangengenommen und kehrte erst 1409 nach Schottland zurück. 1423 befehligte er die schottische Armee in Frankreich, die gegen England kämpfte.

8 *Holmedon* – Die Schlacht bei Holmedon fand 1402 statt, die

Schlacht bei Shrewsbury, die den ersten Teil des Dramas beschließt, fand am 21. Juli 1403 statt.

9   *Heinrich* – Heinrich von Wales (1387–1422), der englische Thronfolger, als Heinrich V. König von England ab 1413. Von 1403 bis 1408 führte er den Kampf gegen die Waliser. 1411 verließ er den Hof nach politischen Streitigkeiten mit seinem Vater und kam wegen seines zügellosen Lebenswandels in Verruf. Die Chroniken besagen, er habe sich nach der Thronbesteigung völlig zum Guten gewandelt.

10 *Die Gefangnen* ... – Nach englischem Kriegsrecht konnte jeder über seine Gefangenen verfügen, wenn ihr Lösegeld nicht 10 000 Kronen überstieg. Nur auf Gefangene königlichen Geblüts, wie hier den Grafen von Fife, hatte der König Anspruch. Percy war demnach im Recht.

11 *Phöbus* – Beiname des Sonnengottes Helios. Hier nach einer populären Romanze: der fahrende Ritter der Sonne.

12 *Diana* – Römische Göttin der Jagd, galt zuzeiten als Göttin des Mondes.

13 *Hybla* – Stadt auf Sizilien, berühmt für wohlschmeckenden Honig.

14 *Quinten* – Streiche.

15 *Bisam-Büchschen* – Riechdöschen. Das Schnupfen mit aromatischem Puder war lange vor der Einführung des Tabaks üblich.

16 *Spermaceti* – Same des Walfisches.

17 *Mortimer* – Edmund Mortimer, Graf von March (1391–1425), Sohn des Roger Mortimer, Graf von March, der 1385 von dem kinderlosen Richard II. als Thronfolger bestimmt worden war. Die Gegner Heinrichs IV. erklärten Edmund Mortimer als rechtmäßigen Thronerben; deshalb hielt ihn Heinrich bis zur Entführung durch Glendower (1402) in Gewahrsam. Ab 1405 haftete Heinrich von Wales für ihn, der ihn 1413 in alle Rechte einsetzte. Mortimer behielt das Vertrauen Heinrichs V. auch nach einer Verschwörung, die 1415 zu seinen Gunsten stattfand. Er starb als angesehnes Mitglied des Regentschaftsrates Heinrichs VI. – Bei Shakespeare schickt Heinrich IV. Mortimer gegen Glendower, doch Mortimer schlägt sich auf Glendowers Seite und läßt sich von diesem angeblich gefangennehmen.

18 *Erzbischof* – Richard Scroop (um 1350–1405), Erzbischof von York ab 1398. Erst verhalf er Heinrich IV. zum Thron,

dann unterstützte er die Percys und wurde deswegen hingerichtet.

19 *das Rezept von Farrnsamen* – Im Altertum glaubte man, der Farnsamen sei unsichtbar und könne nur durch magische Kunst gefunden werden. Daraus entstand der Aberglaube, daß der Besitz von Farnsamen unsichtbar mache.

20 *Homo* – (lat.) Mensch.

21 *Hosenband* – Der Hosenbandorden, die höchste englische Auszeichnung, wurde 1344 eingeführt.

22 *Obergeschworne* – Richter am Schwurgericht, das schwere Verbrechen aburteilte.

23 *Scheure* – Scheune.

24 *Parapetten* – Brustwehre.

25 *Feldschlangen* – Kanonen.

26 *Basilisken* – Die grüßten Kanonen der damaligen Zeit.

27 *O Espérance!* – (franz.) O Hoffnung! Wahlspruch der Familie Percy.

28 *Oxhöfte* – Fässer von knapp 250 l Inhalt.

29 *Korinthier* – Volkstümliche Bezeichnung für Schürzenjäger, Liederjan.

30 *Pfennigstütchen voll Zucker* – Früher erhielt der Gast vom Kellner kleine Zuckertüten zum Wein.

31 *agatne Ringe* – Ringe mit Achaten.

32 *Rivo!* – Hier: Juchhe!

33 *Titan* – Hier: die Sonne.

34 *ecce signum* – (lat.) sehet das Zeichen.

35 *Tartsche* – Schild.

36 *du Hungerbild* – Heinrich von Wales war sehr mager.

37 *Herkules* – Griechischer Halbgott und Held.

38 *extemporieren* – aus dem Stegreif spielen.

39 *Gravität* – Würde.

40 *Alderman* – Ratsherr. Hohe Beamte trugen früher als Zeichen ihrer Würde einen breiten Goldreif am Daumen.

41 *Amaimon* – Einer der vier Könige der bösen Geister.

42 *wäl'scher Hakenspieß* – Eine sichelförmige Waffe der Waliser.

43 *Blaumützen* – Schotten.

44 *in des König Kambyses Weise* – Kambyses war von 529 bis 522 v. u. Z. König von Persien. Eine englische Tragödie von 1569, in der er den Titelhelden abgibt, war wegen ihres bombastischen Stils sprichwörtlich geworden.

45 *Pharaos magre Kühe* – Pharao, König von Ägypten, träumte von sieben fetten Kühen, die von sieben mageren Kühen gefressen wurden. Joseph deutete den Traum als Weissa

gung Gottes, daß auf sieben fette Jahre sieben magere folgen würden, und riet dem König, Vorsorge für eine Hungersnot zu treffen. (Vgl. 1. Buch Moses, Kapitel 41, Vers 1, 36).

46 *ölicht* – Hier: fett.

47 *von Ameis'*... – Percy macht sich über Glendowers Aberglauben lustig. Einer Prophezeiung zufolge sollte König Heinrich der von Gottes eigenem Mund verfluchte Maulwurf sein, und Mortimer, Glendower und Percy Drache, Löwe und Wolf, die das Königreich unter sich teilten.

48 *Merlin* – Ein weissagender Sänger der keltischen Sage, vermutlich ein Gott der britischen Mythologie.

49 *Mause* – Mauser.

50 *Minen Indiens* – Hier: die indischen Goldgruben.

51 *taftne* – Hier: seidenweich, überzarte.

52 *Sammet-Borten* – Hier: Spießbürger und ihre Frauen. Die Londoner Bürgersfrauen trugen schwarze Samtborten an ihren Roben. Percy macht das aufsteigende Bürgertum verächtlich, das, wie hier, offensichtlich bessere Sitten als der Adel hatte.

53 *jüngrer Bruder* – Johann von Lancaster, Herzog von Bedford (1389–1435).

54 *Vorrang seiner Jahre* – Aus dramatischem Effekt ließ Shakespeare Heinrich und Percy Heißsporn gleichaltrig sein, während Percy in Wirklichkeit fast zwanzig Jahre älter war.

55 *Laterne am Steuerverdeck* – Bedeutet: Deine Nase leuchtet so, daß man auf dem Admiralsschiff die Lampe sparen kann.

56 *memento mori* – (lat.) gedenke des Todes.

57 *der reiche Mann*... – Nach einem Leben in Wohlstand kam der reiche Mann in die Hölle, während Lazarus, der Hunger gelitten hatte, in den Himmel kam. (Vgl. Evangelium des Lukas, Kapitel 16, Vers 19ff.).

58 *Cherub-Schwert* – Mit flammenden Schwertern bewaffnete Engel bewachten nach der Bibel den Eingang zum Paradies. (Vgl. 1. Buch Moses, Kapitel 3, Vers 24).

59 *ignis fatuus* – (lat.) Irrlicht.

60 *Assignationen* – Geldanweisungen.

61 *nicht mehr Treue, als gekochte Pflaumen* – nicht mehr Treue als eine Kupplerin. In Bordellen waren früher gekochte Pflaumen das Hauptgericht, weil man ihnen heilende Wirkung bei Geschlechtskrankheiten nachsagte.

62 *Jungfer Mariane* – Hier: Mannweib. In den alten Mohrentänzen stellten Männer in Frauenkleidern Marianne, die Frau

des Heroldes des Großen, dar, die aus unbegründeter Eifersucht getötet wurde.

63 *von zweiundzwanzigen* – von zweiundzwanzig Jahren.

64 *Der schnellgefüßte tolle Prinz* – Heinrich von Wales soll ein so schneller Läufer gewesen sein, daß er auf der Jagd zu Fuß flüchtige Rehe einholte und ergriff.

65 *Engel* – Alte englische Goldmünze.

66 *Pegasus* – In der griechischen Mythologie ein geflügeltes Pferd, Liebling der Muse der Dichtkunst.

67 *glutgeaugte Jungfrau des dampf gen Krieges* – Pallas Athene, die griechische Göttin der Weisheit, des Fleißes und des Krieges.

68 *Mutung seiner Leh'n* – Erhebung von Ansprüchen auf Lehen (vgl. Anmerkung 24/König Richard II.).

69 *petschiert* – versiegelt.

70 *Kolossus* – Im Altertum ein Riesenstandbild Apolls im Hafen von Rhodos, durch dessen gespreizte Beine Schiffe fahren konnten; eins der sieben Weltwunder.

71 *Türke Gregor* – Hildebrand (um 1020–1085), als Gregor VII. Papst ab 1073. Als Hauptbegründer der Kirchenherrschaft war er im protestantischen England Shakespeares so verhaßt, daß man beide Feinde der Protestanten, den Papst und die Türken, in seinem Namen vereinigte.

72 *Karbonade* – Geröstetes Stück Fleisch.

73 *Hydra* – In der griechischen Mythologie ein vielköpfiges Ungeheuer, dem für jeden abgeschlagenen Kopf zwei neue nachwuchsen.

74 *ich will purgieren* – Hier in doppelter Bedeutung: mich reinigen und durch Abführen abnehmen.

75 *Shrewsbury* – In der Schlacht bei Shrewsbury am 21. Juli 1403 besiegte Heinrich IV. einen Teil des englischen Adels, der sich unter Führung der Percys gegen ihn erhoben und mit walisischen und schottischen Truppen verbündet hatte.

76 *Heinrich Monmouth* – Englischer Thronfolger, später als Heinrich V. König von England (vgl. Anmerkung 9).

77 *wie ein Titelblatt . . .* – Zu Shakespeares Zeit wurden Trauergedichte mit schwarzem Titelblatt und schwarzen Leerseiten herausgegeben.

78 *Priam* – Priamus, letzter König von Troja, verlor im trojanischen Krieg fast alle Söhne und wurde nach der Niederlage von den Griechen erschlagen.

79 *Alräunchen* – Menschenähnliche Zauberwurzel.

80 *Achat* – Bezeichnung für zwergenhafte Personen, nach den in Achate geschnittenen Figuren auf Siegelringen.

81 *Juvenil* – Jüngling.

82 *Ahitophel* – Ratgeber König Davids von Judäa, der sich mit Davids Sohn Absalom gegen den König empörte und sich erhängte, als Absalom seinen Ratschlägen nicht folgte (vgl. 2. Buch Samuelis, Kapitel 15–17).

83 *kaufte ihn in der Paulskirche* – Vom 14. bis 17. Jahrhundert wurde die St.-Pauls-Kathedrale in London zu weltlichen Zwecken benutzt. Im Mittelschiff wurde Markt abgehalten und wurden Dienstboten vermietet, die nicht im besten Ruf standen.

84 *Smithfield* – Londoner Pferdemarkt.

85 *Apoplexie* – Schlaganfall.

86 *Lethargie* – Hier: Starrkrampf.

87 *verwettertes* – verfluchtes.

88 *Galenus* – Claudius Galenus (um 129–199), berühmter griechischer Arzt.

89 *Hiob* – Der reiche Hiob wurde von Gott durch den Tod seiner Familie, den Verlust seines Vermögens und durch Krankheit geprüft und verlor doch nicht seinen demutsvollen Glauben. Er gilt als Sinnbild der Geduld im Unglück. (Vgl. Altes Testament, Das Buch Hiob.)

90 *der Mann mit dem dicken Bauche* – Anspielung auf einen zu Shakespeares Zeit bekannten Bettler in London.

91 *in diesen Apfelkrämer-Zeiten* – in diesen geldgierigen Zeiten.

92 *Madame Ruhe . . .* – Bedeutet: die ihr in der Etappe sitzt.

93 *aufducken* – Hier: aus dem Verborgenen auftauchen.

94 *ziehn einen Riß* – einen Entwurf machen.

95 *Ein Heer wider die Franzosen* – Während dieser Empörung landeten 12 000 Franzosen zur Unterstützung Owen Glendowers.

96 *bandhüterisch, Bandhüter* – Die Wirtin, die Fremdwörter meist falsch verwendet oder falsch ausspricht, meint hier „banditisch", „Bandit".

97 *deutsche Jagd in Wasserfarben* – In den Häusern der Bürger hingen statt gewebter Teppiche bemalte Papiervorhänge aus Deutschland an den Wänden, auf denen meistens eine Eberjagd dargestellt war.

98 *Rakett* – Ballschläger.

99 *Altheas Traum* – Hekuba, die Mutter des trojanischen Prinzen Paris, die vor ihrer Entbindung träumte, mit einem Feuerbrand niederzukommen, ist hier verwechselt mit Al-

thea, der Mutter Meleagers, die der Sage nach ein Feuerscheit besaß, dessen Brenndauer die Lebenslänge ihres Sohnes bestimmte.

100 *Martinstag* – Der 11. November; „Spätfrühling"; gemeint ist Falstaff, der als alter Mann noch Begierden eines Jünglings hat.

101 *von Japhet ableiten* – Von den ersten Menschen nach der Sintflut an. Japhet war ein Sohn Noahs.

102 *Ephesier* – Hier: Trinklustige Gesellen von altem Schrot und Korn.

103 *Jupiters Fall* – Jupiter, der oberste römische Gott, näherte sich in Gestalt eines Stiers der phönizischen Königstochter Europa und raubte sie.

104 *Schleiers Bande* – Straßenmusikanten.

105 *Pluto* – Griechischer Gott der Unterwelt und des Totenreiches.

106 *Erebus* – Die Dunkelheit der Unterwelt.

107 *hohl gestopfte Mähren* – Um zu imponieren, wirft Pistol mit aufgeschnappten schwülstigen Zitaten aus älteren Theaterstücken um sich, die er obendrein durcheinanderbringt und verballhornt. In diesen zusammengestoppelten Zeilen, die zum Teil an Marlowes „Tamerlan" (1587?) anklingen, verwechselt er unter anderem die Kannibalen mit dem karthagischen Feldherrn Hannibal; auch irrt er bei den „griech'-schen Troern", denn Trojaner und Griechen waren Feinde.

108 *Fürst Cerberus* – Ein vielköpfiger Höllenhund, der Plutos Reich bewachte.

109 *Si fortuna...* – (schlechtes Italienisch) Wenn das Schicksal mich quält, hält mich die Hoffnung aufrecht. – Vermutlich Inschrift auf Pistols Degen.

110 *Peilkenstein* – Eine flache Scheibe beim Peilkespiel, einer Art Billard.

111 *Atropos – Die älteste der drei Parzen, die den Zeitpunkt des Todes bestimmte.*

112 *Hektor* – Trojanischer Königssohn, der bei der Verteidigung Trojas große Heldentaten vollbrachte.

113 *Agamemnon* – König von Argos, Feldherr der Griechen im Trojanischen Krieg.

114 *neun Helden* – Als die neun Helden der Weltgeschichte galten zu Shakespeares Zeit: die drei Heiden Hektor von Troja, Alexander der Große und Herkules; die drei Juden Josua, David und Judas Makkabäus; die drei Christen König Arthur, Karl der Große und Gottfried von Bouillon.

115 *Saturn und Venus heuer in Konjunktion* – Der römische Gott Saturnus wird als alter Mann dargestellt; Venus ist die römische Göttin der Liebe. Die Zusammenkunft (Konjunktion) der beiden nach ihnen genannten Planeten im selben Längenkreis kommt in der Astronomie und im abgeleiteten Astrologischen Sinne nicht vor.

116 *Triangel* – In der Astrologie das Zusammentreffen von Widder, Löwe und Schütze als feuriges Zeichen, das Wut und Kampf bedeutet.

117 *Malzwürmer* – Scherzhafte Bezeichnung für Zecher.

118 *Graf von Surrey* – Thomas Fitzalan, Graf von Arundel und Surrey (1381–1415).

119 *Warwick* – Richard Beauchamp, Graf von Warwick (1382 bis 1439), Diplomat auch unter Heinrich V. und im Regentschaftsrat Heinrichs IV.

120 *Oxford* – Universität seit 1167.

121 *Rechtshöfe* – Ausbildungsstätten und Internate der englischen Rechtsstudenten in London.

122 *Skogan* – Heinrich Skogan, ein Dichter, der für die Söhne Heinrichs IV. Maskenspiele geschrieben haben soll.

123 *Psalmist* – David, König von Israel, gilt als Verfasser des Buches der Psalmen, der geistlichen Lieder der jüdischen Kirche im Alten Testament.

124 *accomodo* – (lat.) sich an etwas anpassen.

125 *Mile-end-Wiese* – Alter Exerzierplatz.

126 *Sir Dagonet* – Der Narr König Arthurs in dem Prosaepos „Arthurs Tod" (1470) von Sir Thomas Malory. Das Spiel von Arthur war ein Aufzug der Toropholiten (Schützen) zur Zeit Heinrichs VIII., die sich „alter Orden, Gesellschaft und preiswürdige Gemeinschaft des Königs Arthur und seiner Ritterschaft von der Tafelrunde" nannten und deren Ritter vom König geweiht wurden.

127 *Turnbullstraße* – Eine früher verrufene Straße in einem Londoner Vorort.

128 *abzudringen* – zu erzwingen.

129 *gäten* – jäten; hier: von Schädlichem befreien.

130 *ich kam, sah und siegte* – Mit diesen Worten teilte Cäsar einem Freund in Rom seinen Sieg bei Zela (47 v. u. Z.) mit.

131 *Ein künd'ger Meuter* – Ein bekannter Meuterer.

132 *Clarence* – Thomas, Herzog von Clarence (um 1388–1421), zweiter Sohn Heinrichs IV., führte während der Krankheit seines Vaters zeitweilig die Regierungsgeschäfte.

133 *Prinz Humphrey* – Humphrey, Herzog von Gloster (1391 bis 1447), Sohn Heinrichs IV.

134 *Aconitum* – Eisenhut, ein tödlich wirkendes Gift.

135 *Dreimal ohn' Ebbe* – Dieser Vorgang ereignete sich am 12. Oktober 1411.

136 *unser Ältervater, Eduard* – Eduard III. (1312–1377), König von England ab 1327, Urgroßvater des Herzogs von Clarence.

137 *schmälen* – schelten.

138 *trinkbare Arznei* – Anspielung auf aurum potabile (lat.: trinkbares Gold), dem man früher Wunderkräfte zuschrieb.

139 *Amurath* – Der türkische Kaiser Amureth III. war 1596 gestorben. Sein zweiter Sohn Amureth ließ bei einem Gastmahl alle seine Brüder ermorden, die noch nichts vom Tode des Vaters wußten.

140 *Lethe* – Fluß des Vergessens in der griechischen Unterwelt.

141 *Pippin* – Eine Apfelsorte.

142 *Helikon* – In der griechischen Mythologie der Berg der Musen. Pistol hat nur stümperhafte klassische Kenntnisse.

143 *semper idem* – (lat.) immer dasselbe.

144 *absque hoc nihil est* – (lat.) ohne das ist nichts.

145 *Helena* – Die Gattin des Königs von Sparta, galt als schönste Frau ihrer Zeit. Ihr Raub durch den Trojanerprinzen Paris löste den zehnjährigen Trojanischen Krieg aus, der mit dem Sieg der Griechen endete.

146 *Alekto* – Eine der drei griechischen Rachegöttinnen.

147 *Zeus* – Oberster griechischer Gott. Hier: mein Herr.

148 *Katharine von Frankreich* – Katharina von Valois (1401 bis 1437), Tochter Karls VI. von Frankreich. Sie wurde 1420 mit Heinrich V. vermählt.

149 *Oldcastle* – Sir John Oldcastle, Lord Cobham (gest. 1417), Freund des Prinzen Heinrich. Trotz dessen Einspruchs wurde er 1417 der Ketzerei beschuldig und hingerichtet. Zu Shakespeares Zeit wurde er als protestantischer Märtyrer verehrt. – Der Hinweis auf ihn im Epilog erklärt sich daraus, daß der feige Taugenichts Falstaff in einer früheren Fassung des Dramas Oldcastle hieß.

150 *für die Königin zu beten* – Früher übliche Huldigung, hier an Elisabeth I. (1533–1603), Königin von England ab 1558.

1 *Heinrich* – Heinrich von Monmouth (1387–1422), als Heinrich V. König von England ab 1413. Nach der Aufdeckung der Verschwörung des Grafen von Cambridge herrschte ab 1415 innenpolitisch Ruhe. Heinrich erhärtete seinen Erbanspruch auf die französische Krone durch die Heirat Katharinas, der Tochter des französischen Königs Karl VI. Heinrich wurde 1420, unter Übergehung des französischen Thronfolgers, zum Erben Karls VI. erklärt. Bis zu seinem Tode führte er Kriege zur Festigung seiner Macht in Frankreich. Unter seinem Nachfolger verlor England alle Besitzungen auf dem Kontinent.

2 *Hahnengrube* – Kleiner Zirkus für Hahnenkämpfe, wie Heinrich VIII. einen errichten ließ, der später von Karl I. zu einem Theater ausgebaut wurde. Entgegen der verbreiteten Auffassung, die Bezeichnung „Hahnengrube" und „O von Holz" bezögen sich auf das 1599 neuerbaute Globe-Theater, spricht vieles für die Annahme, daß die Worte des Chorus einer Hofaufführung vorangestellt wurden, die in eben jener Hahnengrube stattfand, also auf einer behelfsmäßigen kleinen Bühne „in engem Raum".

3 *bei Agincourt* – Am 25. Oktober 1415 besiegten bei Agincourt die englischen Truppen unter Heinrich V. die sechsfache französische Übermacht.

4 *Erzbischof von Canterbury* – Henry Chicheley (um 1362 bis 1443), Erzbischof von Canterbury.

4a *Bischof von Ely* – John Fordham (gest. 1422), Bischof von Ely.

5 *Verordnung* – Eins der ersten Gesetze unter Heinrich V. ordnete 1414 die Einziehung solchen Grundbesitzes an, der als fromme Stiftung der Kirche übereignet und von der Geistlichkeit aus Profitgründen weiterverpachtet worden war.

6 *hydraköpfger Eigensinn* – Vgl. Anmerkung 73/Heinrich IV.

7 *gord'scher Knoten* – Unauflöslicher Knoten; hier: knifflige Frage.

8 *Eduard* – Eduard III. (1312–1377), König von England ab 1327. Heinrich V. war sein Urenkel, als Enkel von Eduards viertem Sohn Johann von Gaunt. Eduards Mutter Isabella war die Tochter Philipps IV., des Königs von Frankreich. Durch Eduards Anspruch auf die französische Krone begann der sogenannte Hundertjährige Krieg zwischen Eng-

land und Frankreich. Eduard siegte 1360 und erhielt im Vertrag von Brétigny große Provinzen Frankreichs zugesprochen.

9 *Gloster* – Humphrey, Herzog von Gloster (1391–1447), Bruder Heinrichs V.

10 *Bedford* – Johann Plantagenet, Herzog von Bedford (1389 bis 1435), Bruder Heinrichs V.; führte während der Abwesenheit des Königs die Regierungsgeschäfte in England.

11 *Exeter* – Thomas Beaufort, Herzog von Exeter (gest. 1427), Onkel des Königs, Admiral der englischen Flotte und zeitweiliger Kanzler.

12 *Warwick* – Vgl. Anmerkung 119/Heinrich IV.

13 *Westmoreland* – Ralph Neville, Graf von Westmoreland (1364–1425).

14 *das Salische Gesetz* – Älteste Sammlung deutscher Gesetze aus dem 5. Jahrhundert, wonach Frauen vom Erbe salischen Landes ausgeschlossen waren (die Salier, ein Frankenstamm, saßen am Niederrhein). Es bezog sich allerdings ursprünglich nicht auf die königliche Erbfolge, sondern auf privaten Grundbesitz.

15 *Pharamund* – Sagenhafter erster Frankenkönig (gest. 426).

16 *In terram Salicam...* – (lat.) Auf salischem Gebiet dürfen Frauen nicht Nachfolger sein.

17 *Karl der Große* – Karl I. (742–814), König der Franken ab 768, Kaiser des Westens ab 800.

18 *König Pippin* – Pippin (714–768), genannt der Kurze. Er setzte Childerich III. (714–755), den letzten König der Franken aus dem Haus der Merowinger, 747 ab und wurde 751 erster König aus dem Hause der Karolinger.

19 *Chlotar* – Chlotar II. (584–629), König der Franken ab 614.

20 *Hugo Capet* – Hugo Capet (um 938–996) wurde nach dem Tode des letzten Karolingerkönigs Ludwig VI. 987 als Hugo I. zum König ernannt, wobei Ludwigs Bruder, der Herzog Karl von Lothringen, übergangen wurde. Hugo begründete die Dynastie der Capetinger, die bis 1328 in Frankreich regierte.

21 *Karlmann* – Gemeint ist Karl (839–888), genannt der Dicke, König der Franken ab 884, Sohn Ludwigs III., als Karl III. deutscher Kaiser von 876 bis 882.

22 *Ludwig der Zehnte* – Gemeint ist Ludwig IX. (1214–1270), genannt der Heilige, König von Frankreich ab 1226.

23 *Isabell'* – Isabella von Hainaut (1170–1190). Da ihr Vater vorgab, ein Nachkomme Karls des Dicken zu sein, galt ihre

Ehe mit Philipp August (1165–1223, als Philipp II. König von Frankreich ab 1180) als Vereinigung der Karolinger und Capetinger. Ihr Sohn war Ludwig VIII. (1187–1226), König von Frankreich ab 1223, der Vater Ludwigs IX.

24 *Buch der Numeri* – 4. Buch Moses, Kapitel 27, Vers 8: „Wenn jemand stirbt, und hat nicht Söhne, so sollt ihr sein Erbe seiner Tochter zuwenden."

25 *Eduard* – Eduard von Woodstock (1330–1376), genannt der Schwarze Prinz, ältester Sohn Eduards III.; er besiegte 1346 bei Cressy die französischen Truppen.

26 *der Schotten König* – David Bruce (1324–1371), als David II. König von Schottland ab 1329. Während Eduard III. in Frankreich Krieg führte, fiel er in England ein, wurde 1346 gefangengenommen und erst nach elf Jahren freigelassen.

27 *Epitaph* – Grabinschrift; hier: Nachruf in den Geschichtsbüchern.

28 *Richard Graf von Cambridge* – Onkel des Königs; er wurde nach Aufdeckung der Verschwörung 1415 hingerichtet.

29 *Heinrich, Lord Scroop von Masham* – (um 1376–1415), Schatzkanzler unter Heinrich IV.; er wurde nach Aufdeckung der Verschwörung hingerichtet.

30 *laus deo* – (lat.) Gott Lob.

31 *solus* – (lat.) allein.

32 *Barbason* – Name eines niederen Teufels.

33 *coupe la gorge* – couper la gorge (franz.) heißt: die Kehle durchschneiden.

34 *Cressidas Gezücht* – Das Gezücht einer vom Aussatz befallenen Verräterin. Cressida, die Verlobte des trojanischen Prinzen Troilus, ging mit ihrem Vater ins Lager der Griechen, als Trojas Untergang gewiß war. In dem 1593 gedruckten Gedicht „Cressidas Testament" des schottischen Dichters Robert Henryson (um 1430–1506) fand Shakespeare die Version, daß Cressida von den Göttern für ihren Verrat mit Lepra bestraft wurde.

35 *quondam* – (lat.) einstig.

36 *pauca* – (lat.) kurzum.

37 *Nobel* – Alte Goldmünze.

38 *Sir John* – Sir John Falstaff war in Heinrichs Jugend sein Zechkumpan und Gefährte vieler Streiche gewesen. Nach der Thronbesteigung wurde er vom Hofe verbannt.

39 *Quotidian-Tertian-Fieber* – Quotidian ist ein täglich, Tertian ein alle drei Tage wiederkehrendes Fieber.

40 *Bettgenoß* – Baron Scroop hatte bei Heinrich V. so hoch in

Gunst gestanden, daß er, einer damaligen Sitte folgend, häufig mit ihm das Bett teilte.

41 *Tartarus* – Der Teil des griechischen Totenreichs, der den schuldbeladensten Menschen vorbehalten war.

42 *in Arthurs Schoß* – Irrtümlich für Abrahams Schoß, den Himmel.

43 *Westerhemdchen* – Das Taufkleid, in dem Kinder, die im ersten Lebensmonat starben, begraben wurden.

44 *Hure von Babylon* – Im Neuen Testament, Offenbarung des Johannes, Kapitel 17, wird der verderbten Stadt Babylon der Untergang prophezeit.

45 *caveto – (lat.)* Hier: sei wachsam!

46 *König Karl* – Karl VI. (1368–1422), König von Frankreich ab 1380. Während seiner Unmündigkeit regierte ein Kronrat und später, als er wahnsinnig wurde, seine Gemahlin Isabella von Bayern.

47 *Connetable* – Reichswürdenträger und Befehlshaber der Reiterei.

48 *Brutus* – Lucius Junius Brutus (gest. 508 v. u. Z.), Begründer der römischen Republik. Er täuschte Wahnsinn vor, um ungehindert die Verschwörung gegen Tarquinius, den letzten König von Rom, vorbereiten zu können.

49 *bürg't* – verbergen würdet.

50 *er stört nach ihr* – Er „stochert" nach ihr, holt sie heraus.

51 *Die Krone abstehn* – Auf die Krone verzichten.

52 *mißziemen* – übel anstehen.

53 *Pariser Bälle* – Federbälle.

54 *Louvre* – Im 13. Jahrhundert errichtete Burg, französischer Königspalast, dessen Hauptgebäude unter Karls Vater erbaut worden waren.

55 *mit seidnen Wimpeln fächeln* – Vom 11. bis 14. August 1415 setzte Heinrich V. mit etwa 1 400 Schiffen nach Frankreich über. Von seinen 30 000 Soldaten kamen zwei Drittel bei der 36tägigen Belagerung Harfleurs um.

56 *Katharina* – Vgl. Anmerkung 148/Heinrich IV. Die Verlobung fand am 20. Mai 1419 statt.

57 *Alexander* – Alexander der Große (356–323 v. u. Z.), König von Mazedonien; drang auf Eroberungszügen weit nach Asien vor.

58 *Sankt Georg* – Schutzpatron Englands, Schlachtruf der Könige.

59 *weiß von Leber* – feige.

60 *Konkavität* – Höhlung.

61 *Ordonnanz* – Hier: Sachkenntnis.

62 *Leviathan* – Der Wal.

63 *Bei der Herodes-Knechte blut'ger Jagd* – Um die Prophezeiung, mit Jesus Christus sei ein neuer König der Juden geboren, zu vereiteln, ließ Herodes in Bethlehem alle Kinder bis zu zwei Jahren töten. Vgl. Evangelium des Matthäus, 2. Kapitel.

64 *Vierte Szene* – Katharina: „Alice, du bist in England gewesen und sprichst die Landessprache gut." Alice: „Ein wenig, Madame." Katharina. „Bitte, gib mir darin Unterricht. Ich muß sie sprechen lernen. Wie nennt man la main auf englisch?" Alice: „La main? Man nennt sie die Hand." Katharina: „Die Hand. Und les doigts?" Alice: „Les doigts? Ich vergaß les doigts. Aber ich werde mich besinnen. Les doigts? Ich glaube, man nennt sie Finger, ja, die Finger." Katharina: „La main – - die Hand, les doigts – die Finger. Ich glaube, ich bin eine gute Schülerin. Ich habe zwei englische Wörter ganz schnell gelernt. Wie nennt man les ongles?" Alice: „Les ongles? Sie heißen Nägel." Katharina: „Nägel. Hör zu! Sag mir, ob ich gut spreche: die Hand, die Finger, die Nägel." Alice: „Das war gut gesagt, Madame. Das ist sehr gutes Englisch." Katharina: „Sag mir das englische Wort für le bras." Alice: „Der Arm, Madame." Katharina: „Und le coude?" Alice: „Der Ellbogen." Katharina: „Ellbogen. Ich will einmal alle Worte wiederholen, die du mir bis jetzt beigebracht hast." Alice: „Ich glaube, es ist zu schwierig, Madame." Katharina: „Gestatte, Alice, hör zu: Die Hand, die Finger, die Nägel, der Arm, der Bellbogen." Alice: „Ellbogen, Madame." Katharina: „Mein Gott, das habe ich vergessen. Ellbogen! Wie nennt man le cou?" Alice: „Der Hals, Madame." Katharina: „Hals. Und le menton?" Alice: „Das Kinn." Katharina: „Ginn. Le cou – der Hals, le menton – das Ginn." Alice: „Ja, mit Verlaub, Euer Gnaden, Ihr sprecht die Worte schon so korrekt aus wie die Eingeborenen von England." Katharina: „Ich zweifle nicht daran, daß ich es mit Gottes Hilfe und in kurzer Zeit lernen werde." Alice: „Habt Ihr auch noch nicht vergessen, was ich Euch gelehrt habe?" Katharina: „Nein, ich werde es Euch augenblicklich hersagen: Die Hand, die Finger, die Mägel –" Alice: „Die Nägel, Madame." Katharina: „Die Nägel, die Arme, der Bellbogen." Alice: „Mit Verlaub, Ellbogen." Katharina: „Wie ich sagte – Ellbogen. Der Hals, und das Ginn. Und wie nennt man le pied und la

robe?" Alice: „Der Fuß, Madame, und das Kewand." Katharina: „Fuß und Kewand? Mein Gott, klingen diese Worte schlecht, verdorben, roh und schamlos! Und Ehrendamen sollten sich ihrer besser nicht bedienen. Ich würde diese Worte um nichts in der Welt vor den Edlen Frankreichs aussprechen. Nichtsdestoweniger gibt es Fuß und Kewand. Ich werde noch einmal die ganze Lektion hersagen: Die Hand, die Finger, die Nägel, der Ellbogen, der Hals, das Ginn, der Fuß, das Kewand." Alice: „Ausgezeichnet, Madame!" Katharina: „Das ist genug für einmal. Wir wollen essen gehen." (Diese Szene wirkte auf das englische Publikum komisch, da besonders die englischen Entsprechungen von le menton, le pied und la robe durch geringfügigen Aussprachefehler einen zweideutigen Sinn erhalten, was im Deutschen nicht nachahmbar ist.)

65 *O Dieu vivant!* – (franz.) Beim lebendigen Gott!

66 *Normannen* – Wilhelm I., Herzog der Normandie (1027 bis 1087), besiegte 1066 die Angelsachsen und wurde König von England. Der Einfluß der Normannen durchdrang alle Bereiche des englischen Lebens wie Sprache, Kultur, Gesetze, Wirtschaft und so weiter.

67 *Mort de ma vie!* – (franz.) Tod und Teufel!

68 *Insel Albions* – Andere Bezeichnung für die britische Insel.

69 *Dieu des batailles!* – (franz.) O Gott der Schlachten!

70 *Volten und Couranten* – Sprünge und Drehungen. Lavolta und Coranto waren zwei damals neu eingeführte lebhafte italienische Tänze.

71 *Agamemnon* – König von Mykene, Anführer der Griechen im Trojanischen Krieg.

72 *Mark Anton* – Marcus Antonius (um 82–30 v. u. Z.), römischer Feldherr und Staatsmann.

73 *Monstranz* – Hostienschrein in den katholischen Kirchen, der das Allerheiligste birgt, eine Oblate, die den Leib Christi versinnbildlicht.

74 *figo* – (span.) Die Feige. Eine von einer unanständigen Gebärde begleitete Redensart, Ausdruck der Geringschätzung.

75 *Herzog von Orleans* – Karl, Herzog von Orleans (1391–1465). Nach der Schlacht von Agincourt wurde er gefangengenommen und lebte 25 Jahre in England, bis er gegen ein sehr hohes Lösegeld nach Frankreich zurückkehren durfte.

76 *Ah çal* – (franz.) Nun hört!

77 *als ob er mit Haaren ausgestopft wäre* – Hier: wie ein Tennisball. Früher stopfte man Tennisbälle mit Haaren aus.

78 *le cheval volant* – (franz.) das fliegende Pferd.

79 *qui a les narines de feu* – (franz.) das feurige Nüstern hat.

80 *die Pfeife des Hermes* – Der griechische Götterbote erfand die Schäferflöte.

81 *Perseus* – Der Held der griechischen Mythologie ritt Pegasus, das fliegende Pferd.

82 *Ma foi!* – (franz.) Wahrhaftig!

83 *Kerne* – Dürftig bewaffnete Soldaten, Spießträger.

84 *Le chien est retourné...* – Nach dem Neuen Testament, 2. Brief des Petrus, Kapitel 2, Vers 22: „ Der Hund frißt wieder, was er gespien hat, und die Sau wälzt sich nach der Schwemme wieder im Kot."

85 *so ganz durchhinkömmt* – sich dermaßen verrannt hat.

86 *Qui va là?* – (franz.) Wer da?

87 *le Roi* – (franz.) der König.

88 *Lauch... am Davids-Tag* – Am 1. März trugen die Waliser Lauch an der Mütze zur Erinnerung an einen Sieg der Waliser über die Sachsen in der englischen Frühgeschichte.

89 *Pompejus* – Gnäus Pompejus Magnus (106–48 v. u. Z.), römischer Feldherr.

90 *Kipper und Wipper* – Münzverschlechterer.

91 *Phöbus* – Beiname des griechischen Sonnesgottes Helios.

92 *Hyperion* – Griechischer Sonnengott, dessen Wagen von feurigen Pferden gezogen wurde.

93 *Montez à cheval!* – (franz.) Aufs Pferd!

94 *Valet! laquais!* – (franz.) Knecht! Diener!

95 *Via...* – (franz.) Weg! Wasser und Erde. – Und dann? Luft und Feuer. – Himmel!

96 *Insel-Äser* – Das Aasvolk von der Insel.

97 *Salisbury* – Thomas Montacute, Graf von Salisbury (1388 bis 1428), Feldherr in Frankreich und Gouverneur der Normandie.

98 *Crispianus' Fest* – Kirchliches Fest am 25. Oktober.

99 *Je pense que...* – (franz.) Ich denke, daß Ihr ein Edelmann von hohem Range seid.

100 *Miséricorde...* – (franz.) Erbarmen! Habt Mitleid mit mir! Tötet mich nicht.

101 *Est-il impossible...* – (franz.) Ist es denn unmöglich, der Kraft Eurer Arme zu entfliehen? Oh, laßt meine Kehle los! Nicht schneiden!

102 *Point de pardon?* – (franz.) Laßt Ihr keine Gnade walten?

103 *Écoutez: comment vous appelez-vous?* – (franz.) Hört! Wie heißt Ihr?

104 *Que dit-il* – (franz.) Was sagt er.

105 *Il m'ordonne* ... – (franz.) Er läßt mich Euch sagen, daß Ihr Euch bereit halten sollt; denn dieser Soldat hier ist fest entschlossen. Euch sogleich die Kehle durchzuschneiden.

106 *O, je vous supplie* ... – (franz.) Oh, ich flehe Euch um Gottes willen an, habt Erbarmen! Ich bin ein Edelmann aus gutem Hause. Schont mein Leben, und ich werde Euch zweihundert Kronen geben.

107 *Quoique ce soit* ... – (franz.) Obwohl es gegen seinen Eid sei, irgendeinem Gefangenen das Leben zu schenken, ist er nichtsdestoweniger einverstanden, Euch für die versprochenen Kronen freizulassen.

108 *Sur mes genoux* ... – (franz.) Auf den Knien danke ich Euch tausendmal und schätze mich glücklich, in die Hände eines Kavalliers gefallen zu sein, der, so denke ich, der tapferste und ausgezeichnetste Lord in England ist.

109 *Suivez le grand capitaine* – (franz.) Folgt dem großen Feldherrn!

110 *O diable* ... – (franz.) Zum Teufel! – O Gott, der Tag ist verloren, alles ist verloren! –

111 *O méchante fortune!* – (franz.) O widriges Geschick!

112 *Clytus* – Clitus, Feldherr und Freund Alexanders des Großen. 328 v. u. Z. durchbohrte Alexander Clitus bei einem Festmahl mit einem Wurfspieß aus Zorn über Clitus' Spottreden.

113 *Non nobis und Te deum* – (lat.) Anfänge lateinischer Kirchenlieder.

114 *Schulz* – Bürgermeister.

115 *des Kaisers Zischenkunft* – Sigismund von Luxemburg (1368–1437), König von Ungarn ab 1387 und Kaiser von Deutschland ab 1411, besuchte 1416 England, schloß mit Heinrich V. einen Vertrag und vermittelte vergeblich zwischen England und Frankreich.

116 *kalekutischer Hahn* – Truthahn.

117 *Bist du Bedlam?* – Hier: Bist du wahnsinnig? Bedlam war ab 1402 die Londoner Irrenanstalt.

118 *Cadwallader* – Walisischer Königssohn, der im 7. Jahrhundert Wales gegen die Sachsen verteidigte.

119 *Nickel spielen* – Hier: Brummkreisel drehen.

120 *Königin Isabelle* – Isabella von Bayern (1371–1435), Königin von Frankreich. Sie führte mehrmals die Regierungsgeschäfte für ihren wahnsinnigen Gemahl Karl VI. und den

ebenfalls kranken Sohn Ludwig. Im Vertrag von Troyes (1420) lieferte sie Frankreich an England aus.

121 *ungeschneitelt* – unbeschnitten.

122 *Lolch* – Tollkorn, ein giftiges Unkraut.

123 *Erdrauch* – Ein wildwucherndes Unkraut.

124 *Que dit-il?* ... – (franz.) Was sagt er? Daß die Engel mir gut seien, weil ich gut und schön wie ein Engel bin?

125 *Qui, vraiment* ... – Ja, wirklich, mit Verlaub, Euer Gnaden, das ist's, was er sagt.

126 *O bon dieu* ... – (franz.) Guter Gott! Die Zungen der Männer sind voller Trug.

127 *Sauf votre honneur* – (franz.) Mit Respekt vor Euer Ehren.

128 *auskeichen* – aushauchen.

129 *Quand j' ai la possession* ... – (franz.) Wenn ich erst Frankreich besitze und Ihr mich besitzt ... dann ist Frankreich Euer, und Ihr seid mein.

130 *Sankt Dionys* – Saint-Denis, Schutzpatron Frankreichs.
le Français que vous parlez ... – (franz.) Euer Französisch ist besser als mein Englisch.

132 *durch Zugreifen in der Rappuse* – durch Balgerei.

133 *la plus belle* ... – (franz.) schönste Katharina der Welt, meine sehr liebe und göttliche Gattin.

134 *Eure Majesté* ... – Eure Majestät können genug falsches Französisch, um das ehrsamste Fräule1n, das es in Frankreich gibt, zu betrügen.

135 *Laissez, monseigneur* ... – (franz.) Laßt ab, mein Herr, laßt ab. Meiner Treu, ich mag es gar nicht, wenn sich Euer Gnaden herablassen, die Hand Eurer unwürdigen Dienerin zu küssen. Verzeiht, ich flehe Euch an, mein sehr mächtiger Herr.

136 *Ce n'est pas la coutume* ... – (franz.) Es ist in Frankreich nicht Sitte, Damen oder Fräulein vor der Hochzeit zu küssen.

137 *Splitterrichter* – Kleinliche Tadler.

138 *Notre très cher fils* ... – (franz.) Unser sehr lieber Sohn Heinrich, König von England, Erbe Frankreichs.

139 *Praeclarissimus* ... – (lat.) Unser vortrefflicher Sohn Heinrich, König von England und Erbe Frankreichs.

140 *Heinrich der Sechst'* – Heinrich VI. (1422–1471), König von England von 1422 bis 1461 und 1470/71.

1 *Bedford* – Johann Plantagenet (1389–1435), Herzog von
Bedford; Bruder Heinrichs V., auf dessen Wunsch er 1422
Regent in Frankreich, Gouverneur des Königreiches und
Vormund des minderjährigen Königs wurde. Das Parlament
bestätigte ihn als „Protektor und Verteidiger des Reiches".
Er führte die Politik Heinrichs V. in Frankreich anfangs erfolgreich fort und setzte 1431 die Krönung Heinrichs VI. in
Paris durch. Nach einigen Niederlagen erhielt er ab 1433
aus London keine wesentlichen finanziellen Unterstützun-
gen mehr, so daß die Verteidigung der englischen Besitzungen auf dem Kontinent scheiterte.

2 *Gloster* – Humphrey, Herzog von Gloster (1391–1447), Bruder Heinrichs V.; er war nach dessen Tod mehrmals Regent
in England und während der Abwesenheit seines Bruders
Bedford Protektor mit beschränkten Rechten. Er oppo-
nierte anfangs erfolgreich gegen die Bestrebungen des
Kanzlers Beaufort, Bischofs von Winchester, mit Frankreich
Frieden zu schließen, verlor aber dann den Einfluß auf den
König. 1441 wurde seine Frau als Hexe zur Verbannung
verurteilt, und er wurde 1447 unter dem Verdacht, Heinrich VI. nach dem Leben zu trachten, inhaftiert, seiner Güter verlustig erklärt und ermordet.

3 *Exeter* – Thomas Beaufort (gest. 1427), Herzog von Exeter;
er war Großonkel Heinrichs VI., Admiral und zeitweilig
Kanzler.

4 *Graf von Warwick* – Richard Beauchamp (1382–1439), Graf
von Warwick; Diplomat unter Heinrich V. und Mitglied des
Regentschaftsrates Heinrichs VI.

5 *Bischof von Winchester* – Henry Beaufort (um 1377–1447), Bi-
schof von Winchester und Kardinal ab 1427; Großonkel
Heinrichs VI.; seine einflußreiche Stellung als Kanzler
Heinrichs V. behielt er auch bei Heinrich VI., zu dessen
Vormündern er zählte. Er krönte ihn in Paris.

6 *Kometen...* – Nach alter Überlieferung kündeten Kometen
den Tod des Königs und Zeiten staatlicher Verwirrung an.

7 *krystall'nen Zöpf* – Die leuchtenden Kometenschweife.

8 *Protektor* – Reichsverweser während der Minderjährigkeit
des Königs.

9 *Berenice* – Das Sternbild Coma Berenice, Haar der Berenice;
benannt nach Berenice, der Frau des Ptolomäus III. Euerge-

tes. Für die sichere Heimkehr ihres Mannes von einem Feldzug brachte sie eine Locke als Weiheopfer dar; deren geheimnisvolles Verschwinden erklärte man damit, daß sie zu den Sternen entrückt worden sei.

10   *Lilien* – Nach 1420 enthielt das Wappen der englischen Könige auch die Lilien Frankreichs.

11   *Dauphin Karl* – Der französische Thronfolger Karl (1403 bis 1461), als Karl VII. König von Frankreich ab 1429. Er war Regent ab 1417, weil sein Vater Karl VI. wahnsinnig geworden war. Beim Vertrag von Troyes war er enterbt und Heinrich V. als Thronerbe eingesetzt worden. Karl galt nur im Süden Frankreichs als König, bis er nach der Versöhnung mit den französischen Herzögen unter Führung der Jungfrau von Orleans die englischen Truppen im Norden besiegte. Er wurde 1429 in Reims gekrönt.

12   *Reignier, Herzog von Anjou* – (1409–1480), genannt der Gute König, Herzog von Anjou und Lothringen; ab 1417 Titularkönig von Sizilien und ab 1434 Titularkönig von Neapel; später Schwiegervater Heinrichs VI.

13   *Herzog Alençon* – Jean V., Herzog von Alençon (1409–1476).

14   *Talbot* – Johann Talbot (um 1388–1453), Graf von Shrewsbury; englischer Feldherr in den Kriegen gegen Frankreich.

15   *entsatzte sich ob ihm* – entsetzte sich vor ihm.

16   *Sankt Georgen-Fest* – Hier: die Schlacht. Der Name des Schutzheiligen Englands war Schlachtruf der englischen Könige.

17   *Graf von Salisbury* – Thomas Montacute (1388–1428), Graf von Salisbury; Feldherr in Frankreich und Gouverneur der Normandie.

18   *Heinrich* – Heinrich von Windsor (1421–1471), als Heinrich VI. König von England von 1422 bis 1461 und noch einmal sechs Monate lang 1470/71. Während seiner Minderjährigkeit regierte für ihn ein Regentschaftsrat unter Leitung seines Onkels, des Herzogs von Gloster. 1429 wurde er in Westminster und 1431 in Paris gekrönt. 1442 erhielt er die gesetzliche Mündigkeit. Er stand unter dem Einfluß des Kardinals Beaufort und befürwortete dessen Bestrebungen, mit Frankreich Frieden zu schließen. 1445 heiratete er entgegen den Wünschen seiner Berater Margareta von Anjou. Auf ihr Betreiben ließ er 1447 den Herzog von Gloster verhaften und ermorden. 1453 verlor Heinrich VI. das erste Mal den Verstand. Während seiner Krankheit regierte der

Herzog von York, den er nach seiner Genesung zwar absetzte, aber im Regentschaftsrat belassen mußte. Zugunsten einer Thronfolge Yorks erhob sich ein Teil des englischen Adels unter Führung des Grafen von Warwick. Heinrich VI. bekämpfte ihn anfangs erfolgreich, wurde aber von Warwick gefangengenommen und mußte 1460 den Herzog von York als Thronerben anerkennen. Als dessen Sohn Eduard 1461 als König Eduard IV. ausgerufen wurde, floh Heinrich nach Schottland, 1465 wurde er ergriffen und fünf Jahre im Tower gefangengehalten, bis ihn 1470 Warwick wieder zum König erklärte. Nach sechs Monaten fiel er erneut in die Hände Eduards IV.; Heinrichs Ermordung im Tower wird Eduards Bruder Richard von Gloster, dem späteren König Richard III., zur Last gelegt.

19 *Mars* – Hier doppelsinnig: der Planet und der römische Gott des Krieges.

20 *Froissard* – Jean Froissart (um 1337–1410), französischer Schriftsteller; in seinen „Chroniken" beschrieb er die politischen Verhältnisse in England zwischen 1325 und 1400.

21 *Oliver und Roland* – Zwei sagenhafte französische Helden, die sich 778 gegen eine große Übermacht verteidigten und dabei ihr Leben ließen.

22 *Eduard der Dritte* – (1312–1377), König von England ab 1327. Er eroberte fast ganz Frankreich und verzichtete auf die französische Krone 1360 nur gegen eine ungeheuer große finanzielle Ablösung.

23 *Simsons und Goliasse* – Hier: wahre Berserker, standhafte Kämpfer. – Simson war ein jüdischer Held im Kampf gegen die Philister (vgl. Buch der Richter, Kapitel 13 bis 16) und Goliath ein Riese der Philister (vgl. 1. Buch Samuelis, Kapitel 17).

24 *ihr Gewehr* – ihre Waffen. – Reignier meint: Mit bloßer Muskelkraft ist solche Ausdauer nicht möglich.

25 *heil'ge Jungfrau* – Jeanne d'Arc (1412–1431), genannt die Jungfrau von Orleans; eine französische Bauerntochter, die sich durch die Erscheinung von Heiligen zur Retterin Frankreichs berufen fühlte. Sie ermutigte Karl VII. zum Kampf gegen England, eroberte 1429 Orleans und führte Karl VII. in Reims zur Krönung. Sie wurde von den Burgundern, damals noch Gegner des französischen Königs, gefangengenommen, den Engländern ausgeliefert, von einem französischen geistlichen Gerichtshof als Hexe verurteilt und von den Engländern verbrannt.

26 *Sibyllen* – Nach der antiken Sage heilige Weissagerinnen, die mehrere hundert Jahre alt wurden.

27 *Pucelle* – (franz.) Junffrau.

28 *Amazone* – Angehörige eines sagenhaften kriegerischen Frauenstammes in Kleinasien.

29 *Schwert Deborahs* – Unter der Führung der Prophetin und Richterin Deborah siegte das Heer der Israeliten über den Kanaaniter-König Jabin (vgl. Buch der Richter, Kapitel 4, Vers 4f.).

30 *Martins Sommer* – Sonniges Wetter im November; hier: Glück nach Unglück.

31 *Halcyon-Tage* – Hier: friedliche Tage. Nach einem alten Aberglauben herrscht Windstille, solange Halcyon, der Eisvogel, brütet.

32 *Schiff, das Cäsarn trug* – „Du trägst Cäsar und sein Glück" soll Cäsar 48 v. u. Z. zu einem Bootsmann gesagt haben, der bei einem Sturm vor der illyschen Küste den Mut verlor. (Vgl. Plutarch, „Das Leben Cäsars".)

33 *Ward Mahomet beseelt von einer Taube* – Mohammed (um 570–632), der arabische Prophet und Begründer der islamischen Religion, besaß eine Taube, die sich täglich ihr Futter aus seinem Ohr holte, in das er Weizen getan hatte. Seine Anhänger glaubten, daß ihm der Heilige Geist in Gestalt einer Taube Ratschläge zuflüstere.

34 *Helena* – Die Mutter des römischen Kaisers Konstantin (306–337) wurde von ihrem Sohn zum christlichen Glauben bekehrt.

35 *Philipps Töchter* – Der Evangelist Philippus von Caesarea hatte vier weissagende Töchter (vgl. Apostelgeschichte des Lukas, Kapitel 21, Vers 8f.).

36 *Lichtstern der Venus* – Sternbild der römischen Göttin der Liebe.

37 *Turm* – Der Tower, die alte Festung Londons, Gefängnis und Schatzkammer.

38 *Indulgenzen* – Hier: Vergünstigungen. Die Londoner Bordelle unterstanden der Gerichtsbarkeit des Bischofs von Winchester.

39 *sichten* – Hier: hin und her werfen, prellen.

40 *Damaskus* – Auf einem Hügel bei Damaskus soll Kain seinen Bruder Abel erschlagen haben. – Der Bischof von Winchester war als unehelicher Sohn Johann von Gaunts der Onkel des Herzogs von Gloster.

41 *Winchester Gans* – Bezeichnung für die Bewohnerinnen der

Bordelle, die vom Bischof von Winchester „gehütet" wurden; die Häuser unterstanden seiner Aufsicht.

42 *Vogelscheu* – Vogelscheuche

43 *Nero* – (37–68 u. Z.), römischer Kaiser ab 54 u. Z. Der Überlieferung zufolge soll den Befehl zum Brande Roms (64 u. Z.) gegeben und, Laute spielend, den Flammen zugesehen haben.

44 *Ich lasse Blut dir* – Einem Aberglauben zufolge nahm ein Aderlaß einer Hexe die Zauberkraft.

45 *Hannibal* – (247–183 v. u. Z.), karthagischer Feldherr. Mit Ochsen, die brennendes Reisig auf den Hörnern trugen, jagte er ein römisches Heer in die Flucht.

46 *Asträa* – Griechische Göttin der Gerechtigkeit.

47 *Adonis' Gärten* – Mit Fenchel und Lattich bepflanzte Blumentöpfe, die am Ehrentag des Adonis, eines griechischen Prinzen und Geliebten der griechischen Liebesgöttin Aphrodite, in seinem Tempel aufgestellt wurden, weil ihm Aphrodite ein Bett aus Lattich bereitet hatte. Adonis-Gärten gelten in allgemeinen als Sinnbild der Vergänglichkeit.

48 *Rhodope* – Für Rhodope, eine griechische Kurtisane und spätere Gemahlin des Psammetichus, König von Ägypten von 594 bis 589 v. u. Z., soll die dritte Pyramide von Memphis erbaut worden sein.

49 *Darius* – Darius III., König von Persien von 336 bis 330 v. u. Z., wurde von Alexander dem Großen, König von Mazedonien, bei Issus 333 v. u. Z. besiegt. Alexander erbeutete ein Schatzkästchen, in dem er fortan jede Nacht die Verse des griechischen Dichters Homer (9. Jahrhundert v. u. Z.) unter seinem Kopfkissen barg.

50 *Sankt Dionys* – Schutzheiliger Frankreichs; Schlachtruf der französischen Könige.

51 *Burgund* – Philipp (1396–1467), Herzog von Burgund, genannt der Gute. Da sein Vater von Karl VII. erschlagen worden war, kämpfte Philipp auf Englands Seite bis zu seiner Versöhnung mit Karl VII. 1435.

52 *Tomyris* – Tomyris, eine Königin der Massageten, erschlug Cyrus den Großen (558–528 v. u. Z.), den Begründer des Persischen Reiches, der in ihr Herrschaftsgebiet eingefallen war.

53 *Herkules* – Griechischer Halbgott und Held.

54 *Hektor* – Trojanischer Königssohn und berühmter Held des Altertums.

55 *Somerset* – John Beaufort (1403–1444), Graf von Somerset,

ab 1443 Herzog von Somerset; Oberbefehlshaber in Aquitanien und der Normandie.

56 *Suffolk* – William de la Poole (1396–1450), Graf und Herzog von Suffolk; Günstling Heinrichs VI. und erbitterter Gegner des Herzogs von Gloster. Er vermittelte die Ehe Heinrichs mit Margareta von Anjou und wurde für den Verlust des Herzogtums Anjou und der Grafschaft Maine verantwortlich gemacht, die Margaretas Vater übereignet worden waren. 1450 wurde er vom Parlament beschuldigt, das Königreich an Frankreich verkauft zu haben. Um ihm das Leben zu retten, verbannte ihn Heinrich auf fünf Jahre, doch wurde Suffolk auf der Flucht erschlagen.

57 *Warwick* – Richard Neville (1428–1471), Graf von Warwick und Salisbury, genannt der Königmacher. Er war erst im Regentschaftsrat Heinrich VI., trat aber 1453 auf die Seite des Herzogs von York über, dessen Erbanspruch auf die englische Krone besser war als der des regierenden Königs. 1460 besetzte Warwick London, nahm Heinrich gefangen und zwang ihn, zugunsten des Hauses York (weiße Rose) der Thronfolge des Hauses Lancaster (rote Rose) zu entsagen. Nach Yorks Tod proklamierte er dessen Sohn Eduard als Eduard IV. zum König und war in dessen ersten Regierungsjahren der eigentliche Herrscher. Nach Eduards heimlicher Heirat mit Lady Grey (vgl. Anmerkung 192/Heinrich VI.) zog er sich aus der Regierung zurück. Er verbündete sich mit Königin Margareta, die für die Thronansprüche ihres Sohnes und des Hauses Lancaster mit französischer Unterstützung kämpfte, nahm Eduard vorübergehend gefangen und erklärte 1470 Heinrich VI. erneut zum König. Seine Truppen wurden 1471 bei Barnet geschlagen, Heinrich VI. gefangengenommen und ermordet und Warwick selbst von Eduard getötet.

58 *Richard Plantagenet* – Richard Plantagenet (1411–1460), Graf von Cambridge und Herzog von York. Er war väterlicherseits ein Urenkel König Eduards III. als Enkel Edmunds, Eduards fünftem Sohn. Mütterlicherseits war er ein Ururenkel Lionels, Eduards drittem Sohn. Von diesem leitete er seinen Erbanspruch ab, da Heinrich VI. nur ein Nachkomme Johann von Gaunts, des vierten Sohnes Eduards III., war. 1425 erbte York die Besitzungen seines Onkels Edmund Mortimer, Graf von March (vgl. Anmerkung 61), dessen Vater 1385 von dem kinderlosen König Richard II. als Thronfolger bestimmt worden war, die Thron-

folge aber nicht antreten konnte, weil Heinrich IV., der Großvater Heinrichs VI., Richard II. 1399 zur Abdankung zwang. – Richard von York nahm an Heinrichs VI. Kriegen in Frankreich teil und wurde 1453 Protektor für die Dauer von Heinrichs VI. erstem Wahnsinnsanfall. Als er nach des Königs Genesung abgesetzt wurde, erhob er sich mit Warwick und dessen Vater Salisbury und besiegte 1455 die königlichen Truppen. 1460 forderte er die Krone und wurde als offizieller Thronerbe erklärt. Er fiel im gleichen Jahr im Kampf gegen die Truppen Königin Margaretas.

59 *Poole* – Vgl. Anmerkung 56.

60 *Richard Graf von Cambridge* – (gest. 1415) führte 1415 eine Verschwörung gegen Heinrich V. an und wurde nach ihrer Aufdeckung hingerichtet.

61 *Mortimer* – Edmund Mortimer (1391–1425), Graf von March, Sohn des Roger Mortimer, Graf von March, der 1385 von dem kinderlosen König Richard II. als Thronfolger bestimmt worden war. Edmund Mortimer galt ab 1398, dem Todesjahr seines Vaters, als Träger der Thronansprüche des Hauses York. Unter Heinrich IV. wurde er in Gewahrsam gehalten, ab 1405 haftete Heinrich, Prinz von Wales, der spätere Heinrich V., für ihn, der ihn 1413 in alle Rechte wiedereinsetzte. Trotz einer Verschwörung, die 1415 zu seinen Gunsten stattfand, behielt Mortimer das Vertrauen des Königs. Er starb 1425 als angesehnes Mitglied des Regentschaftsrates an der Pest. – Sein Erscheinen im Drama als Gefangener ist dichterische Freiheit und entspricht nicht den Tatsachen; dagegen wurde Johann Mortimer, ein Onkel Eduards, 1424 hingerichtet, weil er einen Aufstand in Wales verursachen wollte.

62 *Nestor-gleich* – Uralt wie Nestor, König von Pylos, der mit der Weisheit seines Alters und großer Beredsamkeit die griechischen Heerführer im Trojanischen Krieg beriet.

63 *keichen* – hauchen.

64 *Heinrich der Vierte* – Heinrich von Bolingbroke (1367–1413), König von England ab 1399. Richard II. war der Sohn Eduards von Woodstock, des ältesten Sohnes Eduards III.; Heinrich IV. war ein Sohn von Johann von Gaunt, Herzog von Lancaster, dem vierten Sohn Eduards III.

65 *Percys* – Heinrich von Percy, Graf von Northumberland (gest. 1408) und sein Sohn Heinrich von Percy (1364–1403), genannt Heißsporn, verhalfen Heinrich IV. zur Thronbesteigung und empörten sich später gegen ihn,

weil sie sich nicht nach Verdienst belohnt glaubten. Beide fanden in Schlachten gegen den König den Tod.

66 *Edmund Langley* – Edmund von Langley, Herzog von York (1341–1402), fünfter Sohn Eduards III.

67 *Memorial* – Denkschrift

68 *Bastard meines Großvaters* – Der Bischof war ein unehelicher Sohn Johanns von Gaunt und Katharina Swynfords, die dieser erst nach der Geburt mehrerer Kinder heiratete.

69 *übermeistern* – seinen Meister finden, den kürzeren ziehen.

70 *Pairs* – Mitglieder des hohen englischen Adels.

71 *wirblicht* – verwirrt.

72 *Heinrich aus Monmouth* – Heinrich V. wurde in Monmouth, Heinrich VI. in Windsor geboren.

73 *Sein Leben ende...* – Der Herzog von Exeter starb 1427; ihm folgte der Graf von Warwick als Vormund des Königs.

74 *Schlauigkeit* – Die Franzosen hatten sich als Korn verkaufende Bauern verkleidet und wurden von den Engländern eingelassen.

75 *Qui est là?* – (franz.) Wer da?

76 *Paysans, pauvres gens de France* – (franz.) Bauern, arme Franzosen.

77 *Trespe* – Lolch, ein giftiges Unkraut, das, dem Brot beigemischt, trübsichtig macht.

78 *Hekate* – Griechische Göttin der Unterwelt, Königin der Geister und Hexen.

79 *Löwenherz* – Richard I. (1157–1199), genannt Löwenherz, König von England ab 1189. Sein Herz wurde in Rouen beigesetzt.

80 *Pendragon* – Uther Pendragon, Vater des sagenhaften britischen Königs Arthur.

81 *Hausgeist* – Dem Aberglauben zufolge wurden Hexen von einem spiritus familiaris (lat.: Hausgeist) begleitet.

82 *siegprangen* – sich des Sieges freuen.

83 *gemodelt* – gestaltet.

84 *wer den Degen zieht* – Nach einem alten englischen Gesetz wurde das Fechten im Königspalast oder angesichts königlicher Richter mit dem Tode bestraft. Noch im 16. Jahrhundert stand auf Blutvergießen im Palast Gefängnis, eine Geldstrafe und Verlust der rechten Hand.

85 *kiesen* – wählen.

86 *Hosenband* – Zeichen des Hosenbandordens, der höchsten englischen Auszeichnung.

87 *Ikarus* – Ikarus, der Sohn des griechischen Erfinders Daeda-

lus, flog mit seinen aus Wachs und Federn gebauten Schwingen der Sonne zu nahe und stürzte ins Meer, während sein Vater Sizilien erreichte. Daedalus war auf der Flucht vor König Minos von Kreta, dessen Mißfallen er erregt hatte.

88 *Alcides* – Anderer Name für Herkules.

89 *Nemesis* – Griechische Göttin der Rache.

90 *Phönix* – Sagenhafter Vogel, der alle fünfhundert Jahre verbrannte, um verjüngt aus der Asche zu erstehen.

91 *Papst* – Martin V., Papst von 1417 bis 1431.

92 *Legat* – Päpstlicher Gesandter.

93 *Des Nordens herrischem Monarchen* – Am Nordpol wohnte Zrini-mar, einer der vier Hauptteufel, die von den Hexen angebetet wurden.

94 *Circe* – In der griechischen Sagen eine Zauberin, welche die Gefährten des Odysseus in Schweine verwandelte.

95 *Prinzessin Margareta* – Margareta von Anjou (1429–1482), Tochter Reigniers von Anjou. Sie wurde 1445 durch Suffolks Vermittlung die Gemahlin Heinrichs VI.; auf ihr Betreiben wurde der Herzog von Gloster gestürzt. Nach Suffolks Fall stützte sie sich hauptsächlich auf Somerset. In England war sie wegen ihrer Verschwendungssucht und Günstlingswirtschaft unbeliebt. Nach Heinrichs Abdankung versuchte sie vergeblich, mit Frankreichs Hilfe die Regentschaft für sich und ihren Sohn Eduard zu sichern, obwohl ihre Truppen mehrmals erfolgreich waren. Nachdem 1471 Heinrich VI. ermordet und ihr Sohn erschlagen worden war, wurde sie fünf Jahre lang gefangengehalten. Sie starb in Frankreich in großer Armut.

96 *Dispensation* – Befreiung von einer Verpflichtung; hier: Genehmigung der Scheidung durch den Papst.
    Quidproquo – (lat.) Eins fürs andere; hier: Gleiches mit Gleichem vergelten.

97 *Minotaur* – Ein sagenhaftes Ungeheuer auf Kreta, das im Labyrinth, einem Irrgarten, gefangengehalten und mit Jünglingen und Jungfrauen des besiegten Athens gefüttert wurde.

98 *Machiavell* – Niccolo di Bernardo dei Machiavelli (1469 bis 1527), florentinischer Staatsmann und Geschichtsphilosoph. Er galt als Inbegriff eines Politikers, der für die Erreichung eines Zieles Gesetze und Moral mißachtete.

99 *Paris* – Paris, ein trojanischer Prinz, entführte Helena, die Gemahlin des Königs von Sparta, Menelaos, und verur-

sachte dadurch den zehnjährigen Trojanischen Krieg, der mit Trojas Untergang endete.

100 *Salisbury* – Richard Neville (1400–1460), Graf von Salisbury, Vater des Grafen von Warwick (vgl. Anmerkung 58). Während Yorks Protektorat war er von 1453 bis 1455 Kanzler. Als einflußreicher Anhänger Yorks wurde er 1460 gefangengenommen und ermordet.

101 *Somerset* – Edmund Beaufort (gest. 1455), Herzog von Somerset. Während er Statthalter in Frankreich war, verlor England fast alle Besitzungen auf dem Kontinent. Er fiel in der ersten Schlacht von St. Albans.

102 *Buckingham* – Humphrey Stafford (1402–1460), Herzog von Buckingham, Anhänger des Königs und Kommandant von Calais. 1458 versuchte er, die Königin mit York zu versöhnen. Er fiel in der Schlacht von Northampton. – Bei Shakespeare fällt er bereits bei St. Albans (vgl. 3. Teil, I/1).

103 *Betkorallen* – Rosenkranz.

104 *Bruder Heinrich* – König Heinrich V.

105 *Mort Dieu!* – (franz.) Tod und Teufel!

106 *in Irland deine Taten* – Richard Plantagenet (vgl. Anmerkung 58) wurde erst 1449 Vizekönig von Irland.

107 *Brand Altheens* – Dem kalydonischen Prinzen Meleager war prophezeit, er werde solange leben, wie seine Mutter Althea ein bestimmtes Feuerscheit am Brennen hielte. Als er im Kampf ihre Brüder erschlug, ließ sie das Scheit verbrennen und tötete dadurch ihren Sohn.

108 *Ceres* – Altitalische Göttin des Ackerbaus und des Getreides.

109 *Supplikanten* – Bittsteller.

110 *Einhegung der gemeinen Hut und Weide* – Im 15. und 16. Jahrhundert wurden in England viele Bauern gewaltsam von ihrem Lande vertrieben. Die Großgrundbesitzer eigneten sich Gemeindeländer an, zogen Lehens- und Pachtgüter ein und rissen ganze Dörfer nieder, um zusammenhängende Landflächen einhegen und in riesige Schafweiden verwandeln zu können; die Wollproduktion warf die höchsten Profite ab.

111 *Nickel* – Hier: Weibsbild. „Schlechtgeboren" bezieht sich darauf, daß Eleanor Cobham, die Herzogin von Gloster, von bürgerlicher Geburt und vor ihrer Ehe bereits des Herzogs Geliebte gewesen war.

112 *Ich setzte meine zehn Gebote drein* – Ich kratzte Euch die

Augen aus. – Die Finger wurden sprichwörtlich als zehn Gebote bezeichnet.

113 *Conjuro te etc.* – (lat.) Ich beschwöre dich, und so weiter.

114 *Adsum* – (lat.) Hier bin ich.

115 *Asmath* – Ein böser Geist.

116 *Aio te, Aeacida, Romanos vincere posse* – Klassisches Beispiel einer doppeldeutigen Prophezeiung. Der lateinische Satz besagt entweder: „Ich verkündige dir, Aeacide, daß du die Römer besiegen kannst", läßt aber ebenso die gegenteilige Auslegung zu. „Ich verkündige, daß dich, Aeacide, die Römer besiegen können."

117 *Tantaene animis caelestibus irae?* – (lat.) So heftiger Zorn in der Seele der Götter? (Vergil, „Aeneis", 1. Gesang, 11. Vers.) Dieses Zitat ist hier, da es auf Pfaffen gemünzt ist, wörtlich zu verstehen: So heftiger Zorn in dem Himmel gehörenden Seelen?

118 *Gesegnet, die auf Erden Frieden stiften* – Vgl. Evangelium des Matthäus, Kapitel 5, Vers 9.

119 *Medice, te ipsum* – (lat.) Beschütze dich selbst.

120 *Eduard der Dritte hatte sieben Söhne* – Vgl. Anmerkung 9/ Richard II.

121 *Owen Glendower* – (vermutlich 1359–1416), Anführer eines walisischen Aufstands gegen Heinrich IV.

122 *er trägt eine Stange* – Angehörige der unteren Schichten durften Zweikämpfe nicht mit dem Schwert, sondern nur mit Stangen durchführen.

123 *Scharneco* – Charnico, ein portugiesischer Süßwein.

124 *Kerns* – dürftig bewaffnete Fußsoldaten. Hier Schimpfwort: Strolche.

125 *John Cade* – Ein Ire, der 1450 einen Aufstand der Bauern Kents, unterstützt vom niederen Adel und von Kaufleuten, gegen Heinrich VI. und seinen Kronrat anführte. Die Aufständischen drangen bis nach London, wo ihnen die Regierung nach einer Schlacht einen Generalpardon anbot. Daraufhin legten die meisten die Waffen nieder; Cade wurde auf der Flucht erschlagen.

126 *Mohrentänzer* – Die Teilnehmer am Morristanz, der in England bei den Maifeiern getanzt wurde, waren mit Glocken behängt.

127 *Basilisk* – Sagenhaftes Reptil, dessen Blick tötete.

128 *aus eh'rner Höhle* – Aeolus, der griechische Gott des Windes, hielt in einer ehernen Grotte die Winde gefangen.

129 *Ascanius* – Der trojanische Prinz Aeneas rettete beim

Brande Trojas seinen Sohn Ascanius. Auf der Flucht vor den Griechen verlor er seine Frau, erlitt vor Karthago Schiffbruch und blieb einige Jahre bei Dido, der Königin von Karthago. Als er sie auf Weisung der Götter verließ, wurde sie wahnsinnig und nahm sich das Leben.

130 *in ihr sträflich Bett* – Warwicks Vater, Richard Neville, erhielt den Titel Graf von Salisbury durch seine Ehe mit Alice, der einzigen Tochter des Thomas Montacute, Graf von Salisbury. Richard Nevilles Vater war erst 1380 geadelt worden.

131 *tödlich wie Alraunen-Ächzen* – Einem Aberglauben zufolge bringt die Alraunenwurzel dem, der sie aus dem Boden zieht, mit einem Seufzer den Tod.

132 *Elysium* – Paradies.

133 *Iris* – Römische Botin der Götter, die über den Regenbogen vom Himmel zur Erde kam.

134 *Zeus* – Oberster römischer Gott, der sich bei seinen vielen Liebesabenteuern in verschiedene Gestalten verwandelte.

135 *Sylla* – Lucius Cornelius Sulla (136–78 v. u. Z.), römischer Diktator.

136 *unsre Sonne mit halbem Antlitz* – Das Feldzeichen Eduards III. zeigte eine Sonne, die durch Wolken hindurchstrahlte.

137 *Invitis nubibus* – (lat.) Dem Gewölk zum Trotz.

138 *Bargulus* – Bargulus, ein illyrischer Seeräuber, war für seinen Reichtum und seine Unerbittlichkeit bekannt.

139 *Pene gelidus tomor occupat artus* – (lat.) Fast ergreift kalter Schrecken die Glieder.

140 *Tullius* – Marcus Tullius Cicero (106–43 v. u. Z.), römischer Redner und Staatsmann; er wurde von gedungenen Mördern erschlagen.

141 *Pompejus* – Gnäus Pompejus Magnus (106–48 v. u. Z.), römischer Konsul und Feldherr; er wurde bei seiner Flucht nach Ägypten von zwei Legionären, Septimius und Achillas, aus dem Boot gestoßen.

142 *Emanuel* – An der Spitze von Urkunden stand oft „Emanuel" (hebr.: Gott mit uns); es ist auch möglich, daß Märten den Namen Emanuel mit a manual (engl.: ein Handschreiben) verwechselt.

143 *Lord Say* – James Fiennes, Baron von Say und Sele, Schatzkanzler unter Heinrich VI., wurde 1450 von den Rebellen enthauptet.

144 *ein Konzession* – Zu Shakespeares Zeit war der Verkauf von

Fleisch in der Fastenzeit streng verboten. In der Fastenzeit schlachten zu dürfen, war deshalb ein besonderes Vorrecht fürstlicher Günstlinge.

145 *Andenken des Sieges* – Cade trug von diesem Tage an das mit goldenen Nägeln verzierte Panzerhemd Sir Humphrey Staffords.

146 *Londner Stein* – Rest eines alten römischen Denkmals.

147 *das Savoyische Quartier* – Ein Palast in London, der bereits beim Bauernaufstand Wat Tylers 1381 zerstört worden war. Shakespeare zog für seine Darstellung der Cade-Revolte auch die Ereignisse von 1381 mit heran.

148 *Musje Baisemoncu* – Spottname für die Franzosen, aus baise mon cul (franz.: küß meinen Hinteren).

149 *bona terra, mala gens* – (lat.) gutes Land, doch schlechte Menschen.

150 *Bericht, den Cäsar schrieb* – In seinen „Kommentarien", seinem Tagebuch, beschrieb Cäsar die Eroberung Galliens und die Besetzung Britanniens („Bellum Gallium", 5. Buch, 14. Kapitel).

151 *sollen unter mir in capite stehn* – sollen mir unmittelbar unterstehen. Lehnsleute in capite erhielten ihr Lehen direkt vom König.

152 *Villageois* – (franz.) Landmann.

153 *Galloglassen* – Schwerbewaffnete irische Soldaten.

154 *Klopffechter* – Bezahlte Berufsfechter, die für ihre Aufschneidereien bekannt waren.

155 *sancta majestas* – (lat.) heilige Majestät.

156 *Gold zu führen* – das Zepter zu halten.

157 *Ajax Telamonius* – Ajax, Sohn Telamons, des Königs von Salamis, war ein griechischer Held im Trojanischen Krieg. Weil nicht er, sondern Odysseus die Waffen des toten Achilles erhielt, erschlug er in wahnsinniger Wut eine Schafherde und erstach sich.

158 *Achilles' Speer* – Achilles, der tapferste Grieche im Trojanischen Krieg, verwundete mit seinem Speer Telephus, den Schwiegersohn des trojanischen Königs Priamus, und heilte ihn, indem er Rost von der Speerspitze in die Wunde streute.

159 *Eduard* – Eduard, Graf von March (1442–1483), ältester Sohn des Herzogs von York. Als sein Vater im Rosenkrieg 1460 gefallen war, übernahm er die Kronansprüche des Hauses York. 1461 ließ er sich mit Hilfe des Grafen von Warwick als König Eduard IV. ausrufen. 1464 heiratete er

heimlich Lady Grey und gab die Ehe erst bekannt, als Warwick bereits mit dem König von Frankreich über eine Ehe
mit einer französischen Prinzessin verhandelte. Warwick
brach mit Eduard IV., verbündete sich mit Königin Margareta und setzte 1470 noch einmal Heinrich VI. auf den
Thron. Eduard floh nach Flandern, kehrte 1471 zurück, besiegte und erschlug Warwick in der Schlacht von Barnet,
nahm Heinrich VI. und Königin Margareta gefangen und
tötete deren einzigen Sohn Eduard, der mit einer Tochter
Warwicks verlobt war. Im Jahre 1475 schloß Eduard IV.
einen siebenjährigen Frieden mit Frankreich.

160   *Richard Plantagenet* – Richard Herzog von Gloster (1452 bis
1485), jüngster Sohn des Herzogs von York. Der Tod Heinrichs VI. und des Prinzen von Wales wird ihm zur Last gelegt. Für seine Mithilfe bei der Thronbesteigung Eduards IV. wurde er mit Ehren und Grundbesitz belohnt.
Nach Eduards IV. Tod im Jahre 1483 wurde ihm die Sorge
für die königliche Familie und für das Königreich während
der Minderjährigkeit Eduards V. übertragen. Durch Intrigen und Mord soll er alle Angehörigen seiner Familie beseitigt haben, die vor ihm ein Anrecht auf die Krone gehabt
hätten. Als Richard III. wurde er 1483 König von England.

161   *Bedlam* – Das Londoner Irrenhaus.

162   *Bärenpaar* – Ein stehender Bär und ein Knotenstock waren
im Wappen der Familie Neville abgebildet.

163   *La fin couronne les œuvres* – (franz.) Das Ende krönt die
Werke.

164   *Als am Absyrtus wild Medea tat* – Medea, eine griechische
Zauberin und Tochter des Königs von Kolchis, entfloh mit
Jason, dem König von Jolkos. Um den sie verfolgenden Vater aufzuhalten, riß sie ihren Bruder Absyrtus in Stücke, die
sie ihrem Vater in den Weg legte.

165   *So trug Aeneas einst den Geist Anchises* – Der trojanische Prinz
Äneas trug seinen Vater Anchises aus dem brennenden
Troja.

166   *Winterlöwe* – Ein Mann, der noch im Alter kühn wie ein
Löwe ist.

167   *Norfolk* – John Mowbray, Herzog von Norfolk (1415–1461),
Anhänger Yorks. Er war während Yorks Protektorat Lordmarschall von England.

168   *Northumberland* – Henry Percy, Graf von Northumberland
(1421–1461), Anhänger des Königs. Er erschlug 1460 den
Herzog von York.

169 *Lord Clifford* – John, Baron von Clifford (um 1435–1461), genannt der Schlächter, weil er für seine Grausamkeit bekannt war.

170 *Lord Stafford* – Humphrey Stafford, Graf von Devon (1439 bis 1469), Anhänger Yorks. Eduard IV. ließ ihn hinrichten, weil er wegen einer persönlichen Fehde mit dem Grafen von Pembroke bei der Niederschlagung eines Aufstandes seine Truppen zurückzog.

171 *seine Glöcklein schüttelt* – Bei der Jagd wurden den Falken Glöckchen angehängt.

172 *reut ihn aus* – reiße ihn aus; hier: entthrone ihn.

173 *Westmoreland* – Ralph Neville, Graf von Westmoreland (gest. 1484).

174 *Dein Vater war, wie du, Herzog von York* – Yorks Vater war nur Graf von Cambridge.

175 *Prinz* – Eduard, Prinz von Wales (1453–1471), einziger Sohn Heinrichs VI.; er wurde 1460 im Parlament enterbt, als sein Vater den Herzog von York als Thronerben anerkannte. Alle Bemühungen seiner Mutter, mit französischer Hilfe seinen Thronanspruch zu sichern, scheiterten. Er wurde nach der Schlacht von Tewkesbury auf Befehl Eduards IV. erschlagen.

176 *Faulconbridge* – Thomas, Bastard von Fauconberg (gest. 1471). Als Vize-Admiral bewachte er die Meeresstraße zwischen Dover und Calais und versenkte die Schiffe Heinrichs VI., er wurde als Seeräuber enthauptet.

177 *der drei Lords Verlust* – Graf von Northumberland, Graf von Westmoreland und Baron von Clifford hatten Heinrich verlassen, weil sie mit seinem Verzicht nicht einverstanden waren.

178 *Rutland* – Edmund, Graf von Rutland (um 1443–1455), Sohn des Herzogs von York.

179 *Di faciant, laudis summa sit ista tuae* – (lat.) Mögen die Götter geben, daß dies der Gipfel deiner Ruhmestaten sei; das heißt: der letzte deiner Frevel.

180 *Nun ist vom Wagen Phaeton gestürzt* – Phaeton, der Sohn des griechischen Sonnengottes Phoebus, erbat die Erlaubnis seines Vaters, einmal den Sonnenwagen lenken zu dürfen. Als er durch sein Versagen auf der Erde einen Brand verursachte, stürzte ihn Zeus zur Strafe in einen Fluß.

181 *wie eine Amazonentrulle* – wie ein entmenschtes Weib.

182 *Tartsche* – Schild.

183 *grause Zeitung* – grauenhafte Neuigkeit.

184 *Parlamentsschluß* – Das Parlament hatte 1460 beschlossen, daß der Herzog von York Protektor und Regent des Landes sein sollte, solange Heinrich VI. lebe, und daß nach Heinrichs Tod York den Thron erben solle.

185 *Lord George* – George, Herzog von Clarence (1449–1478), zweiter Sohn des Herzogs von York. Daß er 1469 Isabella, die Tochter Warwicks heiratete, führte zum Zerwürfnis mit seinem Bruder, König Eduard IV., den er mit Warwick im gleichen Jahr vorübergehend gefangennahm. 1471 ging er mit seinen Truppen zu Eduard über, weil er die neuerliche Inthronisation Heinrichs VI. mißbilligte. Als sein Bruder Richard, Herzog von Gloster, 1474 Warwicks jüngere Tochter Anna, die mit Heinrichs VI. einzigem Sohn verlobt gewesen war, heiratete, geriet George mit ihm wegen der Erbteilung von Warwicks Vermögen in Streit, der nur durch Vermittlung des Parlaments beigelegt werden konnte. Nach Isabellas Tod warb George um die Hand Marias von Burgund. Eduard IV. verbot diese Ehe, weil Marias Vater, der Herzog von Burgund, ihm gerade abtrünnig geworden war und mit König Ludwig von Frankreich einen Vertrag geschlossen hatte. Unter dem Verdacht, Eduard IV. nach dem Leben zu trachten, wurde George 1478 zum Tode verurteilt und angeblich in einem Weinfaß ertränkt.

186 *Des Vater in die Hölle sich gekargt* – dessen Vater für sein Schätzeraffen in die Hölle kam.

187 *Eisen von Napel* – Spottname für Margareta wegen ihrer ursprünglichen Armut als Tochter des Titularkönigs von Neapel.

188 *Strohwisch* – Schandzeichen für unkeusche Weiber.

189 *Wie Priamus* – Priamus, der letzte König von Troja, soll fünzig Söhne gehabt haben, die er fast alle im Trojanischen Krieg verlor.

190 *Fräulein Bona* – Bona von Savoyen, Schwester Ludwigs XI. (1423–1483), des Königs von Frankreich ab 1461.

191 *Glosters Herzogtum ist unglückdeutend* – Thomas von Woodstock, Herzog von Gloster (1355–1397), starb unter geheimnisvollen Umständen unter Richard II.; Humphrey, Herzog von Gloster (1391–1447), wurde unter Heinrich VI. auf Betreiben der Königin ermordet.

192 *Lady Grey* – Elisabeth Woodwille (um 1437–1492) Witwe des John Grey, Baron Ferres von Groby, der als Anhänger Heinrichs VI. 1461 gefallen war. Eduard IV. heiratete sie

heimlich 1464 und ließ sie 1465 krönen. Ihre Familie wurde, sehr zum Ärger des Adels, mit Ämtern und Ehren überhäuft. Nach Eduards Tod suchte sie im Kloster Schutz vor Richard III., der ihre Ehe mit Eduard 1484 für ungültig und ihre Kinder für unehelich erklären ließ. Nach Richards Tod wurde sie in ihre Rechte als Köngin-Witwe wiedereingesetzt.

193 *Verziehe noch* – Bleibe noch.

194 *Bärenjunges, das ungeleckt, der Mutter Spur nicht trägt* – Früher glaubte man, daß das Bärenjunge als unförmiger Klumpen geboren werde und erst durch das Belecken der Bärin Gestalt erhielte.

195 *Ulyß* – Odysseus, König von Ithaka

196 *Sinon* – Sohn Sisyphus', des Königs von Korinth. Er überredete die Trojaner, das mit Griechen gefüllte hölzerne Pferd in die Stadt zu ziehen. Durch diese List wurde Troja erobert.

197 *Proteus* – Weissagender griechischer Meeresgott, der die Gabe besaß, sich in jede beliebige Gestalt verwandeln zu können.

198 *König Ludwig* – Ludwig XI. (1423–1483), König von Frankreich ab 1461. Er unterstützte Königin Margareta finanziell und mit Truppen bei ihrem Bestreben, den englischen Thron für Heinrich VI. zurückzuerobern. 1476 schloß er mit Eduard IV. einen Vertrag, der die Vermählung seines Sohnes mit einer Tochter Eduards vorsah.

199 *Graf von Oxford* – John von Vere, Graf von Oxford (1443 bis 1513), Anhänger Heinrichs VI.; er wurde von 1474 bis 1484 gefangengehalten und erst von Heinrich VII. in seine Rechte wiedereingesetzt.

200 *meiner Nichte Mißhandlung* – Eduard IV. war für sein ausschweifendes Leben bekannt und soll auch Warwicks Nichte verführt haben.

201 *Weidenkranz* – Der Weidenkranz war das Zeichen verschmähter Liebe oder Trauer über gebrochene Treue.

202 *Pembroke* – William Herbert, Graf von Pembroke (gest. 1469), Anhänger Yorks. Unter Eduard IV. war er Oberster Richter und Mitglied des Geheimen Rats. Er wurde nach der Gefangennahme durch die Anhänger Heinrichs VI. hingerichtet.

203 *Hastings* – William, Baron von Hastings (um 1430–1483), Anhänger Eduards IV.; beim Angriff auf Frankreich 1475 führte er die englischen Truppen. Er wurde ermordet, weil

er sich den Intrigen Richards von Gloster gegen Eduard IV. widersetzte.

204 *von Abkunft nicht unedel* – Der Vater der Lady war Richard Woodville, Graf von Rivers; ihre Mutter war die Witwe des Herzogs von Bedford, eines Bruders König Heinrichs V.

205 *wie Ulysses und Held Diomed . . .* – Odysseus und der griechische Prinz Diomedes überfielen Rhesus, den König von Thrazien, einen Bundesgenossen der Trojaner, erschlugen ihn und entführten seine berühmten Pferde, die Rhesus mit Menschenfleisch gefüttert hatte.

206 *Rivers* – Anthony Woodville, Baron von Scales und Graf von Rivers (um 1442–1483), Bruder der Königin Elisabeth. In den ersten Jahren des Rosenkrieges kämpfte er auf der Seite Heinrichs VI.; 1470/71 begleitete er Eduard IV. ins Exil und wurde nach dessen Tod Vormund des Prinzen von Wales. Richard von Gloster beschuldigte ihn des Hochverrats und ließ ihn hinrichten.

207 *Richmond* – Heinrich Tudor, Graf von Richmond (1457 bis 1509). Nach dem Tode Heinrichs VI. und dessen einzigem Sohn Eduard, Prinz von Wales, war er das Haupt des Hauses Lancaster. Seine Mutter, Margarete Beaufort, Gräfin von Richmond und Derby (1443–1509), war eine Enkelin Johanns von Gaunt, des Herzogs von Lancaster, eines Bruders König Eduards III.; von letzterem leitete sowohl das Haus York als auch das Haus Lancaster seinen Thronanspruch ab. Richmond wuchs in der Bretagne auf und wurde Mittelpunkt des vor Richard III. flüchtenden englischen Adels. 1485 landete er in England und besiegte und erschlug Richard III. in der Schlacht von Bosworth mit Hilfe seines Stiefvaters Sir Thomas Stanley, Graf von Derby (1435 bis 1504). Als Heinrich VII. war er König von England ab 1485. Im folgenden Jahr heiratete er Elisabeth von York (1465–1503), die älteste Tochter Eduards IV., und beendete durch diese Vereinigung der Familien York und Lancaster die Rosenkriege, in denen der größte Teil des alten englischen Adels sich gegenseitig vernichtet hatte.

208 *Aldermänner* – Ratsherren.

209 *Hektor* – Sohn des Priamus, des Königs von Troja.

210 *Atlas* – Riese in der griechischen Mythologie, der dazu verurteilt wurde, mit Kopf und Händen den Himmel zu tragen.

211 *die Zehne* – Im Kartenspiel war früher die Zehn die höchste Karte nach dem König.

212 *Zwei Herzöge von Somerset...* – Edmund Beaufort, Herzog von Somerset, Anhänger Heinrichs VI., Statthalter von Frankreich, wurde unter Yorks Protektorat 1455 hingerichtet; sein Sohn Henry Beaufort, Herzog von Somerset (1436–1464), Anhänger Heinrichs VI., wurde nach einem Sieg Yorks gefangengenommen und hingerichtet.

213 *Jephta* – Der jüdische Feldherr Jephta gelobte, wenn er die Ammoniter besiegen sollte, Gott das zu opfern, was ihm bei seiner Heimkehr zuerst entgegenkäme. Er hielt den Schwur, obgleich es seine einzige Tochter betraf (vgl. Buch der Richter, Kapitel 11, Vers 30ff.).

214 *Äsop* – Anspielung auf Glosters Buckel: Der griechische Fabeldichter Äsop (6. Jahrhundert v. u. Z.) war der Sage nach verwachsen.

215 *Roscius* – Quintus Roscius Gallus (gest. 62 v. u. Z.), berühmter römischer Schauspieler.

216 *der von Kreta...* – Ikarus; vgl. Anmerkung 87.

KÖNIG RICHARD III.

1 *Sonne Yorks* – Feldzeichen König Eduards IV., der seit 1471 als erster König aus dem Hause York regierte.

2 *Der grimm'ge Krieg* – Von 1455 bis 1485 herrschte in England Bürgerkrieg, der nach den Feldzeichen der um die Krone kämpfenden Königsfamilien York (weiße Rose) und Lancaster (rote Rose) „Rosenkriege" genannt wurde.

3 *Frau Shore* – Jane Shore, Frau eines Londoner Goldschmiedes. Im Jahre 1470 gewann sie als Eduards IV. Geliebte großen Einfluß. Nach seinem Tode wurde sie die Geliebte des Lord Grey (bei Shakespeare: des Lord Hastings). Richard III. klagte sie 1483 der Zauberei an und ließ sie zu öffentlicher Buße verurteilen. Sie starb 1527 als Bettlerin.

4 *Die eifersücht'ge, abgenutzte Witwe und jene...* – Königin Elisabeth, die Witwe des Lord Grey, und Jane Shore.

5 *Warwicks jüngste Tochter* – Anna (1456–1484), Tochter des Grafen von Warwick. 1470 war sie mit Eduard, dem Sohn Heinrichs VI. und Prinzen von Wales, verlobt worden. Die Ehe wurde nicht geschlossen, da Eduard 1471 ermordet wurde. Anna heiratete 1474 Richard von Gloster und wurde 1483 Königin.

6 *Chertsey* – Kloster bei London.

7 *Plantagenet* – Die Königsfamilien York und Lancaster gehö-

ren beide zum Hause Plantagenet, das von 1154 bis 1485 regierte.

8   Rutland – Vgl. Anmerkung 178/Heinrich VI. Rutland wurde von Chlifford, einem Anhänger Heinrichs VI., ermordet.

9   *Crosby-Hof* – Richard wohnte häufig im Hause des Kaufmanns John Crosby (gest. 1475) und kaufte es nach dessen Tod.

10   *Lord Grey* – Richard Grey (gest. 1483), Sohn der Königin aus erster Ehe. Im Zusammenhang mit dem Prozeß gegen seine Geliebte Jane Shore wurde er hingerichtet, weil er versucht hätte, Eduard V. seinem Vormund Richard von Gloster durch Zauberei zu entfremden.

11   *Buckingham* – Henry Stafford, Herzog von Buckingham (um 1454–1483). Im Prozeß gegen Georg von Clarence sprach er als Oberrichter das Todesurteil und half Richard von Gloster bei allen Gewalttaten. Drei Monate nach Richards Krönung erhob er sich aus Ehrgeiz gegen ihn und wurde hingerichtet.

12   *Stanley* – Thomas Stanley, Graf von Derby (1435–1504), Oberhofmeister bei Heinrich VI. und auch bei Eduard IV. Er wurde 1483 gefangengesetzt, weil er Eduard V. unterstützte. 1485 setzte ihn Richard III. wieder in seine Ämter ein. In der Schlacht von Bosworth blieb er mit seinen Truppen neutral und ermöglichte so seinem Stiefsohn Heinrich von Richmond den Sieg über Richard III.

13   *Gräfin Richmond* – Margarete Beaufort, Gräfin von Richmond und Derby (1443–1509). Als Enkelin Johanns von Gaunt, des Herzogs von Lancaster, eines Bruders König Eduards III., vererbte sie auf ihren Sohn Heinrich von Richmond den Thronanspruch des Hauses Lancaster. Seit 1482 war sie mit Lord Stanley vermählt.

14   *Dorset* – Thomas Grey, Baron Ferrers von Groby, ab 1476 Marquis von Dorset (1451–1501), Sohn der Königin aus erster Ehe.

15   *Fuchsschwänzend* – Schmeichelnd.

16   *zu Sankt Albans* – 1461 besiegte Margareta Eduard IV. bei Sankt Albans, erwirkte aber nur die vorübergehende Freilassung ihres Gatten Heinrich VI.

17   *Kakodämon* – Mitgestalteter Unhold, böser Geist.

18   *als mit Papier die Heldenstirn du kröntest* – Ehe Margareta den gefangenen Herzog von York töten ließ, setzte sie ihm eine Papierkrone auf, aus Hohn auf seinen Thronanspruch, und

gab ihm ein Tuch, das mit dem Blut seines gerade erschlagenen Sohnes Rutland befleckt war. Vgl. „Heinrich VI.", 3. Teil, I/4.

19 *Northumberland* – Henry Percy, Graf von Northumberland (1421–1461), Anhänger Heinrichs VI., besiegte 1460 die Truppen des Herzogs von York bei Wakefield.

20 *Eduard ... jetzo Prinz von Wales* – Eduard, Prinz von Wales (1471–1483), Sohn Eduards IV., als Eduard V. 1483 zwei Monate lang König von England. Richard von Gloster, sein Vormund, ließ ihn für unehelich erklären und im Tower ersticken.

21 *Wühlend Schwein* – Da Richards Feldzeichen ein weißer Eber war, bezeichneten ihn die Gegner oft mit Schwein.

22 *Catesby* – William Catesby (gest.1485), Jurist und Günstling Richards III.; nach der Schlacht von Bosworth wurde er enthauptet.

23 *Vaughan* – Sir Thomas Vaughan (gest. 1483), Anhänger Eduards IV. und Kammerherr Eduards V.; wurde auf Befehl Richards III. hingerichtet.

24 *nach einem Spruch der Bibel* – „Laß dich nicht das Böse überwinden, sondern überwinde das Böse mit Gutem." Brief des Apostels Paulus an die Römer, Kapitel 12, Vers 21.

25 *Der grimme Fährmann* – Nach der griechischen Sage setzt der Fährmann Charon die Seelen der Toten über den Totenfluß in die Unterwelt über.

26 *der eidvergeßne Clarence* – Mit seinem Schwiegervater Warwick nahm Clarence 1469 seinen Bruder Eduard IV. gefangen, brach aber dann den Eid, den er auf das Haus Lancaster geschworen hatte, und ging zu Eduard über. 1471 erschlug er mit seinen Brüdern den Sohn Heinrichs VI.

27 *O schon' mein schuldlos Weib* – Seine Frau Isabella war bereits vor seiner Gefangensetzung gestorben. Allgemein wurde angenommen, daß Richard von Gloster sie habe vergiften lassen. Der Hauptgrund des Zerwürfnisses zwischen Eduard IV. und Clarence war vermutlich, daß Clarence 1477 um Maria von Burgund geworben hatte, die der König mit seinem Schwager Lord Rivers vermählen wollte.

28 *Eu'r Bruder Gloster haßt Euch* – Der Grund für diesen Haß war offenbar die Weigerung Clarences, seinem Bruder die Hälfte der Güter Warwicks abzutreten, die Gloster zustanden, nachdem er 1474 Warwicks Tochter Anna geheiratet hatte.

29 *Merkur* – Römischer Götterbote, der häufig mit geflügelten Sandalen dargestellt wurde.

30 *Herzog Norfolk* – John Howard, Herzog von Norfolk (um 1430–1485), ab 1467 Hofschatzmeister und unter Richard III. Lordmarschall.

31 *Herzogin von York* – Cäcilie Neville (gest. 1495), die Witwe Richard Plantagenets, des Herzogs von York, der sie 1438 geheiratet hatte. Sie war die Mutter Eduards IV., Richards von Gloster und Georgs von Clarence.

32 *Ratcliff* – Sir Richard Ratcliffe (gest. 1485); er wurde von Eduard IV. geadelt und war Günstling und Ratgeber Richards III.; er fiel in der Schlacht von Bosworth.

33 *Ludlow* – Stadt in Wales, Wohnsitz der englischen Kronprinzen.

34 *Erzbischof von York* – Thomas Rotherham (1423–1500), Erzbischof von York ab 1480. Er war Siegelbewahrer Eduards IV. und wurde nach dessen Tod vorübergehend inhaftiert, weil er sich zu Königin Elisabeth loyal verhielt.

35 *Herzog von York* – Richard, Herzog von York (1472–1483), zweiter Sohn Eduards IV.; er wurde mit seinem Bruder Eduard V. im Tower ermordet.

36 *Kardinal Bourchier* – Thomas Bourchier (um 1404–1486), Erzbischof von Canterbury ab 1454. Er krönte Eduard IV. und Elisabeth Woodville und wurde 1467 Kardinal. Auf sein Drängen überließ Elisabeth ihren zweiten Sohn, Richard, seinem Onkel Richard III., der ihn dann ermorden ließ. Der Kardinal krönte 1483 Richard III. und vollzog 1486 die Trauung zwischen Heinrich VII. und Elisabeth von York.

37 *in London, Eurer Kammer* – Seit der Normannischen Eroberung 1066 hatte London den Titel camera regis, (lat.) Kammer des Königs.

38 *Von kirchenflücht'gen Kindern nie* – Da der Prinz noch unmündig ist, hat er die Zuflucht zur Freistatt nicht freiwillig genommen; sie wurde aber im allgemeinen nur dem gewährt, der Verstand genug hat, um aus eignem Entschluß darum zu bitten, oder der ein Verbrechen begangen hat und vor weltlicher Bestrafung geschützt werden möchte.

39 *Hat Julius Cäsar ihn gebaut?* – Die Grundsteinlegung zum Tower, der alten Londoner Festung, wurde früher irrtümlich Cäsar zugeschrieben, der 55 und 54 v. u. Z. mit seinen Truppen von Gallien nach Britannien übersetzte. Im 1. Jahrhundert u. Z. wurde Britannien römische Provinz und blieb es bis 410.

40 *Bischof von Ely* – Dr. John Morton (um 1420–1500), Bischof von Ely ab 1479. Wegen einer Unterstützung der Familie

Eduards IV. nach dessen Tod wurde er 1483 inhaftiert. Er ermutigte Buckingham, sich gegen Richard III. zu erheben, und floh anschließend nach Flandern. 1486 wurde er Erzbischof von Canterbury und 1493 Kardinal. Auf seine Anregung geht die Eheschließung Heinrichs VII. mit Elisabeth von York zurück.

41 *Lovel* – Francis Lovell (1454 bis um 1487), Baron Lovell von Tichmarsh; im Jahre 1480 wurde er von Eduard IV. geadelt, und später war er Ratgeber und Lordkammerherr Richards III.

42 *in rostigem Harnisch* – Durch das Anlegen einer abgenutzten Rüstung wollte Richard den Bürgern glaubhabt machen, daß er in höchster Not und Gefahr gehandelt habe.

43 *Gildehaus* – Das Londoner Rathaus.

44 *Da habe mein erlauchter Vater York in Frankreich Krieg geführt* – Der Herzog von York befehligte die englischen Truppen im Krieg gegen Frankreich um den Thronanspruch Heinrichs VI. und war von 1440 bis 1446 Statthalter der Normandie. Eduard IV. wurde 1442 geboren.

45 *Baynards-Schloß* – Der Wohnsitz der Familie York in London.

46 *zum Doktor Shaw ... Pater Penker* – Dr. Shaw und Pater Penker waren Geistliche der Sankt-Pauls-Kathedrale, die in ihren Predigten Richards Thronansprüche begründen und beim Volk glaubhaft machen sollten.

47 *Kopei* – Abschrift.

48 *Unechtheit der Kinder Eduards* – Am 25. Juli 1483 erreichte Richard, daß ein Scheinparlament die Kinder seines Bruders Eduard IV. als unehelich erklärte, wodurch er „rechtmäßig" Anspruch auf den Thron erhielt.

49 *Eh'vertrag mit Lady Lucy* – Lady Lucy war vor Eduards Ehe mit Elisabeth Grey seine Geliebte gewesen. Das Eheversprechen hatte die Herzogin von York aufgebracht, um die Heirat Lady Greys zu verhindern. Da aber Eduard tatsächlich mit Eleanor Butler, der Tochter des Grafen von Shrewsbury, vorher heimlich versprochen gewesen war, wurde seine Ehe mit Elisabeth Grey für aufgelöst erklärt. In England galt ein Eheversprechen soviel wie eine geschlossene Ehe.

50 *Und dem in Frankreich* – Eduards heimliche Ehe mit Elisabeth Grey kam einer Verbindung mit der französischen Prinzessin Bona von Savoyen zuvor, die durch Warwick im Auftrag des Königs bereits spruchreif gemacht worden war.

51 *Supplikantin* – Bittstellerin; hier: Königin Elisabeth, die Eduard IV. kennenlernte, als sie um Rückgabe der konfiszierten Güter ihres im Kampf gegen Eduard IV. gefallenen Gatten Lord Grey bat.

52 *Luft'ge Beerber unbewillter Freuden* – Ohne ein Testament zu hinterlassen, sind die Freunde dahingegangen. An ihre Stelle sind als Erben ohnmächtige Klagen getreten.

53 *Lethe* – Nach der griechischen Sage Fluß des Vergessens in der Unterwelt.

54 *Wankelmütig Weib* – Elisabeth täuschte mit ihrem Zugeständnis Richard III., denn unmittelbar nach diesem Gespräch versprach sie brieflich ihre Zustimmung zu einer Ehe zwischen ihrer Tochter und Heinrich Tudor, dem späteren Heinrich VII.

55 *George Stanley, Euren Sohn* – George Stanley, Lord Strange (1465–1515), Stiefbruder Heinrichs VII., Sohn Lord Stanleys aus erster Ehe.

56 *Mit großer Macht gelandet* – Der spätere Heinrich VII. landete mit etwa 2 000 Mann in Wales, weil er hoffte, daß ihn die Waliser unterstützen würden, da er selbst in Wales geboren worden war.

57 *Sir Christopher Urswick* – (1448–1522), Kaplan der Gräfin von Richmond und später Diplomat in Heinrichs VII. Diensten.

58 *Allerseelentag* – Der 2. November.

59 *Oxford* – John von Vere, Graf von Oxford (1443–1513), Anhänger des Hauses Lancaster; er war von 1474 bis 1484 gefangengehalten worden, war nach seiner Flucht zu Richmond gegangen und befehligte bei Bosworth die Bogenschützen.

60 *Sir James Blunt* – (gest. 1493), Kommandant der Festung, in der Oxford gefangengehalten worden war. Er hatte 1484 Oxford zur Flucht verholfen.

61 *Graf von Surrey* – Thomas Howard, Graf von Surrey (1443 bis 1524), Herzog von Norfolk ab 1514. Er kämpfte auf der Seite Richards III. und wurde nach der Schlacht von Bosworth vorübergehend inhaftiert. Später diente er Heinrich VII. im Kampf gegen Schottland.

62 *verdreifacht den Belauf* – verdreifacht die Kampfstärke. Richmonds Armee belief sich auf 5 000 Mann, die Richards III. auf 12 000; allerdings rechnete Richard mit den 3 000 Mann, die Stanley unterstanden und zugunsten Richmonds an der Schlacht nicht teilnahmen.

63   *Folie* – Fassung.

64   *Sassen* – Hier: Lehnsleute, Soldaten.

65   *zieht die Pfeile bis zum Kopf* – Die englischen Bogenschützen waren dafür berühmt, die Pfeile vor dem Abschnellen bis hinters Ohr ziehen zu können und dadurch ihre Schnellkraft zu erhöhen.

66   *worauf das Sakrament wir nahmen* – Heinrich VII. hatte im Exil geschworen, die Rosenkriege durch eine Ehe mit Elisabeth von York, der ältesten Tochter Eduards IV., zu beenden. Er heiratete sie 1486.

67   *Mög' ihr Geschlecht...* – Huldigung Shakespeares an Elisabeth Tudor (1533–1603), Enkelin Heinrichs VII., als Elisabeth I. Königin von England ab 1558.

KÖNIG HEINRICH VIII.

1   *Tartschenlärm* – Geräusch aneinanderschlagender Schilde. Hier: Kriegsgeschrei.

2   *Herzog von Norfolk* – Thomas Howard, Graf von Surrey, Herzog von Norfolk (1443–1524); von 1501 bis 1522 war er Oberschatzmeister, er wurde 1520 zum Beschützer des Königreiches ernannt und wirkte 1521 im Prozeß gegen seinen Freund Buckingham als außerordentlicher Oberrichter.

3   *Herzog von Buckingham* – Edward Stafford, Herzog von Buckingham (1478–1521), Mitglied des Geheimen Rats Heinrichs VIII.; wegen angeblicher verräterischer Absichten gegenüber dem König wurde er 1521 verurteilt und hingerichtet.

4   *Lord Abergavenny* – George Neville, Baron von Bergavenny (um 1461–1535), Schwiegersohn Buckinghams. Er wurde mit Buckingham verhaftet, 1522 wieder freigelassen und befehligte später die englische Armee in Frankreich.

5   *zween Ruhmessöhn'* – Franz I. (1494–1547), König von Frankreich ab 1515, und Heinrich VII. (1491–1547), König von England ab 1509, trafen 1520 zu einer mehrtägigen Beratung in der Picardie zusammen. Ardres gehörte damals zu England, Guines zu Frankreich. Die Vereinbarungen, die hier getroffen wurden, hielten Heinrich VIII. nicht ab, von 1522 bis 1525 noch einmal gegen Frankreich Krieg zu führen. Erst 1526 schlossen beide Könige eine Heilige Liga gegen Karl V. von Spanien.

6   *Cherubim* – Im Alten Testament höhere Engel, die man sich
    als schöne Jünglinge vorstellte.

7   *Bevis dünkt uns wahr* – Bevis, Graf von Southampton (12. Jahr-
    hundert), ein englischer Krieger, über dessen Heldentaten
    unglaubliche Geschichten erzählt wurden.

8   *Kardinal von York* – Thomas Wolsey (um 1475–1530), engli-
    scher Kardinal und Staatsmann. 1515 wurde er Kardinal
    und Lordkanzler, 1518 päpstlicher Gesandter auf Lebens-
    zeit. Unter seinem beherrschenden Einfluß spielte England
    als Bündnispartner sowohl Spaniens als auch Frankreichs
    auf dem Kontinent eine wichtige Rolle. Innenpolitisch schal-
    tete er das Parlament fast völlig aus. Als er die Verhandlung
    für eine Scheidung Heinrichs VIII. von Katharina von Ara-
    gon nur zögernd führte, fiel er beim König in Ungnade, so
    daß seine Gegner 1529 seine Absetzung, die Verbannung
    vom Hofe und die Einziehung seiner Güter erreichten.

9   *solch ein Klump* – Hier: Fettkloß; Anspielung darauf, daß
    Wolseys Vater Fleischer war.

10 *Nach jenem grausen Sturm* – Am 18. Juni 1520 tobte über Eu-
    ropa ein heftiges Unwetter. Es wurde allgemein als böses
    Vorzeichen für das Verhältnis der Fürsten zueinander an-
    gesehen.

11 *Frankreich . . . legt Beschlag auf unsrer Kaufherrn Güter in Bor-
    deaux* – Im Mai 1522 ordnete der französische König die
    Beschlagnahme der Handelsware englischer Kaufleute in
    Bordeaux und deren Festnahme an.

12 *vor dem die Tasche getragen wird* – Die Tasche enthielt das
    Große Siegel, das Wolsey als Lordkanzler vorangetragen
    wurde.

13 *Der Hausvogt* – Buckinghams Hausvogt war sein Vetter
    Charles Knyvet.

14 *Das Buch des Bettlers zählt vor edlem Blut* – Ein gebildeter Bür-
    gerlicher gilt mehr als ein Edelmann von Geblüt.

15 *Kaiser Karl* – Karl V. (1500–1558), König von Spanien ab
    1516, Kaiser von Deutschland von 1519 bis 1555. In seinen
    vier Kriegen gegen den französischen König Franz I. um
    die Vorherrschaft in Europa war Heinrich VIII. bis 1538
    sein Gegner, dann bis zur Niederlage Franz' I. 1544 sein
    Verbündeter. Karls Mutter Johanna war die Schwester der
    englischen Königin Katharina von Aragon. Karl besuchte
    seine Tante 1522 zum zweitenmal.

16 *Die Kön'gin* – Katharina von Aragon (1485–1536), jüngste
    Tochter Ferdinands von Spanien, die erste der sechs Ge-

mahlinnen Heinrichs VIII. 1501 war sie mit Heinrichs VII. ältestem Sohn Arthur, dem Prinzen von Wales, vermählt worden, der im folgenden Jahr starb. 1503 wurde sie mit Prinz Heinrich, dem späteren Heinrich VIII., verlobt. Bis zu seiner Thronbesteigung lebte sie in dürftigsten Verhältnissen in England, da ihr Schwiegervater, der sie erst selbst hatte heiraten wollen, gegen sie intrigierte. Heinrich VIII. heiratete sie 1509 nach seiner Thronbesteigung. Von ihren fünf Kindern blieb nur Maria die Blutige (vgl. Anmerkung 63) am Leben. Während Heinrichs Feldzügen in Frankreich war Katharina Regentin in England. Um das beabsichtigte Bündnis mit Frankreich zu fördern und weil Katharina ihm keinen männlichen Erben geschenkt hatte, strebte Heinrich VIII. ab 1526 die Auflösung der Ehe an. Als der Papst die Scheidung verweigerte, ließ Heinrich die Ehe 1533 auf Beschluß der englischen Geistlichen trennen und heiratete Anna Boleyn. Katharinas Ehe wurde 1534 vom Papst für gültig erklärt, woraufhin Heinrich eine von Rom unabhängige Anglikanische Kirche bildete, deren Oberhaupt der englische König war. Der größte Teil der Anhänger Katharinas wurde 1535 von Heinrich hingerichtet.

17 *König* – Heinrich VIII. (1491–1547), König von England ab 1509. In seinen ersten Regierungsjahren führte er erfolglos gegen Frankreich Krieg und beschränkte sich später, unter Wolseys Einfluß, auf eine Politik der friedlichen Vermittlung zwischen Frankreich, Spanien und Deutschland. Obwohl er ein gläubiger Katholik war und wegen seiner gegen Luther gerichteten Schrift „Eine Verteidigung der sieben Sakramente" 1521 von Papst Leo X. den Titel „Verteidiger des Glaubens" verliehen bekommen hatte, gründete er wegen der Haltung des Papstes gegenüber seinen Scheidungsabsichten eine von Rom unabhängige Kirche. Vom Papst in den Bann getan, schloß er sich 1538 den deutschen Protestanten an. Heinrich regierte formal konstitutionell, in Wirklichkeit aber als absoluter Herrscher.

18 *Lord Montacut'* – Sir Henry Pole, Baron von Montacute (um 1492–1538); im Zusammenhang mit dem Prozeß Buckinghams wurde er begnadigt, später aber hingerichtet, weil er sich gegen die Klosterenteignungen und die Aufhebung der Oberhoheit des Papstes wandte.

19 *Niklas Hopkins* – Nicholas Hopkins, ein Mönch aus dem Karthauserkloster Henkin, prophezeite Buckingham die Königswürde, wenn er Heinrich VIII. beseitigte.

20 *Sir Thomas Lovell* – (gest. 1524), Festungskommandant des Tower.

21 *Suffolk* – Charles Brandon, Herzog von Suffolk (gest. 1545), Schwager Heinrichs VIII. Er befehligte 1523 die erfolglose Invasion in Frankreich und unterstützte Heinrichs Scheidungsabsichten.

22 *in der Rose* – Der Herrensitz Rote Rose gehörte dem Herzog von Buckingham.

23 *Sigill* – Siegel.

24 *Verweis hatt' Eure Hoheit meinem Herzog erteilt, Sir William Blomers willen* – Sir William Blomer erhielt vom König in der Sternkammer einen Verweis, weil er, als geschworener Diener des Königs, in den Dienst Buckinghams getreten war.

25 *Die Rolle, die mein Vater wollt' erfüllen am Usurpator Richard* – Henry Stafford, Herzog von Buckingham (um 1454–1483), half Richard III. bei seiner blutigen Thronbesteigung, erhob sich kurz darauf, weil er nicht genug belohnt worden war, erbat eine Audienz bei Richard in der Absicht, ihn zu ermorden, und wurde nach Aufdeckung seiner Empörung in Salisbury hingerichtet.

26 *Lord Kämmerer* – Charles Somerset, Graf von Worcester (um 1460–1526), englischer Gesandter, war 1521 Lordkämmerer.

27 *Lord Sands* – William Sandys, Baron Sandys von der Vyne (gest. 1540), Kammerherr Heinrichs VIII. und ab 1526 Lordkämmerer.

28 *Chlotar und Pipin* – Der Merowinger Chlothar I. (497 bis 561), König der Franken ab 558, und der Karolinger Pippin der Kurze (714–768), König der Franken ab 751.

29 *Spat* – Eine Pferdekrankheit.

30 *cum privilegio* – (lat.) mit Vorrecht.

31 *Löffler* – Poussierstengel, Frauenheld.

32 *Füllenzahn* – Milchzahn. Der Lordkämmerer meint. Ihr habt noch Neigung zu jugendlichem Vergnügen.

33 *Sir Heinrich Guilford* – (1489–1532), Stallmeister und Haushofmeister Heinrichs VIII. Er unterzeichnete die Anklageartikel gegen Wolsey, blieb aber sein Freund und dennoch in Heinrichs Gunst.

34 *Anna Bullen* – Anna Boleyn (1507–1536), zweite Gemahlin Heinrichs VIII.; ab 1527 war sie seine Geliebte und wurde 1533 heimlich von ihm geheiratet. Ihretwegen ließ sich der König von Katharina von Aragon scheiden. Wegen angebli-

chen Hochverrats und Ehebruchs ließ Heinrich sie ent-
haupten, weil er ihre Hofdame Jane Seymour heiraten
wollte.

35   *Pönitenz* – Buße, Bußübung.

36   *Tummler* – Trinkbecher.

37   *außer Fährde* – ungefährdet.

38   *Vicomte Rochford* – Sir Thomas Boleyn, Graf von Wiltshire
(1477–1539), englischer Gesandter, Vater Anna Boleyns,
wurde erst 1527 Viscount Rochford.

39   *Und nicht zu küssen* – In England war es Sitte, daß eine Dame
ihrem Tänzer mit einem Kuß für die Aufforderung dankte.

40   *um das Schicksal forschend des großen Herzog Buckingham* – Der
Prozeß gegen Buckingham begann am 13. Mai und endete
mit seiner Hinrichtung am 17. Mai 1521.

41   *Des Königs Anwalt* – Sir John Fitzjames (um 1470 bis um
1542), Oberster Richter im Königlichen Oberhofgericht.

42   *Kildairs Anklage* – Gerald Fitzgerald, Graf von Kildaire
(1487–1534). Er wurde 1520 von seinem Posten als Regent
in Irland wegen Mißwirtschaft abberufen. 1526 abgesetzt
und starb im Tower.

43   *Lord Surrey* – Thomas Howard, Graf von Surrey und Herzog
von Norfolk (1473–1554), Sohn des Herzogs von Norfolk,
Schwiegersohn des Herzogs von Buckingham. Er löste auf
Betreiben Wolseys Kildaire in Irland ab. Als Mitglied des
Geheimen Rats schürte er Heinrichs Unmut über Wolsey;
1536 willigte er in die Hinrichtung seiner Nichte Anna Boleyn ein, wurde trotz großer Verdienste 1547 zum Tode
verurteilt, durch Heinrichs Tod vor der Exekution bewahrt,
aber erst 1553 aus dem Tower entlassen.

44   *Sir Nikolas Vaux* – Sir Nicholas Vaux, Baron Vaux von Har-
rowden (gest. 1523)

45   *Lord Groß-Connetable* – Oberster Feldherr.

46   *Kardinal Campejus* – Laurencius Campeggio (1472–1539),
italienischer Kardinal, führender Politiker der katholischen
Kirche unter den Päpsten Leo X. und Clemens VII. Von
Oktober 1528 bis Juli 1529 weilte er als päpstlicher Gesandter in England, um am Scheidungsprozeß teilzunehmen.

47   *der Rache sucht am Kaiser* – An Karl V. von Spanien. 1526
regte Wolsey die Heilige Liga zwischen Papst Clemens VII., Heinrich VIII. und Franz I. gegen Karl V. an.

48   *Frankreichs Schwester* – Wolsey unterstützte Heinrichs Scheidungsabsichten nur so lange, wie er glaubte, eine Ehe zwischen Heinrich und der Schwester Franz' I., Margarethe

von Valois, der verwitweten Herzogin von Alençon, stiften zu können.

49 *Gardiner* – Stephen Gardiner (um 1483–1555), englischer Bischof, Privatsekretär Wolseys und ab 1529 in Diensten des Königs, für den er in geheimer Mission die Meinung der europäischen Fürsten und führenden Geistlichen zum Scheidungsprozeß erkundete. Unter der katholischen Maria der Blutigen war er Lordkanzler ab 1553 und führte die grausame Verfolgung der Protestanten durch.

50 *Doktor Pace* – Richard Pace (um 1482–1536), Privatsekretär Heinrichs VIII. und Gesandter, als Heinrich 1519 sich um den deutschen Kaiserthron bewarb. 1521 und 1523 führte Pace in Rom geheime Besprechungen, um Wolseys Kandidatur für den päpstlichen Stuhl zu unterstützen.

51 *Blackfriars* – Deminikanerkloster in London.

52 *saffian-zärtliches Gewissen* – Hier: weites Gewissen, dehnbar wie Ziegenleder.

53 *Carnarvonshire* – Eine Grafschaft in Wales.

54 *Zinken* – Alte Blasinstrumente.

55 *Erzbischof von Canterbury* – William Warham (um 1450–1532), Erzbischof von Canterbury ab 1504. Er hatte Heinrich und Katharina getraut. Unter Heinrichs Druck befürwortete er 1530 beim Papst die Annullierung der Ehe und wurde von Heinrich als kompetenter Richter im Scheidungsprozeß vorgeschlagen.

56 *Lincoln* – John Longland (1473–1547), Bischof von Lincoln ab 1521.

57 *Ely* – Nicholas West (1461–1533), Bischof von Ely, Kaplan und Anhänger der Königin.

58 *Rochester* – John Fisher (1459–1535), Bischof von Rochester, Anhänger der Königin. Er wurde enthauptet, weil er sich dem Parlamentsbeschluß widersetzte, demzufolge Katharinas Tochter Maria von der Thronfolge ausgeschlossen werden sollte.

59 *St. Asaph* – Henry Standish (gest. 1535), Bischof von St. Asaph und Heinrichs Hofprediger.

60 *zwei silberne große Pfeiler* – Amtszeichen der Kardinäle.

61 *Ferdinand* – Ferdinand V. (1452–1516), genannt der Katholische, König von Spanien ab 1479. Er vereinigte die spanischen Fürstentümer, führte die Inquisition ein und dehnte den Einfluß Spaniens auf ganz Europa aus.

62 *über niedre Stufen* – Bei Heinrichs Thronbesteigung war Wolsey Dekan von Lincoln und stieg sehr schnell zu höchsten

Würden und Ämtern auf: Lordalmosenpfleger, Kanzler des Hosenbandordens und Schatzmeister 1512, Bischof von Lincoln und Erzbischof von York 1514, Lordkanzler, Kardinal und päpstlicher Legat auf Lebenszeit 1515.

63 *Mit unserm Kind Maria und dem Herzog von Orleans* – Heinrichs und Katharinas Tochter Maria (1516–1559), als Maria I. Königin von England und Irland ab 1553, sollte als Kind entweder mit Karl V. von Spanien oder mit dem Sohn Franz' I., dem Herzog von Orleans, vermählt werden. Sie heiratete 1554 Philipp II. (1527–1598), König von Spanien ab 1555. Maria führte in England den Katholizismus wieder ein und erhielt wegen ihrer grausamen Verfolgung der Protestanten den Beinamen „die Blutige".

64 *Rekurs* – Einspruch.

65 *Cranmer* – Thomas Cranmer (1489–1556), der erste protestantische Erzbischof von Canterbury (ab 1533). Als Papst Clemens VII. die Scheidung verweigerte, erklärte er 1533 die Ehe zwischen Heinrich und Katharina für nichtig und traute den König mit Anna Boleyn. 1536 annulierte er auch diese Ehe. Er vollzog die völlige Trennung der englischen Kirche von Rom und fundierte die selbständige Anglikanische Kirche. Unter der katholischen Maria I. schwor er zwar der Ketzerei ab, wurde aber dennoch verbrannt.

66 *Orpheus* – Ein sagenhafter griechischer Dichter und Musiker, dessen Spiel wilde Tiere bezwang und sogar die Götter der Unterwelt rührte.

67 *Tanta est erga . . .* – (lat.) So groß ist Euch gegenüber die lautere Gesinnung, erlauchteste Königin.

68 *kardinale Tugenden* – Nach Platon sind die vier Haupttugenden des sittlichen Lebens Weisheit, Tapferkeit, Besonnenheit und Gerechtigkeit.

69 *kardinale Laster* – Hochmut, Geiz, Wollust, Neid, Völlerei, Zorn, Trägheit des Herzens.

70 *Sein zwiefach Spiel* – Während Wolsey nach außen hin den Anschein erweckte, die Scheidung zu begünstigen, drängte er insgeheim den Papst, die Ehe für rechtskräftig zu erklären.

71 *heimlich abgereist* – Campeggio war nach offiziellem Abschied vom König abgereist.

72 *kehrt Cranmer wieder heim* – Cranmer hatte in des Königs Auftrag die europäischen Höfe und Universitäten bereist, um die Ansicht der einflußreichsten Männer Europas zur Scheidung zu hören.

73 *Scheuch' uns mit deiner Kappe, gleichwie Lerchen* – Der schar-
    lachrote Kardinalshut wird mit dem roten Tuch verglichen,
    mit dem man die Lerchen einschüchterte, während der Vo-
    gelsteller das Netz über sie zog.

74 *Ego et rex meus* – (lat.) Ich und mein König.

75 *Ein Praemunire* – Ein Gerichtsurteil, das kirchliche Eingriffe
    in die Rechte der Krone mit schwersten Strafen ahndete,
    von der Konfiszierung des Besitzes bis zur Freiheitsstrafe.

76 *Cromwell* – Thomas Cromwell, Graf von Essex (um 1485 bis
    1540), Sekretär des Kardinals. Nach Wolseys Tod erlangte
    er zunehmenden Einfluß auf Heinrich VIII., wurde sein Se-
    kretär und williges Werkzeug für die Machtbestrebungen
    des Königs. Auf seinen Vorschlag hin schloß sich Heinrich
    den deutschen Protestanten an und heiratete Anna von
    Cleve, die ihm aber so mißfiel, daß er sich im gleichen Jahr
    von ihr scheiden und Cromwell wegen angeblichen Verrats
    hinrichten ließ.

77 *Sir Thomas Morus* – (1478–1535), Humanist, Verfasser der
    Schrift „Utopia" (1516), Lordkanzler von 1529 bis 1532. Er
    wurde hingerichtet, weil er sich weigerte, für die Scheidung
    von Katharina zu stimmen und den König als Oberhaupt
    der Kirche anzuerkennen.

78 *Wahl zum Erzbischof* – Cranmer wurde erst drei Jahre nach
    Wolseys Tod Erzbischof von Canterbury.

79 *die edlen Scharen* – Wolsey hatte fünfhundert Diener.

80 *Krönungsfest* – Die Krönung fand am Pfingstsonntag 1533
    statt.

81 *Dunstable* – Das Kloster, in dem Cranmer residierte und die
    Scheidung verkündete.

82 *von den fünf Häfen* – Die fünf der französischen Küste ge-
    genüberliegenden Häfen Hastings, Romney, Hythe, Dover
    und Sandwich hatten früher viele Vorrechte, weil sie den
    größten Teil der englischen Flotte stellten.

83 *Das heil'ge Öl, die Krone König Eduards* – Eduard der Beken-
    ner (um 1002–1066), letzter angelsächsischer König ab
    1042; er wurde wegen seiner Frömmigkeit 1161 heiligge-
    sprochen.

84 *Reichswardein* – Kronschatzverwalter.

85 *Graf Northumberland* – Sir Henry Algernon Percy, Graf von
    Northumberland (um 1502–1537).

86 *Ipswich und Oxford* – In beiden Orten gründete Wolsey aka-
    demische Lehrstätten. Das Christ Church College in Oxford
    besteht noch heute.

87 *So kniet denn nieder* – Nach der Scheidung mußten Katharinas Diener schwören, sie nicht mehr als Königin, sondern nur noch als Fürstin zu bedienen.

88 *Capucius* – Eustachius Capucius war damals spanischer Botschafter am englischen Hof.

89 *Sein Töchterlein* – Maria Tudor.

90 *Primero* – Ein Kartenspiel.

91 *Sir Anton Denny* – (1501–1549), Günstling Heinrichs VIII.

92 *supplizieren* – Bitten.

93 *ein Mädchen* – Die spätere Elisabeth I. (1533–1603), Königin von England und Irland ab 1558. Nach der Hinrichtung ihrer Mutter wurde sie 1536 als illegitim erklärt und von der Thronfolge ausgeschlossen, aber mit ihrem Halbbruder, dem späteren Eduard VI. erzogen. Nach Eduards und Marias Tod wurde sie vom Parlament als Königin anerkannt, stellte die anglikanische Staatskirche wieder her und begründete die englische Weltmacht.

94 *Doktor Butts* – Sir William Butts (gest. 1545), Hofarzt Heinrichs VIII.

95 *Aufruhr, Empörung... im niedern Deutschland* – Der Bauernaufstand unter Thomas Müntzer 1524/25.

96 *Bärengarten* – Der Bärengarten am Südufer der Themse war berüchtigt als Schauplatz lärmender Ausgelassenheit.

97 *Am Maitag Morgen* – Einem Aberglauben zufolge brachte der Tau vor Sonnenaufgang am 1. Mai Schönheit und Jugend.

98 *Ritter Guy* – Guy von Warwick, der Held des gleichnamigen Versromans (frühes 14. Jahrhundert), bestand viele Abenteuer und erschlug auch den dänischen Riesen Colbrand.

99 *in limbo patrum* – Noch heute in England gebräuchliche Bezeichnung für Gefängnis. Limbus patrum ist dem katholischen Glauben zufolge der Reinigungsort der Seelen der Erzväter, wo sie auf die Auferstehung warten.

100 *ambulierendes Bankett* – Gastmahl, bei dem man sich nicht niedersetzt, zu dem meist nach der Hauptmahlzeit des Tages eingeladen wird. Der Pförtner meint: Die Tracht Prügel wird nach der Inhaftierung noch geboten.

101 *der Erbe* – Jakob Stuart (1566–1625), als Jakob IV. König von Schottland, als Jakob I. König von England ab 1603.

102 *schaffet neue Völker* – Jakob I. trug den Titel „Schöpfer des atlantischen Imperiums", da 1607 in Amerika die erste Kolonie Virginia gegründet worden war.

ZEITTAFEL

23. 4. 1564 William Shakespeare als Sohn einer angesehenen Bürgerfamilie in Stratford-upon-Avon (Warwickshire) geboren; in seinem Heimatort genoß Shakespeare wahrscheinlich eine gute Ausbildung, Besuch der Lateinschule

1582 Heirat mit der Gutsbesitzerstochter Anne Hathaway

etwa 1587 Übersiedlung nach London

seit 1594 gehörte er als Schauspieler der Truppe der „Lord Chamberlain's Men" (von 1603 an „King's Men") an, einer der bekanntesten Schauspielertruppen der Zeit

1599 Mitbesitzer des berühmten Globe-Theaters

1611/12 zu Wohlstand gelangt, kehrte er auf seinen Grundbesitz nach Stratford zurück

23. 4. 1616 Shakespeare stirbt in Stratford

18 Dramen erschienen zu Lebzeiten des Dichters in Einzelausgaben (Quartos).
1623 gaben Heminges und Condell, zwei Schauspielerkollegen Shakespeares, die erste Gesamtausgabe heraus (1. Folio); die Folio enthält 36 Dramen in den drei Abteilungen *Comedies, Histories* und *Tragedies*.
Die Entstehungszeit der meisten Werke Shakespeares läßt sich nicht exakt bestimmen.
Nachfolgender Überblick gibt die zeitliche Reihenfolge und eine ungefähre Entstehungszeit der Dramen an.

DIE WICHTIGSTEN WERKE

1589–1594 Die Komödie der Irrungen
1588–1594 Liebes Leid und Lust
1590–1594 Die beiden Veroneser

1590–1592	Heinrich VI.
1591–1593	Richard III.
1592–1594	Titus Andronicus
1593–1594	Der Widerspenstigen Zähmung
1594–1596	Romeo und Julia
1594–1595	Richard II.
1594–1596	Ein Sommernachtstraum
1591–1597	König Johann
1596–1597	Der Kaufmann von Venedig
1596–1598	Heinrich IV.
1597–1601	Die lustigen Weiber von Windsor
1598–1600	Viel Lärmen um nichts
1598–1599	Heinrich V.
1598–1600	Julius Cäsar
1599–1600	Wie es euch gefällt
1600–1602	Was ihr wollt
1600–1601	Hamlet
1600–1603	Troilus und Cressida
1602–1604	Ende gut, alles gut
1603–1604	Othello
1603–1604	Maß für Maß
1605–1606	König Lear
1605–1606	Macbeth
1606–1608	Antonius und Cleopatra
1606–1608	Timon von Athen
1606–1609	Coriolanus
1607–1609	Perikles
1608–1610	Cymbeline
1610–1611	Das Wintermärchen
1611	Der Sturm
1612–1613	Heinrich VIII.

Die Sonette entstanden etwa in den Jahren 1593–1600.

INHALT